凌钢年鉴

（2007—2010）

凌钢史志编纂委员会　编

北　京
冶 金 工 业 出 版 社
2016

图书在版编目(CIP)数据

凌钢年鉴. 2007~2010 / 凌钢史志编纂委员会编.
—北京：冶金工业出版社，2016. 7
ISBN 978-7-5024-7286-3

Ⅰ.①凌… Ⅱ.①凌… Ⅲ.①钢铁厂—凌源市—
2007—2010—年鉴 Ⅳ.①F426.31-54

中国版本图书馆 CIP 数据核字(2016)第 158544 号

出 版 人 谭学余
地　　址 北京市东城区嵩祝院北巷 39 号 邮编 100009 电话 (010)64027926
网　　址 www.cnmip.com.cn 电子信箱 yjcbs@cnmip.com.cn
责任编辑 姜晓辉 美术编辑 杨 帆 版式设计 孙跃红 彭子赫
责任校对 石 静 责任印制 牛晓波
ISBN 978-7-5024-7286-3
冶金工业出版社出版发行；各地新华书店经销；固安华明印业有限公司印刷
2016 年 7 月第 1 版，2016 年 7 月第 1 次印刷
210mm×285mm；39 印张；8 彩页；1145 千字；598 页
212.00 元
冶金工业出版社 投稿电话 (010)64027932 投稿信箱 tougao@cnmip.com.cn
冶金工业出版社营销中心 电话 (010)64044283 传真 (010)64027893
冶金书店 地址 北京市东四西大街 46 号(100010) 电话 (010)65289081(兼传真)
冶金工业出版社天猫旗舰店 yjgycbs.tmall.com
（本书如有印装质量问题，本社营销中心负责退换）

《凌钢年鉴》（2007—2010）
编辑人员名单

编　　审　张振勇　郝志强

主　　编　李建军

执行编辑　张续龙　赵舜安

编　　辑　杨晓涵　于　凯　王　浩　夏治铭　姜伟龙

编　　务　郭云侠　魏恩选　张晓莉

摄　　影　唐　岩　吴世伟　等

编 辑 说 明

《凌钢年鉴》（2007—2010）是凌源钢铁集团有限责任公司第一部年鉴，是一部全面、系统、真实记录凌钢2007—2010年改革发展和生产经营史实的文献资料性书籍。

《凌钢年鉴》（2007—2010）的编辑指导思想是：以邓小平理论、“三个代表”重要思想和科学发展观为指导，客观如实地记述2007—2010年度凌钢面对复杂多变的外部市场环境，以及供求矛盾突出的困难，坚持科学发展观，抢抓机遇，着力结构调整，转变增长方式，创新机制体制，在生产组织、技术改造、新产品开发、降本增效、资源综合利用、精神文明建设，特别是350万吨钢技术改造等方面取得的新成就。发挥年鉴的资政、咨询、教化、媒介、存史功能，为大家和有关方面了解凌钢、认识凌钢、发展凌钢提供企情信息服务。

本年鉴采用分类编辑法，共设综述、特辑、集团公司第二次党代会、学习实践科学发展观活动、管理部门、控股子公司、托管单位（全资子公司）、参股公司、直属单位、党群工作、人事与机构、统计资料、大事记、重要文件索引、附录十五个部类。根据年鉴体例的要求，除特辑栏目采用综述性文体外，其余栏目均采用条目体。全书共计114.5万字，配有图片37幅。

本年鉴刊用的稿件、资料由公司各主管部门和基层单位提供并审核。所引数字均以各年度12月末为限。

2007年凌钢十大新闻

一、凌钢集团公司第二次党代会胜利召开

2007年12月1日，凌钢集团公司第二次党代会胜利召开。大会对企业发展做出全面规划，今后五年凌钢改革发展的战略总目标是：(1) 发展迈上新台阶，企业竞争力显著增强。到2008年底，老区形成350万吨钢的综合生产能力。(2) 改革取得重大突破，企业管理进一步上水平。(3)“共建共享”达到新水平，和谐凌钢建设取得新成果。(4) 党的建设进一步加强，职工队伍素质显著提高。

二、高益荣光荣退休　张振勇受命接任

2007年8月17日，朝阳市委市政府在凌钢宾馆召开中层管理人员大会。宣布朝阳市委市政府关于凌钢集团有限责任公司党政主要领导的任免决定：高益荣同志不再担任中共凌源钢铁集团有限责任公司党委书记职务、不再担任凌源钢铁集团有限责任公司董事长职务。任命张振勇同志为中共凌源钢铁集团有限责任公司党委书记。朝阳市委市政府提名张振勇同志为凌源钢铁集团有限责任公司董事长人选。

三、朝阳鞍凌精品钢有限公司组建　省委书记李克强参加奠基仪式

2007年4月18日，由鞍钢与凌钢共同投资的朝阳200万吨精品钢项目在朝阳举行开工奠基仪式，它标志着鞍凌精品钢正式拉开了全面建设的大幕。时任辽宁省省委书记的李克强亲自为工程开工奠基。鞍凌精品钢项目的奠基，正式拉开了鞍凌精品钢项目全面建设的大幕，为加快辽宁钢铁工业整合，推进凌钢把“新区做精、老区做久”的发展战略，实现凌钢的可持续发展奠定了更为坚实的基础。

四、以750立方米高炉为标志的2007年技改工程全面竣工投产

2007年6月28日，历经119个日日夜夜的艰苦奋战，750立方米高炉技改工程提前投产。至此，以750立方米高炉为代表的2007年技改工程（其中包括方坯连铸机增流、10平方米竖炉、15万立方米煤气柜等）陆续按期投产。技改工程之所以能够顺利进行主要归功于“一保三限”技改方针的落实，归功于全公司通力协作和各方面的优化协调，归功于多年来形成的凌钢企业文化。

五、350 万吨钢技改工程擂响决战的战鼓

2007 年 9 月 13 日，凌钢召开 350 万吨钢技改工程动员大会，标志着 350 万吨钢技改工程全面启动。项目包括：1080 立方米高炉、240 平方米烧结机、120 吨转炉、90 万吨棒材生产线、原料和中和料场工程、2 万立方米制氧机、热电锅炉工程、公辅工程、中宽带改造工程。350 万吨钢改造工程，事关企业的生死存亡和长远发展，这是我们今明两年所有工作的重中之重，处于大于一切、高于一切、先于一切的地位，必须举全公司之力搞好改造，全力一搏，确保工程顺利竣工投产。

六、凌钢评选出 232 名工人技师

凌钢技师评聘工作历时 4 个月，经历了业绩打分、技术培训、理论知识和实际操作考核，232 名职工榜上有名。此次技师评聘规模之大、人数之多，在凌钢历史上还是第一次，这对于企业发展具有全局意义和战略意义，也是增强企业核心竞争力和自主创新能力的战略要求，是把凌钢做大做强做久的需要。

七、凌钢获得“东北地区老工业基地振兴杯”优胜企业奖殊荣

2007 年五一国际劳动节期间，集团公司获得国务院、中华全国总工会“东北老工业基地振兴杯”优胜企业奖荣誉，这既是对凌钢过去一年取得成绩的充分肯定，也是对凌钢未来发展的殷切期望。

八、保国铁矿、朝焦公司分别迎来建矿 40 周年、建厂 20 周年

2007 年 10 月 20 日，凌钢保国铁矿迎来了建矿 40 周年暨 250 万吨采选主体工程竣工投产这一历史性的时刻。40 年来，在各级党委和政府的正确领导下，在集团公司的正确领导下，几代矿山人满怀发展我国钢铁企业、振兴地方经济的豪情壮志，使保国铁矿从建矿初期的年产十几万吨发展到今天年产百万吨以上，保国铁矿从中型铁矿一举步入了大型选采联合矿山企业的行列，成为凌钢精品原料基地。

2007 年 12 月 20 日，朝焦公司召开纪念建厂 20 周年座谈会。20 年来，在市委市政府的深切关怀和集团公司的直接领导下，朝焦人发扬改革开拓的创业精神、艰苦奋斗的实干精神和实事求是的科学精神，为凌钢发展、为朝阳经济的振兴和民生条件的改善，做出了朝焦人无愧于历史和时代的贡献。

九、凌钢 500 多名职工家属子女进入凌钢技校学习

2007 年 10 月 24 日，凌钢技校举行开学典礼。至此，在人力资源部组织下，在工会、纪委等有关部门的大力协助和支持下，经过一个多月的工作，技校招生工作圆满结束。凌钢技校的办学目标是建设成为培养高技能人才的技工学校，造就一批具有技能精湛、品德优秀的技术工人，为提高企业核心竞争力，把凌钢做大做强提供人才支持。同时也是构建和谐凌钢的具体举措。

十、凌钢游泳馆建成投入使用

2007 年 11 月 16 日，凌钢游泳馆正式交付使用。这座游泳馆总面积 2806 平方米，其池水循环、过滤、加热、消毒及附属设备空调、淋浴、更衣、灯光、音响等，全部采用新型建筑材料，总造价 700 多万元，是朝阳地区乃至辽西地区档次最高、水平最高的游泳馆。它的建成投入使用完全符合党的十七大“以人为本”科学发展观要求，充分体现发展为了职工，发展依靠职工，发展成果广大职工共享的理念。这项工程也是一个民心工程，形象工程，是建设和谐凌钢的具体体现。

2008年凌钢十大新闻

一、350万吨钢技改工程胜利竣工投产

350万吨钢技改工程是2008年凌钢大于一切、高于一切、先于一切的头等大事，其投资额之巨大、新增产能之多、装备水平之高、建设工期之短都是凌钢40多年来所有技改工程无法比拟的。12月12日，随着2万立方米制氧机和120吨转炉的竣工投产，350万吨钢技改工程的主体工程全部竣工投产。凌钢用时14个月，发扬“自强、诚信、求实、创新”的企业精神，坚定信心，团结奋战，完成了相当于凌钢“七五”、“八五”、“九五”、“十五”4个五年计划技改投资总和的26亿元的技改工程，树起了凌钢技改和发展史上一座新的里程碑。12月23日，集团公司隆重召开350万吨钢技改工程竣工投产庆祝大会，辽宁省副省长刘国强，朝阳市委书记，市长张铁民等省市领导应邀出席了大会。高度评价了凌钢350万吨钢技改工程对企业发展、对朝阳地区经济发展生产的巨大作用和深远意义。

二、降本增效，凌钢积极应对国际金融海啸冲击

进入9月份，受全球金融危机影响，整个钢材市场受到严重冲击，钢材价格急转直下，使大多数钢铁企业处于亏损境地，许多生产线被迫停产，凌钢生产经营同样面临着生存挑战。2008年11月21日下午，集团公司召开中层管理人员大会，董事长、总经理张振勇号召全体凌钢职工，坚定信心，迎接挑战，共度时艰，全公司立即掀起降本增效热潮。

三、业务外包，凌钢用工制度取得重大突破

2008年1月1日，《中华人民共和国劳动合同法》开始实施，原有的临时工与正式工混岗作业的用工方式已经不符合法律要求和企业发展的需要。调整用工形式，规范管理，势在必行。集团公司从2008年1月开始，提出分三个阶段，逐步实施和“双重管理”的业务外包管理模式，实施业务外包。

截至11月末，全公司涉及17个分厂（部、子公司）的34个区域的1800多个岗位实施了业务外包。通过业务外包调整近2000人的岗位，并为公司新项目挖潜400多名正式职工。

四、张振勇当选中国钢铁工业协会常务理事，苑成德参加中国工会十五大载誉归来

在2008年2月17日召开的中国钢铁工业协会2008理事（扩大）会议上，集团公司董

事长、党委书记、总经理张振勇当选中国钢铁工业协会理事、常务理事。

中国工会十五次代表大会于10月17～21日在北京人民大会堂隆重召开，集团公司工会主席苑成德作为代表参加了此次大会。

五、刘国强两度视察凌钢350万吨钢技改工程

2008年7月15日、12月23日，辽宁省副省长刘国强两度专程莅临凌钢视察指导工作。

六、凌钢职工掀起向汶川地震灾区捐款热潮

2008年5月12日，四川汶川发生强烈地震。面对灾情，凌钢集团公司广大职工立即行动起来，掀起向地震灾区捐款热潮。短短两天时间，全体职工就捐款73.1万元，集团公司决定包括职工捐款在内定向向四川灾区捐款300万元。5月23日，全公司党员又交纳“特殊党费”338500元。5月30日，凌钢向中国二重捐款100万元。在大灾面前，凌钢和凌钢人用自己的行动，表达了一个企业高度的社会责任感和对灾难中的同胞血浓于水的深厚情谊。

七、凌钢与中国钢研科技集团公司建立战略合作关系

2008年10月27日，凌钢集团公司董事长、总经理张振勇与中国钢研科技集团公司（原钢铁研究总院）领导干勇在北京签署了战略合作协议书。这标志着凌源钢铁集团有限责任公司与中国钢研科技集团公司建立起战略合作伙伴关系。

八、凌钢成功研发HRB500E热轧带肋抗震钢筋

“5·12”四川汶川大地震进一步激发技术研发人员开发HRB500E抗震钢筋的决心。在研发的过程中，技术中心立足长远，高起点出发，结合公司炼钢、轧材装备水平多年来积累的产品开发经验，经过多次对生产工艺进行优化完善，最终生产的直径为20毫米、25毫米、40毫米规格的HRB500E钢筋理化性能完全达到了抗震钢筋HRB500E的要求。热轧带肋抗震钢筋研发成功，是公司技术人员以实际行动支援抗震救灾工作的具体体现，也为凌钢产品拓宽销路、占领市场起到了重要作用。

九、凌钢钢管获得美国API认证

2008年7月3日，凌钢生产的石油管线钢管通过了美国石油协会认证，获得API生产许可证，并颁发证书。使凌钢成为全世界获得API认证证书八百多家企业之一，为凌钢钢

管产品打入国际市场奠定了坚实的基础。

十、“工人技术创新”以创新者名字命名操作法

自2001年公司开展工人技术创新以来，广大一线工人在实践中摸索、总结、提炼出一些具有独具创造性、科学性、实用性的先进操作法，为公司生产顺行、降本增效发挥了重要作用。2008年12月19日，在集团公司2008年工会工作总结暨工人技术创新活动表彰会上，集团公司工会对6个先进操作法进行了命名表彰。这一做法，必将进一步调动广大一线员工学技术、练本领、搞创新的积极性，推动企业技术进步。

2009 年凌钢十大新闻

一、实现两大历史性突破：年销售收入超百亿，钢产量超 300 万吨

2009 年，凌钢抓住国家应对金融危机、刺激经济增长的重大机遇，奋发向上，真抓实干，实现了新系统达产达效和老系统的挖潜增效。钢产量首次登上 300 万吨台阶，达到 307.3 万吨，比上年增钢 100 万吨；生铁和钢材产量分别为 209.6 万吨和 301.2 万吨，比上年增长 46.7% 和 51.2% 。销售收入首次超百亿，达到 105 亿元。

二、广泛开展“对标挖潜、降本增效”活动，促进经营状况的全面回升

一季度，120 吨转炉等新项目迅速达产，为搞活生产经营全局奠定了重要基础。4 月起凌钢开展了大规模的“对标挖潜、降本增效”活动，推动了技术经济指标的明显改善，使生产经营摆脱困境，全面回升。公司级 158 个对标指标有 100 个达到对标目标；钢铁料消耗、成材率、吨钢电耗水耗等 42 个主要技术经济指标刷新历史纪录。在消化前 4 个月 1.7 亿元亏损后，超额完成 3.8 亿的利润目标计划。

三、深入开展学习实践活动，科学发展迈上新台阶

从 3 月底开始，在中央和省市委的统一部署下，凌钢开展了历时 5 个半月的学习实践科学发展观活动，教育引导党员干部树立科学发展观理念，坚定科学发展信心，理清科学发展思路；结合凌钢实际开展了“发挥党员先进性，对标挖潜当先锋”的党员主题实践活动，“党员干部走进千家万户”和“三位一体”帮扶特困职工活动；坚持边学边改、边查边改，着手解决影响凌钢科学发展观的突出问题。达到了“科学发展上水平，党员干部受教育，职工群众得实惠”的总体要求。

四、适应凌钢发展要求，集团公司和股份公司党政领导班子进行调整

5 月 14 日，中共朝阳市委任命郝志强为中共凌钢集团公司委员会书记，6 月 30 日，任命张振勇为中共凌钢集团公司委员会副书记，郝志强为凌钢集团公司副总经理，王彦廷为中共凌钢集团公司纪律检查委员会书记。此前，经朝阳市政府的考核和推荐，集团公司董事会 2 月 26 日决定沈洵、杨宗成任凌钢集团公司副总经理；凌钢股份公司董事会聘任苏辉

为凌钢股份公司总经理，毛凤海为副总经理。

五、凌钢被授予“全国钢铁工业先进集体”、“省先进基层党组织”等荣誉称号

2月20日，在全国钢铁工业先进集体、劳动模范和先进工作者表彰大会上，凌钢集团公司被国家人力资源部和社会保障部、中国钢铁工业协会授予“全国钢铁工业先进集体”荣誉称号。这次表彰大会是1994年以来全国钢铁工业首次举行的表彰活动。6月29日，凌钢党委被中共辽宁省委授予“先进基层党组织”荣誉称号。

六、凌钢与北票市达成战略合作协议，在开发资源、实现可持续发展上取得重大进展

7月26日，凌钢集团公司与北票市政府签署了战略合作协议：凌钢在北票市发展产品深加工，建设原料基地；北票市政府把优势资源配置给凌钢。同日凌钢北票钢管项目开工奠基；12月17日，搬迁的219和76钢管机组按期投产。对大黑山铁矿资源进行了整合，设立了凌钢北票矿业公司。11月8日，矿业公司选厂部分启动生产。经过技术改造，矿业公司将形成年产100万吨铁精矿的生产能力，凌钢的资源优势将显著增强。

七、钢渣处理效果显著，实现了零排放

350万吨钢配套项目——钢渣处理生产线达产达效，年内产生钢渣全部自我消化。全年回收利用钢渣、铁13.7万吨，外销尾渣24万吨，从而结束了凌钢40年钢渣外排的历史，取得显著的经济效益和环保效益。

八、焦化改造扩建工程提前竣工投产

11月16日，总投资2.8亿元的焦化改造工程全线竣工，比计划提前投产出焦。12月，焦炉达产。焦化改造工程是350万吨钢配套完善项目，它的建成投产，使凌钢自产焦炭年增加到70万吨，焦炭自给率达到55%，而且明显提高了化产回收自动化水平和环保水平。

九、职工配餐设施建成并运行，“共建共享”结新硕果

经过4个月的紧张筹建，包括一个食品加工中心、3个职工餐厅，总投资2400万元、总建筑面积5500余平方米的职工配餐设施于年底建成。12月26日，职工一餐厅开业试运行。2010年元旦后，3个职工餐厅将正式运行。职工配餐工作是凌钢有史以来最大一项职

工福利，是贯彻科学发展观，坚持以人为本，落实“发展为职工，发展依靠职工，发展成果与职工共享”办企业方针的具体体现。

十、成功举办庆祝建国六十周年《祖国颂》大型文艺汇演

为隆重庆祝建国六十周年，凌钢工会组织了《祖国颂》大型文艺汇演，从组织实施到演出结束，历时一个多月，18 个单位 300 多人参与演出 40 多个节目，奉献给凌钢职工一场充满爱国主义精神的文化盛宴，其思想性、艺术性、影响力都达到了凌钢有史以来的新高度。7000 名职工和家属观看了盛况空前的五场演出。

2010年凌钢十大新闻

一、钢产量、销售收入、利润总额均创历史最高水平

全年产钢344万吨，实现销售收入145亿元，利润7.5亿元，均创历史最高水平。

二、对标挖潜、优化结构、资源开发“三大任务”取得丰硕成果

对标挖潜得到全面深化，可比指标全部达到行业平均水平以上，其中80%达到行业平均先进水平，炼钢生产达到日产万吨钢水平，品种开发迈出新步伐，高速线材产销两旺，开发了中宽带合金结构钢、优碳钢、弹簧钢，初步形成了中高碳钢的品种系列化，全力以赴推进资源开发。在北票收购整合的6个区域已经取得了探矿权证。野猪沟铁矿3个采区采矿权证办理即将完成，正在进行选矿试验。油页岩开发已获得探矿权，现场勘探基本结束。

三、以“创先争优”为核心的政治工作“三大活动”进一步增强企业凝聚力

3月，公司党委提出开展“创先争优”，创建学习型党组织和“忠诚凌钢、热爱凌钢、奉献凌钢，做六讲职工”主题教育的政治工作三大活动。党组织创先进、党员争优秀，职工争做六讲职工，党组织的学习带动了全员学习，涌现出一大批先进典型群体，有力地促进了三大任务的完成。

四、投资12亿元进行350万吨钢平衡配套改造，凌钢的工艺结构更加优化合理

2010年凌钢技改投入仅次于创纪录的2008年。4月22日，1号高炉扩容改造工程提前投产，实现了350万吨钢产能的系统配套；10月19日，75吨锅炉和12兆瓦发电机组提前9天竣工投产，朝发展循环经济方向迈出了一大步；铁蛋山副井、矿业公司50万吨精矿选场正在建设中。

五、50万吨高速线材投产，凌钢产品家族再添新军

投资2.8亿元的50万吨高速线材工程7月10日竣工投产，并迅速实现了达产达效，

“优化产品结构”取得重大进步。

六、污水深度处理工程竣工投产，具备了污水零排放的条件

6月8日，凌钢实施节能减排的重要技改项目——污水深度处理工程竣工投产，国际最先进的水处理技术落户凌钢。

七、业务外委工作圆满完成，实现了全公司需要业务外委区域的全覆盖

八、职工年收入创最大增幅，“共建共享”惠及每名职工

九、凌钢再次被授予“全国守合同重信用企业”、“中国AAA级信用企业”殊荣

十、新体育场投入使用，凌钢西家属区增添靓丽景色

2007年4月18日，时任辽宁省省委书记李克强参加凌钢与鞍钢共同投资建设的朝阳200万吨精品钢项目开工奠基仪式

2007年9月7日，全国人大常委、人大常委会财经委副主任闻世震视察凌钢

2009年5月5日，辽宁省省长陈政高视察凌钢

2010年5月17日，辽宁省省委副书记张成寅视察凌钢北票钢管公司

2008年7月15日，辽宁省副省长刘国强视察凌钢350万吨钢技改工程

2009年4月16日，朝阳市市长张铁民、副市长陈列到凌钢检查指导工作

2010年9月14日，朝阳市代市长王明玉到凌钢视察工作

2010年7月14日，共青团辽宁省省委副书记赵宏巍到凌钢调研

2009年10月21日，辽宁省冶金行业发展推进小组组长赵新良一行到凌钢调研

2007年12月1～2日，凌钢集团公司召开第二次党代会

党委书记张振勇在凌钢第二次党代会上代表第一届委员会作工作报告

2007年8月17日，朝阳市委、市政府在凌钢组织召开凌钢中层管理干部大会，宣布关于凌钢集团有限责任公司党政主要领导的任免决定

2007年9月13日，凌钢召开350万吨钢技改工程动员大会

2007年10月20日，保国铁矿举行建矿40周年暨
250万吨采选主体工程竣工投产大会

2007年10月24日，凌钢技校在工人文化宫举行开学典礼

2008年4月16日，凌钢与辽宁科技大学商讨校企合作

2008年10月20日，凌钢与山西焦煤集团签订《中长期战略合作协议》

2008年10月27日，董事长、总经理张振勇与中国钢研科技集团公司领导干勇在北京签署战略合作协议书

凌钢集团公司组织召开老干部座谈会

凌钢楹联家协会发布《联著钢魂》楹联集

凌钢集团公司举行庆祝建国60周年“祖国颂”文艺晚会

凌钢游泳馆

凌钢体育场

凌钢东家属区
休闲广场

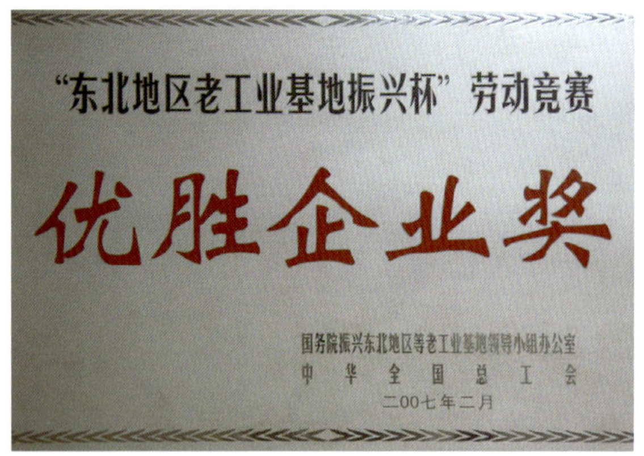
“东北地区老工业基地振兴杯”劳动竞赛
优胜企业奖
国务院振兴东北地区等老工业基地领导小组办公室
中华全国总工会
二〇〇七年二月

荣誉证书
HONORARY CREDENTIAL
授予：凌源钢铁集团有限责任公司
抗震救灾捐赠突出贡献单位
辽宁省民政厅
二〇〇九年一月

凌源钢铁集团有限责任公司
2008年度中国优秀诚信企业
证书编号：200804211100305
颁发日期：2008年12月24日
查询网址：
中企联合网：www.cec-ceda.org.cn
中国反商业欺诈网：www.antifraud.gov.cn
中国企业联合会
中国企业家协会

凌源钢铁集团有限责任公司
中国AAA级信用企业
中国企业信用管理协会
二〇一〇年四月
有效期至：2012年4月

中国金属学会
先进集体
2001—2006
The Chinese Society for Metals

目　录

综　述

特　辑

集团公司第二次党代会

学习实践科学发展观活动

管理部门

控股子公司

托管单位（全资子公司）

参股公司

直属单位

党群工作

人事与机构

统计资料

大事记

重要文件索引

附 录

综　述

【基本情况】截至2010年末，凌钢集团下辖凌钢股份（上市公司）等8个全资、控股子公司、7个参股公司和7个直属分厂，受托管理朝阳龙山资产管理有限公司。公司现有资产总额136亿元，年产钢能力350万吨，在岗职工10800人。是中国制造业企业500强企业。具备完整的钢铁联合企业架构，主体装备和工艺技术进入国内同类企业先进水平，形成了转炉全连铸—热送热装—连轧先进工艺流程和以中宽带钢、螺纹钢为主的产品结构。凌钢在全国冶金系统首批通过了ISO 9001—2000标准认证，主要产品有螺纹钢、圆钢、热轧中宽带钢、冷轧中宽带钢、焊管等，主要产品螺纹钢和中宽带钢都获得中国冶金产品金杯奖。螺纹钢是国家免检产品和上期所交割品牌，以其全行业最低的成本、最好的质量、最全的规格深受用户青睐，已成为国家重点工程的首选。

2007年综述

【生产经营】2007年，在3号高炉停产改造4个月的情况下，全年产钢223.7万吨，铁205.1万吨，钢材221.6万吨，分别比上年增长0.6%、3.9%和1.4%；实现工业增加值19.0亿元，同比增长6.7%；实现销售收入76.5亿元，同比增长16%；实现利税11.2亿元，同比增长14.6%，其中利润6.2亿元，比上年增长24%。

【生产组织】2007年，按照生产与技改相协调的原则，在不平衡中求平衡，在动态调整中使每道工序、各个环节都发挥出了最高效率。3号高炉6月28日开炉，7月份就实现了达产目标，并且运行稳定，4号高炉炉况顺行程度也得到改善。钢系统进一步加快了生产节奏，到7月末基本实现了新的平衡。轧材系统从公司整体效益出发，严格执行公司的品种规格计划，使有限的资源创出了更大效益。各辅助生产部门努力提高服务质量和保障能力，在下半年主体工序产能提高的情况下，深入挖掘潜力，保证了生产水平的不断提高。

品种钢生产以提升产品实物质量为重点开展工作，促进了品种钢的生产开发。全年完成品种钢103.6万吨，品种比达到46.3%，产销率达到98.5%，实现比较效益4000多万元。技术鉴定工作也取得了一定的成绩，组织了省市名牌产品和螺纹钢生产许可证的申报工作并获得通过，65Mn中宽热带、直径80～100毫米大规格20号管坯、45号圆钢也通过了技术鉴定，实现政策抵免税4000万元。

努力优化进货渠道和市场布局，加强对市场的跟踪预测，提高了应变能力。利用良好的企业形象和产品形象在哈大铁路等国家重点工程上中标，扩大了品牌影响，促进了产品销售。努力开发国际市场，全年出口钢材11万余吨，创汇4800余万美元。

在原燃材料大幅度涨价的形势下，公司继续强化成本效益理念，促进了经济效益的提高。大力开展技术攻关和新技术应用，全年技术攻关立项22项，17项完成了攻关目标，创效2500余万元。新技术推广应用完成8项，实现效益420万元。总投资3300万元的转炉二次除尘和混铁炉除尘项目大大减少了粉尘排放。3号锅炉改烧高炉煤气项目运行6个月来减少燃煤消耗近2.5万吨，减少SO_2排放近170吨。通过对炼铁厂70平方米电除尘和布袋除尘的优化改造6个月节电120万千瓦时。优化了对转炉煤气的综合利用，使转炉煤气最大回收量达到了87立方米/吨。9月份专门成立了造价中心，进一步强化了制约机制。积极推行代保管、零库存和包保工作，减少了库存资金占用，盘活不良储备和废旧物资1700余万元。扩展备品、备件修复范围，创效3000余万元。强化设备管理，保证了主线设备运行顺畅，减少了停机损失。设备故障停机时间为51.3小时/月，比计划减少8.7小时，设备可开动率99.13%，比计划提高3.13%，减少了设备维护、运行费用。经过努力，全年可降低变动费用4%，在实现的1.2亿元超创利润中，降成本占了1.03亿元，达到了80%。

【技术改造】为实现凌钢的可持续发展，2007年加大了老区技改的投入力度，全年完成投资达7个多亿，进行了3号高炉、保国矿山等20多个项目的改造。改造过程中，各项目经理部及相关单位按照“一保三限”要求，严格执行目标网络计划，严肃考核管理，使绝大部分项目按期或提前竣工投产。目前，新投产项目生产已逐步走入了正轨，整个生产系统经过几个月的磨合也初步适应了新的生产节奏，生产正在向更好的方向发展。这些项目的竣工投产，为企业能够更加有效地进行资源配置，优化工艺和产品结构拓展了空间。

8月份，对凌钢的未来发展重新进行了战略调整，确定了投资22亿元，年末把老区发展到350万吨钢规模的目标，9月份又召开了350万吨钢技改工程动员大会，对这项工作作了具体部署安排。技改相关单位超前准备，主动出击，全面投入到前期准备工作中来。所有项目在2007年完成了初步设计审查，确定了总体方案。除白灰窑外所有设备合同已经签订，“三通一平”工作已全部结束，各项目的桩基工程完成招标，其中棒材、热电桩基已经开工，建安工程招标也已完成，主体施工单位已经确定。

朝阳新区项目在4月18日与鞍钢签订合同后，已建立了法人治理结构。9月份，抽调了100名技术人员转入鞍凌公司。

【和谐凌钢】2007年，公司坚持以人为本，紧紧围绕公司总体工作思路不断加强和改进思想政治工作，推进精神文明建设，努力构建和谐凌钢，为生产经营和技术改造创造了良好的氛围和环境。

一是围绕中心工作，开展了形势任务教育。年初结合贯彻职代会精神进行了形势目标教育，8月份公司提出350万吨钢技改工程目标后，又及时引导动员职工把力量和智慧凝聚到齐心协力奋战350万吨钢技改工程上来，为350万吨钢大目标的实现奠定了思想基础。还结合企业生产经营和改革发展实际，开展了学习贯彻中央十七大精神活动，召开了公司第二次党代会，确立了“自强、诚信、求实、创新”的企业精神，广大职工振奋了精神，明确了使命，增强了做好工作的自觉性。

二是加强了职工队伍建设。围绕凌钢生产经营、技术改造和长远发展，进行了知识创新、技能提高等职工培训，全面提高了职工队伍的整体素质。继续开展“三创一赛”和科技创新活动，全年共有252项工人技术创新成果获公司级奖励，78个班组被评为“五型班组”。开展了工人技师评聘工作，有232名工人被评聘为技师和高级技师。新招聘的118名大学生已上岗工作，为凌钢的人才队伍增添了新鲜血液。完成了技校招生，录取的500名学生已经开课，为凌钢的发展充实人力储备。

三是积极为职工办实事，推进了和谐凌钢建设。提高了责任工资和技能津贴，职工收入进一步提高；进行了家属区改造、修建了停车场，职工生活环境进一步改善；新建了游泳馆，职工业余文化生活更加丰富；开展了帮扶送温暖活动，为弱势群体解决了一些困难；加强了生态型工厂建设，公司绿化覆盖率达到30%，被评为辽宁省“绿化先进单位”。

2008年综述

【生产经营】2008年，累计产钢206.5万吨、铁198.1万吨、钢材199.2万吨，同比分别下降7.7%、3.4%和10.1%。工业增加值17.3亿元，同比降低8.9%；实现销售收入96.7亿元，同比提高26.4%；利税6.4亿元，同比降低45.5%，其中利润1.03亿元，同比降低84.4%。

【生产组织】2008年，虽然受外界大气候影响，生产经营没有完成预定目标，但做了大量扎实而富有成效的工作，取得了较好的效果。一是密切跟踪市场，努力实现生产经营的高效运行。前7个月，钢材市场异常火热，抢抓难得的市场机遇，获得了较好的效益。8月份以后，市场急剧变化，及时调整应对策略，实行了压缩产能、以销定产、限价销售等措施，趋利避害，努力减少效益损失。11月下旬以来，钢材价格止跌反弹，又采取了生产全面启动的方案，包括新投产项目在内，全面开动。通过以变应变的科学组织，实现了生产经营的高效运行。较好地处理了生产与技改的关系，实现了生产、技改“两不误”。保国铁矿克服边改造边生产的困难，全年完成铁精矿90.6万吨，同比增长33.4%。二是努力提高品种质量增加效益。一年来，通过完善品种钢生产工艺，规范操作，保证了品种钢实物质量的稳定提高。结合大转炉工程，还做了大量的新品种研发准备工作。有3个新产品通过了省级鉴定，钢管产品通过了美国石油协会API认证，获得了特种设备制造许可证，产品形象得到进一步提升。三是进一步强化成本控制，努力降本增效。充分发挥经济责任制的导向作用和“日清日结”核算作用，突出关键环节和重点工序，对生产成本费用进行动态控制，实现了成本管理的事前预测、事中控制、事后分析，取得了显著效果。全年开展技术攻关创效1971万元，实施新技术应用创效975万元。

【350 万吨钢技术改造】350 万吨钢技改工程总投资约 26 亿元，整个工程从投资规模、装备水平到建设工期，都是凌钢建厂四十多年来前所未有的。一年多来，全公司上下高度统一，发扬“自强、诚信、求实、创新”的企业精神，解放思想，打破常规，集中全部力量投入到了这场史无前例的大规模技改之中，并如期胜利完成了任务。虽然工程从始至终面临着种种困难和挑战，但从公司领导到普通工人，从机关部室到生产一线，大家忘我拼搏、无私奉献，抓住了机遇、赢得了时间、化解了风险，创造了凌钢建设史上的奇迹。实践再一次雄辩地证明，凌钢的职工队伍是一支特别过得硬、能打硬仗的队伍。通过这次大规模的技术改造，更加检验了我们的水平、开阔了视野、增强了能力、锻炼了队伍。在 350 万吨钢技改工程中体现出的决战决胜的技改精神，已成为凌钢迎接挑战、参与空前激烈市场竞争的强大精神力量。

【和谐凌钢】公司紧紧围绕 350 万吨钢技改工程和生产经营，深入推进了“三创一赛”、科技攻关等活动，广大职工踊跃参与，做出了突出业绩。2008 年，有 31 名同志被评为公司劳动模范，127 人被评为各项能手，151 人获得科技贡献奖，有 272 个项目被评为公司级工人技术创新成果。公司首次开展了以职工个人名字命名先进操作法活动，有 6 个操作法被首批命名。开展了“工人先锋号”活动，炼铁厂 3 号高炉被命名为“全国工人先锋号”。创建“五型班组”活动进一步深化，有 79 个班组被评为“五型班组”。通过多种形式开展对职工的政治、文化、技能教育和培训，涌现出了以魏潭英为代表的一批用实际行动践行凌钢精神的职工楷模。和谐凌钢建设进一步加强。加大了环保投入力度，厂区、生活区环境有了明显改善。社会治安综合治理不断加强，在严厉打击了各种侵害凌钢利益犯罪活动的同时，促进了平安环境建设。深化了用工制度改革，完成了业务外包，劳动生产率进一步提高。较大幅度地调整了在岗职工工资，职工住房公积金提取比例由 7% 提高到了 12%，增设了交通补贴，职工收入进一步增加。建成了东区休闲娱乐广场，装修建设了“职工书屋”，开展了“迎奥运、促发展”、“纪念改革开放 30 周年”等系列文化体育活动，职工业余生活更加丰富多彩。

2009 年综述

【生产经营】2009 年，面对金融危机严重影响和 350 万吨钢项目全面投产新特点，扎实开展了达产达效、对标挖潜、降本增效工作，科学组织，协调运行，生产经营取得了可喜成绩。全年产钢 307 万吨，铁 291 万吨，钢材 301 万吨，同比分别增长 49%、47% 和 51%；实现工业增加值 19.0 亿元，同比增长 6.7%；实现销售收入 107 亿元，同比增长 10%；实现利税 11.2 亿元，同比增长 14.6%，其中利润 3.95 亿元，同比增长 145%。

【生产组织】以达产达效为中心，促进了生产系统高效运行。新项目在一季度内都实现了达产达效，并成为了公司应对危机新的效益增长点。240 平方米烧结机创造了国内同机型达产达效最快纪录。4 号高炉在快速达产的同时实现了高水平运行，前 11 个月利用系数在全国同类高炉中列第 3 位。120 吨转炉实现了“一罐到底”和“干法除尘”的安全稳定运行，炼钢最高日产突破了万吨。2 号棒材的达产达效成为了公司今年创效的主力轧机，也凸显了 350 万吨钢工程的市场竞争力。

扎实开展了对标挖潜、降本增效和技术攻关、新技术推广应用等活动。为应对严峻的市场危机，公司从 4 月份开始，全面开展了对标挖潜、降本增效活动，并把这项工作作为学习实践活动最大的实践、最需要联系的实际、最需要取得的实效。到年末，158 个对标指标有 103 个达到对标目标，创效 1.17 亿元，各项管理水平也得到了全面提升。全年技术攻关立项 12 项，创效 1423 万元。完成新技术推广应用 11 项，创效 1673 万元。

科学组织技改、年修和辅助配套，为生产高效运行提供了可靠保障。不断优化技改施工组织，积极为生产创造条件。根据市场形势，将系统年修提前进行，实现了淡季检修、旺季生产。各辅助单位进一步优化自身工作，提高供给保障能力和服务质量，保证了主体生产的顺利进行。

科学开展市场营销，促进了经济效益提高。积极应对市场变化，实行产品保价销售和原燃料低价采购，提高了经济效益。开发了哈大铁路、京沪高铁、吉林油田等国家重点工程，全年供应钢材 47 万吨，实现比较效益 1.2 亿元。努力开展产品出口，全年出口钢材 1.7 万吨，创汇近 1000

万美元。全力推进品种钢开发，全年生产品种钢104万吨，产销率为96%。

【技术改造和资源开发】 投资6亿元，进行了350万吨钢的完善配套。焦化改造工程11月16日出焦，25天达产，凌钢自产焦炭能力增加30万吨，自给率达到了55%。与之配套的节能减排项目热电改造工程也同日并网发电。最大的减排项目钢渣处理工程顺利投入运行，实现了凌钢钢渣零排放，保护了环境，增加了效益。在北票建设的年产30万吨钢管项目7月底开工，搬迁部分已于12月17日投产。其他项目也都如期投入运行。投资2.8亿元的50万吨高线工程于11月18日开工，投资1.5亿元的1号高炉大修改造工程已完成前期准备工作，铁蛋山副井建设也已开始设计。

为推进企业可持续发展，紧紧抓住当前难得的有利机遇，实施了资源开发。与北票市签订了战略合作协议，开展了北票区域内的铁矿收购、探矿工作，成立了矿业公司，完成了大黑山区域的矿产资源整合，现已投入生产。

【和谐凌钢】 在全公司开展了深入学习实践科学发展观活动。紧密结合凌钢生产经营、改革发展和党建工作实际，从3月31日开始历时五个半月，认真开展了学习实践活动，圆满完成了学习调研、分析检查和整改落实各阶段任务，基本达到了“党员干部受教育，科学发展上水平，职工群众得实惠”的总体要求，凌钢科学发展的思路更加明确，党组织的战斗堡垒作用和党员的先锋模范作用进一步增强。

扎实有效地开展了形势任务教育。结合严峻市场形势和各项工作任务，大力开展形势任务教育，把职工的思想和行动统一到了应对危机、达产达效、对标挖潜、降本增效上来，积极为实现各项工作目标作贡献。认真学习贯彻党的十七届四中全会精神，为新形势下企业实现可持续发展提供了有力的政治保障。

进一步加强了职工队伍建设。紧紧围绕企业生产经营和发展改造实际，充分利用“三创一赛”、科技攻关、新技术推广应用等平台，积极引导广大职工为企业的生产经营和发展改造建功立业。有247人次、20个集体项目获公司级工人技术创新奖励。评选公司劳动模范21名、专业能手100名，奖励科技贡献奖获得者147人。完成了工人技师续聘工作，评聘技师123名，其中高级技师17名，职工队伍素质进一步提高。

增加了职工收入，给每名在职职工每月晋升了300元基础工资。投资2400万元，完成了职工工作配餐。在已有东区休闲广场的基础上，扩建了东区公园。开展了“三位一体”帮扶活动，帮扶困难职工188户。制定了《职工手册》，进一步明确了职工的权利与义务。企业凝聚力明显增强，职工精神面貌焕然一新。

大力开展精神文明建设。以建党88周年和建国60周年为主题，举办大型庆祝活动15项，丰富了职工生活，陶冶了情操。进一步加强社会公德、职业道德、家庭美德、个人品德教育，广大职工素质明显增强。积极履行社会责任，分别为凌源市和北票市捐款1000万元，资助了当地教育事业。效能监察、治安综合治理、环境保护、现场管理等各项工作也都进一步加强。凌钢被评为全国精神文明建设先进单位、全国钢铁工业先进集体和中国优秀诚信企业，企业形象进一步提升。

2010年综述

【生产经营】 2010年，面对复杂多变的经济环境和起伏不定的市场形势，我们深入贯彻落实科学发展观，努力转变发展方式，扎实开展深化对标挖潜、优化产品结构和资源开发三大任务，生产经营、发展改造等各项工作都取得了显著成效。全年产钢344万吨，同比增长12%；产铁310万吨，同比增长6.7%；产钢材340万吨，同比增长13%。实现营业收入149.3亿元，同比增长38.5%。实现利税12.4亿元，同比增长55.2%。在行业不景气的形势下，实现利润7.5亿元，同比增长90.4%，创出了凌钢历史最好水平。

【生产组织】 铁系统以高炉为中心，动态优化，协调运行，实现了稳产、低耗、高效，3号高炉实现了安全稳定顺行。钢系统不断适应高强度、快节奏生产，努力节铁增钢，达到了日均万吨钢水平。轧材系统以效益最大化组织生产，2号棒材产量连续创出最好水平。高线机组投产当月就实现了达产，创造了同类机组最快的达产速度。中宽热带以品种钢开发为重点，努力提高质量、降低成本。辅助系统克服了主体工序产量迅速增加、生产节奏明显加快带来的管控难度和压力，主动出击，自我加压，全力以赴提高服务质量和保障能力，促进了主体生产的平稳、高效运行。不断适应市场变化，努力向经营环节要效益。充分利用资金优势，实行保价销售，通过动态调整销售节奏增加效益1.1亿元。利用品牌和信誉优势，积极开发重点工程市场，全年向京沪高铁、哈大、京石客运专线等重点工程销售钢材42万吨，实现比较效益5180万元。积极扩大产品出口，全年累计出口钢材3.3万吨，创汇1938万美元。努力拓展采购渠道，提高进货质量，降低采购成本，动态调整进货节奏，有效地保证了生产需求。

投资12亿元，进行了350万吨钢工程的完善配套改造。50万吨高速线材、1号高炉扩容改造、污水深度处理等项目全部提前竣工投入运行。至年末，从2008年开始的、共投资43.3亿元的350万吨钢技术改造工程全面完成。

【三大任务】年初制定了对标挖潜3年规划，将子公司纳入了集团公司统一的对标管理体系，确定了140个对标指标，并把对标挖潜工作纳入了干部业绩考评体系。通过不断加强管理和推进技术创新，抓住关键工序，攻克重点指标，取得显著成效。到年末，已消灭了行业平均水平以下指标，在44个具有行业可比性的技术指标中，有35个达到行业平均先进水平，23个达到行业先进水平，11个指标位居行业前3名，完成了3年规划的进度计划。全年累计实现超创利润1.7亿元，其中对标挖潜创效1.3亿元，贡献率达到了76.5%。

产品结构调整重点开发了中高碳钢新产品，全年共研发9个新品种，基本形成了中高碳钢产品的系列化。积极推进高强度抗震钢筋品种开发，提高了产品档次，高强度抗震钢筋已经占到了全部钢筋产量的45%。全年累计生产品种钢材158.5万吨，同比增长60.6%。实现销售158.3万吨，同比增长67.3%。产销率达到99.9%，实现比较效益1.2亿元。

资源开发工作取得重大进展。保国铁矿全年生产铁精矿87.3万吨，副井工程已于6月份开工，正在按计划推进。在北票收购整合的6个区域已经取得了探矿权证，北票矿业公司全年生产铁精矿20万吨，五家子选场工程已于4月份开工。完成了对赤峰虞山铁矿的收购，成立了虞山矿业公司并投入生产。野猪沟矿区采矿权证办理完毕，成立了红山矿业公司。建平2个区域的资补计划已上报省国土厅。油页岩开发也已获得探矿权，勘探工作基本结束。

【和谐凌钢】全面加强了党建和思想政治工作。组织开展了主题教育、基层党组织及党员“创先争优”和推进学习型党组织建设三大活动，有力促进了“三大任务”的完成。

坚持共建共享。两次调整工资，职工收入水平进一步提高。圆满完成2010年凌钢技校招生工作，解决了部分职工子女和大学生配偶就业问题。投资400余万元改造了西区体育场，职工业余文化生活环境进一步改善。在凌源市水荒危急之时，用厂内水补充了家属区生活用水，解决了职工用水难问题。加大了对节能环保和现场绿化、美化的投入，厂区、生活区环境大为改观。强化了对职工配餐工作的监督考核，保证了配餐和服务质量。

坚持依靠职工办企业。广大职工紧紧围绕“三大任务”，充分利用“三创一赛”、科技攻关、新技术推广应用等平台，积极为企业的生产经营和发展改造建功立业。全年有152人获得科技贡献奖，265项工人技术创新成果获公司级奖励。开展了有2300余名职工参加的技术比武活动，取得了较好效果。

积极履行社会责任，资助了当地教育、医疗等公益事业。

特 辑

2007 年特辑

总经理张振勇在凌钢集团公司首届七次职代会上的工作报告

（2007 年 1 月 29 日）

各位代表、同志们：

我代表集团公司向大会报告工作，请审议。

2006 年工作回顾

2006 年是全面贯彻落实中央十六届五中全会精神，实施“十一五”规划的开局之年。一年来，面对我国钢铁产能过剩、钢材价格起伏不定的严峻形势，我们认真贯彻“集约化经营、低成本建设、新机制运行，促进企业可持续发展”的工作思路，努力节支降耗，优化创新，使生产经营、改革改造等各项工作都取得了突出成绩。

——成本大幅度下降，经济效益稳中有升。全年总成本比上年下降 5.8 亿元，降低 10.43%。在每吨钢材售价比去年降低 217 元的情况下，实现销售收入 65.8 亿元，增长 0.61%。实现利税 9.77 亿元，其中税金 4.78 亿元，利润 4.99 亿元，分别增长 6.43%、4.22%。

——主要产品产量全部超额完成计划。钢完成 222.3 万吨，铁完成 197.4 万吨，钢材完成 218.5 万吨，同比分别增长 5.57%、3.26 % 和 6.01%。其中品种钢完成 83.4 万吨，同比增长 35%。实现工业增加值 17.8 亿元，同比增长 4.48%。

——主要技术经济指标进一步改善。吨钢综合能耗完成 605 千克、可比能耗完成 601 千克，与上年相比分别降低 28 千克、9 千克。吨钢新水消耗由 4.21 吨降到 4.06 吨；高炉利用系数完成 3.71，提高了 0.13；入炉焦比完成 412 千克，降低了 10 千克。钢铁料消耗等 13 项技术经济指标进入行业前十名。

一年来，我们主要做了以下几方面工作。

一、坚持集约化经营，转变增长方式，大力开展节支降耗活动

2006 年初，面对钢铁产能过剩、钢材价格持续下滑的严峻形势，我们对经营思路做了重大调整，突出成本效益理念，大力开展节支降耗，强化靠降成本增加效益，确定了全年降低成本 5 亿元、降低率 10% 的目标，把降本增效作为全年工作的一条主线，取得了突出成效。

一是加大对节支降耗的考核力度。年初调整了经济责任制，加大了对降成本的激励、考核力度，突出了降成本的提奖比重。机关部室的经济责任制也与节支降耗挂钩，严加考核。各单位根据公司要求，对节支降耗目标进行了层层分解，特别是加大了对可变成本的分解与考核力度，保证了公司节支降耗总体目标的落实，使降成本成为各单位完成超创利润的主要渠道，带动和促进了超创利润的完成。在全年实现的 2.62 亿元超创利润中，降成本实现超创利润 2.49 亿元，占全部超创利润的 94.83%。

二是加强生产过程控制，努力降低制造成本。为保证节支降耗工作落到实处，我们围绕可变费用下降 20% 的目标，大力加强生产过程控制，采取多种切实有效的措施节能降耗，保证制造成本进一步下降。公司成立了降低管理费、运输费、设备维护费、备件材料费、能耗指标、劳务费、工程和自动化仪表材料费等 7 个协调组，每月召开节支降耗协调会，针对具体问题制定具体措施。通过努力，全年共降低变动费用 1.03 亿元，降低率 20%，其中备件、材料费用降低 25%。

三是努力降低设备运行和维修费用。以稳定设备运行为核心，强化基础管理，在把检修对生产的影响降低到最小程度的前提下，以节支降耗和实现两次定修之间零故障为工作重点，优化定修、年修模型，并科学组织实施。加大维修费用控制能力，减少外委维修，使设备吨钢铁材维修费用比计划降低了 7%，设备可开动率达到 98.95%。

四是进一步加强物资管理，降低采购费用。物资采购部门努力优化供货渠道、采购价格，积极推行代保管、零库存和包保工作，不断规范招标，全年降低采购成本 3.14 亿元，降低率

7.54%。加强了清仓利库工作，有效地促进了对积压物资的处理。积极扩展设备、备件修复范围，全年创效3114万元。

五是加大“日清日结”和“两查”力度。各单位把节支降耗与“两查”、“日清日结”有机地结合起来，给“日清日结”、“两查”工作赋予了新的内涵。通过加强责任考核，把注重对结果的考核转变为对过程的控制，推进“日清日结”向深度和广度开展。“两查”也针对节支降耗的重点、难点等“瓶颈”环节选题立项，突出了“两查”的针对性、可操作性和实效性，有效堵塞了管理漏洞，促进了成本的降低。

二、继续推进优化创新，提高了生产运行的质量和效率

2006年，我们继续坚持抓细节促优化，抓环节促协调，优化创新，强化管理，保证了生产运行水平的稳定提高。

一是优化生产组织，向高效运行要效益。铁前系统坚持以高炉为中心，狠抓原料质量管理，优化配矿工作，使原料条件进一步改善。烧结与炼铁生产进一步协调，烧结矿质量进一步提高，保证了高炉原料供给。高炉生产建立了操作模型，按模型规范操作，保证了高炉高产顺行和优质低耗。钢系统以钢产量最大化为目标，加强铁钢工序衔接，进一步规范冶炼控制方案，优化炉机匹配模型，加快了生产节奏，实现了最佳温度匹配、时间匹配，日产钢创出了超7000吨的历史最好水平。轧材系统淘汰了落后的小型材和小冷带机组，坚持以效益为中心，通过增大轧制批量，优化轧制规格和节奏，最大限度地挖掘有效益的轧材产能，实现了有效益的产量最大化。动力、运输等辅助系统进一步深挖潜力，科学组织，优化协调，保证了生产的顺利运行。检修中心在不断提高检修质量和服务质量的同时，承接了大量过去需要外委的项目，不仅实现了自身增收，还为分厂降低了维修成本。

二是优化品种结构，向品种质量要效益。以市场为导向，根据用户对产品的不同要求，加强组织协调，进一步理顺了品种钢开发和生产的各个环节，并针对存在的问题进行重点控制，使品种钢生产开发提高到了一个新水平。全年生产品种钢83.4万吨，品种钢比达到37.5%，比2005年提高了8个百分点，实现比较效益4900万元。产品实物质量也有很大提高，一级品率由95.49%提高到97.96%，质量异议损失大幅度降低。新产品开发有了新的进展，SPA－H、510L中宽带和45号棒材3个品种通过省级新产品鉴定，同时加快了SS330中宽热带、08Al、HRB500棒材的试验进度。

三是优化工艺和技术指标，向技术进步要效益。结合各工序影响产量和质量的限制性环节，以节支降耗为重点，积极开展技术攻关和新技术、新工艺、新材料、新设备应用。技术攻关全年立项31项，完成27项，创效3702万元。“四新”项目全年立项28项，完成22项，创效1664万元。积极落实国家税收优惠政策增收节支，全年技术开发加计扣除、国产设备投资抵扣、固定资产抵扣增值税等创效益8800万元。

四是优化市场营销，向经营环节要效益。加强对市场的跟踪预测和反应速度，优化信息网络和供货渠道，提高采购质量。紧紧抓住钢材市场启动的有利时机，密切注视市场信息，动态调整产品结构和产品价格，适时调整库存。加大了对国际市场的开发力度，取得了突破性进展。全年出口钢材9.7万吨，创汇3855万美元。

五是深化安全管理，向安全稳定运行要效益。通过严抓制度落实，狠反“三违”，深化和推进素养安全管理和本质安全化建设，提高安全质量，初步形成了安全管理体系。

三、不断推进内部改革改造，为企业可持续发展提供发展动力

2006年，我们在继续坚持和完善激励、竞争、约束机制的基础上，不断推进企业内部改革改造工作，为企业的可持续发展奠定了更坚实基础。

在企业改革上，一是按照集约化经营的要求，进一步优化资源配置，对机构、人员进行了整合。生产厂由16个整合到11个，管理资源进一步集中配置，达到了精干高效。整合后的单位生产组织更为协调有序，工作效率进一步提高。中层管理人员由144名调整减少到132名，还为新区储备了部分骨干，干部队伍更加年轻化，知识结构更加合理。二是按照国家、省有关部门的要求，平稳顺利地完成了凌钢股份的股权分置改革。三是对职工医院进行了剥离改制，剥离资产800万

元，166人与集团公司解除了劳动关系。四是针对子公司管理上存在的问题，制定了《子公司管理办法》和相应的管理细则，保证了母子公司运作更加规范。

为更好地实现“十一五”的可持续发展，充分挖掘和发挥老区现有生产系统的潜能，2006年我们围绕品种质量、资源开发、节能环保，继续加大了技术改造力度，新上了7个技改项目，全年完成投资3.5亿元。保国铁矿铁旦山井巷、黑山采区、选厂扩建等工程进展顺利，野猪沟采矿权证正在办理。中型材二期改造8月14日提前7天完成，2号脱硫站8月25日投入运行，中宽冷带10月末开始试生产，219焊管无缝化改造土建基本完成，正在设备安装。3号高炉扩容改造工程高炉基础、风口平台和一座热风炉基础完工，设备订货已基本完成。朝阳新区工程得到省委、省政府和各级领导的高度重视，鞍钢也在积极地推进，项目经理部正在全力开展前期工作。

四、加强精神文明和企业文化建设，为企业生产经营提供了思想保证

2006年，我们紧紧围绕公司总体工作思路，大力加强精神文明建设和企业文化建设，为企业的生产经营和改革改造创造了良好的氛围与环境。

首先，结合严峻的市场形势和节支降耗的工作重心大力开展形势任务教育。引导职工认清形势，明确任务，增强危机感、紧迫感和责任感，把职工的思想统一到了推进集约化经营、节支降耗、优化创新上，使广大职工牢固树立了成本效益理念，改变了过去粗放式经营的思维定式和习惯作法，立足岗位，优化创新，为企业降本增效做出了应有的贡献。

其次，积极开展职工“三创一赛”活动，全面提高职工素质。工人技术创新活动紧紧围绕节支降耗继续向纵深发展，科技含量不断增加，全年共有213项创新成果获公司级奖励。创争活动稳步推进，成果成效显著。创建活动全面铺开，“五型班组”大量涌现，公司共评出“五型班组”62个。去年还招收研究生、大学生212名，为历年之最。加强了职工的文化技能培训，总共开办班段长、检修定额编制等培训班117个，累计培训1.2万人（次），新完成职业技能鉴定2038人。

第三，努力建设和谐凌钢，增强企业凝聚力。一是大力开展了社会主义荣辱观教育，在全公司形成了“知荣辱、讲正气、树新风、促和谐”的良好氛围。认真开展十六届六中全会宣传、学习和贯彻，分期分批组织广大职工对中央构建社会主义和谐社会的决定进行了学习，使职工加深了对构建和谐社会的认识，增强了建设和谐凌钢的自觉性。二是通过开展40年厂庆活动，激发了广大职工热爱凌钢，发展凌钢，爱岗敬业，拼搏奉献的积极性。三是调整了在岗职工岗位工资和退休职工的养老金标准，建立和完善了公司的医疗保险制度和取暖费发放制度，维护了企业和职工的利益。四是努力改善职工生活工作环境，建起大学生公寓及配套设施，改造了工人文化宫、西区体育场。全年还新增绿地4.2万平方米，被评为全国冶金绿化先进单位。审计监察、治安保卫等工作也取得了新成绩。

总之，2006年是我们深入贯彻科学发展观，全面推进集约化经营，加速增长方式转变的一年；是积极应对市场挑战，努力降本增效，取得辉煌成绩的一年；是各项工作稳步推进，企业实力和职工素质显著增强，职工收入进一步增长的一年。这些成绩的取得是全体干部职工认真贯彻集团公司首届六次职代会精神，努力拼搏、扎实工作的结果。在此，我代表集团公司向全公司广大职工，向受到表彰的先进集体和个人，致以衷心的感谢和热烈的祝贺！

在总结成绩的同时，我们还要清醒地看到工作中还存在着差距和不足。一是个别单位的生产管理还存在着漏洞；二是一些技改项目没有达到“一保三限”的要求；三是对子公司的监管不够，一度出现管理失控问题等等，这些都需要我们在今后的工作中加以改进和提高。

2007年工作安排

2007年，是我国认真贯彻中央十六届六中全会精神，全面落实科学发展观，加快构建社会主义和谐社会的重要一年。也是我们企业生产经营面临严峻挑战，改造发展又进入一个新的高峰期的一年。做好今年的工作，对于实现凌钢又好又快发展，意义十分重大。

从宏观上看，2007年虽然我国经济仍然会保持平稳较快地增长，但产能过剩的矛盾会更加突出，影响钢材价格走势的不确定因素依然很多，经营风险依然存在。我们自身，由于煤电涨价等影响，今年新的增支减利因素接近1.6亿元。为加快企业发展，今年朝阳新区要全面启动，老区也要进行投资近7亿元的技术改造，生产、改造两大任务交叉并进，今年的工作是近几年来任务最重、难度最大的一年。

面对严峻的形势，在新的一年里，我们总的工作思路是：以党的十六届六中全会和中央经济工作会议精神为指导，以全面贯彻落实科学发展观为统领，加快企业发展；继续推进集约化经营、节支降耗和优化创新，全面促进增长方式转变；努力实现总量与品种相协调，生产与改造相协调，当期效益与长远发展相协调，促进企业可持续发展。

2007年工作任务是：

（1）完成铁204万吨，钢220万吨，其中品种钢99万吨，商品材215万吨。

（2）实现销售收入65亿元，利润3.6亿元。

（3）新区工程全面启动，老区改造项目按计划竣工投产。

一、按照“把新区做精、老区做久”的思路，全面推进企业发展

中央经济工作会议提出，2007年我国经济要实现又好又快发展。贯彻落实这一方针，对我们来说就是既要保持经济效益的稳定增长，又要加快企业发展步伐。“十五”以来，虽然我们有了较大的发展和进步，但与强大的竞争对手比，仍然远远不够。当前，国内钢铁企业围绕做大做强，又掀起了新一轮并购重组热潮，在这种咄咄逼人的形势面前，企业不发展就要被淘汰，发展慢了同样也难逃厄运。我们必须增强紧迫感，加快发展速度。现在凌钢也正处在加快发展的最有利时机。一是通过近年的不懈努力，已经打下了坚实有利的发展根基，特别是在国家控制钢铁总量的情况下，朝阳项目获得国家批准，为企业开辟了更加广阔的发展空间。二是凌钢发展得到了省、市两级党委、政府的全力支持，省委十次党代会明确提出要把朝阳建成精品钢材基地，朝阳市更是举全市之力予以支持。三是我们与鞍钢合资共建朝阳新区，前期准备工作已基本就绪，不仅使新区建设有了可靠的资金保证，也使我们能把更多的人力、物力、财力投入到老区改造中去。我们必须按照把“新区做精、老区做久”的思路，全面推进企业发展。

把新区做精，就是按照省委十次党代会提出的把朝阳建成精品钢材基地的要求，落实省长办公会议精神，抓紧进行开工前的各项准备工作。把老区做久，就是通过整体优化，重点整合，逐步完善，滚动发展，把老区发展成为具有300万吨钢规模，品牌好、成本低、环境好、竞争力强的中宽板材和建材基地。为此，今年投入7亿元，进行包括保国改造在内的15个技改项目。今年的技改一是战线长，项目涵盖了从主体到辅助的整个生产系统，是凌钢有史以来技改量最大的一年。二是难度大，由于项目多，覆盖面广，技改与生产之间、项目与项目之间重合交叉多，作业条件、场地、时间、力量都会受到很大限制，施工组织的难度更大于以往。三是要求高，今年技改是在确保220万吨钢和99万吨品种钢的前提下进行，是既要改造，又要产量，又要品种。

面对这样的形势，要做好今年的技改工作，首先必须要严格贯彻落实“一保三限”方针，要一丝不苟保质量，后墙不倒限工期，精打细算限投资，不讲客观限回报。由于今年的技改项目主要是围绕3号高炉改造进行的，各个项目环环相扣，密切关联，如果有一个项目脱节，就会全盘皆输。所以，3号高炉项目的按期投产达效至关重要，相关单位要千方百计保工期、保质量，既要保证按期投产，又要保证投产后稳定运行，按期达效。10平方米竖炉、方坯增流、转炉除尘等项目，都要以3号高炉为中心，统筹部署规划，优化组织协调，严格网络、节点和过程控制，确保所有项目按期建成投产，按时达产达效。要严格考核管理，一旦“一保三限”失控，要严肃追究相关责任者的责任。第二要按照生产与技改相协调的原则，认真做好技改与生产、项目与项目间的协调衔接工作。技改部门要优化施工方案，凡是能在线外和检修时干的，就不要占用生产时间，要把停产时间压到最低限度。改造单位和生产部门也要努力为技改创造条件，主动组织人员参与施工建设，提前熟悉设备状况，搞好产前准备。相关辅助单位也要提前做好改造期间和投产之后的供给、运输等预案，为改造与生产赢得宝贵时间，保证项目顺利投产达效。

二、统筹协调，科学组织，努力提高生产运行的质量与效率

面对今年生产技改紧密交叉，特别是上下半年生产经营变化较大的特点，生产组织必须要统筹安排，科学调度，正确处理好生产与技改、品种与总量的关系。既要保证完成全年生产总量目标，又要保证品种钢产量增长、质量提高，还要保证技改顺利进行，做到生产、改造两不误，总量、品种两不丢。

一是要正确处理上下半年生产不均衡的矛盾，向协调运行要效益。上半年3号高炉改造停产期间铁水不足矿又过剩，下半年高炉投产铁水产量上来后，矿和钢又要吃紧，我们就要在不平衡中求平衡，在动态调整当中努力实现高产低耗，优质高效。铁系统要以高炉为中心，坚持精料方针，通过优化炉料结构，实现低硅冶炼。3号高炉改造期间，通过开展全精粉、低碱度烧结攻关，实现不吃进口富矿。3号高炉改造后，新10平方米竖炉投产前，要最大限度地减少生矿比例，投产后实现高炉全熟料，为炼钢实现吨铁吨钢创造条件。同时，要做好4号高炉的护炉工作，既要减少不必要的投入，达到低耗高效，又要确保其安全、稳定运行到明年3月份以后。钢系统要充分发挥脱硫作用，达到入炉铁水全处理，实现冶炼全精品。3号高炉改造后要积极探索多吃铁水的新课题，尽量减少铁水落地。特别是方坯增流后，要优化好品种产量最大化的炉机匹配模型。轧材系统上半年要结合市场做好产品结构调整，把有限的钢坯变成效益最佳的产品。下半年要优化轧制批量，提高日历作业率，努力实现钢与材的平衡。

二是要继续优化产品结构，向提高产品附加值要效益。正在调试和建设之中的中宽冷带和直径219毫米焊管都是延长产业链、提高附加值的项目，是我们新的效益增长点。中宽冷带调试现在已有了很大进展，在此基础上通过借用外力，要尽快达产达效。219毫米焊管必保2月末之前竣工投产，早日发挥增效作用。要按照总量与品种相协调的原则，加大品种开发生产的力度。SS330、08Al中宽带及HRB500棒材等品种上半年内要具备批量生产条件，合金结构钢30CrMo等高附加值产品的开发也要在上半年有实质性进展。同时，要做好省级新产品立项、报批的材料准备和鉴定工作，力争实现免税3000万元以上，全年品种钢比较效益要不低于5000万元。广大科技人员要紧紧围绕生产、技术的重点、难点选题立项，开展技术攻关，推进技术进步，逐步培育自主创新能力，努力向技术进步要效益，全年攻关创效不低于3000万元。

三是加强市场跟踪和市场预测，向强化市场营销要效益。供销系统要以追求最大效益为目标，认真分析研究市场动态，提高预测的准确性和把握市场的能力，贯彻品种战略和低成本战略，正确处理好供、产、销、储、运的关系。要根据生产部门需要，按最合理的性价比组织原燃材料的采购供给，掌握好进货的时机、节奏和批量，靠科学合理的组织保证生产顺行和成本降低。靠扩大品种钢销售增加效益，要加大品种钢市场的开发力度，特别是做好中宽冷带、无缝化钢管等新产品的市场开发。靠出口与内贸分流扩大市场，产品出口要继续扩大渠道，不断开发新用户，使出口数量、创效水平在去年基础上再有新的突破。

三、继续推进集约化经营，促进各项工作管理水平的提高

2006年通过推行集约化经营，由依靠扩大产能求增长向强化内涵求增长转变，由资源要素分散配置向集中配置转变，由粗放管理向节约高效转变，取得了一定效果，但在力度和深度上还不到位，2007年仍要进一步推进集约化经营，充分发挥整合的作用，把重点放在加强内部管理和机制完善上，通过强化集约化经营，实现高效运转。

一是继续推进节支降耗。今年变动费用要在上年降低20%的基础上再降5%以上，争取达到10%。由于去年降成本的力度较大，各单位的“浮财”已经不多，今年降成本除了要加强管理、充分发挥“日清日结”和“两查”作用之外，更重要的是在依靠科技进步降成本上下工夫。各工序的一些技经指标不少还有潜力，在降低设备运行和维修费用、节约变动费用上也仍有工作可做，关键是要有有力的措施并抓好落实，既要保证成本降低，又要确保各个系统的安全有序高效运行。

二是财务管理要结合企业财务通则和新会计准则的实施，进一步提升财务管理水平。要针对今年上下半年生产变化较大、单位整合、新项目

投产等新情况，充分发挥财务管理在整个企业管理中的龙头作用，加强跟踪指导。要按照技改项目的施工进度安排好技改资金。还要认真研究政策，把各种优惠政策用好用足，努力为企业增收减支。

三是设备管理要继续强力推进点检定修制，完善标准化检修预案，优化定修、年修模型，在确保检修质量和工期的同时，努力降低检修费用。要强化以自主保养为基础的全员设备管理，保障设备稳定运行，努力提高设备作业率和可开动率。特别是环保设备，要加强管理和考核。要继续加强对备品、备件及各类物资的管理，增大代保管、零库存及包保物资的品种和数量。

四是安全管理要在加快企业发展，促进增长方式转变的新形势下，强调集约化经营不能忽视安全，节支降耗不能降低安全投入，动态优化首先要做到动态安全，协调运行要体现安全第一。通过强化基层和基础，狠抓落实和考核，进一步深化素养安全管理，推进本质安全建设，确保重大人身、设备事故为零目标的实现。同时，要加强审计监察和治安保卫工作，确保资产不流失。

五是要认真贯彻《子公司管理办法》，搞好对子公司的管理，确保资产保值增值。各子公司也要切实加强自身管理，搞好自主经营，确保各项生产经营目标的完成。进一步规范参股公司的关联交易。

四、全心全意依靠广大职工，齐心协力做好2007年各项工作

在新的挑战面前，要做好2007年的工作，必须坚持全心全意依靠工人阶级办企业方针，充分发挥广大职工的主人翁作用，视挑战为机遇，变压力为动力，开拓进取，真抓实干，全面打赢2007年攻坚战。

一是要继续加强形势任务教育和企业发展教育。教育和引导职工正确认识当前形势和任务，正确认识面临的挑战和肩负的重任，正确理解公司总体思路和应对措施，坚定迎接挑战、做好工作的决心和信心。今年，朝阳新区建设要全面启动，老区改造要全面推进，这是实现“十一五”可持续发展的需要，也是一场需要举全公司之力才能打好的总体战。面对这样一个重大战略任务，尤其要下大力抓好企业发展教育，用实现凌钢做精、做久的战略目标去凝聚人心、鼓舞士气，使广大职工真正理解发展凌钢的目的和意义，明白企业发展与每个职工的切身利益紧密相关，发扬工人阶级顾大局、识大体的优良传统和“热爱凌钢、发展凌钢”的奉献精神，正确对待企业改革与发展，珍爱维护凌钢安定团结的大好局面，努力构建和谐的劳动关系和人际关系，为企业改革发展创造良好环境。

二是要努力提高职工队伍素质，为广大职工提供施展才华的舞台。要组织职工紧紧围绕生产、经营、技改、管理的难点、关键点、薄弱点继续开展“三创一赛”活动，即科技人员和工人技术创新；创建学习型组织，争做知识型职工；创建“五型班组”；开展劳动竞赛。要把这项工作做得更细、更实、更深入，为职工学习、锻炼、成才搭建平台。要在全面完成岗位技能鉴定的基础上，开展工人技师评聘，切实形成尊重劳动、尊重知识、尊重人才、尊重创造的良好氛围，把广大职工的积极性和创造性充分发挥出来。

三是要以人为本，努力构建和谐凌钢。在生产发展、效益提高的同时，要继续增加职工收入。要加大环境治理、安全防范和绿化美化力度，改善职工生产工作条件。在原有游泳池的基础上建设游泳馆，督促钢富达公司加快家属区环境改造，为职工创造良好的生活环境。开展丰富多彩的文化体育活动，活跃职工业余文化生活，提高素质，陶冶情操，凝聚力量。

同志们，2007年是凌钢改造任务繁重、生产经营面临重大考验的一年，我们广大干部职工要振奋精神、坚定信心、开拓创新、扎实工作，为全面完成技改和生产经营目标，实现凌钢更好更快发展而努力奋斗！

董事长高益荣在凌钢集团公司首届七次职代会上的讲话

全面提升“集约、优化、协调、永续”水平 努力促进增长方式转变

（2007年1月29日）

各位代表、同志们：

凌钢集团公司首届七次职工代表大会在各位代表的共同努力下，已顺利完成了各项预定日程，现在就要圆满结束了。会议听取了张经理代表公司所做的工作报告，这个报告对去年工作的总结是客观的，确定的今年生产经营目标、计划和具体措施是切实可行的，使我们做好全年工作有了明确方向。会议还表彰了2006年度先进单位、劳动模范、科技贡献奖获得者，兑现了2006年经济责任制，签订了2007年责任状。可以说这次会议时间短、议程多、内容丰富、意义重大，是深入贯彻中央十六届六中全会精神和中央经济工作会议精神，依据当前形势和企业实际，集中全体职工代表的智慧，确定2007年生产经营大政方针的决策会，也是总结经验、表彰先进、统一思想、振奋精神、激励全公司职工再接再厉、夺取新一年更大胜利的动员会。下面，我结合如何贯彻落实好这次会议精神，做好今年工作讲三点意见。

一、宏观形势的新变化为企业发展提出新挑战

2007年是我国深入贯彻科学发展观、建设社会主义和谐社会的重要一年，我国宏观经济将会按照又好又快的要求继续保持平稳较快发展，专家预测今年GDP仍将保持10%左右的增长速度，投资和外贸的增幅也不会低于20%，经济发展的基本面依然看好，工业化、城镇化的步伐不会放慢，房地产、机加、基础设施建设这些钢铁下游产业的发展势头仍然不减，这些都将为钢材需求平稳增长提供有力支撑，为钢铁工业发展提供良好的宏观环境和有利机遇，这是首先应当肯定的。但是，由于宏观经济增速放缓，国家经济结构和经济政策调整，也给钢铁企业发展带来新的挑战。

我国宏观经济增速放缓将使钢铁产能过剩的矛盾更为突出。今年，我国经济将会按照中央经济工作会议提出的“又好又快”的新要求，更加注重结构调整、节能环保、转变增长方式，提高质量、效益，经济增长速度将会放缓，特别是通过促消费、压投资，将对钢材消费强度有重大影响的城镇固定资产投资进行更严格的控制，投资增速将由2006年24%进一步放缓，必将使钢材需求的增长受到一定限制，使产能过剩的矛盾更为加剧。近几年来，受国家经济高速增长拉动，钢铁产能快速增长，2006年钢产量达到4.2亿吨，不含2007年新投产项目，目前产能已接近5亿吨，据钢协预测，即使最保守估计，今年钢产量至少也要达到4.62亿吨以上，产量增长远远大于市场需求增长。

全球经济增速回落将遏制钢铁产品出口增长势头，进一步加剧国内市场压力。据世界各大经济和金融机构预测，世界经济在最近几年保持连续增长后，由于受美国经济急速下滑的影响，今年世界经济增速将放缓，这个大形势必将对我国经济，特别对钢铁产品出口产生不利影响。去年，我国粗钢产量4.2亿吨，比上年新增7000万吨，在这么大增量的情况下，钢材市场能依旧保持平稳，是因为全年钢材、钢坯进出口相抵后折合成粗钢全年净出口达到了3200万吨，通过国外市场消化了新增钢产量将近50%。而今年随着国外市场需求减弱，钢材贸易摩擦加剧，再加上国家控制外贸，限制低端钢铁产品出口的双重影响，使钢材出口难度越来越大，钢铁协会预测，今年钢材净出口量至少要比去年下降1000万吨以上，这样留给国内市场消化的增量将大于去年，市场竞争激烈程度必然进一步加剧。

钢材价格走势难以预测，经营风险依然存在。随着我国经济增长方式转变，国家对节能、环保的要求也越来越严。企业技术改造用于节能、环保的投入增多，生产成本也在不断增加，我们凌钢这两年的改造就是一个明显的例子，用于节能、环保的投入已占有越来越大的比例。而且，占据成本大头的大宗原燃材料价格也越来越高，今年国外矿粉价格在去年已上调了71%的基础上又上调了9.5%，精煤、焦炭价格也每吨升高了30～40元。钢材市场目前也处在一个不稳定、难预测的时期，虽然现在每吨钢材价格还有一定的利润空间，但如果大宗原燃材料价格继续上涨，或者钢材价格进一步走低都将增加新的经营风险。所有这些，都为我们企业发展提出了新的挑战。我们对此必须要有清醒冷静认识，既要看到做好今年工作的有利条件，不错过实现企业发展的有利机遇，更要看到新的挑战和风险，增强危机感和紧迫感，坚定战胜挑战的决心和信心。

二、适应改革发展新形势，全面提升各项工作水平，凌钢已进入一个发展新阶段

面对已变化了的新形势，要战胜挑战，推进企业可持续发展，首先要对企业自身发展状况有一个清醒的认识。要看到，经过这些年的努力，企业付出了巨大改革、改造成本，已经开始出现一些新的重要变化。

从改造上，自“九五”后期以来，我们通过十几亿元投入，持续不断地对企业进行了一系列技术改造，随着去年中型材的成功改造、拆除了横列式轧机和小冷带，彻底淘汰了“七五”以前全部落后的工艺、设备，不仅规模从50万吨上升到220万吨，最重要的是装备水平得到提升，产品、工艺结构得到优化，形成了转炉全连铸—热送热装—连轧较为先进的工艺结构和以中宽带、棒材两大品种为主导的产品结构，为凌钢今后可持续发展奠定了较为坚实的物质技术基础。

在改革上，通过三项制度改革和机构整合，特别是通过分离企业办社会职能、剥离子公司、辅业改制，使企业主体更为精干，效率大为提高，员工从1.6万人精干到主线不到8000人，中层管理人员从当初的300多人精干到现在110人，劳动生产率从人均年产32吨钢提高到280吨，分厂、部室和子公司的数量也减少了近50%。到现在，可以说，大规模的企业内部改革已经基本过去，市场化的用工制度、人事制度、分配制度和激励、竞争、约束机制已经初步形成，现代企业制度的框架已经建立。

在企业管理上，通过强化财务、质量、设备、现场四项管理，推行“日清日结”、“两抓两促”（抓细节促优化，抓环节促协调）、“两查”（调查、检查）、“点检定修”，加强对管理者的管理、对监督者的监督，已经实现了由行政管理为主的人为管理向以市场法则为主的机制管理转变，由定性管理向定量管理转变，由实物形态的管理向价值形态管理转变。

上述这些方面的发展变化，使凌钢不仅扩大了规模，更重要的是企业发展的内涵发生了深刻变化。增长方式开始由主要靠量的扩张求增长向质与量并重求增长转变；技术改造由扩大产能向优化品种、提高质量、节能环保和资源开发与节约转变；主要产品由普碳钢向品种钢转变；经营管理由粗放型向集约型转变，表明凌钢已由过去侧重于打实基础开始向提升水平、实现可持续发展转变，进入到一个发展新时期。

全面提升“集约、优化、协调、永续”水平，促进增长方式转变。近几年来，经过不断的动态优化、协调发展，特别是通过去年推进集约化经营，低成本运行，使我们在市场急剧变化、减利因素剧增的艰难条件下，成本降低5.3亿元，利润实现4.9亿元，更加坚定了我们搞好企业、实现可持续发展的决心和信心。但这并不能说明我们改革已经结束、潜力已经挖尽。要看到，凌钢的这些变化，仅仅是刚刚开始，水平层次还不高，特别是我们的思想、观念、标准、制度、操作、管理仍然没有跟上和适应这一变化。目前，国家更注重质量、效益和科学发展，竞争对钢铁工业提出了新的更高要求。大多数钢铁企业经过这些年的改革、改造、并购重组，已经进入一个更高档次。在新的形势下，我们面对的是更为强大的竞争对手，参与的是更高层面、更高水平的竞争。在这场竞争中，不仅在规模、装备、产品、人才等方面我们与大的钢铁企业无法相比，就是和我们规模相近的民营企业比，在税负、机制、发展等方面也不占优势，要想在今后的竞争中不被淘汰，绝不能满足现状，止步不前，必须在现有基础上有一个大飞跃、大提升。这是形势发展的需要，是推进凌钢可持续发展的必然要求。

因此，我们提出要按照“集约、优化、协调、永续”来提升全面工作。这八个字概括了我们多年在改革发展实践中形成的经营思想和经营理念，是科学发展观、构建社会主义和谐社会、自主创新和可持续发展等一系列方针政策在我们内部管理上的具体体现，我们要在新的发展时期，与时俱进地赋予其新的内涵，作为指导我们企业今后工作的重要经营思想和经营理念。集约，就是集中合理地配置资源，通过精细管理，实现资源效率最高；优化，就是通过不断比较、择优、创新，追求措施、效果最优；协调，就是各种生产要素和谐统一，顺畅有序，实现运行状态最佳；永续，就是与时俱进，做强做久，实现有效生存周期最长。

“集约、优化、协调、永续”是一个整体经营思想和经营理念，我们要求提升，不仅要使这个经营思想、经营理念再提高、再升华，而且要用这个经营思想、经营理念指导各项工作水平的全面提升，以适应新的竞争要求。在集约上，我们就要由体制架构调整提升到生产要素全面集约上；在优化上，由简单改进提升到技术、管理制度创新上；在协调上，由各项工作之间、各个部门之间协调提升到总量与品种、生产与改造、当期效益与长远发展协调上，提升到全公司生产经营技改与外部市场协调上；在永续上，由具体工作的优化升级提升到培育企业核心竞争力上。提升的内涵是理念提升、标准提升、措施提升和效果提升。提升的目的是为了提高效益，促进发展，各个方面的提升，都必须紧紧围绕这个目标来进行。提升本身又是一个动态的渐进过程，不能一蹴而就，一成不变，必须通过一个时期持续不断的努力才能收到更大成效。我们必须以百折不挠的毅力，坚持不懈地做好这项工作，通过全面提升各项工作水平，战胜挑战，推进企业可持续发展。

三、从努力提升各项工作入手，确保全年任务完成

我们提出全面提升“集约、优化、协调、永续”水平，涵盖了企业生产经营、改革改造、人员素质、企业文化的方方面面，是一项具有长远性、战略性的重要任务。今年的提升工作，要紧紧围绕张经理工作报告提出的工作部署，重点抓好四个方面的提升。

一要提升集约化经营水平。去年我们进行了机构整合，对生产要素和管理资源实行了集中配置。今年又根据整合后的新情况调整了经济责任制，分厂内部也进行了相应的整合，但这些还仅限于在体制、架构上和激励政策上的调整，主要还是公司层面做的工作多一些。各整合单位虽然都做了很多工作，也取得了一定成效，但还没有到位，特别是整合后的内部制度还没有健全完善起来，使整合的效能没有得到充分发挥。集约化经营的核心就是资源、要素的有效利用，今年提升集约化经营水平，就要从机构人员整合提升到建立和完善新的内部机制上；从强化专项管理提升到加强系统管理上；从主要在产品制造环节降本增效提升到资源、能源系统降耗增效上；从单一的节能降耗提升到资源、能源的循环利用上。

二要提升品种结构优化水平。这两年，我们在优化品种结构、由向产量要效益到向品种质量要效益的转变上取得了突出成果，使品种比由2004年的11%，去年上升到37%，在品种钢生产开发上，转变了观念，闯出了路子，锻炼了队伍。今年优化创新还要先从品种优化抓起，要从应对更严酷市场挑战需要出发，继续提高品种优化的水平和标准。不仅品种钢产量上要有新增长，向50%品种比的目标冲刺，为以后达到70%以上奠定基础。而且要在质量、标准、工作、观念上要有新提升。要从满足标准提升到满足用户需求上；从注重冶炼开发提升到供产销一体协调上；从简单复制提升到自主开发上；从低附加值提升到高附加值、从普通材提升到精品材上。不仅要形成几个附加值高、市场认知度高、经济效益好的凌钢特有品种，就是一般品种也要高出别人一头，价格比别人高出一块，成为全国同类产品中的精品。

三要提升技术改造水平。今年新区建设要全面启动，老区要投资7亿元，上15个技改项目。这是事关凌钢能否实现可持续发展的大事，要把这件事情做好，必须进一步提升技术改造水平。要从扩大产能提升到结构优化、工艺技术进步、资源节约、环保减排上；从解决环节问题提升到系统优化上；从简单淘汰落后提升到打造精品上；从注重投入提升到注重回报上。还要借助我们与

鞍钢共同建设朝阳新区的有利条件，吸取、借鉴鞍钢“高起点、少投入、快产出、高效益”的成功经验，丰富完善我们“一保三限”的技改工程管理机制。要强化责任考核与合同兑现，特别要建立工程质量追溯机制，保证所有改造项目都能实现“一保三限”。

四要提升人员素质。办好企业，关键在人，培养建立一支高素质的职工队伍是实现企业永续发展的根本保证。我们这支队伍经过多年培育和企业文化的熏陶，整体素质是好的，为凌钢这些年的改革发展做了巨大贡献。但是在新形势下，无论是我们人员的素质，还是人力资源的管理工作，还不适应参加更严酷市场竞争的要求，提升素质就是按新形势下的新要求，全面提高职工的思想水平和技能水平，使凌钢职工逐步从单一型提升到复合型；从经验型提升到学习型；从执行型提升到智能型；人力资源管理工作从调配使用提升到培训开发；从强调管理提升到建立和谐的劳动关系、提升职工的人生价值。中层以上领导干部更要带头提升素质，按照中央最近提出的“德、能、勤、绩、廉”五个方面要求，从严约束自己，在学习、工作、品质、作风各方面为职工做出表率，团结带领大家共同完成好今年生产经营及各项工作任务。

各位代表、同志们，进入今年以来这段时间，在大家的努力下，多数单位已经有了良好的开局，为全年工作开了一个好头，但更艰巨的工作还在后面，大家要再接再厉，回去后，要认真贯彻落实好这次会议精神，把全公司职工的思想统一到这次会议确定的目标、思路和部署上来，团结一心，拼搏进取，为全面完成全年任务，为实现“十一五”可持续发展做出新的更大贡献！

现在，春节即将来临，提前预祝大家春节快乐，阖家幸福！

董事长、党委书记高益荣在中层管理人员大会上的讲话

（根据录音整理）

（2007 年 2 月 7 日）

现在，第九届中层干部已经聘任完毕，从刚才张经理的讲话和于部长宣布的结果来看，我们这次中层干部换届体现了相对稳定，不仅是体制上的稳定，人员上的稳定，而且人员数量也较为稳定。这适应了凌钢改革发展的需要，体现了我们坚持提升的指导思想。同时，又提拔了一些年轻的、符合时代要求的干部，增添了新鲜血液。在此，我向这次被聘任的第九届中层干部表示祝贺！

这么多年我们的习惯做法是一年的指导思想不变，中心工作不变，我们职代会已经明确地提出了“全面提升集约、优化、协调、永续水平，促进增长方式的转变”的经营理念，下面我就围绕这个理念讲第一个问题。要提升集约、优化、协调、永续水平，首先要提升干部的素质。现在新一届中层干部队伍已经建立起来了，大家要把重点放在提升上，这是今年的工作重点，要体现提升就要认清当前的形势和我们的任务。张经理刚才回顾了第八届期间完成的任务和工作，得出一个结论，就是凌钢进入了新的历史发展时期。如何适应这种形势，重点体现在提升上，不提升就不能适应新形势，不提升就不能发展，不提升就要落后，不提升就要被淘汰。

我们最近几年的工作，除了在改革发展方面做了大量的工作，还有两个非常突出的变化：一是新品种开发。在这方面不仅开发了品种，最重要的是锻炼了队伍，使我们找准了企业的定位和努力方向。我们刚开始实施新品种开发时也有不少争议，最终得出一个结论，就是小转炉也能干品种。品种开发要求我们整个队伍的素质、操作水平要提升，所以，炼钢厂建立了操作模型，无论是内部的体制、机制，还是管理水平都有提高，我希望这能够影响到全公司。二是凌钢向冷轧方向迈进，向深加工方面迈进，这个迈进大家不要小瞧。最近一段时间，我们看到了冷轧调试过程中的难度，这同时也给我们提了醒。就是说，从热轧思维观念向冷轧迈进的时候，我们感觉到了工作不适应，它要求精度更高，自动化水平更高，

产品附加值更高。我希望通过加强品种开发、搞冷轧，包括焊管无缝化改造以及全公司装备水平的提高，使我们的干部，特别是管理系统的干部能够从中提炼出一种理念来，能够改变一些我们的习惯操作、习惯管理，然后再去指导工作，进而达到干部队伍素质的整体提升。

要适应形势发展和市场竞争的需要，最重要是理念提升、标准提升、措施提升和效果提升这四个方面的提升。首先是理念的提升。作为领导干部应该善于用理念指导工作，我们很多干部的差距就在这里。要知道你不是一个简单的操作者，你要上升到思想，发现一个问题上升到一个理念，解决一个通用问题，这才是水平。二是标准提升。形势的变化给我们提出了更高的标准，最重要的是适应变化的形势，要敬业，要有干部的新形象。最近一个时期，凌钢中层干部，无论是经营管理还是和外界交往，都得到了好评。但我们不能满足于在朝阳地区的评价，要有新的、更高的标准适应凌钢发展的新要求。三是措施提升。在干部素质这方面体现在善于用机制和制度去管理、去完善，我们千万不要一拍脑袋，今天这么定的，明天又变了。用制度、机制去管理，就是照章办事，靠制度、靠机制说话，这样带出的队伍水平也就整体提高了，效率也就提升了。四是效果提升。体现在不断有新追求，永续发展，保证企业可持续发展。大家不要过多的关注永续这个名词，而要把凌钢的丰富内涵赋予这个词，我们这么多年在永续发展方面，包括干部队伍的建设都体现了可持续发展。我们的干部容易出现一个问题，往往刚任职的时候，新官上任三把火，有热情、肯投入，不断地成长，这条线是上升的。干了一段时间，有了经验，熟悉了工作，就不思进取了，这条线开始下滑，有的人下滑一段时间及时提醒了自己，马上改变，焕发了新的热情，曲线又上升了，有的人就平平淡淡下去了。这样是不允许的，一个是我们帮助你提高，一个是自己自觉的提高。我希望咱们的干部不要出现这个拐点，而是一条不断上升的曲线，这就是永续。

我们当中有的领导干部优点非常突出，但是不足也很突出，如果作为一般干部还可以，但是作为领导干部就不行，如果你不去彻底地改，就会在提升当中落后。每个人都有性格上的缺点，学习了别人的长处、吸取了别人的经验你就成熟了，你把不足当优势发挥出来了这是艺术。要不断地按高标准去完成任务，我们在上次报告中强调现在的干部要在思想水平和技能水平上有较大提高，我们要逐渐地从单一型提升到复合型，从经验型提升到学习型，从执行型提升到智能型。领导干部如果站得非常低，知识面又非常窄，在双向选择的过程中就会造成困难。知识面的广度非常的重要，既要了解最底层，又要了解国家上层；既要站到高处看低处，又要站到低处看高处；既要会管人又要会管事；既要懂政治又要懂经济；既要懂专业又要懂管理；既要顾眼前又要顾长远；既懂理论又懂实践。既不要像书生只知道理论，又不能完全是经验型，没有一个高度。这样把知识面扩大了，人管理起来就自如了，就通透了。所以我们提出了培养复合型干部。我们今年在这个方面有了突破，打破了过去那种严格界限，搞设备的也可以任职厂长，国外和其他兄弟企业也是这样。我们提倡复合型人才，这样就加宽了选择干部的面，对不是搞工艺的其他专业也给你提供了一个空间，我希望能在实践中证实，对你们的选择是正确的。

我再强调一个问题，我们讲的集约化经营，不是分兵把守，我们去年在这方面取得了很大进展，但是要避免各管一摊，形不成系统。如果是几个分厂合到一起了，仍然是你管这摊，他管那摊，互不往来，都靠一把手去协调，那不行，要避免这个问题。如果你简单这样搞，把人都搞死了，系统的作用没有发挥出来。所以我们在大会上讲，我们要由体制提升到生产要素上，要由机构人员的整合提升到完善机制上，要从专项管理提升到系统管理上，要从主要产品降成本提升到同时还要节能降耗上。要靠系统的力量，要靠机制去实现集约化经营。

再一个方面，要提高领导干部的创新意识，适应发展的新形势。提升创新意识，就是要善于发现、善于思考，善于总结，善于学习，善于挑战，善于协作，充分体现动态优化，协调运行。最重要的是善于发现，发现不了问题是因为标准不高，说明你思考问题深度不够。如果你不善于发现问题，你已经落后了，如果你已经满足现状了，你就止步不前了。如果一个人老是欣赏过去、回忆过去，那就说明你创新意识不够，你现在最重要的是善于创新，善于发现问题，去思考问题，总结问题，学习问题，搞好协作。在协作方面，我们也要注意，正职和副职、副职和正职、副职和副职之间协作一定要搞好。人的性格思想各不相同，但是团结的程度越大，你调动人的积极性的潜力就越大，这样既有利于人又有利于己，更利于事业。在当今的这个时代，你孤军奋战，特别是做领导干部，你的水平再高，发挥不了别人的优势，那你也做不好，所以必须用创新意识来不断地提升自己。

要永续发展，最重要的一个是企业文化，一个是人。这两个方面当中最为重要的是干部队伍建设，因此必须要提高干部队伍的素质。近几年干部队伍的素质有了很大提高，但是在普遍提高的同时差距也在拉大。我希望大家注意这句话，差距在拉大，这给我们每个人带来了新的思考。现在我们的干部队伍有一个非常重要的特点，是普遍年轻了，这也带出了一个新问题，干部更替阶段过去了，后面的人员成长起来了，后备力量的成长使在岗位的人员危机感也该增强了，干部选择的余地大了。在这个变化的过程当中，干部队伍间的差距，人员素质的差距在拉大的过程中，怎么摆正自己的位置？所以有一个去提高的问题。

再有一个需要不断探讨的问题，就是我们过去通过把专业技术干部提到管理岗位上来发挥他们的作用，而现在实行集约化经营，干部总数在降低，同时后备技术干部却在不断地成长。这一方面给调整现有干部带来了一定的余地，另一方面要求我们必须想办法从体制、制度和机制上考虑技术干部的成长，要给他们留出空间，使其有发挥才能的舞台，不一定非得当行政干部。怎样为技术骨干队伍在体制上、机制上设立一个空间，让他们大有作为，这成为我们今后一个时期需要探讨的问题。我们过去也搞一些专项激励政策，那是为了打破大锅饭、只看文凭、论资排辈这些习惯而设立的，体现出了按劳分配，便于大家接受，也发挥了很大的作用。但这样的激励政策也要随着形势的发展去逐渐规范，随着大家认识水平的提高去规范，把我们凌钢广大职工，无论是哪个专业，无论是在行政岗位，还是在技术岗位的积极性充分发挥出来，为凌钢的发展做贡献。

同志们，2007 年的工作目标、干部的调整都已确定，大家要迅速地进入岗位、进入状态，体现出新一届领导班子的朝气，为企业发展发挥更大的作用，把凌钢的工作做得更好！

总经理张振勇在中层管理人员大会上的讲话

（根据录音整理）

（2007 年 2 月 7 日）

同志们：

第八届中层管理人员任期已满三年，按照规定，现在开始第九次换届。刚才于部长宣布了对第八届中层管理人员的考核结果和第九届聘任的名单，我结合这次聘任情况讲几点意见。

一、第八届中层管理人员任期简要回顾和评价

从 2004 年 1 月换届到现在已满三年。这三年，是我国经济快速稳步增长的三年，也是凌钢跨上 200 万吨钢新台阶，加快增长方式转变，实现企业与职工快速成长的三年。三年来，在生产经营上，钢产量由 2003 年的 154 万吨上升到 2006 年的 222 万吨，增长 44.16%。企业开始由以产能扩张求增长向以品种质量求增长转变，由粗放经营向集约经营转变，三年累计实现利税 29 亿元，其中利润 15 亿元，是凌钢历史上实现效益最好时期。在企业发展上，彻底淘汰了“七五”以前落后设备，培育了新的效益增长点。先后淘汰了横列式轧机、小冷带，改造了中型材和中宽热带，新上了中宽冷带、双流板坯及铁水脱硫，实施了矿山和焊管无缝化改造。这些不仅扩大了规模，而且促进了产品结构的调整、品种的扩大和质量的提高。朝阳新区项目在宏观控制非常严格的情况下，获得了国家的核准，目前正在与鞍钢一起推进。在改革上，按照集约化经营的要求，对生产要素和管理资源实行了集中配置，进一步整合了机构人员；剥离了辅助，成功地对汽运、机制、

建安、生活4个子公司和职工医院进行了改制，剥离资产9539万元，1355人与企业解除了劳动关系，派出所整体划归到了地方；平稳顺利地完成了股权分置改革。在企业文化建设上，在坚持“市场经济靠自己，企业与职工同步成长”的同时，“集约、优化、协调、永续”的经营理念逐步形成，企业的凝聚力明显增强，职工精神面貌焕然一新，素质进一步增强，收入水平也有了明显提高。

这些成绩的取得，既是党和国家政策正确指导的结果，更是我们凌钢第八届中层管理人员带领广大职工共同努力奋斗的结果。三年来的实践和这次群众评议、组织考核的情况都已证明，第八届聘任的绝大多数中层管理人员是能适应企业改革发展新形势的要求，不断更新观念，坚持与时俱进的；是能把实现个人价值和为企业发展建功立业紧密结合，始终把企业利益放在第一位，忠于职守，尽职尽责，为企业改革发展付出了心血，做出了成绩的；大多数班子也都较好地完成了任期目标，具有较强凝聚力和战斗力，是称职尽责的。三年来的历史已经为大家做出了公正结论，广大职工也不会忘记大家做出的贡献。在此，我代表集团公司向第八届中层管理人员三年来的辛勤工作和付出的艰苦努力表示衷心的感谢！

二、这次换届的简要情况

根据集团公司中层管理人员三年一届的规定，2006年12月18日开始由组织部、纪委、工会组成联合考评组，对集团公司（包括朝阳新区项目部）34个单位的132名中层管理人员进行了换届前考核评议。在此基础上，根据集团公司今后生产经营、改革发展的实际需要，为进一步规范和完善中层管理人员竞争择优、能上能下的管理机制，公司进行了第九届中层管理人员聘任。

为使此次聘任工作得以顺利平稳进行，公司制定了第九届中层管理人员聘任方案，确定了聘任的原则、方法、程序及相关政策。并根据集团公司改革发展的实际情况，对中层管理人员任职条件中有关年龄方面的相关规定与以往换届的规定相衔接，保持了政策的连续性。但对未予聘任的人员相比往届的安置政策则有所变化，做了相应调整。在此次换届聘任中，有三个方面的情况要着重说明一下。第一是充分考虑了去年公司推进集约化经营，已对机构和中层管理人员做了较大调整，因此，本届聘任的基本思路是相对稳定，机构和人员变动面不大。第二是从实际出发，将中宽冷带从中宽带钢厂分离出来独立设厂。去年中宽热带与中宽冷带进行整合，目的是要充分发挥原中宽热带厂的整体优势，包括人员、技术、管理、设备安装调试等方面，最大限度地挖掘潜能。通过一年的运行看，确实发挥了整合的积极作用，也取得了明显成效，原中宽热带厂不仅拿下全年110.3万吨，创造了新的历史纪录，而且中宽冷带的安装调试、试产都有很大进步。也为冷带配备了操作和技术骨干，这是应当充分肯定的，也是实事求是的。但形势在发展、在变化，我们面临的是更加严峻的挑战。从现在看，中宽热带作为凌钢效益的支撑点，全年要实现中宽热带121万吨，生产和改造的任务相当繁重。中宽冷带作为凌钢重要的新的效益增长点，也是凌钢提高产品结构和质量的主要项目，达产达效任务也十分艰巨。为了体现与时俱进，既保证中宽热带生产改造不受影响，又保证中宽冷带早日达产达效，本着优化协调的思路，公司决定把中宽冷带厂从中宽带钢厂分离出来，便于两个厂都能更加集中精力完成各自生产经营目标任务。第三是根据朝阳新区的实际进展情况，人员维持不动，个别调整。综合考虑上述3个方面的情况，在具体聘任中，根据中层管理人员换届前综合考评的情况和有关年龄方面的政策规定，此次有11名同志未予聘任，1人降职聘任。根据工作需要，有9名年轻同志走上了中层管理岗位，2名副职担任正职。在增设一个分厂的情况下，中层管理人员人数比换届前还减少2人，中层管理人员的年龄，文化知识结构进一步优化。平均年龄略有降低，大学以上文化程度的比例由46%提高到了51%。

三、对新一届班子的几点要求

通过这一段的工作，到今天，我们的新一届中层管理人员的聘任名单已经宣布。今后三年凌钢改革发展的重任就要落到这些新被聘任同志肩上，可以说，使命光荣，任务艰巨，责任重大。希望大家要不辜负公司和广大职工的期望，以这次聘任为新的起点，以新的姿态全身心的投入凌钢的生产经营和改革发展中来。

一要努力提升个人素质。我们这届班子，正

处在企业发展的重要时期，凌钢能否在过去的基础上继往开来，实现“十一五”可持续发展，关键在我们这些人的工作，大家要充分认识自己肩负的重大责任，要清醒地看到，虽然公司已经把我们放到这个位置上，但我们每个同志的许多方面，还不完全适应企业改革发展新形势的要求，必须坚持与时俱进，不断提升个人素质，才能更好地担负起组织赋予的重任。提升素质关键是要加强学习。在知识经济高速发展的今天，不学习就跟不上企业发展前进的要求，就要落后掉队，我们必须牢固树立终身学习的思想，每个中层管理人员都要做学习的模范，要干到老，学到老，讲学习不要片面理解学习，除书本上以外，更主要的是向实践学习，向他人学习，做到工作学习化、学习工作化。要按照复合型人才标准，认真学习党的方针政策、法律法规知识、专业技术知识、现代管理知识和其他相关知识，不断丰富头脑，开拓视野，更新观念，增长才能。要发扬马克思理论联系实际的学风，坚持学以致用，把学到的知识和体会用到生产、管理各项工作中去，转化为实际工作能力，进一步提高自己的科学决策能力、开拓创新能力、组织管理能力、沟通协调能力、文字语言能力和自我约束能力，在任期之内实现个人素质的一次大提升。

二要努力提升工作水平。今年的职代会从应对新挑战，推进企业可持续发展的战略需要出发，提出了全面提升各项工作水平的新要求。我们新一届班子今年最突出的工作，就是从提升各项工作水平入手，抓好职代会精神的贯彻落实，保证全年生产经营目标实现。大家要从本单位生产和工作的实际出发，结合传达落实职代会精神，确定好提升的方向、目标、切入点和保证措施，使各单位主要工作在原有基础上今年再有一个新提高。特别要继续加强优化创新，这是实现提升的主要方法和途径，不能满足现有水平，止步不前，要用优化、创新的思维去审视我们的观念和工作，根据形势的变化和企业的发展不断去改进，完善我们原有的做法、制度，促使各项工作水平不断提升，通过提升工作水平，推动企业可持续发展。

三要提升班子战斗力。这次虽然多数班子成员都没有什么大变化，但都是重新聘任的新一届班子，既然是新班子，不仅要通过提升工作水平开拓企业发展新局面，还要通过加强班子自身建设展示班子新面貌。首先是要搞好班子团结，团结出凝聚力，团结出战斗力，团结是做好一切工作的前提和保证。每个班子成员都做自觉维护班子团结，我们讲的团结，是保证公司整体工作目标完成的前提下的团结，而不是无原则的团结，多少年来实践证明，不团结的班子，考评分就不高，工作也会受影响，大家心往一处想，劲往一处使，要严格遵守民主集中制的各项制度，自觉接受组织监督和职工监督。正职要当好“班长”，要有胸怀，有气量，既要善于发扬民主，又要善于集中统一；既要坚持原则，又要善于和大家团结共事，充分发挥副职的积极性。副职要服从正职领导，又要积极主动地开展工作，使班子能形成强大的整体合力。其次是要有新形象。要按照中纪委七次全会精神的要求，从“德、能、勤、绩、廉”5个方面，加强班子作风和个人形象建设，要带头发扬艰苦奋斗，勤俭节约的精神，带头反对铺张浪费和大手大脚，带头抵制拜金主义、享乐主义和奢靡之风，坚持秉公用权，廉洁用权，生活正派，情趣健康，高品位、高素质地做人，做称职、有为、职工信服的管理者。用良好的形象，团结凝聚广大职工去战胜困难，迎接挑战。

同志们，2007 年已过去了 1 个月了。1 月份总的说开局不错。钢完成 20.2 万吨，比计划增长 1.84%；铁完成 17.6 万吨，比计划增长 2.78%。材 19.6 万吨，完成计划的 95.73%。实现利税 9188 万元，其中利润 3522 万元。各项技改也在按计划进行。我们刚刚开过职代会，各单位要扎扎实实地贯彻落实好职代会精神，全面推进各项工作，确保全年目标的胜利完成。

最后，预祝大家春节愉快，工作顺利，身体健康！

党委副书记苑成德在凌钢集团公司2007年政工会议上的报告

坚持以人为本　构建和谐凌钢
为实现凌钢又好又快发展而奋斗

（2007年3月16日）

同志们：

我们这次政工会议的主要任务是：以党的十六届六中全会精神为指导，认真总结2006年公司党建、思想政治工作和精神文明建设，表彰先进单位和个人，研究部署2007年政治工作的指导方针、工作目标和工作任务，动员各级党组织和广大职工认真贯彻落实公司首届七次职代会精神，积极投入到实现增长方式转变和新一轮技术改造中来，推进企业实现又好又快发展；坚持以人为本，构建和谐凌钢，努力开创新形势下党建、思想政治工作和精神文明建设的新局面，为全面完成2007年公司生产经营总目标提供强有力的精神动力、思想保证和文化支撑。

2006年工作回顾

2006年在“集约化经营、低成本建设、新机制运行，促进企业可持续发展”的工作思路指导下，全公司努力优化创新，节支降耗，取得了可喜的经营业绩。各级党组织按照公司党委和政工会议的要求部署，围绕中心、服务大局、突出重点、抓好落实，党建、思想政治工作和精神文明建设取得了新的成绩，为凌钢生产经营做出了新贡献。

一、紧紧围绕“节支降耗”这条主线，深入开展形势任务教育，为战胜挑战、实现增长方式转变提供精神动力

去年初，公司生产经营面临几年来少见的严峻挑战，全年增支减利因素高达11亿元。面对挑战，公司制定了“节支降耗，全面推进集约化经营”的经营战略，这是贯穿公司全年生产经营工作的一条主线。围绕这条主线，公司首届六次职代会后，我们在全公司开展了以宣传、贯彻职代会精神为主题的形势任务教育活动。公司工会、党委宣传部编写了“迎接新挑战，促进新发展”形势任务教育宣传提纲，印发给每个工段、班组，11个分厂相继召开职代会，传达贯彻公司职代会精神，结合本单位实际，讲形势、讲任务，引导职工认清严峻形势，保持清醒头脑，振奋拼搏斗志，明确工作方向，组织职工眼睛向内，挖潜增效，制定集约化经营的实施方案，落实分解给本单位的降耗、降成本指标。一些单位还组织职工开展了“面对严峻形势怎么看，面对艰巨任务怎么干”大讨论活动，有效地起到了统一思想、激发斗志的作用。工会、党委宣传部举办了职工演讲会，这些职工从不同角度讲述了对公司总体工作思路的理解和认识，形象生动地描绘了本单位节支降耗、优化创新的新举措、新气象，使演讲成为一次经验交流会、动员会。

广泛深入的形势任务教育，增强了广大职工的危机感、紧迫感和责任感，牢固树立了成本效益理念，增强了优化创新、集约经营的创造活力。炼钢厂面对降低成本5500万元的艰巨任务，要求每个职工“每天从节支开始，每人从创效做起”，制定了“五精路线”、“七大模型”等一系列具有现代理念、切实可行的方案和措施；炼铁厂建立起吨铁成本的“生命线”和“控制线”，全年工作做到“三创两控一落实”；中宽带厂提出了“以管理求节支，以效率求降耗，以成本求生存，以质量求市场，以品种求效益”的工作思路。公司机关各部室充分发挥管理职能，强化各项专业管理，建立、完善节支降耗的激励机制、制约机制，组织了37项技术攻关和25项公司级劳动竞赛，成立了五个降成本和费用协调组。新闻中心充分发挥新闻媒体的作用，全力为节支降耗、实现增长方式转变鼓与呼，营造浓烈的思想舆论氛围，激励了职工，鼓舞了士气。在全公司职工顽强拼搏、共同努力下，公司迅速扭转了前年底和去年初连续几个月亏损的被动局面，下半年生产经营渐入佳境，全年实现利税9.77亿元，其中利润4.9亿元。

二、以职工“全面提素”为着眼点和工作重心，全面加强思想政治工作和精神文明建设

首先，以学习、贯彻“社会主义荣辱观”、“构建和谐社会”为契机，集中开展学习教育活动，提高广大职工的思想道德素质。去年3月份，胡锦涛总书记提出了以“八荣八耻”为主要内容的社会主义荣辱观，公司党委下发通知，要求在全公司范围内开展社会主义荣辱观教育，利用近两个月时间，开展了以“知荣辱、树新风、讲正气、促和谐”为主要内容的巡回宣讲活动，约两千余名职工聆听了宣讲，很多单位在职工集中场所和醒目位置张贴“八荣八耻”荣辱观内容，使所有职工耳熟能详。炼铁厂概括提出了具有炼铁厂特色、与职工贴得更近的“八荣八耻”，要求全体职工“会背”、“会讲”、“会做”；焦化厂印制“八荣八耻”学习卡片360张，做到人手一份，组织职工撰写体会文章212篇；保卫部开展以“知荣辱、树新风、争先进、比贡献”活动；结合荣辱观教育，公司工会、团委宣传树立了炼铁厂职工雷明和这个尊老爱幼、助人为乐的典型，在职工中树立起可见、可信的道德楷模。

党的十六届六中全会召开后，公司党委高度重视，下发了《通知》，公司党委中心学习组率先进行了认真的学习和讨论。宣传部以“学习六中全会精神，构建和谐凌钢”为主题，再次进行了巡回宣讲，各基层单位也通过上党课、职工政治课等形式进行了系统的学习贯彻，提高了干部职工对构建社会主义和谐社会重大意义的认识，增强了加快发展巩固和谐，维护稳定保障和谐，提高素质推动和谐的自觉性和责任感，初步形成了全体职工共同追求和谐、推动和谐的良好局面。

其次，把“三创”活动作为思想政治工作的新载体，完善了“效益型”思想政治工作，提高了职工文化技术素质。工会组织的工人技术创新活动，紧紧围绕提高工人素质和节支降耗继续向纵深发展，科技含量进一步提高，全年共立项848项，实际完成754项，共有1091人参加创新活动，达到“十人一项”，有213项成果获得公司级奖励；创争活动稳步推进。按照“创建学习型企业，争做知识型职工”的要求，各单位从基础工作、阵地建设、学习管理、学习效果等方面进行了细化、量化和深化，全年共举办各类培训班117个，培训职工12202人（次），开展各类技术练兵、技术比武67场次，参加职工3246人（次），全年新完成职业技术鉴定2038人。职工队伍的文化技术素质有了大幅度提升，中高级工占职工总数60%以上，一些职工在省市技术比武中获得优异成绩，为凌钢职工争了光；创建“五型班组”活动取得了显著进展，5月份举办了359名班段长参加的培训班，对创建“五型班组”活动的基本理论、基本要求、基本方法进行了系统培训，并请“五型班组”的先进典型现身说法，介绍经验。通过办班，班段长对创建活动提高了认识，学会了方法，绝大多数工段、班组做到了“五有”：有创建方案，有考核细则，有工作记录，有考核台账，有小家园地。紧密结合2006年节支降耗、优化创新的工作重心，赋予创建活动新的内涵，增强了活动的针对性和实效性。年末通过检查验收，全公司评出了62个“五型班组”。

三、巩固“先进性”教育成果，党的思想、组织、作风建设进一步加强

首先，加强了两级领导班子建设。年初，按照集约化经营和精干高效的原则，对机构、人员进行了整合，生产厂由16个整合为11个，调整后的两级班子按照“有责任、有激情、有水平、有形象、有勇气、有胸怀”的要求，在思想政治建设上更加注重思想解放、观念转变和素质的提高，注重团结、配合，发挥整体合力，注重工作作风的务实、沉底，工作思路清晰，勇于开拓创新，带领职工队伍勇敢应对新一轮市场经济的严峻挑战，圆满完成了生产经营任务，得到了职工的认可和好评。

其次，巩固共产党员先进性教育成果，建立健全了党员发挥作用的长效机制。公司党委2005年提出的先进性教育工作整改方案得到了全面落实，党委组织部对《党建工作制度》进行了修改完善，下发到所有党支部、党小组，进一步规范了党务基础工作。按照“有觉悟、有技能、有作

用”凌钢新时期共产党员标准，开展了丰富多彩的主题实践活动。去年“七一”公司党委组织全体党员开展的“七个一”活动，增强了党组织的凝聚力和战斗力；型材厂在党员中开展了“三有四无”活动、“党建基础工作达标竞赛”活动；氧气厂开展了“四保一提”竞赛；计量信息部开展“万笔数据无差错”活动，发挥党员在岗位上的先锋模范作用，增强了党员的角色意识、身份意识、形象意识和光荣感、使命感。很多单位注重加强对党员的培训和入党积极分子的培养，入党积极分子有较大增加，全公司去年共发展新党员50名，为党组织增添了新鲜血液。

第三，党风廉政建设有新的进展。以落实中纪委《建立健全教育、制度、监督并重的惩治和预防腐败体系实施纲要》为主线，使党风廉政建设责任制得到有效落实。对《凌钢集团公司党风廉政建设责任制实施办法》和《凌钢集团公司党风廉政建设责任制考核细则》进行重新修订，进一步明确了抓党风廉政建设“一岗双责”的工作职责，形成了责任网络。采取上党课、集中学习、专题讨论、观看电教片、正面典型激励和反面典型警示等形式，增强了教育的针对性和实效性。在加强企业廉政文化建设中，开展了“清廉在我心中”诗词征集评选活动。为纪念建党85周年，开展了“学党章、强党性、保先进、做贡献”知识答题活动。采取有效措施，加大纠风和办案力度，严肃查处了违纪案件。全年行政处分和行政处理58人，其中受到纪律处分10人，行政处理48人，开除党籍1人，劝退出党4人，从而进一步严肃了党纪，纯洁了党员队伍。去年“七一”公司党委被中组部授予全国先进党组织光荣称号。

四、推进“以人为本”为核心的企业文化建设，努力构建和谐凌钢

首先，继续推进理念文化建设，强化精神支柱，促进观念转变。去年初，在企业面临严峻形势的情况下，加大了对“市场经济靠自己”核心理念的宣传，增强职工的自立自强意识和拼搏进取精神，加强了“集约化经营”、“转变增长方式”等一系列经营思想的宣传，教育引导职工改变过去粗放式经营的思维定势和习惯做法，牢固树立成本效益理念，显示出理念文化对于企业生产经营的导向、激励、凝聚功能。基层单位理念文化进一步深化，炼钢厂提出了“建设和谐转炉厂，争做文明炼钢人”新的理念，举办了“履行承诺，建立诚信”理念征集活动；炼铁厂提出了“高炉的每一次波动可能是源于我们对工作的不负责任”，引导职工增强工作责任心，提升工作质量；中宽带钢厂提出“用诚心去工作、用真情去管理”，把理念文化有机融入到生产经营管理之中，增强了职工的集体感、荣誉感和主人翁意识。

其次，以40年厂庆为契机，全方位推进企业文化建设。搞好厂庆纪念活动，对于总结历史经验，发扬光荣传统，明晰发展思路，增强职工的向心力、凝聚力，意义十分重大，也是加强企业文化建设的极好时机，通过精心策划，扎实工作，在公司各有关部门的共同努力下，开展了一系列庆祝纪念活动，收到了良好效果。举办了“辉煌40载”大型图片展览和编辑出版大型画册。全面展示了凌钢发展的光辉历程，展现了今天凌钢的崭新形象，成为对职工传统教育、爱厂教育的生动教材。举办了“多彩的生活，火热的情怀”职工书法、摄影、绘画展览，展出职工作品156件，展现了凌钢职工热爱生活、向往美好的人生追求。编辑出版了近年凌钢职工楹联作品专集《联著钢魂》，提升了凌钢企业文化的档次和品位。成功地组织了厂庆庆典大会，外请辽宁歌舞团演出，使广大职工享受到高品位艺术。在厂庆的推动下，装修了文化宫，改造了西区体育场，成立了凌钢楹联协会、乒乓球协会、中老年健身操协会，职工文体活动健康向上，更加丰富多彩。

再次，突出以人为本，为职工办好事、办实事，努力构建和谐凌钢。年初，凌钢职工全部加入了医疗保险和大病保险，建立了取暖费发放制度，使国家要求建立的职工社会保障体系（四险一金一费）在我公司全部建立起来，并日臻完善；7月份，为职工增加工资，人均月增资270元；加大了对困难职工的帮扶力度，两级工会发放救助金近18万元，为工亡、重病职工捐款7.6万元，发放“金秋助学”资金1.9万元；继续为女职工办理团体安康保险，为保安干警办理了平安保险。加大厂区的绿化、美化力度，植树12万株，新增绿地4.25万平方米，去年公司被评为“全国冶金绿化单位”，被中央文明委授予“全国精神文明建设先进单位”。

回顾2006年的工作，我们在取得成绩的同时，也应清醒看到存在的不足：对做好新形势下的思想政治工作在理论和实践上有待探索和加强；一些单位的党建基础工作还不实，一些兼职政工干部工作还不够到位；企业文化建设在理论体系培育和实践上还应进一步加强；精神文明建设发展还不平衡；职工的综合素质还有待提高。特别是在如何贯彻六中全会精神，构建和谐凌钢方面，还有大量工作要做。这些问题应引起我们的足够重视，并努力在今后工作中逐步加以解决。

2007 年工作安排

2007 年是凌钢生产经营面临严峻挑战，改造发展又进入高峰期的一年，是贯彻十六届六中全会精神，全面构建和谐凌钢的一年。春节前召开的公司首届七次职代会，在总结 2006 年工作的基础上，明确提出了 2007 年工作总体思路、生产经营目标，当前，公司上下正在贯彻落实职代会精神，企业的各方面工作都在稳步运行。

根据六中全会精神和公司首届七次职代会的要求，2007 年凌钢思想政治工作和精神文明建设总的要求是：以党的十六届六中全会精神为指导，以全面贯彻落实科学发展观为统领，以圆满完成公司 2007 年生产经营、技术改造任务为目标，坚持以人为本方针，创新思想政治工作，全面提高职工队伍的思想道德素质和文化技术素质，全面加强党建、思想政治工作和以企业文化建设为核心的精神文明建设，全力构建和谐凌钢，以优异成绩，迎接党的十七大胜利召开。

一、坚持以人为本科学理念，推动企业思想政治工作改进创新

党的十六届六中全会《决定》指出：“必须坚持以人为本，始终把最广大人民的根本利益作为党和国家一切工作的出发点和落脚点，促进人的全面发展。”这是党中央在总结 20 多年来改革开放和现代化建设经验基础上，提出的重大战略思想。用以人为本的科学理念指导企业的改革发展，对企业各方面工作都提出了新的要求和标准，思想政治工作更不能例外。思想政治工作坚持以人为本，其实质就是以人作为工作的出发点，以促进人的全面发展作为工作的落脚点，“做到发展为了人民，发展依靠人民，发展成果由人民共享，促进人的全面发展”。但是，长期以来，我们往往以为，思想政治工作就是以人为对象的工作，自然就会以人为本，其实这是个误区。以往很多时候，我们不是根据人的需要，而是根据事的需要、工作程序的需要，去开展工作；从工作的归宿点考察，很多时候也没有把工作目标放在人身上。因此，才出现了以会议落实会议，以文件落实文件，把谈心、家访次数当作工作业绩来考核。近些年来，这方面有所改进和加强，但在认识上和实际工作方面还有不少差距。这次中央提出以人为本的科学理念，从更高的起点和更深的层次上揭示了思想政治工作的本质和规律，也是对新形势下思想政治工作的根本目标做出了科学定位。说到底，思想政治工作和经济工作都是手段，“促进人的全面发展”才是根本目的。因此，按照解放思想、实事求是、与时俱进的要求，我们必须按照以人为本的科学理念，对新形势下的思想政治工作给予准确定位，转变观念和认识，进一步改进和创新思想政治工作。

首先，思想政治工作坚持以人为本，必须尊重职工的主体地位。一是必须增进对职工的感情，这是落实职工主体地位的重要前提。只有与职工心连心，才能把职工当作平等的主体，把对职工的感情转化为富有成效的工作。要急职工所急，想职工所想，认真诚恳倾听职工意见，尽心竭力地为职工排忧解难，要多做聚人心、暖人心、得人心的好事实事，对职工思想、工作、生活饱含深情地给予发自内心的关怀，把职工真正团结到我们身边。二是必须尊重职工的民主权利，这是维护职工主体地位的直接体现。要认真落实依靠方针，进一步强化以职代会为主要形式的民主管理、民主监督，落实职工的知情权、参与权、表达权和监督权。要认真开好两级职代会，涉及企业发展战略和职工切身利益的一些重要举措，都要经过职代会审议讨论，以集中民智、反映民情、落实民权，确保企业各项改革发展措施顺利推进。民主管理必须落实在基层，让职工看得见，摸得着，如班组工段考勤、奖金分配上墙考核“四公开”，要认真坚持不动摇。

其次，要改进思想政治工作的方式方法，不断增强对职工的服务功能。思想政治工作坚持以人为本，就必须在尊重职工主体地位的前提下，把服务职工作为重要途径。一是要善于把握职工

的心理状况，增强思想政治工作的针对性。重视职工的心理感受和心理需求是对职工的尊重。当前，企业不稳定因素很多，某些改革措施和收入分配拉开差距，虽然在道理上能够说得通，但由于少数职工观念还跟不上改革的步伐，心理压力增大。对此，不闻不问是不行的，我们要根据职工心理状况，加强对职工的情感慰藉、心灵关怀和心态平衡，真心实意地面对面地做好解释和沟通工作，逐步消除心理疑虑，使企业的改革和发展取得大多数职工的理解和支持。二是要改变工作思路，既要见物更要见人，尊重职工的个性、人格和各种需求，在坚持原则的基础上，与人为善，多几分理解，多几分宽容，改变居高临下的模式，采用更加人性化、个性化的方法，把我们要说的和职工想听的结合起来，多用职工喜闻乐见的方式和职工熟悉的语言，通过平等交流、民主讨论的方式，引导职工自我教育、自我提高。三是要充分发挥舆论引导作用。公司发生的重要事情、各项工作部署、领导的讲话、职工群众的呼声、工作中涌现的先进典型、兄弟企业的经验信息，都应当通过报纸、电视、广播、网站及时让职工了解。以正确的舆论引导人，是新形势下思想政治工作的重要内容和重要手段。

再次，立足于促进职工的全面发展。坚持以人为本，必须把尊重职工和教育引导职工有机结合起来，提高职工的思想道德素质和科学文化素质，促进职工全面发展。一是思想道德教育当前最主要的就是开展以“八荣八耻”为主要内容的社会主义荣辱观教育，使职工知荣辱、明是非，不断提升思想境界。结合凌钢实际，今年要重点开展“忠诚凌钢，爱岗敬业”和“扬荣拒耻，弘扬正气”两个主题实践活动，要通过教育，使职工明白：凌钢是我们每个职工事业的载体、成长的摇篮、生活的靠山，要与企业风雨同舟、荣辱与共、爱岗敬业、勤奋工作，自觉爱护、维护凌钢的利益和形象，勇于同各种侵害凌钢利益、损害凌钢形象的行为作斗争。要树正气，刹歪风。每个职工都要从我做起，从现在做起，从点滴做起，推动企业道德风尚的提高，为构建和谐凌钢奠定坚实的思想基础。二是要加强对职工的学习培训，提高科学文化素质。“创建学习型企业，争做知识型职工”、“工人技术创新”、“创建五型班组”（三创）活动的开展为此创造了条件、搭建了平台。“三创”活动已由过去工会一家为主，发展到全公司党政工共同的工作任务，各级党政工组织必须给予高度重视。要营造浓厚氛围，健全完善机制，定期检查指导，搞好经验交流，促进“三创”活动向更深层次发展。要以工人技术创新活动为基础，搞好各种“技术比武”、岗位技能鉴定和工人技师评聘。通过“三创”，提高职工队伍的学习能力、创新能力、竞争能力，加速知识化进程。

二、以活动促活力，以作用树形象，认真加强党的思想、组织、作风建设

首先，要切实加强各级领导班子建设。这是党的建设最核心的内容。公司第九届中层领导班子换届刚刚结束，新班子面临着艰巨的生产经营和技改任务，以什么样的精神状态和自身形象带领职工迎接挑战，战胜困难，取决于领导班子的自身建设，特别是思想政治建设和能力建设。一要用科学理论、党的方针政策武装头脑，提高思想政治素质和理论政策水平。当前，全体干部都要着重学习胡锦涛同志在中纪委七次全会提出的干部作风方面的八项要求，即“要勤奋好学、学以致用；要心系群众、服务人民；要真抓实干、务求实效；要艰苦奋斗、勤俭节约；要顾全大局、令行禁止；要发扬民主、团结共事；要秉公用权、廉洁从政；要生活正派、情趣健康。”这八个方面要求很有针对性，所有干部都要认真学习、深刻领会，努力改进。二是要维护和增强班子的团结。各级班子都要以凌钢可持续发展，做好本单位工作为大目标，形成团结一致、和衷共济、齐心协力干事业的良好风气，班子成员间要互相信任，互相尊重，互相帮助，互相支持，多看别人的长处，多想别人的难处，少图个人的名利，少计个人的恩怨，出现隔阂和摩擦，多交流，多沟通，多做自我批评，要顾全大局，维护班子整体形象。这几年正反两方面的经验教训告诉我们：搞好班子团结，关键在一把手，一把手要发扬民主、当好表率。三是各级干部还要以提高创新能力为重点，以胜任本职工作为目的，进行知识更新的学习，提高领导能力的学习，以适应新形势、新任务的需要。自去年以来，一批年轻的管理、技术干部兼任了分厂书记、副书记、工会主席工作，大多数同志面对新的工作任务，倾注了热情和精

力，很快进入了角色，工作干得很出色，但是也有一些同志工作还不到位，对兼任的工作说不清、道不明，当甩手掌柜的，这种状况必须加以改变。要充分认识政治工作在当前形势下的重要性，认识到是公司党委赋予的神圣职责，尽快适应党政工交叉兼职的体制，尽快进入角色，两手抓两手都要硬，做一个合格的复合型领导干部。

其次，按照共产党员先进性要求，使党建工作真正活跃起来。一是要贯彻落实《凌钢党建工作制度》，严格党的组织生活。对去年公司党委下发的《凌钢党建工作制度》要再学习，再贯彻。要切实改进和完善“三会一课”，加强党建的基础性工作，特别是每半年的党员组织生活会和班子民主生活会按时召开。二是要建立健全党员发挥作用机制，为党员发挥作用创造载体、搭建平台。真正做到哪里有党员、哪里就有党的工作、哪里就有健全的组织生活和坚强的战斗力。要围绕“有觉悟、有技能、有作用”凌钢新时期共产党员标准，积极开展形式多样、丰富多彩的主题活动。要把“三有”标准进一步细化、具体化，大力弘扬和宣传，把它真正叫响。有活动才有活力，有活力才能发挥作用。三是要注重典型引路，把那些敬业、精业、勤业、为职工所佩服的党员作为学习的标杆，使广大党员学习有榜样、努力有方向。四是要重视组织发展工作。对入党积极分子特别是青年积极分子要注意引导好、培养好、教育好。要搞好传帮带，为加快凌钢的永续发展、凌钢党组织充满活力不断增添新鲜血液。要坚持把生产骨干培养成党员，把党员培养成生产骨干。一些单位党组织长期不发展党员现象必须坚决改变。今年，将要召开十七大，各级党组织要认真组织党员学习贯彻十七大精神。

第三，要认真贯彻中纪委七次全会精神，切实搞好党风廉政建设。构建和谐凌钢，必须深入开展党风廉政建设和反腐败工作，这既是构建和谐凌钢的内在要求，也是构建和谐凌钢的重要途径。因此，我们要围绕“标本兼治、综合治理、惩防并举、注重预防”这个反腐倡廉的战略方针，把党风廉政建设落到实处。一是要加强教育。要认真学习胡锦涛同志在中纪委七次全会上的重要讲话，对党员和干部进行反腐倡廉教育、社会主义荣辱观教育，切实增强反腐倡廉的责任感和紧迫感，要使每名干部、党员从思想上明确：为政不廉，是对党的形象的最大破坏，是发展生产力的重要障碍。每个干部党员都要把法律视为“高压线”，把党纪政纪视为“警戒线”。以“高压线”自警，以“警戒线”自律。要定期开展警示教育，用正反面典型敲响警钟，以增强干部职工廉洁自律的自觉性。二是要加强制度建设。把构建和预防腐败体系纳入各单位的工作规划，建立党风建设责任制，扎实推进廉洁文化建设。建设横向到边、纵向到底、责任清晰的网络体系和信息平台，把反腐倡廉的各项要求寓于管理制度、工作制度和业务流程之中，做到监督关口前移，规范权力运作和从业行为，使各种权力在阳光下运行。三是在认真开展监督检查的同时，针对所发生的严重问题进行认真查处和纠正，要严肃查处给企业造成重大经济损失和恶劣影响的案件，要发现一个查处一个，绝不姑息、绝不手软。要充分发挥教育、制度、监督三位一体的科学体系作用，靠教育培养、靠制度规范、靠监督约束，使三者发挥整体作用。要特别注意解决好职工反映强烈的热点、难点问题。

三、紧紧围绕加快发展和构建和谐凌钢两大主题，全力推进企业文化建设

首先，要抓好理念文化建设。这是企业文化建设的灵魂，是企业改革发展的动力，也是企业发展战略顺利推进的重要思想保证。在今年首届七次职代会上，高益荣董事长提出的全面提升“集约、优化、协调、永续”水平，努力促进增长方式转变，是在概括了凌钢多年在改革发展实践中的经验提出来的重要经营思想和经营理念，是科学发展观、构建社会主义和谐社会、自主创新和可持续发展等一系列方针政策在我们内部管理上的具体体现，它具有时代特征、凌钢个性、对凌钢今后的改革发展具有长期的指导意义，它是凌钢理念文化的核心。我们要开展多种形式的宣传教育，使广大职工深刻理解这八个字的精神实质和丰富内涵，自觉地在工作中贯彻落实，用八个字指导我们的生产经营等各项工作，努力做到4个提升，即：提升集约化经营水平、提升品种结构优化水平、提升技术改造水平、提升人员素质水平。用全面提升促进各项管理工作上水平、上档次，保证凌钢与时俱进，做强做久。在核心理念教育的同时，各单位各部门还要开展其他理念文化的提炼和教育。

其次，抓好3个教育，为促进和谐、打赢今年的生产经营和技术改造攻坚战，提供精神动力和文化支撑。一是广泛深入开展形势任务教育，引导职工清醒认识今年的严峻形势和艰巨任务，树立必胜信心，振奋拼搏斗志。今年公司生产经营任务十分繁重，技改量是凌钢有史以来最大的一年，而且生产与技改交叉作业，环环相扣，难度很大。我们必须把这个严峻形势如实向职工讲清，把企业的经营战略向职工讲透，激发广大职工的主人翁精神，视挑战为机遇，变压力为动力，全身心投入攻坚战中，为战胜挑战，完成任务，努力拼搏，建功立业。二是要进行企业发展大目标教育，增强职工的使命感、自豪感和企业的向心力、凝聚力。首届七次职代会提出“把新区做精，把老区做久”的发展思路，并具体描绘了企业发展的远景。我们要围绕这个大目标，引导职工把凌钢的长远发展同自身利益、自身价值的实现紧密结合起来，牢固树立“热爱凌钢，建设凌钢，发展凌钢”的使命意识、责任意识，坚信在凌钢有干头，有奔头，从而凝聚人心，提升人气，形成人人为实现企业美好远景献智出力、拼搏奉献的氛围。三是要加强民主法制教育，以稳定平安保障和谐。要通过“五五普法”，广泛、深入地开展民主法制教育，加强社会治安综合治理，严厉打击盗窃厂内物资等破坏企业生产行为，进一步提高职工知法、懂法、守法水平，珍惜安定团结的大好局面，自觉维护企业正常的生产生活秩序。每个职工包括退休职工，要善于通过理性合法的程序和方式表达自己的利益诉求，努力增加企业的和谐因素，消除不和谐因素，在全公司形成“企业和谐人人有责，和谐企业人人共享”的良好局面。

第三，办好事、办实事、促安定、促和谐。要把解决职工群众最关心、最直接、最现实的问题，作为工作的出发点和落脚点。一是健全完善扶贫帮困机制，以送温暖工程增添和谐。要重点做好对特困职工群体的帮扶工作，及时走访特困职工、工伤职工、工亡家属，对职工患大病、突发灾祸的，要发动职工以捐助等方式给予救助，要继续开展金秋助学活动，做到不使一名凌钢职工子女因经济困难而上不起大学。要继续关注女职工特殊利益，重视大学生的培养和生活上的关心。二是尽力帮助职工解决劳动关系、工资分配、生活保障等方面的实际问题，特别是奖金分配一定要按照经济责任制的规定执行，做到公平、公正。在劳动关系上要建立矛盾调处机制，尽可能把问题处理在萌芽状态，不搞人为扩大和激化矛盾。三是要高度重视环境保护、安全生产和厂容绿化美化。这既是保护职工身心健康所必需的，也有利于企业形象的改善。四是开展丰富多彩的文化体育活动，活跃职工的业余文化生活。以建设游泳馆为主要内容，不断完善职工文体活动设施，要成立各种协会，发动职工广泛参与，占领阵地，抵制“法轮功”邪教和各种不健康的活动。还要进一步抓好新形势下的计划生育工作。开展好厂志修编工作。总之，要通过各种活动，增强企业的凝聚力、向心力和亲和力，为构建和谐凌钢而努力。

和谐凝聚力量，和谐成就伟业。凌钢的发展已经站在一个新的起点上，新的一年，工作思路清晰，目标已经确定，我们要提高认识，统一思想，坚定信心，不辱使命，开拓创新，真抓实干，以凌钢又好又快的发展，迎接党的十七大的胜利召开。

董事长、总经理张振勇在2007年下半年工作会议上的讲话

（2007年8月22日）

同志们：

今天，我们召开下半年工作会议，主要是总结、通报前7个月的生产经营情况，结合当前形势变化，对后几个月的工作进行安排部署。

前七个月工作回顾

今年以来，面对朝阳新区建设启动，老区投资7亿多元的技术改造全面展开，生产、改造两

大任务交叉并进，生产组织难度增大的严峻形势，我们制定实施了全面提升“集约、优化、协调、永续”水平，促进企业增长方式转变的总体工作思路，努力实现总量与品种相协调、生产与改造相协调、当期效益与长远发展相协调，使生产经营、改革改造各项工作都取得了新的进展。

——在一座高炉停产改造的情况下，经济效益继续保持了增长。前7个月，钢产量完成121万吨，铁完成107万吨，钢材完成120万吨，分别比上年同期下降2.5%、4.7%、2.0%，但比计划提高了2.3%、2.9%、3.7%。实现销售收入40亿元，同比提高7.4%；实现工业增加值11.1亿元，同比增长7.4%；实现利税6.7亿元，同比提高15.4%，其中利润3.6亿元，同比提高33.6%。

——主要技术经济指标有了新的改善。综合能耗完成610千克/吨，同比降低7千克/吨。高炉入炉焦比完成404千克/吨，同比降低5千克/吨。转炉石灰消耗51千克/吨，同比降低8千克/吨。吨钢废水排放量2.88吨，同比降低0.45吨。

——技改项目顺利进行。年初确定的20个技改项目，现已完成10个。其中，3号高炉6月28日投产，比计划提前3天；10平方米竖炉7月2日按计划投产；直径219毫米无缝化改造2月16日投产，比计划提前12天；一总变改造工程5月20日完成，比计划提前10天；1号方坯和2号方坯增流改造工程分别比计划提前14小时和5天完成；15万立方米煤气柜预计可提前3天竣工；中宽带改造工程等项目也在按计划进行。

一、优化生产组织，努力实现生产高效运行

前7个月，针对今年凌钢生产技改紧密交叉的特点，我们按照生产与技改相协调的原则，努力优化生产组织，在不平衡中求平衡，在动态调整中实现了生产的高效运行。

铁系统以高炉为中心，粗料细作，细料精作，动态优化混匀料配比，通过开展全精粉、低碱度烧结，实施低硅冶炼，最大限度地提高入炉矿品位，有效促进了高炉增产降耗，前6个月利用系数达到3.80，全行业排名第8位，入炉况品位达到59.07，在53户钢铁企业是排第5位，说明我们将炼铁和烧结整合到一起是正确的。钢系统在3号高炉改造期间，努力节铁增钢，1～6月份通过降低铁水消耗同比增钢2.39万吨。动态调整产品结构，优化品种钢组织，保证了总量、品种两不丢。轧材系统按照效益优先的原则，坚持科学计划、科学轧钢，优化轧制规格和节奏，严格执行公司的品种规格计划，使有限的资源创出了更大效益。营销部门努力优化进货渠道和市场布局，加强对市场的跟踪预测，保证了生产的正常运行。前7个月，还抓住有利时机出口钢材9.1万吨，创汇4466万美元。3～6月，协调外购钢坯3.8万吨，弥补了坯料的不足，保证了型材正常生产，实现效益450万元。质量管理工作也取得了一定的成绩，组织了省市名牌产品的申报工作，直径10毫米螺纹钢获得了生产许可证，钢管API认证已通过现场审核，凌钢作为第一起草单位编制的直缝焊管国家标准也通过了专家组的预审。

二、优化品种钢生产，努力实现总量与品种相协调

前7个月，我们以提升产品实物质量为重点、以满足用户的不同需要为标准开展工作，不断优化生产工艺，进一步理顺了品种钢开发生产的各环节，完成品种钢58.9万吨，品种比达到48.6%，实现比较效益2900万元。一是坚持以市场为导向，进一步提高产品实物质量。优碳钢、低合金钢、管线钢中宽带产品质量稳步提高，品种钢材综合合格率完成99.67%，综合成材率完成96.98%，产销率达到102.37%。二是在稳步提高已开发品种质量、产量的同时，还试生产了SS330、AFD中宽冷带、30CrMo中宽冷带，经用户试用，性能稳定，工艺基本成熟，已具备批量生产条件。HRB500螺纹钢、直径50毫米合金结构钢40Cr也已进入试验开发阶段，还成功开发了高碳钢65Mn、高级别管线钢S360中宽带。

三、继续推进节支降耗，提高企业经济效益

按照年初职代会提出的今年变动费用要在上年降低20%的基础上再降5%以上的要求，前7个月各单位进一步加大了节支降耗力度，大多数单位都控制较好。一是靠技术进步降成本。前7个月，开展技术攻关项目22项，新技术应用22项，共创效1100万元。入炉焦比、喷煤比、冶金石灰消耗等指标，在全国同行业排序中分别前移

了4～11位。二是面对原燃料价格不断上涨的形势，通过加大招标力度，动态调整价格，尽可能地控制了采购成本的上涨幅度。三是靠加强设备管理，保证顺畅运行降成本。前7个月，完成年修项目30个，设备故障停机时间完成51.8小时/月，比计划减少8.2小时，设备可开动率99.14%，比计划提高3.14%。通过节支降耗，有效地促进了各单位超创利润目标实现。有考核指标的9个单位，前7个月完成超创利润8005万元，完成全年计划的62%，其中有6430万是依靠降成本实现的，降成本的比重达到了81%。特别是炼铁厂完成3198万、型材厂完成1399万，分别完成本单位全年计划的74%和81%。焦化厂、氧气厂、运输部、焦化厂、原料厂等单位都完成了全年计划的80%以上。

四、加大技术改造推进力度，全面促进企业发展

按照“新区做精，老区做久”的发展战略，今年我们加大了老区技改的投入力度，投资额达7个多亿，包括750立方米高炉、10平方米竖炉、保国矿山改造、方坯增流、219机组无缝化改造等20多个项目，涵盖了从主体到辅助、从采选到轧材的整个生产系统，是凌钢有史以来技改量最大的一年。上半年，在相关部门的共同努力下，技改工程进行得很顺利，特别是投资3亿元的750立方米高炉工程，不到4个月内连拆带建，提前3天出铁，创造了全国同行业同类高炉建设速度最快的纪录。而且投产后运行顺利，第一个月利用系数就达到了2.8。

在各项改造施工过程中，技改部门严格贯彻公司“一保三限”的方针，发扬吃苦耐劳的精神，克服了技改与生产交叉、项目与项目交叉，作业条件、场地、工期、人力受很大限制的困难，精心组织、科学管理，从设计、设备订货、监制、土建施工、设备安装、调试、工程监理、现场服务、后勤保障等各个环节，所有部门、所有人员都以对凌钢高度负责的精神，付出了巨大努力，保证了工程的提前竣工。在此，我对所有参战人员表示感谢！

五、坚持以人为本，构建和谐凌钢，为企业发展提供有力保证

前7个月，我们坚持以人为本，紧紧围绕公司工作思路进一步加强企业精神文明建设，努力构建和谐凌钢，为生产经营和技术改造创造了良好的氛围和环境。积极开展了职工“三创一赛”活动，进行了知识创新、技能提高等职工培训，进一步提高了职工素质。凌钢内部工人技师评聘工作全面展开。游泳馆建设正在进行，职工工作、生活环境进一步改善。最近，又为职工提高了责任工资和技能津贴。治安保卫部门和审计监察工作也取得了成效，保卫部查处违章违纪行为560多起。审计监察部门查办各种侵害凌钢利益案件和问题28项，为公司挽回直接经济损失230万元，避免间接经济损失160万元。

在总结成绩的同时，还要清醒地看到我们工作中还存在着不少问题。有些技改工程没有达到“一保三限”的要求；安全管理还存在着死角，发生了两起工亡和两起火灾事故；品种钢生产质量和新产品开发能力还有待于进一步提高，市场还有待于开拓；物流管理还有待于加强等等，所有这些都需要我们在今后的工作中加以改进。

下一阶段工作安排

前7个月成绩的取得，有钢材价格在高位运行这个客观因素，就我们自身讲，主要是全公司职工认真贯彻公司总体工作思路、努力工作的结果。但应当认识到，后几个月的形势不容乐观，上半年，国内钢材市场在粗钢产量增长18.9%的形势下仍能保持供需平衡，主要是钢材出口大幅度增长所致。据钢铁协会统计，上半年粗钢净出口量达到3065万吨，占粗钢增量的52%。今后一段时期，受国家宏观调控政策影响，钢材出口数量将大幅度降低，将使很大一部分流向国外的钢材转留国内，加上还有部分新增产能释放，都会加大市场的不稳定因素，目前，虽然钢材价格在高位运行，但原燃材料的涨价幅度已经远远高于钢材涨价幅度，企业的利润空间在不断缩小，一旦市场供求关系发生变化，钢材价格出现下滑，将给企业带来新的经营风险。从我们自身看，随着3号高炉投产，必然要打破原有的生产平衡，也给我们的生产经营将带来更为严峻的挑战。

一、统筹协调，科学组织，继续提升生产运行的质量与效率

后几个月，随着3号高炉等技改项目、年修

项目的陆续投产，生产节奏将明显加快，这就要求我们必须进一步提升生产运营的质量与效率。一是要处理好生产不平衡的矛盾，进一步提高生产运营水平。要想在年产240万吨钢的生产能力上达到新的平衡，铁系统要按日产6500吨以上的水平组织生产，在充分发挥好3号高炉骨干作用的同时，统筹解决好与其他高炉的关系，在原燃材料分配上要均衡优化，稳定整个炼铁生产。4号高炉一定要维持到下一步改造，至少坚持到明年6月份。还要筹划准备好4号高炉扩容改造的建设工作。炼钢是今年整个生产的瓶颈环节，转炉要提高设备作业率，加快生产节奏，日产要保证6700吨以上，努力把铁水吃干喝净。要进一步优化炉机匹配，按照市场需求和效益高低动态调整方、板坯的生产结构，做到不铸块、不卖坯。其他相关部门也要为炼钢生产创造条件。轧材系统要继续坚持以效益为中心的原则，结合市场做好产品结构调整，提高日历作业率。中宽热带要在现有条件巩固和提高产品质量上下工夫。中宽冷带要集中组织生产，为降低成本创造条件。各辅助生产部门在主体工序产能提高的情况下，要深入挖掘潜力，努力提高服务质量和保障能力，保证生产水平的不断提高，还要抓紧做好下一步改造的筹划、准备工作。物流管理要在减少环节、降低运行成本上下工夫。供销部门要增强计划性和预见性，不仅要保证大宗原燃料的优质足量供应，还要为冬储做好准备。在营销上要密切关注市场动向，根据变化及时进行品种和价格调整，使生产、销售与市场紧密协调，增强适应市场、把握市场的能力。设备管理要进一步推进3个标准化达标，全面加强设备点检、维护和检修工作。尤其是检修工作，要加强施工前的准备工作，做好预案，同时研究制定出检修管理的责任追究制度，保证主线设备运行顺畅。设备材料供应要做好各环节的协调，保障生产和技改物资的及时供应。要根据前一段暴露出来的问题，有针对性地优化管理程序，完善管理制度，堵塞在采购、合同、仓储等环节出现的管理漏洞。尤其是招投标工作，要进一步规范招投标程序，强化招标后的跟踪管理，建立健全追溯机制，加强责任追究。

二是要按照总量与品种相协调的原则，后几个月品种钢生产的重点要放在提高质量上。一要继续提高铁水质量，充分发挥脱硫作用，在铁水脱硫率达到45%的基础上，实现入炉铁水全处理，确保品种钢成品硫满足内控标准的比例达到95%以上。二要提高品种钢的实物质量，要尽快提高195LD的质量，这是我们品种钢中最重要的品种，要针对近一时期暴露出来的问题，采取切实可行的措施，改善产品板形质量，扭转不利的销售局面，夺回失去的市场。在提高质量的问题上，必须转变观念，坚持眼睛向内，不能只靠花钱、投入来解决问题，要从提高自身操作水平和管理水平入手，靠人的努力去解决问题，通过最大限度地发挥人的积极性来弥补设备的不足。三要结合方坯系统的改造，拓展产品规格，实现品种钢生产的可持续开发。正在开发的几个品种，要加快进度，尽快形成批量生产。65Mn中宽热带、直径80毫米以上大规格中型材两个鉴定项目也要充分做好基础工作，力争11月前完成鉴定，产量也要超过12万吨，政策抵免税要实现3000万元以上。四要紧密跟踪大连核电站等国家重点工程项目，充分发挥螺纹钢、圆钢在东北市场上的领先优势，加强品种钢市场开发。要利用方坯改造后，中型材规格拓展到直径100毫米的有利条件，进一步开发中型材市场，同时加强中宽冷带和热轧流体管的市场开发和销售工作。还要做好螺纹钢生产许可证的现场检查工作，钢管制造许可申请工作也要尽快完成。

三是要进一步推进集约化经营，抓好节支降耗。应当说，前7个月节支降耗的势头不错，但由于原燃料涨价，再加上技改导致产量下降，固定费用升高等原因，成本还是比上年水平升高了11.1%。后几个月生产经营的压力要远大于前一段时期，因此，我们必须认真贯彻公司集约化经营战略，充分发挥“日清日结”和“两查”作用，全面推进成本控制系统建设，加大从技术进步、提升技经指标、加强设备管理、降低采购成本和管理费用5个方面降成本的力度。技改、年修的效果要体现在后几个月的降成本上。技术攻关不仅要注重指标的改善，更要注重攻关的经济效果。前7个月技术攻关、新技术应用虽然取得了一定的成效，但距全年创效3000万的目标还有较大差距，后几个月要迎头赶上。

四是要加强生产安全管理。最近一段时期出现了两起工亡两起火灾，以及电缆放炮等多起事故，安全形势非常严峻，必须引起我们的高度重视。在以后的工作中，要认真吸取教训，坚定不移地贯彻安全管理体系，严格落实各级安全责任，坚决杜绝死亡、重大伤亡和重复性事故的发生，把素养安全和本质安全管理落到实处。一要加强安全教育和管理，提升职工的安全素养。二要把区域值班管理、伤害预知预警、危害辨识风险评价及控制工作抓实做好。三要加强对外来施工单位的安全管理，规范制度，落实责任。四要在已经制定的各项应急预案的基础上，进一步完善，确保一旦有险情发生，能够及时妥善处理。

二、进一步加快技术改造进度，提升永续发展能力

前7个月的技改工作取得了很大的成绩，但必须看到，也有一些项目远未达到“一保三限”的要求，直径219毫米机组无缝化改造投资严重超出计划，保国的选场和井巷工程也比计划拖期，中宽冷带也没有达效，这些都需要认真总结教训，会上我们对没有按计划完成的项目作了比较严厉的批评，是因为我们马上要开展更大规模的技术改造，绝不允许在下轮改造中再出现这样的情况。

对已经建成的项目收尾工作要做好，要进一步严格考核管理，坚持高标准、严要求，按期达产达效，抢回停产改造的损失，做到改造不减产。现场管理也要提升档次，周围环境要尽快恢复，该平的要平、该硬的要硬、该绿的要绿，面貌要焕然一新，真正做到干一个项目，提高和改善一处环境质量。正在进行和即将进行的技改项目，一定要统筹部署规划，严格网络、节点和过程控制，确保所有项目按期建成投产。

为促进凌钢的永续发展，实现做久做强的宏伟目标，按照国强省长的要求，我们对凌钢的“十一五”规划又做了新的调整，在全面推进新区建设的同时，老区也确定了加速实现350万吨钢改造的大盘子。具体内容是：炼铁系统结合4号380立方米高炉大修，将其扩容改造为1000立方米、并配套建设240平方米烧结机及其附属设施，达到年产320万吨铁的生产能力。炼钢系统新建1座100吨转炉及其配套的精炼、板坯连铸机等设施，达到年产350万吨钢坯生产能力。轧钢系统新建一条高架棒线、盘卷生产线，年产直径20～60毫米圆钢、螺纹钢及盘卷90万吨，形成年产330万吨热轧材、33万吨冷轧材的生产能力。辅助系统建设2万立方米制氧机及其他风水电气设施。项目投资估算22亿元，所有技改项目（除50孔焦炉外）计划在2009年上半年竣工投产。目前，项目论证已经完成，正在与设计院商谈设计承包合同。

这次改造，是提高企业核心竞争力的重大举措，事关企业的长远发展。有关部门要以发展凌钢的高度责任感和使命感，努力振奋精神，克服一切困难，打破常规，全力以赴，快速推进新项目的各项工作，确保按时建成投产。设计要加快进度，充分论证，使设计方案最优化。要倒排计划，对工程限制性环节特别是设备制造等早着手、快准备，人力、物力和财力上也要早做工作。还要按照省领导要求，加紧做好300万吨钢后进一步发展的方案论证工作，推进企业可持续发展。

朝阳新区项目在4月18日与鞍钢签订合同后，目前，已与设计院签订完炼铁、炼钢、焦化、原料、烧结5个项目的总承包合同，白灰和制氧项目的方案也正在加紧论证。新公司已经成立了董事会、监事会和经营班子，注册也已经完成。下一步要积极配合鞍钢搞好开工前的一切准备工作。所有参与新区建设的同志，要发扬凌钢人敢打硬仗，能打硬仗的精神，把凌钢人的作风、凌钢人的理念融入到各项工作中去，要充分展现凌钢人的能力素质和精神风貌。

三、振奋精神、真抓实干，确保完成全年生产经营目标

在大家共同努力下，前7个月，我们已取得了不少成绩，但真正的考验还在下半年。现在时间还有4个半月，要实现年初的预定目标，夺回上半年改造减产的损失，后几个月生产必须再上一个新台阶，生产组织的难度将进一步加大。为了提升企业永续发展能力，技术改造还要进一步加大力度、加快进度，不仅未完工的项目要抓紧建成投产，已投产的项目要抓紧达产达效，还要提前启动以实现350万吨钢为目标的更大规模的改造。下半年的工作可以说是时间紧、任务重、要求高、难度大。做好这些工作，需要职工们投入更多的精力，付出更大的努力，我们对此必须要有清醒的认识。

面对新形势、新任务、新挑战，继续坚持集约、优化、协调、永续的总体工作思路，振奋精

神，真抓实干。各级领导干部要按照市委、市政府的要求，在思想上和行动上与公司保持高度一致，切实担负起自身责任，对于多年来形成的具有凌钢自身特点的管理体系，以及各项体制、机制和方法，必须不折不扣地坚持和继承，并在坚持和继承的基础上努力创新。要全面提升各项工作管理水平，认真部署后几个月的工作，团结带领广大职工，拼搏进取，努力开创工作的新局面。各级组织要以这次职工责任工资调整为契机，进一步调动和发挥各方面人员的积极性，要鼓励支持工程技术人员结合生产、改造实际，在集约、优化、协调中去选课题、攻难关，把实现个人价值和为企业发展做贡献统一起来。要善始善终地做好今年工人技师评聘工作，使评聘出来的首批技师是忠诚凌钢、技术精湛、群众服气的高技能人员。要继续开展好“三创”活动，提升工人技术创新活动的档次和覆盖面。要加强职工知识更新和技能培训，组织广大职工学习文化，钻研技术，提高技能，不断提高职工队伍整体素质，适应企业发展需要。要坚持以人为本，构建和谐凌钢，继续加强企业文化建设，搞好形势任务教育，开展健康有益的文化体育活动，用先进的理念引导人、用时代的精神凝聚人、用良好的环境氛围培养人。使广大职工全身心地投入到企业的生产经营和发展建设中去。

同志们，距到2007年底只有4个多月的时间了，我们要按照年初职代会提出的工作思路和这次会议部署，认真抓好落实，以全面完成今年生产经营目标的优异成绩迎接党的十七大胜利召开！

董事长、总经理张振勇在凌钢集团公司350万吨钢技改工程动员大会上的讲话

（2007年9月13日）

同志们：

刚才，我们对今年已经完成的技改项目进行了兑现，卢总对350万吨钢技改工程的项目进行了说明，代表公司宣布了项目部的经理和副经理名单，并对项目部及相关部门进行了具体的工作部署。高炉、转炉两个项目部、设备材料部、技改部又做了表态发言。下面，我就前一阶段技改工程完成情况和下一步的工作安排部署讲几点意见，目的是动员大家振奋精神，统一思想，坚定信心，全力以赴做好350万吨钢技术改造工作。

一、前一阶段技术改造工作回顾

今年年初，按照中央提出的2007年我国经济要实现又好又快发展的要求，我们结合自身实际确定了投资7个多亿元的20多个技改项目，使今年成为凌钢历史上技改项目数量最多、投资额度最大的一年。面对项目工期紧、任务量大、施工场地狭窄、施工与生产交叉进行等重重困难，全公司上下严格贯彻落实“一保三限”技改方针，科学组织，团结协作，使技改工作取得了很大成绩。前8个月，我们先后进行了3号高炉、10平方米竖炉、15万立方米煤气柜、一总变、直径219毫米无缝化改造、中宽热带综合改造、保国铁矿井下开采和选场等14项改扩建工程，完成总投资约6亿元。3号高炉6月28日出铁投产，比计划提前3天；10平方米竖炉7月2日按期投产；219无缝化改造2月16日投产，比计划提前12天；一总变改造5月20日完成，比计划提前10天；15万立方米煤气柜工程8月30日投产，比计划提前2天。其中，3号高炉改造工程、10平方米竖炉工程、15万立方米煤气柜工程的工期都是全国同类工程中工期最短的。保国铁矿改造项目近期进展速度很快，井下开采和选场扩建工程分别有望在9月20日、10月1日完成。总结今年的技改工作，主要有以下几个特点：

（1）准备充分，科学实施，确保了技改工程按计划进行。

我们今年的技改工程突出特点是与生产交叉多，工期要求紧，既要保证工程的顺利进行，又要保证全年生产经营任务的完成，难度非常大，各项目部和项目单位精心准备，科学实施，保证

了按计划扎实推进。一是科学规划，动态优化，确保实现整体计划。每个项目开工前，认真论证施工方案，细化施工网络。在施工过程中，科学组织施工资源，动态优化调整，保证了工程按照总体网络计划进行。二是运用“日清日结”、“两查”管理手段对网络计划进行严格检查考核，以日计划保周计划，以周计划保月计划，以月计划保网络计划，跟踪检查到位，落实考核到位，保证了工程的整体进度。三是充分发挥管理人员和技术人员的主观能动性，大胆创新。在工程实施过程中，鼓励大家结合现场实际，对具体问题提出新的见解和思路，群策群力解难题、攻难关。特别是3号高炉原计划请外人开炉，炼铁厂领导班子面对大炉型、新装备，不畏风险，大胆决策，决定自己开炉，并获得圆满成功，不仅节约了工期和资金，更锻炼了队伍。为鼓励他们的创新精神和做法，公司决定对炼铁厂进行嘉奖。

（2）强化管理，健全制度，为工程的顺利开展奠定了基础。

针对如此大规模的施工改造，技改管理部门不断探索新的管理方式与方法，在保证技改顺利进行的同时，也提升了工程项目的管理水平。一是编制了《项目管理规划》。通过编制管理规划，促进了工程项目管理的科学化、规范化、制度化，同时也对项目的整体规划及实际操作起到了指导作用。二是建立了协调会制度。项目经理部定期组织召开会议，把问题摆在桌面上，相关专业不分份内份外，共同探讨解决办法，做到了及时发现问题，及时协调解决，不推诿，不扯皮，保证了各项工作落到实处。三是严格会签、会审制度。为加强工程投资控制，确定了专业审核负责人，对设备订货清单和施工图进行审核，严格控制功能过剩。在工程变更上，制定了层层签字制度，无签字的变更不予结算。

（3）戮力同心，团结协作，为项目顺利进行提供了保证。

在今年的技改中，各单位都以对凌钢发展高度负责的精神，团结一心，协同作战，设计、订货、施工、监理、现场服务、生产组织各方面都是主动出击，形成了强大的整体合力。设计部门独立承担了竖炉工程的设计，对外多次赴设计院督促设计进度，在设计的关键时期派人进驻设计院，保证了工程的需求；设备、材料供应部门超前准备，加大监制、催货力度，保障了工程资材的供给；生产组织部门积极协调生产与技改的关系，确保生产与技改总体目标的实现；质量化验、能源环保、计量信息、生产保卫等所有相关单位全力主动参与，积极配合，为技改工程的顺利推进做出了各自的努力。项目所在单位积极参与工程准备和施工，炼铁厂成立了专门机构，参与方案制定、工程质量监督和生产准备；动力厂主动介入工程全过程，承担了大量的工程保障工作；钢管厂不仅承担了部分设计，还承担了辊道制作和大部分的设备安装。正是由于各部门的同心协力，才保障了各项技改工程项目的顺利完成。

前一阶段技改工作之所以能够得以顺利进行，归结起来：

（1）“一保三限”技改机制的落实是保证。各个项目严格按照“保质量、限工期、限投资额、限期回报”的技改方针组织开展工作。从上到下意志统一，目标一致，严格按照网络计划倒排工期，并通过“日清日结”狠抓责任落实，保证了各个项目的顺利实施。

（2）全公司通力协作和各方面的优化协调是基础。群策群力，全公司树立了一盘棋思想，坚持在细节上优化，在环节上协调，做到了生产与技改、年修与技改、项目与项目的协调有序，保证和促进了技改工作的顺利推进。

（3）多年形成的凌钢企业文化是支撑。多年来形成的市场经济靠自己的企业理念和勇于吃苦、敢打硬仗、真抓实干的优良作风，为工程提供了强大的精神动力和思想保证，促进了技改工作的顺利开展。

前一阶段成绩的取得是所有参与工程设计、施工、管理、服务人员集体劳动的结果，是全公司通力协作、团结互助，拼搏进取的结果，也是我们全面贯彻提升集约、优化、协调、永续水平，促进增长方式转变的结果。在此，我代表集团公司向全公司广大职工、特别是参加技改建设的所有同志致以衷心的感谢！

在总结成绩的同时，也要看到不足：从刚才的兑现我们可以看出，多数项目的投资控制不到位，直径219毫米无缝化改造等个别项目投资严重超出计划。保国选场改造和井巷工程比计划拖期；中宽冷带项目不仅超投资，超工期，也迟迟没有达效，前期可研论证工作做得不好，造成项目“先天不足”。有的工程收尾工作进展较慢，影响了工程的整体形象；也有的进厂设备存在质量缺陷；对子公司工程项目的管理和指导还不到位；个别项目的图纸设计深度不足，给后期施工带来了较大难度等等。这些问题，归根到底就是我们的“一保三限”机制和管理没有完全落实到位，我们在下一阶段的工作中要充分吸取教训，认真加以改进，避免再有类似问题的发生。

二、对下一阶段技改工作的要求

近几年来，我国钢铁行业迅猛发展，凌钢虽然有了较快进步，但与强大的竞争对手相比仍然差距很大。现在，凌钢已处在发展的关键时期，我们必须适应新形势，树立加快凌钢发展的紧迫感和责任感。

一是钢铁企业目前的联合重组步伐明显加快，虽然国家对新上钢铁项目实施严格的宏观调控，但许多钢铁企业实施规模扩能的步子并没有放缓。现在企业的竞争不仅仅是实力的竞争，也是时间的竞争，谁跑得快，谁就能赢得市场的主动。现在留给我们的机遇不多了，我们必须抢抓机遇，加快发展。

二是国家出台了一系列政策措施，加大了淘汰落后的力度，下一步可能还会有更严厉的淘汰政策出台，不发展，就意味着被淘汰，发展慢了也难逃厄运，即便想被人重组都没有话语权。

三是全行业前7个月钢的增幅为18.47%，我们即使按现有年产240万吨钢的能力算，也大大落后于这个增幅。销售收入和利润增幅，也远远低于行业平均水平。国家统计局发布的全国500家企业排名，凌钢由2005年的377位降至了2006年的455位，今年将会被淘汰出局。所以说，凌钢发展迫在眉睫，刻不容缓。

我们凌钢完全有条件、有能力发展。一是这几年，争取朝阳新区项目对老区的发展速度带来一些影响，可是通过对新区的规划和论证，我们也积累了大量的经验和教训，这在我们老区的规划与论证中会少走许多的弯路。二是朝阳新区与鞍钢的合作大的方面已基本完成，我们可以腾出更多的人力、物力、财力、精力，加快老区的发展。三是经过初步论证，我们现有的资源、场地等条件尚有发展的空间，并有更大发展的可能。3号高炉的提前竣工和顺利投产，为我们驾驭大的更先进的装备积累了经验，也增强了信心。四是省和两级市政府都表示，对我们老区发展要给予鼎力支持，给我们解决一些外部条件。五是我们有一支敢打硬仗、能打硬仗的职工队伍，这是我们最宝贵的财富，也是凌钢发展的希望所在。

为实现凌钢的永续发展，我们按照“新区做精、老区做久”的总体思路，进一步调整了凌钢发展构想，特别是对老区下一步改造进行了重新规划。总的设想是通过对老区主体工序升级改造和公辅设施的完善配套，淘汰落后装备，注重节能减排，到明年末把老区发展到350万吨钢规模，并进一步探讨实现更大发展的可能，真正把老区建设成科技含量高、经济效益好、资源消耗低、环境污染少的现代化企业。350万吨钢改造的主要项目刚才卢总已经讲过了，所有工作都在紧锣密鼓地推进。

如此大规模的改造，在凌钢历史上还是第一次。可以说，这是对我们的一个极其严峻的考验。我们必须充分认识到改造的风险与困难，动员全公司广大职工，以时不我待、排除万难的信心和勇气，打好打胜老区改造这一仗。下面，就如何做好下一阶段技改工作，提几点希望。

一要提高认识，统一意志，把思想和行动迅速统一到350万吨钢改造上来。350万吨钢改造工程，事关企业的生死存亡和长远发展，这是我们今明两年所有工作的重中之重，处于大于一切、高于一切、先于一切的地位，我们要举全公司之力搞好改造，做到无论遇到什么样的困难，什么样的问题，什么样的阻力，我们的改造都雷打不动，一切为改造让路。无论哪一级领导，哪一个部门，对改造的服务和保障都要雷厉风行，履职尽责。要用新的理念、新的思路、新的精神风貌来应对新的技改高峰的到来。

二要认清责任，明确目标，担当起350万吨钢改造的重任。从现在起，所有部门、所有单位、所有人员，特别是今天公布的项目经理，都要进一步明确责任，明确任务，明确时限，明确奖惩，要人人肩上有责任，不允许出现任何形式的职责悬空和责任失察。当前，各个项目部首先要明确责任，明确目标，马上到位，开始启动。我们自己要把困难估计得大一些，把问题想得多一些，把工作做得细一些，集中各种优势资源和力量，确保到明年年底之前主体项目竣工投产。

三要按照“一保三限”的要求，切实加快项目建设进度。能不能在明年底形成350万吨钢能力，这是经过公司班子慎重考虑提出来的。时间就是效益，时间决定整个技改工程的成败。我们必须按照既定的项目建设计划，采取倒排工期的方式，积极妥善地制定好每个阶段、每个环节的施工计划，精心做好每一天甚至每个小时的工程进度，确保工程施工环环紧扣不拖期。设计部门要加快进度，尽快落实方案；设备材料部门深入了解装备情况，对制约环节的关键性设备要早下手、早定货，提前做工作。哪个环节哪个部门影响了工期，都要承担历史性的责任。

四要加强过程控制，确保工程质量。这是350万吨钢改造的生命线。我们不能因为要抢工期而忽视质量，恰恰相反，“一保三限”首先要保证质量，按照百年大计重视工程质量。在工程建设上要严格按照标准规范运作，采取逐级签订责任状的方式，严格抓好工程的质量管理。监理部门要切实负起责任，现场跟班监控和跟踪检查，做到工程全过程监督。设备和材料采购，更要瞪起眼睛，保证质量。总之，一定要确保工程质量万无一失，努力把350万吨钢改造项目建成一个精品工程。

五要树立全公司一盘棋思想，做到生产改造两不误。在抓好技改工程的同时，生产经营不能放松，这是搞好技改的基础，没有这个基础，为技改筹资就不可能，人心也不会稳定。因此，必须按照下半年工作会议的要求，努力抓好生产经营。今年的230万吨钢、100万吨品种钢任务决不能动摇，降成本提高效益的任务必须完成。各单位要协调处理好改造与生产的关系，在不平衡中求平衡，在不适应中求适应，使生产和改造互为促进。

六要振奋精神，真抓实干，万众一心保改造。350万吨技改工程对于我们来说是一个全新的挑战和考验，我们各级管理人员要以加快发展凌钢、把凌钢做大做强的高度责任感和神圣使命感，振奋精神，真抓实干。要用实现350万吨钢这个大目标，对广大职工进行形势任务教育，使广大职工感到，凌钢不发展就是坐以待毙，加快发展，凌钢就前途光明。要统一思想，坚定信心，一心一意谋发展，竭尽全力抓改造。各项目部和相关单位要总结借鉴前一阶段的成功经验，继续发扬敢打硬仗的拼搏精神和真抓实干的优良作风，不等不靠，主动出击，快速推进各项工作的开展，团结和带领广大职工克服一切困难，打破常规，背水一战，用我们的共同努力实现凌钢更新更大的发展。

同志们，新一轮的技改高峰已经到来，进军的号角已经吹响，我们要抓住这个难得的稍纵即逝的历史机遇，克服一切难以想象的困难，调动一切可以调动的力量，以科学严谨的工作作风和求真务实的工作态度，全力以赴，奋力一搏，力争在最短的时间内，完成全部建设项目，用一个具有一定竞争实力的新凌钢迎接更加美好的明天！

董事长、总经理张振勇在保国公司250万吨采选工程竣工暨建矿40周年庆典仪式上的讲话

（2007年10月20日）

各位领导、各位来宾、广大职工同志们：

今天，我和集团公司各位领导满怀激动喜悦之情，前来参加保国公司250万吨采选工程竣工暨建矿40周年庆典大会，在此，我代表集团公司和集团公司党委向多年来为矿山发展做出重大贡献的保国公司领导班子和广大职工表示热烈的祝贺！向专程前来参加庆典仪式的各位领导、各位嘉宾表示由衷的欢迎和诚挚的感谢！

保国公司250万吨采选工程是凌钢集团重大技改项目，它的竣工投产，是凌钢的一件大事、喜事，更是矿山发展史上一个光辉的里程碑，它不仅使保国矿胜利地完成了年产250万吨铁矿石、100万吨铁精矿的巨大历史性跨越，而且从根本上改善了矿山工艺、装备水平，使保国矿在“量”和“质”两方面都实现了旧貌换新貌，已经成为具有国内先进水平的大型现代化矿山，这对实现

集团公司可持续发展，振兴地方经济都具有重大的现实意义和深远的历史意义。

保国铁矿250万吨采选工程竣工又恰逢建矿40周年，40年来保国铁矿从小到大，从弱到强，走过了一条极不平凡的发展道路。从1967年建矿以来，广大矿山职工满怀发展我国钢铁工业，振兴地方经济的雄心壮志，在极其艰难困苦的条件下，矢志不渝，艰苦奋斗，克服了建矿初期难以想象的重重困难，打实了矿山发展基础，特别是1988年进入凌钢集团以后，在集团公司的领导关怀和全力支持下，通过努力深化改革，强化管理，加速改造，战胜了20世纪90年代中后期露天资源枯竭、濒临倒闭的严峻考验，使生产能力不断增长，经济效益不断提高，逐步成长发展为凌钢集团主要效益增长点和朝阳、北票的利税大户。进入“十五”以后，伴随着凌钢集团的大发展，保国矿紧紧抓住矿山自我积累、自我发展能力显著增强的有力机遇，以发展矿山、振兴凌钢的强烈责任感和紧迫感，抓当前、谋长远，在集团公司的支持下，不失时机的积极拓展和争取矿源，谋划并开展了投资总额4个亿的250万吨铁矿采选工程，使矿山重新焕发了青春，进入了发展的快车道。广大矿山职工也在继承老一代职工优良传统的同时，在市场经济的风浪中经受了考验，转变了观念，提高了素质，做出了贡献，成长为一支特别能战斗的过硬队伍。

保国矿走过的40年历程，是凌钢集团40年蓬勃发展的一个缩影；保国公司40年发展史是一部几代矿山职工艰苦奋斗，无私奉献的创业史；保国职工所展现的精神面貌充分体现了凌钢艰苦奋斗、自强不息、团结一心、共谋发展的企业精神。从40年前第一批投身保国建设的老同志到今天的保国员工，无不为矿山的发展倾注了自己的心血汗水和聪明才智，没有矿山领导班子和广大职工呕心沥血，励精图治，就不会有今天发展！集团公司不会忘记你们为发展矿山、振兴凌钢所做的巨大付出和出色贡献！在此，我代表集团公司、集团公司党委和万名职工向保国铁矿的领导班子和广大矿山职工表示由衷的慰问和感谢！也向多年来始终如一关心、支持、帮助保国矿发展建设的北票市委、市政府及各有关部门的领导、各界朋友表示衷心的感谢！

当前，我们正处在一个崭新的历史起点上，今后几年是我国建设小康社会的重要战略机遇期，也是我国由钢铁大国走向钢铁强国的转折期，更是实现凌钢可持续发展的关键时期。为了更好更快地实现凌钢“做大、做强、做久”的目标，集团公司已经提出了新的发展战略，通过对主体工序升级改造，在明年底老区形成350万吨钢生产能力，后年营业收入超过100亿元，尽快把老区发展成为品牌好、成本低、效益高、环境美、竞争力强的中宽板材和建材基地。这是一个更加宏伟、需要全公司职工付出更大努力才能实现的美好蓝图。现在以350万吨钢为目标的改造工程已在公司全面展开，矿山作为整个公司的龙头，更应走在前面。希望矿山的同志们要以党的十七大精神为动力，以250万吨采选工程竣工和40周年矿庆为契机，抓紧完成250万吨采选工程的收尾工作，努力加快达产进度，明年一定要实现年产铁精矿100万吨的目标，在此基础上再用2~3年达到年产150万吨铁精矿，早日把保国铁矿建设成国内一流的现代化大型矿山，为实现凌钢集团可持续发展提供更强有力的原料支撑。

各位领导、同志们，保国铁矿已经走过了40年的历程，为凌钢的发展和地方经济振兴做出了巨大的贡献。但成绩已经化作历史，我们的责任是向未来进军。希望矿山领导班子和广大职工以250万吨采选工程竣工和40周年矿庆为新起点，进一步增强危机感和紧迫感，贯彻落实党的十七大精神，继往开来，乘胜前进，为发展凌钢、振兴朝阳做出新的更大贡献！

谢谢大家！

工会主席苑成德在2007年工会工作暨工人技术创新总结表彰大会上的讲话

认真学习贯彻党的十七大精神，在实现凌钢又好又快发展、构建和谐企业中发挥工会组织作用

（2007年12月25日）

同志们、工友们：

今天我们在这里隆重召开2007年工会工作暨工人技术创新总结表彰大会。这次大会的主要任务是：以党的十七大精神为指导，认真贯彻公司二次党代会精神，回顾总结2007年工会工作，表彰在2007年度工会工作中成绩突出的先进集体和个人，表彰工人技术创新优秀成果，安排部署2008年工会工作，团结动员全公司广大职工，发扬“自强、诚信、求实、创新”的凌钢精神，为实现凌钢又好又快发展拼搏进取，建功立业。

2007年工作回顾

2007年，公司工会在公司党委领导下，紧紧围绕生产经营中心，认真履行工会职能，深入推进“三创一赛”活动，全力调动广大职工的积极性、创造性，为完成全年生产经营目标和技术改造任务，构建和谐凌钢，发挥了主力军作用。

一、激发职工创新精神，提高职工创新能力，工人技术创新活动取得新突破

今年，是公司开展工人技术创新活动的第七年，也是历年来工人技术创新活动组织管理最好、参与人数最多、创造效益最大、技术含量最高的一年。一年来，在全公司18个分会中有15个分会开展了工人技术创新活动，其中厂级立项993项，实际完成886项，申报公司级创新立项633项。年末，各单位均召开了工人技术创新总结表彰会，有703项成果受到厂级表奖。有359项申报公司级创新成果，经公司两级评委会认真评选并经公司经理办公会议批准，获公司级成果252项，其中集体项目23项，个人项目229项，一等奖15人、二等奖47人、三等奖167人。

今年的工人技术创新有以下几个特点：

一是各级领导高度重视。年初，公司工会下发了《关于开展“工人技术创新”活动的几点要求》，对今年的技术创新工作，进一步规范、完善了创新立项、实施、检查以及评比表彰等程序，各分厂都成立了以厂长或主管厂长任组长的技术创新领导小组，负责本单位创新工作的组织协调、检查指导、经验推广、评审上报等各项工作；结合本单位工作特点不断修订完善《工人技术创新评选奖励办法及实施细则》，在全公司形成了党政工齐抓共管的良好局面。各单位还逐步加大了对工人技术创新的奖励力度，炼钢厂、炼铁厂、中宽带钢厂等单位随时有成果随时有奖励，在年终的工人技术创新总结表彰会上仍按其获奖等级给予奖励。各单位全年用于工人技术创新表彰奖励费用达35.08万元，有力地推动了工人技术创新活动的深入开展。

二是工人技术创新和技师评聘相结合，促进广大职工创新积极性空前高涨。从今年6月开始，公司开展了工人技师评聘工作，技师评聘是以工人技术创新为基础的，技术创新成果又是评聘技师的主要条件，二者相辅相成，互为促进，我们不仅评聘了232名技师和高级技师，同时也大大促进了工人技术创新活动的开展。今年全公司共有1107人参与了工人技术创新活动，超出了公司工会提出的“十人一项”的目标。创新者中既有多年连续创新的老工人，也有刚刚步入创新行列的新成员，参与人数之众创历史之最。在创新活动中，广大班段长、工人技师发挥了骨干、带头作用。如型材厂，在全厂40名班工长中，有32人有创新成果，占总数的80%，新评聘的工人技

师全部都有创新项目。焦化厂炼焦作业区调瓦班，有工人17名，在班长丁铁学的带领下，有16人参与了技术创新，年内完成创新项目16项，15项获本单位奖励。各个创新项目涵盖了全公司包括机械、电气、仪表、自动化、生产工艺、能源、安全、环保以及管理等在内的几乎所有专业。

三是创新项目的技术含量在不断提高，解决了生产实践中的较大问题。检修中心型材站维修电工万传善的创新项目“中型材步进齿轮条式液压系统改造”，通过对西门子200PLC的程序进行修改，改变裙板的接钢时间，同时改变冷却水的水源及改变溢流阀的工作方式解决了油温过高的问题。中宽带钢厂应春富的创新成果“热卷箱操作站和软件界面的功能优化”，使原软件用户界面内容拥挤、粗糙、字体小、功能不足，与生产实际需求不符的缺欠，经功能优化后，图像美观，功能全面，直观实用，同时还增加了自动传号功能，降低了生产工的劳动强度。炼钢厂许宏生的创新项目“耳轴强化溅渣法”，使溅渣护炉效果明显改善，补炉时间平均每月减少180分钟，耐火材料消耗明显降低，提高了转炉作业率，为下半年快节奏生产创造了条件，此项目在冶炼作业区推广使用，收到了较好的效果。

四是集体项目发挥了重要作用。今年，首次设立了集体项目，一共有30多项，集体项目体现了团队精神、集体智慧，创新效果显著。如炼铁厂的集体创新项目“全面参与工程建设，确保新3号高炉顺利投产、达产”就是明显例子。3号高炉改扩建工程是我公司2007年所有技改项目中的重中之重，能否顺利投产、达产将对我公司今年生产经营指标的完成具有关键作用。该工段生产骨干自觉担负起这项重大使命，全力以赴投入到工程建设中来，认真审核图纸、制定合理方案、控制工程质量、采取有效措施，坚持不断创新，先后完成了铁水罐位重新设计等9项创新成果，从而实现了高炉提前投产，炉况稳定顺行，开炉后第七天日产就达到2060吨。7月份月平均利用系数达到2.8，10月份平均利用系数3.09，最高日产2418吨，这些指标都在国内同行业领先，充分显示了集体智慧、团队力量在技术创新活动中的优势。这次经过公司研究，决定给这个项目特等奖。

五是创新项目管理进一步科学化、规范化。上报公司的工人技术创新立项都是经过班组、工程技术人员及分厂有关负责人层层审查、严格把关、认真筛选确立的。加强了创新项目的过程管理，及时监督、检查、指导项目的实施。在项目的评审上，更是严肃认真，本着公平、公正、公开的原则，各单位获奖成果通过本单位成果发布会进行公示，得到广大职工认可。检修中心在工人技术创新成果评选时，特邀各站管理人员参与，评审工作先后经过四个层次，最终审核时，由包括领导在内的12人评委评定、打分，最后按平均分值由高到低排序，张榜公布。

二、紧紧围绕生产经营中心，全面开展劳动竞赛活动，促进生产经营经济效益上水平

2007年，凌钢应对市场竞争的严峻挑战，生产、技改交叉并进，是近几年任务最重、难度最大的一年。经过努力，预计全年产钢223万吨，产铁205万吨，钢材221万吨，实现销售收入74亿元，增长12%，实现利润5.5亿元，同比增长10%。各级工会组织坚持围绕中心，找准位置，积极组织开展各种形式的生产劳动竞赛，激发和调动广大职工的积极性、创造性，努力为公司共闯难关，取得生产技改双胜利发挥作用，做出了重要贡献。

一是紧扣中心，选准主题。所有竞赛项目都紧紧围绕节支降耗、提高产能、提高效率选题立项，下半年凡是有技改项目的单位，又都开展了达产达效生产劳动竞赛。炼钢厂针对全年铁水供应的三个不同阶段，以“经济炼钢，实现效益最大化”为竞赛总目标，在铁水正常供应的阶段，开展“双零双无，稳定顺行”竞赛，在高炉大修、铁水不足的第二阶段，开展“节铁增钢”、“经济运行”劳动竞赛，在7月份3号高炉投产，铁水充足供应后，在全厂开展了“推广3760模型炼钢”、“快节奏生产，把铁水吃光喝净”劳动竞赛，全年生产主线开展竞赛12大项，辅助生产竞赛28次，日产最高突破7508吨，10月份月产实现20.47万吨。炼铁厂把技改工程列为生产劳动竞赛重要选题，在3号高炉开展了达产竞赛，成为我公司开炉之后运行最平稳、达产最快的高炉。

二是精心组织，措施得力。两级工会都把开展生产劳动竞赛当作“围绕中心、服务大局”的最佳载体，对竞赛活动精心策划，精心组织，普

遍做到竞赛指标先进合理，竞赛形式灵活多样，竞赛措施严密细致，竞赛考核严格认真，分厂、工段、班组都有竞赛项目，职工参与比较广泛。全公司分厂级共开展竞赛47项，公司级34项，总计约有4000余人参与竞赛活动。

三是加大投入，成效显著。为了提高竞赛效果，各分会普遍加大了竞赛的激励力度，其中炼钢厂、炼铁厂、型材厂、焦化厂、原料厂、检修中心、动力厂激励力度更大些，炼钢厂全年投入竞赛奖金70余万元，约2260人次受到不同奖励。公司工会投入竞赛

三、“创争”、“创建”活动上水平，职工素质和企业管理的基础工作明显提高

“创建学习型企业、争做知识型职工”活动在原有基础上又有新的提高。一是更大规模地开展了职工文化技术培训。今年，在技师评聘的推动下，所有分厂都举办了多层次、多渠道、多形式的培训班，累计达218个，参加职工21056人次，人均参训37课时，创近年来最高纪录，基本形成了请专家讲课、通用工种上专业课、单位培训和职工自学“四位一体”的培训体系。二是培训内容、教学水平、培训效果上了新台阶。炼钢厂、动力厂组织专业人员编写、出版了内部专业书，为职工购买了大量技术书籍，炼铁厂、中宽带厂、炼钢厂、原料厂、焦化厂购买了电脑幻灯机；培训内容除正常的岗位文化技术培训外，一些单位向“一专多能”、向“工人专家”目标迈进，检修中心已举办了多期“全能技工”培训，52人获得了其他岗位技能证书，氧气厂组织了不同工种人员进行“转岗培训”。三是注重学用结合，开展各种形式的技术练兵、技术比武活动，提高职工的实际操作技能，炼钢厂举办了炼钢工“提高终点碳”、“降低合金消耗”，连铸工“连铸不漏钢”、“保全流率”技术比武，中宽冷带厂举办了“提高换辊速度”技术竞赛。今年，公司工会、公司团委、生产技术部还联合举办了公司级的天车工技术比武，计算机操作员技术比武。四是全公司学习、钻研氛围逐渐浓厚，“创争”活动成果逐步显现。今年，我公司有6名同志获得了省、市“技术能手”称号。五一期间，组织职工收看“劳动光荣”辽宁职工庆五一特别节目，展示劳动者风采，弘扬劳模精神。

开展创建“五型班组”建设取得新成果。通过两年多来创建五型班组的实践，各分厂对创建的意义认识得更加深刻，行动更加自觉，普遍建立了党政重视、工会主抓、全员参与的组织领导体系，建立健全了定性与定量相结合的创建目标考核细则，狠抓了班段长的选配、培训和检查、考核两个重点环节，使创建工作逐步进入制度化、规范化轨道，大多数工段、班组做到“五有”，即：有创建方案，有考核细则，有工作记录，有考核台账，有小家园地。许多分厂还探索总结出具有本单位特色的创建方法，如动力厂的“观摩、交流互动法”，氧气厂的“每人做一件好事促进班组更和谐法”，检修中心的“结合每年工作重心，细化五型具体标准法”等，对全公司的创建工作具有一定的示范、引导作用。今年年末，经过各分厂自检、申报，公司工会抽样检查、验收，共评出公司级“五型班组”78个，占全部班组总数的将近20%，希望大家虚心向他们学习，把创建活动深入持久开展下去。

四、认真履行维权职能，积极推进“和谐凌钢”建设和企业文化建设

一是坚持、完善以职代会为主要形式的职工民主管理，保障职工的民主权利。全年召开公司级职代会一次，听取、审议了公司董事长、总经理的工作报告；召开公司级职代会代表团组长会议2次，审议通过了技师评聘方案和职工增资方案。公司工会组织职工1315人，开展了对中层干部的民主评议，为第九次中层管理人员换届奠定了群众基础，各分厂也坚持对科段级管理人员进行年度民主评议。公司工会积极组织、参与“安康杯”竞赛活动，每季与生产安全部门进行检查验收，开展了“安全在我手中，命运由我主宰”安全征文和安全小品比赛活动，寓教于乐的提高职工安全防范意识；认真做好群众来信来访工作，逐步健全职工诉求表达机制，全年接待群众来访71次，对职工的诉求向有关部门进行了反馈和沟通，有些问题得到较好解决，维护了企业的和谐与稳定。公司工会还积极参与、严格把关招收了以职工子女为主的500名技校学生。

二是继续为职工做好事、办实事，工会帮扶工作取得了新成效。两级工会满怀深情关注职工的切身利益，努力解决职工最关心、最直接、最

现实的问题，把党的温暖、企业的关心送到职工中。全年工会投入9.35万元，为炼钢厂、炼铁厂、中宽热带厂等重点高温岗位购置了电冰箱、冷饮机、热水器、电风扇；高温季节为技改会战的职工购买了29000斤西瓜；全年安排了21批次212名职工到热水汤健康疗养。

三是继续加大对特殊群体职工的帮扶力度。2007年春节、元旦期间，两级工会走访慰问特困职工358户，发放救助金12.46万元，平时按照特事特办的原则，及时救助大病特困职工29人次，发放救助金5.1万元。炼钢厂、炼铁厂、检修中心、型材厂等单位为患大病的职工发动全体职工捐款救助，解了燃眉之急。继续关注女职工的身体健康，出资7万元续办了女性团体安康保险，为1800名女职工进行了健康检查，2名患重病的女职工每人得到4万元的保险赔付。今年，公司工会还出资为全体保安人员办理了平安意外伤害保险。

五、大力开展文体活动，丰富职工精神文化生活，推进企业文化建设

一是出版了《联著钢魂》凌钢职工自己的楹联作品集，展示了凌钢职工的道德情操和文化品位；八一期间举办了尽显职工阳刚风采的军旅歌曲比赛。体育活动也是丰富多彩，好戏连台，元旦举办了“金猪迎春职工拔河比赛”，五一举办了“迎奥运、庆五一职工登山比赛”，十一举办了规模盛大的职工大众体育比赛，12月份，举办了室内冬季游泳比赛，其他球、棋、牌类比赛做到“每月一赛”，今年乒乓球运动有了更快发展，成立了乒乓球协会，会员发展到120余人，开展了会员排名赛和职工例行比赛。在搞好职工文体活动的同时，还特别重视和支持离退休老同志的文体活动，公司工会出资3万多元支持离退休职工自发组织的健身舞、大秧歌等，成为凌钢业余文化生活的靓丽一景。

二是在公司工会的大力倡导和公司经理的大力支持下，今年在文体设施的投入上，出现了前所未有的力度，尤其是投资700万元修建的凌钢游泳馆，成为朝阳乃至辽西地区最高档次的室内游泳馆，是凌钢的一个标志性建筑，这是凌钢建厂40年来在职工文体设施方面投资最大的项目。这座游泳馆的建设，使生活在山沟里的凌钢人终于也能像大城市里的人一样，在具有国际标准的大型游泳馆里畅游，享受高档次的现代文明的生活乐趣，几代凌钢人梦想成真！另外，公司工会还投资近20万元装修了乒乓球馆，硬化了体育场跑道等，都为今后更好地开展文体活动创造了条件。

回顾2007年工会工作，取得很多成绩，有了较大进步，但还存在很多不足，一是各项工作间开展的不平衡，有些工作显得滞后，二是各单位间工作开展的不平衡，个别单位主动性不够，创新精神不强，这些都需要在今后的工作中改进和加强。

2008年工作安排

2008年，是全面贯彻落实党的十七大精神和公司二次党代会做出的战略部署的第一年，是举全公司之力，为实现350万吨钢决战决胜的一年，也是坚持以人为本，全面推进和谐凌钢建设的一年。做好明年工会工作，对于全面贯彻十七大精神，在推动凌钢科学发展和建设和谐企业中发挥工会作用，意义十分重大。

面对新形势、新任务，2008年公司工会工作总的指导思想是：以党的十七大精神和科学发展观为指导，坚持“组织起来，切实维权”的方针，树立和落实中国特色社会主义工会维权观，全面深入贯彻落实集团公司二次党代会精神，紧紧围绕二次党代会提出的指导思想、战略目标和集团公司2008年生产经营、技术改造任务，以服务职工、促进和谐为重点，深入推进“三创一赛”活动，扎实开展和谐凌钢建设，团结带领广大职工为实现凌钢又好又快发展建功立业。

一、深入学习贯彻十七大精神和集团公司二次党代会精神，用科学发展观武装头脑、指导实践，推动工会工作创新发展

全面深入学习贯彻党的十七大精神和集团公司二次党代会精神，是集团公司2008年首要的政治任务，也是各级工会组织首要的政治任务。我们要以高度的政治责任感，组织广大干部职工学习好、贯彻好十七大精神，在全公司掀起学习热潮，努力用十七大精神武装头脑，指导实践，推动工作，把广大干部职工的思想和行动统一到十七大精神上来，把智慧和力量凝聚到实现党的十

七大确定的各项任务上来。

集团公司二次党代会，是凌钢进入新的历史发展时期召开的一次十分重要的会议，这次大会认真贯彻党的十七大精神和科学发展观，回顾总结了凌钢首次党代会以来的工作，全面分析凌钢面临的形势，确定了今后五年凌钢的发展目标、工作方针和主要任务，选举产生了新一届集团公司党委和纪委。这次大会提出的坚持科学发展，构建和谐企业，为实现凌钢又好又快发展而奋斗的奋斗目标，是紧密结合凌钢实际，学习贯彻十七大精神和科学发展观的具体体现和实际运用，是指导凌钢今后五年工作的纲领性文件。贯彻落实好集团公司二次党代会精神，就是学习贯彻好党的十七大精神。

1. 深入领会科学发展观的科学内涵和根本要求，深刻认识凌钢实现新的发展的重大意义，团结全公司职工为实现350万吨钢做贡献

十七大报告对科学发展观进行了深刻阐述，强调科学发展观第一要义是发展。凌钢当前的首要任务就是发展，如何在最短时间把凌钢做大做强，实现又好又快发展，是摆在全公司职工面前最紧迫的任务。我们要清醒地看到凌钢面临的困难和挑战，形势逼人，时不我待，不进则退，慢进亦退，广大职工要树立强烈的危机感、紧迫感和使命感，抢抓当前有利机遇，集中全部力量，抓紧推进老区350万吨钢改造工程。这是事关企业的生死存亡和长远发展大问题，这是摆在凌钢今、明两年高于一切、先于一切、大于一切的头等大事，它既是一个宏伟的目标，又是一项艰巨的任务，是需要举全公司之力才能完成的庞大系统工程。我们各级工会组织和广大职工都要以高度的主人翁责任感，积极投身到工程建设中来，高速优质地完成改造任务，为实现凌钢的可持续发展做出新贡献。

2. 深入领会以人为本，构建和谐凌钢的深刻内涵，以企业经营思想、发展目的重大转变推动工会指导思想和工作方式的重大转变

公司二次党代会按照十七大精神和科学发展观的要求，提出今后企业发展要做到“发展为了职工，发展依靠职工，发展成果职工共享”，“要把维护好、发展好广大职工的根本利益作为企业各项工作的出发点和落脚点”，这是凌钢领导集体学习十七大精神，解放思想，转变观念的重大突破，是企业经营战略思想和发展根本目的在认识上的重大转变。工会组织作为职工利益的代表者，维护者，作为党联系职工群众的纽带和桥梁，更要深刻理解和认识这一转变的重要意义。以职工为本是工会立会的宗旨，是工会赖以存在和发展的内在要求。坚持以职工为本，必须一切依靠职工群众，一切为了职工群众，把密切联系职工群众作为工会工作的生命线，把满腔热情为职工服务作为工会一切工作的出发点和落脚点，把职工群众满意不满意作为工会工作成效的重要依据。带着深厚感情和满腔热情为职工群众做好事、办实事、解难事，努力成为职工群众的贴心人，把工会真正办成职工之家。

3. 深入领会十七大对工会工作提出的新要求，建立健全维权机制，增强工会组织的吸引力、凝聚力

党的十七大报告重申了坚持全心全意依靠工人阶段的指导方针，完善以职工代表大会为基本形式的企业民主管理制度，维护职工合法权益，支持工会等人民团体依照法律和章程开展工作。公司二次党代会也对工会工作提出了更具体、明确的要求。工会组织要不负重望，充分发挥组织职工的作用，带领广大职工为实现凌钢又好又快发展建功立业；充分发挥引导职工的作用，不断提高广大职工的思想道德水平和科学文化素质；充分发挥服务职工的作用，努力把以人为本、关注民生、保障民生、改善民生的要求落实到工会工作中去；充分发挥维护职工合法权益的作用，积极促进企业劳动关系和谐稳定，建立健全利益协调，诉求表达，矛盾调处，权益保障机制，以劳动关系的和谐促进和谐凌钢建设。

二、拓展和深化“三创一赛”，为实现凌钢又好又快发展凝聚力量

2008年，凌钢工会要继续深入开展“三创一赛”活动，把三创一赛作为工会在促进企业发展中展示价值，发挥作用的有效载体和途径，为保证凌钢2008年生产经营任务的完成，推动350万吨钢技改项目按期竣工，充分发挥广大职工的主力军作用。

1. 劳动竞赛要开辟两条战线，实现生产、技改两不误、双丰收

一是要认真搞好竞赛动员，把广大职工组织、

吸引到竞赛中来。明年，凌钢生产经营和技术改造都面临十分严峻的形势，原燃材料出现了史无前例的涨价，初步匡算增支减利因素达8.6亿元，由于国家采取紧缩政策，资金十分紧张，给技改工程增加了很大难度，我们要通过宣传、教育，把公司2008年严峻形势讲清，把艰巨任务讲明，把实现350万吨钢的重大意义讲透，激发广大职工强烈的主人翁意识和拼搏奉献精神，积极投入到竞赛之中。二是各级工会要科学组织好地搞好竞赛，保证竞赛活动收到实效。从公司、分厂到工段班组，都要从生产、技改两条战线安排竞赛立项，实现生产技改统筹协调，竞赛最主要的目标就是节能减排、节支降耗。当前，节约每一公斤焦炭、每一公斤废钢、每一公斤矿粉、每一滴油、每一滴水，都和过去的价值大大不同了。因此，无论是劳动竞赛还是工人技术创新都要向节约上使劲。三是要加大对竞赛的投入，增强竞赛的激励力度，公司工会将投入更多的竞赛奖金，各分厂也要舍得投入，使贡献成果显著突出职工得到相应的补偿，真正把钱花在刀刃上。

2. 工人技术创新活动要拓展广度，开掘深度，进一步上水平

2008年是公司开展工人技术创新活动的第八年，新的一年创新活动上档次、上水平，一是进一步扩展广大职工参与创新活动的广度。350万吨技改工程和节能减排、节支降耗的新形势，为创新活动提供了更广阔的战场，创新活动出现了前所未有的好机遇，我们要进一步营造"创新光荣"的浓厚氛围，激发广大职工的创新意识和创造活力，动员更多的职工投入到创新活动中，力争达到"十人一项"。二是进一步提升创新项目科技含量。鼓励广大职工立足岗位，针对生产经营中的难点问题选题立项，循序渐进地提高创新项目的科技含量；要继续鼓励集体创新项目，发挥集体智慧，发扬团队精神、解决重大难题；2008年要开展技改工程达产达效创新，可以随时立项，对保证"一保三限"有重大作用的项目，给予重奖。三是要加大创新项目管理，做到党政重视，工会运作，齐抓共管，推广"难题揭示"、"攻关招标"经验，帮助职工选题立项；完善"跟踪管理"、"过程控制"的管理方法，使创新活动规范、可控；推动工程技术人员与广大工人相结合，发挥两个积极性，各展所长；严格立项、评审、公示等程序，保证获奖成果真实、公正、透明，大家服气。四是要进一步把工人技术创新和工人技师评聘结合起来，已经当上技师的要继续搞好创新，今年评聘的技师至少每人一项创新项目，准备评聘技师的必须要有创新项目，没有创新项目的不能评聘技师。

3. 持之以恒地开展"创争"活动，大力推进职工素质工程

要立足于提高职工思想道德、科学文化和职业技能素质，继续深入开展"创建学习型组织、争做知识性职工"活动。要以社会主义核心价值观主题教育为基本内容，在职工中开展各种形式的职业道德建设，提高职工社会公德、职业道德、家庭美德、个人品德水平。要舍得投入、舍得精力，继续开展多层次、多渠道、多内容、多形式的职工技能培训，继续开展岗位练兵、技术比武活动，促进职工立足岗位，学用结合，提高实际工作能力和解决复杂问题能力；要健全完善竞争、激励机制，使职工凭技能得到使用提升，凭业绩提高收入，2008年要继续开展工人技师评聘，要选树创争活动典型，宣传推广他们的事迹和经验，在全公司营造学技术、练本领、当尖子、做能手的氛围。

4. 强力推进"五型班组"建设

不久前，省总工会会同省经委、国资委、中小企业厅联合下发了"关于深入开展创建'五型班组'活动，进一步加强班组建设的意见"，对创建"五型班组"活动的目标任务、措施要求、组织领导等提出了更具体、明确的要求。明年我们要认真落实《意见》，在我们已经取得长足进步的基础上，认真查找存在的差距，强力推进"五型班组"建设，争取每年有10%以上班组达到省级优秀标准。一是要进一步提高认识，加强领导，增强创建活动的自觉性、坚定性。省总《意见》把创建"五型班组"活动看作是落实科学发展观，加快振兴老工业基地的客观要求，是实现以人为本，构建和谐社会的客观要求的高度来认识，我们要切实加深理解。作为企业，我们也要明确看到，搞好创建活动，是坚持以职工为本，调动职工积极性、创造性，提高职工自主管理水平的重要举措；是激活企业细胞，夯实企业管理基础，提高企业管理水平的重要举措，是一项长期的基础性工程，我们应该自觉主动去做好这项工作。

二是要夯实基础工作，抓住重点环节，稳步提高“五型班组”的达标率。要根据省总《意见》修改、完善公司及各分厂创建活动规划，使规划更切合企业实际，更有本单位特色。要进一步建立健全“五有”，即每个工段班组要有创建方案，有考核细则，有活动记录，有考核台账，有小家园地。还要选配好班段长，搞好班段长培训，使他们增强创建活动的主动性、自觉性，熟练掌握创建的基本要领、基本方法，把班段的主体工作与创建五型有机融合，扎扎实实，有条不紊，生动活跃地开展起来。各分厂要把创建工作纳入到经济责任制，与班段长的考核、使用、分配挂起钩来，建立起有效的激励、制约机制。三是要选树典型，互相促进。每个分厂都要有创建活动的典型班组，公司工会也将于适当时机召开经验交流会，提高全公司的创建水平和质量。四是要加强检查考核，强力推进创建活动。要把2008年列为创建“五型班组”重点推进年，列为对各分会的重点检查、考核项目，年末要根据新的检查验收标准，对申报公司级“五型班组”的抽样检查验收，验收不合格的，取消该分厂全部申报班组的评选资格。五是要在创建“五型班组”的基础上，响应全总号召，全面开展评选“工人先锋号”活动，争取在公司“五型班组”中产生一定数量的先进典型进入全省乃至全国工人先锋号行列。

三、坚持以职工为本，在构建和谐凌钢中积极发挥工会组织作用

凌钢二次党代会把“共建共享达到新水平，和谐凌钢建设取得新成果”纳入四大战略目标之一。工会组织以其自身性质、特点，在构建和谐凌钢中，具有其他组织不可替代的作用。在新的一年里，我们要在公司党委领导下，认真贯彻党的十七大精神，落实公司二次党代会提出的促进企业和谐的各项任务，多为职工办好事、做实事，为构建和谐凌钢做出新贡献。

1. 进一步健全工会维权体系，切实维护职工合法权益

要坚持全心全意依靠工人阶级的方针，充分尊重和保障职工在企业里的主体地位，强化职代会的制度建设和规范运作，保障职代会充分行使对企业经营重大决策的审议、建议权，对有关职工切身利益重大事项决定权，对企业行政领导干部的评议监督权，明年初，公司职代会要改选换届。要继续搞好厂务公开，建立健全厂务公开运行和监督机制，规范厂务公开程序，提高厂务公开效果；要在基层工段班组继续实行即考勤公开、奖金分配公开、日清日结考核公开，评先选优公开，缩减厂长基金提取比例，落实广大职工的知情权、参与权、表达权和监督权。

2. 以贯彻实施《劳动合同法》为契机和载体，进一步加强和谐劳动关系建设

一是要广泛深入学习宣传好《劳动合同法》。这部法律是保护劳动者的合法权益提供又一法律依据，为健全和谐稳定劳动关系提供了法律保障。我们要通过各种形式，大力宣传、普及这部法律，使广大干部职工明确法律的立法宗旨、基本原则，明确劳动合同的各项基本要素，学会用法律维护自己的合法权益。使各级管理者自觉用法律指导工作，把我公司的劳动关系进一步规范化、制度化。二是建立健全发展和谐劳动关系的制度和机制。在企业要建立健全利益协调机制，协调劳动关系和利益关系，保证职工共享企业发展成果；要建立健全诉求表达机制，畅运信息渠道，积极反映职工的意愿和要求；建立健全矛盾调处机制，调整、健全集团公司劳动争议调解委员会，妥善处理劳动争议问题，努力把劳动关系矛盾解决在基层，化解在萌芽状态；建立健全权益保障机制，积极推动职工收入与企业效益同步增长，监督企业职工按时足额缴纳“四险一金”，督促企业落实安全生产措施，保障职工生命安全和身心健康。

3. 满怀真情的帮扶特殊职工群体，努力为他们做好事、办实事、解难事

工会组织要增进对职工的感情，多做聚人心、暖人心、得人心的好事实事，每个工会干部对职工的思想、工作、生活都要饱含深情的给予发自内心的关怀。使我们的工作更加贴近实际，贴近生活、贴近群众。要改变居高临下的模式，多用职工喜闻乐见的方式和职工熟悉的语言通过平等交流、民主讨论的方法，引导职工自我教育，自我提高。各级工会组织要始终把解决职工最关心、最直接、最现实的问题，作为工会工作的出发点和落脚点。要健全完善扶贫帮困机制，加大对困难职工的帮扶力度，深入开展送温暖工程，要及时走访特困职工，抓好特困职工救助，

对职工因大病、突发灾祸、陷于临时困境的，不仅工会要伸出援助之手，还要发动职工予以救助。要深入开展金秋助学活动，做到不使一名凌钢职工子女因经济困难而上不起大学。要继续关注职工特殊利益，充分保障女职工在劳动用工、身体、健康、休息、休假等方面的利益，加大对单亲女工、病困女工的帮扶力度，工会要继续出资为女职工上安康保险。元旦、春节即将到来，两级工会都要按照开展一次规模更大的送温暖活动，把企业党政工的关怀送到困难职工家中。要对困难职工档案中记录的所有困难职工进行一次全面走访慰问。不使一个职工因家庭生活困难而过不好年。

4. 大力推进企业文化建设，为构建和谐凌钢提供精神动力和文化支撑

一要广泛深入开展新的凌钢精神教育。公司二次党代会通过的“自强、诚信、求实、创新”凌钢新时期企业精神，真实地反映了凌钢40多年来特别是改革开放以来的奋斗足迹，反映了当前凌钢改革发展的实际，更是广大职工对凌钢未来的希望和追求，这是凌钢长期以来形成的经营思想、经营理念的浓缩和升华，体现了时代特征，突出了凌钢个性，符合十七大精神，也体现了科学发展观的要求。我们各级工会要认真宣传贯彻这个新的凌钢精神，每个职工也应当成为学习、宣传、践行新时期凌钢精神的典范，使其成为凝聚人心、推动企业发展的巨大精神动力。二是要大力开展丰富多彩的文化体育活动，用和谐文化推动和谐凌钢建设。2008年，我们要乘迎接29届奥运会强劲东风，更加活跃地开展职工文化体育活动，要针对2008年生产、技改任务特别繁重，人员高度紧张的特点，更多的开展群众性、多样性、业余化、小型化的文化体育活动。要根据季节，举办登山比赛、大众体育比赛，以及各种球、牌、棋类比赛；要更多的支持职工自发组织的文体协会工作，如楹联协会、登山协会、羽毛球协会、健身舞协会、皮影秧歌协会，鼓励他们开展活动；要大力支持离退休职工的文化体育活动。要充分利用游泳馆、文化馆、乒乓球馆、体育场等多种场所，开展多种形式的文化体育活动，做到月月有比赛、周周有活动，使凌钢文化体育活动更加丰富多彩。要办好“职工书屋”书屋，让更多职工有读书学习的场所。要倡导健康文明的生活方式，振奋职工精神，强健职工体魄，使广大职工以更饱满的精力和旺盛的体力投入到完成生产经营任务和350万吨钢技改会战中。

同志们、工友们，新的一年，我们面临的任务繁重而艰巨，肩负的使命崇高而光荣。让我们在党的十七大精神和科学发展观指引下，认真落实公司二次党代会精神，再接再厉，与时俱进，团结一心，奋发图强，为实现凌钢和谐稳定、又好又快发展而奋斗！

2008年特辑

董事长、总经理张振勇在凌钢集团公司2008年工作会议上的讲话

（2008年1月5日）

同志们：

今天，我们召开集团公司工作会议，主要是总结、通报2007年的生产经营、技术改造等情况，结合当前形势，对今年的工作进行安排部署。

2007年工作回顾

2007年，全公司认真贯彻全面提升“集约、优化、协调、永续”水平，促进企业增长方式转变总体工作思路，开拓进取，真抓实干，生产经营、改革改造各项工作都取得了新的进展。

——经济效益继续保持了增长。在3号高炉改造停产4个月的情况下，全年产钢223.7万吨，铁205.1万吨，钢材221.6万吨，同比分别增长0.6%、3.9%和1.4%；实现工业增加值19.0亿元，同比增长6.7%；实现销售收入76.5亿元，

同比增长16%；实现利税11.2亿元，同比增长14.6%，其中利润6.2亿元，增长24%。

——节能减排工作取得一定进展。在企业内部生产、改造不确定因素较多，优化、平衡难度加大的情况下，入炉焦比完成405千克/吨，同比降低7千克/吨；转炉石灰消耗51千克/吨，同比降低7千克/吨；吨钢废水排放量2.78吨，同比降低0.36吨；吨钢烟尘排放量1.89千克，同比降低0.32千克，厂区环境进一步改善。

——技改项目全面建成投产。年初确定的20个技改项目全部完成，完成技改投资7亿元，90%以上的项目实现了按期或提前达产，做到了“一保三限”。保国矿也顺利完成了年产250万吨铁矿石、80万吨铁精矿采选主体工程，为企业发展提供了更强有力的原料支撑。后几个月还为350万吨钢技改工程做了大量前期准备工作。

——和谐凌钢建设取得新成果。召开了二次党代会，确立了“自强、诚信、求实、创新”的企业精神；精神文明建设取得新进展，职工精神面貌更为振奋；职工队伍建设得到进一步加强，整体素质有了新的提高。

2007年，我们主要做了以下几方面工作。

一、科学组织、动态优化，提升了生产运行的质量和效率

2007年，面对原燃料持续涨价，生产技改交叉并进，上下半年生产经营变化较大的不利形势，我们坚持科学统筹计划安排，动态优化组织实施，使生产运营各要素达到合理匹配和平衡，保证了生产运营质量和效率的稳定提高。

第一，优化生产组织，努力实现生产的高效运行。2007年，我们按照生产与技改相协调的原则，在不平衡中求平衡，在动态调整中使每道工序、各个环节都发挥出了最高效率。铁系统以高炉为中心，动态优化混匀料配比，有效促进了高炉增产降耗。3号高炉6月28日开炉，7月份就实现了达产目标，并且运行稳定，4号高炉炉况顺行程度也得到改善。钢系统在3号高炉改造期间，努力节铁增钢，3号高炉投产后，进一步加快了生产节奏，到7月末基本实现了新的平衡，既保证了钢产量计划的完成，又保证了品种结构。轧材系统从公司整体效益出发，严格执行公司的品种规格计划，使有限的资源创出了更大效益。各辅助生产部门努力提高服务质量和保障能力，在下半年主体工序产能提高的情况下，深入挖掘潜力，保证了生产水平的不断提高。

第二，优化品种钢生产，提高产品市场竞争力。2007年，我们以提升产品实物质量为重点开展工作，促进了品种钢的生产开发。一是强化基础管理，对关键工序重点控制，加大检查力度，有力促进了职工质量意识和操作水平的提高。二是积极摸索生产工艺合理匹配模型，品种钢成品硫含量满足内控标准的比例大大提高，产品实物质量有了改观。通过这些措施，全年完成品种钢103.6万吨，品种比达到46.3%，产销率达到98.5%。前11个月实现比较效益4400万元。技术鉴定工作也取得了一定的成绩，组织了省市名牌产品和螺纹钢生产许可证的申报工作并获得通过，65Mn中宽热带、直径80～100毫米大规格20号管坯、45号圆钢也通过了技术鉴定，预计可实现政策抵免税4000万元。

第三，优化市场营销，促进了经济效益的提高。2007年，我们努力优化进货渠道和市场布局，加强对市场的跟踪预测，提高了应变能力。一是通过紧密跟踪市场，增强了采购工作的预测性和前瞻性，保证了大宗原燃材料的供应，并建立了稳定的供货关系。及时进行售出产品的价格调整，提高了经济效益。二是依据市场需求变化和价格起落动态调整品种规格，做到了生产围着市场干，增强了适应市场的能力。三是加大市场开发力度。利用我们良好的企业形象和产品形象在哈大铁路等国家重点工程上中标，扩大了品牌影响，促进了产品销售。四是坚持内贸与外贸并重，努力开发国际市场，前11个月出口钢材11万吨，创汇4800万美元。

二、强化成本管理，突出节支降耗，促进了企业效益的提高

2007年，在原燃材料大幅度涨价的形势下，我们继续强化成本效益理念，按照年初提出的变动费用在上年基础上再降5%以上的要求，进一步加大了降低成本的力度，促进了经济效益的提高。

在具体工作中，我们把构建成本控制系统作为重点，在巩固成本管理已有成果的基础上，拓展了成本管理的深度和广度，提高了成本管理质量。各分厂初步建立了成本控制体系，将指标层

层分解，责任到人。充分发挥经济责任制的导向作用和“日清日结”核算作用，对生产成本费用进行动态控制，实现了成本管理的事前预测、事中控制、事后分析，不仅有效地指导了生产经营活动，还带动了职工成本意识的提高。各单位自觉加大了依靠技术进步和管理进步降成本力度。一是大力开展技术攻关和新技术应用，全年技术攻关立项22项，17项完成了攻关目标，创效2500余万元。新技术推广应用完成8项，实现效益420万元。二是积极推进节能减排，提高能源资源的综合利用率。总投资3300万元的转炉二次除尘和混铁炉除尘项目大大减少了粉尘排放。3号锅炉改烧高炉煤气项目运行6个月来减少燃煤消耗近2.5万吨，减少SO_2排放近170吨。通过对炼铁厂70平方米电除尘和布袋除尘的优化改造6个月节电120万千瓦时。优化了对转炉煤气的综合利用，使转炉煤气最大回收量达到了87立方米/吨。三是强化物资管理，加强了对物资计划、采购、入库、消耗各环节的控制，不断优化管理程序，完善管理制度。9月份专门成立了造价中心，进一步强化了制约机制。积极推行代保管、零库存和包保工作，减少了库存资金占用，盘活不良储备和废旧物资1700余万元。扩展备品、备件修复范围，创效3000余万元。加大效能监察和打击盗窃力度，强化环节控制，建立防控机制，有效地控制了资产流失。四是强化设备管理，保证了主线设备运行顺畅，减少了停机损失。前11个月，设备故障停机时间为51.3小时/月，比计划减少8.7小时，设备可开动率99.13%，比计划提高3.13%，减少了设备维护、运行费用。经过努力，预计全年可降低变动费用4%，在实现的1.2亿元超创利润中，降成本占了1.03亿元，达到了80%。

三、加大技术改造力度，为企业可持续发展奠定了坚实基础

为实现凌钢的可持续发展，2007年我们加大了老区技改的投入力度，全年完成投资达7个多亿，进行了3号高炉、保国矿山等20多个项目的改造。改造过程中，各项目经理部及相关单位按照“一保三限”要求，严格执行目标网络计划，严肃考核管理，使绝大部分项目按期或提前竣工投产。目前，新投产项目生产已逐步走入了正轨，整个生产系统经过几个月的磨合也初步适应了新的生产节奏，生产正在向更好的方向发展。这些项目的竣工投产，为企业能够更加有效地进行资源配置，优化工艺和产品结构拓展了空间。

8月份，我们对凌钢的未来发展重新进行了战略调整，确定了投资22亿元，今年末把老区发展到350万吨钢规模的目标，9月份又召开了350万吨钢技改工程动员大会，对这项工作做了具体部署安排。几个月来，技改相关单位超前准备，主动出击，全面投入到前期准备工作中来，努力为后续施工争时间，抢速度。目前，所有项目已完成了初步设计审查，确定了总体方案。除白灰窑外所有设备合同已经签订，三通一平地上建筑物拆除工作已全部结束，各项目的桩基工程完成招标，其中棒材、热电桩基已经开工，建安工程招标也已完成，主体施工单位已经确定。

朝阳新区项目在4月18日与鞍钢签订合同后，已建立了法人治理结构。9月份，我们又抽调了100名技术人员转入鞍凌公司。

四、坚持以人为本，构建和谐凌钢

2007年，我们坚持以人为本，紧紧围绕公司总体工作思路不断加强和改进思想政治工作，推进精神文明建设，努力构建和谐凌钢，为生产经营和技术改造创造了良好的氛围和环境。

一是围绕中心工作，开展了形势任务教育。年初结合贯彻职代会精神进行了形势目标教育，8月份公司提出350万吨钢技改工程目标后，又及时引导动员职工把力量和智慧凝聚到齐心协力、奋战350万吨钢技改工程上来，为350万吨钢大目标的实现奠定了思想基础。还结合企业生产经营和改革发展实际，开展了学习贯彻中央十七大精神活动，召开了公司二次党代会，确立了“自强、诚信、求实、创新”的企业精神，使广大职工振奋了精神，明确了使命，增强了做好工作的自觉性。

二是加强了职工队伍建设。围绕凌钢生产经营、技术改造和长远发展，进行了知识创新、技能提高等职工培训，全面提高了职工队伍的整体素质。继续开展了“三创一赛”和科技创新活动，全年共有252项工人技术创新成果获公司级奖励，78个班组被评为“五型班组”。开展了工人技师评聘工作，有232名工人被评聘为技师和高级技

师。新招聘的118名大学生已上岗工作，为凌钢的人才队伍增添了新鲜血液。完成了技校招生，录取的500名学生已经开课，为凌钢的发展充实人力储备。

三是积极为职工办实事，推进了和谐凌钢建设。提高了责任工资和技能津贴，职工收入进一步提高；进行了家属区改造、修建了停车场，职工生活环境进一步改善；新建了游泳馆，职工业余文化生活更加丰富；开展了帮扶送温暖活动，为弱势群体解决了一些困难；加强了生态型工厂建设，公司绿化覆盖率达到30%，被辽宁省评为“绿化先进单位”。

总之，2007年是我们深入贯彻科学发展观，努力加速发展方式转变的一年；是加大老区改造，为企业可持续发展奠定坚实基础的一年；是坚持以人为本，构建和谐凌钢，企业实力和职工素质显著增强、职工收入进一步增长的一年。这些成绩的取得是全体干部职工努力拼搏、扎实工作的结果。在此，我代表公司通过大家向全体干部职工表示衷心感谢！

在总结成绩的同时，还要清醒地看到我们工作中存在的不足。一是安全和设备管理还存在着死角，发生了两起工亡事故和几起较大设备事故；二是品种钢质量还有待于进一步提高，市场还有待于开发；三是一些影响成本和效益的主要指标出现了倒退；四是个别技改项目没有达到“一保三限”要求，所有这些都需要我们在今后的工作中加以改进。

2008年工作安排

2008年，是我国全面贯彻党的十七大战略部署的第一年，也是实施“十一五”规划承上启下的重要一年，更是我们企业紧紧抓住全面建设小康社会重要战略机遇期，深入贯彻落实公司二次党代会精神，实现凌钢又好又快发展目标，打基础、开好头的关键之年。做好今年的工作，意义十分重大。

中央经济工作会议提出，为防止经济增长由偏快转向过热，价格由结构性上涨转为明显的通货膨胀，今年将采取从紧的货币政策，进一步紧缩银根，加大淘汰落后产能的力度，严格控制固定资产投资增长和新上项目，今年的技改将面临前所未有的困难。整个钢铁行业由于产能越来越大，资源越来越紧，市场竞争越来越激烈，利润空间越来越小。今年，仅矿粉、精煤等原料价格上涨就要增支成本7.7亿元，上游产品涨价的幅度和力度超过了以往任何一年，而钢材价格走势不确定因素增多。凌钢将实现由200万吨向350万吨级的跨越，生产经营及各项工作的管理都增加了新的难度。面对这种严峻挑战，全公司职工必须要认清形势，统一思想，克服盲目乐观情绪和不以为然的思想，树立强烈的忧患意识和紧迫感，做好艰苦奋斗过紧日子的思想准备，以更饱满的斗志和更有针对性的措施做好今年各项工作。

今年工作总的要求是：以党的十七大精神为指针，深入贯彻落实科学发展观，按照集团公司二次党代会的部署，全力推进350万吨钢技术改造，努力提高生产运营的质量和效率，全面促进和谐凌钢构建，推动企业又好又快发展。

今年的工作目标是：

（1）350万吨钢技术改造工程年底建成投产。

（2）完成铁219万吨，钢231万吨，其中品种钢109万吨，商品材224万吨。

（3）实现销售收入88亿元，利润5亿元。

确定这个总体要求和总体目标的基本立足点是：又好又快，科学发展。努力实现生产与技改相协调；总量和品种相协调；节能减排、节支降耗和提高质量、效率相协调；职工成长和企业发展相协调。

今年的工作任务有以下几个方面。

一、全力以赴，加快改造，确保350万吨钢技改工程年底建成投产

刚刚闭幕的公司二次党代会指出，350万吨钢改造工程事关企业长远发展，是凌钢贯彻党的十七大精神，落实科学发展观的实际行动，它既是一个宏伟目标，又是一项艰巨任务。我们要牢牢把握住这个稍纵即逝的发展机遇，抓住企业发展的主动权，确保350万吨钢生产能力在今年年底如期实现。

一是要打破常规，全力做好开工前的一切准备工作，确保所有项目按期开工。要按照两级市长办公会议要求，加强对外协调，主动与相关单位和政府部门沟通协商，抓紧做好开工前的征地

以及高压线路、光缆、供水管线移位工作，不能因为外围工作影响工期。要提前做好应对资金困难的准备，充分利用现有资源，采取多条腿走路的方针，拓宽融资渠道，特别要抓紧做好股市融资工作，这是解决350万吨钢改造工程的最主要渠道，对工程成败具有举足轻重的重大意义。虽然经过前一段的努力，这项工作已经有了突破性进展，但仍不能松懈，下一步大量的中介机构都要进入，不论涉及到哪个部门，都要从公司大局出发，无条件地做好配合，决不能因为我们工作的不到位延误进展，一定要保证以最快的速度完成这项工作，保证技改资金的及时到位。

二是要科学组织，精细管理，确保工程建设有序、可控、顺畅、高效。工程管理部门要倒排工期，统一规划部署，科学组织实施。要以高炉、转炉和制氧机等关键项目为重点，细化网络节点间、前后工序间、相关项目间的协调与衔接，不断优化方案，做到环环紧扣，扎实推进。要制定严细的管理办法和严格的考核制度，以确保各项计划的准确实施。要借鉴以往技改工作的经验和教训，严格贯彻“一保三限”技改方针，落实质量责任和投资额控制，强化责任追究，确保每个项目都建成精品工程。

三是要做到技改、年修、生产协调进行，确保工程按期投产。350万吨钢技改工程是需要举全公司之力才能完成的庞大系统工程，全公司上下要统一意志，一切为改造让路，无论哪一级领导，哪一个部门，都要把对改造的服务和保障放在第一位，发挥和调动一切积极因素，确保工程按期投产。要按照生产与技改相协调的原则，认真处理好生产与技改、年修与技改的关系，充分利用好检修停产间隙，合理安排。项目单位要积极为改造创造条件，主动参与施工建设和质量把关，提前搞好人员培训，确保顺利开工投产。相关单位也要提前做好改造期间和投产后的供给、运输、化验、计量等预案，为改造与生产赢得宝贵时间。机关部室也都拿出了为350万吨钢建设协调服务的指标，要加强考核，确保落实。同时，相关单位还要抓紧新矿区的开发和建设。

二、统筹协调，优化创新，努力提高生产运行的质量和效率

由于今年生产、技改交叉并进，生产组织难度增大，必须要统筹安排，确保计划执行的严肃性，在不适应中求适应，在不平衡中求平衡，做到生产、技改两不误，总量、品种两不丢，节支降耗与提升质量、效率两不悖。

一是要正确处理改造前后生产不均衡的矛盾，向协调运行要效益。要统筹考虑技改、年修、生产各方面的要求，周密安排生产计划，科学组织实施，在动态优化中提高运行质量和效益。铁系统要以高炉为中心，实现稳产、低耗、高效。矿山要确保全年完成110万吨铁精矿生产任务。钢系统是今年生产的关键环节，前5个月铁水相对充足，炼钢生产要全力以赴增加钢产量，6~10月份要全力节铁增钢，后两个月随着4号高炉和120吨转炉及配套项目的相继投产，要在做好达产达效的同时，努力追求全系统的平衡与稳定。轧材系统要继续坚持效益优先的原则，进一步优化规格批量，实现高效运行。辅助系统在改造投入相对较少的情况下，要努力挖掘潜力，既要保生产，更要保改造。

二是要大力推进节支降耗，向降低成本要效益。今年我们新增减利因素高达11亿元，节支降耗将是我们生产经营的重点工作。要把握住炼铁、炼钢等关键环节和重点工序，在降低原燃材料消耗、优化原料结构这个降成本大头上下工夫。要加强财务的分析监督和跟踪指导，使节支降耗向系统控制转变。要努力完善成本控制体系，丰富成本管理内涵，提高成本管理质量，通过“日清日结”进行事前预测、事中控制、事后分析，真正实现节支降耗与提高质量、效率相协调。要继续加大依靠技术进步降成本力度，今年技术攻关创效力争3000万元，新技术应用创效力争1000万元。今年的经济责任制突出了降成本指标考核的内容，也加大了对节支降耗的考核力度，目的就是要引导职工增强成本意识，确保节支降耗工作扎实推进。

三是要优化产品结构，向品种要效益。要努力实现品种与总量的协调，在全年完成231万吨钢任务基础上，品种钢产量要确保达到109万吨。要在追求用户满意的质量同时，追求有市场、有效益的产量，要在稳定中提高，巩固现有品种和市场。要加大市场调研和市场开发力度，开展与科研院所的技术交流，积极探索和研究大转炉投产后品种钢开发的方向和定位，力争在深冲用钢

等高技术含量、高附加值板带新品种上有所突破，提升我们品种钢开发的水平和档次。还要组织好新产品鉴定工作，力争实现政策免税1000万元以上。

四是要加强市场营销，向经营环节要效益。今年，异常困难的市场、紧张的资金、紧缺的置场和繁重的生产、技改任务，对供销工作提出了更高的要求。供销系统要在保证正常生产和改造的同时，做好350万吨钢能力形成后采购、销售和运输工作的预案，要提前开发市场，拓宽渠道，确保新增能力的充分发挥。物资采购要准确把握市场，紧紧围绕生产和技改，动态调整好采购的数量、质量、时机和节奏，还要千方百计降低采购成本。产品销售要处理好合同批量与生产组织、产销率和库存、重点工程和一般用户、出口与内销、铁运与汽运的关系，不仅要把价格卖到位，还要保证货款的及时回笼，加强产品售后服务，使有限的资源获取更大的效益。

五是要进一步加强设备管理，向设备的高效运行要效益。要进一步强化以自主保养为基础的全员设备管理，总结包保试点工作的经验教训，对检修中心继续实行承包考核，在鼓励增收的同时，重点考核总维修费用和设备故障时间，促进维修和检修质量的提高、设备故障时间和维修费用的降低。要加强维护检修单位和生产使用单位的协调与配合，充分利用好专业检修资源，深入推进点检定修制，使设备状态持续受控稳定。严格执行定修模型，保证检修质量，加强对外来检修队伍管理，努力降低检修费用，保证设备安全、经济、高效运行。

三、以人为本，共建共享，努力构建和谐凌钢

公司二次党代会在确定今后五年工作目标时明确提出，“共建共享”要达到新水平，和谐凌钢建设要取得新成果。今年是我们落实二次党代会精神的起步之年，我们必须把“共建共享”、构建和谐凌钢工作落到实处，为今后的推进打好基础。

一是要大力开展形势任务教育，增强职工的责任感和使命感。要引导广大职工认清当前企业面临的困难形势，明确今年实现350万吨钢能力的极端必要性，把广大职工的思想行动和智慧力量统一到落实公司生产经营和改革改造各项工作上来。在教育中要突出成本意识教育和企业精神教育。要引导广大职工把节支降耗作为我们今年的重点工作，牢固树立过紧日子思想，从自身做起，从点滴做起，用每个人的切实努力，保证公司成本的降低。要大力弘扬“自强、诚信、求实、创新”的凌钢精神，使这个新时期的企业精神真正成为广大职工遵循恪守的信条和指导行为的准则，变成忠诚凌钢、建设凌钢的自觉行动。

二是要努力转变工作作风，构建和谐氛围。完成今年各项任务的关键在于我们的各级领导干部。我们要适应新形势、新任务、新要求，不断增强自身素质，率先垂范，保持振奋的精神和良好的作风，团结带领广大职工为企业的生产经营和改革发展建功立业。机关干部要进一步转变工作作风，深入实际，深入现场，多做调查研究，提高工作效率，切实为基层服好务。基层干部要突出以人为本，尊重职工，关心职工。要发挥“五型班组”建设的作用，调动好广大职工忠诚凌钢，爱岗敬业的积极性，不断增强企业的凝聚力和向心力，在全公司形成“和谐企业人人有责，和谐企业人人共享”的和谐局面。

三是要落实党代会提出的“人才强企”战略，培育开发适应凌钢又好又快发展的人力资源。要结合贯彻新《劳动合同法》，进一步加强劳动合同管理，既要维护企业利益，又要保障职工的权利。要规范用工管理，积极推进“协力”用工。各级领导要从大局出发，为推广“协力”用工多创造条件，全力以赴做好这项工作，今年一季度要有效果。同时还要做好大学生招收和培训使用工作，加强以班工段长为重点的职工素质培训。

四是要加大环境建设力度，构建和谐环境。环境建设是一项高投入、低回报的工作，但却是造福职工、造福后代的大事。今年在资金压力巨大的情况下，我们还将投资1700余万元，进行75平方米烧结机机头机尾电除尘、排水系统等多项环保改造，以改善我们的区域环境。在线运行的环保设备要确保完好达效，要加强维护、考核，责任到人。以后凡是要新上环保项目和设备，必须由能源环保部把关审定，运行后的责任要落到实处，做到权力明确、责任明确。厂区的绿化美化要上水平、上档次，要督促对家属区的环境整顿和管理。通过全方位的努力，构建起我们和谐美好的生产生活环境。

五是要加强安全管理和保卫工作，构建平安环境。要针对今年生产、技改交叉并进的复杂形势，继续强化基层和基础，狠抓落实与考核，进一步提升素养安全和本质安全的管理水平，确保安全文明生产。要完善好安全应急预案，坚决遏制人身伤亡事故和火灾事故发生。要切实做好350万吨钢技改工程建设期间的监察和保卫工作。围绕技改工程管理、物流和人流管理、合同的执行等重点，认真开展效能监察，确保企业财产不受损失。坚持严打整治方针，加强治安保卫和综合治理，推行治安区域联保责任制和打击盗窃案件联动机制，为企业和职工构建和谐平安环境。

同志们，今年我国将迎来改革开放30周年，我们企业的生产能力也将达到350万吨。我们要借助十七大和公司二次党代会的东风，发扬自强、诚信、求实、创新的凌钢精神，扎实工作，埋头苦干，全面完成今年的各项工作任务，为促进企业又好又快发展再立新功。

总经理张振勇在集团公司二届一次职代会上的工作报告

坚定信心真抓实干为促进凌钢又好又快发展而奋斗

（2008年1月29日）

各位代表、同志们：

现在，我代表集团公司向大会作工作报告，请审议。

2007年工作回顾

2007年，集团公司认真贯彻全面提升“集约、优化、协调、永续”水平，促进企业增长方式转变总体工作思路，开拓进取，真抓实干，生产经营、改革改造各项工作都取得了新的进展。

一、科学组织，动态优化，提升了生产运行的质量和效率

面对原燃料持续涨价，生产技改交叉并进，上下半年生产经营变化较大的不利形势，2007年我们坚持科学统筹安排，动态优化实施，使生产运营各要素达到合理匹配和平衡，保证了生产运营质量和效率的稳定提高。全年产钢223.7万吨、铁205.1万吨、钢材221.6万吨，同比分别增长0.6%、3.9%和1.4%。实现工业增加值19亿元，同比增长6.7%。全年实现销售收入76.5亿元，同比增长16%；实现利税11.2亿元，同比增长14.6%，其中利润6.2亿元，增长24%。具体工作，一是优化生产组织，努力实现生产的高效运行。按照生产与技改相协调的原则，在不平衡中求平衡，在动态调整中使每道工序、各个环节都发挥出了最高效率，圆满地完成了年初确定的各项生产计划。二是优化品种钢生产，提高产品市场竞争力。以提升产品实物质量为重点，促进了品种钢的生产开发。全年完成品种钢103.6万吨，品种比达到46.3%，实现比较效益5130万元。积极组织技术鉴定工作，实现政策抵免税5060万元。三是优化市场营销，促进了经济效益的提高。努力优化进货渠道和市场布局，加强对市场的跟踪预测，提高了应变能力。利用良好的企业和产品形象，扩大品牌影响，促进了产品销售。努力开发国际市场，全年创汇5605万美元。

二、强化成本管理，突出节支降耗，促进了企业效益的提高

2007年，在原燃料大幅度涨价的形势下，我们继续强化成本效益理念，进一步加大了降低成本的力度，促进了经济效益的提高。全年变动费用下降了3.2%，在实现的1.6亿元超创利润中，降成本占了73.6%。在具体工作中，我们充分发挥经济责任制的导向作用和“日清日结”核算作用，对生产成本费用进行动态控制，实现了成本管理的事前预测、事中控制、事后分析，不仅有效地指导了生产经营活动，还带动了职工成本意识的提高。大力开展技术攻关和新技术应用，全年技术攻关立项22项，17项完成了攻关目标，其中入炉焦比完成405千克/吨，同比降低7千克/吨，转炉石灰消耗51千克/吨，同比降低7千克/吨，累计攻关创效2500余万元。新技术推广应用完成8项，实现效益420万元。积极推进节能减排，实施的转炉二次除尘、混铁炉除尘、3号锅炉改烧高炉煤气、转炉煤气的综合利用等改造，大大减少了污染排放。吨钢废水排放2.86吨，同比降低0.19吨。吨钢SO_2排放1.69千克，同比降低0.03千克。在改善了厂区环境的同时，更提高了能源资源的综合利用率。优化管理程序，完善管理制度，加强了对物资计划、采购、入库、消耗各环节的控制。加大效能监察和打击盗窃力度，强化环节控制，建立防控机制，有效地控制了资产流失。强化设备管理，保证了主线设备运行顺畅，减少了停机损失。全年设备故障停机时间为69.2小时/月，比计划减少16.8小时。

三、加大技术改造力度，为企业可持续发展奠定了坚实基础

为实现凌钢的可持续发展，2007年我们加大了老区技改的投入力度，全年完成投资7个多亿，进行了3号高炉、保国矿山等20多个项目的改造，绝大部分项目按期或提前竣工投产。新投产项目生产已逐步走入正轨，整个生产系统也初步适应了新的生产节奏，生产正在向更好的方向发展。这些项目也为企业能够更加有效地进行资源配置，优化工艺和产品结构拓展了空间，奠定了基础。去年8月份，我们确定了投资22亿元，到今年末把老区发展为350万吨钢规模的目标。经过相关部门的艰苦努力，目前所有项目主体设备合同已经签订，完成了建安工程招标，主体施工单位已经确定，棒材、热电、烧结桩基已开工。朝阳新区项目去年4月18日与鞍钢签订合同，建立了法人治理结构。9月份，我们抽调了100名技术人员转入了鞍凌公司。

四、坚持以人为本，构建和谐凌钢

2007年，我们坚持以人为本，不断推进企业精神文明建设，努力构建和谐凌钢。一是召开了二次党代会，明确了今后五年企业的大政方针，确立了“自强、诚信、求实、创新”的企业精神。精神文明建设取得新进展，职工精神面貌更为振奋。二是围绕中心工作，开展了形势任务教育。特别是开展年初的生产经营任务教育、350万吨钢大目标教育、“自强、诚信、求实、创新”的企业精神教育，使广大职工振奋了精神，明确了使命，增强了做好工作的自觉性。三是全心全意依靠职工办企业，促进了企业发展。继续开展了“三创一赛”和科技创新活动，全年共有252项工人技术创新成果获公司级奖励，161人获公司科技贡献奖，78个班组被评为“五型班组”。四是加强了职工队伍建设，职工素质进一步提高。进行了知识创新、技能提高等职工培训，全面提高了职工队伍的整体素质。开展了工人技师评聘工作，有232名工人被评聘为技师和高级技师。新招聘的118名大学生已上岗工作，招录的500名技校学生已经开课，为凌钢的发展充实了人力储备。五是积极为职工办实事，推进了和谐凌钢建设。提高了责任工资和技能津贴，职工收入进一步提高；进行了家属区改造、修建了停车场，职工生活环境进一步改善；新建了游泳馆，职工业余文化生活更加丰富；开展了帮扶送温暖活动，为弱势群体解决了一些困难；加强了生态型工厂建设，公司绿化覆盖率达到30%，被辽宁省评为“绿化先进单位”。

总之，2007年是我们深入贯彻科学发展观，努力加速发展方式转变的一年；是加大老区改造，为企业可持续发展奠定坚实基础的一年；是坚持以人为本，构建和谐凌钢，企业实力和职工素质显著增强、职工收入进一步增长的一年。这些成绩的取得是全体干部职工努力拼搏、扎实工作的结果。在此，我代表集团公司向今天受到表彰的先进单位、劳动模范、科技贡献奖获得者和百名能手表示热烈的祝贺，也向在座的各位代表，并通过大家向全公司广大干部职工表示衷心的感谢！

在总结成绩的同时，还要清醒地看到我们工作中存在的不足。一是安全和设备管理还存在着死角，发生了两起工亡事故和几起较大设备事故，最近又出现了一起工亡事故；二是品种钢质量还有待于进一步提高，市场还有待于开发；三是一些影响成本和效益的主要指标出现了倒退；四是个别技改项目没有达到“一保三限”要求，这些都需要我们在今后的工作中加以改进。

2008年工作安排

2008年，是我国全面贯彻党的十七大战略部署的第一年，也是实施“十一五”规划承上启下的重要一年，更是我们企业紧紧抓住全面建设小康社会重要战略机遇期，深入贯彻落实公司二次党代会精神，实现凌钢又好又快发展目标，打基础、开好头的关键之年。做好今年的工作，意义十分重大。

中央经济工作会议指出，为防止经济增长由偏快转向过热，价格由结构性上涨转为明显的通货膨胀，今年将采取从紧的货币政策，进一步紧缩银根，加大淘汰落后产能的力度，严格控制固定资产投资增长和新上项目，今年我们的技术改造将面临前所未有的风险与挑战。整个钢铁行业由于产能越来越大，资源越来越紧，市场竞争越来越激烈，利润空间越来越小。今年，仅矿粉、精煤等原燃料价格上涨就要增支成本7.7亿元，上游产品涨价的幅度超过了以往任何一年，而钢材价格走势不确定因素增多，今年我们的生产经营将面临前所未有的竞争与困难。今年凌钢要实现由200万吨向350万吨级的跨越，生产、技改、融资三大任务齐头并进，各个方面的工作都存在着诸多的不适应，也将面临前所未有的压力与考验。同时也要看到，党的十七大确定的科学发展观为我们提供了难得的历史机遇，省市政府的全力支持以及我们广大职工必胜的勇气和信心、顽强的干劲和魄力也是前所未有过的。希望全公司广大职工要进一步认清形势，统一思想，既要看到挑战，更要看到机遇；既要看到困难，更要看到光明；既要有忧患意识，更要充满信心，要以更加饱满的斗志和卓有成效的措施做好今年的各项工作。

今年工作总的要求是：以党的十七大精神为指针，深入贯彻落实科学发展观，按照集团公司二次党代会的部署，全力推进350万吨钢技术改造，努力提高生产运营的质量和效率，全面促进和谐凌钢建设，推动企业又好又快发展。

今年的工作目标是：

（1）350万吨钢技术改造工程年底建成投产。

（2）完成铁219万吨，钢231万吨，其中品种钢109万吨，商品材224万吨。

（3）实现销售收入88亿元，利润5亿元。

确定这个总体要求和总体目标的基本立足点是：又好又快，科学发展。努力实现生产与技改相协调；总量和品种相协调；节能减排、节支降耗和提高质量、效率相协调；职工成长和企业发展相协调。

今年的工作任务有以下几个方面。

一、全力以赴，加快改造，确保350万吨钢技改工程年底建成投产

公司二次党代会指出，350万吨钢改造工程事关企业长远发展，是凌钢贯彻党的十七大精神，落实科学发展观的实际行动。我们要牢牢把握住这个稍纵即逝的发展机遇，抓住企业发展的主动权，确保350万吨钢生产能力在今年年底如期实现。

一是要全力以赴做好融资工作，确保工程项目按期推进。面对资金十分困难的形势，我们充分利用现有资源，采取了多条腿走路的方针，拓宽融资渠道，特别是开展了股市融资工作，这是解决350万吨钢改造工程的最主要渠道，对工程成败具有举足轻重的重大意义。虽然经过前一段的努力，这项工作已经有了突破性进展，但仍不能松懈。现在中介机构已经进入并开展工作，不论涉及到哪个部门，都要从公司大局出发，无条件地做好配合，既要打破常规，又要有实事求是的科学态度，决不能因为我们工作的不到位延误整体工作的进展。

二是要科学组织，精细管理，确保工程建设有序、高效。工程管理部门要倒排工期，统一规划部署，科学组织实施。要以高炉、转炉和制氧机等关键项目为重点，细化网络衔接，不断优化方案，做到环环紧扣，扎实推进。要制定严细的管理办法和严格的考核制度，以确保各项计划的准确实施。要借鉴以往技改工作的经验和教训，严格贯彻“一保三限”技改方针，落实质量责任和投资额控制，强化责任追究，确保每个项目都建成精品工程。

三是要做到技改、年修、生产协调进行，确保工程按期投产。350万吨钢技改工程是需要举全公司之力才能完成的庞大系统工程，要集中全公司的智慧和力量，按照生产与技改相协调的原则，认真处理好生产、年修与技改的关系，确保工程

按期投产。项目单位要积极创造条件，主动参与施工建设和质量把关，提前搞好人员培训，确保顺利开工投产。相关单位要提前做好供给、运输、化验、计量等预案，为改造与生产赢得宝贵时间。机关部室也都制定了为350万吨钢建设协调服务的指标，要加强考核，确保落实。同时，还要抓紧新矿区的开发和建设。

二、统筹协调，优化创新，努力提高生产运行的质量和效率

由于今年生产、技改交叉并进，生产组织难度增大，必须要统筹安排，确保计划执行的严肃性，在不适应中求适应，在不平衡中求平衡，做到生产、技改两不误，总量、品种两不丢，节支降耗与提升质量、效率两不悖。

一是要科学组织生产，向协调运行要效益。要统筹考虑技改、年修、生产各方面的要求，周密安排生产计划，科学组织实施，在动态优化中提高运行质量和效益。铁系统要以高炉为中心，实现稳产、低耗、高效。矿山要确保全年完成110万吨铁精矿生产任务。钢系统要根据改造不同阶段的特点，努力追求钢产量的最大化和品种钢计划的实现。轧材系统要继续坚持效益优先的原则，进一步优化规格批量，实现高效运行。辅助系统要努力挖掘潜力，既要保生产，更要保改造。

二是要推进节支降耗，向降低成本要效益。今年我们新增减利因素高达11亿元，节支降耗是我们生产经营的重点工作。要把握住关键环节和重点工序，在降低原燃料消耗、优化原料结构上下工夫。要加强财务的分析监督和跟踪指导，通过深化“日清日结”不断完善成本控制体系，丰富成本管理内涵，提高成本管理质量，真正实现节支降耗与提高质量、效率相协调。要加大依靠技术进步降成本力度，今年技术攻关创效力争3000万元，新技术应用创效力争1000万元。

三是要推进产品开发，向优化结构要效益。要努力实现品种与总量的协调，在全年完成231万吨钢任务基础上，品种钢产量要确保达到109万吨。要在追求用户满意的质量同时，追求有市场、有效益的产量，要在稳定中提高，巩固现有品种和市场。探索和研究大转炉投产后品种钢开发的方向和定位，力争在深冲用钢等高技术含量、高附加值板带新品种上有所突破，提升我们品种钢开发的水平和档次。要组织好新产品鉴定工作，力争实现政策免税1000万元以上。

四是要加强市场营销，向经营环节要效益。今年异常困难的市场、紧张的资金、紧缺的置场和繁重的生产、技改任务，对供销工作提出了更高的要求，要在保证正常生产和改造的同时，做好350万吨钢能力形成后采购、销售和运输工作的预案，提前开发市场，拓宽渠道，确保新增能力的充分发挥。物资采购要紧紧围绕生产和技改，动态调整好采购的数量、质量、时机和节奏，还要千方百计降低采购成本。产品销售要处理好合同批量与生产组织、产销率和库存、重点工程和一般用户、出口与内销、铁运与汽运的关系，不仅要把价格卖到位，还要保证货款的及时回笼，搞好售后服务，使有限的资源获取更大的效益。

五是要加强设备管理，向高效运行要效益。要进一步强化以自主保养为基础的全员设备管理，总结包保试点工作的经验教训，加强对检修中心总维修费用和设备故障时间的承包考核，促进维修和检修质量的提高、设备故障时间和维修费用的降低。要深入推进点检定修制，加强维护检修单位和生产使用单位的协调与配合，提高点检定修的质量，使设备状态持续受控稳定。要提前做好适应350万吨钢能力形成后的设备保障工作，确保设备的安全、经济、高效运行。

三、坚持“依靠”方针，以人为本，共建共享，努力构建和谐凌钢

公司二次党代会在确定今后五年工作目标时明确提出，共建共享要达到新水平，和谐凌钢建设要取得新成果。要实现这一目标，就必须落实全心全意依靠职工办企业方针，在做大做强企业的同时，发展和维护好职工利益，真正体现发展依靠职工，发展为了职工，发展成果职工共享。

一是要把努力构建和谐凌钢体现在全心全意依靠职工办企业上。这次职代会进行了改选换届，我们要进一步发挥职代会和职工代表作用，努力开展民主决策、民主管理和民主监督，全面加强企业民主建设。要坚持企业改革发展和事关职工利益的重大问题经职代会讨论制度，落实职工对企业生产、经营、管理的知情权和建议权，拓展厂务公开形式，提高厂务公开质量。公司已经把

厂（部）长基金比例由10%降到5%，基层单位的厂（部）长基金使用，包括奖金分配、评先选优等涉及职工利益的敏感热点事项要自觉接受职工监督。

二是要把努力构建和谐凌钢体现在塑造企业文化、引导职工自觉为企业发展建功立业上。要大力宣传“自强、诚信、求实、创新”的凌钢精神，动员引导广大职工明确任务，坚定信心，努力为企业实现350万吨钢能力和生产经营目标多做贡献。要大力弘扬劳模精神，今天表彰的劳动模范是我们全体职工学习的榜样，在他们身上集中体现了凌钢人自强不息、科学求实、乐于奉献的优良传统和作风，我们要学习他们的好作风、好品格，努力做好本职工作。要加强对职工的专业培训，特别是要结合350万吨钢技改项目的建设和投产，大力开展岗位技能培训，努力提高职工队伍整体素质。要落实党代会提出的“人才强企”战略，积极开展“三创一赛”活动，进一步规范科技贡献奖、工人技术创新奖和技师评聘等能够让创新型人才脱颖而出的人才培养机制，为高素质人才提供广阔的施展才能的舞台和空间。

三是要把努力构建和谐凌钢体现在为职工创造舒适、安全、稳定的生产、生活环境上。环境建设是一项高投入、低回报的工作，但却是造福职工、造福后代的大事。今年进行的350万吨钢技术改造项目，环保配套是高起点的，环保投资达到了2.2亿元，占了总投资的10%。在此基础上，我们还将投资1700余万元，进行75m^{2}烧结机机头机尾除尘、排水系统等多项环保改造，进一步改善我们的区域环境。厂区的绿化美化要上水平、上档次，要督促对家属区的环境整顿和管理。要针对今年安全工作的严峻形势，加强安全工作的力度和深度，继续坚持“强化基层和基础，狠抓落实与考核，着力过程控制”的总体要求，切实提高职工的安全意识和自我防护能力，强化“严、细、实”管理，深入开展危险危害辨识评价与控制、伤害预知预警、区域负责制和“零违章保零事故”活动，全面提升素养安全和本质安全的管理水平。要切实做好350万吨钢技改工程建设期间的监察和保卫工作，坚持严打整治方针，推行治安区域联保责任制和打击盗窃案件联动机制，为企业和职工构建和谐平安环境。

四是要把努力构建和谐凌钢体现在维护和发展好职工利益上。要结合贯彻《劳动合同法》和推行“协力”用工，进一步规范劳动合同管理，既要维护企业利益，又要保障职工权利，从而建立起规范有序、公正合理、互利共赢、和谐稳定的社会主义新型劳动关系。公司已把职工住房公积金提取比例由7%提高到了12%，仅此公司全年将增加支出1300多万元，人均月收入增加近100元。出台了“内退”暂停办法、带薪休假制度，使广大职工更加安心工作，快乐生活。各级管理人员，特别是基层班工段长要更加自觉关心职工、尊重职工，转变工作作风，通过有效的思想政治工作引导职工自我教育、自我提高。广大职工也要通过理性合法的程序和方式表达自己的利益诉求，努力增加企业的和谐因素，消除不和谐因素。要坚持实施扶贫帮困送温暖工程和“金秋助学”工程，在职工中营造关爱、互助的和谐环境。要借助奥运契机，充分利用文化宫、游泳馆等资源，开展丰富多彩的职工文化体育活动，锻炼体魄，陶冶情操。

同志们，凌钢的事业是全体职工的事业，我们今年的各项工作目标也是极具挑战性的目标。只要我们坚定信心，团结一致，发扬自强、诚信、求实、创新的凌钢精神，满怀激情地、创造性地开展工作，我们的目标就一定能够实现！

工会主席苑成德在二届一次职工（会员）代表大会上的工作报告

认真学习贯彻十七大精神　为实现凌钢又好又快发展构建和谐企业发挥工人阶级主力军作用

（2008 年 1 月 29 日）

各位代表，同志们：

我代表凌钢集团公司首届工会委员会向大会作工作报告，请各位代表审议。

过去七年工会工作回顾

自首届职代会和会员代表大会七年来，凌钢各级工会组织在上级工会和公司党委的正确领导下，认真贯彻“组织起来，切实维权”的工作方针，紧紧围绕企业的中心工作，深入开展“三创一赛”活动，调动激发广大职工的积极性、创造性，全面提高职工队伍素质，为促进企业发展，构建和谐凌钢，做出了应有的努力和贡献。

一、紧紧围绕企业工作中心，扎实活跃地开展形势任务教育和生产劳动竞赛，为公司加快发展助推加力

从 2001 年到 2007 年，凌钢顺应国家战略调整，努力转变发展方式，连续七年保持了经济效益稳定增长，实现了从 100 万吨钢到 220 万吨钢的跨越式发展。这期间，面对市场竞争日趋激烈的严峻挑战，凌钢各级工会组织，紧紧围绕生产经营这个中心，把激发调动广大职工的积极性、创造性作为根本职责和工作着力点，每年都把贯彻落实年初职代会精神，开展形势任务教育作为全年工作的开篇之作，编写形势任务教育宣传提纲，层层开展形势任务宣讲，组织各单位“新思路、新举措”交流互动，开展“迎接新挑战，促进新发展”主题教育，引导广大职工更加明确“厂兴我富、厂衰我贫、厂兴我荣、厂衰我耻”的辩证关系，牢固树立“热爱凌钢、建设凌钢、发展凌钢”的责任意识和奉献精神，增强广大职工的危机感、紧迫感和责任感，同心同德，齐力协力投入到共闯难关的拼搏之中。

各级工会组织都把开展生产劳动竞赛，作为工会工作与企业生产经营有机结合的有效载体和得力抓手，每年都开展了主题突出、形式多样、职工参与广泛的生产劳动竞赛，使其成为完成全年生产经营目标的重要推动力量。2001 年，开展了“誓夺钢产 100 万”劳动竞赛；2002—2003 年，开展了“三上一树”劳动竞赛；2004 年，开展了“决战 200 万吨钢”竞赛；2005—2007 年，开展了以“节支降耗，节能减排，实现增长方式转变”为主题的生产劳动竞赛。每年的竞赛活动，普遍做到了竞赛指标先进合理，竞赛形式灵活多样，竞赛措施严密细致，竞赛考核严格认真，竞赛投入逐年加大。七年中，共开展公司级劳动竞赛 456 项，参加生产劳动竞赛职工人数每年都在 5000 人次以上，公司工会每年竞赛奖金支出在 40 万元以上。在劳动竞赛中注重弘扬劳模精神，发挥劳模的示范、导向和激励作用，七年来，公司工会推荐评选公司级劳动模范 105 名，推荐全国和省市以上劳模、五一奖章获得者 21 名，表彰各类专业能手 737 名，树立了凌钢职工的良好形象。

二、认真开展“三创一赛”活动，大力提高职工素质，强化企业管理的基础工作

“三创一赛”，是近年来凌钢工会工作的一个重要品牌。公司各级工会组织全力投入，精心组织，扎实推进，使“创新”、“创争”和“创建”活动呈现蓬勃发展势头，取得显著成果。

1. *发挥长效机制的激励作用，工人技术创新活动取得新突破*

公司工会自 2001 年起组织开展工人技术创新

活动，经过不断探索，大胆实践，逐步建立健全了措施具体、制度严密、评审严格的规范的管理体系。2004 年末，由公司行政、公司工会联合制定了《凌钢工人技术创新评选奖励办法》，建立了长效激励机制，极大地调动了广大职工技术创新的积极性，广大职工以高度的主人翁责任感，立足岗位，积极发现问题，选题立项，踊跃开展技术创新活动，解决了生产、工艺、设备改造、节能降耗、安全生产等一系列重点难点问题，创造了可观的经济效益，推动了企业技术进步。七年中，全公司共完成工人创新成果 3000 多项，4000 余人次参与创新活动，上报公司级成果 1343 项，675 人次获得公司三等奖以上优秀成果奖励。特别是在 2007 年工人技师评聘中，技术创新获奖情况成为技师评聘的重要条件之一，不仅评聘了 232 名技师和高级技师，也使工人技术创新活动达到了新的高潮，1107 人次参加创新活动，共立项 993 项，达到了公司工会提出的“十人一项”的目标。

2. “创争”活动逐步深入，知识型、技能型职工大量涌现

七年来，“全员学习，终身学习”、“学习工作化、工作学习化”理念日益深入人心，组织体系、激励制约机制逐步健全，“四位一体”全员培训体系进一步完善，在岗位职业技能鉴定和评聘工人技师的影响推动下，广大职工学文化、钻技术、练本领的积极性空前高涨，学习空气十分浓厚。据不完全统计，七年中，全公司共举办各类文化、技术培训班 1140 期，有 57000 余人次参加，举办了 60 多个工种的技术练兵、技术比武活动，15000 余人次参加。我公司被朝阳市总工会评为首批“学习型企业”，动力厂空压三班被评为“学习型班组”，型材厂职工张叶刚、中宽带厂职工张宏艳被评为省、市学习型职工。炼铁厂李树凤被命名为朝阳市十大首席员工。法来明、张叶刚等被省经委等五部门评为省级技术能手。

3. “创建”活动全面展开，班组细胞更加活跃

通过两年多来创建“五型班组”的实践，尤其是公司工会通过举办班段长培训班和工会主席培训班，各分厂和广大基层骨干对创建“五型班组”的重要意义认识更加深刻，工作更加主动，普遍建立了党政重视、工会主抓、全员参与的组织领导体系，建立、健全了具有凌钢特色、定性与定量相结合的创建目标、考核细则，“五型班组”建设与经济责任制和“日清日结”相挂钩，使创建活动步入制度化、规范化轨道。大多数工段、班组的“五型班组”建设做到“五有”，即：有创建方案、有考核细则、有工作记录、有考核台账、有小家园地。两年多来，通过各分厂自检、申报，公司工会检查、验收，全公司共评出 167 个“五型班组”，占全公司班组总数的 20% 以上，公司工会不仅给予了奖励，而且组织他们搞好经验交流，进一步推动了“五型班组”建设。

三、坚持“以职工为本”的宗旨，认真履行维权职能，积极推进和谐凌钢建设

1. 坚持、完善以职代会为主要形式的民主管理、民主监督，保障职工的民主权利

首届职代会期间，是我公司进一步深化改革的重要时期，公司党政、工会注重发挥职代会作用，凡是涉及企业重大经营决策、改革、改制方案，涉及职工切身利益的重大事项，都通过职代会审议，落实了职工的知情权、表达权、参与权和监督权，七年中，共召开职工代表大会 7 次，召开职工代表团组长扩大会议 9 次，审议通过了每年度的总经理工作报告，讨论、审议了“子公司改制方案”、“子公司职工安置方案”、“职工调资方案”、“技师评聘方案”等重大事项。特别是在主辅分离、辅业改制期间，公司工会全程跟踪了下岗职工出中心、子公司分流安置职工、解除劳动关系、发放经济补偿金、接续社会保险等重大事项的落实，使这些改革能够平稳顺畅，圆满过渡，做到了职工合法权益维护与企业改制同步推进。七年中，公司工会还配合党委组织部组织职工代表开展了对中层干部的民主评议，为两次中层干部换届和每年度的干部考评奠定了群众基础。认真做好职工群众来信来访工作，逐步健全职工诉求表达机制。七年中，接待职工来访 670 余人次，对职工的诉求向有关部门进行了反馈和解释，有些问题得到较好解决，维护了企业的和谐与稳定。

2. 关注职工切身利益，努力为职工办好事，办实事

两级工会努力解决职工最关心、最直接、最现实的问题，把党的温暖、企业的关怀送到职工

中，工会投入资金20多万元，为一些重点高温岗位购置了电冰箱、电冰柜、冷饮机、热水器、电风扇，投入14万元，在温泉疗养院为职工办理健康疗养115批，参加疗养676人次。由工会组织职代会通过，自2005年以来，为离退休职工实施了效益补贴，使3000多名离退休职工平均每人每月增资180元，两次为职工大幅度提高责任工资和职工住房工积金比例，为职工提高了夜班、保健标准，实施了住宅取暖补贴，摘转供电补贴，全员参加了医疗保险，这些都深得广大职工的欢迎。

3. 深入实施送温暖工程，不断加大对特殊群体职工的帮扶力度

七年中，公司工会为350多名困难职工建立了帮扶档案，为2409名（次）困难职工发放困难补助金81万元，为工亡、特困职工子女发放助学金9.2万元，发动职工为患大病、受重灾职工和家属捐款27万元。继续关注女职工的特殊利益，工会出资坚持每年为女职工进行健康体检，连续两年办理女性团体安康保险。为全体保安人员办理了平安保险。

四、大力开展文体活动，丰富职工精神文化生活，积极推进企业文化建设

1. 针对国家和企业不同时期的大事、喜事，公司工会适时组织各种庆祝活动

七年来，组织观众达千人以上的文艺演出、庆祝活动有15场次，如2001年“七一”组织了纪念建党80周年大型广场合唱比赛；2003年举办了庆祝四大技改工程竣工“跨越今天”、“创造明天”两场职工文艺晚会；2004年“七一”举办了水上舞台文艺演出，“十一”举办了“与祖国同步”职工文艺汇演，年底举办了庆祝凌钢实现200万吨钢历史性跨越“火红的丰碑”大型文艺演出；2005年组织了“抗战精神，光耀千秋”文艺演出；2006年9月，成功组织了丰富多彩的厂庆40周年纪念活动。所有这些活动，在满足职工精神需求的同时，充分发挥了文化艺术的教化感召作用，激发了广大职工的工作热情，增强了企业的向心力、凝聚力。

2. 在企业文化建设上，工会一直发挥主力军的作用

不仅在理念文化上大力宣传凌钢的核心经营理念，而且在文化艺术方面发挥专长，七年来举办了3次职工书法、绘画、摄影展览，9次职工才艺表演和健身舞表演，举办了6次职工楹联比赛，出版了《联著钢魂》凌钢职工自己的楹联作品集；近年来，工会出资大力支持离退休老同志的文化体育活动，他们的健身舞、大秧歌，成为凌钢业余文化生活的靓丽一景。

3. 职工体育活动越来越活跃

每年元旦、“五一”、“七一”、“十一”都有大型体育比赛，各种球、棋、牌类赛事达到了每月一赛。凌钢田径运动始终保持了较高水准，曾获朝阳市六运会总分第一名，全国冶金三运会总分第四名。职工业余体育协会十分活跃，凌钢登山队登遍辽宁名山，走向了全国，打出了凌钢品牌；凌钢长跑队三次在北京国际马拉松比赛中，取得了令人称赞的好成绩。近年来，凌钢的文体设施，在公司工会的大力倡导和公司经理的大力支持下，得到明显改善。2006年，借助厂庆40周年，公司投资400万元，装修了凌钢文化宫；2007年投资700万元，在原游泳池的基础上，修建了凌钢游泳馆；公司工会还投资近40万元，装修了乒乓球馆，硬化了体育场跑道，增设了健身器材、篮球场、增购了图书馆藏书等，为广大职工更好地开展文体活动，增进和谐，提高生活品位创造了条件。

回顾过去的七年，凌钢职代会较好地履行了职责，工会工作取得了长足的进步，这是公司党委正确领导、公司行政大力支持的结果，是公司广大职工、会员全力支持、积极工作的结果。在此，我代表集团公司首届工会委员会，向在各自岗位上辛勤工作的全体职工和会员，向所有关心、支持凌钢工会工作的各级领导和同志们，表示衷心地感谢和敬意。

总结七年来的工作，我们也清醒地看到存在的不足，一是维护职工权益的各种机制还需进一步健全、完善；二是个别分工会活力还不够强，工作不够主动；三是工会干部组织服务职工的能力和水平需进一步提高。这些问题必须予以高度重视，在今后的工作中努力加以改进和提高。

今后五年工会工作任务和2008年工作安排

今后五年将是全面贯彻落实党的十七大精神

和公司二次党代会战略部署的五年，是抓住重要的战略机遇期，完成二次党代会提出的凌钢发展蓝图，实现凌钢又好又快发展的五年，也是坚持以职工为本，全面推进和谐凌钢建设的五年。工会肩上的责任光荣而又重大。刚刚闭幕的市总工会九大，提出了新的目标和要求，也为凌钢工会工作指明了前进方向。面对新形势、新任务，凌钢工会今后五年工作的指导思想和总体要求是：以党的十七大精神和科学发展观为指导，坚持“组织起来，切实维权”的方针，树立和落实中国特色社会主义工会维权观，全面深入贯彻落实集团公司二次党代会精神，紧紧围绕二次党代会提出的今后五年的指导思想和战略目标，以服务职工、促进和谐为重点，深入推进“三创一赛”活动，扎实开展和谐凌钢建设，团结带领广大职工为实现凌钢又好又快发展建功立业，开创凌钢工会工作新局面。

今后五年主要工作任务及2008年工作要点。

一、深入学习贯彻十七大精神和集团公司二次党代会精神，用科学发展观武装头脑，指导实践，推动工会工作创新发展

全面深入学习贯彻党的十七大精神和公司二次党代会精神，是贯穿二届职代会、工会委员会今后五年任期的一条主线，也是2008年各级工会组织首要的政治任务。我们要以高度的政治责任感，组织广大职工学习好、贯彻好十七大精神，自觉用十七大精神武装头脑，指导实践，推动工作，把广大职工的思想和行动统一到十七大精神上来，把智慧和力量凝聚到实现党的十七大确定的各项任务上来。公司二次党代会，是在凌钢进入新的历史发展时期召开的一次十分重要的会议。大会提出的“坚持科学发展，构建和谐企业，为实现凌钢又好又快发展而奋斗”的奋斗目标，是紧密结合凌钢实际，贯彻落实十七大精神和科学发展观的具体体现，是指导我们工会工作的指针。

1. 深入领会科学发展观的科学内涵和根本要求，深刻认识凌钢实现新的发展的重大意义，团结全公司职工为实现350万吨钢做贡献

十七大报告对科学发展观进行了深刻阐述，强调科学发展观第一要义是发展，凌钢当前的首要任务就是发展，刚才，张总经理的报告再一次强调了这个问题。广大职工要树立强烈的危机感、紧迫感和使命感，抢抓当前有利机遇，集中全部力量，抓紧推进老区350万吨钢改造工程。这是事关企业的生死存亡和长远发展的大问题，是摆在凌钢今年高于一切、先于一切、大于一切的头等大事，它既是一个宏伟的目标，又是一项艰巨的任务，是需要举全公司之力才能完成的庞大系统工程。我们各级工会组织和广大职工都要以高度的主人翁责任感，积极投身到350万吨钢工程建设中来，高速优质地完成改造任务，为实现凌钢的可持续发展做出新贡献。

2. 深入领会以职工为本、构建和谐凌钢的深刻内涵，推动工会工作指导思想和工作方式的转变

公司二次党代会按照十七大精神和科学发展观的要求，提出今后企业发展要做到“发展为了职工，发展依靠职工，发展成果职工共享”，“要把维护好、发展好广大职工的根本利益作为企业各项工作的出发点和落脚点”，这是凌钢党委学习十七大精神，解放思想，转变观念的重大突破，是企业经营战略思想和发展根本目的在认识上的重大转变。工会组织作为职工利益的代表者、维护者，作为党联系职工群众的纽带和桥梁，更要深刻理解和认识这一转变的重要意义，自觉实现指导思想和工作方式的重大转变。以职工为本是工会立会的宗旨，是工会赖以存在和发展的内在要求。坚持以职工为本，必须一切依靠职工群众，一切为了职工群众，把密切联系职工群众作为工会工作的生命线，把满腔热情为职工服务作为工会一切工作的出发点和落脚点，把职工群众满意不满意作为检验工会工作成效的重要依据。要深入职工群众，了解他们的工作生活情况，倾听他们的意见和呼声，要带着深厚感情和满腔热情为职工做好事、办实事、解难事，努力使工会成为职工群众的贴心人，把工会真正办成职工之家。

3. 深入领会十七大对工会工作提出的新要求，建立健全维权机制，增强工会组织的吸引力、凝聚力

党的十七大报告重申了坚持全心全意依靠工人阶级的指导方针，完善以职工代表大会为基本形式的企业民主管理制度，维护职工合法权益。

公司二次党代会也对工会工作提出了许多具体、明确的要求。工会组织要不负重望，认真履行职能。要充分发挥组织职工的作用，带领广大职工为实现凌钢又好又快发展建功立业；要充分发挥引导职工的作用，不断提高广大职工的思想道德水平和科学文化素质；要充分发挥服务职工的作用，努力把以人为本的要求落实到工会工作中去，积极促进企业劳动关系和谐稳定，建立健全利益协调、诉求表达、矛盾调处、权益保障机制，以劳动关系的和谐促进企业的和谐。

二、拓展和深化“三创一赛”，全面提升职工队伍素质，为实现凌钢加快发展凝聚力量

“三创一赛”是凌钢工会工作的一个重要品牌，是把工会工作与企业生产经营紧密结合，在促进企业发展中展示自身价值、发挥作用的有效载体和重要途径。在凌钢发展的新时期，我们要把“三创一赛”叫得更响，拓展深化、持之以恒。针对2008年生产经营任务和实现350万吨钢的实际，要赋予“三创一赛”新的内涵，使其再上新台阶、再上新水平。

1. 劳动竞赛要开辟两条战线，实现生产、技改双丰收

劳动竞赛是工会组织职工群众在生产经营活动中发挥积极性、创造性的有效形式。今年的劳动竞赛，一是要认真搞好竞赛动员，把广大职工吸引到竞赛中来。当前，凌钢生产经营和技术改造都面临十分严峻的形势，原燃料出现了史无前例的涨价，技改资金也十分紧张，我们要通过宣传、教育，把公司2008年面临的严峻形势讲清，把艰巨任务讲明，把实现350万吨钢的重大意义讲透，激发广大职工强烈的主人翁意识和拼搏奉献精神，积极投入到竞赛之中。二是各级工会都要科学地组织好竞赛，保证竞赛活动收到实效。从公司、分厂到工段班组，都要从生产、技改两条战线安排竞赛立项，实现生产技改统筹协调。劳动竞赛主要的目标是节能减排、节支降耗。当前，节约每一公斤焦炭、每一公斤废钢、每一公斤矿粉、每一滴油都和过去的价值大大不同了。因此，无论是劳动竞赛还是工人技术创新都要在节约上下工夫。三是要加大对竞赛的投入，增强竞赛的激励力度，公司工会将投入更多的竞赛资金，各分厂也要舍得投入，使竞赛成果突出的职工得到相应的补偿，真正把钱花在刀刃上。在竞赛活动中，要进一步发挥劳动模范和各类先模人物的模范带头作用，大力弘扬劳模精神。

2. 工人技术创新活动要拓展广度，开掘深度，进一步上水平

新的一年创新活动要上档次、上水平，一是要进一步扩展职工参与创新活动的广度。350万吨钢技改工程和节能减排、节支降耗的新任务，为创新活动提供了更广阔的战场，我们要进一步营造“劳动光荣、创新光荣”的浓厚氛围，激发广大职工的创新意识和创造活力，动员更多的职工投入到创新活动中。二是进一步提升创新项目科技含量，鼓励广大职工立足岗位，针对生产经营中的难点问题选题立项，循序渐进地提高创新项目的科技含量；要鼓励集体项目创新，发挥集体智慧，发扬团队精神，解决重大难题；技改新项目投产后，要开展达产达效创新，对保证“一保三限”有重大作用的项目，要给予重奖。三是要加强创新项目管理，做到党政重视，工会运作，齐抓共管；要完善“跟踪管理”、“过程控制”；要不断推动工程技术人员与广大工人相结合，发挥两个积极性，各展所长；严格立项、评审、公示等程序，保证获奖成果真实、公正、透明，大家服气。要进一步把工人技术创新和工人技师评聘结合起来，技师应在创新活动中起带头作用。

3. 继续开展“创争”活动，大力推进职工素质工程

要立足于提高职工思想道德、科学文化和职业技能素质，继续深入开展“创建学习型组织、争做知识型职工”活动。要以社会主义核心价值观主题教育为基本内容，在职工中开展各种形式的职业道德建设，提高职工社会公德、职业道德、家庭美德、个人品德水平。要舍得投入、舍得精力，开展多层次、多渠道、多内容、多形式的职工技能培训，大力开展岗位练兵、技术比武活动，促进职工立足本岗位，学用结合，提高实际工作能力和解决复杂问题的能力；要健全完善竞争、激励机制，使职工凭技能得到使用提升，凭业绩提高收入，工会要协助行政继续开展工人技师评聘；要选树创争活动典型，宣传推广他们的事迹和经验，在全公司营造更浓厚的学技术、练本领、

当尖子、做能手的氛围。

4. 强力推进“五型班组”建设，积极开展创建“工人先锋号”活动

以“效益型、技能型、创新型、管理型、和谐型”为主要内容的“五型班组”建设，是坚持以职工为本，调动职工积极性、创造性，提高职工自主管理水平的重要举措，也是激活企业细胞，提高企业管理水平的一项基础性工作。我们要认真落实省总工会与省经委、国资委等五部门“关于开展创建‘五型班组’活动，进一步加强班组建设的意见”，在已经取得成绩的基础上，强力推进“五型班组”建设，争取每年有10%以上班组达到省级优秀标准。要夯实“五型班组”建设的基础工作，完善活动规划，建立健全“五有”，核心是选配好班段长，搞好班段长培训，增强他们开展创建活动的积极性。要把班段的主体工作与创建五型有机融合，扎扎实实、有条不紊、生动活跃地开展起来。各分厂要把创建工作纳入到经济责任制，与日清日结考核挂起钩来，建立起有效的激励、制约机制。要注意选树典型，互相促进。2008年，“五型班组”建设是工会的重点工作，要经常不断对各分会进行检查考核，年末要根据新的标准检查验收。要在创建“五型班组”的基础上，根据全总要求，全面开展评选“工人先锋号”活动，争取在公司“五型班组”中产生一定数量的先进典型进入全省乃至全国“工人先锋号”行列。

三、坚持以职工为本，在构建和谐凌钢中积极发挥工会组织作用

公司二次党代会把“共建共享达到新水平，和谐凌钢建设取得新成果”纳入今后五年四大战略目标之一。工会组织以其自身性质、特点，在构建和谐凌钢中，具有其他组织不可替代的作用。我们要在公司党委正确领导下，认真贯彻党的十七大精神，落实二次党代会提出的促进企业和谐的各项任务，为构建和谐凌钢做出新贡献。

1. 进一步健全工会维权体系，切实维护职工合法权益

要切实贯彻全心全意依靠工人阶级的方针，充分尊重和保障职工在企业里的主体地位，强化职代会的制度建设和规范运作，保障职代会充分行使对企业重大决策的审议、建议权，对有关职工切身利益重大事项的决定权，对企业行政领导干部的评议监督权。要继续搞好厂务公开，建立健全厂务公开监督机制，规范厂务公开程序，提高厂务公开效果，要在基层工段班组继续实行“四个公开”，即考勤公开、奖金分配公开、日清日结考核公开、评先选优公开。

2. 以贯彻实施《劳动合同法》为契机，进一步加强和谐稳定劳动关系建设

要通过各种形式，大力宣传、普及《劳动合同法》，使广大职工明确这部法律的立法宗旨、基本原则，明确劳动合同的各项基本要素，学会用法律维护自己的合法权益。各级管理者也要自觉用法律指导工作，把我公司的劳动关系进一步规范化、制度化。要建立健全发展和谐劳动关系的制度和机制。要建立健全利益协调机制，保证职工共享企业发展成果；要建立健全诉求表达机制，畅通信访渠道，积极反映职工的意愿和要求；建立健全矛盾调处机制，调整、健全集团公司劳动争议调解委员会，妥善处理劳动争议问题，努力把劳动关系矛盾解决在基层，化解在萌芽状态；建立健全权益保障机制，积极推动职工收入与企业效益同步增长，监督企业按时、足额为职工缴纳“四险一金”，督促企业落实安全生产措施，保障职工生命安全和身心健康。

3. 满怀真情的帮扶特殊职工群体，努力为他们做好事、办实事、解难事

工会组织要增进对职工的感情，多做聚人心、暖人心、得人心的好事实事，对职工的思想、工作、生活都要饱含深情的给予发自内心的关怀。要始终把解决职工最关心、最直接、最现实的问题作为工会工作的出发点和落脚点。要健全完善扶贫帮困机制，加大对困难职工的帮扶力度，深入实施送温暖工程，要完善特困职工档案，及时走访特困职工，抓好特困职工救助，对职工因大病、突发灾祸、陷于临时困境的，要发动职工予以捐助。要深入开展金秋助学活动，做到不让一名凌钢职工子女因经济困难而上不起大学。要继续关注女职工特殊利益，充分保障女职工在劳动用工、身体、健康、休息、休假等方面的利益，加大对单亲女工、病困女工的帮扶力度，工会要继续出资为女职工上安康保险。春节即将到来，两级工会要按照上级和公司党委要求，开展一次

规模更大的送温暖活动，不使一个职工因家庭生活困难而过不好年。

4. 大力推进企业文化建设，为实现又好又快发展、构建和谐凌钢，提供精神动力和文化支撑

一要广泛深入开展凌钢精神教育。公司二次党代会通过的“自强、诚信、求实、创新”凌钢新时期企业精神，真实地反映了凌钢40多年来特别是改革开放以来的奋斗足迹，反映了当前凌钢改革发展的实际，也是广大职工对凌钢未来的希望和追求，这是凌钢长期以来形成的经营思想、经营理念的浓缩和升华，体现了时代特征，突出了凌钢个性，我们各级工会要认真宣传贯彻这个新的凌钢精神，每个职工都应当成为学习、宣传、践行新时期凌钢精神的模范，使其成为凝聚人心、推动企业发展的巨大精神动力。二是要大力开展丰富多彩的文化体育活动，用和谐文化推动和谐凌钢建设。2008年，我们要乘迎接第29届奥运会的强劲东风，更加活跃地开展职工文化体育活动，要针对2008年生产、技改任务特别繁重，人员高度紧张的特点，更多地开展群众性、多样性、业余化、小型化的文化体育活动，要根据季节，举办登山比赛、大众体育比赛，以及各种球、牌、棋类比赛；要更多的支持职工自发组织的文体协会工作，如楹联协会、登山协会、乒乓球协会、羽毛球协会、健身秧歌协会等，鼓励他们开展活动；要大力支持离退休职工的文化体育活动。要充分利用游泳馆、文化馆、乒乓球馆、体育场等多种场所，开展多种形式的文化体育活动，做到月月有比赛、周周有活动，使凌钢文化体育活动更加丰富多彩。要办好“职工书屋”，让更多职工有读书学习的场所。要倡导健康文明的生活方式，振奋职工精神，强健职工体魄，使广大职工以更饱满的精神和旺盛的体力投入到完成生产经营任务和350万吨钢技改会战中。

同志们，凌钢已进入一个新的历史发展时期，为各级工会组织、广大工会干部、全体工会会员提供了难得的机遇和宽广的舞台，让我们在党的十七大和集团公司二次党代会精神指引下，同心同德，开拓创新，真抓实干，为构建和谐凌钢，实现凌钢又好又快发展，发挥工人阶级主力军作用，做出新的更大贡献！

董事长、总经理张振勇在凌钢集团公司成本分析会议上的讲话

（2008年9月27日）

同志们：

今天，我们在这里召开集团公司前八个月成本分析会，主要目的就是要让大家清晰地认识到当前的经营形势之难，成本压力之大，部署应对的措施，动员和带领全公司广大干部职工，积极行动起来，牢固树立过紧日子的思想，继续振奋精神，真抓实干，全力以赴做好后几个月的技术改造和生产经营工作，确保全年各项目标的完成。刚才玺才总会计师对集团公司前8个月的成本完成情况进行了分析，也对下一步的成本控制讲了许多具体要求，我完全同意。炼铁厂、炼钢厂分别介绍了成本管理的做法和经验，对我们很受启发，也很有借鉴意义。供销公司介绍了当前的市场情况，价格急剧下滑，形势异常严峻。下面，我再就进一步做好后几个月的成本管理工作讲几点意见。

一、认清当前形势，务必提高对降本增效必要性的认识，增强战胜困难的信心和决心

今年以来，世界经济增长放缓，需求有所减弱，初级产品价格暴涨，全球性通货膨胀压力增大，美元加速贬值，国际金融市场动荡。国内接连发生低温雨雪冰冻灾害和特大地震灾害，也影响了我国整体经济的运行。钢铁行业前半年生产总量平稳增长，增幅明显回落，产品结构进一步优化，国内市场需求旺盛，钢材价格高位运行，企业盈利水平提高。凌钢也取得了较好的经济效益，前八个月实现利润7.3亿元，创出了历史的最好水平。但近两个月以来，市场形势急转直下。受市场需求、国家宏观调控等多种因素的影响，

特别是受铁矿石、煤炭、焦炭、石油大幅度涨价和电力、运输紧张等制约，使钢铁的制造成本急剧上升，而高成本支撑又没能阻挡住钢铁市场价格下降的步伐，导致了销售量下降，库存增加。河北省的钢铁企业很多都处在了停产和半停产状态。市场钢材价格的急剧深度下跌，使我们的产品也已经突破了成本线。矿粉最高价达到过 1550 元，焦炭最高价达到过 3240 元。我们的螺纹钢最低价达到过 4300 元，中宽带最低价达到过 4450 元。就目前而言，如果按现在原燃料和产品的时点价格计算，已经出现了亏损，后几个月的生产经营形势不容乐观。

面对当前异常严峻的市场形势，我们已经无路可退。既要充分认识面临的困难和挑战，增强危机意识、风险意识和忧患意识，积极应对可能出现的各种困难局面，又要正确认识我国经济平稳较快发展的基本面没有改变的有利条件和积极因素，增强我们做好后几个月工作的信心。就现在的市场发展看，走出困境的唯一出路就是降本增效。按照年初职代会提出的节支降耗和节能减排要求，扎扎实实地制定更切合实际的措施，采取更有效的手段，取得更扎实的效果。这既是企业当前渡过难关的必然选择，也是企业实现长远发展、增强企业素质和市场竞争力的需要。所以说，做好降本增效工作是我们的当务之急，势在必行，刻不容缓。

二、加强成本控制，全力以赴降本增效，确保全年各项任务的全面完成

降本增效的关键是降低成本，降低成本的关键则在于对成本的控制。为此，我们必须下大力量，通过科学管理，狠抓落实，做好成本控制。

1. 要强化执行力，加强成本控制

这里所说的执行力，指的就是全公司各单位认真领会贯彻集团公司在降本增效工作上的战略意图，严格按照公司确定的目标操作和执行的能力。这是把企业战略意图转化成为效益和成果的关键。通过今天的会议，各单位要认真对照检查年初确定目标的贯彻执行情况。目标分解到不到位？过程控制的水平怎样？在管理上有哪些创新？是不是还出现了退步？还存在哪些差距和不足？通过检查，制定整改措施，提高应变能力，真正实现成本的动态可控，做到事前预测、事中控制、事后分析。在市场采购上，努力跟踪市场，及时做好研判，努力降低采购成本。要加强资金计划管理，在减少资金占用的同时，发挥利用好我们的资金优势降成本。在生产组织上，要应对原料的变化，做好重点工序、关键环节的成本控制，在降低原燃料消耗、提高能源资源综合利用率上下工夫，要运用科技的手段降低成本。在技改投资上，要把投资在指标改善、效率提高上体现出来，尽可能地减少备件材料的储备，杜绝贪大求洋，防止功能过剩，建精品工程不等于大手大脚，更不能铺张浪费。有关部门要加大检查和考核的力度，务求抓出实效。

2. 强化利益导向，加强成本控制

在严格控制执行成本计划的同时，要加大利益引导的力度，激励和调动广大职工降成本的积极性。一方面要进一步提高奖金在降成本上的奖罚比例，使降成本的成果在奖金中得以充分的体现，让职工切身感受到成本的升降对自己收入的影响，明白只有做了有效益的“多劳”才可以“多得”。运用多年来形成的有效的模拟市场核算管理体系，通过“日清日结”把指标层层分解，使成本费用的节约与每个人的利益紧密结合，有效地增强了职工的成本意识。另一方面就是要鼓励通过技术创新降成本。炼钢的转炉煤气回收、炉龄攻关都收到了明显的经济效益。希望全公司都要在技术攻关、新技术应用上做文章，特别是要在节能减排上多做深入细致的工作，多动脑筋，深掘潜力，通过技术进步降成本。

3. 强化精细管理，加强成本控制

要充分发挥我们的管理优势，从细节和环节上下大力量控制节支降耗。诸如：物资采购和产品销售的价格调整，生产组织的批量计划和到厂物资二次倒运，设备管理的设备空耗和检修质量，材料管理的保管、发放和使用，质量管理的进厂物资检验和产品的质量、包装，安全管理的杜绝事故发生，生产保卫的防止物资丢失、能源管理的风水电汽跑冒滴漏，包括 350 万吨钢技改的施工、安装、调试和试产等等，每个细节和环节都有大量的工作要做。管理无止境，管理中的成本挖潜也不会到顶。只要我们加大责任心，精细管理，我们的降本增效工作就会有效果。

三、加强领导，共渡难关，使降本增效工作切实抓出成效

从世界和国家经济形势大局上看，这一轮的钢铁市场价格暴跌，绝不是过去意义上的价格波动，很可能是钢铁业在整个经济发展中的一次重新定位。降本增效工作不仅事关企业的长远发展，也直接影响到企业的生存。

1. 各级领导要高度重视降成本

钢铁企业的竞争力主要因素之一是成本，分析一个钢铁企业有无竞争力首先要分析它的生产成本。所以说，成本是企业竞争力的体现。我们凌钢多年来在地域、装备、品种均不占优势的情况下，企业仍取得了较好的经济效益，关键在成本。在新一轮钢材市场下跌的困难时刻，我们的各级领导干部首先要提高认识，统一思想，以积极的态度应对可能出现的各种困难，开拓降本增效思路，创新降本增效方法，带领广大职工同舟共济，共渡难关。要利用我们多年来形成的自我加压、自我否定和市场经济靠自己的企业文化理念，把自强、诚信、求实、创新的凌钢精神在降成本中体现，全力以赴，降本增效。

2. 立足岗位，从自身做起，全员节约降成本

上月初，国务院、国务院办公厅分别下发了“关于进一步加强节油节电工作的通知”和“关于深入开展全民节能行动的通知”，要求各地、各部门要充分认识节能工作的必要性和重要性，增强忧患意识和节能意识，提高能源利益效率，缓解能源供应紧张状况，保护生态环境。我们要按照国家的要求，在全公司范围内大张旗鼓地宣传和发动广大职工，立足岗位，从节约每一滴水、每一度电、每一滴油做起，开展全员的节能减排活动，压缩非生产性开支，控制办公费用，杜绝公费旅游，减少与生产技改无关的文体活动。相关部门要确定主题，加强指导，保证活动扎实有效。

3. 加大宣传，提高全员节约意识

宣传部门要利用新闻媒体，广泛宣传降本增效的重要性和必要性，引导广大职工真正树立起过紧日子的思想，增强成本意识和忧患意识。要大力宣传在节支降耗和节能减排活动中涌现的好经验、好做法、典型人物和典型事迹，大力弘扬节约美德，树立文明新风，在全公司形成人人关心成本，人人为降本增效做贡献的氛围。

同志们，现在离年末还有3个月的时间了。备受人们关注的350万吨钢技改项目，尽管受到了四川汶川大地震和北京奥运会的一些影响，工程正在扎实稳步地按计划推进，所有项目基本上都能够按照计划竣工投产。生产经营虽然也收到了原燃料涨价带来的质量波动和技改到的影响，产量和效益均取得了显著的效果。在后3个月的工作中，各单位还要发扬敢打硬仗、勇克时艰的精神，抓紧抓好降本增效、生产经营、技术改造各项工作，为全面完成全年各项工作任务努力奋斗！

董事长、总经理张振勇在凌钢集团公司中层管理人员大会上的讲话

（2008年11月21日）

同志们：

今天，我们在这里召开全体中层管理人员大会，主要的目的就是要和大家通报当前钢铁行业面临的严峻形势和凌钢所面临的困难，部署我们的应对措施，动员全公司广大干部职工认清形势，明确目标，树立危机意识和责任意识，统一思想，坚定信心，尽我们最大的努力，渡过眼前的难关。

刚才，苑书记结合在前两天参加的全国冶金政研会上获得的信息，对当前整个钢铁行业的形势进行了深入透彻的分析，形势异常严峻，咄咄逼人。郝总就我们如何应对当前的困难局面，部署了具体的措施，这是经过我们班子会认真研究决定的，希望大家要认真消化领会、认真贯彻实施。下面，就如何做好下一步工作，再讲几点意见。

一、前10个月生产经营情况和我们当前面临的困难

前10个月，在市场变化异常复杂的形势下，凌钢累计产钢179万吨，同比减少1.87%。在2号高炉提前检修的情况下，产铁171万吨，同比增长3.17%。产钢材172万吨，同比减少4.34%。累计实现工业增加值18.14亿元，同比增长13.9%；实现销售收入87.2亿元，同比增长42.54%；实现利税10亿元，同比增长6.92%。其中：累计实现税金4.9亿元，同比增长9.78%。累计实现利润5.1亿元，同比增长4.33%。虽然很多方面同过去相比，有所提高，但比我们的预定目标差距很大。

就整个钢铁行业看，前7个月，国内市场需求旺盛，钢材价格高位运行，企业盈利水平都很高，凌钢也取得了较好的经济效益。进入8月份以后，钢材市场价格疯狂下跌，销售量迅猛下降，实现利润由大盈转为大亏。9月份亏损3368万元，10月份亏损1.78亿元。8月、9月、10月3个月实现的利润锐减，环比下降48.8%、167.3%、429.9%。

凌钢目前遇到的主要困难和整个钢铁行业一样，一是下游消费乏力，销售订单不足，产品销售受阻；二是由于钢材价格下跌迅猛，致使所有产品都已出现了亏损，我们现在的利润是提了跌价准备以后的利润；三是已经入厂的高价原燃料、产成品等待消化；四是进一步的亏损会给资金运转带来很大困难。

二、树立危机意识和责任意识，增强战胜困难的信心和勇气

面对当前的困难局面，我们要以科学发展观为指导，以降本增效为突破口，视挑战为机遇，紧急行动起来，积极应对，以变图存。

一是要大力开展形势教育，正确认识当前面临的困难。面对严峻形势，我们一方面不能反应迟缓，紧张程度不够，或者是心存侥幸，无动于衷。更不能谈虎色变，悲观失望，束手无策。严峻的挑战无疑也是巨大的机遇。要进一步教育全公司广大干部职工以科学的态度看待当前的困难，要把危机交代给职工，把希望告诉给职工，把压力传导给职工，要人人为公司分忧，人人为渡难关尽力，最大限度地调动和激发起全体职工应对当前困难的积极性。

二是要进一步统一思想，坚定信心，增强战胜困难的决心和勇气。危机并不可怕，可怕的是丧失了斗志和信心。如果我们危机面前，审时度势，应对得当，危机就是转机。所以说，信心比黄金更重要。前面我讲了，国家相继出台了许多拉动内需的政策，为钢铁业带来的好处也是显而易见的，我们要努力抓住机遇，转变观念，调整思路，迎难而上，以变图存，共渡难关，要在困难面前体现出凌钢人敢于面对挑战的勇气、智慧和能力。

三是要充分发挥具有我们自身特点的企业文化的威力，团结一致，勇度时艰。在这一轮摧枯拉朽一般的市场危机面前，所有的企业要想生存，就要比实力、比耐力、比精神、比文化。可以说，这可能就是一场生与死的较量，对于有实力的企业就是“浴火重生”的绝好时机。“自强、诚信、求实、创新”的凌钢精神，是我们凌钢人多年奋斗足迹的真实写照。越是在这样困境的时候，越是需要我们发扬这种精神，要用先进的企业文化指导我们战胜困难。

三、贯彻落实公司的部署，扎实做好当前的工作

应对当前的困难局面，关键的是要把我们自己的事情做好。各单位要用变化的思维调整好思路，在生产经营上要从过去的以产量为主转变为以成本效益为主；在技术改造上要由过去的高投入、快发展向求生存、增实力转变；在管理上要在过去全面推进的基础上更加突出成本与消耗，扎扎实实地贯彻落实好公司的部署，确保抓出实效。

一是要抓紧抓好当前的生产经营管理，努力提高生产运营的质量和效率。管理是我们的法宝，必须加强。要在原燃料采购上下工夫，确保大的决策不失误，要发挥我们的资金优势，及时调整优惠政策，促进采购。要利用买方市场的有利时机，进一步规范理顺好诚信、稳固的供求关系。坚决克服在原燃料采购上的惯性运作，要密切关注资源的存量及流向，建立快速反应的价格机制，使原燃料的降价和产品销售的降价相挂钩，努力降低采购成本。销售上也是这样，必须精细操作。

要密切跟踪市场动态，坚持以效定销，以销定产。努力巩固老用户，开发新用户，扩大销售渠道，多方开拓市场，北方不行到南方，要灵活机动。要合理控制产品库存，盘活资金，减少资金占用，降低经营风险。资金链要确保不能出现问题。既要讲信誉，又要结合当前形势，按照市场规律办事，要保证资金安全。只要资金充足，什么问题都能解决。不要追求好看，不图虚名，在今年把潜亏吃掉，明年轻装上阵，不背包袱。在生产组织上，要求凡是开动的设备就要快节奏、高效率。特别是新投产的项目，要本着高水平开动、高水准运行的原则，确保一次试车成功，尽最大可能减少试运行时间，降低试运行成本。对于停产放假，要加强看管、维护和人员培训，一旦出现转机，要做到迅速恢复生产。这次降薪也是象征性的，不会对大家造成很大的影响。

二是备受人们瞩目的350万吨钢技改工程，在我们大家夜以继日的艰辛努力下，现在绝大部分项目都已接近了尾声。回头看，我们在这一轮“市场危机”到来的时候，大部分工程已经收尾，赢得了时间，赢得了主动，也为凌钢应对当前困难的市场局面积蓄了力量，没有技改，我们现在会很困难。目前的市场，对我们有利的是建材市场尚有需求。90万吨高架棒材的投产，为我们缓解生产的压力。若高架棒材不投，我们会亏更多。同时也为明年生产经营创造了极好条件。马上我们就要启动的240平方米烧结机、4号高炉不仅在产量上对落后产能有替代的作用，而且还会在降低成本上有所收益。现在，公司已经过缜密的分析决定，所有的项目都要毫不松懈地继续抓紧推进，要咬紧牙关，争分夺秒，一鼓作气，确保按期投产。

三是要继续加强成本控制，全力以赴降本增效。实行降本增效，既是落实科学发展观，建设节约型社会的需要，也是企业转变发展方式，实现资源有效利用，促进可持续发展的需要，更是应对当前困难局面，过紧日子渡难关的重要措施。我们要按照集团公司9月27日经济形势通报和成本分析会议精神的要求，眼睛向内，下大力量开展降本增效工作。模拟市场，已在制订明年的责任制，一定会加大力度，大家要做好准备，尤其是炼铁、炼钢。如果现在成本降100元，现在生产线就能全开。要抓细节，从节约每一滴水、每一度电、每一滴油做起，开展全员的节能减排活动，压缩非生产性开支，杜绝铺张浪费。要勤算账，充分发挥我们行之有效的模拟市场核算管理体系，通过“日清日结”的形式，把指标层层分解，人人承担责任，从而推进精细化、规范化、标准化管理。要重实效，通过不断地分析市场，预测行情，严格把握即时成本，控制边际贡献，在可控之中调节生产节奏，确保取得扎实成效。要严考核，充分发挥利益导向的作用，突出重点，加大奖罚力度，促进降本增效。为把降本增效工作抓实抓好，我们的机关管理人员要彻底转变工作作风，深入基层调查研究，要对照先进找差距，科学合理地制定实现目标的措施和办法，切实解决生产经营及管理中的实际问题。同时，也要做好长期应对的准备。

同志们，距年末还有40天的时间了。时间很短，但我们的任务十分繁重，加强管理、降低费用、迎接挑战是我们的重中之重，希望全体干部职工发扬不畏困难，敢打硬仗的拼搏精神，众志成城迎挑战，全力以赴渡难关，扎扎实实地做好我们的各项工作，以优异的成绩为凌钢交上一个满意的答卷，胜利一定是属于我们的！

董事长、总经理张振勇在凌钢集团公司庆祝350万吨钢技改工程竣工投产大会上的讲话

（2008年12月23日）

各位领导、来宾、同志们：

在举国上下辞旧迎新，纪念中国改革开放30周年的喜庆日子里。今天，我们怀着无比激动的心情在这里隆重集会，热烈庆祝凌钢350万吨钢技改工程竣工投产。在这个具有历史意义的重要时刻，首先，我代表凌钢党政领导和全体职工，

向前来参加庆祝大会的省市各级领导和各位来宾表示最热烈的欢迎！

350万吨钢技改工程竣工投产，是凌钢的一件大事、喜事、盛事，是广大职工多年的期盼和追求，也是我们大家共同的骄傲和自豪，它在凌钢发展史上具有里程碑意义。一年多来，在省市委、省市政府和各有关部门的大力支持下，凌钢全体职工发扬“自强、诚信、求实、创新”的企业精神，在极其困难的条件下，戮力同心、顽强拼搏，用自己的心血、汗水和智慧铸就了这一宏伟工程。在此，我代表公司党政班子，向奋战在公司技改和生产等各个岗位上的广大职工表示最热烈的祝贺和衷心的感谢！

凌钢350万吨钢技改工程竣工投产是各级党和政府关怀支持的结果。工程的竣工投产首先归功于党的改革开放政策，归功于省、市委和政府的正确领导，特别是刘国强副省长多年来一直非常关心支持凌钢的发展，350万吨钢工程整体规划就是刘省长去年8月份亲临凌钢拍板敲定的，他始终关注着凌钢的技改工程，经常打电话询问，还曾亲临凌钢现场指导，从大的战略谋划到具体的技术难题都热情地帮助我们。省发改委、经贸委、国土资源厅、环保局等单位也对凌钢350万吨钢技改工程给予了大力支持。朝阳市委、市政府长期以来始终把凌钢的发展放在重要的战略位置，这次350万吨钢技改工程，可以说是倾全市之力给予政策上的扶持、工作上的指导和全方位的支持。市委书记、市长多次主持专门的办公会议，并亲临现场解决工程中的实际问题。在工程征地、资金筹措、区域管线移位、大件运输等工作中，政府各有关部门都给予了宝贵的支持，提供了很大的方便。凌源市委、市政府及友邻单位也给了我们始终如一的有力支持和帮助。各设计、施工和设备制造等兄弟单位也与我们密切合作。没有党和政府及全市人民的关怀、支持和帮助，没有良好的社会环境和秩序，没有各兄弟单位的帮助，就不会有凌钢350万吨钢技改工程的如期实现。在此，我代表凌钢党政领导和全体职工向多年来给予我们关怀支持的刘国强副省长和省市各级领导、兄弟单位、全市人民表示衷心的感谢！

凌钢350万吨钢技改工程是在原有220万吨钢生产能力基础上的改扩建，整个工程从投资规模、装备水平到建设工期，都是凌钢建厂40多年来前所未有的。

——投资额巨大。工程总投资约26亿元，接近于“七五”、“八五”、“九五”、“十五”4个五年计划技改投资的总和。大部分资金都是在国家实施严格的“双紧”宏观调控政策下，靠凌钢多年诚信经营所形成的信誉，克服重重困难，经过千辛万苦、千方百计的努力，多种渠道筹集的。

——新增产能多。这次改造，使凌钢一年新增产钢能力130万吨，是凌钢原有产钢能力的60%，且增加了适销对路的钢材品种。整个工程大小10个项目，涵盖了矿山、烧结、炼铁、炼钢、轧材、白灰、热电、制氧和公辅设施等整个生产和辅助系统，是全方位的系统改造。

——装备水平高。全部项目体现了先进性、适用性和经济性相结合，淘汰了落后，做到了节能减排，形成了转炉全连铸—热送热装—连轧先进合理的工艺流程。运用了“一罐到底”等一系列新工艺、新技术。主要设备实现了大型化、现代化、节能化，装备了包括1080立方米高炉、120吨转炉、240平方米烧结机、2万立方米制氧机等大型设备，使凌钢的装备和工艺水平基本跟上了当代中国钢铁工业发展步伐，进一步增强了企业抗风险的能力。

——建设工期短。按原定计划，大部分项目应在明年四五月份投产，我们通过解放思想，打破常规，使工程从设计、订货、施工和后期调试，全部工期只用了14个月。年产90万吨的高架棒材轧机早在今年8月31日就竣工投产，其他绝大部分项目都在12月份按期竣工投产。建设工期之短、速度之快，不仅在凌钢的技改史上绝无仅有，在全国钢铁行业的技改工程中也是罕见的。这期间，生产与技改交叉进行，特别是四川汶川大地震和北京奥运会，大大增加了组织技改的难度，但我们克服重重困难，使预定目标如期实现。

回顾350万吨钢项目的建设历程，一年来，我们走过了一条极其艰难而又充满激情的道路。它是在非常困难的情况下，依靠自力更生、艰苦奋斗、自我积累、不懈努力实现的，就我们自己的工作来说主要有这样几点。

一、按照科学发展观的要求，及时抓住机遇，科学果断决策，在新的起点上，推进凌钢又好又快地发展

去年8月，在经过几年的艰苦努力使朝阳新

区建设开始启动之后，凌钢老区向何处去，提到了我们的日程上来。我们认真地分析了当时凌钢所面临的形势：一是中国钢铁工业已经站在新的历史起点上，正在加快转变发展方式，推动产业结构优化升级，由钢铁大国向钢铁强国迈进。国家出台了一系列政策措施，加大了淘汰落后的力度，按照凌钢的装备水平，不发展就意味着被淘汰。二是虽然凌钢这几年也不断地进行了从矿山到轧材全系统的完善性改造，但产品结构仍不尽合理、产品档次不高、劳动生产率较低、市场竞争力较弱的情况并没有从根本上改变，没有新的发展，不改变产品结构，长此以往也是死路一条。三是虽然国家对新上钢铁项目实施严格的宏观调控，但许多钢铁企业实施规模扩张的步子并没有放缓。不进则退，慢进亦退，不发展凌钢就跟不上中国钢铁工业前进的步伐。四是通过科学发展观的学习，我们认识到，科学发展观的第一要义是发展，发展是我们党执政兴国的第一要务，是解决一切问题的关键。凌钢正处在发展的关键时期，加快企业发展是我们的必然抉择，发展迫在眉睫，刻不容缓。

通过对形势的分析，全公司上下统一了思想，坚定了信心，那就是要“聚精会神搞建设、一心一意谋发展”。在省市各级领导的大力支持下，我们审时度势，果断决策：要抓住难得的发展机遇，用最快的速度、最省的投资、最好的质量，使凌钢的生产规模在现有的基础上，再上一个大台阶，到2008年底实现350万吨钢生产能力。虽然当时我们的决策冒了些风险，但现在看，在这一轮空前的“经济危机”到来的时候，我们的大部分工程已经收尾竣工投产，我们抓住了机遇、赢得了时间、化解了风险、积蓄了力量，为凌钢今后更好更快发展创造了有利条件，这是我们凌钢今后的希望所在。如果当时稍加犹豫，动作迟缓，后果不堪设想。事实证明，凌钢350万吨钢工程建设不仅完全符合科学发展观的要求，更是全面推进凌钢实现又好又快发展的重大举措，为我们更好地应对当前复杂的市场局面提供了有力保证。

二、把350万吨钢技改工程作为头等大事来抓，坚持精细管理、科学组织，这是工程如期建成投产的可靠保证

一年之内，要完成26亿投资，拿下350万吨钢技改工程，这在凌钢的技改史上是前所未有的。工程起步阶段，设计、融资、征地、招标、设备订货几乎是齐头并进，困难重重。但是，从工程一开始，我们就下定了决心，要解放思想、打破常规，举全公司之力搞好改造，无论遇到什么样的困难、问题和阻力，都要咬定发展不放松，坚持改造不动摇。我们把350万吨钢改造作为企业的头等大事，放在大于一切、高于一切、先于一切的地位，反复强调，不干则已，干就干好，干就干成，所有工作都紧紧围绕这一个目标进行，不为任何风险所惧，不被任何干扰所惑。正是凭着这种勇往直前的意志和破釜沉舟的信念，把广大职工组织了起来，凝聚了起来，全体凌钢人从上到下信心十足、义无反顾地投入到350万吨钢技改工程之中。

首先是明确了目标和责任。全公司成立了9个项目经理部，项目经理大多是现任厂长兼任，他们生产、技改“一肩挑”，任务艰巨而繁重。签订了项目责任状，明确了奖惩办法，使这些项目经理们“开弓没有回头箭”。在实际工作中，既有满腔热情，又要科学管理，我们按照“一保三限”的原则，制定了科学的技改工作管理制度，各相关部门也制定了几十项专项管理的办法和规定，做到所有参与技改人员人人肩上有责任，个个身上有指标。同时，公司每月一次、技改部每周一次、项目部每天一次技改例会雷打不动，及时通报情况，就地解决问题，使所有项目的设计、订货、施工、质量等问题都按网络计划进行掌控，工程最紧张的时候，大家不辞辛苦，只争朝夕，昼夜施工，工程例会都是在晚上九十点钟召开，从而保证了各项工程都能在有序、顺畅的状态下进行。

其次，树立了全公司一盘棋思想，所有单位都站在对凌钢、对历史负责的高度开展工作，主动出击、主动参与。一是授予了技改部和各项目部指挥工程应有的权力，他们对内组织有序、对外协调有方，350万吨钢技改工程考验了他们的大战指挥能力和应对各种情况的应变能力，也体现了凌钢在大的技改方面的整体素质和管理能力。二是在工程设计上，早下手、争主动，与高水平的设计院密切合作，从源头上保证工艺和设备高档次、高水平。凌钢设计公司在协调各个设计院整体设计的同时，自己还承担了大量的设计任务。

尽管是边设计边施工，但整个工程基本上没有因为设计问题而受大的影响。三是在设备和材料的采购上早介入、早订货、早监制。其中有些需要进口或制造周期长的设备，在工程刚刚设计时就开始订货。由于订货早，我们躲过了年初的设备材料涨价，不仅保证了设备质量，还为企业节约了大笔资金。一年多来，设备材料采购部门在没有增人的情况下，采购设备达1.1万台（套）、总吨位2.8万吨，钢材7.3万吨，水泥10万吨，耐材2.4万吨，这是难能可贵的。四是认真搞好工程招标、严格依法规范操作。在时间紧、任务重的情况下，公司造价中心和审计监察部在搞好正常生产经营招标的同时，为350万吨钢技改工程招标高达513次，几乎每天两标。招标密集时，一天要召开四五个招标会议。五是严格贯彻工程监理制度，确保工程质量。凌钢监理公司以打造精品工程为目标，既参与工程施工管理，又严把工程质量关。六是妥善处理生产和技改的关系。特别是近一个时期以来，生产计划等部门为应对困难的市场形势，一边调整生产部署，一边做好生产技改衔接，做到了生产、改造两不误。在工程设计、施工、设备制造等工作中遇有大的难题时，公司领导都是主动出击，亲自协调解决。公司其他各项工作也都是紧紧围绕技改这个大目标来进行，包括人员培训、厂内交通、现场管理、质量检验、安全监察、政治工作、党的建设、治安保卫等，都是一切为了技改，一切保障技改。

第三，各设计、施工、设备制造单位通力合作，为350万吨钢工程的顺利竣工投产起到了重要作用。通过我们的工作，把凌钢职工的决心和信念传导给了各协作单位，取得了他们的理解和支持，也调动和激发了他们的工作积极性和主动性，从而形成了完成350万吨钢技改工程的强大合力。承担主要设计任务的中冶京诚工程技术有限公司在时间紧、任务重的情况下，高水平地完成了凌钢的设计任务。中国二重虽在“5·12”大地震中自身遭受严重损失，但他们以凌钢工程为重，非常珍视与凌钢在患难之中建立起来的深厚友谊，冒着余震不断的危险，克服了重重困难，保证了中宽带按计划进行改造。南高齿在市场发生重大变化的情况下坚守诚信，及时供货。中冶东北建设公司、河北安装公司和二十冶都是凌钢多年的合作伙伴，这次凌钢350万吨钢技改工程他们积极参与，认真做好每个项目，为凌钢的新发展做出了新贡献。山西地矿公司不讲代价，承担了90%的打桩任务，为工程赢得了宝贵的时间。兴钢公司、钢达公司等原凌钢主辅分离改制公司，不忘优良传统，工作尽职尽责，在新的历史时期又一次为凌钢发展做出了自己的贡献。可以说，350万吨钢工程能如期建成投产是五湖四海大协作精神的成果。你们的努力和付出，让凌钢职工感动和钦佩。在此，我代表凌钢全体职工，再一次向参与凌钢350万吨钢工程建设并付出巨大的艰辛和努力的设计、施工、设备制造等单位的领导和全体建设者，致以崇高的敬意和诚挚的感谢！

三、广大职工的忘我拼搏和无私奉献是350万吨钢技改工程如期建成投产的关键

350万吨钢技改工程有着强大的凝聚力和吸引力。“加快凌钢发展、做大做强凌钢”，成为广大职工的共同信念。在这个大目标指引下，广大职工表现了空前的团结一致，增强了神圣的使命感和高度的责任感，从公司领导到各项目经理，从科技人员到普通工人，从机关部室到生产一线，大家真抓实干、忘我拼搏、无私奉献，创造了凌钢建设史上的一个又一个奇迹。可以说，是凌钢广大职工用心血和汗水谱写了凌钢今天的辉煌。

凌钢职工过去搞技改是有着光荣传统的，“早七晚八，星期天白搭”，就是这种传统的真实写照。在350万吨钢工程中，大家继承传统，发扬“自强、诚信、求实、创新”新时期凌钢精神，展现了对企业、对工作火热的激情，特别是那些直接从事设计、施工、采购、监理的人员，他们顶着巨大的工作压力，有困难自己克服，不分白天黑夜，一心扑在工地上。正是他们出色的工作和超常的付出，才把无数个“不可能”变成了“可能”，才使得很多工程有如此快的速度。奋战在工程现场的，不仅有许多老劳模、老职工，还有许多近年入厂的大学生；不仅有工程技术人员，还有许多一线工人；男职工一马当先，女职工也不甘落后，共产党员更是冲锋在前。有的设备监制人员，在汶川大地震期间，在震区坚守岗位不动摇，保证了设备在恢复生产第一时间就投入加工。有的为了技改，把孩子送到亲人家照管，夫妻“轻装上阵”并肩战斗在技改现场。有的自己有病不能休息，父母、妻子有病不能照顾。有的本来

是一个项目的经理，但发挥其自身特长，兼顾几个项目的施工。可以说，350万吨钢技改工程的每一个项目都凝聚着我们职工的心血和汗水，正是他们一年多辛勤的努力和出色工作，才获得了让我们为之骄傲的丰硕成果。

350万吨钢技改工程建设的过程，既是凌钢职工战斗能力的大检阅，精神风貌的大展示，也是凌钢企业文化的一次大弘扬。实践再一次雄辩地证明，凌钢的职工队伍是一支特别能打硬仗、过得硬的队伍。通过这次大规模的技改工程，更加检验了我们的水平、开阔了我们的视野、增强了我们的能力、也锻炼了我们的队伍。这是我们迎接挑战，参与空前激烈的市场竞争的核心竞争力，是我们最宝贵的财富。在此，我再一次向一年来奋战在技改战线的同志们表示深深的谢意！同时，通过你们也向你们的亲人表示亲切的问候和衷心的感谢！

同志们！350万吨钢技改工程胜利竣工投产，不仅为凌钢增强企业竞争力奠定了坚实的物质基础，也为我们应对当前困难的经济形势增添了强大的精神动力。现在，350万吨钢技改工程已基本结束，新的一年也即将来临，但是，摆在我们面前的任务空前艰巨。在一场历史罕见、冲击力极强、波及范围很广的国际金融危机的影响下，九月份以来，中国钢铁市场形势突变，由上半年需求异常旺盛、供不应求，转为价格暴跌、订货锐减、销售困难、当期亏损。几个月来，虽然我们采取了降本增效等一系列措施予以应对，但形势还没有从根本上好转，我们面前的挑战十分严峻。我们全体职工必须认清形势，坚定信心，既要充分估计到可能面临的种种不利因素和挑战，对危机有清醒的认识，又要看到国家出台一系列拉动内需保增长的重大举措，形成了加快发展的有利条件和良好机遇，采取有效措施，确保经济持续增长。要发扬决战350万吨钢技改工程那种迎难而上、决战决胜的精神，把危机转化为机遇，要按照胡锦涛总书记近日视察辽宁的讲话精神和中央经济工作会议精神，响应省市政府的号召，认真做好明年的工作，坚定信心促增长，夺取明年“开门红”。

当前和明年初，最主要的任务就是确保新项目在最短时间里达产达效。新项目投资额巨大，如不能在最短时间达产达效，不但不能形成新的效益增长点，反而会成为包袱。因此，我们必须像建设新项目那样，争分夺秒抢时间，按照责任状的规定，保证新项目的各项经济技术指标如期实现，达到国内同类设备的先进水平。要尽可能缩短新项目的“磨合期”，生产操作人员要尽快掌握新项目的操作技术。所有有新项目的单位，都要把达产达效作为第一位的任务，专人负责，切实抓好。无论遇到什么困难，都要勇于克服，不能讲任何客观。这是凌钢明年能否摆脱困境的关键所在。

要切实抓好以降本增效为中心的各项管理工作。没有低成本就没有市场竞争力。企业实行降本增效，既是落实科学发展观，建设节约型社会的一个重要组成部分，也是企业转变增长方式，实现资源有效利用，提高经济效益，促进可持续发展的迫切需要。降本增效，既为当下、更为长远。严峻的挑战也是巨大的机遇，我们必须发扬凌钢多年形成的“市场经济靠自己”的经营理念，坚持眼睛向内、强化管理、苦练内功，把消耗降下来、把成本降下来。要加强市场营销，大力开拓市场。要按照市场需求组织生产，提高产品质量，努力开发新的品种，积极参与市场竞争。

我们坚信，有党的改革开放政策的指引，有省委、省政府和市委、市政府的正确领导，只要我们广大职工万众一心、众志成城、解放思想、苦干实干，凌钢的明天一定会更加美好！

董事长、总经理张振勇在凌钢集团公司2009年工作会议上的讲话

（2008年12月30日）

同志们：

今天，我们召开集团公司2009年工作会议，主要是总结、通报2008年的生产经营、技术改造等情况，结合当前形势，对明年的工作进行安排

部署。刚才，郝总就经济责任制落实做了详细的部署，张总就降本增效工作也做了具体的安排，我再讲两点意见。

2008 年工作回顾

2008 年，在凌钢发展进程中是很不寻常、很不平凡的一年。一年来，我们胜利地完成了 350 万吨钢技术改造，在凌钢的发展史上树立起一座新的里程碑。但与此同时，生产经营受金融危机的影响，又经历了大起大落的严峻挑战和考验。

预计全年产钢 207 万吨，铁 199 万吨，钢材 201 万吨，分别比上年降低 7.48%、2.98% 和 9.3%；工业增加值 17.5 亿元，同比降低 2.9%；实现销售收入 97 亿元，同比提高 27%；利税 6.4 亿元，同比降低 44.8%，其中利润 1.1 亿元，同比降低 83%。由于上半年盈利较多，全年才没有陷入亏损。

一年来，面对复杂多变的市场形势和生产与技改交叉进行的困难局面，我们顶住了各种压力，坚持以变应变、迎难而上、真抓实干，把不利影响降到了最低，各项工作都有了新的进展。

一、全力以赴，扎实推进，保证了 350 万吨钢技改工程顺利竣工投产

350 万吨钢技改工程总投资约 26 亿元，整个工程从投资规模、装备水平到建设工期，都是凌钢建厂 40 多年来前所未有的。一年多来，全公司上下高度统一，集中力量投入到这场大战役中，依靠我们的信心、勇气、智慧和干劲，如期胜利完成了这项任务，创造了凌钢建设史上的奇迹。回顾一年多的技改工作，我们最深刻的体会是，虽然工程从始至终面临着种种困难和挑战，但在任何时候我们都没有动摇过信心和决心，始终坚定必胜的信念。特别是在今年下半年钢铁行业的外部环境发生重大变化的时候，我们没有犹豫，没有退缩，而是审时度势、果断决策，加速技改。正是靠这份勇气和信念，才成就了今天的成果；从工程立项、设计、设备订货、施工到工程投产，在每一个关键节点上，我们都能够按照预定的目标如期完成，并且避开了许多的风险。这归功于我们对形势变化的把握和判断，归功于我们的思想解放、打破常规。靠我们的智慧和超常的付出，抓住了机遇、赢得了时间、化解了风险。我们要认真总结 350 万吨钢技改工程的成功经验，继续发扬 350 万吨钢技改工程决战决胜精神，为凌钢今后更好更快的发展再立新功。

二、统筹协调，科学组织，努力提高生产运营的质量和效率

2008 年，虽然受外界大气候影响，我们的生产经营没有完成预定目标，但我们的工作还有许多“亮点”是值得肯定的。

1. 密切跟踪市场，努力实现生产经营的高效运行

前七个月，钢材市场异常火热，我们抢抓难得的市场机遇，获得了较好的效益。8 月份以后，市场急剧变化，我们及时调整应对策略，实行了压缩产能、以销定产、限价销售等措施，努力减少效益损失。11 月下旬以来，钢材价格止跌反弹，我们又采取了生产全面启动的方案，包括新投产项目在内，全面开动。通过以变应变的科学组织，实现了生产经营的高效运行。我们还很好地处理了生产与技改的关系，实现了生产、技改“两不误”。保国铁矿克服边改造边生产的困难，全年完成铁精矿 90.6 万吨，比上年增长 33.4%。

2. 努力提高品种质量增加效益

一年来，通过完善品种钢生产工艺，规范操作，保证了品种钢实物质量的稳定提高。全年预计完成品种钢材商品量 80 万吨，实现比较效益 7000 万元。同时，结合大转炉工程，还做了大量的新品种研发准备工作。AFD、195LD 中宽冷带、无缝化焊管 3 个新产品通过了省级鉴定。钢管产品通过了美国石油协会 API 认证，获得了特种设备制造许可证，产品形象得到进一步提升。

3. 进一步强化成本控制，努力降本增效

一是充分发挥经济责任制导向作用，及时传递市场信息，提高了分厂降低成本的积极性。前 11 个月累计实现超创利润 6648 万元，几乎全部都是降成本得来的。二是充分发挥日清日结核算体系作用，提高了成本管理质量。预计全年降低变动费用 2500 万元，降低 5%。三是突出关键环节和重点工序，靠技术进步降低成本。全公司 26 项技术攻关中有 18 项完成攻关基数，创效 2500 万元。钢铁料消耗完成 1067 千克/吨，同比降低 11 千克；综合成材率完成 98.04%，同比提高 0.3 个

百分点。组织完成新技术推广应用14项，预计实现效益1000万元。四是坚持强化管理降成本。年修费用比计划降低804万元。盘活不良储备和废旧物资3095万元，物资修复1950万元，库存资金占用比年初降低682万元。

三、加强职工思想教育和素质提高，促进了各项工作的全面完成

1. 紧紧围绕企业生产经营和350万吨钢技改大目标，广泛深入地开展形势任务教育，把公司的部署和要求及时向职工传达，使干部职工统一了思想、振奋了精神、明确了方向

特别是在350万吨钢技改工程中，广大职工发扬了凌钢精神，增强了责任感和使命感，把力量和智慧都凝聚到了推进350万吨钢技改工作中去，从而保证了工程的如期实现。

2. 紧紧围绕350万吨钢技改工程和生产经营，深入推进了“三创一赛”活动，全年评出公司级工人技术创新成果272项

首次开展了以职工个人名字命名先进操作法活动，有6个操作法被首批命名。开展了“工人先锋号”活动，炼铁厂3号高炉被命名为全国“工人先锋号”。创建“五型班组”活动进一步深化，有79个班组被评为“五型班组”。

3. 深化了用工制度改革，完成了业务外包

彻底解决了多年来劳务工和临时工混岗问题，进一步规范了用工管理。497名凌钢技校学生和500名新招大学生已走上工作岗位，职工队伍进一步高效、精干。重组融资、计量检验、效能监察、治安保卫等各项工作也都取得了新的进展。

总之，2008年是我们深入贯彻科学发展观，全面完成了350万吨钢技改工程，实现跨越式发展的一年；是我们审时度势，抢抓机遇，保证了凌钢生产经营扎实推进的一年；是我们努力构建和谐凌钢，职工素质和企业实力显著提高的一年。

在总结成绩的同时，还要清醒地看到我们工作中还存在着不足。安全管理还不到位、设备保障还须加强、营销市场还须进一步开拓、降本增效工作的开展还不平衡等等，这些都有待于我们在今后的工作中要认真加以改进和提高。

2009年工作安排

2009年，是我国战胜国际金融危机保增长、促发展，经济形势最为困难的一年，也将是我们企业全力应对不利局面、生产经营最为艰难、任务最为艰巨的一年。做好明年工作，意义十分重大。

当前，受历史罕见、冲击力极强、波及范围很广的国际金融危机影响，钢铁市场仍处于动荡调整态势。我们内部，由于上游原燃料市场不确定因素增多，下游终端用户没有可靠的支撑，市场虽然止跌回暖，但形势依然十分严峻，凌钢目前的生产经营基本处在盈亏平衡上。从全年看，我们的压力也是巨大的。明年仅新项目设备折旧和银行贷款利息，就增加支出3亿元。

我们也要看到，当前遇到的困难和挑战是前进中的问题。国家新近出台了一系列拉动内需保增长的重大举措，中央经济工作会议确定了保持经济平稳较快增长的总体要求，形成了有利的外部环境。我们350万吨钢技改工程形成的技术、装备优势正蓄势待发，凌钢特有的资源优势、管理优势、企业文化优势和我们这支特别能战斗的职工队伍，为我们战胜一切困难提供了保证。严峻的市场挑战对于我们可以说是危机与希望同在，挑战和机遇并存。只要我们审时度势，抢抓机遇，真抓实干，扎扎实实地把自己的事情办好，我们就一定会走出低谷，迎来光明。

明年工作的总体要求是：以中央经济工作会议精神为指导，深入贯彻落实科学发展观，以新项目达产达效为重点，努力提高生产运营的效率和质量，大力开展降本增效，全面提升市场竞争力，努力构建和谐凌钢，促进企业又好又快发展。

明年的生产经营目标是：

（1）完成钢309万吨，其中品种钢139万吨。

（2）实现销售收入100亿元。

（3）实现利润3.8亿元。

贯彻落实明年工作的总体要求，要抓住关键、突出重点。必须把新项目达产达效作为明年工作的首要任务，必须把降本增效作为实现明年生产经营目标的重要手段。

一、以新项目达产达效为重点，努力提高生产经营的效率和质量

1. 我们明年的生产计划是建立在新项目开局就要达产达效、高水平运行基础上的

当前，第一位的任务就是确保新项目在最短

时间里达产达效，这是凌钢明年能否摆脱困境的关键所在。各单位要把工作的重心迅速转移到新项目的达产达效上来，转移到扭亏为盈上来。无论遇到什么困难，都要勇于克服，不能讲任何客观。各项目单位要解放思想，开拓视野，坚决克服因循守旧的习惯性操作，用科学的精神大胆探索，尽快提高我们对先进装备的驾驭能力。管理部门要加大激励考核的力度，确保新项目早日达产达效。

达产达效的生产组织要突出两条线：一是“一罐到底”的新转炉、新板坯对中宽带生产线。这是我们当前强化生产组织的重中之重。生产、技术、设备各部门都要介入，要集中全公司的力量，发扬勇克时艰的精神，背水一战，尽快使大转炉稳产顺行。要摸索出科学合理的“一罐到底”生产组织模式，确保新系统运行稳定、顺畅。大转炉的平均日产一季度内要达到3050吨以上。中宽带也要做好充分准备，大转炉顺行后，要确保对接顺行，稳定生产，确保平均日产3000吨以上。二是老转炉、1号铸机对2号棒材生产线。要全力做好生产组织，绝不能因新系统的一时不顺，影响了老系统，确保1号铸机对2号棒材的经济、高效运行。2号棒材要按照市场需求和效益最优原则，动态调整规格结构，平均日产必保2500吨以上。

2. 各生产单位要严格按公司计划组织生产

矿山要努力提高井采矿石量，尽快发挥混合矿选厂的作用，千方百计提高铁精矿产量，确保年产达到100万吨以上。铁前系统要在保证原燃料质量稳定的同时努力提高产量，为高炉的高产、低耗、顺行创造有利条件。炼铁生产是制约350万吨钢能力发挥的关键，要最大限度地提高喷煤比和富氧量，努力释放产能提高产量，平均日产要必保8350吨以上。其中，4号炉要在最短的时间内达到日产2800吨，力争2900吨。炼钢生产要加强精细化操作，努力节铁增钢，平均月产要达到25.8万吨以上。在达产的同时，要力争钢铁料消耗、白灰消耗进入全国前3名，实现达效。轧材系统要最大限度地提高热装比，实现高效轧钢。辅助系统要突出适应产能提升所带来的新变化，充分发挥服务和保障职能，努力采取措施，确保主体生产的顺利进行。铁路运输是明年生产的关键，要尽快适应大进大出的生产节奏，供、产、销、运要密切协调，努力提高车皮直装率，保证平均日到发车量达到390车，确保进得来、出得去。

3. 加强营销工作，大力开拓市场

新项目的投产对营销工作是一个全新的考验。要适应新形势，调整工作思路，借助装备大型化的优势，工作重心向建立长期战略合作关系转变。要加强对国内外市场的跟踪和研究，到一线去走市场，找信誉好、实力强的初级供应商和终端用户，实现稳固长久的合作。同时也要注重抓细节，加强市场信息收集，密切关注时间差、季节差、地域差、价格差等市场的细微变化，准确判断，及时决策，坚决克服反应迟钝、惯性运作。要紧紧围绕产能提高开展营销工作，废钢采购、品种钢销售是关键，既要千方百计保生产，又要努力扩大销售增加效益。

4. 品种钢开发要解放思想，起点要高，视野要宽，步子要大

充分发挥大转炉优势，努力提高自主创新能力，要做到人无我有，人有我精，培育形成几个市场竞争力强、认知度高、品牌亮、效益好的拳头产品。目前主攻以深冲用钢、合金结构钢、石油套管用钢及弹簧钢为主的系列产品，要在提高质量、稳定性能、提高性价比上下工夫，尽快取得突破性进展。全年品种钢生产要力争达到140万吨以上。特别是中宽带的品种开发要作为重中之重，全年品种带产量必保55万吨，力争60万吨。同时，要注重工艺的优化和批量的组织，努力降低成本、提高质量、增加效益。技术部门还要积极指导各单位对照行业先进挖掘内部潜力，抓住影响质量、产量、成本的关键指标开展攻关，保证老系统指标上台阶，新项目指标达到国内同类先进水平。

二、大力开展降本增效，全面提升市场竞争力

降本增效，既是落实科学发展观，实现资源有效利用，促进企业可持续发展的需要，也是我们战胜困难，走出逆境，提高经济效益的需要，既为当下，更为长远。2009年我们要下大力气切实抓好降本增效工作，全面提升市场竞争力。

1. 要突出精细化管理，努力加强成本控制

一段时期以来，由于市场形势较好，加上350

万吨钢技改工程追求的上档次、高水平，对职工的思想产生了一定的影响，存在着大手大脚的现象。没有低成本就没有市场竞争力，内功比外力更重要，目前严峻的市场挑战又一次为我们敲响了警钟。我们要以此为契机，下大力开展降本增效工作。明年的经济责任制突出了成本考核，提高了成本占奖金构成的比例，加大了变动费用考核的力度。各单位要继续深化和完善日清日结核算体系，坚持指标层层分解，强化责任落实。要积极引导职工增强成本意识，精细管理，苦练内功，把消耗降下来、把成本降下来。

2. 要强化资金管理，合理控制库存

这一轮由金融危机影响带来的市场残杀，实际就是资金的较量。管好钱袋子，过好紧日子，已经成为了人们的共识。我们明年的经济责任制增设了控制资金占用的考核，各单位要紧紧围绕减少采购资金、降低库存、降低备品备件储量等方面制定措施，努力提高资金使用效率。要利用好原燃料买方市场的有利时机，控制好大宗原燃料的合理库存。材料备件要加强计划的审批和考核，凡各单位材料备件储备资金占用超过3个月的，资金费用由分厂承担。要进一步扩大零库存物资范围，大力开展备件修复工作，积极探索进口配件的国产化替代，力争备品备件消耗有大幅度下降。坚持以销定产，最大限度地减少资金在生产过程中的沉淀，防止半成品的长期积压。要积极争取国家节能减排、增值税减免和出口退税等政策性支持，搞好政策增收。

3. 要大力推进节能减排工作

明年我们要在节能减排工作上加大力度，相关部门要和项目单位一起深入细致地开展工作，逐个项目确定目标，落实责任，使节能减排项目切实发挥应有的作用。钢渣处理要集中优势力量，尽一切办法，力争早日投产，早一天投产就早一天见效。要进一步加强余能余热回收利用，转炉煤气回收，要有明显效果。

4. 要大力开展全员节约行动

大力倡导厉行节约，是我们应对当前困难局面，过紧日子渡难关的重要措施。全公司要积极行动起来，大张旗鼓地开展全员节约行动。立足岗位，从节约每一度电、每一立蒸汽、每一升油、每一张纸、每一分钟话费做起，培养节约习惯，树立文明新风，人人当家理财，人人为渡难关尽力，扎扎实实地促进降本增效工作的开展。

三、强化基础管理，促进各项工作上水平

2009年形势严峻、任务繁重，我们必须要明确目标，落实责任，进一步强化基础管理，促进各项工作上台阶，从而保证全年工作任务的圆满完成。

1. 要强化设备管理，为生产提供坚强保障

2009年对于设备管理将是一个重大考验。新设备的大型化、新型化、自动化；刚投产设备运行不稳定，故障频发；达产达效任务的紧迫；再加上经营形势严峻，压缩了检修和购置费用，都给设备管理增加了新的难度。设备保障部门要以点检定修为核心，进一步强化设备基础管理，提高维护和检修效率，提高检修质量，降低设备故障时间，使设备状态持续受控稳定，确保高效、安全、经济运行。同时，要进一步强化对外委工程、包保设备的管理和考核。

2. 要加强安全管理，促进安全文明生产

2009年的安全生产工作要认真汲取今年的教训，按照“严、细、实”的要求，务必抓紧抓好。当前，必须突出重点。要特别关注新项目的新设备、新人员，强化安全规程的贯彻执行。要特别关注新项目的达产达效，工作越紧张，越容易产生麻痹思想，越要强化安全，绝不能掉以轻心。要切实强化基层和基础管理，狠抓责任落实与考核，坚决遏制人身伤亡事故、设备事故和火灾事故发生。

3. 要继续做好技改工作，推进企业可持续发展

矿山改造要举全公司之力快速推进，尽快配套完善，力争早日见效。朝阳区域内的探矿工作尽管难度很大，但我们要积极争取，多方面开展工作，力争取得成效。焦化改造的各项准备工作要抓紧进行，待条件成熟后迅速启动。要按照省、市要求，结合凌钢自身实际，着手500万吨钢的规划、考察和技术交流工作，为全面启动做好充分的前期准备。

4. 要加强定员管理，提高劳动生产率

由于历史形成，很多单位存在着“空头”定员。随着装备的改造和工艺的改进，岗位定员状况已经发生了很大的变化。要抛开原有的定员标准限制，对全公司包括新项目和机关逐岗核定，彻底清理空头定员和临时工岗位，不能虚设一个定员。人力资源部要抓紧工作，1月份要实行新的

定员标准。推行这项工作可能对一些单位的既得利益有一定的影响，但我们要从大局出发，给予理解和支持。

5. 要加大环境建设力度，搞好绿化美化

近年来，我们对改善环境进行了大量的投入。在市场经营艰难、资金异常紧张的情况下，我们明年共计安排3项技改，其中就有两个是环保项目。相关部门和单位要对这项工作给予更高的重视，在线运行的设备要纳入主体设备管理，要责任到人，确保完好达效。大规模的技改已经完成，厂内道路也已确定，明年还要全面做好现场整治和绿化美化工作。

6. 要加强效能监察和综合治理工作，构建平安环境

要紧紧围绕公司的生产经营，特别是一些热点、难点问题，认真开展效能监察，确保企业财产不受损失。坚持严打整治方针，加强治安综合治理，为企业和职工构建和谐平安环境。

四、振奋精神，迎难而上，确保明年各项任务的全面完成

明年我们面对的挑战异常严峻，任务空前艰巨。要全面完成明年的各项工作任务，我们必须增强务求全胜的信心和勇气，真抓实干，迎难而上。新的市场环境、新项目的竣工投产，使凌钢站在了新的历史起点上。要充分地认识到，我们和强手相比还有不小的差距，不能满足于现状沾沾自喜，要把眼界放得更宽一些，目标定得更高一些，要跟上行业发展的步伐。当前，要结合装备、技术和市场的变化，更新观念，调整思路。发展方式要由过去硬件的高投入向软件的增实力转变；经营方式要由过去的靠产量拉动向降低成本和扩大品种转变；管理方式要由过去的粗放式向精细化转变。要把困难估计得更充分一些，把应对措施考虑得更周密一些，以变应变，扎实进取，就一定会变压力为动力，化挑战为机遇，就一定能够使凌钢在困难中奋起，在逆境中前行。

全面完成明年的各项工作任务，必须要加强领导，狠抓落实。我们的各级管理人员要积极引导和带领广大职工，把思想和行动统一到推进企业又好又快发展的总体要求上来，统一到公司的决策部署上来，以思想认识的高度一致保证行动和工作的高度协调。各级管理人员还要加强学习、增强本领，转变作风，提高工作效率。团结和带领广大职工，适应新形势、迎接新挑战、创出新业绩，形成和谐奋进的良好局面。

同志们，明年生产经营的大政方针已定，任务艰巨而光荣。困难和挑战考验着我们，责任和使命激励着我们。全公司广大干部职工要万众一心，振奋精神，锐意进取，扎实工作，全面做好明年生产经营各项工作，圆满地完成各项任务，以优异成绩迎接新中国成立60周年！

2009年特辑

总经理张振勇在集团公司二届二次职代会上的工作报告

坚定信心　迎难而上
为实现凌钢又好又快发展而奋斗

（2009年1月18日）

各位代表、同志们：

现在，我代表集团公司作工作报告，请各位代表审议。

2008年工作回顾

2008年，在凌钢发展进程中是很不平凡的一年。在这一年里，我们胜利完成了350万吨钢技术改造，在凌钢的发展史上树立起一座新的里程碑。但与此同时，受金融危机的影响，生产经营又经历了市场大起大落的严峻挑战和考验。

一年来，我们顶住了各种压力，坚持以变应变，迎难而上，把不利影响降到了最低，各项工作都有了新的进展。全年累计产钢206.5万吨、

铁198.1万吨、钢材199.2万吨，同比分别下降7.7%、3.4%和10.1%。工业增加值17.3亿元，同比降低8.9%；实现销售收入96.7亿元，同比提高26.4%；利税6.4亿元，同比降低45.5%，其中利润1.03亿元，同比降低84.4%。

一、全力以赴，扎实推进，保证了350万吨钢技改工程顺利竣工投产

350万吨钢技改工程总投资约26亿元，整个工程从投资规模、装备水平到建设工期，都是凌钢建厂40多年来前所未有的。一年多来，全公司上下高度统一，发扬“自强、诚信、求实、创新”的企业精神，解放思想，打破常规，集中全部力量投入到了这场史无前例的大规模技改之中，并如期胜利完成了任务。回顾一年多的技改工作，虽然工程从始至终面临着种种困难和挑战，但在任何时候我们都没有动摇过信心和决心，始终坚定必胜的信念，从公司领导到普通工人，从机关部室到生产一线，大家忘我拼搏、无私奉献。正是靠着我们的信心、勇气、智慧和超常的付出，抓住了机遇、赢得了时间、化解了风险，创造了凌钢建设史上的奇迹。实践再一次雄辩地证明，凌钢的职工队伍是一支特别过得硬、能打硬仗的队伍。通过这次大规模的技术改造，更加检验了我们的水平、开阔了视野、增强了能力、锻炼了队伍。在350万吨钢技改工程中体现出的决战决胜的技改精神，已成为我们迎接挑战、参与空前激烈市场竞争的强大精神力量。我们要认真总结350万吨钢技改工程的成功经验，为凌钢今后更好更快的发展再立新功。

二、统筹协调，科学组织，努力提高生产经营的质量和效率

2008年，虽然受外界大气候影响，我们的生产经营没有完成预定目标，但我们做了大量扎实而富有成效的工作，取得了较好的效果。一是密切跟踪市场，努力实现生产经营的高效运行。前7个月，钢材市场异常火热，我们抢抓难得的市场机遇，获得了较好的效益。8月份以后，市场急剧变化，我们及时调整应对策略，实行了压缩产能、以销定产、限价销售等措施，趋利避害，努力减少效益损失。11月下旬以来，钢材价格止跌反弹，我们又采取了生产全面启动的方案，包括新投产项目在内，全面开动。通过以变应变的科学组织，实现了生产经营的高效运行。我们还很好地处理了生产与技改的关系，实现了生产、技改“两不误”。保国铁矿克服边改造边生产的困难，全年完成铁精矿90.6万吨，比上年增长33.4%。二是努力提高品种质量增加效益。一年来，通过完善品种钢生产工艺，规范操作，保证了品种钢实物质量的稳定提高。结合大转炉工程，还做了大量的新品种研发准备工作。有3个新产品通过了省级鉴定，钢管产品通过了美国石油协会API认证，获得了特种设备制造许可证，产品形象得到进一步提升。三是进一步强化成本控制，努力降本增效。充分发挥经济责任制的导向作用和“日清日结”核算作用，突出关键环节和重点工序，对生产成本费用进行动态控制，实现了成本管理的事前预测、事中控制、事后分析，取得了显著效果。全年开展技术攻关创效1971万元，实施新技术应用创效975万元。

三、广大职工以发展凌钢为己任，努力建功立业，和谐凌钢建设进一步加强

公司紧紧围绕350万吨钢技改工程和生产经营，深入推进了“三创一赛”、科技攻关等活动，广大职工踊跃参与，做出了突出业绩。2008年，有31名同志被评为公司劳动模范，127人被评为各项能手，151人获得科技贡献奖，有272个项目被评为公司级工人技术创新成果。公司首次开展了以职工个人名字命名先进操作法活动，有6个操作法被首批命名。开展了“工人先锋号”活动，炼铁厂3号高炉被命名为“全国工人先锋号”。创建“五型班组”活动进一步深化，有79个班组被评为“五型班组”。通过多种形式开展对职工的政治、文化、技能教育和培训，涌现出了以魏潭英为代表的一批用实际行动践行凌钢精神的职工楷模。和谐凌钢建设进一步加强。加大了环保投入力度，厂区、生活区环境有了明显改善。社会治安综合治理不断加强，在严厉打击了各种侵害凌钢利益犯罪活动的同时，促进了平安环境建设。深化了用工制度改革，完成了业务外包，劳动生产率进一步提高。较大幅度地调整了在岗职工工资，职工住房公积金提取比例由7%提高到了12%，增设了交通补贴，职工收入进一步增长。建成了东区休闲娱乐广场，装修建设了“职工书屋”，开展了“迎奥运、促发展”、“纪念改革开放30周年”等系列文化体育活动，职工业余生活更加丰富多彩。

总之，2008年是我们深入贯彻科学发展观，全面完成了350万吨钢技改工程，实现跨越式发展的一年；是我们抢抓机遇，保证了凌钢生产经营扎实推进的一年；是我们努力构建和谐凌钢，职工素质和企业实力显著提高的一年。这些成绩的取得，是我们全体职工努力拼搏、无私奉献、扎实工作的结果。在此，我代表集团公司、公司党委和公司工会向一年来辛勤工作在各条战线上的全体职工表示衷心的感谢！向受到表彰的先进单位和个人表示热烈的祝贺！

在总结成绩的同时，还要清醒地看到我们工作中存在的不足。安全管理还不到位、设备保障还须加强、市场营销还须进一步开拓、降本增效工作的开展还不平衡等，这些都有待于我们在以后的工作中认真加以改进和提高。

2009年工作安排

2009年，是我国战胜国际金融危机保增长、促发展，经济形势最为困难的一年，也将是我们企业全力应对不利局面、生产经营最为艰难的一年。做好今年工作，意义十分重大。

当前，受金融海啸影响，钢铁市场仍处于动荡调整态势。我们内部，由于上游原燃料市场不确定因素增多，下游市场没有启动起来，市场虽然止跌回暖，但形势依然十分严峻，凌钢目前的生产经营尚未达到盈亏平衡。从全年看，我们的压力也是巨大的。今年仅新项目设备折旧和银行贷款利息，就增加支出3亿元。但我们也要看到，当前遇到的困难和挑战是前进中的问题。国家新近出台了一系列拉动内需保增长的重大举措，中央经济工作会议确定了保持经济平稳较快增长的总体要求，形成了有利的外部环境。我们350万吨钢技改工程形成的技术、装备优势正蓄势待发，凌钢特有的资源优势、管理优势、企业文化优势和我们这支特别能战斗的职工队伍，为我们战胜困难提供了保证。严峻的市场挑战对于我们可以说是危机与希望同在，挑战和机遇并存。只要我们审时度势，抢抓机遇，真抓实干，扎扎实实地把自己的事情办好，我们就一定会走出低谷，迎来光明。

今年工作的总体要求是，以中央经济工作会议精神为指导，深入贯彻落实科学发展观，以新项目达产达效为重点，努力提高生产经营的效率和质量，大力开展降本增效，全面提升市场竞争力，努力构建和谐凌钢，促进企业又好又快发展。

今年的生产经营目标是：

（1）完成钢309万吨，其中品种钢139万吨；铁299万吨；钢材303万吨；完成铁精矿100万吨以上。

（2）实现销售收入100亿元以上。

（3）实现利润3.8亿元。

贯彻落实今年工作的总体要求，要抓住关键、突出重点。必须把新项目达产达效作为今年工作的首要任务，必须把降本增效作为实现今年生产经营目标的重要手段。

一、以新项目达产达效为重点，努力提高生产经营的效率和质量

1. 要确保新项目在最短时间里达产达效

这是我们当前第一位的任务，也是今年能否摆脱困境的关键所在。无论遇到什么困难，都不能讲任何客观，要千方百计加快新项目达产达效。达产达效的生产组织要突出两条线：一是“一罐到底”的新转炉、新板坯对中宽带生产线；二是老转炉、1号铸机对2号棒材生产线，要全力保证这两条线的经济、稳定、高效运行。一季度末实现扭亏为盈。

2. 要加强营销工作，大力开拓市场

新项目的投产对营销工作是一个全新的考验。要适应新形势，调整工作思路，借助装备大型化的优势，工作重心向建立长期战略合作关系转变，找信誉好、实力强的初级供应商和终端用户，实现稳固长久的合作。同时也要注重抓细节，密切关注市场的细微变化，准确判断，及时决策，增加效益。

3. 品种钢开发要解放思想，起点要高，视野要宽，步子要大

要充分发挥大转炉优势，努力提高自主创新能力，做到人无我有，人有我精，培育形成几个市场竞争力强、认知度高、品牌亮、效益好的拳头产品。技术部门还要积极指导各单位，对照行业先进挖掘内部潜力，抓住影响质量、产量、成本的关键指标开展攻关，保证老系统指标上台阶，

新项目指标达到国内同类先进水平。

4. 要继续做好技改工作，推进企业可持续发展

350万吨钢技改工程要做好后续的完善工作，进一步优化工艺结构。焦化改造的各项准备工作要抓紧进行，争取尽快启动。矿山改造要举全公司之力快速推进，尽快配套完善，力争早日见效。朝阳区域内的探矿工作尽管难度很大，但我们要积极争取，多方面开展工作，力争取得进展。要按照省、市要求，结合凌钢自身实际，着手500万吨钢的规划、考察和技术交流工作，为全面启动做好充分的前期准备。

二、大力开展降本增效，全面提升市场竞争力

当前，钢铁行业已经进入了优胜劣汰的残酷阶段，搞好降本增效，既是实现资源有效利用，促进企业可持续发展的需要，也是我们战胜困难，走出逆境，提高经济效益的需要，既为当下，更为长远。2009年我们要下大力气切实抓好这项工作，促进市场竞争力的全面提升。

一是要突出精细化管理，努力加强成本控制。没有低成本就没有市场竞争力。广大职工要进一步增强成本意识，精细管理，苦练内功，把消耗降下来，把成本降下来，成本降低率达到1%。二是要强化资金管理，合理控制库存。这一轮由金融危机影响带来的市场残杀，实际就是资金的较量。管好钱袋子，过好紧日子，已经成为了人们的共识。我们要努力提高资金使用效率，减少资金占用。同时，要积极争取利用国家政策增收。三是要强化设备管理，落实设备管理规划，努力提高维护和检修的效率与质量，增强设备状态的管控能力，降低故障时间和检修费用，确保高效、安全、经济运行。四是要大力推进节能减排工作。所有节能减排项目要逐个确定目标，落实责任，切实发挥应有的作用。钢渣处理要早日达到设计要求。五是要大力开展全员节约行动。全公司职工要积极行动起来，立足岗位，从节约一度电、一升油、一张纸、一分钟话费做起，培养节约习惯，树立文明新风。

三、坚持全心全意依靠职工办企业，努力构建和谐凌钢

2009年形势严峻、任务繁重，我们必须要明确目标，落实责任，调动和发挥广大职工的积极性和创造性，真抓实干，确保全年工作任务的圆满完成，促进企业又好又快发展。

一是面对当前严峻的市场形势，全公司上下要保持清醒头脑，既要增强紧迫感、危机感，又要坚定信心，迎难而上。要努力转变工作思路，把目光看得更远一些。要适应装备大型化、产能提高的新要求，把工作的标准定得更高一些。以进一步加快凌钢发展为己任，把思想和行动统一到推进企业又好又快发展的总体要求上来，统一到公司的决策部署上来，以思想认识的高度一致保证行动和工作的高度协调，适应新形势，迎接新挑战，创出新业绩，形成和谐奋进的良好局面。

二是要加强安全环保和社会治安综合治理工作，构建和谐文明平安环境。要探索更有效的方式、方法，教育和引导广大职工珍爱生命，切实提高安全意识，要认真贯彻最近公司安全工作会议精神，按照“严、细、实”的要求，落实责任，强化考核，坚决遏制人身伤亡事故发生，实现事故为零的目标。要突出重点，针对新投产项目的新装备、新工艺、新人员，认真组织好安全规程的学习贯彻，增强防范意识，做到警钟长鸣。要加大环境建设力度，搞好绿化美化。在市场经营艰难、资金异常紧张的情况下，我们今年共计安排4项技改，其中就有两个是环保项目。相关部门和单位要对这项工作给予更高的重视，在线运行的设备要纳入主体设备管理，责任到人，强化考核，确保完好达效。要全面做好现场整治和绿化美化工作，使我们的厂区更整洁优美。要强化社会治安综合治理工作，加大防范和打击力度，努力为职工构建平安的生产生活环境。

三是要努力构建和谐凌钢，实现企业与员工同步成长。要以社会主义核心价值观为主题，加强对职工的思想道德教育，提高社会公德、职业道德、家庭美德和个人品德。结合新投产项目的新装备、新工艺，进一步加强职工培训，提高技能，增强本领，增长才干。要紧紧围绕新项目达产达效和降本增效，进一步丰富和完善“三创一赛”、技术攻关等工作，为广大职工提供更广阔施展才能的空间。要大力弘扬劳模精神，引导广大职工忠诚凌钢，爱岗敬业，为企业的发展建功立业。积极发动职工、组织职工，开展民主管理和民主监督。要认真贯彻落实《劳动法》和《劳动合同法》，

维护好职工的合法权益。要努力提高劳动生产率，进一步增加职工收入。通过我们共同努力，形成和谐凌钢共同建设、共同享有的生动局面。

各位代表、同志们，过去的一年，凌钢胜利实现了350万吨钢生产能力，已站在了新的历史起点上。尽管形势严峻、任务艰巨，但只要我们全公司广大干部职工万众一心，振奋精神，锐意进取，扎实工作，就一定能够全面做好今年生产经营各项工作，就一定能够实现凌钢又好又快新的发展！

新春佳节即将到来，在此，我给大家拜个早年，祝大家节日愉快、身体健康、万事如意！

党委副书记苑成德在集团公司2009年政治工作会议上的讲话

以科学发展观为指导　创新企业思想政治工作
实现凌钢又好又快发展

（2009年2月17日）

同志们：

2009年政治工作会议的主要任务是：以党的十七大精神为指导，认真贯彻公司二次党代会和二届二次职代会精神，全面总结2008年公司党建、思想政治工作、企业文化和精神文明建设工作，表彰先进单位和个人，研究部署2009年政治工作，动员各级党组织和广大职工坚定信心、迎接挑战、勇克时艰、共闯难关，全面推进新项目达产达效和降本增效，为全面完成2009年生产经营目标，实现凌钢又好又快发展，构建和谐凌钢，提供政治保证、精神动力和文化支撑。

2008年工作回顾

2008年是我国历史上极不寻常、极不平凡的一年，也是凌钢全面完成350万吨钢技改工程，实现跨越式发展的一年。一年来，各级党群组织按照公司党委年初政工会议的要求部署，围绕中心、突出重点、强化职能、抓好落实，不断创新思想政治工作的方式方法，将思想政治工作和精神文明建设融入实现350万吨钢大目标这个中心，融入职工思想实际，为保证350万吨钢大目标的实现，推动企业又好又快发展，提供了强有力的思想政治保障。

一、以350万吨钢技改工程为中心，广泛开展形势任务教育，用科学发展观促进企业的大发展

科学发展观的第一要义是发展，2008年，凌钢形势任务教育主要是围绕实现350万吨钢这个发展大目标展开的。

一是以科学发展观统一了全公司职工实现350万吨钢大目标的决心和信心，做到了步调一致、行动一致。朝阳新区启动之后，凌钢老区向何处去，曾经是困惑凌钢职工的一个大问题。在公司领导班子及时抓住机遇、科学果断决策在2008年底实现350万吨钢大目标之后，全公司上下展开了热烈的大讨论。广大职工以思想的大解放激发了观念的大转变，思想很快统一到了公司的决策上来，认识到：中国钢铁工业已经站在新的历史起点上，按照凌钢现在的装备水平，不发展就意味着被淘汰，不发展就跟不上中国钢铁工业前进的步伐，发展是解决一切问题的关键，实现350万吨钢是2008年凌钢大于一切、先于一切、高于一切的头等任务。通过教育和讨论，全公司上下思想统一，决心坚定，形成了“聚精会神搞建设、一心一意谋发展”强大氛围，提供了发展的精神动力。

二是充分发挥350万吨钢技改工程强大的凝聚力和吸引力，调动广大职工“加快凌钢发展、做大做强凌钢”的积极性和创造性。在350万吨钢大目标指引下，凌钢广大职工表现了空前的团结一致，增强了神圣的使命感和高度的责任感，从公司领导到各项目经理，从科技人员到普通工人，从机关部室到生产一线，大家真抓实干、忘我拼搏、无私奉献，创造了凌钢建设史上一个又一个奇迹。特别是那些直接从事设计、施工、采购、监理的人员，继承凌钢光荣传统，发扬新时期“自强、诚信、求实、创新”企业精神，展现了对企业、对工作火热的激情。很多职工顶着巨大的工作压力，有困难自己克服，不分白天黑夜，一心扑在工地上。通过他们出色的工作和超常的付出，把无数个“不可能”变成了“可能”，使350万吨钢工程创造了凌钢历史上绝无仅有的高速度。

三是350万吨钢技改工程的建成投产，是对我们凌钢多年思想政治工作和职工队伍建设成果的一次大检阅，也是职工精神风貌的大展示，企业文化建设的大弘扬。职工队伍中涌现了许许多多先进典型，他们当中不仅有许多老劳模、老职工，也有一些近年入厂的大学生；不仅有工程技术人员，还有很多一线工人；男职工一马当先，女职工不甘落后，共产党员更是冲锋在前。特别是在施工最紧张的时候，我们树立表彰了在震区坚守岗位不动摇的魏潭英等先进典型，发挥先进典型的示范作用，对广大职工特别是青年职工是一个极大的鼓舞。可以说，350万吨钢技改工程的每一个项目都凝聚着我们职工的心血和汗水，正是大家一年多辛勤的努力和出色工作，才获得了让我们为之骄傲的丰硕成果。实践再一次雄辩地证明，凌钢的职工队伍是一支特别能打硬仗、过得硬的队伍。通过这次大规模的技改工程，更加检验了我们队伍的水平、也锻炼了我们的队伍。这是我们凌钢最宝贵的财富。

四是通过形势教育，动员广大职工万众一心、共闯难关。进入第四季度，受国际金融危机影响，凌钢的生产经营遭遇前所未有的挑战。我们开展了新一轮形势任务教育，号召全公司职工认清形势、坚定信心、迎接挑战、共度时艰，引导广大职工用百折不挠的精神、临危不惧的气概、坚定无比的信念、勇往直前的执著，共同应对危机。在企业出现严重亏损，减产、减薪等诸多挑战面前，广大职工热情不减，干劲倍增，以苦练内功、降本增效的实际行动应对危机，以加快建设350万吨钢技改工程应对挑战。

二、在实现350万吨钢大目标中，加强党的思想、组织、作风建设

2008年，在实现350万吨钢大目标中，各级党组织的政治核心和战斗堡垒作用得到了加强，党员队伍的先锋模范作用更加突出。

一是加强了各级班子和干部队伍的思想政治建设。围绕350万吨钢技改工程，结合班子和干部队伍的实际，各级领导干部以思想解放观念创新为先导，把理论学习和工作实际有效融为一体，在前所未有的机遇和挑战面前，大家认识到了凌钢的差距所在，感受到了肩上的责任，形成了统一的共识：凡是体现科学发展观要求的，凡是对凌钢发展有利的特别是对实现350万吨钢大目标有利的，都要大胆的闯，大胆的干，要以创新的思维、创新的招法，实现凌钢又好又快的发展。在决战350万吨钢项目的过程中，尽管困难重重，阻力不断，但我们各级干部始终不为任何风险所惧，不被任何干扰所惑。大家决心不干则已，干就干好，干就干成，所有工作都紧紧围绕这一个目标进行。正是凭着各级干部这种勇往直前的意志和破釜沉舟的信念，才把广大职工组织了起来，凝聚了起来，保证全体职工从上到下信心十足、义无反顾地投入到350万吨钢技改工程之中。

二是党组织和党员作用得到了充分发挥。在实现350万吨钢技改工程中，各级党组织充分发挥了政治核心作用，主动出击，活动丰富、活力增强，炼钢厂开展了“模范共产党员工程”，氧气厂开展了“三保一提”为主题的“共产党员效益工程”，钢管厂用“恒心、信心、齐心”打造团队精神，保卫部开展“学先进、比贡献、树典型”劳动竞赛，型材厂的党员“三有五无”竞赛，原料厂的“党员模范岗”等活动，都丰富和拓展了党员活动的领域和空间。350万吨钢技改工程的建设，为广大党员提供了发挥作用的舞台，他们是技改的中坚和骨干，一大批“有觉悟、有技能、有作用”，吃苦在前、甘于奉献的优秀共产党员在技改工程中不断涌现，在凌钢发展的新时期，新一代的共产党员继续为党旗增辉。

这里特别值得一提的是，在“5·12”大地震发生后，凌钢广大党员响应党委号召，迅速伸出援助之手，在先期和职工一起捐款的基础上，又以交纳“特殊党费”的形式，捐款34.34万元，人均247元，其中有129名党员交纳1000元以上，中央组织部给每人发来了特殊收据。59名非党积极分子也和正式党员一样交纳“党费”7220元。这充分体现了在关键时刻凌钢共产党员有觉悟、

有作用的先进性。凌钢也因此被授予辽宁省抗震救灾先进单位称号。

三是党建基础工作得到加强。各单位党组织在生产和技改同时进行的情况下，认真履行职责，按照公司党建工作制度的要求，继续加强了以“三会一课”为主要内容的党务基础工作。全年发展党员64名，是近年来发展党员最多的一年，转正党员24名。由于近几年入厂的大学生和青工比较多，要求入党人数迅速增加，为党组织储备了数量可观的后备队伍。党委宣传部、组织部、纪委组织了入党积极分子培训，55名积极分子接受了系统的学习和教育。

四是党风廉政建设扎实有效。年初各单位都制订了《党风廉政建设工作计划》，注重结合公司生产经营技改实际，开展针对重要岗位人员、管理人员和生产骨干的恪尽职守、廉洁奉公专项教育。结合公司查处的几起案例，开展了以案说纪教育，警示管理人员、重点岗位职工引以为戒，吸取教训。尤其在技改工程中，各单位特别重视对施工过程的监督，有效开展效能监察，如动力厂等单位，从工程一开始就注重制度建设，加强各种方式的监督，保证了工程按期按质竣工投产。

三、以企业文化建设为核心，精神文明建设有了新进展

一是大力开展了凌钢精神的系列宣传，使凌钢精神得到发扬光大。公司二次党代会后，结合贯彻二次党代会精神，在全公司集中进行了“自强、诚信、求实、创新”企业精神的宣贯活动，在《凌钢宣传》发表文章，全面阐释了企业精神的深刻内涵；组织相关人员在基层进行了巡回宣讲。党委宣传部、公司工会、公司团委以“弘扬企业精神，展示凌钢风采”为主题，开展凌钢精神巡回演讲8场，听众达1100余人次，并印发了优秀演讲稿下发到基层。公司三大媒体开设了专题、专栏，全方位、多角度进行宣传，并结合在技改工程中涌现出来的体现凌钢精神的先进人物和典型事迹进行宣传。凌钢精神逐步为广大职工认可，并在实际工作中深入人心。

二是大力开展了改革开放30周年系列纪念活动，增强了广大职工坚定不移坚持改革开放，坚定不移走中国特色社会主义道路的信心。公司党委在《凌钢宣传》上发表了《巨大的变化，辉煌的成就》长篇文章，系统回顾了凌钢改革开放30年的巨大变化和基本经验，展望了凌钢的美好前景。党委宣传部和公司工会编印了《改革开放30年大事记》；举办了“改革发展30年——凌钢成就图片展”；在职工中开展了改革开放30年知识竞赛，公司工会举办了“巨变抒怀——献给改革开放30周年”职工美术、书法、摄影、楹联作品征集和展览活动。公司宣传媒体开辟“辉煌的成就”专栏，组织专题报道，发表纪念文章。各基层单位先后组织开展了座谈会、报告会、演讲会等，增强了广大职工坚定不移地走中国特色社会主义道路，坚定不移地走改革开放之路的信心和决心。

三是“三创一赛”活动深入推进，职工素质进一步提升。工人技术创新活动取得新突破。全年厂级立项967项，完成831项，650项获奖；申报公司级创新成果392项，272项成果被评为公司一、二、三等奖。“创争”“创建”活动全面推进，职工素质有了新提高。大规模开展了职工文化技术培训，全公司共举办培训班221个，参加职工20786人次，人均参训34课时。开展了各种形式的技术练兵、技术比武活动，为适应技改新项目设备大型化、工艺现代化提供了人才和智力支持。五型班组活动深入推进，全年评选78个五型班组，企业的“细胞”进一步活跃，管理的基础工作更加扎实。

四是坚持以人为本，积极推进和谐凌钢建设。坚持发展为了职工、发展依靠职工、发展成果职工共享的方针，真心实意地为职工办好事、办实事。大力提高职工的薪酬待遇，2008年，为职工增加基础工资300元/(人·月)，提高住房公积金提取比例5个百分点，增设交通补贴60元/(人·月)，为女工增加津贴10元/月，对取暖费进行调整，相继出台了《凌钢职工带薪年休假实施办法》及《年休假期间工资管理的补充规定》，停止了内退制度，在实现好、维护好、发展好职工利益上下了很大工夫。加大民主管理力度，全年共召开公司级职代会1次，职工代表团组长会议2次，各分厂职代会27次，涉及职工切身利益的重大事项都在职代会上讨论通过。逐步建立健全了职工利益诉求机制，接待职工来访78人次，参与协调处理职工越级上访14人次，一些问题得以较好地解决。为800多名独身大学生和青工提供较好的

居住环境，公司工会为高温岗位购买开水器、电冰柜、电风扇等防暑降温设施；安排23批236人次参加健康疗养。加大对特殊群体职工的帮扶力度，全年共走访慰问困难职工390户，发放救助金18万多元；持续关注女职工等特殊利益群体，出资7万元续办女性团体安康保险，为保安人员投保平安意外险。

五是职工文化体育活动丰富多彩。以“迎奥运、促发展”为主题，先后举办了五一登山、大众体育、游泳、篮球、乒乓球等各种大型赛事8次，有5000余人次参加。出资210万元，修建了东区文化广场和绿化环境；投资20余万元，对图书馆进行装修，新购置了图书2000余册；新建游泳馆一年来共接待4.2万人次游泳。这些活动弘扬了奥运精神，丰富了职工的业余文化生活，促进了凌钢两个文明建设。

回顾2008年的政治工作，在看到成绩的同时，我们必须正视存在的差距和不足：对做好新形势下的思想政治工作在理论和实践上有待探索；党建工作在不同单位之间发展还不均衡；企业文化在建设和培育上还有差距；职工综合素质有待进一步提高。这些问题的存在应该引起我们的足够重视，并努力在今后工作中逐步加以解决。

2009年工作安排

今年是新世纪以来我国经济发展最为困难的一年，是凌钢实现350万吨钢能力的第一年。公司第二届二次职代会根据对形势的科学判断，确定了今年工作的总体要求、主要目标、工作任务和具体措施。我们的思想政治工作要努力把干部职工的思想统一到科学发展观上来，统一到公司的决策和部署上来，奋力夺取全年生产经营任务的新胜利。

2009年政治工作总的要求是：全面贯彻党的十七大、中央经济工作会议和公司职代会精神，以学习实践科学发展观活动为引领，以形势任务教育为主线，以确保新项目达产达效和降本增效为主攻方向和总体工作目标。唱好主旋律，打好主动仗，为公司实现又好又快发展，构建和谐凌钢，提供强有力的思想文化保证，以优异成绩向新中国成立60周年献礼。

为此，2009年我们要着力做好以下几项重点工作。

一、认清形势、坚定信心，全力做好以形势任务教育为主要内容的宣传思想工作

今年，企业面临的形势异常严峻，完成全年生产经营目标的压力异常巨大，必须把以形势任务教育为主要内容的宣传思想工作摆在十分突出的位置。

一是要深入持久地开展形势任务教育。当前国际金融危机继续扩散和蔓延，对实体经济的影响日益加深，经济增长明显减速，国内经济运行形势严峻，企业面临前所未有的挑战。面对异常复杂的经济发展形势，面对新项目达产达效和降本增效双重任务，今年形势任务教育的主要任务就是要做到正确分析形势，充分估计困难，坚定发展信心，牢牢把握机遇。正确分析形势，就是要深刻认识这场历史罕见的国际金融危机的冲击性、破坏性和影响的广泛性，增强忧患意识和发展凌钢的危机感、紧迫感、责任感。充分估计困难，就是要在全年各项工作中，把困难估计得充分一些，把措施考虑得周密一些，把工作做得扎实一些，努力把不利影响降到最低限度。坚定发展信心，信心来自于国家扩内需、保增长措施，来自于凌钢多年形成的管理优势，来自于新技改项目完成后形成的巨大潜力，来自于广大职工思进取、谋发展的决心和干劲。牢牢把握机遇，就是要看到危机中蕴含着机遇，凌钢正处在蓄势待发的关键时期，关键是我们要有逆势而上、奋力闯关的勇气；要有变压力为动力，化挑战为机遇的本领；黄金有价，信心无价。只要我们坚定信心和决心，就有迎接挑战、战胜困难、抢抓机遇的力量，就能够在应对挑战中把握机遇，在战胜困难中赢得主动，在开拓进取中谋求企业新的更大发展。

公司各级党组织要高度重视形势任务教育，要结合各单位实际，开展“企业有困难，我们怎么办?”的大讨论，开展“企业兴衰，我的责任”、“居危思危图强、共建和谐凌钢”主题教育活动，要通过经济形势分析会、主题教育报告会等多种形式，对职工进行正面引导、鼓舞士气、凝聚人心、凝聚智慧、凝聚力量。要结合本单位实际，精心设计各种行之有效的活动，把职工的聪明才智充分发挥出来，不断增强工作的积极性、主动

性和创造性。要努力营造“聚精会神搞建设，一心一意谋发展”的生动局面。

二是以新项目达产达效、降本增效为主攻方向，强化舆论引导。新项目能不能按时达产达效，降本增效能不能取得实效，是凌钢今年能不能闯过难关，化被动为主动的关键所在。宣传和思想政治工作要紧紧围绕这两大目标，唱好主旋律，打好主动仗。要多做统一思想、凝聚力量的工作，多做增强信心、振奋精神的工作，多做促进发展、维护企业稳定的工作，多做增强干部职工战胜困难、共克时艰的勇气和信心工作。要坚持团结稳定鼓劲、正面引导为主。党委宣传部要及时编写形势教育宣传提纲，报社、电台、电视台、凌钢网站要开设“形势教育”专栏，刊登市场形势，凌钢应对举措。要及时总结宣传群众在达产达效和降本增效中的好经验、好做法，充分发挥媒体作用，引导职工围绕达产达效、降本增效找差距、定措施、抓整改，大力开展以“抓达产、降成本、保安全、增效益”为主题的教育活动，开展“我为达产达效、降本增效献良策”活动，开展“节约一度电、一滴油、一滴水、一块布、一斤煤、一张纸”的“六个一”节约活动，特别是要把“三创一赛”活动扎扎实实地开展起来。要通过各种活动，为战胜困难、夺取全年生产经营目标提供强大的思想保证、舆论支持和精神动力。

二、以“开展学习实践科学发展观活动”为中心内容，全面加强党的建设

一是要按照中央和省市委部署，认真开展学习实践科学发展观活动，为奋力闯关提供强有力的思想保证。这是今年党的建设最重要的一项活动。去年9月，中央正式印发《关于在全党开展深入学习实践科学发展观活动的意见》，决定从2008年9月开始，用一年左右的时间，在全党分三批开展学习实践活动。凌钢从3～4月以后即将开展这项活动。在全党开展深入学习实践科学发展观活动，是党的十七大作出的重大战略部署，是用中国特色社会主义理论体系武装全党的重大举措，是深入推进改革开放，推进经济社会又好又快发展，促进社会和谐稳定的迫切需要，是提高党的执政能力，保持和发展党的先进性的必然要求。中央要求，这一活动要突出“科学发展”这一主题，围绕“党员干部受教育、科学发展上水平、人民群众得实惠”这一总要求，着力转变干部党员不适应、不符合科学发展观要求的思想观念；解决影响和制约科学发展的突出问题以及党员干部党性党风方面群众反映强烈的突出问题，构建有利于科学发展的体制机制。在目标要求上，要坚持提高思想认识，解决突出问题，创新体制机制，促进科学发展。在基本原则上，要坚持解放思想，突出实践特色，贯彻群众路线，正面教育为主。开展学习实践科学发展观活动，意义重大，影响深远。学习实践科学发展观活动，为我们战胜困难提供了难得的机遇。我们要高度重视这项活动，要早摸底、早谋划、早准备，要把思想认识统一到中央精神上来，一旦开展就要认真搞好。

二是要大力抓好领导班子思想政治建设。要按照中央26号文件要求，把理论武装放在领导班子思想政治建设的首要位置，坚持用中国特色社会主义理论体系武装头脑、指导实践、推动工作。要坚持不懈的开展理想信念教育，坚定正确的政治方向。要坚持解放思想、开拓创新，敢于直面矛盾，敢于破解难题，增强政治意识、大局意识、忧患意识、责任意识，开阔眼界、开阔思路、开阔胸襟。今年，严重的经济危机和达产达效、降本增效两大任务，是对我们各级班子和领导干部的严峻考验。在考验面前，要发扬去年决战决胜350万吨钢技改工程的精神，审时度势、抓住机遇、迎难而上，推动凌钢又好又快发展。要“讲党性、重品行、作表率”，这是党的十七大对党员和干部提出的要求。各级干部要带头落实好这一要求，进一步树立公道正派、知人善任的可信形象，清正廉洁、甘于奉献的可靠形象，求实创新、锐意进取的可敬形象，团结和谐、真诚待人的可亲形象。

三是要夯实党的基础工作。党的基层组织是党的工作细胞，党员是生产经营管理技术方面的骨干和中坚，发挥党组织的政治核心作用和党员的先锋模范作用对于像凌钢这样的国企来讲至关重要。各级领导干部尤其是兼职领导干部，要坚持“两手抓、两手都要硬”的方针，牢固树立“抓好党建是本职，不抓党建是失职，抓不好党建不称职”的观念，要积极介入，大胆工作，肩负责任，履行使命。要夯实各项党务基础工作，完善党建工作制度，实施以“党员创业、支部创优、党建创新”为主要内容的“三创强基”工程，要制定规划，明确目标，落实责任。抓党员，带群众；抓两头，带中间；抓载体，带活动，不断提升党组织的“造血”功能。按照凌钢“有觉悟、有技能、有作用”的新时期党员标准，严格要求每个党员，不断增强党员的党员意识。要继续开展“共产党员工程”等活动，用丰富多彩的党员活动，增强党组织活力。在新项目达产达效和降本增效中切实发挥党员的带头骨干作用。要抓好党的积极分子的培训，注重在生产一线、生产骨干、青工和科技人员中发展党员，壮大党的队伍。

四要加强党的作风建设。各级党组织和党员要认真学习胡锦涛在中纪委十七届二次全会上的讲话精神，在经济发展的特殊时期和企业发展的关键时刻，加强党性修养，树立弘扬良好的作风，始终保持头脑的清醒和政治的坚定。要抓住思想道德教育这个基础，深入开展理想信念和忠诚凌钢、爱岗敬业的教育，党纪政纪和法律法规教育。要加强廉政文化建设，提高党员拒腐防变的能力。要抓住制度建设这个保证，用制度保证廉洁，用制度规范权力，用制度来约束和爱护干部，切实增强党风廉政责任制的落实。要抓住领导干部和关键岗位廉洁自律这个重点，正确对待手中权力，不要因蝇头小利而抱憾终生。要健全完善各项管理，有效堵塞漏洞。坚决查处损害企业利益的“害群之马”。

三、坚持以人为本，强化企业文化建设，提高职工队伍素质和企业形象

一是以弘扬凌钢企业精神为核心，深入开展理念文化建设。要结合实际继续强化凌钢精神的宣传教育，使之成为凌钢职工的精神支柱。并在此基础上，把企业多年形成的各个系列的管理理念用完整、准确、简洁的语言加以概括、提炼、固化，形成具有时代特征和凌钢特色的完整理念文化体系。理念文化系统形成后，要加大学习宣传培训力度，使每个职工都熟知牢记，人人成为凌钢文化的实践者、体现者和传播者。要在公共设施和公共场所制作标准、统一的宣传标语口号，形成浓厚的文化氛围和亮丽的文化窗口。利用局域网建立“凌钢文化网站”，拓展企业文化传播渠道和空间，以更为新颖、更为有效、适应现代人交流特点的新形式，推介企业文化向更高层次、更宽领域传播。

二是要着力加强人才培养和管理，提高职工队伍的整体素质。350 万吨钢技改工程完成后，新设备的大型化、自动化，对企业职工的能力素质提出了更高的要求。近年来，特别是去年我们有计划招录1000 多名青工和大学生，他们是企业最有生机和活力的部分，是实现企业可持续发展的宝贵人力资源。如何使他们尽快进入角色、适应岗位，是一个新的课题。我们要树立“企业最大的节约是人才的节约，人才的浪费是管理者的渎职”的理念，切实做到人尽其才，各展所长。要全面开展“创建学习型企业，争做知识型职工”活动，要强化职工，尤其是新入厂职工的培训力度。要制定规划，舍得投入，通过组织“精一业、会两手、学三招”的全方位、多层次的“岗位练兵”、“师傅带徒”、“技术比武”等多种途径和手段，力争多出人才、快出人才、出好人才。今年要对原有技师进行严格考核，实施 5% 的优胜劣汰，并开展新一轮技师评聘。在规范管理青年职工方面，要像运输部学习，既要放手让他们在一线磨炼品质、提高能力、丰富阅历，努力使这些年轻人下得去、稳得住、干得好、流得动，关键时候用得上；又要树立强烈的责任感和亲情理念，体现人文关怀，努力营造宽松和谐的成长环境，切实把青工教育好、引导好、培养好、管理好。

三是着力提升职工文明道德素质，提升企业整体形象。在新的历史时期，我们要用社会主义核心价值体系，武装干部职工的头脑，提升精神文明建设水平，加强社会公德、职业道德、家庭美德的教育。发展的凌钢需要向社会展示物质文明成果，更要向社会展示凌钢的良好形象。对职工中出现的一些不文明、不道德行为，不能熟视无睹、听之任之。要抓教育，反复宣讲“忠诚凌钢、爱岗敬业”的思想，坚持从小事做起，维护好企业的一砖一瓦、一草一木。要培养职工养成“讲文明、知荣辱、树新风”良好习惯，开展“向不文明告别”等活动，用每个人的模范行为和人格力量引领风尚、渐成自觉。要抓舆论监督，曝光那些不文明行为，鞭挞那些不道德举动，让那些不文明人自惭形秽、无地自容，共同维护好凌钢的整体形象。

四是加大构建和谐凌钢力度，满足职工的利

益诉求。要把思想政治工作融入职工思想实际，真诚倾听职工呼声，真实反映职工愿望，真情关心职工疾苦。要始终把职工最关心、最直接、最现实的利益问题作为一切工作的出发点和落脚点。要在思想上尊重职工，感情上贴近职工，工作上依靠职工，生活上关心职工，发展上惠及职工。要多做暖人心、得人心、聚人心的工作。要深入开展送温暖工程，加大对特困职工的帮扶力度，努力为特殊群体做好事、办实事、解难事，全力营造和谐、和睦的氛围。今年，我们倡议要在全公司开展“干好每一天、关爱每一天、快乐每一天、创新每一天”的“四个每一天”活动和“生命健康工程、职工素质工程、生活帮扶工程、金秋助学工程”等“四大工程”活动，希望能得到大家的响应。

五是要加强企业的稳定工作。今年经济危机加剧，使不稳定因素明显增多，给企业的治安环境也带来了诸多不利影响。因此，我们各级干部一定要保持清醒的头脑，真正把企业稳定工作作为硬任务，切实负起责任。要认真做好化解矛盾的工作，搞好群众的来信来访。要按照公司效能监察和生产保卫工作会议的部署，进一步抓好落实。要进一步强化企业治安综合治理力度，坚持群防群治。每个单位都要认真履行职责，看好自己的门、管好自己的人、看好自己的物，要坚持打防结合，严厉打击侵害企业资财的不法行为，坚决查处破坏企业生产经营秩序的违法犯罪案件。

六是搞好建国60周年庆祝活动。今年我们将迎来建国60周年，这是国家政治生活中的一件大事、喜事。我们要以实现生产经营的优良业绩向国庆献礼。各单位党组织、工会组织要围绕建国60周年，组织干部职工全面回顾共和国60年光辉历程，增强对社会主义的信念和信心；全面回顾凌钢40多年发展历程，激发干部职工的光荣感、自豪感和使命感，增强干部职工热爱凌钢、忠诚凌钢、奉献凌钢的信心和决心。要大力开展丰富多彩的文化体育活动庆祝国庆，使广大职工以更饱满的精神和旺盛的斗志投身到完成全年生产经营任务上来。

同志们，凌钢正处在一个发展的关键时期，困难和挑战在考验着我们，责任和使命在激励着我们。我们要以科学发展观为指导，以顺利完成全年生产经营任务为目标，进一步弘扬凌钢精神，坚定信心，攻坚克难，真抓实干，努力开创凌钢发展的新局面，以优异成绩迎接新中国成立60周年。

董事长、总经理张振勇在集团公司推进对标挖潜降本增效暨下半年工作会议上的讲话

同志们：

今天，我们召开集团公司推进对标挖潜、降本增效暨下半年工作会议。主要任务是：总结部署对标挖潜、降本增效工作，安排落实公司后五个月的任务，引导和带领广大职工，振奋精神，凝聚力量，全面推动各项工作的顺利健康开展，确保全年生产经营、发展改造目标的圆满实现。

刚才，沈总代表公司总结了前一段对标挖潜、降本增效工作，部署了下一步任务，各单位要认真贯彻落实。炼钢厂和动力厂的发言，从不同侧面介绍了本单位对标挖潜的做法和体会，很有启发和引导作用，望各单位认真学习借鉴。下面，我就公司前七个月的工作做一下简要回顾，对后五个月的工作提几点要求。

前七个月工作简要总结

今年以来，面对金融危机的影响，我们认真贯彻年初工作会精神，紧密结合学习实践活动，深入开展了对标挖潜、降本增效工作，把不利影响降到了最低，各项工作都有了新的进展。前七个月，累计钢完成167万吨，同比增长26.6%；铁完成161万吨，同比增长28%；钢材完成166万吨，同比增长30.8%。工业增加值10.8亿元，同比降低33.3%；实现销售收入55亿元，同比降低15.2%；利税4.2亿元，同比降低61.5%，其中利润1.1亿元，同比降低83.2%。

一、扎实开展了对标挖潜、降本增效工作，为全面实现扭亏为盈创造了条件

为应对严峻的市场危机，我们从4月份开始在全公司深入开展了对标挖潜、降本增效活动。各单位思想认识到位、目标确定到位、责任落实到位，全员、全方位开展了工作。公司制定了数据旬统计、成本旬分析制度，对影响成本的主要因素和变化较大的指标进行有效地过程跟踪和过程控制。在全公司的共同努力下，我们克服了系统年修和2号高炉非计划检修等不利因素，取得了可喜的成绩。各项技术经济指标明显改善，到7月末，全公司158个对标指标有102个达到了对标目标。降本增效取得了显著成效，4～7月份，吨钢成本比一季度降低120元，比计划降低239元。可比商品产品总成本比计划降低8.9%。可变费用比计划下降18.14%。为公司全面实现扭亏为盈做出了重要贡献。伴随着市场回暖，5月份当月实现扭亏，7月份实现累计扭亏为盈。同时，也使企业各项管理水平得到了全面提升。

二、抢抓市场机遇，生产经营取得扎实成效

前七个月，严峻的市场形势加上2号高炉事故的发生，给稳定生产造成了很大的影响。我们通过科学组织调整、设备保障推进、系统精细操作，促进了新系统达产达效，保证了老系统生产顺畅。4号高炉、240平方米烧结机、120吨转炉及连铸系统、2号棒材机组等新项目都在最短的时间内实现了达产，并在危机的市场形势下成为了公司新的效益增长点。根据市场形势的变化，我们把计划6月份的系统年修提前到了5月份进行，在新一轮市场好转之前，所有检修项目全部完成，为抢抓市场机遇争得了主动。

加强市场营销，向经营环节要效益。准确把握市场脉搏，动态控制销售节奏，在价格较低时限价销售，在市场价格高位时降低库存，通过合理调整库存，增加效益3190万元。开发重点工程、重点用户，前七个月向哈大铁路、京沪高铁、吉林油田、吉林高速等重点工程供应钢材40多万吨，实现比较效益近6400万元。

充分发挥新转炉优势，积极推进品种钢开发。实现了新老系统板坯品种钢的工艺过渡，夯实了后续品种研发基础，试验生产了弹簧钢和合金结构钢中宽带等新品种。通过工艺优化，提高了棒材品种钢的实物质量，降低了成本。

三、加大了资源开发力度，为可持续发展创造了条件

钢铁行业是对资源依赖性极强的行业，抓住了资源就意味着发展。经过共同友好协商，我们与北票市签订了《战略合作协议》，确定在北票建设钢管项目和开发北票域内的铁矿资源，这对于凌钢实现可持续发展具有十分重要的意义。计划投资1.6亿元、年产30万吨的钢管项目，已经在7月26日奠基开工。北票矿区的探矿和开发正在抓紧进行。

350万吨钢配套项目，投资2.8亿元的焦炉改造工程，已经进入了设备安装阶段。高速线材工程正在进行设计，设备开始技术交流，部分制造周期较长的设备正在订货。热电改造工程施工已经开始。1号高炉大修改造工程正在进行施工设计，主体设备订货已完成。铁蛋山井巷建设和尾矿库改造工程已经完成，副井建设开始施工设计，黑山井建、野猪沟办证工作进展顺利。渣处理扩容改造工程已投入运行，1号、2号竖炉的50平方米电除尘器、52平方米烧结机除尘也已完成。

在总结成绩的同时，我们还要看到存在的问题和不足：对标挖潜工作开展得还不平衡，个别对效益影响较大的指标还没有达到目标要求；2号炉出现了非计划检修，给全年目标的实现造成了极大影响；品种钢生产前7个月仅完成进度计划的65%，给后5个月带来了极大压力；个别管理流程还存在着漏洞，造成了不应有的资产流失；发生了一起工亡事故等等，这都需要我们在今后的工作中认真加以改进和提高。

后五个月的工作部署

在宏观经济企稳向好的作用下，一些下游行业呈现较好的发展态势，从4月份开始，钢材价格逐渐回升，近期更是加速上行，主要是建筑钢材价格持续上涨，目前已基本恢复到了今年1月份的水平。凌钢得益于棒材的优势，近三个月我们取得了较好的经营效果。但同时我们也要清醒地看到，国际金融危机仍在蔓延深化，全球经济

复苏仍将是一个缓慢曲折的过程。就钢铁行业而言，由于受金融危机的影响，全球钢材需求严重萎缩、国内钢材需求的减弱、钢铁产能过剩的问题依然存在，在钢价上涨的同时，市场中的风险也在不断积累。一是当前的钢铁生产和消费是靠固定资产投资的拉动，上半年我国 GDP 增长 7.1%，其中固定资产投资贡献率高达 87.6%，这种超常规的拉动能坚持多久？二是就目前的价格水平，钢铁行业的盈利水平在全国工业行业中是最低的。行业销售利润率 3%，连利息都不够。三是随着市场的升温，限产企业的产能也在进一步释放，导致了“补库存化”的提前到来。四是上游产品的涨价、运力的紧张，将会带来成本压力的进一步加大。为此，我们必须要认清形势，统一思想，坚定信心，紧紧抓住当前难得的市场机遇，扎扎实实地开展工作，取得更好的成绩。

一、继续深入开展对标挖潜活动，努力降本增效

钢铁行业在整个钢铁产业链条中处于弱势地位，不论企业装备如何先进，不论企业规模扩张到多大，都无法有效控制原燃料价格上涨，更无法控制下游需求萎缩。因此，降低成本是保证企业利润的永久性战略。在全公司开展大规模的对标挖潜、降本增效活动，就是我们以背水一战的态势打响的在危机中求生存、求发展的一场战役。对于下一步工作的开展，沈总刚才已经讲得很清楚了，我再强调几点。

一是要站在全面提升企业核心竞争力、促进企业可持续发展的高度，深入持久地搞好对标挖潜、降本增效工作。现在看，对标挖潜、降本增效活动有力地促进了成本的降低，为全面扭亏为盈奠定了坚实基础，但也要看到，胜利只是初步的。我们在追赶，别人也在进步。我们决不能沾沾自喜、故步自封。决不能把开展对标挖潜、降本增效当作是应对眼前金融危机的权宜之计，而是要把这项工作作为推进全面提升企业竞争力和管理水平的长效机制。所以，我们要有长期作战的准备，要克服厌战情绪和畏难情绪，丢掉幻想，坚定信心，打好持久战，要按照活动之初确定的目标，持之以恒、坚持不懈地继续开展好这项工作。

二是要抓住关键，突出重点，用敢为人先、争做一流的信心和勇气，扎实开展好对标挖潜、降本增效工作。从前几个月完成情况看，我们现在还有个别少数单位对对标挖潜工作认识不高、强调客观、行动不快。还有 10 项指标没有达到行业平均水平，一些对效益影响较大的关键工序的重点指标也没有达到目标要求。要求各单位要进一步提高认识，统一思想，狠抓落实。这项工作开展得好坏，也是对各单位领导班子能力和水平的检验。要发扬勇克时艰的精神，打好攻坚战，不讲客观，不留死角，力求取得突破性成果。

三是要不断适应行业发展和企业进步的新形势，坚持精细管理与技术进步相结合，促进对标挖潜、降本增效再上新台阶。精细高效的管理是对标挖潜、降本增效的重要手段。各单位要充分发挥日清日结管理平台的作用，做到指标层层分解、量化可考。要进一步细化和强化各项管理工作，提高职工的管理意识和行为责任，杜绝任何操作的失误、流程的失控和管理的失察。高水平的对标挖潜、降本增效离不开科技进步。对标挖潜、降本增效的过程，也是开展技术攻关、推进“四新”应用和技术创新的过程。要尽快提高技术素质和技术水平，适应新形势、新要求，大力推进技术进步和技术创新，促进对标挖潜、降本增效上水平。

二、全力增铁增钢，确保实现全年生产经营目标

后五个月，生产经营任务十分艰巨，我们要抓住生产经营的关键环节，必保全年完成 305 万吨钢，力争实现 309 万吨，确保年初确定的全年销售收入 100 亿元、利润 3.8 亿元目标的全面实现。

一是要全力增铁。由于 2 号高炉非计划检修生铁欠产较多，铁水不足已成为后几个月生产经营的制约性环节。铁水日产要保证 8550 吨以上，铁水消耗要力争降到 930 千克/吨以下。1 号高炉要在确保安全的前提下，以稳产、顺行、低耗组织生产，必须要坚持到 2 月末。二是要全力增钢。全公司各部门要积极为节铁增钢创造条件，钢日产要达到 9050 吨以上。120 吨转炉炉龄必须要达到 10000 次以上，这是确保实现 305 万吨目标最关键的环节，技术管理部门和炼钢厂要制定具体技术措施进行攻关，确保年底前大转炉不换衬，

力争坚持到明年3月份。三是要以效益最大化为目标，进一步优化产品结构，最大限度地释放方坯产能。1号铸机→2号棒材轧机生产线要在保持现有水平的基础上进一步提高，2号棒材机组要充分发挥潜能，平均日产确保2500吨以上。四是中宽冷带要借助当前有利的市场时机尽快恢复生产。在保证边际效益的前提下，遵循外贸为主、内贸为辅原则组织生产，力争月产5000吨以上。

品种钢开发要充分利用好铁水脱硫—大转炉—精炼优势，在稳定提高产品实物质量的基础上，进一步加大市场开发和降低成本的力度，巩固住已开发的品种和市场，努力提高产量，力争全年目标的实现。要努力打造以高碳钢为代表的拳头产品，积极研发高附加值、高技术含量的高级别管线钢、弹簧钢和合金结构钢等新品种。进一步完善HRB500钢筋工艺，尽快形成批量生产。

产品销售要发挥好我们的品牌、信誉和网络优势，继续做好重点工程的投标、供货工作，积极开发新用户。努力开发品种钢市场和中宽冷带市场，努力扩大高附加值产品销售。密切跟踪市场，动态调整价格，力求使有限的资源获取最好的效益。原燃料采购要积极调整采购策略，按照长期协议和战略合作的思路建立采购主渠道，提高采购的反应速度和应变能力。废钢采购要保证结构和尺寸，为炼钢快节奏生产创造条件。

三、加大技术改造力度，全力推进凌钢可持续发展

今年，我们预计改造建设总投资将达到10亿元。虽然投资额度没有去年大，但工程的重要程度绝不亚于350万吨钢项目。全公司各单位要提高认识，统一思想，继续发扬敢打硬仗、决战决胜的技改精神，全面搞好今年技改工作。

全力以赴推进北票矿山的开发与建设。北票矿区的探矿工作得到了北票市的大力支持，我们要紧紧抓住这一有利时机，抓紧开展工作。要尽快落实区域内的矿权和选场问题，坚决控制住其他企业利用我们的调规进入矿区。开发要按照科学规划、经济开采的原则进行，对已经确认的矿区要边探边采。对建平已申请预留范围的找矿靶区探矿工作要积极推进，同时要积极与省、市有关部门沟通，争取列入2010年省级资源补偿费项目计划。对野猪沟矿区要抓紧进行价款评估，采矿权证办理要在10月底之前完成。保国铁矿铁蛋山副井工程要抓紧施工设计，力争年内开工建设。

要高水平地完成好钢管项目建设，确保搬迁部分今年底投产，新上部分明年5月投产。焦化扩容改造化产部分要在9月份投产，焦炉部分必须在11月中旬投产。热电2号锅炉增烧煤气及配套的发电机组增容改造要与焦炉同时投产。50万吨高线工程要抓紧设计和设备订货，尽快开工，力争明年9月份建成投产。1号高炉扩容改造，开工前的各项准备。

四、进一步强化各项管理，促进企业管理再上新台阶

加强内部管理，是企业永恒的主题。当前，凌钢正处在快速发展的关键时期，强化企业内部管理，提升各项管理水平更显得尤为重要。

一是要加强内部管理体系建设，强化执行力。相关单位已对全公司规章制度进行了全面的梳理、完善和修订，初步形成了制度汇编，下一步重点要抓好制度落实。要着力做好内部控制体系的建设、实施和评价工作。这项工作由计划管理部牵头，各部门要全力配合，力争在10月底完成体系建设，年底前完成内部评价。要积极推进《职工手册》的制定和执行工作，并结合《职工手册》，进一步规范劳动合同。

二是要继续深化安全管理工作。树立以人为本、安全发展的理念，进一步提升素养安全和本质安全管理水平，建立安全生产长效机制。突出严、细、实，落实安全责任，确保安全工作有序进行。建设和培养企业安全生产文化，提高安全生产管理的整体素质。

三是要加强资金控制，提升财务管理水平。要以资金管理为中心，继续强化预算管理，实现资金集中统一平衡，确保资金链的协调、有序、可控运行。要继续强化旬成本核算，加强对生产经营活动的事先预测，事中控制和事后分析，促进成本进一步降低。继续深入开展厉行节约、减少非生产性开支活动，严格控制公务用车，控制修理费、办公费、招待费等支出。

四是设备管理要继续扎实推进自主保养和点检定修。要在提高设备使用寿命和经济、安全、可靠运行上下工夫，特别是要确保新设备运行状态的稳定、可控，最大限度地减少设备故障停机

时间，为高强度的生产顺行创造条件。要加强资材的计划、采购、保管、领用管理及下机资材的鉴定和修复工作，严格招标采购，减少资金占用。

五是要加强保卫监察工作，确保企业资产不流失。适时开展严打整治专项行动，严厉打击盗窃企业资财的嚣张气焰，坚决遏制偷盗、诈骗企业资材案件的发生。进一步加强治安保卫基础管理，努力完善全员联保责任体系，推动综合治理工作扎实开展。充分发挥效能监察和审计监督作用，规范管理流程，堵塞管理漏洞，对弄虚作假、内外勾结诈取企业资财等问题要从严整治，不论涉及到谁，都要坚决查处，绝不姑息。

五、加强干部队伍建设，切实转变机关工作作风

凌钢已经步入了快速发展的关键时期，加强干部队伍建设，提高干部队伍素质至关重要。特别是当前我们的干部队伍在企业快速发展的进程中还存在着一些不适应。从我们学习实践活动征求意见看，基层对机关的工作作风意见很大。高高在上，不了解基层情况，靠主观臆断、想当然办事；门难进、脸难看、事难办，办事程序复杂，工作效率低下；工作玩忽职守、个人形象不端等等，既有管理问题也有个人品质问题。涉及到这些问题的可能只是极少数人，但败坏了干部形象，降低了我们在职工中的威信。机关各部室必须要引起高度重视，要结合干部考核和干部交流，尽快提高干部素质，增强责任意识、敬业意识和服务意识，做到在其位，谋其政，尽职尽责。要简化办事程序，提高对基层单位的服务质量，切实转变机关工作作风。

同志们，我们广大干部职工要牢牢抓住当前有利的市场机遇，拼搏进取，埋头苦干，用我们共同的付出和努力，全面完成全年生产经营、发展改造各项任务，以优异的成绩迎接国庆60周年！

副总经理沈洵在集团公司推进对标挖潜降本增效暨下半年工作会议上的讲话

我受集团公司委托，就前一阶段公司开展对标挖潜、降本增效工作进行总结分析，部署下一步工作。通过总结经验，肯定成绩，查找不足，以利于把集团公司对标挖潜、降本增效工作做得更好、更扎实、更富有成效。

一、前一阶段对标挖潜活动回顾

自开展活动以来，在系统年修和2号高炉非正常检修极为不利的情况下，扎实推进对标挖潜、降本增效工作，扼制住了连续8个月的亏损，为扭亏增盈做出了重要贡献。对标挖潜、降本增效工作本身也在持续向好的方向发展，特别是7月份，所有指标全部改善，正在加速向我们确定的目标迈进。取得的成绩主要表现为：

（1）技术经济指标明显改善。

1）纵向比较：

从4～7月份完成情况看：

公司级158个对标指标有104个指标值较一季度明显进步；有89个达到对标目标；有109个达到对标基数。从7月份当月完成情况看，158个对标指标有119个指标值较一季度明显进步，有102个达到对标目标；有114个达到对标基数。

对标挖潜全面推进了指标的改善。对标前176个主要技术经济指标中有98个完成计划，完成率为55.68%，6月份有136个完成计划，完成率为77.27%，较对标前提高了22个百分点，到7月份有144个完成计划，完成率为81.82%，较对标前提高了26个百分点。说明对标工作全面促进了计划的实现。

4～7月份，包括焦化电耗，240平方米烧结机固体燃料消耗，3号、4号高炉利用系数及电耗，转炉氧耗、钢铁料消耗、白灰消耗，中宽带电耗，型材电耗，棒材成材率，吨钢电耗、水耗等28个主要技术经济指标42次刷新历史纪录。

从7月份对标指标完成情况看：

转炉炼钢厂对标指标21个

120吨转炉的钢铁料消耗、铁水消耗、氧气消耗、冶金石灰消耗、出钢至出钢时间、新水消耗、电耗、故障时间；35 吨转炉的钢铁料消耗、铁水消耗、氧气消耗、冶金石灰消耗、利用系数、出钢至出钢时间、新水消耗、电耗、故障时间；材料备件修理费、新双流故障时间等 18 个指标达到对标目标。

120 吨和 35 吨转炉氧气消耗进入行业先进行列。

运输费用、120 转炉电耗等 2 个指标达到对标基数。

120 吨转炉利用系数受不满负荷生产因素影响未完成对标目标，同时也仅此一个指标低于行业平均水平。

炼铁厂对标指标 65 个

占总对标指标的 41. 67%。

1 号高炉入炉矿耗、综合焦比、富氧率；2 号高炉入炉矿耗；3 号高炉入炉矿耗、利用系数、电耗；4 号高炉入炉矿耗、综合焦比、利用系数、电耗、新水消耗、热风温度；竖炉皂土消耗、新水消耗；52 平方米烧结机固体燃料、转鼓指数；75 平方米烧结机固体燃料、新水消耗、转鼓指数；240 平方米烧结机固体燃料、电耗、新水消耗；1 号 ~3 号、4 号高炉故障时间；竖炉和 52 平方米、75 平方米烧结机故障时间；备件材料修理费；运输费用等 28 个指标达到对标目标。

其中：3 号高炉入炉矿耗、利用系数、富氧率、入炉矿品位，4 号高炉入炉矿品位、富氧率，3 座烧结机固体燃料折标煤等 9 个指标达到行业先进水平。

1 号高炉入炉焦比、电耗；2 号高炉富氧率；3 号高炉综合焦比、富氧率；竖炉电耗；240 平方米烧结机转鼓指数等 7 个指标完成对标基数。

4 座高炉的喷煤比、入炉矿品位；1 号、2 号高炉利用系数；2 号、3 号、4 号高炉入炉焦比；竖炉利用系数、转鼓指数；3 座烧结机利用系数等 30 个指标与目标比还存在较大差距。

1 号高炉利用系数；2 号高炉入炉焦比、喷煤比；3 号高炉入炉焦比；52 平方米、240 平方米烧结机利用系数；竖炉利用系数、转鼓指数等 8 个指标低于行业平均水平。

中宽带钢厂对标指标 6 个

全部达到对标目标。中宽热带成材率达到行业先进水平。

型材厂对标指标 10 个

运输费用、故障时间、棒材成材率、型棒材新水消耗、中型材电耗等 7 个指标达到对标目标。

中型材电耗达到行业先进水平。

中型材成材率、棒材电耗等 2 个指标达到对标基数；材料备件修理费未达到对标目标。

棒材电耗、中型材成材率等 2 个指标虽有大幅度改善但仍低于行业平均水平。

原料厂对标指标 11 个

麦尔兹窑电耗、80 立方米竖窑电耗、200 立方米竖窑电耗、新水消耗、运输费用、故障时间、材料备件修理费等 8 个指标达到目标。

石灰一级品率、石灰合格率等 3 个指标还有较大差距。

这里值得一提的是原料厂渣处理，虽然没有对标指标，但取得了较大成效。在正常处理当期产生的钢渣同时，将库存 10 万吨渣处理了近 7 万吨，为公司整体增效做出了贡献。

焦化厂对标指标 7 个

运输费用、材料备件修理费、新水消耗、电耗、M_{40}、M_{10}等 6 个指标达到对标目标。

故障时间未完成对标目标。

动力厂对标指标 5 个

材料备件修理费、新水消耗、运输费用、故障时间等 4 个指标达到对标目标。

空压风电耗未完成对标目标。

钢管厂对标指标 3 个

运输费用、新水消耗等 2 个指标达到对标目标。

材料备件修理费未完成对标目标。

氧气厂对标指标 7 个

运输费用、故障时间、材料备件修理费、原系统新水消耗、2 万立方米新水消耗等 5 个指标达到对标目标。

原系统电耗完成对标基数。

2 万立方米电耗未完成对标目标。

机动部对标指标 11 个

年维修费用、新老系统故障时间及次数等 9 个指标完成对标目标。

老系统设备库存占用、新系统一般材料库存占用未完成对标目标。

质量部对标指标 1 个

备件材料修理费未完成对标目标。

运输部对标指标 2 个、能源环保部对标指标 2

个、检修中心对标指标2个、计量信息部对标指标2个、生产技术部对标指标1个，均全部达到对标目标。

2）横向比较：

从4～7月份累计完成情况看：

在65个技术经济对标指标中有38个位次前移、8个持平、19个位次后退。进入先进水平的由9个增加到12个。低于行业平均水平的由21个减少到12个（35吨转炉利用系数、120吨转炉利用系数、120吨转炉铁水消耗、1号高炉利用系数、1号高炉入炉焦比、2号高炉利用系数、2号高炉富氧率、竖炉利用系数、球团矿转鼓指数、52平方米烧结机利用系数、棒材电耗、中型材成材率）。

从7月份对标指标完成情况看：

在65个技术经济对标指标中有43个位次前移、7个持平、15个位次后退。进入先进水平的由9个增加到14个。低于行业平均水平的由21个减少到10个（120吨转炉利用系数、1号高炉利用系数、2号高炉入炉焦比、2号高炉喷煤比、3号高炉入炉焦比、竖炉利用系数、球团矿转鼓指数、52平方米烧结机利用系数、棒材电耗、中型材成材率）。

以上对比，说明了两个问题：一是从19个指标位次后退看出，你进步，别人的进步幅度比你还大；二是7月份随着2号高炉顺产，年修结束，对标工作正在全速向目标推进。

保国公司在原有磁精矿品位和混合矿球耗保持行业先进水平的基础上，通过对标挖潜，又有4项指标达到行业先进水平。其中混合矿衬板单耗列第一位，3号4号自磨机作业率列第三位，混合矿电耗、磁选球耗分列第五位。

（2）降本增效成果显著。

扎实的对标挖潜工作有力地促进了降本增效，为公司实现扭亏为盈做出了重要贡献。在43个效益相对较大的重点对标指标中，钢铁料消耗、综合焦比、吨钢新水消耗、吨钢电耗、材料备件修理费、运输费用等36个指标完成了对标目标，4～7月累计直接创效5141万元，其中6月份2190万元，7月份2442万元。

其中：钢铁料消耗：35吨转炉钢铁料消耗1063.93千克/吨，较对标目标降低12.17千克/吨，较计划降低了15.35千克/吨；120吨转炉钢铁料消耗1083.76千克/吨，较对标目标降低5.29千克/吨，较计划降低了7.7千克/吨；4～7月累计创效939万元。

综合焦比：4～7月份，虽然受年修和2号高炉故障较对标目标还差1.27千克的距离，累计较计划仍降低8.64千克，较基数降低4.21千克。4～7月累计创效579万元。

钢材成材率：中宽热带成材率98.05%，较对标目标提高0.03个百分点；棒材成材率100.68%，较对标目标提高0.29个百分点，4～7月累计创效722万元。

吨钢综合指标：吨钢电耗421.62千瓦时/吨，较对标目标降低25.38千瓦时/吨，较计划降低50.9千瓦时/吨；吨钢新水消耗2.57吨/吨，较对标目标降低1.29吨/吨，4～7月累计创效1231万元。

运输费用：4～7月累计降低408万元。

材料备件修理费：4～7月累计降低1176万元。

需要说明的是，这里说的对标挖潜创效，只是计算超出基数以上部分的效益，还未包括原来低于基数，通过对标挖潜达到基数的部分。

4～7月，实现超创利润8000万元，特别是在系统检修的5月份，当月实现扭亏为盈，并且实现超创利润1016万元，扭转了近年来系统年修月份成本普遍升高，当期没有超利或超利较低的被动局面。

（3）企业管理水平进一步提升。

在深入开展对标挖潜、降本增效过程中，各单位不断转变思想观念，努力创新管理思维，运用日清日结等凌钢传统的管理方法、先进的管理手段，丰富管理办法，完善管理制度，理顺管理流程，有效地促进了各项管理水平特别是分厂综合管理水平的进一步提升，逐步适应了公司产能迅速提升和装备大型化的需要。

主要做法：公司号召开展对标挖潜、降本增效活动以后，各单位都给予了高度重视，思想统一，认识到位，行动迅速，措施有力，使这项活动得到了扎实有效推进。

（一）充分运用凌钢固有的管理优势，确保了对标挖潜、降本增效工作的扎实开展

管理是企业永恒的主题。在当前形势下，精细管理不仅是不断适应企业产能迅速提升和装备

大型化的需要，也是深入对标挖潜、降本增效工作的最有效手段。

一是充分利用日清日结管理平台，确保了对标挖潜、降本增效工作的规范化和扎实有效推进。中宽热带利用良好的日清日结基础，快速形成了纵横交替的指标分解体系，真正实现了重点指标日清日结、费用指标动态控制，在产量不足的条件下，对标工作仍实现了全面达标，这是非常难能可贵的。炼钢厂通过日清日结，将对标挖潜的目标和措施层层分解，做到了全覆盖，建立了完善的考核制度，将对标挖潜与绩效考核挂钩，确保对标挖潜收到实效。实践证明，凡是日清日结工作做得实、考核结果客观公正、真实有效的单位，对标挖潜、降本增效工作就能够迅速落到实处，就能取得扎实的成效。

二是建立了指标与成本旬分析体系，促进了对标挖潜、降本增效的制度化。财务部建立了成本旬分析制度，由月报变旬报，由月份分析变旬分析，对影响成本的主要因素或变化较大的指标进行了有效的过程跟踪和过程控制。计划管理部制定了数据旬统计、分析制度，对技术经济指标进行旬统计分析，实行动态控制。二者互动，使模拟市场核算日清日结工作又得到了提高和升华。生产技术部、能源环保部、机动部每旬（周）也都组织专业会议，对指标挖潜完成情况进行分析。核算频次的增加、分析的不断深入和控制水平的提高，不但为对标挖潜、降本增效提供了准确的信息，更促进了管理水平的提高。

三是完善了制度，规范了流程，促进了对标挖潜、降本增效工作的程序化。从年初开始，计划管理部会同办公室就有计划、有步骤地对全公司的管理制度进行了全面的梳理、完善，已经形成了汇编。各生产厂和管理部门都制定和完善了许多管理制度。炼钢厂的反馈、分析、控制、考核和监督等制度，中宽热带的外委转内修、资材领用、车辆使用管理制度，机动部的下机资材的鉴定与维修制度、生产技术部的运费管控制度等等，通过建章立制，完善管理，理顺了流程，堵塞了漏洞，提高了效率，促进了企业基础管理水平的提升。

四是充分发挥了局域网的信息化优势，促进了对标挖潜、降本增效工作的现代化。炼钢厂、中宽热带、动力厂等单位在局域网上建立对标挖潜指标台账和相关管理制度，各科主管每日负责填报，厂长及相关技术管理人员通过数据分析，及时发现和解决过程控制中存在的问题。计量信息部做到了计量信息即时公布，内部局域网的有效利用，不仅为对标挖潜、降本增效工作提供了便捷的管理平台，也降低了办公费用，提升了企业管理的现代化水平。

五是创新管理思维，完善管理方法，促进了对标挖潜、降本增效工作的科学化。计量信息部共安装、更换能源计量仪表、温压补偿装置，实现了空压风、氧气、氮气、氩气、循环水、软化水等主要能源介质的100%计量。原料厂重新修订了机旁备件储备模型，降低机旁储备。合理优化生产组织，大幅降低了运输费用。检修中心加大了跨区域检修和资材修复奖励。氧气厂、动力厂突出经济运行，根据生产需要合理开关设备。运输部每天公布运量和油耗，有效控制了成本的降低。应该说，通过对标工作，重新理顺了管理流程，规范了规章制度，使模拟市场核算体系真正做到有的放失，提升了管理者及单位的管理水平，逐步适应了企业发展的需要，尤其是炼钢厂、中宽带厂、动力厂等单位体现的非常明显。

（二）大力开展以重点指标为突破口的技术创新和技术攻关，推动了对标挖潜、降本增效工作的深层次开展

炼铁厂转变观念，大胆创新，以厚料层操作为突破口优化工艺，通过改变过去“大水大炭、薄铺快转”的高消耗高产量的操作方式，实行厚料层、降机速、低水分操作，创出了烧结矿固体燃料消耗指标名列行业第一的佳绩。炼钢厂强调横向联合、纵向突破开展技术创新。焦化厂大胆创新，增配5%阳泉曲高硫煤，经过与低硫煤中和，降低炼焦成本。炼钢厂通过开展转炉“零喷溅”、“零侵蚀”、“零余钢”技术攻关、终点命中率攻关、优化定尺切割和强化尾坯回收攻关，全方位降低钢铁料消耗，使钢铁料消耗自5月份开始就达到了对标挖潜目标，终点氧的明显降低，使合金收得率快速提高。动态控制模型促进了铁水消耗的降低，已经稳定在930千克/吨的水平，为节铁增钢创造了条件，氧气消耗名列行业第一位。中宽热带厂以品种钢带和薄规格钢带为突破口，对成材率进行攻关，在限产的情况下，成材率取得了突破性进展，实现了精料细做。型材厂

通过优化批次规格轧制量、加强工艺操作、应用切分新技术等措施，使成材率得到了明显提高，7月份棒材成材率达到了100.68%，比计划提高了0.68个百分点。通过能源环保部组织攻关，反映综合管理水平的吨钢电耗和吨钢新水耗实现了较大幅度的降低。7月份，吨钢电耗和吨钢新水耗分别达到了421.62千瓦时/吨和2.57吨/吨。重点消耗指标的达标，有力地促进了降本增效。

（三）瞄准一流，自我加压，为对标挖潜、降本增效工作的扎实开展注入了生机与活力

对标挖潜、降本增效就是要苦练内功，自我加压，瞄准行业一流水平进行追赶和超越。机动部在公司提出维修费降低5%目标基础上，自我加压，提出了提高到10%的目标，并全力组织推进。通过将材料备件修理费分解到单台设备、严格审核备件计划、努力提高计划准确率等措施，严格控制材料备件修理费支出。在5~6月份系统年修、2号高炉非计划检修等不利条件下，全面实现了对标目标。炼钢厂在公司21个指标基础上，自我加压，又确立了35个二类对标指标和59个三类对标指标，通过逐级联保，达到全面提高的目的。炼铁厂在1号高炉特护和2号高炉非计划检修的不利条件下，不等不靠不放弃，顶住压力，请来安阳钢铁公司专家指导高炉操作，组织技术骨干又先后到首秦公司和天铁公司学习，全面借鉴先进企业经验。实施大料批、高顶压、多环布料等诸多措施的攻关，不仅实现了稳产、高产、低耗，更有力地促进了综合焦比的降低，4~7月份，达到了537千克，比计划降低了9千克。在公司14项行业领先指标中，有10项为铁系统指标。焦化厂把学习先进经验与自主创新相结合，通过供销公司牵线搭桥，与沈阳煤气公司建立了对标挖潜合作伙伴关系。

（四）领导重视，全员参与，为对标挖潜、降本增效工作的扎实开展提供了坚强保证

几个月来，全公司上下深刻认识到了对标挖潜、降本增效的重要性和紧迫性，思想高度统一，行动空前一致。各单位领导高度重视，积极带领工程技术人员和管理人员查找差距，制定方案，部署落实。对标挖潜对标活动办公室针对标挖潜工作不同阶段的特点，认真分析总结，制定不同阶段的工作重点，突出不同阶段的主题，将对标挖潜工作不断引向深入。经常深入现场进行对标挖潜工作的检查指导，对对标挖潜活动进行全过程跟踪控制，确保了对标挖潜工作按步骤、迅速、有序、深入的开展。公司办、审计监察部、财务部联合发起了厉行节约、减少非生产性开支活动。朝焦公司提出了每人每天节约两元钱活动。扎实深入的对标挖潜、降本增效活动，有力地促进了广大职工成本意识和节约意识的增强，全公司已经形成了人人对标、处处挖潜的浓厚氛围。

二、前一段对标挖潜工作中存在的问题

在各单位大力推进下，对标挖潜工作从总体上看，取得了阶段性成果，但也存在一些问题：

一是对标指标和对标目标的要求还存在较大差距。

从7月份对标指标的完成情况看，156项对标指标尚有54项没有完成对标目标，其中有10项低于行业水平，有39项没有完成计划。

在54项没有完成的指标中，技术指标34项，占63%，能源消耗指标12项，占22%，其他经济指标8项，占15%。

其中：炼钢3项，炼铁37项，型材3项，钢管1项，原料3项，焦化1项，氧气2项，动力1项，机动部2项，质量部1项。

特别是高炉入炉焦比、喷煤比、烧结机利用系数、竖炉利用系数、棒材电耗、中型成材率等对企业效益产生重大影响的重点技术指标存在的差距较大。从4~7月份累计上看，差距更大。

二是依托技术进步，向技术进步要指标的力度不够，使对标挖潜缺乏长效机制。

三是个别单位仍然存在认识不高问题，强调客观多，对标挖潜主动性不够。

这些，都将是我们下一步对标挖潜、降本增效工作的重点。

三、下一阶段对标挖潜、降本增效工作要求

现在，随着市场形势的好转，我们的生产经营已经进入了黄金期。年修已经完成，2号高炉也已步入顺行，整个对标挖潜、降本增效工作也已进入了最佳的有利时机。下一阶段对标挖潜、降本增效工作的总体要求是：抓住机遇，快速推进，巩固成绩，扩大战果。到年底，确保全面实现对标挖潜目标。

（一）瞄准行业先进水平，持之以恒地做好对标挖潜工作

从7月份对标指标完成情况看，我们许多对标指标得到了改善，但行业平均水平提升的幅度更大，1～6月份较1～2月份行业平均水平约有75%明显改善，而我们改善的指标只有60%，特别是7月份当月还有10个低于行业平均水平的指标，远远未达到公司确定的对标挖潜基本目标，我们在前进，别人也在前进，不进则退，进慢亦退，计划部要依据上半年全国同行业水平及时调整对标目标。各单位根据新的对标目标，查找差距、制定具体的技术和管理措施，跟上行业发展步伐，持之以恒地做好对标挖潜工作。

（二）抓住薄弱环节，突出重点工序、重点指标

重点工序、重点指标的改善是我们开展对标挖潜工作的出发点和落脚点。从目前完成情况来看炼铁工序差距较大，特别是在37没有完成的指标中，重点是高炉入炉焦比、喷煤比、2号和3号高炉综合焦比、烧结机利用系数、52平方米、75平方米、竖炉电耗、球团转鼓指数、竖炉利用系数等18项对公司效益产生重大影响的指标差距较大。并且这些指标多数是技术和能源消耗指标。炼铁厂成本占公司70%以上，对标能否完成目标，直接决定了全公司总目标的实现与否。因此，炼铁厂要充分利用好年修结束2号高炉正常后的有利时机，突出重点，有针对性地开展对标工作，1号高炉要在确保安全稳定顺行的前提下开展对标工作，各部门要为炼铁厂创造一切外部条件，真正从技术和管理层面实现新的突破，确保实现对标目标。转炉炼钢厂120吨转炉电耗，棒材电耗、中型材成材率，原料厂竖窑石灰合格率、麦尔兹窑石灰一级品率等重点指标，要瞄准行业先进水平，拓宽思路，采取硬性措施，不讲客观，无条件完成，实现重点指标的突破，才能实现降本增效的目标。

（三）坚持学习先进与苦练内功相结合，不断将对标挖潜工作引向深入

“他山之石，可以攻玉”善于学习先进企业的成型经验是尽快实现指标上台阶的有效途径。对标首先就是向先进学习，学习是指标进步的开始，但前一段向先进学习的氛围不浓，行业情况掌握不多，有些单位没有确定自己的标杆企业。因此我们必须坚持学习先进与苦练内功相结合，虚心学习他人先进的生产、技术、操作、管理等方面的经验，在学习的基础上，进行技术和管理创新，形成自己特有的优势和核心竞争力，通过不断的“比、学、赶、超”活动，才能将对标挖潜活动不断引向深入。

（四）严细管理与技术进步紧密结合，促进对标挖潜再上新台阶

只有转动技术进步和强化管理两个轮子，才能使对标挖潜工作真正抓出实效。在前一段对标挖潜工作中，各单位通过严细管理，规范行为，堵塞漏洞，取得了明显效果，运输费用和材料备件修理费等指标明显降低；通过优化创新和技术进步，焦炭质量、钢铁料消耗、钢材成材率等指标有较大幅度提升。下一步我们要继续严抓细管，多用制度约束，减少人为控制，防止出现反弹，更要加大技术创新工作力度，充分发挥大高炉、大转炉优势，推进技术攻关和技术创新，提高效率，降低消耗。通过技术创新与管理创新的有机结合，促进对标挖潜再上新台阶，建立对标挖潜长效机制。

（五）完善日清日结工作平台，促进对标挖潜活动上水平

只有通过完善的日清日结管理和考核，对标挖潜工作才能取得实实在在的成果，可以说对标挖潜与日清日结已成为密不可分的有机整体，二者互为促进。从日清日结工作开展情况看，大部分单位都能够按照公司要求，结合实际情况，形成了指标分解、绩效考核的一贯制管理、考核体系。进一步完善日清日结工作，要把对标挖潜和日清日结相融合，形成一个有机整体，作为一个管理手段、管理模式和企业文化的重要组成部分去培育。要使日清日结工作“实现两个目的，达到两个效果，做到一个提升”。两个目的：一是为模拟市场核算服务的目的，二是作为职工绩效评价唯一依据的目的；两个效果：一是确保每名职工岗位责任得到落实，这也是企业控制基本规范的强制要求，也是立足岗位开展对标挖潜的最活跃因素和首要前提；二是注重结果的考核向注重过程控制转变，这也体现了由月、旬出结果的月对标、旬对标向日日对标、时时对标的过程对标的转变，促进对标挖潜活动达到新的水平；最终达到一个提升即提升企业整体管理水平的目的。

总之，对标挖潜、降本增效工作的深入开展，已得到了全公司广大干部职工的接受和认可，已经成为了大家的自觉行动，并取得了显著效果。希望各单位下一步要再接再厉，真正把对标挖潜、降本增效工作作为促进提升企业竞争力和管理水平的长效机制，不论是在市场的顺境还是逆境，都坚持不懈地深入开展下去，为凌钢又好又快发展做出新的贡献。

党委书记郝志强在集团公司推进对标挖潜降本增效暨下半年工作会议上的讲话

刚才，沈总代表公司对前一段的对标挖潜、降本增效工作进行了总结，对下一步工作做了部署。炼钢厂、动力厂做了典型发言，对我们下一步对标挖潜、降本增效工作很有启发。张总回顾了公司前7个月的生产经营情况，在对当前及今后形势深入分析、正确判断的基础上，对后5个月的工作做出了部署。

会后，大家要认真消化和领会两位领导的讲话精神，要明确新任务和新要求，要对照新任务和新要求找差距、定措施。要认真借鉴炼钢厂、动力厂等单位的经验，进一步优化工作方案、进一步细化应对措施。要把全公司职工的思想和行动统一到张总对当前形势的判断上来，统一到公司对下半年工作的部署上来，抢抓机遇、狠抓落实，坚决打赢、打胜这场对标挖潜、降本增效、消灭落后指标的攻坚战，全面完成今年的生产经营目标和任务。

为更好地落实这次会议精神，我强调以下几点工作。

一、面对新形势、新任务和新要求，各单位要对职工来一次再发动，动员广大职工抢抓机遇、乘势而上，全力把效益最大化

随着经济的企稳回暖，钢材市场又出现了史上少有的行情，就现在来说，产量就是效益，时间就是金钱。我们一定要抓住这一难得的机遇，强化机遇意识，增强紧迫感，要通过操作无失误、设备零故障、安全无事故、质量零缺陷的“双无双零管理”来实现生产的高产、高效、安全、顺行，努力把效益最大化。首先是钢产量最大化，炼钢要节铁增钢，炼铁要稳产高产；其次是棒材产量最大化，方坯要供足，棒材用多少，炼钢方坯就要供多少；第三是对标挖潜要深化，一定要消灭落后指标，主要重点指标要进入行业先进。

要充分认识到，对标挖潜、降本增效这项工作不是应对金融危机冲击的权宜之计，而是凌钢生存发展的立身之本，是一项长效机制。当前市场虽有好转，但我们没有任何理由放松对标挖潜工作，市场必然是要波动的，或者是动荡的，要想赢得效益的主动权，只有坚持不懈、不断深化对标挖潜、降本增效工作。

二、要把落实好这次会议精神、全面完成全年目标任务作为学习实践科学发展观整改落实阶段的重点内容

消灭落后指标，钢产量跨上305万吨台阶，销售收入实现100亿元，这些既是经济任务，也是检验学习实践科学发展观活动实际成效的主要标准，各单位要通过深入开展学习实践活动，制定和落实各项整改措施，切实促进上述任务的完成。

三、要把落实好这次会议精神、全面完成全年目标任务当作提高管理水平、增长才干的一次难得的机会

今年的目标任务，都是硬碰硬，不下点真功夫不行，能否实现关键看我们在座的领导干部，各级领导干部都要把落实会议精神、完成目标任务当作提高自己管理水平、增长才干的一次难得的机会。组织部门也要把每名领导干部今年的工作业绩当作今后提拔、使用、考核、管理的重要依据。

四、要把落实好这次会议精神，全面完成全年目标任务当作把党员队伍建设成凌钢最先进的人力资源的一次最具体的、最直接的实践

每名共产党员都要带头研究技术，带头精细

管理，带头精细协作，所在单位、所在班、岗位指标要做到最先进，没有落后指标，指标升位要最快。炼钢厂、动力厂、原料厂创新载体，党员绩效工程抓得很好，每个党员都有一个项目。要通过“保持党员先进性，对标挖潜当先锋”来增强党员在群众中的影响力，感染力和带动力。

五、要把落实好这次会议精神，全面完成全年目标任务当作发现人才、锻炼人才的良好机会

完成新任务、达到新要求、实现新目标，一定要依靠技术进步，依靠科技创新，管理创新，要组织和动员广大科技人员、管理人员、技师队伍等对重点指标、落后指标、老大难问题开展专项攻关，切实取得突破。今年的科技贡献奖和工人技术创新奖的评选一定要突出在对标挖潜、降本增效活动中的贡献。

六、要大力弘扬凌钢精神，促进这次会议精神的落实和全年目标任务的全面完成

“自强、诚信、求实、创新”的企业精神反映了当前凌钢改革发展的实际，体现了科学发展观的要求，更是广大职工对凌钢未来的希望和追求，在对标挖潜及各项工作中我们都要发扬企业精神。发扬自强的精神就是要不甘落后，勇于消灭落后指标，别人能做得到的，我们也能做到，也要做好。发扬诚信精神就是厂际间、工序间、人与人之间要讲真话、办实事，数据要真实准确，产品质量要可信，能为下道工序增加价值，有利于全公司整体效益最佳。我在这里特别要提一下计量信息部，他们新班子成立以后，开展了提高计量数据公信力的活动，以此来促进整个管理水平的提高，现在这些工作有了长足的进步，成效很大。发扬求实精神就是要脚踏实地、真抓实干、求真务实、力戒空谈，要围绕完成全年任务，想实招、出实劲、干实事、干成事。发扬创新精神，就是要敢为人先，解放思想，敢于打破常规，大力推进技术创新、管理创新，全力促进全年各项目标任务的全面完成。

同志们，公司下半年的工作思路、经营目标及各项任务已经明确，面对新形势、新任务和新要求，关键是要集中精力，抓好落实。我们一定要认真贯彻落实这次会议精神，进一步认清形势，抢抓机遇，乘势而上，扎实工作，以卓有成效的工作，推动凌钢各项事业不断实现新的发展！

董事长、总经理张振勇在凌钢集团公司向凌源市助教捐赠仪式上的讲话

（2009 年 12 月 15 日）

尊敬的各位领导、同志们：

今天，凌钢助教捐赠仪式在这里隆重举行。我很高兴以我们的绵薄之力为凌源市的教育事业发展献了一份力量、尽了一份责任。至此岁末年首之际，我谨代表凌钢集团公司及全体职工向各位领导和同志们表示最诚挚的问候！

凌钢 1966 年落户于凌源。40 多年来，凌钢从小到大、从弱到强，由一个年产几万吨钢的“小三线”企业，发展到了今天具有 350 万吨钢生产能力的现代化国有大型钢铁企业。凌钢的发展得到了凌源市委、市政府和 65 万凌源人民的大力支持，是凌源这片热土养育了凌钢。伴随着企业的发展，凌钢对地方经济拉动的作用也越来越明显，为凌源经济社会的发展做出了应有的贡献。凌钢不仅融入了凌源的政治经济，也融入了百姓的社会生活。可以说，凌源人民不仅见证了凌钢艰辛的发展历程，也和我们一道，共同铸就了凌钢今天的辉煌。在此，我代表凌钢集团公司及全体职工，向凌源市委、市政府和 65 万凌源人民表示衷心的感谢！

企业的发展离不开社会的支持。企业发展了，更需要履行好社会责任，感恩于社会、回报于社会。为答谢凌源人民多年来对凌钢的关心、支持与厚爱，我们力所能及地捐赠了 1000 万元资金，用于建设凌源市第二初级中学。百年大计，教育为本，这是一项功在当代、利在千秋的大事。我

们希望通过此次活动，能够为凌源市推进“科教兴市”战略和落实“惠民工程”做出我们应有的贡献。同时也真诚地希望，能够进一步巩固和发展凌钢与凌源业已牢固的和谐关系，携手共创美好未来。

近年来，凌源市委、市政府认真贯彻落实科学发展观，以全力打造殷实、富庶、和谐、文明的新凌源为目标，促进了凌源经济的快速发展，也为企业创造了良好的经营环境和发展空间。下一步，凌钢还将与凌源进行更具实质性的经济合作，共同谱写地区经济社会繁荣发展新的篇章。

奉献爱心，点燃希望。两年后，一所现代化的初级中学就将落成。在此，我衷心地祝愿凌源市第二初级中学培养出更多、更优秀的人才，桃李满天下！

新的一年即将到来，我也真诚地祝愿在凌源市委、市政府的领导下，凌源经济繁荣发展、社会和谐进步！65万凌源人民富庶安康！

董事长、总经理张振勇在凌钢集团公司向北票市助教捐赠仪式上的讲话

（2009年12月28日）

尊敬的各位领导、同志们：

今天，凌钢助教捐赠仪式在这里隆重举行，很高兴以我们的绵薄之力为北票市的教育事业发展贡献一份力量。至此年末岁首之际，我谨代表凌钢集团公司及全体职工向各位领导和同志们表示诚挚的问候！

1988年，凌源钢铁厂与保国铁矿实行实体联合，成立了凌源钢铁公司。从此，凌钢与北票就紧紧地联系在了一起。20多年来，凌钢从一个年产几十万吨钢的小钢厂，发展到了今天具有350万吨钢生产能力的现代化国有大型钢铁企业，北票作为凌钢稳固的原料基地，给予了我们极大的帮助和支持。今年以来，北票市与凌钢共商发展大计，共谋经济振兴，开展了全面战略合作。投资1.8亿元新建的凌钢北票钢管公司搬迁部分已经投产，新成立的凌钢北票矿业公司已经全面投入生产，这些都将为地区经济社会的发展做出更大的贡献。在此，我代表凌钢集团公司及全体职工，向多年来关心、帮助凌钢，并为凌钢的发展壮大给予了大力支持的北票市委、市政府和60万北票人民表示衷心的感谢！

企业的发展离不开社会的支持。凌钢发展了，就要履行好社会责任，感恩于社会、回报于社会。为答谢北票人民多年来对凌钢的关心、支持与厚爱，我们捐赠了1000万元资金，用于发展北票市的教育事业。百年大计，教育为本，这是一项功在当代、利在千秋的大事。希望通过此次捐赠活动，能够为北票市推进“科教兴市”战略和落实惠民工程做出我们的贡献。同时也真诚地希望，能够进一步巩固和发展凌钢与北票业已牢固的和谐互助关系，携手共创美好未来。

近年来，北票市委、市政府认真贯彻落实科学发展观，按照“奋战五年、再造北票”的宏伟目标，开拓创新，求实奋进，促进了经济社会的快速发展，也为企业创造了良好的投资环境和发展空间。下一步，凌钢还将与北票进行更广阔的经济合作，共同谱写地区经济社会繁荣发展新的篇章。

新的一年即将到来，我真诚地祝愿在北票市委、市政府的正确领导下，北票经济繁荣发展、社会和谐进步、60万北票人民富庶安康！

董事长、总经理张振勇在集团公司2010年工作会议上的讲话

（2009年12月31日）

同志们：

今天，我们召开集团公司2010年工作会议。会议的主要任务是：总结2009年工作，安排部署2010年工作任务，落实明年经济责任制和对标挖潜工作，动员全公司广大干部职工，认清形势，明确任务，真抓实干，团结奋进，实现凌钢又好又快发展。

2009年工作回顾

2009年是近年来钢铁行业最为困难的一年。面对历史罕见的金融危机冲击等不利影响，我们从容应对，迎难而上，努力化挑战为机遇，各项工作都有了新的进展。

——钢产量跨上300万吨新台阶。到本月24日，累计钢产量突破300万吨。预计全年可产钢307万吨，比去年增加100万吨。铁可完成290.5万吨，材可完成301万吨。

——销售收入超过100亿元。前11个月，累计实现销售收入94.5亿元，同比增长3.2%，预计全年可完成105亿元。在消化了前4个月1.7亿元亏损的基础上，预计全年实现利润4亿元。

——资源开发取得重大进展。开发整合了北票大黑山区域铁矿资源，为企业可持续发展奠定了基础。

一、统筹协调，科学组织，生产经营取得扎实成效

今年以来，针对严峻市场形势和350万吨钢技改项目投产后生产经营呈现出的新特点，扎实开展了达产达效和市场营销工作。

一是以达产达效为中心，促进了生产系统的高效运行。年初，各单位按照公司的总体部署，把工作的重心迅速转移到了新项目达产达效上来，在生产组织、设备保障、工序衔接等各方面分兵把口，密切配合，使新项目都在最短的时间内实现了达产达效。240平方米烧结机创造了国内同机型达产达效最快纪录。4号高炉在快速达产的同时实现了高水平运行，前11个月利用系数在全国同类高炉中列第3位。120吨转炉实现了“一罐到底”和“干法除尘”的安全稳定运行，炼钢最高日产突破了万吨。2号棒材的达产达效成为了公司今年创效的主力轧机，也凸显了350万吨钢工程的市场竞争力。

二是科学组织技改、年修和辅助配套，为生产运行提供了可靠保障。不断优化技改施工组织，积极为生产创造条件，保证了生产、技改两不误。根据市场形势，及时动态调整检修方案，将系统年修提前到5月进行，实现了淡季检修，旺季生产。各辅助单位进一步优化自身工作，最大限度地挖掘潜能，提高了供给保障能力和服务质量，确保了主体生产的顺利进行。

三是准确判断和把握市场，向经营环节要效益。积极应对市场变化，及时调整价格，实行产品保价销售和原燃料低价采购，提高了经济效益。积极开发了哈大铁路、京沪高铁、吉林油田、吉林高速等重点工程，预计全年可供应钢材47万吨，实现比较效益1.2亿元。预计全年出口钢材1.7万吨，创汇近1000万美元。积极推进品种钢市场开发，预计全年生产品种钢102万吨，产销率为96%。

二、全面开展对标挖潜、降本增效活动，为应对危机、走出困境提供了保证

为应对严峻的市场危机，我们从4月份开始全面开展了对标挖潜、降本增效活动，各项技术经济指标显著改善。截止11月份，公司级158个对标指标有100个达到对标目标，有力地促进了成本的降低和效益的提高，预计全年可实现超创利润2.2亿元，为公司应对危机、走出困境做出了重要贡献，各项管理水平得到了全面提升。

一是强化管理创新，确保对标挖潜、降本增

效工作扎实开展。充分利用日清日结管理平台，建立了指标与成本旬分析体系，实现了重点指标日清日结、费用指标动态控制，促进了成本的降低。完善了计量手段，实现了主要能源介质的100%计量，真实可靠的数据为对标挖潜、降本增效工作提供了基础保证。进一步完善进销存系统，强化资金管理，建立了物资管控体系。扎实开展了下机资材鉴定工作，扩展了设备改善和备品备件修复的广度和深度。组织开展了厉行节约、减少非生产性开支活动。通过扎实有效地管理创新，前11个月全公司可控变动费用比计划降低4306万元，降幅达12.6%。差旅费、办公费分别比计划降低5%和10%。

二是开展技术创新，推动了对标挖潜、降本增效工作的深层次开展。炼铁引进先进经验，对高炉装料制度进行调整，采用了多环布料，高炉燃料比明显降低，对稳产、高产、低耗起到了重要作用。炼钢开展减少喷溅和120吨转炉炉龄技术攻关，不仅大幅度降低了钢铁料消耗，也促进了转炉高产顺行和钢质量的提高。钢渣处理项目的完善和改进，实现了凌钢有史以来第一次钢渣零排放，既保护了环境，又增加了效益。技术攻关、“四新”应用、工人技术创新、合理化建议等创新平台也都较好地发挥了作用，企业整体技术水平明显提高，预计全年技术攻关创效1780万元，新技术推广应用实现效益约1500万元。吨钢电耗、水耗、成材率等42个主要技经指标刷新历史纪录。

三是领导重视，全员参与，为对标挖潜、降本增效工作提供了坚强保证。为推进这项工作的开展，公司两次召开会议进行专门部署，并把这一活动作为深入学习实践科学发展观活动最大的实践、最需要联系的实际、最需要取得的实效。各单位也都深刻认识对标挖潜、降本增效的重要性和紧迫性，思想高度统一，行动空前一致，确保了对标挖潜工作按步骤、扎实有序地开展，形成了人人对标、处处挖潜的浓厚氛围。

三、加大技术改造和资源开发力度，为企业可持续发展奠定基础

为做好350万吨钢的完善配套，公司又投资6亿多元，新上了焦炉、热电等技改项目。技改相关部门协同作战，密切配合，使所有项目全部按期或提前竣工投产。投资2.8亿元的焦化改造工程11月16日出焦，25天达产，凌钢自产焦炭能力增加30万吨，自给率达到了55%。热电改造工程也同日并网发电。在北票投资1.8亿元建设的年产30万吨钢管项目7月底开工，搬迁部分已于12月17日投产。其他项目也都如期投入运行。投资2.8亿元的50万吨高线工程已于11月18日开工，投资1.5亿元的1号高炉大修改造工程已完成前期准备工作，铁蛋山副井建设也已开始设计。

为推进企业可持续发展，我们紧紧抓住当前难得的机遇实施了资源开发。与北票市签订了战略合作协议，开展了北票区域内的铁矿收购、探矿等工作，成立了矿业公司，完成了大黑山区域的矿产资源整合，现已全面投入生产。

四、深入开展学习实践活动，努力构建和谐凌钢，为实现企业发展提供精神动力

2009年，我们全面贯彻落实科学发展观，紧紧围绕企业中心工作，大力开展精神文明建设，努力构建和谐凌钢，为企业生产经营和改革发展提供了动力保证和智力支持。

一是开展深入学习实践科学发展观活动。从3月31日开始历时5个半月的时间，认真开展了学习实践活动，圆满地完成了学习调研、分析检查和整改落实各阶段的任务，基本上达到了“党员干部受教育，科学发展上水平，职工群众得实惠”的总要求。

二是加强了职工队伍建设。完成了工人技师续聘工作，又评聘技师123名，其中高级技师17名。继续开展“三创一赛”活动，工人技术创新成果丰硕，有247名个人和20个集体项目获公司级奖励。

三是积极为职工办实事。为在职职工每人每月晋升了300元基础工资。投资2400万元，完成了职工配餐。在已有的东区休闲广场的基础上，扩建了东区公园。开展了“三位一体”帮扶活动，帮扶困难职工188户。制定了《职工手册》，进一步明确了职工的权利与义务。

组织了庆祝建国60周年等大型活动，激发了广大职工爱国、爱凌钢的热情。效能监察、社会治安综合治理、现场管理等工作都进一步加强。企业先后被评为全国钢铁工业先进集体、全国精神文明建设工作先进单位、中国优秀诚信企业等，

企业形象进一步提升。

总之，2009 年是我们深入贯彻科学发展观，战胜金融危机不利影响，全面实现企业快速发展的一年；是审时度势，抢抓机遇，为企业可持续发展奠定坚实基础的一年；是坚持以人为本，构建和谐凌钢，企业实力和职工素质显著增强的一年。

在总结成绩的同时，我们还要看到存在的问题和不足：安全工作形势严峻，发生了三起死亡事故；2 号高炉出现了非计划检修，给生产造成了极大影响，导致铁、钢都没有完成年度计划；对标挖潜工作开展得还不平衡，个别技术指标还没有达到目标要求；品种钢生产没有完成全年计划，市场开发要加大力度等等，这都需要我们在明年的工作中认真加以改进和提高。

2010 年工作安排

2010 年是凌钢继续抓住国家扩内需、保增长重大机遇，在金融危机持续影响下逆境图强的一年；是继续自我完善改造，把凌钢做专做精做强，生产经营迈上更大台阶的一年；也是继续贯彻科学发展观，实现企业可持续发展，为“十二五”规划启动实施奠定良好基础的一年。做好明年工作，意义十分重大。

国家宏观经济虽已企稳向好，但回升的内在动力不足，回升的基础还不牢固；我国钢铁总量已经接近峰值，产能严重过剩，即便摆脱金融危机，钢铁市场低迷状态也不会立刻逆转；贸易保护愈演愈烈，钢材出口严重受限；中国政府已经承诺，到 2020 年单位国内生产总值二氧化碳排放将比 2005 年下降 40% ~45%，钢铁企业必然要为节能减排付出更大的代价。由此看出，钢铁行业已经进入优胜劣汰最残酷阶段，只有自主创新能力强、品种质量成本都有相当优势的企业才能生存。我们预测明年原燃料、电费、运费等涨价，折旧、工资、配餐等费用增加，增支减利因素将高达 6.8 亿元。经过 350 万吨钢技术改造，凌钢的产品结构在本轮刺激经济增长中赢得了先机，但是这种阶段性机遇不可能是长期存在的，决不可盲目乐观。

同时也要看到，中央经济工作会议确定了明年经济平稳较快增长的总体要求，继续实施积极的财政政策和适度宽松的货币政策，经济形势总体回升向好的大趋势正在增强。350 万吨钢通过完善配套，匹配更加合理，产能进一步释放，创效能力也进一步增强。因此，我们既要有长期应对困难与挑战的准备，更要抢抓机遇，坚定信心，增强进取意识，扎实开展工作，使凌钢在困难中奋起，在逆境中前行。

明年工作的总体要求是：以科学发展观为指导，全面贯彻党的十七届三中、四中全会和中央经济工作会议精神，继续优化产品结构，深化对标挖潜、降本增效，加大资源开发建设力度，努力转变发展方式，实现生产经营与企业发展的良性循环。

明年的生产经营目标是：

（1）完成钢 330 万吨（其中品种钢 123 万吨）、铁 306 万吨、材 339 万吨、铁精矿 140 万吨。

（2）实现销售收入 110 亿元以上。

（3）实现利润 4 亿元以上。

一、科学组织，稳产高效，进一步提高生产经营的效率和质量

保持良好的生产经营效果是企业健康发展的基础。明年生产组织的重点就是要充分释放现有产能，追求矿、铁、钢和长材的产量最大化。保国公司要进一步采取措施创高产，铁精矿产量和铁蛋山井采矿石量都要确保完成 100 万吨以上。矿业公司要确保铁精矿完成 40 万吨以上。铁系统要突出稳产、低耗、高效，在确保经济运行的前提下，努力提高产量。炼钢仍然要节铁增钢，确保铁耗不高于 930 千克，追求方、矩坯产量的最大化。轧材系统三套型棒材机组要科学匹配规格，满负荷生产，2 号棒材机组力争达到 100 万吨，高速线材机组四季度要完成 10 万吨。

科学组织，确保生产、改造、年修协调运行，生产保障可靠有力。要通过工艺、生产组织和年修、改造方案的优化，相互创造条件，尽可能地减小影响，为生产赢得宝贵时间。要强化设备运行管理，最大限度地提高设备作业率，降低故障时间，确保生产安全、稳定、高效运行。辅助部门特别是动力和铁路运输要进一步加强管理，提高运转效率，为生产顺行提供可靠保障。

品种钢生产必须要有大的突破。品种已经成为了凌钢生存发展的关键，尤其是中宽带，明年

如果没有适销对路的品种作支撑，这条生产线将没有出路。为此，要把品种钢开发工作提升到一个更重要的位置来抓。现在120吨转炉、LF精炼、改造后的中宽带轧线等硬件条件全部具备，欠缺的是市场开发与品种钢研发。供销公司、技术中心及相关单位要加大工作力度，努力打造以高碳钢为代表的中宽带拳头产品，这项工作明年必须要有突破性进展。同时，要组织好抗震钢筋HRB500E的批量生产，要提前搞好高线品种开发，全年品种钢材商品量要必保120万吨以上。要进一步优化生产工艺和成分控制，努力降低成本。要搞好HRB400E省级新产品投产鉴定，力争实现政策抵免税2000万元以上。管理部门要加大考核力度，其他部门也要积极为品种钢开发创造条件。

进一步提高营销水平，向营销环节要效益。要根据区域市场的价格、消费情况，动态调整市场布局，以效益配置资源，用有限的资源换取更大的效益。继续做好重点工程供货，争取在京沈、京沪、京石高速铁路等重点工程上中标。要加大品种钢市场开发力度，特别是要努力开发优碳钢中宽带、高线和管线钢市场，进一步提高HRB400、HRB500螺纹钢市场占有率。大宗原燃料采购在保证进货数量和质量的同时，要努力降低采购成本。要做好焦炭、喷吹煤、进口矿粉采购和自产矿粉回运工作，优化物流组织，实现均衡到货。努力提高废钢质量，重中型比例要达到60%以上，为炼钢稳产高产创造条件。

二、继续推进对标挖潜、降本增效，进一步提升企业市场竞争力

对标挖潜、降本增效是凌钢在危机形势下，突出重围、杀出生路的重要手段，已经成为我们提升企业竞争力的长效机制。继续推进对标挖潜、降本增效，仍然是明年工作的重中之重。

一是要明确目标，落实责任。明年的对标挖潜、降本增效工作公司确定了3年对标挖潜规划和124项对标指标。工作的重点就是要在今年已经基本消灭了低于行业平均水平落后指标的基础上，瞄准行业平均先进水平开展对标，向更高目标迈进。这不仅是我们应对危机、提升竞争力的重要手段，也是实现凌钢可持续发展的根本性措施。各单位要进一步提高认识，明确目标，落实责任，把这项工作引向深入。

二是要突出技术创新和管理创新。成本的降低离不开技术经济指标的改善。要加大引导、扶持力度，为技术创新创造环境、提供平台，充分发挥广大职工的积极性和创造性，对高炉燃料消耗、120吨转炉钢铁料消耗、自产冶金白灰质量等差距较大的重点指标和降低电耗、新水消耗、减少煤气放散等节能减排的关键环节开展重点攻关。机关部室要真正发挥管理和协调作用，突出从专业角度制定系统性的攻关和创新措施，为基层解决实际问题。明年的经济责任制又进一步加大了对能源成本、可控变动费用和资金占用等指标的考核力度，要进一步完善进销存系统、信息系统和计量检验等基础工作，充分发挥日清日结管理平台作用，明确责任，落实考核。继续深化指标与成本旬分析体系，实行动态管理和过程控制，把对标挖潜、降本增效工作进一步抓实抓好、抓出成效。

三是要继续解放思想，提高认识，敢于争创高指标。要有不服输的上进精神，敢为人先，敢当第一。既要克服畏难情绪，又不能盲目乐观，不能总去寻找与别人的“不可比”和强调客观，要多研究自己的思路和招法。对标挖潜的目的是为了增效，要统筹考虑公司的综合效益，要突出全员、全过程，正确处理好全局与局部、大指标与小指标、直接指标与间接指标的关系，通过全方位对标，实现全系统增效。

三、尽快完善配套，把现有350万吨钢做专做精

做强主业是凌钢的立厂之本。在现有外部环境下，凌钢的350万吨钢能力不论规模水平、资源供给能力，还是运输条件都已经基本饱和，现在的重点是把现有规模尽可能地完善配套，使350万吨钢能力最大限度、最高水平、最好效益地释放出来，实现做专做精目标。所以，我们明年的发展改造任务依然很重。

1号高炉扩容改造项目明年3月1日开工，5月1日投产。高速线材项目是我们调整产品结构、拓宽市场的主要手段，现在已经开工，明年8月份投产。与之配套的七机七流铸机项目也已经开工，明年5月底投产。为充分释放棒材产能进行的4号铸机改造已于11月开工，明年4月末投产。北票钢管新上部分的直径325毫米、螺旋管

等机组明年5月投产。保国铁矿副井工程明年5月开工。北票矿业选厂改造明年9月份投产。污水深度处理工程明年5月底投产。蒸汽余热发电项目明年4月末投产。

相关部门和单位要高度重视，科学组织，精细管理，确保工程建设高速度、高质量、高水平地完成。特别是在质量、工期、投资、安全上要明确责任，用我们多年来形成的日臻完善的技改管理机制加强管控，落实考核，确保所有项目按计划推进，如期达产达效。要加强对施工单位的管理，不论年修还是改造，都必须由承包单位的主体队伍施工，严格限制挂靠工程队进入。

四、抢抓优势资源，努力促进凌钢可持续发展

我们经过两年多卓有成效的工作，350万吨钢能力基本形成，填平补齐的完善配套工作到明年上半年也将全部结束。下一步马上实施500万吨钢的发展，还有很多不确定因素，尤其外部条件差距很大。因此，明年工作的重点要在促进凌钢可持续发展上下工夫，真正把促进企业可持续发展和加快发展方式转变有机统一起来，在发展中促转变，在转变中谋发展。

全力以赴开展在朝阳区域内的铁矿探矿工作。要抓住省、市政府大力支持的有利时机，继续在朝阳区域内寻找新的铁矿资源，积极参与地区铁矿资源整合，力争在两年内，自给铁精矿能力达到200万吨，自给率达到40%。

积极推进油页岩的开发工作，培育新的效益增长点。油页岩开发符合国家的能源战略，开发成本低、工艺技术成熟、回报率高，将成为未来的优势产业，公司已经决定先行对凌源境内的油页岩进行开发。

五、创新思路，强化考核，全面提升管理水平

企业的发展离不开管理的加强。凌钢近年来企业发展步伐明显加快，各项管理水平也必须要全面提升。

以人为本，切实做好安全工作。要以认真贯彻落实国家安全生产的各项法律、法规和公司的各项安全管理制度为重点，深入有效地开展职工安全教育，切实提高职工的安全意识和自我防护能力。突出“严、细、实”管理，通过重心下移，充分发挥基层安全管理人员的积极性，全面提升素养安全和本质安全管理水平。进一步落实责任，强化考核，特别是要加大对一把手的责任追究力度。要深化职业安全健康体系建设，增强安全生产的可控性，坚决避免重、特大事故的发生。通过扎实有效的工作，确保零目标的实现。

充分发挥效能监察作用，严防资产流失。突出供货掺杂使假、工程预算虚量、内外勾结诈骗等难点问题，抓住采购、检质、验收、结算等环节，细化制度，规范流程，堵塞漏洞。进一步强化治安保卫工作。大力推进全员治安联保体系建设，严厉打击各种偷盗、诈骗企业资财活动，确保企业财产安全。门禁改造要加快进度，确保发挥作用。

继续深化业务外包工作。进一步拓展业务外包范围，有条件的区域要实现整体外包。继续加强节能环保工作。明年工作的重点是要加强管理与考核，使所有的环保设备有效运转。积极探讨能源的系统利用，提高节能减排水平。加强现场管理，彻底治理“三超一漏”，杜绝新污染源点的产生。加强入厂车辆和厂内交通管理，确保厂内交通秩序和交通安全。厂内改造基本告一段落，绿化美化工作要早规划、早行动、上水平。

同志们，大政方针已定，任务艰巨而光荣。明天就是2010年元旦了，让我们以饱满的工作热情和高昂的精神状态，迎接新一年的到来。在新的一年里，我们要同心同德，团结奋进，顽强拼搏，扎实工作，为实现凌钢又好又快发展而努力奋斗！

副总经理沈洵在集团公司2010年工作会议上的讲话

（2009年12月31日）

同志们：

我受公司委托，就确保完成2010年总目标而制订的经济责任制及对标挖潜、降本增效方案做以说明。

一、2009年经济责任制运行情况和对标挖潜工作简要回顾

2009年，经济责任制上重点导向是新项目达产达效和降本增效。特别是4月份后，面对一季度亏损的严峻形势，集团公司及时调整了工作重点，即对标挖潜、降本增效、达产达效的总思路，在全公司范围内开展对标挖潜活动，经过一年来广大职工的共同努力，取得了较好的效果。在铁、钢、材总量欠产的情况下，预计全年可实现超创利润2.2亿元，为年计划的200%，其中可控变动费用比计划降低8.7%，比年初预计5%多降低了3.7%。吨钢电耗比计划降低17.89千瓦时/吨，主要原、燃、材料比计划降低1.3亿元以上，资金占用降低近10%。对标工作的开展，促进了节支降耗和各单位超创利润的完成，预计全年对标指标中主要消耗指标的改善正负相抵可创效1.15亿元。更重要的是，通过对标工作，促进了各单位的技术进步和管理进步。从纵向看：4～11月份，累计公司级158个对标指标有131个指标值较一季度明显进步；有100个达到对标目标；有116个达到对标基数。其中，3号、4号高炉利用系数及电耗，转炉钢铁料消耗、冶金石灰消耗、氧耗，中宽带电耗、成材率，中型材电耗，棒材成材率，吨钢电耗、水耗等42个主要技术经济指标多次刷新历史纪录。从横向看：4～11月份，在65个具有行业可比性的技术指标中有48个位次前移；低于行业平均水平的由21个减少到7个。剔除1号高炉炉役末期、中型材成材率等不可比因素，基本实现了预期目标。这充分说明集团公司2009年经济责任制的导向作用是明显的，调整的对标挖潜工作思路是及时准确的。具体做法在这里我就不讲了，待会后单独开会加以总结。

通过8个月的对标工作，有四点体会：

（1）良好的管理基础为对标开展及迅速抓出成效提供了基础性平台。

（2）规范了管理，提升了水平。

（3）由关注计划向关注目标的转变。

（4）全公司实现了一盘棋，各单位真正体现大局意识，将对标工作作为企业生存的根本和科学发展观的政治高度去认识。

在总结经验的同时，我们还要看到你对标人家也在前进，我们的对标工作还存在不足。

一是重点指标的对标工作缺乏系统性的技术、管理保证措施。部分重点技术指标的对标挖潜是一项系统性的工作，不是那一个分厂自身的对标就能够解决的，需要专业部室牵头，系统分析，系统解决。比如钢铁料消耗、冶金石灰消耗、高炉燃料消耗、麦尔兹窑一级品率、放散率、机物料消耗等指标，涉及到生产工序之间、管理、技术、供应、质量等部门的全力配合，通过系统攻关采取扎实有效的措施才能实现。

二是对标工作开展的不够平衡，还存在差距。到11月份，158个对标指标尽管有很大进步，但仍有47个没有完成目标，还有5个没有达到行业平均水平，其中，技术指标仍有29个没有达到对标目标；单位之间开展的也不平衡，分厂好于部室，管理基础好的单位迅速见到成效。“请进来、走出去”学习人家的长处做得还不够。

三是对标目标的确定还存在不合理性，影响了对标的积极性。

四是对标工作还缺乏足够的技术进步的措施做支撑。对标工作的核心最终还是在技术指标的提升，这些指标的改善除加强管理之外，更重要的是必须依靠技术进步和技术创新，通过装备水平、技术水平、操作水平、管理水平同步提高，技术指标才能得到实质性改善，才能从长远上解决根本问题。这些将是我们在2010年对标工作中加以改进的。

2010年，面对仍然严峻的市场形势，围绕公

司确保350万吨钢平稳运行，继续开展对标挖潜，降本增效，实施低成本战略的经济责任制和对标挖潜的总体方案，已经公司班子讨论通过，下发到了各单位。下面，我仅就2010年经济责任制和对标挖潜总体方案的制订原则加以说明。

二、关于2010年经济责任制的说明

经济责任制本身就是围绕企业总目标实现，突出当期工作重点而制定的激励导向政策。公司责任制总体上包括分厂、部室、承包单位、子公司4个部分。

2010年的经济责任制，紧紧围绕系统稳定运行和降本增效这一主线制定的激励政策。主体分厂继续实行模拟市场核算、按利计奖为主，辅以重点指标（或工作）的考核模式，辅助单位继续实行与所服务对象的经营业绩相挂钩，辅之以重点工作的考核模式。在总体考核模式基本稳定的基础上，重点突出两大项，一是超利考核，二是重点导向考核（通用、工序重点指标）。主要有以下几个方面的变化：

（1）在超创利润考核上突出降本增效。

通过挖潜确定各单位的超创利润计划，利润和超创利润指标得奖仍是各单位效益工资来源的主体，约占整个奖金水平的70%～80%。在超利提奖比例上区别对待，对于通过对标挖潜、技经济指标改善、费用降低等带来的超创利润当月按20%提奖，突出硬碰硬的成本指标降低。年终超利仍按15%提奖；适当弱化了产量增收提奖及分厂效益与公司效益不完全对应的指标的提奖比例，这一部分当月按10%提奖。

在重点导向指标的考核上，突出了集团公司及各工序工作的重点，加大了激励力度：

一是大力促进节支降耗、节能减排，加大了电耗、水耗等一次能源及资金占用的考核力度，在重点消耗指标考核上，加大了高炉燃料消耗、转炉金属料消耗的考核力度。

2010年设立了可控变动费用、电耗、资金占用、节水等4个通用重点激励指标。其中可控变动费用继续突出分厂可控的原则，考核日常修理费、备件、材料、运输费的降低。其中，主体生产单位以降低4%为目标，辅助单位以降低2%为目标，主体生产单位比上年低了一个百分点，这是充分考虑了产能增加对费用降低带来的有利因素和新项目进入维护周期的客观实际的基础上确定的，这个目标定得并不高。从吨产品单耗口径来讲，还没有达到2009年的实际水平，是各个分厂通过努力完全可以达到，完不成同比例扣奖；电耗单项提奖比例由上年的10%提高到15%；新增的水耗指标考核，提奖比例为50%，加上超创利润中的提奖，这两项指标提奖比例分别达到了创效额的50%和85%，对关乎公司整体效益的降耗项目，钢铁料消耗、高炉燃料消耗加提10%奖金，完不成同比例扣奖；2009年在经济责任制的制定中首次将资金占用概念引入分厂考核体系中，对分厂新增3个月以上无动态备件资金占用按银行同期利率进行了考核，收到了较好的效果。2010年在这方面加大了考核力度，按资金占用额度一年期贷款利息的1.5倍扣奖，而且是在奖金调剂后足额承担，体现资金有偿占用，主要是培养全员资金意识。

二是生产单位重点考核指标都突出了本单位的特点和重点工作。

为促进铁系统的稳产、顺产，适当弱化了炼铁厂超产指标的考核力度，突出了高炉燃料降低的考核，降、升按10%奖、罚，鼓励炼铁厂确保高炉稳定顺行，优化操作、提高喷煤比，提高烧结矿质量，降低燃料消耗；炼钢厂将激励重点放在了节铁增钢、降低金属料消耗及百吨转炉的品种钢生产上，其中金属料降、超按10%奖、罚；型材厂考核的重点放在了三套机组产能最大化及产品质量的稳定提高上，加大了超产的考核力度，提高成材率；生产保障系统能否适应350万吨能力形成后的需要，2010年是关键，除继续与服务对象的生产成果挂钩外，考核指标都突出了本单位的重点工作，焦炭质量、冶金石灰质量、氧气放散率、节水及电超产考核，特别是铁路运量及集中到发车的处理考核都在去年的基础上加大了力度。

调整了中宽带的考核政策。350万吨钢形成后，为适应公司提出的中宽热带由生产普碳为主向生产有比较效益的品种带钢为主的转变的这一战略调整，提高品种钢市场占有率。在目前中宽热带经济责任制考核政策上，做出了重大调整，改变了原来以超利和产量考核为中心的模式，将激励重点放在了品种钢的生产与开发上，即在降低可变成本和可变费用的基础上，使其总收入与

品种钢的生产与开发相挂钩。若想年收入达到上年水平，在品种上必须有所突破，必须通过提高品种钢的生产量和开发新品种来实现。对此，公司也给予了政策支持。

三是机关在考核上突出了与分厂重点节支降耗指标的关联考核和强化职能的考核。

2010年，机关要在发挥综合管理职能，促进重点消耗指标的专业系统攻关，形成系统合力上有所突破。在经济责任制考核上加大了生产技术部重点消耗指标的考核力度；增加了供销公司入炉矿品位、高炉燃料消耗、转炉钢铁料消耗、白灰消耗、品种钢销量和比较效益与生产单位相挂钩考核；加大了机动部的设备故障时间和备件、材料费的考核力度；加大了能源环保部对煤气回收利用平衡、节水、节电的挂钩考核等。

根据2010年的工作重点，对一些部门新增了考核指标，促进机关部室强化管理职能、转变工作作风。

另外，在机关与分厂责任制考核上强调了系统性原则。

2010年，铁、钢、型棒材产量计划相对比较饱满。特别是6月份以后，将形成350万吨能力，某个分厂的指标变化都可能对全局带来影响，其实是一个系统综合作用的结果。如原燃料结构、入炉矿品位、富氧量的变化对炼铁产量和消耗指标的影响，冷料结构、白灰质量等对炼钢产量和消耗的影响，炼钢的品种开发、销售的品种钢销售等对中宽带产量和效益的影响；生产技术部的品种规格安排对型材厂产量的影响等；特别是一些生产保障系统的安全、稳定运行对整个生产系统的影响等。随着我公司产能的扩大，这些指标的关联性也越来越强，在责任制上都加大了相关指标的关联性考核力度，以形成系统合力，实现整体效益最佳。

（2）对检修中心继续在总费用不超支的前提下，激励检修中心从外委工程中多承担些检修任务和降低故障时间增加职工收入。

（3）子公司在原有模式的基础上，突出各单位工作重点。即工资总额与生产经营业绩挂钩。

对350万吨钢完善配套工程达产达效单独制定考核办法。从前面说明的2010年经济责任制总的激励原则可以看出，金属料、高炉燃料等主要指标提奖比例已达到45%，电耗达到50%，水耗已达85%。如果各单位的超利、重点指标都完成，效益工资水平会在上年基础上有所提高。

三、关于2010年对标挖潜、降本增效方案的说明

在总结2009年对标所取得的成绩和存在的问题的基础上，公司制定了2010年对标方案，总的来说，2010年对标挖潜、降本增效活动在指标设置上增强了可比性，对一些非关键性的指标进行了精简，提高了对标目标的标准，总的目标是：

到2010年底，所有可比技术指标均达到行业平均水平以上，79.5%的指标达到行业平均先进水平以上，65.9%的指标达到行业先进水平以上。这是考虑了个别指标存在的差距较大，一步达到行业平均先进有难度，所以实行了分阶段达标的办法。

到2011年底，100%可比技术指标达到行业平均先进水平以上，其中79.5%达到行业先进水平以上。

2010年对标挖潜、降本增效总的原则：

（1）确定对标指标：在2009年对标指标基础上，剔除了一些生产单位不可控的指标或关联程度较高的重复指标，以技术、能源、运输费、材料备件修理费、库存资金占用等五大类，直接影响企业效益的指标和体现管理水平、技术水平的指标为主，确定124个指标为对标指标。

（2）对标基数：以2010年计划指标为基数。

（3）对标目标：同口径可比较的指标参照2009年1～10月份行业水平确定；行业可比性差或不可比的指标参照本企业上年度平均先进水平确定。

1）技术指标。已达到行业先进水平的指标，以前进一位为目标，达到行业第一的对标指标，保持现有水平；

已达到平均先进水平的指标，以先进水平为对标目标；

处于平均水平、未达到平均先进水平的指标，以达到平均先进水平为目标，对于个别难度较大的指标分段达标；

低于行业平均水平的指标，以达到平均水平为目标；

没有行业水平或行业可比性较差的指标以本企业上年度平均先进水平作为对标目标，上年度

平均先进水平低于计划，计划即为目标。

2）能源指标。

吨钢电耗：轧材系统电耗指标参照技术指标的原则确定；其他工序电耗指标同幅度降低，确定对标目标，吨钢电耗由计划的457.3千瓦时降低到449.8千瓦时，行业排名前进5位。

吨钢新水消耗以2009年实际达到的水平，同时考虑2010年用水量变化确定基数，降低1.5%确定对标目标3.0吨（污水处理投产后重新确定）。

3）费用、资金占用指标。

材料备件修理费比计划降低4%、运输费比计划降低5%为目标，资金占用总额比计划降低5%为目标。

（4）对标指标的考核：考核办法采取月度和年度考核相结合的方式。

（5）月度考核：

1）能够计算直接效益的指标，计划到目标间直接纳入超利考核，超目标以上部分按效益额的5%加提奖金；未完成对标基数的指标，指标值到基数差额部分按10%扣奖，这在过去的责任制考核中是没有的。

2）对同一单位内效益关联性较强的同类指标中有未完成目标值的，影响的效益在其关联指标计奖效益中剔除。

3）不能计算直接效益的指标或直接效益额较小的指标，达到目标水平，依据其影响程度，给予不同额度的定额奖励。

超过对标目标以上的奖励没有参与经济责任制得奖水平的测算。也是各单位增加收入的途径。

四、工作要求

2010年经济责任制和对标指标已在会前下发到各单位，要重点做好以下几方面工作：

一是要把对标工作和经济责任制工作有机地结合起来。大家必须明确，经济责任制和对标挖潜工作是相辅助成、互相促进、各有侧重的。经济责任制工作，重要的是对公司完成全年生产经营目标的一种保障和工作重点的导向和激励，对标指标的完成可以确保经济责任制指标的完成，经济责任制在激励和导向上又促进对标指标的完成，各单位在分解指标和制定保证措施上要把经济责任制和对标工作有机地融合在一起，充分利用日清日结这一管理平台，发挥固有的管理优势，对公司下达的目标认真分析，找出难点，层层分解指标，制定技术或管理保证措施，要按对标目标分解指标，要确保总体目标的实现，要充分领会对标工作与经济责任制相辅相成，互相促进的关系，切忌在指标分解和保证措施上搞“两层皮”，在制定内部经济责任制上可以按对标目标制定内部的分配和考核政策。

二是在保证措施上要把握系统观念和全局观念。每个对标指标都不是独立的，要综合起来解决问题，机关部室要在这方面发挥作用，要加强职能意识和服务意识，全力配合分厂的对标挖潜工作、指标主管部门要牵头做好相关指标的系统攻关，物资供应部门、招标部门、质量部门等要在原、燃料质量上把好关，正确处理性价比的关系，为生产系统节支降耗创造条件。

三是要处理好长远目标和短期目标的关系。2010年在对标工作上确立了长远目标，即到2011年底，可比技术指标全部达到行业平均先进水平以上。其中，80%要达到行业先进水平以上。对标永无止境，目标永远存在。各单位必须树立长远目标，建立长效机制。在长、短期利益关系上，要以长期目标为主，必要的投入必须投，必要的技术措施和手段必须上，要确保凌钢的可持续发展。

四是要善于学习和总结经验。2009年的对标经验告诉我们，走出去、请进来是对标工作行之有效的办法。走出去，不是让你找出指标不可比的理由。尽管有些理由客观存在，我们的目的不是唯对标而对标，是要通过对标看出差距、找准问题，寻求突破。因此，学习的目的要明确，要学习人家的长处，发挥自身的优势，只有这样，我们全年的对标才会得以实现，凌钢才能在日趋激烈的市场竞争中立于不败。

党委书记郝志强在集团公司2010年工作会议上的讲话

（2009年12月31日）

今天的会议议程到此就全部完成了，会上张总作了重要讲话，副总经理沈洵对明年的责任制和对标挖潜方案作了说明。张总的讲话全面总结了2009年各项工作，周密部署了2010年的工作任务，副总经理沈洵的讲话对理解好、贯彻好明年的责任制和对标挖潜方案有很强的指导意义。会后，请大家对两位领导的讲话认真学习、深刻领会，学习好、贯彻好、落实好。

我就如何贯彻落实好这次会议精神讲几点意见。

一、要抓好形势任务教育

要做好形势任务教育，采取的形式可以不拘一格，但必须保证效果，要把全体职工的思想统一到集团公司对形势所做的判断上来。张总在讲话中对我们所面临的形势做了深刻分析，大家要努力消化和理解。既要看到不利因素，从而增强忧患意识、危机意识和责任意识，更加周密地做好应对各种挑战的准备，决不能把经济回升好转等同于经济运行的根本好转，更不能把期货行业的回暖等同于钢铁行业的复苏。同时，更要看到做好明年工作的有利因素。明年国家仍继续实施积极的财政政策和宽松适度的货币政策，经济形势总体回升向好的大趋势正在增强。350万吨钢通过完善配套，匹配更加合理，产能进一步释放，创效能力进一步增强。因此，我们一定要认清形势、统一思想、凝聚力量、振奋精神，真抓实干，化危为机，从而全面完成2010年各项工作计划。

二、要抓住一条主线，突出四个重点

抓住一条线就是要抓住品种、质量、成本这条企业的生命线。一个企业有了这三个方面的优势，才能说这个企业具有一定的竞争实力。品种做到了人无我有，人有我精，才能有市场。质量做到了他好我更好，才能有用户。成本做到了在保证品牌和质量前提下的最低，才能有产品价格优势。因此，搞好品种、质量、成本管理，是我们2010年工作的一条主线。

突出四个重点：一是突出品种钢开发。这项工作明年必须要有明显的突破。而品种钢开发的重点在中宽带，这也是中宽带的出路所在。二是突出对标挖潜。今年我们大力开展对标挖潜、降本增效活动，取得了显著成效，基本消灭了低于行业平均线以下的落后指标。学习实践活动中，我们把它确定为凌钢的长效管理机制。明年是要继续深化，深化的标志是各项指标要向行业平均先进水平对标。做好这项工作，一定要解放思想，勇于创新，敢当先进。三是突出稳产高效。生产一定要稳中求升，不能不顾条件急于求成、急功近利放卫星，要靠设备的稳定运行，操作的科学正确，求得高效。四是突出技改的“一保三限”和加速资源开发。以1号高炉和50万吨高线为主的技改项目一定要按期投产达产，这是凌钢调整产品结构和工艺结构的主要硬件条件。加速资源开发，从现在开始就得紧锣密鼓抓紧时间，目标是两年内自给铁精矿能力达到200万吨。

三、要抓好干部队伍建设

明年任务完成的好不好，关键在领导。各级管理人员，尤其是领导干部都要面对新任务、新目标，努力提高素质，转变作风，提高执行力和落实力。

工作作风关乎大局、关乎形象、关乎事业成败。通过去年的350万吨钢技改和今年的应对国际金融危机，事实证明凌钢的干部队伍总体上是得力的、合格的，是肯干的、兢兢业业的。但是还要按照更高的标准来要求，结合十七届四中全会以来中央对干部管理的一系列要求，我们要从以下八个方面不断提高素质，以适应凌钢不断发展的需要。

一是要注意学习。大力营造崇尚学习、学以致用的浓厚氛围，牢固树立党组织全员学习、党员终身学习的理念，使学习能力不断提升、知识素质不断提高。

二是要心系群众，牢记情为民所系、利为民所谋、权为民所用的执政理念，切实做到知民所盼、遂民所愿、担民所忧、解民所难。

三是要求真务实，坚持深入基层、深入一线，摸实情、说实话、出实招，力戒形式主义、官僚主义，以实干求实效，以实绩促发展。

四是要艰苦奋斗，坚决反对铺张浪费和大手大脚，坚决抵制拜金主义、享乐主义和奢靡之风。

五是要令行禁止，纠正梗阻现象，确保政令畅通，杜绝上有政策，下有对策，不搞阳奉阴违、口是心非，切实提高执行力和落实力。

六是要加强团结、发扬民主、广开言路、博采众长，形成合力。时刻牢记“谅解、友谊和支持比什么都重要”，共同营造心齐气顺，团结战斗的和谐局面。

七是要锤炼品行，把思想道德修养作为立身、为官、提高境界的基本内容，坚持自重、自省、自警、自励，自觉净化工作圈、生活圈，树立生活正派、情趣健康、讲操守、重品行的良好风气。

八是要满怀激情，始终保持一股挫而愈坚、迎难而上的勇气，一股不甘人后、敢为人先的锐气，一股干不上去誓不罢休的志气，一股敢压担子和自我加压的豪气，把全部心思和精力用在谋发展、抓落实上，进一步营造干事创业的浓厚氛围。

四、各级党组织要围绕中心、服务大局，加强和改进党的建设，为凌钢发展新局面提供坚强保证

各基层党委、总支、支部要切实履行职能，在完成新的生产经营任务中，切实发挥党组织的战斗堡垒作用。每个党员要保持先进性，发挥先锋模范带头作用，党员干部要带头提高落实力和执行力。宣传思想政治工作要围绕如何巩固和发展当前凌钢职工心顺劲足的良好态势，鼓实劲、干实事，形成万众一心，齐心合力为全面完成2010年各项生产经营计划而奋斗的大好局面。工会、共青团组织也都要为凝聚发展合力，有针对性、有效地开展活动。每名政工干部都要不断提高素质，要围绕中心服务大局，努力说内行话，干内行事。要提高工作的针对性和有效性，要学会用软指标促进硬指标，用软任务促硬任务完成。要甘当无名英雄，荣誉名单中可以没有你，但贡献中必须要有你。

总之，落实好这次会议精神对于做好新一年的各项工作具有非常重要的意义，还需要大家切实下点真功夫。新的一年就要到了，祝大家新年快乐、身体健康、精神饱满、事业有成！

2010 年特辑

董事长、总经理张振勇在1月19日集团公司第十届中层管理人员聘任会议上的讲话

（根据录音整理）

同志们：

第九届中层管理人员任期已满三年，按照集团公司三年一换届的规定，我们进行了第十届中层管理人员聘任。刚才，组织部部长侯柏英宣布了第十届中层管理人员聘任名单，我结合此次聘任情况讲几点意见，也是代表公司同大家的一次集体谈话。

一、第九届中层管理人员任期简要回顾和评价

上次换届是2007年2月。三年来，在全公司广大干部职工的共同努力下，我们认真贯彻落实科学发展观，按照做大、做强的目标，加快了企业发展步伐，到去年末跨上了300万吨钢新台阶，销售收入突破了100亿元，企业竞争实力显著增强，凌钢进入了健康、快速发展的新时期。

在生产经营上，2009年与2006年相比，钢产量由222万吨上升到307万吨，铁由197万吨上升到290万吨，钢材由218万吨上升到301万吨，分别增长38.2%、47.2%和37.8%。面对复杂多变的市场形势，以变应变，千方百计增加效益。三年累计实现销售收入280亿元，累计实现利税27

亿元，其中利润12亿元。深入开展节能减排和对标挖潜、降本增效等活动，内部的各项管理水平和外部的市场竞争能力得到了显著提升。

在企业发展上，三年共计投入技改资金近40亿元，进行了从矿山到轧材、从主体到辅助、从扩大产能到节能减排全系统、全方位的技术改造。不论是投资规模、装备水平还是增钢幅度，在凌钢的发展史上都是从未有过的。可以说，第九届中层管理人员任职这三年是凌钢发展最快的时期，不仅使凌钢达到了350万吨钢生产能力，也促进了产品结构的调整、品种的扩大和质量的提高。去年以来，我们又加大了资源开发力度，在北票区域内进行了探矿和小矿收购、整合工作。现在，又在积极推进油页岩开发工作。

党的建设和精神文明建设进一步加强。召开了集团公司第二次党代会，明确了五年企业发展的大政方针，确立了“自强、诚信、求实、创新”的企业精神。企业连续被评为全国精神文明建设先进单位。共建共享成果丰硕，进行了厂区环境治理和家属区环境改造，新建了游泳馆、东区公园等文化体育设施，实行了工作配餐。职工收入进一步提高，为在职职工两次晋升基础工资，提高了公积金提取比例和技能津贴，增设了交通补贴。积极履行社会责任，汶川地震企业和职工为灾区捐款400万元，去年为凌源和北票市各捐款1000万元用于资助当地教育事业。结合学习实践科学发展观活动，开展了“三位一体”帮扶活动。职工队伍素质不断提高，三年共评聘工人技师332人，其中高级技师26人，招收大学生792人、技校生611人。企业的凝聚力明显增强，职工精神面貌焕然一新。

这些成绩的取得，既是党和国家政策正确指导的结果，也是凌钢广大干部职工共同努力奋斗的结果，更离不开公司第九届中层管理人员辛勤的付出和努力。三年来的实践和这次职工评议、组织考核的情况都已证明，第九届中层领导班子都较好地完成了任期目标，具有较强凝聚力和战斗力，是得力的、合格的、称职的。绝大多数中层管理人员能够适应企业快速发展的新要求，把实现个人价值和为企业发展建功立业紧密结合，忠于职守，尽职尽责，为企业发展付出了极大的心血，做出了突出的成绩。在此，我代表集团公司和公司党委向第九届中层领导班子和全体中层管理人员表示衷心的感谢！

二、本次换届的简要情况

根据集团公司中层管理人员换届聘任要求，上个月，公司党委组织部、公司纪委和公司工会组成联合考评组，对全公司34个单位的116名中层管理人员进行了换届前考核评议。按照综合考评情况和有关政策规定，根据公司生产经营和企业发展的实际需要，进行了第十届中层管理人员聘任。

此次换届聘任，在任职条件、选拔标准、聘任原则、聘任程序这些大的政策原则上，继续坚持了过去的规定和做法。个别做了调整，例如原来是正职不满一年不聘任，副职不满一届不聘任，这次调整为不满一年不聘任。考虑到去年公司已对机构和中层管理人员做了部分调整，所以本届聘任机构和人员变动不大。

此次换届共聘任中层管理人员139名，其中正职37名，副职92名，副部级待遇10名。有9名新同志走上了中层管理岗位。通过此次聘任，中层管理人员队伍的年龄和文化知识结构进一步优化，专业化水平进一步提高。从最近几次干部调整可以看出，公司聘任干部的一个重要的导向是：对那些忠诚凌钢，业务能力强，兢兢业业、踏踏实实干工作的同志就要提拔。

三、对新一届班子及管理人员的几点要求

新一届中层领导班子及管理人员的聘任已经宣布，从今天开始，凌钢未来三年生产经营和企业发展的重担就落到了大家肩上，凌钢能否在资源开发上实现突破，能否在现有基础上再上一个大台阶，取决于大家的工作。可以说，使命光荣，任务艰巨，责任重大。希望大家能不负众望，以新的姿态全身心地投入凌钢的生产经营和发展建设中来，同心同德、合舟共济，共同为开创凌钢更加美好的未来做出新的贡献。

1. 要努力提升班子能力

这次虽然多数班子成员都没有什么变化，但都是重新聘任的新一届班子。新班子就要有新气象，要认真学习贯彻中央十七届四中全会精神，不仅要通过提升工作水平开创企业发展新局面，还要通过加强班子自身建设展示班子新面貌。一是要搞好班子团结，团结是做好一切工作的前提

和保证。每个班子成员都要自觉维护班子团结，要心往一处想，劲往一处使，从而使班子能形成强大的整体合力。团结要表现能在班子中畅所欲言，使班子有强大战斗力，能打硬仗。有不同意见是极其正常的，最重要的是能够通过讨论达成共识，绝不是庸俗的团结，绝不是称兄道弟、一团和气。正职要发挥主导作用，首先，要有宽广的胸怀，善于发现别人长处，善待下属和职工，要谦虚，能听取不同的意见，形成团结奋进的合力。其次，要有较强的政策水平和领导能力，特别是在政策方针、法律法规等方面要加强学习。第三，不允许为所欲为，独断专行。第四，要坚持原则不糊涂，这是做正职最起码的素质。班子作风过硬不过硬，有没有战斗力，取决于一把手。作为副职要尊重正职，服从大局，懂得组织原则；全力配合正职分管工作，有见解、能独立打硬仗，取得正职信任。二是要有新形象。要按照中纪委十七届五次全会精神的要求，加强班子作风和个人形象建设，带头发扬艰苦奋斗、勤俭节约的精神，带头反对铺张浪费和大手大脚，带头抵制拜金主义、享乐主义和奢靡之风，坚持秉公用权、廉洁用权，生活正派，情趣健康，做称职、有为、职工信服的管理者。三是加强对年轻同志的培养、选拔和重用。要站在为凌钢发展负责的高度，解放思想，积极为年轻同志创造锻炼的机会，提供施展才华的舞台，要给他们多派任务、多压担子，使有能力、有水平的年轻干部尽快脱颖而出，健康成长。

2. 要努力提升个人素质

今天在座的都是凌钢的精英，是领导凌钢未来发展的骨干。但也要清醒地看到，虽然公司已经把我们放到这个位置上，但一些同志的个别方面，还不完全适应企业发展的要求，我们必须要坚持与时俱进，不断提升个人素质。提升素质关键是要加强学习。必须牢固树立终身学习的思想，要做学习的模范，除书本上的知识以外，更重要的还要向实践学习，向他人学习，做到工作学习化、学习工作化。要按照复合型人才标准，认真学习党的方针政策、法律法规知识、专业技术知识、现代管理知识和其他相关知识，不断丰富头脑，开拓视野，更新观念，增长才能。要发扬理论联系实际的学风，坚持学以致用，把学到的知识用到生产、管理各项工作实践中去，转化为实际的工作能力，努力提高科学决策能力、开拓创新能力、组织管理能力、沟通协调能力和自我约束能力，在任期之内实现个人素质的一次提升。

3. 要努力提升工作水平

新一届班子正处在凌钢“十一五”规划收官和“十二五”规划开局的重要时期，也是完成公司二次党代会目标的最后三年。凌钢能否实现可持续发展，关键在我们的工作，大家要充分认识自己肩负的重大责任。未来三年，我们要继续贯彻科学发展观，努力转变发展方式，团结和带领全公司广大职工，真抓实干，团结奋进，进一步把主业做专做精，实施相关产业开发，把凌钢做大做强。工作会我们已经确定了全年完成钢 330 万吨（其中品种钢 123 万吨）、铁 306 万吨、材 339 万吨、铁精矿 140 万吨；实现销售收入 110 亿元以上；实现利润 4 亿元以上的目标。新一届班子要抓好工作会精神的贯彻落实，扎实推进各项工作，特别要在对标挖潜、降本增效、品种钢开发、资源开发、能源综合利用等重点环节上有新的突破，保证全年生产经营目标实现。

总之，未来的三年，是凌钢发展史上最关键的三年，可能也是遇到困难最大的三年，希望这次被聘任的所有中层管理人员同心同德，团结一致，共同努力，把今年的工作做好，把今后三年的工作做得一年比一年好，使凌钢的未来变得更加美好！

党委书记、副总经理郝志强在中国华冶北票分公司创全国冶金矿山竖井月成井 205.6 米新纪录庆功大会上的讲话

（2010 年 9 月 26 日）

尊敬的各位领导、来宾：

金秋时节，硕果盈枝，处处充满丰收的喜悦。由华冶公司承建的凌钢保国铁矿铁蛋山副井工程喜传捷报，承担工程建设的华冶北票分公司，创

造了全国冶金矿山竖井施工月成井新纪录，实现月掘砌成井205.6米。这是华冶公司领导给予高度重视，亲临现场指导，运筹决策指挥的结果；是北票分公司按照高起点、高标准、严要求施工目标，大力科技创新，不断优化管理的结果；同时也是全体施工参战人员迎难而上、敢打硬仗、挑战极限的结果。在此，我代表凌钢集团公司向华冶公司及全体施工参战人员表示热烈的祝贺！

保国铁矿铁蛋山副井工程是凌钢转变发展方式、进一步提高铁矿石自给率、实现可持续发展的重点工程，项目由邯郸华北冶建设计有限公司设计，工程造价1.8亿元，建设工期30个月。

华冶自今年5月中标后，工程建设得到了公司主要领导的高度重视，给予了极大的关怀和支持。公司董事长孟庆林、总经理赵世民等领导多次来到现场指导工作。施工过程中，北票分公司在经理李建奇的带领下，采用了目前国内领先的施工工艺和技术设备，积极开展技术攻关，加快了进度，提高了质量，保证了安全。全体参战员工大力发扬吃苦耐劳、甘于奉献、能征善战、敢打硬仗的优良传统和作风，迎难而上，挑战极限，创造了中国冶金矿山竖井快速施工的新纪录，为凌钢发展做出了新的贡献。在此，我代表凌钢集团公司向华冶公司的各位领导及北票分公司全体员工所付出的辛勤努力表示真诚的感谢！

希望华冶公司继续坚持“诚信社会为本，客户满意为荣”的经营理念，保持和发挥矿山建设优势，为我国钢铁事业的快速发展再创新的业绩。也希望华冶北票分公司继续发扬“团结、拼搏、进取、突破”的团队精神，再接再厉、再攀高峰，确保保国铁矿铁蛋山副井工程早日竣工投产，为凌钢发展再做新的贡献，为华冶腾飞再创新的辉煌！

最后，真诚地祝愿我们继续加强合作，携手共赢，共同开创更加美好的明天！

总经理张振勇在凌钢集团公司二届三次职代会上的工作报告

转变发展方式　深化对标挖潜
优化品种结构　加快资源开发
为实现凌钢科学发展而努力奋斗

（2010年2月3日）

各位代表、同志们：

现在，我代表集团公司向大会作工作报告，请审议。

2009年工作回顾

2009年是近年来钢铁行业最为困难的一年。面对罕见金融危机严重影响，全公司上下坚定信心，迎难而上，努力化挑战为机遇，各项工作都有了新的进展。

——钢产量跨上300万吨大台阶。全年产钢307万吨，同比增加100万吨；产铁291万吨，同比增加93万吨；产钢材301万吨，同比增加102万吨，分别比上年增长49%、47%和51%。

——销售收入超过100亿元。全年实现销售收入107亿元，同比增长10%。在消化了前4个月1.7亿元亏损的基础上，实现利润3.95亿元，同比增长145%。

——资源开发取得重大进展。开发整合了北票大黑山区域铁矿资源，为企业可持续发展奠定了基础。

一年来，我们主要做了以下几方面工作。

一、统筹协调，科学组织，生产经营取得扎实成效

2009年，面对金融危机严重影响和350万吨钢项目全面投产新特点，扎实开展了达产达效、对标挖潜、降本增效工作，科学组织，协调运行，生产经营取得了可喜成绩。

一是以达产达效为中心，促进了生产的高效

运行。去年年初，公司提出要在最短的时间内实现新项目达产达效的要求。各单位认真落实公司总体部署，在生产组织、工序衔接、设备保障等各方面分兵把口，密切配合，使新项目都在一季度内实现了达产达效，并成为了公司应对危机新的效益增长点。

二是扎实开展了对标挖潜、降本增效和技术攻关、新技术推广应用等活动，在增加了效益的同时，推进了管理创新和技术创新。为应对严峻的市场危机，公司从去年4月份开始，全面开展了对标挖潜、降本增效活动，并把这项工作作为学习实践活动最大的实践、最需要联系的实际、最需要取得的实效。到年末，158个对标指标有103个达到对标目标，创效1.17亿元，各项管理水平也得到了全面提升。全年技术攻关立项12项，创效1423万元。完成新技术推广应用11项，创效1673万元。

三是科学组织技改、年修和辅助配套，为生产高效运行提供了可靠保障。不断优化技改施工组织，积极为生产创造条件。根据市场形势，将系统年修提前进行，实现了淡季检修、旺季生产。各辅助单位进一步优化自身工作，提高供给保障能力和服务质量，保证了主体生产的顺利进行。

四是科学开展市场营销，促进了经济效益提高。积极应对市场变化，实行产品保价销售和原燃料低价采购，提高了经济效益。开发了哈大铁路、京沪高铁、吉林油田等国家重点工程，全年供应钢材47万吨，实现比较效益1.2亿元。努力开展产品出口，全年出口钢材1.7万吨，创汇近1000万美元。全力推进品种钢开发，全年生产品种钢104万吨，产销率为96%。

二、加大技术改造和资源开发力度，为企业可持续发展奠定基础

2009年，公司又投资6个多亿，进行了350万吨钢的完善配套。焦化改造工程11月16日出焦，25天达产，凌钢自产焦炭能力增加30万吨，自给率达到了55%。与之配套的节能减排项目热电改造工程也同日并网发电。最大的减排项目钢渣处理工程顺利投入运行，实现了凌钢有史以来第一次钢渣零排放，保护了环境，增加了效益。在北票建设的年产30万吨钢管项目7月底开工，搬迁部分已于12月17日投产。其他项目也都如期投入运行。投资2.8亿元的50万吨高线工程于11月18日开工，投资1.5亿元的1号高炉大修改造工程已完成前期准备工作，铁蛋山副井建设也已开始设计。

为推进企业可持续发展，我们紧紧抓住当前难得的有利机遇，实施了资源开发。与北票市签订了战略合作协议，开展了北票区域内的铁矿收购、探矿工作，成立了矿业公司，完成了大黑山区域的矿产资源整合，现已投入生产。

三、深入开展学习实践活动，努力构建和谐凌钢，为企业发展提供精神动力

2009年，我们全面贯彻落实科学发展观，紧紧围绕企业中心工作，大力开展精神文明建设，努力构建和谐凌钢，为企业生产经营和改革发展提供了动力保证和智力支持。

一是在全公司开展了深入学习实践科学发展观活动。紧密结合凌钢生产经营、改革发展和党建工作实际，从3月31日开始历时五个半月，认真开展了学习实践活动，圆满完成了学习调研、分析检查和整改落实各阶段任务，基本达到了“党员干部受教育，科学发展上水平，职工群众得实惠”的总体要求，凌钢科学发展的思路更加明确，党组织的战斗力和党员的先锋模范作用进一步增强。

二是扎实有效地开展了形势任务教育。结合严峻市场形势和各项工作任务，大力开展形势任务教育，把职工的思想和行动统一到了应对危机、达产达效、对标挖潜、降本增效上来，积极为实现各项工作目标做贡献。认真学习贯彻了党的十七届四中全会精神，为新形势下企业实现可持续发展提供了有力的政治保障。

三是进一步加强了职工队伍建设。紧紧围绕企业生产经营和发展改造实际，充分利用“三创一赛”、科技攻关、新技术推广应用等平台，积极引导广大职工为企业的生产经营和发展改造建功立业。有247名个人和20个集体项目获公司级工人技术创新奖励。有21名同志被评为公司劳动模范，100人被评为专业能手，147人获得科技贡献奖。完成了工人技师续聘工作，又评聘技师123名，其中高级技师17名，职工队伍素质进一步提高。

四是共建共享又有新成果。增加了职工收入，给每名在职职工每月晋升了300元基础工资。投资2400万元，完成了职工工作配餐。在已有东区

休闲广场的基础上，扩建了东区公园。开展了“三位一体”帮扶活动，帮扶困难职工188户。制定了《职工手册》，进一步明确了职工的权利与义务。企业凝聚力明显增强，职工精神面貌焕然一新。

五是大力开展精神文明建设。以建党88周年和建国60周年为主题，举办大型庆祝活动15项，丰富了职工生活，陶冶了情操。进一步加强社会公德、职业道德、家庭美德、个人品德教育，广大职工素质明显增强。积极履行社会责任，分别为凌源市和北票市捐款1000万元，资助了当地教育事业。效能监察、治安综合治理、环境保护、现场管理等各项工作也都进一步加强。凌钢被评为全国精神文明建设先进单位、全国钢铁工业先进集体和中国优秀诚信企业，企业形象进一步提升。

各位代表、同志们，2009年是我们深入贯彻科学发展观，战胜金融危机不利影响，全面实现企业快速发展的一年；是审时度势，抢抓机遇，为企业可持续发展奠定坚实基础的一年；是坚持以人为本，努力构建和谐凌钢，企业实力和职工素质显著增强、职工收入进一步增长的一年。成绩的取得，是广大干部职工面对挑战，迎难而上，拼搏进取，团结奋斗的结果。在此，我代表集团公司向各位代表、同志们及今天受到表彰的劳动模范、专业能手和科技贡献奖获得者，并通过大家向公司全体干部职工表示衷心的感谢！

在总结成绩的同时，还要看到存在的问题和不足：安全工作形势严峻，发生了三起死亡事故；2号高炉出现非计划检修，给生产造成极大影响，导致铁、钢都没有完成年度计划；对标挖潜开展得还不平衡，个别技术指标还没有达到目标要求；品种钢生产没有完成全年计划，市场开发要加大力度等等，这都需要我们在今年的工作中认真加以改进和提高。

2010年工作安排

2010年是凌钢继续抓住国家扩内需、保增长重大机遇，在金融危机持续影响下逆境图强的一年；是继续完善自我改造，把凌钢做专做精做强，生产经营迈上更大台阶的一年；是坚持以人为本，全面推进和谐凌钢建设的一年；也是继续贯彻科学发展观，实现企业可持续发展，为“十二五”规划启动实施奠定良好基础的一年。做好今年的工作，意义十分重大。

当前，国家宏观经济虽已企稳向好，但回升的内在动力不足，回升的基础还不牢固。钢铁产能的严重过剩，已使行业进入了优胜劣汰最残酷阶段。就我们自身而言，预测今年原燃料、电费、运费等涨价，折旧、工资、配餐等费用增加，增支减利因素将高达6.8亿元。经过350万吨钢技术改造，凌钢的产品结构在本轮刺激经济增长中赢得了先机，但是这种阶段性机遇不可能是长期存在的，决不可盲目乐观。

同时也要看到，中央经济工作会议确定了今年经济平稳较快增长的总体要求，经济形势总体回升向好的大趋势正在增强，固定资产投资的拉动还在持续。凌钢350万吨钢规模通过完善配套，匹配更加合理，产能进一步释放，创效能力也进一步增强。因此，我们既要有长期应对困难与挑战的准备，更要抢抓机遇，坚定信心，增强进取意识，扎实开展工作，使凌钢在困难中奋起，在逆境中前行。

2010年工作的总体要求是：以科学发展观为指导，全面贯彻党的十七届三中、四中全会和中央经济工作会议精神，继续优化产品结构，深化对标挖潜、降本增效，加大资源开发建设力度，努力转变发展方式，实现生产经营与企业发展的良性循环。

2010年的生产经营目标是：

（1）完成钢330万吨（其中品种钢123万吨）、铁306万吨、材339万吨、铁精矿140万吨。

（2）实现销售收入110亿元以上。

（3）实现利润4亿元以上。

要实现上述目标，必须把当前生产经营与凌钢长远发展结合起来，促进企业可持续发展；必须把技术创新、管理创新和制度创新结合起来，促进企业创新发展；必须把物质文明建设与精神文明建设结合起来，促进企业和谐发展。

一、科学组织，稳产高效，进一步提高生产经营的效率和质量

保持良好的生产经营效果是促进企业健康发展的基础。今年的市场竞争将会更加激烈，我们要突出抓好高产低耗、对标挖潜、品种钢开发和

市场营销等关键环节，全力以赴增加效益。

一是要充分释放350万吨钢产能，努力追求矿、铁、钢和长材产量最大化。铁精矿产量保国公司要必保100万吨，矿业公司要必保40万吨。铁系统要突出稳产、低耗、高效，在确保经济运行的前提下，努力提高产量。炼钢仍要节铁增钢，确保铁耗不高于930公斤，追求方、矩坯产量最大化。轧材系统三套型棒材机组要科学匹配规格，满负荷生产，2号棒材机组产量力争达到100万吨。高速线材机组投产后，产量要完成10万吨以上。

二是要继续推进对标挖潜、降本增效，进一步提升市场竞争力。今年的对标挖潜、降本增效工作，公司确定了3年对标挖潜规划和124项对标指标，工作的重点是要在去年已经基本消灭了低于行业平均水平落后指标的基础上，瞄准行业平均先进水平开展对标，向更高目标迈进。这不仅是我们应对危机、提升竞争力的重要手段，也是实现凌钢可持续发展的长效机制。各单位要进一步提高成本意识，切实落实目标责任，通过全方位对标，实现全系统增效。

三是要科学组织、统筹协调，生产保障高效有力。要通过工艺、生产组织和年修、改造方案的优化，相互创造条件，尽可能地减小影响，为生产赢得宝贵时间。要强化设备运行管理，最大限度地提高设备作业率，确保生产稳定高效运行。辅助部门特别是动力和铁路运输要进一步加强管理，提高运转效率，为生产顺行提供可靠保障。

四是要继续优化产品结构，品种钢开发要有新突破。品种已经成为凌钢生存发展的关键，尤其是中宽带，如果没有适销对路的品种作支撑，这条生产线将没有出路。为此，要把品种钢开发工作提升到更重要的位置来抓。各相关单位要切实加大工作力度，努力打造以高碳钢为代表的中宽带拳头产品，务必在最短时间内取得突破。管理部门要加大考核力度，其他部门也要积极为品种钢开发创造条件。

五是要进一步提高营销水平，向营销环节要效益。要动态调整市场布局，以效益配置资源，用有限资源争取更大的效益。在京石、京沪、哈大高速铁路已经中标25万吨的基础上，继续做好重点工程的市场开发和供货。要加大品种钢市场开发力度，特别是要努力开发高碳钢中宽带、高线和管线钢市场，扩大品种钢销售。大宗原燃料采购在保证进货数量和质量的同时，要努力降低采购成本，力争均衡到货。

二、发挥优势，抢抓机遇，努力促进凌钢可持续发展

经过两年多卓有成效的工作，350万吨钢能力基本形成，在现有外部环境下，不论规模水平、资源供给能力，还是运输条件都已经基本饱和。今后的重点要在促进凌钢可持续发展上下工夫，真正把促进企业可持续发展和加快发展方式转变有机统一起来，在发展中促转变，在转变中谋发展。

做好现有规模的完善配套，使350万吨钢能力最大限度、最高水平、最好效益地释放出来，实现做专做精目标。今年的技改投资预计在8个亿以上，技改任务依然很重。主体项目有：1号高炉扩容改造、新上高速线材及配套的7机7流铸机和4号铸机改造、北票钢管新上部分、保国铁矿副井工程和北票矿业选厂改造。节能减排项目有：污水深度处理工程、蒸汽余热发电项目和新增的1.2兆瓦发电机组项目，绝大部分项目都计划在上半年投产。相关部门和单位要高度重视，科学组织，精细管理，确保工程建设高速度、高质量、高水平地完成。特别是在质量、工期、投资、安全上要明确责任，落实考核，确保所有项目按计划推进，如期达产达效。

继续加大资源开发力度。钢铁工业是对资源依赖性较强的行业，对资源的占有量，在很大程度上决定着企业的竞争力。要充分利用我们的自身优势，抓住省、市政府大力支持的有利时机，继续在朝阳区域内寻找新的铁矿资源，积极参与地区铁矿资源整合，力争在两年内，自给铁精矿能力达到200万吨，自给率达到40%。

积极推进油页岩开发工作，培育新的效益增长点。油页岩开发符合国家的能源战略，开发成本低、工艺技术成熟、回报率高，将成为未来的优势产业，现在正积极争取对凌源境内的油页岩进行开发。

三、坚持以人为本，构建和谐企业

近年来，凌钢的装备水平、工艺水平在不断提高，企业文化和员工素质也要随之提高。我们

必须要坚持以人为本，努力推进和谐凌钢建设，促进企业可持续发展。

一是要扎实深入地开展好形势任务教育。要不断把国家宏观经济形势、政策导向、行业动态和市场压力传导给职工，增强广大职工的忧患意识和危机感、紧迫感、责任感。要加强对企业发展的大目标教育，用凌钢发展的远景激励职工，统一思想、坚定信心、凝聚力量。要认真贯彻落实公司工作会议精神，明确措施、落实责任，积极引导职工为完成各项任务建功立业。

二是要深化安全管理。要深入有效地开展职工安全教育，切实提高职工的安全意识和自我防护能力。突出“严、细、实”管理，全面提升素养安全和本质安全管理水平。进一步落实责任，强化考核，特别是要加大对一把手的责任追究力度。要深化职业安全健康体系建设，增强安全生产的可控性，坚决避免重、特大事故的发生。通过扎实有效的工作，确保零目标的实现。

三是要不断提高职工素质。提高职工队伍的综合素质、锻炼和培养大批人才是凌钢兴旺发达的希望所在。要紧紧围绕对标挖潜、降本增效等工作，充分利用“三创一赛”、技术攻关、新技术推广应用等平台，促进职工提高劳动技能、增强创新能力。要结合企业生产经营和职工成长成才需要，加大教育培训力度，不断提高职工的业务技能和思想政治素质。

四是要继续贯彻落实共建共享方针。在生产发展、效益提高的同时，继续增加职工收入。要加大环境治理和绿化美化力度，进一步改善职工生产生活条件。加强帮扶体系建设，为特殊群体职工解难事、做好事、办实事。强化工作配餐管理，确保达到合同约定的标准，让职工放心满意。要开展形式多样、内容健康的文化体育活动，丰富职工的业余生活。同时，要进一步加强效能监察、社会治安综合治理等各项工作，积极营造良好的发展环境。

五是要继续加强民主管理。不断完善以职工代表大会为主要形式的民主管理制度，保障职工充分行使权利。继续搞好厂务公开，提高厂务公开效果。要组织职工依法开展民主管理、民主监督，落实职工知情权、表达权、参与权和监督权。要认真贯彻《职工手册》，规范企业和职工行为。

各位代表、同志们，今年的目标任务已经确定，关键是要抓好落实。一月份公司生产经营势头很好，我们要以饱满的精神状态，抢抓机遇，迎难而上，坚定信心，奋发图强，为全面夺取2010年各项工作的新胜利，实现凌钢科学发展而努力奋斗！

春节将至，在此，我衷心地祝愿大家节日愉快、身体健康、阖家欢乐！

党委书记郝志强在凌钢集团公司二届三次职代会上的讲话

全面夺取2010年各项工作的新胜利

（2010年2月3日）

各位代表、同志们：

公司第二届三次职代会如期完成了各项议程，即将胜利闭幕。会上张总做了集团公司工作报告，认真总结了2009年工作，对2010年的任务进行了部署。报告目标明确，措施具体，完全符合凌钢发展实际，也充分体现了科学发展观的要求。会议还表彰了2009年度先进单位、劳动模范、专业能手及科技贡献奖获得者，兑现了2009年年终奖和技术攻关、新技术推广应用奖金，签订了2010年经济责任状，会议取得了圆满成功。下面，我就如何贯彻落实职代会精神，讲几点意见。

一、切实搞好形势任务教育，认清形势，明确任务，统一思想，统一行动

2010年是凌钢“十一五”规划的收官之年，也是我们在金融危机持续影响下逆境图强，为“十二五”规划启动实施奠定良好基础的关键一年。做好今年工作，首先要对面临的形势有清醒地认识。从宏观上看，我国经济顶住了国际金融危机的严重冲击，回升向好的基础逐步巩固，各方面信心明显增强。今年中央将继续实施积极的财政政策和适度宽松的货币政策，一揽子计划还将进一步落实和完善，扩大内需和改善民生的政策效应也将继续发挥，这些都为我们生产经营的平稳运行创造了有利条件。

同时也必须看到，宏观经济形势虽然企稳向好，但金融危机的影响尚存，我们还面临着许多困难和矛盾。一是国内固定资产投资增长幅度和新开工项目增长幅度将低于2009年。同时，由于今年国家更加强调结构调整、资源节约政策，也将进一步降低钢材消费的强度。二是我国钢铁企业的贸易争端明显增多，钢材出口形势不容乐观。上述两点决定了产能过剩、供大于求的局面不会改观，钢铁市场波动运行难以根本改变，钢材价格很难大幅回升。三是今年以来与钢铁生产相关的煤、电、油等能源价格均呈上涨态势，预测凌钢今年增支减利因素高达6.8亿元，给生产带来了巨大的成本压力。总之，今年面临的形势仍然十分严峻，绝不能盲目乐观，我们要充分考虑可能遇到的困难和风险，扎实做好应对各种挑战的准备。

搞好形势任务教育，就是要把全体职工的思想统一到公司的决策部署上来，把行动统一到完成全年的目标任务上来。要切实增强责任感、危机感和紧迫感，结合实际，突出重点，把本次会议提出的各项任务目标和具体要求，迅速落到实处，抓出成效，团结带领广大职工坚定信心、扎实工作，确保全年各项任务目标顺利实现。宣传部门要发挥好舆论先导作用，开动电视、广播、报纸、网站等各种宣传工具，积极搞好形势任务教育，用企业发展的大目标鼓舞职工，用完成全年各项工作任务的重要性激励职工，用构建和谐凌钢的新成果凝聚职工，引导职工以实际行动立足岗位、克难制胜、争创效益。各单位要结合自身实际，向广大干部职工讲形势、交任务、压担子，激发大家工作的积极性和创造性。各位职工代表也要履行好职责，积极利用各种方式传达职代会精神，带动身边职工一道，努力为实现公司全年各项任务献计出力。

二、突出重点，抓住关键，全力以赴，全面完成今年各项目标任务

凌钢经过近年来的发展改造，装备水平、工艺条件都有了“质”的飞跃，下一步如何在成本、质量、品种方面形成凌钢特有的竞争优势，这是保持企业长久生命力和竞争力的关键所在。

张总在工作报告中指出，2009年我们要转变增长方式，深化对标挖潜，优化产品结构，加快资源开发，实现科学发展。这是我们今年工作的重点。只有突出重点，抓住关键，在这些限制性环节上有所突破，才能带动我们的整体工作再上新水平。

首先要继续深化对标挖潜、降本增效工作，进一步提升企业竞争力。这不仅是我们应对危机、增强竞争力的重要手段，也是实现凌钢可持续发展的根本性措施，更是今年实现4亿元利润的重要来源。各单位一定要进一步提高认识，明确目标，落实责任，扎实推进。对标挖潜、降本增效是一项技术与管理紧密结合的工作，搞好这样一项工作必须要靠管理创新和技术创新。技术攻关和新技术推广应用一定要切实结合钢铁产量最大化、提高质量、降低成本和增强运行保障能力等重点、难点来开展。要发扬团结协作、勇攀高峰的科学精神，大力推进科技创新和管理创新，把对标挖潜工作向更深层次推进。

第二要切实搞好品种钢开发，进一步优化产品结构。搞好品种钢开发，打造凌钢优势产品，是我们今年工作的重中之重。可以说，凌钢品种钢开发的好坏，既是对我们350万吨钢改造后设备大型化能力发挥的检验，也是对我们技术创新能力和管理水平高低的检验，更是企业抢占市场、提高创效能力的必然要求。所以，品种钢开发必须要有新突破。开发的重点：产品是中宽带和高速线材，生产工艺在炼钢和技术中心。相关部门要积极配合，切实把这项工作抓实、抓好、抓出成效。

第三要全力推进资源开发，促进企业可持续发展。加快资源开发，提高资源占有率，对于一个资源依赖性较强的钢铁企业来讲意义十分重大，它将有力地增强我们市场竞争的主动权，促进企业可持续发展。因此，公司把它作为企业一个重大发展战略来强力推进，更是今年的重点工作之一。作为在矿山工作的保国铁矿和北票矿业的广大干部职工责任重大，使命光荣。希望你们一定要抓住机遇，克服各种困难，科学管理，科学生产，充分发挥出矿山应有的能力，勇于担当，不辱使命。也要对照集团公司的要求找差距，加强

各项管理，对照行业先进找不足，对标挖潜，千方百计把成本降下来，把产量搞上去，全面完成集团公司下达的各项目标任务。

三、围绕中心，服务大局，开展富有针对性、扎实有效的政治工作

各级党组织要切实发挥在完成今年各项工作中的政治核心和战斗堡垒作用，围绕中心，服务大局，找准定位，积极作为，充分调动一切积极因素，为公司攻坚克难、实现科学发展提供坚强的政治保证和组织保证。

一是要充分发挥党组织在企业生产经营中的战斗堡垒和党员的先锋模范作用。要将企业生产经营、改造发展的难点、热点作为党的工作的出发点和落脚点，激励广大党员在推进凌钢的改革发展中挑大梁、打先锋。要紧紧围绕对标挖潜、结构调整、资源开发等关键环节，继续深入开展“发挥党员先进性、对标挖潜当先锋”、“共产党员工程”、“青年先锋号”、工会劳动竞赛等活动，不断丰富活动内容，创新活动载体，并引导广大职工为凌钢实现又好又快发展建功立业。

二是要切实加强领导班子和干部队伍建设。落实好职代会精神，实现企业科学发展，关键在领导班子和干部队伍。我们刚刚完成了中层管理人员的换届，无论是老同志还是新走上领导岗位的同志，都要自觉适应企业发展新形势的要求，不断地提高自身理论素养、政治素质和综合业务能力。要强化领导班子和干部队伍的执行能力，各级领导班子和领导干部要做公司各项决策的坚决执行者，把全部心思凝聚到干事业上来，把全部的本领施展到发展上来，把主要精力集中到狠抓各项措施的落实上来，以“干就要干好、干就要干出一流”的气魄和工作力度，履行好职责，带领好队伍，完成好任务。

三是要突出加强党员干部队伍的思想和作风建设。有什么样的党员干部，就会带出什么样的职工队伍，就会形成什么样的风气。在当前公司实现科学发展的关键时期，所有党员干部要勇于担当、率先垂范。要俯下身子，深入基层，深入一线，研究问题、化解矛盾，科学决策、创新有为，以良好的工作业绩赢得职工的拥护，以真抓实干的工作作风引领全体职工把握新机遇、迎接新挑战。

四、坚持“共建共享”方针，构建和谐凌钢，打造发展合力

凌钢经过40余年的发展，职工收入逐年增长，职工的工作和生活环境显著改善，特别是近年来，是凌钢职工受益最多的时期。作为凌钢的每一名职工，要倍加珍惜当前企业快速发展、职工气顺劲足的大好局面，更加热爱凌钢、忠诚凌钢、奉献凌钢，形成荣辱与共、价值统一的利益共同体，促进企业凝聚力、向心力和核心竞争力的不断提升。热爱凌钢，就是要与企业荣辱与共，同呼吸、共命运，自觉维护凌钢改革、发展、稳定的大局，以身为凌钢人为荣，人人为凌钢发展出力。忠诚凌钢，就是每名职工与企业同舟共济，不论公司处于辉煌还是面对困难，都要同样拥有一颗忠诚的心。忠诚还蕴含着责任，每名职工都要对自己从事的工作负责，尽职尽责地干好本职工作。奉献凌钢，就是每名职工无论在什么岗位，无论能力大小，都要爱岗敬业、奋发进取，在自己平凡的岗位上力求奉献，不计较个人得失，满怀热情地完成每一项工作任务。

企业发展了，职工的生产生活条件得到了明显改善，同时也对职工的素质提出了新的更高要求。当前，要在全体职工中开展“六讲”教育。一讲学习，就是不断学习政治、业务、法律等各方面知识，提升综合素质，做学习型职工，争做复合型人才。二讲团结，就是发扬集体主义精神，团结协作，形成合力，共同发展。三讲文明，就是说文明话、做文明事、礼貌谦让、互相尊重、诚实守信，比如要文明上岗、文明就餐等。四讲责任，就是立足岗位，爱岗敬业，尽企业职责，做企业主人，把企业当做赖以生存的大家庭，与企业同呼吸、共命运。五讲纪律，就是遵守公司的各项规章制度，增强贯彻力和执行力，做到有章必依，令行禁止。六讲安全，就是增强安全意识，提高安全技能，生命无价，珍爱自己，做到安全在我手中，命运由我主宰。通过“六讲”教育，切实增强职工素质，从而造就一支与企业快速发展相适应的新时期合格的职工队伍。

要进一步落实“依靠”方针，全心全意依靠职工办企业。要充分发挥广大职工的主人翁作用，不断挖掘蕴含在职工群众中的创造力。要在总结已有成功经验的基础上，围绕今年生产经营和发

展改造任务，继续丰富和深化“三创一赛”活动，引导职工积极为实现今年各项工作目标建功立业。大力弘扬凌钢精神，不断丰富“自强、诚信、求实、创新”的新内涵，用凌钢精神鼓舞职工、凝聚职工，使之内化于心、外化于行，成为推动凌钢发展的不竭动力。要大力弘扬先模精神，用我们身边看得见、摸得着的典型教育职工、引导职工，形成比、学、赶、帮、超的浓厚氛围，人人为企业发展做贡献。

春节将至，各单位要做好扶贫帮困工作，尤其要重点帮助困难职工过好年。相关部门要协调钢富达公司，搞好春节期间的家属区供暖、供煤气、亮化和环境卫生。保卫部门要切实加强治安综合治理，落实联防责任，确保平安。要开展丰富多彩的文化娱乐活动，增强节日气氛。

同志们，牛年即将过去，虎年即将到来，让我们保持老黄牛脚踏实地、埋头苦干的作风，展现老虎虎啸生风、虎虎生威的气势，上下同心、解放思想、扎实工作、拼搏创新，全面夺取2010年各项工作的新胜利！

董事长、总经理张振勇在集团公司2011年工作会议上的讲话

（2010年12月30日）

同志们：

今天，我们召开集团公司2011年工作会议。会议的主要任务是：总结2010年和“十一五”工作，安排部署“十二五”规划和2011年任务，落实明年经济责任制及对标挖潜、降本增效工作，动员全公司广大干部职工，认清形势，明确任务，真抓实干，团结奋进，努力完成“十二五”起步之年的各项工作，全面促进凌钢又好又快发展。

2010年工作总结

今年以来，面对复杂多变的经济环境和起伏不定的市场形势，我们深入贯彻落实科学发展观，努力转变发展方式，扎实开展深化对标挖潜、优化产品结构和资源开发三大任务，生产经营、发展改造等各项工作都取得了显著成效。预计全年可产钢344万吨，同比增长11.9%；产铁310万吨，同比增长6.7%；产钢材341万吨，同比增长13.2%。预计实现营业收入150亿元，同比增长38.9%。实现利税12.5亿元，同比增长56.4%。其中利润7.5亿元，同比增长91.7%。税金5亿元，同比增长22.1%。

一、统筹协调，科学组织，生产经营运行效率和质量明显提高

铁系统以高炉为中心，动态优化，协调运行，实现了稳产、低耗、高效，3号高炉实现了安全稳定顺行。钢系统不断适应高强度、快节奏生产，努力节铁增钢，达到了日均万吨钢水平。轧材系统以效益最大化组织生产，2号棒材产量连续创出最好水平。高线机组投产当月就实现了月达产，创造了同类机组最快的达产速度。中宽热带以品种钢开发为重点，努力提高质量、降低成本。辅助系统克服了主体工序产量迅速增加、生产节奏明显加快带来的难度和压力，主动出击，自我加压，全力以赴提高服务质量和保障能力，促进了主体生产的平稳、高效运行。不断适应市场变化，努力向经营环节要效益。充分利用资金优势，实行保价销售，通过动态调整销售节奏增加效益1.1亿元。利用品牌和信誉优势，积极开发重点工程市场，全年向京沪高铁、哈大、京石客运专线等重点工程销售钢材42万吨，实现比较效益5180万元。积极扩大产品出口，全年累计出口钢材3.3万吨，创汇1938万美元。努力拓展采购渠道，提高进货质量，降低采购成本，动态调整进货节奏，有效地保证了生产需求。

二、对标挖潜、降本增效工作得到了深化

年初制定了对标挖潜三年规划，并将子公司纳入了集团公司统一的对标管理体系，共计确定了140个对标指标。通过不断加强管理和推进技术创新，抓住关键工序，攻克重点指标，取得显著成效。到年末，已消灭了行业平均水平以下指

标。在44个具有行业可比性的技术指标中，有35个达到行业平均先进水平，23个达到行业先进水平，11个指标位居行业前3名，完成了对标挖潜三年规划的进度计划。预计全年累计实现超创利润1.7亿元，其中对标挖潜创效1.2亿元，贡献率达到了70%。技术进步有力地促进了对标挖潜，通过技术攻关和新技术推广应用累计创效约4200万元。

三、品种钢开发取得明显成效

重点开发了中宽热带中高碳钢新产品，通过工艺设计、生产跟踪、分析改进，全年共研发了9个新品种，基本形成了中宽热带中高碳钢产品系列化；积极推进高强度抗震钢筋品种开发，提高了产品档次，HRB400E顺利通过了省级新产品投产鉴定，HRB500E成功打入了京沪高铁等重点工程，高强度抗震钢筋产量已经占到了全部钢筋产量的45%；通过优化工艺，在确保质量的前提下，注重成本的降低，进一步提高了品种钢的市场竞争力。全年生产品种钢材158.5万吨，同比增长60.6%。实现销售158.3万吨，同比增长67.3%。产销率达到99.9%，实现比较效益1.2亿元。

四、全力以赴推进资源开发

保国铁矿全年预计完成井采矿石124万吨，生产铁精矿87万吨。副井工程已于6月份开工，正在快速推进。在北票收购整合的6个区域已经取得了探矿权证，矿业公司全年预计完成铁精矿20万吨。五家子选场工程已于4月份开工。对赤峰虞山矿业的收购已经完成，并启动了生产。野猪沟铁矿3个采区采矿权证办理即将完成，正在进行选矿实验。在朝阳空白区域探矿工作又有新的进展，建平2个区域的资补计划已经上报省国土厅。油页岩开发也已获得探矿权，现场勘探基本结束。

五、继续加大技术改造力度，完善配套现有能力

全年投资12亿元，进行了350万吨钢的完善配套。设计、技改、监理和各项目单位，通力合作，密切配合，很好地完成了各项技改任务。50万吨高速线材、1号高炉扩容改造、4号铸机和七机七流铸机改造、北票钢管新上部分全部按期或提前竣工投产。污水深度处理、大转炉蒸汽余热发电、75吨锅炉及12兆瓦发电机组、管网整理及煤气平衡改造等项目全部提前竣工投入运行。至此，从2008年开始的、共投资43.3亿元的350万吨钢技术改造工程全面完成。

六、不断推进管理创新，各项基础管理水平进一步提升

深化“严、细、实”管理，建立健全安全管理制度，安全生产形势明显好转，保持了总体稳定。质量管理顺利通过了质量体系认证的复评审核。继续深化业务外委工作，完成了240平方米烧结机原料、钢渣处理等包括子公司在内的52个整体外委合同和炼铁厂烧结区4个除尘系统的专业整体外委。开展了检修中心维修包保试点，完成了8个生产单位的区域包保工作。完善了入厂资材检验制度，形成了规范的资材检验管理程序。成立了物资配送中心，实现了资源的高效配置，降低了运行成本。创新数据传输手段，实现了物资远程计量和集中管理。完成了门禁系统的升级改造，进一步规范了进出厂人员和车辆管理。效能监察、社会治安综合治理等工作进一步加强，有效地防范了企业资财流失。

七、努力构建和谐凌钢，促进企业健康发展

一是全面加强了党建和思想政治工作。组织开展了主题教育、基层党组织及党员“创先争优”和推进学习型党组织建设三大活动，有力促进了“三大任务”的完成。二是积极为职工办实事。两次调整工资，职工收入水平进一步提高。圆满完成2010年凌钢技校招生工作，解决了部分职工子女和大学生配偶就业问题。投资400余万元改造了西区体育场，职工业余文化生活环境进一步改善。在市区水荒危急之时，用厂内水补充了家属区生活用水，解决了职工用水难问题。加大了对节能环保和现场绿化、美化的投入，厂区、生活区环境大为改观。强化了对职工配餐工作的监督考核，保证了配餐和服务质量。三是积极履行社会责任，资助了当地教育、医疗等事业。

2010年是“十一五”收官之年，我们圆满完成了年初确定的各项工作任务，在行业不景气的形势下，我们实现利润7.5亿元，创出了凌钢历

史最好水平。在总结成绩的同时，也要看到不足：对标挖潜、降本增效工作开展得还不平衡；生产系统的稳定运行不够，突发事故较多；重复脱硫舞弊事件、承揽业务的作业车辆刮落管道事故等问题，暴露出我们的管理还不到位等等，都需要我们在今后的工作中认真加以改进和提高。

“十一五”回顾

五年来，凌钢紧紧围绕促进企业又好又快发展的总体目标，认真贯彻落实科学发展观，解放思想，抢抓机遇，务实创新，锐意进取，圆满地完成了各项预定任务，为“十二五”实现更大发展奠定了坚实基础。

一、综合实力显著增强

“十一五”期间，累计投入技改资金52.9亿元，是上一个五年的4.7倍，实施了从矿山到轧材全系统技术改造。特别是350万吨钢技改工程的实施，使凌钢实现了历史性跨越，一年增加产钢能力130万吨，企业主体装备实现了升级换代，工艺结构更加先进合理，凌钢从此步入了良性发展的快车道。2010年与2005年相比，资产总额由49.5亿元增长到130亿元，增长1.7倍；钢产量由210万吨增长到344万吨，增长63%；营业收入由65亿元增长到150亿元，增长1.3倍。

二、管理水平全面提升

完成了辅业子公司改制，实行了业务外委，完善了日清日结管理体系，各项基础管理得到全面加强。2009年为应对金融危机，在全公司开展了对标挖潜、降本增效活动，取得了显著成效，现已成为提升企业竞争力的长效机制。今年前11个月，以综合能耗、总资产贡献率、吨钢利润为代表的一批重要技术经济指标已跨入行业前列，其中螺纹钢和圆钢成本全行业最低、吨钢利润是行业平均水平的2倍。

三、产品结构更加优化

350万吨钢技术改造，使凌钢的产品结构进一步优化，产品的品牌优势更加突出。特别是螺纹钢，以其全行业最低的成本、最好的质量、最全的规格深受用户青睐，在东北已成为国家重点工程的首选。大力推进品种钢开发，已形成以中高碳中宽带和HRB400E、HRB500E高强度抗震钢筋为代表的六大系列30多个品种，市场竞争能力和创效能力明显增强。

四、节能减排成效显著

提前完成了国家下达的节能减排指标，所有节能减排指标均处于行业领先水平，最大限度地实现了资源的有效利用和环境改善。特别是通过近三年的努力，污水实现了深度处理；高炉全部实现TRT发电；大转炉、竖炉、轧材系统全部实现余热蒸汽发电；电厂锅炉全部采用富余煤气发电；炼钢系统实现了负能炼钢；钢渣实现了零排放。

五、资源开发快速推进

“十一五”期间，凌钢资源开发总投资超过12亿元。尤其是近三年来，加大了铁蛋山、黑山、边家沟采区的开发建设力度，铁精矿生产能力由100万吨增加到250万吨。收购整合了北票6个区域的铁矿，野猪沟铁矿开发也在快速推进，现已拥有铁矿资源储量3亿吨以上。同时，还开展了在凌源境内的油页岩、石灰石等资源开发准备工作。

六、职工素质明显提高

“十一五”期间，大力实施“科技兴企”和“人才兴企”战略。积极开展各类培训，共培训职工56400余人次。招录923名大学生及1131名技校生，职工队伍年龄和知识结构大为改善。深入开展技术攻关、品种钢开发、新技术应用、“三创一赛”和职工技术比武等活动，共有750人次获得公司科技贡献奖，有1200项工人创新成果获公司奖励。开展了岗位技能鉴定和工人技师评聘，共有332名工人被评聘为技师和高级技师。

七、和谐构建成果丰硕

坚持发展为了职工，发展依靠职工，发展成果职工共享，改造和新建了文化宫、游泳馆、体育场、休闲广场，为职工提供了高标准的文化体育和休闲娱乐场所。加大了厂区和家属区的绿化、美化、亮化及地面硬化的投入力度，极大地改善了职工生产生活环境。职工收入大幅度提高，近3

年人均收入增幅达53%，提前2年完成了第二次党代会制定的目标。积极履行社会责任，3年来，累计捐款3500余万元用于抗震救灾和资助当地教育、医疗及其他公益事业。

八、党建工作显著加强

扎实开展了先进性教育、贯彻落实科学发展观和“创先争优”活动，召开了公司二次党代会，党组织的政治核心作用显著增强。特别是今年，深入开展了“三大活动”，有力地促进了“三大任务”的完成，为企业生产经营和改革发展提供了坚强的政治保证。坚持开展党风廉政建设，初步形成了教育、制度、监督并重的惩治和预防腐败体系。围绕中心、服务大局的党群工作定位明晰准确，使党群工作更加充满生机与活力。以“自强、诚信、求实、创新”凌钢精神为核心的企业文化体系初步形成，并在凌钢的改革发展中得到了全面实践。

“十一五”这五年，企业规模和装备水平上了一个新台阶，竞争能力和综合实力迅速提高。获取和开发资源战略取得重大突破，“十二五”进入收获期，对凌钢未来发展的影响不可估量。“十一五”期间是职工共享发展成果最丰厚的时期，职工对企业的认同感和自豪感显著增强。“十一五”这五年，是凌钢贯彻落实科学发展观，企业综合实力增强最大的五年；是全面加强各项管理，企业与职工综合素质进步最快的五年；是积极推进和谐凌钢建设，职工收入增加最多的五年。

凌钢在经营管理、改革发展和精神文明建设中取得的突出业绩，也得到了上级的高度认可。“十一五”期间，凌钢被国家评为全国钢铁企业先进集体、东北地区老工业振兴优胜企业、连续20年重合同守信用企业、中国优秀诚信企业、全国绿化先进单位、全国精神文明建设先进单位和全国先进基层党组织。

“十二五”发展规划

为进一步促进企业又好又快发展，我们制定了凌钢“十二五”发展规划。规划发展方向及定位是：充分发挥凌钢品牌、市场和区域资源优势，淘汰落后工艺及装备，调整产品结构，提高产品档次，完善节能减排和环境保护设施，打造精品棒线材基地。发展目标是：在“十二五”期间，做大做强凌钢，形成600万吨钢规模，实现营业收入200亿元以上。

工程总投资131亿元，本着总体规划，分步实施的原则，分为3个部分：新区建设，设计年产钢260万吨，新增255万吨优质棒、线材，投资估算96.5亿元；老区改造，设计年产钢360万吨，投资估算21.5亿元。铁矿资源开发，总投资估算13亿元。

“十二五”对于凌钢做大做强机会难得，我们要牢牢抓住这一难得的重要战略机遇，坚定信心，迎难而上，积极开展各项前期准备工作，争取早日开工。

2011年工作安排

2011年是“十二五”的第一年。开好局，起好步，做好明年工作，对于凌钢实现做大做强目标意义十分重大。

中央经济工作会议确定，我国明年将实施积极的财政政策和稳健的货币政策，保持经济平稳较快发展。在宏观经济基本面保持稳定增长的情况下，对钢铁工业产量需求也将有所增长。但由于原燃料价格大幅上涨，市场竞争激烈，也决定了钢铁行业将会在微利状态下运行。在当前通货膨胀大背景下，明年的市场形势不容乐观。

凌钢明年一方面要努力应对市场、搞好生产经营，一方面还要全力推进“十二五”发展，面临的内外部环境将极其复杂，任务十分繁重。我们必须要树立强烈的忧患意识、风险意识、责任意识和发展意识，认清形势，坚定信心，迎难而上，从变化中捕捉和把握有利机遇，审时度势，果断出击，扎实做好各项工作，要以生产经营和改造发展的良性循环，促进凌钢又好又快发展。

明年工作总体要求是：

以党的十七届五中全会和中央经济工作会议精神为指导，继续深化对标挖潜、降本增效，优化产品结构，加大资源开发力度，加快发展方式转变，实现“十二五”良好开局。

明年生产经营任务是：

(1) 完成钢350万吨（其中品种钢163万吨）、铁316万吨、材366万吨、铁精矿120万吨。

（2）实现营业收入150亿元以上。

（3）实现利润5亿元以上。

为确保上述目标实现，必须抓住关键、突出重点，切实做好以下工作。

一、精细组织，稳产高效，最大限度地释放350万吨钢创效能力

经过三年艰苦努力，凌钢350万吨钢工程已全面完成，最大限度地释放350万吨钢创效能力，是明年生产经营工作的重点。铁系统要在高效、低耗的前提下，努力追求铁产量最大化，力争全年产铁319万吨，为增钢创造条件。要加强3号高炉管理和操作，确保安全稳定运行。钢系统要继续节铁增钢，最大限度地提高废钢比，努力降低铁水耗，确保全年钢产量达到350万吨以上。轧材系统要按照效益最优原则搞好产品组织，棒材机组要优化好生产批量，努力提高热装比，降低能源消耗；高线生产各项指标要全面达标，抗震盘螺也要成为凌钢的品牌。中宽热带的重点是提高质量、降低成本和增产中高碳品种钢。焊管要充分发挥装备优势，积极开拓市场。辅助保障系统要进一步增强大局观念，深挖内部潜力，千方百计提高供给保障能力，确保主体生产稳定运行。同时，还要做到自身高效低耗。

系统年修和技术改造要优化好方案，科学搞好组织协调。特别是要全力缩短2号高炉、转炉和1号、2号铸机等主体设备以及制氧机的年修工期，努力为生产赢得更多的宝贵时间。设备部门要全面加强管理，努力提高设备状态管控能力，确保经济、高效、稳定运行。要继续深入推进设备自主保养和点检定修，加强检修标准化管理。要继续强化区域包保检修工作，进一步提高包保检修的效率和质量。

销售部门要进一步加大市场开发力度，特别是品种钢。要充分发挥凌钢品牌优势，继续加大对国家重点工程市场开发力度，要密切跟踪京沈、津保、张唐高铁等重点工程和大庆油田、吉林油田等重点用户，努力追求比较效益的最大化。螺纹钢已经获得上期所交割品牌资格，明年必须在套期保值工作上有所突破。物资供应要牢牢把握采购主动权，进一步优化采购渠道，确保大宗原燃料采购优质、低价、高效。加强过程控制，做到均衡、及时到货。

二、继续深化对标挖潜、降本增效活动，进一步提升产品市场竞争力

开展对标挖潜、降本增效活动作为我们降低产品成本、提升市场竞争力的重要手段，我们要始终抓住不放松，继续深化这项工作仍然是明年的重点任务之一。

一是明确目标，落实责任。明年是公司实施对标挖潜三年规划的第二年，对标挖潜工作已经进入了攻坚阶段，工作的重心也由原来的保计划转变为保目标，确定的对标指标有122个。总的要求是：可比技术指标100%达到行业平均先进水平以上；吨钢电耗比基数降1.17%；吨钢耗新水比基数降0.5%；费用类指标比基数降4%；资金占用指标比基数降5%。各单位要进一步提高认识，明确责任，突出重点，扎实推进，确保对标指标的持续改善。

二是要进一步推进管理创新和技术创新，通过管理加强和技术进步促进对标挖潜、降本增效。继续完善进销存系统、统计信息系统和计量、检验等基础管理工作，规范和完善指标与成本旬分析体系，充分发挥日清日结平台作用，促进对标挖潜、降本增效工作向纵深发展。机关部室要充分发挥职能作用，积极为生产单位对标挖潜创造有利条件。坚持依靠技术进步对标挖潜，通过技术攻关、工艺改进、新技术新材料应用，促进对标挖潜、降本增效再上新台阶。

三是要转变观念，争创一流。各单位要开阔视野，虚心向先进学习，查找差距和不足，分析根源和潜力，实事求是地制定赶超目标的计划与措施。要进一步转变观念，克服畏难情绪和盲目乐观思想，敢为人先，敢创一流、敢争第一。要树立全局观念，积极推进系统对标，通过全方位挖潜，实现全公司增效。

三、努力优化产品结构，使有限的资源创造更大的效益

充分发挥装备优势，加大品种钢开发力度，进一步优化产品结构，是我们积极应对激烈市场竞争、把现有350万吨钢做专做精、使有限资源获取更大效益的必然选择。明年品种钢计划产量为163万吨，其中中高碳钢18万吨。技术、销售及相关生产单位要明确目标，落实责任，确保目

标任务的完成，原料、设备、质检等部门也要积极为品种钢开发创造条件。

中高碳钢的开发仍然是明年品种钢开发的重点，相关单位要给予足够的重视，要进一步优化设计，加强操作与管理，强化过程控制。在销售上要掌控终端用户需求，全力以赴增加销量。在服务上要主动对用户进行工艺指导，做到合理使用。通过共同努力，在已经初步形成中高碳钢产品开发系列化的基础上，尽快实现生产的批量化。要进一步加强 HRB400E 和 HRB500E 螺纹钢开发工作，扩大产品规格，提升产品档次，努力提高高强度抗震钢筋在全部钢筋产量中所占比例，力争达到60%以上。要搞好高线盘螺的开发，形成螺纹钢产品规格的系列配套，为扩大销售创造条件。

努力提高产品实物质量，技术开发和质量检验部门要加强对品种钢开发的工序管控和质量检验，对关键工序加强现场跟踪，严肃工艺纪律考核，确保实物质量稳步提高。要做好 HRB500E 抗震钢筋和 40Cr 圆钢新产品投产鉴定申报工作，充分利用国家新产品抵免税政策增收创效。

四、继续加大资源开发力度，为实现凌钢可持续发展奠定坚实基础

拥有充足资源是凌钢实现可持续发展的战略任务。明年要继续全力以赴搞好资源开发，尽最大努力，最大限度地获取资源并加速开发。

要加大工作力度，争取明年完成北票 6 个区域采矿权证的办理工作。建平 2 个区域的省级资补计划及探矿权证办理工作也要加快，相应的勘探工作要尽快实施。要抓住省、市大力支持的有利时机，积极参与朝阳市及域外铁矿资源整合工作，还要努力争取对周边其他空白区域的勘探。

保国公司要进一步采取措施，努力增加矿石产量，铁蛋山井采矿石必保 125 万吨以上。副井工程要抓紧施工，确保 2012 年 10 月底投入运行。边家沟采区务必要尽快实现正常生产，黑山采区也要争取早日实现井采。矿业公司在努力增加矿石产量的同时，必须加快新立屯、黄古屯、鸡冠山等采区推进速度，力争明年一季度前具备出矿条件。五家子选场改造要加快施工，争取在明年 7 月底投入生产。野猪沟矿区开发要加快选矿实验，立即着手建厂选址工作，尽快确定开发方案，争取早日开发利用。计划管理部要组织保国公司和矿业公司等单位做好凌钢“十二五”资源开发规划。

要充分利用当地资源优势，积极发展非钢产业，改变以钢为纲，实施多种经营。要抓紧油页岩采矿权证办理及开发工作，石灰石资源开发明年也要有实质性进展。

五、全面推进“十二五”规划实施，为实现做大做强目标开好局

明年是我们实施“十二五”规划的第一年。全公司上下要统一思想，坚定信心，迎难而上，各部门特别是技改相关单位要站在促进企业科学发展、做大做强凌钢的战略高度组织开展工作。

技术改造总体规划设计正在由中冶京诚工程技术有限公司进行细化和完善，力争明年 1 月完成。用于建设置场和编组站的用地征用手续办理要加快进度。新办公楼建设要在保证质量的前提下快速推进，力争明年 7 月投入使用。要广开渠道，多途径开展技改资金筹措。

现已开始实施的600 万吨钢项目有两项：一是180 平方米烧结机改造，工程总投资为 3.4 亿元。主体设备订货已经完成，明年 3 月 1 日开工，力争 11 底完成。二是总投资预计 1 亿元的中型材改造，是将现有机组改为全连轧，产能由 60 万吨增加到 80 万吨。加热炉招标和主体设备订货已经完成，近日即将开工。

六、进一步加强各项管理，促进整体管理水平上台阶

随着凌钢的快速发展，企业的装备水平、工艺结构和技术手段在不断提高，各项管理工作必须同步加强，管理制度也要及时健全完善。

安全生产要坚持以人为本，树立“安全发展”理念。要以提升职工安全意识和管理人员责任意识为重点，进一步深化“严、细、实”管理，确保各项规定、措施执行落实到位，形成安全生产管理长效机制。认真开展安全生产标准化，全面实施企业安全达标。强化主体责任落实和责任追究，抓安全要带着感情，处理违章要绝不留情，切实把安全工作做到职工的心里。认真做好重大危险源的治理和有效防范，坚决遏制重特大事故发生。

进一步强化资金管理。积极拓展融资渠道，加大融资工作力度，确保生产、技改资金流畅通。要努力提高资金使用效率，盘活沉淀，减少占用。要增强节约意识，努力压缩非生产性开支。全面加强信息化建设，要按照总体规划、分步实施的原则，抓紧制定总体规划。明年要推进设备管理信息系统和能源管控体系建设。通过努力，要使凌钢自动化水平在3~5年内有一个新的提升。

继续强化业务外委管理，要规范合同，理顺流程，加强重要环节监督与控制。进一步加强招标管理，使招标工作既符合国家和地方的法律法规，又要切合企业实际，做到规范化、科学化。企业内部控制工作要按步骤有序开展，力争在明年下半年初步具备运行条件。

效能监察和审计监督要加强对生产、经营、改造各环节上突出问题的规范和治理，加强制度执行力督查，坚决查处违法违纪案件，有效防范和遏止资产流失。治安保卫工作要适时开展严打整治专项行动，坚决遏制盗窃、诈骗企业资财案件的发生。加强厂区交通和门禁管理，坚决杜绝无卡人员、车辆出入厂区，净化厂内治安环境。

要进一步加强环境治理，以烧结和竖炉系统为重点，强化除尘设施运行，确保达标排放。废水零排放确保明年2月底实现，240平方米烧结机烟气脱硫工程明年5月底投入运行。现场管理要努力适应企业的快速发展，必须在管理理念、管理水平和管理效果上有质的提高。绿化美化工作要进一步提高档次和品位，同时要加大管护力度。

同志们，告别“十一五”，我们又以胜利者的姿态站在新的历史起点上。开启新的征程，我们应该也完全能够创造新的辉煌。让我们更加紧密地团结起来，以饱满的热情、昂扬的斗志、坚定的信心和顽强的毅力，扎实做好明年的各项工作，全面推进企业快速发展，为早日实现凌钢做大做强宏伟目标而努力奋斗！

后天就是元旦佳节。在此，谨向全公司职工致以节日的问候！预祝大家身体健康、平安快乐！

集团公司第二次党代会

党委书记张振勇在中国共产党凌源钢铁集团有限责任公司第二次代表大会上的报告

坚持科学发展　构建和谐企业
为实现凌钢又好又快发展而奋斗

（2007 年 12 月 1 日）

同志们：

现在，我代表中国共产党凌源钢铁集团有限责任公司第一届委员会向大会作报告。

中国共产党凌源钢铁集团有限责任公司第二次代表大会，是在党的十七大刚刚闭幕，我们企业进入新的历史发展时期召开的一次十分重要的会议。大会主要任务是：认真学习贯彻党的十七大精神，高举中国特色社会主义伟大旗帜，以邓小平理论和“三个代表”重要思想为指导，深入贯彻落实科学发展观，回顾总结凌钢第一次党代会以来的工作，分析面临的形势，确定今后五年的发展目标、工作方针和主要任务，选举新一届中共凌钢集团公司委员会和纪律检查委员会，动员全公司各级党组织和广大党员，认真落实党的十七大精神，团结带领全体职工进一步解放思想，开拓创新，真抓实干，为把凌钢做大做强，实现又好又快发展而奋斗。

一、过去七年工作的回顾与基本经验

凌钢集团公司一次党代会以来，在上级党委和政府的正确领导下，我们以邓小平理论和“三个代表”重要思想为指导，全面贯彻落实科学发展观，紧紧围绕一次党代会提出的奋斗目标，加快推进企业改革与发展，不断加强改进党的建设，各项工作都取得了丰硕成果，开创了凌钢改革发展的新局面。

七年来，我们做的工作和取得的成绩。

（一）顺应国家战略调整，努力转变发展方式，连续七年保持了经济效益稳定增长

生产能力得到持续增长和有效发挥，铁、钢、材产量分别由 2000 年的 73.9 万吨、78.3 万吨、59.6 万吨增长到 2006 年的 197.4 万吨、222.3 万吨、218.6 万吨，分别增长 167%、184%、267%。2003 年，提前两年实现了“十五”“一厂变两厂”发展目标，2004 年实现了 200 万吨钢历史性跨越。七年来，累计产铁 1003 万吨、钢 1095 万吨、材 1061 万吨，分别占凌钢 40 年总量的 62.1%、63.2%、71.8%。坚持以市场为导向，不断加强新产品开发力度，产品结构进一步优化，质量显著提高，品种钢比例由 2002 年的 1.9% 提高到 2006 年的 36.7%，企业竞争力明显增强。在上游产品价格大幅上涨，钢材价格频繁波动的形势下，从 2000 年到 2006 年累计实现销售收入 296.5 亿元，利润 24.1 亿元，上缴税费 22.3 亿元，资产总额由 2000 年的 32.9 亿元增长到 2006 年 53.4 亿元。在企业发展和效益提高的基础上，职工收入水平和生活质量显著提高，职工人均收入由 2000 年的 11230 元提高到 2006 年的 26044 元，增长 131.9%。

（二）企业发展战略更加明确清晰，为“做大、做强、做久”凌钢奠定了物质技术基础

七年来，依靠自我积累，投资 27.3 亿元进行了从矿山到轧材全系统的升级改造，淘汰了落后，优化了结构，提高了产能，改善了环境，以 750 立方米高炉为标志的主体装备逐步向大型化、现代化迈进。保国铁矿 250 万吨采选主体工程已经竣工投产，建成了具有国内先进水平的大型现代化矿山。在省市大力支持下，朝阳新区项目获得了国家发改委核准，并与鞍钢共同组建了鞍凌钢铁有限公司，目前建设施工已全面展开。按照“老区做久，新区做精”和实现企业可持续发展的思路，规划明年年底老区达到 350 万吨钢能力的技改工程已全面启动，为老区和新区共同参与辽宁钢铁工业整合增强了实力，奠定了基础。

（三）深化了以产权制度改革为中心的企业改革，初步建立起现代企业制度运行机制，企业管理进一步加强

分离了医院、学校、公安等企业办社会职能。汽运、建安、机制、生活等辅业子公司实现了主辅分离和改制，产权、劳动和隶属关系实现了3个“转变”，凌钢主体更加精干，改制公司也在市场竞争中增强了活力，得到了发展。积极稳妥地开展了下岗职工出中心，与失业保险并轨，做到了下岗职工不失业。企业机构、人员进行了整合，生产厂由16个整合为12个，机关部室由35个整合为17个，管理资源进一步集中配置，精干高效。制定了《子公司管理办法》和相应的管理细则，使集团管理更加规范。“凌钢股份”内部职工股在2003年成功上市，使广大职工得到了实惠，去年又顺利完成股权分置改革，上市公司实力进一步增强。深化了用工、人事、分配三项制度改革，初步建立了“干部能上能下、职工能进能出、收入能增能减”的激励机制；建立了“对管理者的管理，监督者的监督”的监督机制和项目管理“一保三限”制约机制，加强了招投标工作；完善了具有凌钢特色的“日清日结”核算模式，实现了由行政手段为主的人为管理向以市场法则和价值规律为主的机制管理，由定性管理向定量管理，由实物形态管理向价值形态管理转变。企业先后被授予“中国企业管理杰出贡献奖”、全国“守合同、重信用”企业，“质量管理先进企业”等荣誉称号。

（四）充分发挥了党组织的政治核心作用，全面加强了党的建设

公司党委和各级党组织始终坚持以邓小平理论、“三个代表”重要思想和科学发展观统领全局，紧密围绕生产经营中心开展党的工作，在企业改革发展的每个阶段，都把党的路线、方针、政策具体化，提出企业改革发展明确的思路和目标。坚持把“党管干部”原则同企业干部人事制度改革紧密结合，建立完善了干部业绩考核、竞争上岗、末位淘汰机制，使干部队伍更加年轻化、专业化、知识化，更加精干。实行党政工领导干部交叉任职，建立了“一岗双责”责任制，做到两个文明一起抓。党的先进性教育取得明显成效，公司党委提出的“有觉悟、有技能、有作用”的新时期凌钢党员先进性标准，已成为广大党员的行为准则。把先进性教育活动中各级党组织创新的一些好经验、好做法，提炼整理为党建工作15项制度，形成了加强凌钢党的建设和党员长期受教育的长效机制。党委提出了48条先进性教育整改措施，得到全面落实，解决了很多事关企业发展和职工切身利益的实际问题。基层党组织有活动、有活力，结合生产经营，开展了“共产党员工程”、“党员先锋岗”、“党员身边无事故”和“三先两优”等活动，使广大党员在生产实践中更好的发挥了先锋模范作用。目前，凌钢70%以上的劳模、50%以上的科技贡献奖和工人技术创新一等奖获得者是共产党员，党员已成为企业改革发展的中坚和骨干力量。坚持在优秀青年职工和知识分子中发展党员，七年来共发展党员370人，为党组织增添了新鲜血液。坚持不懈地开展党风建设和反腐倡廉工作，初步形成了教育、制度、监督并重的惩治和预防腐败体系。党风廉政建设和效能监察紧密结合，加大了查处案件力度，维护了企业利益，树立了企业正气。七年来，处分各类违规违纪人员96人。其中，开除党籍2人，劝退出党4人，其他处理380人。公司党委连续多年被省委评为先进党委，两次被中组部评为“全国先进基层党组织”。

（五）以构建和谐凌钢为目标，加强了思想政治工作和企业文化建设

紧密围绕生产经营，针对不同时期的中心工作，开展了形式多样的形势任务教育，引导职工认清形势，明确方向，保证了各项工作顺利开展。大力推行“效益型”思想政治工作，将思想政治工作贯穿、渗透、延伸到生产经营管理的每个环节中去。坚持把思想政治工作的着眼点放到基层、放到班组，开展以“管理型、技能型、效益型、创新型、和谐型”为主要内容的“五型班组”活动，两年表彰“五型班组”145个。坚持思想政治工作与解决职工实际问题相结合，促进和谐凌钢建设。七年来，三次调整了在岗职工工资；建立了离退休职工效益津贴；提高了住房公积金缴纳比例；建立了医疗保险制度和取暖补贴、用电补贴；大幅度提高了保健、夜班、加班工资和独生子女补助标准；对工亡、工伤职工和特困职工，开展了送温暖和金秋助学等活动；新建装修了游泳馆、乒乓球馆和凌钢文化宫等一批文体活动设施，丰富了职工业余文化体育活动。对家属区进行了大规模改造，职工生活环境大为改善。新增绿地32.4万平方米，全公司绿化覆盖率达到30%，被评为“全国冶金绿化先进单位”。按照“以立为本、重在建设、分步实施、逐渐完善”的

方针，全力开展企业文化建设，重点抓了理念文化建设，在职工中树立了“市场经济靠自己”、“忠诚凌钢，爱岗敬业”、“上岗靠竞争，收入靠贡献”等文化理念，使其成为凝聚广大职工思想，规范行为，引领企业改革发展的强大精神力量。认真贯彻落实《公民道德建设实施纲要》，制定了凌钢职工行为规范和职业道德规范，对职工进行社会主义荣辱观教育、法制教育，宣传了一批道德职工典型，广泛开展群众性精神文明创建活动，凌钢被国家文明委评为“全国精神文明建设先进单位”。

（六）强化了民主管理，发挥了群众组织作用，加强了职工队伍建设

坚持全心全意依靠职工办企业的方针，完善了以职代会为基本形式的民主管理制度，涉及企业发展战略和职工切身利益的一些重要举措，都经过职代会审议讨论。坚持了“厂务公开、民主管理”制度，基层班组工段考勤、奖金分配等做到了“四公开”，维护了广大职工利益。充分发挥工会、共青团、科协等群众组织作用。公司工会把开展工人技术创新、创建学习型组织、争做知识型职工、创建“五型班组”和劳动竞赛等“三创一赛”活动作为自己工作的品牌，特别是工人技术创新活动在鼓励工人学技术、学技能等方面作用突出，六年来共有1091项工人创新成果获公司级奖励。实施“科技兴企”和“人才兴企”战略，制定了一系列激励和优惠政策，装修了大学生公寓等配套设施，吸引人才，广招人才。近几年来进厂大专以上学生647名，为公司发展增添了力量。积极为科技人员施展才能创造条件、搭建平台。七年来，共有899人次获得公司科技贡献奖。大力开展了岗位技能鉴定和工人技师评聘，今年共有232名工人被评聘为技师和高级技师，职工的综合素质有较大提高。此外，公司的治安保卫、法制建设、统战工作、信访工作、老干部和离退休人员管理工作、计划生育、女工工作，都取得了良好成绩。

回顾七年来的工作，我们的体会和经验是：一是必须以科学发展观为指导，与时俱进，解放思想，推进创新。解放思想、开拓创新是加快企业改革发展的前提。我们坚持用科学理论武装干部职工头脑，把解放思想贯穿于发展的全过程，大力推进体制、机制和科技创新，带来了改革的大突破、企业的大发展。二是必须围绕企业生产经营中心扎实开展党建工作。充分发挥党组织的战斗堡垒和党员的先锋模范作用，有力地推动了企业的生产经营和改革发展，党的工作也得到加强，工作内容、活动方式不断创新。三是必须正确处理好改革、发展和稳定的关系，营造和谐的企业环境。改革、发展、稳定三位一体，相辅相成，缺一不可。在推进凌钢改革发展过程中，我们始终坚持以改革为动力，以发展为根本，以稳定为基础，营造和谐的内外环境，促进凌钢全面、协调、可持续发展。四是必须以人为本，全心全意依靠职工办企业。以人为本是各项工作的出发点和落脚点。我们始终依靠职工，维护职工的根本利益，充分尊重职工的主人翁地位，不断拓展职工民主管理、民主参与和民主监督的渠道，最大限度地凝聚职工的力量和智慧，为凌钢的发展注入了不竭的生机和活力。五是必须从严治党，不断加强党的自身建设。从严治党是党执政能力建设和先进性建设的重要内容。我们始终把领导班子和干部队伍建设作为关键来抓，按照凌钢共产党员“有觉悟、有技能、有作用”的先进性标准要求每一名党员，深入开展党风廉政建设和反腐倡廉工作，为凌钢改革发展提供了强有力的政治和组织保证。

总之，凌钢第一次党代会以来这七年，是我们坚持贯彻落实科学发展观，企业创效能力和自身实力不断增强的七年；是坚持改革攻坚，推进制度创新和管理创新并使其逐步完善的七年；是坚持技术进步，优化工艺结构和产品结构，企业市场竞争能力不断提高的七年；是坚持企业文化建设，努力构建和谐凌钢，职工得到实惠最多的七年；也是我们坚持围绕经济工作抓党建，企业各级党组织和广大党员的战斗力不断加强的七年。

回首七年，成绩来之不易，这是上级党委和政府正确领导的结果，是各级党组织和广大党员带领全体职工奋力拼搏、真抓实干的结果。在此，我代表中共凌钢第一届委员会，向在各自岗位上辛勤工作的全体党员、职工，向所有支持、关心和参与凌钢改革发展的各级领导和同志们，表示衷心的感谢和崇高地敬意！

在充分肯定成绩和经验的同时，我们也应该看到存在的问题和不足，主要是：企业还不适应参与更加激烈的市场竞争要求；少数单位党组织党建工作基础不牢，创新不够，办法不多；少数

干部思想观念和工作能力还不能适应企业发展进步的要求，素质有待提高；适应未来发展需要的企业人才队伍建设还需进一步加强；企业文化理念还有待进一步升华，构建和谐凌钢的工作任重而道远。所有这些问题需要我们采取有效措施，认真加以解决。

二、今后五年的工作任务

各位代表，当前，凌钢正处在一个新的历史起点上。今后几年是我国全面建设小康社会重要战略机遇期，也是我国由钢铁大国走向钢铁强国的关键时期，更是我们企业实现新世纪可持续发展的重要时期。准确把握当前形势和未来发展趋势，紧紧抓住改革发展的有利机遇，借助40余年打下的坚实基础，进一步把凌钢做大做强做久，是我们肩负的重大历史责任。以党的十七大精神和科学发展观为指导，规划好今后几年凌钢改革发展的方向、目标和工作思路，确定好凌钢党的建设和构建和谐企业的基本方针，是这次大会的主要任务。

刚刚闭幕的党的十七大，是在我国改革发展关键阶段召开的一次十分重要的大会。胡锦涛同志代表党中央所做的报告，描绘了在新的时代条件下继续全面建设小康社会、加快推进社会主义现代化的宏伟蓝图，为推动党和国家事业发展指明了前进方向，是在新的历史起点上继续发展中国特色社会主义的政治宣言和行动纲领。贯穿于十七大报告中的一条红线，就是科学发展观。科学发展观系统地回答了我们需要什么样的发展和怎样发展的问题，是我国经济社会发展重要指导方针和必须坚持贯彻的重大战略思想。我们要全面把握科学发展观的科学内涵和精神实质，切实增强从凌钢实际出发贯彻科学发展观的自觉性和坚定性，用科学发展观转变思想观念，统领各项工作。为此，凌钢今后几年工作总的指导思想是：以邓小平理论和“三个代表”重要思想为指导，以党的十七大精神和科学发展观为统领，以企业发展为中心，坚持以人为本、构建和谐企业，发挥党组织政治核心作用和党员先锋模范作用，继续解放思想、深化改革、加速改造、转变发展方式，努力把凌钢做大做强做久，实现又好又快发展。

今后五年凌钢改革发展的战略总目标是：

（1）发展迈上新台阶，企业竞争实力显著增强。到2008年底，老区形成350万吨钢的综合生产能力，新区建成投产，在此基础上，新、老区要发展成为总量具有800万吨规模、销售收入300亿元、品牌优、成本低、效益高、环境好、竞争力强的精品钢材基地。

（2）改革取得重大突破，企业管理进一步上水平。积极创造条件，参与辽宁钢铁工业重组。企业完善的法人治理结构基本形成，现代企业制度进一步健全。企业机制不断创新，各项管理规范有序。节能减排向更高标准迈进，建成资源节约型、环境友好型企业。

（3）“共建共享”达到新水平，和谐凌钢建设取得新成果。职工收入水平和生活质量显著提高，职工收入与企业效益同步增长，做到发展为了职工，发展依靠职工，发展成果职工共享。民主管理不断完善，党群、干群关系融洽和谐。企业文化建设不断创新发展，职工精神文化生活丰富多彩，巩固全国文明单位。

（4）党的建设进一步加强，职工队伍素质显著提高。党组织政治核心作用、党支部战斗堡垒作用和党员的先锋模范作用得到充分发挥，先进性建设完善长效机制，保持和巩固“全国先进党组织称号”。建立健全人才队伍选拔、培养、使用、激励机制，职工队伍素质全面提升，形成一大批能适应企业可持续发展要求的管理人才、专业技术人才和生产操作人才队伍。

（一）贯彻落实科学发展观，推进企业可持续发展

这届党委的任期，正是“十一五”规划的实施期，也是我们凌钢发展的关键时期。发展是企业第一要务，也是各级党组织、广大党员和职工肩负的历史重任。

1. 加速推进以实现350万吨钢能力为目标的老区技术改造，提升企业可持续发展能力

近几年来，我国钢铁工业发展十分迅猛，全国钢产量以每年20%以上高速增长，到去年底国内年产钢500万吨以上的企业已经达到25家。凌钢要想跟上我国钢铁工业发展速度，在日趋激烈的市场竞争中立于不败之地，必须全力以赴加快企业发展步伐。我们要清醒地看到凌钢面临的困难和挑战，现在留给我们发展的时间和空间已经不多了，形势逼人，时不我待，不进则退，慢进亦退，我们要树立强烈的危机感、紧迫感和使命

感，抢抓当前有利机遇，集中全部力量，抓紧推进老区350万吨钢改造工程。要通过主体设备的升级改造和公辅设施的完善配套，淘汰落后产能，做大优势产能，在明年底达到350万吨钢综合生产能力。350万吨钢改造工程，事关企业的生死存亡和长远发展，是凌钢贯彻党的十七大精神，落实科学发展观的实际行动，朝阳、凌源两级政府都给予了全力支持，这是摆在凌钢今、明两年高于一切、先于一切、大于一切的头等大事，它既是一个宏伟的目标，又是一项艰巨的任务，是需要举全公司之力才能完成的庞大系统工程。我们各级组织和广大职工都要以高度的主人翁责任感，积极投身到工程建设中来，高速优质地完成改造任务，为实现凌钢的可持续发展做出新贡献。

2. 坚持品牌战略和低成本战略，努力实现发展方式的转变

凌钢的发展必须是科学发展观指导下的发展，是速度、质量、效益、环境相统一的科学发展，要在实现“量”的增长的同时，努力实现“质”的提升。要充分利用、发挥我们多年形成的管理优势和资源优势，不断优化供、产、销、人、财、物各生产要素的科学配置，大力提高资源利用率、设备利用率、劳动生产率，提升产品科技含量和附加值，提升生产运营的质量和效率。要通过350万吨钢技术改造，使凌钢的装备、工艺跟上当代钢铁工业发展步伐，主要技经指标达到国内同类企业先进水平，主要品种在国内同类产品中具有较强竞争力。要充分发挥装备升级优势，不断优化产品结构，把由普钢为主转变到品种钢为主的产品结构上来，要形成几个市场认知度高、竞争力强的拳头品种，提高企业核心竞争力。要抓紧矿山的开发和建设，不仅现有采选要尽快达产达效，明年完成110万吨铁精矿，而且要把后续发展跟上，尽快形成凌钢可持续发展的稳固的原料基地。在350万吨钢技改中，要妥善处理好技改和生产的关系，处理好新能力形成后出现的新的不平衡，实现生产要素协调运行。要通过强化管理和技术进步，积极推进清洁生产，着力抓好节能减排工作，大力推广低投入、低消耗、低排放、高效率的节约型发展方式，广泛应用节能降耗新技术，节约能源资源，提高资源利用效率。加大环保投入，美化、绿化厂容厂貌。要通过努力，使凌钢逐步实现从主要依靠资源、资本、环境与劳动力的高投入发展模式，向以资源、资本等硬投入与技术、管理等软投入相结合的发展模式转变，向扩大优势产能与提升品种、质量和技术进步水平并举转变。

3. 要继续深化企业改革，不断增强企业活力

改革开放是一场新的伟大革命，是企业可持续发展的动力和保证。要解决我们前进道路上遇到的各种难题，就必须以更大的决心，推动改革向更宽领域、更高水平、更大效益迈进。要按照有利于企业发展、有利于提升企业整体实力的原则，努力创造条件，以积极的姿态，做好老区与新区，共同参与辽宁钢铁工业重组。要拓宽融资渠道，为企业发展筹集资金。要与时俱进地不断推进企业体制、机制创新，完善法人治理结构，形成权责明确、运转协调的运行机制，建立起规范的现代企业制度。要继续深化用工、人事、分配三项制度改革，按照市场化配置资源原则，探索“协力”用工制度，精干岗位人员，提高劳动生产率。要通过深化改革，进一步完善“干部能上能下、职工能进能出、收入能增能减”，“上岗靠竞争，收入靠贡献”的机制。要坚持完善多年形成的一系列内部管理激励、制约、监督机制，坚持完善“日清日结”、“一保三限”、“对管理者的管理，监督者的监督”等行之有效的管理制度，并根据企业发展的新形势、新特点，不断推进管理创新，全面提升各项管理水平。

（二）不断加强和改进党的建设，为凌钢实现稳定和谐、又好又快发展提供坚强的政治保证

今后五年，是凌钢加快改革发展的重要时期，能否实现我们的宏伟目标，关键在党。党的十七大对推进党的建设新的伟大工程做出了重要战略部署，为进一步加强党的建设指明了方向。我们要紧密结合企业实际，认真贯彻十七大精神，以改革创新精神全面加强党的建设，为凌钢改革发展提供坚强的政治保证。

1. 着力加强领导班子和干部队伍建设

班子建设是最根本性的建设，也是党建工作最核心的内容。要努力把两级班子建设成为政治坚定、求真务实、开拓创新、勤政廉政、团结协作，适应凌钢改革发展需要的坚强领导集体。一要不断加强班子和干部队伍的理论和能力建设。要坚持用科学理论武装各级干部头脑，当前的主

要任务，就是要结合企业和干部思想实际，认真学习党的十七大精神，深入领会中国特色社会主义理论体系，提高运用科学发展观分析和解决实际问题能力。要加强对干部理想信念和党的宗旨教育，引导干部牢固树立正确的世界观、人生观、价值观，为企业掌好权、用好权。要把能力建设贯穿于干部队伍建设的始终，增强各级领导干部解决复杂问题的能力、促进企业发展的能力、开拓创新的能力，不断提高干部的综合素质。二要坚持选人用人正确导向，形成人才脱颖而出的良性机制。在干部选用上，要注重干部的品德和党性修养、注重能力业绩、注重群众公认、注重年轻化、知识化，培养造就适应凌钢发展需要的优秀干部队伍。要把党管干部原则和行政依法行使用人权相结合，组织选拔和市场选择相结合，坚持公开、平等、竞争、双向、择优的原则选拔干部。要继续坚持干部聘任制、任期制、公示制、末位淘汰制和重大责任追究等制度，建立健全考核干部评价体系和定期培训机制。三要加强民主集中制建设。要坚持和完善现代企业制度下党组织参与企业重大问题决策的规则和程序，凡涉及企业和单位重大问题，都必须经过班子集体讨论决定，充分发挥集体的智慧和作用。要把集体决策和分工负责相结合，每个班子成员都要自觉讲团结、讲正气、讲和谐、讲配合。四要加强作风形象建设。每个干部都要按照社会主义荣辱观的要求，严于律己，率先垂范，要求下级做到的，自己首先做到，要求下级不做的，自己坚决不做。培养健康的生活情趣，保持高尚的精神追求，用自己良好形象取信于广大职工群众。

2. 巩固和发展先进性教育成果，着力加强党员队伍建设

党的十七大报告指出，“先进性是我们党的生命所系、力量所在，要靠千千万万高素质党员来体现。”我们要按照这一要求，切实抓好党员队伍建设这一基础工程，坚持不懈地提高党员队伍素质。一要切实落实保持共产党员先进性长效机制。要组织广大党员认真学习十七大通过的新党章，每个党员都要严格按照党章规定履行自己的义务和权利。要认真贯彻中央下发的保持共产党员先进性长效机制的四个重要文件和公司党委关于党建工作的15项制度，建立健全党员学习培训、组织生活、服务群众、监督制约和党员党性定期分析机制，使党员“长期受教育、永葆先进性”。二要加强党支部建设。重点是提高书记的政治素质和工作能力。在党政兼职的新形势下，兼职书记、副书记必须履行“一岗双责”、“双向考核”，坚持两个文明一起抓，两个成果一起要。要定期对书记培训，不断提高做好党务工作的本领，严格执行党建工作的各项要求，落实“三会一课”等制度，按时召开党员组织生活会和班子民主生活会。公司党委各部门要加强对党建工作的检查、指导、考核和管理，促进基层党组织工作走上制度化和规范化轨道。三要创新载体，发挥党员的先锋模范作用。要按照“有觉悟、有技能、有作用”凌钢共产党员先进性标准，严格要求每个党员，使党员做到“思想觉悟高于群众、劳动技能高于群众、工作业绩高于群众、奉献精神高于群众”。要以“三先两优”活动为主线，开展党内立功竞赛、提合理化建议、技术比武、党员责任区、党员身边无事故等活动，紧紧围绕企业生产经营，不断激发党建工作的活力。四是按照“坚持标准、保证质量、慎重发展”的方针，注重在生产一线和知识分子中发展党员，注重党的积极分子队伍建设，力争在三年内基本消除党员空白班组。

3. 深入搞好党风廉政建设

要按照十七大提出的一系列新要求、新思路、新举措，结合企业实际，创造性地做好企业党风廉政建设工作。一要抓好党风廉政教育，筑牢拒腐防变的思想道德防线。要突出教育重点、丰富教育内容、创新教育形式、增强教育效果，重视重点部门、重点岗位人员教育，引导各级管理人员自觉弘扬新风正气，抵制歪风邪气。二是建立完善党风廉政建设教育、制度、监督惩防体系，进一步健全责任、自律、监督长效机制。要加强效能监察，加强对各级管理人员的用权监督，坚持“对管理者的管理，监督者的监督”，用制度管权、管事、管人，规范管理人员的从业行为，积极推进从源头上防止腐败，使管理人员不犯错误或少犯错误。三要加大对违规违纪侵害企业利益问题的查处和打击力度，保证国有资产不流失。对腐败问题和不法分子打击和惩治有力，才能增强教育的说服力、制度的约束力和监督的威慑力。因此，要坚决查处以权谋私、以岗谋私、侵害企业利益的违法违纪案件，对任何腐败分子和不法

分子都必须依法严惩，决不姑息。

（三）坚持以人为本，加强企业文化建设，构建和谐凌钢

按照科学发展观的要求，发展的核心是以人为本。作为企业，以人为本就是以职工为本。要把维护好、发展好广大职工的根本利益作为企业各项工作的出发点和落脚点，要通过强有力的思想政治工作和企业文化建设，培养高素质的职工队伍，依靠广大职工促进凌钢进一步发展。

1. 加强和改进思想政治工作，为凌钢改革发展和构建和谐企业提供精神动力

思想政治工作是我们党的一大政治优势。按照以人为本加强和改进思想政治工作，就是以人作为工作的出发点，以促进人的全面发展作为工作的落脚点。一要适应形势变化不断改进、创新思想政治工作的方式方法。要尊重职工在企业的主体地位，增进对职工的感情，多做聚人心、暖人心、得人心的好事实事，对职工的思想、工作、生活饱含深情地给予发自内心的关怀。要把解决思想问题同解决职工最直接、最关心、最现实的问题相结合，使思想政治工作更加贴近实际、贴近生活、贴近群众。要改变工作思路，改变居高临下的模式，把我们要说的和职工要听的结合起来，多用职工喜闻乐见的方式和职工熟悉的语言通过平等交流、民主讨论的方法，引导职工自我教育，自我提高。要努力为职工解疑释惑，促进职工思想观念转变，使公司的各项改革和政策得到职工的理解、支持和参与。要继续贯彻“沉底”方针，把企业思想政治工作着眼点放在基层，放在班组，大力开展“五型班组”活动。二要广泛深入地开展形势任务和企业发展大目标教育，增强职工的责任感和使命感。围绕公司的发展战略和中心工作，结合不同时期的特点，讲清形势，明确任务，鼓舞干劲，把广大职工的思想行动及智慧力量统一到实现公司各项目标上来。当前，就是要围绕明年实现350万吨钢大目标，引导职工把凌钢的长远发展同自身利益、自身价值的实现紧密结合起来，牢固树立热爱凌钢、建设凌钢、发展凌钢的使命意识、责任意识，从而凝聚人心，提升人气，为企业实现美好远景献计出力、拼搏奉献。三要加强对职工理想信念教育、职业道德教育、社会主义荣辱观教育，引导职工树立坚定的理想信念和正确的人生观、价值观，以诚实守信为荣，以见利忘义为耻，严守职业道德和社会公德，不断提高职工的思想水平和道德水平。四要大力开展“忠诚凌钢，爱岗敬业”教育，牢固树立爱厂、爱岗的敬业精神，扎扎实实把本职工作做好。五要按照“五五”普法规划要求，大力加强法制教育，提高职工知法、懂法、守法水平，加强保卫工作，维护企业正常的生产生活秩序。六要坚持正确的舆论导向，积极营造顾全大局、珍视团结、维护稳定的和谐舆论环境。教育职工通过理性合法的程序和方式表达自己的利益诉求，努力增加企业的和谐因素，消除不和谐因素，在全公司形成“和谐企业人人有责、和谐企业人人共享”的和谐氛围。

2. 大力推进企业文化建设

我们要坚持以先进的企业文化凝聚力量，激发活力，奠定构建和谐凌钢的思想基础，提供创新发展的不竭动力。企业文化的核心是理念文化建设，近年来，凌钢在生产经营和企业文化建设的实践中，已经形成为广大职工所认可并经过实践检验符合凌钢实际的多种理念，对统一职工思想、鼓舞斗志、调动职工积极性起到了重要作用。根据凌钢企业发展的实际，我们认为应在这次党代会上，对凌钢的企业精神有一个明确的定位。企业精神是一个企业经营宗旨、价值理念、管理信条的集中体现，是凝聚人心，推动企业发展的巨大精神动力。随着企业发展，与时俱进的总结提炼新时期企业精神意义重大。因此，公司党委建议以“自强、诚信、求实、创新”作为新时期凌钢的企业精神。“自强”，就是自强不息。这既是一种百折不回的进取精神，也是成就事业的内在动力。多年来凌钢坚持“市场经济靠自己”，在企业发展的过程中，以我为主、不等不靠、奋发图强、直面挑战，就是自强精神的具体体现。在新的历史时期，我们必须继续弘扬这种精神，才能使企业永远立于不败之地；“诚信”，这是市场经济的基石，是公平竞争的基础。多年来，凌钢始终把诚信作为企业经营和职工行为信守的准则，靠诚信赢得用户，靠诚信赢得市场。今后，我们应该把依法守信、诚信经营作为办企业永恒的主题，把“忠诚凌钢、爱岗敬业”作为职工的行为规范，以企业良好的信誉和形象，求得企业更好更快发展；“求实”，这是我们一贯坚持的实事求是的思想路线和求真务实的工作作风。想问题、

作决策、抓工作，从实际出发，从厂情出发，脚踏实地、真抓实干、不走形式、不搞“花架子”，这个作风应继续发扬光大。“创新”，是企业进步的灵魂。创新就是敢于自我否定，勇于大胆探索，实现自我超越，企业常变常新。没有多年来在技术、管理、制度各方面的不断创新和整体优化，就没有凌钢的今天，只有不断创新，才能为企业发展提供不竭的动力。“自强、诚信、求实、创新”，真实地反映了凌钢40多年来特别是改革开放以来的奋斗足迹，反映了当前凌钢改革发展的实际，更是广大职工对凌钢未来的希望和追求，这是对凌钢长期以来所形成的经营思想、经营理念的浓缩和升华，体现了时代特征，突出了凌钢个性，符合十七大精神，也体现了科学发展观的要求。我们希望大会通过这个报告之后，要认真宣传贯彻这个新的凌钢精神，使其成为凝聚人心、推动企业发展的巨大精神动力。

3. 领导和支持群众组织创造性地开展工作，大力加强精神文明建设

要充分发挥工会、共青团、科协等群众组织的桥梁纽带作用，更好地组织职工、宣传职工、教育职工、服务职工，促进和谐凌钢建设。一是要加强对工会等群众组织的领导。各级党组织要依法支持工会等群众组织独立自主地开展工作。工会要在突出维护、教育职能，维护好职工合法权益的同时，紧紧围绕凌钢企业改革发展的实际，继续大力推进具有凌钢特色的“三创一赛”活动，努力提高职工素质，为凌钢改革发展服务。要以党建带团建，鼓励和支持共青团组织开展有特色的活动，充分发挥其生力军和后备军作用。二是要深入推进企业民主建设。认真落实职代会各项职权，坚持做到企业的重大决策和涉及职工切身利益的重大事项必须提请职代会审议通过，切实落实职工代表的知情权、审议权、决策权和监督权。拓展厂务公开形式，规范厂务公开程序，提高厂务公开质量。三是要实现好、维护好、发展好广大职工的根本利益。在企业发展的基础上实现职工收入的稳步增长。切实解决好职工最关心、最直接、最现实的问题，让广大职工安心工作，快乐生活。坚持实施扶贫帮困送温暖工程和“金秋助学”工程，在职工中营造关爱、互助的和谐环境。要强化安全生产管理，有效遏制安全事故的发生，确保职工的身心健康。四是实施“人才强企”战略，培养开发适应凌钢又好又快发展的人力资源。要下大力量加强人才队伍和高素质职工队伍建设，强化激励机制和培养开发机制。进一步规范和推进科技贡献奖、工人技术创新和技师评聘制度，为不同类型人才提供成长空间，实现企业与职工同步成长。五是大力加强精神文明建设。以“讲文明、树新风”活动为重点，整治不文明行为，倡导文明、健康、科学的生活方式。要充分利用游泳馆、文化宫等文体设施，开展促进和谐的各种文体活动，丰富职工精神文化生活。治安保卫、法制建设、统战工作、信访工作、离退休人员管理工作、计划生育、女工工作，都要坚持以人为本，扎实工作，促进和谐。

各位代表、同志们，我们面临的任务繁重而艰巨，肩负的使命崇高而光荣。让我们高举邓小平理论和“三个代表”重要思想伟大旗帜，深入贯彻党的十七大精神和科学发展观，再接再厉，与时俱进，团结一心，奋发图强，为实现凌钢和谐稳定、又好又快发展而奋斗！

中国共产党凌源钢铁集团有限责任公司第二次代表大会关于中共凌钢集团公司第一届委员会工作报告的决议

（2007年12月2日）

中国共产党凌源钢铁集团有限责任公司第二次代表大会经过认真审议，批准张振勇同志代表中国共产党凌源钢铁集团有限责任公司第一届委员会所作的题为《坚持科学发展，构建和谐企业，为实现凌钢又好又快发展而奋斗》的工作报告。

大会完全同意张振勇同志在报告中对过去七年工作的总结，充分肯定第一届党委所做的工作。第一次党代会以来，在上级党委和政府的正确领导下，凌钢以邓小平理论和“三个代表”重要思想为指导，全面贯彻落实科学发展观，紧紧围绕

第一次党代会提出的奋斗目标，顺应国家战略调整，努力转变发展方式，连续七年保持经济效益稳定增长。企业发展战略更加明确清晰，为“做大、做强、做久”凌钢奠定物质技术基础。深化以产权制度改革为中心的企业改革，初步建立起现代企业制度运行机制，企业管理进一步加强。充分发挥党组织的政治核心作用，全面加强党的建设，共产党员先进性教育取得显著成果。以构建和谐凌钢为目标，加强思想政治工作和企业文化建设，为企业发展提供了强有力的政治保证。强化民主管理，发挥群众组织作用，加强职工队伍建设。大会认为，第一次党代会以来的七年，是凌钢创效能力和自身实力不断增强的七年，是推进制度创新和管理创新的七年，是优化工艺结构和产品结构、企业市场竞争能力不断提高的七年，是努力构建和谐凌钢，职工得到实惠最多的七年，也是各级党组织和广大党员的战斗力不断加强的七年。

大会指出，当前凌钢正处在一个新的历史起点上，今后五年是我国全面建设小康社会的重要战略机遇期，也是我们凌钢实现新世纪持续发展的重要时期。报告贯穿了党的十七大精神，准确把握了凌钢当前和长远发展的重点和关键，完全符合凌钢实际，对于指导努力把凌钢做大做强做久，实现又好又快发展具有重要的现实意义和长远意义。

大会同意张振勇同志在报告中提出的凌钢今后五年工作的指导思想、战略目标以及主要任务。今后五年必须认真贯彻党的十七大精神，全面落实科学发展观，推进企业可持续发展。当前要抢抓有利机遇，集中全部力量，加速推进以实现350万吨钢能力为目标的老区技术改造。要坚持品牌战略和低成本战略，努力实现发展方式的转变。要继续深化企业改革，不断增强企业活力。

大会强调，实现凌钢又好又快发展关键在于加强和改善党的领导。要紧紧围绕凌钢的发展目标和中心任务，用邓小平理论、“三个代表”重要思想和党的十七大精神统领各项工作，以保持党的先进性为目标，以改革创新精神全面加强党的建设，发挥企业党组织的政治核心作用，为凌钢改革发展提供坚强的政治保证。要不断加强领导班子和干部队伍建设，进一步加强党的作风建设和党风廉政建设，提高各级党组织的凝聚力和战斗力。

大会强调，按照科学发展观的要求，企业发展的核心是以人为本。我们要把维护好、发展好广大职工的根本利益作为企业各项工作的出发点和落脚点，坚持以人为本，加强企业文化建设，构建和谐凌钢。大会确立的“自强、诚信、求实、创新”作为凌钢新时期的企业精神，是对凌钢长期以来所形成的经营思想、经营理念的浓缩和升华，具有时代特征，突出了凌钢个性，符合十七大精神，也体现了科学发展观的要求。我们要认真宣传贯彻这个新的凌钢精神，使其成为凝聚人心、推动企业发展的巨大精神动力。

大会号召，实现凌钢又好又快发展，再创辉煌的宏伟目标，是历史赋予我们的神圣使命，全公司各级党组织、全体共产党员和广大职工，要更加紧密地团结在公司党委周围，全面贯彻党的十七大精神，坚持科学发展观，与时俱进，开拓创新，团结一致，奋发进取，为实现凌钢又好又快发展而努力奋斗！

纪委书记苑成德代表中共凌钢集团公司纪律检查委员会在公司二次党代会上的工作报告

贯彻从严治党方针　深化惩防体系建设
为实现凌钢持续健康和谐发展提供纪律保证

（2007年12月1日）

各位代表、同志们：

我代表中共凌钢集团公司纪律检查委员会，向大会作纪律检查工作报告，请各位代表审议。

一、凌钢首次党代会以来党风廉政建设工作回顾和体会

自2000年首次党代会以来，公司纪委在公司党委和上级纪委的正确领导下，以邓小平理论、“三个代表”重要思想和科学发展观为指导，认真履行党章赋予的职责，坚持“标本兼治、综合治理、惩防并举、注重预防”的方针，围绕公司改革发展和生产经营，扎实推进党风廉政建设，为凌钢实现持续健康和谐发展提供了强有力的纪律保证。

（一）加强党风廉政教育，党员干部廉洁自律意识不断增强

七年来，公司纪委结合企业实际，按照公司党委和上级纪委要求，开展了一系列内容丰富、形式多样的党风廉政教育活动。一是开展主题教育，弘扬时代主旋律。坚持以党员干部、重要岗位人员为重点，先后开展了学习邓小平理论、“三个代表”重要思想、“牢固树立正确的权利观”、“坚持两个务必”、“社会主义荣辱观”和“八个方面良好作风建设”等教育活动，坚持优良传统，弘扬新风正气。二是结合岗位工作实际，开展廉洁自律系列教育。运用内外查处的大案要案进行廉洁自律警示教育，组织观看电教片20余场次。将公司20个监督管理制度汇编成册，下发给基层组织进行学习。为基层党组织购买、编辑下发理论学习资料、廉政条规小册子近2000册。结合保持共产党员先进性教育活动，组织党员干部开展了《实施纲要》、《中国共产党纪律处分条例》、《中国共产党党内监督条例（试行）》等学习和答题活动，使教育与管理相结合。三是开展企业廉政文化建设。在全公司开展了以“清廉在我心中”为主题的读书思廉、楹联、诗词创作等廉政文化建设活动，征集作品400余篇，其中有120篇作品被收入《朝阳市廉政楹联诗词作品集》中。四是创新教育形式，增强了教育的针对性和实效性。在公司电视台开办了“纪检监察长镜头”专题节目，对违规违纪行为公开曝光。在《凌钢宣传》上开办“纪检监察专栏”，自办《纪检审计监察动态》简报。为扩大教育覆盖面，2004年又创建了“凌钢纪检审计监察网”，动态宣传党风廉政建设工作，提升了教育效果。通过多种形式的教育，党员干部的廉洁自律意识进一步增强。

（二）认真落实党风廉政责任制，对管理者的管理监督者的监督力度不断加大

贯彻落实党风廉政建设责任制是公司纪检监督工作不断深化的重要举措。一是按照党中央、国务院《关于实行党风廉政建设责任制的规定》和上级纪委的要求，结合企业实际，制定下发了《凌钢集团公司党风廉政建设责任制实施办法》和《凌钢集团公司党风廉政建设责任制考核细则》，实现了“党委统一领导、党政齐抓共管、纪委组织协调、部门各负其责、依靠职工群众支持和参与”的党风廉政领导体制和工作机制。坚持按责任制的要求监督检查，把党风廉政责任制执行情况作为评先选优和考评聘任中层以上领导干部的重要依据，促进了党风廉政建设的法制化水平。二是按照中央关于《建立健全教育、制度、监督并重的惩治和预防腐败体系实施纲要》精神，结合凌钢实际，制定下发了《凌钢集团公司关于建立健全教育、制度、监督并重的惩治和预防腐败体系工作实施方案》，确立了具有凌钢特色的惩治和预防腐败体系工作框架和运行机制，使教育、制度、监督并重的惩治和预防腐败体系得到有效推进。三是不断推进各项配套制度建设。先后建立和完善了《关于对管理者的管理、监督者的监督规定》、《凌钢党员干部廉洁自律八条规定》、《关于实行管理人员函询、谈话的规定》、《凌钢对外经济往来企业信用信息内部公布管理暂行规定》、《凌钢内部审计工作制度》、《凌钢招标投标责任追究暂行规定》等25项监督管理制度，形成了较为完整的制度监督体系。通过制度的建立和落实，抓住了干部正确行使权力这个关键，规范了干部从政行为，加强了对权力运行的制约和监督，促进了公司管理水平的提高。

（三）严格执纪，坚决查处违规违纪和侵害企业利益的案件

公司纪委认真履行依纪依法办案职能，严肃查处各类违规违纪案件，有效防止国有资产流失。一是充分发挥信访主渠道作用，不断拓展案源。制定下发了《关于对实名举报有功人员的奖励办法》，实行了网上举报和电话举报，在厂内外设立了8个举报箱，形成了有效的信访举报监督网络，为查办违纪违规案件提供了重要线索。七年来共受理信访举报1100件，其中实名举报236件，办结1078件，奖励实名举报有功人员236人次。二

是坚持有信必查。对举报的问题，主动与相关部门沟通，督促其健全制度、规范管理、堵塞漏洞。对举报的违规违纪问题立案查处。七年来通过信访举报、效能监察、审计监督、网络监控等途径查处违规违纪和侵害企业利益较大案件60多件，先后查办处理盗窃渣钢、盗窃铁水、盗窃生铁、废钢检斤诈骗、侵占氧化铁皮、外购矿粉掺杂使假、外购电缆短尺等一批有影响的案件。在查处案件中，我们坚持“事实清楚，证据确凿，定性准确，处理恰当，手续完备，程序合法”的方针，使查处的案件无论是数量和质量都有明显提高，有力地震慑了不法分子。七年来，党纪政纪处分96人，其中党纪处分5人，行政处分91人。劝退出党4人，其他处理包括经济责任制处理380人。为公司挽回直接经济损失246万元。加大对管理者、监督者的责任追究力度，对24名领导干部因管理问题失察给与了责任追究，对21名党员干部进行了廉政和诫勉谈话。维护了党纪政纪，保护了企业的利益，促进了企业的发展与稳定。

（四）围绕提高企业管理水平，全力开展效能监察和审计工作

七年来，公司纪委审计监察部围绕企业生产经营和提高管理水平，全力开展了效能监察和审计监督工作。一是建立健全运行机制。通过宣传培训，完善制度，监督检查，评先选优，召开效能监察工作会议等方法，促进了效能监察和审计监督工作的深入开展。二是拓展工作领域抓立项。针对人流、物流、资金流、信息流、生产经营、技改工程等环节细节，进行效能监察立项。公司纪委审计监察部自身完成监察立项79项，指导基层立项854项，下发监察建议书93份，挽回直接经济损失1902万元，避免经济损失2968万元。三是提升理念标准，提高协调处理和解决问题的能力。通过围绕生产经营重点环节细节开展效能监察和审计监督，系统调查处理了外购尘泥球、水处理剂、贵重合金管理、百吨吊板钩梁质量不合格等50余起管理问题，撰写了56篇调查报告，提出200余条整改建议，理顺了管理程序，完善了管理制度，使管理中存在的问题得到源头治理。通过深化审计监督，发现和查处了原机械制造公司产成品亏库、郑州经销处管理混乱、原棒材厂虚增产量、保国公司违规投资等一批违规违纪问题。对效能监察、审计监督中发现的苗头性、倾向性问题，公司纪委深入剖析体制、机制及管理上存在的问题，提出整改建议，督促有关单位完善制度，从环节和细节上预防和治理问题。

（五）强化监督和专项治理，从源头上堵住管理上的漏洞

七年来，公司纪检监察工作坚持“监督在动态管理中提升，管理在优化监督中完善”的理念，针对公司不同时期生产经营和管理的重点、难点开展专项治理，从源头上抓治本工作。一是切实加强对公司改革发展生产经营重大决策贯彻落实的监督检查。围绕公司主辅分离、子公司改制、节支降耗、两节两查、开展先进性教育、加强领导班子建设等重大决策，会同有关部门加强监督检查，严明党的纪律，保证了公司政令畅通。二是开展了对公司与子公司关联交易、物资招标投标管理、外排废弃物管理、外购物资合同管理、淘汰石灰土窑理顺石灰破碎管理、外排水渣管理、炉料、备件、钢材库库房管理、厂内盗窃问题等20多项专项治理和检查工作。对72家不诚信供户在凌钢纪检网上亮黄牌警告，18家严重违约的客户被清出凌钢市场，19名因盗窃等问题的顶岗临时工被清出凌钢厂区。通过专项治理，堵住了管理上的漏洞，有力地促进了企业管理水平提高。三是对职工群众关注的热点问题进行监督检查，促进和谐凌钢建设。严肃查处了克扣职工奖金、价外收费、刁难用户、吃拿卡要等问题，对职工群众关心的招工、干部考核等热点问题全程监督，对一些窗口单位重点进行监督，加强文明建设，有效遏制了损害职工利益和企业形象的不正之风。

七年来，凌钢党风廉政建设工作在继承中发展，在探索中创新，坚持求真务实、与时俱进、围绕中心、服务大局。其主要体会：一是开展党风廉政建设工作，必须坚持“党委统一领导，党政齐抓共管，纪委组织协调，部门各负其责，依靠各级党组织和党员群众参与”的反腐败领导体制和工作机制，严格落实党风廉政建设责任制，才能形成全员参与反腐倡廉的整体合力。二是开展党风廉政建设工作，必须紧紧围绕企业生产经营这个中心，把党风廉政建设融入企业改革发展生产经营总体工作中，通过廉政教育、查办案件、效能监察、审计监督和专项治理等措施，努力为企业改革发展创造良好的环境。离开生产经营这个中心，就会出现“两层皮”现象，就会脱离

“第一要务”。三是开展党风廉政建设工作，必须坚持“眼睛向内”，坚持从内部管理着眼，坚持对管理者的管理，对监督者的监督。管理思想、管理理念、管理制度、管理机制要切实落实在每个管理环节、细节上，落实在每个管理者身上，才能转变作风，工作求真务实。四是开展党风廉政建设工作，必须坚持标本兼治、综合治理、惩防并举、注重预防的方针。既要严肃党的纪律，坚决查办违纪违法案件，更要注重预防，通过加强责任机制、自律机制、监督机制建设，监督的关口前移，有效预防和减少违纪违法行为发生，努力使干部不犯错误或少犯错误，促进企业党风廉政建设工作整体推进，协调发展。五是开展党风廉政建设工作，必须坚持与时俱进，建设一支廉洁奉公、作风过硬的纪检监察队伍。纪检监察人员在企业管理中肩负着重要的责任，只有做到忠诚凌钢，爱岗敬业、纪律严明、业务精通、肯于吃苦、勇于奉献，才能充分发挥纪检监察职能和作用。

回顾过去的七年，在各级党组织和广大党员干部的共同努力下，凌钢党风廉政建设工作取得了很大成果。但在肯定成绩的同时，我们也要清醒地看到，凌钢党风廉政工作中仍存在着一些不容忽视的问题：一是少数党员干部和管理人员对党风廉政建设的重要性认识不足，政治信念不够坚定，思想作风不够端正，自律意识、纪律观念不够强，有的甚至不惜损害企业利益，以权以岗谋私的问题仍然不同程度的存在；二是有的单位管理不规范，不严格，用制度管人、用制度管权、用制度管事，做得还有差距，有的搞暗箱操作，违章操作，制度的执行力有待进一步提高；三是对新形势下党风廉政建设和管理中出现的新情况、新问题的认识和研究还需要进一步深化，工作机制和工作能力还不能完全适应廉政建设工作的需要。这些问题我们必须高度重视，在今后的工作中，采取切实有效措施，认真加以解决。

二、今后五年党风廉政建设工作的建议

按照这次党代会确定的凌钢未来发展思路，今后五年，是我公司贯彻落实党的十七大精神，以贯彻科学发展观为指导，继续深化改革，加速改造，推进集约化经营，转变发展方式，努力把企业做大做强做久，实现又好又快发展的五年。新形势、新任务，使凌钢纪检和党风廉政建设任务更加艰巨，更加光荣。

刚刚闭幕的党的十七大，对加强党的建设和反腐倡廉建设提出了一系列新要求、新思路、新举措。胡锦涛总书记在十七大报告中提出，“全党同志一定要充分认识反腐败斗争的长期性、复杂性、艰巨性，把反腐倡廉建设放在更加突出的位置，旗帜鲜明地反对腐败。坚持标本兼治、综合治理、惩防并举、注重预防的方针，扎实推进惩治和预防腐败体系建设，在坚决惩治腐败的同时，更加注重治本，更加注重预防，更加注重制度建设，拓展从源头上预防腐败工作领域”。这些论述进一步明确了当前和今后一个时期党风廉政建设的思路和重点，我们一定要深刻领会、准确把握精神实质，要把贯彻十七大精神与贯彻落实公司二次党代会提出的目标任务结合起来，创造性地做好企业党风廉政建设工作。当前和今后一个时期，凌钢党风廉政建设和反腐败工作的指导思想是：坚持以邓小平理论和“三个代表”重要思想为指导，深入学习贯彻党的十七大精神，全面落实科学发展观，紧紧围绕凌钢改革发展生产经营工作，全面履行党章赋予的职责，坚持“标本兼治、综合治理、惩防并举、注重预防”的方针，维护党的纪律，深入抓好党员干部廉洁自律、查办案件、效能监察、审计监督和源头治本工作，推动党风廉政建设的深入开展，为实现凌钢第二次党代会确定的各项奋斗目标和任务提供坚强的纪律保证。

为此，凌钢党风廉政建设工作要在今后五年内实现以下目标：一是建立完善党风廉政建设教育、制度、监督惩防体系，进一步健全完善责任、自律、监督长效机制。二是切实加强对党员干部、管理人员的用权监督，规范党员干部、管理人员的从业行为。三是不断拓展源头治理领域，加大对违规违纪侵害企业利益行为的打击力度，进一步促进国有资产保值增值。四是党员干部廉洁从业的自觉性明显提高，干部队伍作风进一步转变，党风政风有新的进步，职工群众对党风廉政建设的满意度进一步提高。

按照上述指导思想和总体工作目标，当前和今后五年要着重抓好以下工作。

（一）全面履行职责，加强监督检查，保证和促进公司改革发展生产经营重大决策的贯彻

落实

公司二次党代会提出的发展思路和发展目标，是公司准确把握当前形势和未来发展趋势，把凌钢做大做强做久的重大战略部署。公司各级党组织要紧紧围绕实现这一宏伟目标开展工作，纪检工作要在党委的领导下，全面履行党章赋予的职责，加强监督检查，从政治上、思想上、纪律上、作风上，为实现公司二次党代会确定的目标和任务提供有力保证。一是加强监督检查，确保公司政令畅通。纪检监察部门要以高度的政治责任感，围绕公司改革发展生产经营目标、任务，加强监督检查，把各级党组织和广大党员干部的思想统一到贯彻落实十七大精神上来，统一到推进凌钢改革发展战略部署上来。坚决贯彻落实党委和经理指令，促进政令畅通。对有令不行、有禁不止的行为要坚决查处。二是加强党员干部作风建设。良好的作风是凝聚党心民心的巨大力量，纪检监察部门要协助党委认真贯彻落实党内监督条例，加强执行“四大纪律八项要求”，践行“八个方面良好作风”的监督检查，倡导作风务实、清正廉洁、诚信经营、忠诚奉献的良好作风，针对思想作风、工作作风、领导作风、生活作风方面存在的突出问题，开展专项监督检查，及时发现和纠正党员干部作风方面的突出问题。三是要强化对权力运行的监督。重点加强对领导干部、关键岗位的监督，加强对人、财、物管理使用的监督。必须让权力在阳光下运行，严禁暗箱操作。要围绕明年350万吨钢技改项目，加大对重要岗位人员的教育、管理和监督，加强对招投标、设备物资采购、工程施工等监管力度，防止不正当交易和商业贿赂问题的发生。

（二）着力推进改革和制度建设，坚持惩防并举，促进党员干部、管理人员廉洁自律

党的十七大提出，要着力推进改革和制度建设，推进国有资产经营管理体制等其他方面的改革；加强对制度执行情况的监督检查，保证各项制度落到实处。我们要结合企业实际，以改革创新精神，切实加强以党章为核心的党内制度建设，加强以对管理者的管理，监督者的监督为重点的管理制度建设，努力形成凌钢党风廉政建设制度体系。一是要继续推进党风廉政建设责任制的落实。公司纪委已经修订下发了《凌源钢铁集团有限责任公司党风廉政建设责任制实施办法》和《凌钢集团公司党风廉政建设责任制考核细则》，进一步明确了责任和目标任务，各级党组织要按照要求，认真抓好职责范围内的党风廉政建设和反腐倡廉工作。要按责任制要求落实好“一把手”责任。要把党风廉政建设责任制与生产经营管理工作一起研究、一起部署、一起实施、一起考核。要继续完善和落实民主集中制，要坚持党组织和领导班子民主生活会制度，坚持纪委负责人同下级党政负责人谈话等党内制度法规。二是要进一步加强惩防体系建设。党的十七大对惩防体系建设工作提出新要求，我们要结合落实凌钢今后五年党建规划，按照中央颁布的《建立健全教育、制度、监督并重的惩治和预防腐败体系实施纲要》和集团公司下发的《实施方案》，进一步抓好惩防体系建设的落实工作。各级党组织要结合本单位、本部门实际，强化责任分解，强化责任考核，强化责任追究。公司纪委要建立考评机制，加强调查研究，进行跟踪督查，实施动态监控，真正形成领导有力、职责明确、工作联动、确保效果的长效机制，不断提高构建惩防体系和预防腐败的整体水平。三是要进一步加强管理制度建设，不断推进制度创新。随着凌钢的发展和形势的变化，我们的各项制度都要与时俱进，要把那些经过实践检验的成功做法上升为规章制度。要健全质询、问责、经济责任审计等制度。要着力提高制度的科学性、系统性、权威性，提高制度建设的质量和水平，保证制度行得通、做得到。四是要加强对制度执行力的检查。要把制度的贯彻落实作为监督的重要内容，抓住关键环节、细节，监督制度的执行。要做到严格执纪，令行禁止，违纪必究。要坚持用制度管权、管事、管人，建立健全决策权、执行权、监督权既相互制约又相互协调的权力结构和运行机制。通过制度建设和实施动态监督，促使党员干部、管理人员遵章守纪，廉洁自律，忠诚履职尽责。各级党组织和党员干部要树立监督靠制度作保证，制度靠监督去落实的观念，自觉将自己的行为置于纪律约束之中，增强廉洁自律意识，严格遵章守纪。

（三）严肃查处违纪案件，加大纠风力度，坚决打击侵害企业利益的行为

查处违纪案件和纠正不正之风是贯彻从严治党方针的重要体现，是惩治腐败和端正党风的有效手段，也是职工群众评价党风廉政建设工作成

效的一个重要标志。各级党组织要认真贯彻执行《中国共产党党内处分条例》、《中国共产党党内监督条例（试行）》和《中共中央纪委关于严格禁止利用职务上的便利谋取不正当利益的若干规定》等制度，严格执行公司监督管理制度，加强对重要岗位、重要环节的监督检查，尤其要加强对管钱、管物、管人、管项目的管理人员的监督，发现问题，及时纠正。当前和今后一个时期，查处违纪违法案件的重点是：党员干部和管理人员贪污、受贿、以权以岗谋私违反廉洁从业规定的案件；在公司物资采购、招标投标、技改工程中违规违纪的案件；严重违反财经纪律案件；工作玩忽职守、失职渎职等造成国有资产流失案件；损害职工和企业利益的案件。纠风工作重点查处3个方面的问题：一是对外窗口单位人员刁难用户、吃拿卡要、价外收费、损害公司形象、出卖公司利益的问题。二是截留职工工资奖金，损害职工利益的问题。三是党员干部、管理人员奢侈浪费，工作不作为，推诿扯皮影响生产经营技改工程正常进行的问题。案件查处和纠风工作要充分发挥信访举报主渠道作用，提倡和鼓励实名举报，对实名举报者要按公司规定给予奖励。要在容易给公司利益造成经济损失的问题中寻找案源，要在保卫部破获的重大案件中查找管理上的漏洞和干部工作人员的渎职问题，要通过效能监察、审计监督、质量监督、价格监督、工程预决算审计等环节、细节发现问题，扩大案源，加大对损害企业利益问题的打击力度。

查办案件要严格依纪依法进行。在查案过程中，既要坚决惩处违纪违法人员，又要结合企业实际，在办案的思路、策略、方式方法上与企业的发展要求相适应，把办案工作置于企业发展的大局来把握，查清问题，堵塞漏洞，规范管理，形成有效的防范机制。

（四）深入开展效能监察、审计监督，堵塞管理漏洞，进一步强化源头预防工作

效能监察和审计监督是企业管理的重要组成部分。各级领导特别是主要领导要充分认识抓好效能监察和审计监督工作的重要性，切实加强组织领导。效能监察要紧紧围绕公司生产经营管理的重点领域和关键环节、细节，不断拓展选题立项范围，加强企业内控机制建设。当前和今后一个时期效能监察和审计监督工作要围绕以下五个方面来进行。一是围绕技改工程管理环节、细节，从加强工程合同监督入手，重点对隐蔽工程、工程量认证、设计变更、甲供材料数量、质量等方面进行监督。二是围绕企业物资采购、劳务用工、库房管理、资产处理等管理环节，规范物资、材料、设备、备件等采购合同、用工合同标准，完善制约机制。三是围绕生产管理环节，按生产计划和工艺纪律要求，对违章操作和影响产品质量等问题进行监督。四是围绕资金管理环节，按会计制度和财经纪律的规定，进一步规范和加强对成本核算、利润指标、材料消耗等环节监督。五是围绕人流和信息流管理环节开展监督。要加强对管理人员履行职责情况的监督检查。充分运用网络监控等手段，对外来人员和车辆进入厂区和重要岗位严格监控，对劳务用工、使用车辆的劳务量、劳务费等进行监督。公司纪委要加强对基层开展效能监察工作的检查指导，对监察中发现的问题，要协调有关单位限期解决。最近，公司下发了《招标投标责任追究暂行规定》和《工程造价审计办法》，这是规范招标投标管理和加强工程管理的重要举措，各单位要严格执行两个制度，纪委审计监察部要加强对执行力的检查，要充分发挥审计监督职能，防止企业效益流失。要借助信息技术等现代化手段，加强经营管理活动的实时监督，增强监督的实效性。对审计监督中查出的违纪违规问题要及时转立案，查清事实，分清责任，严肃处理。

各级党政组织要充分认识效能监察、审计监督是“监督的再监督，管理的再管理”，把效能监察、审计监督工作融入到公司经营管理工作之中，体现在经营管理的全过程和各个环节。要通过效能监察、审计监督，揭露矛盾，找出差距，分析原因，研究措施，提出切合实际的改进工作建议，标本兼治、源头治理，促进和提升企业管理水平。

（五）紧密结合企业实际，深入开展党风廉政教育，增强党员干部、管理人员遵纪守法的自觉性

胡锦涛总书记在十七大报告中指出，“加强党员、干部理想信念教育和思想道德教育，使广大党员、干部成为实践社会主义核心价值体系的模范”。各级党组织要把开展党风廉政教育作为提高党员干部拒腐防变能力的一项根本措施，要立足

于教育，着眼于防范。要把教育融入党风廉政建设各项工作之中，创新内容、创新形式，把握重点、务求实效。一是坚持分层施教原则，切实加强党员干部、重要岗位人员的反腐倡廉教育。要结合公司党委、纪委关于对党员干部加强监督和公司“关于对管理者的管理，监督者的监督规定”的要求，突出遵纪守法、廉洁奉公教育，要根据党员干部的不同层次、不同岗位、不同年龄段，紧密联系思想和工作实际，进行不同重点、不同内容和形式的教育，努力做到分层施教，有的放矢。二是认真落实保持先进性教育的长效机制。各级党组织要持之以恒地开展世界观、人生观、价值观、利益观、地位观、权力观教育，党性党风党纪教育，国家法律法规和企业规章制度及廉洁自律教育，深入开展《党章》、社会主义荣辱观教育，引导党员干部自重、自省、自警、自励。三是坚持自律与他律、教育与管理相结合，筑牢思想道德和党纪国法两道防线。各级党组织要结合本单位本部门实际，根据每个时期的重点，选定教育主题，使教育体现针对性和实效性。公司纪委要针对一些党员干部的苗头性、倾向性问题及时开展廉政谈话、诫勉谈话，要坚持对新任职的领导干部廉政教育制度。新时期新任务对党风廉政教育提出了新的更高要求，我们必须大力弘扬求真务实精神，把先进性要求和广泛性要求有机结合起来，提高党员干部遵纪守法的自觉性。要充分发挥纪检审计监察网、报纸、广播、橱窗等作用，营造良好的舆论氛围。同时要深入推进廉政文化建设，大力培育廉政理念，引导和教育党员干部加强道德修养，培养健康的生活情趣，保持高尚的精神追求。

（六）适应新形势的要求，不断强化职能作用，进一步加强纪检干部队伍建设

纪检监察部门处在党风廉政建设和反腐败工作的第一线，肩负着为实现凌钢持续健康和谐发展提供纪律保证的光荣使命，任务艰巨，责任重大。要在党委领导下，认真贯彻落实十七大对党风廉政建设工作提出的一系列新要求、新思路、新举措，自觉把思想和行动统一到十七大精神上来，把智慧和力量凝聚到落实十七大和公司第二次党代会的重大战略部署上来。要站在保证和促进企业改革发展稳定和谐的高度，树立战略思维，既立足于党风廉政建设的具体部署，又要着眼于深入推进党风廉政建设和反腐败斗争的总体谋划。一是要以改革创新精神全面推进纪检监察工作。改革是动力，创新是灵魂。纪检监察部门要进一步解放思想、实事求是、勇于创新；必须坚持科学的反腐倡廉理念，树立正确的反腐倡廉政绩观，坚持查清问题是成绩，澄清是非也是成绩，惩处腐败是成绩，预防腐败也是成绩；必须结合企业实际，研究新情况，拓展新视野，破解新难题，解决新矛盾；必须着力把握企业反腐倡廉的规律，不断增强反腐倡廉的前瞻性，系统性和主动性，实现企业党风廉政建设的与时俱进。二是纪检监察工作要自觉接受监督。纪检监察部门要按照十七大和公司第二次党代会要求，在思想观念、工作机制、工作方法、工作作风、队伍建设等方面要勇于创新，锐意进取。要真诚倾听职工群众的呼声，真实反映职工群众的愿望，真情关心职工群众的疾苦，这是党员干部执政为民的本质要求，是党密切联系职工群众的优良传统，也是心系职工、服务职工的内在动力。因此，纪检监察工作要自觉接受党代会代表的监督，接受党组织和职工群众的监督，要在党员干部与职工群众之间架起一座沟通、理解、融合的心灵之桥、感情之桥，全心全意、踏踏实实尽力为职工群众排忧解难。这是我们做好企业党风廉政建设工作的关键所在。要进一步明确组织协调任务，建立组织协调机制，规范组织协调程序，完善组织协调保障措施，调动各方面的积极性，整合资源，形成合力。三是纪检审计监察干部要提高素质，适应形势发展需要。纪检干部要加强自身建设，要带头学习、贯彻、遵守党章、把党章赋予的职责和要求，落实到企业纪检监察审计工作中去。要加强学习，不断完善知识结构，提高素质和能力。要学习经济、法律、科技、管理等方面知识，做到学用结合、学以致用，努力建设一支政治坚强、公正清廉、纪律严明、业务精通、作风优良的纪检监察干部队伍。

各位代表，同志们！今后五年是集团公司实现快速健康发展目标的关键时期，公司已步入健康发展的快车道。让我们以十七大精神为指导，按照集团公司二次党代会确定的目标和任务，锐意进取，开拓创新，不断取得党风廉政建设工作的新成果，为实现凌钢持续健康和谐发展提供坚强的纪律保证！

中国共产党凌源钢铁集团有限责任公司第二次代表大会关于中共凌钢集团公司纪律检查委员会工作报告的决议

（2007年12月2日）

中国共产党凌源钢铁集团有限责任公司第二次代表大会经过认真审议，批准苑成德同志代表中共凌源钢铁集团有限责任公司纪律检查委员会所作的《贯彻从严治党方针，深化惩防体系建设，为实现凌钢持续健康和谐发展提供纪律保证》的工作报告。

大会完全同意苑成德同志在报告中对七年来公司纪律检查工作的总结。大会认为，第一次党代会以来，集团公司纪律检查委员会在公司党委和上级纪委的正确领导下，以邓小平理论、“三个代表”重要思想和科学发展观为指导，认真履行党章赋予的职责，紧紧围绕企业改革发展生产经营工作，坚持标本兼治、综合治理、惩防并举、注重预防的战略方针，不断探索党风廉政建设新规律，把握新特点，在党风教育、廉洁自律、查办案件、效能监察、源头治理、队伍建设等方面取得了显著成绩，积累了宝贵经验。大会对集团公司纪律检查委员会的工作表示满意并充分肯定。

大会同意苑成德同志在报告中提出的今后五年公司党风廉政建设指导思想、工作目标和总体工作部署。大会指出，加强企业党风廉政建设，坚持反腐倡廉，对构建和谐凌钢，促进科学发展，强化企业管理意义重大。今后五年是集团公司贯彻落实党的十七大精神，贯彻科学发展观，继续深化改革，加速改造，转变发展方式，努力把企业做大做强做久，实现又好又快发展的关键时期，企业党风廉政建设工作面临良好机遇，承担艰巨任务，使命光荣，责任重大。各级党组织和纪检部门一定要充分认识党风廉政建设的重要性和必要性，进一步增强做好反腐倡廉工作的责任感和紧迫感，采取更加有力的措施，推进企业党风廉政建设深入开展。要进一步建立完善党风廉政建设教育、制度、监督惩防体系，健全完善责任、自律、监督机制。切实加强对党员干部、管理人员的用权监督，规范党员干部、管理人员的从业行为。拓展源头治理领域，加大对违规违纪侵害企业利益行为的惩处力度，促进国有资产保值增值。要通过不懈的努力，确保党员干部廉洁从业的自觉性明显提高，干部队伍作风进一步转变，党风厂风有新的进步，企业管理进一步加强，保证国有资产不流失，职工群众对党风廉政建设的满意度进一步提高。

大会要求，各级党组织和纪检部门要认真贯彻落实十七大精神，坚持以邓小平理论和“三个代表”重要思想为指导，按照科学发展观和构建和谐社会的总体要求，紧紧围绕企业改革发展生产经营，坚持标本兼治、综合治理、惩防并举、注重预防的战略方针，全面履行党章赋予的各项职责，要站在凌钢改革发展的新起点，不断增强政治意识、大局意识、责任意识。要按照集团公司第二次党代会的要求，全面推进和加强党风廉政建设，坚决维护党的纪律的严肃性，保证公司党委和经理指令畅通无阻。要抓住教育、制度、监督惩防体系这条主线，深入抓好企业重大决策贯彻落实、党风廉政教育、党员干部廉洁自律、查办案件、效能监察、审计监督和源头治本等各项工作，充分发挥教育、保护、惩处、监督职能，着力推进党风廉政建设工作向更深层次、更宽领域、更高水平发展，为实现凌钢第二次党代会确定的各项奋斗目标和任务提供坚强的纪律保证。

凌钢集团公司第二届党委委员、纪委委员名单

（按姓氏笔画为序）

党委委员（19名）

于福柱　马育民　马振东　毛凤海　王彦廷
卢亚东　刘　威　孙洪文　闫清军　齐向东
何东生　张振勇　张玺才　杨宗成　沈　洵
苏　辉　苑成德　侯柏英　郝志强

纪委委员（9名）

马广山　王忠良　车彦生　刘　威　刘金华
孙洪文　何志国　李　辉　苑成德

学习实践科学发展观活动

凌钢集团公司党委关于开展深入学习实践科学发展观活动的实施方案

根据《中共朝阳市委关于开展深入学习实践科学发展观活动的实施意见》（朝委发［2009］6号）、朝阳市委深入学习实践科学发展观活动领导小组下发的《朝阳市开展第二批深入学习实践科学发展观活动实施方案》（朝学组发［2009］1号）和《关于市属企业开展深入学习实践科学发展观活动的若干意见》（朝学组发［2009］2号），凌钢从2009年3月到7月底，参加第二批深入学习实践科学发展观活动（以下简称“学习实践活动”），为切实搞好凌钢学习实践活动，现提出如下实施方案。

一、活动的意义

科学发展观是以胡锦涛同志为总书记的党中央对我们党关于发展的重要思想的继承和发展，是马克思主义关于发展的世界观和方法论的集中体现，是同马克思列宁主义、毛泽东思想、邓小平理论和“三个代表”重要思想既一脉相承又与时俱进的科学理论，是我国经济社会发展的重要指导方针，是发展中国特色社会主义必须坚持和贯彻的重大战略思想。实践证明，科学发展观充分体现党的根本宗旨和执政理念，是深得党心民心的科学理论，具有强大的理论威力和广泛的指导作用。在全党开展深入学习实践科学发展观活动是党的十七大作出的战略决策，是用中国特色社会主义理论体系武装全党的重大举措，是“三个代表”重要思想学习教育活动和保持共产党员先进性教育活动的继续，是深入推进改革开放、推动经济社会又好又快发展、促进社会和谐稳定的迫切需要，是提高党的执政能力、保持和发展党的先进性的必然要求，也是深化国有企业改革、发展壮大国有经济，推动企业科学发展的迫切要求。

国有企业是国民经济的重要支柱。凌钢作为朝阳市属企业，在市委、市政府的关怀支持下，在全体干部职工的共同努力下，经过40多年成长，特别是改革开放30年的建设发展，企业实力和创效能力不断增强，企业实现了跨越式发展，为朝阳经济的振兴做出了重要贡献，在省市经济社会发展中居于重要地位。特别是去年，成功地完成了具有里程碑意义的350万吨钢技术改造，为增强企业竞争力奠定了坚实的物质基础，成为“突破辽西北、建设新朝阳”的重要力量。但同时也要清醒地看到，一些党员干部贯彻落实科学发展观的自觉性还不高，对科学发展的理解还不深；在企业一些领导干部的思想、作风、能力和素质与科学发展观要求还不适应；一些影响和制约凌钢科学发展的问题还比较突出；一些保障科学发展的体制机制还不够健全完善。解决这些矛盾和问题，巩固企业改革发展成果，最根本的在于落实科学发展观。因此，我们要通过深入开展学习实践科学发展观活动，深刻领会科学发展观的精神实质、科学内涵和根本要求，确立和完善符合凌钢发展规律、适应钢铁行业发展趋势、体现凌钢发展特点的科学理念、发展模式和体制机制，进一步增强忧患意识、责任意识、发展意识、创新意识和廉洁意识，真正把科学发展观转化为做大做强做久凌钢的正确思路、措施办法，转化为化解风险、应对国际金融危机的能力，转化为增强战胜困难的信心和勇气，推进凌钢又好又快发展。

二、指导思想

开展学习实践活动的指导思想是：高举中国特色社会主义伟大旗帜，以邓小平理论和“三个代表”重要思想为指导，突出科学发展主题，组织广大党员特别是中层及以上党员领导干部深入学习实践科学发展观，切实增强贯彻落实科学发展观的自觉性和坚定性，进一步解放思想，实事求是，改革创新，着力转变不适应、不符合科学发展观的思想观念，着力解决影响和制约凌钢科学发展的突出问题以及党员干部党性党风党纪方面职工群众反映强烈的突出问题，着力构建有利于科学发展的体制机制，提高领导科学发展、促进企业和谐的能力，使凌钢党的工作和生产经营等各项工作更加符合科学发展观的要求，真正用科学发展观指导发展实践、破解发展难题、检验发展成效，努力在对科学发展观的认识深度和广度上有新突破，在解决影响和制约公司科学发展的突出问题上有新举措，在推动公司的科学发展上有新成果。

三、目标要求

按照“提高思想认识、解决突出问题、创新体制机制、促进科学发展”的总体目标要求和“科学发展上水平”的核心目标要求，通过这次学习实践活动，把握科学发展规律、增强科学发展意识、提高科学发展能力，各级领导班子和领导干部要努力做到促进科学发展的思路上水平、领导科学发展的能力上水平、化危为机迎接新发展的竞争力上水平、党建工作上水平，努力形成一批重要的思想成果、实践成果、制度成果和组织建设成果。具体目标要求。

（一）提高思想认识

进一步加深广大党员干部特别是领导干部对科学发展观的理解，深化对凌钢科学发展的认识，大力弘扬“自强、诚信、求实、创新”的凌钢精神，在凌钢还要不要发展、能不能发展、怎么样科学发展等重大问题上形成共识，进一步解放思想、开阔眼界、研究规律，共力同为，做大做强做久凌钢，坚定带领职工群众共同推进凌钢持续健康协调发展的信心和决心。

（二）解决突出问题

着眼凌钢发展，总结建厂40多年，特别是改革开放30多年的历史经验，坚持公司二次党代会确立的凌钢改革发展战略总目标，进一步深化改革、加速改造、转变发展方式，努力把凌钢做大做强做久。进一步建立健全现代企业制度，提高管理水平。进一步加强和改进凌钢党的建设，解决党员干部党性党风党纪方面职工群众反映强烈的突出问题，推动党员特别是党员领导干部讲党性、重品行、作表率。

（三）创新体制机制

建立健全符合凌钢发展规律、体现凌钢发展特点、有利于凌钢持续健康协调发展的科学决策、高效执行、有效监督的体制机制。完善凌钢战略发展规划。建立健全切合凌钢实际、有利于发挥自身优势、有利于协调各方力量共同推进凌钢科学发展的规章制度，推进凌钢体制创新、技术创新、管理创新和党建创新，为科学发展提供有力的制度保障。

（四）促进科学发展

坚持把务求实效作为开展学习实践活动的出发点和落脚点，努力降本增效，实现新项目早日达产达效。要通过扎实开展学习实践活动，谋划企业科学发展的正确思路，提升领导企业科学发展的实际能力，落实促进科学发展的各项措施，把科学发展落实到凌钢又好又快发展的各个方面。

四、主要原则

（一）坚持解放思想

以实事求是为前提，以解放思想为先导，以改革创新为动力，着力转变不适应、不符合凌钢科学发展要求的思想观念，进一步创新发展理念、转变发展思路、破解发展难题、完善体制机制，对凌钢的改革发展和党的建设等重大问题进行再认识，形成新共识。

（二）突出实践特色

紧紧围绕科学发展主题，把开展学习实践活动与落实党的十七大精神和公司二次党代会精神结合起来，与应对金融危机、推动新项目达产达效、降本增效、促进企业和谐稳定结合起来，与加强班子建设、党员队伍建设和党风廉政建设以及企业文化建设工作结合起来。通过学习推动实践，在推进实践中深化学习。

（三）贯彻群众路线

充分发扬民主，吸收职工群众参与，认真听取职工群众的意见和建议，真诚接受职工群众的监督，形成职工群众共话凌钢科学发展的良好氛围。把职工群众满意作为评价活动成效的重要依据。同时，注意加强对职工群众的教育引导。

（四）正面教育为主

坚持标准更高、要求更严、效果更好的要求，组织各级领导干部深入学习实践科学发展观，实事求是查找存在的问题，深刻分析产生问题的原因，全面总结经验教训，认真开展批评与自我批评，牢固树立正确的事业观、工作观、业绩观，进一步明确努力方向，从而更加深刻认识和更好地把握企业发展规律。查找和剖析问题既要严格要求，又不搞人人过关，切实保护党员、干部的发展积极性。每个党员都要立足本职岗位，对照科学发展观的要求，从"觉悟、技能、作用"3个方面查找差距，制定改进措施和目标。

五、解决的重点问题

开展学习实践活动，要全面把握科学发展观的要求，紧密联系凌钢实际，着力解决好以下几个方面的问题：

一要按照第一要义是发展的要求，着力解决科学发展方式落后、发展质量不高、发展后劲不足等问题，切实把发展作为解决凌钢所有问题的关键，进一步坚定科学发展的信心，理清发展的思路，形成发展的合力。

二要按照核心是以人为本的要求，维护好、发展好广大职工的根本利益，职工收入与企业效益同步增长，做到发展为了职工，发展依靠职工，发展成果职工共享。"共建共享"达到新水平，和谐凌钢建设取得新成果。

三要按照全面协调可持续发展的基本要求，统筹协调，科学组织，努力提高生产经营的质量和效率，努力降本增效。要适应350万吨钢技改后装备大型化的要求，努力实现生产经营的高效运行，着手进行500万吨钢的规划工作。

四要按照根本方法是统筹兼顾的要求，着力解决全局意识不强，不能妥善处理局部利益和公司利益、个人利益和集体利益、当前利益和长远利益的关系等问题。

五要按照贯彻落实科学发展观必须加强和改进党的建设的要求，着力解决党建工作存在的一些需要重视和研究解决的问题：如何进一步强化中心意识、大局意识、服务意识，积极发挥党建工作对企业科学发展的保证和推动作用；如何建立健全中层管理人员年度考评体系，不断加强基层领导班子建设，提高领导科学发展的能力；如何进一步加强基层党组织和党员队伍建设，坚持和发展党的先进性；如何在企业改革发展进程中，更好地维护职工的民主权利和经济利益，构建和谐企业；如何建立凌钢党建工作考核评价体系，落实党建工作责任制，真正解决"一手硬、一手软"的问题；如何提高对企业文化的认识，创新思想政治工作等等。

六、总体安排和方法步骤

参加本次学习实践活动的范围是：凌钢党委及所属的3个基层党委、11个党总支、8个党支部。以集团公司领导班子、基层单位领导班子和两级班子成员中的党员领导干部为重点，全体党员参加。根据中央精神，欢迎非中共党员领导干部参加学习实践活动，并注意听取他们的意见，发挥他们的作用，但不做具体要求。

时间：2009年3月30日开始，7月底结束。

分3个阶段进行。

第一阶段：学习调研。

重点抓好学习调研、解放思想讨论两个环节。

1. 学习调研

组织全体党员干部认真学习《毛泽东邓小平江泽民论科学发展》和《科学发展观重要论述摘编》、公司二次党代会工作报告和公司工作会议报告。公司领导还要通读《深入学习实践科学发展观活动领导干部学习文件选编》，收听收看中央党校专家录像讲课。要合理安排学习时间，处理好工学关系，通过党员自学、党员领导干部带头学、班组学、辅导学、讨论学、案例学和党课教育等方式组织好党员职工的学习。集中学习的方式是党委中心组学习、专题培训和辅导讲座，党员主要领导干部要带头作学习报告。在学习培训中，要突出重点学、带着问题学、联系实际学，做到"四个深入思考"，即深入思考科学发展是什么、科学发展为什么、科学发展靠什么、科学发展抓什么，切实提高学习的针对性和实效性。

在学习培训的基础上，要着重围绕如何进一步深化体制机制改革、解决影响制约凌钢科学发展的主要问题进行调查研究。特别是如何强化生产组织，降本增效，提高抵御市场风险的能力；如何提高生产运营的质量和效率，实现新项目早日达产达效；如何完善科技创新体系，提升创新型企业建设水平；如何进一步深化改革，增强企业发展活力；如何完善管理体制，优化管理流程，实现管理升级；如何适应凌钢科学发展进一步加强领导班子和干部队伍建设；如何适应现代企业制度建设要求进一步加强和改进党的建设，加强思想政治工作，关心职工生活，营造群策群力、共克时艰的良好氛围；如何解决群众职工最关心、最直接、最现实的利益问题等方面，采取座谈会、调查问卷、专家提案多种方式，深入基层、深入职工群众开展调查研究，进行实际案例分析。领导班子成员要带头调研，带头撰写调研报告，带头交流调研成果。广泛征求党内外职工群众对领导班子和领导干部个人的意见。每位领导干部的调查研究都要形成专题报告。

2. 解放思想讨论

紧密联系当前经济形势和凌钢实际，采取多种形式组织全体党员围绕科学发展进行解放思想讨论，引导广大党员特别是党员领导干部把思想认识从那些违背科学发展观要求的观念、做法和体制机制的束缚中解放出来，进一步开阔眼界、开阔思路、开阔胸襟，开创思想解放的新境界，增强贯彻落实科学发展观的自觉性和坚定性，着力转变观念、提高认识，切实增强忧患意识、责任意识和机遇意识，并对事关凌钢科学发展全局的重大问题形成共识。

第二阶段：分析检查。

重点抓好召开领导班子专题民主生活会和党员专题组织生活会、形成领导班子贯彻落实科学发展观情况的分析检查报告两个环节。

1. 召开两级领导班子专题民主生活会和党员专题组织生活会

领导班子成员要紧紧围绕深入贯彻落实科学发展观这一主题，按照加强领导班子思想政治建设的要求，紧扣本单位改革发展的实际，深入查找个人和班子在深入贯彻落实科学发展观方面存在的突出问题，面对国际金融危机的不利影响反映出来的突出问题，特别是注意紧扣思想和工作实际，从宗旨意识、业绩观、责任心和事业心、艰苦奋斗作风、组织纪律观念等方面查找问题，并深刻分析原因，开展批评与自我批评。民主生活会前，要认真做好准备，班子成员之间要开展谈心交心。要认真撰写发言提纲，要采取多种形式广泛征求基层、职工群众意见。专题民主生活会可适当扩大列席人员范围，并邀请上级学习实践活动检查指导组领导参加。要组织全体党员认真参加以学习实践科学发展观为主题的专题组织生活会，按照科学发展观要求检查自身差距和不足，积极开展批评与自我批评，提高认识，明确努力方向。

2. 形成领导班子分析检查报告

两级班子分析检查报告要紧密联系实际，充分运用学习调研、征求意见、开展解放思想讨论和专题民主生活成果，准确反映本单位贯彻落实科学发展观的情况，简要概述取得的成效，全面梳理存在的问题，实事求是分析存在问题的主客观特别是主观原因。要深入分析当前国际国内经济环境带来的挑战和不利影响，充分反映本单位广大党员干部在以科学发展观为指导实现企业又好又快发展上形成的共识，明确进一步做好工作的努力方向、总体思路和主要措施。分析检查报告要重点检查分析问题、理清科学发展思路、明确改进措施，避免写成工作报告或工作总结。各单位党组织主要负责同志要全程主持分析检查报告的起草工作。初稿形成后，要召开党委（支委）扩大会议进行充分讨论，并以适当方式广泛听取各方面意见，反复修改完善。要组织党员、职工群众对分析检查报告进行评议。分析检查报告和评议结果要在本单位一定范围内公布，并报送上一级学习实践活动领导小组办公室和指导检查组。

第三阶段：整改落实。

重点抓好制定整改落实方案、集中解决突出问题两个环节。

1. 制定整改落实方案

整改落实方案应以分析检查报告为主要依据，明确责任，明确措施，明确时限，注重可操作性。要把分析检查报告中提出的整改措施目标化、具体化、责任化，明确整改落实的目标、方式和时限要求，明确分管领导、分管部门的责任。整改落实方案制定后，要采取适当方式向党员、职工公布，做出公开承诺。整改落实情况要向党员、职工通报，接受党员、职工的监督。要发动广大党员和职工群众围绕制定、实施整改落实方案，积极建言献策。

2. 集中解决突出问题

要根据整改落实方案，制定务实管用的对策措施，集中力量切实解决一批影响和制约凌钢科学发展的突出问题，解决职工群众最关心、最直接、最现实的利益问题，要坚持边学边改，能改的马上改。一定时期内能够解决的尽快解决。暂时不能解决的要向职工群众做出合理解释，并创造条件解决。解决问题要坚持实事求是，从实际出发，尽力而为，量力而行，切忌形式主义。

要把解决突出问题和创新体制机制结合起来。在集中解决突出问题的基础上，积极推进凌钢体制机制创新和制度建设，及时制定和完善落实整改方案的具体措施，逐步形成凌钢贯彻落实科学

发展观的长效机制。

学习实践活动的3个工作阶段的划分是相对的，要做到各个阶段工作的有机衔接和结合。

上述3个阶段完成后，要做好以下两项工作：

一是进行职工群众满意度测评。组织职工群众对学习实践活动进行满意度测评。测评内容主要是对学习实践活动情况的满意度。测评结果要以适当方式向职工群众公布。根据测评情况，进一步完善整改落实措施，确保在学习实践活动中尚未解决的突出问题继续得到有效解决。

二是做好活动的总结工作。对学习实践活动进行全面总结，认真总结活动中取得的成效和经验，对巩固和扩大学习实践活动成果提出要求。及时召开总结大会，党组织主要负责人做总结讲话。

七、组织领导和指导

开展学习实践活动，是全党政治生活中的一件大事。公司各级党组织要把学习实践活动摆上重要议事日程，作为当前党建工作的重中之重，高度重视，精心组织，把深入学习、提高认识贯穿始终，把解放思想、改革创新贯穿始终，把解决问题、完善机制贯穿始终，把依靠职工、发扬民主贯穿始终，坚持进度服从质量，确保活动取得实效。

（一）落实领导责任

成立凌钢集团公司深入学习实践科学发展观活动领导小组。

组　长：张振勇

副组长：苑成德　郝志强　王彦廷

成　员：卢亚东　张玺才　沈　洵

苏　辉　杨宗成

领导小组下设办公室，负责学习实践活动日常具体工作，办公室地点设在公司党委组织部。

主　任：苑成德（兼）

副主任：侯柏英　何东生　刘　威

成　员：李占勇　李建军　金　星

高　颖　马广山

各基层单位也要成立学习实践活动领导机构，抽调精干力量组建工作机构，基层党委、总支、支部书记是第一责任人，分管领导是直接责任人，其他党员领导干部也要结合各自分工抓好有关工作的落实。

党员领导干部要发挥表率作用，带头深入学习，带头调查研究，带头解放思想，带头分析检查，带头整改落实。要建立党委和领导小组成员联系点制度，努力把联系点建设成为学习实践活动的示范点。集团公司向基层单位派出指导检查组，负责指导和督促检查基层单位的学习实践活动，防止活动走过场、出偏差。

（二）加强分类指导

依据本方案，凌钢学习实践活动领导小组将制订集团公司领导班子学习实践活动和基层单位学习实践活动指导意见，对党员领导干部、普通党员等不同层面，分别提出学习实践活动的具体要求。要采取灵活多样的方式组织离退休、长病假等不在岗党员参加学习实践活动，年老体弱、行动不便、确有困难的，经单位党组织批准，可不参加活动。

（三）鼓励探索创新

在坚持学习实践活动基本要求的前提下，鼓励基层单位根据各自实际情况，大胆的探索创新，精心设计活动载体，丰富活动内容，创新活动方式，充分利用座谈会、讨论会、现场会、视频会等多种形式，增强学习实践活动的感染力和吸引力。要认真组织专业技术人员特别是技术专家、拔尖人才、高技能人才为凌钢科学发展献计献策，发挥他们在学习实践活动中的重要作用。同时，坚持全心全意依靠职工办企业的方针和党建带团建的原则，发挥好工会、共青团等群众组织在学习实践活动中的积极作用。要节支降耗、重实效，防止文山会海，杜绝形式主义。

（四）做好宣传工作

充分利用组织生活会、党课、《凌钢宣传》、广播、电视、内部网络等多种方式，大力宣传科学发展观的科学内涵、精神实质和根本要求，宣传开展学习实践活动的重大意义和有关精神，宣传学习实践科学发展观的先进典型，宣传学习实践活动的部署、要求、做法、经验和成效，努力营造开展学习实践活动的良好氛围。

（五）坚持两手抓、两不误、两促进

要统筹安排、协调推进学习实践活动，使学习实践活动三个阶段的各项工作有机衔接、前后呼应。要正确认识和处理推进学习实践活动与搞好当前各项工作的关系，把学习实践活动同积极

应对国际金融危机、降本增效、构建和谐凌钢，同推动广大党员特别是党员领导干部讲党性、重品行、作表率相结合，用新项目达产达效的实际成果来衡量和检验学习实践活动的成效。

董事长、党委书记张振勇在凌钢集团公司开展深入学习实践科学发展观活动动员大会上的动员报告

（2009年3月31日）

同志们：

今天，我们召开凌钢集团公司开展深入学习实践科学发展观活动动员大会，主要任务是认真学习贯彻胡锦涛总书记在全党深入学习实践科学发展观活动动员大会暨省部级主要领导干部专题研讨班上重要讲话，《中共中央关于在全党开展深入学习实践科学发展观活动的意见》，中央学习实践活动领导小组《关于开展第二批深入学习实践科学发展观活动的指导意见》，按照省、市委开展深入学习实践科学发展观活动动员大会要求和《凌钢集团公司党委关于开展深入学习实践科学发展观活动的实施方案》安排，对全公司学习实践活动进行动员部署，这标志着凌钢的学习实践活动全面启动。

朝阳市委深入学习实践科学发展观活动领导小组对凌钢的学习实践活动非常重视，派出了第2指导检查组来凌钢督促检查指导。在这里，我代表凌钢集团公司党委和集团公司，对出席今天会议的市委学习实践活动第2指导检查组组长白云静同志及第2指导检查组全体同志表示热烈欢迎！

下面，就凌钢如何开展学习实践活动，我讲三点意见。

一、深刻认识凌钢开展深入学习实践科学发展观活动的重大意义

科学发展观，是以胡锦涛同志为总书记的党中央对我们党关于发展的重要思想的继承和发展，是马克思主义关于发展的世界观和方法论的集中体现，是同马克思列宁主义、毛泽东思想、邓小平理论和“三个代表”重要思想既一脉相承又与时俱进的科学理论，是我国经济社会发展的重要指导方针，是发展中国特色社会主义必须坚持和贯彻的重大战略思想。在全党开展深入学习实践科学发展观活动是党的十七大作出的战略决策，是用中国特色社会主义理论体系武装全党的重大举措，是“三个代表”重要思想学习教育活动和保持共产党员先进性教育活动的继续，是深入推进改革开放、推动经济社会又好又快发展、促进社会和谐稳定的迫切需要，是提高党的执政能力、保持发展党的先进性的必然要求，也是实现企业又好又快发展的迫切要求。我们要结合凌钢改革发展实际，深刻认识开展深入学习实践科学发展观活动的重大意义，积极探索符合企业实际的科学发展道路，有效应对国际金融危机，把凌钢发展提高到新水平。

（一）开展深入学习实践科学发展观活动，是推进凌钢实现又好又快发展的迫切需要

凌钢始建于1966年，是集采矿、冶炼、轧材为一体的钢铁联合企业。经过40多年的建设发展，凌钢从一个年产几万吨钢、名不见经传的小钢厂，一跃发展成为了共和国工业企业500强，2008年在中国制造业500强排名中列第328位。现已形成了年产350万吨钢的规模，总资产100亿元，一些关键技经指标均居行业前列。企业实力和创效能力不断增强，为我国钢铁工业的发展和地方经济的振兴做出了巨大贡献，在企业效益与社会效益协调发展的同时，实现了企业与员工共同成长，物质文明、政治文明和精神文明建设都取得了丰硕成果。

我们要深刻认识到，作为朝阳最大市属国有企业，凌钢在朝阳经济社会发展中占有十分重要的位置。搞好凌钢不仅是自身发展的需要，也是加快地区经济振兴的需要。凌钢人为了不辜负市委、市政府和全市人民的期望，以搞好凌钢、振兴朝阳为己任，近几年来，在国内外市场竞争日趋激烈，特别是面对国际金融危机挑战的严峻形势下，不断加快发展步伐，企业发生了翻天覆地的巨大变化。2008年，在受到世界金融危机严重

影响、生产经营经历了市场大起大落的严峻挑战和考验的情况下，我们以变应变，迎难而上，胜利完成了350万吨钢技术改造工程，在凌钢的发展史上树立起一座新的里程碑，为进一步增强企业竞争力奠定了坚实的物质基础，也成为了我市突破辽西北、建设新朝阳的主要力量。

但从发展看，凌钢还面临一些急需解决的矛盾和问题：在发展目标上，对凌钢总体发展战略研究不够系统深入，还缺乏可操作的战略措施；在发展能力上，自主创新能力不强，技术创新成果不多，产品结构单一，高技术含量产品较少；在发展保证上，一些保障科学发展的体制机制不够健全和完善，职工素质、人才队伍、管理者的水平与科学发展的要求还有差距。

解决凌钢这些发展中的突出矛盾和问题，最根本的就在于落实科学发展观。我们要通过开展深入学习实践科学发展观活动，深刻领会科学发展观的精神实质和科学内涵，把科学发展观转化为谋划促进企业科学发展的正确思路、措施办法、能力和水平，探索发展规律，破解发展难题，努力实现凌钢又好又快发展，为振兴朝阳经济、实现"奋斗三年、再造朝阳"和突破辽西北宏伟目标做出我们更大的贡献。

（二）开展深入学习实践科学发展观活动，是凌钢应对国际金融危机的迫切需要

钢铁业是受国际金融危机冲击和影响最大的行业之一，全球钢铁需求均出现大幅萎缩，产品价格出现大幅下滑。去年四季度以后，国内用钢行业需求明显下滑，钢材市场价格短时间内经历了巨幅下跌，钢铁行业整体出现亏损。国际金融危机对凌钢的冲击也很大，2008年后5个月的严重亏损，吃掉了前7个月利润的85%。进入2009年，市场环境进一步恶化，前两个月亏损6000多万元，预计一季度亏损将超亿元。

当前，我们面临的形势严峻而复杂：一是世界金融危机所造成的影响正进一步扩大，其严重后果还会进一步显现；二是世界金融危机对我国经济的影响正日益显露，经济增长放缓，国内主要用钢行业需求明显减弱；三是钢铁原燃料仍面临不确定不稳定因素，相对于钢材市场价格而言，钢铁企业成本压力仍然很大；四是新增的先进钢铁产能要释放，钢材市场供需平衡处于极不稳定状态，恢复合理价位将受到国内外产需变化和国际钢材市场价格波动的制约，企业经营决策风险进一步加大。

凌钢正处在发展的关键时期，在集团公司第二届二次职代会上，我们提出了要以中央经济工作会议精神为指导，深入贯彻落实科学发展观，以新项目达产达效为重点，努力提高生产经营的效率和质量，大力开展降本增效，全面提升市场竞争力，努力构建和谐凌钢，促进企业又好又快发展的总体工作思路，确定了全年完成309万吨钢、299万吨铁、303万吨钢材、销售收入超100亿元的总目标。两个多月来，在市场形势极其不利的情况下，全公司广大干部职工，统一思想，统一意志，坚定信心，迎难而上，生产经营扎实稳步推进，新系统已具备了达产能力。

凌钢面临的形势是挑战严峻，机遇难得。我们要把开展深入学习实践科学发展观活动作为应对金融危机挑战的机遇，通过开展深入学习实践科学发展观活动，把党员干部思想统一到中央对当前形势判断上来，统一到中央和省、市保增长、保民生、保稳定的战略决策上来。把这次金融危机作为学习实践活动的生动课堂和实践平台，发动广大职工积极谋划企业应对危机的对策措施，最大限度地降低金融危机给企业带来的消极影响，特别是要全力以赴抓好达产达效和降本增效工作，确保全年生产经营目标的圆满实现。同时，还要提高企业应对危机过后更高层次、更高水平和更为激烈的市场竞争能力，努力把国际金融危机带来的压力转化为推动凌钢科学发展的动力。

（三）开展深入学习实践科学发展观活动，是以改革创新精神加强和改进凌钢党建工作的迫切需要

科学发展关键在党。加强和改进企业党建工作，充分发挥党组织政治优势，既是国有企业科学发展的重要内容，也是国有企业科学发展的重要保证。近年来，我们不断加强和改进党的建设，为凌钢实现稳定和谐、又好又快发展提供了坚强的政治保证。

一是着力加强领导班子和干部队伍建设。通过不断加强对各级领导干部理想信念和党的宗旨教育，引导树立正确的世界观、人生观、价值观，增强了各级领导干部解决复杂问题的能力、促进企业发展的能力、开拓创新的能力。特别是最近，公司班子和二级班子都做了适当调整，使一批优

秀人才脱颖而出。通过不断加强作风形象建设，使广大党员干部都自觉按照社会主义荣辱观要求自己，保持高尚的精神追求，用自己良好形象取信于广大职工群众。

二是巩固和发展了先进性教育成果，加强了党员队伍建设。建立和完善了公司党委关于党建工作的十五项制度，建立健全了党员学习培训、组织生活、服务群众、监督制约和党员党性定期分析机制，使党员“长期受教育、永葆先进性”。创新载体，发挥了党员的先锋模范作用。按照“有觉悟、有技能、有作用”凌钢共产党员先进性标准，严格要求每个党员，使广大党员做到了思想觉悟高于群众、劳动技能高于群众、工作业绩高于群众、奉献精神高于群众。党员队伍不断扩大，队伍素质不断提高。党风廉政教育深入开展，建立完善了党风廉政建设教育、制度、监督惩防体系，进一步健全了责任、自律、监督长效机制。

三是思想政治工作不断加强，企业文化建设取得了丰硕成果。总结提炼出了“自强、诚信、求实、创新”新时期凌钢企业精神，真实地反映了凌钢40多年来特别是改革开放以来的奋斗足迹，反映了凌钢改革发展的实际，体现了时代特征，突出了凌钢个性，符合科学发展观的要求，已经成为了凝聚人心、推动企业发展，特别是决战350万吨钢技改工程的巨大精神动力。

同科学发展的要求相比，凌钢党建和思想政治工作还存在一些需要研究解决的问题：一是一些党员干部贯彻落实科学发展观的自觉性还不高，对科学发展观的学习不够扎实、理解不够全面，思想、作风和素质与科学发展观的要求相比还不适应；少数单位党组织党建工作基础不牢，创新不够，办法不多；适应未来发展需要的企业人才队伍建设还需进一步加强；企业文化理念还有待进一步升华，构建和谐凌钢的工作任重而道远。

我们要通过开展深入学习实践科学发展观活动，认真研究新形势、新环境、新条件下对党建工作的新要求，进一步探索建立现代企业制度与发挥党组织政治核心作用相结合的有效途径，在全面推进党的建设伟大工程中，以改革创新精神全面加强党的建设，将党组织的政治优势、组织优势转化为推动企业科学发展的强大动力，使每名党员都成为科学发展观的坚定信仰者、忠诚实践者和贯彻落实的有力推动者。

二、努力把凌钢贯彻落实科学发展观提高到新水平

凌钢是第二批学习实践活动单位，市委深入学习实践科学发展观活动领导小组对市属企业的学习实践活动提出了总体要求：要全面落实中央部署和省市委要求，把握“坚持解放思想、突出实践特色、贯彻群众路线、正面教育为主”的原则，落实学习调研、分析检查、整改落实三个阶段各个环节的工作任务，努力实现“党员干部受教育、科学发展上水平、人民群众得实惠”的总体要求和“提高思想认识、解决突出问题、创新体制机制、促进科学发展”的目标。通过学习实践活动，进一步提高对科学发展观的认识，增强贯彻落实科学发展观的自觉性和坚定性，把科学发展观转化为推动企业科学发展的坚强意志、谋划企业科学发展的正确思路、领导企业科学发展的实际能力、促进企业科学发展的政策措施，努力在继续解放思想上迈出新步伐，在深化改革上实现新突破，在企业发展上取得新进展，在促进和谐上见到新成效。当前，尤其要把积极应对国际金融危机带来的各种影响，保持企业平稳较快发展，作为企业学习实践活动最大的实践、最重要的实际、最需要取得的实效，作为学习培训的重要内容、分析检查的重要依据、整改落实的努力方向、取得实效的重要标准，扎实推进学习实践活动，为保持全市经济平稳较快发展做出应有贡献。

我们要紧密结合凌钢实际，按照市委深入学习实践科学发展观活动领导小组的要求，本着“规定动作”不走样，“自选动作”有创新的原则，认真组织落实，扎实推进实施。凌钢开展深入学习实践科学发展观活动：

（1）要高举一个旗帜：即中国特色社会主义伟大旗帜。

（2）要突出一个主题：即科学发展，把凌钢进一步做大做强做久。

（3）要围绕一个总要求：即党员干部受教育、科学发展上水平、职工群众得实惠。

要着眼于“党员干部受教育”，着力提高思想

认识，切实增强贯彻落实科学发展观的自觉性和坚定性。要着眼于“科学发展上水平”，着力解决实际问题，推动凌钢实现又好又快发展。要着眼于“职工群众得实惠”，着力维护好、实现好、发展好职工群众的根本利益。

（4）要抓住一个主题实践：即开展“达产达效、降本增效”主题实践活动。

要以“党员工程项目”、“党员责任区”、“党员先锋岗”、“党员攻关课题”为载体，在全体党员中广泛开展“达产达效、降本增效”主题实践活动，使广大党员按照“有觉悟、有技能、有作用”新时期凌钢共产党员标准的要求，积极为公司的达产达效和降本增效工作当先锋、打头阵、做表率。

（5）要增强五种意识。

一是忧患意识。胡锦涛同志多次告诫全党，一定要增强忧患意识。这次金融危机给我们上了生动的一课。目前，国际金融危机已经对钢铁行业造成实质性影响，何时见底还很难预料。我们要未雨绸缪，做好充分准备去应对最困难的情况出现，争取最好的结果。

二是责任意识。凌钢是朝阳市最大国有企业，我们要自觉贯彻执行党和国家的方针政策，当前要坚决贯彻落实中央和省、市应对国际金融危机的一系列政策措施，在保增长、保民生、保稳定上抓落实，要在应对国际金融危机中发挥我们应有的作用。

三是成本意识。要号召全体职工大力弘扬艰苦奋斗精神，增强危机感、紧迫感，要牢固树立过紧日子思想，立足岗位厉行节约，眼睛向内降低成本，只有我们扎扎实实地把成本降下来，才能打好打赢这场非常时期的“持久战”。

四是管理意识。要实现生产经营由“粗放式”向“精细化”转变，通过持续完善规章制度、优化操作程序、提高工作标准、落实岗位责任，不断提升管理水平，实现产能合理、流程优化、成本领先、技术进步和质量提高。

五是发展意识。发展是企业永恒的主题，也是企业的根本出路。凌钢正在探讨500万吨规模的发展规划。我们要牢固树立科学发展观，以解放思想为先导，用新的理念和视野，科学分析实现500万吨钢规模的基础和条件，坚定信心，破解难题，促进发展，实现目标。

（6）要提高三种能力。

一是化解风险、应对危机的能力。钢铁行业是受国际金融危机冲击和影响最大的行业之一，要把提高应对国际金融危机的能力作为检验学习实践活动成效的重要标准。要细化应对国际金融危机的具体措施，既要做好当前的应对工作，更要立足长远，通过学习实践活动，进一步理清发展思路、完善发展战略、转变发展方式。

二是加快发展、提升竞争新优势的能力。近年来，凌钢不断加快技术改造和技术创新，装备水平正在由高能耗、高污染、小型落后向大型化、节能化、现代化迈进，产品研发也正在由普通钢为主向高附加值品种钢为主发展。面对当前乃至今后激烈的市场竞争，我们要努力培育应对更残酷竞争的独特优势，形成具有自身特点的核心竞争力。

三是抓班子、带队伍的能力。各级党组织要始终把领导班子和干部队伍建设放在突出位置，着力增强领导班子和干部队伍推动科学发展的本领，努力把领导班子建设成为贯彻落实科学发展观的坚强领导核心，把干部队伍建设成为贯彻落实科学发展观的骨干力量。

三、强化组织领导，确保学习实践活动取得实效

3月24日，朝阳市委召开了深入学习实践科学发展观活动动员大会，把凌钢确定为第二批深入学习实践科学发展观活动单位。凌钢党委迅速行动，立即开展工作，在短短的一周内，制定了《凌钢集团公司党委关于开展深入学习实践科学发展观活动的实施方案》及相关文件，对凌钢开展深入学习实践科学发展观活动进行了部署。要求各基层党组织要严格按照中央、省市委和集团公司党委的要求，切实加强领导，落实责任，细化安排，突出特色，把开展深入学习实践科学发展观活动切实抓出成效。

（一）加强领导，落实责任

凌钢各基层党组织要切实承担起学习实践活动的领导责任，党委、总支、支部书记是学习实践活动第一责任人，分管领导要认真履行直接责任人的职责。学习实践活动领导小组及工作机构要在凌钢学习实践活动领导小组和各单位党委的

领导下开展工作。各级领导班子成员特别是主要负责同志要发挥表率作用，带头深入学习，带头调查研究，带头解放思想，带头分析检查，带头整改落实。

（二）突出重点，有序推进

按照中央简化程序、注重实效的要求，凌钢学习实践活动分为3个阶段、6个环节，从3月份开始，7月底基本结束。学习实践活动要突出本单位、本部门特色，做到学习要更加注重联系实际、教育要更加注重推动实践、整改要更加注重解决突出问题、活动要更加注重群众和社会的参与。要按照集团公司党委要求，认真抓好每个阶段和重点环节的重点工作。

第一阶段学习调研。重点抓好学习培训和解放思想讨论工作，搞好学习实践活动。主要学好《毛泽东邓小平江泽民论科学发展》、《科学发展观重要论述摘编》和《深入学习实践科学发展观活动领导干部学习文件选编》，学习党的十七大和十七届三中全会精神，学习胡锦涛总书记等中央领导同志有关重要讲话精神，学习党中央应对当前经济形势的一系列决策部署，学习中央纪委三次全会精神，学习省、市委领导在开展深入学习实践科学发展观活动动员大会上的讲话等。要通过学习文件，通读原著，专家授课等形式，引导党员干部深刻领会科学发展观的科学内涵、精神实质和根本要求，为深入调研、解放思想讨论、查找制约和影响企业科学发展的突出问题特别是这次金融危机中暴露出来的问题，奠定思想理论基础，增强贯彻落实科学发展观的自觉性和坚定性。

第二阶段分析检查。重点抓好专题民主生活会、分析检查报告。通过专题民主生活会，查找班子和个人在贯彻落实科学发展观方面存在的突出问题、党性党风党纪方面存在的群众反映强烈的突出问题。形成高质量的分析检查报告，关键是问题要找得准、原因要分析透、解决问题的思路要清晰，形成共识，增强合力。

第三阶段整改落实。重点抓好制定整改落实方案、解决突出问题、完善体制机制等工作。通过制定整改落实方案，提出实在管用的对策措施。坚持边学边改，能改的马上改，特别是涉及领导干部党性、党风、党纪方面、群众反映强烈的问题，必须马上改，并主动接受职工群众的监督；一定时期内能够解决的尽快解决；暂时不能解决的，要向职工群众做出通情达理的解释，同时创造条件尽可能解决。在解决实际问题时，要注意将职工群众的注意力引导到涉及凌钢科学发展的重大问题上，在重大问题上凝聚共识，解决问题既要尽力而为，也要量力而行。

（三）两手抓、两不误、两促进

这次学习实践活动，要把应对国际金融危机冲击、克服企业发展困难，实现新项目达产达效和降本增效作为最大的实践、最重要的实际、最需要取得的实效，贯穿于学习实践活动全过程。各单位一定要处理好学习实践活动和当前各项工作的关系，做到统筹兼顾、合理安排。要把学习实践活动转化为推动当前各项工作的动力，通过学习实践活动促进各项工作，用实际成果来衡量和检验学习实践活动成效。要提高活动效率，注重效果，防止做表面文章，杜绝铺张浪费。要在广播、报纸、电视、网站等媒体上开设专栏，加大宣传力度，营造浓厚氛围，及时总结学习实践活动中的好经验、好做法。

（四）支持指导检查组开展工作

中央明确要求各级学习实践活动领导小组要派出巡回检查组或指导检查组，加强对学习实践活动的监督检查。朝阳市委向凌钢派出了指导检查组，我们将自觉接受市委指导检查组的指导，积极支持工作，及时请示汇报。凌钢学习实践活动领导小组也将派出指导检查组，对基层学习实践活动进行督导检查。基层党委、总支、支部要积极支持公司指导检查组的工作，密切配合，加强沟通联系，主动汇报工作，听取意见建议，共同把工作做好。

同志们，开展深入学习实践科学发展观活动，意义重大，影响深远。我们要切实增强政治意识、大局意识和责任意识，按照中央和省、市委的要求部署，以高度的政治责任感、饱满的工作热情、改革创新的精神、求真务实的作风，解放思想、积极探索、勇于实践，切实开展好学习实践活动，不断开创凌钢科学发展的新局面，为实现凌钢又好又快发展而努力奋斗！

中共朝阳市委第二指导检查组组长在凌钢集团学习实践科学发展观动员会上的讲话

（2009年3月31日）

同志们：

根据中央部署和省、市委的统一安排，全市深入学习实践科学发展观活动从今年3月开始，大体利用一年的时间，分两批展开，到2010年2月基本结束。参加第二批学习实践活动的单位主要是市、县（市）区党政机关，市、县（市）区人大、政协机关，市、县（市）区人民法院、人民检察院和人民团体机关，市直机关及企事业单位，党的关系在市、县（市）区的中（省）直机关及事业单位。3月24日，市委召开了动员大会，市委书记对全市学习实践科学发展观活动进行了全面部署，省委派驻我市的指导检查组组长李玉霞同志到会做了重要讲话。

为切实加强对学习实践活动的指导和督促检查，市委向参加第二批学习实践活动的县（市）区派出4个指导检查组，向市直和中省直驻朝单位派出9个指导检查组。我们这个组是第二指导检查组，由4名同志组成，主要负责联系凌源市、喀左县、凌钢集团、城郊检察院、监狱管理分局、七三五处6个单位。

凌钢集团是我市唯一的国有控股企业，是我市财政的重要支柱。我们有机会到凌钢集团指导检查学习实践活动，和凌钢集团的广大干部群众共同开展工作，我们感到非常荣幸和振奋。今天下午我们到达凌钢集团后，与张总、苑书记简单沟通了情况。我们感到，凌钢集团党委对学习实践活动高度重视，前期准备工作扎实认真，制定的工作方案切实可行，为学习实践活动的顺利进行奠定了较好的基础。

刚才，凌钢集团董事长、党委书记张振勇同志作了一个富有激情、充满活力的动员讲话。这个动员讲话充分体现了中央精神和省、市委的要求，紧密结合凌钢集团的实际，阐述了开展学习实践活动的重大意义和紧迫性，对学习实践活动作出了全面的安排部署，具有很强的指导性、针对性和可操作性，听了以后很受教育、很受鼓舞，也很受启发。下面，我代表市委指导检查组，就搞好这次学习实践活动和指导检查工作讲两点意见。

一、认真贯彻中央精神和省、市委要求，牢牢把握学习实践活动的正确方向

在全党开展深入学习实践科学发展观活动，是党的十七大作出的一项重大战略举措，是用中国特色社会主义理论体系武装全党的重大举措，是深入推进改革开放、推动经济社会又好又快发展、促进社会和谐稳定的迫切需要，是提高党的执行能力、保持和发展党的先进性的必然要求，是顺应人民新期待、进一步密切党同人民群众血肉联系的重要步骤。对于我市来说，也是推进“突破辽西北”战略实施，实现“奋战三年、再造朝阳”目标的强大动力。市委对开展学习实践活动高度重视，印发了《活动的意见》、《实施方案》。我们一定要认真学习、深刻领会、全面贯彻，确保学习实践活动的正确方向。主要从以下5个方面来把握：

第一，准确把握学习实践活动的指导思想。一要高举中国特色社会主义伟大旗帜；二要突出深入学习实践科学发展观这个主题；三要围绕“党员干部受教育，科学发展上水平，人民群众得实惠”这个总要求；四要抓住“坚持科学发展、突破辽西北、建设新朝阳”这个实践载体；五要把握县以上领导班子和党员领导干部这个重点；六要抓好“四个着力”，就是着力转变不适应、不符合科学发展观要求的思想观念，着力解决影响和制约凌钢集团经济社会发展的突出问题以及党员干部党性党风党纪方面群众反映强烈的问题，着力构建有利于科学发展的体制机制，着力提高领导科学发展、促进社会和谐的能力。

第二，准确把握学习实践活动的主要原则。一要坚持解放思想。就是以解放思想为先导，以改革创新为动力，使思想和行动更加符合实事求

是的思想路线，更加符合经济社会发展规律、符合自然规律、符合党的执政规律，使党的工作和党的建设更加符合科学发展的要求。二要坚持突出实践特色。就是紧紧围绕科学发展主题，紧密结合凌钢集团的实际情况，确定活动的实践载体。把开展学习实践活动与贯彻落实党的十七大的一系列重大部署结合起来，与总结凌钢集团科学发展的典型经验紧密结合起来，与促进改革发展稳定紧密结合起来，与推动社会主义经济建设、政治建设、文化建设、社会建设以及生态文明建设的各项工作紧密结合起来，与实施“突破辽西北、建设新朝阳”战略紧密结合起来。三要坚持贯彻群众路线。就是充分发扬民主，吸收群众全程参与，认真听取群众意见建议，虚心向群众学习，真诚接受群众监督，把群众满意作为评价活动成效的重要依据。四要坚持以正面教育为主。就是坚持高标准、严要求，组织广大党员、干部深入学习实践科学发展观，实事求是查找存在的问题，深刻分析产生问题的原因，全面总结经验教训，认真开展批评和自我批评，进一步明确努力方向。

第三，准确把握学习实践活动的目标要求。一要在深化思想认识上取得新提高，进一步理解把握科学发展观的科学内涵、精神实质和根本要求，转变不适应、不符合科学发展要求的思想观念，在要不要科学发展、能不能科学发展、怎样科学发展等重大问题上形成共识。二要在解决突出问题上取得新突破，切实解决好群众反映强烈的突出问题，影响和制约科学发展的突出问题，党员干部党性党风党纪方面群众反映强烈的突出问题。三要在健全体制机制上取得新进展，着眼于推进重点领域和关键环节改革，解决加快发展面临的一些深层次矛盾，建立保障“突破辽西北、建设新朝阳”战略的长效机制，为推动科学发展提供有力制度保障。四要在“突破辽西北、建设新朝阳”战略上取得新成效，促进全市经济、政治、文化、社会和生态文明建设全面发展，使人民群众共享发展成果。这四方面目标要求，是就整个学习实践活动而言的，具体到凌钢集团，要注意从实际出发，实事求是地确定全县学习实践活动的具体目标，防止把目标定得过高或过低，要确保既定的目标通过努力能够实现，并且取得明显成效。

第四，准确把握学习实践活动要解决的重点问题。市委的《实施意见》，按照科学发展观第一要义是发展、核心是以人为本、基本要求是全面协调可持续、根本方法是统筹兼顾以及贯彻落实科学发展观必须加强和改进党的建设的要求，明确提出了学习实践活动要解决的五个方面的重点问题。这些问题涉及贯彻落实科学发展观的方方面面，是就总体而言的。具体到凌钢集团，在学习实践活动期间，哪些问题最突出，哪些问题最需要解决，哪些问题能够解决，都要做到心中有数。在整个学习实践活动中，要认真查找和解决突出问题，要按照科学发展观的要求，从实际出发，坚持什么问题突出就着力解决什么问题，尽力而为、量力而行，防止面面俱到，抓不住重点，找不准问题，影响活动效果。

第五，准确把握学习实践活动的方法步骤。重点要抓好“学习调研、分析检查、整改落实”三个阶段，加上学习准备和总结测评共十一个环节的工作。在学习实践活动启动时，做好充分的准备工作和搞好思想发动；在学习调研阶段，重点抓住学习培训、深入调研、围绕科学发展进行解放思想讨论三个环节；在分析检查阶段，重点抓住召开领导班子专题民主生活会、形成领导班子分析检查报告、组织群众评议三个环节；在整改落实阶段，重点抓住制定整改落实方案、集中解决突出问题、完善体制机制三个环节；在学习实践活动基本结束时，做好总结工作和满意度测评工作。

二、切实采取有力措施，确保学习实践活动取得实际效果

开展学习实践科学发展观活动，是全市政治生活中的一件大事。党组（党委）要把学习实践活动摆上重要议事日程，高度重视，精心组织，把深入学习、提高认识贯穿始终，把解放思想、改革创新贯穿始终，把解决问题、完善体制机制贯穿始终，把依靠群众、发扬民主贯穿始终，确保活动取得实效。

第一，要切实加强领导。全市的学习实践活动，在市委的统一领导下，原则上按照党组织隶属关系确定领导关系。凌钢集团的学习实践活动，由凌钢集团党委领导。凌钢集团的党委书记是第一责任人，分管领导和有关部门的负责同志要认真履行直接责任人的职责。党员领导干部特别是

主要负责同志要发挥表率作用，带头深入学习、带头调查研究、带头解放思想、带头分析检查、带头整改落实。要积极参加领导班子和所在党支部的活动，结合各自分工建立联系点，努力把联系点建成学习实践活动的示范点，发挥以点带面的作用。要从参加学习实践活动的不同对象出发，提出有针对性的具体要求，进行分类指导，增强活动的针对性和实效性。要充分发挥党支部的作用，积极探索有效形式，确保党员全员、全过程参加学习实践活动。

第二，要注重探索创新。一方面，要严格遵循中央确定的指导思想、基本原则、规定的阶段安排，做好“规定动作”。另一方面，要鼓励和倡导大胆探索，紧密结合实际做好“自选动作”，在实践中探索新思路、新办法，创造好经验、好做法。要坚持时间服从质量，合理把握进度。要讲成本、重实效，防止文山会海，杜绝形式主义。

第三，要搞好舆论宣传。大力宣传科学发展观的科学内涵、精神实质和根本要求，宣传开展学习实践活动的重大意义，宣传学习实践活动的部署、要求、做法、经验和成效，宣传学习实践科学发展观的先进典型，做好舆论引导工作，努力营造开展学习实践活动的良好氛围。

第四，要坚持统筹兼顾。把学习实践活动当作推动工作的重要机遇和强大动力，通过学习实践活动促进各项工作，用各项工作的实际成果来衡量和检验学习实践活动的成效，努力做到两手抓、两不误、两促进。

根据市委要求，我们指导检查组的主要职责有四项：一是按照中央精神和市委要求，向联系单位党组（党委）提出工作建议，指导帮助搞好学习实践活动；二是搞好督促检查，了解联系单位学习实践活动开展情况，及时发现问题并督促解决；三是总结学习实践活动经验，及时发现和推广学习实践活动中的先进典型；四是加强上下联系，沟通信息，及时向市委学习实践活动领导小组反映情况，向联系单位传达市委的指示精神。我们的工作在市委学习实践活动领导小组的领导下，紧紧依靠凌钢集团党委来开展各项工作。

在这里，我代表市委指导检查组表个态。我们将按照市委学习实践活动领导小组的部署，深入学习领会中央精神和省、市委要求，认真做好指导检查工作，加强与凌钢集团党委的协调与沟通，严格要求自己，发挥好市委学习实践活动领导小组与凌钢集团之间桥梁和纽带作用。希望大家对我们的工作多支持、多帮助，提出意见和建议，敬请大家对我们的工作进行监督。

最后，预祝凌钢集团学习实践活动取得圆满成功！

中共凌源钢铁集团公司委员会学习实践科学发展观调研报告

以科学发展观为指导　深入开展对标挖潜活动
全面提升企业核心竞争力

一、凌钢近年来发展的成就和当前面临的严峻形势

近年来，凌钢按照科学发展观的要求，坚持发展是第一要义，不断加快企业发展步伐，使企业发生了巨大变化，生产能力不断增长，企业规模逐步扩大，经济实力显著增强。2008 年与 2003 年相比，生产能力由 154.6 万吨钢、142.4 万吨铁、165 万吨钢材增长到 206.5 万吨钢、198.1 万吨铁和 212.5 万吨钢材，分别增长了 33.6%、39.1%和 28.8%。年销售收入由 39.6 亿元上升到近 100 亿元，增长了近 1.5 倍。资产总额由 46.1 亿元，增长到 86.9 亿元，增长 88.5%，现在已超过 100 亿元。2008 年，我们认真贯彻市委、市政府“突破辽西北、建设新朝阳”和“奋战三年、再造朝阳”的总体战略要求，投资 26 亿元，进行了凌钢建厂以来规模最大的 350 万吨钢技术改造，到去年底 10 个项目已经全部建成投产，为进一步扩大凌钢生产能力，加快朝阳经济发展增添了重要力量。

但是，由于当前国际金融危机对实体经济的影响正进一步加深，使钢铁工业成为了对实体经济冲击最大的行业之一。从去年四季度开始，国内钢价暴跌，全行业亏损。凌钢也未能独善其身，去年由前7个月盈利7.3亿到年末只剩下1.6亿。进入今年以来，年初钢材价格略有回升，升幅达7.76%，但由于产量增长过快，库存上升，2月中旬以后，钢材价格第二轮下跌，到3月5日，国内钢材综合价格比1~2月高点下跌7.43%，其中长材下跌7.83%，板材下跌7.60%，跌至去年11月中旬的最低价格水平。4月第一周，国内钢材综合指数已经跌至97.16点，创出了历史新低，现在的钢材价格是1994年的水平，一季度全国钢铁企业全行业亏损。

今年一季度，为了响应省、市委号召，保增长、促稳定，实现开门红，凌钢在十分困难的条件下，扎实推进各项工作的开展，一季度累计产钢73万吨、产铁72万吨、产钢材70万吨，分别比上年同期增长21.5%、25.8%和19.7%，这是近几年一季度增幅最大的。但是，由于受市场影响，增产不增收，一季度实现销售收入仅19.3亿元，同比降低27.3%；实现利税－6170万元，同比降低111.8%，其中利润－1.2亿元，同比降低142%。税金5931万元，同比降低75%。累计实现工业增加值2.3亿元，同比降低67.3%。

造成凌钢增产不增收、效益持续下滑的主要原因是国际金融危机的影响，再加上国内钢铁企业生产能力严重过剩，供大于求，用户需求急剧下降、出口大幅度萎缩，致使产品销售遇到很大困难。就凌钢自身而言，还有一个新项目投产压力增大的原因。我们去年进行的350万吨钢技术改造，所有项目都是在金融危机已经开始蔓延的情况下竣工投产的。新投产项目要有一个磨合期，要有一个高投入、低产出的过程，尽管我们做了最大的努力，但投入的升高，不仅影响了指标，也直接影响了效益，在一定程度上也加重了企业的亏损。

二、以科学发展观为指导，着重解决突出问题，深入开展对标挖潜活动

按照学习实践科学发展观活动“提高思想认识、解决突出问题，创新体制机制、促进科学发展”的目标要求，自开展学习实践科学发展观活动以来，我们通过对科学发展观理论的认真学习，紧密联系凌钢科学发展实际，认为必须把应对国际金融危机带来的严重影响，保持企业平稳较快发展，作为企业学习实践活动最大的实践、最重要的实际、最需要取得的实效。因此，我们在开展主题实践活动时，发动全公司广大职工特别是中层以上领导干部，进行以“解放思想、应对挑战”为中心内容的大讨论，通过讨论我们认识到，当前摆在我们凌钢面前的出路只有两条：一是等待外部市场形势的好转；二是坚持眼睛向内，苦练内功，自己的梦自己圆。外部市场不以我们的意志为转移，也无力改变。出路只能是靠我们自己，靠我们自己的力量，冲出重围，杀出一条血路，使凌钢走出困境。

通过讨论，我们确定了要以科学发展观为指导，在全公司立即开展“眼睛向内，苦练内功，对标挖潜，降本增效”活动，以此来扭转当前被动局面。我们认为，这是当前凌钢应对金融危机、迅速摆脱困境的必然选择，是我们遏制亏损、尽快实现扭亏最紧迫的任务，也是学习实践科学发展观活动最需要紧密联系的实际，最需要取得的实效，是当前我们企业高于一切、先于一切、大于一切的头等大事。

所谓对标挖潜，就是在行业内同炉型、同机型中，选取同口径可比较的先进指标作为标杆，从中看到我们的差距和潜力所在，并在此基础上，采取有力措施，迅速缩小与先进的差距，通过比、学、赶、超，把各项技术经济指标提高到一个新水平。只要这些技术经济指标上去了，既能达产也能达效，实现真正的降本增效，达到扭亏为盈的目标。

通过近一个星期从上到下的讨论分析，把凌钢的经济技术指标与全行业进行了对比，使我们看到了凌钢的差距所在：过去我们有很多技术经济指标在全国是领先的，而现在却有所后退，参与全国排序的114项技术指标，现在有64项低于全国平均水平，占55%。进入行业前三位的指标仅有11项。特别是进入2009年一季度，差距进一步拉大，退步指标多达40个。据统计，114项技术指标中，2008年高于行业平均水平、2009年低于行业平均水平的退步指标有7项；2008年已进入先进水平、2009年一季度退步的有4项指标；高于2009年平均水平但未完成公司计划的指标有

29项；既低于2009年平均水平又未完成计划的指标有29项。经济指标据不完全统计，2008年在水平接近的15个工序产品的燃料动力、材料备件、运输费用统计中，与行业水平比较，炼铁工序燃料动力消耗高于行业水平，主要工序材料备件消耗高于行业水平，炼钢工序运输费用高于行业水平。大家从差距中看到了问题，说明我们的管理水平、操作水平、技术水平没有跟上行业的发展，还有许多工作可做，还有很大的潜力可挖。差距就是潜力，只要我们把这些经济技术指标真正有所提高，赶上同行业先进水平，就能降本增效，即使受市场影响，不能从根本上扭亏为盈，也能使当前的被动局面有所缓解。

为此，我们制定了《凌钢集团公司对标挖潜活动实施方案》，明确了对标挖潜指导思想和实施原则，建立了领导机构，明确了责任单位和责任人，明确了考核办法和奖惩措施。对标挖潜的总体要求是：全公司选定的技术、经济、综合3类共计158个指标，在完成计划的前提下实现全面上台阶。具体要求：一是凡低于同行业、同炉型、同机型平均水平以下的指标，必须达到平均水平以上；二是处于同炉型、同机型行业平均水平以上的指标，至少前进一位；三是处于同炉型、同机型行业前三位的先进指标，保持住现有水平，确保不下滑。

三、坚持眼睛向内，苦练内功，扎实推进对标挖潜

钢铁行业的对标挖潜1999年在全国冶金系统就曾广为开展，许多企业通过这一行之有效的办法获得了巨大的收益，其共同的特点是：眼睛向内，不讲客观，瞄准先进，自我加码。也就是说，只有对照先进，才能看出差距。只有找准问题，才能有的放矢。只有对标创新，才能超越自我。集团公司要求所有下属各单位要按照统一下达的对标挖潜指标，找内因，练内功，挖内潜，有方案、有步骤、有措施、有考核，扎实推进。

首先，要正确处理好开展学习实践活动与对标挖潜工作的关系，做到互为促进，共同提高。达产达效、降本增效是凌钢党委学习实践活动的主题实践内容之一，并把对标挖潜工作作为学习实践活动最大的实践、最重要的实际、最需要取得的实效。对标挖潜工作为学习实践科学发展观活动提供平台，这是我们学习实践科学发展观最具体、最现实、最有效的实践。同时，我们也要把学习实践活动转化为开展对标挖潜工作的动力，通过学习实践活动促进对标挖潜，用对标挖潜的实际成果来衡量和检验学习实践活动的成效，实现相互促进，共同提高。公司党委要求全公司广大干部职工要深刻认识这项工作的紧迫性和必要性，务必统一认识、统一思想、统一意志、统一行动，要把思想统一到公司的决策上来，把行动统一到对标挖潜的部署上来，迎难而上，勇克时艰。号召全公司广大党员要带头对标，带头挖潜，要瞄准硬指标，真下硬功夫，完成硬任务。特别是要瞄准全国一流指标，找差距、定措施、抓落实，促进凌钢各项技术经济指标的全面提升。

第二，要正确处理对标挖潜与加强管理和推进技术进步的关系。要搞好对标挖潜，必须先从管理入手，以改革创新的精神，开阔新视野，拓宽新途径，寻求新办法，为“日清日结”核算赋予新的内涵，建立分析和控制机制，通过规范行为，堵塞漏洞，推进对标挖潜，促进各项指标上台阶。抓管理挖潜，方法简单见效快，但同时还要必须依靠技术进步。充分发挥我们350万吨钢工程后形成的大高炉、大转炉技术优势，推进技术攻关和技术创新，提高效率，降低消耗。通过管理创新与技术创新的结合，促进对标挖潜迈上新台阶。

第三，要正确处理好眼前与长远、局部与整体的关系。开展对标挖潜工作是我们迅速扭转当前被动局面的当务之急，务求迅速见效，但也要用发展的思维和发展的眼光处理问题，必须干在当前，兼顾长远，不能搞短期行为，急功近利。同时还要注意到，我们虽然是在企业面临极其困难的形势下，开展了对标挖潜活动，但这绝不是为解燃眉之急的权宜之计，而是要把这项工作作为今后更长一段时期凌钢在科学发展的战略层面上系统思考的问题，作为凌钢今后一个时期的主要任务，作为促进企业健康、可持续发展的长久之计。钢铁行业的困难不仅仅是受金融危机的影响，更有自身产能过剩的矛盾，即使中国经济走出低谷，钢铁行业自身仍要面临着激烈竞争，我们要做好打持久战的准备。正确处理好局部与整体的关系，是能否保持对标挖潜健康发展的重要问题。要树立大局观念，站在全局的角度看问题，克服本位主义，做到局部服从整体，辅助服从主体，单个指标服从工序。

四、举全公司之力抓对标挖潜，务必抓出实效

对标挖潜工作是一项复杂的系统工程，需要从全方位着手，全员参与，全过程控制。所以，做好这项工作决不是几个管理部门和几个生产厂的事，而是全公司所有单位、所有人员共同的责任，做到千斤重担大家挑，人人肩上有指标，通过齐心协力的共同奋斗，达到预期的效果。

一是解放思想、克服畏难情绪。当前，企业面临生死存亡的严重危机，但我们的一些干部职工在思想观念上还很不适应，存在着盲目乐观情绪，工作讲客观、讲外因、讲别人，就是不讲自己的倾向，有的把一切问题都归结为金融危机的影响，用金融危机掩盖了自身内部的矛盾。有的观念落后，过紧日子的思想还没有树立起来，对对标挖潜有畏难情绪。所以，根据学习实践科学发展观活动要求，首先把解放思想，克服畏难情绪作为对标挖潜活动的第一道工序。在大讨论中，解决望而生畏、束手无策、不以为然、敷衍塞责等思想问题，要求干部丢掉幻想，激发斗志，迎接挑战，真正把潜力挖出来，把解决问题的办法拿出来。要坚持我们凌钢多年形成的“市场经济靠自己”的经营理念，坚持“自强、诚信、求实、创新”的企业精神，坚持“日清日结”核算模式，要全心全意相信我们的职工队伍，把这项工作做好。

二是要在全面落实公司下达的158个指标的同时突出重点。突出重点工序，即对企业发展有重大影响的采矿、选矿、烧结、炼焦、炼铁、炼钢、轧钢等关键工序。突出重点技术经济指标，即炼铁的综合焦比、炼钢的钢铁料消耗、轧钢的成材率以及材料和备件消耗、修理费、运输费和合金消耗等，这些指标占总成本构成的绝大部分，对降本增效起着至关重要的作用。必须在这些指标上下大力气，提高对标的质量，加大挖潜的力度。突出综合性指标，要跨工序协作，在公司层面进行组织、协调与干预，以其实现经济效益最大化。采购和销售两个环节是降本增效的重点，要加强研究，解放思想，有所突破，与生产单位加强联系沟通，相互协调配合，共同把采购的成本降下来，把产品销售的价格提上去。各子公司和公司没有下达指标的其他单位，也要依据公司的总体原则自行制定计划和目标，开展对标挖潜工作。

三是部室与分厂、上道工序与下道工序要加强协调与配合。对标在部室，挖潜在分厂。所以，要搞好对标挖潜改造需要机关部室与各分厂的密切配合。机关各部室、特别是具有指标管理和考核职能的部门应切实转变工作作风，深入到基层认真开展调查研究，掌握第一手资料，同分厂一道研究方案、制定措施，拿出让人信服的指导性意见，帮助各分厂对标挖潜，不能简单地靠行政命令和以罚代管处理问题。各分厂也要主动与相关部室多联系、多沟通，服从指导。上下工序也要密切沟通与协调，做到全公司一盘棋。

四是要做到技术模型与经济模型相结合。对标的目的是降本增效，各单位在对标活动中要从公司全局的角度出发，按公司效益优先的原则来开展工作，不能片面地就对标而对标，不能出现高指标、低效益的问题，更不能用高成本换取高指标。各单位及专业技术人员要善于用经济手段解决技术问题。通过对标对各工序的技术经济指标进行价值分析，用价值量去衡量指标高低的合理性，并通过加强管理，寻找低成本、高产出的指标，实现技术与经济的互相统一。

五是要做到自主攻关和外智引进相结合。他山之石，可以攻玉。一个企业，只有不断地把自己放到高手云集的环境中，才能让自己成长得更快，只有树立了持久的对标意识，才会不断激发起自己去挑战一个又一个更高远的目标。采取走出去、请进来、一对一的办法，虚心向别人学习，让广大职工知道，对标不仅仅是“追标”，更是竞争性学习，必须坚持模仿与创新并举。既进行技术指标的比较，又进行经济指标比较；既有“硬指标”的比较，也注重管理理念、管理手段、管理流程的比较。也就是说，不仅技术经济指标对标，方法、流程、能力和文化等方面也要对标。要敢于和优势企业比拼，别人能做到的，我们一定能够做到。虚心学习对方，是进步的开始，在学习和模仿的基础上创新，才能最后转化成为自己特有的优势和核心竞争力。

六是要建立完善的考评机制和严格的考核制度。这是保证对标挖潜效果不可缺少的手段。通

过建立完善的考核制度，细化考核目标，紧紧围绕公司下达的指标，将对标挖潜的目标和措施层层分解，做到企业内部各单位、各环节、各工序、每个职工的全覆盖。把对标与绩效挂钩，奖惩分明，建立激励与约束机制，避免对标浮于形式，确保对标挖潜收到实效。公司党委要求，各单位的一把手是对标挖潜的第一责任人，要亲自参与指标的对比，亲自查找差距，亲自制定措施，确保抓出成效。对标挖潜的成效要纳入年终评先选优、干部业绩考核的重要内容。将对标挖潜与技术攻关、“四新”应用、工人技术创新、劳动竞赛相结合，鼓励广大科技人员、管理人员和一线操作人员在对标挖潜中建功立业。加大宣传力度，及时总结经验，树立典型。

凌钢集团公司贯彻落实科学发展观情况分析检查报告

中共凌源钢铁集团有限责任公司委员会

（2009 年 7 月 9 日）

按照中央和省、市委的要求，凌钢开展深入学习实践科学发展观活动扎实推进，取得了显著效果。进入分析检查阶段以来，我们坚持把查摆问题、分析原因、制定措施作为学习实践的重要内容来抓，通过广泛征求职工群众的意见和建议，深入开展谈心交流，认真召开了领导班子专题民主生活会，深刻对照检查，对凌钢目前的发展状况有了准确的判断，对制约凌钢发展的突出问题有了清醒的认识，对存在的问题和不足进行了深刻的剖析，对如何推动科学发展有了比较清晰的思路，对凌钢今后的科学发展班子成员有了明确的共识。现将有关情况报告如下。

一、贯彻落实科学发展观取得的主要成效

“十一五”以来，凌钢坚持以邓小平理论和“三个代表”重要思想为指导，认真贯彻落实科学发展观，不断加快企业发展步伐，取得了明显成效。凌钢不断发展的历程，就是认真贯彻科学发展观的实践过程。

（一）实现了高速发展

科学发展观的第一要义是发展。几年来，凌钢始终坚持以科学发展观为统领，紧密结合企业实际，聚精会神搞建设，一心一意谋发展，不断加速技术改造，促进了企业又好又快发展。2006—2008 年，累计投入技改资金 32.7 亿元，是“十五”投资总和的 5.5 倍。产钢能力由 2005 年的 210 万吨，增长到 2008 年的 350 万吨，增长 66.7%，企业竞争力明显增强。在上游产品价格大幅上涨，钢铁产品严重供大于求的不利形势下，从 2005 年到 2008 年累计实现销售收入 304.6 亿元，平均年增长 14%；资产总额由 2005 年的 49.5 亿元增长到 2008 年 105.8 亿元，平均年增长 29%；利税总额 36.3 亿元，其中利润 16.6 亿元，上缴税金 19.7 亿元。特别是 2008 年，一年投资 26 亿元进行大规模技改，投资力度之大、建设工期之短、速度之快，不仅在凌钢的技改史上绝无仅有，在全国钢铁行业的技改工程中也是罕见的。350 万吨钢技术改造，实现了凌钢历史性的跨越。在装备水平上，逐步实现了大型化、现代化、节能化，现拥有高炉 4 座，其中千立方米级 2 座，转炉 4 座，其中百吨级 1 座。形成了高炉精料炼铁—转炉铁水预处理、炉外精炼、全连铸—轧材热送热装、连轧的先进工艺流程，工艺技术进入了国内同类企业先进水平。实现了由普通钢向优质碳素结构钢和低合金钢的转变，形成了以棒材（螺纹钢筋、中小型圆钢）和中宽带钢为主的产品结构。凌钢已经站在了一个新的历史起点上。

（二）始终坚持以人为本，促进职工队伍的全面发展

几年来，凌钢认真贯彻落实党的十七大精神，坚持发展为了职工、发展依靠职工、发展成果职工共享，促进了职工队伍全面发展。一是职工队伍素质不断提高。通过开展技术攻关、技术创新、创建学习型组织、争做知识型职工、创建“五型班组”和劳动竞赛等活动，几年来共有 1091 项工人创新成果获公司级奖励，899 人次获得公司科技

贡献奖，评聘240多名工人技师。招收专科以上毕业生854人，招收和培养技校生645人。大量青年职工进厂，使职工队伍实现了新老交替，为企业可持续发展储备了人才。二是坚持以人为本，职工群众的根本利益得到了切实维护。从2005年到2008年，三次调整工资，人均增资730元。两次调整住房公积金提取比例和基数，提取比例由5%提高到12%，职工住房公积金余额由2005年的3000多万元提高到现在的1.8亿元。建立健全了职工医疗保险、取暖补贴、交通补贴、用电补贴、计划生育补贴制度，提高了职工加班费、夜班费、保健费标准，为离退休职工建立了“效益补贴”。投资1500多万元修建装修了文化宫、游泳馆、图书馆、休闲广场等一批文化娱乐设施，丰富了职工业余文化生活。几年来，这方面的投资是建厂40多年来的3倍。基本做到了员工与企业同步成长，企业的吸引力和凝聚力越来越强。三是发展依靠职工。无论是前所未有的350万吨钢技术改造，还是应对金融危机，实现保增长、保稳定的目标，广大职工发扬“自强、诚信、求实、创新”的凌钢精神，激发了无限的创造潜能和拼搏精神，形成企业科学发展的强大力量。

（三）实现了统筹兼顾、节能减排、协调发展

按照科学发展观要求必须坚持全面协调可持续发展，必须坚持统筹兼顾，凌钢这几年的发展全面体现了这一要求。在增加产能的同时，坚持节能减排，投入大量资金，增加和完善环保设施，仅最近两年的环保投资就达5亿元。新建了钢渣处理厂、增加了TRT发电等一批节能减排设施，淘汰了燃煤锅炉和蒸汽机车，既改善了环境，又增加了效益。环保指标明显改善，“三废”处理率100%，废气、废水排放达标率100%，固废综合处理率100%。吨钢废水排放、SO_2排放、COD排放均达到冶金行业清洁生产指标二级以上水平。吨钢耗水3.18吨，在全国67家钢铁企业排序中位居第16位。绿化覆盖率达到了27.8%，多次被评为全国冶金绿化先进单位。

（四）以构建和谐凌钢为目标，加强党的建设和企业文化建设

公司党委和各级党组织始终坚持以邓小平理论、“三个代表”重要思想和科学发展观统领全局，紧密围绕生产经营中心，以改革创新精神全面推进党的建设新的伟大工程。凌钢党委在企业改革发展的每个阶段，都把党的路线、方针、政策具体化，提出企业改革发展明确的思路和目标。领导班子和干部队伍建设不断取得新成效，深化各项改革，坚持干部任期制、末位淘汰制，有力激发了各级管理人员积极性和创造性。党的先进性教育取得明显成效，公司党委针对凌钢实际提出的“有觉悟、有技能、有作用”的新时期党员先进性标准，已成为广大党员的行为准则。建立健全了教育、制度、监督并重的惩治和预防腐败体系，增强了党员干部廉洁自律的自觉性。紧密围绕生产经营，针对不同时期的中心工作，开展了形式多样的形势任务教育，引导职工认清形势，明确方向，为各项工作顺利开展提供了精神动力。坚持思想政治工作与解决职工实际问题相结合，促进了和谐凌钢建设。大力开展企业文化建设和“三创一赛”活动，不断提高职工队伍素质。公司二次党代会提出的“自强、诚信、求实、创新”凌钢新时期企业精神，已成为广大职工重要的精神支柱。凌钢连续两次被国家文明委评为“全国精神文明建设先进单位”，党委两次被中组部授予“全国先进基层党组织”光荣称号。

总的来看，这几年凌钢的发展完全符合中央和省、市关于振兴东北老工业基地的战略决策，完全符合朝阳市委、市政府关于“奋战三年、再造朝阳”的战略部署，也完全符合科学发展观的要求和企业的实际。企业得到了长足发展，各项工作也都取得了较大成果，已初步具备了参与更严酷市场竞争的基础条件。这些成绩的取得，既是省、市正确领导和支持的结果，也是凌钢领导班子认真把握发展规律、创新发展理念、转变发展方式、破解发展难题，努力提高发展质量和效益的结果，同时，也是凌钢全公司广大干部职工团结拼搏、共同努力奋斗的结果。

二、贯彻落实科学发展观自觉性进一步增强

总结凌钢贯彻落实科学发展观的实践，有几点体会。

（一）以科学发展观为指导，与时俱进，解放思想，推进创新

解放思想、开拓创新是加快企业改革发展的前提。我们坚持用科学理论武装干部职工头脑，

把解放思想贯穿于发展的全过程，大力推进体制、机制和科技创新，带来了改革的大突破、企业的大发展。

（二）必须牢牢把握发展这个第一要义

几年来，凌钢始终坚持把科学发展放在第一位，无论遇到多大的困难和挑战都毫不动摇。正是我们牢牢抓住了发展机遇、解决了发展过程中出现的新问题、新情况，特别是在过去的一年，胜利地完成了350万吨钢技术改造，实现了历史性跨越，经受住了国际金融危机的考验。这是凌钢深刻领会第一要义、始终贯彻第一要义、切实抓好第一要义的丰硕成果。

（三）必须牢牢把握“以人为本”这个核心

凌钢改革发展的各个环节与各项工作，都体现和保障了广大职工的利益，密切联系群众，始终相信职工，紧紧依靠职工，并着力提高职工的物质文化生活水平，切实保障职工的各项权益，使广大职工共享改革发展的成果，最终实现人的全面发展。

（四）必须牢牢把握“全面协调可持续”这个基本要求

这几年，我们在发展中正确把握发展速度和结构、质量、效益的关系，在确保发展质量和效益的基础上加快发展速度；把握企业自身发展和履行社会责任的关系，把科学发展作为承担社会责任的载体和途径，着力建设资源节约型和环境友好型企业，实现人与自然、企业与社会的和谐发展，最终实现企业又好又快发展。

（五）必须牢牢把握“统筹兼顾”这个根本方法

在发展中，我们坚持总览全局，统筹规划，立足当前，着眼长远，正确处理好阶段性目标与可持续发展的关系；坚持全面推进，重点突破，正确处理企业长远发展与自主创新的关系；坚持兼顾各方，综合平衡，统筹协调好改革、发展、稳定的关系。

（六）必须围绕企业生产经营中心扎实开展党建工作，充分发挥党组织的战斗堡垒和党员的先锋模范作用

我们始终把建设高素质领导班子和干部队伍，不断提高领导科学发展能力作为党建工作的首要任务；在加强党员队伍建设上下工夫，始终保持共产党员先进性；加强和改进党风廉政建设和反腐倡廉工作，为凌钢改革发展提供强有力的政治和组织保证。

三、影响和制约凌钢实现科学发展的突出问题

虽然凌钢贯彻落实科学发展观取得了明显成效，现在具备了年产350万吨钢的生产能力，但还应该清醒地看到：我们只是一个地域、规模、品种、装备都不占优势的中型钢铁企业，竞争力弱，抵御风险能力差，按照更高的标准来衡量，还存在着一定的差距和不足。主要表现在6个方面。

（一）发展战略研究不够系统深入

由于受客观条件和鞍凌项目报批影响，近几年来，对凌钢老区发展研究的不够系统深入，缺乏明确而系统的目标、规划和措施。在一段时间里，考虑困难多，考虑积极因素少，考虑客观条件多，考虑主观条件少，考虑单个项目多，考虑整体推进少。虽经2008年350万吨钢技改工程，使一些问题已经得到解决，但反映我们思想解放的程度还不适应企业加快发展的需要。

（二）横向比较发展速度慢，企业规模相对较小

近年来，中国经济的持续增长和工业化进程的提速，给钢铁行业注入了强劲的爆发力，全国的钢铁企业进入大发展时期。而我们虽然经过一系列攻坚克难，在企业发展上取得了一定成就，但在发展速度上还有差距，和其他原来与我们规模差不多的企业相比，在规模上落在后面。

（三）企业自主创新能力不够强，产品结构需要进一步调整

科技创新体系不够完善，自主创新能力不够强，产品研发档次不高。凌钢目前的主要产品螺纹钢和圆钢，主要应用于建筑行业；中宽热带产品，主要应用于制造业；中型材产品，主要用于无缝管生产和机械加工行业。有的品种还不具有明显的竞争优势，产品结构有待于进一步优化。

（四）有些技术经济指标落后，成本降低尚有空间

在技经指标上，过去我们有些指标在全国是领先的，但近年来有所退步，今年一季度，参与

全行业排序的114项技经指标中，有近半数低于行业平均水平。这反映了在这几年由于市场形势好，造成思想放松，管理弱化。差距就是潜力，目前开展的对标挖潜、降本增效是凌钢现在、乃至今后一个时期内提高竞争力的主要工作。

（五）外部资源开发、研究、掌控的不够

凌钢临近矿源中心，矿产资源丰富，朝阳境内及周边地区现已探明铁矿储量5亿吨，是东北地区除鞍本区域外的最大铁矿产地，而凌钢自有矿石储量仅有6000万吨，铁精矿的自给率仅为20%，地方铁矿资源丰富优势在凌钢未充分体现出来。凌钢目前生产用水全部是地下水，凌源地区没有大型水库，随着凌源经济和城市发展，凌钢发展用水缺口逐年加大，已危及到企业的生存与发展。而我们对以上影响凌钢发展的两大制约环节研究的不够，掌控的也不够。

（六）在发展保证方面还存在不足

现代企业制度还不够完善，信息化应用水平有待进一步提升，企业的基础管理需要进一步加强，节能环保工作力度需要进一步加大，少数单位对以人为本、安全发展的理念和目标认识不足、重视不够。在人力资源管理上，存在人员结构不合理和高层次管理、技术和技能人才短缺的问题，劳动生产率还不够高。党的建设需要进一步加强，少数单位仍然程度不同存在党不管党、治党不严的问题。具有凌钢特色的企业文化体系尚需进一步完善。维护企业稳定的任务仍很艰巨。一些涉及职工切身利益方面的问题需要认真解决。

四、存在问题的主观原因分析

上述问题存在的原因，既有客观的，也有主观的。就其主观原因主要有几个方面。

（一）对科学发展观的学习不够，理解和把握上还需要进一步系统深入

理论学习缺乏系统性，集中辅导交流不够，专题研讨较少。由于理论学习不够系统，所以在深刻领会科学发展观的科学内涵、精神实质和根本要求上有差距，与凌钢发展的重大问题联系不够紧密。缺乏对社会经济发展、钢铁行业发展和钢铁企业发展的系统研究与深刻认识，不能完全从国内外钢铁行业发展普遍规律的高度来认识和理解科学发展观。

（二）思想不够解放，改革创新意识不强

凌钢的改革发展已经进入了一个关键阶段，经济形势、市场环境与竞争环境发生了重大变化，凌钢各项工作的难度越来越大。在这种情况下，面对日益复杂的竞争环境，企业决策的风险越来越多，思想不进一步解放，就很难在发展理念、发展思路、发展方式和发展体制上实现深刻的转变，就不能适应凌钢又好又快科学发展需要。

（三）能力素质不能满足凌钢发展需要

钢铁行业是技术密集型行业，要求管理人员具有广阔的知识面、丰富的工作经验、较强的理解能力和执行能力，对技术进步具有很高的敏感性。目前凌钢已经步入加快发展的新阶段，对领导班子的知识、经验、决策能力等提出了更高的要求。面对钢铁产品竞争日趋激烈的市场环境，需要对经济发展规律、行业运行规律和企业发展规律进行深入把握，知识结构与工作能力进一步完善与提高，驾驭全局、领导决策和处理复杂问题及突发问题的能力也需要进一步提高。

（四）联系职工群众不够深入

从领导班子征求意见、领导班子深入联系点调研、广大职工民主评议和领导班子民主生活会讨论情况来看，领导班子在深入基层、深入实际调查研究，了解基层广大职工群众疾苦与需求等方面有差距。从现状来看，领导班子各种具体事务缠身，研究企业发展战略的精力不够集中，深入基层进行调查研究不够。这种情况还直接影响了公司机关管理人员深入基层、深入实际不够。

五、解决存在问题的思路与措施

解决影响和制约凌钢实现科学发展的突出问题，根本在于深入学习实践科学发展观。我们要通过深入开展学习实践活动，把科学发展观转化为谋划促进凌钢科学发展的正确思路与有效措施，努力实现又好又快发展。

（一）指导思想

全面贯彻党的十七大精神，高举中国特色社会主义伟大旗帜，以邓小平理论和“三个代表”重要思想为指导，深入学习实践科学发展观，进一步解放思想，加速技术改造，转变发展方式。着力克服国际金融危机带来的不利影响，坚定信心，转危为机。坚持以人为本，构建和谐企业，努力把凌钢做大做强，实现企业又好又快科学发展。

（二）发展目标

（1）把现有350万吨钢做专、做精、做优、做强。一方面，要大力推进技术创新，实施品牌战略和低成本战略，突出优势产品的专业化生产，努力开发具有较强竞争力的高附加值产品，把棒线材打造成品牌优、成本低、全国一流的优质产品。另一方面，要搞好350万吨的优化配套，再增加50孔炼焦能力，以解决焦炭自给量不足问题；新上一条50万吨线材生产线，促进产品结构更加合理，从而实现350万吨钢规模的效益最大化。

（2）在完善350万吨钢的基础上，积极创造条件，规划实施新一轮技术改造，把凌钢进一步做大，达到500万～600万吨钢规模，从根本上调整产品结构，淘汰落后能力，增强抵御市场风险的能力，实现科学发展。新一轮改造实现后，凌钢年销售收入将超过200亿元，真正成为品牌优、成本低、效益高、环境好、竞争力强的精品钢材基地。

（3）共建共享达到新水平，和谐凌钢建设取得新成果。职工收入水平和生活质量显著提高，职工收入与企业效益同步增长，做到发展为了职工，发展依靠职工，发展成果职工共享。今后几年职工人均收入每年增长10%以上。建立健全人才队伍培养、使用、激励机制，促进职工队伍素质全面提升。全面加强企业文化建设，做到两个文明建设全面发展。

（4）节能减排有新突破，实现企业效益与社会效益同步提高。完善和落实节能减排目标和指标体系，落实责任，强化考核。按照国家清洁生产标准的要求，加快推进节能减排重点项目治理，在提高企业效益的同时，进一步强化社会责任，努力提升企业履行社会责任的质量。

（三）发展措施

1. 解决发展目标问题的主要措施

（1）目前限制凌钢发展的最关键问题是水。解决水的问题，一是开源。在朝阳和凌源两级政府的大力支持下，初步议定了实施大凌河截潜近期规划和引青龙河水进入凌源（引青入凌）远期规划。二是节流。尽管凌钢的吨钢新水耗降到了3.18吨，水的循环利用率达到了98%，已经达到了行业先进水平，但我们还要进一步推进技术进步，加大节水力度。

（2）限制凌钢发展的另一个重要问题是铁矿资源。今年，要对保国铁矿进行井下开采配套及尾矿库改造，进一步提高产能。对野猪沟矿区（菱铁矿）进行试验性开发。同时，要积极搞好协调，加快在朝阳区域内的探矿工作。在探矿取得较大进展的前提下，力争在2～3年内，自给铁精矿能力达到200万吨。

（3）应对国际金融危机挑战，进一步开展“对标挖潜、降本增效”活动。从4月份开始的全公司对标挖潜、降本增效活动，已经深入人心，取得了初步成果，我们要认真总结经验，巩固成绩，进一步全面扎实推进，向更深层次、向高档次对标挖潜。要把这一活动作为凌钢开展深入学习实践活动最大的实践、最需要联系的实际、最需要取得的实效来对待。

2. 解决发展能力问题的主要措施

（1）完善体制机制。根据集团公司新的发展需要，必须进一步强化能够满足凌钢未来发展战略目标要求的管理体制和管理制度，探索切实有效的现代化管理方式与方法，真正实现企业靠机制和制度管理。

（2）加强自主创新。要充分利用大转炉的优势，进一步加大品种钢开发力度，要有属于自己知识产权、市场竞争力强的拳头产品。做专、做精优势产品，进一步提高市场占有率，向品牌要效益。做好系统节能减排工作，实现负能炼钢。提高各工序质量控制水平，降低各工序能耗物耗指标，达到行业先进水平。

（3）加快信息化建设。充分发挥现有硬件和分散局域网的资源作用，建立信息系统的建设管理体系，规范从设计、建设到运行、维护、优化、改进整个过程的管理，尽快完成相关信息系统的建设，形成公司现代化、信息化管理的平台。

3. 解决发展保证问题的主要措施

（1）提升财务管理水平。以资金管理为中心，继续强化预算管理，实现资金集中统一平衡，确保资金链的协调、有序、可控运行。加强内控制度建设，建立健全相应的管理制度和规范的管理流程，提高资金使用效率，保证资金安全。加强分析与指导，强化监督与考核，促进成本的进一步降低。大力开展厉行节约，减少非生产性开支活动。严格控制公务用车，控制修理费、办公费、招待费等支出。

（2）大力开发人力资源。实施“人才强企”战略，科学配置人力资源，建设一支能掌握先进技术和操作技能的职工队伍。进一步加强人力资源规划管理，促进劳动生产率提高。制定《职工手册》，规范劳动合同，完善人员交流制度，促进人员合理有序流动，优化人力资源结构。对业务外包要实行科学规范管理，努力提高企业效益。

（3）继续深化安全管理工作。树立以人为本、安全发展的理念，进一步提升素养安全和本质安全管理水平，建立安全生产长效机制。从基层和基础抓起，深化“严、细、实”管理，提高基层单位安全生产管理、职业卫生及健康管理、重大危险源和特种设备及人员管理、突发事故应急救援能力。建设和培育企业安全生产文化，提高安全生产管理执行力。

（4）强化生产组织，加强营销工作。要抓住当前相对有利的市场机遇，努力节铁增钢，以最优的资源配置，实现效益最大化。努力提高设备完好率和可开动率，减少故障时间，为生产的高效、稳定、顺行提供保证。密切跟踪市场，依靠质量和信誉优势，加大促销力度。充分利用经销网络优势，积极开发市场。要站在讲政治、讲大局的高度，努力开展出口工作。积极把好原燃材料采购关口，通过实施战略合作与招标相结合等措施，努力降低原燃材料采购成本。

（5）不断提升企业文化建设水平。进一步提高各级干部对企业文化建设重要性的认识，不断增强文化意识，增强建设企业文化的自觉性和主动性。要按照“以立为本，重在建设，分步实施，逐渐完善”的方针，理顺文化管理职能，形成企业文化有效的管理运行机制。要抓好职工共同价值观的培育和认同。要继续学习贯彻公司二次党代会提出的“自强、诚信、求实、创新”新时期凌钢企业精神，把其融入到实现科学发展的各项工作当中去，成为凝聚人心、增强战胜当前困难的信心和勇气，推动企业发展的巨大精神动力。

（6）加强党建和思想政治工作

一是着力加强领导班子和干部队伍建设。要不断加强班子和干部队伍的理论和能力建设，增强各级领导干部解决复杂问题的能力、促进企业发展的能力、开拓创新的能力，不断提高干部的综合素质。要认真学习贯彻党建工作 15 项制度，切实落实保持共产党员先进性长效机制，把“有觉悟、有技能、有作用”作为党员的先进性标准。要大力开展党内立功竞赛、提合理化建议、技术比武、党员责任区、党员身边无事故等活动，紧紧围绕企业生产经营，不断激发党建工作的活力。要按照“坚持标准、保证质量、慎重发展”的方针，注重在生产一线和知识分子中发展党员。

二是改进党风和廉政建设。要按照十七大提出的一系列新要求、新思路、新举措，结合企业实际，创造性地做好企业党风廉政建设工作。要抓好党风廉政教育，筑牢拒腐防变的思想道德防线。要突出教育重点、丰富教育内容、创新教育形式、增强教育效果，重视重点部门、重点岗位人员教育，引导各级管理人员自觉弘扬新风正气，抵制歪风邪气。建立完善党风廉政建设教育、制度、监督惩防体系，进一步健全责任、自律、监督长效机制。要加强效能监察，加强对各级管理人员的用权监督，坚持“对管理者的管理，监督者的监督”，用制度管权、管事、管人，规范管理人员的从业行为，积极推进从源头上防止腐败，使管理人员不犯错误或少犯错误。要加大对违规违纪侵害企业利益问题的查处和打击力度，保证国有资产不流失。

三是广泛开展形势任务教育，做好职工思想政治工作。当前，凌钢改革和发展正处于关键时期，生产经营面临严峻挑战，职工思想变化较大，对思想政治工作提出了新的挑战。要进一步加大形势任务教育力度，紧紧围绕金融危机带来的新变化和工作重点，利用多种渠道，教育和引导职工统一思想，明确目标，把市场压力传递给每个职工，增强职工的危机感、紧迫感和责任感。要广泛建立组织与职工信息沟通的桥梁，宣传党的路线方针政策、企业的政策规定及生产经营形势，倾听来自不同职工群体的诉求，了解存在的矛盾和问题，增强思想政治工作的针对性和实效性。

四是处理好改革发展稳定的关系。改革必须坚持以人为本，把广大职工的根本利益作为各项工作的出发点和落脚点，实现企业和职工的全面发展。要落实稳定工作责任制，完善党政工团齐抓共管、密切配合的工作机制，把矛盾化解在初始阶段，维护企业和社会稳定。要认真执行国家方针政策、法律法规和企业有关制度规定，不断提高运用政策、执行政策的水平和自觉性。要加强信访工作，不回避矛盾，正确疏导，从源头上化解不稳定因素，为企业改革发展创造稳定的外部环境。要按照中央、省市保增长、保民生、保稳定的要求，做到不减产、不减员、不减薪，坚持满负荷生产，维护企业和社会稳定。

（四）学习实践活动中已经着手解决的问题

（1）正在积极着手规划500万～600万吨钢技术改造，关键的限制性环节，如水的问题、矿的问题和土地问题等，在朝阳和凌源两级市委、市政府的大力支持下，已经有了初步的解决方案。

（2）为解决350万吨钢配套，开始实施了焦化扩容改造。工程投资2.8亿元，在原有焦炉基础上增加30万吨炼焦能力，使年产焦炭可提高到70万吨，计划11月中旬投产。目前正着手建设50万吨高速线材生产线，以优化产品结构，实现现有规模的效益最大化。

（3）加大了节能减排工作力度。投资3600万元，进行热电2号锅炉增烧煤气及配套的发电机组增容，1号、2号竖炉50平方米电除尘器、52平方米烧结机除尘等三个项目的改造。目前，全部项目均在按计划扎实推进。

（4）全公司开展“对标挖潜、降本增效”活动，彻底消除低于行业平均水平的落后指标。要在8月份实现全公司彻底扭亏，年底实现利润1亿元以上。

（5）规范和完善制度建设，提升基础管理水平。相关管理部门上半年经过认真地督促指导，把原有的所有管理制度进行了梳理、完善和重新修订。下半年主要是抓落实，通过抓制度的落实和执行，切实促进企业基础管理再上新台阶。

（6）以人为本，着力解决事关职工切身利益的热点问题。继续开展“三位一体”帮扶困难职工活动。全公司总计筹集帮扶资金12.08万元，与困难职工对接188户，由公司领导带队进行了走访。其他关系到职工物质文化生活方面的一些问题，还需要随着企业的发展逐步加以解决。

六、切实加强和改进领导班子自身建设，引领企业科学发展

（一）加强理论学习，增强深入学习实践科学发展观的自觉性和坚定性

领导班子要根据科学发展观的要求，按照党中央建设学习型政党的要求，进一步深入学习中国特色社会主义理论体系，进一步学习科学发展观的科学内涵、精神实质和根本要求，把科学发展观的要求转化为谋划企业科学发展的共识、领导科学发展的思路、推动科学发展的决策，增强深入学习实践科学发展观的自觉性和坚定性。

（二）加强领导班子和干部队伍建设，增强凝聚力和战斗力

加强企业领导班子和干部队伍建设是保证企业科学发展的关键。我们要按照市委的要求，继续加强凌钢各级领导班子的思想、组织、作风建设，努力把各级领导班子建设成为政治素质好、经营业绩好、团结协作好、作风形象好的坚强领导集体，把干部队伍建设成为政治坚定、业务精通、勇于开拓、作风优良、适应凌钢改革发展要求的高素质团队。团结协作是凌钢领导班子的优良传统，我们务必要保持和发扬这一优良传统，坚决维护好领导班子的团结。在班子内部形成一种思想上互相学习、政治上互相帮助、组织上互相监督、作风上互相促进、工作上互相支持、感情上互相尊重的良好氛围。加强民主集中制建设，坚持和完善现代企业制度下党组织参与企业重大问题决策的规则和程序，凡涉及企业和单位重大问题，都必须经过班子集体讨论决定，充分发挥集体的智慧和作用。

（三）加强领导班子能力建设，提高决策水平

领导班子要通过不断的持续的学习，加强对经济规律的认识，加强对钢铁行业发展规律和钢铁企业发展规律的认识，增强忧患意识、责任意识、发展意识、创新意识和廉洁意识。通过理论培训和实践锻炼，提高化解风险、应对危机的能力；提高深化改革、推动发展的能力；提高带队伍的能力，从而使领导企业科学发展的能力上水平，使推动凌钢实现科学发展的决策水平上台阶。

（四）加强领导班子作风转变，紧密联系群众

学习实践科学发展观，关键在落实，落实的关键是工作作风问题。作风决定了精神状态，作

风决定了执行力。只有以更加务实的作风抓落实，才能切实解决凌钢改革发展中面临的一些急需解决的突出矛盾和问题，从而把发展思路转化为科学发展的实践。要通过贯彻制度，转变机关作风，深入实际，深入基层，提高效率。要了解基层的实情，倾听群众的呼声，特别是要关心困难职工，为他们解决实际问题。要大力弘扬艰苦奋斗的作风，牢固树立勤俭办一切事情、过紧日子的观念，厉行节约，反对铺张浪费和大手大脚之风。

（五）加强领导班子廉政建设，树立廉洁形象

作为领导干部，更要以身作则，树立正确的权力观、地位观和利益观，在广大党员和职工中起到模范带头作用。要认真学习胡锦涛在中纪委十七届二次全会上的讲话精神，在经济发展的特殊时期和企业发展的关键时刻，加强党性修养，树立弘扬良好的作风，始终保持头脑的清醒和政治的坚定，不断提高思想认识和自身素质，从源头上杜绝腐败行为的发生。

凌钢党委学习实践科学发展观活动整改落实方案

（2009 年 8 月 13 日）

一、指导思想及原则

全面贯彻党的十七大精神，高举中国特色社会主义伟大旗帜，以邓小平理论和“三个代表”重要思想为指导，深入学习实践科学发展观，把公司党委分析检查报告中提出的整改思路和措施具体化，把认识成果转化为实践成果、制度成果，集中解决影响和制约凌钢实现科学发展的突出问题，健全完善体制机制，把广大党员干部和职工的智慧和力量凝聚到整改落实，促进凌钢科学发展上来，努力实现凌钢又好又快发展。

整改工作的原则：

（1）集中力量解决突出问题。

（2）立足现有基础量力而行。

（3）工作有针对性和可操作性。

（4）注重实效，走群众路线。

二、整改工作的主要内容

（一）按照科学发展观要求，实现凌钢可持续发展

（1）积极创造条件，规划实施新一轮技术改造，把凌钢进一步做大做强，达到 500 万～600 万吨钢规模，从根本上调整产品结构，淘汰落后产能，增强抵御市场风险的能力，实现科学发展。新一轮改造实现后，凌钢年销售收入将超过 200 亿元，真正成为品牌优、成本低、效益高、环境好、竞争力强的精品钢材基地。

（2）把现有 350 万吨钢做专、做精、做优、做强。350 万吨钢配套项目要按期完成：投资 2.8 亿元的焦化扩容改造工程，今年 11 月投产；热电 2 号锅炉增烧煤气及配套的发电机组增容改造今年 11 月投产；投资 1.2 亿元的 1 号高炉扩容改造明年 5 月投产；投资 2.7 亿元的 50 万吨高线工程明年 9 月投产。

（3）全力以赴推进资源开发与建设。北票矿山近期要落实探矿区域和选场问题，按照科学规划、经济开采的原则边探边采。建平找矿靶区探矿工作要积极推进。野猪沟矿区采矿权证要在 10 月底之前办完。保国铁矿铁蛋山副井工程要抓紧施工设计，年内开工建设。力争在 2～3 年内，自给铁精矿能力达到 200 万吨。

（4）与北票市的战略合作要积极推进，把北票建成凌钢的原料基地和钢铁产品深加工基地。今年投资 1.8 亿元、年产 30 万吨精品钢管项目要全力推进，按照高起点、高标准、高水平的要求抓紧建设，确保搬迁部分今年底投产，新上部分明年 5 月投产。

（二）全力应对国际金融危机挑战，确保完成全年生产经营目标

（1）深入开展对标挖潜、降本增效工作。对标挖潜、降本增效既是应对当前金融危机的最重要举措，也是全面提升企业竞争力的长效机制，要以敢为人先、争做一流的信心和勇气，坚持精细管理与技术进步相结合，深入持久地抓好这项

工作，年底争取消灭低于行业平均水平的指标，实现挖潜增效1.98亿元。

（2）紧紧抓住当前有利的市场形势，科学组织，周密协调，全力保铁增钢，确保全年完成305万吨钢、100亿元销售收入、3.8亿元利润目标的全面实现。

（3）积极推进技术创新，搞好新产品开发。充分利用好铁水脱硫—大转炉—精炼优势，在稳定提高产品实物质量的基础上，积极开发品种钢，努力打造以中、高碳钢为代表的拳头产品。

（4）充分发挥凌钢的品牌、信誉和网络优势，努力扩大产品销售。要坚持诚信经营，完善售后服务，继续做好重点工程的投标、供货工作，积极开发新用户，努力扩大产品出口。

（三）进一步强化各项管理，促进企业管理再上新台阶

（1）全面加强制度建设，提升基础管理水平。相关单位已对全公司343项规章制度进行了全面的梳理、完善和修订，形成了制度汇编，下一步重点是抓好制度的贯彻落实。

（2）认真做好内部控制体系的建设、实施和评价工作。力争在10月底完成体系建设，年底前完成内部评价，具备提交第三方鉴证条件。

（3）认真抓好环保工作，实现企业效益与社会效益同步提高。完善和落实节能减排目标和指标体系，落实责任，强化考核。按照国家清洁生产标准的要求，加快推进节能减排重点项目治理，努力提升企业履行社会责任的质量。

（4）坚持向提高质量要效益。要进一步理顺质量管理体制机制，坚持从源头抓质量，做到原材料有成分入厂、有成分入炉，围绕粗料细作、细料精作提高产品质量，用产品高质量赢得高效益。

（5）为确保305万吨钢，设备管理要继续扎实推进自主保养和点检定修。要在提高设备使用寿命和经济、安全、可靠运行上下工夫，特别是要确保新设备运行状态的稳定、可控，最大限度地减少设备故障停机时间，为高强度的生产顺行创造条件。

（6）加强资金控制，提升财务管理水平。以资金管理为中心，继续强化预算管理，实现资金集中统一平衡，确保资金链的协调、有序、可控运行。继续强化旬成本核算，加强对生产经营活动的事先预测、事中控制和事后分析，促进成本进一步降低。继续深入开展厉行节约、减少非生产性开支活动，严格控制公务用车，控制修理费、办公费、招待费等支出。

（7）深化安全管理。树立以人为本、安全发展的理念，进一步提升素养安全和本质安全管理水平，建立安全生产长效机制。从基层和基础抓起，深化“严、细、实”管理，提高基层单位安全生产管理、职业卫生及健康管理、重大危险源和特种设备及人员管理、突发事故应急救援能力。

（四）坚持以人为本，维护职工利益

（1）要把公司二次党代会提出的“发展依靠职工，发展为了职工，发展成果职工共享”作为办企业的重要指导思想，所有管理人员在企业各项管理工作中都要坚持“以人为本”，积极解决职工关心的突出问题，维护职工切身利益，提升职工技能素质，实现职工全面发展。

（2）按照省、市委开展的“党员干部走进千家万户”活动要求，要进一步提高和完善公司领导、机关部室、困难职工所在单位“三位一体”的帮扶特困职工机制，把活动引向深入。对确定的188户特困职工要结成帮扶对子，进一步做好帮扶工作，并取得明显实效。各级领导干部要随时掌握本单位困难职工情况，要把多年来开展的“送温暖”、“金秋助学”等活动具体化，建立长效帮扶机制。

（3）按照“共建共享”要求，在企业生产发展和效益提高的基础上，争取今后几年职工人均收入增幅在10%以上，实现职工收入与企业效益同步增长，生活质量显著提高。

（4）解决职工“配餐”问题。要在今年年底之前，在厂内建设两个职工食堂，并配套在厂外建设一个食品加工厂，尽快解决职工工作岗位配餐问题。公司将投入一定资金，以优惠价格服务职工。

（5）按照《劳动法》等法律法规的要求，制定凌钢《职工手册》，规范劳动合同和人员管理程序，保护职工权益，优化人力资源，强化职工培训，提高职工素质。

（6）在完善职工基本医疗保险和大病保险的基础上，采取公司工会出资和职工出资相结合的方式，为在职职工建立2009年补充医疗保险。

（7）国庆前，要在已兴建东区文化广场的基础上，建设东区公园，丰富职工的文化体育生活。

（8）积极创造条件，解决好厂内职工上厕所难、道路扬尘、劳保品质量等问题。

（五）加强党的建设，提高贯彻落实科学发展观的综合素质和能力

（1）要建立健全党员长期受教育的长效机制。把这次学习实践科学发展观活动中创造的成功经验和好的做法用制度的形式固定下来，坚持下去，长期发挥作用。长效机制既要立足当前又要着眼长远，既要继承又要创新，既要讲求系统配套又要务实管用，并确保真正落实。

（2）进一步加强两级领导班子建设。特别是要抓好各级领导干部的思想政治建设，抓好以“三个代表”重要思想和科学发展观为主要内容的理论学习、现代科技知识、市场经济知识和法律法规知识的学习。要建立严格的学习制度，两级班子每季度至少要组织一次集体学习。要通过理论武装，促进思想解放、观念转变和能力素质的提高。

（3）严格组织生活，加强党员培训。要按照《凌钢党建工作十五项管理制度》，改进和完善党员“三会一课”，定期开展组织生活，特别是各级班子民主生活会，要采取谈心、交心、批评和自我批评等方法进一步提高质量。要采取多种形式组织党员学习培训，根据形势任务确定学习培训内容，严格学习培训的考核。要强化党员的党员意识、身份意识、形象意识和作为意识。

（4）建立健全党员发挥作用机制。要积极探索党员推进改革、促进发展、维护稳定的有效措施和途径，为党员发挥作用创造载体、搭建平台。要按照“有觉悟、有技能、有作用”凌钢党员先进性标准严格要求党员，当前，要大力开展“保持党员先进性，对标挖潜当先锋”活动，切实增强党组织的创造力、凝聚力、战斗力。

（5）加强党员队伍建设。要坚持把生产工作骨干培养成为党员，把党员培养成为生产工作骨干。要积极从一线工人和专业技术人员中发展党员。要扩大党的积极分子队伍，对入党积极分子每年都要集中培训一次。要逐步实行发展党员公示制，提高发展党员质量。

（6）进一步加强党风廉政建设。要严格执行廉洁自律的各项规定，规范领导干部的管理行为，坚持廉洁从业。要把党风廉政建设与加强企业管理相结合，把党风廉政建设的要求贯穿于企业各项管理和规范之中，坚持关口前移，变事后监督为事前防范和过程监督，从源头上堵住漏洞、遏制腐败。

（7）大力强化生产保卫工作和效能监察工作。严厉打击盗窃，防范企业资产流失。按照谁主管谁负责的原则，完善内部治安防范机制，加强流动巡查，加大人防、物防、技防投入，加大打击和处罚力度。加强对职工主人翁意识教育，群防群治，全员参与，积极同违法犯罪分子做斗争。

（8）大力加强企业文化建设，促进凌钢和谐、稳定。要继续弘扬“自强、诚信、求实、创新”的凌钢精神，与时俱进地总结新的企业文化理念，推进有凌钢特色的制度行为文化。要加强和改进思想政治工作，广泛深入开展“三创一赛”活动，发挥工会、共青团等各级组织作用。继续加强企业形象文化建设，在绿化美化厂区环境上要向高品位、高档次迈进。

三、整改工作的保证措施

（1）实行整改工作目标管理责任制。公司领导班子成员按工作分工对整改工作实行负责制，对方案中所涉及的问题要认真研究、逐项落实，保证按要求整改到位。各基层单位机关部室要按各自职能把所涉及的整改内容纳入重要议事日程，实行一把手负责制，并把责任落实到班子成员和具体责任人，健全并强化一级抓一级、一级对一级负责的工作机制，确保整改事项认真落实。

（2）重视制度建设和规范化管理。对现有的制度建设情况进行一次全面分析和检查，对已建立并行之有效的制度要坚持，并制定有力措施，确保制度的执行。属于制度不健全、不完善的，要从实际出发，进一步加以修订和完善，努力实现整改措施的制度化、规范化，真正从源头上解决好各种问题，以制度建设来促进整改工作的顺利推进。

（3）抓好监督和检查。承担整改任务的部门要随时掌握所承担任务的落实进展情况，切实按照规定的工作时限，跟踪、检查和落实，确保整改任务按时完成。对因客观条件所限未

能按时完成的，要说明情况，在一定范围内作出解释。

附：凌钢党委学习实践科学发展观活动整改落实内容分解表

凌钢党委学习实践科学发展观活动整改落实内容分解表

序号	内　　容	完成时间	责任领导	承办单位	协办单位
1	规划实施新一轮技术改造，使凌钢达到500万~600万吨钢规模		张振勇 郝志强 卢亚东 沈　洵	设计公司	计划管理部
2	投资2.8亿元的焦化扩容改造工程	2009年11月	卢亚东	技改部	焦化厂
3	热电2号锅炉增烧煤气及配套的发电机组增容改造	2009年11月	卢亚东	技改部	动力厂
4	1号高炉扩容改造	2010年5月	卢亚东	技改部	炼铁厂
5	投资2.4亿元的50万吨高线工程	2010年9月	卢亚东	技改部	型材厂
6	北票矿山近期要落实探矿区域和选场问题，边探边采		沈　洵 毛凤海	计划管理部	保国公司
7	建平找矿靶区探矿工作		沈　洵 毛凤海	计划管理部	保国公司
8	野猪沟矿区采矿权证办理	2009年10月	沈　洵	计划管理部	
9	保国铁矿铁蛋山副井工程	年内开工	卢亚东 毛凤海	设计公司	保国公司
10	自给铁精矿能力达到200万吨	2~3年内	张振勇 沈　洵 毛凤海	计划管理部	保国公司
11	投资1.8亿元、年产30万吨精品钢管项目	搬迁部分2009年底，新上部分2010年5月	卢亚东	技改部	钢管厂
12	深入对标挖潜、降本增效工作，消灭低于行业平均水平指标，实现挖潜增效1.98亿元	2009年底	沈　洵	计划管理部	办公室
13	全力保铁增钢，确保全年完成305万吨钢、100亿元销售收入、3.8亿元利润目标的全面实现	2009年底	张振勇 杨宗成 苏　辉	生产技术部	供销公司
14	积极开发品种钢，努力打造以高碳钢为代表的拳头产品		郝志强 苏　辉 杨宗成	技术中心	供销公司 生产技术部
15	充分发挥凌钢优势，努力扩大产品销售，增加产品出口		苏　辉	供销公司	
16	贯彻落实制度汇编，提升基础管理水平		沈　洵	计划管理部	办公室
17	认真做好内部控制体系的建设、实施和评价工作	2009年10月完成体系建设，年底前完成内部评价	沈　洵	计划管理部	
18	认真抓好环保工作，实现企业效益与社会效益同步提高		杨宗成	能源环保部	
19	进一步理顺质量管理体制机制，坚持向提高质量要效益		杨宗成	质量部	生产技术部
20	加强设备管理，为确保305万吨钢目标的实现提供设备保障		卢亚东	机动部	设备材料部
21	加强资金控制，提升财务管理水平，继续深入开展厉行节约、减少非生产性开支活动		张玺才	财务部	办公室 审计监察部
22	深化安全管理，建立安全生产长效机制		杨宗成	生产技术部	

续表

序号	内容	完成时间	责任领导	承办单位	协办单位
23	落实公司二次党代会精神，坚持“以人为本”，积极解决职工关心的突出问题，维护职工切身利益，提升职工技能素质，实现职工全面发展		郝志强 苑成德	公司工会	人力资源部
24	按照省、市委开展的“党员干部走进千家万户”活动要求，要进一步提高和完善公司领导、机关部室、困难职工所在单位“三位一体”的帮扶特困职工机制，把活动引向深入		郝志强 苑成德	组织部	公司工会
25	在企业生产发展和效益提高的基础上，争取今后几年职工人均收入增幅在10%以上		张振勇 郝志强	人力资源部	
26	在厂内建设两个职工食堂，并配套在厂外建设一个食品加工厂，尽快解决职工配餐问题	2009年12月	苑成德 王彦廷	能源环保部	
27	按照《劳动法》等法律法规的要求，制定凌钢《职工手册》	2009年10月	郝志强	人力资源部	
28	在完善职工基本医疗保险和大病保险的基础上，为在职职工建立2009年补充医疗保险		苑成德	公司工会	
29	在已兴建东区文化广场的基础上，建设东区公园，丰富职工的文化体育生活	2009年9月	卢亚东	机动部	
30	尽快落实解决厂内职工上厕所难问题		卢亚东	设计公司	
31	尽快落实解决厂内道路扬尘问题		杨宗成	能源环保部	
32	尽快落实解决劳保品质量问题		卢亚东	设备材料部	
33	把学习实践活动中创造的成功经验和好的做法用制度的形式固定下来，建立健全党员长期受教育的长效机制		郝志强	组织部	
34	通过理论武装，促进思想解放、观念转变和能力素质的提高，进一步加强两级领导班子建设		郝志强 苑成德	组织部	宣传部
35	按照《凌钢党建工作十五项管理制度》要求，严格组织生活，加强党员培训		郝志强 苑成德	组织部	宣传部
36	大力开展“保持党员先进性，对标挖潜当先锋”活动，建立健全党员发挥作用机制		郝志强	组织部	
37	加强党员队伍建设		郝志强	组织部	
38	严格执行廉洁自律的各项规定，进一步加强党风廉政建设		王彦廷	审计监察部	
39	大力强化生产保卫工作，严厉打击盗窃		王彦廷	保卫部	
40	进一步加强效能监察工作，防范企业资产流失		王彦廷	审计监察部	
41	大力加强企业文化建设，促进凌钢和谐、稳定		郝志强 苑成德	宣传部	
42	发挥工会等各级组织作用，深入开展“三创一赛”活动		苑成德	公司工会	
43	加强企业形象文化建设，绿化美化厂区环境要向高品位、高档次迈进		杨宗成	能源环保部	

党委书记郝志强在凌钢集团公司开展深入学习实践科学发展观活动总结会议上的讲话

（2009年9月15日）

同志们：

今天，我们召开凌钢集团公司开展深入学习实践科学发展观活动总结会议。凌钢作为参加第二批学习实践活动单位，从3月31日召开动员大会到现在，历时五个半月的时间，我们按照市委的统一部署，在市委学习实践活动第二指导检查组的指导下，认真落实中央提出的“提高思想认识、解决突出问题、创新体制机制、促进科学发展”的目标要求，加强领导，精心组织，扎实推进，顺利完成了中央规定的学习调研、分析检查、整改落实3个阶段、6个环节的全部工作，基本上达到了“党员干部受教育，科学发展上水平，职工群众得实惠”的总要求。下面，我从四个方面进行总结。

一、突出实践特色，把握关键环节，圆满完成了学习实践活动的各项任务

（一）加强组织领导，搞好思想发动

公司党委坚持把搞好这次学习实践活动，作为推动企业科学发展的重要机遇和强大动力，作为公司党建工作的重中之重，精心组织学习，深入开展调研，广泛征求意见，认真分析检查，突出抓好主题实践活动，着力解决突出问题，做到了“规定动作不走样，自选动作有创新”，努力增强活动的针对性，确保活动取得实效。

1. 落实领导责任

3月24日市委动员大会后，公司及时召开党委会议，认真传达学习市委动员会议精神及《实施方案》，专题研究部署凌钢学习实践活动，制定了《凌钢集团公司党委关于开展深入学习实践科学发展观活动实施方案》，组建了学习实践活动领导小组。基层各单位全部由党组织主要负责人担任学习实践活动领导小组组长，形成了主要领导亲自抓，分管领导协助抓，上下衔接、运行顺畅、领导有力的工作格局。成立了四个指导检查组，确定每名公司领导至少两个活动联系点。

2. 搞好思想发动

3月31日公司召开动员大会，对我公司学习实践活动进行周密安排部署，张总作了动员报告，市委指导检查组组长白云静同志到会作了重要讲话。要求凌钢广大党员干部，要把搞好学习实践活动作为当前的首要政治任务，思想上高度重视，认识上坚定明确，行动上保持一致。特别要求党员领导干部要紧密联系思想实际和工作实际，带头学习、带头检查、带头调研、带头解放思想，自觉地投入到学习实践活动中。按照公司要求，4月10日前，全公司所有二级单位都分别召开了动员大会，进行再动员、再部署。通过深入细致地思想发动，推动了活动高质量、高水平开展。

3. 加强舆论宣传

充分利用广播、电视、报纸、网站、橱窗等各种宣传媒体进行广泛、深入、持久的宣传发动，在全公司营造学习实践活动的浓厚氛围。在公司广播、电视开设“践行科学发展观，应对挑战促发展”专栏，对学习实践活动跟踪报道，刊播新闻200余条，宣传推广活动典型27个。《凌钢宣传》以“深入学习实践科学发展观，推进达产达效，实现降本增效”为通栏标题，办了4期专版。凌钢内部网站制作专门网页，及时刊登了活动文件、领导讲话和工作动态，学习实践活动办公室刊出《简报》37期。市委活动《简报》刊登凌钢稿件2篇，《朝阳日报》、《燕都晨报》、朝阳电视台、《中国冶金报》发表宣传凌钢稿件11篇。

（二）深入学习调研，强化理论武装

公司党委把搞好学习调研作为整个学习实践活动的基础和前提，着力夯实学习实践科学发展观的思想理论基础，教育引导党员干部树立科学发展理念、坚定科学发展信心、理清科学发展

思路。

1. 抓好理论学习，切实提高科学发展认识

在学习阶段，我们采取自学与集中学习相结合的做法，在通读中央规定的三本书的基础上，集中组织党员、中层领导干部收看《国有企业学习实践科学发展观》光盘讲座40多次，凌钢电视台每天播放光盘讲座，请市委党校教授到凌钢专题辅导。规定每周五下午党员集中学习时间可串不可占。公司领导、中层管理人员和很多普通党员都认真做了读书笔记，在凌钢出现了多年少有的理论学习热潮。通过深入学习，党员干部对科学发展观的科学内涵、精神实质和根本要求的认识有了明显提高，贯彻落实科学发展观的自觉性和坚定性进一步增强。

2. 抓好调查研究，努力查找制约企业发展的关键问题

公司党委紧密结合当前生产经营和新项目投产实际，围绕应对金融危机、围绕推动凌钢可持续发展、围绕加强和改进党的建设等方面，有针对性地确定了18个调研课题，以“问计八方求发展”为主题深入开展调查研究。两级班子成员都结合各自分工选定调研题目，深入基层、深入一线、深入职工群众开展调查研究。组织召开了职工代表、劳动模范代表、知识分子和科技人员代表、离退休职工代表座谈会63个，参加人数1499人，发放调查问卷1792份，征求到意见和建议整理为10个方面159条。

3. 撰写调研报告，切实理清科学发展思路

公司领导带头，全公司中层以上领导干部，通过对征求上来的意见和建议进行认真分析梳理，结合各自分管的工作，谈想法、谈思路、谈措施，撰写调研报告142篇。公司党委对具有较强指导意义的调研成果，还组织了交流。通过学习调研和调研报告的撰写与交流，初步查找了影响和制约凌钢科学发展的突出问题，对凌钢目前发展状况有了基本判断。

（三）认真分析检查，找准存在问题

公司党委把搞好分析检查作为将认识成果转化为实践成果的关键环节，紧密联系实际，认真查找问题、深刻分析原因、明确努力方向。

1. 坚持群众路线，充分发扬民主，认真组织召开专题民主生活会

首先，认真做好专题民主生活会准备工作。一是在原征求意见的基础上，继续广泛征求职工群众的意见，归纳整理后与班子成员见面，为开好专题民主生活会提供依据。二是班子成员之间开展谈心活动，并深入基层沟通思想，解决具体实际问题。三是认真准备和撰写发言提纲。围绕民主生活会主题，结合当前市场形势、企业实际和工作分工，每个班子成员都认真撰写了发言材料，查找问题，分析原因，并提出了切实可行的整改措施。

其次，以“五查五看”为主要内容，即：一查2003年以来凌钢生产经营、改革、发展各项工作，看是否符合中央和省市关于振兴东北老工业基地的战略决策；二查凌钢未来五年的发展思路、规划和举措，看发展思路、目标要求和具体措施是否符合科学发展观的要求；三查应对危机、对标挖潜、降本增效情况，从指标差距看领导班子思想观念、看管理工作存在的问题；四查职工成长和生活改善情况，看是否符合坚持以人为本，做到发展为了职工、发展依靠职工、发展成果与职工共享，实现职工与企业同步发展；五查领导班子的思想作风、领导能力和精神状态，看是否适应企业科学发展的要求，认真开好班子专题民主生活会，形成推动凌钢科学发展的共识。由于认识到位，准备充分，两级班子民主生活会开成了征求意见会、分析问题会、沟通思想会、明确方向会。

第三，以党小组为单位，由基层党委、总支、支部负责，召开党员专题组织生活会。党员对照“有觉悟、有技能、有作用”凌钢共产党员标准分析检查自身差距和不足，提高认识，制定改进措施和目标。

2. 由主要领导主持，深入剖析，形成高质量的分析检查报告

一是党委主要负责同志高度重视，撰写工作抓得早、抓得实。从学习调研阶段就开始部署，深入实际查找揭摆问题，提前积累素材。党委主要领导同志主持了撰写和评议工作的全过程，亲自部署、指导并参与撰写和修改。在分析检查报告撰写过程中，对重要问题特别是对班子存在的问题和原因，都经过班子反复讨论，统一思想，形成共识。初稿完成后，公司党委再一次认真讨论，对报告把关完善。之后，召开了中层管理人员大会，认真征求意见和建议55条。本着认识—

修改—提高，再认识—再修改—再提高的原则，七易其稿，使分析检查报告得到了充实、完善。二是按照“六个讲清楚”的要求，突出检查分析问题，理清科学发展思路，做到了分析检查报告的高标准、高质量。公司党委的分析检查报告，突出了重点，着重在检查分析问题、深入剖析原因和科学制定对策上下工夫，查找出了影响和制约实现科学发展的6个方面的突出问题，分析了存在问题的4个方面的主观原因，确定了解决存在问题的思路与措施，理清了推进凌钢科学发展的思路和对策，特别是针对当前严峻的经济形势，制定了促进凌钢经济发展、维护社会和谐稳定等有效的应对措施。分析检查报告符合实际，充分反映了凌钢学习实践活动的认识成果、实践成果。

3. 严格按照市委要求的程序，对分析检查报告认真进行了群众评议

组织党员干部代表、普通职工代表、科技人员代表，通过召开座谈会、评议大会、填写评议表等方式，从领导班子对科学发展观的认识深不深、问题查找准不准、原因分析透不透、发展思路清不清、工作措施可行不可行等方面，广泛深入地进行了评议。共召开各层次评议会37个，填写评议表634份。从评议结果看，分析检查报告得到了绝大多数干部职工的肯定和认可，满意和基本满意率达到了96%。公司党委对评议征求上来的合理意见和建议进行了认真地消化吸收，对分析检查报告进一步地丰富和充实，使广大干部职工的意见建议得以充分体现，成为推动凌钢科学发展的指导性文件。

（四）创新活动载体，开展了以“对标挖潜、降本增效”为主要内容的主题实践活动

全力以赴，应对危机，深入开展了“对标挖潜、降本增效”活动。在市场形势突变和新项目投产双重压力下，今年前4个月凌钢亏损1.7亿元，企业陷入从未有过的艰难境地。如何化危为机，寻求企业生存发展的新机遇，在学习实践科学发展观活动中，我们先后两次召开中层管理人员大会，认真分析形势，围绕企业如何应对危机、摆脱困境，深入开展解放思想大讨论活动。在大讨论中，不仅揭摆了凌钢在一些主要的经济技术指标上与先进企业的差距，更重要的是检查了一些干部在思想观念上还存在着与当前形势不适应的问题。通过讨论，广大干部职工认识到，外部市场的好坏，不以我们的意志为转移，也无力改变，摆在凌钢面前的出路有一条，就是眼睛向内、苦练内功、降本增效，靠我们自己的力量杀出一条血路，冲出重围，使凌钢早日走出困境。从4月份开始，全公司大张旗鼓地开展了“眼睛向内、苦练内功、对标挖潜、降本增效”活动，提出要消灭低于行业平均水平的落后指标，促进各项经济技术指标上台阶，并把这一活动作为学习实践科学发展观活动最大的实践、最需要联系的实际、最需要取得的实效。活动开展以来，各项经济技术指标有了明显改善。到8月末，全公司158个对标指标有113个达到了对标目标。同时也降低了成本，强化了管理，为扭亏为盈做出了巨大贡献。这一活动，已不是企业应对危机的权宜之计，成为了凌钢全面提升竞争力的长效机制。

坚持以人为本，开展了以解决困难职工生活问题为主要内容的“三位一体”帮扶特困职工活动。按照省、市委开展“党员干部走进千家万户”的活动要求，结合企业实际，重点开展了联系点公司领导、对口机关部室、困难职工所在单位共同参加的“三位一体”帮扶特困职工活动，领导干部带头，全体党员共同参与，将多年坚持开展的“送温暖”、“金秋助学”等帮扶工作具体化。全公司参加帮扶活动捐款1495人，总计筹集帮扶资金12.08万元，与188户特困职工对接结成了帮扶对子，由公司领导带队走访了98户，建立了长效帮扶机制。

（五）着力解决突出问题，推动凌钢又好又快发展

公司党委从活动开始就把促进企业快速、健康、可持续发展作为学习实践科学发展观活动最根本的实践，坚持边学边改、边查边改，着手解决影响和制约凌钢实现科学发展的突出问题，健全完善体制机制，努力实现凌钢又好又快发展。对需要集中整改的问题，公司党委认真研究，逐项落实，形成了整改落实方案。围绕凌钢可持续发展解决突出问题、确保完成全年生产经营目标解决突出问题、强化企业管理解决突出问题、加强党的建设，提高贯彻落实科学发展观的综合素质和能力解决突出问题、涉及职工切身利益的具体问题等5个方面，确定了30个问题，作为下步整改的方向和主要内容。对于这个方案，公司党委广泛征求了基层意见和建议，满意和基本满意

率达到了100%，其中满意率达到了98.3%。大家普遍认为，方案体现了公司党委对科学发展观的深刻认识、理解和把握，体现了认真践行科学发展观的决心和勇气，方案紧密结合凌钢实际，尤其是对凌钢长远发展的规划，非常鼓舞人心。同时，各项措施很全面、很具体、有很强的操作性，保证措施也很有力度，是推动凌钢科学发展的重要文件。为确保整改落实取得实效，公司党委还制定了整改落实内容分解表，把整改落实的内容进一步细化，明确了分工领导、承办和协办部门及具体的完成时限。实行整改工作目标管理责任制和一把手负责制，把责任落实到了班子成员和具体责任人，健全并强化了一级抓一级、一级对一级负责的工作机制，确保整改事项认真落实。

二、学习实践活动取得了明显成效

通过深入开展学习实践活动，使我们在科学发展上有了新认识，在生产经营上有了新突破，在企业管理上有了新举措，在惠及职工的好事、实事上有了新进展，在党的建设上有了新加强。

（一）企业发展思路和目标得到了进一步明确

规划实施新一轮技术改造，把凌钢进一步做大做强。积极创造条件，尽快使企业达到500万~600万吨钢规模，从根本上调整产品结构，淘汰落后产能，使凌钢成为年销售收入超过200亿元、品牌优、成本低、效益高、环境好、竞争力强的精品钢材基地。尽快完善配套，把现有350万吨钢规模做专做精。投资2.8亿元的焦化扩容工程和投资4000万元的热电锅炉增烧煤气及配套的发电机组增容工程正在紧张建设，均计划在11月投产。在北票投资1.8亿元、年产30万吨精品钢管项目也已开工，搬迁部分今年底投产，新上部分明年5月投产。投资1.2亿元的1号高炉扩容工程和投资2.7亿元的50万吨高线工程正在紧张进行开工前的准备工作。全力以赴推进资源开发与建设。凌钢与北票市进行了战略合作，在北票区域内的铁矿探矿工作已全面展开。保国铁矿的扩能改造也已经着手开始。同时，我们还加大了建平及野猪沟等区域的探矿工作力度。力争在2~3年内，自给铁精矿能力达到200万吨。

（二）迅速实现了扭亏为盈

面对国际金融危机的严重影响，我们在学习实践活动中，坚持眼睛向内，苦练内功，深入开展对标挖潜、降本增效工作，把不利因素的影响降到了最低，生产经营取得了较好效果。开展活动后的4~7月份，吨钢成本比一季度降低120元，比计划降低239元，可比商品产品总成本比计划降低8.9%，可变费用比计划下降18.2%。加上市场逐渐回暖，凌钢5月份遏制住了连续8个月的亏损，当月实现扭亏，7月份实现全面扭亏为盈。到8月末，在消化了前4个月亏损1.7亿元的基础上，累计实现利润2.6亿元。为确保全年305万吨钢、100亿元销售收入、3.8亿元利润目标的全面实现，奠定了坚实基础。

（三）企业管理得到了提升

全面加强制度建设，提升基础管理水平，相关单位对全公司现有的343项规章制度进行了全面梳理、完善和修订，下一步重点是抓好制度贯彻落实；要认真做好内部控制体系的建设、实施和评价工作，力争10月底完成内部控制体系建设，年底前完成内部评价，具备提交第三方鉴证条件；按照《劳动法》等法律法规的要求，制定凌钢《职工手册》，规范劳动合同和人员管理程序，保护职工权益；进一步加强财务、设备、质量管理，向管理要效益，加快推进节能减排重点项目治理，抓好环保工作。

（四）职工群众得到了实惠

通过学习实践活动，把公司二次党代会提出的“发展依靠职工、发展为了职工、发展成果职工共享”作为办企业的重要指导思想，着力解决职工最关心、最直接、最现实的问题，维护职工切身利益。公司提出在生产发展和效益提高的基础上，争取今后几年职工人均收入每年增幅在10%以上，8月17日，公司决定为全公司在职职工每人晋升300元/月基础工资，已于9月1日起薪；尽快解决职工工作岗位配餐问题，公司将投入一定资金，以优惠价格服务职工；在已兴建东区文化广场的基础上，建设东区公园，加大娱乐设施投入；积极创造条件，解决好厂内职工上厕所难、道路扬尘、劳保品质量等问题；还为8600多名在职职工办理了2009年补充医疗保险，所有这些都受到了广大职工的欢迎。当前，企业生产经营形势喜人，职工精神面貌焕然一新。

（五）党的建设得到了加强

通过深入学习实践科学发展观，公司党委更

加突出了党建工作与企业生产经营工作的相互结合与相互促进，各级党组织的创造力、凝聚力、战斗力有了新的加强，广大党员也进一步增强了促进企业科学发展的主动性和自觉性，特别是在开展主题实践活动中，按照党委“保持党员先进性，对标挖潜当先锋”的要求，立足岗位，建功立业，理想信念更加坚定，工作本领更加提高，模范作用更加突出。在活动中，有55名非党积极分子也参加了活动。在此期间，还新发展党员21名，有40名预备党员转正，成为了推进企业科学发展的中坚力量。党风廉政建设和生产保卫、效能监察工作进一步加强，思想政治工作进一步得到加强和改进，广泛深入开展“三创一赛”活动，工会、共青团各级组织作用得到进一步发挥，“自强、诚信、求实、创新”的凌钢精神得到进一步弘扬。

三、开展学习实践活动的几点启示

凌钢学习实践科学发展观活动取得的成效证明，科学发展观是引领企业又好又快发展的重要指导思想，是我们必须长期坚持和贯彻的重大战略指南，是推动企业积极应对金融危机、扭亏增盈的成功实践，使各级领导班子和领导干部领导科学发展的能力得到了提升。

（一）坚持领导带头，是搞好活动的前提

深入学习实践科学发展观活动的重点是各级领导班子和党员干部。学习实践活动中，各级领导干部特别是党政主要负责同志始终坚持高标准、严要求，认真履行职责，带头学习、带头调研、带头分析、带头整改，确保了学习实践活动高标准起步、高质量落实、高水平推进。实践证明，只有紧紧抓住领导班子和领导干部这个重点，真正发挥领导干部的示范带头作用，才能做到一级抓一级、一级带一级、上下整体联动、共同推进；才能把学习实践活动各项工作落到实处；才能引领和带动广大党员真学、真讲、真评、真改，确保学习实践活动不走过场、扎实推进。

（二）深入学习调研，是搞好活动的基础

学习调研的深度和解放思想的程度，决定了认识的高度、整改的力度。五个月来，各级党员领导干部紧密联系实际，自觉把学习调研、解放思想贯穿学习实践活动始终，不断加深对科学发展观的理解，不断在学习调研中拓展视野，在解放思想中转变观念，在提高认识中凝聚共识。实践证明，推进科学发展上水平，就必须牢牢抓住、切实打牢学习调研这个基础，持之以恒地在学习调研、解放思想上下工夫，才能真正使科学发展观在头脑中扎根，才能不断把理论学习和思想解放的成果转化为科学决策的先进理念、转化为推动科学发展的强大动力，为在今后的工作中理清思路、达成共识、制定措施、调整部署、解决问题打下坚实基础，真正学会运用科学发展观与时俱进地分析问题、指导实践。

（三）突出实践特色，是搞好活动的关键

突出实践特色是省、市委对我们深入开展学习实践活动的明确要求。集团公司把推进科学发展上水平，积极应对国际金融危机、实现企业扭亏增盈作为学习实践活动最大的实践，推出了特色鲜明的“对标挖潜、降本增效”实践载体，并以此作为企业学习实践活动最大的实践、最重要的实际、最需要取得的实效贯穿到学习实践活动的全过程，使学习实践活动的成效最大程度体现在推动企业的改革发展稳定上。实践证明，只有突出实践特色，务求实效，将学习实践活动与实际工作紧密结合，加快解决那些影响和制约企业科学发展的突出问题，才能找准学习实践活动的切入点和着力点，取得学习实践活动与生产经营工作“两不误、两提高、两促进”的效果。

（四）坚持群众路线，是搞好活动的根本

集团公司学习实践活动的每一阶段、每一环节都高度重视职工的参与，通过舆论引导、载体活动、干部带头作用，最广泛地动员和吸收职工全程参与学习调研、分析评议、整改落实，自觉接受群众监督和评判，引导广大党员对制约集团公司科学发展的一系列理论和实践问题进行深入研究和思考，最大程度地凝聚起集团公司攻坚克难、扭亏为盈、防范风险、科学发展的整体合力。实践证明，只有坚持群众路线，把发扬民主、问计于民、开门搞活动贯穿始终，真正做到听取民意找问题，顺应民意抓整改，依据民意看效果，学习实践活动才有坚实的群众基础，才能保证学习实践活动深入有效地开展，才能充分调动广大职工推进集团公司科学发展的积极性、创造性。

回顾总结我们的学习实践活动，还要必须清醒地认识到，这次学习实践活动只是在有限的时间内实现了阶段性的目标。学习实践活动虽然取

得了一定的成效，但与省、市委的要求相比，与科学发展的任务相比，还存在一些不足和薄弱环节。主要是：理论学习还有待进一步加强，贯彻落实科学发展观的自觉性和主动性还需不断提高；思想解放还不够，以改革创新精神推动工作的能力有待进一步提高；按照科学发展观的要求，推动凌钢党建工作与中心工作有效结合的力度还需要进一步加大；深入调查研究还不够，工作的针对性、实效性有待进一步强化；党员干部的作风还有待于进一步改进，推进工作落实的力度还要进一步加强；少数党员中还程度不同地存在厌倦情绪和与己无关的思想，各单位的活动开展得还不够平衡，等等。

四、明确整改任务，完善长效机制，进一步巩固和深化学习实践活动成果

历时5个多月的学习实践活动现已告一段落，作为集中学习实践科学发展观活动已经结束。但我们要清醒地认识到，学习实践科学发展观，坚持以科学发展观指导实践、破解难题、推动工作是一项长期性、根本性的任务，需要不断深化、不断提高、不断探索、不断创新，要作为一项永不休止的系统工程来抓。今天召开总结大会，是对我们学习实践活动的阶段性总结，并不意味着这项工作的结束。5个月的集中学习实践活动，也不可能做到一蹴而就、一劳永逸，还有大量的工作需要我们持之以恒地抓紧抓好。要认真总结经验，深刻分析问题，扎实推进后期的集中整改，不断巩固和扩大活动成果，不断把学习实践科学发展观引向深入，真正使学习实践活动成为推动公司持续发展的强大动力。下一步要重点做好以下几方面的工作。

（一）切实落实领导班子整改落实方案

抓好整改落实是把认识成果转化为实践成果、制度成果的具体步骤。我们要按照集中力量解决突出问题、立足现有基础量力而行、工作有针对性和可操作性、注重实效，走群众路线的原则，扎实进行整改落实。一要高度重视，加强领导。公司领导班子整改落实工作由张总和我负总责，其他班子成员要按照落实整改内容分解表的分工各负其责，相关部门和单位负责具体落实。二要加强协调，密切配合。公司领导班子整改落实方案的每个项目涉及方方面面，有关单位和部门要密切配合，形成上下联动、左右互动、整体推动的工作格局。三要突出重点，务求实效。要按照规定的时限，根据问题的轻重缓急和难易程度，采取有力措施，集中力量解决影响和制约科学发展、党建及党风党纪、事关职工切身利益等突出问题。四要督促检查，强化责任。要建立整改项目台账，确保整改工作能跟踪、可追溯、好检查，公司党委办公室、纪委要做好跟踪督促。

（二）建立健全学习实践科学发展观的长效机制

建立健全保障和促进科学发展的长效机制是深入学习实践科学发展观活动的目标要求，也是管方向、管长远、管根本的制度建设，对于促进企业又好又快具有重要而深远的意义。当前，凌钢正处在加快科学发展的关键时期，我们必须始终不渝地坚持以科学发展观为指导，立足新起点，谋求新发展，实现新跨越。一是建立健全科学发展观的长效学习机制。要把科学发展观作为党员干部理论学习的长期主题，推动科学发展观的学习教育长期化、常态化和制度化。要坚持不懈地用科学发展观进行理论武装，进一步增强推动科学发展的坚强意志和领导科学发展的实际能力，引导广大党员干部全面准确把握科学发展观的科学内涵和精神实质，自觉加深对科学发展观的政治认同、理性认同和感情认同，切实把科学发展观作为政治信仰、价值追求和行为准则。党的十七届四中全会今天在北京召开，将要通过《中共中央关于加强和改进新形势下党的建设若干重大问题的决定》。我们要结合凌钢的党建和企业发展实际，认真学习贯彻，确保党的建设这项伟大工程的各项部署落到实处。二是建立健全促进科学决策的工作机制。要探索新形势下促进科学发展的措施和途径，把好做法、好经验用制度形式固化下来，常抓不懈。要坚持突出重点原则，着力在解决影响和制约企业科学发展方面存在的突出问题上建章立制；要坚持群众参与原则，坚持走群众路线，把群众满意不满意作为衡量工作质量的标准；要坚持注重实效原则，坚持理论联系实际，着力破解难题，既要立足当前，增强工作的针对性、实效性和操作性，更要着眼长远，增强工作的连续性、前瞻性和创新性。力争解决一个问题建立一个制度、建立一种机制，为凌钢的科学发展提供制度保障。

（三）认真做好国庆节前后有关工作

国庆节马上到了，庆祝中华人民共和国成立60周年，是全党全国的一件大事。搞好国庆活动，对于鼓舞全国人民以极大的热情投身于改革开放和社会主义现代化建设事业，展示我国繁荣发展、民主进步、文明开放的国际形象，具有十分重要的意义。各单位要充分认识做好国庆节前后有关工作的极端重要性，切实做到领导到位、责任到位、措施到位，积极创造稳定和谐环境，扎实做好凌钢生产经营和发展改造各项工作。

1. 全力做好维护稳定工作

做好国庆期间的维护稳定工作是压倒一切的大事，朝阳市委、市政府提出了“五个不发生”和“两个不出”的工作目标，即：不发生有影响的政治事件、不发生大规模群体性事件、不发生大规模进京上访事件、不发生有影响的恶性刑事案件、不发生重特大治安灾害事故和安全生产事故，做到大事不出，小事也不出。我们在9月4日也召开了会议，专门部署了维护稳定工作。各单位要给予高度重视，一把手就是第一责任人，要把政策力度、发展速度与职工的心理承受能力统一起来，正确处理好维护稳定与加快发展的关系，越是加快发展越要维护稳定，要以稳定促发展，以发展保稳定。我们的各级管理人员，包括工段长、班组长在内，要坚决克服维护稳定与己无关的思想，要切实转变工作作风，努力提高解决问题的能力和水平，防止作风粗暴、方法简单。职工有意见要虚心听取、有困难要热心帮助、有疑问要耐心解释，要掌控职工的心态和动态，深入开展扎实有效的思想政治工作，排忧解难，化解矛盾。对职工提出的问题，绝不能推脱不管，更不能激化矛盾。要搞好安全文明生产，坚决避免人身、设备、火灾等重特大事件发生，主管部门要做好重大危险源管理，组织好对重大危险源的检查和布控。

2. 积极开展好各项庆祝活动

在已经完成了“钢魂杯”歌手比赛、职工游泳比赛、登山比赛和迎国庆诗词征集等活动的基础上，正在进行职工乒乓球比赛，还将进行迎国庆大型文艺汇演。活动既要隆重、热烈，又要简朴、节约，重在鼓舞士气，凝聚力量，形成合力，使广大职工更加增强对伟大祖国的热爱和对凌钢的热爱，让广大职工以更高昂的工作热情和更饱满的精神状态投入到火热的生产经营和发展改造的实际工作中去。厂区、生活区环境的美化亮化要加强，特别是相关部门要督促钢富达加大对生活区的卫生、照明和东区公园的管理力度，以整洁、明亮、和谐的环境迎国庆。

3. 扎实搞好生产经营、发展改造各项工作

我们要充分认识当前严峻的市场形势，钢材价格经过7月下旬和8月上旬的连续攀升后，一路急速走低，到9月上旬，螺纹钢价格基本回落到3月20日的水平，从4730元下滑到了3300元左右，外部市场形势十分严峻。我们内部，在公司召开推进对标挖潜暨下半年工作会之后，生产形势喜人。8月份，铁、钢、材产量均创历史新高，转炉最高日产达到了9932吨。通过对标挖潜，一些主要技术指标进一步提升。3号和4号高炉利用系数、120吨转炉钢铁料、35吨转炉石灰消耗、2号棒材成材率再创历史最好水平，炼钢铁水消耗完成915千克/吨。前8个月，累计钢完成195.8万吨，同比增长32.1%；铁完成187.7万吨，同比增长32.8%；钢材完成200.1万吨，同比增长34.8%。销售收入62.1亿元，同比降低15.5%；利润2.6亿元，同比降低64.4%。从总体上看，外部市场形势严峻，内部生产形势喜人。

现在，距离年末还有不足四个月的时间了，市场的持续下滑，为我们完成全年的生产经营任务增加了新的难度。我们要始终保持清醒头脑、昂扬斗志和进取意识，倍加珍惜当前内部生产的大好形势，引导和保护好广大职工的工作热情，巩固和发展好团结向上的和谐局面，把职工的精力、注意力都集中和吸引到全力以赴完成全年生产经营目标、加快凌钢科学发展上来，用发展的大目标凝聚职工，用大好的形势激励职工，直面挑战，迎难而上。全公司广大职工，特别是全体共产党员和各级领导干部，要以学习实践科学发展观为动力，继续深入贯彻落实公司下半年工作会精神，团结和带领广大职工，深入对标挖潜、降本增效，努力实现高产稳产，确保生产经营和发展改造各项目标的圆满实现。

炼铁系统必须要保持住目前顺行、稳产、低耗、高效的生产态势，在确保平均日产达到8550吨以上的前提下，重点做好1号高炉的特护工作。要努力提高铁水一级品率，并稳定铁水硅含量，

减少铁水含渣量，为炼钢快节奏生产提供保障。炼钢系统要全力节铁增钢，要保证“一罐到底”的顺畅，确保钢产量最大化。要进一步加强老系统铸机的管理和维护，充分释放1号铸机的产能，促进2号棒材机组产量的提高。新系统要加强设备管理和维护，确保炉龄达到10000次以上。轧材系统型棒材三套机组要满负荷生产，尤其是1号棒材机组要加强设备管理维护，全力消化方坯库存。中宽热带机组要根据炼钢板坯生产情况集中组织生产，努力降低消耗。供销部门要密切跟踪市场，大宗原燃料特别是矿粉和废钢的采购，要确保冬储和生产需要。产品销售要把握好时机，充分发挥销售网络优势，加大促销力度，增加产品销售。

面对严峻的市场形势，我们要继续加大对标挖潜、降本增效的工作力度，要确定更高的目标、制定更有力的措施、达到更好的效果。一是要把工作重点放在关键的技术经济指标上。现在看对标挖潜的技术经济指标进展缓慢，完成率仅仅达到50%。各单位特别是各主体工序，必须制定和采取确实可行的措施，坚决完成技术经济指标的对标目标。二是要继续加强费用控制。8月份虽然大多数单位完成了运输费用和年材料备件修理费等对标目标，但有一定程度的反弹。面对当前严峻的市场形势，各单位在费用控制上绝不能有丝毫的懈怠和松劲，要持之以恒地巩固住来之不易的对标成果。三是要注重管理水平的提升，形成长期稳定的对标挖潜长效机制，建立完整的对标挖潜、降本增效管理体系。

各项技改工程要确保稳步推进，钢管项目进度很快，经过一个月的土建施工，9月1日完成了平土，开始了主厂房钢结构安装，要确保按计划目标竣工投产。焦炉已于9月1日提前烘炉，化产部分也进展顺利，要保证整个工程在11月中旬顺利提前投产。其他项目也要按照工程进度计划扎实推进。

同志们，凌钢已经进入了快速发展壮大的关键时期。我们要以这次学习实践活动为契机，切实把科学发展观贯彻落实到每个部门、每个人的工作实践中去。只要我们按照科学发展观的要求，树立科学发展的理念，明确科学发展的目标，制定科学发展的措施，求真务实，埋头苦干，凌钢的明天一定会更好！

董事长张振勇在凌钢集团公司开展深入学习实践科学发展观活动总结会议上的讲话

（2015年9月15日）

同志们：

刚才，郝书记代表集团公司党委对凌钢开展深入学习实践科学发展观活动的基本情况及取得的成效进行了全面客观的总结，对下一步集中整改和巩固活动成果做出了具体的部署和安排。大家要认真领会，全面贯彻落实。

下面，我就如何深入贯彻落实科学发展观，促进企业又好又快发展，进一步做好当前工作，实现全年目标任务讲两点意见。

一、继续深入贯彻落实科学发展观，建立促进企业科学发展的长效机制

到目前为止，凌钢集中性的学习实践活动已告一段落，通过这次活动的学习与提高，我们对科学发展观有了更深的理解和认识，进一步凝聚了发展共识，增强了广大党员、干部贯彻落实科学发展观的自觉性和坚定性；进一步明确了发展方向，深化了对加快凌钢科学发展的认识；进一步破解了发展难题，查找了影响和制约科学发展的突出问题，取得了具体成果；进一步理清了发展思路，提出了推动科学发展的具体措施，为凌钢在新的历史起点上开创科学发展的新局面奠定了坚实基础。

集中学习结束后，我们要继续做好后续各项工作，把深入贯彻落实科学发展观作为指导企业科学发展的一项长期战略任务，建立促进企业科学发展的长效机制，使我们的学习实践成果不断得到巩固、扩大、转化，在提高企业科学发展的能力、提高党建服务企业科学发展的水平上不断取得新进步，从而真正使凌钢实现健康、快速、

可持续科学发展。

二、促进凌钢实现科学发展应把握的几个重点

我国是钢铁生产和消费大国，粗钢产量连续13年居世界第一。近年来，钢铁产业更是急速发展，产能急剧膨胀，截至2008年底，我国粗钢产能达到6.6亿吨，超出实际需求约2亿吨。凌钢要生存发展，就必须要贯彻落实科学发展观，树立科学发展理念、明确科学发展目标、制定科学发展措施，按照国家钢铁产业政策与钢铁产业调整和振兴规划的要求，把发展的重点放在加大资源开发，促进凌钢可持续发展上；放在提高凌钢的整体质量和效益上，放在增加品种、提高质量上；放在精细管理、降低消耗，提高企业和产品竞争力上，把凌钢做专、做精、做优、做强。

一是要加大资源开发，为凌钢可持续发展创造条件。钢铁行业是对资源依赖性极强的行业，抓住了资源就意味着发展，我们要把开发铁矿资源，打造稳定、可靠的原料基地作为当前乃至今后重要的战略任务来抓。目前，我们已经进行了与北票市开展战略合作等实质性工作，下一步，我们还要充分发挥凌钢的技术和管理优势，加快推进资源开发利用的步伐，力争两年内自主铁精矿产量达到200万吨，为企业实现可持续发展提供坚强的资源保障。

二是要突出专业化生产，努力优化产品结构。在产品、规模均不占优势的情况下，凌钢必须突出专业化生产，做专才能做精。要集中信誉、服务、网络等有效的资源，打造具有凌钢特色优势的精品，创造更大的经济效益。要着力巩固螺纹钢等传统优势产品，抓紧建设高速线材生产线，努力把凌钢建成先进的建筑钢材制造基地。要以品种钢开发为重点，加快新技术、新工艺的推广应用，通过优化品种、提高质量提高效益，打造我们自己的拳头产品，培育和发展凌钢品牌。近期，要加强中宽热带、中宽冷带、HRB400E和HRB500E抗震钢筋推介力度，不断拓宽品种钢市场。

三是要全面提升企业综合素质，提高凌钢核心竞争力。苦练内功，对标挖潜。消灭低于行业平均水平的落后指标，通过指标上台阶，提升市场竞争力，实现降本增效。强化管理创新。在管理的体制机制、方式方法上要与时俱进，实施精细管理，为生产经营高效、经济运行提供保障。推进技术创新。要与专业院校和科研院所进行技术合作，在品种钢开发、新技术应用、节能减排等方面迈出实质性步伐。加大市场开发。要积极推进与上下游产业的协作，在与山西焦煤集团等建立了战略合作伙伴关系的基础上，要围绕“大行业、大用户、大工程、大项目”发展一批高质量客户，建立稳固的原燃料供应链和产品销售链，为保证企业经营的持续稳定运转创造条件。坚持以人为本。牢固树立职工群众主体地位的意识，切实履行政治责任、经济责任和社会责任，实现好、维护好、发展好职工的根本利益，凝聚职工群众的智慧和力量，为企业发展提供源源不竭的动力。

三、凌钢当前面临的形势与任务

今年二季度以来，全球经济出现回暖的迹象，钢铁需求有所上升，国内市场受国家扩大内需、保增长一揽子计划拉动，市场需求有所增长，7月下旬到8月上旬，钢材价格飙升，特别是建筑钢材，涨幅达到了30%以上。8月中旬以来，价格又快速下跌，到现在螺纹钢已比8月份的最高点降低了1250元/吨，价格快速回落，用户和贸易商普遍接货热情不高，市场成交状况不佳，库存升高。

这一轮的降价是在预料之中的，暴涨之后必有暴跌，只是来得太急、太快了。这说明目前钢材市场回暖的基础并不稳固，价格持续上涨的条件还不具备。这也使我们更加清楚地认识到，在当前脆弱的市场环境下，通过加强管理、降低成本，争取适当的效益水平是可以实现的，但想获得丰厚的利润是不现实的。

我们内部，8月份，铁、钢、材三大系统均高水平运行，铁、钢、钢材产量均创历史新高累计钢完，比去年同期均增长32%以上，累计实现利润2.6亿元。

同志们，凌钢的发展已到了关键时期，我们肩负的使命和任务极其艰巨。全公司广大干部职工要以深入学习实践活动为新的起点，全面贯彻落实科学发展观，坚持解放思想，开拓创新，以更加科学的发展理念、更加饱满的政治热情，更加昂扬的精神状态，更加务实的工作作风，为推动凌钢又好又快科学发展做出更大的贡献！

管理部门

2007—2008

公司办公室

【基本情况】公司办公室负责行政事务管理和办公事务管理，具体包括文秘工作、文书资料管理、接待事务管理、日常办公事务管理，还涉及通信、公务车管理、宾馆、会议管理、办公物品管理等后勤工作。

2008年末，公司办公室在职职工31人（未含公司领导），其中主任1名，副主任2名，科级干部5名。具有专业技术职务12人，其中具有高级技术职称2人，中级技术职称4人，初级技术职称3人。设秘书科、接待科、通讯科、小车队等4个单位。

2007—2008年，办公室按照“做精做细、精益求精”的要求，紧紧围绕公司生产经营和改革发展大局，积极参与政务，管好事务，不断提高服务水平，做到了领导满意、基层满意、部室满意。

【秘书工作】在参与政务、管理事务中发挥整体职能，不断提高办文和办事效能。一是注重质量，讲求效果，办文办会严把关。两年来共起草综合文字材料187篇61万字，累计接收办理文件、传真等4100多份，审核印发文件145份，处理二级单位上报公文和各类报表6000余份。接发传真3万页，发送报纸2600万份，接收投递各类机要、信函21万份，书刊、杂志18000册。认真完成了各类文件、重要资料的收发、登记、立卷、归档工作，对各类来文认真登记，及时传递，无一丢失和差错。切实提高办会水平，将“周密严谨，细致认真”的工作作风贯穿于整个会议的全过程，得到广泛的肯定和认可。两年来，组织各种会议92次，其中中层管理人员会、一把手会、党委书记会、专业会等大型会议16次，董事会、经理办公会、党委会76次。二是紧贴决策，拓宽渠道，起到了参谋助手作用。紧贴公司的中心工作，围绕改革、发展、稳定的大局，协助领导制定了公司每年的总体工作思路和具体工作部署。及时、准确、全面地收集、选编各类信息，积极向朝阳市委办和相关单位反馈情况，两年来向上级机关报送信息31条，被评为朝阳市信息工作先进企业和中国钢铁协会信息工作先进单位。大力推进信息工作制度化和规范化，充分利用现代办公手段，不断提高办公室网站质量，办公室网站做到了自己维护，能够定期和随时更换内容，信息参考作用日益明显，编发综合信息48期291条。三是突出重点，改进方法，加大调研、督查督办力度。结合企业的生产经营、自定调研题目，对一些重点环节进行了调研，共撰写调查报告15篇。切实加强和改进督查工作，每年都结合公司总体思路和中心工作，制定《工作任务分解立项督办表》，责任落实到人，两年来完成督办287次。加大领导批、交办事项的查办力度，做到批必查，查必果，果必报，件件有着落，事事有回音，完成临时督办、领导交办事项20余项。四是加强保密工作管理。强化教育，切实提高依法保密的责任意识。落实管理责任，提高了商业秘密保护工作的针对性和实效性。

【接待后勤】围绕建设“和谐凌钢”，坚持“群众利益无小事”原则，认真贯彻信访条例。两年来受理来信来访87件次，接待227人次，其中接待集体上访6起。切实做好每一次接待工作，做到了高标准、高满意率。两年来圆满完成重要接待任务和重大接待活动46次。接待了全国人大常委闻世震、辽宁省副省长刘国强等重要领导。统筹兼顾，合理使用人、财、车、物，确保了公司工作的高效运转。加强小车队车辆管理，保证了领导安全便捷用车。与相关部门一道制订了《门禁制度》、《出入厂区车辆管理制度》，保证了厂区道路的顺畅高效。紧跟形势增添设备，搞好通讯管护畅通，提高了通信保障能力，基本达到了保密、优质、高速、无事故的要求。

【宾馆管理】加强管理，创新服务，切实提高宾馆管理水平。一是坚持服务第一，把好质量关。二是把好饮食质量关，提高花色品种，让就餐客人吃得满意，吃得放心。三是加强住宿内勤工作，以一流的服务接待好所有住宿客人。

【自身建设】两年来，办公室坚持组织全体职工进行业务知识学习，努力提高工作能力，打造学习型办公室。注重学习有关本职工作方面知识，引导大家向书本学、向领导学、向同事学，努力掌握各方面的知识，鼓励和督促大家认真学习文秘知识和办公办文知识，使职工业务素质有了明显提高。在保持办公室基本工作力量和整体工作实力相对稳定的前提下，积极推进新老交替力度，特别注重对年轻同志的培养和使用。几年来办公室先后接受了部分年轻同志。积极对他们进行传帮带，经过工作锻炼，年轻同志的业务素质、整体水平有了较快提升，保证了事业的接续。倡导人性化管理，用人与育人相结合，管理与关心相结合，努力创造灵活的用人机制与宽松和谐的工作环境。

计划管理部

【基本情况】计划管理部是公司综合管理部门，主要职责为根据国家方针、政策及市场需求，结合凌钢实际，组织编制年度、季度生产经营计划、固定资产投资计划和中、长期发展规划；组织集团公司技改项目的立项、可研、初步设计审查；报批及利用国家政策抵免税；对年度、季度生产经营计划执行情况进行监督、协调、平衡、分析工作；生产经营活动的综合统计、分析和大宗原燃材料平衡工作；经济责任制制定、调整和考核工作；部门管理职责设定和组织、制定、审批公司内管理标准和工作标准；子公司管理工作等。

2008 年末，计划管理部设部长 1 人、副部长 2 人、副部级 2 人，下设规划科、计划统计科、管理科、资产运营科，共有员工 17 人，其中：本科 13 人、专科 4 人；具有高级技术职称 5 人、中级技术职称 8 人，初级技术职称 4 人。

【生产经营计划】2007 年，生产经营计划编制遵循的原则：兼顾品种与总量、力求钢产量最大的原则，继续深化节支降耗、低成本运行的原则，技改、年修、生产协调运行的原则，轧材系统效益最优、高效运行的原则。根据以上原则，采用因素分析法，确定主要产品产量计划安排如下：生铁产量计划 204 万吨，目标 208 万吨；人造块矿计划 368 万吨，目标 372 万吨；钢产量计划 220 万吨，目标 223 万吨；钢材生产量计划 236 万吨，目标 239 万吨；钢材商品量计划 214 万吨，目标 217 万吨；焦炭产量计划 50 万吨，目标 52 万吨；保国矿粉计划 135 万吨，目标 140 万吨。

2008 年，生产经营计划编制遵循的原则：兼顾品种与总量、力求钢产量最大的原则，技改、年修、生产协调运行的原则，继续强化节能减排、节支降耗的原则，轧材系统效益优先、高效运行的原则，保障系统挖潜配套的原则。根据以上原则，采用因素分析法，确定主要产品产量计划安排如下：生铁产量计划 219 万吨，目标 221 万吨；人造块矿计划 402 万吨，目标 405 万吨；钢产量计划 231 万吨，目标 234 万吨；钢材生产量计划 238 万吨，目标 241 万吨；钢材商品量计划 224 万吨，目标 227 万吨；焦炭产量计划 50 万吨，目标 52 万吨；保国矿粉计划 110 万吨。

【产品结构调整】密切关注市场动态，实现产品价格和原燃料价格实行日调度制度，根据价格变化情况，及时进行产品效益测算，2007 年进行测算 41 次，2008 年进行测算 71 次，根据测算结果及时提出结构调整建议上报给公司领导。同时，传递给生产技术部、供销公司等相关单位，为生产组织和经营决策提供了依据。2008 年 8 月份后，钢材市场价格快速下跌，销售量下降，先后 4 次拿出生产组织方案，对每种生产组织方案的优势与劣势及效益情况进行分析比较，提出选择最优生产组织优化方案，经公司经理办公会批准实施，降低了经营风险，减少了企业损失。

【综合统计】2007 年 1 月 1 日，凌钢统计网上直报系统投入运行。通过推进企业内部联网直报工作，建立信息库，实现原始数据、报表及相关文件等在网上传递、报送、发布以及数据的集中处理和资源共享，提升统计工作质量和效率。在计划管理网站上建立年进度计划完成情况公告板，每日对年进度计划的完成情况进行公告，及时反馈和调控年计划执行情况。开展统计基础工作检查，在横向上捋清数据结算流程和依据；在纵向上规范了数据采集、整理和报送程序和标准；对波动较大的指标对原始记录进行抽查核对，提升了统计数据质量。根据国家节能减排要求，对综合指标报表进行重新设计，增加企业主要节能减排指标并及时进行发布，促进了节能减排工作。圆满完成统计旬报、月报和年报工作，连续两年在中

国钢铁工业协会组织的统计工作先进单位评选活动中，以工作规范、制度健全、报表质量高等特点，被评为全国统计工作先进单位。

【投入产出调查和经济普查】 2008 年 4 月，按照国家、省、市各级主管部门的要求，组织供销公司、设备材料部、财务部、计划管理部等部门，开展全国投入产出调查工作，包括制定工作计划、成立领导小组、实施业务培训、搜集资料试填和正式填表上报，集团公司被评为国家级投入产出调查先进单位。根据国家、省、市各级主管部门对经济普查工作的统一安排，结合集团公司的具体情况，2008 年 9 月集团公司第二次经济普查工作全面展开。以集团公司文件的形式下发了《关于认真做好第二次经济普查工作的通知》，成立经济普查工作领导小组和组织机构，制定经济普查的进度计划，组织 13 个法人单位和 6 个产业活动单位的清查工作。2009 年 1 月份正式填表上报，集团公司被评为国家级第二次经济普查先进单位。

【经济责任制】 2007 年责任制突出了对变动成本和变动费用的考核；超创利润提奖比例由 20% 提高到 25%，其中当月 15%，年末 10%。实行了辅助单位与主体单位的相关消耗指标挂钩考核。12 月 23 日，公司召开经理办公会，通过了计划管理部提出的“关于修订厂部长基金提取和使用管理办法”的意见，基金提取比例由 10% 调整为 5%；“关于调整机关奖金系数的意见”，调整了机关部室主管以上人员的得奖系数。

2008 年经济责任制，生产系统以超创利润为考核核心，追求产量和效益最大化，促进节支降耗、节能减排和产品结构优化，对辅助系统的服务和保障职能进行重点考核。生产单位基本奖由原来的 500 ~ 550 元调整为 450 ~ 500 元。统一了内部奖金调剂起征点的基数，调剂基数为 850 元/人。

自 2008 年开始，钢管厂享有充分的自主生产经营权，即钢管厂按公司现行规章制度，自行销售产品，签订产品销售合同，改变了以前以“供销公司销售为主、钢管自行销售为辅”的销售模式。

【日清日结】 2007 年 3 月份，公司对日清日结提出新要求：日清日结工作要按照“简化、务实、创新，加强考核和过程控制，突出管理者的作用”的要求进行理顺，效益工资分配必须按照日清日结考核结果分配。计划管理部对全公司指标分解、日清日结考核情况进行了一次系统检查，提出了“继续深化完善日清日结，进一步简化务实”的具体要求，明确要按照日清日结的 3 个基本要素“明确每个岗位是干什么的；干到什么程度；如何考核分配”来修订和完善考核指标，达到业绩考核和分配相挂钩。

【固定资产投资】 2007 年，完成技改投资 13277 万元，新增固定资产 13277 万元。主要技改项目为钢管厂直径 219 毫米机组无缝化改造、新建 15 万立方米高炉煤气柜、总降压变电所扩建改造、连铸水系统水质改善、炉衬空压站增上 40 立方米空压机、棒材穿水冷却线改造、编组站线路及信号改造、除尘综合改造、方坯增流改造、转炉一次除尘改造、型材厂电节能改造、安全煤气水封器改造、炼铁站铁路信号微机联锁改造、东门新建 120 吨电子汽车衡、钢包液压滑动系统连滑技术改造、增加高炉煤气放散系统、75 平方米烧结机混合料加水方式改造。

2008 年，完成技改投资 27959 万元，新增固定资产 27959 万元。主要技改项目为热电厂 4 号锅炉及发电机组改造、热轧带钢卷取机区改造、石灰窑工程、1 号高炉热风炉改造、步进双蓄热式加热炉改造、75 平方米烧结机直径 3.5 米 × 13 米制粒机筒体及生石灰配消器改造、75 平方米烧结机机头多管除尘器改造、60 平方米电除尘器改造、3 号竖炉烘干机及带冷机系统改造、排水系统改造、火灾自动报警系统、动力 D340 煤气控制系统改造。

【子公司管理】 2007 年 4 月，保国公司、朝焦公司、设计公司、管理咨询公司、宾馆等公司经理与董事长签订了 2007 年度资产经营合同书工作。资产运营部与人力资源部共同下发了《关于规范子公司劳务费管理的通知》，规范了子公司劳务费日常管理。

2008 年 6 月，保国公司、朝焦公司、设计公司、管理咨询公司、宾馆等公司经理与董事长签订了 2008 年度资产经营合同书工作。资产运营部与人力资源部共同制定《集团公司子公司工资管理办法》，规范了子公司工资管理。2008 年 11 月 25 日完成保国公司更名及股权转让给凌钢股份公司工作，完成四家经销性子公司的股权转让审批及股权转让的实施工作。完成兴钢建安公司、宏钢集团、腾钢公司、钢富达公司等参股公司股东会换届工作，及时调整了派出参股公司的股东代表、董事、监事，为参股公司的规范运营打下了基础。

财 务 部

【基本情况】财务部是公司财务管理部门，主要职责包括依据法律、法规和财务制度编制财务会计报告、提供会计资料；组织集团公司的财税核算、管理；制定和完善公司财务管理制度，实施监督和管理；指导子公司的财务会计工作；筹集、融通公司经营资金，统一管理、平衡和调度；结合市场与凌钢经营实际，组织编制集团公司年度财务计划，制定机关部室及各分厂相关考核指标，实施费用考核和成本控制，全面提供决策支持，揭示、规避生产经营风险。

2008 年末，财务部在职职工 53 人，其中股份总会计师 1 人，部长 1 人，副部长 2 人，科长 7 人，设有财务科、会计科、材料科、成本科、综合科、信息科、厂内销售科。具有专业技术职称 48 人，其中具有高级技术职称 4 人、中级技术职称 14 人、初级技术职称 25 人。

【主要财务指标】2007 年末，集团公司资产总额 64.43 亿元，其中所有者权益 43.30 亿元，负债 21.13 亿元。资产负债率 32.80%，流动比率 164.94%，速动比率 116.58%，应收账款平均余额 0.58 亿元，应收账款周转率 132.43 次，存货平均余额 8.85 亿元，存货周转率 8 次。实现主营业务收入 76.54 亿元，比 2006 年提高 16.25%。实现利税 11.69 亿元，其中实现利润 6.60 亿元，税金 5.09 亿元，主营业务利润率 14.59%，成本费用利润率 9.39%，税后净利润 5.02 亿元，期末未分配利润 7.93 亿元。

2008 年末，公司资产总额 103.86 亿元，比 2007 年末增加 39.43 亿元，提高了 61.20%，其中所有者权益 60.31 亿元，负债 43.55 亿元。资产负债率 41.93%，流动比率 87.55%，速动比率 51.90%，应收账款平均余额 0.53 亿元，应收账款周转率 184.06 次，存货平均余额 12.42 亿元，存货周转率 6 次。实现主营业务收入 96.74 亿元，比 2007 年提高 26.39%。实现利税 6.94 亿元，其中利润 1.61 亿元，税金 5.33 亿元，主营业务利润率 1.66%，成本费用利润率 1.69%，税后净利润 1.37 亿元，期末未分配利润 6.99 亿元。

【资金管理】强调“现金为王”的理念，改革资金管理模式，提出“看好钱袋子，过好紧日子”金融危机特殊时期资金管理新思路。根据库存状况，结合市场价格变动和资源供给情况，利用资金杠杆，适时调整采购和销售节奏，物资采购遵循“小批量、低库存、快频率”的原则，降低企业经营风险。材料备件审批和采购月初由财务部、机动部和设备材料部，考虑库存、消耗和在途物资等综合因素，在源头上提高计划的准确性。采购结算方式确立了“盯着库存结算，依据结算付款”的倒逼机制，大力压缩库存，加速资金周转。根据客户和资源情况，2008 年，支付银行承兑汇票 29.8 亿元，有效地降低了资金成本。积极参与工程立项及可行性研究工作，对项目资金平衡，投资效果等提出意见。加强项目的资金监督，加快结算速度。针对 350 万吨技改工程项目多、工期紧、资金支付额度大等特点，在工程资金支付时，既要总量平衡，又要单体控制，做到计划、合同和支付相一致，并对存在的差异进行分析，严把工程资金支付节奏和额度，防止超额支付，确保技改资金安全。2008 年 350 万吨工程建设，工程项目投资完成 25.90 亿元，凌钢先后与工行、农行、建行、中行、广发、中信、浦发、光大、招商、兴业、深发、民生、东亚和地方性商业银行等十几家金融机构签订了 38 份借款合同，共筹资 22 亿元。凭借与金融企业的良好沟通、交流与博弈，使凌钢的文化被人认识和理解，使凌钢的发展潜力得以转化为货币资金，在货币紧缩政策下，根据资金支付进度，按时筹借 22 亿元贷款有效，并有效地降低了筹资成本，保证了技改工程的按期竣工。

【成本管理】2007—2008 年，各分厂建立和完善“成本控制系统”，在此基础上，有针对性地调动增产降耗的积极性，提高生产运行的水平和效率，使人流、物流、资金流等各生产要素达到最佳配置和平衡。成本管理突出重点，紧紧围绕“铁前系统低成本和钢后系统产品结构优化”策略，积极开展成本控制和产品优化工作。结合经济责任制考核，对成本实施严格过程控制，对引起成本升降因素进行科学分析，正确引导成本控制的激励导向作用。成本的严抓细管，收到了良好效果，

2007 年考核成本降低 6961 万元，降低 0.85%，考核变动费用降低 1441 万元，降低率为 2.95%，实现钢材品种效益 5130 万元；2008 年考核成本降低 3639 万元，降低 0.16%，考核变动费用降低 302 万元，降低 1.06%，实现了钢材品种效益 7122 万元。

【价格管理】以市场化交易为原则，重新理顺与各剥离子公司的各项交易，审视各项交易价格的合理性，对双方的各项权利与义务以合同的形式给予固化。2007 年，对鞍钢、通钢的大宗原燃料卸车条件及价格进行考察，重新制定了装卸劳务价格，期间，对协力用工的原则、价格制定及双方的权利与义务提出参考性意见。2008 年 10 月，财务部开展了价格内部稽核，分别对材料、工程、产品、劳务价格结算进行了专项稽核。期间，大宗原燃料和钢材价格剧烈变动，品种之间，相同品种的规格之间效益差距变化快，差距大，财务价格管理以本、量、利分析为工具，建立产品效益测算系统，随着价格变化及时准确预测产品的盈利水平。特别是 2008 年 350 万吨工程试生产和金融危机时期，多次测算不同生产方案企业效益和产品边际效益，为企业提高经济效益和 350 万吨及早投产提供了决策支持。

【税务管理】加大对财务政策及税收政策的研究力度，抽出骨干人员成立财税政策研究小组，对新问题、难问题进行探讨研究，在财务内部局域网及时公布国家新颁布的法律、法规、规章制度等。对 2008 年开始实施的《中华人民共和国企业所得税法》进行培训，2008 年 8 月，又制定了《凌钢发票认证抵扣管理办法》。当期努力实现政策创效，新增固定资产增值税退税 8092 万元；2008 年未退回金额 4034 万元，利用政策空间，此金额未直接退回，而是抵免下年度应交增值税，少缴附加税金 443 万元；“三新”技术开发费加计扣除所得税 7241 万元；同时积极争取财政补贴 593 万元。圆满完成了辽宁省财政厅、辽宁省国家税务局、辽宁省地方税务局联等对凌钢进行的税务检查。

【企业重组】为开拓资本市场融资渠道，优化内部资源配置，增强上市公司实力，2008 年公司全力推进资产重组。积极与会计师事务所、券商交流、沟通与协调。经报请省、市有关部门和证券会、上交所审批核准后，相继于 2008 年 6 月和 2008 年 11 月将原凌源钢铁集团有限责任公司控股的北京、沈阳、锦州、大连 4 家经销性子公司和保国公司全部股权转让给凌源钢铁股份有限公司。同时积极地运用现行相关财政税收政策，争取省市政府支持，对保国公司重组过程中发生的资产评估增值 15.6 亿元作为国有资本投入转计入资本公积，圆满完成了资产重组事宜。2007 年，凌钢与鞍钢投资合建鞍凌公司，公司注册资本 28 亿元，凌钢占出资额的 25%，应出资本 7 亿元，当年出资 3.5 亿元。

【子公司财务管理】2007～2008 年，着力加大经销处子公司、驻外经销处财务管理力度，健全各项财务管理制度建设，对子公司财务进行了专项检查。2007 年 8 月制定了《驻外经销处财务管理制度》，2007 年 4 月、2008 年 5～9 月分别对驻外经销处进行了财务检查，检查内容包括资金、存货、会计等各项基础工作。根据发货计划对经销性分、子公司授信，对销售资金实施动态控制，加速资金回笼，要求经销处分、子公司银行存款超过 100 万元以上时当日汇至公司。

【财务信息系统建设】2007 年，分厂全体财务人员在生产技术部会议室针对财务软件的“账务处理”和“报表系统”进行考试，提高分厂财务人员计算机操作技能，强化财务软件理论和应用水平。2008 年建立并实施了“销售管理系统”，自 1 月份销售管理软件正式使用，到 6 月份，销售的所有产成品、废次材、水渣等副产品全面在销售系统中运行。软件的运行，极大的规范了产品的出入库环节，将产品销售过程中的承兑汇票、协议户、批量优惠、运费补偿、价格执行等诸多难点问题在系统中予以标准化规范，为财务监督职能的发挥创造了条件。2008 年 6 月份外购材也全程纳入了进销存系统，从计划到订单审批等，严格按照程序执行，防止工程完工，库存上升发生。2008 年 12 月，对驻外经销处安装并实施了账务处理及报表系统。

【会计基础管理】为加强内部控制，强化财务管理和监督，财务部从提高人员素质入手，全面提高创新能力、管理能力、融资能力等方面能力。2007 年被财务部定为“学习年”，自 2007 年 1 月 1 日起，集团公司顺利执行了新《企业会计准则》。2007 年 8 月中国人民大学周华博士在凌钢宾馆三楼会议室针对新《企业会计准则》进行专项培训，凌钢全体财务人员参加了培训。2007 年 5 月起，利用下班、双休日时间，财务部强化新《企业会计准则》、《企业财务通则》、《中华人民共和国企业所得税法》培训，抽出专人授课、集中学习，学习时间长达 6 个月。2008 年 5 ~ 6 月，对分厂进行会计基础工作、成本控制管理、物资管理、厂长基金等检查，夯实了会计基础工作，提高了财务管理水平，完善了成本控制。同时加大财务制度建设，先后修订或制定了《银行承兑汇票管理办法》、《现金保险柜管理制度》、《凌源钢铁集团有限责任公司差旅费管理办法》。2008 年 12 月份，《厂（部）长基金核算管理办法》。

人力资源部

【基本情况】人力资源部负责凌钢集团公司人力资源的开发和管理，编制人力资源中、长期发展规划。主要是制定企业劳动、人事、用工、分配、培训等规章制度；负责定员标准的设定和调整；业务外包的管理；新增人员录用、全体人员的培训、劳动纪律及劳动合同管理；负责薪酬制度的制定、调整、考核，制定工资总额承包计划；负责社会保险政策的实施，办理各种社会保险业务；以及职工调动管理、离退休人员管理、职称管理、独身人员食宿管理和离岗人员管理等工作。

2008 年末，人力资源部在岗职工 43 人（含生产操作人员），其中部长 2 人，副部长 3 人，科级干部 9 人。具有副高级技术职称 6 人、中级技术职称 14 人、初级技术职称 10 人；本科 14 人，专科 20 人。下设 8 科室：人事科、工资科、工伤医疗科、养老失业科、大学生公寓管理办公室、离退休管理科、培训科、劳务管理科；其中有 3 个隶属单位是培训中心、劳务市场、离退办。

2007—2008 年，人力资源部进一步加强了人才的引进和培育、注重人才能力素质的提高、保持人才激励力度、强化人才考核管理措施、优化人力资源配置。为公司的 350 万吨钢规模化发展提供了人才支持，发挥了人力资源优势，增强了企业核心竞争力。

【人员配置】2007 年，公司投资 7 亿元，涉及 20 多个技改项目，人力资源部核定“中宽冷带机组”，“直径 219 毫米无缝化改造机组”，“3 号高炉大修改造工程”、“新建 10 平方米竖炉工程”、“方坯增流改造”、“二次除尘分流”、“脱硫除尘分流”等新项目用人，将设计定员 840 人核定为 560 人，并完成人员配置。其中招收高校毕业生 105 人，余下通过各单位人员挖潜解决。2007 年招收 105 名毕业生，其中本科生 61 人、专科 44 人。通过设置紧缺专业津贴等政策吸引公司急需专业（如冶金、轧钢、机车等）毕业生 49 人，缓解了技术人员断档的问题。同时，对型材机组改造项目重新定员，剥离辅助维检 241 人。

根据 2008 年 1 月 1 日实施的《中华人民共和国劳动合同法》，公司原有的将临时工与正式工混岗的做法会给企业用工带来很大的法律风险。公司决定将临时工与正式工工作岗位完全分离，从 1 月起将技术含量较低、简单劳动的工作岗位成建制的外包给有资质的劳务公司，外包区域人员完全由劳务公司管理，公司考核劳务公司的工作成果。截止 11 月末，全公司有 17 个分厂（部/子公司）34 个区域共 1800 个岗位实施了业务外包，调整了近 2000 名正式职工的岗位，降低了公司的人工成本，提高了公司竞争力，与劳务公司实现了共赢。

随着 350 万吨钢技改项目的完成，对公司 350 万吨钢技改工程的 2 万立方米制氧机、120 吨新转炉、钢渣二次处理、240 平方米烧结机、4 号高炉、麦尔兹窑、2 号高架棒材、75 吨锅炉、TRT 发电机组、新建原料置场、干煤棚改造、中宽带精整改造、新增计量检斤等项目核定了定员。并按工程进度需要不断配置人员，部分技校生提前进入公司顶岗实习，解决了人员阶段性不足的问题。共计招收技校生近 600 人，大专以上毕业生 380 人，满足了技改工程需要。由于凌钢连年提高职工待遇，对毕业生吸引力大大加强，首次实现在高校按公司需求计划大规模招生。

结合鞍凌公司的用工需求，由职工提出申请，8 月份公司抽调了 329 名职工到鞍凌公司工作，这些职工与凌钢解除了劳动合同。由于凌钢 350 万吨技改工程建设，人员非常紧张，抽调难度较大，但这样做既支援了鞍凌公司项目建设，又缓解了凌钢 15 年未招工带来的工人年龄结构不合理的矛盾。

【技校招生】为保障 2008 年 350 万吨钢技改工程用人需求，同时为切实解决部分职工子女就业难题，建设和谐凌钢，公司决定 2007 年 10 月按条

件通过考试凌钢技校招收500名技校生。其中，凌钢职工子女400人，毕业合格后公司录用。由于自1995年始，凌钢不再面向社会直接招收高中毕业的操作工人，本次报名人员极为踊跃，报名资格审查人员及负责考试、录用人员及技校管理人员承受很大压力，平稳完成招生及教学工作。

【技师评聘】为了给职工搭建目标清晰，竞争有序的职业发展平台，激发职工学习技术、运用技术、传授技术的热情，营造尊重劳动、尊重人才、尊重创造的企业氛围，2007年公司将工人技师津贴调整到200元/(月·人)、高级技师300元/(月·人)，同时决定重新开展技师评聘工作。由于十余年未开展，职工的参评热情很高，技师评聘委员会严格把关，通过对参评人员日常业绩考核、实际操作、理论考试三方面综合评价，评聘专业工种技师122人，通用工种技师110人，其中高级技师12人。此项工作共涉及全公司16个单位、60个专业工种和7个通用工种。并决定以后每年评聘一次。2008年技师评聘13人。

【工资调整】2007年，公司在岗职工按本岗2001年责任工资标准的50%增加责任工资。同时较大幅度增加班、工、段长岗位责任津贴，专业技术津贴、技师津贴。人均增资额200元/月，月增资幅度8.9%，年工资总额人均增长5.6%。

2008年7月1日起，在岗职工每人晋升基础工资300元/月。人均增资额342元/月，提高幅度为13.3%。同时，由于公司效益较好，效益工资也有较大幅度提高，年工资总额人均增长18.2%。

【工种核定】劳动局对特殊工种档案记载的要求日趋严格，而我公司职工档案中对特殊工种存在记录不祥、名称不规范的问题，给工龄核定带来了很大难度，职工常有争议。经反复与劳动局沟通，核定了2003年1月1日至2006年12月31日间从事特殊工种的2664人的特殊工种的卡片，并将工种核定形成制度化。

【劳动合同管理】2008年，对公司所有职工的劳动合同进行审查，对4000名劳动合同期满人员续签了劳动合同，达到了全员签合同的要求。改变1997年以来强制内退政策。职工距离法定退休年龄5年可以自主选择是否内退。

【职工福利待遇】2008年1月1日起：职工住房公积金提取比例由7%提高到12%。企业增加公积金补贴人均100元/月。

1月1日起《凌钢职工带薪年休假实施办法》开始实施。

10月1日起在岗职工发放交通补助60元/(人·月)。

10月1日起工资中增加了女工津贴10元/(人·月)。

11月1日起公司统一调整取暖补贴标准，提高20%。

【下岗职工问题】解决了多年来临时工、顶岗工与正式职工混岗作业，同岗不同酬、身份不清的历史遗留问题。钢达公司的顶岗临时工385人（原下岗职工，已买断工龄，与改制企业钢达公司签订劳动合同），错误地将自己作为凌钢正式职工，要求享受凌钢职工的薪酬福利待遇，并通过新闻媒体对凌钢施加压力。同时，不断进省、进京规模上访、集体罢工等。通过与国家、省、市劳动部门汇报与交流，再次厘清了其真正身份，为业务外包工作扫除了法律上的障碍。

审计监察部

【基本情况】审计监察部是公司管理部门，主要职责是对监察对象履行岗位职责及从事管理活动监督检查，对管理人员执行企业规章制度贯彻实施企业经营决策、工作目标情况的监督检查，对企业管理效能、效率和效益情况进行监督检查，纠正和处理生产经营管理中的违规违纪行为，防止国有资产流失。审计监督职责是在集团公司总经理直接领导下，依照国家有关法律法规和企业管理制度，对集团公司内部各单位财务收支与经济效益进行监督检查，对公司及所属单位的财务收支审计，公司内设机构及所属单位行政主要负责人的任期经济责任审计，公司工程造价审计，公司购销及外委施工价格审计，招标、议标、谈价监督，公司及所属单位的内部控制制度评审，对公司及所属单位经营管理和效益情况进行审计，违反国家财经法规、公司规章制度的专案审计和专项调查等工作。

2008年末，审计监察部部长1人、副部长1人、副部级2人，下设办公室、审计科、效能监察科、案检科，共有员工14人，其中，本科3人、专科11人，具有高级技术职称4人、中级技术职称7人、初级技术职称2人。

【工作概况】2007—2008年，公司内部审计紧紧围绕公司总体目标和技改工程开展工作，以子公司经济责任审计和工程造价审计为基础，经济责任审计由反映经营成果向揭露问题、提出改进建议、完善子公司管理转变，工程预决算审计由原来的预决算审核向以工程合同、施工现场、造价为重点的工程预决算审计转变，同时开展了价格审计、二级单位内部控制审计、专案审计和专项审计调查、招标监督工作。两年来，以公司文件形式下发制度3项，完成子公司经济责任审计24项，监督回收欠款536万元，中层干部离任审计4人次，二级单位内部控制审计1次，内控培训1次，专项、专案审计调查5次，参加招标、议标会议1250次，通过价格监督、专案审计、工程预决算审计等工作为公司挽回直接经济损失273.97万元，避免间接经济损失1091.26万元。获2005—2006年度辽宁省内部审计先进集体，凌钢审计在采购价格审计、招标监督中充分发挥审计监督职能，防止企业效益流失，走出了具有凌钢特色的效益审计之路，凌钢的审计经验受到辽宁省内部审计协会高度评价，多次成为省内审计培训的授课内容。

【中层干部离任审计】2007年，完成中层干部离任审计2人次，2月15日完成质量部部长离任审计工作，2月18日完成中宽带钢厂厂长离任审计工作，在报告中提出费用报销时应注明用途、经办人，完善核算手续的审计建议。

2008年11月，完成办公室主任、人力资源部部长的离任审计工作。

【财务收支和子公司审计】2007年初，完成保国铁矿等5个生产服务性子公司及大连经销部等4个经销性子公司的财务收支审计工作，披露了子公司在经营管理中的重大事项，指出了经销性子公司在会计基础工作、存货管理、应收账款管理、现金管理、人员管理等方面存在的问题，同时针对问题，向有关单位下发了《审计决定书》4份，要求采取有效措施，及时整改。9月，完成了凌钢股份公司西安销售处、山西销售处的撤点注销审计工作。12月，完成了保国铁矿、朝焦公司2007年1～11月财务收支审计工作，对经营管理中的重大事项进行了说明。

2008年初，对大连经销部等4个经销性子公司，保国铁矿等5个生产服务性子公司进行了审计，对经销性子公司应收款金额大、风险高的问题进行了披露，同时下发5份《审计决定书》，要求子公司限期整改，在审计监察部的跟踪监督下大连经销部收回欠款385.69万元，北京公司收回山东宝通欠款150.23万元。3～4月完成了大连经贸公司、凌钢物资综合开发公司的资产负债审计工作，详细列示了两家单位的资产、负债、所有者权益情况。

【工程造价审计】2007年4月制定了《凌钢技改工程建设监督管理办法》，从工程设计、发包、合同签订、设备材料采购及供应、工程施工等阶段提出监督管理的具体内容，对保证工程质量、节约建设资金等起到了积极的作用。2007年9月，修订完善了《凌源钢铁集团有限责任公司工程造价审计办法》，取消了原来的《工程预决审计暂行规定》，《办法》规定了工程议标招标、合同订立、工程施工、工程预决算等环节的审计内容，建立了全过程的工程造价审计体系。通过工程造价审计，全年为公司挽回直接经济损失25.3万元。3号高炉改造工程用电缆桥架及其附件预算重量采用的是图纸重量，经审计人员测量，实物重量明显低于图纸重量，施工单位虚增了工程量，仅此一项审减9.78万元。

2008年，依据《工程造价审计办法》，实行预算与合同相结合、预算与图纸相结合、预算与招标相结合、预算与现场相结合，开展工程造价审计工作，全年68次深入施工现场，降低工程造价约58.47万元。做好棒材工程主厂房柱基、棒材主厂房内小房子工程量、转炉工程主厂房内小房子工程量审计的准备工作。

【专案审计和审计调查】2007年4月，对工程用型号为ZR－YJV8.7/15千伏3×300平方毫米的电缆短尺问题进行了专项调查，查清该电缆米标比合格证少191米。针对此问题，向有关单位下发监察建议书，要求供货商补足短缺电缆，为凌钢挽回直接经济损失29.35万元，同时提出加强物资采购、验收、盘点等多项建议。

2008年，开展专项调查3项。3月对大连经销部应收款情况的专项调查，指出资金管理中存在不足，提出了加强控制资金管理风险的建议。5月对外购钢材管理的专项调查，组织相关部门召开专项会议，指出外购钢材管理中存在的问题，提出完善到货台账、加强直发钢材验收工作等改进措施。5月对一般材料库门卫管理工作的专项调查，组织保卫部召开专项会议，指出库房门卫管理工作中存在的问题，要求保卫部采取相应措施做好库房门卫管理工作，保证物资安全、完整。

2008年，完成办公楼应急照明灯安装工程虚增工程量的专案审计1项。审计人员实际测量了办公楼应急照明灯安装工程电缆长度是930米，而预算数是2100米，相差1170米，线槽差1390米，实际工程量与清单工程量严重不符，工程造价审减率高达56%以上。同时，追回甲方供应材料价值8826元。根据这一情况，为严肃工程管理工作，警示相关人员，对办公楼应急照明灯安装工程相关管理人员进行了处分，同时结合照明灯案例，指出工程管理中的问题，提出改进建议，完善了工程管理。

【内部控制制度审计】2007年3~4月，对中宽冷带厂内部控制进行了审计，发现该厂在物流管理、原料及在产品管理、原始记录管理、材料及机旁备件管理、产品成本核算等五个方面的不足之处，提出了要进一步完善内控制度，加强材料及机旁备件管理，规范产品数量确认及成本核算等多方面改善管理的建议。

2008年3月，为加强公司物资采购、仓储、领用管理，保证350万吨钢技改工程顺利实现，组织相关部室及相关管理人员进行仓储管理业务培训，针对商品的入库、出库、盘点、特殊商品保护、商品包装等五个方面进行了讲解，结合近年来物资管理中出现的问题进行剖析，提出了如何做好物资管理工作，堵塞管理漏洞，发挥仓储管理人员作用的具体要求。

【价格审计和招投标监督】2007—2008年，通过价格审计工作为公司避免经济损失187.01万元。2007年1月，通过厂内运费降价7.15万元，水处理剂降价12.24万元，3~6月份通过议价降价24.08万元，4月份通过提高废次外销价格增加效益3.49万元。2008年6月，审计人员发现公辅工程剩余电缆2487米放在动力厂一总变院内，经与技改部联系，要求施工单位办理退库，避免重复采购，防止电缆丢失，为公司避免经济损失140.04万元。

2007—2008年，制订了《招标投标责任暂行规定》及《补充规定》，共参加大小招标、议标、谈价会议1250次，避免间接经济损失555.34万元。2007年9月，结合《招标法》、《公司招标管理办法》制定了《凌源钢铁集团有限责任公司招标投标责任追究暂行规定》，以公司文件形式下发。《规定》中提出了对招标专业管理单位、专家评委、监督部门、投标人、与会人员进行责任追究的情形及处理办法，防止招投标过程中违纪违法行为的发生。

2007年，共参加大小招标、议标、谈价会议391次，本着公平、公正、公开的原则发挥招标监督作用，对不符合招标制度的予以规范，避免间接经济损失294.47万元。1月，除尘风机变频改造工程招标，使用单位建议报价最高的北京国电博通中标，认为其设备可靠、稳定，报价为429万元，审计人员审查了该单位的财务报表，发现其销售收入只有700万元，应收款335万元，占收入的一半，向评委建议：其资金风险大，存在不安全因素。经专家评委重新论证选择了北京首科凯奇中标，中标价为285万元，一次为公司避免经济损失144万元。

2007年11月，炼钢项目起重机招标，太重和大起投标，审计人员对招标程序不规范、评标不客观的问题进行了纠正，从大起报价差异中分析利弊，最终评标委员会采纳了审计意见。

2008年12月，根据公司规范招标投标活动的要求和招标活动中出现的新问题、新倾向，制订了《（招标投标责任追究暂行规定）的补充规定》，对招标前的准备工作、独家产品的议标谈价进行规范。

2008年，参加大小招标、议标、谈价会议859次，避免间接经济损失260.87万元。5月4号高炉耐火材料大招标，使用单位提出报价高的单位中标，其报价为493万，与最低价318万元，相差175万元，审计人员提出低价中标，经考察同意低价中标，一次避免经济损失175万元。7月，由鞍山科大科信公司施工的直流屏改造工程，工程总造价为29.5万元。会后，对电池价格进行询价，发现每只GFM－300电池报价高出市场价格1030元，经与施工单位谈价，最终在原价29.5万元基础上降价11.12万元。

生产技术部

【基本情况】生产技术部是公司生产组织、技术管理及安全管理的部室。主要负责生产组织、计划、检修、运输、技术、全面质量管理、安全管理等工作。下设有计划科、值班室、运输科、技术科、全质办、安全科等科室。生产技术部现有职工76人，其中工程技术人员34人，操作人员42人。具有高级技术职称6人、中级技术职称15人。本科15人，大专12人。

【生产组织】2007年及2008年是技改项目较集中的两年，生产技术部始终贯彻“总量与品种相协调、生产与改造相协调”的工作思路，利用高炉改造的机会集中安排系统年修，并充分发挥生产与技术相结合的优势，通过优化生产组织，依靠技术创新，提高生产运行的质量和效益，较好地完成了公司下达的各项生产任务。

2007年，铁完成205.1万吨，钢完成223.7万吨，商品材完成218.6万吨，其中品种商品材完成100.8万吨。围绕3号高炉扩容改造，基于效益最大化的原则，优化生产组织。优化年修项目，利用3号高炉改造铁量不足的机会，把年修集中安排在3号高炉改造期间进行。5月10日~27日安排了以三座35吨转炉、万立制氧机年修为中心的系统检修。利用3号高炉改造期间矿过剩的特点，在4月6日~7月17日开展全精粉烧结，不配加价格较高的进口矿，节约成本314万元。3号高炉改造期间铁水不足，开展节铁增钢活动，上半年铁水消耗865.4千克/吨，比上年同期的886.9千克/吨下降21.5千克/吨，增钢2.4万吨。根据市场变化情况，及时调整产品结构。上半年中宽带效益好，全力以赴增加板坯及中宽带产量，并在4月份试验成功粗轧三道次轧制，提高了轧制节奏，为中宽带增产创造了条件。优化品种钢生产组织，制定了《必保100万吨品种钢材考核规定》，采取周会议，周网络计划，优化铁水脱硫生产工艺流程，保证了全年品种钢计划完成。

2008年，全年铁完成198.1万吨，钢完成206.5万吨，商品材完成199.2万吨，其中品种商品材完成81.5万吨。围绕350万吨改造项目，在全力保技改的同时，协调好生产、年修与技改的关系，做到改造生产两不误。认真落实张总提出的技改项目“先于一切、高于一切、大于一切”的要求，积极为技改项目创造条件。全年共安排较大的技改接口40多项，为技改项目顺利进行提供了有力支持。利用4号高炉改造铁量不足的机会，把年修集中安排在4号高炉改造期间进行。6月15日~7月8日安排了以三座35吨转炉、6千立制氧机年修为中心的系统检修。12月8日4号高炉改造后投产，12月12日120吨转炉投产，因新转炉为“一罐到底”新模式，为早日适应该模式，生产技术部提前制定了多套生产组织模型，并深入现场，及时跟踪、协调，及时调整模型，通过半个多月的摸索，在12月25日制定下发了《关于铁—钢“一罐到底”试运行期间生产组织考核规定》，有力地保证了该模式开展。

【运输平衡】2007年1月，为规范厂内原燃料置场的管理，提高运输物流管理水平，制定了凌钢原燃料置场货位区域管理制度。3月1日起，为保证装卸车、行车安全，制定了凌钢铁路标志旗使用管理制度。6月制定了“避免造成火车车辆破损，加强装卸车管理”的制度。10月制定了对卸后空车皮清理的管理制度。为满足350万吨钢快节奏铁路运输的要求，制订了《优化铁路到发车，减少二次倒运及检斤次数的实施方案》，实施方案于10月31日实施运行。

2008年，2月1日制定了《保350万吨钢技改工程与生产相协调，有关道路及置场管理的暂行规定》。为保证350万吨钢冬季卸车，新建了19个车位的解冻库并于11月12日正式投用。5月份按公司整体要求，原供销公司物料调度室的人员和部分职能划归生产技术部，成立铁路物流调度室。针对制约凌钢350万吨钢改造发展要求的铁路运输、货位置场、装卸车能力严重不足状况，编写《优化凌钢货位置场改造的建议》。其中对中心煤场机械货位和搭建输料通廊的改造—新煤棚于9月投入使用；11月在300跨外焦炭置场新增设一台装卸桥；12月正式使用合金料、耐火料等物资的存车卸场地。

【技术管理】2007年，组织技术攻关22项，完成17项，创效2500万元。通过开展降低生铁硅技术攻关，铁水硅完成0.47%，比2006年降低0.09%，有效促进了高炉增产降耗，同时为炼钢钢铁料消耗、石灰消耗降低创造了条件。4号高炉特护工作通过一段时间的摸索和借鉴3号高炉炉底侵蚀情况，从3月份开始将钒钛矿配加量逐渐从100千克/吨降低到70千克/吨，7月份降低到50千克/吨，炉底温度稳定在501~543℃之间。通过调整钒钛矿配加量，提高了入炉矿品位，为增产降耗创造了条件。组织优化碳素结构钢化学成分技术创新工作，结合执行 GB/T 700—2006 新标准，针对普碳钢性能偏高、功能过剩问题，通过大量的数理统计分析，优化了 C、Si、Mn 含量，普碳中宽热带 Mn 含量下降 0.04%、Si 下降 0.03%，普碳圆钢 Mn 含量降低 0.05%、Si 降低 0.03%。改善了钢材性能，提升了产品的质量，降低了吨钢的合金成本，年创效达 500 万～600 万元。

4 月 14～16 日，凌钢起草制订的 GB/T 13793—××××《直缝电焊钢管》预审会及审定会在公司和部领导的支持下，在丹东和南昌召开，来自全国的共计 14 个单位的人员参加了会议，经与会代表对标准各条款认真讨论后，使标准预审及审定圆满结束。开创了凌钢起草国家标准的先例。对 219 机组进行无缝化改造后，钢管经过加热炉加热、张力减径，可代替无缝钢管使用。因为本产品无相应国家标准和行业标准用于指导生产、检验、判定、销售、质量管理和作为用户选用的依据，所以参照 GB 3087—1999、GB/T 8163—1999、GB/T 8162—1999 结合相关单位的生产实际，分别制定了 Q/CLG 005—2007《低中压锅炉用热轧焊接钢管》、Q/CLG 006—2007《流体输送用热轧焊接钢管》、Q/CLG 007—2007《结构用热轧钢管》3 个企业产品标准。并通过国家压容委的评审、朝阳市备标。保证了焊管无缝化后的产品实现了规范生产，有法可依。

2008 年，组织技术攻关 24 项，完成 16 项，创效 1971 万元。8 月 11～31 日，因国焦、国肥进货量不足，焦炉结焦时间由 19 小时延长到 24 小时。10 月 29 日～12 月 29 日，根据市场变化，从降低成本角度出发，焦炉结焦时间由 19 小时延长到 24 小时。

【全面质量管理】 2007 年，共签订内部质量包保合同 110 份，处理质量异议 48 起，为公司减少损失合计 49 万元。组织申报了螺纹钢生产许可证。2007 年钢筋混凝土用热轧带肋钢筋的生产许可细则发生了很大变化，全质办通过开展深入细致的工作，通过了审查组现场审核，获得了螺纹钢生产许可证书。证书编号：XK05－001－00045。有效期：2007 年 10 月 19 日—2012 年 10 月 18 日。9 月圆管坯及热轧圆钢获朝阳市名牌。有效期：2007—2009 年。12 月热轧带钢、热轧带肋钢筋再次获辽宁省名牌。有效期为三年（2008—2010 年）。

2008 年共签订内部质量包保合同 103 份，处理质量异议 81 起，为公司减少损失合计 37 万元。1 月 16 日焊接钢管获国家质量监督检验检疫局制造许可。1 月 25 日质量体系通过 ISO 9001—2000 认证复评。7 月 3 日，石油管线钢管通过了美国石油协会认证，获得 API 生产许可。10 月获 HRB500 及抗震钢筋生产许可证，成为全国最早获得抗震钢筋生产许可证的企业。10 月焊接钢管获朝阳市名牌。有效期：2008—2010 年。12 月圆管坯获辽宁省名牌。有效期：2009—2011 年。

【安全管理】 2007 年，公司提出了“强化基层和基础，狠抓落实与考核，着力过程控制，进一步提升素养安全和本质安全的管理水平”的安全工作总体要求。出台和下发了《职工违章行为积分考核管理实施细则》、《关于对外协单位实行交纳安全保证金的管理规定》和《凌源钢铁集团有限责任公司重大安全事故应急救援预案》，从 3 月 1 日起，在全公司组织开展“零违章保零事故”活动，全面实施职工作业行为量化管理。先后组织开展了“安全在我手中，命运由我主宰”安全征文活动、“安康杯”竞赛活动、安全小品比赛等活动。

2008 年 1 月 1 日，根据集团公司机构调整和人事变动情况，调整了凌源钢铁集团有限责任公司安全生产委员会，集团公司董事长、总经理、党委书记张振勇任集团公司安全生产委员会主任。

2008 年，公司提出了继续坚持“强化基层和基础，狠抓落实与考核，着力过程控制”的总体要求，以“坚持科学发展，以人为本抓安全，构建和谐凌钢”为统领，切实提高职工的安全意识和自我防护能力，强化“严、细、实”管理，深入开展危险危害辨识评价与控制、伤害预知预警、区域负责制和“零违章保零事故”活动，全面提升素养安全和本质安全的管理水平。制订和出台了《安全生产事故隐患排查治理管理规定》。为强化技改管理，3 月 4 日，生产技术部组织技改部、机动部、监理公司及技改工程项目经理部成员和三冶、河北安装建筑公司、二十冶、兴钢公司、宏钢公司等外协单位召开了技改工程安全例会，首先以幻灯的方式从凌钢历年技改工程事故多发，施工人员安全素质较低两方面阐述了加强技改工程安全管理的必要性，宣讲了《建设工程安全生产管理条例》和《生产安全事故报告和调查处理条例》国务院493号令有关内容，重点讲解了《凌源钢铁集团公司外协项目（工程）安全管理制度》和《关于对外协单位实行交纳安全保证金的管理规定》，对技改施工单位提出了具体安全要求。

技　改　部

【基本情况】 为启动凌钢朝阳工程，机动部、计划管理部、设计院部分人员调入发展规划部与原发展规划部人员于2006年组建成技改部。2007年9月招标办、造价中心人员从技改部剥离组建公司造价中心。技改部的基本职责是：负责技改工程的全面管理工作，组织制定质量、投资、进度控制目标、计划和措施，对工程质量、投资、工期及项目达产达效负全面责任。

2008年底，技改部15人，下设计划合同科、工程管理科两个科室。其中高级工程师2名，工程师5名，助理工程师5名。部长1名，副部长1名。

【2007年技改工程】 2007年，公司技改工程主要有3号高炉扩容改造工程、直径219毫米焊管改造工程、15万立煤气柜工程、一总变改造工程、竖炉增能改造工程。

1. 3号高炉扩容改造工程

3号高炉扩容改造系在原有3号高炉位置拆迁改建，拆除原300立方米高炉，扩建为750立方米高炉，拆除原电磁站及原1号、2号、3号热风炉新建三座改进型顶燃式热风炉，同时建设高炉干法除尘系统、TRT发电系统、高炉渣处理系统。3号高炉扩容改造工程由河北省安装公司承建，2007年3月1日开工，6月28日竣工投产，7月28日达产，年产生铁80万吨，工程投资25000万元。

2. 直径219毫米焊管无缝化改造工程

为提高产品附加值，公司决定对直径219毫米焊管机组进行无缝化改造。在原有直径219毫米焊管机组基础上，增加中频正火装置、加热炉、减径机组、水压试验机及其他相关的输送、存储设施，并对原厂房进行改造。直径219毫米焊管无缝化改造工程2006年10月20日开工，2007年2月15日竣工投产。改造工程土建部分由凌源兴钢建筑安装有限责任公司和凌源钢达集团修建设备安装有限公司承担，机组设备安装及调试由凌源钢铁股份有限公司钢管厂承担。经直径219毫米焊管机组无缝化改造后，钢管厂年产量达15万吨。工程总投资1850万元。

3. 15万立煤气柜工程

15万立方米煤气柜工程为3号高炉改扩建配套工程，750立方米高炉建成后，原有5万立方米煤气柜储气量不足，为满足生产需求，拆除原5万元立煤气柜，在原地新建15万立方米煤气柜。15万立方米煤气柜工程于2006年11月21日开工，2007年8月30日竣工投入使用。工程总投资3100万元。煤气柜土建部分施工由朝阳益通建筑工程公司承担，煤气柜柜体制造、安装由中国第三冶金建设有限公司结构安装工程公司承担。

4. 一总变改造工程

一总变改造工程2006年11月21日开工，2007年5月30日竣工，现正常运行。

5. 竖炉增能改造工程

竖炉增能改造工程2006年11月21日开工，2007年7月1日竣工投产，2007年8月1日达产，现生产正常。建成的1×10平方米竖炉，产能55万吨/年。

【350万吨技改项目】

1. 中宽带综合改造工程

中宽带综合改造工程2007年9月20日土建开工，工程于2008年11月17日竣工。工程原计划进行E1立辊轧机、层流冷却、卷取机改，工程投资7700万元，后期又新增R1改造、高压水除鳞，飞剪项目，计划总投资1.4亿元。土建工程由凌源兴钢建筑安装有限责任公司承担，设备安装由中冶东北建设有限公司和天津二十冶建筑有限公司承担。高压水除鳞系统改造由营口荣兴流体环保设备制造有限公司承担。

2. 白灰和料场改造工程

根据凌钢生产需要，新建一座600吨/日石灰的石灰窑，年产全灰18.7万吨。新建迈尔兹双膛竖窑在世界上属于先进的石灰煅烧设备，石灰窑布置在新建原料场的东侧，建筑占地面积237平方米，计划投资8000万元，计划2008年4月1日开工，2009年2月16日竣工投产。工程由天津二十冶建设有限公司承建。

3. 棒材改造工程

高架棒材全线设1座150吨/小时的蓄热步进梁式加热炉、全连续式棒材轧机，主轧机共18架，平立交替布置，分3组，最高终轧速度为18米/秒；及与上述轧机相配套的飞剪、夹送辊、冷床、收集设备等。计划投资31000万元，工程与2008年2月15日开工，2008年9月1日竣工投产，工程由天津二十冶建设有限公司承建。

4. 炼钢改造工程

炼钢新建120吨转炉1座，年产能为122万吨。计划投资66000万元（含渣处理6000万元），工程2008年3月1日开工，方坯连铸机于2008年8月25日投产，全部工程于2008年11月1日竣工投产。与120吨转炉配套易地改造现有双流板坯连铸机，产能为120万吨/年，和现有单流板坯连铸机共同为中宽带提供板坯129万吨/年。在原有双流板坯位置新建1台五机五流方坯连铸机，产能为93万吨/年，可同时生产150毫米×150毫米、200毫米×200毫米两种规格方坯，原有2台五机五流方坯连铸机只生产150毫米×150毫米方坯，3台方坯连铸机协调生产，为棒材轧机、中型材轧机和新建高架棒材、盘卷轧机供铸坯218万吨/年。形成年产合格钢坯347万吨/水平。

主要公辅设施包括转炉、LF精炼炉的上料、投料；转炉汽化冷却系统；废钢供应；一次除尘及煤气回收；二次除尘；水处理；生产准备及设备维修；车间变电所；连铸系统的水、燃、风、热等配套设施；检化验设施；总图运输及区域管线；供配电及电气传动；三电自动化控制；电讯等设施。

为了提高资源利用效率，保护和改善环境，实现凌钢可持续发展。在建设转炉工程同时，在综合料场区域新建一条年处理转炉钢渣55万吨/年的生产线，实现了钢渣再利用。钢渣处理工程由中冶天工建设有限公司承建。

转炉炼钢、连铸改造工程布置在凌钢厂区的北部，位于现有炼钢渣跨以北与二总变电所之间的区域。此区域东西长约330米，南北宽约100米，占地面积约为3.3×10^4平方米。炼钢车间布置在此区域中部，车间东西两侧用作公辅用地（包括转炉除尘以及炼钢连铸水处理等）。新建炼钢车间的成品板坯通过辊道送至中宽热轧带钢厂。炼钢车间东西长182米，南北宽120米。工艺生产自东向西依次为炉渣跨、加料跨、转炉跨、钢水接受跨、浇铸跨、切割跨以及出坯跨。

5. 58平方米烧结机改造工程

投资2.5亿元，工程于2008年3月1日开工，2008年12月1日竣工投产，烧结机工程由河北省安装公司承建。新建1台240平方米烧结机，占地面积约16460平方米，产能260万吨/年，淘汰58平方米烧结机。烧结机规模为240平方米，利用系数1.3吨/(平方米·小时)，年产烧结矿247.1万吨。

本次设计设置了完善的过程检测和控制项目，同时采用先进的EIC系统完成烧结生产过程的数据采集、自动控制、参数显示、报警和报表打印等功能。EIC系统留有网络通讯接口。工程采用大集中除尘系统，配置高效除尘设备，确保粉尘排放浓度达到国家相关标准及凌钢公司相关要求，净化后的废气含尘浓度不大于80毫克/标立方米。

6. 制氧改造工程

为满足凌钢350万吨钢发展规模用氧等能源介质的需要，决定新建20000立方米/小时制氧机一套。工程计划投资17000万元，计划2008年3月1日开工，2008年12月12日竣工投产。主厂房建筑物轴线总面积1806平方米，辅助生产建筑物总面积2976平方米。制氧改造工程由中冶东北建设有限公司承建。

7. 热电改造工程

随着凌钢生产能力的提高，高炉、转炉和焦炉剩余的煤气也相应增加。为充分利用高炉、转炉和焦炉的剩余煤气，节约能源、保护生态环境、坚持循环经济发展企业道路，创造更好的经济和社会效益，公司决定扩建12兆瓦利用高炉煤气发电工程，既新建75吨/小时燃气锅炉、配12兆瓦抽凝式发电机组；并将3兆瓦背压机组改造为6兆瓦抽凝式发电机组。年增加供热量308426吉焦，年新增发电量140400兆瓦时，年新增供电量130996兆瓦时，年新增软化水量241.92万吨。计划投资8700万元，2008年3月1日开工，2008年8月31日竣工投产，工程由中冶东北建设有限公司承建。3兆瓦背压机组改造为6兆瓦抽凝式发电机组工程计划2009年6月开工，2009年11月15日竣工。

8. 4号高炉大修改造工程

公司决定将4号高炉扩容改造为1080立方米

高炉。计划投资36000万元，工程2008年3月1日开工，2008年12月9日竣工投产。4号高炉有河北省安装公司承建。

9. 公辅工程

计划投资22400万元，计划2007年11月15日开工，2008年8月10日竣工投产。各供水、供电、供气系统、原燃料置场、成品及半成品置场、铁路、公路运输系统根据需要进行相应配套调整、改造。

造价中心

【基本情况】造价中心成立于2007年9月（与招标办合署办公），行使工程造价管理职能，基本职责有负责公司技改、技措、定（年）修、日常维修工程建安造价审核和分析，负责年修及技措项目前期立项阶段投资额的确定，负责编制技改工程工程量清单及标底测算工作，负责工程项目预算、决算造价有关资料的统计、分类、归档工作，负责工程项目中地坪材料的定价和找差工作，负责施工单位自购特殊材料的价格审定、厂家信息收集考察工作，负责技改项目甲供材料计划的编审工作。负责施工单位领取甲供材料计划和料单的审批工作，负责集团公司内部造价专业人员的业务培训和管理工作，配合相关单位的工程项目的竣工验收和固定资产移交。

招标办公室是凌钢招标委员会的常设机构，主要负责集团公司日常招标管理工作。基本职责是：对公开招标的项目负责向上级有关部门进行备案；对一般招标项目，负责从评委库中选出评委组成评标小组和定标小组，并报招标委员会批准；对评委的工作业绩进行监督考核，建立优胜劣汰机制；负责确定招标项目开标、评标的时间、地点，准备招标会议相关材料，负责召集并主持招标会议；与招标专业管理单位共同向招标委员会确定的中标单位发出中标通知书；对招标项目进行认证，对重大招标项目，在发出招标书前负责组织主管部门对招标书内容进行讨论确认；会同招标监督管理单位监督、检查中标合同的履行；对招标项目在实施过程中出现的问题进行分析、考核、处理；负责组织招标专业管理单位做出年度招标计划；负责建立专家评委信息库，协助、督促招标专业管理单位建立供应商信息库和潜在投标人信息库。

造价中心有管理人员12人，其中土建造价员4人，设备安装造价员5人，全部具有预算员证。其中全国注册造价工程师2人，全国注册监理工程师1人，工程统计1人；造价员中，具有高级专业技术职称1人、中级专业技术职称6人、初级专业技术职称2人，大学本科学历4人，专科学历5人。

招标办公室有管理人员4人，大学本科学历3人，专科学历1人，具有高级专业技术职称1人、中级专业技术职称2人、初级专业技术职称1人。

【造价管理】2008年，造价中心按照加强投资控制、细化做实造价的要求，克服了技改项目多、工作量大、时间要求紧等困难，共批复350万吨钢改造和各种检修工程预算1905份，送审金额72371万元，审定金额64303万元，核减金额8068万元，核减率为11%。

制度完善：针对350万吨钢工程的具体情况，先后下发了《技改工程结算规定》、《关于工程变更的管理办法》、《甲供钢材废钢管理初步意见》、《关于技改工程中间结算的相关规定》等制度，对工程量签证、现场变更、结算流程、废钢管理等均做了明确规定，并在工作中严格贯彻落实。

管理创新：根据350万吨钢工程的实际特点，打破以往待最终施工蓝图或现场工程量清单齐全之后再审批预算的常规，对图纸齐全、具备一次性审批完的施工图预算一次性审完，对不具备条件的分阶段审批。在认真总结、吸取3号高炉等技改项目清单执行中的经验和问题的基础上，开展了转炉连铸、棒材改造、4号高炉等技改工程投资的控制与分析，初步建立了投资分析模型和清单分析表，各专业造价员每审完一个分部工程，需在清单分析表上填写实际工程量，若与清单工程量出入大则进行系统分析，找出产生偏差的原因并进行相关说明，为有效地控制工程投资奠定了基础。

材料管理：在编制甲供材料（钢材、电缆等）的备料计划工作中，密切关注市场动态，科学合理地安排进货量和进货时间，努力争取在保证材料用量的前提下实现效益最优。

2008年2月初，基于对当时钢材价格即将上涨的走势判断，在请示公司经理后，对工程通用的规格和材质的钢材数量进行了预计，在施工图出来之前即下发了备料计划，进行批量集中采购。根据现场的实际情况，在满足使用要求的前提下，对能用低价位代换的钢材进行代换。在工程后期，由于设计或现场变更以及材料损耗降低等因素，有部分钢材、电缆等未按计划领用，形成了库存。为降低库存占用，盘活资金，积极开展了利库工作，对工程新发生的备料计划（如保国铁矿工程和其他工程的尾工），能利用现有库存代换的坚决代换，代换钢材量约800吨。

内部管理：制定了《造价内部管理规定》，从工作流程、结算的准确性、即时性等方面均做了明确的要求，并与奖金挂钩。在预算的准确性方面，坚持三级审核的模式，把出现的每笔失误都作为典型加以分析。在预算的即时性方面，对收到预算和批复预算的时间都有详细的记录，规定正常预算7日内必须审完。针对影响工程投资的几个关键因素和容易发生重复计算投资的环节，组织相关部门召开会议，并下发了会议纪要，严格了工程量变更单的签发程序，明确了出现问题的处理流程，规定了现场变更和设计变更的反馈方式。对发现的实际预算值超出概算值幅度较大的项目，要求工程管理部门进行原因分析，并提供补充合同。集中优势、创新做法，做好保国铁矿改造工程的造价工作，专门下发了《保国铁矿项目造价管理办法》，并抽调水平高、责任心强的造价人员专门负责此项工程。

【招标管理】从2007年10月份到2008年末，招标办共组织350万吨钢改造的招（议）标495次，标的额22.1亿元。组织保国铁矿选矿厂改造招（议）标18次，标的额9000万元，为降低工程投资、保证工程工期做了大量工作。

一是降低采购价格。我们对前期的招（议）标项目逐一进行分析筛选，梳理出31个可以降价的项目，并根据每个项目的具体特点、当前价位和库存情况，以效益最优为原则，采取灵活多变的策略，确定以何种形式、何时进行降价。从2008年10月份开始有计划地组织相关部门对前期确定的拟降价项目全部进行了重新招（议）标，平均降幅达到了10%～20%，可计算的年降低额1723万元。根据2008年各项物资市场价格先涨后降的实际情况，我们密切关注市场动态，以对公司有利为第一原则，打破年度招标的惯例，根据市场价格的变化情况，动态掌握招标时间和招标方式，节约了采购成本。

二是理顺供货渠道。抓住一些备件材料由卖方市场转向买方市场的时机，规范理顺好诚信、稳定的供求关系，对在以前供货中不严格履行合同和承诺的供货商实行末位淘汰，已淘汰了6家供货商。

三是强化招标管理。调整了部分年度招标项目的时间，将原来计划在2009年上半年招标的项目调整到2008年进行，如五金、杂品、轧辊、导卫件、联轴器、筛板等。根据公司目前生产和资金的实际情况，在预期采购价格基本不变的情况下，推迟了一些招标项目。每次评商务标之前，都要对技术标进行评价，并确定评标原则，公布报价之后即能确定中标单位，对重大的招标项目坚持实行打分制，有效避免了不公正行为，确保了招标过程的公平高效。

四是加强信息库建设。从2007年开始推行的投标单位信息库建设，至2008年已初步完成，并日趋完善。专业管理和资格审查部门先对拟投标单位的资质、业绩等情况进行初审，符合凌钢的招标要求后可进入信息库，方可参加投标，严格了投标单位的准入制度，确保了参标单位均具备承担招标项目的能力。

机　动　部

【基本情况】机动部是公司设备主管部门，负责公司设备综合管理工作。主要负责公司设备管理规划、基础工作推进、设备技术状态保持和改进、维修费用使用管理、维修管理等工作。机动部下设的综合管理科、设备科、检修科、电气自动化科按专业和职责分工不同，负责公司的设备管理工作。机动部设备管理人员有37人，具有初级技术职称4人、中级技术职称20人、副高级技术职称以上8人。其中，硕士研究生1人，本科生17人，专科生19人。

【设备基础管理】2007年，一是完善设备管理制度体系，强化制度管理。修订完善《设备事故、故障管理及责任追究制度》等管理制度，制定实施《点检员考评管理制度》、《设备购置实施管理办法》、《年修项目实施管理办法》等管理制度。二是修订并强化实施设备维修体系文件。以系统性、合理化、可操作性强为基本原则，对点检日志、解体点检记录、检修记录进行规范统一，对内容和格式进行优化。组织对点检四大标准、点检计划、点检路线进行修订、完善和补充，制定新投产设备的四大标准。三是加强点检队伍建设。年初组织全司点检员进行点检知识的理论考试，并以分厂为单位进行点检员实际技能考评，完成全公司点检员考评和换证工作。四是深入开展自主保养达标活动，推进全员生产维修。设备自主保养向纵深方向发展，公司设备在保持原有辅线达标成果的同时向主线推进，实现30%主线设备“5S”管理的目视达标。五是发动全公司设备管理人员和工程技术人员撰写设备技术和管理论文，共撰写论文248篇，组织论文发布，促进管理经验交流。六是做好设备中长期规划，出台了《设备管理三年规划（2008—2010年）》。

2008年，一是充分发挥媒介的宣传作用，开展“设备管理大看台”综合报道活动，对设备管理网站进行升级改版，优化、充实网站内容，在《设备管理通讯》封面和内容上增加对设备管理典型人物和事件的宣传，加强设备管理文化建设，促进设备管理理念提升。二是设备自主保养工作克服人员紧张、岗位变动较大、技改遍地开花等不利因素，采取加强培训指导、检查照片在设备例会上曝光等督促措施，达标成果得到得到有效保持，主线设备目视达标按计划推进30%。三是加强点检标准化推进工作，对点检台账和点检作业勤检查督促，使点检员形成良好素养，规范、清晰、准确填写点检台账。四是完善主要设备技术档案，系统修订四大标准，组织建立新系统设备四大标准和操作规程，为新设备的运行管理做好技术准备。五是严肃资产购置、拆除和报废审批程序，加强固定资产管理工作。年初对全公司固定资产进行全面清查，并加强对技改拟拆除设备的管理，在拆除前现场鉴定资产状况，根据设备状况和使用性能登记造册，分类处理，对仍有使用价值的设备和电器元件进行保护性拆除，集中回收备用，实行资产调拨。六是配合350万吨钢做好设备相关工作。按技改工作的总体要求开展前期准备和对外协调工作，及时完成技改项目施工前设备移位、库房搬迁、办公楼的拆建工作，办理用电增容、生产水增容、发电机组并网和TRT机组并网工作；提前做好维修界面分工和维修人员调整方案，安排维修人员早期介入技改工程；及时完成技改项目试产期资材计划审批把关，保证技改项目试生产资材合理储备。

【维修费用管理】 2007年，全年平均维修费用完成41.96元/吨钢铁材，比计划降低1.41元/吨。主要通过加强计划审批、维修费用承包指标分解、坚持维修费用月度分析、加强机旁件监督和控制、开展资材修复等措施积极控制维修费用。重点开展备品备件修复工作，完善《凌钢备品备件修复管理实施办法》，建立备品备件修复反馈流程及相关考核办法，完善下机资材管理流程，设置专人负责备件修复管理，把住修复和报废关，加强修复备件的质量控制，使备件的修复质量得到保证，达到合理使用寿命。同时引进先进的修复技术和修复工艺，拓宽资材修复的范围。

2008年，全年平均维修费用完成47.33元/吨钢铁材，比计划目标降低1.55元；库存资金占用9189万元，比计划降低421万元。全年主要采取如下措施使维修费用得以有效控制。一是强化指标分解，加强统计分析，优化考核方式，强化考核。由每月按当月实际发生费用的方式改为累计计算、按月考核的方式，减少维修费用每月大起大落的现象。按需要修订维修费用考核管理办法，严格按制度考核。二是严肃资材计划审批程序，严格控制资材计划，从源头控制库存资金占用。制定资材计划准确率指标，加强资材计划提出的准确性考核。严格控制了拟拆除设备的备件计划量，避免造成新的物资积压。三是加强机旁备件管理。把机旁备件管理纳入设备管理综合考核中，每月进行检查考核，做到账、物、卡相符，摆放规范整齐，减少机旁备件超储、污损、丢失。四是坚持开展备品备件修复工作，扩大资材修复范围，减少新品采购。开展修复备件寿命跟踪管理，建立修复件上机和下机台账，制定修复件使用寿命管理流程，及时掌握修复件使用寿命，提高修复质量。五是加大技改拆除设备、配件及库存积压备件的利用。对技改工程拆除的电气自动化资材提前登记建账，原单位能够采用的登记后留作备件，其他单位能够采用的调拨给其他单位，减少了新品采购。采取激励政策鼓励各单位改造使用原二级库返库积压件。

【设备运行管理】 2007年，全年无重大以上设备事故，故障停机时间平均每月69.2小时，比计划减少16.8小时，故障停机率为2.03‰；故障停机次数平均每月155次，比计划增加2次；设备可开动率99.14%，比计划提高3.14%。一是加强设备点检维护和状态监控，做到设备隐患尽早发现和解决，把事故隐患消灭在萌芽状态。安排专业人员对全公司风机等重要运转设备严格按周期进行检测，进行状态监控，深入开展风机在线动平衡工作，并首次成功完成75平方米烧结机主抽风机在线动平衡，结束公司高转速、大型转子设备在线动平衡必须外委的历史。二是组织开展设备“TOP10故障”攻关、设备改善攻关。全年共完成设备故障攻关341项，其中重点项目118项，解决了多项制约生产和设备稳定的根本问题。三是加强科学生产、科学使用设备的监督管理。针对年初中宽带机组不稳定状态，采取必要的保障措施保证生产，并对设备能力重新核定，协调生产、经营部门适当调整、优化生产经营品种和规格，建立合理轧钢模型，加大过载轧制的监督考核。四是加强特种设备管理，消除设备隐患。根据国家新冶金铸造起重设备标准和公司实际，开始实施炼钢主厂房加固及75吨起重机改造。

2008年全年无重大以上设备事故，设备主要技术指标取得新进展，月平均故障停机55.6小时，比计划减少19.4小时；故障停机率为1.74‰，比去年同期下降0.29‰；月平均故障停机次数119次，比计划减少31次；设备可开动率99.23%，比计划提高3.23%。克服技改对设备运行管理的不利影响，采取有效措施，保证设备安全稳定运行。一是针对设备人员的紧张状况，加强设备人员分工，明确责任。有大技改项目的生产单位按公司的要求，对管理人员和点检员进行分工，分为技改和设备运行两部分，运行管理人员加大责任区域，参与技改人员专心致志搞技改，最大程度减少业务交叉和管理漏洞。二是针对本年度因新项目人员抽调、500名技校生上岗、部分生产业务外包的实施，岗位人员变动较大的情况，加大对岗位操作和岗位点检技能的现场考查及岗位培训的督促，组织对新上岗人员进行培训，督促岗位工提高岗位责任意识和点检维护技能。三是针对技改地下施工面大、工期紧张的特点，为防止造成管网破损和电缆放炮等恶性事件发生，加强动力管网及供电系统安全监管。修订和严格执行《工程开工前现场会签管理办法》，开工前严格按会签程序进行现场确认会签。购置安装动力系统小电流接地选线装置、真空度测试仪、电缆故障仪，减少故障发生或缩短故障排查处理时间。四是针对不同机组不同阶段采取重点保障措施。对炼钢混铁炉、加料天车等薄弱环节的重要设备制定特护方案实施特护，延长寿命周期，为生产经营赢得最佳时机。

【检修管理】2007年，克服年修、技改工程多，检修资源不足的不利条件，充分调配有限的检修资源，合理组织设备定修、年修和技改工程，全年共完成定修和系统检修543次，完成年修项目55项，计划投资7780万元，完成技改项目17项，计划投资9072万元。一是加强检修资源管理。对检修中心承担日修和定修实行凌钢内部检修工时定额，使检修人员的实物工作量与定额成正比，合理地反映了检修人员的劳动量和价值量。三月份型材厂维检人员划归检修中心，在型材厂试点开展区域维修费用及主要技术指标包保工作，探讨区域承包的维修方式，为检修人力资源深度开发和检修中心管理进行有效的尝试。二是在施工管理上，强化工程环节控制和细节管理，施工项目提前与施工队伍见面，施工前做好详细的技术交底，使施工队伍有时间做好准备，充分优化、细化施工组织设计和网络计划，重点完成资金、项目、备件及材料、方案及工期网络、质量、安全措施“六落实”，使各项工程保质保量按期或提前完成。在工程组织中采取“化整为零”、“整体吊装”等方式，对关键工序施工方法进行大胆创新，有效缩短显性工期。

2008年是公司有史以来施工最为集中的一年，生产、技改与年修交叉并进，检修管理克服检修人力和管理力量、场地、交通、运力等不足因素，精心筹划，周密组织，细化方案落实，有条不紊开展。全年共完成年修项目57项，均提前完成，共完成定修452次。施工管理主要采取如下措施：一是严格执行项目负责人制，在项目落实、计划审批、资材采购、施工准备等方面严格跟踪把关，对备件到货情况进行逐项落实；提前落实施工队伍，施工队伍提前到现场落实施工项目，做到资材准备到位、检修预案和安全施工方案到位、人员组织到位，做好备件的前期检查和线外预装。二是加强施工过程监督和节点控制。转炉年修、中宽带1号加热炉改造、75平方米烧结机机头机尾除尘改造等工期较长施工项目，编排施工管理人员 24 小时值班，保证施工进度和质量。三是对重点项目深抓方案制订和落实。与备件制作厂家、电机厂家和安装单位通力合作，现场反复论证和实验方案的每一个细节，成功完成中宽带 R1 电机联轴器首次现场更换项目。四是在定修管理上重点优化定修模型，结合年修、技改接口和生产计划科学制订月度定修计划，充分调配有限的检修人力，完成各个机组的定修任务。

档案管理

【基本情况】 档案馆隶属于机动部，是公司档案存储基地和利用中心。档案馆的基本职责是：执行和落实《中华人民共和国档案法》及省、市及公司档案管理法规、制度，维护凌钢档案的完整与安全；主要负责各类、各种载体文件材料的收集、整理，各类档案的保管、统计、鉴定、利用开发等工作；还负责对所存档案的复、晒图工作，满足集团公司生产建设、经营管理的需要。截至 2008 年底，档案馆共馆藏各类档案 40282 卷；其中科技档案 16769 卷；文书档案 5180 卷；职工档案 18333 卷；声像 281 盘；照片 1551 张；底图 137379 张；资料 2646 册。档案馆共有管理人员 7 名，1 名副研究馆员，4 名为馆员或其他中级技术职称。档案馆拥有建筑面积 1067 平方米，库房面积 900 平方米，各类复印设备 4 台套，计算机 6 台。

【业务管理】 2007 年，档案馆按照"加强档案管理、提升管理档次、完善服务职能"的工作方针，围绕公司的生产经营建设任务，开展档案管理的各项业务工作。共接收归档各类档案 1300 卷，其中科技档案 767 卷，职工档案 140 卷，文书档案 242 卷，接收底图 300 张，归档个人档案材料 1866 份，转出职工档案 70 卷。制订《设备维护档案管理办法》，对设备维护技术档案的建档原则、案卷构成、日常管理等各个方面作出了规范性要求，并于 6 月份下发执行，将全公司设备维护技术档案的管理纳入到科学规范管理的轨道。

2008 年，档案馆坚持以服务公司 350 万吨技改项目实施为主线。全年共接收各类档案 1118 卷，转出档案 681 卷。根据企业实际，档案馆对《工程项目竣工档案归档暂行规定》进行修订。

【科技档案管理】 2007 年，主要验收了中宽带加热炉改造、型材厂中型材二期工程等工程竣工档案 117 卷，光盘 5 张；其次，在档案利用方面，始终强调主动积极围绕工程项目服务，重点突出了对 3 号高炉改扩建、方坯增流改造、转炉除尘改造等工程设计的提供档案工作，为这些工作即提供档案 94 卷次，为工程设计工作的顺利进行提供了有力的保证；与此同时，还对新归档的工程档案分别整理了总目录和分类目录，共整理总目录 359 卷，703 条，整理分类目录 30 卷，46 条，补充卷内目录 386 条。在验收过程中，始终坚持逐张审核，确保档案归档质量，共审核图纸资料 2244 页，指导 59 人次。在底图管理方面，除了开展正常的晒图工作外，首先，重点开展了中宽冷带厂、炼钢厂底图目录的微机录入工作，录入包括中宽冷带厂、炼钢厂在内的底图目录 5365 条；其次，强化了对分厂底图的接收归档工作，上半年接收炼钢厂底图 300 张；在日常管理方面，我们规范化整理底图 3000 张，抽图 7100 张，还图 7100 张，优化了底图馆藏。

2008 年，档案馆对《工程项目竣工档案归档暂行规定》进行了全面的修订，并于 3 月份以凌钢集团［2008］19 号文件形式下发，对各部室及项目所在单位的档案职责进行了重新的界定和明确，优化档案归档流程，强化了档案保证金管理的要求，同时对档案质量要求按照最新的国家有关规定也进行了修订，适当提高了归档验收标准。其次，积极与技改部门进行沟通，随时掌握工程进展情况，并在第一时间与承担各项目施工的主要施工单位取得了联系，讲明公司对工程竣工档案的归档要求和应该注意的一些问题。全年共审核验收技改项目竣工图 5892 张、竣工资料 20257 张。做好年修、小技改和技措项目竣工档案整理归档的业务指导和验收工作。上半年，指导 76 人次，审核年修技措档案 5260 张，验收年修档案 157 卷，光盘 8 张。根据工程进行中原建构筑物拆除情况，对档案馆藏科技档案进行了鉴定，鉴定了冷带厂、中宽带厂、型材厂、焦化厂、炼钢厂、动力厂等单位档案 1977 卷，鉴定出 1616 卷已失去保存价值的科技档案，为 350 万吨项目竣工档案的顺利进馆腾出了地方，优化了档案馆藏。

【文书档案管理】 2007 年，积极开展品种钢档案的接收归档工作，按照公司品种钢归档管理办法，深入技术中心等部门积极开展工作，上半年完成了汽车大梁用510L热轧中宽钢带、小规格45号优质结构圆钢、SPA－H高耐候结构钢等品种钢档案材料的归档工作，计归档2675页，27卷；其次，清理2004—2005年度遗留在技改部的招标文件材料42000页，140卷；再次，积极开展了2004—2006年度各部室文件材料的归档工作，共归档文件材料2746页，牌匾证书20件，公司公章59枚；另外，对供销部门的设备材料合同进行了清理接收，共接收2004—2006年度合同材料10225页，32卷。继续开展了对公司网上文件的下载归档工作，上半年下载各网上文件共1810份。

2008年，重新确定了各部门应归档文件材料归档范围并于5月份下发到各部室，有力地促进了各部室档案的归档工作。上半年，共接收整理公司办、能源环保部、审计监察部等部门文书档案149卷，照片32张，牌匾8件，证书10件。同时，对各部室上网文件也进行了归档，上半年共下载归档生产技术网、设备网、计划管理网等网上文件1857份。

【职工档案管理】2007年，档案馆与人力资源部配合，对未归档档案的人员下发了通知，要求他们抓紧将自己手中或滞留在学校、人才中心等部门的个人档案设法移交归档，半年来共清理职工档案112卷；与人力资源部沟通，将滞留在档案馆的原凌源轧钢厂人员的职工档案37卷全部移交劳动局管理；配合人力资源部解决高职退休人员等待遇问题提供档案121卷；配合人力资源部更换职工劳动合同200份；归档新参加工作人员社会保险表220份，职工登记表220份，医疗保险登记表220份，归档大学生贷款申请表63份；归档死亡人员材料80份，归档职称档案35卷，归档党员入党材料41份，归档职工岗位工资变动表258份。对并对接收来的职称档案、大学毕业生档案、退职中层干部档案等材料全部建立了检索目录，对移交的档案在检索工具上进行了标注。

2008年，档案馆配合人力资源部开展的各项工作，为其提供全面周到的档案服务218人次1990卷次。其中，为2008年开展退休工作提供档案285卷次，配合核查职工劳动合同工作提供档案610卷次；配合人力资源部向鞍凌公司派遣人员和市劳动局移交除名人事关系转出职工档案120卷，职称档案115卷；对在人力资源管理过程中形成的文件材料及时组织接收归档，上半年共接收职称材料、退休人员材料、职工保险材料、新参加工作人员材料等各类材料2459份，并对在技师评聘工作中形成的技术档案进行了立卷归档；为便于档案日常管理，对档案总目录进行了规范化的分类管理。为此，调整退休人员档案目录3154条，转出人员档案目录2405条，规范化整理死亡人员、县轧人员档案171卷。还对以往积压的工会会员登记表、职工岗位工资变动表等进行了清理归档771份。

【档案的服务利用】2007年，全年共提供各类档案3185卷次，利用人次919人次。其中，提供科技档案3295卷次，938人次，提供文书档案261卷次，45人次。其中，提供证书牌匾档案75件次，14人次，提供职工档案890卷次，144人次。此外，还完成晒图1385千克，同时，复印白图4804米，复印底图386米。

2008年，提供利用档案1848人次、8920卷次，复印图纸19000米，晒图1790千克。配合公司编史修志工作，为史志办提供可利用文书档案135人次，1583卷。以突出开展好对350万吨技改项目实施的档案信息服务为主线，全年为350万吨项目的实施直接提供科技档案531人次、1801卷次，晒图约600千克。仅为炼铁4号高炉一个项目即复印了2750米的图纸资料。特别是在6月份，4号高炉项目出铁场全套复用原2号高炉图纸，档案馆馆藏的图纸为节省设计时间和费用发挥了重要作用。

【档案信息化工作】2007年，为加快档案管理现代化进程，方便各方面利用，实现更大程度的档案信息资源共享，档案馆将加快档案目录录入微机工作作为一项重要任务来抓，并将其列入日清日结考核细则，有力地推进了该项工作的开展。上半年共录入科档目录6192条，录入底图档案目录8715条，录入文书档案目录4113条，并将新归档的职工档案全部录入了微机目录。

2008年，继续开展好目录录入工作，录入科技档案目录878条，录入底图目录5235条，录入文书档案目录610条。

设备材料部

【基本情况】设备材料部负责公司生产及技改用机

械设备、电气设备、备品备件、一般材料、电气仪表材料、耐火材料及钢辅料的采购、到货入库、仓储、出库、现场安装服务直到设备正常运行。业务员根据有关管理部门下达的采购计划，按公司有关规定组织招标、议标或比价进行采购，并对合同履行过程进行控制，必要的进行监制。物资到货后质量验收员、保管员按合同要求检验产品质量和数量，并办理入库手续。产品到货或投入使用后出现质量问题，由对口业务员沟通协调，予以解决和追究供方责任。

设备材料部总计106人，包括干部53人，工人53人。其中，研究生2人、本科7人、大专32人、中专6人，职称为副高级技术职称3人、工程师13人、经济师4人、助理工程师6人、助理经济师13人、技术员1人、经济员1人、统计员1人。设部长1人、副部长3人，部门共设7个科室，分别为管理科、设备科、备件科、电气科、耐材科、材料科和仓储科。

【客户资源管理】一是进行供方质量保证能力的调查，设立入门关，把信誉好、能力强、服务优、对企业技术需要适用性强的单位作选为合格供方。二是每月进行信用审核，对不讲信用、产品质量不过关、不严格履行合同的供方按情节轻重亮黄牌警告或红牌淘汰，2007年上半年，亮黄牌通报2家，亮红牌淘汰3家，2008年全年亮黄牌通报2家，亮红牌淘汰2家。三是对合格供方进行动态评审和管理，2007年3月份和10月份进行了2次合格供方的全面评审，确定了合格供方845家，其中26家为新入围合格供方，2008年有849家被确认为合格供方，其中有29家为新入围合格供方。

【招标管理】一是采取捆绑招标方式，尽量扩大招标范围和组织大招标。二是实施入围管理，根据选择优势厂家的优势产品的原则，审核生产技术水平和设备装备条件，逐项落实业绩情况，必要的进行实地考察，并按设备、备品备件、一般材料、耐火材料分类建立相应的潜在投标人信息库，选择实力强、质量优、信誉好的供货单位入围投标。三是对同一大类不同品种物资进行招标时，设立不同的标段，通过对供方进行细分，选择相对优势的厂家入围不同的标段。四是提前与入围厂家进行联系，明确产品技术标准、招标要求和预授合同的主要条款，让厂家做到心中有数，以免在投标、报价时产生误解和错误。五是执行谁中标谁供货的原则。六是设专人管理招标工作，规范文件审核、批准、会议安排、记录等工作。七是对不能招标、比价的独家产品或专利产品的采购报主管经理批准，招集相关部门共同议标谈价。2007年全年共进行大小招标152次，全年累计以招标为主的降价总额为2018万元，2008年全年共进行大小招标402次，标的金额79500万元，占采购额的77%，议标136次，标的金额20500万元，占采购额的20%，全年累计以招标为主的降价总额为653万元。

【验收和结算管理】一是明确验收标准，规范验收程序验收规程，按照合同约定结算。二是合同和清单在物资到货前交送保管员一份，通过保管员和检查员的清点验收、查证随机资料，发现质量异议进行记录和汇报。三是重要、大批量和检斤物资到货时，业务员协助保管员共同验收。四是与使用现场进行沟通和确认，对按照寿命标准进行考核的大宗物资由分厂每月总结、报告，设备材料部按合同和报告结果进行结算。五是通过处理质量异议进行追偿。六是通过调查质量波动的原因，落实改进措施。七是检验代理商代理的品牌与合同约定是否相符。

【包保管理】按照《采购物资寿命周期成本管理办法》的规定，2007年继续对铁沟捣打料、免烘烤料、铁水罐内衬及钢包实行耐材整体包保，年度包保金额达到2779万元，占生产用耐火材料消耗的27%。2008年度包保金额为2418万元，占生产用耐火材料消耗的27%，2008年12月份增加120吨转炉系统钢包和中间罐整体包保，使包保金额占到生产用耐火材料消耗的50%。

【修复管理】一是通过与计划管理部门及分厂沟通，拓宽修复品种，并及时对下线设备、备件进行鉴定，做好修复价值的测算。二是通过市场调查，了解备件修复新技术，加强修复质量管理，提高备件修复寿命。三是通过组织修复招标，降低修复费用。四是通过物资修复的统计与考核，促进修复工作的进步。2007年，全年物资修复金额达到1694万元，2008年，修复物资金额达到1791万元。

【储备资金占用管理】一是通过扩大代保管范围降低储备资金占用，2007年上半年，在对轧辊、轴承、天车件、导卫件等备件实行代保管业务的基础上，增加了对轴瓦等备件及部分一般材料的代保管业务，通过代保管物资降低库存资金占用274万元。二是通过在材料审批、采购之前核对库存，平衡“购”、“销”、“存”。三是利用“进销存”系统，对一般材料和通用备件实行库存信息共享。2007年，通过库存共享和代用，实现备查物资利旧20.26万元。2008年，代用备查物资58万元。四是通过处理积压物资和报废设备减少物资积压，2007年8月份，与专业技术主管部门和分厂共同对备查账中的2000万元备件进行了鉴定，对报废可外卖的进行了网上公告，招标竞卖，将不能使用又不能外卖给的交送废钢。2007年全年盘活不良储备557万元，废旧物资外卖所得1167万元。2008年全年盘活不良储备和废旧物资3060万元，其中外卖备查呆滞物资624万元，处理账内积压物资85万元，销售废旧物资所得1721万元，交废钢2500余吨，价值572万元。五是配合技改、财务等部门平衡技改物资采购工作，减少技改物资的储备，并重点监督对技改拆除项目，改造前维持生产必须采购的物资由主管领导批准。2007年，储备资金占用降低1274万元，2008年，储备资金占用降低682万元。

【仓储管理】一是改善仓储条件，2007年，修整乙炔气库房230余平方米，清理工业垃圾200吨，平整场地4000平方米，并修整了围栏和增设消防器材；2008年，清理材料库区死角外排垃圾150吨，对设备4号库、备件2号库、通用库分别进行了防水处理，平整清理了的6000平方米设备露天库区，回收废钢2500吨。二是加强防盗，2007年，在材料库房安装了防盗门窗，在重点库房安装了红外线探头报警装置，室外安装了5个摄像头，并将重要物资向强化防盗措施的库房转移；厂内4个中心库加装了红外线报警装置，露天库安装4个摄像头。2008年，在设备露天库区增设摄像头4个。三是实施定置管理，定期检查和考核，2007年配合财务“进销存”管理系统升级，理顺网上计划管理，取缔了设备、备件、材料手工料单相关工作，取消了设备、备件手工录入订单工作，全部参照系统生成。四是实行出入库登记制度，350万吨技改工程没有出现设备丢失。

【350万吨钢技改工程】350万吨钢技改工程共有九大技改项目，其中包括120吨转炉工程、1080立方米高炉工程、中宽带改造工程、240平方米烧结机工程、90万吨棒材工程、20000立方米制氧机工程、日产600吨麦尔兹石灰窑工程、热电工程、公辅工程外加中宽冷带重卷拉矫机工程。设备材料部负责采购的物资近9亿多，其中机械设备6358台（套）、电气设备为3211套、电线电缆140万米、阀门4312台、耐火材料23947吨，工程用水泥10万多吨。为保证工程的需要，设备材料部采取了以下办法：

（1）整合资源：一是打破科室界限，将备件科人员充实到设备科采购技改设备，调整4人任设备保管员，1人任设备检查员，并在仓库增加5名更值人员，将炼铁厂、中宽冷带厂劳务输出人员安排到设备库区、备件库区、酸库、凌北工业园区、306国道置场执行安全巡查巡逻工作。二是在整合利用现有库房的基础上，租借了东站站台、凌北工业园区正达液压机械公司的场地和306国道一侧凌源富龙公司的库房，并占用了新区车库和宾馆前停车场等作为临时库房。三是与钢达集团、兴钢集团、宏钢集团签订大型吊车、运输用板车合同，保证运输力量。

（2）早准备早采购：一是提早了解各技改项目所需的关键设备、备件、材料，掌握其技术标准、工艺参数和应用条件，做好前期技术交流的组织工作。二是对技改工程重要物资招投标入围单位全部事先进行实地考察，不合格不允许参加投标。三是提高效率，缩短招标、议标或比价周期，各司其职一日多招。四是对制造周期超长的重要设备优先订货，关键部位、制造周期长的设备及早进入技术协议和招标议标阶段。2007年末，2万立方米制氧机即进入了生产制造阶段，麦尔兹石灰窑完成了合同的谈判和签约工作，炼钢项目中的大中型冶金铸造起重机开始议标工作。

（3）实施控制表管理：一是根据重要物资生产厂家的排产计划和安装施工的工期要求制订采购控制表，对其进行监督和检查。二是对派出人员监制的项目与各项目经理部签订监制协议，明确要求，及时反馈。负责中宽带轧机（德阳二重制造）的监制人员魏潭英，在汶川地震期间，坚守岗位，提供许多有价值的信息，公司快速反应，做出相应的决策，使工期得到保证。三是按项目和类别建立《350万吨钢物资采购进度表》，标明物资名称、规格型号、付款方式、订货时间、交货时间及制造厂家等内容，每天更新，及时发现问题，及时解决。

（4）加强仓储管理：一是根据技改物资到货和出入库情况进行测算，进行场地划分，并准备了垫木200根、装卸用的6种规格钢丝绳和90块苫布，请领了各种型号的卡尺、千分尺、内孔表、万能角度尺、里氏异型支承环和深度卡尺等量具。二是在2008年初，对设备露天库区及材料库区进行了清理，改造旧新区旧厂房，把制氧工程及其他工程早期到货的重要设备倒运到库房内，硬化了凌北工业园区租借的置场。三是实施定置定位管理，密集摆放，做到重箱在下、轻箱在上、裸件平放。四是实施保管员日巡查制度。

加强运输管理：一是事先巡视运输路线，特别是公路路线，制定大型设备确认运输线路图。二是对凌钢厂区内道路的宽度和横跨道路之上的管道高度进行测量，具体制定大型设备在厂区内的运输行车路线。三是对炼钢厂吊车等设备大、工地道路狭窄的，出库时直接安放在安装位置。350万吨钢技改工程共有大小不同类型的起重机61台，其中50吨以上的起重机8台、超过100吨的4台，最大的3台起重机180吨，铁水罐每个重19吨共有20个，倾翻车单重47吨共有2台，中宽带工程的立辊轧机和转鼓式飞剪的部分件达到40吨以上，最重的一段达70多吨，转炉的炉壳托圈重达108吨，最重件烧结工程的混料筒重达107吨，以及超长跨度达37.5米的起重机、怕磕怕碰的铝质制氧罐等大型或特殊设备，均按规定要求运输到位。四是特殊设备制定公关方案，烧结工程的混料筒重107吨，设备本体长20米，加上车长共有36米，板车离地面最高只有300厘米，为通过凌钢国道线在坡道铺设了200多根道木，并动用了160吨和150吨两辆大型吊车同时将混料筒抬下车并安装到位。

（5）加强信息沟通：一是实行每周例会。二是每半月发表一期《技改设备采购信息通报》，记录各项技改工程设备采购进展情况。三是自2008年7月份开始每周发行一期《监制通报》，并送达主管经理和技改部门。

技术中心

【基本情况】技术中心是公司品种钢开发的主管部室。主要负责品种钢研发、新技术推广应用、科技期刊出版、情报信息、科技图书管理等工作。下设品种钢开发室、新技术应用室、科协、情报信息室4个科室。技术中心共有职工15人，其中工程技术人员11人，管理人员4人。具有正高级技术职称1人、副高级技术职称2人、中级技术职称11人。其中，硕士研究生3人，本科生7人，专科生5人。

【品种钢开发】技术中心自成立以来，一直恪守“务实、高效、求是、创新”的工作方针，坚持“以市场为导向，以增强企业创新能力为动力，以提高产品的市场竞争能力为目标”。在品种钢开发方面，始终遵循“成熟一批，试制一批，研究一批”的新产品研究开发思路。相继研制开发了低硅铝镇静钢、优质碳素结构钢、低合金高强度钢、石油天然气输送管用钢、汽车大梁钢、集装箱用钢中宽热带，优质碳素结构钢型棒材，低合金高强度钢、优质碳素结构钢焊管，低硅铝镇静钢中宽冷带十大系列20多个品种，实现了凌钢所有轧线均具有代表性和竞争力的品种。其中，部分品种钢已经获得了国家冶金产品实物质量金杯奖、省最佳创新产品奖、省市科技进步奖和省市名牌产品奖。中宽带品种钢研发始终保持在国内同类企业的前列。品种钢研发工作为优化产品结构、实施品牌战略、扩大凌钢产品市场份额、获得较好的经济效益及社会效益、提高市场竞争力做出了应有的贡献。

2007年，累计完成品种钢103.56万吨，品种钢材商品量完成100.85万吨，合格率完成99.72%、成材率完成96.92%，实现比较利润（与常规产品比）约5130万元。优质碳素结构钢65Mn中宽热轧钢带、直径80～100毫米大规格优质碳素结构钢20管坯、45圆钢3个鉴定项目通过辽宁省省级新产品投产鉴定和科技成果鉴定，实现政策抵免税约5000万元。

2008年，累计完成品种钢81.79万吨、品种钢材商品量完成79.02万吨，合格率完成99.83%、成材率完成97.20%，实现比较利润（与常规产品比）约7125万元。包装带用低合金钢AFD中宽冷轧钢带、低硅铝镇静钢195LD中宽冷轧钢带、无缝化焊管3个鉴定项目通过辽宁省省级新产品投产鉴定和科技成果鉴定，实现政策抵免税约2100万元。

【“四新”活动】为了更好地运用上级科技部门推

广的科技项目，不断增强企业的技术创新能力和基础科研能力，开发公司科技人员自主创新潜能，提高冶金生产技术水平，降低生产成本，提高经济效益。1987 年开始在公司内部推广应用新技术、新工艺、新材料、新设备（简称“四新”）活动。

2007 年，共组织完成“四新”项目 22 项。其中，股份公司 14 项、集团公司直属单位 8 项，实现经济效益约 300 万元。

2008 年，共组织完成“四新”项目 13 项，其中股份公司 8 项、集团公司直属单位 5 项，实现经济效益约 795 万元。

【凌钢科技】《凌钢科技》是公司主办、技术中心主管的综合性冶金科技期刊（季刊），读者对象主要是公司各专业的工程技术人员和经济管理工作者。同时与冶金系统企业期刊编辑部业务交流和向冶金系统有关机关、科研院所等单位进行技术交流。

《凌钢科技》的主要任务是：坚持面向生产、科研、工艺设计的实践，及时反映各厂、部室的发展动态、技术经验、科研成果，多视角地介绍推广国内外的新技术、新工艺、新成果；总结交流各厂、部室的先进技术和管理经验，全方位地传递钢铁行业的开发与市场信息；普及技术、提高技术，培养人才、造就人才；推动技术进步，强化企业管理，增强企业活力，提高企业的经济效益和社会效益，全心全意为凌钢的广大科技工作者服务。

《凌钢科技》的办刊宗旨是：本着普及与提高相结合、生产实践与理论研究兼顾的原则，开展技术交流，活跃学术论坛，以提高经济管理水平和科技装备水平，培养科技人才，增进企业效益，贯彻“科技兴企”的办刊方针，发扬学术民主，鼓励有价值的新技术、新工艺、新产品的开发设想，促进改革创新，促进科学技术向生产力的转化。

【科技图书馆】凌钢科技图书馆分图书室和期刊室两部分。图书室有图书近万册，包括冶金工业、矿业工程、金属学、金属工艺、机械、建筑科学、自动化技术、无线电、电工技术、计算机、仪表工业、中外字典及综合性图书等。期刊室拥有期刊近百种，以专业性期刊为主，包括炼钢、炼铁、轧钢、烧结球团、金属加工、煤化工、焊管、焊接技术、机械制造、铸造、理化检验、节能、环境保护、给水排水、电工技术、无线电、电器传动、企业管理等。

质　量　部

【基本情况】质量部负责全公司质量监督管理工作，从入厂大宗原、燃、材料和半成品、成品的质量检查、取样制样、检验化验、质量判定以及工艺质量的监督检查考核工作。质量部现有人员 306 人，其中干部 32 人，中级以上技术职称 22 人，工人 274 人，其中检查人员 168 名，检验人员 106 名，下设 4 个科，9 个站，1 个基建试验室。领导班子成员 3 人，其中部长 1 人，副部长 2 人。拥有固定资产原值 1372.95 万元，净值 529.11 万元。

【基础管理】建立机制，落实责任，严格考核，提升水平，促进各项工作上台阶。一是提升人员素质，做到忠诚凌钢。就是通过建章立制，加强制度建设，抓制度落实、责任追究，由“人为管理”转向“靠机制去管理”，将隐蔽的权力公开化，集中的权力民主化。先后建立完善《北门汽车矿粉岗位取、制样规定汇编》、《质量部管理制度汇编》等 20 余个制度。靠制度管理，靠制度激励和约束，使质量检查、检验管理更加科学、规范、有序。二是提升工作标准，真实反映实物质量，分析存在问题的原因，提出整改措施。建立质量分析例会制度，每周三坚持召开质量分析会，对质量问题的处理坚持“四不放过”原则，即问题原因未查清不放过，责任者未追究不放过，整改措施未落实不放过，职工未得到教育不放过。两年来，管理人员岗位交流 15 人，淘汰站长 7 位，操作人员岗位交流 98 人，大的问题处理 24 人，考核 80 余人。三是提升创新水平。充分发挥管理人员、技术人员的积极性，工作中要有创新意识，善于发现和解决问题。经过综合考评，对管理岗位同岗不同酬、岗薪不对等、因人设岗等问题进行了纠偏，对工作无创新，管理不到位的站长进行了撤换，管理人员岗位责任意识和创新意识明显提高。四是增强团结意识。站在公司的高度，树立大局观念，坚持以人为本，创造一个公平的竞争环境，充分发挥了每一个人的积极性和创造性。根据岗位现状，部里实行了岗位难度系数考核。即根据岗位重要程度、工作环境、劳动强度等综合因素，科学设定不同的岗位难度系数，并进行工作量考核，做到多劳多得，极大开发了各站积极性。五是提升服务水平。与有关部室、分厂密切配合，快速准确提供质量数据，主动到现场了解、解决实际问题，搞好现场服务。坚持的服务理念是："宁可自己麻烦千遍，不让有关单位和客户一事不便"。

【质量管理】真实反映实物质量，不断提升各项工作管理水平，把好两道关口，控制好中间环节。两道关口：一个是把好入厂原燃料质量关；一个是把好出厂产品的质量关。在控制好中间环节上，强化过程控制，努力做到持续改进。主要做法：

一是把好入厂原燃料质量关，防止质量效益流失。优化汽车矿粉取、制样环节和细节，严把原料入厂关。为保证取样公平公正，杜绝人为因素，采取了诸多措施。采用全自动智能取样机取样，自动布点；改进了试样存放箱，当班样当班送，保存公开透明，准入不准出；备留样采用邮筒式，只能入不能出；管理人员跟班作业、编码送样、自制矿粉标准样品，用以验证检验的真实水平等，不断优化工作程序，使取样、编码、送样、存放更加科学。严把废钢验质关，堵塞管理漏洞。对关键指标小于3毫米轻料判定比例长期关注；对同一车号的车重、毛重检查比对；目测重量和检斤重量比较，便于发现问题；因质量问题返回车辆，当天不准再进料厂；对掺杂使假问题进行举报，防止公司的效益流失。加强外购灰把关，促进质量提高。为防止人为因素，采用套圈方法，圈到哪里取哪里；对粒度超标准规定的、炉渣多的、面子多的车辆进行返车，管理人员跟班抽查，加大含粉率检测，外购灰质量明显好转。加强原燃料质量把关，防止效益流失。制定了《举报制度》，实行重奖重罚，使责任更加明确，考核更加具体，对防止原燃料效益流失，强化原燃料管理起到了促进作用。

二是控制好中间环节，加强事前事中控制，做到持续改进。通过对质检化验人员的培训和岗位流动等措施，提高质检化验人员的检验能力、整体素质和检测水平。通过建立监督制约机制来提高质检化验人员的责任心，在取样、制样的代表性上、化验的准确性上下工夫。强化内部抽查考核，提高质检化验人员的检验水平。为确保取、制样的代表性和检验的准确性，制定了内部抽查考核制度，每周对备留样、备用样、备查样限时间、品种、数量进行针对性抽查和分析，并自行制作不同梯度的"标准样品"用以检验化验结果的准确性，管理人员随时掌握各检验品种检验状态，发现问题，及时采取措施。加强细节优化，确保检验精度提高。针对混匀矿制样均匀性差，使备用样与远结果偏差大这一问题，采取了制分析试样前，增加过3毫米方孔筛的措施，过筛后再分备用样，并通过试验制定出混匀矿TFe制样允许偏差。举一反三，又先后对矿粉、精煤、生产煤、热电煤、焦炭、钒钛矿制定出主元素制样考核允差，提高了制样精度，确保了检验准确率。在新钢种开发过程中，化学检验研究出6种新材料的分析方法，物理检验开发出3种试验项目。化学分析新增6种检验项目，分别为工业盐中硫酸根离子、镁离子、钙离子、氯离子、氯化钠含量、硅石中二氧化硅的测定；物理检验新开发了40Cr圆钢末端淬透性检验项目、减径管扩口、展平等试验，并重新规范了钢材低倍检验，减小了试验误差，使数据指导性更强。

三是把好出厂产品质量关，减少质量异议，树立产品形象。加强岗位责任心，加大工艺监督把关力度。针对螺纹钢、圆钢多支少支问题，从环节入手，核查检斤票，发现相邻炉号每捆差值大于单支钢材重量，就复查包装支数，明显减少了计量异议。针对中宽带包装质量问题，制定了《包装质量检查考核办法》，通过严肃考核，狠抓落实，断带现象明显好转。充分发挥把关和预防相结合的综合职能，做到道道监控、道道把关，提高把关能力，最终达到真实反映实物质量，做到公开公正公平。

【物资管理】努力节支降耗、全面推进集约化经营：(1)综合指标和单项指标层层分解，确保节支降耗。根据不同站消耗成本的幅度不同，以及价值量高的材料重点关注。共对下属其中9个站设定了综合指标，对无烟煤、氩气、合金钻头、硅碳棒等均设定单项指标。对指标未完成的，责任单位要进行书面分析，造成浪费或控制措施不利的进行考核。(2)严把入库验收质量关。对新入库或新来厂家进行质量跟踪检测，通过化学试验判定质量优劣，对不合格的化学试剂及时协调有关单位退货。防止不必要的浪费。

加强设备保养和维护工作，提高设备管理水

平：从设备色彩化入手，将1号、2号刨床、100吨拉力试验机、三台研磨机重新喷漆，对岗位点检工作内容增加了设备保养、设备卫生和维护工作。修旧利废，加强自主维修。修复了切样机、平口钳、取样机螺旋轴、振动磨等，大大降低了备件消耗成本和外委维修费用。

能源环保部

【基本情况】能源环保部是公司的专业管理部室，主要职责是根据国家政策法规，结合凌钢实际，制定节能、环保、现场、绿化管理制度及中长期规划和年度计划。负责公司风、水、电、气等能源介质平衡和各工序能源消耗指标制定、管理和考核，推进节能技术改造和节能技术的应用；负责公司环保、工业卫生管理和环境监测工作，组织技改项目环境评价及环保设施“三同时”验收；负责公司现场管理和绿化美化工作，对公司现场管理工作进行检查、指导、监督和考核，组织完成厂区主干道路及公共场所清扫保洁，适时组织完成公司绿化美化工程和公共绿地养护管理；负责道路、路灯、公共场所和办公楼等公共设施日常管理和维护工作。

2008年末，能源环保部共有职工52人，其中部长1人，副部长2人。具有专业技术职务18人，其中具有高级技术职称3人、中级技术职称13人、初级技术职称5人，生产操作人员31人。能源环保部下设能源科、环保科、环境监测站及现场管理科4个科室。

【工作概况】2007年，吨钢综合能耗完成610千克标煤，吨钢可比能耗完成606千克标煤，吨钢耗新水完成4.10吨，高炉煤气放散率完成5.26%，岗位粉尘合格率达到87%，吨钢有组织粉尘排放1.89千克，吨钢废水排放2.78吨，粉刷墙体17889平方米，硬化地面5142平方米，平整现场17886平方米，植树9.15万株，新增绿地1.6万平方米，改造绿地1.8万平方米，植树成活率达到94%以上。获得2007年朝阳市职业病防治法知识竞赛第三名；荣获《辽宁省绿化模范单位》称号。

2008年，吨钢综合能耗完成630千克标煤，吨钢可比能耗完成621千克标煤，吨钢耗新水完成4.17吨，高炉煤气放散率完成8.17%，岗位粉尘合格率达到88.66%，吨钢有组织粉尘排放1.85千克，吨钢废水排放2.37吨，粉刷墙体18170平方米，硬化、铺设地面12420平方米，植树19623株，新增绿地5000平方米，改造绿地8000平方米。

【能源基础】2007年，实行了每月一次的节能例会制度，总结上月节能工作情况，部署下一步节能工作，提出工作重点。实行能耗定额管理，制定了各分厂产品单耗计划指标，并作为对各分厂能源成本考核的依据，同时对重点能耗实行专项考核（如电耗，煤气热耗、水耗、工序能耗）考核，全年总计奖励31.883万元，罚款14.821万元。

2008年，继续推进每月一次的节能例会制度，坚持实行能耗定额管理，对重点能耗实行专项考核（如电耗，煤气热耗、水耗、工序能耗）考核，全年总计奖励47.449万元，罚款23.8790万元。

【能源审计】根据2006年国家发改委等部门下发的《千家企业节能行动实施方案》的通知要求，2007年公司开展能源审计，3月12日下发了《凌源钢铁集团有限责任公司能源审计工作实施方案》，在全公司开展能源审计，查找节能的关键环节，并作出审计报告。9月份完成能源审计报告，在国家审核时达到一级水平。

【节能项目】2007年，凌钢结合国家《十一五节能规划大纲》要求，推进技术进步和设备改造，具体项目如下：2007年1月开工新建15万立方米高炉煤气柜，8月竣工投产，总投资2750万元；2007年3月开工将热电3号燃80%煤+20%煤气的锅炉改为纯烧煤气，6月竣工投产，总投资1050万元；2007年5~7月投资289万元在炼钢35吨转炉3台风机安装了高压变频器，年节电370万千瓦时。

2008年3月开工新建75吨纯烧煤气锅炉，11月竣工投产，总投资8000万元；2008年7月750立方米高炉应用了TRT发电技术；2008年9月在型材厂的1号棒材系统8T动力变出口变压器安装了三相不平衡节电设备，节电率6.5%；2008年12月1000立方米高炉应用了TRT发电技术。

【节能专项资金】2007年10月，根据财政部、国家发展改革委印发财建［2007］371号关于《节能技术改造财政奖励资金管理暂行办法》的通知精神，对公司锅炉改纯烧煤气项目向国家申请奖励资金，此项目获批后，12 月份已有 1279 万元奖励资金划拨到公司账户。2008 年 8 月，由国家财政部、国家发展改革委组成专家组来我公司对此项目进行现场审核，审核结果为此项目节能量为 9.63 万吨标准煤，应得奖励资金 1926 万元，除已划拨部分后，剩余部分 2010 年划拨。

根据辽宁省经委、辽宁省财政厅联合下发的辽经资函字［2008］01 号文件《关于组织申报 2008 年辽宁省节能专项资金项目的通知》要求，对公司高炉应用 TRT 发电项目，申报了辽宁省节能专项资金，2008 年 8 月获批，并得专项奖励资金 50 万元。

2007 年 11 月中旬，凌源钢铁股份有限公司再融资环保核查工作正式启动。本次再融资是指凌钢股份拟收购凌钢集团持有的保国铁矿 100% 股权，包括拟向二级市场发行一定数量的股票收购凌钢集团持有的保国铁矿 60% 股权，运用现金收购凌钢集团持有的保国铁矿 40% 股权。2008 年 3 月 6 日，辽宁省环保局核准了公司的核查报告；同年 5 月 14 日通过国家环保部核准并下发批文，为公司再融资提供了必要条件。

【清洁生产审核】2007 年，作为省重点清洁生产审核单位，我公司以炼钢厂为审核对象，委托鞍山环科所作清洁生产审核报告，从 2007 年 1 月开展审核工作，10 月编制完成了《凌源钢铁集团有限责任公司炼钢厂清洁生产审核报告》，11 月通过省清洁生产中心专家组的审核。

配合全国第一次污染源普查，于 2007 年 2 ~ 5 月编制完成集团和股份公司的污染源普查报告，准确掌握了我公司所有环保设施的投资、运行费用、运行状况及污染物排放总量，为公司环保管理工作提供了真实、准确的本底数据。

【环保“三同时”】完成 14 个环保验收项目：铁水预处理项目、4 号高炉热风炉改造、中和料场扩建项目、中宽带加热炉改造工程项目、型材厂自动控制改造工程项目、2 号高炉喷煤制粉项目、1 号锅炉改烧高炉煤气项目、4 号热风炉改造项目、1 号板坯连铸机高效化改造项目、炼钢厂烟尘综合治理项目、钢管厂直径 219 毫米机组无缝化改造工程项目、高性能精密合金中宽冷带系统技术改造工程项目、冷带板型控制系统技术改造工程项目、中宽冷带机组系统技术改造工程项目；完成 7 个环评项目：炼钢厂烟尘综合治理项目、2 号竖炉大修改造项目、钢管厂直径 219 毫米机组无缝化改造项目、TRT 项目、中宽热轧带钢厂提高产品质量改造项目、中宽热轧带钢厂 E1 立轧及层冷改造项目、卷曲机区改造工程项目。

2008 年，完成了白灰窑改造工程和 4 号锅炉改烧煤气及发电机组改造工程环评审查工作。

【环保综合治理项目】投资 3319 万元对炼钢厂 35 吨转炉二次烟尘和混铁炉烟尘进行综合治理，治理后年减少烟粉尘排放 4300 吨，极大地改善了凌钢及周边区域的大气环境。投资 50 万元对 1 号竖炉 50 平方米电除尘器年修，年修后烟尘全部达标排放。

完成 350 万吨钢生产规模建设项目配套环保设施的建设，项目总投资 26.5 亿。其中，环保投资 4.1 万元，占总投资的 15.47%。项目建设从 2008 年 3 月开工，12 月末全部竣工，投运后环保设施全部达标达效；投资 6000 万建设钢渣处理生产线，一期于时间 2008 年 3 月开工，二期将于 2009 年 5 月竣工，此项目投运后凌钢彻底实现了钢渣零排放；投资 615 万元将机头多管除尘改造为四电场电除尘；投资 645 万元将机尾三电场电除尘改造为四电场电除尘，项目于 2008 年 9 月开工，12 月 5 日竣工，投运后全部达标排放；投资 298 万元对 52 平方米烧结机原料 70 平方米电除尘器年修改造，将原 3 个电场改造成四电场电除尘，此项目 2008 年 6 月开工 9 月竣工，改造后粉尘全部达标排放；投资 850 万元对公司污水处理厂和公司排水系统改造，将 3 个排污口整合为一个排污口，并安装在线监测系统，废水循环利用率由 97.1% 提高到 97.8%，年节约新水 200 万吨，减少 COD 排放 90 吨。

【工业卫生及放射源管理工作】完善了全公司高温、接尘、接毒、噪声岗位台账及危化品、放射源管理制度和相关的应急预案；组织完成了涉源人员到朝阳的例行体检工作和接毒、接尘、高温、噪声人员的健康检查工作；组织完成了煤气应急预案演练活动，完成职防法宣传周活动的总结上报工作；汇总建立了公司职业卫生健康档案，全面掌握了公司所有接害人员的数量和所从事的接害场所。

2008 年，配合朝阳市疾控中心完成了对我公司炼铁部分区域噪声强度的检查测试工作；完成了公司废油外销转移的相关工作；完成了公司

“放射卫生许可证”的申领工作并顺利通过批准；完成了公司作业场所职业病危害申报表及放射工作人员职业健康检查工作。2008 年报废放射源 55 枚，处理废油 120 吨。

【环境监测】2007 年，共完成监测数据 11144 个。其中，工业废水监测数据 1920 个，除尘器运行数据 5800 个，工业卫生监测数据 3424 个。

2008 年共完成监测数据 12550 个。其中，工业废水监测数据 2360 个，环保设备运行参数 6630 个，工业卫生监测数据 3560 个。

按辽宁省环保厅要求，2008 年公司安装 4 套烟气在线监测系统，分别是 52 平方米，75 平方米烧结机机头烟气，1 号、2 号竖炉烟气在线监测系统，1 套工业废水在线监测系统。监测数据实时上传辽宁省环保厅。

【现场管理】春秋两季根据生产、年修、技改工作适时开展现场管理整顿活动，共完成粉刷构筑物墙体 17889 平方米，钢结构（管道）防腐 6378 平方米，清理规范各种文化牌匾、规章制度、警示牌、标志牌 484 个，硬化地面 5142 平方米，清理现场 17886 平方米，回收废钢 1290 吨，外排垃圾 2800 吨。现场管理考核 494 项，扣罚 136550 元，奖励 155750 元。查处施工单位各类违反现场管理制度，扣罚现场管理保证金 10.36 万元。

2008 年，组织开展了“集中整治与长效管理相结合”的春秋两季现场管理整顿月活动。组织清理拆除道路两旁因施工余留的违建小工棚、钢城饭店厕所、废钢、混凝土梁和现场平整及垃圾外运工作，组织指导并检查各单位全面清理整顿现场死角。完成粉刷构筑物墙体 18170 平方米，钢结构（管道）除锈防腐 2255 平方米，围栏修复、涂刷 2000 平方米，新建文化牌匾、规章制度、警示牌、标志牌 81 块，更换玻璃 350 平方米，硬化、铺设地面 12420 平方米，清理现场 9134 平方米，回收废钢 1828 吨，清运垃圾 1432 吨。落实区域责任制管理工作，全年现场管理责任制考核 524 项，罚款 192850 元，奖励 69000 元。

根据 2008 年技改工程量较大，春季现场整顿活动，针对施工现场车辆超装撒落、履带车、无防护措施上路及轮胎带泥上路严重污染道路问题，召开专题会议，下发“进一步加强厂内道路环境管理会议纪要”。对运输车辆不缴纳现场管理保证金和违规车辆，严肃考核。秋季现场整顿活动，针对技改项目相继竣工，现场管理要有新的突破，道路、路灯、绿地要和项目同时完工。全年考核现场管理保证金 191200 元。配合 350 万吨钢建设，组织原机械厂院内 21 个车库迁出移交设备材料部。组织协调完成大坝排水沟修台阶和大坝排水口安装巴歇尔水槽工作。完成西区大坝实地测量，土石方和钢渣堆放量的测算工作。坚持对野猪沟矿区铁矿盗采情况进行监督检查管理，防止盗采。

【固废排放管理】全年外排钢渣 39.2 万吨，炼铁干渣 3.48 万吨，钢渣排放抽检含铁量小于 0.5%。配合技改施工和家属区改造，加强了炼铁 3 号炉拆除、竖炉改造排土石方等，全年完成外排建筑垃圾（技改年修废弃物）19 万吨，外排工业和生活区垃圾 3.54 万吨。

2008 年，全年完成外排钢渣 34.61 万吨，炼铁干渣 3.67 万吨，钢渣排放抽检含铁量为 0.4181%。完成外排建筑垃圾（技改年修废弃物）71.43 万吨，冶炼渣、建筑垃圾、工业垃圾外排总量 87.6 万吨。适时安排钢渣、干渣更换新置场协调，完成全年固体废弃物排放过程监督、考核工作。

【公共设施维护及管理】完成铸造门摩托车棚（322 平方米、100 个车位）、西门摩托车棚（513 平方米、200 个车位）方案的制定和竣工验收后的摩托车棚管理工作；完成厂区道路维修 18 处 2500 平方米；维修围栏 400 延长米；维修绿地、人行路缘石 2800 延长米；维修彩砖 800 平方米等公共场所设施维护工作。

2008 年，完成并协助技改部实施南门—西门、炼铁—棒材车间之间道路拓宽改造工程（增加面积 5000 平方米）。完成了铸造门里、北门内外、东门里、原料四合一、炼钢路口、单行线和冷带厂、烧结厂、质量部、棒材厂等多处破损路面及人行道、路缘石的维修工作。组织维修厂区道路不亮的路灯 50 余盏，修复施工现场 11 盏撞歪撞坏的路灯和南门至厂前区景观灯的两次清洗安装工作。完成了公司办公楼机动车停车场划线工作。

【生活区改造工程】公司投资 937.508 万元，建设 4 个规范小区。对 4 个小区地面全部硬化铺彩砖 90245 平方米，铺设沥青路面 6338 平方米，建艺术围栏 2671 延长米，设路灯、庭院灯 105 盏，安装健身器材 29 台套，垃圾箱 173 个、拆除违章建筑789.5平方米。

2008年5月23日，凌源钢铁股份有限公司清扫、绿化工作与凌源钢富达建服有限公司签订业务外包合同。公共绿地管护8万平方米，5座花窖2000平方米绿化区域和所属岗位及休息室内外。清扫区域厂区主干道（含人行道）、办公楼区域（13万平方米）所属岗位区域管理实施业务外包。业务外包工作，甲乙双方实行双重管理，坚持“日管理，周检查，月考核”工作制，保证了道路环境干净、整洁、绿美净工作有序。

【绿化工作】2007年，完成型材厂、219管厂房周边、3号管置场、白灰竖窑、文化宫、青年公园、五万柜绿地、南门等31项绿化工程建设；全年生产成品盆花6万余盆，布花40余次，室内布盆花3500盆次，室外布花6万盆次；植树9.15万株，其中紫穗槐1.2万株，乔灌木2860株，绿篱11840株，立体绿化2800株，色彩地被植物6.2万余株，分栽和铺栽草坪9000平方米，植树品种23个，实现新增绿地1.6万平方米，新建景点5处，改造绿地1.8万平方米，植树成活率达94%以上。

2008年，完成公司项目改造占用绿地树木移栽、树木砍伐工作，解决处理90份树木移栽、砍伐报告。2008年公司共组织植树19623株。其中，乔灌木873株，水蜡墙2000株，绣线菊15550株，紫穗槐1200株，实现新增绿地面积5000平方米，改造绿地面积8000平方米。生活区组织绿化植树23768株，其中乔灌木4118株，紫穗槐2000株，水蜡墙1600株，绣线菊16050株，实现生活区新增和改造绿地面积46600平方米。生产成品盆花6万余盆，布花35次，室内布盆花3000盆次，室外布花6万盆次。

【管理制度】2007年，重新完善《凌源钢铁公司节能管理条例》、《煤气管理考核》、《能源环保部经济责任制》、《节水考核办法》等有关能源管理制度，进一步明确了能源管理目标和责任。编制完成了《凌钢集团突发性环境事件应急预案》及二级厂相关的危化品、放射源应急预案。制定《凌钢集团公司现场管理责任区域管理办法》、《集团公司办公区域现场管理考核办法》、《现场科管理人员考核办法》和有针对性的修改完善钢渣、干渣、建筑垃圾等固废物排放制度。

2008年，结合公司实际重新完善、制定《凌源钢铁公司节能管理条例》、《煤气管理考核》、《能源环保部经济责任制》、《节水考核办法》、《外来施工人员管理规定》等有关能源管理制度，进一步明确了能源管理目标和责任。编制完善了《凌钢集团危险化学品污染事件应急预案》和《凌钢集团放射污染事件应急预案》，形成比较健全、完备的环境突发事件方面的救援体系。修改完善了《现场管理标准》、《现场管理考核实施细则》、《固废物排放管理办法》、《绿化管理实施细则》等11项管理制度。

计量信息部

【基本情况】计量信息部是企业计量管理、企业信息化建设的主管部门。其主要职能是：负责管理和指导集团公司的计量工作，解决和处理内部计量异议纠纷；负责用于结算的物资量和能源动力量数据的采集、分析和上报；负责计量专业经济责任制的制定与考核，计量管理制度及有关技术规程的制定与审核；负责公司最高计量标准的建立、计量器具的检定、检修等。负责企业信息化建设，编制集团公司信息化建设中、长期发展规划并组织实施；负责企业应用软件的开发、实施、维护和管理；负责信息化设备的运行管理、改造升级、设备购置计划审批、专业项目的施工管理、网络设备等。

2008年末，职工总数133人，其中管理人员36人，操作人员97人。拥有固定资产原值1755.01万元，净值652.59万元。

【计量器具管理】计量器具是实现全国计量单位制的统一和保证量值准确可靠的重要物质基础，也是计量立法的重点内容。计量信息部严格依照“计量法”的规定对企业内部使用的列入《中华人民共和国依法管理的计量器具目录》的计量器具进行管理（计量标准和工作计量器具共12类484种）。2007—2008年末检定计量器具8800台件。

2008年4月份，完成《关于实现350万吨钢的计量预案》，认真分析了350万吨钢形成后的基本需求，按照物资静态检斤、物资动态检斤、能源介质计量等进行分析并提出解决方案。制定并下发了新建项目《能源计量器具选型原则》用以规范技改项目的能源计量器具的选型。制定并下发了《集团公司技改工程计量管理办法》。

【计量设备管理】2007 年开始，计量设备开始大型化、数字化，先后增设了 2 台 120 吨汽车衡，3 台 150 吨汽车衡，1 台 150 吨动静两用轨道衡、1 台 200 吨动静两用轨道衡，为公司正常生产经营创造了方便条件。

2008 年 5 月份，对计量工作进行整改，制定了计量整改管制表，提出整改项目 82 项，完成 80 项。

【物资计量管理】认真执行《检斤作业指导书》，对每个岗位的检斤业务进行规范管理，并通过开展效能监察立项活动，为保证公司利益严把检斤关。

2007—2008 年检斤量统计表

年份	进厂量/吨	出厂量/吨	内部转移量/吨	年检斤量/吨
2007	5981859	4752175	8296927	19030961
2008	6077111	4443790	7837525	18358426

2007 年开始，能源计量器具选型更加注重高端产品，先后引进了日本富士公司的超声波流量计，美国斯亚乐的质量流量计，ABB 公司的电磁流量计，整个能源计量器具的计量性能符合率明显提高。另外，新增计量器具的数量也是前所未有的，计量器具配备率明显提高，软化水、氧气、氮气、氩气系统已达 100%。

【信息化建设】2007 年，完成信息化系统投资 326 万元，软件开发 14 项。3 月对全公司 703 台套网络设备进行普查，相关资料归档，建立系统档案。4 月完成原料皮带运输系统建设；5 月建设了库房网络报警二期工程；6 月制氧厂网络报警系统建成；7 月矿粉取样监控系统建成；8 月完成围墙监控系统；9 月建成铁水运输监控系统；9 月首次对中心机房核心交换机进行升级改造，更换了交换机背板，对软件进行升级，大大增强了核心交换机的处理能力。11 月完成计量站网络监控系统。截至 2007 年末，全公司累计监控点达 86 个。

2008 年，完成了炼钢厂统计台账、生产过程管理，机动部的设备检修定额电子化、档案管理、人力资源部工资管理、凌钢污染资源在线监控、质量部转鼓实验管理系统、设备材料部日清日结管理系统。1 月根据 350 万吨钢技改项目需要，完成了局域网和监控系统的移位异地改造。为确保外委检修工程质量，规范管理，临时外委一律使用《网络系统外委维修工程量确认单》。

2008 年，完成信息化投资 300 余万元，软件开发 10 项。2008 年 1 月，技术中心网站建成；2 月完成了生产管理系统、计划管理系统；3 月完成了计量点监控网络建设、质量管理网络建设；4 月完成了设备管理网站建设；6 月完成钢管厂网站、技改部网站的升级改造；8～9 月完成公路道口网络监控系统、转炉炼钢厂网络改造、废钢置场监控系统；10 月完成了网络主干线改造、氧气厂网络拆迁改造、铁前电子秤联网系统项目；11 月新区综合料场网络建成。

证　券　部

【基本情况】证券事务部是凌源钢铁股份有限公司信息披露事务部门，主要负责信息对外发布，包括起草、披露定期报告和各类临时报告；负责投资者关系管理，包括监管机构、投资者、证券服务机构、媒体等之间的信息沟通；组织筹备董事会、监事会和股东大会会议，保管相关文件；负责公司股权事务管理，包括股份动态管理、分红派息、股东名册，保管公司董、监、高、控股股东资料及其持有本公司股份资料；负责投、融资管理，包括投资项目选择、实施及事后跟踪管理，起草融资方案并配合券商制定申报材料；负责公司重组、分立工作，起草相关方案、办理相关手续；负责关联交易管理，起草公司关联交易制度、协议，跟踪相关制度的执行情况；负责上市公司有关的法律、法规、政策研究，为公司决策提供咨询和建议。

2008 年末，证券事务部在职职工 5 人（含股份公司总经理），部门经理 1 名（董事会秘书兼任），证券事务代表 1 人，下设证券事务科，主管 1 人，三级主办 1 人；本科 4 人，专科 1 人，具有高级技术职称 2 人、中级技术职称 2 人、初级技术职称 1 人。

【资本经营管理】2007 年，中国证监会下发《关于开展加强上市公司治理专项活动有关事项的通知》，确定 2007 年为公司治理年，公司拟定了《开展加强上市公司治理专项活动工作方案》，完成上市公司治理自查工作，起草了《公司治理专项活动自查报告及整改计划》，全面修订了《公司信息披露事务管理制度》、《股东大会议事规则》、

《董事会议事规则》、《监事会议事规则》和《募集资金管理制度》。10月末，通过辽宁证监局核查验收，公司被辽宁证监局推荐为三家好的典型。

2008年，公司全面启动重大资产重组工作，从拟定方案、编报材料，到答复反馈意见、获得证监会审核通过、完成向集团公司定向增发股份登记手续，历时11个月，完成股份公司向集团公司定向增发股份128171200股，集团公司持有的股份公司股权比例由44.88%提高到53.67%。

公司治理方面，根据证券监管部门的要求和公司实际情况，修订了《公司章程》、《关联交易管理制度》、《总经理工作细则》、《独立董事制度》，制定了《董事会审计委员会对年度财务报告审议工作规程》和《独立董事年报工作制度》。

【证券事务管理】 2007年2月26日，6585934股限售股（小非）上市流通。3月末，处理了开发公司受让沈阳三江工贸持股的后续事宜，实现投资收益121万元。（开发公司2003年受让的沈阳三江工贸25.35万股凌钢股份法人股因未完成过户，一直挂在三江工贸名下，公司在受让时对其办理了质押手续。）4月27日，办理集团公司持股龙涤股份三板开户、股份确权过户手续。

2008年1月4日，凌钢股份收购保国铁矿召开第一次中介机构协调会议。1月17日，辽宁省国土资源厅办理了保国铁矿3个矿的采矿许可证。1月21日，辽宁省发改委核准了保国铁矿建设两个采矿项目。1月28日，召开第二次中介机构协调会议。3月14日，召开第三届董事会第十九次会议，决定凌钢股份资产重组并非公开发行股票。3月18日，公告《向特定对象发行股份购买资产暨关联交易的预案》和《非公开发行股票预案》，凌钢股票复牌（2007年12月24日开始停牌）。5月8日，召开第三届董事会第二十二次会议，审议通过公司重大资产重组报告书和非公开发行股票预案。5月10日，公告董事会决议和召开2008年第二次临时股东大会通知。5月13日，国家环保总局以环函［2008］71号文件同意凌钢股份通过上市环保核查。5月21日，辽宁省国资委以辽国资产权［2008］69号、70号文分别核准了保国铁矿评估报告和重大资产重组方案。5月26日，召开2008年第二次临时股东大会。5月28日，向证监会报送重大资产重组申请文件。6月10日，辽宁证监局完成了对保国和公司进行的现场核查。6月20日，向证监会报送重大资产重组补正材料。8月4日，收到《中国证监会行政许可项目审查反馈意见通知书》（080803号）。8月20日，向证监会报送反馈意见答复材料。9月19日，证监会通知公司重大资产重组方案将于9月23日上会，公司股票于9月22日起停牌。9月23日，公司重大资产重组方案获得中国证监会并购重组审核委员会有条件通过，公司股票从9月24日起复牌。

11月13日，中国证监会以证监许可［2008］1280号《关于核准凌源钢铁股份有限公司向凌源钢铁集团有限责任公司发行股份购买资产的批复》，核准凌钢股份向凌钢集团发行128171200股人民币普通股购买相关资产；以证监许可［2008］1281号《关于核准豁免凌源钢铁集团有限责任公司要约凌源钢铁股份有限公司义务的批复》，同意豁免凌钢集团以资产认购凌钢股份本次发行而增持其128171200股股份，导致合计持有及控制凌钢股份435436639股（占总股本54.16%）的股份而应履行的要约收购义务。

11月25日，经辽宁省北票市工商行政管理局核准，凌钢集团全资子公司保国铁矿100%的股权被变更登记到凌钢股份名下，完成了股权过户手续。

12月3日，辽宁天健会计师事务所有限公司就凌钢股份本次向凌钢集团发行股份购买资产事项出具了［2008］S306号《验资报告》。

12月8日，凌钢股份在中国证券登记结算公司上海分公司完成了本次新增股份128171200股的股份登记手续。

收购集团公司四家经销性子公司股权。5月10日，股份公司与集团公司签署《股权转让协议》，收购集团公司持有的凌钢集团大连钢材经销有限公司、凌钢集团锦州钢材经销有限公司100%的股权，北京凌钢物资供销有限公司、沈阳凌钢钢材销售有限公司60%的股权。5月21日，辽宁省国资委以辽国资产权［2008］71号《关于同意向凌源钢铁股份有限公司协议转让四家子公司股权的批复》批准转让。6月27日，完成收购四家经销性子公司所有交割手续，四家经销性子公司成为股份公司全资子公司。

为配合重大资产重组，卖出保国铁矿持有的凌钢股份。5月27日，卖出了保国铁矿持有的254876股凌钢股份股票，变现338.2万元。

【法律事务管理】2007年，重点是技术改造项目重大工程、设备合同的招标、签订和履行；修改、完善合同条款，并针对国家新出台的资质认证、强制许可等方面法律法规，向相关部门发出了加强学习、应注意的事项的通知，避免违规操作。

一是制定了《经济渠道和招投标监督管理暂行办法》，使招标活动及合同的签订和履行更加细化和规范。二是在合同审查中，侧重对合同违约责任的约定及纠纷处理方式的约定的审查，特别是针对今年3号高炉等重大工程涉及的招标，严格审查合同条款，避免因产生纠纷而影响工程的按期竣工和达产。共审查合同4000余份，提出书面审查意见70余份。三是严格执行招标有关规定，对投标单位信息库入围资质进行严格审查，对不符合入围条件、未办理入围及不符合招标要求的，特别是工程施工单位的安全生产许可证、施工资质及低压电器的“CCC”认证等国家强令性规定内容不符合要求的，坚决予以否决。

2008年，公司的合同管理办法等下发给朝焦和保国铁矿公司，要求子公司与集团合同管理保持一致；公司作为国家级“守合同、重信用”企业，连续多年通过国家工商行政管理总局的年审，2008年再次获得“辽宁省企业合同信用管理金奖”。与宏运集团、葫芦岛财政局签订了三方协议，公司为锦西钢管马克借款担保的1.28亿元连带责任被追偿的可能性降低。

保　卫　部

【基本情况】保卫部现有140人，下设武装综合科和保安消防大队，与凌源市公安局红山派出所合署办公。主要职责：负责厂区刑事案件、治安案件的查处，生产保卫工作；负责厂内交通管理，审核办理进出厂人员卡、车辆卡，社会治安综合治理，武装民兵、防震、防汛工作；负责公司10个门卫、6个铁路大门的守护，厂内外巡逻，进出厂物资登记检查；负责消防监督检查，火灾扑救以及大型活动安全保卫。2007—2008年两年，保卫部适时开展严打整治和专项行动，严厉打击盗窃企业财产违法犯罪分子。立刑事案件70起，破67起，捕诉34人，抓逃5人；查处治安案件61起，行政拘留64人，劳动教养4人；查处违章违纪行为1173起，为公司挽回经济损失377万元。

【打击违法犯罪】2007年，破获了“3·18”系列盗窃及“3·26”、“克隆车”诈骗废钢等案件。特别是“10·11”设备材料部压延库铜套被盗案件，经周密部署，缜密侦查，于案发后8小时分别从零点某台球厅以及犯罪嫌疑人居住地、凌北某收购站等处相继将8名犯罪嫌疑人抓捕归案，所盗赃物全部追回，扣押运输赃物松花江面包车两台。2008年破获了“3·8”“克隆车”诈骗废钢案件，“4·11”低品位劣质铁矿粉冒充高品位矿粉诈骗案件，涉案价值58万元，“7·31”7人流窜盗窃犯罪团伙，缴获赃物螺纹钢980千克，“济南轻骑”125摩托车2台。

2008年6月16日，朝阳市公安局局长孙成伟一行10人到凌钢召开现场办公会议，朝阳和凌源两级公安机关联合成立了整顿工作领导小组，多警种、大范围全面启动整顿凌钢周边治安秩序工作。在为期两个月的专项整治行动中，红山派出所和保卫部侦破了侵占企业资材为主的盗窃、诈骗案件20起，捕诉9人，取保候审3人。查处治安案件6起，行政拘留8人，行政罚款2人，罚金4000元。加强了内部治安管理，规范了企业内部要害部位人员出入登记制度、完善了企业内部打击盗窃案件联动机制。对在凌钢3公里以内的废旧收购站点42家，进行了全面检查。通过卓有成效的工作，整治凌钢内外区域专项行动打出了声威，打出了实效，达到了预期的目的。2007—2008年两年，保安消防大队开展五项劳动竞赛活动，收到了较好的效果。共抓获拿摸人员1173人，直接为公司追赔经济损失946470元，抓获盗窃团伙13个，上交治安案件41起，拘留17人。

【治安管理】在安全防范方面，一是从2007年开始，保卫部推行打击盗窃案件联动机制和治安区域联保责任制，进一步落实了治安防范责任，有效防范顶岗劳务工、临时工盗窃和厂内各类物资库房被盗案件的发生。二是历年都组织召开公司治安保卫工作会议，总结成绩，表彰先进，激励后进，明确任务。三是2008年通过从各单位及招收复员兵等渠道，录用保安队员17人，充实巡逻队，全天候对厂内易发案部位、重点部位、贵重物资库房、施工现场以及检修和停产放假单位不间断进行防范检查与巡逻。同时，红山派出所值班民警夜间也增加了车巡频次，提高夜间见警率，减少可防性案件的发生。2008 年被朝阳市公安局授予“平安单位”。

【交通管理】2007 年，保卫部成立厂内交通巡察队，不定期在厂内对出厂车辆检查、抽查、巡查，严格检查厂区无牌照、假牌照、串牌照车及车与牌照不符车辆，对违章、破损车辆及无牌车辆及时清理。查获无卡入厂车辆 16 台，串卡、无牌照、车卡与车牌照不符车辆 6 台，纠正违章车辆 145 台，处理厂内运输易燃易爆物品违反消防管理规定车辆 7 台。查处利用车辆驾驶室和后备箱盗窃、夹带物资出厂 5 起，查处提货车辆票物不符 10 起。同年 7 月，联合生产技术部、能源环保部在全公司开展交通秩序整顿月活动，宣传交通安全法规，提高驾驶遵章守纪的自觉性。

2008 年，保卫部针对 350 万吨钢技改项目全面启动，厂内交通流量大的特点，联合公司办、能源环保部重新核定准入车辆，取缔入厂车辆 80 余台，缓解了厂内道路交通拥挤的现状。规范送矿粉车辆的运输以及排队检斤秩序，保障道路畅通。为公司生产经营、技改工程创造了畅通的交通环境，受到了公司领导和客户的好评。

【消防管理】2007 年，为了深入开展消防安全素养教育，保卫部在全公司范围内开展了《消防安全标语有奖征集评选活动》，共征集标语 236 份，评选出优秀作品 24 份，并在 119 活动月期间，对评选出的优秀消防宣传标语，在公司厂区和东西家属区进行巡展。同年 4 月，完善了《消防安全区段联保责任制》，强化了基层消防意识。5 月根据公司技改工程的顺利展开，大批工程队伍进驻我公司，及时下发了《关于加强外来施工队伍消防安全管理的补充规定》和《关于开展消防安全专项检查的通知》，并于 7 月上旬组织了外来施工单位队长、工长的消防安全知识培训，同时对公司宾馆的管理人员和服务人员进行了培训。

2008 年 1 月，下发了《关于加强做好技改施工现场及春节期间防火工作的通知》、《施工、检修现场消防安全“十不准”》等管理办法。7 月组织协力用工单位的岗位管理人员开展消防安全培训。通过培训增强了业务承包人员的消防安全意识。在“11·9”活动月期间，举办了新入厂大学生及重点要害岗位班、工长灭火实战演练活动，有效地促进了基层职工积极参与消防、关注消防的安全意识，提高了职工掌握灭火本领的实战技能。

【门禁管理】首先要严把办证关。人员、车辆办理进厂卡时，逐人逐车地严格审查，不该办的，坚决不办。其次强化刷卡工作，门卫保安员不折不扣地执行公司［2006］18 号文件精神，从源头上控制无卡人员和车辆进厂，净化了厂内治安环境。两年，制作和办理人、车卡 17224 张，收缴无效卡、转借卡 690 余张。

【350 万吨钢技改工程治安保卫】对技改工程施工人员到厂高峰期，坚持特事特办，既保证工期，又不影响办证。对施工现场的消防管理采取监管与服务相结合的原则，对易燃易爆部位动火作业，进行现场审批和监护。技改工程设备到货、安装、调试期间，保卫部跟踪保卫，并做好看护工作，防止丢失和被盗影响工期。在大件运输工作中，保卫部主动对外协调，对内疏导交通，保障运输畅通。加强工程用料出库、出门的管理，完善了物资出门登记制度，建立了工程领料出库台账，堵塞了管理漏洞。通过采取一系列行之有效的管理措施，为 350 万吨钢技改工程提供方便、快捷服务、创造稳定的治安环境，厂内施工单位未发生重特大案件、火灾和交通事故。

【维护稳定工作】一是两年妥善处置职工内部上访事件 151 起，特别是对扰乱企业生产秩序和扰乱单位秩序上访人员依法予以行政拘留 7 人。2007 年荣获朝阳维护社会稳定先进单位。二是扎实做好“奥运”安保工作。认真落实上级公安机关的工作部署，通过卓有成效扎实的工作，圆满地完成了奥运期间的安全保卫工作，实现了“四个不发生”的工作目标，多次受到省厅、朝阳市公安局奥运安保工作检查组的好评。王忠良荣立辽宁省公安厅二等功一次。

2008 年，我公司全面加强社会治安综合治理工作，被朝阳市政府授予“社会治安综合治理先进单位”称号。

2009—2010

公司办公室

【基本情况】公司办公室负责行政事务管理和办公事务管理，具体包括文秘工作、文书资料管理、接待事务管理、日常办公事务管理，还涉及到通信、公务车管理、宾馆、会议管理、办公物品管理等后勤工作。两年来，办公室全体人员努力做好各方面工作，管好后勤，当好服务员；搞好文书工作，继续保持规范化运行。一切服从于公司工作中心，一切服务于公司生产经营，认真履行了部门各项职责。

2010 年末，公司办公室在职职工 31 人（未含公司领导），其中主任 1 名，副主任 2 名，副部级待遇 1 名，科级干部 4 名。具有专业技术职称 12 人，其中具有高级技术职称 2 人、中级技术职称 5 人、初级技术职称 3 人。设秘书科、接待科、通讯科、小车队 4 个单位。

2009—2010 年，公司办公室围绕公司工作重点，坚持抓住一个中心，抓好两个管理，突出两个重点，搞好 3 个服务的原则，促进办公室工作跃上新台阶。抓住一个中心，即生产经营中心；抓好两个管理，即后勤管理、办公室内部管理；突出两个重点，即参谋助手作用、综合文字材料的撰写；搞好 3 个服务，即为领导、所属企业和各部门服务。

【秘书工作】办公室秘书科在参与政务、管理事务中发挥整体职能，不断提高办文和办事效能。一是文稿撰写的准确性。对公文的文字、内容、格式等进行严格把关，完成了各类重大会议材料和文件的撰写工作。两年来共起草综合文字材料 253 篇 70 余万字，累计接收办理文件、传真等 4100 多份，审核印发文件 211 份。二是组织各类大型会议。两年来，组织各种会议 105 次，其中中层管理人员会、一把手会、党委书记会、专业会等大型会议 20 次，董事会、经理办公会、党委会 110 次。三是公文编发的规范性。按照行政机关公文处理要求，办公室人员从文件的起草、审核、审签到印发，每一步都严格按照程序规定办理，做到公文编发无差错、无失误、无泄密。四是突出公文处理的时效性。处理二级单位上报公文和各类报表 7000 余份。接发传真 2 万页，发送报纸 2800 万份，接收投递各类机要、信函 32 万份，书刊、杂志 21000 册。扎实管理，专人负责，跟踪办理，实现公文处理无错传、无漏传、无漏办。五是根据督查催督工作范围确立督办事项，并制定具体的工作计划，确定立项内容、负责人员、完成标准期限。列入督查督办的事项必须案有立据、交有登记、查有专人、催有落实、办有结果、结有回馈。重大督查、督办事项办结率达到 100%。两年来，办结督办事项 350 余项。加大领导批、交办事项的查办力度，做到批必查，查必果，果必报，件件有着落，事事有回音，完成临时督办、领导交办事项 20 余项。

【接待后勤】上级部门来公司指导和检查工作，办公室尽一切努力提供相关资料，协调好相关部门的关系，并根据相关制度，辅助完成对我公司指导和检查工作。切实做好信访维稳工作。接待耐心周到，充分发挥办公室前沿窗口职能，群众来单位咨询，办公室人员热情接待，真诚待人，耐心解答群众提出的问题，使群众对办公室的工作满意。在主要领导、分管领导的关心指导下，与相关科室密切配合，通力协作，各级各类信访办结率 100%，及时了解群众的愿望，解决群众的困难，增强与群众的沟通，做到事事有回音，件件有着落，保持良好稳定的大局。两年来，受理来信来访 76 件次，接待 358 人次。其中，接待集体上访 4 起。切实做好每一次接待工作，做到了高标准、高满意率。两年来圆满完成重要接待任务和重大接待活动 59 次。接待了辽宁省省长陈政高等重要领导。统筹兼顾，合理使用人、财、车、物，确保了公司工作的高效运转。加强小车队车辆管理，保证了领导安全便捷用车。紧跟形势增添设备，维护稳定畅通的通讯渠道，保证公司上下沟通的实时性。及时排查并解决存在的安全隐患，处理各类突发通讯故障，有效地保证了网络通信畅通，为职工沟通、生产协调等提供坚实的后备保障。

【宾馆管理】 加大管理力度，创造一流服务，切实提高宾馆管理水平。一是坚持管理第一。不断提高管理水平，以先进的管理措施提高自身管理方式方法。二是坚持客户至上。做到以一流的服务接待好所有住宿客人和就餐客人，做到每一位客人住得舒心，吃得放心。

【自身建设】 两年来，办公室所有人员加强自身学习，注重本职工作要领，不断推进标准化、专业化办公，使职工的素质明显增强。积极推进新老交替，注重对年轻同志的学习培养，引导新同志向老同志学习、向书本学习、不断提高自身素质建设，推动全员的学习业务的浪潮。

在公司正确领导下，在各科室的支持下，紧紧围绕公司中心工作，贯彻落实公司会议精神，充分发挥办公室的枢纽、保障作用，办公室全体人员团结一致，圆满完成了各项工作。

计划管理部

【基本情况】 计划管理部是公司综合管理部门，主要职责为根据国家方针、政策及市场需求，结合凌钢实际，组织编制年度、季度生产经营计划、固定资金投资计划和中、长期发展规划；组织集团公司技改项目的立项、可研、初步设计审查；报批及利用国家政策抵免税；对年度、季度生产经营计划执行情况进行监督、协调、平衡、分析工作；生产经营活动的综合统计、分析和大宗原燃材料平衡工作；经济责任制制定、调整和考核工作；部门管理职责设定和组织、制定、审批公司内管理标准和工作标准；子公司管理工作等。

2010 年末，计划管理部设部长 1 人、副部长 1 人、副部级 1 人，下设规划科、计划统计科、管理科、资产运营科，共有员工 16 人。其中：本科 13 人、专科 3 人；具有高级技术职称 4 人、中级技术职称 7 人、初级技术职称 5 人。

【生产经营计划】 2009 年，生产经营计划的编制思路：以 350 万吨钢新投产项目达产达效推动整个系统降本增效为中心，以改善技术经济指标和提高资源使用效率为手段，以巩固现有品种、提高新开发品种实物质量为保证，确保生产经营的低成本运行。编制原则：新投产项目达产达效的原则；品种、规格结构优化的原则；年修与生产协调运行的原则；节能减排、全力降本增效的原则；辅助系统挖潜配套的原则。

主要产品产量计划及完成情况：生铁计划产量 299 万吨，实际完成 290.6 万吨，完成计划的 97.20%；粗钢计划产量 309 万吨，实际完成 307.3 万吨，完成计划的 99.45%，其中品种钢计划产量 139 万吨，实际完成 104.0 万吨，完成计划的 74.82%，钢材计划产量 303 万吨，实际完成 301.2 万吨，完成计划的 99.41%，焦炭计划产量 52 万吨，实际完成 56.5 万吨，完成计划的 108.65%，精矿粉计划产量 100 万吨，实际完成 93.3 万吨，完成计划的 93.30%。

2010 年，生产经营计划的编制思路：以继续深化"对标挖潜、降本增效"为中心，以提升技术经济指标和提高资源使用效率为手段，以铁、钢及长材产量最大化为前提，以整个生产经营的低成本运行为保证，实现效益最大化。2010 年生产经营计划的编制原则：铁、钢产量最大化的原则；型棒为主、带钢为辅的原则；生产、改造、年修协调运行的原则；保障系统挖潜配套的原则。

主要产品产量计划及完成情况：生铁计划产量 308 万吨，实际完成 310.1 万吨，完成计划的 100.68%，粗钢计划产量 334 万吨，实际完成 344.1 万吨，完成计划的 103.02%，其中品种钢计划产量 123 万吨，实际完成 159.0 万吨，完成计划的 129.27%，钢材计划产量 327 万吨，实际完成 340.18 万吨，完成计划的 104.03%，焦炭计划产量 80 万吨，实际完成 81.2 万吨，完成计划的 101.50%，精矿粉计划产量 125 万吨，实际完成 107.3 万吨，完成计划的 85.84%。

【对标挖潜】 2009 年 4 月开始，在全公司范围内实施"对标挖潜、降本增效"战略。

对标挖潜即在同行业中（同类炉、机型），选取同口径可比较的先进水平为目标，或以本企业上年度平均先进水平为目标，以技术进步、管理创新为突破口，促进指标上台阶和运行费用降低。其目的是：通过对标，使公司各项指标在行业上处于先进水平，最终追求产品成本在行业上处于最低水平；通过对标，使公司各工序技术及装备水平在行业上处于领先水平；通过对标，使凌钢的企业管理更加规范化和精细化。

2009 年 4 月中旬，成立了公司对标挖潜领导小组，下设对标挖潜办公室（设在计划管理部）。制定并下发了《集团公司对标挖潜活动实施方案》和《对标挖潜活动日常管理办法》。确定了公司级对标挖潜指标共计 158 个。其中，技术指标 65 个，能源指标 40 个，设备利用指标 53 个。对标目标是凡低于同行业平均水平以下的指标，必须达到平均水平以上；处于同行业平均水平以上的指标，至少前进一位；处于同行业先进水平（前三位）的技术指标，保持住现有水平，确保不下滑；各工序主要能源介质消耗、机物料消耗、运输费用、资金占用等主要经济指标必须达到历史最好水平。凌钢对标挖潜工作由对标挖潜办公室负责组织推进。全年对标挖潜办公室共组织公司对标挖潜推进会五次；统计整理、发布对标指标数据 23 次，行业反馈指标数据 8 次；编发对标简报 43 期。2009 年公司级 158 个对标指标完成对标目标 103 个，累计直接创效 1.2 亿元；65 个技术指标行业排序 47 个位次前移，低于行业平均水平的由 21 个减少到 7 个。

2010 年，对标挖潜办公室在对上年全面总结的基础上。对公司的各类指标进行了深入研究。同时，对行业上重点钢铁企业指标水平重新进行了梳理，尤其是针对高炉焦比、钢铁料、成材率等重点技术指标的可比性进行了大量的数据比较分析，剔除部分不可比企业指标。瞄准同机型（炉型）行业先进水平，科学的制定了以可比技术指标为核心的“对标挖潜三年规划”目标。“对标挖潜三年规划”即 100% 的行业可比指标用三年的时间实现三步跨越：2010 年底达到行业平均水平以上；2011 年底达到行业平均先进水平以上；2012 年底达到行业先进水平以上，最终实现产品成本进入行业先进水平。三年规划的制订实现了对标挖潜工作短期目标和长远目标的有机结合，保证了对标挖潜的可持续开展。

2010 年初，设公司级对标挖潜指标共计 124 个（不含子公司）。其中：技术指标 51 个，能源指标 42 个，运输费用指标 14 个，材料备件修理费指标 14 个，库存资金占用指标 3 个。从 4 月份开始，将子公司纳入到对标挖潜工作范畴，设对标指标 16 个。对标挖潜目标是：低于行业平均水平指标，必须达到平均水平以上；处于行业平均水平以上指标，但未达到行业排序上游水平，至少前进一位；处于行业上游水平指标，确保不退步；行业可比性较差指标，达到上年度平均先进水平；吨钢电耗由 457.3 千瓦时降到 448.8 千瓦时以下，吨钢新水消耗由 3.02 吨降到 2.96 吨以下；费用类指标与资金占用类指标必须降低 3% 以上。到 2010 年底，公司级 140 个（含子公司）对标指标有 117 个完成对标基数，有 92 个完成对标目标，累计直接创效 1.3 亿元。44 个具有行业可比性的技术指标 100% 达到行业平均水平以上；80% 达到行业平均先进水平以上；52% 达到行业先进水平以上，基本实现了对标挖潜三年规划的进度目标。

中国钢铁工业协会公布的 2010 年度“对标挖潜”10 项主要产品制造成本先进企业名单中，凌钢的转炉连铸低合金钢方坯和二级钢筋单位制造成本排名第一，转炉连铸非合金钢方坯单位制造成本排名第三。

【产品结构调整】2009 年，钢材价格变化频繁，产品效益测算显得尤为重要。按照效益优先的原则，动态调整产品结构，对钢材和原燃材料价格实行日调度制度。根据价格的变化情况，对产品盈利能力共进行 60 次测算，并提出产品结构调整建议。特别是针对 2 号高炉的大修与否，进行了不同生产方案的比较，为公司效益最大化和全年完成 300 吨钢提供了最佳转炉生产方案。

2010 年，继续强化盈利能力测算工作，完善产品结构调整模型，提高时效性和准确性。密切关注市场动态，及时掌握销售价格和物资采购价格变化，对钢材品种盈利能力进行实时预测，着重突出产品结构调整的过程控制。根据价格变化情况，对产品盈利能力共进行 38 次测算，提出产品结构调整建议，实现效益最大化。

【综合统计】2009 年，制定下发《凌钢集团公司加强统计基础管理工作实施办法》，明确统计人员岗位职责，理顺统计工作流程，规范统计数据整理办法，提高数据质量。同时在原统计报表体系的基础上增加了统计旬报，为指导生产经营和实现过程控制提供了保障；完成 2008 年年报和 2008 年经济普查上报工作。

2010 年，进一步规范了数据采集、整理程序和模型分析，完善企业内部统计联网直报系统，全面提升统计工作质量。重点关注高炉燃料消耗、矿耗和全铁分析、钢铁料消耗和轧材系统金属平衡及烧结系统投入产出平衡分析等；加强统计基础管理检查指导工作，加大统计制度的执行力。5月和9月，对统计基础工作进行了两次全面检查，进一步梳理了统计数据采集、整理、报表流程，规范了统计数据整理办法，确保统计数据真实可靠；加强服务意识和基层统计工作的指导工作。协助生产单位做好生产分析和控制，促进统计人员经常深入生产实际，由单一的统计数据分析变为实施全过程的分析和控制。

【经济责任制】2009年，分厂责任制制定、考核，围绕350吨钢项目达产达效考核，以效益最大化为核心，协调平衡，动态调整，促进节支降耗、节能减排和产品结构优化；辅助系统突出服务和保障职能；新增加了对资金使用效率、提高备件材料计划准确率的考核。

在挂钩保障指标的考核上，对动力的保证供电、供水安全运行，原料厂的保障烧结供料的考核以及焦化的质量指标、白灰的质量指标上严细考核。

机关部室的经济责任制制定突出发挥机关部室协调控制职能，以完善各项管理制度和加强制度执行力为手段，强化部室的管理职能与责任意识；突出保障350吨钢项目达产达效的相关联考核；全面推进重点技经指标上台阶，促进节支降耗；提高资金的使用效率，对直接相关的效益指标和资金占用指标加大考核力度；鼓励管理创新和优化管理模式，根据部门职能在工作、服务、保障等方面设立几项重点考核指标，并加大重点指标在得奖份额中的比重。

根据实际情况，出台了钢渣处理考核办法；调整了炼钢钢铁料消耗指标；9月份根据钢管厂易地改造停产，修订了“2009年钢管厂生产承包合同书”，结合实际出台了新的考核政策。

2010年，责任制考核围绕集团公司三大中心任务确定激励重点，继续加强经济责任制的日常考核；强化专业部门的管理和考核责任；规范管理程序，各项考核意见的提出、计奖、审核、修订严格按管理流程操作，规范执行。

下半年确定了“鼓励各单位依靠对标挖潜改善指标提高效益工资水平；技经指标及消耗指标由各专业部门提出修订意见；根据全年产量预计，调整相关产量计划；按质论价的补利标准由技术部门重新核算；适度控制奖金差距”等六项调整原则，对下半年经济责任制进行了调整。新增了“炼铁、炼钢平均日产量考核、高速线材考核”两个重点激励指标。

【日清日结】2009年，日清日结工作由注重结果检查转变为过程控制。2月末，对公司各单位的日清日结及效益工资分配情况进行了检查并提出了下一步的工作要求。8月末到9月初，计划管理部与审计监察部联合对14个单位的效益工资分配情况进行了检查。主要围绕效益工资的分配形式，是否有考评会议记录、效益工资分配记录，分配结果是否与日清日结分数、内部经济责任制考核相匹配，科段长效益工资分配情况，是否还存在二次分配，职工对当月效益工资分配情况是否了解，分配结果是否上墙公布等情况进行了检查。对有问题的单位提出了整改意见。

完善模拟市场核算和日清日结工作，把模拟市场核算和日清日结相融合，形成了一个有机整体，作为一个管理手段、管理模式和企业文化的重要组成部分去培育，提升日清日结工作水平。使日清日工作“实现两个目的，达到两个效果，做到一个提升”。即为模拟市场核算服务的目的，作为职工绩效评价的唯一依据的目的。两个效果，即：确保每名职工岗位责任得到落实，这也是企业控制基本规范的强制要求；实现管理工作的过程控制，达到注重结果的考核向注重过程控制转变的效果。

2010年，日清日结与经济责任制、对标挖潜有机结合，继续在过程控制上和落实管理者责任上下工夫。年初要求各单位在制定内部经济责任制上必须按对标挖潜的目标制定内部分配和考核政策。按照“简化、量化、强化过程控制和管理者责任”的要求进一步分解和深化指标体系，形成日清日结、经济责任制、对标挖潜工作的互为促进、有机结合，切实把日清日结考核结果作为效益工资分配的唯一依据。

日清日结在按月抽查的基础上，在9月份对全公司日清日结工作进行了检查。重点检查是否按照2010年的工作重点修订了日清日结实施方案。完成了日清日结考核指标调整工作。

【管理创新、管理制度】2009年，公司各单位共申报管理创新87项，经审核确定了66项。4月份完成了上年度管理创新项目评审工作，对公司级管理创新项目向省、市申报，共申报省企业管理成果1项、市企业管理成果7项，分别获得一、

二等奖。

1月10日，在由中国企业联合会、中国企业家协会联合开展的中国企业诚信评价活动中，凌钢荣获“2008年度中国优秀诚信企业”称号。

2009年，按公司要求对管理制度进行了修订，制定了公司制度建设管制表、修订原则和修订程序，联合办公室于8月底完成了全部修订工作。

这次的管理制度修订工作，在原有制度的基础上新建制度59项，修订了106项，废止了62项，最终确立了343项管理制度，已初步形成了比较完整的管理制度体系。

按国家五部委关于印发《企业内部控制基本规范》的通知要求，编写完成了《凌源钢铁集团有限责任公司内部控制体系建设及实施方案》，《企业内部控制手册》也已经初具雏形，基本上具备了检查要求。

2010年，公司各单位共申报管理创新78项，经过审核最终确定了66项。4月份完成了省、市管理创新成果的申报工作，共申报市级创新成果5项，省级创新成果2项。其中2项获得省二等成果，4项获得市一等成果，1项获得市二等成果。

2010年，对管理制度进行补充完善的基础上，公司管理制度编撰工作已经基本完成，初步形成了系统的管理制度体系。

内部控制体系建设工作有序进行。按照国家内控体系建设的要求，对18项控制事项进行流程设计、制度缺陷调查等工作，并初步形成公司内控手册。

【发展规划、资源开发】2009年，7月26日与北票市人民政府签订了《北票市人民政府与凌源钢铁集团有限责任公司战略合作协议》、《北票市人民政府与凌源钢铁集团有限责任公司关于矿山开发项目投资协议》、《北票市人民政府与凌源钢铁集团有限责任公司关于投资建设凌钢北票钢管有限公司项目协议》。9月26日，正式接收张守恩部分矿权资产，其中：金皋东山铁矿生金皋东山采区、汤泉沟铁矿瓦房西沟采区2个采矿权劳务证；北票市东官营乡五家子铁矿、赤峰市虞山矿业有限公司大黑山铁矿2个采矿权证。

2010年，3月15日辽宁省国土资源厅下达了辽宁省北票市北部铁矿普查省级资补计划，项目预算1300万元。其中：凌钢配套965万元，省财政335万元。批复文件：《关于2010年省本级地质堪察项目设计的批复》，批复文号：辽国土资项发［2010］26号。

2010年11月2日，向辽宁省经济和信息化委员会申报《钢铁行业生产经营规范申请报告》工作。

2010年12月10日，向朝阳市发展和改革委员会申报《清理钢铁项目报告》工作。

2010年11月24日，编制完成《凌源钢铁集团有限责任公司“十二五”发展规划（纲要）》；25日向省政府汇报。

【固定资产投资】2009年，完成技改投资11429万元，新增固定资产6297万元。主要技改项目为2号锅炉增烧煤气及发电机组改造、凌钢股份北票钢管有限公司技术改造工程、拉弯矫直机组、1号及2号竖炉50平方米电除尘器改造、52平方米烧结机除尘改造、240平方米烧结机焦粉运输工艺改造、凌钢职工食堂项目。

2010年，完成技改投资14057万元，新增固定资产6240万元。主要技改项目为3号锅炉增烧煤气及配套汽轮发电机组改造工程、污水深度处理改造、螺杆膨胀动力机余热发电、远程物资计量管理系统工程、空压风计量远程监测管理系统、门禁系统改造、厂内站手动道岔微机连锁改造、75平方米烧结机混匀矿上料系统优化改造、52平方米及75平方米烧结机生石灰消化系统改造。

【子公司管理】2009年初，根据公司的统一规划，资产运营职能划归到计划管理部，公司依据《公司法》规定的法人治理结构要求，在充分给予子公司生产经营自主权的基础上，按照科学发展观统筹兼顾的原则，把子公司管理纳入集团公司统一管理的范畴。推行“一贯制”的管理模式，使子公司突破原有的思维习惯，实现集团公司以“自强、诚信、求实、创新”为核心的企业文化和管理理念在子公司的延伸。

2009年4月，保国公司、朝焦公司、设计公司、管理咨询公司、宾馆等公司经理与董事长签订了2009年资产经营承包合同。合同中增加了与集团公司利润挂钩、专业经济责任制考核等条款。

2009年4月，修改完善了《凌源钢铁集团有限责任公司子公司管理办法》、《凌源钢铁集团有限责任公司对参股公司委派董事、监事管理办法》，下发了《关于进一步规范子公司管理的补充规定》。

2009年3月，根据机构及人员变化和集团公司关于对委派的控股及参股子公司的董事、监事管理办法规定，提出调整有关子公司董事、监事人员的建议，并调整了有关子公司的董事、监事人员。

2009年8月8日，经凌钢股份有限公司董事会研究决定，设立凌钢股份北票钢管有限公司。

2009年9月28日，经凌钢集团公司研究决定，成立凌钢集团北票矿业有限责任公司。

2009年11月3日，经凌钢集团公司研究决定，成立凌钢集团赤峰凌敖矿业有限公司。

2010年，子公司管理贯彻全公司一盘棋的思想，对影响公司生产经营的关键工序和关键指标加大了考核力度，对新增的凌钢集团北票矿业有限责任公司、凌钢股份北票钢管有限公司两个公司采取“新公司、新机制”的指导思想，制定考核办法。

2010年5月，保国公司、矿业公司、钢管公司、朝焦公司、设计公司、管理咨询公司、宾馆等公司经理与董事长签订了2010年资产经营承包合同。

在子公司考核上，共确定了16个指标作为对标挖潜指标，并把子公司的对标挖潜工作纳入集团公司对标管理体系，使对标挖潜工作在全公司得以全面贯彻。

2010年8月25日，成立凌源傲翼新能源有限公司。

2010年12月28日，成立凌源红山矿业有限公司。

2010年12月24日，成立朝阳龙山资产管理有限公司。

财　务　部

【基本情况】财务部是公司财务管理部门，主要职责包括依据法律、法规和财务制度编制财务会计报告、提供会计资料；组织集团公司的财税核算、管理；制定和完善公司财务管理制度，实施监督和管理；指导子公司的财务会计工作；筹集、融通公司经营资金，统一管理、平衡和调度；结合市场与凌钢经营实际，组织编制集团公司年度财务计划，制定机关部室及各分厂相关考核指标，实施费用考核和成本控制，全面提供决策支持，揭示、规避生产经营风险。

2010年末，财务部在职职工46人，其中股份总会计师1人，部长1人，副部长2人，科长7人，设有财务科、会计科、材料科、价格科、成本科、综合科、信息科。具有专业技术职称39人，其中具有高级技术职称5人、中级技术职称10人、初级技术职称24人。

【主要财务指标】2009年末，集团公司资产总额116.74亿元，其中所有者权益62.93亿元，负债53.81亿元。资产负债率46.09%，流动比率83.47%，速动比率50.30%，应收账款平均余额0.45亿元，应收账款周转率715.67次，存货平均余额15.20亿元，存货周转率7次。实现主营业务收入106.79亿元，比2008年提高10.38%。实现利税8.02亿元，其中实现利润3.95亿元，税金4.07亿元，主营业务利润率3.70%，成本费用利润率3.82%，税后净利润2.77亿元，期末未分配利润6.52亿元。

2010年末，公司资产总额136.47亿元，比2009年末增加19.73亿元，提高了16.90%，其中所有者权益71.04亿元，负债65.43亿元。资产负债率47.94%，流动比率85.06%，速动比率44.53%，应收账款平均余额0.58亿元，应收账款周转率379.49次，存货平均余额19.77亿元，存货周转率7次。实现主营业务收入146.13亿元，比2009年提高36.85%。实现利税12.44亿元，其中利润7.51亿元，税金4.93亿元，主营业务利润率5.14%，成本费用利润率5.40%，税后净利润6.36亿元，期末未分配利润10.88亿元。

【资金管理】一是积极筹措资金，在宏观金融紧缩和凌钢特定时期的不利影响，积极筹措资金4.9亿元，通过资本运作，为“宜快则快、宜慢则慢”的销售政策创造资金条件，显著提升了企业效益。在理财过程中，积极与金融机构沟通、博弈，灵活运作，适时选择成本较低的方式，续借新借贷款20.5亿元，办理银行承兑汇票1.92亿元，商业承兑1.4亿元，银行成兑汇票贴现21.3亿元，由于贷款利率、贴现率低于国家规定的水平，节约了财务费用万元。二是资金坚持“量入为出”原则，有限的资金支付结合市场价格走势，力保矿粉、废钢、煤等大宗原燃料经济合理采购，维持企业正常的生产经营。三是对于其他物资从降低库存和减少支付环节加速资金周转，坚持“结算跟着库存走，付款跟着结算走”的倒逼机制和“超三个月无动态物资”按银行贷款利率的考核机制不动摇。实现资金管理的现金流最优化、占用最少化和流转速度的最大化。四是技改工程资金支付区别化对待，将有限的资金支付在急需资金支付的工程上，确保重点工程按时完工。

【成本管理】深入开展旬成本管理。每旬坚持召开成本分析会，做到成本信息的及时分析与反馈，对于会议反馈的成本信息、指标的异常波动、会议落实的任务，要求相关单位要有研究、有落实、有反馈。相关单位要深刻剖析本身工作的不足，给生产单位创造良好的外部条件，最终形成整体合力，形成系统控制。旬成本管理有效的成本过程分析和过程控制为“对标挖潜、降本增效”提供了支撑，特别是针对成本构成中占80%以上的原燃料、辅料、材料及备件，成为成本控制的重中之重。通过生铁和废钢的性价比、皂土性价比的计算比较，决定减少生铁外购，提高皂土价格降低皂土消耗等措施有效地实施了成本的源头控制；更加侧重利润预测的准确性和频率，通过利润预测传递当前产品的利润水平，以此决定产品的生产结构和销售节奏，实现企业效益最大化；提高品种钢成本核算水平，通过对品种钢成本的深入分析、与相关部室分厂相互探讨基础上，制定了《品种钢成本核算管理办法》（财务［2010］4号），规范钢铁料、合金料的分配、品种钢的考核、合金料的盘点以及品种钢的产品定价等，经过上半年的规范运行，品种钢成本的核算准确性有了较大提高。

【子公司财务管理】对分公司资金实施“收支两条线”管理，公司与工商银行签订协议，对6家经销性子公司所收的货款，采取每天自动划转至股份公司账户；需要付款时，需要其提出申请，履行相关审批手续后给其付款。子公司依然坚持每周回款制度，防止资金销售环节的沉淀。经销性子公司人员变动时，对应收款等事宜做了具体要求，对经营过程中存在的问题给予了进一步规范。对生产性子公司，下发了《关于进行旬成本核算的通知》（财务［2010］4号）和《关于实施责任成本管理建立成本控制系统的通知》（凌钢集团［2010］12号），对提高子公司成本管理起到了积极的推动作用。同时，通过对子公司的价格监督，与相关部门研究制定了子公司物资采购招标办法，实现了物资统一采购。10月15日～22日，对子公司2010年1～9月份财务工作进行了检查。通过检查，暴露了当前子公司管理还需要加强，各经销性子公司和分公司在收入确认，应收账款、合同报备、合同执行、运费管理、价格管理、在途商品管理等事宜存在着不同程度的不足。对存在的问题进行研究后已经下达了整改意见，日后还需进一步加以关注。北票钢管和矿业公司是新成立单位，基础管理还比较薄弱，需完善的事宜较多；经营性子公司下发了《关于规范会计核算和加强相关财务管理的通知》，通知对会计基础工作、货币资金、物资管理、内部控制、成本核算管理5个方面进行了规范。

【重大事项】为优化资源配置，提高公司整体竞争力。2009年，公司分别投资6000万元设立凌钢集团北票矿业有限责任公司、凌钢股份北票钢管公司，投资80万元设立凌钢集团建筑材料检测公司；原股份公司所出资设立的6家分公司，杭州、广州调整为由大连公司出资，长春、鞍山、阜新、赤峰调为由沈阳公司出资；注销大连凌钢经贸公司。为保证企业可持续发展，加大矿产资源开发力度，出资1.6亿元购入北票五家子、娄家店、大黑山等矿产资源。2010年，出资5000万元、1500万元、2000万元、2000万元，设立朝阳龙山资产管理有限公司、赤峰虞山矿业有限责任公司、凌源红山矿业有限公司、凌源傲翼新能源有限公司，同时出资50万元设立凌源钢铁集团有限责任公司技工学校。同年，股份公司生产的“菱圆”牌螺纹钢获上期货所螺纹钢期货交割品牌资格。

【财务监督】坚持做到每月抽查销售价格业务，并做好抽查纪录。通过抽查，共发现四项存在问题的结算业务，其中两项结算程序手续不完备，要求供销公司及时补办相关手续，内容既涉及批量优惠，又涉及协议户协议政策；另外，发现售价方面错误两笔，挽回损失9542.45元。采购环节，严格按合同条款进行结算，仔细核对结算清单，物资结算做到有根有据，上半年通过核对，共发现结算有3笔业务存在问题，金额1207695元已经通知采购部门更正。工程结算开具的发票税率与招标、合同税率不一致拒付2笔，金额42758.57万元；少扣施工单位能源费98241万元，发现后得到了及时更正。

【政策创效】持续加大对财务政策及税收政策的研究力度，通过网络媒体针对新问题、难问题进行探讨研究，及时学习国家新颁布的法律、法规、规章制度等。努力实现政策创效，2009年，由于增值税政策改革，当期固定资产进项税额抵扣10472万元。2010年，“三新”技术开发费加计扣除所得税4226万元；国产设备投资抵免所得税3768万元，出口退税1947万元，同时积极争取财政补贴2090万元。

【会计基础管理】2010年8月24日~9月10日期间，财政部驻沈阳特派办对股份公司2009年度会计信息质量进行了检查，并于2010年10月15日以财驻辽监［2010］87号下发《财政部辽宁专员办关于凌源钢铁股份有限公司2010年会计信息质量检查结论和处理决定的通知》。针对通知提出的凌钢股份增值税及北票保国公司企业所得税纳税地点、河道工程维护费、租用凌钢集团土地租赁费用、预转固定资产计提折旧、关联单位“五分开”及有偿使用资产、部分费用跨期核算、存货跌价准备等问题对检查组进行了答复，圆满完成了检查任务。同时，通过检查财政部驻沈阳特派办对凌钢财务工作给予了高度评价，凌钢财务人员的业务素质、精神风貌、工作作风给检查组留下了深刻印象。

人力资源部

【基本情况】人力资源部负责人力资源开发与管理，编制中长期人力资源发展规划、人事、调配、招聘、劳动关系、定员和劳动纪律等管理；薪酬设计与管理；社会保险和公积金管理；职工培训；离退休人员管理；劳务市场管理；业务外委管理和大学生公寓等工作。

2010年末，人力资源部在岗职工49人（含生产操作人员），其中部长2人，副部长3人，科级干部9人。具有副高级技术职称6人、中级技术职称14人、初级技术职称10人；本科14人，专科20人。下设9科室：人事科、工资科、工伤医疗科、养老失业科、管理科、大学生公寓管理办公室、离退休管理科、培训科、劳务管理科；其中，有3个隶属单位是培训中心、劳务市场、离退办。

2009—2010年，人力资源部进一步规范和完善人力资源管理规章制度，努力提高职工待遇，进一步优化人力资源配置，为公司的350万吨钢规模化发展提供了人才支持，发挥了人力资源优势，增强了企业核心竞争力。

【职工手册】2008年，国家出台了《劳动合同法》，同时废止了《企业职工奖惩条例》，过去企业都是依据奖惩条例管理，迫切需要企业制定或修改本企业奖惩制度。2009年9月1日，经职代会讨论通过，公司出台了《职工手册》，作为企业人力资源管理方面最为重要的规章制度，也是企业内的“法律法规”，规范了企业人力资源管理。

【劳动合同】2008年，国家出台了《劳动合同法》，对劳动合同条款提出了新的政策和要求。2010年，根据《劳动法》、《劳动合同法》、《劳动合同法实施条例》和《职工手册》有关规定，公司重新修订了劳动合同文本，组织全体职工重新签订了劳动合同书。同时，出台了《劳动合同管理办法》，规范了公司劳动合同管理。

【定员定额标准】2009年1月1日，经过1年多的现场调研，人力资源部制定了正式、全面、配套350吨钢规模的《生产操作人员岗位劳动定员定额标准》，完成了集团直属14个单位、股份13个单位、宾馆、朝焦、保国3个子公司的《生产操作人员岗位劳动定员定额标准》的编制工作。此项工作同比减少岗位定员376人，取消挖潜482人，年降低人工成本约2205万元。

【业务外委】《劳动合同法》取消了临时工制度，公司原有的将临时工与正式工混岗的做法会给企业用工带来很大的法律风险。2009年，公司实施了业务外委模式，将技术含量较低、简单劳动的工作岗位成建制的外委给有资质的承揽公司，2010年实施了整体外委模式，将外委区域内生产、设备、维修、备件材料、运输、能源介质和人员全部承揽给承揽公司，整体外委模式符合《合同法》规定，降低了企业的人工和备件材料等成本，提高了公司竞争力，与承揽公司实现了共赢。

【技校招生】为满足高线、七机七流连铸机等项目人员需求。同时，解决凌钢职工子女和大学生配偶就业难题。2010年，公司按条件通过考试招收300名技校生，毕业合格后公司录用。

【技师评聘】为了建立操作人员职业发展平台，激发职工学习技术、运用技术、传授技术的热情，营造尊重劳动、尊重人才、尊重创造的企业氛围，根据《内部工人技师评聘方案》，2009年、2010

年两次聘任内部技师353人，占生产操作人员的3.5%。其中，技师324人、高级技师29人。

【工资管理系统】新工资管理系统是人力资源部牵头自行开发的工资管理系统，是工资管理的信息化建设的里程碑，操作界面直观，操作灵活简单。工资数据实现网络传送和共享。

审计监察部

【基本情况】审计监察部是公司管理部门，主要职责是对监察对象履行岗位职责及从事管理活动监督检查，对管理人员执行企业规章制度贯彻实施企业经营决策、工作目标情况的监督检查，对企业管理效能、效率和效益情况进行监督检查，纠正和处理生产经营管理中的违规违纪行为，防止国有资产流失。审计监督职责是，依照国家有关法律法规和企业管理制度，对集团公司内部各单位财务收支与经济效益进行监督检查，对公司及所属单位的财务收支审计，公司内设机构及所属单位行政主要负责人的任期经济责任审计，公司工程造价审计，公司购销及外委施工价格审计，招标、议标、谈价监督，公司及所属单位的内部控制制度评审，对公司及所属单位经营管理和效益情况进行审计，违反国家财经法规、公司规章制度的专案审计和专项调查等工作。

2010年末，审计监察部部长1人、副部长2人、副部级1人，下设办公室、审计科、效能监察科、案检科，共有员工20人，其中，本科4人、专科14人，具有高级技术职称6人、中级技术职称2人、初级技术职称10人。

【工作概况】公司内部审计紧紧围绕公司“继续深化对标挖潜、降本增效，加大资源开发力度，努力转变发展方式”的总体工作，以经济责任审计、工程造价审计为基础，以加强内部控制、完善管理、降低经营风险为目标开展内部审计工作。两年来，完成财务收支审计26项，完成经销性子公司领导离任监交工作4次，完成离任审计14人次，下发《审计决定书》4份、《催款通知书》1份，完成资产负债审计1次，按照预算与合同、图纸、招标、现场相结合的方法开展工程造价审计工作，审计工程预决算4365本，审减工程造价945万元，参加公司大小招标、议标1025次，通过小招标、议标、谈价为公司避免间接经济损失342万元。内部审计监督职能得到有效发挥。

【中层干部离任审计】完成14名同志的离任审计工作，出具离任审计报告10份。同时，完成了四家经销性子公司经理交流的离任交接。在经销性子公司交接及离任审计工作中发现四家子公司应收款比年初大幅增加的问题，审计监察部对锦州、沈阳、大连三家公司原任经理下发了《审计决定书》，要求限期收回欠款，否则追究责任人的责任。

【财务收支和子公司审计】2009年，完成了保国铁矿、朝焦公司、宾馆、监理公司、设计院五家生产服务性子公司，大连公司、沈阳公司、锦州公司、北京公司四家经销性子公司财务收支审计工作，出据审计报告9份。完成经销性子公司半年度审计工作，出据审计报告4份。在审计报告中反映了个别子公司经营中存在的重大事项，如大连公司回收辽宁丽晶欠款、以车抵欠等事项；指出了个别子公司经营中风险所在，如经销性子公司存货、应收账款管理；披露了个别子公司管理中存在的问题，并针对问题提出改进建议8条，如保国铁矿应加强基础工作、价格管理，朝焦公司、北京公司加强应收账款催收工作，沈阳公司加强出入库管理等建议，对完善子公司管理起到了促进作用。根据子公司财务收支审计情况，撰写了《关于加强子公司管理的建议》的调查报告，指出从内部控制、价格管理、信息控制等9个方面加强子公司管理。公司已采纳部分建议，如经销性子公司经理交流、财务负责人的述职等，对加强子公司管理起到了积极作用。

2010年，完成了保国铁矿、朝焦公司、宾馆、监理公司、设计院五家生产服务性子公司，大连公司、沈阳公司、锦州公司、北京公司四家经销性子公司财务收支审计工作，出据审计报告9份。完成经销性子公司半年度审计工作，出据审计报告4份。在审计报告中，反映了个别子公司经营中存在的重大事项，如大连公司应收账款增加、内部合同管理不严密等事项，指出了个别子公司经营中风险所在，如经销性子公司存货、应收账款管理；披露了个别子公司管理中存在的应收账款、费用报销问题，并针对问题提出改进建议5条，如保国铁矿应加强基础工作、价格管理，朝焦公司、大连公司加强应收账款催收工作等建议，对完善子公司管理起到了促进作用。

【工程造价审计】2009年，审计科按照预算与合同、图纸、招标、现场相结合的原则开展工程造价审计工作，全年深入施工现场68次，审计工程预算2500多本，审减734万元，主要是从定额错套、工程量计算有误、重复计算工程量等几个方面审减，其中大额审减的项目有：棒材主厂房预算审减工程造价355万元；棒材厂房柱基础工程预算审减工程造价124.46万元；120吨转炉主厂房预算审减工程造价141.62万元；“保国铁矿磨选厂房回填土、变形缝”工程预算审减造价15.74万元；炼钢转炉炉口二次排烟装置制作安装工程预算审减10.19万元；棒材项目设备二次刷油预算审减22.5万元。通过工程造价审计工作，确保了工程造价的真实、合理，避免了损失，维护了公司利益。同时，加强工程剩余物资检查工作，深入白灰、渣处理、焦化等工程现场，协调相关部门清理退库工程剩余电缆1000多延米、无缝管8根、阀门4个，避免了损失、浪费。

2010年，审计科按照预算与合同、图纸、招标、现场相结合的原则开展工程造价审计工作，全年深入施工现场76次，审计工程预算1865本，审减211.64万元，主要是从定额错套、工程量计算有误、重复计算工程量等几个方面审减，其中大额审减的项目有：保国自建工程审减工程造价165.58万元；钢管公司10千伏开闭所新建11.14万元，1号高炉大修改造厂房加固工程审减7.4万，焦炉改造硫铵仓库及厂房防腐工程5.6万，转炉连铸大修改造工程材料代用4.7万元，1号高炉改造喷煤厂房加固3.01万。通过工程造价审计工作，确保了工程造价的真实、合理，避免了损失，维护了公司利益。

根据公司领导要求，我部对保国铁矿自承担铁矿混合矿项目工程预算进行了审计，通过审查合同、定额、图纸，核对现场工作量，与铁矿会计、预算员进行了解，发现保国铁矿工程预算与集团公司规定不一致，存在差异。为此提出5项审计建议：（1）按集团公司规定安装工程人工费不予调整，执行23.42元/工日，土建工程人工费可调至30元/工日，装饰工程人工费调增至40元/工日。（2）按集团公司规定安装工程提取80%人工费。土建工程因外雇大量临时工按30%提取人工费。（3）冬季施工人工费计取，按辽宁省建设工程丙级费用标准安装工程冬雨季施工增加费按人工费的2.8%计取，土建工程按相应标准直接费的0.8%计取。（4）部分项目机械费中又提取人工费，应扣除重复计算机械费。（5）联合试车人工费按6%计取无依据。联合试车不属于施工单位工作内容，应属于建设单位责任，施工单位只是配合联动试车，考虑到保国特殊情况，按3%计取联合试车人工费。根据以上建议共审计预算58份，审减金额165.58万元。其中，人工费160万元。通过对保国铁矿自承担工程预算审计不仅节约了技改工程投资，更深远的意义在于规范了子公司工程管理制度。

焦化改造硫胺仓库及厂房防腐工程，工程量清单认证铸石板砌筑呋喃胶泥增厚范围不清，经现场核查只是室外地坪施工超标，呋喃胶泥找平层增厚，其余墙体部分按标准正常施工。据此经双方计算审定金额30222元，审减55846元。审减率65%。

北票钢管公司10千伏开闭所技改项目，预算审批金额961846元，审计人员认真仔细核对图纸，并询问技改部现场施工员，确定预算第1项分部分项直埋电缆铺砂、盖砖实际工程量为110米，定额计量单位为100米，因此正确数量应为1.1，而审批数量为110，据此审减工程造价111408元，审减率12%。

【专案审计和审计调查】2010年，审计科协助保卫部对厂内销售出纳人员丁焕源挪用销货款88万元案件进行调查，对厂内销售收款结算业务流程进行梳理，找出关键控制点，对具体规程修改提出意见。事后四次到工作现场了解执行情况，及时修正偏差，保证销售收入的安全。

2010年9月份，开展小金库检查工作，重点对保卫部及保国公司保利乳制品厂和保国公司招待所进行检查，对保卫部出门证管理混乱问题进行梳理，查清症结所在。对保国公司保利乳制品厂资金来源、资金占用清查，对经营管理中存在的饲料价格、出入库管理及白条支付现金等问题予以披露，对保国公司招待所应收未收收入问题予以反映，为公司领导决策提供了依据。

【内部控制制度审计】2010年4月份，审计科对凌钢北票钢管厂财务审核报销、产品销售、门卫管理流程进行内控审计测试。采取实地测试、制度检查、跟踪流程、查阅凭证等方式，发现一些管理漏洞和差距，系统提出改进意见和措施，为提升钢管厂管理水平起到积极的推动作用。2010年5月份，开展了对润滑油保管员环节内控测试，整理编写内控测试报告。8月份去设备材料部轴承电器库核查，对进口轴承到货数量、产地、规格、型号、品牌逐项核对，对国产品牌轴承进行抽查，向保管员提出改进保管工作意见。

【价格审计和招投标监督】2009年，审计监察部参加公司招标、议标562次，其中小招标及议标272次，通过小招标及议标方式节约采购资金150万元。在招标过程本着公平、公正、公开的原则发挥监督作用，对不符合招标制度的予以规范，维护公司招标工作的严肃性。针对招投标工作中存在的问题，组织相关部门召开了加强招投标管理工作的专门会议，指出招投标工作中存在捆绑招标，准备不充分；随意更改招标采购物资数量，易造成材料损失浪费；招标前技术交流不充分，仓促招标；招标前不询价或询价不充分、不真实等方面的问题。同时要求各单位要重视招标工作环节、细节管理，迅速整改，堵塞漏洞，加强部门间沟通与协调，严格落实制度，规范操作，避免类似问题发生，对规范公司招投标活动起到了促进作用。

2010年，审计监察部参加公司招标、议标463次，其中小招标及议标245次，通过小招标及议标方式节约采购资金192万元。在招标过程本着公平、公正、公开的原则发挥监督作用，对不符合招标制度的予以规范，维护公司招标工作的严肃性。如2010年11月19日，凌钢动力厂转炉煤气柜A湿式电除尘年修工程议标过程中，结合秦皇岛燕山大学轧制中心分项报价审计人员提出安装调试费13万元偏高，要求施工单位降价的建议，经2次降价由最初报价58.4万元降至51万元，降价7.4万元，降低13%；2010年11月20日，中型材改造轧线机械设备议标，结合南京高精工程设备有限公司报价逐项审核，发现轧机机列设备单价3.29万元/吨偏高，采取类比方法，明确提出轧机机列设备单价不能超过2号棒轧线设备2.89万/吨，设备供货商同意降价，由最初报价3158.71万元降至2772万元，降价386.71万元，降低12%。

生产技术部

【基本情况】生产技术部是公司生产组织及安全管理的部室。主要负责生产组织、计划、检修、安全管理等工作。下设有计划科、值班室、安全科等科室。生产技术部现有职工76人，其中工程技术人员34人，操作人员42人。具有高级技术职称6人、中级技术职称15人。本科15人，大专12人。

【生产组织】2009年，公司面临两大任务。一是新系统“达产达效”，二是老系统“降本增效”。生产组织主要围绕上述两大任务展开。2009年，完成铁290万吨、钢307万吨、材310万吨。生产技术部严格按“以新项目达产达效为重点，努力提高生产运营的效率和质量”的工作思路和要求，全面做好生产指挥最佳平衡，强化生产技术职能，推进新项目达产达效。

1. 改造麦尔兹窑煤气管道，保麦窑及竖窑生产

麦尔兹窑与200立方米竖窑共用一套转炉煤气管道。2月份麦尔兹窑投产后，发现管道输送能力不足，煤气压差大，对竖窑及麦窑产量质量均有较大影响，影响到麦窑达产达效，无法满足炼钢精料要求。后为200立方米竖窑新建高炉煤气管道，把麦窑及竖窑管道分开，3月末投入使用，解决了煤气制约生产的问题。

2. 探索新转炉“一罐到底”模式，促使新转炉连续生产，保铁钢工序顺畅“一罐到底”顺行实施

新转炉早日稳定顺行，是打通整个生产线的关键。新转炉采用“一罐到底”模式，没有混铁炉，100吨铁水罐直接入转炉。对铁钢衔接、铁水重量质量提出较高要求。试产前期因转炉生产不顺，后经过调整，用小罐运送其他高炉质量较好的铁水给新转炉，充分利用倒罐站的作用，不顺现象得到解决。

3. 3月份脱硫投入使用

4月份达到连续脱硫能力，脱硫的投产，保证了入炉铁水成分，为生产顺畅、产品质量提高提供了有力保障。LF炉3月份投产，3~8月份之间LF炉没有达到理想状态。8月份以后，通过对生产工序进行调整，充分利用LF调温、调质的作业，安排全程走精炼，出钢温度降低，对温度的要求降低，对铁水重量及成分的依赖性降低，LF炉达到良好状态，一罐到底更加顺畅。

4. 优化定修模型

保铁钢工序顺畅新转炉因除尘为电除尘，定期需要安排检修，4 月份之前每 10 天安排一次检修，每次 10 小时。5 月份开始，根据前期经验，调整为半月一次定修。尽量把高炉定修与新转炉定修同步安排，以减少铸块量。定修之前提前安排铸块、混铁炉铁水及其投罐数量。从 3 月份以后，新转炉定修时未发生高炉休风情况。经过精心组织，多次实现高炉不检修、新转炉定修时铁水不铸块。

5. 打通 1 号铸机—2 号棒材生产线，使其相互匹配，生产顺畅

6. 调整年修时间，优化年修方案，促使年修项目提前完成

以 3 座 35 吨转炉年修为中心的系统年修，原计划在 6 月份进行。一季度受金融危机的影响，钢铁行业出现全行业亏损局面。凌钢一季度持续出现亏损，产品销售不畅，库存积压较多，公司决定把 6 月份的年修提前到 5 月份进行。5 月 5 日～6 月 2 日安排了 3 座 35 吨转炉、35 吨转炉更换加料跨天车及天车梁、1 号、2 号、3 号高炉检修、4 号竖窑、1 号竖炉、2 号棒材、中型材、10000 立方米/时制氧机等年修项目。

2010 年，凌钢进入了一个新的历史发展时期，生产达到了名副其实的 350 万吨的实际生产能力。针对公司 2010 年工作会议要求，结合生产技术部自身特点，提出了 2010 年生产技术部总体思路为“提高认识，转变观念，重点突破，实现目标”。围绕公司生产经营计划积极开展工作，较好地完成了公司生产经营目标。2010 年完成：铁 310.07 万吨，钢 344.05 万吨，材 354 万吨，品种钢 161 万吨。

生产方面主要是突出 3 个重点，确保目标实现。一是稳定高炉生产，二是实现平均日产万吨钢，三是以效益最大化原则组织轧材系统生产，科学匹配坯料，实现型棒材产量最大化。具体包括：

（1）以高炉为中心，精料精做，并针对 3 号高炉采取护炉措施，确保高炉安全稳定顺行。

1）原料厂加强混匀料生产组织，实现烧结机全部配吃混匀料。

2）强化烧结机及竖炉的生产，努力提高烧结矿及球团矿的产量及质量。

3）强化焦炭质量管理，焦炭强度持续稳定。加强焦炭水分控制。

4）在 1 月、8 月两次安排 3 号高炉喂钛线护炉，并采取加钒钛矿、提高炉温等措施进行护炉，保证了高炉安全稳定运行。

（2）全力以赴组织炼钢生产，实现平均日产万吨钢目标。

1）在 7 月末，生产技术部制定了《必保平均日产万吨钢管理考核规定》，通过对事故责任单位进行从速、从重、从严考核，扭转事故频发局面，保主体工序生产顺畅，从而达到高效、有序运行。

2）原料厂强化对竖窑及麦窑的管理，石灰质量有明显提高。

3）炼铁厂通过强化管理及操作，高炉持续稳定运行，8 月份后基本达到日产 9000 吨以上水平，为炼钢实现平均日产万吨钢创造了条件。

4）炼钢厂通过加强管理及操作，加强炉口管理、提高冷料配比、适当增加灰耗、优化渣系，降低出钢温度，实现快节奏生产。并通过降低铁水消耗，节铁增钢，实现钢产量最大化，9 月份铁水消耗降到 879 千克/吨，保证了生产有序顺畅。

5）优化板坯生产，合理安排普碳钢与品种钢计划，增加换罐连浇次数，努力提高板坯产量，8 月份实现平均日产 3464 吨，创历史最好水平。

6）从 8 月份开始，炼钢厂实现了平均日产万吨钢目标，8 月份生产钢 310211 吨，日平均 10007 吨；9 月份生产钢 302071 吨，日平均 10069 吨；11 月份生产钢 305816 吨，日平均 10194 吨。

（3）以效益最大化原则组织轧材生产，科学匹配坯料，实现型棒材产量最大化。

1）以效益最大化的原则组织生产。

2）科学合理组织坯料，安排 2 号棒材、高线配吃 150 毫米方坯，保证型材厂产量最大化。

3）全力以赴组织高线生产，确保高线尽快达产达效。

【安全管理】（1）2009 年 1 月 14 日，组织党政工团各级领导和安全管理人员在宾馆三楼会议室召开了 2009 年安全生产工作会议，股份公司总经理郝志强以“深化严、细、实管理，进一步提升素养安全和本质安全管理水平，努力实现工亡事故零目标”为题在大会上作了报告，提出了“认真贯彻落实‘安全第一，预防为主，综合治理’的安全生产方针，深化‘严、细、实’管理，进一步提升素养安全和本质安全管理水平，实现工亡

事故为零的目标”总体要求；会上表彰了“安康杯”竞赛优胜单位、先进个人及安全标杆班组、优秀班组、优秀区域负责人、青年安全生产示范岗等；集团公司总经理张振勇与部分分厂签订了《2009年安全目标管理责任状》。

（2）4月10日，公司工会、生产技术部联合组织开展了以“科学发展抓预防，预防为主重教育”为主题的“安康杯”竞赛活动，到年底，经过评比动力厂、氧气厂、焦化厂、运输部、朝焦公司5个单位荣获2009年“安康杯”竞赛优胜单位。

（3）5月1日~6月30日，在全公司范围内组织开展了以“关爱生命、安全发展”为主题的“双安全月”活动。

（4）5月8日，根据集团公司机构调整和人事变动情况，适时调整了凌源钢铁集团有限责任公司安全生产委员会。

（5）6月19日，公司工会、公司团委、生产技术部、动力厂联合举办了“动力杯”安全演讲比赛活动，这次活动共有16个单位30名选手参赛，经过预赛，有17位选手进入决赛，经过激烈的角逐，质量部的王立红、动力厂的褚晓芳获得第一名，所在的单位荣获“动力杯”安全演讲优胜单位。

（6）7月9日，生产技术部组织召开了下半年安全工作会议，全面总结了上半年安全工作，部署了下半年安全工作任务。

（7）8月24~31日，生产技术部根据8月份安全例会杨总提出的要求，为了搞好后4个月的安全工作，进一步明确安全工作重心下移的方法，生产技术部领导带领安全管理人员到动力厂、中宽带钢厂、焦化厂、炼钢厂、炼铁厂、型材厂、检修中心等7个主要生产单位与主管领导、安全管理人员及作业长对安全管理工作进行了座谈和调研。

（8）9月6日制定和下发了《关于推进安全管理工作重心下移的暂行规定》从9月23日起实施。

（9）9月23日~12月31日，公司以“重心下移，深化‘严细实’；隐患治理，确保安全无事故”为主题，组织开展了“百日安全无事故”活动。

（10）11月1~10日，以“重心下移，深化‘严细实’；隐患治理，确保安全无事故”为主题，组织开展了“安全短信”征集活动。

（11）12月20日，制定和下发了《关于对外协单位考核管理规定》。

（12）事故情况：

1）1月17日，质量部原料站乙班检查员岳宗林在厂内钢达公司制粉厂外购白灰置场取白灰样时，被铲车碾压致死。

2）10月7日，中宽带钢厂天车作业区乙班天车工刘书良上天车走梯不慎从6.2米平台上掉下摔伤致死。

3）11月15日，检修中心仪表站炼钢班值班仪表工高原在炼钢厂35吨转炉吊包跨厂房房顶行走时，屋面板突然坍塌，瞬间掉下，摔在厂房地面上，造成颅骨骨折当场死亡。

采取的措施：

（1）1月8日，公司在宾馆三楼会议室召开了2010年安全生产工作会议，公司副总经理杨宗成代表公司作了安全生产工作报告，认真总结了2009年安全工作，深刻剖析了2009年安全工作存在的问题和教训，结合公司实际提出了2010年安全工作总体要求，全面部署了2010年安全工作任务。公司董事长、总经理张振勇与主要生产单位签订了《2010年安全目标管理责任状》。公司党委书记郝志强作了重要讲话，对如何搞好凌钢的安全生产工作提出了要求。

（2）3月26日，公司工会、生产技术部联合组织开展以“加强班组安全建设，强化一线教育管理”为主题的“安康杯”竞赛活动，经过评比炼钢厂、检修中心、动力厂、氧气厂、焦化厂、原料厂、保国公司7个单位荣获2010年度“安康杯”竞赛优胜单位。

（3）5月1日~6月30日，公司组织开展了以“安全发展预防为主”为主题的“双安全月”活动。

（4）5月31日~6月5日举办了四期“安全在我手中、命运由我主宰”——提高职工安全意识典型事故案例教育活动，用发生在凌钢内的典型事故案例进行说教，使2500多名职工受到了安全教育，起到了吸取教训、杜绝违章、远离事故的目的。各单位组织受教育的职工写出了观后感和体会。生产技术部与新闻中心联合录制了“安全在我手中，命运由我主宰”典型事故案例教育录像片，下发到各单位，组织职工进行观看。

（5）5月25日，公司工会、公司团委、生产技术部、检修中心联合举办了以“安全伴我行检修杯”安全演讲比赛活动。炼钢厂、检修中心荣获优胜单位，炼钢厂徐李丹、检修中心王委等12名选手获奖。

（6）7月12日，召开了下半年安全工作会议，总结上半年安全生产工作，部署下半年安全生产工作任务。

（7）9月23日~12月31日，公司以“深化‘严细实’管理，夯实安全基础工作推进安全生产标准化，提升安全管理水平”为主题组织开展了“百日安全无事故”活动。

（8）2010年，公司实现了工亡事故为零，荣获了全国“安康杯”竞赛先进单位称号。

技 改 部

【基本情况】为启动凌钢朝阳工程，机动部、计划管理部、设计院部分人员调入发展规划部与原发展规划部人员于2006年组建成技改部。2007年9月招标办、造价中心人员从技改部剥离组建公司造价中心。技改部的基本职责是：负责技改工程的全面管理工作，组织制定质量、投资、进度控制目标、计划和措施，对工程质量、投资、工期及项目达产达效负全面责任。

【2009年技改工程】2009年，公司技改工程主要有上年未完的焦炉改造工程、钢管厂易地改扩建工程、热电6000千伏汽轮机改造工程、渣处理改造工程、350万吨钢收尾完善工程等在建工程；公司新确定开展的项目：1号高炉大修改造工程、50万吨高速线材改造工程等。

1. 350万吨钢项目收尾工程

350万吨钢项目共计投资26亿元，2008年年底全部竣工投产，2009年技改部响应集团公司提出的“降本增效、达产达效”口号，积极解决各项工程遗留问题和制约达产达效因素，配合生产单位做好“对标挖潜”工作，实现达产达效目标，基本保证了350万吨钢项目收尾工程在2009年7月之前完成，截至年底前固定资产也已全部移交，为公司350万吨钢项目画上圆满句号。今年重点完善项目如下：

（1）120吨转炉大修改造工程。2009年1~4月，技改部会同机动部、备件部、转炉炼钢厂及施工单位针对双流板坯铸坯纵裂问题、五机五流翻转冷床不能正常使用等制约生产问题，进行认真分析、处理，确保了转炉在5月份达产。

（2）公辅改造工程。公辅工程属350万吨钢项目涉及面最广，跨时最长的项目。今年对受气候影响及需完善的项目进行了改造，包括制氧大墙处平土工程；南门新建影视屏工程；厂区道路修复工作；58平方米烧结机拆除等工程，都已按期完工或投用。

2. 渣处理二期改造

在原有渣处理基础上扩容改造，实现公司零排放的设想。同时，满足下一步整体改造渣处理需求。5月底已投入使用。

3. 焦炉改造工程

焦化改造工程共计投资约2.8亿元。焦化改造工程依然存在场地狭小的问题，且多个施工单位同时作业，经过施工单位和项目部共同积极努力及相关单位的紧密配合，客服了场地狭小等困难，最终废水处理4月份投入使用，煤场10月份投入使用，化产9月份投入使用；焦炉在11月16日出焦，比计划提前15天投产。

4. 热电6000千伏汽轮机改造工程

将原3000千伏发电机组拆除改为6000千伏汽轮机组，计划投资1650万元。在吸取350万吨钢热电改造工程经验教训的基础上，该机组的设备安装和并网发电手续办理同时进行，避免了汽轮机的投运不投产。最终6000千伏汽轮机组在11月16日并网发电。

5. 凌钢股份钢管公司易地改扩建工程

在北票市工业园区新建钢管厂，将原有直径50毫米、直径76毫米、直径114毫米、直径219毫米及热轧钢管生产线等老系统设备搬迁至北票钢管厂区；同时新建直径1420毫米、直径820毫米螺旋焊机2套、直径325毫米、直径114毫米机组2套；新建主厂房、办公楼、宿舍、食堂、锅炉房等附属设施。

该工程属外地施工，有别以往公司的其他技改项目，工程管理制度、程序仍存在部分空白，在开工前组织相关管理部门，首先对材料管理等制度进行了补充、完善，从根源上避免了施工单位有机可乘。施工中通过科学组织施工资源和施工方案，动态优化施工网络计划，控制工程网络关键节点，确保老系统机组在2009年12月15日投产。新机组预计2010年5月31日投产。

6. 1号高炉大修改造工程

将原有380立方米高炉扩容至450立方米，年底前，除尘总包工程及建安工程等较大的单项工程都已招标完成；主体设备也已全部订货；施工图纸预计在12月底全部完成；施工方面为缓解2010年3月1日停炉后多个施工单位同时作业的压力。2009年，鼓风机站、出铁场除尘土建及喷煤主厂房加固工程都正在开展。

7. 50万吨高速线材改造工程

根据公司战略部署，新建一条年产50万吨的高速线材生产线。接到技改任务后，积极组织设计、设备、造价各工程管理部门开展工作。年底前50万吨高速线材改造工程主体设备订货已完成，设计工作正在进展；建安工程及桩基础工程招标已完成，桩完成200根，主厂房基础工程从12月中旬开始施工。

8. 北票矿业公司改造及保国铁矿铁蛋山矿区改造工程

北票矿业公司改造正在开展初步设计；保国铁矿铁蛋山矿区改造工程初步设计完成，预计2010年5月份开工。

【2010年技改工程】2010年，公司技改工程主要有1号高炉大修改造工程、50万吨高速线材改造工程、热电75吨锅炉及12兆瓦机组改造工程、钢铁技术研发中心工程、52平方米烧结机大修改造工程、240平方米烧结机烟气脱硫工程、钢管厂易地改扩建工程、北票矿业公司改造工程、北票保国铁矿铁蛋山副井工程及北票保国铁矿澄清池改造工程等项目。其中1号高炉大修改造工程、钢管厂易地改扩建工程、北票保国铁矿澄清池改造工程、50万吨高速线材改造工程、热电75吨锅炉及12兆瓦机组改造工程已相继按期或提前投产。

1. 1号高炉大修改造工程

1号高炉改造工程，计划投资1.49亿元，将380立方米高炉拆除，改造为450立方米高炉。1号高炉改造工程由于施工场地的限制，比以往任何一座高炉的建设组织难度都要大的多。而1号高炉的提前投产，对公司完成计划铁产量，和深化对标挖潜意义重大。吸取以往高炉施工经验，在停炉前，成功组织了原喷吹楼的爆破工程，为拆炉和下部施工具备了条件。同时在停炉前，组织了水管路改造、喷煤厂房加固，新建鼓风机房等工作。由于准备充分，工程3月1日开始拆炉，最终4月21日出铁，历时51天，比计划提前9天投产，喷煤工程比计划提前1个月投产，对炼铁系统的对标挖潜发挥了较大作用。

2. 50万吨高速线材工程

50万吨高速线材工程计划投资2.8亿元，是公司调整产品结构，增加效益增长点的关键性工程。工程桩工程实施时，吸取350万吨钢建设的经验，提前破除地下基础，为打桩创造条件，使桩工程比计划提前1个月，厂房柱基础在春节前全部完成，为春节后立第一根柱子创造了条件。在工程组织过程中，把提高工程质量、完善配套设施作为重点来抓，把提高建设水平，提升工程管理能力作为重点来抓。工程投产时，厂房内环境，厂房外道路、绿化已经同时完成。高线工程通过项目部、施工单位及公司相关单位共同努力，高线工程在8月10日投产，比计划提前15天投产，且投产后迅速达产。

3. 热电75吨锅炉及12兆瓦机组改造工程

新建75吨锅炉及12兆瓦汽轮机组，计划投资7200万元。是公司消耗富余焦炉煤气，节能减排的重点项目。在工程组织中，在吸取350万吨钢热电改造工程经验教训的基础上，对该项目建安工程费进行了认真讨论分析，降低了部分建安费用；在施工组织上有针对性的进行了优化。该工程于10月6日并网发电，比计划提前9天投产。

4. 钢铁技术研发中心工程

钢铁技术研发中心工程是公司改善办公环境，提升公司整体形象的重点工程。该工程公司上下万众瞩目，要求管理工作不容半点疏忽，对该工程以建设优质工程、精品工程为目标，在施工组织中认真贯彻质量体系标准，严格执行施工技术规范，确保工程的安全、质量、进度、成本等达到预期的目标。

年底前科研综合楼、综合实验楼主体完成，窗户安装完成、采光顶、幕墙等封闭工程本月将基本完成，消防、空调系统正在施工，外墙装修钢龙骨正在施工，室内装修工程也在准备过程中。会议中心、食堂主体及墙体封闭已经完成，正在进行外装脚手架搭设。动力中心主体完成，设备基础及循环水池也基本完成。

5. 52 平方米烧结机大修改造工程

拆除原52平方米烧结机，新建180平方米烧结机，计划投资3.0亿元。计划2011年3月1日开始拆除。

本工程主抽、混料筒、烧结机、环冷机等主体设备订货工作已完成；机头除尘总包工程已招标并签订了施工合同，建安工程及机尾除尘等工程招标将在年底之前完成。设计正按计划进行。过渡的皮带通廊基础已经完成，钢结构正在施工，计划2月底过渡。

6. 240 平方米烧结机烟气脱硫工程

240平方米烧结机烟气脱硫系统，计划投资5000万元，是公司节能减排的重点项目。该工程9月份完成招标。年底前桩基工程已经完成，设备基础正在施工，计划春节前完成土建工程。

7. 凌钢股份钢管公司易地改扩建工程

在2009年底搬迁的老系统投产后，今年的重点工作为新机组的安装调试工程。施工中，针对设备延期到货的问题，通过科学组织施工资源和施工方案，动态优化施工网络计划，控制工程网络关键节点，使新机组在5月末全部具备了热试条件。

8. 北票矿业公司改造工程

北票矿业公司改造工程计划投资1.5亿元。年底前选厂主厂房土建工程已经全部施工完毕，4台磨机已安装就位，厂房内其他设备大部分已安装完毕，正进行管道及电气施工；筛分厂房土建已全部施工完毕，3台振动筛已安装就位，其他配套设施大部分已经安装就位，正进行调试；破碎厂房土建已经全部施工完毕，正进行锥破安装；过滤间土建已基本完工，过滤机已就位，正进行其他设备安装；五家子选厂处精矿仓已经施工完毕，锅炉房土建基本完成，锅炉已就位，正进行风机安装；新水取水管路已完成10.4千米，新水用户泵房正进行墙体砌筑，中间加压泵房土建已完成，准备设备安装；尾矿坝基槽已经清理完毕，正进行筑坝施工，回水池已浇筑完毕，尾矿回水管路完成320米；尾矿输送管路基础墩浇筑完成4千米，准备管路铺设；办公楼开槽完毕，正进行基础施工。

该工程受征地手续影响，浓缩池未能施工，尾矿库11月份才刚具备施工条件，目前正在紧张施工过程中。

9. 保国铁矿铁蛋山副井改造工程

在铁蛋山副井施工中，通过优化管理，科学组织，同时与华冶公司紧密沟通，调整施工机械和施工方案，创造了月成井205.6米冶金矿山竖井全国新纪录。目前副井累计432.2米，风井271.5米，斜坡道累计完成524米。

10. 保国铁矿澄清池改造及水系统工程

新建38米澄清池及附属系统，年初开始施工，于5月底按计划投入使用，目前运转良好，对改善水质起到了较大的作用。

造价中心

【基本情况】造价中心行使工程造价管理职能，基本职责有负责公司技改、技措、定（年）修、日常维修工程建安造价审核和分析。负责年修及技措项目前期立项阶段投资额的确定。负责编制技改工程工程量清单及标底测算。负责工程项目预算、决算造价有关资料的统计、分类、归档。负责工程项目中地坪材料的定价和找差。负责施工单位自购特殊材料的价格审定、厂家信息收集、考察。负责技改项目甲供材料计划的编审。负责施工单位领取甲供材料计划和料单的审批。负责集团公司内部造价专业人员的业务培训和管理。配合相关单位的工程项目的竣工验收和固定资产移交。

招标办公室是凌钢招标委员会的常设机构，主要负责集团公司日常招标管理工作。基本职责是：对公开招标的项目负责向上级有关部门进行备案；对一般招标项目，负责从评委库中选出评委组成评标小组和定标小组，并报招标委员会批准；对评委的工作业绩进行监督考核，建立优胜劣汰机制；负责确定招标项目开标、评标的时间、地点，准备招标会议相关材料，负责召集并主持招标会议；与招标专业管理单位共同向招标委员会确定的中标单位发出中标通知书；对招标项目进行认证，对重大招标项目，在发出招标书前负责组织主管部门对招标书内容进行讨论确认；会同招标监督管理单位监督、检查中标合同的履行；对招标项目在实施过程中出现的问题进行分析、考核、处理；负责组织招标专业管理单位做出年度招标计划；负责建立专家评委信息库，协助、督促招标专业管理单位建立供应商信息库和潜在投标人信息库。

造价中心有管理人员 12 人，其中土建造价员 5 人，设备安装造价员 1 人，水暖造价员 2 人，电气造价员 1 人，全部具有造价员证，全国注册造价工程师 2 人，工程统计 1 人；造价员中，具有高级专业技术职称 1 人、中级专业技术职称 7 人、初级专业技术职称 4 人；大学本科学历 4 人，专科学历 8 人。

招标办公室有管理人员 4 人，大学本科学历 3 人，专科学历 1 人，具有高级专业技术职称 1 人，中级专业技术职称 2 人，初级专业技术职称 1 人。

【造价管理】造价中心按照加强投资控制、细化做实造价的要求，加强对各环节的制约，实行严细管理，共批复技改和大中修预算 4603 份，送审金额 115189 万元。审定金额 99314 万元，核减金额 15875 万元，核减率为 13%。

制度完善：针对 350 万吨钢工程现场签证多、金额大、签证上报时间较晚、签证不清楚准确的现象，为便于更好的管理，起草了《凌钢技改工程工程量认证管理办法》，该办法从认证时间、责任追究、签署形式、审批程序等方面均做了明确的规定，于 2009 年 6 月 1 日下发实施，较好地控制了工程造价。

管理创新：年初降低了施工单位的取费标准（建筑取费由 7% 降至 5%，安装、装饰取费由 40% 降至 35%），同时提高了施工单位对凌钢的让利额度（由 5% 提高到 8%、由 12% 提高到 15%），通过这项措施全年降低技改和检修费用 180 万元。

材料管理：通过及时对施工单位材料采购价格进行市场跟踪，通过询价、实地考察、招标、协商等方式认定材料价格，降低工程造价。协同相关部门集中到材料产地、集散地考察、通过采样、比价方式控制材料质量和价格。对乙方自购的采购额度较大的材料采取替乙方招标的方式。

积极利用库存主材，盘活资金，在不影响质量的情况下，积极利用库存钢材、电缆，能代换的代换，能利旧的利旧，利用钢材库存 3310 吨、电缆库存 11.9 万米，盘活资金 1940 多万元。

内部管理：通过严格审核材料用量控制工程造价，在预结算程序、材料控制、考核制约等方面做到精细管理。在预算审核和结算的时候，仔细核对预算中的主材量和实际使用的主材量，如发现不一致，及调整预算，把住材料关，有力地控制了工程造价。

通过科学编制标底控制工程造价，保国铁矿副井改造工程的原招标方式为清单计价，施工单位投标金额 7930 万元，通过做标底发现，标底为 6369 万元，以清单计价方式结算远超出原投资测算额，后改为定额计价方式结算，减少了投资。

【招标管理】从 2009 年初到 2010 年末，招标办共组织招（议）标 532 次，通过正常招标节约资金 10741 万元，通过重新组织招（议）标降价节约资金 2800 万元。招标工作紧紧围绕“降本增效”这一主题，充分发挥招标方式在降低采购成本、提高供货质量方面的作用，通过采取新思路、新方法、新措施，提高招标运行质量，提高经济效益。

一是以实现降本增效为目标，强化招标运行管理。大力推进耐火材料、导卫件包保项目招标，全年降低采购成本 854 万元。对 52 个技改招标项目中的 72 个中标单位在保证供货或工程质量不降低的前提下，确定中标单位后进行了再次谈价让利，降低工程造价和采购成本 818 万元。引入 280 个新单位参与招标活动，有 92 个新单位中标，节约资金 910 多万元。

二是加强制度建设，为降本增效服务。下发了《凌源钢铁集团有限责任公司招标管理办法补充规定》，通过统一整个集团的物资采购、业务外包、运输劳务招标，将子公司招标业务统一由集团公司进行管理，整合采购资源，实现采购的规模效益和协同效应。根据国家、省、市招标相关法律法规，结合凌钢招标工作的实际情况，对凌钢招标管理办法进行了重新修订。使公司的招标工作更趋规范化、制度化、科学化。

三是创新招标方式，提高招标工作运行质量。通过直接邀请生产厂家参与投标，提高备品备件质量及使用寿命，尽量减少中间代理环节，节约采购成本。通过要求投标单位带样品投标，在降低成本的同时保证供货质量。对新单位参与投标前进行考察，形成考察报告并办理入围后再参与投标，实现了对投标单位的严格把关，提高了评标效率及中标结果的准确率。

机 动 部

【基本情况】机动部是公司设备主管部门，负责公司设备综合管理工作。主要负责公司设备管理规划、基础工作推进、设备技术状态保持和改进、维修费用使用管理、设备运行管理、维修管理等工作。机动部下设的综合管理科、设备科、检修科、电气自动化科按专业和职责分工不同，负责公司的设备管理工作。2010 年 8 月，根据设备管理工作的需要，将下设科室调整为综合管理科、设备科、技术科、检验科，其中设备科由原来的检修科、设备科及电气自动化科部分人员整合而成，负责全公司设备的运行、检修、年修、技措及维修费用、故障时间的管理工作；检验科是新成立科室，负责全公司设备备件、材料的入厂质量检验工作；技术科负责设备的精密诊断、油品检化验、电气、自动化等方面的技术工作；综合管理科职能不变。

【设备基础管理】 2009 年，一是完善设备管理制度体系，加强制度建设，强化制度执行力，健全考核激励机制。对现行管理制度进行归类、梳理、整合，把管理制度分为基础管理、运行管理、资材管理、检修管理、档案管理五大部分，同一管理业务性质的制度最大程度进行整合，使制度数量由 76 个优化为 41 个，认真修正和完善各项制度条款，做到目的明确、意义突出、流程简练使之更适应促进设备管理工作的需要。二是加强设备点检基础工作及点检队伍建设。加强对二级单位点检管理业务的指导、检查督促和考核；修订下发了《专职点检员标准化作业细则》，推进专职点检员标准化作业达标工作；加强设备状态监测和解体点检，对公司重要运转设备，机动部加强人力坚持进行监测和故障诊断，对风机、空压机等重要运转设备按周期检测，同时加强生产厂对此类设备劣化管理的检查；开展了点检培训和考评验证工作。安排专业人员结合公司设备管理实际编制教材，对专职点检员和部分毕业两年以内的设备专业的毕业生共 380 人进行培训，培训后集中进行了点检应知内容闭卷考试，指导和监督各单位进行了应会内容和点检业绩的考核，经过培训和考评，全公司有 338 人取得了专职点检员资格证书，同时根据子公司设备管理的需要，协助朝焦公司和保国公司对两个子公司点检人员进行了培训。三是深入开展自主保养达标工作，开展全员自主保养培训，实现主线设备 100% 目视达标；组织人力编辑自主保养手册，用于指导自主保养工作的开展和用作培训资材；6 月份在全公司范围内开展以“我的设备我保养”为主题的设备运转清洁月活动，提高岗位人员自主保养意识，激发了岗位自主保养积极性；起草制定了《凌钢建构筑物和设备颜色标准》并下发实施，规范厂内颜色管理。四是开拓性开展资材标准化工作。组织专业人员对全公司电机、减速机进行了逐台统计、分类，研究制定电机、减速机优化标准，逐步对公司电机、减速机种类进行优化，减少储备种类和数量。同时，为今后的资材标准化工作积累经验。五是全力以赴推进 350 万吨钢技改项目达产达效。牵头成立达产达效组织机构，制定下发并严格贯彻落实新项目达产达效管理办法，合理确定新项目定修周期，按周期进行进行检修，对于达产达效推进难度较大的炼钢项目、2 号棒材项目由部长亲自挂帅任组长，定期召开由推进小组成员参加的现场推进会，协调和解决生产操作、工程完善、检修维护等方面问题，通过多方努力，4 号高炉、240 平方米烧结机组在 3 月底相继达产，120 吨转炉及新双流连铸系统在 4 月底达产，2 号棒材机组在 5 月底全面达产，其他项目也相继在最短时间内达产。新项目的全面、迅速达产成为公司新的效益增长点。

2010 年，一是深入开展自主保养达标活动，推进全员生产维修，制定《自主保养考核办法》，严格按自主保养分级达标标准，对在线运行设备进行检查、评比和考核，促进了自主保养达标成果的保持。二是加强设备点检管理，提高点检实效。坚持推进点检标准化作业，提高岗位人员的点检技能，促进岗位日常点检发挥实效。三是加强设备改善攻关。结合设备故障统计分析结果，针对故障多发点和设备隐患组织开展小改小革活动，对较大设备隐患、生产制约环节和节能减排实施重点项目攻关。四是完善入厂资材检验职能，严把资材质量关。3 月份制定并下发了《入厂资材检验管理制度》和《入厂资材检验管理制度实施细则》，明确了入厂资材检验范围、各单位的责任及分工，规范了检验管理流程。

【维修费用管理】 2009 年，全年平均维修费用完成 41.96 元/吨钢铁材，比计划降低 1.41 元/吨。一是加强横向对比，寻找差距及不足。与济钢和石横钢厂就吨钢维修费用、备件库存资金占用和周转天数等主要经济指标进行对标，找出差距；

对照差距，重新审视、核定设备经济指标，及时调整主要指标控制目标值，加大指标控制力度。维修费用按财务计划整体降低10%作为控制目标，新老系统库存资金占用指标按年初指标下降10%进行控制，资金周转天数由280天调整为180天作为控制目标。把维修费用指标、库存资金占用指标分门别类，细化分解，单项控制，同时加强经济指标控制的责任制考核；二是出台《下机资材鉴定管理办法》，加强下机资材管理；三是修订下发了《凌钢备品备件修复管理办法》，增加激励政策，积极开展备件修复工作，开发新的修复项目；四是在降低外委工程施工费用和修理费用上下工夫。根据市场行情，对外委施工费和包保费用重新组织招标或议价，按风险共担的原则，与施工队伍协商，及时调整施工费让利比例和修理费单价，年修、技措各项取费乙方优惠甲方由12%提高到15%，生产维修各项取费乙方优惠甲方由5%提高到8%。电机修理费单价在2008年12月已降低10%的基础上又降低6%。各包保项目费用从5月份开始降低5.5%，所有包保项目合同中增加因包保单位原因影响产量、质量的赔偿条款。根据系统检修安排，对外委包保项目进行适当调整，减少外委包保费用，5月份取消了炼铁厂3号、4号高炉粒化机及渣泵天车、精矿仓天车、成品跨天车、原料破碎机等五个包保项目。与此同时，发动公司维修力量，挖掘内部检修潜力，检修中心的检修费用指标由4500万元/年提高到5000万元/年，增加检修中心承担的任务量。五是加强资材计划和领用的审核把关；六是加强公司库存积压资材鉴定、利用和处理，盘活库存资金。

2010年，全年平均维修费用完成43.48元/吨钢铁材，比计划目标降低0.24元；库存资金占用14225万元，比计划降低1825万元。全年主要采取如下措施使维修费用得以有效控制。一是推进管理创新，提升维修费用控制水平。成立检验科，制定《入厂资材检验管理制度》，形成规范的资材检验管理程序，全年共检验资材11652项，检验不合格141项；为进一步提高检修中心维修人员开展设备维修的积极性和主动性，挖掘内部检修潜力，打破原有按完成检修任务量考核的管理模式，实行按区域以故障时间和维修费用为考核指标的区域包保模式，10月份完成了8个生产单位的区域包保工作。二是扎实推进下机资材鉴定，大力开展资材修复，努力降本增效。全年共鉴定下机资材36万多件，鉴定金额1.16亿元，修复金额4598万元。与下机资材鉴定相结合，加大了修复范围和修复品种的开发力度，新开发了振动筛筛板、卸灰阀、中宽带轧辊等修复项目，全年共修复9434件，修复价值达1.02亿元，折算创效2868万元。三是强化维修费用指标分解和维修费用月度分析，加强指标考核，采取长效有力措施强化资材计划审批环节，资材计划审批与下机资材鉴定紧密结合，提高资材计划命中率。

【设备运行管理】2009年，全年无重大以上设备事故，故障停机时间平均每月55.03小时，比计划减少10.97小时；故障停机次数平均每月118.5次，比计划降低16.5次；设备可开动率99%，比计划提高1.5%。一是强化设备故障管理和状态监控，实施设备故障“零汇报”制度，各生产单位每天早8点和下午4：30按时向机动部汇报设备运行情况，强化了故障信息及时反馈，及时组织处理，防止隐患扩大。二是细化故障原因分类，强化故障统计分析，对故障分类统计，建立故障数据库。利用公司网络信息平台，与计量信息部共同开发了故障管理信息系统，为故障信息快速传递、统计分析创造了有力条件。三是加大设备事故责任追究和通报。凡发生2小时以上的设备事故，均要求主管领导亲自到分厂组织事故讨论，查找事故原因，在2个工作日内完成事故讨论分析，形成事故处理报告，及时在设备管理网上发布。四是以下机资材鉴定为平台，对下机备件劣化部位进行拍照，建立电子档案，加强对设备劣化肌理的研究，掌握设备、备件劣化规律，准确掌握备件正常寿命，为合理选择维修周期打下基础。五是加强设备改善攻关，全年立项214项，其中重点项目65项。通过改善解决了制约生产和设备稳定运行的设备问题。六是利用年修时间把炼钢老转炉加料跨两台75吨吊车更换为专用冶金铸造吊车，铸锭跨新增加一台75吨冶金铸造吊，彻底根除老转炉系统多年存在设备安全隐患。

2010年，全年无重大以上设备事故，设备主要技术指标取得新进展，月平均故障停机时间69.5小时，比计划降低29.5小时，降低29.8%；月平均故障停机次数145次，比计划降低35次，降低19.4%；设备可开动率99.04%，比计划提高2.04%。一是实施重点设备目标值攻关和设备管理薄弱环节推进工作。为降低重点设备故障率，实行了重点设备零故障和目标值攻关，4月份制定了《重点设备零故障和目标值攻关考核办法》，对运行不稳定的2号棒材机组、1号连铸机和麦尔兹窑三条生产线实施重点攻关；为实现公司日产万吨钢生产目标，对设备管理薄弱环节（型材厂）进行重点推进，制定了《型材厂设备管理推进办法》，通过每周两次的现场推进，找问题，定措施，型材厂的设备运行逐渐趋于稳定。2号棒材机组故障时间10月份首次完成攻关目标，并在11月份创下月产量历史最高记录。二是加强设备事故故障管理，理顺管理流程。对设备故障信息进行统计分析，追溯故障根源，强化责任落实。为快速处理设备事故、故障，出台了《设备事故故障分析及处理的有关规定》，完善了管理流程。三是强化精密诊断和设备改善攻关，促进设备稳定运行。对重要旋转设备进行精密诊断和状态监控，继续深入开展风机在线动平衡工作，首次成功完成240平方米烧结机主抽风机在线动平衡；加强设备改善攻关，全年共完成设备改善攻关290项，其中重点项目81项，解决了多项制约生产和设备稳定的根本问题。

【检修、技改管理】2009年的年修是凌钢建厂以来难度最大、影响面最广的一次，三座转炉计划同时停产9天，更换加料跨天车及部分天车梁，以此为主线的高炉、铁前系统、轧材系统年修5月份全面展开。计划实施的年修项目总计30项，除一项结转，两项取消以外，工期全部提前完成，做到了费用最低、工期最短，质量可靠，恢复了设备的功能和精度，年修后设备运行状态平稳，为生产经营创造打好基础。施工管理主要采取如下措施：一是精心准备、有条不紊组织施工。二是在资材保障上，从计划提出到资材订货、到货直至入厂检验，逐项反复核实。三是施工人员安排上，安排施工队伍尽早介入，提前考察现场，做好线外组装和吊装工器具准备，与施工队伍共同制定并反复优化施工方案。四是对年修模型精益求精，科学调整施工工期，执行中动态优化，对关键年修工程加大施工管理力量投入，做好人员组织保障。

2010年，根据公司年修和技改的总体安排，克服生产与检修同步进行、立体交叉作业等困难，严抓安全、质量、进度、生产与检修协调等各环节的管理，全年共完成年修项目42项、计划投资5047万元，完成技改项目11项、计划投资20348万元，主要年修和技改项目全部提前或按期完成，为生产创造了条件。一是优化检修预案，有效缩短年修工期。二是强化安全措施的落实，确保年修施工安全，保证了年修期间安全事故为零。三是在做好年修管理工作的同时，还顺利完成了多项技改工程。4号铸机冷床改造工程仅用27天快速投产达产，为2号棒材机组满负荷生产创造了条件；污水深度处理工程的竣工投产使凌钢首次实现吨钢耗新水破二见一，冶金行业排序由2009年的第14位上升到第7位；炼钢厂房更换屋面瓦工程施工难度非常大，主管部门克服场地狭窄、无法使用吊运设备等困难，经过无数次方案优化，顺利完成了损坏严重的铸锭跨、连铸跨屋面瓦更换，解决了重大安全隐患。

档案管理

【基本情况】档案馆隶属于机动部，是公司档案存储基地和利用中心。档案馆的基本职责是：执行和落实《中华人民共和国档案法》及省、市及公司档案管理法规、制度，维护凌钢档案的完整与安全；主要负责各类、各种载体文件材料的收集、整理，各类档案的保管、统计、鉴定、利用开发等工作；还负责对所存档案的复、晒图工作，满足集团公司生产建设、经营管理的需要。

【业务管理】2009年，档案馆按照推进档案规范化、信息化的总思路，以服务350万吨钢达产达效为重点，开展档案管理的各项业务工作。2009年共接收各类档案4835卷，转出各类档76卷，鉴定销毁1120卷。对公司档案管理制度进行了全面的修订。5月份，根据公司计划管理部和部里的要求，将原有12项制度进行了整合，最终确定为3项，达到了公司制度管理的要求。

2010年，档案馆坚持贯彻强化基础管理，完善服务职能的工作思路，不断推进公司档案管理上水平，基本完成了年初确定的工作目标。全年共接收各类档案3241卷，转出各类档83卷。上半年，《凌钢志》的编写基本完成，进入到收尾阶段，为确保编写史志过程中的经验积累，档案馆积极开展了史志文件材料的收集归档工作。全年共整理接收史志文件材料32694页200卷，整理目录929条。

【科技档案管理】2009年，科学组织，合理安排，按期完成350万吨技改工程项目竣工档案验收归档工作任务。2009年4月1日，在技改部召集各项目主要施工单位召开专题推进会议，进一步明确了各项目档案归档进度要求和质量要求，排出了各项目归档的具体进度计划。到8月底，基本完成了包括热电工程、棒材工程、中宽冷弯拉矫工程、石灰竖窑工程、中宽热带卷取工程、2万立方米制氧机、公辅工程、4号高炉工程、240平方米烧结机工程、转炉连铸改造等项目在内的十大技改项目主体档案的验收工作，验收档案数量达到3842卷（单套），175738张（单套），光盘98张，建立档案总目录7797条。档案馆组织相关专业人员对这部分档案进行了认真逐卷地鉴定，由于档案如果一时销毁无法复生，因而在此过程中坚持了审慎的原则，此次共鉴定了包括中宽带厂、转炉连铸2号板坯、炼铁厂烧结机等工程的档案，鉴定出无继续保存价值的档案1744卷，并按程序予以销毁，从而提高了档案库房的利用空间。在做好350万吨技改项目档案归档验收的同时，密切与检修科的联系，按流程做好年修、小技改和技措项目竣工档案整理归档的业务指导和验收工作。全年指导181人次，审核年修技措档案23190张，验收年修档案339卷。

2010年，公司在350万吨技改项目完成后，又陆续启动了焦化改造工程、1号高炉工程、七机七流方坯连铸机工程、4号铸机改造工程、热电汽机改造工程等一系列项目，根据公司经济责任制考核要求，这些工程竣工归档工作档案均列入到了经济责任制考核。全年指导达330余人次，按时完成了汽机改造工程、焦化改造工程主体竣工档案、空压风计量、螺杆发电等工程的验收归档工作，全年共验收科技档案2080卷（单套）。在做好技改项目档案归档验收的同时，密切与检修科的联系，按流程做好机动部技改项目和年修项目竣工档案整理归档的业务指导和验收工作。全年指导145人次，审核年修技措档案5972张，验收年修档案249卷。同时，核对设备材料部设备随机资料补交652张。

【文书档案管理】2009年，重新确定了各部门应归档文件材料归档范围并形成《2009年文件材料归档工作通知》，于5月份下发到各部室，并在6月份，由魏馆长带队，对各部室档案归档工作进行了走访，从而有力地促进了各部室档案的归档工作。今年以来，共接收整理公司办、招标和质量异议等文书档案249卷32647张，牌匾和证书13件。与此同时，对各部室上网文件也进行了归档，共下载归档生产技术网、设备网、计划管理网等网上文件1951份。

2010年，积极开展职能管理文件材料归档工作，确保各部室职能档案有序归档。全年共接收整理公司办、能源环保部、生产技术部、计划管理部等各部室文件材料217卷3784页，接收整理厂志文件材料200卷，以上材料均编制目录录入微机进行管理。同时，接收整理2008年度供销公司合同材料44卷14554页，规范化整理证券部目录2170条，网上电子文件归档工作也同步进行。同时，网上下载生产技术网、设备网、计划管理网、技术中心网、能源环保网、集团公司网文件2793份。此外，还经多次与宣传部沟通，准备对近几年其所形成的照片档案进行接收整理，现已初选2006—2009年度照片530张。

【职工档案管理】2009年，接收整理工资审批表2435份，接收整理2008年毕业生档案390卷，接收整理职称材料、新毕业生借款合同、入党人员材料等159份，核对并完善职称档案目录1100份，核对并规范化管理职称档案2889卷，接收新毕业生城镇医疗保险表、工伤人员参保表以及全体职工续签劳动合同表6588份，接收技校生档案470卷，转出档案76卷，基本上满足了人力资源管理对档案管理的需要。

2010年，设置了专职人员管理，并先后从分厂借调了7人，并从年底开始集中开展这些材料的整理装袋工作。为确保工作质量，除纳入到日清日结考核外，由馆长亲自督促，业务主管经常性深入指导以强化管理，从而使得对此项业务比较陌生的新安排的专职人员和新借调来的人员很快进入了角色。基本上解决了积压的35510份的各类材料整理装袋工作，并得到了人力资源部门的认可。与此同时，借阅职工档案827卷，转出职工档案档案83卷，接收保国矿转北票矿业档案23卷，合并职称档案86卷，微机录入档案目录939条。此外，为与人力部管理接轨，便于利用和日常管理，我们对原职工档案目录增加了职工编号项，对所有9400卷档案均在目录中加入了职工编号，并在此过程中，对库存档案进行了认真核对，纠正了个别错误，保证了目录与实物相符。

【档案的服务利用】2009年，提供利用档案1160人次5713卷次，利用证书档案11人次52卷次，复印图纸1210米，晒图230千克，满足了公司各项工作对档案工作的需要。

2010年，提供利用档案712人次2705卷次，利用证书档案27人次81卷次，复印图纸6000米，晒图368千克，满足了公司各项工作对档案工作的需要。

【档案信息化工作】2009年，为加快档案管理现代化进程，方便各方面利用，实现更大程度的档案信息资源共享，档案馆将加快档案目录录入微机工作作为一项重要任务来抓，并将其列入日清日结考核细则，全年录入科技档案目录4091条，录入炼钢厂、炼铁厂、原料厂底图目录1763条。

2010年，全年，完成了棒材、中宽热带改造、2万立方米制氧机、石灰竖窑改造、热电改造等工程档案目录规范化整理3186条，并全部录入微机上网。此外，各工程档案还上总账2188卷3050条。

设备材料部

【基本情况】设备材料部负责公司生产及技改用机械设备、电气设备、备品备件、一般材料、电气仪表材料、耐火材料及钢辅料的采购、到货入库、仓储、出库、现场安装服务直到设备正常运行。业务员根据有关管理部门下达的采购计划，按公司有关规定组织招标、议标或比价进行采购，并对合同履行过程进行控制，必要的进行监制。物资到货后质量验收员、保管员按合同要求检验产品质量和数量，并办理入库手续。产品到货或投入使用后出现质量问题，由对口业务员沟通协调，予以解决和追究供方责任。

设备材料部总计111人，包括干部54人，工人57人，其中研究生2人、本科7人、大专34人、中专5人，职称为副高职3人、工程师14人、经济师6人、助理工程师7人、助理经济师13人、技术员1人、经济员1人。设部长1人、副部长3人，部门共设7个科室，分别为管理科、设备科、备件科、电气科、耐材料、材料科和仓储科。

【客户资源管理】一是进行供方质量保证能力的调查，设立入门关，把信誉好、能力强、服务优、对企业技术需要适用性强的单位作选为合格供方。二是每月进行信用审核，对不讲信用、产品质量不过关、不严格履行合同的供方按情节轻重亮黄牌警告或红牌淘汰，2009年，亮黄牌通报1家。三是对合格供方进行动态评审和管理，2009年通过对合格供方的全面评审，确定了合格供方1300家，其中28家为新入围合格供方，2010年有1600家被确认为合格供方，其中有100家为新入围合格供方。

【招标管理】一是采取捆绑招标方式，尽量扩大招标范围和组织大招标。二是实施入围管理，根据选择优势厂家的优势产品的原则，审核生产技术水平和设备装备条件，逐项落实业绩情况，必要的进行实地考察，并按设备、备品备件、一般材料、耐火材料分类建立相应的潜在投标人信息库，选择实力强、质量优、信誉好的供货单位入围投标。三是对同一大类不同品种物资进行招标时，设立不同的标段，通过对供方进行细分，选择相对优势的厂家入围不同的标段。四是提前与入围厂家进行联系，明确产品技术标准、招标要求和预授合同的主要条款，让厂家做到心中有数，以免在投标、报价时产生误解和错误。五是执行谁中标谁供货的原则。六是设专人管理招标工作，规范文件审核、批准、会议安排、记录等工作。七是对不能招标、比价的独家产品或专利产品的采购报主管经理批准，召集相关部门共同议标谈价。2009年全年共进行大小招标151次，议标及同原单位谈价降价共计141次，2010年全年共进行大小招标245次，议标及同原单位谈价降价共计127次。

【验收和结算管理】一是明确验收标准，规范验收程序验收规程，按照合同约定结算。二是通过保管员和检查员的清点验收、查证随机资料，发现质量异议进行记录和汇报。三是重要、大批量和检斤物资到货时，业务员协助保管员共同验收。四是与使用现场进行沟通和确认，对按照寿命标准进行考核的大宗物资由分厂每月总结、报告，设备材料部按合同和报告结果进行结算。五是通过处理质量异议进行追偿。2009年，备件处理质量异议挽回经济损失共计11万元；耐火材料因外观或成分等质量不合格直接退货201万元，因成分或其他化学指标不符合标准扣款32万元。2010年，耐火材料因外观或成分等质量不合格直接退货65万元，因成分或其他化学指标不符合标准扣款39万元。六是通过调查质量波动的原因，落实改进措施。七是检验代理商代理的品牌与合同约定是否相符。

【包保管理】按照《采购物资寿命周期成本管理办法》的规定，2009年耐火材料新增100吨转炉用钢包、100吨转炉用铁水罐、双流板坯、4号高炉出铁场耐材整体包保，年度包保金额为4200万元，使包保金额占到生产用耐火材料消耗的50%；备件新增1号、2号、3号棒材导卫包保，年度包保金额为650万元。2010年备件新增高线导卫包保，年度包保金额为280万元。

【修复管理】一是通过与计划管理部门及分厂沟通，拓宽修复品种，并及时对下线设备、备件进行鉴定，做好修复价值的测算。二是通过市场调查，了解备件修复新技术，加强修复质量管理，提高备件修复寿命。三是通过组织修复招标，降低修复费用。四是通过物资修复的统计与考核，促进修复工作的进步。2009年，全年物资修复金额达到2693万元，2010年，修复物资金额达到1624万元。

【储备资金占用管理】一是增加代保管物资品种，带图加工、中转快的备件争取全部实行代储方式；对凌源、朝阳地区及辽宁省内的加工件尽可能采取代储的形式。备件材料新签订合同代储品种达90%以上。二是改变结算方式，到货后在相对较短的时间内就可上线或消耗的物资用后再结算、付款，不实际占用资金，并与代保管、零库存方式相结合，把这个要求作为采购人员招标和签订合同的一个前提条件。三是针对大型的技改项目，改造前对相应的库存备件、材料等物资进行盘查，重点监控，对改造前维持生产必须采购的物资，需经主管领导批准，避免造成不必要的库存积压。及时处理由于改造而淘汰的积压物资和报废设备，从而减少技改造成的物资积压。2009年，销售废旧物资所得共计426万元，交废钢2845吨，价值约548万元；代用备查物资32万元，处理备查呆滞物资667万元。2010年，销售废旧物资所得共计477万元。交废钢63吨，约14万元；代用备查物资3万元。四是每月对使用单位提出的备件材料的申请计划由财务部、机动部、设备材料部三家汇审，严格核对库存，做好物资“购”、“销”、“存”之间的平衡，在保障生产供应的前提下，减少库存资金占用。2009年，储备资金占用降低1646万元；2010年，储备资金占用降低1340万元。

【仓储管理】一是整合人力物力，降低运行成本。2009年对保管员、库工岗位进行交流，并对储备物资进行一次彻底清查，使暴露的问题得以及时解决。2010年4月份成立物资配送中心，改变以前资材领用各单位独自配备领料员和运输工具的分散管理模式，开始对炼铁、炼钢等10个生产单位实行物资配送，平均每月配送物资1500多万元，配送资材金额共计1亿多元。集中配送后机动车由原来的20辆减少到4辆，司机由原来20人减少到4人，装卸工由原来的60人减少到14人，领料员由原来的15人减少到7人。二是改善仓储条件，2009年，清理材料库区死角处理外排工业垃圾720余吨；平整置场地6500余平方米；回收工程拆除报废设备、备件3100余吨；为做好防雨防汛工作，各库区新做防雨面积1300余平方米；2010年，平整露天置场3000多平方米，回填钢渣20多车；新安装2套供热能力为600平方米的锅炉；对办公室所有墙面重新刮白；新建颗粒镁及耐火材料库房，对一般耐火材料进行规范管理；外排工业垃圾400多吨。三是加强安全防盗，2009年，对存放贵重物资的库房安装了防盗门窗，在重点库房安装红外线探头报警装置，在露天库区安装摄像头，对电缆露天置场进行封闭管理，增加照明及摄像头。2010年，定期进行安全教育，特殊工种持证上岗，杜绝一切违章操作；加强外委作业区的各项管理，改善仓库消防条件。

【技改年修工程】2009年，认真总结和吸取350万吨钢技改工程采购中的经验教训，克服各种不利因素，科学组织，严细管理，做好焦化工程、热电汽轮机改造工程、钢管异地改造工程、高线改造工程等各项技改工程设备采购工作。一是实行采购纵向一贯制管理模式，即从订货、监制、到货、安装调试直到设备正常运行的一贯制管理，并建立严格的管理和考核制度。严格控制设备质量，加强到货物资清点、验收工作，避免损失，确保合同得到有效执行。使技改物资从采购、监制、到货直至出库各环节更加严密紧凑，促进了工作质量和工作效率的提高。二是围绕下达的各项技改采购计划，积极组织技术交流并完成订货。对加工制造周期较长的设备，主动与计划下达部门联系，早做准备，优先订货，使工期和制造周期都得到保证。三是建立“技改物资采购进度表”，标明物资名称、规格型号、付款方式、订货时间、交货时间及制造厂家等。并及时进行更新。通过“技改物资采购进度表”可以掌控所有工程物资的整个采购过程，便于及早发现问题，及时解决问题，从而保障技改物资及时采购和按时到货。四是加强技改采购信息的内外部沟通，确保技改工程顺利进行。2010年，通过加强对设备监制、到货、出库各环节的控制和采购信息的内外部沟通，完成1号高炉扩容改造、高速线材改造、七机七流连铸、污水处理、热电锅炉改造等工程22467台（套），3亿元，约4000余吨技改工程物资采购及出入库工作；另外，在保证技改工程的同时，顺利完成了转炉、高炉、烧结、中宽带、型材等一系列年修工程物资采购及出入库工作，确保年修技改工程顺利进行。

技术中心

【基本情况】技术中心是公司品种钢开发的主管部室。主要负责品种钢研发、新技术推广应用、科技期刊出版、情报信息、科技图书管理等工作。下设品种钢开发室、新技术应用室、科协、情报信息室。2010年末，技术中心共有职工17人，其中工程技术人员13人，管理人员4人。具有正高级技术职称1人、副高级技术职称2人、中级技术职称11人。其中，硕士研究生3人，本科生9人，专科生5人。

【品种钢开发】技术中心自成立以来，一直恪守“务实、高效、求是、创新”的工作方针，坚持“以市场为导向，以增强企业创新能力为动力，以提高产品的市场竞争能力为目标”。在品种钢开发方面，始终遵循“成熟一批，试制一批，研究一批”的新产品研究开发思路。（1）积极推进120吨转炉系统的达产达效；（2）板坯品种实现了新老系统的工艺过渡并优化工艺降本增效；（3）积极研发高技术含量新品种；（4）努力打造凌钢拳头产品抓关键工艺控制点；（5）品种钢实物质量稳步提高；（6）对标挖潜降低HRB400（E）生产成本。2009年品种钢累计完成104.03万吨、品种材商品量98.67万吨，其中中宽热带16.68万吨，型棒材81.34万吨，中宽冷带0.65万吨。产销率95.87%。

一是夯实基础、提高实物质量，开发新品种、形成中高碳钢系列化；同时优化工艺降成本，提升中宽热带市场竞争力。二是稳步推进抗震钢筋等型棒材品种开发，提升产品档次。

350万吨钢技改项目的顺利投产为品种开发、提升产品档次、优化产品结构提供了坚实的基础保障。2010年，在炼钢厂、型材厂、中宽带钢厂等相关单位的共同努力下，较好的完成了品种钢生产任务，全年品种钢产量累计完成159万吨；商品材完成158.85万吨（同比提高61%），产销率完成99.57%；首次实现比较效益过亿元。

【新产品投产鉴定工作】积极组织完成了钢筋混凝土用钢HRB400E抗震钢筋省级新产品投产鉴定项目的报批、型式检验、征询用户使用意见、科技情报查新、鉴定材料编制和鉴定会筹备等具体工作，该项目于7月3日顺利通过省级新产品投产鉴定，实现政策抵免税4000余万元。

【“四新”活动】为了更好地运用上级科技部门推广的科技项目，不断增强企业的技术创新能力和基础科研能力，开发科技人员自主创新潜能，提高生产技术水平，降低生产成本，提高经济效益。在公司内部推广应用新技术、新工艺、新材料、新设备（简称“四新”）活动。2009年，共组织完成“四新”项目8项，实现经济效益1582万元。2010年共组织完成“四新”项目3项，实现经济效益167万元。

【凌钢科技】《凌钢科技》是公司主办、技术中心主管的综合性冶金科技期刊（季刊），读者对象主要是公司各专业的工程技术人员和经济管理工作者。同时与冶金系统企业期刊编辑部业务交流和向冶金系统有关机关、科研院所等单位进行技术交流。《凌钢科技》的主要任务是：坚持面向生产、科研、工艺设计的实践，及时反映各厂、部室的发展动态、技术经验、科研成果，多视角地介绍推广国内外的新技术、新工艺、新成果；总结交流各厂、部室的先进技术和管理经验，全方位地传递钢铁行业的开发与市场信息；普及技术、提高技术，培养人才、造就人才；推动技术进步，强化企业管理，增强企业活力，提高企业的经济效益和社会效益，全心全意为凌钢的广大科技工作者服务。《凌钢科技》的办刊宗旨是：本着普及技术、提高技术，培养人才、造就人才；推动技术进步，强化企业管理，增强企业活力，提高企业的经济效益和社会效益，全心全意为凌钢的广大科技工作者服务。《凌钢科技》的办刊宗旨是：本着普及与提高相结合、生产实践与理论研究兼顾的原则，开展技术交流，活跃学术论坛，以提高经济管理水平和科技装备水平，培养科技人才，增进企业效益，贯彻“科技兴企”的办刊方针，发扬学术民主，鼓励有价值的新技术、新工艺、新产品的开发设想，促进改革创新，促进科学技术向生产力的转化。

【科技图书馆】凌钢科技图书馆分图书室和期刊室两部分。图书室有图书近万册，包括冶金工业、矿业工程、金属学、金属工艺、机械、建筑科学、自动化技术、无线电、电工技术、计算机、仪表工业、中外字典及综合性图书等。期刊室拥有期刊近百种，以专业性期刊为主，包括炼钢、炼铁、轧钢、烧结球团、金属加工、煤化工、焊管、焊接技术、机械制造、铸造、理化检验、节能、环境保护、给水排水、电工技术、无线电、电器传动、企业管理等。

质 量 部

【基本情况】质量部负责全公司质量监督管理工作，从入厂大宗原、燃、材料和半成品、成品的质量检查、取样制样、检验化验、质量判定、以及工艺质量的监督检查考核工作。2010 年末，有职工 333 人，其中管理人员 36 人，中级以上职称 27 人，生产操作人员 297 人。下设 4 个科，9 个站，1 个建材检测公司（原基建实验室）。领导班子成员 4 人，其中部长 1 人，副部长 3 人。拥有固定资产原值 1342.27 万元，净值 162.54 万元。

【质量管理】2009 年，质量责任考核共考核 95 次，考核金额为 63355 元。考核主要原因是：型材厂因钢筋表面标志不清，定向销售；炼钢厂每个机组下线同一缺陷连铸坯超过 35 支；因成分废连铸返水不小于 15 吨；全炉化废；不同钢种连浇；原料厂成分控制波动，出现 CaO 连续 3 个班次不合格。

2010 年，质量责任考核共考核 88 次，考核金额为 108180 元，考核主要原因是：炼钢厂普碳钢化学成份不合让步放行超过 2 炉；每个机组同一缺陷下线铸坯超过 35 支；成份废连铸返水大于 15 吨；违章操作，往成分超标的钢水里兑其他炉号成分合格的钢水；朝焦公司焦炭灰分加权平均值、转鼓指数加权平均超过标准要求；保国公司磁性矿品位未完成计划指标。

2010 年 8 月，厂内焦炭自动取样器投入使用，实现了厂内焦炭的自动取样，增加取样的随机性和代表性。

【检验管理】2009 年 6 月，为品种钢开发购进 AxioObserverA 蔡司大型光学显微镜，解决了检验金属材料高倍分析清晰度和放大倍数的问题，使品种钢晶粒度、脱碳层、带状组织等检验更准确。

2010 年 9 月，为 2 号棒材生产直径 40 毫米以上圆钢引进长春科新 200 吨电液伺服拉力试验机（WAW－2000C），解决了直径 40 毫米以上圆钢的拉伸问题。2010 年 9 月，为高线投产引进长春科新 10 吨电子拉力试验机（WDW－100），解决了直径 12 毫米以下圆钢的拉伸问题。

【建材管理】2010 年 4 月，辽宁省建设厅科技处派专家对我公司的建筑工程检测见证取样资质现场评审。专家对公司的设备、环境设施、人员、资质情况进行现场检查，对公司的各方面条件给予了肯定，同时指出了存在的问题，我们针对问题进行了整改，购置了混凝土贯入仪、水泥负压筛和比表面积测定仪，满足了试验需要。进行了一次内审，对公司进行了全面的检查，对检查出的不合格项进行了通报和纠正，对一些轻微的不符合项进行了口头通报。

能源环保部

【基本情况】能源环保部是公司专业管理部室，主要职责是根据国家政策法规，结合凌钢实际，制定节能、环保、现场、配餐管理制度及中长期规划和年度计划。负责公司风、水、电、气等能源介质平衡和各工序能源消耗指标制定、管理和考核，推进节能技术改造和应用；负责公司环保、工业卫生管理和环境监测工作，组织技改项目环境评价及环保设施“三同时”验收；负责公司现场管理和绿化美化工作，对公司现场管理工作进行检查、指导、监督和考核，对厂区主干道路及公共场所清扫保洁及绿化美化监督管理；负责全公司职工配餐管理工作，对公司配餐管理工作进行检查、指导、监督和考核，保证用餐质量，确保食品安全；负责道路、公共场所和办公楼等公共设施日常管理和维护工作。

2010年末，能源环保部共有职工67人，管理人员24人，其中部长1人，副部长2人，副部待遇1人。具有专业技术职务22人，其中具有高级技术职称3人、中级技术职称12人、初级技术职称7人，生产操作人员43人。能源环保部下设能源科、环保科、环境监测站、现场管理科及配餐管理办公室5个科室。

【工作概况】2009年，吨钢综合能耗完成591千克标煤，吨钢可比能耗完成588千克标煤，吨钢耗新水完成2.96吨，高炉煤气放散率完成7.19%，转炉煤气回收吨钢60.5立方米；吨钢有组织烟（粉）尘排放1.84千克，吨钢二氧化硫排放2.0千克，吨钢工业废水排放1.32吨；新增绿地2.05万平方米，改造绿地1万平方米，植树成活率达到95%以上。

2010年，吨钢综合能耗完成580千克标煤，吨钢可比能耗完成550千克标煤，吨钢耗新水完成2.40吨，高炉煤气放散率完成6.68%，转炉煤气回收吨钢67.6立方米；2010年吨钢有组织烟（粉）尘排放量达到1.48千克，吨钢二氧化硫排放量1.77千克，吨钢工业废水排放量0.90吨；建设与改造道路15519平方米，硬化地面10550平方米，更换彩砖1910平方米，路沿石1116米；全年新增绿地2.18万平方米，改造绿地1.29万平方米。

【能源基础】2009年，开展能耗指标对标挖潜工作，确保完成吨钢耗电、耗新水挖潜目标。制定挖潜指标41个。其中，电耗指标22个，水耗指标19个。

保技改项目达产达效，能耗指标跟踪调整。2008年末新项目相继投产，时时跟踪新项目能耗变化情况，3月份进行了新项目指标调整，为明确新项目尽快达产达效提供了依据。

2010年，继续深化开展对标挖潜，制定挖潜指标39个。其中，电耗指标21个，水耗指标18个。每月月初组织召开节能挖潜推进会，扬长避短促进挖潜。制定了39个业务外包区域的能耗指标及能源管理规定。

对重点能耗实行专项考核（如电耗，水耗、工序能耗），全年总计奖励23.6万元，罚款8.11万元。

【节能项目】2009年，结合国家《十一五节能规划大纲》要求，推进技术进步和设备改造：2009年4月开工对2号锅炉进行改造，11月投运，总投资700万元；6月份对动力厂三台冷却塔和公司部分照明进行改造，投资88万元。

2010年，投资7100万元新建污水处理厂（一期），实现污水零排放；5月份投资330万元，在100吨转炉利用转炉产生的余热蒸汽建设一套900千瓦螺杆发电机组，年可发电252万千瓦时；投资7200万元建设一台75吨焦炉煤气锅炉，配套一台12兆瓦发电机组，年可减少焦炉煤气放散3942万立方米。

【节能专项资金】2009年9月，由国家财政部、国家发展改革委对2007年申报《锅炉改纯烧煤气项目》奖励资金进行末次审核，该项目节能量为9.5022万吨标准煤，奖励资金1900万元。其中，2007年12月份已到账1278万元，剩余622万元于2009年11月到账。

2009年9月根据辽宁省经委、辽宁省财政厅联合下发的辽经信电力［2009］120号文件《关于下达2009年辽宁省电力需求侧管理项目资金计划的通知》要求，对凌钢集团公司《冷却塔及照明节能改造》项目，划拨奖励资金50万元。

【环保管理基础工作】2009年12月，创建了环境保护管理受控体系，建立组织机构和环保设施管理分工网络图；建立、完善公司、各分厂环保管理员及环保设施管理责任人岗位职责、考核细则和考核标准，将环保设施维护纳入日常生产设备点检管理体系中；对环保设施加强管理，推进隐患整改制度及设施监测诊断制度。

2010年8月，对52平方米、75平方米、240平方米3个烧结机头和240平方米机尾除尘器实施物业化管理，分别与河北宣化环保设备有限公司和河北宁泊环保有限公司签署了《炼铁厂烧结机头电除尘器专业化管理整体承包合同》和《炼铁厂240平方米烧结机尾电除尘器专业化管理整体承包合同》。

2010年11月，为加强排水管理，制定了《凌钢内部排水管理规定》。

【环保“三同时”】2009年，完成9个项目的环评审批工作：炼钢厂精练系统改造工程；1号转炉煤气净化回收系统改造；型材厂调整产品结构改造工程；4号热风炉改造工程；高炉喷煤系统改造工程；钢渣处理工程；1号、2号高炉TRT项目；热电2号锅炉改烧煤气及发电机组工程；北票钢管有限公司技术改造工程。

2010年，完成6个项目的环评审批工作：凌钢集团3号锅炉增烧煤气及配套汽轮发电机组改造工程项目、型材厂优化产品结构改造工程、炼钢厂产品结构调整改造工程、污水深度处理工程、北票钢管有限公司技术改造工程和凌钢集团北票矿业有限责任公司五家子选厂改造工程。

【环保综合治理项目】2009年，公司投资近950万元对52平方米烧结机机头、机尾电除尘器、竖炉电除尘器进行改造，改造后年可减少粉尘排放量近800吨，此两项工程分别于7月末和9月初通过验收；7月投资720万元对2号锅炉增烧煤气及发电汽机进行改造，于11月份投入运行，年可减少有组织烟尘排放约170吨，减少燃煤5万吨，年多烧煤气24300万立方米，年多发电3350万千瓦时；投资2900万元新建了焦炉出焦和装煤两套除尘系统，于同年11月16日竣工投运；又投资75万元完成了煤粉碎除尘改造。

2010年，1号高炉大修，投资1700万元对配套环保设施进行改造（喷煤布袋收粉器、煤气干法布袋除尘器、矿槽电除尘器和出铁场除尘器），同年4月22日全部竣工并投入运行。新建的出铁场除尘年可回收烟粉尘800吨，投资8500万元对公司原污水处理厂采用超滤、反渗透工艺对污水处理厂进行深度处理改造，此项目于同年5月末竣工投入使用，污水深度处理项目的建成，实现了废水零排放；投资5000万元对240平方米烧结机机头烟气增设脱硫装置，年可减少SO_2排放2500吨左右。

【职业卫生】2009年职业健康体检人数3388人，有1人诊断为一期尘肺；2010年职业健康体检总数为4671人次。

【辐射及危废管理】2009年完成首次“持久性有机污染物统计报表”；2010年全年共送贮报废放射源10枚，对公司22枚放射源和1套放射装置开展“安全和防护状况年度评估”工作，并通过省环保厅审核。建设废油贮库1座，贮存能力30吨；焦油渣处理搅拌场1个，面积300平方米；转移处置废矿物油153.72吨。

【排污费及专项补助资金】2009年，缴纳排污费780万元。其中，集团627.2652万元，股份152.7349万元。返还200万元，用于1号高炉出铁场除尘工程。

2010年，缴纳排污费954.0527万元。其中，集团852.9688万元，股份101.0840万元。返还400万元，用于240平方米烧结机含硫烟气治理。

【环保核查及污染源普查】2009年，完成股份公司上市核查工作；按省、市环保局要求，完成了2009年和2010年全国污染源普查工作。

【环境监测】2009年，共完成监测数据13240个。其中，工业废水监测数据2800个，除尘器监测数据9600个，岗位粉尘数据380个，岗位噪声数据320个，岗位一氧化碳数据140个。

对350万吨钢配套项目1000立方米高炉、240平方米烧结机、120吨转炉、2号棒材、麦尔兹竖窑、75吨锅炉、2万立方米制氧机等技改项目环保设施验收监测。安装调试烟气在线监测系统52平方米、75平方米烧结机机头烟气和工业废水在线监测系统，于8月份安装调试完毕，投入运行。监测人员对污染源在线监测设备上传的监测数据进行监控并上传数据。

2010年，共完成监测数据17320个。其中，工业废水监测数据3500个，环保设备运行参数10160个，岗位粉尘数据680个，岗位噪声数据2200个，岗位一氧化碳数据780个。

2010年，公司已运行的污染源在线监测系统总计五套。并全部通过朝阳市环保局验收。同年监测人员参加了10~11月份国家环保部组织的国控重点污染源自动监测数据有效性审核培训班。同年，公司污水深度处理改造项目主要对现有回收工业废水进行深度（反渗透）处理；240平方米烧结机脱硫工程开工。将52平方米、75平方米烧结机机头和240平方米烧结机机头、机尾五台电除尘器业务外包监测。

【现场管理】2009年，凌钢350万吨钢达产后，物料置场、运输车辆明显增加，物料洒落造成道路二次扬尘。3月10日~4月10日组织开展了“治理二次扬尘，整顿运输车辆超标装车洒落，确保道路环境整洁”现场整顿月活动，规范了84个卸料点和各种散装物料置场。

2010年，开展春秋两次现场整顿月活动，全面推进现场管理。重点整顿4号高炉，120吨转炉，240平方米烧结机，大、小棒材生产参观路线。对“三超一漏”进行专项治理，为安全生产创造良好环境。

【固废排放管理】2009年，共排放建筑垃圾1881车；工业垃圾1124车。2010年，共排放建筑垃圾1018车；工业垃圾863车，全部实现达标排放。

【公共设施维护及管理】2009年，厂内新建4个水冲公共厕所；扩建东区休闲广场5000平方米，增设了健身活动器材、亭台及景观灯，绿化美化了周围环境。2009年，办公大楼电梯连续出现故障，由能源环保部牵头，机动部负责外委专业厂家对两部电梯实施检修工作。完成厂内外路灯、办公楼墙面、电源线路、上下水管道等公共设施的维护检修工作。2010年，粉刷办公大楼及老办公楼围栏约1000米，清理和维护大楼水箱一次，奥蒂斯电梯中修一次，材料消耗费用总计1.1万元。

【绿化工作】2009年，南门至西门改造路后，种植铁道模纹；中宽带大墙侧种植紫穗槐；新钢渣处理线四周路种植紫穗槐；动力厂门外两侧绿地、沿路绣线菊进行补植。

2010年，重点种植南门至西门绿化带模纹；转炉炼钢厂至中宽带大墙路两侧种植紫穗槐形成绿化带；焦化至热电路补栽水腊墙、建绿地景点；北门路至钢渣处理线种植紫穗槐形成绿化带；型材至冷带路补栽绣线菊、花灌木。

【职工配餐工作】2009年9月1日，凌钢职工餐厅开工建设，工程总投资2400万元，总建筑面积5500余平方米，设有1个主副食制作中心及3个职工餐厅（含1个回民独立餐厅）。于2009年12月15日竣工验收，2010年1月1日正式投入使用。运营模式为凌钢（甲方）委托有经营资质的承包单位（乙方），3个餐厅可容纳8000人就餐。固定资产及配餐相关所有器具、运输车辆属甲方，房屋及设备大修、中修由甲方负责并承担费用，日常维护由乙方负责并承担费用。配餐原材料供货招标每年一次，甲乙方承包合同一年一签。

2009年11月，正式成立职工配餐管理办公室，办公室设在能源环保部，代表公司与有资质的承包经营单位签订承包合同，并依据合同对承包单位进行管理及考核，制定实施发展规划及标准制度。

乙方为甲方在岗职工每个工作日加工、制作、销售一餐，并提供优质服务。三餐均为中餐形式，分为中、晚、夜（零点班），3个餐厅每日按同一食谱标准供应，一周一食谱，每天不重样，主食原则上不超八两/（人·份），米饭、馒头、花卷、油饼任选，副食四种每人各一份，每餐四菜一汤，一个荤菜、两个素菜、一个凉菜，主食加副食为一份，采取刷卡就餐。长白班22顿/（月·人），倒班24顿/（月·人），每份10元（职工每餐承担1元）。其中，原料成本费7.12元，乙方经营管理费2.88元（含工资、利润、其他费用），按月结算，甲方相关成员单位每月联合对乙方盘库确认无误后，向乙方支付原料费及管理费，原料费超过部分由乙方承担。

2010年1月份，对运行中出现的原材料成本过高、价格核准程序、就餐成本标准优化、就餐次数、就餐地点、乙方费用增加等新问题及时组织会议进行调整。2月份对个人承担就餐费缴费程序进行规范，制定实施配餐管理经济责任制，结算时间调整为次月结算。3月份对结算金额与实际金额不符现象进行规范，设立职工代表对饭菜进行监督。4月份夜餐由中餐改为西餐（快餐），夜餐供应集中到二餐厅。7月份原料成本费调整为7元/（人·份），管理费3元/（人·份）。一年三节给职工提高伙食标准，主管部门领导审批给予结算。全年完成配餐工作检查138次，整改问题50余项，召开专题会6次，解决问题13项，原材料价格市场调查44次，联合检查组对库存盘点12次。经民主评议职工满意度平均达到90%。年末持卡人数8036人，年就餐次数1927960次，总金额18722432.95元（原材料费、管理费、利润）。

2010年，因乙方管理不到位扣罚违约金0.75万元；职工不文明就餐扣罚相关单位0.64万元；3个季度奖励乙方1.5万元；协助配餐管理奖励相关单位0.95万元。

【管理制度】完成《凌钢职工配餐工作方案》、《凌钢配餐工作标准和考核办法》、《凌钢配餐管理承包合同》、《配餐监督管理工作专业责任制》、《配餐费用结算整改考核意见》、《民主参与配餐监督管理办法》和关于配餐生活垃圾处理及鼠害治理工作措施等。同时协助承包单位制订完善各种制度等36项内容。

计量信息部

【基本情况】计量信息部是企业计量管理、企业信息化建设的主管部门。其主要职能是：负责管理和指导集团公司的计量和信息化工作，解决和处理内部计量异议纠纷；负责用于结算的物资量和能源动力量数据的采集、分析和上报；负责计量和信息化专业经济责任制的制定与考核，计量和信息化管理制度及有关技术规程的制定与审核；负责公司最高计量标准的建立、计量器具的检定、检修等。负责企业信息化建设，网络管理实施办法的制定和考核，编制集团公司信息化建设中、长期发展规划并组织实施；负责企业应用软件的开发、实施、维护和管理；负责信息化设备的运行管理、改造升级、设备购置计划审批、专业项目的施工管理、网络设备等。

2010年末，职工总数150人。其中，管理人员33人，操作人员117人。拥有固定资产原值23080057.36万元，净值13229898.79万元。

【计量器具管理】计量器具是实现全国计量单位制的统一和保证量值准确可靠的重要物质基础，也是计量立法的重点内容。计量信息部严格依照“计量法”的规定对企业内部使用的列入《中华人民共和国依法管理的计量器具目录》的计量器具进行管理，有计量标准15项，长、热、力、电等五类25种。2009—2010年末，检定计量器具7300台（件）。主要计量设备有：电子汽车衡8台、轨道衡5台、辊道秤2台、吊钩秤6台、工艺秤236台。

【网络设备管理】2009—2010年末，服务器24台、交换机100台、核心交换机2台、防火墙1台、路由器1台。

【计量设备管理】2009年，安装能源计量仪表65台（套），实现了空压风、氧气、氮气、氩气、循环水、软化水等主要能源的100%计量；3月解决了炼铁、炼钢等单位环网空压风计量问题、氧气厂外送空压风重复计量的问题、35吨转炉与第二轧钢厂氮气关联计量等问题；使全年空压风系统的不平衡率降到3%以下；4月计量信息部数据科成立稽查组；安装23台电度表，电系统计量问题得到了解决；5月公司蒸汽管网改造，蒸汽计量得到解决；6月1日稽查科成立；7月对公司工艺秤进行普查，8月份工艺秤划归计量信息部管理；9月制定“推进工艺秤稳定、准确运行的实施方案”，使全公司236台（套）工艺秤的运行率和准确率有所提高；10月公司蒸汽管网改造完成。

2010年2月，对工艺秤进行编号，制定检定和标定周期计划，正式纳入公司计量设备管理目录，实施了A、B、C管理。4月1日，公司业务外包用能审批、计量数据确认工作划归计量信息部管理；4月检斤计量大厅建成使用；5月厂内干煤棚轨道衡正式投运；8台电子汽车衡和5台轨道衡，实现了“智能化远程集中计量”无人值守试运行；6月1日“智能化远程集中计量”无人值守正式上线运行，12台电子汽车衡和轨道衡岗位上的检斤员撤回计量大厅工作；6月2日检斤段成立巡检班和计量大厅检斤班；6月中和料场8台配料秤改造；9月17日电子阵列式皮带秤正式投运；实现在线标定和大料量标定工艺秤；建立了工艺秤和计量数据的比对模型；制定了《凌源钢铁集团公司计量器具选型原则》。

2009年，检斤总量27002602吨；2010年，检斤总量27581966吨。

【信息化建设工作】2009年完成信息化系统投资525万元，软件开发9项。2009年2月，完成工资管理系统；动态铁水轨道衡计量系统；7月汽运矿粉物流跟踪系统；能源介质中的氧、氮、氩气联网系统；1号方坯计数及监控管理系统；8月IT设备贴签管理系统完成；9月公司软件正版化安装完成；10月质量管理系统数据发布上线运行；12月28日，厂内餐厅就餐网络管理系统上线运行。2010年1月，机关餐厅就餐网络管理系统上线运行。

2010年，完成信息化系统投资607万元，软件开发9项。2月完成空压风数据采集系统；4月完成门禁系统升级改造工程；完成1号方坯材质单网络传输系统；5月完成板坯计数及监控系统；完成“智能化远程集中计量系统”；6月完成循环水及软化水数据采集系统；8月完成公文传输系统；10月完成质量管理系统数据发布。

【其他】2009年6月1日正式成立稽查科。主要职责是对计量设备运行、计量器具周期检定、能源结算数据的原始记录、统计分析、结算报表等计量数据进行稽查。

2010年12月计量信息部被朝阳市质量技术监

督局授予“计量工作先进单位”称号。

证券法律事务部

【基本情况】2009年3月20日，凌钢集团资产运营部撤销，其法律事务职责与证券事务部合并，单位名称为证券法律事务部。证券法律事务部是凌源钢铁股份有限公司信息披露、法律事务部门。

证券部分主要负责信息对外发布，包括起草、披露定期报告和各类临时报告；负责投资者关系管理，包括监管机构、投资者、证券服务机构、媒体等之间的信息沟通；组织筹备董事会、监事会和股东大会会议，保管相关文件；负责公司股权事务管理，包括股份动态管理、分红派息、股东名册，保管公司董、监、高、控股股东资料及其持有本公司股份资料；负责投、融资管理，包括投资项目选择、实施及事后跟踪管理，起草融资方案并配合券商制定申报材料；负责公司重组、分立工作，起草相关方案、办理相关手续；负责关联交易管理，起草公司关联交易制度、协议，跟踪相关制度的执行情况；负责上市公司有关的法律、法规、政策研究，为公司决策提供咨询和建议。

法律部分主要负责公司诉讼案件及有关纠纷的处理工作；负责公司合同的审核、管理工作；承担公司物资采购供货渠道监督办公室职能。参与公司组织的招投标工作和各主办单位组织的招投标工作；提供法律咨询，对公司涉外经济活动提出法律意见；负责集团公司、股份公司工商登记、年检，商标注册、续展等工商事务；负责企业组织机构代码证年检等管理工作。

2010年末，证券法律事务部有在职职工8人，部门经理1名（董事会秘书兼任），副经理（正部级）1人，证券事务代表（副部级待遇）1人，下设证券事务科、法律事务科，主管2人，一级主办2人，二级主办1人；本科6人，专科2人，具有高级技术职称1人、中级技术职称7人。

【资本经营管理】2009年2~4月，与银河证券、东兴证券探讨再融资事项，经过尽职调查，未能实施。2009年9月，财政部、国资委、证监会和社保基金会联合发布的《境内证券市场转持部分国有股充实全国社会保障基金实施办法》（财企［2009］94号）规定，办理了光大银行IPO涉及国有股转持的相关手续。2009年12月，处理兰光科技股权分置改事宜。参与了凌钢集团北票矿业公司的资产并购业务。

【证券事务管理】根据证监会《关于修改上市公司现金分红若干规定的决定》要求，修订了《公司章程》，重新整理汇编了股份公司证券事务规章制度。根据公司实际情况和新的政策要求及时修订了《信息披露管理制度》、《关联交易管理制度》；制订了《内幕信息知情人登记备案管理制度》、《外部信息使用人管理制度》、《年报信息披露重大差错责任追究制度》。

2010年3月16~18日，证监会辽宁监管局根据中国证监会上市部《关于做好上市公司2009年年报监管工作的通知》要求，派检查组对凌钢股份公司进行了年报专项现场检查。检查组对股份公司各项管理制度，2009年以来股东会、董事会、监事会、经理层规范运作，股份公司与集团公司在人、财、物方面的关系，股份公司机构设置及股份公司财务账、证等方面进行了现场检查。

【法律事务管理】2009年6月，对公司《合同管理办法》、《经济往来渠道监督管理规定》、《合同专用章管理规定》、《合同管理奖惩规定》、《产品商标管理办法》进行修订并发布施行，推进公司合同管理工作制度化、规范化。

2010年，加强合同管理，坚持违约必究，从合同签订环节入手，规范合同条款，强化合同履行环节的监督，跟踪检查合同履行情况；认真处理合同纠纷，与瑞士麦尔兹欧芬堡公司协商解决了麦尔兹窑工程款争议。加强招标监督和资质审查，中标单位资质合格率100%。组织各相关部门对我公司各种产品商标使用情况进行了检查；与相关部门共同确定了硫酸铵使用“益源”牌注册商标并备案。办结了中国信达资产管理有限公司辽宁省分公司诉凌钢集团为辽轮集团贷款担保案件，涉诉金额本息合计2.47亿余元。本案自2007年4月起，经辽宁省高级法院一审、最高人民法院二审，2010年在法院的主持下达成和解。

保卫部

【基本情况】保卫部是负责企业内部治安保卫工作的主管部门，与凌源市公安局红山派出所合署办公，主要职责是保护企业财产安全和职工人身财产安全，打击各类违法犯罪，维护企业正常生产经营秩序。

2010 年末，保卫部设部长 1 人、副部长 2 人、副部级 1 人，下设综合管理科、保安消防大队，共有员工 140 人，其中本科 1 人、专科 17 人，具有高级技术职称 2 人、中级技术职称 14 人、初级技术职称 4 人。

2009 年，继续坚持“严打”工作方针，把反盗窃斗争作为贯穿全年的工作主线。共侦破刑事案件 57 起、捕诉 18 人、抓获逃犯 3 人；查处治安案件 25 起、劳动教养 1 人、行政拘留 18 人、查处违章违纪行为 320 起，为公司挽回经济损失 329 万元，查处厂内道路交通事故 1 起，纠正违章车辆 93 台（次），成功扑救火灾事故 3 起。

2010 年，全面加强了治安防控体系建设，开展严打整治专项行动，严厉打击盗窃企业财产的犯罪分子，为企业营造了良好的治安环境。全年侦破治安案件 30 起，捕诉 19 人，抓获逃犯 13 人，查处治安案件 36 起，行政拘留 34 人，劳动教养 2 人，查处违章违纪行为 390 起，为公司挽回经济损失 139 万元；查处厂区道路交通事故 3 起，纠正违章车辆 448 台（次），成功扑救火灾事故 2 起。

【打击违法犯罪】2009 年，针对一些人利用机动车盗窃数量大、难抓获的特点，保卫部抓准时机开展严厉打击机动车盗窃专项行动，一是对进厂送货车辆在检斤、卸货等环节很容易出现漏洞的问题，保卫部采取了布控、设卡、蹲坑、巡逻等手段抓打现行，并在侦破大案要案上下工夫。二是对车辆的驾驶室、后备箱等部位进行严格检查，及时发现问题。2009 年 2 月 23 日，破获了张某等 4 人在一个月内利用车辆往厂内送白灰石之机进行诈骗案件 5 起，挽回经济损失近 10 万元，由于加大了打击力度，仅上半年查处利用车辆盗窃案件就有 15 起。

除了狠抓侦破盗窃案件，保卫部还把经济诈骗案件列为打击重点。由于作案人员往往对凌钢内部管理状况熟悉，造成一些案件持续时间长、数额大，严重危害企业利益。2009 年 7 月，一举侦破了凌源市宏钢集团物流队经理吕某利用长期与凌钢有业务往来，在 5 年时间内共诈骗 186 万元的特大诈骗案件。2010 年 2 月 23 日，侦破了财务部会计人员丁某挪用资金案，涉案金额 88.6 万元全部返还。

【治安防范】2009 年 8 月，公司制定了《全员参与治安保卫工作实施方案》，全员治安联保责任体系的实施，明确了各级部门工作职责，形成了公司、分厂、工段班组三级治安联防网络，推进了治安保卫工作向纵深开展；2009 年 9 月，重新修订了《凌钢治安管理规章制度》，完善了管理措施。

自 2009 年开始，实行每季度召开一次公司治安保卫工作例会制度，及时研判形势，通报情况，解决厂区治安难点热点问题；2009 年 8 月，为全力做好国庆 60 周年安保工作，制定了《国庆期间安全保卫工作实施方案》，集中力量对要害部位、重点岗位、放射源、人员集中场所开展安全检查，清除各类隐患 30 处；加强了对新钢渣场、新区废旧料场的巡逻检查，及时清理闲散人员。

2009 年 10 月，开设凌钢治安保卫工作网站，内设 9 个栏目，有工作动态、基层信息、通知通告、曝光版、法制学堂、制度汇编等。至 2010 年 12 月，共刊登各类稿件、文件 113 篇，文字约 15 万字，使网站成为推动公司治安保卫工作的一个平台。

【交通管理】针对厂区车多路窄，在交通高峰时段易发生拥堵的实际情况，2009 年 7 月，对《厂内道路交通及车辆管理规定》进行了修改补充，下大力量清理整顿了南门至国线铁路道口等重点区域车辆乱停乱放问题。2010 年初，“便携式电子警察系统”投入使用后，车辆超速现象明显减少，为扭转厂内交通被动局面，上半年开展了对运输矿粉、废钢车辆的专项治理，交通科安排专人每天早上 6 点到南门指挥疏导交通，在料场门外增设隔离带，较好的解决了矿粉车长期堵塞料场门和 101 线公路的问题；下半年加大了对违章和破损车辆的整治力度，清理出厂不合格车辆 30 台，对不符合要求的不予办理入厂卡，从源头上杜绝了事故隐患。

【门禁管理】2009 年，重点加强了对外来施工单位人员进出厂查验工作，使他们自觉养成遵守厂纪规章的习惯；2010 年 4 月 21 日，新门禁系统经过升级改造后运行，保卫部采用日清日结的管理办法，考核门卫保安执行刷卡情况，控制无卡人员和车辆进厂，收到了明显的效果。

为切实加强对外委加工、出厂制作及外来单

位出厂物资的管理，2010 年 8 月，制定了《外委修复备件（电器）管理规定》、《新区门物资出厂制度》，建立了供应门物资出厂台账，完善了门禁管理规章。

【消防管理】2009 年，加强了对消防设施的检查、维护与保养工作，对灭火器材实行定置挂牌管理；2010 年 3 月，保卫部编写了《凌钢生产作业区灭火技能实用手册》并下发到各单位学习贯彻，11 月，举办了《实用手册》有奖竞赛答题活动，评出优秀组织单位 5 个，有 253 人获奖。在此期间，还开展了拉网式消防检查，查找隐患 467 条，下达整改通知书 23 份，处罚消防违章作业 13 次；举办了有 60 多人参加的外来施工单位负责人消防安全知识培训班。

控股子公司

2007—2008

凌钢股份北票保国铁矿有限公司

【基本情况】2008年末，保国公司有职工1374人，其中在岗职工1109人，管理人员236人，生产操作人员873人；具有高级技术职称10人、中级技术职称82人、初级技术职称74人，工人技师16人；大学本科学历71人，专科学历247人，技校、高中学历515人。下设井采、运输、选矿、动力、原料、销售、工程、供应、炸药、保卫、后勤等车间和矿直单位，厂区占地1.86平方千米，采区1.5平方千米。拥有固定资产原值37645.10万元，净值29086.34万元。主要生产设备有掘进钻机1台、凿岩钻机2台、电动铲运机7台、柴油铲运机4台、电机车19台、各类型号矿车140台。

2007年，全年完成采剥总量476.3万吨，累计销售铁精矿66.7万吨；实现销售收入50307.1万元，实现利税26878万元。其中，税金13341.6万元。铁蛋山100万吨矿石井建工程于9月20日试生产成功，80万吨选厂于9月30日联动试车成功，投入运行，黑山井建工程正在紧张建设，边家沟采区动迁已完成。

2008年，全年累计完成采剥总量872万吨，入选矿石252万吨，完成铁精矿90.6万吨，比上年提高33.4%，铁精矿质量达到69.3%，销售铁精矿91.2万吨，实现销售收入101259.2万元，实现利税64271万元。其中，利润37808.9万元，税金26462.3万元。企业名称改为“凌钢股份北票保国铁矿有限公司”，顺利完成了公司上市工作，企业实行了劳务派遣制度，协力用工由保国劳动服务公司管理。

【生产管理】按照管理高标准，效益高水平的要求，统筹协调，科学组织，努力提高生产经营的质量和效率。面对2007年生产任务重，改造项目时间紧的实际，全公司各车间单位及科室能够正确处理好生产与改造的关系，统筹协调，科学组织，每月定期召开生产计划调度会，强化各生产环节的优化协调，保证生产高效、稳定运行。井采车间一年来昼夜奋战，分秒必争抢进度抢任务，出色地完成了铁蛋山井建工程建设任务，克服了许多意想不到的困难，建设投资也得到合理控制，黑山井建进展顺利；原料科、运输车间及各职能科室调动一切积极因素优化创新，克服一切困难，千方百计确保原料供应。充分利用铁蛋山零星资源、排土场回收资源、黑山散矿回收，均衡配矿，确保矿石供应。粗精矿外购严把质量关、价格关，并对市场进行跟踪调查，准确及时调整市场价格，通过提高服务质量和良好的信誉稳定原料来源，满足了选厂能力的需求；选矿车间在承担新选厂安装过程中精细作业，保证了新选厂一次试车成功，并不断强化工艺、工序管理，优化岗位和岗位协调，在保证设备完好率和提高作业率上下工夫，严格执行工艺要求和岗位操作规程，向生产的快节奏、高效率，要产量，要效益，最大限度地减少停车时间，金属回收率达到88.92%，台时处理量达到74.52吨，选厂（老系统）作业率达到94.51吨。各辅助单位如工程科、动力车间等顾全大局，坚持为一线服好务的原则，突出细节，严格管理，主动出击，强化保障供给和设备维护管理，保证了建设任务的完成和生产各环节协调稳定高效运行。确保安全生产。利用先进技术，使尾矿存放能力与迅速扩大的生产能力相配套。在限电、线路改造影响445.5小时的情况下，全年完成铁精矿产量67.9万吨。

面对2008年生产任务重，技改工程时间紧，金融危机影响等困难，及时调整应对策略，统筹协调，科学组织，围绕年初制定的生产目标强化生产的协调调度，精心组织生产。井采车间在没有形成达产条件的情况下，克服各种不利因素，用废石溜井出矿，千方百计确保矿石供应。原料、运输车间及各职能科室调动一切积极因素优化创新，矿石外购跟踪市场信息，及时调整矿石价格并保证矿石质量，全年外购矿石90万吨。选矿车间不断强化工艺、工序管理，优化岗位责任和岗位协调，把产量和质量细化到工段、班组、人头，一级抓一级，层层落实，及时根据矿石性质的变化，调整操作，充分发挥单机效率，狠抓现场管理，杜绝跑、冒、滴、漏现象，在保证设备完好率和提高作业率上下工夫，严格执行工艺要求和岗位操作规程，合理安排生产与时间，向生产的快节奏高效率要产量要效益，金属回收率达到87.44%，台时处理量达到114.43吨，选厂（新老系统）作业率达到87.65%。

【矿山项目建设】2007年，250万吨采选工程项目胜利竣工投产。保国公司成功举行了庆祝凌钢保国铁矿建矿40周年暨250万吨采选工程项目竣工投产大会。保国公司面对生产任务重，技改工程项目时间紧，人员相对紧张等诸多不利因素，统筹规划，科学安排，精心组织，坚持项目经理负责制，严格执行施工网络计划，千方百计加强过程控制，保证工程项目进展、工期和质量。经过全公司及各施工单位的共同努力，铁蛋山100万吨矿石井建工程9月20日试车成功，80万吨新选厂9月30日联动试车成功（包括干选和尾矿输送）投入运行。与此同时，黑山井建工程正在紧张建设之中，按照计划施工。边家沟采区动迁已完成，办理了国有土地拨转出让210万平方米。

2007年10月20日，凌钢保国铁矿建矿四十周年暨250万吨采选工程竣工投产庆祝大会在新建高大井塔和新选厂前广场上隆重举行。凌钢股份公司总经理、保国公司董事长郝志强宣布公司对保国铁矿的表奖决定。凌钢集团董事长、总经理张振勇亲自为保国铁矿颁发奖金。参与保国铁矿250万吨采选工程建设的施工单位，中冶集团华冶资源开发有限公司总经理赵世明、中信重型机械公司总经理任沁新分别讲话。

2008年，面对生产与技改交叉进行的实际情况，保国公司统筹规划，科学安排，实现了生产技改两不误。全年完成工程项目14项，总投资23194万元。铁蛋山井巷工程经过一年的生产调试，井建工程基本结束，具备投产条件；黑山井巷工程主井完成掘进支护254.4米，主井永久井架安装完毕，主平垌完成掘进1385米，各种配套工程都已结束，平垌具备出矿条件；总变压器扩容工程已经完工；尾矿库改造工程中的尾矿回水续建工程、尾矿输送工程已完工；尾矿库加固工程初步设计已经完成，正进行施工。尾矿库南坝排渗筑坝工程已完成。对黑山采区和边家沟采区进行了地质勘探，完成钻孔77个，进尺22218米，为保国的发展提供远景储量；同时，对北票、建平、朝阳3个区域进行了铁矿资源地质普查、圈定勘查区7个，圈定勘查区总面积407平方千米，并向朝阳市政府和各县政府及国土资源部门提交了各勘查区报告；混合矿选厂技改工程项目按照集团公司要求，承担起管理责任，按设计做好施工沟通协调工作，选矿、动力、工程及各职能科室克服重重困难，保证了工程项目的顺利进行。野猪沟办证工作进展顺利，先后进行了开发方案、可研、地质报告、储量备案，地质评估，环评、水保、土地复垦方案等资料的编制，专家评审、报批工作，重新划定了野猪沟、上窝铺、古桥子3个采区的矿区范围工作。铁蛋山二期扩建工程可行性研究报告已经完成，该项目预计投资1.52亿元，增加产能80万吨/年，采矿方法、设备选矿等整体思路已成型，具备初设、施工图设计的条件。2008年，还完成了土地使用权、采矿权转换工作，顺利完成了公司上市工作，在上市的一系列工作中，完成了可研、环评、地质等诸多要件的编制、评审、报批工作，做了大量的沟通协调、资产清查，财务审计，资料准备等工作，矿区土地使用权和铁蛋山、黑山、边家沟采区的采矿权已由国有转换为企业特有。这些工作的顺利实现，突显出保国公司进一步做大做强的发展态势。

【精神文明和企业文化建设】2007年，矿山紧紧围绕公司总体工作思路，大力加强精神文明建设和企业建设，为企业的生产经营和改革改造创造了良好的氛围与环境。一是结合严峻的市场形势和矿山改扩建的工作重点大力开展形势任务教育，引导职工认清形势，明确任务，增强危机感、紧迫感和责任感，把职工的思想统一到加快矿山发展，推进集约化经营，节支降耗，优化创新上来。二是积极开展岗位练兵活动，全面提高职工素质。为适应矿山快速发展的要求，特别是井采、新选厂相继投入运行，新招收大中专毕业生20名，充实到生产一线，并进行技能培训，送30人到梅山矿进行3个月培训，以适应新工艺、新设备的要求；在全公司开设电工、钳工、焊工、磨选工、破碎工等12个工种培训班，同时，外聘教授为井下开采等120名相关人员进行培训，完成职业技能鉴定评聘工作，共有16人评为技师。三是努力建设和谐保国，增强矿山凝聚力，召开了保国公司二次党代会，举办建矿40周年庆典活动，用250万吨采选露天转井下的宏伟工程激励职工、凝聚职工，增强了建设和谐矿山的自觉性，激发了广大职工热爱保国、发展保国、爱岗敬业、拼搏奉献的积极性，调整了在岗职工岗位工资和退休职工的养老金标准，改善了职工生活工作环境，审计、监察、治安保卫等工作也取得了新成绩。

2008年，保国公司紧紧围绕公司总体工作思路，大力加强精神文明和企业文化建设，为企业的生产经营和改革创造了良好的氛围与环境。一是广泛深入地开展形势任务教育，教育职工增强危机意识、风险意识和忧患意识，使广大职工树立成本效益理念，调动职工降本增效的积极性，立足本岗，为矿山生产经营做贡献。二是积极开展岗位练兵活动，全面提高职工素质。在混合矿选厂投产前抽出10多名技术骨干到兄弟单位学习，以适应新工艺、新设备等矿山发展的需要；组织职工提合理化建议2120条，举办各种岗位培训班培训职工1020人次；举办职工技能比武12次，提高了职工的技能和素质。三是努力建设和谐保国，增强矿山凝聚力，用350万吨钢技改工程宏伟目标激励职工、凝聚职工、增强了建设和谐矿山的自觉性，激发了广大职工热爱凌钢、发展保国、爱岗敬业、拼搏奉献的积极性。加大了环保投入力度，矿区、生活区环境有了明显改善。社会治安综合治理不断加强，在严厉打击各种侵害保国公司利益犯罪活动的同时，促进了矿区平安环境建设。我公司被评为“奥运”安保先进单位。深化了用工制度改革，实现了业务劳务外包，劳动生产率进一步提高。为了支援四川地震灾区抗震救灾，全体职工及党员踊跃捐款20余万元，职工主动提出献工献休。组织开展了迎奥运职工篮、排球赛，青工接力赛、知识竞赛、演讲比赛等丰富多彩的职工业余文化体育活动，活跃了职工的业余文化生活，陶冶了情操，凝聚了力量，促进了和谐矿山建设。

供销公司

【基本情况】2008年末，共有职工180人，干部88人，工人92人。其中，大专以上学历108人，占职工总数60%，具有高、中、初级专业技术人员68人，占职工总数的37%。根据营销工作需要，下设计划管理科、热带科、冷带科、型材科、经销科、原料科、炉料科、废钢科、运输科、物料调度室、废钢料场、钢材仓储科12个科室。2008年4月30日，物料调度室12名调度和业务划归生产技术部，物料调度室也更名原料仓储科。2008年4月，凌钢开始实行劳务业务外购，考虑到钢材库工作的特殊性，没有实现劳务业务外包，按公司的要求把钢材库的钢达公司顶岗人员抽走，从焦化厂、原料厂调来正式职工，人员进行了置换，到2008年8月，正式职工装车还不够熟练，影响发车，从9月份开始，钢材仓储科部分业务外包给协力公司。拥有固定资产原值2674.03万元，净值1490.67万元。

供销公司是凌钢下属专业部门之一，主要负责凌钢生产用原燃料的供应和产品销售工作。供销公司的基本任务是：在深入进行市场调查和市场预测的基础上，科学标准采购、销售计划，承接和洽谈订货、销售业务，签订和管理采购、销售合同，负责采购原燃料的入库、保管、出库；同时负责产品的入库、保管、发运、办理产品售后服务等。

【营销工作】2007—2008年，供销公司按照集团公司总体要求和总体目标，以经济效益为中心，对外准确把握市场态势，对内关注生产、检修的变化情况，确保大宗原燃料采购、钢材销售、储运工作与350万吨钢技改工程相适应；坚持品种钢战略，根据比较效益最优原则优化产品结构，及时调整销售价格；按生产需求动态调整采购计划，满足生产需求；坚持精料方针、低成本采购战略，突出关键环节，大力降低费用消耗，供、销、储、运各项工作取得新的进展。

2007年，实现销售收入69.91亿元，钢材销售总量221.21万吨。其中，中宽带106.29万吨、型棒材57.8万吨、中型材45.27万吨、焊管6.19万吨、冷带5.045万吨。2008年实现销售收入85.68亿元，钢材销售总量204.152万吨。其中，中宽带70.265万吨、型棒材70.016万吨、中型材51.111万吨、冷带5.64万吨、焊管7.04万吨。

【销售概况】按照“以公司整体效益为中心，坚持品种钢战略、低成本战略、内贸与外贸并重战略，提升销售与生产、技术之间的协调水平，准确把握市场脉搏，动态配置资源，合理控制销售进程”的原则组织销售工作。

2007—2008 年销售、运输情况

项　目	销售量/万吨	销售收入/亿元	每吨销售价格/元	产销率/%	回款率/%	品种钢/万吨	发车量/车
2007 年	221.21	69.90	3129.00	100.00	100	99.125	33108
2008 年	204.52	85.68	4159.00	102.12	100	83.526	28059
同期增量	16.69	-15.78	-1030.00	-2.12	0	15.599	5049
增幅/%	8.16	-18.42	-24.77	-2.12	0	18.68	17.99

强化信息管理，向市场要效益。紧紧抓住钢材市场启动的有利时机，及时上调产品价格，创造涨价效益；同时根据市场的变化，在销售价格较低时控制销售节奏，在市场较高价位时降低库存，取得了较好的经营效益。

根据产品效益情况动态调整产品、规格结构，追求效益最大化。发挥经销网络零距离服务用户优势，开发品种钢市场，调整产品结构和合理分配市场资源，为动态调整市场布局创造了条件。

2007 年各经销处共实现销售总量 37.88 万吨，2008 年销售钢材 23.59 万吨。2007 年，针对 3～6 月份 3 号高炉改造、钢坯总量减少 12 万吨的情况，大力调整产品结构，生产效益好的普圆、中型材、中宽带产品，减少效益差的螺纹钢产量；同时，针对坯料不足的情况，在保证效益的前提下，协调外购钢坯 3.8 万吨。10 月份螺纹钢出现亏损后减少产量 13971 吨，增加效益好的小碳结产量 2907 吨、普圆 12297 吨。2008 年共销售普圆 14.88 万吨，占小型材销量的 23.71%；螺纹钢以生产效益好的规格为主，直径 12～14 毫米螺纹钢销售 11.42 万吨，占 29.04%，直径 28～32 毫米螺纹钢销售 5.21 万吨，占 13.26%；大力调整产品结构，生产效益好的普圆、中型材、中宽带产品。

【市场开拓】以经济效益为中心进行市场布局，合理配置有限的资源，优化销售渠道，适时调整销售策略。开发重点工程，提高凌钢产品的知名度和信誉度。2007 年 7 月份，中标哈大铁路客运专线，全年圆钢供货总量 4.07 万吨。2008 年，向哈大铁路客运专线、京沪高速铁路、北京动车段、长吉城际铁路等国家重点工程项目供货 250133 吨。

在签订合同前、产品、原料价格调整后及时测算产品效益，按效益最大化原则调整产品结构和配置资源，小型材销量的 64.92% 投放在高价位的辽宁市场，形成垄断地位；焊管、中宽冷带在确保实现预期边际贡献的前提下安排生产。中宽冷带积极配合生产调试，采用差异化销售策略，开发 AFD、20MnSi、家具管、45 钢、65Mn 等特殊用料，2007 年共销售中宽冷带 5.045 万吨；2008 年中宽冷带开发 AFD、45 钢、65Mn 等特殊用料，共销售中宽冷带 5.64 万吨。2007 年，钢管间接出口 8889 吨，克服备料、生产等多方面困难，保证了用户的交货期，维系了凌钢焊管的生存空间；2007 年销售热轧流体管 2984 吨，实现了产品转型后销售的顺利过渡。

【品种钢销售】积极实施品种钢战略，在市场开发上有的放矢，加大品种钢材市场的销售力度，通过增加产品附加值，为公司多创经济效益。2007 年共销售品种钢材 99.125 万吨，占钢材总量的 44.81%，比上年增加 33.515 万吨，增长 31.1%；中小型材品种钢 53.718 万吨，同比增加 27.018 万吨，增长 49.7%。2008 年共销售品种钢材 83.526 万吨，占钢材总量的 40.91%；其中，中宽热带品种钢 23.235 万吨，品种钢比例为 27.817%；中小型材品种钢 57.58 万吨，同比增加 3.87 万吨，增长 7.2%。

【外贸出口】坚持内贸与外贸并重战略，加大国际市场的开发力度，缓解了国内市场压力，提高产品销售价格，出口稳步增长，产品出口到韩国、印度尼西亚、中国台湾地区、越南等多个国家和地区。2007 年出口 12 万吨，其中中宽热带 10.52 万吨，中宽冷带 1.48 万吨，出口创汇 5600 万美元。2008 年 1～7 月份，中宽冷带每月稳定出口 2000～4000 吨，为中宽冷带顺利达产创造了条件；2008 年，全年钢材出口 8.61 万吨。其中，中宽热带 5.93 万吨，中宽冷带 2.68 万吨，出口创汇 6950 万美元。

【采购概况】供销公司按照“以公司整体效益为中心，提升供应与生产、运输之间的协调水平，坚持精料战略和低成本战略，保证采购质量，满足生产需要，合理控制库存。”的采购思路，深入了解、准确把握两个市场——厂内需求市场和原燃料采购市场，增强采购工作的预测性和前瞻性，圆满完成了大宗原燃材料的供应任务，具体情况见下表。

2007—2008 年进货情况（单位：万吨）

品　种	精煤	朝焦	其他焦	无烟煤	热电煤	长焰煤	焦粉	地方矿	保国矿	进口粉	进口块	废钢	生铁
2008 年	55. 48	11. 3	56. 45	18. 63	6. 41	14. 26	1. 16	219. 20	97. 91	10. 12	4	19. 6	0. 42
2007 年	56. 77	10. 3	47. 29	16. 41	7. 79	15. 51	6. 31	220. 6	74. 39	20. 16	5. 89	21. 6	11. 83
增减量	-1. 29	10. 19		2. 22	-1. 38	-1. 25	-5. 15	-1. 4	23. 52	-10. 04	-1. 89	-1. 93	-11. 4
百分比/%	-2. 3	17. 71		14	-18	-8	-82	-1	32	-50	-32	-9	-96

1. 坚持精料战略，拓展采购渠道，选择有资源、有发车能力、信誉好、有实力的供应商并建立起长期战略合作伙伴关系，以此来保证精料方针的实现

根据废钢资源形势变化和采购形势需要，从2007 年 6 月份起废钢采购模式，实现 100% 采购符合公司炼钢要求的合格料废钢。9 月份又实现了废钢按料型分装分送的转变，理顺了废钢采购、验质、堆垛、配送程序。2007 年外采中重型废钢比例达到了 61. 33%。2008 年外采中重型废钢比例为 37. 56%。由于采购合格废钢，外购废钢中夹杂的易燃易爆物、封闭物明显减少，保证了生产需要，提高了采购质量，减少了切割费用，降低了废钢原料成本，具有长期效益。

2. 强化合同管理，优化供货渠道，把握采购的主动地位，提高采购质量，保证生产需求

根据生产节奏变化控制采购进度；采取先验货后签合同，先少量进货后批量进货；建立质量预警机制，发现不合格品及时向用户反馈，对严重不合格的用户采取停供货、整顿、淘汰等措施，保证了采购进货质量。对不符合公司质量要求的和掺杂使假的用户进行了扣罚款、扣量及给予警告、信誉红牌等处理。2007 年，地方铁精粉平均铁品位达到 66%，较上年降 0. 6 个百分点。2008 年，地方铁精粉平均铁品位为 65. 7%，较上年同期降 0. 3%。焦炭在考核 M_{40}、M_{10}、合格率等指标基础上，增加了热强度和反应性两项指标，改善了焦炭的实物质量。

3. 坚持低成本战略，采购价格和信息网络优化，降低采购成本

与周边及华北、华东各大钢铁企业建立价格信息沟通网络，及时获得各大钢铁企业价格信息，为我公司制定合理采购价格提供准确的依据。

4. 克服运力紧张影响，降低采购成本

根据采购计划，合理控制到货，减少厂内二次倒运；能够用铁路运输的，尽量减少汽车运输，降低运输成本；对受铁路运输限制较大的品种，增加供货渠道，缓解铁路运输的困难。

5. 克服计划多变、工期紧的不利影响，结合市场走势，控制采购节奏，严格控制库存

确保检修、技改工程顺利进行；2007 年外购钢材 1. 86 万吨，2008 年外购钢材 6. 63 万吨。

【物流方面】按照“加强购、运、销协调，优化物流管理，降低运输成本，提高服务质量，保证生产需要”的工作思路，对内加强管理，对外积极协调，促进了整体运输工作的顺畅、快捷，有效地降低了公司的物流成本。

1. 通过务实工作，积极向铁路部门争取，加强对外协调，优化产品发运工作

受 3 号高炉改造影响，2007 年共实现铁路外发货物 33108 车，比上年少发 441 车；入关 11860 车，入关比 43. 96%；为有效缓解入关货物铁路运输紧张的状况，加大了海运分流工作力度。2008 年铁路外发货物 28059 车。其中，钢材发车 27398 车，副产品发车 601 车；入关 14051 车，入关比 51. 28%。

2. 优化运输管理，提高货车净载重，调整装载方案，降低运输成本

完善 70 吨车新型车的装载方案，提高空车利用率和装车比；60 吨车装载方案沈局管内卷钢从 55 吨提高到 58 吨，70 吨车 9 米钢材沈局方案允许从 68 吨提高到 70 吨；中宽冷带采用防湿大包装，实行整体包装一次性作业，避免使用篷布苫盖费用高、协调铁道部特例修订 60 吨、70 吨敞车

装载方案，避免增加额外工作时间，降低了装车费用，年节约捆绑费用1500万元。

3. 优化信息流，实现物流管理现代化

经与铁路部门积极协调，2007年凌钢争取到首批实现路企铁路货运营销信息管理系统信息交换资格，2008年凌钢争取到铁道部大客户资格，实现了联网请车和费用结算、查询到发物资车皮情况，掌握运输即时信息、了解国家运输政策等，提高了企业的知名度，信息传送更加快捷，工作效率大幅提高。

4. 2007年新增工业用盐品类到达业务，降低了综合采购成本，提高了运输牵引动力，为产能增加提供了运输保障

2007年，协助公司以较低价格购买3台内燃机车（节约成本40万元），低价定购两台旧机车。2008年协助公司以较低价格购买5台内燃机车（节约成本数百万元），实现了从蒸汽机车到内燃机车的历史性转变，为350万吨产能的顺利实施提供了运输保障。

5. 避免不必要的二次倒运

由于350万吨钢技术改造带来原燃料需求的不均衡，合理安排接卸车货位和临时置场，确保到厂物资及时接卸。

6. 加强现场管理意识和责任意识，严细管理，将有限空间循环利用，保证了技改项目顺利进行

废钢合格料按料型单独堆放、实行定置管理。厂内回收废钢在专门地点集中切割，2007年开始实现了根据生产实际情况按料型分别配送冷料的跨越。

经销性子公司

【基本情况】凌钢设有北京凌钢物资供销有限公司、沈阳凌钢钢材销售有限公司、凌钢大连钢材经销有限公司和凌钢锦州钢材经销有限公司四家经销性子公司。其中，大连、锦州公司为集团公司的全资子公司。北京、沈阳公司为集团公司控股子公司。2008年6月，上述4个子公司均为股份公司收购，成为凌钢股份有限公司的全资子公司。其中，大连钢材经销有限公司有职工4人，管理和专业技术岗位人员4人，拥有固定资产原值272.10万元，净值111.58万元；沈阳凌钢钢材销售有限公司有职工2人，管理和专业技术岗位人员2人，拥有固定资产原值146.36万元，净值81.03万元；北京凌钢物资供销有限公司有职工4人，管理和专业技术岗位人员4人，拥有固定资产原值62.54万元，净值19.03万元；锦州钢材经销有限公司有职工3人，管理和专业技术岗位人员3人，拥有固定资产原值21.18万元，净值15.19万元。大连、锦州、沈阳、北京位于凌钢经济销售半径范围内，地理位置优越，市场容量大，产品品牌知名度、市场认知度高，以点带面，提高了销售渠道的稳定性，强化了对区域市场的控制和抵御市场风险的能力。

【工作概况】2007—2008年，凌钢严格按照《子公司管理办法》对子公司进行管理，根据公司确定的各经销性子公司的年度销售计划，销售公司在平衡年度销售计划时予以遵照执行。每月根据各经销性子公司的销售、库存、市场价格水平和提报的资源计划情况，以及公司本部的生产、库存数量、运输平衡和各区域市场价格情况，按经济效益最大化的原则合理安排各经销性子公司的季度和月份销售计划；按公司对经销性子公司的政策和计划完成情况进行结算和考核。

2007年，子公司销售坯材32.33万吨，占公司坯材销售总量的14.66%，比2006年减少6178吨。其中，螺纹钢占螺纹钢销售总量的30%，圆钢占圆钢销售总量的21.78%。2007年，子公司品种钢销售14.27万吨，占全部品种钢销售比例的14.51%，比2006年提高6.33%，主要由于管坯销售12.89万吨，比2006年增加6.75万吨。

炼　铁　厂

【基本情况】2008年末有职工1184人，其中管理人员58人，本科学历55人，具有高级技术职称6人、中级技术职称67人。管理机构设工艺科、安全科、生产科、机动科、经营科、办公室6个科室，炼铁系统设4个主体生产工段：1号高炉工段、2号高炉工段、3号高炉工段和4号高炉工段以及2个辅助生产工段：高炉原料工段、喷煤工段；烧结工序设4个工段：竖炉工段、52平方米烧结机工段、75平方米烧结机工段和240平方米烧结机工段。厂区占地面积25.6万平方米，烧结系统建筑面积4万平方米，炼铁系统建筑面积6.9

万平方米。炼铁系统拥有固定资产原值95920.40万元，净值71600.83万元；烧结系统拥有固定资产原值38381.32万元，净值13228.99万元。主要设备有4座高炉：1号高炉容积为380立方米、2号高炉容积为450立方米、3号高炉容积为750立方米、4号高炉容积为1080立方米。52平方米烧结机1台，240平方米烧结机1台，75平方米烧结机1台，10平方米竖炉1座，8平方米竖炉2座，高炉电动鼓风机6台，煤粉中速磨4台，铸铁机1台。主要产品为炼钢生铁，副产品有高炉水渣、高炉煤气及高炉除尘灰。

【主要指标】2007年，生铁完成205.1221万吨，创历史新高。其中，1号高炉完成49.746万吨，2号高炉完成60.9435万吨，3号高炉完成47.8981万吨，4号高炉完成46.5345万吨。球团矿完成109.123万吨，烧结矿完成247.6637万吨。生铁一级品率完成75.36%，生铁合格率100%，综合焦比完成539千克/吨，煤比完成134千克/吨，全年超创利润完成5653万元，比计划提高1353万元。综合治理、计划生育等各项指标均完成公司计划。

2008年，生铁完成198.123万吨。其中，1号高炉完成41.22万吨，2号高炉完成53.5万吨，3号高炉完成79.7万吨，4号高炉完成23.72万吨。球团矿完成120.2929万吨，烧结矿完成247.6637万吨。生铁一级品率完成72.66%，生铁合格率完成99.99%，综合焦比完成558千克/吨，煤比完成128千克/吨，全年超创利润完成2677万元，综合治理、计划生育等各项指标均完成公司计划。

【技术改造】2007年，圆满完成3号高炉、10平方米竖炉改扩建工程，尤其是3号高炉从2007年3月1日停炉至6月28日开炉投产，工期不到4个月，创出凌钢高炉改扩建历史的奇迹；10平方米竖炉从3月1日开始建设至7月1日顺利投产，比原设计工期提前2个月完成。

2008年，圆满完成4号高炉和240平方米烧结机两大技改工程。240平方米烧结机于12月1日投产，4号高炉于12月8日开炉投产。同时对高炉鼓风机进行改造，新增加AV63风机1台，对喷煤1号、2号中速磨进行改建，每台生产能力由原来的12吨/小时增加到13.7吨/小时。

【成本管理】2007年，以降低焦比为龙头，深入开展消耗定点攻关活动：强化焦炭混匀，对焦炭的实物质量实行全过程跟踪，对焦炭的热反应强度实行规范检测。通过缩小4座高炉7台焦豆筛孔尺寸和原料1台焦豆筛尺寸，提高焦炭利用率，降低焦比，全年入炉焦比完成472千克/吨，与计划486千克/吨相比，吨铁降低14千克。

2008年，以降低焦比为目标，面对外界条件变差，高炉通过调整操作方针及装料制度，以适应焦炭质量变化；同时把燃料消耗与炉长、段长奖金相挂钩，将生铁硅含量高低与工长奖金相挂钩，2008年入炉焦比完成429千克/吨。以“日清日结”核算为基础，对成本指标逐项分解，对成本实行有效控制。全面加强能源计量管理。

【技术质量管理】2007年，制定高炉年修休复风方案，保证高炉年修后的顺利生产；提高生铁一级品率，完成75.33%，比计划提高6.28%；实现低硅冶炼，生铁含硅达到0.47%，比上年降低0.09%；改变多年来使用55毫米或50毫米钻头钻铁口的做法，改用28毫米六棱钢钎，节约钻头消耗，有利于铁口维护。

2008年，精心组织高炉生产，以稳产为基础，把密切关注原料变化作为强化生产的重点，努力提高烧结矿质量，一切以高炉稳定顺行为中心的管理思路；高炉操作调整为“中心开放兼顾边缘”。

【设备管理】2007年，完善点检定修制，加强专业和岗位点检，设备运行质量得到全面提升。4号高炉严格按护炉方案进行操作，保证在2008年停炉大修。对设备点检机构整合，开展每季一次的“优秀点检员评选”活动和“自主保养示范岗”评选活动，设备作业率完成98.67%。

2008年，深入推进“三项”达标工程，优化设备管理，实现设备稳定顺行，以生产、技改两不误，两手抓为工作方针，全年高炉设备作业率完成96.74%。

【现场管理】2007年，集中全面开展现场管理各项整顿活动，对上一年“现场管理经济责任制”进行修改，新建专项考核制度4项。实行属地管理，加强检查力度，狠抓落实。积极配合公司的各种检查，查找不足，不断促进现场管理工作，对树木实行三包，既包种、包管理、包成活率，2007年共植树6800棵，树木成活率达到96%以上。更新现场管理工作观念，集思广益，精细管理，厂容厂貌有了较大改观。

2008年，严格按照“炼铁厂现场管理经济责任制”进行考核，明确目标、细化制度、落实责任。加强对现场管理工作的日常检查和阶段性综合检查，实行现场管理工作幻灯曝光制，对现场脏、乱、差的单位实施重罚。对树木实行三包，即包种、包管理、包成活率，树木成活率达到95%以上。全力以赴做好240平方米烧结机、1080立方米高炉建设的现场管理工作；解决各种物料的洒落、二次扬尘，使厂容厂貌有了较大改观。

【安全管理】 2007年，进一步贯彻落实“安全生产法”，牢固树立“安全第一”的思想，以“三位一体”抓安全为基础，以专业管理为导向，全面落实安全生产责任制，积极开展安全管理体系贯标工作，确保安全生产。

2008年，进一步贯彻落实“安全生产法”，牢固树立“安全第一”的思想，以“三位一体”抓安全为基础，以专业管理为导向，全面落实安全生产责任制，积极开展安全管理体系贯标工作，确保安全生产。

【职工培训】 重点对关键岗位上的生产操作人员开展了有针对性的培训工作。2007年共开办各类培训班12个，培训人数达到1950人。2008年共开办培训班16个，培训人数达到2250人。

【党群工作】 2007年全厂党员122名，下设13个支部，发展党员5名。在新时期、新任务面前，积极发挥党组织的政治核心作用和思想政治工作的优势，强化党风廉政建设，为生产经营目标的实现保驾护航。以促进完成生产经营目标和两大技改工程为核心，以构建和谐炼铁为动力，进一步发挥思想政治工作的作用。坚持公平、公正、公开的原则和以人为本的思想，努力构建和谐炼铁。为符合优抚条件的44名职工发放优抚费4400元；对16名职工给予助学奖励，本科生500元，大专生300元，共支付奖学金6800元。为退休职工发放退休纪念品，为高温岗位职工购买茶叶、白糖。

2008年，党员106名，下设8个支部，全年发展党员4名。充分发挥党组织的政治核心作用和党员的先锋模范作用，确保两大技改工程项目和生产经营任务的完成。开展“五型班组”建设，厂级6个，13个被评为公司级“五型班组”。以人为本，关心职工温暖，为退休职工发放退休纪念品，为高温岗位职工购买茶叶、白糖。2008年5月份，全厂职工为四川汶川大地震灾区捐款。其中，党员捐款2次，捐款率达到100%。

【工会工作】 2007年，工会会员1335人，下设13个支会。1月17日召开职代会，增补职工代表，并对职工代表进行培训。1月30日召开职代会，讨论审议2006年年终奖分配方案。积极开展工人技术创新，2007年立项186项，106项获奖，评出个人项目一等奖10人，二等奖25人，三等奖28人，集体项目9个。为炼铁厂每名女工投保健康保险，2007年5月，一名女职工得到40000元补偿金。安排12人去热水汤健康疗养。2007年炼铁厂荣获朝阳市总工会“五一劳动奖状”。

2008年，工会会员1150人，下设13个支会。积极开展工人技术创新，2008年共立项123项，实际完成108项。举办公司级“炼铁杯”乒乓球比赛、安全小品比赛。成立炼铁厂男子篮球队，2008年获得第一名。2008年4月，3号高炉工段被辽宁省总工会授予“工人先锋号”荣誉称号。2008年4月，3号高炉工段被全国总工会授予“五一劳动奖状”。

转炉炼钢厂

【基本情况】 2008年底，转炉炼钢厂有职工1238人。其中，管理人员136人，生产操作人员1102人。具有高级技术职称1人、副高级技术职称2人、中级技术职称33人、初级技术职称58人。高级技师1人，技师45人。硕士1人，本科117人，专科146人（含中专44人），高中技校426人。厂机关设生产科、炉前点检、连铸点检、安全科、技术科、经营科、设备科、办公室8个科室，生产系统设原料、冶炼、吊包、连铸、天车、精整、运转、排渣8个作业区。厂区占地面积11.2万平方米。拥有固定资产原值46693.92万元，净值22980.38万元。转炉炼钢厂现有120吨转炉1座、35吨转炉3座、600吨混铁炉2座、铁水预处理设施3座、五机五流方坯连铸机3台、双流板坯连铸机1台、35吨LF炉1台、100吨LF炉1台、各类型号天车41台。

2007年，炼钢厂认真贯彻落实集团公司提出的全面提升“集约、优化、协调、永续”努力促进增长方式转变的总体工作思路，以“双零双无”为目标，以“经济炼钢”为中心开展工作。编制了《2007年炼钢厂集约化生产经营年度规划》，根据不同情况、不同条件制定出每个月的工作主题、工作重点、具体措施和生产组织模型，使其全年生产平稳有序，达到最优状态。炼钢厂紧紧围绕220万吨钢、100万吨品种钢、2600万元超创利润的生产经营任务，扎实有效的开展工作，取得预期效果。全年共完成合格钢2237315吨，完成品种钢1035598吨，钢铁料消耗1078.613千克/吨，冶炼周期23.5分钟，氧气消耗52.969立方米/吨，石灰消耗50.961千克/吨，全年实现超创利润3796万元，完成计划的146%。

2008年，转炉炼钢厂发扬集团公司二次党代会确立的“自强、诚信、求实、创新”的凌钢企业精神，继续坚持以经济炼钢为中心，全面贯彻炼钢生产稳定顺行。350万吨技改工程高效运作的大原则，深化五精管理和模型控制，大力推进技术创新、管理创新，强力推行低成本战略，积极开展形势任务教育，采取灵活的生产组织方式，应对国际金融危机给企业带来的影响和挑战，使原有的炼钢生产线稳定有序的生产，120吨转炉系统技改工程这一先于一切、高于一切、大于一切的项目得于年内建成投产，同时伟大的抗震救灾精神得到了弘扬，职工队伍建设得到了加强，业务外包工作也实现圆满过渡。由于受8月份以后限产的影响，全年共产钢206.4万吨，品种钢81.8万吨，钢铁料消耗1067.51千克/吨，冶炼周期23.92分钟，石灰消耗51.65千克/吨，氧气消耗52.42立方米/吨，全年实现超创利润1581.8万元，完成计划的52.73%。

【生产管理】2007年，生产组织分为3个阶段。1~2月份为第一阶段，这个时期铁水供应稳定，炼钢厂实施“三炉对四机”匹配模型，坚持节铁增钢，铁耗控制在865千克/吨，实现产量最大化。3~6月份为第二阶段，3月1日高炉扩容改造，铁水每天减少1100吨，配合高炉，1号混铁炉、3座转炉年修，两台方坯增流改造，这个时期生产组织以节铁增钢为中心，以品种钢产量最大化、板坯产量最大化、效益最大化为重点，严格控制出钢温度和钢水镇静时间，加强转炉炉体特护，保证生产稳定顺行。7~12月份为第三阶段，在铁水日产达到6500吨的情况下，钢产量按6800吨/日，铁耗950千克/吨组织生产，减少铁水铸块，实施了“3670”的快节奏生产组织模型（单炉36吨班产70炉）。

在生产的不同阶段开展了不同内容的生产指标竞赛，如“提高转炉日产作业率竞赛”、“降低板坯漏钢率竞赛”、“降低铁水铸块竞赛”、“提高品种钢产量竞赛”等10次，评选出生产状元20人，生产能手30人，奖励资金40.17万元，厂内8个生产作业区生产竞赛28项。

2008年生产组织分4个阶段。1~5月为第一阶段，这个阶段铁水在6600吨/日左右，炼钢铁耗控制在955千克/吨生产组织，原则是产量最大化、铁水不落地，1~5月份平均月产达到20万吨以上。6月1~15日为第二阶段，这个阶段由于4号高炉年修，铁水量在5500吨/日左右，炼钢铁耗控制在920千克/吨，坚持节铁增钢，并对待年修的转炉进行彻底的维护。6月16~22日为第三阶段，这个阶段配合4号高炉年修，3座转炉依次进行年修，铁耗控制在920千克/吨，努力提高转炉班产，要求确保单炉班产20炉以上，两个转炉必保40炉。8月份以后为第四阶段，2号板坯拆除以后，严格执行三炉对三机生产组织模型。10月份限产以后，日产铁4000吨，铁耗控制在960千克/吨，实行两炉对两机组织生产，并针对废钢质量恶化，降低了铁水装入量和单炉产钢量，减少洒料和喷溅，实现效益最佳，同时积极创造条件，组织120吨转炉的试产工作，并于12月12日120吨转炉和新双流板坯一次试产成功。

【安全管理】2007年，坚持以人为本，提升安全质量，强化责任意识。年内培训92名班工长，推行了班组安全值班员制度，结合铁岭清河钢厂“4·18”钢包坠落事故，对我厂钢包、铁水包安全状况、吊运情况进行全方位的检查，并出台了硬性措施。全厂重要危险源演练56次，参加500人次，全年首次实现轻伤事故为零。

2008年，针对生产和技改两条战线同时进行的特殊情况，尤其是业务外包造成的400多人岗位变动，新入厂到岗的大学毕业生和技校生达300多人，全年进行系统教育培训达1700余人次，同时与所有施工单位签订了《安全检修施工协议书》和指导书，上半年和下半年厂进行两次系统的安全工作调研，对7个重要危险源进一步分解细化，使岗位工对危险源知晓率达到100%，全年重要危险源演练32次，岗位参加330人次，工程技术人员参加59人次，提出安全建议21条，全年继续保持了轻伤事故为零。

【设备管理】2007年，建立关键重点设备档案，制定了关键重点设备控制模型。做到强化点检，责任到人，进行技术攻关120项，解决了炉下平台系统故障多，炉口、烟罩、烟道超期服役的问题及老百吨天车电气控制系统老化的问题，降低了设备故障，保障生产稳定顺行。

2008年1～5月份，厂继续夯实基础管理，推进全员参与设备管理，规范标准化操作，推进区域零故障，积极开展自主保养工作，并对业务外包人员进行指导培训28课时298人次，对原岗位操作人员日常点检知识培训780人次，全年每月设备故障次数为3.9次，比公司规定指标降低6.1次。设备故障停机时间为257分钟/月，比公司规定指标降低83分钟/月，平均设备完好率98.49%，比上年提高0.08%。

【品种质量管理】2007年，重点开发了板坯195LD、Q345B、20、45、65Mn钢种和方坯的20、45钢，采取一切措施充分发挥铁水预处理的作用，铁水脱硫率由上年度37%提高到45%。为强化工艺纪律监督检查，9月份抽调4名工程技术人员设立了工艺监督长进行跟班监督，对提高品种钢的质量起到很大作用。

2008年，严格铁水在混铁炉分装，确保品种钢生产，实施经济脱硫，探索冷却、电磁搅拌工艺参数，改善铸坯内部质量，推广大包保护套管，控制钢水氧活度，使质量异议明显减少。

【成本管理】坚持两查两节和日清日结考核，细化对科、作业区的考核，把全年超利指标划分为120多个指标，层层分解到班组和职工个人头上，并出台相应的考核制度。各科、作业区领取备件、材料要逐级审核签字，厂效能监察组也加大监察力度，减少损失浪费。严格执行闫厂长提出的降成本十大方略，提高全员的成本意识，坚持向管理要效益，采取了合理压缩维修费用，强化资财管控，加强能耗管理，积极开展修旧利废活动。

【综合管理】每月召开综合管理例会，通报劳动纪律、两查两节、治安消防和现场管理情况。2007年全年，各科、作业区两查两节立项达300多项，解决生产经营过程中的环节和细节问题，全年抓获偷盗人员10人次，处理厂内违纪人员4人。

2008年3月28日，业务外包工作开始运转，外包岗位9个，人数182人。经过6个月磨合，基本适应生产和工作的要求，对新入厂的大学毕业生、技校生进行了系统培训教育，签订了《安全和治安承诺书》。

【工程管理】2007年全年技改、年修工作量较大，即35吨转炉除尘风机高压变频改造、两台方坯铸机增流改造、转炉二次除尘和混铁炉除尘技术改造及三座转炉年修。这些工程均在生产正常运行，生产与施工交叉作业情况下进行，难度较大，厂提出“生产技改互相作为出发点”的原则，进行总体协调，落实方案，加强沟通，使所有技改、年修工程都提前完成。

350万吨钢技改工程用地上建筑物拆除完毕，炼钢系统平土图已设计完成，工程初步设计10月28日审定通过。

2008年，120吨转炉系统技改工程抽调13名专业工程技术人员成立项目科，进行了详细的责任分工，成立了转炉、连铸、原料、天车4个项目组，针对350万吨钢技改工程中投资最大的项目从审阅图纸提出备品备件材料计划，监督制作工期和施工工期，检查施工质量，提出改进要求，到协助、催促参与制定安全技术操作规程，制定培训计划安排教师进行授课，对关键设备进行监制，组织18名大学毕业生到莱钢进行培训学习等。每天工作14小时以上，并每天开2次工程例会，使这个采用一罐到底、干法除尘新技术工艺的工程于12月12日建成，一次试产获得成功，当月产钢11057吨。6月14日～7月8日完成了3台转炉年修工作，年修项目完成率99.6%，增补项目8项，同步完成了天车检修项目25项。此次年修是转炉年修史上工程量最大的一次，同时解决了5项重大隐患。

【精神文明建设】2007年，重点开展了“坚持以人为本，构建和谐炼钢”的主题活动，主要内容是开展“三心”活动，实施“四大工程”，即聚人心、暖人心、得人心、党员模范工程、干部形象工程、职工生活温暖工程、民主管理阳光工程。结合生产工作实际开展经常性的形势任务教育，全年召开党员大会17次，上党课2次，发展新党员5名。建立困难职工档案，走访困难职工38人次，建立救助热线，针对特困职工组织捐款3次，捐款金额3.7万元，对生病职工慰问26人次，金秋助学工程对职工子女考大学进行资助 12 人次，资助金额 4100 元。建立职工思想动态反馈渠道，设立科、作业区职工思想动态反馈表，每月反馈一次，及时掌握职工意见和要求，全年共收到信息 106 条，并及时进行处理。2007 年炼钢厂党、政、工、团均被评为公司级先进单位。

2008 年，围绕生产技改两条战线，开展了“弘扬凌钢精神和抗震救灾精神应对金融危机”活动，开展了“学习型工厂建设及建和谐转炉炼钢厂做文明炼钢人”活动。在支援地震灾区捐款中共捐款 16730 元，党员特殊党费中 85 人共交纳 19400 元。对 300 多名新入厂的大学生、技校生进行了形势任务教育、理想前途教育、厂规厂纪教育。厂团委还发出了“激情迎看精彩奥运、安全谱写和谐炼钢”的倡议书。2008 年，厂党、政、工、团均被评为公司级先进单位。

型　材　厂

【基本情况】 2008 年末，型材厂有职工 770 名。其中，管理技术人员 44 名，生产操作人员 726 名，大学本科学历 56 人，专科学历 70 人，中专学历 7 人；具有高级技术职称 1 人、中级技术职称 27 人、初级技术职称 33 人。厂机关设安全科、技术科、设备科、经营科、调度室、自动化科、办公室 7 个科室，生产系统设 1 号棒材生产段、2 号棒材生产段、中型生产段、运转段、加工段、准备段 6 个工段。厂区占地面积 71140 平方米，建筑面积 64660 平方米。拥有固定资产原值 50011.30 万元，净值 33715.02 万元。型材厂主要有 1 号棒材机组、高架棒材机组、中型机组 3 条生产线，钢材年生产能力 210 万吨。

型材厂是公司主体生产厂之一。2006 年 2 月 25 日，原棒材厂与原型材厂整合为型材厂。2006 年 6 月进行了二期改造，使中型机组年生产能力达 50 万吨。2008 年 9 月，作为 350 万吨钢重要技改工程之一的高架棒材生产线顺利竣工投产。

产品主要规格为直径 50 ~ 100 毫米中型圆钢，直径 12 ~ 40 毫米带肋钢筋和圆钢，材质主要为碳素结构钢、优质碳素结构钢、低合金钢、合金钢。产品广泛应用于无缝焊管、机械加工、建筑等行业。

【新技术应用与开发】 型材厂通过一系列的工艺技术创新生产经营管理逐年上新台阶。工艺技术创新成果丰富，产品规格齐全，产品质量可靠。2007 年 1 月 11 日，1 号棒材进行直径 10 毫米螺纹三切分轧制，标志着直径 10 毫米螺纹在东北地区棒材线上第一个轧制成功。2007 年 6 月 15 日，1 号棒材试验了一种注渗碳化钨新材料的剪刃，提高了剪刃使用周期与产品质量。2007 年 6 月 20 日，1 号棒材首次轧制 HRB500 大规格螺纹直径 36 毫米、直径 40 毫米。2007 年 6 月 24 日，用直径 20 毫米螺纹进行试穿水。2007 年 8 月，中型机组试生产 40Cr 取得成功。随着热轧带肋钢筋的执行标准发生变化，2008 年 3 月 1 日，型材厂热轧带肋钢筋实物表面标识做了重大修改。2008 年 3 月，棒材机组相继开发 20 号直径 16 ~ 36 毫米圆钢品种和 HRB500 直径 16 毫米、直径 20 毫米、直径 25 毫米、直径 32 毫米、直径 40 毫米等规格产品试生产，并成功开发了直径 10 ~ 40 毫米规格的 HRB335、HRB400 抗震钢筋。2008 年 11 月 21 日，1 号棒材在精轧区首次试验了硬质合金辊环新材料，取得明显成效，11 月 24 日，1 号棒材生产直径 16 毫米螺纹班产 896.42 吨，创历史最高。

【基础管理】 近年来，型材厂积极创新基础管理模式，提升基础管理水平。2007 年 3 月，我厂 59 名维检人员彻底剥离到检修中心，实行总包干试点。2008 年 4 月，中型与棒材机组精整区域实行业务外包。同年 9 月，2 号棒材机组精整区域实施业务外包。加强安全与现场管理。通过“双安全月”活动、安全教育与培训、安全演讲比赛、安全标语征集、安全漫画展出、安全知识竞赛等活动，强化安全意识，提升素养安全水平。2008 年 3 月 12 日，成立安全科，工段设立兼职安全员。2007 年、2008 年连续两年获公司现场管理先进单位。

加强民主管理，以民主集中制为原则，本着公开、公平、公正的原则做好各项审议与评聘工作，实现民主决策与监督。通过召开厂职工代表大会，听取审议通过超创利润年终奖分配方案。2007 年 2 月，召开厂首届七次职代会暨 2007 年安全工作会议，贯彻落实了公司首届七次职代会精神。通过年度民主测评的方式，按照型材厂科段长、班工长综合评议考核方案，2007 年淘汰科段长 1 人、班工长 3 人；2008 年 2 月，公开评聘科段长 16 人、班工长 42 人。

【工程建设】 2008 年 2 月 26 日，高架棒材技改工程破土动工。占地面积4.5平方千米，设计生产能力为90万吨/年，总投资3.5亿元。6月3日，高棒技改工程进入设备安装阶段。6月底，加热炉、主轧线、冷床区设备进行全面安装。加热炉墙体结构基本完成，进入立柱、水梁安装阶段，主轧线轧机底座安装基本完成，减速机底座安装就位。冷床区域进入设备安装以及相应区域电缆进入安装。8月6日，2号棒材机组加热炉点火烘炉。8月31日，2号棒材成功轧制出第一根直径25毫米螺纹钢，标志着2号棒材进入试生产阶段。9月1日，全线联动热负荷试车成功。10月29日，班产达869吨，实现班达产。11月2日、4日班产969吨和1062吨，实现了达产达效。

型材厂根据项目各阶段情况及时抽调技术中坚力量，举全厂之力按期保质完成了项目建设，为公司其他项目的建设提供了强有力的思想保证。90万吨高架棒材机组，从设计施工到投产仅11个月时间，是凌钢350吨钢技改工程最早竣工投产的项目。

【精神文明建设】型材厂卓有成效地开展党建和思想政治工作，加强精神文明建设，有力地促进了型材厂生产经营、技改等各项工作的顺利完成。加强党风廉政建设，按照公司党代会和政治工作会议要求，严格执行党风廉政建设工作制度。班子成员不参加职工任何吃请，并建立了工作时间谈话制度，不鼓励，不提倡职工找理由去领导家中谈事。利用党课、政治课等形式，组织党员、干部学习公司党风廉政建设责任制实施办法和凌钢党员干部廉洁自律八条规定等。加强效能监察，建立效能监察信息反馈制度，从2008年7个监察立项运行情况看，取得了预期效果，创效160万元。

狠抓职工培训与教育，提升职业技能。2007年6月26日，在培训中心开展计算机操作技能比武活动，共34人参加，一等奖1名，二等奖3名，三等奖7名。仅2008年就开展技术培训共10期，共计354人，285学时，安全培训12期，430人，360学时。组织开展轧钢工、加热工、天车工、车工技师职业技能鉴定培训14期，共计20人次，110学时。

尊重工人智慧，搭建工人技术创新平台。2007年11月14日，根据年初立项，召开成果发布表彰会。创新成果总计134项，评奖60项。2008年创新成果总计123项，评出集体项目特等奖1项，集体项目一等奖2项，集体项目二等奖3项，个人一等奖8项，二等奖17项，三等奖92项。

2007年，为提高女职工抵御特殊疾病风险的能力，维护女职工的特殊利益，为全厂104名女职工投保一份“团体女性安康保险”，总计4160元。积极参加公司举办的各项活动，并取得优异成绩，如获公司健身操比赛二等奖、公司军旅歌曲比赛二等奖、公司弘扬凌钢企业精神演讲比赛一等奖、公司“炼钢杯”安全知识竞赛一等奖等。2008年1月29日，举行迎技改庆新春“激情型材和谐凌钢”联欢晚会。

积极开展帮扶活动，多次走访困难职工。2008年5月，汶川地震发生后，组织全厂职工向四川地震灾区捐款，共计40730元。仅2007年慰问住院治病职工15人次，对职工家有丧事进行吊唁慰问9人次。2007年4月，职工王咸江妻子患风湿性心脏病，花手术费约10万元，厂组织职工捐款8570元。

中宽带钢厂

【基本情况】2008年末，有职工483人。其中，管理、技术人员81人，具有副高级技术职称8人、中级技术职称19人、初级技术职称54人；生产操作人员402人。职工平均年龄36岁左右。下设6个科室：生产技术科、综合管理科、点检作业区、安全科、经营科、办公室；6个作业区：轧钢作业区、加热作业区、运转作业区、液压作业区、天车作业区、轧辊作业区。厂区占地面积85000平方米，厂房建筑面积1953平方米。拥有固定资产原值48686.10万元，净值22980.38万元。主要设备是：880毫米中宽带钢热轧机机组1套，主要技术装备有：步进蓄热式加热炉2座，立轧机2架，平轧机8架，地下卷取机2台。截至2006年年生产能力达到110万吨。主要产品规格为1.8～12毫米，宽度为400～750毫米的普碳钢、195LD、10号、20号、45号、55号、50Mn、65Mn等优质钢、Q345B、Q390B、Q345C、20MnSi低合金钢及S240管线钢等多个品种。

【生产经营】2007年全年产量完成114.3万吨，综合成材率完成97.807%，综合合格率完成

99.742%，综合一级品率完成99.887%，机时产量178.306吨。

2008年，在全面技改的状态下全年完成产量78.3万吨。综合成材率98.042%，综合合格率99.724%，综合一级品率99.488%，机时产量163.76吨。各项质量指标均位于国内同行业前列。

两年来，通过优化生产组织模型，协调生产和设备、生产和技改的关系，加强各项管理等措施，使生产运营效率得以稳步提高。一是生产工艺系统进一步完善了每个品种、规格的轧制模型，规范操作，追求操作零失误，保质量零缺欠。产品质量得到大幅度提高，冷轧产品质量已达到国内同行业先进水平，赢得了用户的好评；部分中碳钢、低合金品种钢也赢得了用户的满意，创出了宽带品牌。二是加强设备管理，落实以点检定修制为基础的TPM管理模式，以设备功能精度为保障，提高设备可控性。树立时间就是效益的观念，最大限度地减少停机时间。三是加强成本管理，实施低成本战略。对主要技经指标层层分解，落实到各科、作业区，实时控制、动态考核，并与各科作业区奖金挂钩。各科作业区根据所承担的指标进行了详细分解，落实了具体举措，这些措施为确保技经指标上台阶发挥了重要作用。

【节能降耗】一是加强从入口、出口以及中间环节入手，努力提高产品的综合成材率和一级品率，达到提高质量降低成本的目的。二是加强资材及修复管理。对资材实现寿命周期管理，对不符合寿命周期要求产品及时指出退货及索赔；对价值量高、消耗量大的产品及时找出物美价廉的替代品；加大修旧利废力度，鼓励职工开展修旧利废活动，降低故障及事故，减少故障损失，积极开展技术创新活动，通过技术进步降低消耗。三是加强制度建设与考核，提高职工节约的自觉性。四是加强成本在线监控系统管理，对成本通过“日清日结”实现事前预测，事中控制，事后分析，使成本确实做到可控。五是加强能源介质管理，向节能减排要效益。六是加强运费等日常消耗管理。2007年热单耗1.217吉焦/吨，电单耗77千瓦时/吨，工序能耗50.09千克标煤/吨，工业净水0.47立方米/吨。2008年热单耗1.17吉焦/吨，电单耗82.26千瓦时/吨，工序能耗49.15千克标煤/吨，工业净水0.4180立方米/吨，新水单耗0.3408立方米/吨。

2007—2008年，在能源新技术应用上，采用高新节能技术和设备，达到节能降耗的目的。

【技术改造】2008年10月份，投资1.4亿元对E1、R1轧机系列、飞剪、卷取机、高压水系统进行改造。

1. E1、R1系统改造

原E1主轧机全部拆除，改为带液压AWC功能的上传动立轧机，传动系统采用西门子成套装置进行驱动，控制系统采用高性能处理器TDC系统。R1轧机更换了主牌坊，增加了液压控制的入出口导卫，换辊系统改成全液压换辊系统，大大缩短换辊时间。

2. 飞剪改造

切头飞剪采用启动工作制。在转鼓断面上以相位角90°布置两对刀片，一对用于切头，一对用于切尾。为了便于精轧机的咬入，切头的剪刃为弧形，以获得舌形带头，切尾的剪刃为直刃，剪刃的长度950毫米。具备在线剪刃的固定及调整及剪刃侧隙的调整。在线外还配备了剪刃预调装置和移动液压站。控制系统采用S7－400控制器，现场采用激光测速进行轧件的测速，采用扫描试热金属检测器进行轧件的检测。剪切中间坯头尾的长度控制在20～500毫米之间，根据中间坯头尾的形状进行优化剪切，剪切精度±35毫米。

3. 卷取改造

2007年末开始卷取机施工，在原卷取机后新增两台先进的“三辊全液压带踏步功能的卷取机”，由二重设计制造供货，控制系统由中冶赛迪设计调试，采用TDC控制系统，控制精度高，响应时间快，安全可靠。2008年11月份完成投入使用。延长原层冷辊道，经改造增加4组上下喷层流冷却装置。层冷辊道辊子辊径由原直径150毫米增加到直径220毫米，降低转速，增加寿命。辊道电机由3.0千瓦增到4.0千瓦，采用交交变频控制，实现与卷取机的同步。收集系统采用全液压驱动的步进运输机进行成品带卷运送，减少成品磕碰伤，提高产品质量。

4. 高压水系统改造

全部高压系统由营口流体重新设计制造，采用液滤耦合器控制水泵的升降压，工作压力提高到20兆帕，确保现场除鳞水压在18兆帕以上。现场三处除鳞点增加除鳞机，保证除鳞效果和挡水效果。

【新产品开发】

1. 2007年和2008年中宽带品种钢在市场竞争中得到了用户的良好认同

在以往老品种的基础上拓展的品种主要有：Q345C、08Al、AFD－1、AFD－2、AFD－3、AFD－4、30CrMo、35号、50Mn2V，厚度和宽度有了进一步拓展。

2. 2007年中宽带完成品种钢产量44.67万吨

在提高品种钢产量的同时也优化了工艺，提高了产品质量，开拓了市场，树立了新的效益增长点。

3. 2008年重点突破品种钢的质量

形成了几个市场信誉度较高的产品。各项指标均超出计划指标，合格率达到99.648%，成材率达到97.879%。品种钢的生产更加规范化、模型化。

4. 继续开发新的钢种，储备技术，拓展市场

如AFD系列批量生产，以供给冷轧用料销售到发蓝钢带厂做包装带用；储备了新产品研发的技术文件；对50Mn2V产品进行了试轧。

【精神文明建设】坚持“以人为本、创新无限”的管理理念，积极推动人才兴厂、科技兴厂的战略。深入开展“三创一赛”、技术创新、岗位能手、状元评比活动，建立长效机制，为广大职工提供更广阔的施展才华空间。

两年来，坚持“以观念更新推动理念创新，以文化发展推动管理升级”的企业文化建设总体思路，积极培育和发展“以人为本、创新无限”的企业文化。形成了“成为宽带人感到自豪，愿与企业同呼息共命运，为她的发展而勤奋工作”的从业理念，“用户的需求、我们的追求”的经营理念，“团结、拼搏、向上”的团队精神，“以人为本、以文治厂”的管理模式，进一步扎实工作，开拓创新，不断用优秀的企业文化和先进的理念培育高素质员工队伍，打造一流中宽带精品基地。

中宽冷带厂

【基本情况】2006年底，中宽冷带在册职工311人。其中，管理人员55人，具有副高级技术职称2人、中级技术职称18人、初级技术职称15人，厂机关设生产技术科、经营科、销售科、点检作业区和办公室5个科室，生产系统设酸洗、轧钢、精整、退火和运转5个生产作业区。占地面积33800平方米，建筑面积16600平方米，拥有固定资产原值19155.07万元，净值15138.78万元。主要设备有2套国际同期先进水平的900VCMS单机架6辊可逆冷轧机，2007年正式投产，设计产品规格（0.2～1.25）毫米×（450～750）毫米，年产各种规格冷轧钢带15万吨，生产品种主要有SPCC、195LD、Q195、Q235、Q345、20号、45号等。

【生产经营】中宽冷带厂以“安全、平稳、优质、高效”为生产经营理念，以“不遗余地挖潜力”为出发点，以“经济效益最大化”为落脚点，狠抓质量和技术的提升，不断拓宽产品品种，厂内实行日清日结核算制度，细化了经济责任制考核。在这两年里产品实物质量发生飞跃的变化，产品合格率由91.3%增长到99.25%；成材率由77.38%增长到93.595%，逐步开发了65Mn、30CrMo、50Mn2V、AFD系列品种钢。2007年4月11日，机组轧制出0.2毫米最薄产品，轧制速度900米/分，达到机组最大速度。2008年实现边际贡献1213万元。

【企业管理】继续实行制度治厂的原则，修订了《中宽冷带技术操作规程》、《中宽冷带安全操作规程》、《质量管理制度》、《工艺管理制度》、《生产管理制度》、《安全管理制度》、《设备管理制度》、《现场管理制度》、《经济责任制》等若干个管理制度，每一件事、每个行为都规范到制度当中，严肃纪律，制度面前人人平等，减少人为因素，生产井然有序，工人的精神面貌焕然一新，生产进入正常顺行阶段。

【节能降耗】2007—2008年，中宽冷带以降低生产成本为己任，开展深层次挖潜工作，先后成立了中宽冷带成材率攻关、一级品率攻关、电耗攻关、油品降耗攻关等多项攻关组织。同时，广泛开展工人技术创新活动。2007—2008年，工人技术创新活动达48项。其中，杨立新设计的自制钢护圈设备，获得公司工人技术创新2等奖，技术创新和技术攻关活动降低成本380余万元。

【新产品开发】2007年，中宽冷带正式生产，生产的品种以195LD为主要产品。由于原料板形不

合，出现大量的边鼓产品，中宽冷带开始转向厚规格的冷硬带材，在5月开始生产65Mn、30CrMo、50Mn2V、45号等品种。2007年8月，开发了AFD打包带系列产品，AFD高强度打包带项目获朝阳市科技成果一等奖。目前，正准备开发08Al冷轧钢带，产品向深冲系列方向发展。

钢　管　厂

【基本情况】2008年底，钢管厂有职工223人。其中，操作人员199人，管理人员24人，大学本科学历5人，专科学历19人，中专学历15人。管理人员中具有高级技术职称1人、中级技术职称13人、初级技术职称10人。厂机关设办公室、生产技术科、设备科、经营科、销售科共5个科室，生产设76工段、114工段和219工段3个工段。占地面积30000平方米，建筑面积12882平方米，拥有固定资产原值4827.51万元，净值2602.50万元，主要设备共有4套机组，分别是直径50毫米机组、直径76毫米机组、直径114毫米机组、直径219毫米机组，另有一套小纵剪机组。其中直径219毫米机组由管线钢和加热炉两条生产线构成，2008年在原有设备基础上，1月份中宽带厂750毫米大纵剪设备移位改造落户到我厂。至此，所有消耗原料均需自行纵剪。主要产品有两大系列直径17.1～225毫米焊接钢管和直径32～219.1毫米热轧钢管，年产焊管71442吨。产品主要用途：石油天然气工业中输送油气，水；输送中、低压水、煤气，油；低压和中压锅炉及机车锅炉、换热器，冷凝器结构中；土木建筑铁塔、网架、管桩、支柱及其他结构；机械、机车、汽车、器具，其他机械零件。

【生产工艺】2007年，年初进行了直径219毫米无缝化改造，形成了管线钢和热减径两条生产线，能够生产直径73～219毫米各种规格且符合API标准要求的石油天然气管线用管等高附加值产品，从根本上改变了较为传统的钢管生产工艺，为更好的占领市场奠定了雄厚了基础。积极开展技术创新和新产品开发工作，推动了钢管厂的技术进步。2007年，共开发新产品11种规格，其中包括X42、X60管线钢管及195LD高精度焊管。并成功研究出加热炉小管退火操作法，解决了小规格焊管的炉内堆钢问题。全年生产热轧流体管8710吨，钢管15947吨，高附加值、高档次产品占全年产量的41%。

2008年，对直径219毫米无缝化改造后的管线钢和热减径两条生产线进行优化，提高按API标准要求的石油天然气管线用管和流体管等高附加值产品产量和质量，完善加热炉的温度制度及热减径生产线工艺。实现加热炉调速和双电源切换装置改造、直径219毫米机组电子高频提速改造。继续提高在线清除内毛刺钢管的清除质量和产量，为投入生产的热轧流体管提供充足、优质的母材。针对我厂清除内毛刺刀具形状不统一的现状，组织工段生产进行攻关，对各规格刀具进行了统一和完善；并成功开发了直径32毫米、直径225毫米清除内毛刺钢管，拓宽了产品规格。改变传统的钢管生产工艺，实现产品转型，充分发挥一岗多能的技术优势，保障生产有序进行。克服人员紧、任务重的难题，为更好的占领市场奠定了雄厚了基础，对直径76毫米机组工艺升级改造，技术人员自行设计、制作、安装、调试、试产，最后达产，仅用15天，为生产的顺畅进行提供设备保障。并进行了1号、2号机组平头机自动移位系统改造。经过技术人员和岗位工的共同努力，钢管的产品实物质量达到特种设备压力管道元件制造许可要求，4种不同规格、不同材质的产品通过了国家质检中心的型式检验，经多方认证，于元月15日获得压力管道元件A1级、B级制造许可，并于7月份获得了API会标使用权。同时，近两年主持的GB/T 13793—2008标准的修订工作，已于11月1日开始实施。在直径76毫米机组开发了直径38～60毫米轧辊孔型共用系统，突破了传统的成型理论，在同类机组极具推广和使用价值。全年共开发新品种12种规格，热轧流体管18392吨，钢管17198吨，高附加值、高档次产品占全年产量的50%。

【设备维护与改造】2007年，钢管厂进一步加强设备管理，重新理顺工作思路、确定工作目标。围绕目标修订设备管理制度，狠抓基础工作，重视岗位点检，将设备管理工作层层分解、细化、包干到人、负责到人。（1）从推动自主保养工作入手，抓住清扫、润滑、紧固3个关键点，确定工作目标为“实现全员参与管理设备、降低故障率、控制好备件、材料、能源消耗”。（2）把握好管理与点检之间的关系，协调好与各部门的工作关系。(3) 突出工作重点，开展岗位点检和自主保养活动。(4) 控制成本做到经济生产、经济运行。(5) 加快点检人员培养，为点检水平提高提供环境。对直径219毫米机组飞锯、直流系统进行彻底改造，使直径219毫米机组电气故障明显下降30%，直径219毫米机组飞锯机械故障率下降50%。同时对水压机整体进行优化改造产量提高30%，实现流体钢管100%水压试验，保证了钢管产品的质量。

2008年，1月份中宽带钢厂750毫米大纵剪机组移位改造，从安装调试到达产，再到后来的进一步改进，使750毫米大纵剪机组的产量远远超过了移位前产量。设备故障率比计划下降30%；耗水1.16立方米/吨，比计划下降0.18立方米/吨。3月份，由专业点检人员及维修人员、操作人员共同或独立完成了厂内网络信息平台建立项目，为增强管理信息流通、提高生产作业率、降低成本、设备稳定顺行提供了保障。8月份，直径76毫米机组微机飞锯电控系统改造和固态高频改造，通过新技术的应用，节电30%，节约软化水50%，提高生产效率25%，备件全年可减少5万元。综合创效30万元。

【销售管理与网络建设】 2007年，受钢铁产品出口退税政策变动的影响，产品价格极其不稳定，钢管厂在这种形势下，首先做好业务人员的思想转变工作，提高业务人员的素质，从产品的工艺流程到产品各种性能指标以及怎样捕捉信息、开发用户等方面塑造一个创新型的、有凝聚力的团队。其次加强网络建设，准确掌握市场动态，加大出口开发工作，创造新的效益增长点。

2008年，钢管厂销售科获取完全自主销售权。在克服南方雪灾和5月份汶川地震中车皮无计划、公路限载装运、置场不足等重重困难的情况下，及时调整焊管价格，充分发挥销售网点和网络信息资源的作用，对市场信息跟踪预测，积极开拓市场，全国划分5个区域、分期分批开发，建立了普通焊管协议户10个，热轧流体管协议户12个，钢管的销售遍布全国各地。全年共销售钢管70419吨，实现销售收入31809万元。产销率98.56%，基本实现产销平衡。

【工程建设】 2006年12月15日，直径219毫米机组停产，开始进行无缝化改造。此次改造投资1540万元，在原有生产线上增加了超声波探伤、中频退火、煤气加热炉、张力减径、高压水压检验等工序，历时2个月，于2007年2月15日试车成功。

【精神文明建设】 2007—2008年，钢管厂继续开展“创建学习型组织，争做知识型职工”活动，提高了职工的综合素质。除了继续完善职工技能晋级工作外，把工作重点转移到对新工艺、新设备的认知、学习和操作上，培养广大职工自觉学习的意识。一是围绕加热炉点火操作及紧急预案方面每年举办3期培训班；二是结合API标准更新改动及热轧流体管的质量情况，每年定期组织管理人员及技术骨干进行贯标，为全年生产管线钢出口管奠定基础。

积极开展生产劳动竞赛，促进钢管厂生产的顺利进行和发展。一是每年在全厂范围内开展轧机小时产量劳动竞赛，通过提高轧机小时产量来提高工作效率，实现效益最大化。二是开展清除内毛刺焊管质量劳动竞赛，为生产热轧流体管提供质量保障。三是每年要开展为期两个月的“设备自主保养竞赛活动”，以促进设备运行质量的提高，保障生产的顺畅。四是在每年销售淡季，对销售人员开展焊管销售竞赛，激发销售人员的销售热情，打开焊管销路，使生产中无货位现象得以缓解，为钢管厂生产的顺行提供保障。

为更好地激发广大职工的学习工作热情，增强班组集体的凝聚力和战斗力，努力开创各项工作的新局面，为生产经营管理搭建一个良好的平台，钢管厂每年都在开展打造“五型班组”，创建优秀小家活动，每年评选出厂级“五型班组”8个，公司级“五型班组”4个。

2007年，直径219毫米机组焊管无缝化改造为技术创新工作提供了广阔的平台，全年创新成果共86项。其中，集体创新成果3项、工人创新成果54项、科技人员创新成果29项。

2008年，钢管厂又围绕着大纵剪移位和轧机生产线提速工作，大力开展技术创新工作，全年创新成果共116项，其中集体创新成果5项、工人创新成果80项、科技人员创新成果31项。钢管厂的技术创新活动，对钢管厂的生产经营起到了极大的促进作用，并推动了钢管厂的“产学研制”进程。

凌源钢铁股份有限公司2007年年度报告摘要

1 重要提示

1.1 本公司董事会、监事会及董事、监事、高级管理人员保证本报告所载资料不存在任何虚假记载、误导性陈述或者重大遗漏，并对其内容的真实性、准确性和完整性承担个别及连带责任。

本年度报告摘要摘自年度报告全文，报告全文同时刊载于 http：//www. sse. com. cn。投资者欲了解详细内容，应当仔细阅读年度报告全文。

1.2 公司全体董事出席董事会会议。

1.3 辽宁天健会计师事务所有限公司为本公司出具了标准无保留意见的审计报告。

1.4 公司负责人张振勇，主管会计工作负责人徐丽锋及会计机构负责人（会计主管人员）徐丽锋声明：保证年度报告中财务报告的真实、完整。

2 公司基本情况简介

2.1 基本情况简介

股票简称	凌钢股份
股票代码	600231
上市交易所	上海证券交易所
注册地址和办公地址	辽宁省凌源市钢铁路3号
邮政编码	122500
公司国际互联网网址	http：//www. lggf. com. cn
电子信箱	lggf_zqb@ yahoo. com. cn

2.2 联系人和联系方式

项　目	董事会秘书	证券事务代表
姓　名	何东生	王宝杰
联系地址	辽宁省凌源市钢铁路3号凌源钢铁股份有限公司证券事务部	辽宁省凌源市钢铁路3号凌源钢铁股份有限公司证券事务部
电　话	0421－6838259	0421－6838259
传　真	0421－6830436	0421－6830436
电子信箱	lggf_zqb@ yahoo. com. cn	lggf_zqb@ yahoo. com. cn

3 会计数据和业务数据摘要

3.1 主要会计数据

（单位：元）

主要会计数据	2007年	2006年	本年比上年增减/%	2005年
营业收入	7253533085. 64	6162048154. 74	17. 71	6070600418. 38
利润总额	526974656. 36	457917689. 63	15. 08	422015505. 43
归属于上市公司股东的净利润	418999924. 72	369059158. 37	13. 53	320714692. 63

续表

主要会计数据	2007 年	2006 年	本年比上年增减/%	2005 年
归属于上市公司股东的扣除非经常性损益的净利润	355403646.88	384225146.08	-7.50	328796935.65
经营活动产生的现金流量净额	193853923.15	626736318.14	-69.07	222567615.16
主要会计数据	2007 年末	2006 年末	本年末比上年末增减/%	2005 年末
总资产	3700073934.29	3391562447.77	9.10	3081932658.90
所有者权益（或股东权益）	2953789347.42	2666485825.42	10.77	2425468407.05

3.2 主要财务指标

主要财务指标	2007 年	2006 年	本年比上年增减/%	2005 年
基本每股收益（元/股）	0.8	0.704	13.64	0.612
稀释每股收益（元/股）	0.8	0.704	13.64	0.612
扣除非经常性损益后的基本每股收益（元/股）	0.678	0.733	-7.50	0.628
全面摊薄净资产收益率（%）	14.19	13.84	增加 0.35	13.22
加权平均净资产收益率（%）	15.02	14.57	增加 0.45	13.82
扣除非经常性损益后全面摊薄净资产收益率（%）	12.03	14.41	减少 2.38	13.56
扣除非经常性损益后的加权平均净资产收益率（%）	12.74	15.17	减少 2.43	14.16
每股经营活动产生的现金流量净额（元/股）	0.370	1.196	-69.07	0.425
主要财务指标	2007 年末	2006 年末	本年末比上年末增减/%	2005 年末
归属于上市公司股东的每股净资产（元/股）	5.638	5.090	10.77	4.63

3.3 非经常性损益项目

√适用 □不适用

（单位：元）

非经常性损益项目	金 额
非流动资产处置损益	-685329.20
与公司主营业务无关的预计负债产生的损益	-8721781.36
除上述各项之外的其他营业外收支净额	1174246.20
福利费余额与当期福利计划差额调整管理费用部分	71990484.81
所得税	-161342.61
合 计	63596277.84

3.4 采用公允价值计量的项目

√适用 □不适用

（单位：元）

项 目 名 称	期初余额	期末余额	当期变动	对当期利润的影响金额
可供出售金融资产	14014000.00	33440000.00	19426000.00	
合 计	14014000.00	33440000.00	19426000.00	

3.5　境内外会计准则差异

□适用　√不适用

4　股本变动及股东情况

4.1　股份变动情况表

√适用　□不适用

（单位：股）

股份变动情况	本次变动前		本次变动增减（+，-）					本次变动后	
	数　量	比例/%	发行新股	送股	公积金转股	其　他	小　计	数　量	比例/%
一、有限售条件股份									
1. 国家持股	235117866	44.88						235117866	44.88
2. 国有法人持股									
3. 其他内资持股	6585934	1.26				-6585934	-6585934		0
其中：									
境内法人持股	6585934	1.26				-6585934	-6585934		0
境内自然人持股									
4. 外资持股									
其中：									
境外法人持股									
境外自然人持股									
有限售条件股份合计	241703800	46.14				-6585934	-6585934	235117866	44.88
二、无限售条件流通股份									
1. 人民币普通股	282196200	53.86				6585934	6585934	288782134	55.12
2. 境内上市的外资股									
3. 境外上市的外资股									
4. 其他									
无限售条件流通股份合计	282196200	53.86				6585934	6585934	288782134	55.12
三、股份总数	523900000	100.00				0	0	523900000	100.00

限售股份变动情况表

√适用　□不适用

（单位：股）

股东名称	年初限售股数	本年解除限售股数	本年增加限售股数	年末限售股数	限售原因	解除限售日期
凌源钢铁集团有限责任公司	235117866			235117866	股改限售股份	2010年2月22日
新疆阿克苏地区国兴资产投资经营有限责任公司	658593	658593		0	股改限售股份	2007年2月26日
朝阳市城市信用社股份有限公司建设分社	623520	623520		0	股改限售股份	2007年2月26日

续表

股东名称	年初限售股数	本年解除限售股数	本年增加限售股数	年末限售股数	限售原因	解除限售日期
凌源宏钢集团有限责任公司	526875	526875		0	股改限售股份	2007 年 2 月 26 日
辽宁省外商投资企业物资总公司	329297	329297		0	股改限售股份	2007 年 2 月 26 日
沈阳万金科技贸易有限公司	329297	329297		0	股改限售股份	2007 年 2 月 26 日
凌钢物资综合开发公司	2644311	2644311		0	股改限售股份	2007 年 2 月 26 日
沈阳三江工贸有限公司	253500	253500		0	股改限售股份	2007 年 2 月 26 日
凌钢集团朝阳焦化有限责任公司	428086	428086		0	股改限售股份	2007 年 2 月 26 日
凌钢集团北票保国铁矿有限责任公司	197578	197578		0	股改限售股份	2007 年 2 月 26 日
杭州鑫达实业开发有限公司	197578	197578		0	股改限售股份	2007 年 2 月 26 日
大连经济技术开发区凌钢物资综合经销部	164648	164648		0	股改限售股份	2007 年 2 月 26 日
辽宁储备物资管理局九七三处	65859	65859		0	股改限售股份	2007 年 2 月 26 日
凌源市新兴实业有限责任公司	65859	65859		0	股改限售股份	2007 年 2 月 26 日
上海哈沙威投资咨询有限公司	35073	35073		0	股改限售股份	2007 年 2 月 26 日
丹东市冶金工矿设备厂	32930	32930		0	股改限售股份	2007 年 2 月 26 日
凌源市汽车前桥厂	32930	32930		0	股改限售股份	2007 年 2 月 26 日
合　计	241703800	6585934		235117866		

4.2 股东数量和持股情况

（单位：股）

报告期末股东总数	88232 户				
前十名股东持股情况					
股　东　名　称	股东性质	持股比例/%	持股总数	持有有限售条件股份数量	质押或冻结的股份数量
凌源钢铁集团有限责任公司	国家	44.88	235117866	235117866	冻结 12000000
黄金途	其他	0.53	2779249	0	
凌钢物资综合开发公司	其他	0.50	2644311	0	
林俊烨	其他	0.48	2506915	0	
林匡原	其他	0.38	1984204	0	
招商银行股份有限公司－上证红利交易型开放式指数证券投资基金	其他	0.38	1978721	0	
陈月珍	其他	0.35	1820000	0	
林绍生	其他	0.29	1532970	0	
朱长利	其他	0.29	1528968	0	
赖国平	其他	0.25	1318000	0	
前十名无限售条件股东持股情况					
股　东　名　称	持有无限售条件股份数量	股份种类			
黄金途	2779249	人民币普通股			
凌钢物资综合开发公司	2644311	人民币普通股			
林俊烨	2506915	人民币普通股			

续表

前十名无限售条件股东持股情况		
股 东 名 称	持有无限售条件股份数量	股 份 种 类
林匡原	1984204	人民币普通股
招商银行股份有限公司－上证红利交易型开放式指数证券投资基金	1978721	人民币普通股
陈月珍	1820000	人民币普通股
林绍生	1532970	人民币普通股
朱长利	1528968	人民币普通股
赖国平	1318000	人民币普通股
徐海琳	1056406	人民币普通股
上述股东关联关系或一致行动关系的说明	未知上述股东之间的关联关系及一致行动情况	

4.3 控股股东及实际控制人情况介绍

4.3.1 控股股东及实际控制人变更情况

□适用 √不适用

4.3.2 控股股东及实际控制人具体情况介绍

法人控股股东情况。

控股股东名称：凌源钢铁集团有限责任公司

法人代表：张振勇

注册资本：8 亿元

成立日期：1998 年 7 月 14 日

主要经营业务或管理活动：授权范围内的国有资产经营；黑色金属及副产品采选、冶炼、加工、销售；机械加工、电力、运输、冶金设计、安装、劳务及第三产业开发；自产生铁、钢坯、钢材、焦化产品出口；本企业生产、科研所需的原辅材料、机械设备、仪器、仪表、零配件进口。

4.3.3 公司与实际控制人之间的产权及控制关系的方框图

5 董事、监事和高级管理人员

5.1 公司董事、监事、高级管理人员变动情况

姓 名	担任的职务	离 任 原 因
张振勇	董事长	职务变动，当选为董事长
高益荣	董事长	退休

5.2 公司员工情况

截止报告期末，公司在职员工为 3774 人，需承担费用的离退休职工为 314 人。

员工的结构如下：

（1）专业构成情况。

专业类别	人数
生产人员	3160
销售人员	83
工程技术人员	420
行政人员	73
财务人员	38

（2）教育程度情况。

教育类别	人数
大学本科及以上学历	302
大专学历	692
中专学历	194

6 董事会报告

6.1 管理层讨论与分析

6.1.1 报告期内公司经营情况的回顾

报告期，公司生产钢223.7万吨、生铁205.1万吨、钢材221.6万吨，分别比上年增长0.6%、3.9%和1.4%；实现营业收入72.53亿元，同比增长17.7%；利润总额52697万元，同比增长15.08%；净利润41900万元，同比增长13.53%。本年度利润的增长，主要是根据新会计准则，原转入应付职工薪酬的福利费余额与当期福利费金额之间的差额，调减了当期管理费用。

报告期，虽然市场需求相对平稳，但原燃料大幅度涨价给经营工作带来巨大压力；公司内部3号高炉改造停产4个月，生产条件严重不平衡，加大了生产组织的难度。管理层坚持科学统筹，动态优化，尽可能使生产运营各要素达到合理匹配平衡，适应市场变化，消化成本升高压力，稳定提高了生产经营的质量和效率。

第一，优化生产组织，努力实现生产的高效运行。在3号高炉改造期间，动态优化炼铁混匀料配比，促进高炉增产降耗，钢系统努力节铁增钢；3号高炉投产后，加快了铁、钢生产节奏，到7月末基本实现了新的平衡，保证了全年生产计划的完成，保证了轧材系统按照市场需求优化品种结构。

第二，优化品种钢生产，提高产品市场竞争力。以提升产品实物质量为重点促进品种钢的生产开发。通过对关键工序重点控制，加大检查力度，积极摸索生产工艺合理匹配模型，提高了品种钢成品满足内控标准的比例，实物质量有新的提高。65Mn中宽热带、直径80～100毫米大规格20号管坯、45号圆钢通过了省新产品技术鉴定。全年完成品种钢103.6万吨，品种钢比达到46.3%，实现比较效益5130万元。

第三，优化市场营销，促进了经济效益的提高。进一步优化进货渠道，稳定供货关系，保证了大宗原燃材料的供应；加强对市场的跟踪预测，优化市场布局，及时调整产品销售价格，动态调整品种规格，增强了适应市场的能力；加大市场开发力度，在哈大铁路等国家重点工程上中标，扩大了品牌影响力；努力开发国际市场，年出口钢材12万吨，创汇5605万美元。

第四，强化成本管理，全面节支降耗。依靠技术进步降成本，全年完成17项技术攻关和新技术推广应用，创效2500余万元；以构建成本控制系统作为重点，对生产成本费用进行动态控制，实现了成本管理的事前预测、事中控制、事后分析，有效地指导了生产经营活动，全年变动费用降低4%；设备可开动率比计划提高3.13%，降低了设备维护、运行费用。

第五，积极推进节能减排，提高资源的综合利用率。入炉焦比完成405千克/吨，同比降低7千克/吨；转炉石灰消耗同比降低7千克/吨；吨钢废水排放量同比降低0.36吨。转炉二次除尘和混铁炉除尘

改造项目明显减少了粉尘排放，吨钢烟尘排放量同比降低0.32千克。

（1）利润构成情况。

项 目	金额/千元		占利润总额的比例/%		
	报告期	上年同期	报告期	上年同期	增 减
利润总额	526975	457918			
营业利润	526486	473549	99.91	103.41	-3.50
期间费用	194659	243530	36.94	53.18	-16.24
投资收益	1838	897	0.35	0.20	0.15
营业外收支净额	489	-15631	0.09	-3.41	3.51
所得税	107974	88858	20.49	19.40	1.08
资产减值损失	45953	14249	8.72	3.11	5.61

（2）生产经营的主要产品及市场占有率情况的说明。

产品类别	市场占有率/%
棒 材	0.77
焊接钢管	0.29
热轧带钢	1.21

（3）占主营业务收入或主要业务利润总额10%以上的主要产品。

（单位：元）

分行业或分产品	主营业务收入	主营业务成本	毛利率/%
黑色金属冶炼及压延加工	6994880834.58	6209629990.44	11.23

（4）费用情况。

（单位：千元）

项 目	2007年	2006年	增减/%	说 明
销售费用	85574	72619	17.84	
管理费用	103000	172608	-40.33	主要是根据新会计准则，原转入应付职工薪酬的福利费余额与当期福利费金额之间的差额，调减了当期管理费用
财务费用	6086	-1696	458.75	主要是报告期银行承兑汇票贴现利息增加
所得税费用	107975	88859	21.51	主要是报告期因会计政策变更追溯调减了上年度所得税费用

（5）现金流量构成情况。

（单位：千元）

项 目	2007年	2006年	增减/%	说 明
一、经营活动产生的现金流量净额	193853	626736	-69.07	购买商品接受劳务大量以现金结算，而销售商品提供劳务大量以银行承兑汇票作为结算工具
二、投资活动产生的现金流量净额	-275567	-118212	-133.11	报告期工程投入较上年有较大增加
三、筹资活动产生的现金流量净额	-101433	-147308	31.14	取得8000万元的短期借款
四、现金及现金等价物净增加额	-184726	359508	-151.38	主要是经营活动产生的现金流量净额和投资活动产生的现金流量净额减少幅度较大

（6）公司无控股公司及对公司净利润影响达10%以上的参股公司。

（7）主要供应商、客户情况。

（单位：万元）

前五名供应商采购金额合计	246951	占采购总额的比重/%	64.00
前五名销售客户销售金额合计	142299	占销售总额的比重/%	20.34

（8）公司的行业地位及经营的连续性和稳定性。

公司属中等规模的钢铁联合企业，位于辽、冀、蒙三省区接壤处，临近辽宁中部城市群和京津唐经济区两大钢材消费地；南通锦州港，便于原料、产品海运。所在的朝阳地区蕴藏有丰富的铁矿资源，能够满足公司的生产需求。

公司坚持推进整体优化，实施低成本战略和品牌战略，通过持续的技术改造和优化创新，使经营管理水平不断提高，市场竞争力不断增强。在国内中等宽度热轧带钢生产上，公司在质量保证能力、品种开发能力和产能等诸方面都处于领先地位；螺纹钢是国家免检产品；主导产品有稳定的市场和用户。公司先后被授予国家级守合同重信用企业和全国质量管理先进企业称号。在国内钢铁行业上市公司中，公司的净资产收益率、销售利润率、每股收益多年来保持在较高水平上。

（9）完成经营计划情况。

公司年初拟订的经营计划为钢产量220万吨，实际完成223.7万吨；计划主营业务收入60亿元，实际完成69.9亿元，均超额完成计划。

6.1.2　对公司未来发展的展望

（1）公司所处行业的发展趋势及面临的市场竞争格局。

前不久召开的中央经济工作会议提出，为防止经济增长由偏快转向过热，价格由结构性上涨转为明显的通货膨胀，将采取从紧的货币政策，进一步紧缩银根，严格控制固定资产投资增长和新上项目。从钢铁行业面临的市场环境来看，一方面国际、国内需求仍比较旺盛，高企的原料成本和淘汰落后产能会对钢材价格有一定支撑；另一方面，日益严厉的限制出口措施和防止经济过热的调控政策会降低钢材消费的增长，市场将出现较大的不确定性。

（2）公司面临的发展机遇和挑战。

从紧的货币政策、资源偏紧、竞争激烈、利润空间缩小将是公司必须面临的挑战；节能减排、淘汰落后对于钢铁企业既是挑战也是机遇，它会抑制钢产量增长的势头，推动企业加快技术进步；公司主要改造项目完成后将提高品种开发能力，带来新的市场机遇。

公司的发展战略是：适应钢铁行业技术进步的要求，加快进行工艺装备升级、提高产品档次和节能减排水平的改造；坚持推进整体优化，实施低成本战略和品牌战略，提高市场竞争力。

（3）2008年度经营计划。

经营计划：钢产量231万吨，其中品种钢109万吨；主营业务收入87.8亿元。

（4）公司未来发展所需的资金要求及使用计划。

自筹资金使用计划：

1）4号高炉TRT发电工程，投资估算4548万元。

2）4号高炉本体大修改造工程，投资估算9783万元。

3）棒材加热炉改造项目，投资估算4000万元。

4）炼钢板坯高效化改造项目；投资估算13794万元。

5）炼钢板坯热装热送改造项目，投资估算4872万元。

6）中宽热带综合改造项目，原计划投资7700万元，由于涨价和增加了改造内容，现拟调整为17322万元。

另外转炉改造、连续棒材生产线改造和节能减排的升级改造约需要投资3亿元以上。

（5）公司面临的风险因素分析。

主要风险因素：

发达国家经济增速放缓，我国“两防一紧缩”的政策，将抑制钢材需求的增长，市场面临供大于求的风险；上游产品价格居高不下导致钢材成本持续攀升，如果钢材销售价格明显回落，将使企业经营面临效益下降的风险；公司本年度安排技改项目较多，加大了生产组织协调的难度。

公司主要对策是：

1）科学组织生产，向协调运行要效益。统筹考虑技改、年修、生产各方面的要求，周密安排生产计划，科学组织实施，在动态优化中提高运行质量和效益。

2）推进节支降耗，向降低成本要效益。继续加大依靠技术进步降成本力度；要抓住炼铁、炼钢等关键环节和重点工序，把工夫下在降低原燃材料消耗、优化原料结构上；加强财务分析监督和跟踪指导，通过系统控制推进节支降耗。

3）推进产品开发，向优化结构要效益。在追求用户满意的质量同时，追求有市场、有效益的产量；开展与科研院所的技术交流，积极探索和研究品种钢开发的方向和定位，力争在深冲用钢等高技术含量、高附加值板带新品种上有所突破。

4）加强市场营销，向经营环节要效益。物资采购要准确把握市场，紧紧围绕生产和技改，动态调整好采购的数量、质量、时机和节奏，千方百计降低采购成本；产品销售要处理好合同批量与生产组织，产销率和库存，重点工程和一般用户，出口与内销，铁运与汽运的关系，保证价格卖到位，货款及时回笼；加强产品售后服务，使有限的资源获取更大的效益。

5）加强设备管理，向高效运行要效益。进一步强化以自主保养为基础的全员设备管理，提高维修和检修质量，降低设备故障时间和维修费用；深入推进点检定修制，使设备状态持续受控稳定；超前做好各项技改后设备保障准备工作，保证全部项目投产后安全、经济、高效运行。

6.2 主营业务分行业、分产品情况表

（单位：元）

分行业或分产品	营业收入	营业成本	营业利润率/%	营业收入比上年增减/%	营业成本比上年增减/%	营业利润率比上年增减/%
分行业						
黑色金属冶炼及压延加工	6994880834.58	6209629990.44	10.67	17.12	19.19	减少1.50
分产品						
焊接钢管	201491608.87	186696117.23	6.79	6.22	8.39	减少1.81
中宽热带	3378347268.44	2938281356.41	12.47	13.57	15.21	减少1.19
棒材	3166568594.79	2816036270.12	10.51	17.68	18.34	减少0.46
中宽冷带	187920991.20	211744625.06	-13.23			减少13.23

6.3 主营业务分地区情况

（单位：元）

地区	营业收入	营业收入比上年增减/%
东北地区	2957829955.47	5.54
华北地区	2071053975.78	30.72
华东地区	982276410.66	36.01
西北地区	81717743.36	34.91
其他地区	902002749.31	12.37

6.4 募集资金使用情况

□适用 √不适用

变更项目情况

□适用 √不适用

6.5 非募集资金项目情况

√适用 □不适用

（单位：万元）

项 目 名 称	项目金额	项 目 进 度	项目收益情况
3号高炉大修改造	29692	项目已完工	
219机组无缝化改造	1540	项目已完工	
方坯连铸机增流改造	2844	项目已完工	
转炉二次除尘改造	1594	项目已完工	
混铁炉及1号脱硫站除尘改造	1253	项目已完工	
中宽热带生产线综合改造	7700	累计项目完成4389万元，为计划的57%	
4号高炉本体大修改造工程	9783	报告期完成207万元，为计划的2.13%	
炼钢板坯高效化改造	13794	报告期完成435万元，为计划的3.15%	
棒材加热炉改造	4000	报告期完成233万元，为计划的5.81%	
合 计	72200		

6.6 董事会对会计师事务所“非标准审计报告”的说明

□适用 √不适用

6.7 董事会本次利润分配或资本公积金转增预案

根据公司董事会三届十八次会议审议通过，2007年度公司税后净利润418999924.72元，提取10%法定盈余公积金41899992.47元，当年可供股东分配的利润为377099932.25元，上年度结转的未分配利润1309234694.93元，可供股东分配的利润为1686334627.18元，2007年5～6月份已经派发2006年度股利146692000.00元，实际可供股东分配的利润为1539642627.18元，年终分配拟以2007年12月31日总股本52390万股为基数，每10股派发股票股利2.90股（含税），计151931000.00元，每10股派发现金股利0.33元（含税），计17288700.00元。

本次分配不进行公积金转增股本。

公司本报告期内盈利但未提出现金利润分配预案

□适用 √不适用

7 重要事项

7.1 收购资产

□适用 √不适用

7.2 出售资产

□适用 √不适用

7.3 重大担保

□适用 √不适用

7.4 重大关联交易

7.4.1 与日常经营相关的关联交易

√适用 □不适用

（单位：万元）

关　联　方	向关联方销售产品和提供劳务		向关联方采购产品和接受劳务	
	交易金额	占同类交易金额的比例/%	交易金额	占同类交易金额的比例/%
凌源钢铁集团有限责任公司	16615	2.38	156461	31.42
凌钢集团朝阳焦化有限责任公司			9699	9.21
凌钢集团北票保国铁矿有限责任公司			60937	24.56
沈阳凌钢钢材销售有限公司	34100	4.89		
凌源钢铁公司锦州经济开发区经营部	36081	5.18		
大连经济技术开发区凌钢物资综合经销部	28676	4.12	286	42.56
合　计	115472	16.57	227383	107.75

其中：报告期内公司向控股股东及其子公司销售产品或提供劳务的关联交易金额1178445832.70元。

7.4.2　关联债权债务往来

□适用　√不适用

7.4.3　2007年资金被占用情况及清欠进展情况

□适用　√不适用

截至2007年末，上市公司未完成非经营性资金占用的清欠工作的，董事会提出的责任追究方案

□适用　√不适用

7.5　委托理财情况

□适用　√不适用

7.6　承诺事项履行情况

7.6.1　公司或持股5%以上股东在报告期内或持续到报告期内的承诺事项

√适用　□不适用

股改承诺及履行情况：

（1）延长股份禁售期的特别承诺自改革方案实施之日起12个月内，凌钢集团所持股份不上市交易或者转让；在该12个月期满后36个月内，不通过市场挂牌交易方式出售所持股份，除非受让人同意并有能力承担本承诺责任，将不转让所持有的股份。

（2）关于利润分配承诺从2005年起三年（2005年、2006年、2007年），凌钢集团在凌钢股份每年年度股东大会上依据相关规定履行程序提出利润分配议案，利润分配比例不低于凌钢股份当年实现的可分配利润的40%，并保证在股东大会表决时对该议案投赞成票。凌钢集团保证：如果不履行或者不完全履行承诺，赔偿其他股东因此而遭受的损失。

凌钢集团严格履行了上述承诺。

7.6.2　公司资产或项目存在盈利预测，且报告期仍处在盈利预测期间，公司就资产或项目是否达到原盈利预测及其原因作出说明

□适用　√不适用

7.7　重大诉讼仲裁事项

□适用　√不适用

7.8　其他重大事项及其影响和解决方案的分析说明

7.8.1　证券投资情况

□适用　√不适用

7.8.2　持有其他上市公司股权情况

√适用　□不适用

（单位：元）

证券代码	证券简称	初始投资金额	占该公司股权比例/%	期末账面值	报告期损益	报告期所有者权益变动	会计核算科目	股份来源
000981	SST 兰光	8687784.00	1.37	33440000.00		14995597.28	可供出售金融资产	协议受让
合　计		8687784.00		33440000.00		14995597.28		

7.8.3　持有非上市金融企业股权情况

√适用　□不适用

（单位：元）

所持对象名称	初始投资金额	持有数量	占该公司股权比例/%	期末账面值	报告期损益	报告期所有者权益变动	会计核算科目	股份来源
中国光大银行	12655500.00	7139000	0.10	12655500.00			长期股权投资	增资入股
合　计	12655500.00	7139000		12655500.00				

7.8.4　买卖其他上市公司股份的情况

□适用　√不适用

8　监事会报告

监事会认为公司依法运作、公司财务情况、公司募集资金使用、公司收购、出售资产交易和关联交易不存在问题。

9　财务报告

9.1　审计意见

财务报告	□未经审计	√审计
审计意见	√标准无保留意见	□非标意见
审计意见全文		

审 计 报 告

辽天会证审字［2008］S026 号

凌源钢铁股份有限公司全体股东：

我们审计了后附的凌源钢铁股份有限公司（以下简称凌钢公司）财务报表，包括 2007 年 12 月 31 日的资产负债表，2007 年度的利润表、股东权益变动表和现金流量表以及财务报表附注。

一、管理层对财务报表的责任

按照企业会计准则的规定编制财务报表是凌钢公司管理层的责任。这种责任包括：（1）设计、实施和维护与财务报表编制相关的内部控制，以使财务报表不存在由于舞弊或错误而导致的重大错报；（2）选择和运用恰当的会计政策；（3）作出合理的会计估计。

二、注册会计师的责任

我们的责任是在实施审计工作的基础上对财务报表发表审计意见。我们按照中国注册会计师审计准则的规定执行了审计工作。中国注册会计师审计准则要求我们遵守职业道德规范，计划和实施审计工作以对财务报表是否不存在重大错报获取合理保证。

审计工作涉及实施审计程序，以获取有关财务报表金额和披露的审计证据。选择的审计程序取决于注册会计师的判断，包括对由于舞弊或错误导致的财务报表重大错报风险的评估。在进行风险评估时，我们考虑与财务报表编制相关的内部控制，以设计恰当的审计程序，但目的并非对内部控制的有效性发表意见。审计工作还包括评价管理层选用会计政策的恰当性和作出会计估计的合理性，以及评价财务报表的总体列报。

我们相信，我们获取的审计证据是充分、适当的，为发表审计意见提供了基础。

三、审计意见

我们认为，凌钢公司财务报表已经按照企业会计准则的规定编制，在所有重大方面公允反映了凌钢公司 2007 年 12 月 31 日的财务状况以及 2007 年度的经营成果和现金流量。

辽宁天健会计师事务所有限公司

中国·沈阳

二〇〇八年二月十二日　　　　中国注册会计师：魏弘、冯颖

9.2 财务报表

资产负债表

2007年12月31日

编制单位：凌源钢铁股份有限公司 （单位：元）

项目	附注	期末余额	年初余额
流动资产：			
货币资金	五、(一)	393269052.74	577995074.09
交易性金融资产			
应收票据	五、(二)	826533044.67	879389079.86
应收账款	五、(三)	75837234.60	32155368.16
预付款项	五、(四)	232083527.33	83011471.90
应收利息			
应收股利			
其他应收款	五、(五)	2098223.68	374064.48
存货	五、(六)	871728229.62	655342765.06
一年内到期的非流动资产			
其他流动资产			
流动资产合计		2401549312.64	2228267823.55
非流动资产：			
可供出售金融资产	五、(七)	33440000.00	14014000.00
持有至到期投资			
长期应收款			
长期股权投资	五、(八)	41463613.88	39625182.78
投资性房地产			
固定资产	五、(九)	1132309635.65	1020294539.24
在建工程	五、(十)	56219612.25	51046642.27
工程物资	五、(十一)	10895116.26	12792426.47
固定资产清理			
生产性生物资产			
油气资产			
无形资产			
开发支出			
商誉			
长期待摊费用			
递延所得税资产	五、(十二)	24196643.61	25521833.46
其他非流动资产			
非流动资产合计		1298524621.65	1163294624.22
资产总计		3700073934.29	3391562447.77
流动负债：			
短期借款	五、(十四)	80000000.00	
交易性金融负债			
应付票据			

续表

项　　目	附　注	期末余额	年初余额
应付账款	五、(十五)	223762191.58	129063266.93
预收款项	五、(十六)	201369178.57	249224799.56
应付职工薪酬	五、(十七)	75021076.44	137481852.52
应交税费	五、(十八)	65864939.53	84706118.24
应付利息			
应付股利	五、(十九)	330124.50	442894.00
其他应付款	五、(二十)	69249022.25	58504039.82
一年内到期的非流动负债			
其他流动负债			
流动负债合计		715596532.87	659422971.07
非流动负债:			
长期借款	五、(二十一)	21000000.00	61000000.00
应付债券			
长期应付款			
专项应付款	五、(二十二)		2896000.00
预计负债			
递延所得税负债	五、(二十三)	6188054.00	1757651.28
其他非流动负债	五、(二十四)	3500000.00	
非流动负债合计		30688054.00	65653651.28
负债合计		746284586.87	725076622.35
所有者权益(或股东权益):			
实收资本(或股本)	五、(二十五)	523900000.00	523900000.00
资本公积	五、(二十六)	456791014.12	441795416.84
减:库存股			
盈余公积	五、(二十七)	433455706.12	391555713.65
未分配利润	五、(二十八)	1539642627.18	1309234694.93
所有者权益(或股东权益)合计		2953789347.42	2666485825.42
负债和所有者权益(或股东权益)总计		3700073934.29	3391562447.77

公司法定代表人:张振勇　主管会计工作负责人:徐丽锋　会计机构负责人:徐丽锋

利润表

2007 年 1 ~ 12 月

编制单位: 凌源钢铁股份有限公司　　　　（单位: 元）

项　　目	附　注	本期金额	上期金额
一、营业收入	五、(二十九)	7253533085.64	6162048154.74
减: 营业成本	五、(三十)	6449281521.91	5394691367.66
营业税金及附加	五、(三十一)	38991596.35	36926338.92
销售费用	五、(三十二)	85573803.75	72618537.47
管理费用	五、(三十三)	102999776.05	172608116.85
财务费用	五、(三十四)	6085643.76	-1696353.91
资产减值损失	五、(三十五)	45953435.56	14248949.44

续表

项　　目	附　注	本期金额	上期金额
加：公允价值变动收益（损失以“－”号填列）			
投资收益（损失以“－”号填列）	五、（三十六）	1838431.10	897498.89
其中：对联营企业和合营企业的投资收益		1838431.10	897498.89
二、营业利润（亏损以“－”号填列）		526485739.36	473548697.20
加：营业外收入	五、（三十七）	4082000.46	52000.00
减：营业外支出	五、（三十八）	3593083.46	15683007.57
其中：非流动资产处置净损失		3245531.46	15320490.97
三、利润总额（亏损总额以“－”号填列）		526974656.36	457917689.63
减：所得税费用	五、（三十九）	107974731.64	88858531.26
四、净利润（净亏损以“－”号填列）		418999924.72	369059158.37
五、每股收益：			
（一）基本每股收益	五、（四十）	0.8	0.704
（二）稀释每股收益		0.8	0.704

公司法定代表人:张振勇　主管会计工作负责人:徐丽锋　会计机构负责人:徐丽锋

现金流量表

2007 年 1～12 月

编制单位：凌源钢铁股份有限公司　　（单位：元）

项　　目	附　注	本期金额	上期金额
一、经营活动产生的现金流量：			
销售商品、提供劳务收到的现金	五、（四十一）	5936711775.28	5273860631.14
收到的税费返还	五、（四十二）	30791406.20	28276965.67
收到其他与经营活动有关的现金	五、（四十三）	7773872.03	7005207.51
经营活动现金流入小计		5975277053.51	5309142804.32
购买商品、接受劳务支付的现金		5008948059.04	3988458105.94
支付给职工以及为职工支付的现金		204586895.66	182673238.23
支付的各项税费	五、（四十四）	489204498.01	434495466.55
支付其他与经营活动有关的现金	五、（四十五）	78683677.65	76779675.46
经营活动现金流出小计		5781423130.36	4682406486.18
经营活动产生的现金流量净额		193853923.15	626736318.14
二、投资活动产生的现金流量：			
收回投资收到的现金			
取得投资收益收到的现金			
处置固定资产、无形资产和其他长期资产收回的现金净额		1101963.99	
处置子公司及其他营业单位收到的现金净额			
收到其他与投资活动有关的现金		10926954.54	12630315.86
投资活动现金流入小计		12028918.53	12630315.86
购建固定资产、无形资产和其他长期资产支付的现金		287595963.04	130042448.74
投资支付的现金			800000.00
取得子公司及其他营业单位支付的现金净额			
支付其他与投资活动有关的现金			

续表

项　　目	附　注	本期金额	上期金额
投资活动现金流出小计		287595963.04	130842448.74
投资活动产生的现金流量净额		－275567044.51	－118212132.88
三、筹资活动产生的现金流量：			
吸收投资收到的现金			
取得借款收到的现金		80000000.00	21000000.00
收到其他与筹资活动有关的现金			
筹资活动现金流入小计		80000000.00	21000000.00
偿还债务支付的现金		40000000.00	40000000.00
分配股利、利润或偿付利息支付的现金		141433622.30	128308318.20
支付其他与筹资活动有关的现金			
筹资活动现金流出小计		181433622.30	168308318.20
筹资活动产生的现金流量净额		－101433622.30	－147308318.20
四、汇率变动对现金及现金等价物的影响		－1579277.69	－1707525.63
五、现金及现金等价物净增加额		－184726021.35	359508341.43
加：期初现金及现金等价物余额		577995074.09	218486732.66
六、期末现金及现金等价物余额		393269052.74	577995074.09

公司法定代表人：张振勇　主管会计工作负责人：徐丽锋　会计机构负责人：徐丽锋

所有者权益变动表

2007 年 1～12 月

编制单位：凌源钢铁股份有限公司　　（单位：元）

项　　目	本　期　金　额					
	实收资本（或股本）	资本公积	减：库存股	盈余公积	未分配利润	所有者权益合计
一、上年年末余额	523900000.00	438226852.12		390777971.88	1302235018.99	2655139842.99
加：会计政策变更		3568564.72		777741.77	6999675.94	11345982.43
前期差错更正						
二、本年年初余额	523900000.00	441795416.84		391555713.65	1309234694.93	2666485825.42
三、本年增减变动金额（减少以“－”号填列）		14995597.28		41899992.47	230407932.25	287303522.00
（一）净利润					418999924.72	418999924.72
（二）直接计入所有者权益的利得和损失		14995597.28				14995597.28
1. 可供出售金融资产公允价值变动净额		19426000.00				19426000.00
2. 权益法下被投资单位其他所有者权益变动的影响						
3. 与计入所有者权益项目相关的所得税影响		－4430402.72				－4430402.72
4. 其他						
上述（一）和（二）小计		14995597.28			418999924.72	433995522.00

续表

项目	本期金额					
	实收资本（或股本）	资本公积	减:库存股	盈余公积	未分配利润	所有者权益合计
（三）所有者投入和减少资本						
1. 所有者投入资本						
2. 股份支付计入所有者权益的金额						
3. 其他						
（四）利润分配				41899992.47	－188591992.47	－146692000.00
1. 提取盈余公积				41899992.47	－41899992.47	
2. 对所有者（或股东）的分配					－146692000.00	－146692000.00
3. 其他						
（五）所有者权益内部结转						
1. 资本公积转增资本（或股本）						
2. 盈余公积转增资本（或股本）						
3. 盈余公积弥补亏损						
4. 其他						
四、本期期末余额	523900000.00	456791014.12		433455706.12	1539642627.18	2953789347.42

项目	上年同期金额					
	实收资本（或股本）	资本公积	减:库存股	盈余公积	未分配利润	所有者权益合计
一、上年年末余额	523900000.00	438226852.12		354954518.33	1110798937.08	2427880307.53
加：会计政策变更		635304.72		－304720.51	－2742484.69	－2411900.48
前期差错更正						
二、本年年初余额	523900000.00	438862156.84		354649797.82	1108056452.39	2425468407.05
三、本年增减变动金额（减少以“－”号填列）		2933260.00		36905915.83	201178242.54	241017418.37
（一）净利润					369059158.37	369059158.37
（二）直接计入所有者权益的利得和损失		2933260.00				2933260.00
1. 可供出售金融资产公允价值变动净额		4378000.00				4378000.00
2. 权益法下被投资单位其他所有者权益变动的影响						
3. 与计入所有者权益项目相关的所得税影响		－1444740.00				－1444740.00
4. 其他						

续表

项　目	上年同期金额					
	实收资本（或股本）	资本公积	减:库存股	盈余公积	未分配利润	所有者权益合计
上述(一)和(二)小计		2933260.00			369059158.37	371992418.37
(三) 所有者投入和减少资本						
1. 所有者投入资本						
2. 股份支付计入所有者权益的金额						
3. 其他						
(四) 利润分配				36905915.83	-167880915.83	-130975000.00
1. 提取盈余公积				36905915.83	-36905915.83	
2. 对所有者(或股东)的分配					-130975000.00	-130975000.00
3. 其他						
(五) 所有者权益内部结转						
1. 资本公积转增资本(或股本)						
2. 盈余公积转增资本(或股本)						
3. 盈余公积弥补亏损						
4. 其他						
四、本期期末余额	523900000.00	441795416.84		391555713.65	1309234694.93	2666485825.42

公司法定代表人：张振勇　主管会计工作负责人：徐丽锋　会计机构负责人：徐丽锋

9.3　会计政策、会计估计和核算方法变更的说明

公司根据新会计准则及其规定，对持有的兰光科技的股权投资由长期股权投资转入可供出售金融资产科目核算。

公司根据新会计准则及其规定，将所得税会计核算由应付税款法改为资产负债表债务法。

公司根据新会计准则及其规定，对内退人员在停止提供服务日至正常退休日之间企业拟支付的内退人员工资和缴纳的社会保险费等，确认为预计负债。

公司结合新会计准则的实施，将原对北京凌钢物资供销有限公司、沈阳凌钢钢材销售有限公司、凌源钢铁集团设计研究有限公司的长期股权投资由成本法改为权益法核算。

9.4　本报告期无会计差错更正。

9.5　报告期内，公司财务报表合并范围未发生重大变化。

凌源钢铁股份有限公司2008年年度报告摘要

1　重要提示

1.1　本公司董事会、监事会及董事、监事、高级管理人员保证本报告所载资料不存在任何虚假记载、误导性陈述或者重大遗漏，并对其内容的真实性、准确性和完整性承担个别及连带责任。本年度报告摘

要摘自年度报告全文，投资者欲了解详细内容，应当仔细阅读年度报告全文。

1.2　公司全体董事出席董事会会议。

1.3　华普天健高商会计师事务所（北京）有限公司为本公司出具了标准无保留意见的审计报告。

1.4　公司负责人张振勇、主管会计工作负责人何志国及会计机构负责人（会计主管人员）徐丽锋声明：保证年度报告中财务报告的真实、完整。

2　公司基本情况简介

2.1　基本情况简介

股票简称	凌钢股份
股票代码	600231
上市交易所	上海证券交易所
公司注册地址和办公地址	辽宁省凌源市钢铁路3号
邮政编码	122500
公司国际互联网网址	http：//www.lggf.com.cn
电子信箱	lggf_zqb@yahoo.com.cn

2.2　联系人和联系方式

项　目	董事会秘书	证券事务代表
姓　名	文　广	王宝杰
联系地址	辽宁省凌源市钢铁路3号凌源钢铁股份有限公司证券事务部	辽宁省凌源市钢铁路3号凌源钢铁股份有限公司证券事务部
电　话	0421－6838192	0421－6838259
传　真	0421－6831910	0421－6831910
电子信箱	wen600231403@sohu.com	lggf_zqb@yahoo.com.cn

3　会计数据和业务数据摘要

3.1　主要会计数据

（单位：元）

主要会计数据	2008年	2007年	本年比上年增减/%	2006年
营业收入	9174597120.07	7405235620.67	23.89	6426984893.26
利润总额	445710498.84	749026196.14	-40.49	479283548.87
归属于上市公司股东的净利润	356307641.40	568180774.70	-37.29	392164534.77
归属于上市公司股东的扣除非经常性损益的净利润	6766789.15	331527870.65	-97.96	348857657.31
经营活动产生的现金流量净额	559550922.50	301424631.91	85.64	669326504.69
主要会计数据	2008年末	2007年末	本年末比上年末增减/%	2006年末
总资产	6329446999.51	4326903613.22	46.28	3776442064.20
所有者权益(或股东权益)	2850933918.79	3344923233.95	-14.77	2903221041.42

3.2 主要财务指标

主要财务指标	2008 年	2007 年	本年比上年增减/%	2006 年
基本每股收益（元/股）	0.44	0.71	-38.03	0.49
稀释每股收益（元/股）	0.44	0.71	-38.03	0.49
扣除非经常性损益后的基本每股收益（元/股）	0.01	0.41	-97.56	0.43
全面摊薄净资产收益率（%）	12.50	16.99	减少 4.49	13.51
加权平均净资产收益率（%）	9.79	17.66	减少 7.87	13.66
扣除非经常性损益后全面摊薄净资产收益率（%）	0.24	9.91	减少 9.67	12.02
扣除非经常性损益后的加权平均净资产收益率（%）	0.19	10.30	减少 10.11	12.15
每股经营活动产生的现金流量净额（元/股）	0.70	0.370	89.19	0.83
主要财务指标	2008 年末	2007 年末	本年末比上年末增减/%	2006 年末
归属于上市公司股东的每股净资产（元/股）	3.55	4.16	-14.66	3.61

3.3 非经常性损益项目

√适用 □不适用

（单位：元）

非经常性损益项目	金 额
非流动资产处置损益	-21212678.77
计入当期损益的政府补助，但与公司正常经营业务密切相关，符合国家政策规定、按照一定标准定额或定量持续享受的政府补助除外	5927612.50
同一控制下企业合并产生的子公司期初至合并日的当期净损益	360226683.22
除同公司正常经营业务相关的有效套期保值业务外，持有交易性金融资产、交易性金融负债产生的公允价值变动损益，以及处置交易性金融资产、交易性金融负债和可供出售金融资产取得的投资收益	875320.38
除上述各项之外的其他营业外收入和支出	161971.27
所得税影响额	-3561943.65
合 计	349540852.25

3.4 境内外会计准则差异

□适用 √不适用

4 股本变动及股东情况

4.1 股份变动情况表

√适用 □不适用

（单位：股）

股份变动情况	本次变动前		本次变动增减（+，-）					本次变动后	
	数 量	比例/%	发行新股	送 股	公积金转股	其他	小 计	数 量	比例/%
一、有限售条件股份									
1. 国家持股	235117866	44.88	128171200	68184181			196355381	431473247	53.67
2. 国有法人持股									
3. 其他内资持股									

续表

股份变动情况	本次变动前		本次变动增减(+,-)					本次变动后	
	数量	比例/%	发行新股	送股	公积金转股	其他	小计	数量	比例/%
其中:境内非国有法人持股									
境内自然人持股									
4. 外资持股									
其中:境外法人持股									
境外自然人持股									
有限售条件股份合计	235117866	44.88	128171200	68184181			196355381	431473247	53.67
二、无限售条件流通股份									
1. 人民币普通股	288782134	55.12		83746819			83746819	372528953	46.33
2. 境内上市的外资股									
3. 境外上市的外资股									
4. 其他									
无限售条件流通股份合计	288782134	55.12		83746819			83746819	372528953	46.33
三、股份总数	523900000	100.00	128171200	151931000			280102200	804002200	100.00

限售股份变动情况表

√适用 □不适用

(单位:股)

股东名称	年初限售股数	本年解除限售股数	本年增加限售股数	年末限售股数	限售原因	解除限售日期
凌源钢铁集团有限责任公司	235117866		68184181	303302047	股改限售股份	2010年2月22日
凌源钢铁集团有限责任公司			128171200	128171200	非公开发行	2011年12月9日
合计	235117866		196355381	431473247		

4.2 股东数量和持股情况

(单位:股)

报告期末股东总数					62673户
前十名股东持股情况					
股东名称	股东性质	持股比例/%	持股总数	持有有限售条件股份数量	质押或冻结的股份数量
凌源钢铁集团有限责任公司	国家	53.67	431473247	431473247	冻结15480000
中国银行-金鹰成分股优选证券投资基金	其他	2.88	23156016		无

续表

前十名股东持股情况					
股东名称	股东性质	持股比例/%	持股总数	持有有限售条件股份数量	质押或冻结的股份数量
中国银行－大成蓝筹稳健证券投资基金	其他	2.31	18570323		无
通乾证券投资基金	其他	1.87	15000000		无
融通新蓝筹证券投资基金	其他	1.21	9763661		无
中国建设银行－上投摩根成长先锋股票型证券投资基金	其他	1.07	8615389		无
大成价值增长证券投资基金	其他	0.76	6078116		无
中国建设银行－国泰金马稳健回报证券投资基金	其他	0.7	5620263		无
中国建设银行－融通领先成长股票型证券投资基金	其他	0.45	3600000		无
凌钢物资综合开发公司	其他	0.42	3411161		无

前十名无限售条件股东持股情况		
股东名称	持有无限售条件股份的数量	股份种类
中国银行－金鹰成分股优选证券投资基金	23156016	人民币普通股
中国银行－大成蓝筹稳健证券投资基金	18570323	人民币普通股
通乾证券投资基金	15000000	人民币普通股
融通新蓝筹证券投资基金	9763661	人民币普通股
中国建设银行－上投摩根成长先锋股票型证券投资基金	8615389	人民币普通股
大成价值增长证券投资基金	6078116	人民币普通股
中国建设银行－国泰金马稳健回报证券投资基金	5620263	人民币普通股
中国建设银行－融通领先成长股票型证券投资基金	3600000	人民币普通股
凌钢物资综合开发公司	3411161	人民币普通股
中国工商银行－中海能源策略混合型证券投资基金	3147126	人民币普通股
上述股东关联关系或一致行动的说明	持有公司5%以上的股东为凌源钢铁集团有限责任公司，与第10名股东之间存在关联关系，第3名与第7名股东、第5名与第9名股东之间存在关联关系，未知其他股东之间的关联关系	

4.3 控股股东及实际控制人情况介绍

4.3.1 控股股东及实际控制人变更情况

□适用 √不适用

4.3.2 控股股东及实际控制人具体情况介绍

（1）法人控股股东情况。

名称	法定代表人	注册资本	成立日期	主营业务
凌源钢铁集团有限责任公司	张振勇	8亿元	1998年7月14日	授权范围内的国有资产经营；黑色金属及副产品采选、冶炼、加工、销售；机械加工、电力、运输、冶金设计、安装、劳务及第三产业开发；自产生铁、钢坯、钢材、焦化产品出口；本企业生产、科研所需的原辅材料、机械设备、仪器、仪表、零配件进口

（2）法人实际控制人情况。

名 称	法定代表人	注册资本	成立日期	主 营 业 务
凌源钢铁集团有限责任公司	张振勇	8亿元	1998年7月14日	授权范围内的国有资产经营；黑色金属及副产品采选、冶炼、加工、销售；机械加工、电力、运输、冶金设计、安装、劳务及第三产业开发；自产生铁、钢坯、钢材、焦化产品出口；本企业生产、科研所需的原辅材料、机械设备、仪器、仪表、零配件进口

4.3.3 公司与实际控制人之间的产权及控制关系的方框图

朝阳市国有资产监督管理委员会

100%

凌源钢铁集团有限责任公司

53.67%

凌源钢铁股份有限公司

5 董事、监事和高级管理人员

5.1 公司董事、监事、高级管理人员变动情况

姓 名	担任的职务	离 任 原 因
郝志强	副董事长	换届，当选为副董事长
卢亚东	董事	换届，当选为董事
汪 琦	独立董事	换届，当选为独立董事
张先治	独立董事	换届，当选为独立董事
唐国林	独立董事	换届，当选为独立董事
于延琦	独立董事	换届
刘晓民	独立董事	换届
薛 镭	独立董事	换届
侯柏英	监事	换届，当选为监事
于福柱	监事	换届、退休
何志国	总会计师	换届，被聘任为总会计师

5.2 公司员工情况

在职员工总数	5542	公司需承担费用的离退休职工人数	1001

员工的结构如下：

（1）专业构成情况。

专 业 类 别	人 数
生产人员	4718
销售人员	92
工程技术人员	532
行政人员	125
财务人员	75

（2）教育程度情况。

教育类别	人数
大学本科及以上学历	501
大专学历	876
中专学历	145

6 董事会报告

6.1 管理层讨论与分析

6.1.1 报告期内公司经营情况的回顾

报告期，公司生产钢206.5万吨，铁198.1万吨，钢材199.2万吨，分别比上年降低7.7%、3.4%和10.1%；实现营业收入91.7亿元，同比提高23.8%；成本80.6亿元，同比提高27.6%；实现利润总额4.46亿元（其中保国铁矿利润5.02亿元）；净利润3.56亿元，同比降低37.29%。

报告期，受外界大气候影响，生产经营没有完成预定目标，但管理层适应市场变化，坚持科学统筹，动态优化，努力化解金融危机对公司的冲击，降低了经营损失。

第一，密切跟踪市场，在动荡起伏中调整应对策略。前7个月，公司获得了较好的效益。8月份以后，针对市场急剧变化，主动压缩产能、以销定产、限价销售等措施，努力减少效益损失。年底，钢材价格止跌反弹，又全面启动生产。保国铁矿克服边改造边生产的困难，全年完成铁精矿90.6万吨，比上年增长7.86%。

第二，努力提高品种质量增加效益。通过完善品种钢生产工艺，规范操作，保证了品种钢实物质量的稳定提高。AFD、195LD中宽冷带，无缝化焊管3个新产品通过了省级鉴定。钢管产品通过了美国石油协会API认证，获得了特种设备制造许可证，产品形象得到进一步提升。

第三，强化成本控制，努力降本增效。一是充分发挥经济责任制导向作用，及时传递市场信息，提高了分厂降低成本的积极性。二是充分发挥日清日结核算体系作用，提高了成本管理质量，全年变动费用降低5%。三是突出关键环节和重点工序，靠技术进步降低成本。全公司21项技术攻关中有15项完成攻关基数，创效1880万元。钢铁料消耗同比降低11.75千克；综合成材率提高0.3个百分点。组织完成新技术推广应用9项，实现效益677.6万元。四是坚持强化管理降成本，降低年修费用、盘活不良储备和废旧物资利用3000万元。

第四，进一步提升装备水平，加大节能减排投入力度。90万吨高架棒材生产线9月投产，适应了四季度的产品结构调整；4号高炉改造、120吨转炉12月投产，为2009年的经营工作走出低谷，迈上新台阶奠定了基础。

第五，完成重大资产重组，建立稳定的原料供应基地。经过近一年的努力，中国证监会并购重组审核委员会审核通过了公司定向增发收购凌钢集团保国铁矿重大资产重组方案，于11月13日下发正式核准文件，11月25日，完成了保国铁矿的股权过户；12月9日，完成相关股份的登记手续。

公司于6月份收购了凌钢集团持有的凌钢集团大连钢材经销有限公司、凌钢集团锦州钢材经销有限公司100%的股权，北京凌钢物资供销有限公司、沈阳凌钢钢材销售有限公司60%的股权。收购完成后，上述4家公司成为公司的全资子公司。

通过上述重大资产重组和收购资产，不仅使公司拥有了稳定的原料供应基地，销售渠道更加顺畅，而且进一步规范了公司运作，减少了关联交易，其中关联采购金额下降30%以上，关联销售金额下降85%以上。

（1）利润构成情况。

项　　目	金额/千元		占利润总额的比例/%		
	报告期	上年同期	报告期	上年同期	增　减
利润总额	445710	749026			
营业利润	460716	749534	103.37	100.07	3.30
期间费用	448363	247307	100.60	33.02	67.58
投资收益	4102	212	0.92	0.03	0.89
营业外收支净额	-15006	-508	-3.37	-0.07	-3.30
所得税	89403	180845	20.06	24.14	-4.08
资产减值损失	156420	45953	35.09	6.14	28.95

报告期期间费用占利润总额的比例较上年增加67.58%，主要是职工薪酬中的福利费年度会计核算口径调整及大修理费用增加和银行贷款利息增加及银行承兑汇票贴现增加。

（2）生产经营的主要产品及市场占有率情况的说明。

产 品 类 别	市场占有率/%
棒　材	0.68
焊接钢管	0.73
热轧带钢	0.97

（3）占主营业务收入或主要业务利润总额10%以上的主要产品。

（单位：元）

分行业或分产品	主营业务收入	主营业务成本	毛利率/%
黑色金属冶炼及压延加工	8528269912.07	8095884361.36	5.07

（4）费用情况。

（单位：千元）

项　目	2008年	2007年	增减/%	说　　明
销售费用	103590	99134	4.49	
管理费用	314793	142539	120.85	主要是职工薪酬中的福利费年度会计核算口径调整及大修理费用增加
财务费用	29981	5634	432.14	主要是银行贷款利息增加及银行承兑汇票贴现增加
所得税费用	89403	180845	-50.56	主要是受金融危机影响，利润总额较上年下降较大

（5）现金流量构成情况。

（单位：千元）

项　　目	2008年	2007年	增减/%	说　　明
一、经营活动产生的现金流量净额	559551	301425	85.64	主要是销售收入增加
二、投资活动产生的现金流量净额	-1067704	-428421	149.22	主要是报告期技改项目较多，固定资产投资增加
三、筹资活动产生的现金流量净额	976999	-71482	1466.78	主要是报告期流动资金借款增加较多
四、现金及现金等价物净增加额	468001	-200058	333.93	主要是报告期经营活动和筹资活动产生的现金流量净额增幅大于投资活动产生的现金流量净额增幅

（6）主要子公司的经营情况及业绩分析。

为规范公司运作，减少关联交易，完善公司销售体系，公司以自有资金1975.35万元收购了凌钢集团持有的凌钢集团大连钢材经销有限公司（已更名为凌钢（大连）钢材经销有限公司）100%股权、凌钢集团锦州钢材经销有限公司（已更名为凌钢锦州钢材经销有限公司）100%股权、北京凌钢物资供销有限公司60%股权、沈阳凌钢钢材销售有限公司60%股权。2008年6月，公司完成所有交割手续。

为进一步降低关联交易，增强公司抵御市场风险的能力和市场竞争力，实现向上游行业扩展，获取长期、稳定的铁精矿供应基地，公司以资产评估值作价收购了凌钢集团的全资子公司凌钢集团北票保国铁矿有限责任公司（已更名为凌钢股份北票保国铁矿有限公司）100%股权，评估基准日为2008年1月31日，资产评估值为201869.63万元。其中，60%收购价是以公司向凌钢集团定向发行股票方式支付，其余40%将通过市场融资以现金方式支付。2008年11月25日，保国铁矿股权全部过户至公司名下，公司向凌钢集团定向发行128171200股股份，发行价为9.45元，12月9日，完成相关股份登记事宜。

1）凌钢股份北票保国铁矿有限公司。

公司持有凌钢股份北票保国铁矿有限公司100%股权，该公司成立于1998年9月15日，企业性质为有限责任公司，注册资本为4614万元，公司地址为辽宁省北票市宝国老镇韩古屯村，法定代表人郝志强，营业执照注册号211381004007605，经营范围如下：黑色金属矿石开采（经营期限至2025年6月17日）；黑色金属矿石洗选及深加工；冶金机械制造及备件加工；冶金项目的科研、设计、安装及管理；公路运输（经营期限至2010年6月6日）；铁矿石及铁精粉收购；食宿服务（分公司经营）。公司于2008年11月完成对该公司的收购。2008年，该公司完成铁精矿90.6万吨，同比增长7.86%；实现主营业务收入10.37亿元，同比增长74.95%，实现利润总额5.02亿元，同比增长121.78%，净利润3.78亿元，同比增长140.53%。至2008年末，该公司拥有总资产11.96亿元、净资产8.13亿元。

2）沈阳凌钢钢材销售有限公司。

公司持有沈阳凌钢钢材销售有限公司100%股权，该公司成立于2001年4月2日，性质为有限责任公司，注册资本50万元，地址为沈阳市和平区和平北大街108号，法定代表人为苏辉，营业执照注册号：2101021104636。经营范围如下：金属材料，建筑材料及煤炭的批发。公司于2008年6月完成对该公司的收购。至2008年末，该公司拥有总资产3395.4万元、净资产539.5万元；实现营业收入47096万元，亏损207.1万元。

3）凌钢（大连）钢材经销有限公司。

公司持有凌钢（大连）钢材经销有限公司100%股权，该公司成立于1989年9月12日，性质为有限责任公司，注册资本为51万元，地址为大连开发区五彩城B区9栋7号，法定代表人为苏辉，营业执照注册号：2102411101481，经营范围如下：主营为主办单位提供生产用原材料及销售主办单位的产品。公司于2008年6月完成对该公司的收购。至2008年末，该公司拥有总资产4035.8万元、净资产689万元；实现营业收入49141万元，实现净利润189.2万元。

4）凌钢锦州钢材经销有限公司。

公司持有凌钢锦州钢材经销有限公司100%股权，该公司成立于2007年10月12日，性质为有限责任公司，注册资本为100万元，地址为辽宁省锦州市锦州经济开发区锦港大街，法定代表人为苏辉，营业执照注册号：210700001028674，经营范围如下：钢材、建筑材料销售。公司于2008年6月完成对该公司的收购。至2008年末，该公司拥有总资产4683.2万元、净资产932.2万元；实现营业收入54077万元，实现净利润570.6万元。

5）北京凌钢物资供销有限公司。

公司持有北京凌钢物资供销有限公司100%股权，该公司成立于2000年9月21日，性质为有限责任公司，注册资本为50万元，公司地址为北京市海淀区清河西二旗安宁庄路北侧1区商务楼209号，法定代表人为苏辉，营业执照注册号：1101081168302，经营范围如下：购销金属材料，建筑材料，五金交电，化工产品（不含危险化学品及一类易制毒化学品）、木材、计算机及外围设备、机械电器设备，展览展示信息咨询（除中介服务）、技术开发、转让、咨询服务。公司于 2008 年 6 月完成对该公司的收购。至 2008 年末，该公司拥有总资产 214.5 万元、净资产 192.8 万元；实现收入 5546 万元，实现净利润 5.4 万元。

（7）主要供应商、客户情况。

（单位：万元）

前五名供应商采购金额合计	264911	占采购总额的比重/%	70.88
前五名销售客户销售金额合计	155933	占销售总额的比重/%	17.74

（8）公司的行业地位及经营的连续性和稳定性。

公司属中等规模的钢铁联合企业，主导产品有稳定的市场和用户。在国内中等宽度热轧带钢生产上，公司的质量保证能力、品种开发能力和产能等诸方面都处于领先地位；螺纹钢是国家免检产品，钢管产品通过了美国石油协会 API 认证。公司先后被授予国家级守合同重信用企业和全国质量管理先进企业称号。公司所在的朝阳地区蕴藏有丰富的铁矿资源，能够长期满足公司的原料需求。

（9）完成经营计划情况。

公司年初拟订的经营计划为钢产量 231 万吨，其中品种钢 109 万吨，实际完成 206.5 万吨，其中品种钢 79 万吨；计划主营业务收入 87.8 亿元，实际完成 85.3 亿元。产量和收入没有完成计划，主要是受全球金融危机影响，四季度出现了较大亏损，压缩了产能。

6.1.2　对公司未来发展的展望

（1）公司是否编制并披露新年度的盈利预测：否。

（2）公司所处行业的发展趋势及面临的市场竞争格局。

受全球金融危机影响，钢铁市场在经历了 2008 年 4 季度的快速大幅下跌后，现在仍处于动荡调整态势，上游原燃料市场不确定因素仍然较多，下游市场持续低迷，形势依然严峻。近年来，我国钢铁工业产品结构不断优化，产品质量不断提高，满足了用钢行业的需要，但在快速发展的同时，产能总量过剩，创新能力不强，产业布局不合理，资源和市场调控能力弱等深层次问题始终没有得到根本解决，钢铁行业主要任务是贯彻《钢铁产业调整和振兴规划》，抓紧进行结构调整和产业升级。

国家保增长、扩内需、调结构措施的陆续出台，为稳定钢材需求创造了一定条件，但在国际经济衰退，全球钢材市场疲态加重的大环境下，我国钢材市场保持平稳运行的压力仍很大。

（3）公司面临的发展机遇和挑战。

市场低位动荡、成本压力不减、需求回升缓慢将是公司必须面临的挑战；在国家扩大内需保增长的大环境下，将会带来新的市场机遇。我国仍处于重要战略机遇期，经济发展的基本面、长期趋势和优势没有改变；国家出台了总额达 4 万亿元的庞大投资计划，推出了进一步扩大内需、促进经济增长的十项措施，将确保国民经济稳定增长；钢铁等十个行业的产业调整和振兴规划，将有力地促进钢铁行业战胜危机实现新的发展。经过大规模的技术改造和装备升级，公司进一步巩固了在中宽热带质量保证、品种开发等诸方面的领先地位，扩大了适应国家扩大内需的棒材产品的产能，使得公司能够满负荷生产；保国铁矿进入本公司，也提高了抗风险能力。公司将抓住各方面的机遇，积极应对金融危机带来的严峻挑战。

公司 2009 年工作方针是：以中央经济工作会议精神为指导，深入贯彻落实科学发展观，以改造项目达产达效为重点，努力提高生产经营的效率和质量，大力开展降本增效，全面提升市场竞争力，努力构建和谐凌钢，促进企业又好又快发展。

（4）2009 年度经营计划。

经营计划：钢产量 300 万吨，营业收入 100 亿元。

（5）公司未来发展所需的资金要求及使用计划。

自筹资金使用计划：

1）4号高炉除尘系统改造，投资估算3000万元。

2）转炉除尘及煤气净化系统改造，投资估算9000万元。

3）公辅设施改造，投资估算4000万元。

4）新建钢渣处理生产线，投资估算6000万元。

5）保国铁矿技改工程，投资估算8700万元。

另公司将通过市场融资方式归还收购保国铁矿时所欠凌钢集团8.07亿元资金。

（6）公司面临的风险因素分析。

2009年主要风险因素是市场风险。当前，发达国家经济进入衰退，新兴经济体经济明显下滑，国际市场进一步萎缩，贸易保护主义抬头，我国钢材直接和间接出口将大幅度下降；国内用钢量较多的房地产、汽车、家电、机械行业在2008年第4季度均出现了负增长，2009年仍不乐观；国家拉动内需的措施将扩大基础设施建设规模，但短期内难以明显刺激有效需求；钢铁产能还在被抑制之中，市场供大于求的风险将长期存在。公司新项目的投产达产加大了生产组织的难度，也将对公司生产经营带来严峻考验。

公司主要对策是：

1）加强营销工作，大力开拓市场。密切关注跟踪国家4万亿元投资项目，特别是高速铁路、公路建设项目，抓大合同、大订单。调整工作思路，借助装备大型化的优势，工作重心向建立长期战略合作关系转变，找信誉好、实力强的初级供应商和终端用户，实现稳固长久的合作。

2）以新项目达产达效为重点，努力提高生产经营的效率和质量。生产组织要突出两条线：一是“一罐到底”的新转炉、新板坯对中宽热带生产线；二是老转炉、1号铸机对2号棒材生产线，要全力保证这两条线的经济、稳定、高效运行。

3）加强对矿山的完善改造和管理，确保全年生产铁精矿100万吨以上。

4）充分发挥大转炉优势，进一步加大品种钢开发力度。努力提高自主创新能力，培育形成几个市场竞争力强、认知度高、品牌亮、效益好的拳头产品。

5）突出精细化管理，努力加强成本控制。紧密跟踪市场价格波动，努力降低大宗原材料等物资采购成本；进一步增强成本意识，精细管理，苦练内功，把消耗降下来；努力提高资金使用效率，合理控制库存，减少资金占用，把成本降下来。

6）强化设备管理，大力推进节能减排工作。落实设备管理规划，努力提高维护和检修的效率与质量，增强设备状态的管控能力，降低故障时间和检修费用，确保高效、安全、经济运行；所有节能减排项目逐个确定目标，落实责任，切实发挥应有的作用。

同公允价值计量相关的内部控制制度情况

公司对持有的上市公司S＊ST兰光220万股法人股采用公允价值计量，在可供出售金融资产科目核算，期末按市价确认其价值。

与公允价值计量相关的项目

□适用 √不适用

持有外币金融资产、金融负债情况

□适用 √不适用

6.2 主营业务分行业、分产品情况表

（单位：元）

分行业或分产品	营业收入	营业成本	营业利润率/%	营业收入比上年增减/%	营业成本比上年增减/%	营业利润率比上年增减/%
分行业						
黑色金属冶炼及压延加工	8788164602.32	7682357228.35	12.58	23.14	26.58	减少2.38

续表

分行业或分产品	营业收入	营业成本	营业利润率/%	营业收入比上年增减/%	营业成本比上年增减/%	营业利润率比上年增减/%
分　产　品						
焊接钢管	318963317.16	297502283.17	6.73	57.36	64.96	减少4.30
棒　材	4985372586.84	4402482189.21	11.69	58.72	65.61	减少3.68
中宽热带	3080943602.75	2615905635.50	15.09	-9.03	-7.02	减少1.83
中宽冷带	295496625.82	267558339.86	9.45	58.34	31.68	减少18.33

6.3 主营业务分地区情况表

（单位：元）

地　区	营　业　收　入	营业收入比上年增减/%
东　北	3932282710.94	29.93
华　北	2688273803.30	26.71
华　东	1064835997.39	6.49
西　北	190839242.90	127.97
其　他	911932847.79	0.74

6.4 募集资金使用情况

□适用　√不适用

变更项目情况

□适用　√不适用

6.5 非募集资金项目情况

√适用　□不适用

（单位：万元）

项　目　名　称	项目金额	项　目　进　度	项目收益情况
炼钢板坯高效化改造项目	13794	报告期投入10876万元，项目已完工	
炼钢板坯热装热送改造	4872	报告期投入4201万元，项目已完工	
炼钢改造工程	19764	报告期投入17626万元，累计投入18061万元，项目已完工	
转炉铁水脱硫系统改造	7744	报告期投入6474万元，项目已完工	
4号高炉本体大修改造工程	9783	报告期投入9980万元，累计投入10187万元，项目已完工	
4号高炉TRT发电工程	4548	报告期投入5092万元，项目已完工	
4号高炉煤气净化和粗煤气系统综合改造	6346	报告期投入6723万元，项目已完工	
4号高炉热风炉系统改造	7818	报告期投入8151万元，项目已完工	
4号高炉喷煤系统改造	4822	报告期投入3274万元，项目已完工	
棒材加热炉改造	4000	报告期投入2956万元，累计投入3188万元，项目已完工	
棒材结构调整改造	26000	报告期投入21284万元，项目已完工	
中宽热带生产线综合改造	17322	报告期投入13215万元，累计投入13327万元，项目已完工	
4号高炉除尘系统改造	3000	报告期投入3065万元，完成计划的102.18%	
转炉除尘及煤气净化系统改造	9000	报告期投入7761万元，完成计划的86.23%	
公辅设施改造	4000	报告期投入2920万元，完成计划的73.01%	

续表

项目名称	项目金额	项目进度	项目收益情况
新建钢渣处理生产线	6000	报告期投入5317万元，完成计划的88.61%	
黑山工程	11408	报告期投入4830万元，累计投入7460万元，完成计划的65.39%	
铁蛋山工程	21362	报告期投入4172万元，累计投入19002万元，完成计划的88.95%	
尾矿工程	3211	报告期投入2551万元，累计投入2690万元，完成计划的83.78%	
混合矿选厂工程	8000	报告期投入6665万元，完成计划的83.32%	
合　计	192794		

6.6　董事会对会计师事务所“非标准审计报告”的说明

□适用　√不适用

6.7　董事会本次利润分配或资本公积金转增股本预案

经华普天健高商会计师事务所（北京）有限公司审计后，公司2008年度合并报表实现的归属于母公司所有者的净利润为356307641.40元。本次年终分配拟以2008年12月31日总股本80400.22万股为基数，每10股派发现金股利0.50元（含税），计40200110.00元。

本次分配不进行资本公积金转增股本。

公司本报告期内盈利但未提出现金利润分配预案

□适用　√不适用

7　重要事项

7.1　收购资产

√适用　□不适用

（单位：万元）

交易对方或最终控制方	被收购资产	购买日	收购价格	自购买日起至本年末为公司贡献的净利润	本年初至本年末为公司贡献的净利润（适用于同一控制下的企业合并）	是否为关联交易（如是，说明定价原则）	所涉及的资产产权是否已全部过户	所涉及的债权债务是否已全部转移
凌源钢铁集团有限责任公司	凌钢集团北票保国铁矿有限责任公司100%股权	2008年11月25日	201869.63	2431.54	37808.92	是 资产评估	是	是
凌源钢铁集团有限责任公司	大连经济技术开发区凌钢物资综合经销部100%股权	2008年6月27日	919.91	65.60	189.17	是 资产评估	是	是
凌源钢铁集团有限责任公司	凌钢集团锦州钢材经销有限公司100%股权	2008年6月27日	395.09	430.18	570.58	是 资产评估	是	是
凌源钢铁集团有限责任公司	沈阳凌钢钢材销售有限公司60%股权	2008年6月27日	550.96	-565.68	-207.07	是 资产评估	是	是
凌源钢铁集团有限责任公司	北京凌钢物资供销有限公司60%股权	2008年6月27日	109.39	-17.28	5.43	是 资产评估	是	是

7.2　出售资产

□适用　√不适用

7.3　重大担保

□适用　√不适用

7.4　重大关联交易

7.4.1　与日常经营相关的关联交易

√适用　□不适用

（单位：万元）

关 联 方	向关联方销售产品和提供劳务		向关联方采购产品和接受劳务	
	交易金额	占同类交易金额的比例/%	交易金额	占同类交易金额的比例/%
凌源钢铁集团有限责任公司	27045	71.98	189350	35.02
凌钢集团朝阳焦化有限责任公司			20781	9.80
合　计	27045	71.98	210131	

其中：报告期内公司向控股股东及其子公司销售产品或提供劳务的关联交易金额270758829.78元。

7.4.2　关联债权债务往来

□适用　√不适用

7.4.3　2008年资金被占用情况及清欠进展情况

□适用　√不适用

截止2008年末，上市公司未完成非经营性资金占用的清欠工作的，董事会提出的责任追究方案。

□适用　√不适用

7.5　委托理财

□适用　√不适用

7.6　承诺事项履行情况

7.6.1　公司或持股5%以上股东在报告期内或持续到报告期内的承诺事项

√适用　□不适用

承诺事项	承 诺 内 容	履 行 情 况
股改承诺	凌钢集团关于股份锁定期的承诺：自改革方案实施之日起十二个月内，凌钢集团所持股份不上市交易或者转让；在该十二个月期满后三十六个月内，不通过市场挂牌交易方式出售所持股份，除非受让人同意并有能力承担本承诺责任，将不转让所持有的股份	凌钢集团严格履行了上述承诺
收购报告书或权益变动报告书中所作承诺	凌钢集团承诺： （1）关于股份锁定期的承诺。“对于凌钢股份本次重大资产购买及发行股份购买资产暨关联交易（以下简称‘本次发行’）中，本公司所取得的凌钢股份股票，本公司承诺自凌钢股份本次发行完成之日起三十六个月内不得上市交易或转让。” （2）股权收购补偿协议及其补充协议。“在本次重大资产重组完成后三年内，如果保国铁矿黑山采区、铁蛋山采区和边家沟采区（以下称‘3个采区’）每年的实际盈利数没有达到上述经核准的评估报告中所预计的当年净利润，则甲方将按照评估报告预计的净利润与实际盈利之间的差额向乙方承担全额补偿责任。”（3个采区预计的净利润为2008年6063.97万元、2009年10600.18万元、2010年15136.40万元）	凌钢集团严格履行了上述承诺

7.6.2　公司资产或项目存在盈利预测，且报告期仍处在盈利预测期间，公司就资产或项目是否达到原盈利预测及其原因作出说明。

√适用　□不适用

报告期，公司收购了凌钢集团的全资子公司凌钢集团北票保国铁矿有限责任公司100%股权，辽宁天健会计师事务所为公司及保国铁矿出具了2008年度盈利预测报告，详见第八章第一节公司经营情况。

7.7 重大诉讼仲裁事项

□适用 √不适用

7.8 其他重大事项及其影响和解决方案的分析说明

7.8.1 证券投资情况

□适用 √不适用

7.8.2 持有其他上市公司股权情况

√适用 □不适用

（单位：元）

证券代码	证券简称	初始投资金额	占该公司股权比例/%	期末账面值	报告期损益	报告期所有者权益变动	会计核算科目	股份来源
000981	S＊ST兰光	8687784.00	1.37	7480000.00		-25960000.00	可供出售金融资产	协议受让
合计		8687784.00		7480000.00		-25960000.00		

7.8.3 持有非上市金融企业股权情况

√适用 □不适用

（单位：元）

所持对象名称	初始投资金额	持有数量	占该公司股权比例/%	期末账面值	报告期损益	报告期所有者权益变动	会计核算科目	股份来源
中国光大银行	12655500.00	7139000	0.10	12655500.00	0	0	长期股权投资	增资入股
合计	12655500.00	7139000		12655500.00	0	0		

7.8.4 买卖其他上市公司股份的情况

□适用 √不适用

7.9 公司是否披露履行社会责任的报告？

否

8 监事会报告

8.1 监事会对公司依法运作情况的独立意见

监事会认为，公司董事、经理和其他高级管理人员能够认真执行各项规章制度和股东大会、董事会的各项决议，恪尽职守，勤奋工作，积极应对金融危机带来的挑战，努力克服困难，减少损失，取得了较好的经营成果。公司建立了较完善的内部控制制度。没有发现公司董事会决策不合法的问题，没有发现董事、经理和其他高级管理人员执行公司职务时违反法律、法规和《公司章程》的行为，没有发现董事、经理有损害公司利益的行为。

8.2 监事会对检查公司财务情况的独立意见

华普天健高商会计师事务所（北京）有限公司对公司2008年度财务报告进行了审计，出具了标准无保留意见的审计报告；监事会审核了经会计师事务所审计的公司会计报告，认为真实完整地反映了公司的财务状况和经营成果，减值准备计提、报废资产等会计处理符合《企业会计准则》的规定；审核了公司2008年度利润分配预案，认为符合《公司章程》及有关规定；核查了公司对外担保情况，认为公司不存在对外担保情况。

8.3 监事会对公司最近一次募集资金实际投入情况的独立意见

公司最近一次募集资金已于2002年投入完毕，此事项已在2002年度报告中进行了说明，报告期无募集资金使用项目。

8.4 监事会对公司收购、出售资产情况的独立意见

报告期，公司收购了控股股东凌钢集团持有的北票保国铁矿有限责任公司、大连钢材经销有限公司、锦州钢材经销有限公司100%股权，北京凌钢物资供销有限公司、沈阳凌钢钢材销售有限公司60%股权。监事会认为本次交易的标的以评估值作为定价依据，遵循了公开、公平、公正的原则，符合相关法律法规、《公司章程》和公司《关联交易管理制度》的规定。本次交易有利于减少与控股股东及其关联方的关联交易，符合本公司和全体股东的利益。

8.5 监事会对公司关联交易情况的独立意见

监事会认为公司在关联交易中体现了公开、公平、公正的原则，不存在损害上市公司利益的情况。

8.6 监事会对公司利润实现与预测存在较大差异的独立意见

报告期，公司与凌钢集团进行了重大资产重组，收购了凌钢集团的全资子公司北票保国铁矿有限责任公司100%股权，预测公司2008年度合并报表实现净利润67268.98万元，实际净利润为35630.76万元，完成盈利预测的53%，主要是受全球金融危机影响，四季度经营环境严重恶化，钢材价格大幅下滑，存货大幅度贬值，致使公司实际利润与盈利预测存在较大差异。

9 财务会计报告

9.1 审计意见

财务报告	□未经审计	√审计
审计意见	√标准无保留意见	□非标意见
审计意见全文		

审计报告

会审字［2009］6089号

凌源钢铁股份有限公司全体股东：

我们审计了后附的凌源钢铁股份有限公司（以下简称“凌钢公司”）财务报表，包括2008年12月31日的资产负债表和合并资产负债表，2008年度的利润表和合并利润表、股东权益变动表和合并股东权益变动表、现金流量表和合并现金流量表以及财务报表附注。

一、管理层对财务报表的责任

按照企业会计准则的规定编制财务报表是凌钢公司管理层的责任。这种责任包括：（1）设计、实施和维护与财务报表编制相关的内部控制，以使财务报表不存在由于舞弊或错误而导致的重大错报；（2）选择和运用恰当的会计政策；（3）作出合理的会计估计。

二、注册会计师的责任

我们的责任是在实施审计工作的基础上对财务报表发表审计意见。我们按照中国注册会计师审计准则的规定执行了审计工作。中国注册会计师审计准则要求我们遵守职业道德规范，计划和实施审计工作以对财务报表是否不存在重大错报获取合理保证。

审计工作涉及实施审计程序，以获取有关财务报表金额和披露的审计证据。选择的审计程序取决于注册会计师的判断，包括对由于舞弊或错误导致的财务报表重大错报风险的评估。在进行风险评估时，我们考虑与财务报表编制相关的内部控制，以设计恰当的审计程序，但目的并非对内部控制的有效性发表意见。审计工作还包括评价管理层选用会计政策的恰当性和作出会计估计的合理性，以及评价财务报表的总体列报。

我们相信，我们获取的审计证据是充分、适当的，为发表审计意见提供了基础。

我们认为，凌钢公司财务报表已经按照企业会计准则的规定编制，在所有重大方面公允反映了凌钢公司2008年12月31日的财务状况以及2008年度的经营成果和现金流量。

华普天健高商会计师事务所（北京）有限公司　　中国注册会计师：魏弘、冯颖

北京市西城区西直门大街2号成铭大厦C21层　　2009年3月22日

9.2 财务报表

合并资产负债表

2008 年 12 月 31 日

编制单位：凌源钢铁股份有限公司　　（单位：元）

项　　目	附注	期末余额	年初余额
流动资产：			
货币资金	八、1	939729051.19	410728028.86
结算备付金			
拆出资金			
交易性金融资产			
应收票据	八、2	161764921.52	711623044.67
应收账款	八、3	22262585.70	87814304.40
预付款项	八、4	515382796.69	297560664.24
应收保费			
应收分保账款			
应收分保合同准备金			
应收利息			
应收股利			
其他应收款	八、5	5091222.64	7909356.25
买入返售金融资产			
存货	八、6	1376012916.22	978364432.89
一年内到期的非流动资产			
其他流动资产			
流动资产合计		3020243493.96	2493999831.31
非流动资产：			
发放贷款及垫款			
可供出售金融资产	八、7	7480000.00	38311939.70
持有至到期投资			
长期应收款			
长期股权投资	八、8	37777841.25	37847627.77
投资性房地产			
固定资产	八、9	1931648182.11	1339942384.82
在建工程	八、10	980778635.63	245644389.24
工程物资	八、11	19862783.82	11345974.34
固定资产清理			
生产性生物资产			
油气资产			
无形资产	八、12	250839177.85	118633698.00
开发支出			
商誉			
长期待摊费用			
递延所得税资产	八、13	80816884.89	41177768.04

续表

项　　目	附注	期末余额	年初余额
其他非流动资产			
非流动资产合计		3309203505.55	1832903781.91
资产总计		6329446999.51	4326903613.22
流动负债:			
短期借款	八、15	1150000000.00	110000000.00
向中央银行借款			
吸收存款及同业存放			
拆入资金			
交易性金融负债			
应付票据	八、16	245000000.00	
应付账款	八、17	636563006.09	336725636.62
预收款项	八、18	347347004.69	259401971.46
卖出回购金融资产款			
应付手续费及佣金			
应付职工薪酬	八、19	87720090.33	88975116.35
应交税费	八、20	-99419882.06	74950608.28
应付利息		75375.00	
应付股利		330124.50	330124.50
其他应付款	八、21	959781362.17	78771221.88
应付分保账款			
保险合同准备金			
代理买卖证券款			
代理承销证券款			
一年内到期的非流动负债	八、22	20000000.00	
其他流动负债			
流动负债合计		3347397080.72	949154679.09
非流动负债:			
长期借款	八、23	1000000.00	21000000.00
应付债券			
长期应付款	八、24	126616000.00	900000.00
专项应付款			
预计负债			
递延所得税负债	八、25		7425700.18
其他非流动负债	八、26	3500000.00	3500000.00
非流动负债合计		131116000.00	32825700.18
负债合计		3478513080.72	981980379.27
股东权益:			
股本	八、27	804002200.00	523900000.00
资本公积	八、28	-345874.02	616912646.10
减:库存股			
盈余公积	八、29	542958422.82	540535642.17

续表

项　　目	附注	期末余额	年初余额
一般风险准备			
未分配利润	八、30	1504319169.99	1663574945.68
外币报表折算差额			
归属于母公司所有者权益合计		2850933918.79	3344923233.95
少数股东权益			
股东权益合计		2850933918.79	3344923233.95
负债和股东权益合计		6329446999.51	4326903613.22

公司法定代表人：张振勇　主管会计工作负责人：何志国　会计机构负责人：徐丽锋

母公司资产负债表

2008 年 12 月 31 日

编制单位：凌源钢铁股份有限公司　　（单位：元）

项　　目	附注	期末余额	年初余额
流动资产：			
货币资金		843292157.90	393269052.74
交易性金融资产			
应收票据		234865025.27	826533044.67
应收账款	九、1	8409254.91	75837234.60
预付款项		447674204.46	232083527.33
应收利息			
应收股利			
其他应收款	九、2	649454.96	2098223.68
存货		1255547796.99	871728229.62
一年内到期的非流动资产			
其他流动资产			
流动资产合计		2790437894.49	2401549312.64
非流动资产：			
可供出售金融资产		7480000.00	33440000.00
持有至到期投资			
长期应收款			
长期股权投资	九、3	845328873.49	38147627.77
投资性房地产			
固定资产		1695134313.01	1132309635.65
在建工程		621900813.46	56219612.25
工程物资		18558117.89	10895116.26
固定资产清理			
生产性生物资产			
油气资产			
无形资产			
开发支出			
商誉			

续表

项　　目	附注	期末余额	年初余额
长期待摊费用			
递延所得税资产		72783494.77	24196643.61
其他非流动资产			
非流动资产合计		3261185612.62	1295208635.54
资产总计		6051623507.11	3696757948.18
流动负债：			
短期借款		1020000000.00	80000000.00
交易性金融负债			
应付票据		245000000.00	
应付账款		695909968.52	223762191.58
预收款项		331349514.59	201369178.57
应付职工薪酬		65738199.41	75021076.44
应交税费		-115382392.66	65864939.53
应付利息		75375.00	
应付股利		330124.50	330124.50
其他应付款		952929076.50	69249022.25
一年内到期的非流动负债		20000000.00	
其他流动负债			
流动负债合计		3215949865.86	715596532.87
非流动负债：			
长期借款		1000000.00	21000000.00
应付债券			
长期应付款			
专项应付款			
预计负债			
递延所得税负债			6188054.00
其他非流动负债		3500000.00	3500000.00
非流动负债合计		4500000.00	30688054.00
负债合计		3220449865.86	746284586.87
股东权益：			
股本		804002200.00	523900000.00
资本公积		289068879.86	456791014.12
减：库存股			
盈余公积		433124107.51	433124107.51
未分配利润		1304978453.88	1536658239.68
外币报表折算差额			
股东权益合计		2831173641.25	2950473361.31
负债和股东权益合计		6051623507.11	3696757948.18

公司法定代表人：张振勇　主管会计工作负责人：何志国　会计机构负责人：徐丽锋

合并利润表

2008年1～12月

（单位：元）

项　　目	附注	本期金额	上期金额
一、营业总收入		9174597120.07	7405235620.67
其中：营业收入	八、31	9174597120.07	7405235620.67
利息收入			
已赚保费			
手续费及佣金收入			
二、营业总成本		8717982284.72	6655912953.30
其中：营业成本	八、31	8061902203.03	6319064371.00
利息支出			
手续费及佣金支出			
退保金			
赔付支出净额			
提取保险合同准备金净额			
保单红利支出			
分保费用			
营业税金及附加	八、32	51296704.13	43588593.85
销售费用		103589818.24	99134111.93
管理费用	十五、2	314792521.56	142538776.98
财务费用	八、33	29981008.23	5633663.98
资产减值损失	八、34	156420029.53	45953435.56
加：公允价值变动收益（损失以“－”号填列）			
投资收益（损失以“－”号填列）	八、35	4101570.01	211799.33
其中：对联营企业和合营企业的投资收益		30213.48	211799.33
汇兑收益（损失以“－”号填列）			
三、营业利润（亏损以“－”号填列）		460716405.36	749534466.70
加：营业外收入	八、36	7570788.32	4124421.48
减：营业外支出	八、37	22576694.84	4632692.04
其中：非流动资产处置净损失		21480507.70	3271649.39
四、利润总额（亏损总额以“－”号填列）		445710498.84	749026196.14
减：所得税费用	八、38	89402857.44	180845421.44
五、净利润（净亏损以“－”号填列）		356307641.40	568180774.70
归属于母公司所有者的净利润		356307641.40	568180774.70
少数股东损益			
六、每股收益：			
（一）基本每股收益		0.44	0.71
（二）稀释每股收益		0.44	0.71

公司法定代表人：张振勇　主管会计工作负责人：何志国　会计机构负责人：徐丽锋

母公司利润表

2008 年 1～12 月

（单位：元）

项　　目	附注	本期金额	上期金额
一、营业收入	九、4	8904442605.82	7253533085.64
减:营业成本	九、4	8464762622.50	6449281521.91
营业税金及附加		41223304.89	38991596.35
销售费用		82863924.09	85573803.75
管理费用		239090689.85	102999776.05
财务费用		17960311.61	6085643.76
资产减值损失		154155009.10	45953435.56
加：公允价值变动收益(损失以"－"号填列)			
投资收益(损失以"－"号填列)	九、5	30213.48	211799.33
其中:对联营企业和合营企业的投资收益		30213.48	211799.33
二、营业利润(亏损以"－"号填列)		－95583042.74	524859107.59
加：营业外收入		7159155.97	4082000.46
减：营业外支出		22273007.84	3593083.46
其中:非流动资产处置净损失		21301920.70	3245531.46
三、利润总额(亏损总额以"－"号填列)		－110696894.61	525348024.59
减:所得税费用		－48236805.35	107974731.64
四、净利润(净亏损以"－"号填列)		－62460089.26	417373292.95

公司法定代表人:张振勇　主管会计工作负责人:何志国　会计机构负责人:徐丽锋

合并现金流量表

2008 年 1～12 月

（单位：元）

项　　目	附注	本期金额	上期金额
一、经营活动产生的现金流量:			
销售商品、提供劳务收到的现金		8786594568.42	6660707417.92
客户存款和同业存放款项净增加额			
向中央银行借款净增加额			
向其他金融机构拆入资金净增加额			
收到原保险合同保费取得的现金			
收到再保险业务现金净额			
保户储金及投资款净增加额			
处置交易性金融资产净增加额			
收取利息、手续费及佣金的现金			
拆入资金净增加额			
回购业务资金净增加额			
收到的税费返还		52189991.44	30840570.44
收到其他与经营活动有关的现金	八、39	16538329.07	15141788.29
经营活动现金流入小计		8855322888.93	6706689776.65
购买商品、接受劳务支付的现金		7289461963.47	5478338609.45

续表

项　　目	附注	本期金额	上期金额
客户贷款及垫款净增加额			
存放中央银行和同业款项净增加额			
支付原保险合同赔付款项的现金			
支付利息、手续费及佣金的现金			
支付保单红利的现金			
支付给职工以及为职工支付的现金		344436602.71	255324342.01
支付的各项税费		499700486.47	550981409.82
支付其他与经营活动有关的现金	八、40	162172913.78	120620783.46
经营活动现金流出小计		8295771966.43	6405265144.74
经营活动产生的现金流量净额		559550922.50	301424631.91
二、投资活动产生的现金流量：			
收回投资收到的现金		4721356.53	300000.00
取得投资收益收到的现金			
处置固定资产、无形资产和其他长期资产收回的现金净额		477300.00	1181963.99
处置子公司及其他营业单位收到的现金净额			
收到其他与投资活动有关的现金	八、41	8108811.71	11006185.40
投资活动现金流入小计		13307468.24	12488149.39
购建固定资产、无形资产和其他长期资产支付的现金		1061258026.99	440909123.25
投资支付的现金			
质押贷款净增加额			
取得子公司及其他营业单位支付的现金净额	八、43	19753454.75	
支付其他与投资活动有关的现金			
投资活动现金流出小计		1081011481.74	440909123.25
投资活动产生的现金流量净额		-1067704013.50	-428420973.86
三、筹资活动产生的现金流量：			
吸收投资收到的现金			
其中：子公司吸收少数股东投资收到的现金			
取得借款收到的现金		1360000000.00	110000000.00
发行债券收到的现金			
收到其他与筹资活动有关的现金			
筹资活动现金流入小计		1360000000.00	110000000.00
偿还债务支付的现金		320000000.00	40000000.00
分配股利、利润或偿付利息支付的现金		63001323.85	141482222.30
其中：子公司支付给少数股东的股利、利润			
支付其他与筹资活动有关的现金			
筹资活动现金流出小计		383001323.85	181482222.30
筹资活动产生的现金流量净额		976998676.15	-71482222.30
四、汇率变动对现金及现金等价物的影响		-844562.82	-1579277.69
五、现金及现金等价物净增加额		468001022.33	-200057841.94
加：期初现金及现金等价物余额		410728028.86	610785870.80
六、期末现金及现金等价物余额	八、44	878729051.19	410728028.86

公司法定代表人：张振勇　主管会计工作负责人：何志国　会计机构负责人：徐丽锋

母公司现金流量表

2008 年 1～12 月

（单位：元）

项　　目	附注	本期金额	上期金额
一、经营活动产生的现金流量：			
销售商品、提供劳务收到的现金		8072936460.56	5936711775.28
收到的税费返还		52189991.44	30791406.20
收到其他与经营活动有关的现金		13015807.60	7773872.03
经营活动现金流入小计		8138142259.60	5975277053.51
购买商品、接受劳务支付的现金		6926138407.75	5008948059.04
支付给职工以及为职工支付的现金		282403958.68	204586895.66
支付的各项税费		355658548.36	489204498.01
支付其他与经营活动有关的现金		139925000.11	78683677.65
经营活动现金流出小计		7704125914.90	5781423130.36
经营活动产生的现金流量净额		434016344.70	193853923.15
二、投资活动产生的现金流量：			
收回投资收到的现金			
取得投资收益收到的现金			
处置固定资产、无形资产和其他长期资产收回的现金净额			1101963.99
处置子公司及其他营业单位收到的现金净额			
收到其他与投资活动有关的现金		8010682.66	10926954.54
投资活动现金流入小计		8010682.66	12028918.53
购建固定资产、无形资产和其他长期资产支付的现金		914937680.78	287595963.04
投资支付的现金			
取得子公司及其他营业单位支付的现金净额		19753454.75	
支付其他与投资活动有关的现金			
投资活动现金流出小计		934691135.53	287595963.04
投资活动产生的现金流量净额		-926680452.87	-275567044.51
三、筹资活动产生的现金流量：			
吸收投资收到的现金			
取得借款收到的现金		1170000000.00	80000000.00
收到其他与筹资活动有关的现金			
筹资活动现金流入小计		1170000000.00	80000000.00
偿还债务支付的现金		230000000.00	40000000.00
分配股利、利润或偿付利息支付的现金		57468223.85	141433622.30
支付其他与筹资活动有关的现金			
筹资活动现金流出小计		287468223.85	181433622.30
筹资活动产生的现金流量净额		882531776.15	-101433622.30
四、汇率变动对现金及现金等价物的影响		-844562.82	-1579277.69
五、现金及现金等价物净增加额		389023105.16	-184726021.35
加：期初现金及现金等价物余额		393269052.74	577995074.09
六、期末现金及现金等价物余额		782292157.90	393269052.74

公司法定代表人：张振勇　主管会计工作负责人：何志国　会计机构负责人：徐丽锋

合并所有者权益变动表

2008 年 1～12 月

（单位：元）

项目	本年金额								
	归属于母公司所有者权益							少数股东权益	所有者权益合计
	股本	资本公积	减：库存股	盈余公积	一般风险准备	未分配利润	其他		
一、上年年末余额	523900000.00	456791014.12		433455706.12		1539642627.18			2953789347.42
加：同一控制下企业合并产生的追溯调整		160121631.98		107411534.66		126916706.00			394449872.64
会计政策变更				-331598.61		-2984387.50			-3315986.11
前期差错更正									
其他									
二、本年年初余额	523900000.00	616912646.10		540535642.17		1663574945.68			3344923233.95
三、本年增减变动金额（减少以“－”号填列）	280102200.00	-617258520.12		2422780.65		-159255775.69			-493989315.16
（一）净利润						356307641.40			356307641.40
（二）直接计入所有者权益的利得和损失		-21018439.22							-21018439.22
1. 可供出售金融资产公允价值变动净额		-25960000.00							-25960000.00
2. 权益法下被投资单位其他所有者权益变动的影响		559963.98							559963.98
3. 与计入所有者权益项目相关的所得税影响		6490000.00							6490000.00
4. 其他		-2108403.20							-2108403.20
上述（一）和（二）小计		-21018439.22				356307641.40			335289202.18
（三）所有者投入和减少资本	128171200.00	-146143731.06							128171200.00
1. 所有者投入资本	128171200.00								128171200.00
2. 股份支付计入所有者权益的金额									
3. 其他		-146143731.06							
（四）利润分配						-17288696.54			-163432427.60
1. 提取盈余公积									
2. 提取一般风险准备									
3. 对所有者（或股东）的分配						-17288696.54			-17288696.54
4. 其他									-146143731.06
（五）所有者权益内部结转	151931000.00	-450096349.84		2422780.65		-498274720.55			-794017289.74

续表

项目	本年金额								
	归属于母公司所有者权益							少数股东权益	所有者权益合计
	股本	资本公积	减：库存股	盈余公积	一般风险准备	未分配利润	其他		
1. 资本公积转增资本（或股本）									
2. 盈余公积转增资本（或股本）									
3. 盈余公积弥补亏损									
4. 其他	151931000. 00	-450096349. 84		2422780. 65		-498274720. 55			-794017289. 74
四、本期期末余额	804002200. 00	-345874. 02		542958422. 82		1504319169. 99			2850933918. 79

项目	上年金额								
	归属于母公司所有者权益							少数股东权益	所有者权益合计
	股本	资本公积	减：库存股	盈余公积	一般风险准备	未分配利润	其他		
一、上年年末余额	523900000. 00	441795416. 84		391555713. 65		1309234694. 93			2666485825. 42
加：同一控制下企业合并产生的追溯调整		67814727. 50		69774823. 08		100745935. 83			238335486. 41
会计政策变更				-168935. 43		-1520418. 91			-1689354. 34
前期差错更正									
其他									
二、本年年初余额	523900000. 00	509610144. 34		461161601. 30		1408460211. 85			2903131957. 49
三、本年增减变动金额（减少以“-”号填列）		107302501. 76		79374040. 87		255114733. 83			441791276. 46
（一）净利润						568180774. 70			568180774. 70
（二）直接计入所有者权益的利得和损失		14995597. 28							14995597. 28
1. 可供出售金融资产公允价值变动净额		19426000. 00							19426000. 00
2. 权益法下被投资单位其他所有者权益变动的影响									
3. 与计入所有者权益项目相关的所得税影响		-4430402. 72							-4430402. 72
4. 其他									
上述（一）和（二）小计		14995597. 28				568180774. 70			583176371. 98
（三）所有者投入和减少资本									
1. 所有者投入资本									

续表

项目	上年金额								
	归属于母公司所有者权益							少数股东权益	所有者权益合计
	股本	资本公积	减：库存股	盈余公积	一般风险准备	未分配利润	其他		
2. 股份支付计入所有者权益的金额									
3. 其他									
（四）利润分配				41901959.04		－188593959.04			－146692000.00
1. 提取盈余公积				41901959.04		－41901959.04			
2. 提取一般风险准备									
3. 对所有者（或股东）的分配						－146692000.00			－146692000.00
4. 其他									
（五）所有者权益内部结转		92306904.48		37472081.83		－124472081.83			5306904.48
1. 资本公积转增资本（或股本）									
2. 盈余公积转增资本（或股本）									
3. 盈余公积弥补亏损									
4. 其他		92306904.48		37472081.83		－124472081.83			5306904.48
四、本期期末余额	523900000.00	616912646.10		540535642.17		1663574945.68			3344923233.95

公司法定代表人：张振勇　主管会计工作负责人：何志国　会计机构负责人：徐丽锋

母公司所有者权益变动表

2008 年 1～12 月

（单位：元）

项目	本年金额					
	股本	资本公积	减：库存股	盈余公积	未分配利润	所有者权益合计
一、上年年末余额	523900000	456791014.12		433455706.12	1539642627.18	2953789347.42
加：会计政策变更				－331598.61	－2984387.50	－3315986.11
前期差错更正						
其他						
二、本年年初余额	523900000.00	456791014.12		433124107.51	1536658239.68	2950473361.31
三、本年增减变动金额（减少以“－”号填列）	280102200.00	－167722134.26			－231679785.80	－119299720.06
（一）净利润					－62460089.26	－62460089.26
（二）直接计入所有者权益的利得和损失		－21578403.20				－21578403.20
1. 可供出售金融资产公允价值变动净额		－25960000.00				－25960000.00

续表

项 目	本 年 金 额					
	股本	资本公积	减：库存股	盈余公积	未分配利润	所有者权益合计
2. 权益法下被投资单位其他所有者权益变动的影响						
3. 与计入所有者权益项目相关的所得税影响		6490000.00				6490000.00
4. 其他		-2108403.20				-2108403.20
上述(一)和(二)小计		-21578403.20			-62460089.26	-84038492.46
(三) 所有者投入和减少资本	128171200.00	-146143731.06				-17972531.06
1. 所有者投入资本	128171200.00					128171200.00
2. 股份支付计入所有者权益的金额						
3. 其他		-146143731.06				-146143731.06
(四) 利润分配					-17288696.54	-17288696.54
1. 提取盈余公积						
2. 对所有者(或股东)的分配					-17288696.54	-17288696.54
3. 其他						
(五) 所有者权益内部结转	151931000.00				-151931000.00	
1. 资本公积转增资本(或股本)						
2. 盈余公积转增资本(或股本)						
3. 盈余公积弥补亏损						
4. 其他	151931000.00				-151931000.00	
四、本期期末余额	804002200.00	289068879.86		433124107.51	1304978453.88	2831173641.25

项 目	上 年 金 额					
	股本	资本公积	减：库存股	盈余公积	未分配利润	所有者权益合计
一、上年年末余额	523900000.00	441795416.84		391555713.65	1309234694.93	2666485825.42
加：会计政策变更				-168935.43	-1520418.91	-1689354.34
前期差错更正						
其他						
二、本年年初余额	523900000.00	441795416.84		391386778.22	1307714276.02	2664796471.08
三、本年增减变动金额(减少以“-”号填列)		14995597.28		41737329.29	228943963.66	285676890.23
(一) 净利润					417373292.95	417373292.95
(二) 直接计入所有者权益的利得和损失		14995597.28				14995597.28

续表

项目	上年金额					
	股本	资本公积	减：库存股	盈余公积	未分配利润	所有者权益合计
1. 可供出售金融资产公允价值变动净额		19426000.00				19426000.00
2. 权益法下被投资单位其他所有者权益变动的影响						
3. 与计入所有者权益项目相关的所得税影响		－4430402.72				－4430402.72
4. 其他						
上述(一)和(二)小计		14995597.28			417373292.95	432368890.23
（三）所有者投入和减少资本						
1. 所有者投入资本						
2. 股份支付计入所有者权益的金额						
3. 其他						
（四）利润分配				41737329.29	－188429329.29	－146692000.00
1. 提取盈余公积				41737329.29	－41737329.29	
2. 对所有者（或股东）的分配					－146692000.00	－146692000.00
3. 其他						
（五）所有者权益内部结转						
1. 资本公积转增资本（或股本）						
2. 盈余公积转增资本（或股本）						
3. 盈余公积弥补亏损						
4. 其他						
四、本期期末余额	523900000.00	456791014.12		433124107.51	1536658239.68	2950473361.31

公司法定代表人：张振勇　主管会计工作负责人：何志国　会计机构负责人：徐丽锋

9.3　会计政策、会计估计和核算方法变更的说明

公司由于收购凌源钢铁集团有限责任公司持有的北京凌钢物资供销有限公司60%股权、沈阳凌钢钢材销售有限公司60%股权，使长期股权投资由原来采用权益法核算改为成本法核算，对原权益法下长期股权投资的账面余额进行的追溯调整。追溯调减2006年未分配利润1520418.91元，调减2007年未分配利润1463968.59元；追溯调减2006年盈余公积168935.43元，调减2007年盈余公积162663.18元；追溯调减2006年长期股权投资1689354.34元，调减2007年长期股权投资1626631.77元；追溯调减2006年投资收益890839.27元，调减2007年投资收益1626631.77元。

9.4　本报告期无会计差错更正

9.5　与最近一期年度报告相比，合并范围发生变化的具体说明

（1）本期受让凌钢（大连）钢材经销有限公司100%股权、凌钢锦州钢材经销有限公司100%股权、北京凌钢物资供销有限公司60%股权、沈阳凌钢钢材销售有限公司60%股权。

1）参与合并企业的基本情况。

凌钢（大连）钢材经销有限公司

凌钢（大连）钢材经销有限公司合并前是凌源钢铁集团有限责任公司的全资子公司。公司企业法人营业执照注册号：大开工商企法字2102411101481，法定代表人李胜运，注册资本51万元人民币。

公司经营范围：主营：为主办单位提供生产用原材料，销售主办单位产品；兼营：日用杂品、百货、食油、仪器仪表、机械设备、建筑材料、土畜产品、信息咨询等。

凌钢锦州钢材经销有限公司

凌钢锦州钢材经销有限公司合并前是凌源钢铁集团有限责任公司的全资子公司。公司企业法人营业执照注册号：210700004028674，法定代表人祁海成，注册资本100万元人民币。

公司经营范围：钢材、建筑材料销售。

北京凌钢物资供销有限公司

北京凌钢物资供销有限公司合并前是由凌源钢铁集团有限责任公司和凌源钢铁股份有限公司共同出资设立的有限责任公司。企业法人营业执照注册号：1101081168302（1-1），法定代表人：柴树凤，注册资本50万元人民币，其中：凌源钢铁集团有限责任公司出资30万元人民币，占注册资本的60%，凌源钢铁股份有限公司出资20万元人民币，占注册资本的40%。

公司经营范围：购销金属材料、建筑材料、五金交电、化工产品（不含危险化学品及一类易制毒化学品）、木材、计算机及外围设备、机械电器设备；展览展示信息咨询（除中介服务）；技术开发、转让、咨询、服务。

沈阳凌钢钢材销售有限公司

沈阳凌钢钢材销售有限公司合并前是由凌源钢铁集团有限责任公司和凌源钢铁股份有限公司共同出资设立的有限责任公司。企业法人营业执照注册号：2101021104635（1-1），法定代表人杨志远，注册资本50万元人民币，其中：凌源钢铁集团有限责任公司出资30万元人民币，凌源钢铁股份有限公司出资20万元人民币。

公司经营范围：金属材料、建筑材料批发及零售。

2）属于同一控制下企业合并的判断依据。

公司及收购的上述四家公司合并前均受凌源钢铁集团有限责任公司控制，且该控制并非暂时性的。

3）合并日。

2008年6月4日，公司第三届董事会第二十三次会议上审议通过了《关于签署〈股权转让协议〉的议案》，并于5月21日获得辽宁省人民政府国有资产监督管理委员会下发的辽国资产权［2008］71号文《关于同意向凌源钢铁股份有限公司协议转让四家子公司股权的批复》的核准。根据辽宁元正资产评估有限公司出具的元正（沈）评报字［2008］第005、006、007、009号《资产评估报告书》，以2007年12月31日为评估基准日，凌钢（大连）钢材经销有限公司100%股权、凌钢锦州钢材经销有限公司100%股权、北京凌钢物资供销有限公司60%股权（40%为本公司持有）、沈阳凌钢钢材销售有限公司60%股权（40%为本公司持有）评估值分别为919.91万元、395.09万元、109.39万元、550.96万元，共计1975.35万元。公司已于2008年6月27日支付了上述股权受让款1975.35万元，并取得四家公司的实际控制权。基于以上因素本公司以2008年6月30日确定为企业合并日。

4）合并成本的确定。

本公司在企业合并中取得的资产和负债，按照合并日被合并方的账面价值计量。本公司取得的净资产账面价值与支付的合并对价账面价值的差额，调整资本公积；资本公积不足冲减的，调整留存收益。

本公司在合并中取得的被合并方控股股东拥有的净资产2058.56万元与支付的合并对价1975.35万元，差额部分83.21万元调增母公司资本公积。

5）同一控制的实际控制人。

本次合并同一控制的实际控制人为凌源钢铁集团有限责任公司。

6）被合并方自合并当期期初至合并日的收入、净利润、现金流量等情况。

（单位：元）

公司名称	截至2008年6月30日净资产	2008年1~6月净利润	2008年1~6月经营活动现金净流量净额	2008年1~6月营业收入
沈阳凌钢钢材销售有限公司	11051929.67	3586076.23	12056810.84	246296339.16
凌钢(大连)钢材经销有限公司	7674441.72	1235713.56	-4120214.36	251251888.82
凌钢锦州钢材经销有限公司	5019767.34	1403997.56	-164259.62	307744191.29
北京凌钢物资供销有限公司	2100333.69	227057.60	3006754.13	39253925.97
合计	25846472.42	6452844.95	10779090.99	844546345.24

（2）本期受让凌钢股份北票保国铁矿有限公司100%股权。

1）凌钢股份北票保国铁矿有限公司的基本情况。

凌钢股份北票保国铁矿有限公司合并前是凌源钢铁集团有限责任公司的全资子公司。企业法人营业执照注册号：211381004007605，法定代表人郝志强，公司注册资本为4614万元人民币。

经营范围：黑色金属矿采、选及深加工；冶金机械制造及备件加工；冶金项目的研制、设计、安装及管理；公路运输；乳化炸药生产（经营期限至2008年11月8日）；铁矿石及铁精粉收购等。

2）属于同一控制下企业合并的判断依据。

公司与凌钢股份北票保国铁矿有限公司合并前均受凌源钢铁集团有限责任公司控制，且该控制并非暂时性的。

3）合并日。

2008年3月14日，公司第三次董事会第十九次会议决议审议通过了《关于凌源钢铁股份有限公司向特定对象发行股份购买资产暨关联交易的方案的议案》。2008年5月21日，获得辽宁省人民政府国有资产监督管理委员会下发的辽国资产权［2008］70号文《关于凌钢集团持有的保国铁矿有限公司股权转让方案的批复》。2008年5月26日，公司第二次临时股东大会决议审议通过了《关于凌源钢铁股份有限公司重大资产购买及发行股份购买资产暨关联交易的方案》。根据中联资产评估有限公司出具的中联评报字［2008］第125号《资产评估报告书》，以2008年1月31日为评估基准日，凌钢股份北票保国铁矿有限公司100%股权评估值为201869.63万元。2008年11月13日，获得中国证券监督管理委员会证监许可［2008］1280号文核准，相关资产的实际控制权已转移至本公司，公司于2008年11月30日对受让的资产进行了账务处理。基于以上因素，本公司以2008年11月30日确定企业合并日。

4）合并成本的确定。

本公司在企业合并中取得的资产和负债，按照合并日被合并方的账面价值计量。本公司取得的净资产账面价值与支付的合并对价账面价值的差额，调整资本公积；资本公积不足冲减的，调整留存收益。

本公司在合并中取得的被合并方净资产78656.55万元，支付的合并对价201869.63万元，调减母公司资本公积14908.42万元，增加股本12817.12万元，增加其他应付款80747.85万元。

5）同一控制的实际控制人。

本次合并同一控制的实际控制人为凌源钢铁集团有限责任公司。

6）被合并方自合并当期期初至合并日的主要财务指标如下：

被合并主体2008年11月30日净资产786565465.17元，1~11月净利润353773838.27元、经营活动现金流量净额为24827550.37元、营业收入943448047.81元。

凌钢集团设计研究有限公司

【基本情况】共有38名职工。其中，高级工程师10名，高级会计师1名，工程师12名，经济师1名，初级12名。拥有固定资产原值84.66万元，净值47.73万元。技术装备有工程复印机一台，晒图机二台，绘图仪三台，工程扫描仪一台，办公复印机一台，计算机40台及服务器组成的独立的局域网。操作系统正版率达90%，工程设计专业软件正版率100%，办公软件正版率10%。具有冶金专业乙级（钢铁）和建筑丙级设计资质，省设计协会会员，绿色通道单位。凌钢集团设计研究有限公司为凌钢集团控股公司，承担集团公司新建、技改、大修工程和公共、民用工程的设计、设计管理、设计咨询和设计服务等工作，是集团公司工程设计管理执行单位。同时对外承担设计资质范围内的冶金工程设计和建筑设计。

【工程设计与管理】2007年，设计公司设计工作重点从凌钢朝阳工程设计和设计管理转入到集团公司的技术改造上，先后完成219焊管工程、10平方米竖炉工程、动力厂15万立方米高炉煤气柜工程、3号高炉大修改造工程相关设计以及东西家属区改造等工程设计83项。与中冶京诚、中冶京诚秦皇岛分院、中冶北方、山东冶金设计公司、太钢设计院等设计单位签订了凌钢350万吨钢的工程设计合同和技术协议。并在年底组织、召开了炼钢、轧钢、制氧、高炉、热电、烧结、原料及公辅等工程初步设计内部审查会。

2008年，设计公司全力推进350万吨钢技术改造，强化设计管理的各个环节，以“一保三限”为根本，确保了凌钢350万吨钢工程设计进度，及时解决了施工现场的技术问题，完成工程设计215项。创造了成立以来完成的设计项目最多、完成的设计投资最大的新纪录。先后与中冶集团北方工程技术有限公司、中冶集团京诚工程技术有限公司、山东省冶金设计院有限责任公司、太原钢铁（集团）设计院、中冶集团京诚（秦皇岛）工程技术有限公司、鞍山科技大学设计研究院、鞍钢集团矿业设计院、北京力通公司、中冶集团北京冶金设备研究设计总院签订了炼钢、轧钢、炼铁、制氧、烧结、原料、公辅等项目的设计合同、技术协议和集团公司其他的技改工程设计合同。设计管理项目、设计合作者之多也是史无前例的。尤其是在施工过程中，充分发挥了设计公司优势，及时解决了许多施工中的技术问题，完善了其他设计单位的部分原设计，并提供了一定量的补充、修改设计，确保了施工进度的正常进行。

【注册人员培养】设计公司工程设计人员的注册人员多少是考核一个设计单位综合实力的具体表现，也是设计资质要求的标准，几年来设计公司多以人为本，按科学发展观来看待设计人员的执业注册问题，大力支持设计人员参加各种考试和培训，使得设计公司执业人员数量和专业都有较大增加。截至2008年底：共有冶金注册工程师11人，一级注册建筑师一人，二级注册建筑师2人，一级注册结构工程师5人，注册公用设备工程师3人，注册电气工程师一人，基本满足设计公司设计资质要求标准。确保设计公司承担集团公司各项工程设计的能力，为集团公司今后的发展奠定了基础。

朝阳浪马轮胎有限责任公司

【基本情况】2008年末，朝阳浪马轮胎有限责任公司年生产能力100万套，共有员工1050人。有内胎和无内胎两大系列产品，共35种规格、160种产品。

2007年，实现产量89万套，年销量90.33万套，销售收入10.08亿元，出口创汇7320万美元。利税总额：1.17亿元。其中，净利润2160万元。

2008年，受金融危机影响，实现产量77.8万套，年销量72.3万套，销售收入9.24亿元，出口创汇7180万美元。利税总额：421万元。其中，净利润－2885万元。

【重大事项】2007年下半年，公司开始组织实施增加25万套产能、产量规模扩至95万套技术改造项目，主体设备订货完成，土建工程开始建设。截至2008年6月，技术改造完成，形成年产100万条全钢载重子午线轮胎的生产能力，并在市发改委完成备案新增100万套技术改造工程。同年，产量规模至55万套的改扩建工程项目环保验收获得批复。

2007 年，列辽宁省营业收入“百强”民营企业第 89 位，列出口交货值“百强”民营企业第 15 位。同年，获得辽宁省“守合同重信用企业”、“辽宁地区出口工业产品生产企业分类一类企业”、“辽宁名牌产品”等荣誉，275/80R22.5 和 315/80R22.5 载重汽车子午线轮胎开发研制项目获得“朝阳市科技进步一等奖”。通过了 ISO 14001：2004 环境管理体系第三方审核。

2008 年，获得“全国石油和化学工业先进集体”、中国石油和化学工业协会“企业信用评价 AA 级信用企业”、“高新技术企业”等荣誉。275/80R22.5 和 315/80R22.5 载重汽车子午线轮胎开发研制项目，获辽宁省科技成果转化三等奖。

2009—2010

凌钢股份北票保国铁矿有限公司

【基本情况】 2010 年末有职工 1343 人（含内退 104 人，病休 14 人），其中管理技术人员 210 人，具有副高级技术职称 5 人、中级技术职称 44 人；生产操作人员 1033 人。下设 7 个车间，分别是井采车间、选矿车间、运输车间、动力车间、原料科、炸药厂、工程科；17 个科室，分别是供应科、销售科、安全科、保卫科、后勤科、采购办、计划科、质检科、机动科、地测科、矿办、矿调、劳动人事科、信息部、工会、审计监察科、总工办。厂区占地面积 2100410.29 平方米，厂房建筑面积 74203.79 平方米，拥有固定资产原值 84567.5 万元，净值 65993.66 万元。主要设备有：2JK－3×1.5E 提升机 1 台，2JK－3×1.5E/20E 提升机 1 台，JKM－4×4 多绳摩擦提升机 1 台，Simba1254 凿岩台车 3 台，Boomer281 掘进台车 1 台，井下铲运机 11 台（其中，ST3.5 柴油铲运机 2 台，EST3.5 电动铲运机 5 台，EJC145E 电动铲运机 2 台，CY－2C 柴油铲运机 2 台）；自磨机 3 台（8.0×2.8 米 1 台，5.5×1.8 米 2 台），球磨机 5 台（4.0×6.7 米 1 台，3.2×4.5 米 2 台，3.2×5.4 米 2 台），CTB1030 磁选机 31 台，过滤机 4 台（120 平方米 1 台，72 平方米 3 台），Slon2000 型立环脉动高梯度磁选机 5 台，浓缩机 5 台（30 米 2 台，90 米 1 台，45 米 1 台，38 米澄清池 1 台）。主要产品为 69% 和 60% 两种铁精矿。

【生产经营】 2009 年，黑山井建主井、副井、风井掘进及井架制作安装完成，180 米运输车场完成；铁蛋山井巷工程完工，铁蛋山副井工程地质勘探和初步设计完成；2009 年 1 月，混合矿选厂经过调试顺利转车，满足了设计要求，累计投资 13074 万元；边家沟采区完成了红矿开采设计工作。

2009 年，累计生产铁精矿 92.03 万吨，磁性矿品位 68.79%，非磁性矿品位 59.62%，销售铁精矿 91.36 万吨，实现销售收入 58825 万元，累计实现利税 16364 万元。其中，利润 7140 万元，税金 9224 万元。2009 年，保国公司先后获得“集团公司先进基层党组织”、“集团公司先进单位”、“朝阳市五一奖状”、“朝阳市计量工作先进单位”、“朝阳市安康杯竞赛优胜单位”、朝阳市工商行政管理“守合同重信用企业”等荣誉。

2010 年 2 月，边家沟采区开始征地工作，10 月完成，12 月份与浙江天城建设工程有限公司签订“边家沟露天采矿业务合同”并投产；2010 年 5 月对直径 38 米的澄清池进行了改造，投入使用后水质明显得到改善。2010 年 6 月办公楼、宾馆、职工食堂相继开工建设；2010 年 6 月铁蛋山副井工程开工建设，9 月份创造了月成井 205 米的全国竖井建设新纪录；2010 年 12 月黑山矿 180 米正式生产。

2010 年，累计生产铁精矿 87.28 万吨，磁性矿品位 68.91%，非磁性矿品位 60.68%，销售铁精矿 89.26 万吨，实现销售收入 91523 万元，累计实现利税 40191 万元。其中，利润 26418 万元，税金 13773 万元。2010 年，保国公司先后获得“集团公司先进基层党组织”、“集团公司设备管理先进单位”、“集团公司先进单位”、“集团公司安康杯竞赛优胜单位”、“北票市五五普法先进集体”、“朝阳市内保工作先进集体”、“辽宁省安康杯竞赛优胜单位”等荣誉称号。

供销公司

【基本情况】供销公司是凌钢下属专业部门之一，主要负责凌钢生产用原燃料的供应和产品销售工作。供销公司的主要职责是：在深入进行市场调查和预测基础上，科学制定采购、销售计划，承接和洽谈采购、销售业务，签订和管理采购、销售合同，负责外购原燃料的入库、保管、出库以及产品的入库、保管、发运、产品售后服务等。

2010年末，供销公司设经理1人、副经理3人，根据营销工作需要，下设计划管理科、宽带科、进出口科、型材科、经销科、原料科、炉料科、废钢科、运输科、原物料仓储科、废钢配送中心、钢材仓储科12个科室，共有员工176人，其中本科毕业生30人、专科毕业生44人；具有高级技术职称6人、中级技术职称28人、初级技术职称26人。

2009年，实现销售收入91.07亿元，钢材销售总量298.73万吨。其中，中宽带87.25万吨、型棒材144.93万吨、中型材56.03万吨、焊管6.44万吨、冷带2.26万吨；销售品种钢94.73万吨；实现出口15933吨。2010年，实现销售收入122.11亿元，钢材销售总量341.60万吨。其中，中宽带103.64万吨、型棒材155.41万吨、中型材65.60万吨、线材8.95万吨、冷带5.92万吨；销售品种钢157.75万吨；实现出口31973吨。

【2009年营销工作】2009年，供销公司按照集团公司总体要求和总体目标，积极应对国际金融危机冲击影响，化挑战为机遇，对外拓展市场、扩大销售，动态优化营销策略，对内关注生产、检修的变化情况，坚持精料战略和低成本采购，合理控制到货节奏和库存，对标挖潜、降本增效，强化物流管理，确保大宗原燃料采购、钢材销售、储运工作等各项工作协调有序运行。

一、销售概况

按照“培育产品品牌、信誉和网络营销3个优势、促进品种结构和市场布局优化、实现公司效益最大化”的思路，动态配置资源，合理控制销售进程。

1. 准确把握市场脉搏，动态控制销售节奏

年初针对市场价格下滑的局面，不片面追求产销率，在市场低位时增加库存，在市场转好时库存降至全年最低点，共增效2878万元。

2. 增加重点工程、重点行业销量创效，提高凌钢产品的品牌知名度和信誉度

全年向哈大铁路客运专线、京沪高速铁路、北京动车段、长吉城际铁路、蓟港铁路、吉林油田和吉林省高速公路等国家重点工程项目供货47.05万吨，一些重点工程如京石高铁、盘海营高速、锡乌铁路、津秦铁路需货到付款无法直接运作的，通过经销商供货5.55万吨；全年重点工程供货占小型材销量的34.39%，向重点工程供货创当期比较效益11745万元；凭借优质服务保证了国家重点工程的工程进度，7月份被哈大铁路客运专线授予钢厂中唯一“优秀供应商”称号。

3. 以效定销，调整产品结构，为公司增创效益

1~11月份建材价格一枝独秀，减少小优圆产量；建材中普圆价格好于螺纹钢，12~16毫米螺纹钢价格好于18~25毫米螺纹钢，以效益较好的普碳圆钢和小螺纹钢为主组织生产。全年共销售普碳圆钢24.62万吨，占小型材销售总量的18%，比去年增加1.64万吨，增长7.14%；销售12~16毫米螺纹钢45.36万吨，占螺纹钢销量的40.42%；1~11月份小优圆比计划减少产量5.31万吨，通过优化品种销售为公司创效11805万元。

4. 调整市场布局创效益

除重点工程外，全年小型材销量的96.41%投放在高价位市场。从8月份开始重点工程减量后向效益好的华北市场倾斜。增加华北市场资源投放量15万吨，创比较效益近185万元。中宽热带东北地区增效446万元。发挥经销网络零距离服务用户优势，子公司、经销处销售钢材69.73万吨。

5. 强化信息管理，创造涨价效益

全年产品价格共调整241次。根据市场资源情况实施同一品种不同规格的差异化销售，5~6月份由于铁路需求拉动造成螺纹、圆钢市场部分规格短缺时，12毫米、16毫米螺纹，16毫米、20毫米圆钢在正常价差基础上多涨价，创效234万元。

6. 积极实施品种钢战略

全年品种钢销售94.73万吨，占钢材销量的

34.71%。HRB400 以上螺纹钢销售 14.33 万吨，占螺纹钢总销量的 12.77%；优圆、管坯销售 64.13 万吨，型棒材品种钢总计 77.81 万吨，占型棒材销量的 38.72%。中宽热带合同组织以 45 号和 65Mn 等优碳钢和 195LD 为主，以管线钢、Q345B 等材质为辅，销售品种钢 16.17 万吨，占中宽带总量的 18.54%。

7. 利用国际市场回暖时机加大国际市场开发力度

8～12 月份出口中宽冷带 1.33 万吨，创汇 1181 万美元。通过了出口商检一类企业审核和实行出口货物产地检验检疫绿色通道审核，为出口顺畅、高效进行创造了条件。

8. 开发中宽冷带市场

8～12 月份生产中宽冷带 24581 吨，保证了 5000 吨/月的最低经济生产批量，实现销售 2.26 万吨，较销售中宽带比实现比较效益 105 万元。

9. 科学处理积压库存，活化资金

在价格高位区间处理积压锈蚀品及特殊材质产品 22381 吨，对中宽热带等级品和协议品采取制定底价、竞价销售的方式，较正常销售多创效 5 万多元。

10. 钢渣销售喜人

从年初开始结束了钢渣外排的历史，磁选钢渣全部外销，全年共销售 24.07 万吨。

二、采购概况

按照“以公司整体效益为中心，提升供应与生产、运输之间的协调水平，坚持精料战略和低成本战略，保证采购质量，满足生产需要，合理控制库存。”的采购思路，深入了解、准确把握两个市场——厂内需求市场和原燃料采购市场，增强采购工作的预测性和前瞻性，完成了大宗原燃材料的供应任务。

1. 坚持低成本战略，与同行业比价采购

全年降低采购成本 2.4 亿元。通过优化原燃料结构降成本，在满足生产需要的基础上增加低价格品种的配比。喷吹用长焰煤和无烟煤采购价格价差 320 元/吨，通过海运方式保证长焰煤供应。精煤从 6 月份开始采购价格相对较低的高硫煤，降低炼焦成本，共节约采购费用约 482 万元。冶炼 HRB400 螺纹钢所用的氮化钒从 7 月份开始改用氮化钒铁，降低冶炼成本 84 元/吨，节约成本 1140 万元。10 月份保国矿粉火运受限，为避免冬季火运加防冻液增成本，组织汽车运输，保证正常配比。把握价格调整的节奏和时间，规避价格风险。全年根据市场和库存情况原料价格调整 138 次。

2. 优化采购渠道，坚持精料战略

选择有资源、发车能力强、信誉好、有实力的供应商并建立起长期战略合作伙伴关系，来保证精料方针的实现。精煤采购坚持从山西焦煤集团、龙煤集团、开滦能源等国有矿采购的思路和战略，确保了焦炭生产的需要。9 月份焦煤新引进开滦煤矿、焦炭引进河北旭阳作为供应商，合理采购布局，对焦炭渠道通过合同考核全年扣款 14767 万元。对有问题的供户采取“一警告、二减量、三停发”的原则，提高了采购质量。全年地方铁精粉平均铁品位为 66.30%，较去年同期提高 0.59%。外购焦炭 M_{40} 为 84.7%，及 M_{10} 为 7.0%，均超过合同要求。废钢料型切割尺寸调整 4 次，全年外采废钢 4 毫米以上料型废钢比例为 89.76%，比去年同期提高 32.12%，提高了堆比重，实现了精料入炉。对外购白灰进行招标，实行了供户一对一台粉碎机的办法，白灰消耗降低 5 千克/吨。

3. 与力拓协调，实现进口矿粉的直接进口

全年共实现澳矿进口 39.8 万吨，废钢进口 4.2 万吨。

4. 完善铁精粉和废钢供户合同条款，严格考核

铁精粉合同约定交履约保证金，未完成合同量降价或扣履约保证金，连续两个月未完成合同量取消供货资格。废钢供户进行了稳定供货、加工、资金、信誉等综合能力评定，淘汰并调整了供户结构，保证了废钢稳定均衡进货。

5. 从细处着手，坚持多频次，少批量，低库存的运作方式，动态控制采购进度

铁合金基本保证 10 天用量的合理库存。外购钢材以顶用替代、先耗库存为原则，比年初降库 1554 吨。

三、物流方面

按照“转变运输观念，加强购、运、销协调，优化物流管理，降低运输成本，突破运输瓶颈制约”的工作思路，对内加强管理，对外积极协调，

优化物流管理，降低物流成本。

1. 加强对外协调，争取铁路部门的支持，优化产品发运工作

全年共发运38680车，比去年同期多发10621车，日均发车106车；其中10月份实现3902车，创历史最好水平。

2. 港口物资火运进厂，为公司节约大量费用

年初进口两船巴西矿至大连港，利用海运费降价的有利时机，采用了二程船转运至锦州港再火运入厂的运输方式，增效1200余万元；4月份锦州港上水热压铁块采用运输保险方式代替人员押运，节省3.8元/吨，共降低10.26万元成本。重量结算按凌钢检斤结算，节约费用1.39万元。

3. 提高货车净载重，调整装载方案，提高了运输效率

完善9米管套装装载方案，8.4吨大卷钢改型方案和12米材装载方案，优化70敞车装车安排。全年共装70吨敞车7900车，达到总装车数的20.42%，降低亏吨损失约3.2万吨，节省运费200余万元。

4. 对钢材库货位进行动态优化，提高装卸车效率

开展“装一辆车皮、保一路平安”活动，严格执行铁路货物装载加固方案，杜绝偏重、集重和不合格装车，制定出库复检制度，保证了铁路运输安全和生产经营的正常运行。

四、业务外委

2009年12月份，废钢料场在公司率先试行废钢装卸、设备维修、保养整体业务外委，日最大卸车量由原来的1850吨提高到2850吨，日吞吐量最高达4630吨，并为公司整体业务外委工作的推进起到了示范作用。

【2010年营销工作】2010年，随着凌钢350万吨钢产能逐步实现，整个供、销、储、运系统经历了巨大考验。供销公司对外准确把握市场，对内关注生产动态，优化营销策略。2010年，销售钢材341.6万吨，实现销售收入122亿元；坚持精料战略，合理控制到货节奏和库存，全年采购物资856万吨；统筹协调，强化组织，全年钢材发运43457车。

（一）销售概况

按照年初确定的“三个提升”即“优化市场布局，突出经济效益，提升产品盈利能力；调整产品结构，推进产品升级，提升产品竞争力；抓好重点工程用户，强化服务意识，提升凌钢产品品牌影响力”的思路，展开销售工作。

1. 动态调整销售节奏，优化品种结构和市场布局

通过有计划的增库与降库，创比较效益1.1亿元。建立成本预警机制，根据产品效益情况，优化棒材机组的品种结构，以优圆、普圆、小规格和28～40毫米大规格螺纹钢为主进行排产，创比较效益约5200万元。控制资源流向，在保证重点工程需求的前提下，把螺纹钢剩余资源的13.18%和50.92%分别投放到了价位较高的周边和华北市场。华北市场今年共投放45.76万吨，比2009年同期比例提高了29%。在投放总量增加的形势下，东北地区投放24.42万吨，较去年同期减少28.91%，创比较效益约4400万元。

2. 积极开发品种钢市场，推进产品升级换代，提升产品竞争力

全年品种钢累计销售157.75万吨，比去年同期增加63万吨，完成年度目标的122.29%。HRB400以上螺纹钢销售53.527万吨，占螺纹钢总销量的43.85%，比去年同期提高29.85%。充分发挥中型材的成本优势和品牌优势，积极拓展新市场，全年销售中型材65.597万吨。其中，40Cr 2.17万吨。以45号、65Mn等高碳钢为主，以低合金、管线钢和冷轧料为辅，开拓中宽带品种钢市场，特殊的区域环境，周边密集的产能以及同质化竞争加剧等因素，使得中宽带品种钢市场开发工作难度较大，但经多次走访，试验、小批量试用和跟踪等方式，完成了市场调研、市场定位，新开发了10余家用户，这为后续实现量的突破打下了基础。同时，在品种结构上下工夫，新开发了30MnB、40Cr、20Cr、50Mn2V、60SiMn、40Mn、BZ440等品种，实现销售11065吨。全年销售中宽带品种钢23.723万吨，销量同比增加9.54万吨，品种钢比例由上年18%提高到23%，中高碳钢由上年同期的11万吨增加到12.91万吨，吨钢效益由上年同期90元提高到104元，创比较效益745万元。

3. 开发重点工程，提高凌钢产品当期比较效益

给哈大、京沪、京石、长吉等重点工程直接供货26.18万吨，通过子公司、直销处向津秦铁路、吉林油田、大庆油田等间接供货17.23万吨。重点工程比照当期销售价格创造比较效益约5200万元。凌钢分别被哈大、京沪项目部授予优秀供应商称号。

（二）采购概况

按照年初确定的“两个确保”即“确保优质大宗原燃料的稳定供应和确保降低采购成本”的思路，展开采购工作。

1. 努力拓展采购渠道

引进优质的黑龙江龙湖肥煤，缓解山西精煤的供应压力，同时也优化了精煤结构，对我公司焦炭质量指标提升提供了保障。与国内最大的焦化厂北京旭阳集团合作，使得焦炭采购渠道布局更为合理。与硅铁产量亚洲第三大的铁合金厂鄂尔多斯西京矿冶有限责任公司合作，减弱了限电、节能减排对铁合金采购的影响。废钢与国内最大的废钢供应商江苏丰立集团初步建立合作关系。

2. 加强与生产单位的咨询与沟通

本着“为生产服务”的观念，提高采购质量，保证精料供应。焦炭、矿粉、废钢、外购白灰等质量均有不同程度的提高。焦炭M_{40}、M_{10}分别为85.2%和6.88%，比合同指标分别提高2.2%和降低0.62%；矿粉品位66.30%，同比提高0.02%；废钢重中型比例为64.2%，同比提高5%，为炼钢日产超万吨起到积极作用。

3. 严把进口澳矿时机，并实现稳定回运

全年累计进口澳矿120.3万吨。尤其2月份在三大矿山集体缩减对中国资源投放量时，争取20万吨澳矿，比4月份降低采购成本约8800万元；12月份又多争取了17万吨，比2011年一季度降低采购成本约1200万元。加强港口协调和管理，凌钢全年速遣费为零被奖励200万元；进口矿途耗全年为0.56%。

（三）物流概况

按照“强化钢材装车发运、原燃料到货卸车、仓储倒运等关键环节的组织与管理，提高物流效率，突破运输瓶颈制约”的思路，全年实现发车43457车，比去年多发4797车。6月份实现4088车，首次突破日均130车大关，9月份达到4094车，日均达到136车，得到了铁道部及沈阳铁路局对凌钢装车能力的认可，为日后争取运输支持打下了基础。

（四）网络营销

加强对子公司、经销处的管理，充分发挥经销网络的分销作用。通过向经销处和子公司进行资源合理分流，充分发挥经销处与子公司的平台作用，尤其在年初冬储后期实现高价位销售降库。子公司销量67万吨，同比增长31.4%。

（五）业务外委

2010年9月产成品钢材库装卸作业和设备维保分区域整体外包，提高了装车效率，原正式职工调走，人员进行了置换。

凌钢股份北票钢管有限公司

【基本情况】2009年末，有职工186人，其中管理、技术人员26人，具有高级技术职称2人、中级技术职称15人、初级技术职称9人；生产操作人员160人。下设10个科室：办公室、人力资源部、财务部、供销部、生产技术部、机动部、调度室、保卫科、安全科、质检科；两个作业区：一车间、二车间。2010年末，有职工152人，其中管理、技术人员22人，具有高级技术职称2人、中级技术职称11人、初级技术职称9人；生产操作人员130人。下设10个科室：办公室、人力资源部、财务部、供销部、生产技术部、机动部、调度室、保卫科、安全科、质检科；3个作业区：一车间、二车间、三车间。厂区占地面积17万平方米，厂房建筑面积5万平方米。2009年，拥有固定资产原值2.5亿元，净值0.33亿元。2010年，拥有固定资产原值2.24亿元，净值2.19亿元。公司配备50毫米、76毫米、114毫米×4.0毫米、114毫米×8毫米、219毫米、355毫米直缝焊管机组、630毫米及1420毫米螺旋焊管机组、750、1200、2200纵剪机组及热张力减径机组等钢管制造设备和热镀锌、热扩、网架构件制作、三层PE防腐等生产线，与之相配套先进的实验、检验设备和公辅设施。主要产品包括直径17～1422毫米、壁厚0.8～20毫米的石油天然气输送用管、石油套管、油管、低压流体输送用管、结构用管、锅炉用管、热轧流体管、热扩管、热镀锌管、三层PE防腐管以及客户特殊要求的钢管。

2009年，钢管公司根据凌钢集团公司发展战略，于2009年10月15日，整体搬迁至北票市冶金工业园区，12月11日生产出第一根直径42毫米钢管。在二次创业过程中，钢管公司逐步建立企业内部控制流程和制度体系，基本建立业务外包体系，完成独立子公司生产经营运营体系的建设。逐步理顺企业外部经营环境，确立公司供销系统运行框架，积极推进热镀锌、热扩、三层PE防腐等延伸产品链项目建设。完成直径76毫米、直径114毫米、直径219毫米机组等老机组的安装调试，产量达到正常水平，水压等工序产量创历史新高，由原来的600支/班提高到1300支/班，D42在线清除内毛刺钢管最高班产达到49吨，刷新历史纪录。大力推进对标挖潜，降低工序成本；强化企业内部控制，实施流程再造工程、培训工程和标准化工程，夯实了企业管理基础。

2010年，是钢管公司搬迁至北票的第一年，在这一年的时间内，钢管公司结合搬迁到北票的实际情况与总公司的总体要求，全面落实公司精神，在技改和生产交叉运行的情况下，完成钢管产量7.3万吨，产品成材率93.95%，销售合格钢管6.1万吨，实现销售收入2.5亿元；以较快的速度完成了新老机组共9条生产线的安装与调试，并完成了所有新机组的试产、老机组的达产及加热炉改造和“人才培训、标准化、制度流程建设”三大工程，为钢管公司以后的全面生产与整体优化打下了坚实的基础。

【生产管理】2009年7月，确定钢管公司由凌钢搬迁至北票时开始组织，进行技术交流，确定钢管公司新设备技术参数，绘制钢管公司工艺布置图。

2009年完成以下工作：

（1）生产外径426～1422毫米，壁厚5～20毫米，钢级B级－L485MB与外径219～820毫米、壁厚5～14毫米，钢级B级－L485MB螺旋焊管机组技术规格书。

（2）生产外径219～355.6毫米，壁厚4.5～16毫米，钢级B级－L485MB直缝焊管机组技术规格书。

（3）生产外径48.3～114.3毫米，壁厚4.0～10毫米，钢级B级－L485MB直缝焊管机组技术规格书。

（4）所有试验设备工艺参数要求制定。

（5）钢管公司整体工艺布置图。

2009年11月、12月，完成现场按工艺布置图要求安装完成直径50毫米、直径76毫米、直径114毫米、直径219毫米老直缝焊管机组安装、700毫米与750毫米纵剪机组安装。

2009年11月，完成所有试验设备安装及调试。完成700毫米与750毫米纵剪机组试车。

2009年12月，完成直径50毫米、直径76毫米、直径114毫米、直径219毫米机组试车700毫米与750毫米纵剪机组。

2010年完成以下工作：

（1）2010年1～5月，完成重114直缝焊管机组按工艺布置图安装完成。

（2）2010年3～6月，按工艺布置图安装螺旋焊管机组。

（3）2010年4～6月，按工艺布置图安装325机组。

（4）2010年6月，调试重114直缝焊管机组发现挤压辊原始设计不合理，重新设计、制造挤压辊及挤压辊牌坊。

（5）2010年7月，完成螺旋焊管机组试车；完成325直缝焊管机组试车；按工艺布置图安装2200毫米纵剪机组。

（6）2010年8月，重新安装重114直缝焊管挤压辊牌坊及重新调试重114直缝焊管机组，完成重114直缝焊管机组试车；2200毫米纵剪机组完成试车。

2010年8～12月，试产螺旋焊管机组、325毫米直缝焊管机组、重114直缝焊管机组、2200毫米纵剪机组其他规格产品调试、生产。

【设备管理】2009年10月，原钢管厂搬迁至北票，老设备进行了迁移，增加了新设备机组。原厂设备由钢管厂自行安装，于2009年12月15日试车，17日在北票成功生产出了第一根直径219毫米钢管，其他机组陆续完成并投入生产。

2010年6月，新增机组重114、325、2200、螺旋1420及630等相继试车并投入生产，为提高产品档次及产品检验能力，新增了冲击试验机、拉伸试验机、直读光谱仪、铁素体钢落锤冲击试验机、电子显微镜等附属设备，为增加运输能力新增加拖拉机板4台，铲车1台、叉车1台，35米跨龙门吊1台，同时完善了办公楼、宿舍楼、食堂、文体活动室等附属设施。

【销售管理与网络建设】2010年，公司给我们下达的销售任务为10万吨，共销售合格钢管7.3万吨；供销部先后与大连萱源、承德聚隆、天都炉料等三家建立了稳定的购货渠道和较低的采购价格；完成了三套火车装载方案的制定与审核；确定了地方铁路的使用、装卸、运输等权利；通过两家配货站比价找车；建立健全了各种规章制度，对全体销售人员进行了培训，使业务人员的各项工作有秩有序，走向制度化、规范化。新建协议户4个。完善了市场的区域划分、市场的开发等工作，对市场信息跟踪预测。开展了商务礼仪的培训，钢管各种标准的培训，市场营销培训，各种制度培训，服务意识培训；建立中联钢及中国钢铁产业网两个权威网站等两个随时动态信息通道。在中国采招网注册成为会员，收获国内招标信息；在中国制造网注册成为会员，通过了山东科瑞的第三方认证；组织参加了华北钢管会议、热轧流体管经验交流会。完成了抚鞍线浑南段输油管线、西气东输末端南通段天然气管网、浙江嘉善至上海天然气管线、山西中原煤层气主管线等工程项目；供销部与中石油东北设计院、辽宁水利工程设计院、辽河设计院初步建立了业务合作关系，也与辽河燃气集团、港华、辽宁金润等燃气公司建立了战略合作意向。

【工程建设】2009年10月，原钢管厂搬迁至北票，老设备进行了迁移，增加了新设备机组。原厂设备由钢管厂自行安装，于2009年12月15日试车，17日在北票成功生产出了第一根直径219毫米钢管，其他机组陆续完成并投入生产。

2010年6月，新增机组重114、325、2200、螺旋1420及630等相继试车并投入生产。

【基础管理】2010年，人力资源部组织152人次质量体系与相应标准、机械点检培训、调整机械、安全质量管理人员培训班、实际操作等各类培训15项。8月末，对招聘的94名新职工开展了“安全员培训班”、“青工入厂三级安全教育”、“新入厂青工职工手册、劳动合同法培训”、“APIQ1、API5CT、API5L培训”、“质量管理体系及标准培训”等培训。派遣特种设备人员参加“探伤、超声波、天车等特殊工种培训”等。

2009年10月，保卫科建立厂区《出入厂人员管理规定》《物资出厂管理规定》，建立要害部位《消防安全管理规定》。2009年10月保卫科依照凌钢集团保卫消防条例，制定《保安员工作标准》。

2010年，制定《对管理者的管理对监督者的监督管理规定》以及《价格监督管理规定》。建立钢管公司询价信箱管理办法。

【精神文明建设】2010年，公司党支部推行企业员工《三大纪律八项注意》的学习。2010年1月，党支部开展每月工作目标汇报会。2010年组织了“安全知识演讲比赛”、七一有奖征文“重温入党誓词”、“创新杯”职工篮球赛、“和谐杯”乒乓球赛，学习郭明义先进事迹签名和征文活动，同时开展“我与班组共成长、班组就是我的家”大讨论。学习关于推进学习型党组织建设、《开展创先争优活动》、《党风廉政准则》、《法制教育课》。学习“有影响力的十大特征”，用特征衡量自己的行为准则。

2010年，在集团公司的大力支持下购置了乒乓球案、台球桌、棋牌桌、音响设备等。2010年为家在北票的职工开通了通勤车，并与北票市公汽公司协商增加了环路车。举办了钢管公司“五一”大黑山春游，参加人数近80人；在8月份分别组织职工参加了公司举办的“科技创新杯”篮球赛，并邀请北票矿业公司代表队参赛。在10月份举办了“和谐杯”乒乓球赛，共有8个队伍24名选手参加了比赛；在11月份组织了“学习郭明义先进事迹，推动创先争优活动深入开展”签名活动；公司工会、安全科、保卫科联合举行了“11·9”消防宣传日消防演练。组织各车间、部室负责人和管理人员学习“具有影响力的十大特征”和余世维的“赢在执行”学习光盘。在春节期间走访了困难职工5户，送去慰问金1000余元；对子女上大学的职工发放了补助，共计1200元；7月份为每名职工发放防暑降温糖和茶。邀请凌钢医院专家给职工作职业病体检，共有60余人参加。加强基层工会的组织建设，搞好“打造‘五型班组’，创建优秀小家活动”和六讲职工评选活动。2010年，公司创建企业文化宣传栏和室内LED显示屏。2010年3月，钢管公司开展“员工之星”评选活动。2010年，钢管公司工会积极开展工人技术创新活动，两年来共立项80余项。

经销性子公司

【基本情况】凌钢股份公司设有北京凌钢物资供销

有限公司、沈阳凌钢钢材销售有限公司、凌钢（大连）钢材经销有限公司和凌钢锦州钢材经销有限公司四家经销性子公司。

北京凌钢物资供销有限公司有职工5人，2009年拥有总资产1887万元、净资产134万元，2010年拥有总资产5537万元、净资产379万元。

沈阳凌钢钢材销售有限公司有职工4人，2009年拥有总资产5612万元、净资产1010万元，2010年总资产4576万元、净资产1607万元。

凌钢（大连）钢材经销有限公司有职工5人，2009年拥有总资产4751万元、净资产845万元，2010年拥有总资产4611万元、净资产1108万元。

凌钢锦州钢材经销有限公司有职工3人，2009年拥有总资产8572万元、净资产478万元，2010年拥有总资产5521万元、净资产712万元。

【工作概况】2009年6月，出台了《凌源钢铁股份有限公司经销性子公司管理办法》及《经销性子公司营销细则》，修订了《凌源钢铁股份有限公司经销性子公司财务管理办法》。

各子公司能够按公司的经营方针，以公司效益好的品种、规格为重点，关注重点工程、直接用户，积极开发、服务所在区域市场，充分利用经销性子公司资源分流平台，努力开发市场，子公司总销量大幅提高。提高了凌钢产品在其区域市场的品牌认知度及市场占有率。2009年销售钢材51万吨，比2008年增长了40%，实现销售收入15.8亿元，实现净利润115万元。2010年销售钢材68万吨，比2009年增长了34%，实现销售收入24.6亿元，实现净利润1339万元。特别是2010年1~3月份按公司要求大幅增库，至9月份将库存降至最低，代储库存为0，为公司实现效益最大化做了较多卓有成效的工作。

炼铁厂

【基本情况】2010年末有职工1197人，其中管理、技术人员65人，具有副高级技术职称2人、中级技术职称40人、初级技术职称42人；生产操作人员1132人。下设9个科室：办公室、经营科、安全科、生产科、工艺科、机动科、环保科、高炉点检科、烧结点检科；10个作业区：炼铁系统设有1号高炉工段、2号高炉工段、3号高炉工段、4号高炉工段、高炉原料工段、喷煤工段，烧结工序设有竖炉工段、52平方米烧结机工段、75平方米烧结机工段、240平方米烧结机工段。厂区占地面积24.7万平方米，厂房建筑面积154346.88平方米。拥有固定资产原值175823万元，净值119397万元。主要设备有4座高炉：1号高炉容积450立方米、2号高炉容积450立方米、3号高炉容积750立方米、4号高炉容积1080立方米。52平方米烧结机1台，75平方米烧结机1台，240平方米烧结机1台，10平方米竖炉1座，8平方米竖炉2座。主要产品为炼钢生铁，副产品有高炉水渣、高炉煤气及高炉除尘灰。

【主要指标】2009年，以降本增效、达产达效为目标，强化管理，对标挖潜，完成生铁产量290.6万吨，比2008年增长46.7%，高炉平均利用系数达到2.895吨/(立方米·天)，3号高炉利用系数在国内同类型高炉排位第二，4号高炉利用系数在国内同类型高炉第三，2号高炉利用系数在国内同类型高炉第五。其中，1号高炉完成45.798万吨，2号高炉完成52.13万吨，3号高炉完成87.37万吨，4号高炉完成105.28万吨。球团矿完成138.9329万吨，烧结矿完成386.8174万吨。生铁一级品率完成76.91%，生铁合格率完成99.998%。综合焦比完成542.48千克/吨，煤比完成172千克/吨，2009年超计划利润完成4639万元，完成计划的103.1%。综合治理、计划生育等各项指标均完成计划。

2010年，扎实开展生产管理、对标挖潜、技术革新、节支消耗等工作，完成生铁产量310.07万吨，比2009年增长6.70%。大型工装设备4号高炉、240平方米烧结机，稳定运行，高效生产；4号高炉利用系数全国同类型高炉排位前三以内；240平方米烧结机利用系数国内第一。高炉平均利用系数达到2.995吨/(立方米·天)。其中，1号高炉完成50.42万吨，2号高炉完成63.20万吨，3号高炉完成85.54万吨，4号高炉完成110.91万吨。球团矿完成140.7349万吨，烧结矿完成413.5762万吨。生铁一级品率完成82.67%，生铁合格率完成99.999%。综合焦比完成541.58千克/吨，煤比完成173.1千克/吨，三套烧结机系统平均固体燃料消耗最低，国内排名第一位。竖炉系统皂土单耗完成20千克/吨，在完成了公司目标基础上又降低了7千克/吨；转鼓指数91.16%。混煤喷吹技术，挥发分控制在22%~

23%范围，在国内属于领先水平。2010年，超计划利润完成6093万元，完成计划的121.65%。综合治理、计划生育等各项指标均完成计划。

【技术改造】2009年，240平方米烧结机2008年12月1日投产，在2009年2月下旬利用系数、设备作业率均达到设计要求，不到3个月的时间实现达产达效，创造了国内同类型机组达产达效最快、最稳定纪录。4号高炉2008年12月8日投产，在2009年3月份利用系数、设备作业率均达到设计要求，3个月即实现达产达效。

2010年，1号高炉于2010年3月1日停炉改造，在4月21日1号高炉技改工程顺利出铁，提前9天竣工投产；喷煤3号磨机技改工程提前24天竣工投产。

【成本管理】2009年，高炉系统燃料比实际完成542.48千克/吨，比计划546千克/吨降低3.52千克/吨。烧结系统固体燃料消耗完成：240平方米烧结机：35.505千克/吨，75平方米烧结机：36.57千克/吨，52平方米烧结机：32.147千克/吨，达到国内先进水平，240平方米烧结机国内排名第一，75平方米烧结机、52平方米烧结机国内排名第二。计划可变费用为14575万元，实际完成13694万元，比计划降低881万元，降低6.44%。根据公司《关于在全公司开展厉行节约减少非生产开支的规定》，出台了《炼铁厂减少非生产性开支的规定》。

2010年，承担的47项对标挖潜指标，共完成基数44项，完成目标41项，完成基数率94%，完成目标率为87.23%。高炉系统燃料比实际完成541.58千克/吨。烧结系统固体燃料消耗完成：240平方米烧结机：35.731千克/吨，75平方米烧结机：35.886千克/吨，52平方米烧结机：31.501千克/吨，达到国内先进水平。将对标工作与模拟市场核算，日清日结有机结合，形成指标分解、对标措施、进度考核一体化。成立可变费用降低管理小组，建立了炼铁厂三级对标考核细则和日常管理办法。制定对标挖潜周检制，建立对标挖潜考核制度。

【技术质量管理】2009年，对竖炉造球系统实施改造，增设皂土二次配加装置，混合机增设扬料板，改造造球盘固定刮刀。75平方米烧结机采用热风烧结技术，将带冷机一段高温废气，引至点火炉保温段，降低冷却速度，提高烧结矿强度。在240平方米烧结机采用生石灰热水消化，改进焦粉供料方式，自行研制新型消化器除尘装置。

2010年，在高炉操作制度上调整大矿批，4号高炉达到35吨；进一步优化多环布料矩阵，1号、3号、4号高炉均由4环布料增加到5环布料。2号高炉双煤枪喷煤攻关成功并投入生产。三套烧结机系统实现生石灰消化器热水利用。

【设备管理】2009年，完善设备点检定修制，强化设备点检员责任，开展每季一次的“优秀点检员”评选活动和“自主保养示范岗”评选活动，高炉系统设备作业率完成97.48%，烧结系统52平方米、75平方米、240平方米烧结机设备作业率分别完成96.62%、95.92%、96.35%，竖炉系统设备作业率完成95.13%。

2010年，进一步完善设备点检定修制，继续开展每季一次的“优秀点检员”评选活动和“自主保养示范岗”评选活动，高炉系统设备作业率完成98.81%，烧结系统52平方米、75平方米、240平方米烧结机设备作业率分别完成97.87%、97.20%、96.96%，竖炉系统设备作业率完成95.83%。

【现场管理】2009年，全面开展现场管理各项整顿活动，新建专项考核制度8项，厂容厂貌有了较大改观。

2010年，进一步开展现场管理各项整顿活动，新建专项考核制度6项，厂容厂貌有了较大改观。

【安全管理】2009年，以“三位一体”抓安全，千人负伤率为0.81‰，低于公司1‰的指标。

2010年，以强化考核，严肃责任追究为着眼点，深化“严、细、实”管理，加强职业健康体系建设，加强隐患排查治理，强化重大危险源点管理，落实了“两个提高，两个降低和一个改善”工作，实现了重伤及重伤以上事故为零的目标，千人负伤率低于公司指标。

【职工培训】结合实际开展职工培训，2009年共开办各类培训班7个，培训人数达到630人。结合实际开展职工培训，2010年共开办各类培训班6个，培训人数达到825人。

【党群工作】2009年，全厂党员109名，下设9个支部，新发展党员4名。开展了学习实践科学发展观活动：一是成立活动领导小组，5名班子成员分别为各个支部的联系点负责人。分学习调研、分析检查、整改落实3个阶段，开展深入学习实践科学发展观活动。二是炼铁厂领导班子写出调研报告5篇，8个支部、109名党员分别写出5000字的学习笔记和1000多字的党员专题组织生活会书面发言材料。“七一”前夕组织深入学习实践科学发展观理论答题活动。三是筹集扶困资金11470元，走访14户工亡职工家属和患大病职工。四是炼铁厂党总支于4月中旬开展“党员工程项目”、“党员责任区”、“党员先锋岗”和“党员攻关课题”活动。五是把加强班子自身建设放在首位，共召开领导班子会（支委会）23次。党政工联合召开“新入厂大学生座谈会”、“新老大学生联谊会”，举办了“新老大学生篮球赛”，300人参加的大型职工登山比赛。6月份举办了安全演讲比赛。3人制男、女篮球赛、拔河赛、大众体育运动会、游泳比赛等在公司级比赛中获得较好名次。9月份排练节目“唱凌钢”，参加公司国庆汇演，荣获节目汇演一等奖。

2010年，全厂党员112名，下设9个支部，新发展党员4名。开展以创先争优为核心的三大活动：以“六讲”为主要内容的忠诚凌钢、爱岗敬业的主题教育活动中，于4月16日召开了主题教育座谈会。建立了厂级优秀“六讲”职工的定期评选表彰制度。在党组织“五个好”创先进、党员“五带头”争优秀的创先争优活动中，3名厂党总支支委分别与党员进行了谈心。三次召开开展创先争优活动推进会。以党性教育为切入点，全厂党员统一佩戴党员标志牌。强化岗位考评竞聘机制，实施科段长轮换竞聘上岗。召开了学习郭明义座谈会，对8名特困职工进行走访，每人帮扶钱款1000元。在创建学习型党组织活动中，采取“走出去、请进来”的学习方式，由厂领导带队去河北、山东等钢企考察学习。厂党总支被公司党委授予“先进基层党组织”荣誉称号。职工刘国强、王久峰代表集团公司参加北京国际马拉松长跑比赛获得较好成绩。与团总支举行青工卡拉OK比赛，35名青工参加比赛；与团总支组织成立了“街舞团”。10月份《炼铁工作通讯》创刊。炼铁厂“职工书屋”开始筹备工作。

【工会工作】 2009年，有会员1181人，下设12个支会。召开厂职代会，讨论审议并通过了2008年年终奖分配方案和2009年炼铁厂生产经营目标和主要举措。助难解困送温暖，为32名符合条件的职工各发放优抚费100元，为63名困难职工向公司工会申报困难补助1.8万元，发动职工为患白血病职工胡润龙捐款2000元。开展金秋助学支付12700元奖学金。开展“三创一赛”活动，年度工人技术创新成果总数达到152项。17个班组被评为公司级“五型班组”。关注女工健康，由厂出资为每名女工投保一份安康保险。

2010年，有会员1197人，下设12个支会。深入开展“三创一赛”活动，全厂工人技术创新项目达到194项，创历年来之最。9月17日，集团公司工会在炼铁厂举行了“五型班组”推进会，16个班组被评为公司级“五型班组”。“双安全月”活动期间，与厂安全科联合举办安全演讲比赛，组织开展18项工段级安全文化活动。做好服务职工活动，52平方米烧结机工段为出现交通伤亡事故的李景宝捐款6250元。对43名考上大学的职工子女支付奖学金18300元。厂团总支举办了“对标引领成长”青工演讲比赛，组织开展了评选表彰“青年技术能手”、“青年生产能手”、“青年管理能手”和“优秀团员”活动。开展技术比武活动，36名青工参加6个工种的比赛，竖炉青工李志杰荣获公司“天车操作状元”荣誉称号。2号高炉工长薛芳荣获公司“冶炼状元”荣誉称号。

转炉炼钢厂

【基本情况】 2010年底，转炉炼钢厂有职工1168人。其中，管理人员183人，生产操作人员1002人。具有高级技术职称1人、副高级技术职称2人、中级技术职称87人、初级技术职称45人。高级技师7人，技师45人。本科100人，专科140人（含中专44人），高中技校430人。厂机关设生产科、炉前点检、连铸点检、安全科、技术科、经营科、设备科、办公室8个科室，生产系统设原料、冶炼、吊包、连铸、天车、运转、排渣7个作业区。厂区占地面积11.2万平方米。拥有固定资产原值120615.99万元，净值61886.63万元。转炉炼钢厂现有120吨转炉1座、35吨转炉3座、600吨混铁炉2座、铁水预处理设施2座、五机五流方坯连铸机3台、双流板坯连铸机1台、七机七流连铸机1台、35吨LF炉1台、100吨LF炉1台、各类型号天车45台。

2009年，全年产钢307.2万吨，品种钢101.3

万吨，大转炉系统完成钢100万吨，顺利达产达效，能源指标实现了重大突破，月指标产生了负能炼钢月份。生产经营跨上了300万吨产能大台阶，成本降低额1.2亿元，超利1.1亿元。

2010年，全年产钢344万吨，同比增长11.9%，比年计划净增钢14万吨，品种钢产量159万吨，比计划增产36万吨，并开发了11个新品种，转炉钢铁料消耗完成1068千克/吨，铁水消耗890千克/吨，铁耗比计划降低28千克/吨，增产9.6万吨，增产贡献达到70%，全年降低成本超创利润6080万元以上，超出计划达到45%以上。

【生产管理】2009年，在公司正确领导下，坚持以炼钢系统经济化为中心，深化五精管理和模型控制管理，强化机制管人、制度管事的现代企业管理模式，全力根植自主管理理念，炼钢厂为实现老系统稳定顺行，新系统快速达产达效、对标挖潜全面上台阶付出了不懈努力。

生产竞赛实现了由量到质的转变，突出了事故率的考核和否决，大转炉达产达效、1号铸机满足棒材需求、生产过程无事故成了考核的核心内容。

2010年，分解全年生产组织，管控模型高目标定位，可操作性强，全年的生产组织管理思路明确，线路清晰，过程管理有章法。由于年修、高炉改造全年生产分成3个阶段，1~2月份面对铁水不足，主要抓了节铁增钢工作，突出了“双无双零”管理，目的就是为年修后产量高潮的到来打下基础。3~4月份的生产组织体现出亮点，生产与检修的结合非常好，新系统检修，老区按6800吨/日组织，产量多次突破7000吨，老区一台铸机和一座转炉年修，两座转炉班产突破50炉，新区班产突破15炉，日产多次突破8000吨/日。5~6月份年修结束后，铁水增加，炼钢厂快速启动日产万吨的生产组织模式，大转炉、精炼炉精炼时间和精炼效果的突破和连铸连浇炉数的提高有力的配合了快节奏生产。2010年的生产组织不但实现了平均日产万吨，还使多年推动的“1650”工程达到了目标。

【安全管理】2009年，炼钢厂在各作业区推行作业区级二级安全管理体制，通过竞聘各作业区的二级专职安全员全部到位，安全值班长制转化为常态化管理，实现了安全管理水平和效果的提升。

2010年，转炉炼钢厂紧紧围绕公司的总体工作要求，认真开展落实各项安全工作，进一步健全完善了安全管理规章制度体系，深化提高管理者的安全责任意识和全员职工的安全意识；强化“严、细、实”管理，持续深化完善转炉炼钢厂的安全管控体系，取得了较大成效，实现了微伤以上事故为零的预定目标。

强化安全基础工作管理，安全管理人员每天现场检查，纠察违章隐患，抽查班前会，及时指出问题规范提高班前会质量。全年共查出900余项安全不符合项，通过每周安全例会的通报，落实到当月考核，全年发生考核5.68万元，考核外包单位1.35万元。

开展典型事故案例教育、煤气作业、新入厂大学技校生和地面领行指挥等有组织的集中培训8次；积极组织参加公司典型事故案例教育、新任班工长培训、设备专业点检员培训和特殊工种培训；组织由各作业长培训职工，亲自主讲“安全为了什么”主题安全教育活动，按安全生产标准化的要求健全了职工安全档案、特殊工种档案和职工健康档案。

全面落实开展“双安全月”和“百日安全无事故”活动，厂团委在“六一”期间发动职工子女向职工送“安全寄语”、学习消防知识答卷和安全演讲等活动；职工提安全合理化建议216余条，评出较优秀安全书法漫画60余幅在全厂展出。

有效推进“安全生产标准化”工作，按照公司的要求制定了推进安全生产标准化工作方案，成立由厂长一把手为组长、各科作业长为组员的推进工作小组，落实考评责任人，按考评标准和考评办法，较好的完成了安全管理单元的六项考评工作。新区120吨转炉系统生产单元已完成了标准化的初评，要按标准化规定的要求，努力完成11项考评任务。从2010年开始，在全厂岗位职工范围内，开展年度评比“二十佳安全值班长”和“十佳区域负责人”活动，进一步提高素养安全管理水平。

【设备管理】2009年，为了实现“双无双零”，重点在管理机制上下了工夫，制定了《转炉炼钢厂设备检修及业务外包管理制度》，技术人员区域成本承包制及周期内零故障考核机制相结合，极大地激发了广大技术人员的创新意识和“自主管理”能力与水平。2009年，转炉炼钢厂被评为环保先进单位。

2009年，重新浇灌1号炉基础，解决了基础强度低的重大安全隐患；首次采用利旧炉壳进行1号转炉年修，节省资金50余万元，并为以后炉壳利旧年修提供依据；首次采用炉壳不下线，线上检修，节省资金60余万元、节省工期20小时对3号炉进行了年修；并为以后炉壳线上检修提供依据。此外，2009年重点对百吨转炉系统设备设施进行了不断完善，确保了设备的正常运行，快速达产达效。

2010年，每月设备平均故障次数2.4次，与公司指标4次/月相比降低了1.6次/月；设备故障停机时间244.6分钟/月，与公司规定指标330分钟/月相比降低了85.4分钟；平均设备可开动率94.18%，平均设备完好率98.85%，平均设备停机率1.12‰；定修项目实现率98%，清单准确率93%，定修模型实现率96.3%。

为了确保区域零故障实现，转炉及连铸点检作业区针对设备运行的实际情况建立关键设备故障管理台账，对故障进行分析、总结、归纳，制定防范措施限期解决，确保生产顺畅，同时成立攻关小组，人人有项目，做到分工清晰，组织得力，时时总结，共立项97项，厂级攻关48项。2010年干法除尘、出钢车、出渣车系统设备实现了8个月零故障，1号铸机实现连续3个月零故障；2号铸机实现2个月零故障；4号铸机实现3个月零故障；5号铸机实现5个月零故障，主跨天车实现了3个月零故障，120吨系统连续4个月实现零故障。

【品种质量管理】2009年，新工艺、新技术快速掌握并达效，“一罐到底”、复吹大转炉、投弹技术、LF炉的效果推进、高速双流铸机的生产及质量控制等，均产生了巨大效能。

2010年，新开发了板坯40Mn、40Cr、20Cr、30MnB、60Si2Mn、BZ440、50Mn，方坯40Cr、HRB400E、500E实现了批量生产。同时，在洁净钢生产工艺上打开了新局面。

【成本管理】成本管理的三大体系建设有了新进展，通过日清日结、旬报制度的展开，发现问题、解决问题的速度加快了，时效性增强、理顺了备件、材料的专业化管理，通过推进“日核算”管理工作，有力地推进了日清日结工作。为旬分析、旬核算提供了有力支撑。责任制管理动态优化，适应生产各时段的经营需要。

【综合管理】每月召开综合管理例会，通报劳动纪律、两查两节、治安消防和现场管理情况。推广职工动态信息反馈制度，深化“职工关心的厂里办、厂里关心的职工办”的理念。工会、共青团结合炼钢实际组织开展职工喜闻乐见的文体活动。

2010年4月份，组织全厂职工进行《职工手册》培训、考试。

【工程管理】2009年5月5日00:00至5月26日02:00用时462小时提前138小时圆满完成了3台转炉的年修工作。此次年修计划工期600小时，是涉及项目最多、交叉作业最复杂的一次。其中，3台转炉全停产的公共系统检修，是炼钢厂有史以来最大的系统检修，同时还有1号转炉基础墙重新砌筑、加料跨13~25轴吊车梁更换、75吨天车更换等项目，完成连铸跨12米跨天车梁更换，铁道更换，连铸跨新安装75吨天车1台。并将2号转炉大部分年修项目延迟年修，小部分项目利用全停时间进行修复，增补水系统和加料跨天车年修项目。

实施对下线的资材逐件进行鉴定，避免了可利旧、可修复设备的浪费。

按技改计划，完成对1号铸机、4号铸机冷床改造工程；实现了蒸汽回收发电再利用；组织七机七流项目的方案讨论、审核工作。

2010年5月8日开始对加料跨、铸锭跨部分屋面板进行更换。更换屋面板期间公司开推进会52次，其中针对安全问题炼钢厂组织开会8次。从4~11月末，加料跨更换完成25~32轴，屋面板84块。铸锭跨更换完成1~31轴，屋面板420块。连铸跨完成1~30轴，屋面板493块。共更换屋面板997块，面积8973平方米。

2号铸机年修比计划提前12小时40分钟。主要进行了铸机振动台改造，通过几个月的运行，目前实现了单体设备零故障，解决振动台故障频发无法保证正常生产的难题；恢复三台方坯辊道润滑系统，解决辊子润滑不良频繁损坏问题；对2号铸机二冷托辊进行改造，解决二冷室对弧难窜引锭困难等问题。4号铸机3月22日开始冷床改造，提前72小时完成技改项目，并一次热试成功。

由于七机七流技改工程受厂房布局的影响，施工前进行了老区厂房缩跨、新区厂房扩建、水管沟电缆沟移位，由于施工正值冬季，炼钢厂克服了严寒的影响，4号、5号铸机在半敞开的环境下正常生产；对氧气、空压风等管道进行了保温、移位等工作；水管沟电缆沟移位，克服了在不完全停产状态下，管道电缆错综复杂的不力因素，按期完成前期施工任务，保证了技改工程顺利进行。

【精神文明建设】 2009年，坚持科学发展观，拓展炼钢文化，构建和谐炼钢团队。充分展示“上下诚信、履行承诺”、“激情炼钢、铸就精品”的管理理念和工作理念。结合生产工作实际开展经常性的形势任务教育、召开党员大会。建立困难职工档案，走访困难职工，2009年炼钢厂党、政、工、团均被评为公司级先进单位。

2010年，围绕生产经营工作任务，开展了“夺旗争星”党员评比活动，开展了创建先进党组织，争做优秀共产党员活动、创建学习型党组织活动、“热爱凌钢、忠诚凌钢、奉献凌钢”主题教育活动的党员“三大活动”，通过活动开展，努力做到“五个好”、“五带头”，真正达到并充分发挥各个党组织的战斗堡垒作用和党员先锋模范作用。4月6日，组织开展以“对标引领成长”为主题的青工演讲比赛。2010年，厂党、政、工、团均被评为公司级先进单位。

型　材　厂

【基本情况】 2010年末，型材厂有职工809人。其中，管理技术人员57人，生产操作人员752人，大学本科学历78人，专科学历140人；具有高级技术职称1人、中级技术职称29人、初级技术职称101人，工人技师18人。厂机关设安全科、技术科、设备科、经营科、调度室、自动化科、办公室7个科室，生产系统设1号棒材生产段、2号棒材生产段、中型生产段、高线生产段、运转段、加工段、准备段7个工段。型材厂主要有1号棒材机组、高架棒材机组、中型机组、高速线材机组四条生产线。

【新技术应用及开发】 应用新工艺、开发新规格产品，满足市场需求。针对1号棒材生产实际，与技术中心合作开发了HRB500高强度钢筋，并具备了大批量的生产能力。2号棒材机组开发了直径18～45毫米等13种规格。开发了直径18毫米、直径20毫米两线切分轧制，班产量均突破1000吨，成材率也完成了计划指标。

应用新技术，实现新突破。中型机组利用半钢轧辊提高中型材产量的新技术应用，节省了650换辊时间。1号棒材机组应用了合金轧辊新技术，增加了直径12毫米、直径16毫米螺纹的班产量，提高了小规格螺纹的成材率。对1号棒材机组精轧区直径16毫米螺纹的预切分、切分入口导卫系统进行改造，使用效果较好，得到大力推广。对2号棒材冷飞剪剪切大规格钢材的剪切系统进行了改造，重新设计了孔型剪刃、箅条盖板、孔型压辊等配套部件，改善了直径36毫米以上规格钢材的剪切断面质量，赢得了市场的认可。优化产品结构，加强品种钢开发。中型机组开发了40Cr品种钢，具备了大批量生产的能力，增加了中型材的产品种类。1号棒材高强度钢筋HRB500E钢材，40Cr钢材，MG400矿用锚杆钢，都取得了良好的效果且具备了大批量生产的能力。

优化工艺技术。1号棒材重新修订了直径14毫米螺纹K5孔型、料型以及导卫参数，完善了轧制工艺，改造了精轧的导卫型式。2号棒材对冷飞剪的孔型剪切系统进行了改进，解决了剪切钢材长短不齐的问题，提高了定尺率，减少了因长度偏差而造成的质量异议。中、精轧部分孔型系统进行了修改和合并，减少了轧辊的备用数量、减少了换辊次数和时间。改善圆钢产品的表面质量，赢得了市场的认可。

【设备管理】 顺利完成定修和年修工作。5月份完成中型机组、2号棒材系统检修。中型机组年修计划28天，实际18.5天，提前9.5天完成年修任务。主要针对中型加热炉、650轧机列、平一平二轧机列年修。2号棒材机组进行了加热上料系统提升机、拉钢机改进，精整收集系统冷床裙板定位、矫直板找正、下钢长轴联轴器改进，轧机联接轴加固压盖改造等11项，故障时间由年初平均3200分钟，减少到目前1500分钟/月，下降了53%。顺利完成定修和年修工作。2010年上半年三个机组都进行年修，通过对1号棒材轧机、冷床及收集精整区的改造，2号棒材系统年修，中型冷床收集年修，解决和改善一些基础薄弱、设计制造等设备存在的问题。1号棒材机组进行精整区15米加长改造，解决了生产15米棒材的难题，满足了客户的要求。4月中旬对工控系统升级改造，大幅度降低了故障率。2号棒进行了加热炉换向阀限位改造，主电动机负荷电缆紧固，2号电气室内传动装置除尘，BRS1柜内控制电缆整理，精整区通信电缆敷设屏蔽电缆桥架等，解决了制约生产的难题，为稳定生产奠定了设备基础。

【精神文明建设】加强党建工作。2009年新培养入党积极分子10名，发展了2名重点积极分子入党。5月22日，型材厂领导班子、科段长及全体党员集中观看了《中国国有企业效能监察启示录》专题片，重点观看了《红色警戒线》与《绿色的航程》，使党员、职工受到了教育，有力推进了效能监察工作取得新进展、再上新台阶。

深入学习实践科学发展观，认真检查分析，重在整改落实。全厂学习笔记近100本，累计50多万字，自我分析检查材料90余份，累计近10万字。开展合理化建议，召开座谈会等形式，征集有价值的意见建议达69条，整改落实43项。重新修订了《职工行为规范》、《型材厂天车工日清日结考核方案》等；新制定了《型材厂业务外包区域考核标准》、《关于异常包装返捆考核的补充规定》等多项规章制度；向有关部室提交《关于解决生产段喝热水的施工工程量清单的报告》等多项报告。召开领导班子专题民主生活会和党员组织生活会，召开职工评议大会。

两大主题实践活动成效显著。在开展“党员干部帮扶困难职工”主题实践活动中，厂党总支制定帮扶方案，广泛动员，开展党员捐款活动，捐资达4000元。经过深入调查，确定帮扶对象，走访特困职工家庭，并送去慰问金。6月24日，召开党员“三有五无”“降本增效，达产达效”为党旗增辉主题实践活动总结会，进行评比奖励，奖励党员96人次，奖励金额达4120元。

开展形势任务教育，弘扬凌钢精神。6月21日，厂党总支召开号召向夏志国同志学习动员会，青年党员和大学生职工参加会议。让广大青年党员和职工知道身上肩负的重任，增强危机感和紧迫感、使命感，促进生产经营等各项工作。

强化安全文化。5月15日，举行高架棒材加热炉系统突然停电应急演练。6月1日，型材厂工会、女工委、安全科联合举办以“祝你平安，家庭幸福——孩子给父母的一封信”为主题的“六一儿童节”庆祝活动。强化了职工的安全意识，让孩子们用最真情的呼唤感染广大职工，从思想上树立安全观念，重视安全。6月12日，举办“安全伴我行”安全演讲比赛，有力地宣传了公司的安全文化，也提升了广大职工的安全素养。

组织开展轧钢工、轧钢备品工、天车工技术比武，激发了职工的技能培训积极性，也在很大程度上提高了岗位职工技术素质。丰富职工业余文化生活，积极参与公司团委、工会等举办的楹联征集、拔河比赛、演讲比赛、书法、诗歌、征文等各项活动。围绕降本增效和全年生产经营目标，以高线机组技改项目达产达效为重点，积极开展创先争优活动，使高速线材技改工程如期竣工，并在试生产两周内达产达效。

开展形势任务教育，把全厂职工的思想统一到凌钢科学发展上来，统一到50万吨高速线材技改项目达产达效和全年生产经营目标上来，找准主攻方向，拿出具体措施。在试轧初期，由于设备不稳定和对高线工艺掌握不全面，生产过程中存在着诸多困难，厂党总支组织开展“党员达产达效当先锋”和“创建标杆班组”活动。高线乙班创出班产347吨和班产368吨两次试产纪录。轧机甲班在9月2日生产线材437吨，实现班达产。丙班全体职工攻坚克难，在试轧难度最高的直径6.5毫米普圆时，实现试轧零热废。

积极扶植职工立足岗位创新、培养高素质创新型的职工队伍。围绕“降本增效、达产达效”积极开展工人技术创新活动。全年创新立项187项，完成成果139项。围绕重点生产经营任务，开展劳动竞赛，通过竞赛活动，增强了职工竞争意识，提高了劳动效率。开展了以提高职工技能为核心的技术比武活动，先后进行了轧钢工、天车工等6个工种的技术比武，提高职工操作技能，锻炼了职工队伍。

做好新工人培养工作。由于近两年新增加两条生产线，新入厂学生及转岗职工较多。2008—2010年，新来大学生127人，技校生278人，钢管厂和冷带厂调入转岗人员62人，合计467人，占型材厂总职工人数的47%，型材厂通过以老带新，培养新人，重点培养新入厂大学生、技校生。现培养出大学生调整工9人，班长3名，工长2名，培养技校生调整工7名，班长4名，成为型材厂生产的骨干力量。

【工程建设】高速线材技改工程是2010年公司最大的技改工程项目。投资约3亿元。高速线材生产线年设计能力 50 万吨，产品规格主要为直径 5.5～20 毫米盘圆和直径 6～16 毫米盘螺，主要品种有普碳钢、优质碳素结构钢、高碳钢、合金结构钢、低合金钢等。该技改工程从 2010 年初建设施工开始，经历 7 个月的紧张建设，8 月 12 日全线热负荷试车成功。按照生产与技改两不误的原则，在保证老线生产稳定运行的前提下，型材厂举全厂之力，全力做好技改工程各项准备工作。根据工程需要抽调一定数量的技术骨干，生产操作骨干，跟班进行设备监制安装工作。前期加热炉系统安装，厂领导精心组织协调，工程技术及相关人员认真做好施工监制、安装等工作，施工队伍积极配合，保证了高线加热炉工期和质量。7 月 10 日点火烘炉，比计划工期提前 10 天。为主轧线设备、收集系统设备施工安装赢得了时间。8 月 12 日热负荷试车成功，当月生产盘圆 4445 吨。经过高线机组全体人员的努力奋斗，于 9 月 2 日和 9 月 8 日实现了班达产和日达产，生产盘圆 437 吨、1495 吨，实现当月试产当月达产。10 月，实现了直径 6.5 毫米、直径 8 毫米、直径 10 毫米、直径 12 毫米 4 个规格的成功轧制，共生产盘圆 32785 吨，超出月计划 2.9 万吨 3785 吨，创造高线试生产以来的最好水平。高线的竣工投产标志着凌钢的产品结构得到了进一步优化，适应市场和创效能力进一步增强，填补了凌钢线材及盘圆生产的空白。高线工程创造了同类机组最快的达产速度，成为凌钢轧材系统的精品工程。

中宽带钢厂

【基本情况】 2010 年末，有职工 446 人，其中管理、技术人员 82 人，具有副高级技术职称 9 人、中级技术职称 19 人、初级技术职称 92 人；生产操作人员 364 人。下设 6 个科室：分别是办公室、经营科、安全科、生产技术科、综合管理科、点检作业区；6 个作业区：分别是轧钢作业区、加热作业区、运转作业区、天车作业区、液压作业区、轧辊作业区。厂区占地面积 85000 平方米，厂房建筑面积 1953 平方米。拥有固定资产原值 5.3403 亿元，净值 2.5199 亿元。主要设备是：880 毫米型中宽带钢热轧机组一套，主要产品规格为 1.8～12 毫米，宽度为 400～750 毫米的普碳钢、195LD、10 号、20 号、45 号、55 号、50Mn、65Mn 等优质钢、Q345B、Q390B、Q345C、20MnSi 低合金钢及 S240 管线钢等多个品种。

【主要指标】 2009 年，生产经营计划得到较好完成。全年完成产量 990008 吨，同比增长 26.55%，实现超计划利润 1100 万元，完成全年计划的 157%。达产达效成效明显，新项目具备了达产能力。有计划地解决了工程中遗留的问题，提高了系统的可靠性，适应了新转炉条件的生产特点及工艺要求，厚度规格和宽度规格都显著开拓。一季度末，机组完全具备了达产能力。对标挖潜效果显著，重要技经指标明显提升。成材率、材料备件修理费用、运费、电耗、故障时间、耗新水等 6 项公司指定指标和辊耗、煤气耗、一级品率 3 项厂控对标挖潜指标全部完成。

截至 2010 年 11 月末，完成产量 1000224 万吨，比全年计划超产 2 万吨。品种钢完成 239701 吨，基本完成全年目标。实现品种钢比较效益 2300 余万元，变动成本降低 790 余万元。对标挖潜效果显著，重要技经指标明显提升。修理费、运费、成材率、电耗、吨钢新水耗等 5 项公司指定指标和辊耗、煤气耗 2 项厂控对标挖潜指标，除成材率完成对标指标基数外，其余 6 项全部完成对标目标。

【技术改造】 2009 年，以新项目达产达效为重点，努力提高生产经营的效率和质量，中宽带钢厂大力开展了达产达效活动，到一季度末，机组完全具备了达产能力。

一是强化基础管理，推进达产达效。工程技术人员对新项目进行了跟踪管理，快速完善了生产操作规程及维护检修规程。做好新投产设备的资材准备和储备工作，保证最基本物资供应，对新投产的设备，制定出完善的“四大标准”，积极推进“零故障”管理。二是实施技术创新，为达产达效和生产经营提供保证。制定合理的换辊及定修模型，使工艺检修、设备定修适应新转炉条件的生产特点及工艺要求。新项目投产后，厚度规格和宽度规格都显著开拓。例如 14.5 毫米厚的带钢，770 毫米宽度规格品种等。全厂年初和随时组织的创新立项共 132 项，实施完成 107 项；小改小革活动完成 91 项。创新效果显著，效益明显，全年创效 700 多万元。

【技术质量管理】 2009 年，大力开展以“达产达效”为核心的生产劳动竞赛和岗位竞赛，有针对性的开展技术创新工作，抓住影响质量、产量、成本的关键指标，组织工程技术人员开展技术攻关，保证产品实物和内在质量高水平，促进达产和达效。采取切实有效的措施不断促进技术创新，加强了引导、扶持力度，为技术创新创造环境、提供平台。如制定了生产工艺工作规划，确定1项公司级技术攻关，提高薄规格产品成材率攻关，仅此一项，全年总计创效25.887万元。

2010年，采取多项措施，加强品种钢质量管理。规范轧辊检验及验收交接管理。从4月中旬开始推行“切头轧制”，板形问题得到了初步解决；通过开展“加快生产节奏，减少过程温降活动”，减少头尾厚超问题；6月份开始，在全厂推行“小套量、微张力”轧制，效果比较明显。公司投资250万元建设的缓冷坑于4月末投入使用，11月份，65Mn冷轧实验在无锡取得成功，为下一步拓展市场提供了有利条件。以技术进步为动力，推进对标挖潜工作。全年，我厂共完成工人技术创新项目86项（集体项目5项），管理人员攻关创新9项，累计实现经济效益860多万元，除显性效益外，促进指标上台阶的隐性效益也非常巨大。如：轧钢作业区“中高碳钢薄规格操作法”对品种钢成材率的提高起到了积极作用。

【成本管理】2009年，大力开展对标挖潜、降本增效工作，为完成全年目标提供了保证。从4月份开始在全厂深入开展了对标挖潜、降本增效活动。全体职工思想认识到位、目标确定到位、责任落实到位，取得了可喜的成绩。各项技术经济指标明显改善，我厂6个对标指标全部达到了对标目标，降本增效取得了显著成效，全年成本比计划降低1003万元，为全面完成今年的生产经营目标做出了重要贡献。

2010年，充分利用日清日结平台，加强对指标监控与管理，做到指标动态可控。利用厂内局域网，将所有指标列表管理，由主管科室每日填报，厂里利用大屏幕每天向职工滚动播报对标挖潜指标的进展情况。日监控、旬分析、月总结的管理模式已经成为我厂对标挖潜工作的重要措施之一。将指标层层分解，通过小指标保大指标完成。把不同的指标，按是否与其有关，分解到不同的科室、作业区，并根据往年指标定量分配，用“鱼刺图”的方式，通过分支操作，保主干顺畅，从而实现对标目标。

【制度建设】2009年，建立起各生产要素的实时掌控和重要成本指标的日动态核算与控制体系，使各项指标实际消耗都能在宽带区域网上公示。把指标层层落实分解，使各科室与作业区能够奖金核算“日清日结”，通过“日清日结”的实际消耗数据，实时监督各项指标及具体措施的落实情况。健全制度，严控费用。先后完善和修订了《资材领用、审批、验收、入库、保管制度》、《外委工程（备件修复）管理制度》、《小改小革奖励办法》《外委转内修奖励办法》，制定《运费控制措施》，《节水、节电、节煤气措施》《降低油品消耗考核细则》等等，保证了对标挖潜、节支降耗工作的顺利开展。坚持勤俭节约精神，杜绝浪费和资材流失：资材领用实行“一支笔审批”，从领导层面加强控制，防止多领和冒领，在工作中精打细算。建立资材账册，动态管理，做到账物相符。

2010年，增加对标指标在责任制中的比重，用责任制引导职工开展对标挖潜工作。在修订2010年厂经济责任制时，把所有对标指标都列入到基层责任制的具体事项中。基层作业区，把职工对标挖潜情况与日清日结积分有机地结合起来，利用职工之家设专门园地直接公布，从而极大地调动了职工对标挖潜工作的积极性。

【党群工作】2009年，中宽带钢厂全面贯彻落实科学发展观，紧紧围绕企业中心工作，大力开展精神文明建设，引导广大职工转变观念，提高素质，勤奋工作，为企业发展提供有力的动力保证和智力支持。深入学习实践科学发展观活动。我们紧密结合中宽带钢厂的生产经营、改革发展和党建工作实际，认真开展了学习实践活动，经过精心组织，圆满地完成了学习调研、分析检查和整改落实各阶段的任务。积极开展“三大活动”，和谐宽带建设得到进一步加强。中宽带钢厂紧紧围绕企业中心工作，扎实开展“三大活动”，引导广大职工转变观念，提高素质，勤奋工作，党员的党性得到锻炼，组织和纪律观念普遍增强，干部职工工作作风明显转变，为企业发展提供了强有力的保证。

2010年，结合中宽带钢厂的生产经营、改革发展和党建工作实际，在中宽带内部网设立党建工作——“三大活动”专栏。对于各方面做得好的党员和党支部，评为典型。每月评一名优秀共产党员，第季度评一个优秀党支部。以榜样的力量，推动对标挖潜工作。积极鼓励修旧利废，外委转内修及资材循环利用工作。厂内设置光荣榜，每月对在对标挖潜工作中做出积极贡献的个人进行上榜公布，全年已有273人次登上光荣榜，对在对标挖潜工作中表现突出的作业区及时予以表彰。

【工会工作】2009年，开展“三创一赛”活动，提高职工队伍素质。全年共发放劳动竞赛奖5.96万元，工人技术创新实施完成107项，小改小革活动完成91项，评选岗位能手276人次，为广大职工提供了更广阔施展才华空间，职工学习本领、钻研技术、立足岗位、建功立业的热情明显增强，职工队伍素质有所提高。积极为职工办实事、办好事，增强了企业凝聚力。我们结合学习实践活动，主动为职工办实事。厂统一为各个岗位为岗位配备饮水机、为天车工配备水杯以方便职工；针对高温岗位，厂在高温季节来临之前统一组织对空调等防暑降温设备进行检修，并联系集团公司工会购买风扇、冰柜等放到基层岗位。

2010年初，围绕“对标挖潜、品种开发”这一主题，全年实际完成工人技术创新项目86项（其中集体项目5项），累计创效约540多万元。围绕中心任务，积极开展劳动竞赛，全年发放劳动竞赛奖8.9万元，评选岗位能手273人次。积极为职工办实事、办好事，增强了企业凝聚力。为解决油渍多以及阻燃服等特殊服装的清洗及晾晒等难题，投资十余万元，将原位于自行车棚内一个废旧仓房进行改造，崭新的洗衣房于10月8日正式投入使用，公司工会也大力支持此项工作，专门送来了一组工业用的洗衣机和甩干机，解决了职工的工作服“难洗又难晾”的问题。

【新产品开发】品种钢生产和研发是中宽带钢厂2009—2010年最重要的任务之一，紧紧围绕市场调研、售后服务、品种生产、品种开发等几个环节扎实工作。成立以生产技术科为基础的品种钢生产研发机构，加大售后服务、市场调研力度，使品种钢的生产与开发更有针对性。每月派人对品种钢市场进行调研，搜集品种钢市场信息。一是通过市场调研，开发适销对路产品。开发65Mn冷轧料市场是实现65Mn扩大市场占有率的重点和难点，我们与技术中心、炼钢厂共同攻关，优化工艺，在11月份取得了突破性进展。二是建立品种钢客户服务档案，及时搜集品种钢产销信息、成本信息、质量信息。三是到与我们机组比较接近的建龙、泰钢、德龙，了解他们品种钢生产情况，借鉴他们成功经验。精轧辊型的优化就是借鉴了上述企业的做法，取得了很好的效果。拓展品种规格，增加品种钢的数量。根据市场调研，厚度10毫米以上品种钢有一定的市场，于是利用卷取机改造后能力较大的优势，开发出较厚规格产品，截至11月末，共生产10毫米以上品种钢9700多吨。

【安全工作】2009和2010两年，安全工作深化“严”、“细”、“实”管理。从强化职工安全意识和各级管理者的安全责任入手加强管理。针对加热炉煤气重点区域，制定煤气管网走向示意图，检查周期和检查标准；加大煤气专项检查与治理，组织煤气区域应急预案演练；通过专项检查，专业检查，查找安全隐患，保证设施安全和人员安全。

中宽冷带厂

【基本情况】2009年，中宽冷带厂受金融危机影响，自2008年9月份到当年的8月份处于停产状态。8月份，在市场形式好转，公司整体经营水平提高的前提下，恢复生产。复产后有职工160人。设有办公室、生产安全科、技术科、点检作业区、经营科、轧钢段、退火段、精整段、运转维修段。

经过全体员工的共同努力，在两班作业的困难条件下，5个月，累计实现产量24582吨，成材率完成94.177%，实现历史最好水平，各种指标全部实现稳中有升，累计实现边际贡献约350万元。做到了停产心不散，复产投入少，减亏有贡献。

2010年，中宽冷带厂紧紧围绕公司提出的总体工作思路，结合工作实际，提出了产量必保当月计划完成，实现安全平稳生产；实物质量持续改进；严格控制变动费用，力保每个批次的生产要有边际贡献；对标挖潜指标全面达标；确保轻伤以上事故为零的工作目标。重点实施了对标挖潜、技术攻关、品种开发、技术创新等活动，在两个班次生产的前提下，累计完成产量57226吨，各项指标全面改善，实现边际效益1300万。成材率完成94.366%，再创历史新高。

凌源钢铁股份有限公司2009年年度报告摘要

1 重要提示

1.1 本公司董事会、监事会及董事、监事、高级管理人员保证本报告所载资料不存在任何虚假记载、误导性陈述或者重大遗漏，并对其内容的真实性、准确性和完整性承担个别及连带责任。

本年度报告摘要摘自年度报告全文，投资者欲了解详细内容，应当仔细阅读年度报告全文。

1.2 公司全体董事出席董事会会议。

1.3 华普天健会计师事务所（北京）有限公司为本公司出具了标准无保留意见的审计报告。

1.4 是否存在被控股股东及其关联方非经营性占用资金情况？

否

1.5 是否存在违反规定决策程序对外提供担保的情况？

否

1.6 公司负责人张振勇、主管会计工作负责人何志国及会计机构负责人（会计主管人员）徐丽锋声明：保证年度报告中财务报告的真实、完整。

2 公司基本情况

2.1 基本情况简介

股票简称	凌钢股份
股票代码	600231
股票上市交易所	上海证券交易所
公司注册地址和办公地址	辽宁省凌源市钢铁路3号
邮政编码	122500
公司国际互联网网址	http：//www. lggf. com. cn
电子信箱	lggf_zqb@ yahoo. com. cn

2.2 联系人和联系方式

项　目	董事会秘书	证券事务代表
姓　名	文　广	王宝杰
联系地址	辽宁省凌源市钢铁路3号凌源钢铁股份有限公司证券法律事务部	辽宁省凌源市钢铁路3号凌源钢铁股份有限公司证券法律事务部
电　话	0421－6838192	0421－6838259
传　真	0421－6831910	0421－6831910
电子信箱	wen600231403@ sohu. com	lggf_zqb@ yahoo. com. cn

3 会计数据和业务数据摘要

3.1 主要会计数据

（单位：元）

主要会计数据	2009 年	2008 年	本期比上年同期增减/%	2007 年
营业收入	9508189471.49	9174597120.07	3.64	7405235620.67
利润总额	399483146.61	421345299.17	-5.19	727822969.03
归属于上市公司股东的净利润	298264815.41	338033741.65	-11.76	546977547.59
归属于上市公司股东的扣除非经常性损益的净利润	284771798.11	5243964.17	5330.47	331527870.65
经营活动产生的现金流量净额	23132354.20	559550922.50	-95.87	301424631.91
主要会计数据	2009 年末	2008 年末	本期末比上年同期末增减/%	2007 年末
总资产	6848095356.50	6329446999.51	8.19	4326903613.22
所有者权益（或股东权益）	3106254456.96	2857025218.71	8.72	3344923233.95

3.2 主要财务指标

主要财务指标	2009 年	2008 年	本期比上年同期增减/%	2007 年
基本每股收益（元/股）	0.37	0.42	-11.76	0.68
稀释每股收益（元/股）	0.37	0.42	-11.76	0.68
扣除非经常性损益后的基本每股收益（元/股）	0.35	0.01	3400.00	0.49
加权平均净资产收益率（%）	10.01	8.67	增加 1.34	17.59
扣除非经常性损益后的加权平均净资产收益率（%）	9.56	0.17	增加 9.39	11.64
每股经营活动产生的现金流量净额（元/股）	0.03	0.70	-95.87	0.37
主要财务指标	2009 年末	2008 年末	本期末比上年同期末增减/%	2007 年末
归属于上市公司股东的每股净资产（元/股）	3.86	3.55	8.72	4.16

3.3 非经常性损益项目

√适用 □不适用

（单位：元）

非经常性损益项目	金 额
非流动资产处置损益	2838236.41
计入当期损益的政府补助（与企业业务密切相关，按照国家统一标准定额或定量享受的政府补助除外）	15101554.17
除上述各项之外的其他营业外收入和支出	50899.15
所得税影响额	-4497672.43
合 计	13493017.30

3.4 采用公允价值计量的项目

采用公允价值计量的项目 （单位：万元）

项 目 名 称	期初余额	期末余额	当期变动	对当期利润的影响金额
可供出售金融资产	748	1221	473	0
合 计	748	1221	473	0

4 股本变动及股东情况

4.1 股份变动情况表

□适用 √不适用

限售股份变动情况表

□适用 √不适用

4.2 股东数量和持股情况

（单位：股）

报告期末股东总数			41860户		
前十名股东持股情况					
股 东 名 称	股东性质	持股比例/%	持股总数	持有有限售条件股份数量	质押或冻结的股份数量
凌源钢铁集团有限责任公司	国家	53.67	431473247	431473247	冻结15480000
中信实业银行－招商优质成长股票型证券投资基金	其他	2.12	17007933		无
中国银行股份有限公司－招商行业领先股票型证券投资基金	其他	1.19	9558954		无
摩根士丹利投资管理公司－摩根士丹利中国A股基金	其他	1.15	9274397		无
中国银行－招商先锋证券投资基金	其他	1.13	9114021		无
中国建设银行－泰达荷银市值优选股票型证券投资基金	其他	1.11	8925675		无
交通银行－富国天益价值证券投资基金	其他	1.00	7999956		无
中国工商银行－汇添富均衡增长股票型证券投资基金	其他	0.99	7999794		无
中国工商银行－天弘精选混合型证券投资基金	其他	0.99	7999702		无
中国工商银行－招商核心价值混合型证券投资基金	其他	0.98	7908758		无

前十名无限售条件股东持股情况		
股 东 名 称	持有无限售条件股份的数量	股份种类及数量
中信实业银行－招商优质成长股票型证券投资基金	17007933	人民币普通股
中国银行股份有限公司－招商行业领先股票型证券投资基金	9558954	人民币普通股
摩根士丹利投资管理公司－摩根士丹利中国A股基金	9274397	人民币普通股
中国银行－招商先锋证券投资基金	9114021	人民币普通股
中国建设银行－泰达荷银市值优选股票型证券投资基金	8925675	人民币普通股
交通银行－富国天益价值证券投资基金	7999956	人民币普通股
中国工商银行－汇添富均衡增长股票型证券投资基金	7999794	人民币普通股
中国工商银行－天弘精选混合型证券投资基金	7999702	人民币普通股
中国工商银行－招商核心价值混合型证券投资基金	7908758	人民币普通股
海通－中行－FORTIS BANK SA/NV	7701702	人民币普通股

4.3 控股股东及实际控制人情况介绍

4.3.1 控股股东及实际控制人变更情况

□适用 √不适用

4.3.2 控股股东及实际控制人具体情况介绍

（1）控股股东及实际控制人具体情况介绍。

控股股东名称：凌源钢铁集团有限责任公司

法人代表：张振勇

注册资本：8 亿元

成立日期：1998 年 7 月 14 日

主要经营业务或管理活动：授权范围内的国有资产经营；黑色金属及副产品采选、冶炼、加工、销售；机械加工、电力、运输、冶金设计、安装、劳务及第三产业开发；自产生铁、钢坯、钢材、焦化产品出口；本企业生产、科研所需的原辅材料、机械设备、仪器、仪表、零配件进口。

公司实际控制人为朝阳市国有资产监督管理委员会

（2）控股股东情况。

○ 法人

名　　称	凌源钢铁集团有限责任公司
单位负责人或法定代表人	张振勇
成立日期	1998 年 7 月 14 日
注册资本	8 亿元
主要经营业务或管理活动	授权范围内的国有资产经营；黑色金属及副产品采选、冶炼、加工、销售；机械加工、电力、运输、冶金设计、安装、劳务及第三产业开发；自产生铁、钢坯、钢材、焦化产品出口；本企业生产、科研所需的原辅材料、机械设备、仪器、仪表、零配件进口

4.3.3　公司与实际控制人之间的产权及控制关系的方框图

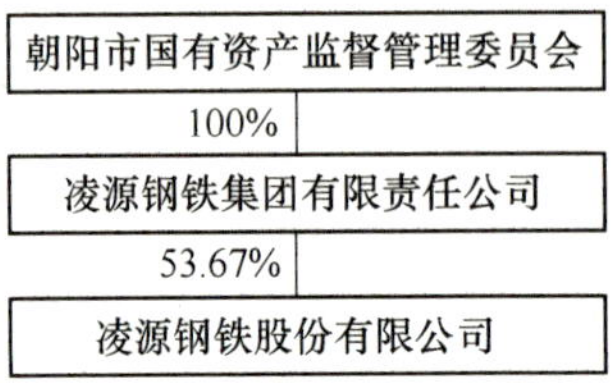

朝阳市国有资产监督管理委员会

100%

凌源钢铁集团有限责任公司

53.67%

凌源钢铁股份有限公司

4.3.4　实际控制人通过信托或其他资产管理方式控制公司

□适用　√不适用

5　董事、监事和高级管理人员

董事、监事和高级管理人员持股变动及报酬情况。

（单位：股）

姓名	职务	性别	年龄	任期起始日期	任期终止日期	年初持股数	年末持股数	变动原因	报告期内从公司领取的报酬总额（万元）（税前）	是否在股东单位或其他关联单位领取报酬、津贴
张振勇	董事长	男	49	2008 年 11 月 8 日	2011 年 11 月 8 日	308026	308026		13. 68	是
郝志强	副董事长	男	51	2008 年 11 月 8 日	2011 年 11 月 8 日	216136	216136		36. 83	是
	总经理			2008 年 11 月 8 日	2009 年 2 月 26 日					否
王彦廷	董事	男	54	2008 年 11 月 8 日	2011 年 11 月 8 日	3406	3406		5	是
卢亚东	董事	男	49	2008 年 11 月 8 日	2011 年 11 月 8 日	0	0		5	是
张玺才	董事	男	55	2008 年 11 月 8 日	2011 年 11 月 8 日	37410	37410		5	是
苏　辉	副总经理	男	44	2008 年 11 月 8 日	2009 年 2 月 26 日	0	0		34. 59	否
	总经理			2009 年 2 月 26 日	2011 年 11 月 8 日					
	董事			2009 年 4 月 14 日	2011 年 11 月 8 日					

续表

姓名	职务	性别	年龄	任期起始日期	任期终止日期	年初持股数	年末持股数	变动原因	报告期内从公司领取的报酬总额（万元）（税前）	是否在股东单位或其他关联单位领取报酬、津贴
何东生	董事、董事会秘书	男	55	2008年11月8日	2009年3月18日	95460	51000	二级市场买卖	28.59	否
汪　琦	独立董事	男	49	2008年11月8日	2011年11月8日	0	0		7.79	否
张先治	独立董事	男	52	2008年11月8日	2011年11月8日	0	0		7.79	否
唐国林	独立董事	男	47	2008年11月8日	2011年11月8日	0	0		7.79	否
苑成德	监事会主席	男	60	2008年11月8日	2011年11月8日	322500	270000	二级市场买卖	5	是
侯柏英	监事	男	47	2008年11月8日	2011年11月8日	5160	5160		2.38	是
刘　威	监事	男	46	2008年11月8日	2011年11月8日	0	0		20.61	否
沈　洵	副总经理	男	48	2008年11月8日	2009年2月26日	0	0		33.08	否
闫清军	副总经理	男	46	2008年11月8日	2011年11月8日	0	0		43.15	否
毛凤海	副总经理	男	49	2009年2月26日	2011年11月8日	0	0		28.51	否
何志国	总会计师	男	34	2008年11月8日	2011年11月8日	851	851		30.79	否
文　广	董事会秘书	男	36	2009年3月22日	2011年11月8日	0	0		15.98	否
合　计						988949	891989		331.56	

6　董事会报告

6.1　管理层讨论与分析

报告期内公司经营情况的回顾：

报告期，公司生产钢 307.3 万吨，铁 290.6 万吨，钢材 301.2 万吨，分别比上年增长 48.82%、46.66% 和 51.17%；实现营业收入 95.1 亿元，同比提高 3.6%；实现利润总额 39948 万元，同比降低 5.2%；净利润 29826 万元，同比降低 11.8%。

报告期，面对年初钢材市场持续走低、经营出现亏损的严峻形势，公司紧紧围绕年初提出的“以中央经济工作会议精神为指导，深入贯彻落实科学发展观，以改造项目达产达效为重点，努力提高生产经营的效率和质量，大力开展降本增效，全面提升市场竞争力，努力构建和谐凌钢，促进企业又好又快发展。”的工作方针，迎难而上，化挑战为机遇，生产经营取得了较好的效果。

第一，以新项目达产达效为中心，统筹协调，周密组织，确保生产系统高效运行。年初，公司把新项目的达产达效作为今年的工作重心，在生产组织、设备保障、工序衔接等各方面分兵把口，密切配合，使新项目在最短的时间内实现了达产达效。4 号高炉在快速达产的同时实现了高水平运行，利用系数在全国同类高炉中进入先进水平；120 吨转炉实现了“一罐到底”和“干法除尘”的安全稳定运行，炼钢最高日产突破了万吨；2 号棒材的达产达效成为公司今年创效的主力轧机。

第二，科学组织技改和年修工程，为生产运行提供可靠保障。不断优化技改施工组织，积极为生产创造条件，保证了生产、技改两不误。根据市场形势，及时动态调整检修方案，将系统年修提前到 5 月进行，实现了淡季检修，旺季生产。

第三，紧密追踪市场，及时调整应对策略，向经营环节要效益。积极应对市场变化，及时调整价格，实行产品保价销售和原燃料低价采购，提高了经济效益。向哈大铁路、京沪高铁、吉林油田、吉林高速等重点工程供应钢材 47 万吨。积极推进品种钢市场开发，全年生产品种钢 99 万吨，产销率为98.09%。

第四，积极开展技术创新，对标挖潜，各项技术经济指标显著改善。炼铁对高炉装料制度进行调整，采用了多环布料，高炉燃料比明显降低，入炉焦比同比降低36.4千克/吨，高炉利用系数同比提高0.179吨/(立方米·天)；炼钢开展减少喷溅和120吨转炉炉龄技术攻关，钢铁料消耗比计划降低7.848千克/吨；吨钢电耗、水耗、成材率等主要技经指标刷新历史记录。

第五，强化管理创新，努力降本增效。充分利用日清日结管理平台，建立了指标与成本旬分析体系，实现了重点指标日清日结、费用指标动态控制，促进了成本的降低。进一步完善了进销存系统，强化资金管理，建立了物资管控体系。扎实开展了下机资材鉴定工作，扩展了设备改善和备品备件修复的广度和深度。组织开展了厉行节约、减少非生产性开支活动。通过扎实有效地管理创新，公司可控变动费用比计划降低12.6%，差旅费、办公费分别比计划降低5%和10%。

第六，继续搞好配套技术改造，为企业可持续发展奠定基础。为适应市场变化，调整产品结构，实现企业可持续发展，公司投资1.55亿元对钢管生产线进行了易地搬迁改造，项目7月底开工，搬迁部分已于12月17日投产；投资2.8亿元的型材厂高速线材改造工程已开工建设，与之配套的7机7流铸机项目也已经开工；投资1.49亿元的1号高炉大修改造工程已完成前期准备工作；投资1.8亿元的铁蛋山副井建设也已开始设计；投资6000万元建设的钢渣处理生产线于今年年初峻工投产，实现了公司有史以来第一次钢渣零排放，既保护了环境，又增加了效益。

（1）利润构成情况。

项　目	金额/千元		占利润总额的比例/%		
	报告期	上年同期	报告期	上年同期	增　减
利润总额	399483	421345			
营业利润	381492	436351	95.50	103.56	-8.07
期间费用	471811	431226	118.11	102.35	15.76
投资收益	609	4102	0.15	0.97	-0.82
营业外收支净额	17991	-15006	4.50	-3.56	8.07
所得税	101218	83312	25.34	19.77	5.56
资产减值损失	51720	156420	12.95	37.12	-24.18

报告期期间费用占利润总额的比例较上年增加15.76个百分点，主要是管理费用中职工薪酬增加，财务费用中新增了公司重大资产重组时所欠股权收购款利息。

报告期资产减值损失占利润总额的比例较上年减少24.18个百分点，主要是计提的存货跌价准备较上年大幅降低。

（2）生产经营的主要产品及市场占有率情况的说明。

产 品 类 别	市场占有率/%
棒　材	1.13
焊接钢管	0.21
热轧带钢	0.76

（3）占营业收入或营业利润总额10%以上的主要产品。

（单位：元）

分行业或分产品	营业收入	营业成本	毛利率/%
黑色金属冶炼及压延加工	9055864121.01	8127698475.30	10.25

（4）费用情况。

（单位：千元）

项　目	报告期	上年同期	增减/%	说　明
销售费用	84565	103590	-18.37	
管理费用	310582	297655	4.34	
财务费用	76665	29981	155.71	主要是报告期新增了公司重大资产重组时所欠股权收购款利息
所得税费用	101218	83312	21.49	主要是报告期产生的可抵扣暂时性差异较上年减少

（5）现金流量构成情况。

（单位：千元）

项　目	报告期	上年同期	增减/%	说　明
一、经营活动产生的现金流量净额	23132	559551	-95.87	主要是销售收入中票据结算比例提高
二、投资活动产生的现金流量净额	-930168	-1067704	-12.88	
三、筹资活动产生的现金流量净额	417164	976999	-57.30	主要是报告期偿还债务支付的现金增加
四、现金及现金等价物净增加额	-489869	468001	-204.67	主要是报告期经营活动和筹资活动产生的现金流量净额降幅较大

（6）主要子公司的经营情况及业绩分析。

1）凌钢股份北票保国铁矿有限公司。

公司持有凌钢股份北票保国铁矿有限公司100%股权，该公司成立于1998年9月15日，企业性质为有限责任公司，注册资本为4614万元，公司地址为辽宁省北票市宝国老镇韩古屯村，法定代表人毛凤海，营业执照注册号211381004007605，经营范围如下：黑色金属矿石开采（经营期限至2025年6月17日）；黑色金属矿石洗选及深加工；冶金机械制造及备件加工；冶金项目的科研、设计、安装及管理；公路运输（经营期限至2010年6月6日）；铁矿石及铁精粉收购；食宿服务（分公司经营）。2009年，该公司完成铁精矿92万吨，同比增长1.57%；实现主营业务收入59764万元，同比降低42.38%；实现利润总额7140万元，同比降低85.05%；实现净利润5316万元，同比降低85.23%。至2009年末，该公司拥有总资产11.99亿元、净资产8.6亿元。

2）凌钢股份北票钢管有限公司。

公司持有凌钢股份北票钢管有限公司100%股权，该公司成立于2009年9月8日，性质为有限责任公司，注册资本6000万元，地址为辽宁省北票经济开发区冶金工业园区，法定代表人为苏辉，营业执照注册号：211381004014162。经营范围如下：钢管及副产品生产、经营、开发；经营产品的进出口业务；机械制造及备件加工，机械设备安装、技术研究及新产品开发；钢带、钢板加工；经营本企业生产科研所需原辅材料及副产品；第三产业项目开发。该公司2009年尚未产生经济效益，搬迁部分已于2009年12月17日投产，新上部分的直径325毫米、螺旋管等机组将于2010年5月投产。

3）沈阳凌钢钢材销售有限公司。

公司持有沈阳凌钢钢材销售有限公司100%股权，该公司成立于2001年4月2日，性质为有限责任公司，注册资本50万元，地址为沈阳市和平区和平北大街108号，法定代表人为苏辉，营业执照注册号：210102000018331。经营范围如下：金属材料，建筑材料批发及零售。2009年，该公司实现营业收入61725万元，同比增长31.06%；实现利润总额642万元，同比增长337.11%；实现净利润471万元，同比增长327.39%。至2009年末，该公司拥有总资产5612万元、净资产1010万元。

4）凌钢（大连）钢材经销有限公司。

公司持有凌钢（大连）钢材经销有限公司100%股权，该公司成立于1989年9月12日，性质为有限责任公司，注册资本为51万元，地址为大连开发区五彩城B区9栋7号，法定代表人为苏辉，营业执照注册号：2102411101481，经营范围如下：为主办单位提供生产用原材料，销售主办单位产品。2009年，该公司实现营业收入51027万元，同比增长3.84%；实现利润总额226万元，同比降低21.48%；实现净利润156万元，同比降低17.43%。至2009年末，该公司拥有总资产4751万元、净资产845万元。

5）凌钢锦州钢材经销有限公司。

公司持有凌钢锦州钢材经销有限公司100%股权，该公司成立于2007年10月12日，性质为有限责任公司，注册资本为100万元，地址为辽宁省锦州市锦州经济开发区锦港大街，法定代表人为苏辉，营业执照注册号：210700004028674，经营范围如下：钢材、建筑材料销售。2009年，该公司实现营业收入42547万元，同比降低21.32%；亏损454万元。至2009年末，该公司拥有总资产8572万元、净资产478万元。

6）北京凌钢物资供销有限公司。

公司持有北京凌钢物资供销有限公司100%股权，该公司成立于2000年9月21日，性质为有限责任公司，注册资本为50万元，公司地址为北京市海淀区西三旗建材城中路1号甲7号楼3层324室，法定代表人为苏辉，营业执照注册号：11010811683024，经营范围如下：购销金属材料，建筑材料，五金交电，化工产品（不含危险化学品及一类易制毒化学品）、木材、计算机及外围设备、机械电器设备，展览展示信息咨询（除中介服务）、技术开发、转让、咨询服务。2009年，该公司实现营业收入19933万元，同比增长259.42%；亏损58万元。至2009年末，该公司拥有总资产1887万元、净资产134万元。

（7）主要供应商、客户情况。

（单位：万元）

前五名供应商采购金额合计	323223	占采购总额的比重/%	42
前五名销售客户销售金额合计	202211	占销售总额的比重/%	21.27

（8）公司的行业地位及经营的连续性和稳定性。

公司属中等规模的钢铁联合企业，主导产品有稳定的市场和用户。在国内中等宽度热轧带钢生产上，公司的质量保证能力、品种开发能力和产能等诸方面都处于领先地位；螺纹钢是国家免检产品，钢管产品通过了美国石油协会API认证。公司先后被授予国家级守合同重信用企业和全国质量管理先进企业称号。公司所在的朝阳地区蕴藏有丰富的铁矿资源，能够长期满足公司的原料需求。

（9）公司完成经营计划情况。

公司实际经营业绩较曾公开披露过的本年度盈利预测或经营计划是否低20%以上或高20%以上：否

公司年初拟订的经营计划为钢产量300万吨，实际完成307.3万吨；计划营业收入100亿元，实际完成95.1亿元。

6.2　主营业务分行业、分产品情况表

（单位：元）

分行业或分产品	营业收入	营业成本	营业利润率/%	营业收入比上年增减/%	营业成本比上年增减/%	营业利润率比上年增减/%
分 行 业						
黑色金属冶炼及压延加工	9055864121.01	8127698475.30	10.25	3.05	5.23	减少1.86
分 产 品						
焊接钢管	210987970.86	210594399.94	0.19	-33.85	-29.59	减少6.04
棒　材	6152151877.52	5283967084.03	14.11	23.40	19.38	增加2.90
中宽热带	2548310457.46	2484385952.66	2.51	-17.29	-5.54	减少12.13
中宽冷带	82203338.98	88428957.46	-7.57	-72.18	-67.13	减少16.54

6.3 主营业务分地区情况表

（单位：元）

地　区	营业收入	营业收入比上年增减/%
东北地区	4157521545.63	5.73
华北地区	3496356698.47	30.06
华东地区	784301082.98	-26.35
西北地区	171906883.20	-9.92
其他地区	445777910.73	-51.12

6.4 募集资金使用情况

□适用　√不适用

变更项目情况

□适用　√不适用

6.5 非募集资金项目情况

√适用　□不适用

（单位：万元）

项目名称	项目金额	项目进度	项目收益情况
4号高炉除尘系统改造	3000	报告期投入611万元，累计投入3677万元，项目已完工	
炼铁厂1号高炉大修改造	14900	报告期投入4786万元，完成计划的32.12%	
转炉除尘及煤气净化系统改造	9000	报告期投入3102万元，累计投入10863万元，项目已完工	
方坯连铸机工程	9500	报告期投入1736万元，完成计划的18.27%	
型材厂高速线材改造	28000	报告期投入4680万元，完成计划的16.71%	
公辅设施改造	4000	报告期投入1207万元，累计投入4128万元，项目已完工	
新建钢渣处理生产线	6000	报告期投入2068万元，累计投入7384万元，项目已完工	
钢管生产线易地改造扩建	15500	报告期投入9900万元，完成计划的63.87%	
铁蛋山井采完善工程	21362	报告期投入2280万元，累计投入21253万元，项目已完工	
铁蛋山副井工程	17664.72	报告期投入66万元，完成计划的0.37%	
黑山井建工程	11408	报告期投入3510万元，累计投入10958万元，完成计划的96.06%	
尾矿工程	3211	报告期投入331万元，累计投入3017万元，完成计划的93.96%	
混合矿选厂工程	10000	报告期投入2867万元，累计投入9522万元，项目已完工	
合　计	153545.72		

6.6 董事会对会计师事务所“非标准审计报告”的说明

□适用　√不适用

6.7 董事会本次利润分配或资本公积金转增股本预案

经华普天健会计师事务所（北京）有限公司审计后，公司2009年度合并报表实现的归属于母公司所有者的净利润为298264815.41元。本次年终分配拟以2009年12月31日总股本80400.22万股为基数，每10股派发现金股利0.70元（含税），计56280154.00元。

本次分配不进行资本公积金转增股本。

公司本报告期内盈利但未提出现金利润分配预案

□适用　√不适用

7 重要事项

7.1 收购资产

□适用 √不适用

7.2 出售资产

□适用 √不适用

7.3 重大担保

□适用 √不适用

7.4 重大关联交易

7.4.1 与日常经营相关的关联交易

√适用 □不适用

（单位：万元）

关联方	向关联方销售产品和提供劳务		向关联方采购产品和接受劳务	
	交易金额	占同类交易金额的比例/%	交易金额	占同类交易金额的比例/%
凌源钢铁集团有限责任公司	38852	85.89	224945	
凌钢集团朝阳焦化有限责任公司	1.8	0.004	12055	6.31
合计	38853.8		237000	

其中：报告期内公司向控股股东及其子公司销售产品或提供劳务的关联交易金额388825468.94元。

7.4.2 关联债权债务往来

□适用 √不适用

7.4.3 报告期内资金被占用情况及清欠进展情况

□适用 √不适用

截至报告期末，上市公司未完成非经营性资金占用的清欠工作的，董事会提出的责任追究方案

□适用 √不适用

7.5 委托理财

□适用 √不适用

7.6 承诺事项履行情况

7.6.1 公司或持股5%以上股东在报告期内或持续到报告期内的承诺事项

√适用 □不适用

承诺事项	承诺内容	履行情况
股改承诺	凌钢集团关于股份锁定期的承诺：自改革方案实施之日起十二个月内，凌钢集团所持股份不上市交易或者转让；在该十二个月期满后三十六个月内，不通过市场挂牌交易方式出售所持股份，除非受让人同意并有能力承担本承诺责任，将不转让所持有的股份	凌钢集团严格履行了上述承诺
收购报告书或权益变动报告书中所作承诺	凌钢集团承诺： （1）关于股份锁定期的承诺。“对于凌钢股份本次重大资产购买及发行股份购买资产暨关联交易（以下简称“本次发行”）中，本公司所取得的凌钢股份股票，本公司承诺自凌钢股份本次发行完成之日起三十六个月内不得上市交易或转让” （2）股权收购补偿协议及其补充协议。“在本次重大资产重组完成后三年内，如果保国铁矿黑山采区、铁蛋山采区和边家沟采区（以下称‘三个采区’）每年的实际盈利数没有达到上述经核准的评估报告中所预计的当年净利润，则甲方将按照评估报告预计的净利润与实际盈利之间的差额向乙方承担全额补偿责任。”（三个采区预计的净利润为2008年6063.97万元、2009年10600.18万元、2010年15136.40万元）	凌钢集团严格履行了上述承诺

7.6.2 公司资产或项目存在盈利预测，且报告期仍处在盈利预测期间，公司就资产或项目达到原盈利预测及其原因作出说明

√适用 □不适用

2008 年 11 月，公司通过重大资产重组收购了控股股东凌源钢铁集团有限责任公司（以下简称“凌钢集团”）全资子公司凌钢集团北票保国铁矿有限责任公司（以下简称“保国铁矿”）100%股权。在此次重大资产重组中，双方协议约定“在本次重大资产重组完成后三年内，如果保国铁矿黑山采区、铁蛋山采区和边家沟采区（以下称‘3 个采区’）每年的实际盈利数没有达到经核准的评估报告中所预计的当年净利润，则甲方将按照评估报告预计的净利润与实际盈利之间的差额向乙方承担全额补偿责任。(3 个采区预计的净利润为 2008 年 6063.97 万元、2009 年 10600.18 万元、2010 年 15136.40 万元)”。2008 年，保国铁矿 3 个采矿区实际实现净利润为 24155.19 万元，3 个采矿区实际实现净利润超出评估估算净利润 18091.22 万元，不存在需补偿的情形。

从 2008 年四季度起，受国际金融危机影响，铁矿石价格出现快速大幅下跌，2009 年仍在低位运行，经华普天健会计师事务所（北京）有限公司专项审核，保国铁矿 3 个采矿区 2009 年实际实现净利润为 5421.55 万元，比 2009 年的评估估算净利润 10600.18 万元低 5178.63 万元。

根据《上市公司重大资产重组管理办法》和双方于 2008 年 5 月 8 日签订的《凌源钢铁集团有限责任公司与凌源钢铁股份有限公司关于凌钢集团北票保国铁矿有限责任公司股权收购补偿协议》及 2008 年 8 月 20 日签订的《补充协议》规定，凌钢集团应向公司支付 5178.63 万元补偿款。公司管理层已与凌钢集团进行了沟通，凌钢集团表示将严格按照双方签署的协议履行补偿义务。

7.7 重大诉讼仲裁事项

□适用 √不适用

7.8 其他重大事项及其影响和解决方案的分析说明

7.8.1 证券投资情况

□适用 √不适用

7.8.2 持有其他上市公司股权情况

√适用 □不适用

（单位：元）

证券代码	证券简称	最初投资成本	占该公司股权比例/%	期末账面价值	报告期损益	报告期所有者权益变动	会计核算科目	股份来源
000981	S＊ST 兰光	8687784.00	1.37	12210000.00	0	4730000.00	可供出售金融资产	协议受让
合　计		8687784.00		12210000.00	0	4730000.00		

7.8.3 持有非上市金融企业股权情况

√适用 □不适用

（单位：元）

所持对象名称	最初投资成本	持有数量	占该公司股权比例/%	期末账面价值	报告期损益	报告期所有者权益变动	会计核算科目	股份来源
中国光大银行	12655500.00	7139000	0.0214	12655500.00	546981.30	0	长期股权投资	增资入股
合　计	12655500.00	7139000		12655500.00	546981.30	0		

7.8.4 买卖其他上市公司股份的情况

□适用 √不适用

7.9 公司是否披露内部控制的自我评价报告或履行社会责任的报告?

否

8 监事会报告

8.1 监事会对公司依法运作情况的独立意见

监事会认为，公司董事、经理和其他高级管理人员能够认真执行各项规章制度和股东大会、董事会的各项决议，恪尽职守，勤奋工作，积极应对金融危机带来的挑战，努力克服困难，减少损失，取得了较好的经营成果。公司建立了较完善的内部控制制度。未发现公司董事会决策不合法的问题，未发现董事、经理和其他高级管理人员执行公司职务时违反法律、法规和《公司章程》的行为，未发现董事、经理有损害公司利益的行为。

8.2　监事会对检查公司财务情况的独立意见

华普天健会计师事务所（北京）有限公司对公司2009年度财务报告进行了审计，出具了标准无保留意见的审计报告；监事会审核了经会计师事务所审计的公司会计报告，认为真实完整地反映了公司的财务状况和经营成果，会计政策和会计估计变更、减值准备计提、报废资产等会计处理符合《企业会计准则》的规定；审核了公司2009年度利润分配预案，认为符合《公司章程》及有关规定；核查了公司对外担保情况，认为公司不存在对外担保情况。

8.3　监事会对公司最近一次募集资金实际投入情况的独立意见

公司最近一次募集资金已于2002年投入完毕，此事项已在2002年度报告中进行了说明，报告期无募集资金使用项目。

8.4　监事会对公司收购、出售资产情况的独立意见

报告期，公司没有收购、出售资产情况。

8.5　监事会对公司关联交易情况的独立意见

报告期，公司重新修订了与控股股东凌钢集团及其子公司的关联交易协议，进一步理顺和规范了关联交易；监事会认为公司在关联交易中体现了公开、公平、公正的原则，不存在损害上市公司利益的情况。

9　财务会计报告

9.1　审计意见

财务报告	□未经审计	√审计
审计意见	√标准无保留意见	□非标意见

9.2　财务报表

合并资产负债表

2009年12月31日

编制单位：凌源钢铁股份有限公司　　（单位：元）

项　　目	附注	期末余额	年初余额
流动资产：			
货币资金	七、1	464061226.21	939729051.19
结算备付金			
拆出资金			
交易性金融资产			
应收票据	七、2	848471095.68	161764921.52
应收账款	七、3	62485845.55	22262585.70
预付款项	七、4	495524118.60	515382796.69
应收保费			
应收分保账款			
应收分保合同准备金			

续表

项　　目	附注	期末余额	年初余额
应收利息			
应收股利			
其他应收款	七、5	15052176.45	5091222.64
买入返售金融资产			
存货	七、6	1412523893.41	1376012916.22
一年内到期的非流动资产			
其他流动资产			
流动资产合计		3298118355.90	3020243493.96
非流动资产：			
发放贷款及垫款			
可供出售金融资产	七、7	12210000.00	7480000.00
持有至到期投资			
长期应收款			
长期股权投资	七、8	32175548.89	37777841.25
投资性房地产			
固定资产	七、9	3046755151.24	1931648182.11
在建工程	七、10	159828287.84	980778635.63
工程物资	七、11	10435940.45	19862783.82
固定资产清理			
生产性生物资产			
油气资产			
无形资产	七、12	241934049.31	250839177.85
开发支出			
商誉			
长期待摊费用			
递延所得税资产	七、13	46638022.87	80816884.89
其他非流动资产			
非流动资产合计		3549977000.60	3309203505.55
资产总计		6848095356.50	6329446999.51
流动负债：			
短期借款	七、15	1521636846.85	1150000000.00
向中央银行借款			
吸收存款及同业存放			
拆入资金			
交易性金融负债			
应付票据	七、16	301000000.00	245000000.00
应付账款	七、17	763966010.40	636563006.09
预收款项	七、18	230978394.00	347347004.69
卖出回购金融资产款			
应付手续费及佣金			

续表

项　　目	附注	期末余额	年初余额
应付职工薪酬	七、19	100835708.87	87720090.33
应交税费	七、20	-4671971.83	-105511181.98
应付利息	七、21	668250.00	75375.00
应付股利	七、22		330124.50
其他应付款	七、23	490544512.08	959781362.17
应付分保账款			
保险合同准备金			
代理买卖证券款			
代理承销证券款			
一年内到期的非流动负债	七、24		20000000.00
其他流动负债			
流动负债合计		3404957750.37	3341305780.80
非流动负债：			
长期借款	七、25	211000000.00	1000000.00
应付债券			
长期应付款	七、26	118314700.00	126616000.00
专项应付款			
预计负债			
递延所得税负债	七、13	880554.00	
其他非流动负债	七、27	6687895.17	3500000.00
非流动负债合计		336883149.17	131116000.00
负债合计		3741840899.54	3472421780.80
所有者权益（或股东权益）：			
实收资本（或股本）	七、28	804002200.00	804002200.00
资本公积	七、29	3201625.98	-345874.02
减：库存股			
专项储备	七、30	86370609.67	98753532.09
盈余公积	七、31	469078839.22	438225351.85
一般风险准备			
未分配利润	七、32	1743601182.09	1516390008.79
外币报表折算差额			
归属于母公司所有者权益合计		3106254456.96	2857025218.71
少数股东权益			
所有者权益合计		3106254456.96	2857025218.71
负债和所有者权益总计		6848095356.50	6329446999.51

法定代表人：张振勇　主管会计工作负责人：何志国　会计机构负责人：徐丽锋

母公司资产负债表

2009 年 12 月 31 日

编制单位：凌源钢铁股份有限公司　　（单位：元）

项　目	附注	期末余额	年初余额
流动资产：			
货币资金		445763396.27	843292157.90
交易性金融资产			
应收票据		1020182354.14	234865025.27
应收账款	十三、1	37195227.10	8409254.91
预付款项		487021302.98	447674204.46
应收利息			
应收股利			
其他应收款	十三、2	6631392.71	649454.96
存货		1240195159.18	1255547796.99
一年内到期的非流动资产			
其他流动资产			
流动资产合计		3236988832.38	2790437894.49
非流动资产：			
可供出售金融资产		12210000.00	7480000.00
持有至到期投资			
长期应收款		34642585.45	
长期股权投资	十三、3	899726581.13	845328873.49
投资性房地产			
固定资产		2435194628.07	1695134313.01
在建工程		47417127.89	621900813.46
工程物资		9029428.65	18558117.89
固定资产清理			
生产性生物资产			
油气资产			
无形资产		1154183.34	
开发支出			
商誉			
长期待摊费用			
递延所得税资产		35134777.52	72783494.77
其他非流动资产			
非流动资产合计		3474509312.05	3261185612.62
资产总计		6711498144.43	6051623507.11
流动负债：			
短期借款		1411636846.85	1020000000.00
交易性金融负债			
应付票据		301000000.00	245000000.00
应付账款		905282980.96	695909968.52
预收款项		258788668.97	331349514.59

续表

项目	附注	期末余额	年初余额
应付职工薪酬		85465049.48	65738199.41
应交税费		-1583034.90	-115382392.66
应付利息		668250.00	75375.00
应付股利			330124.50
其他应付款		484094779.69	952929076.50
一年内到期的非流动负债			20000000.00
其他流动负债			
流动负债合计		3445353541.05	3215949865.86
非流动负债:			
长期借款		211000000.00	1000000.00
应付债券			
长期应付款			
专项应付款			
预计负债			
递延所得税负债		880554.00	
其他非流动负债		5270833.33	3500000.00
非流动负债合计		217151387.33	4500000.00
负债合计		3662504928.38	3220449865.86
所有者权益(或股东权益):			
实收资本(或股本)		804002200.00	804002200.00
资本公积		292616379.86	289068879.86
减:库存股			
专项储备			
盈余公积		458571330.46	433124107.51
一般风险准备			
未分配利润		1493803305.73	1304978453.88
所有者权益(或股东权益)合计		3048993216.05	2831173641.25
负债和所有者权益(或股东权益)总计		6711498144.43	6051623507.11

法定代表人:张振勇　主管会计工作负责人:何志国　会计机构负责人:徐丽锋

合并利润表

2009 年 1 ~ 12 月

（单位：元）

项目	附注	本期金额	上期金额
一、营业总收入	七、33	9508189471.49	9174597120.07
其中：营业收入	七、33	9508189471.49	9174597120.07
利息收入			
已赚保费			
手续费及佣金收入			
二、营业总成本	七、33	9127305703.55	8742347484.39
其中：营业成本	七、33	8575596533.03	8103404634.41

续表

项　　目	附注	本期金额	上期金额
利息支出			
手续费及佣金支出			
退保金			
赔付支出净额			
提取保险合同准备金净额			
保单红利支出			
分保费用			
营业税金及附加	七、34	28177392.24	51296704.13
销售费用		84565149.79	103589818.24
管理费用		310581527.71	297655289.85
财务费用		76664745.33	29981008.23
资产减值损失	七、35	51720355.45	156420029.53
加：公允价值变动收益(损失以“－”号填列)			
投资收益(损失以“－”号填列)	七、36	608688.94	4101570.01
其中:对联营企业和合营企业的投资收益		61707.64	30213.48
汇兑收益(损失以“－”号填列)			
三、营业利润(亏损以“－”号填列)		381492456.88	436351205.69
加：营业外收入	七、37	22212299.34	7570788.32
减：营业外支出	七、38	4221609.61	22576694.84
其中：非流动资产处置损失		3000109.21	21480507.70
四、利润总额(亏损总额以“－”号填列)		399483146.61	421345299.17
减：所得税费用	七、39	101218331.20	83311557.52
五、净利润(净亏损以“－”号填列)		298264815.41	338033741.65
被合并方在合并前实现的净利润			343475608.45
归属于母公司所有者的净利润		298264815.41	338033741.65
少数股东损益			
六、每股收益:			
（一）基本每股收益	七、40	0.37	0.42
（二）稀释每股收益	七、40	0.37	0.42
七、其他综合收益	七、41	3547500.00	－18910036.02
八、综合收益总额		301812315.41	319123705.63
归属于母公司所有者的综合收益总额		301812315.41	319123705.63
归属于少数股东的综合收益总额			

法定代表人:张振勇　主管会计工作负责人:何志国　会计机构负责人:徐丽锋

母公司利润表

2009 年 1 ~ 12 月

（单位：元）

项　　目	附注	本期金额	上期金额
一、营业收入	十三、4	9497910347.54	8904442605.82
减：营业成本	十三、4	8714284079.03	8464762622.50

续表

项　　目	附注	本期金额	上期金额
营业税金及附加		22161593.21	41223304.89
销售费用		65980243.08	82863924.09
管理费用		256903108.98	239090689.85
财务费用		65695325.53	17960311.61
资产减值损失		51019565.87	154155009.10
加：公允价值变动收益(损失以“-”号填列)			
投资收益(损失以“-”号填列)	十三、5	608688.94	30213.48
其中：对联营企业和合营企业的投资收益		61707.64	30213.48
二、营业利润(亏损以“-”号填列)		322475120.78	-95583042.74
加：营业外收入		21074232.37	7159155.97
减：营业外支出		3419868.65	22273007.84
其中：非流动资产处置损失		2809264.04	21301920.70
三、利润总额(亏损总额以“-”号填列)		340129484.50	-110696894.61
减：所得税费用		85657254.96	-48236805.35
四、净利润(净亏损以“-”号填列)		254472229.54	-62460089.26
五、每股收益：			
（一）基本每股收益			
（二）稀释每股收益			
六、其他综合收益		3547500.00	-19470000.00
七、综合收益总额		258019729.54	-81930089.26

法定代表人:张振勇　主管会计工作负责人:何志国　会计机构负责人:徐丽锋

合并现金流量表

2009 年 1～12 月

（单位：元）

项　　目	附注	本期金额	上期金额
一、经营活动产生的现金流量：			
销售商品、提供劳务收到的现金		7924357779.52	8786594568.42
客户存款和同业存放款项净增加额			
向中央银行借款净增加额			
向其他金融机构拆入资金净增加额			
收到原保险合同保费取得的现金			
收到再保险业务现金净额			
保户储金及投资款净增加额			
处置交易性金融资产净增加额			
收取利息、手续费及佣金的现金			
拆入资金净增加额			
回购业务资金净增加额			
收到的税费返还		20278502.42	52189991.44
收到其他与经营活动有关的现金	七、42	166977684.28	16538329.07
经营活动现金流入小计		8111613966.22	8855322888.93

续表

项　　目	附注	本期金额	上期金额
购买商品、接受劳务支付的现金		7133308806.04	7289461963.47
客户贷款及垫款净增加额			
存放中央银行和同业款项净增加额			
支付原保险合同赔付款项的现金			
支付利息、手续费及佣金的现金			
支付保单红利的现金			
支付给职工以及为职工支付的现金		365766202.18	344436602.71
支付的各项税费		343641297.39	499700486.47
支付其他与经营活动有关的现金	七、42	245765306.41	162172913.78
经营活动现金流出小计		8088481612.02	8295771966.43
经营活动产生的现金流量净额		23132354.20	559550922.50
二、投资活动产生的现金流量：			
收回投资收到的现金			4721356.53
取得投资收益收到的现金		546981.30	
处置固定资产、无形资产和其他长期资产收回的现金净额		41000.00	477300.00
处置子公司及其他营业单位收到的现金净额			
收到其他与投资活动有关的现金	七、42	8382530.27	8108811.71
投资活动现金流入小计		8970511.57	13307468.24
购建固定资产、无形资产和其他长期资产支付的现金		439138735.63	1061258026.99
投资支付的现金			
质押贷款净增加额			
取得子公司及其他营业单位支付的现金净额		500000000.00	19753454.75
支付其他与投资活动有关的现金			
投资活动现金流出小计		939138735.63	1081011481.74
投资活动产生的现金流量净额		－930168224.06	－1067704013.50
三、筹资活动产生的现金流量：			
吸收投资收到的现金			
其中：子公司吸收少数股东投资收到的现金			
取得借款收到的现金		2031630771.81	1360000000.00
发行债券收到的现金			
收到其他与筹资活动有关的现金			
筹资活动现金流入小计		2031630771.81	1360000000.00
偿还债务支付的现金		1470000000.00	320000000.00
分配股利、利润或偿付利息支付的现金		144466765.54	63001323.85
其中：子公司支付给少数股东的股利、利润			
支付其他与筹资活动有关的现金			
筹资活动现金流出小计		1614466765.54	383001323.85
筹资活动产生的现金流量净额		417164006.27	976998676.15
四、汇率变动对现金及现金等价物的影响		2418.61	－844562.82
五、现金及现金等价物净增加额		－489869444.98	468001022.33
加：期初现金及现金等价物余额		878729051.19	410728028.86
六、期末现金及现金等价物余额		388859606.21	878729051.19

法定代表人：张振勇　主管会计工作负责人：何志国　会计机构负责人：徐丽锋

母公司现金流量表

2009 年 1～12 月

（单位：元）

项　　目	附注	本期金额	上期金额
一、经营活动产生的现金流量：			
销售商品、提供劳务收到的现金		7721463926.70	8072936460.56
收到的税费返还		20278502.42	52189991.44
收到其他与经营活动有关的现金		166194152.69	13015807.60
经营活动现金流入小计		7907936581.81	8138142259.60
购买商品、接受劳务支付的现金		7166906762.44	6926138407.75
支付给职工以及为职工支付的现金		306629668.72	282403958.68
支付的各项税费		240985903.80	355658548.36
支付其他与经营活动有关的现金		165687026.38	139925000.11
经营活动现金流出小计		7880209361.34	7704125914.90
经营活动产生的现金流量净额		27727220.47	434016344.70
二、投资活动产生的现金流量：			
收回投资收到的现金			
取得投资收益收到的现金		546981.30	
处置固定资产、无形资产和其他长期资产收回的现金净额			
处置子公司及其他营业单位收到的现金净额			
收到其他与投资活动有关的现金		8155501.41	8010682.66
投资活动现金流入小计		8702482.71	8010682.66
购建固定资产、无形资产和其他长期资产支付的现金		332781162.19	914937680.78
投资支付的现金		60000000.00	
取得子公司及其他营业单位支付的现金净额		500000000.00	19753454.75
支付其他与投资活动有关的现金			
投资活动现金流出小计		892781162.19	934691135.53
投资活动产生的现金流量净额		－884078679.48	－926680452.87
三、筹资活动产生的现金流量：			
吸收投资收到的现金			
取得借款收到的现金		1921630771.81	1170000000.00
收到其他与筹资活动有关的现金			
筹资活动现金流入小计		1921630771.81	1170000000.00
偿还债务支付的现金		1340000000.00	230000000.00
分配股利、利润或偿付利息支付的现金		137012113.04	57468223.85
支付其他与筹资活动有关的现金			
筹资活动现金流出小计		1477012113.04	287468223.85
筹资活动产生的现金流量净额		444618658.77	882531776.15
四、汇率变动对现金及现金等价物的影响		2418.61	－844562.82
五、现金及现金等价物净增加额		－411730381.63	389023105.16
加：期初现金及现金等价物余额		782292157.90	393269052.74
六、期末现金及现金等价物余额		370561776.27	782292157.90

法定代表人：张振勇　主管会计工作负责人：何志国　会计机构负责人：徐丽锋

合并所有者权益变动表

2009年1～12月

（单位：元）

项目	本期金额									
	归属于母公司所有者权益								少数股东权益	所有者权益合计
	实收资本（或股本）	资本公积	减：库存股	专项储备	盈余公积	一般风险准备	未分配利润	其他		
一、上年年末余额	804002200.00	－345874.02			542958422.82		1504319169.99			2850933918.79
加：会计政策变更				98753532.09	－104733070.97		12070838.80			6091299.92
前期差错更正										
其他										
二、本年年初余额	804002200.00	－345874.02		98753532.09	438225351.85		1516390008.79			2857025218.71
三、本期增减变动金额（减少以“－”号填列）		3547500.00		－12382922.42	30853487.37		227211173.30			249229238.25
（一）净利润							298264815.41			298264815.41
（二）其他综合收益		3547500.00								3547500.00
上述（一）和（二）小计		3547500.00					298264815.41			301812315.41
（三）所有者投入和减少资本										
1. 所有者投入资本										
2. 股份支付计入所有者权益的金额										
3. 其他										
（四）利润分配					30853487.37		－71053642.11			－40200154.74
1. 提取盈余公积					30853487.37		－30853487.37			
2. 提取一般风险准备										
3. 对所有者（或股东）的分配							－40200154.74			－40200154.74

续表

项　　目	本　期　金　额									
	归属于母公司所有者权益								少数股东权益	所有者权益合计
	实收资本（或股本）	资本公积	减:库存股	专项储备	盈余公积	一般风险准备	未分配利润	其他		
4. 其他										
（五）所有者权益内部结转										
1. 资本公积转增资本（或股本）										
2. 盈余公积转增资本（或股本）										
3. 盈余公积弥补亏损										
4. 其他										
（六）专项储备				-12382922.42						-12382922.42
1. 本期提取				28976372.11						28976372.11
2. 本期使用				-41359294.53						-41359294.53
四、本期期末余额	804002200.00	3201625.98		86370609.67	469078839.22		1743601182.09			3106254456.96

项　　目	上年同期金额									
	归属于母公司所有者权益								少数股东权益	所有者权益合计
	实收资本（或股本）	资本公积	减:库存股	专项储备	盈余公积	一般风险准备	未分配利润	其他		
一、上年年末余额	523900000.00	616912646.10			540535642.17		1663574945.68			3344923233.95
加：会计政策变更				74388332.42	-78540481.32		4152148.90			
前期差错更正										
其他										
二、本年年初余额	523900000.00	616912646.10		74388332.42	461995160.85		1667727094.58			3344923233.95
三、本期增减变动金额（减少以“-”号填列）	280102200.00	-617258520.12		24365199.67	-23769809.00		-151337085.79			-487898015.24

续表

项目	上年同期金额									
	归属于母公司所有者权益								少数股东权益	所有者权益合计
	实收资本（或股本）	资本公积	减:库存股	专项储备	盈余公积	一般风险准备	未分配利润	其他		
（一）净利润							338033741.65			338033741.65
（二）其他综合收益		-18910036.02								-18910036.02
上述（一）和（二）小计		-18910036.02					338033741.65			319123705.63
（三）所有者投入和减少资本	128171200.00	-148252134.26								-20080934.26
1. 所有者投入资本	128171200.00									128171200.00
2. 股份支付计入所有者权益的金额										
3. 其他		-148252134.26								-148252134.26
（四）利润分配							-17288696.54			-17288696.54
1. 提取盈余公积										
2. 提取一般风险准备										
3. 对所有者（或股东）的分配							-17288696.54			-17288696.54
4. 其他										
（五）所有者权益内部结转	151931000.00	-450096349.84			-23769809.00		-472082130.90			-794017289.74
1. 资本公积转增资本（或股本）										
2. 盈余公积转增资本（或股本）										
3. 盈余公积弥补亏损										
4. 其他	151931000.00	-450096349.84			-23769809.00		-472082130.90			-794017289.74
（六）专项储备				24365199.67						24365199.67
1. 本期提取				41502431.38						41502431.38
2. 本期使用				-17137231.71						-17137231.71
四、本期期末余额	804002200.00	-345874.02		98753532.09	438225351.85		1516390008.79			2857025218.71

法定代表人：张振勇　主管会计工作负责人：何志国　会计机构负责人：徐丽锋

母公司所有者权益变动表

2009年1～12月

（单位：元）

项目	本期金额							
	实收资本（或股本）	资本公积	减：库存股	专项储备	盈余公积	一般风险准备	未分配利润	所有者权益合计
一、上年年末余额	804002200.00	289068879.86			433124107.51		1304978453.88	2831173641.25
加：会计政策变更								
前期差错更正								
其他								
二、本年年初余额	804002200.00	289068879.86			433124107.51		1304978453.88	2831173641.25
三、本期增减变动金额（减少以“－”号填列）		3547500.00			25447222.95		188824851.85	217819574.80
（一）净利润							254472229.54	254472229.54
（二）其他综合收益		3547500.00						3547500.00
上述（一）和（二）小计		3547500.00					254472229.54	258019729.54
（三）所有者投入和减少资本								
1. 所有者投入资本								
2. 股份支付计入所有者权益的金额								
3. 其他								
（四）利润分配					25447222.95		－65647377.69	－40200154.74
1. 提取盈余公积					25447222.95		－25447222.95	
2. 提取一般风险准备							－40200154.74	－40200154.74
3. 对所有者（或股东）的分配								
4. 其他								
（五）所有者权益内部结转								
1. 资本公积转增资本（或股本）								
2. 盈余公积转增资本（或股本）								
3. 盈余公积弥补亏损								
4. 其他								
（六）专项储备								
1. 本期提取								
2. 本期使用								
四、本期期末余额	804002200.00	292616379.86			458571330.46		1493803305.73	3048993216.05

续表

项　　目	上年同期金额							
	实收资本（或股本）	资本公积	减：库存股	专项储备	盈余公积	一般风险准备	未分配利润	所有者权益合计
一、上年年末余额	523900000.00	456791014.12			433455706.12		1539642627.18	2953789347.42
加：会计政策变更					-331598.61		-2984387.50	-3315986.11
前期差错更正								
其他								
二、本年年初余额	523900000.00	456791014.12			433124107.51		1536658239.68	2950473361.31
三、本期增减变动金额（减少以“-”号填列）	280102200.00	-167722134.26					-231679785.80	-119299720.06
（一）净利润							-62460089.26	-62460089.26
（二）其他综合收益		-19470000.00						-19470000.00
上述（一）和（二）小计		-19470000.00					-62460089.26	-81930089.26
（三）所有者投入和减少资本	128171200.00	-148252134.26						-20080934.26
1. 所有者投入资本	128171200.00							128171200.00
2. 股份支付计入所有者权益的金额								
3. 其他		-148252134.26						-148252134.26
（四）利润分配							-17288696.54	-17288696.54
1. 提取盈余公积								
2. 提取一般风险准备								
3. 对所有者（或股东）的分配							-17288696.54	-17288696.54
4. 其他								
（五）所有者权益内部结转	151931000.00						-151931000.00	
1. 资本公积转增资本（或股本）								
2. 盈余公积转增资本（或股本）								
3. 盈余公积弥补亏损								
4. 其他	151931000.00						-151931000.00	
（六）专项储备								
1. 本期提取								
2. 本期使用								
四、本期期末余额	804002200.00	289068879.86			433124107.51		1304978453.88	2831173641.25

法定代表人：张振勇　主管会计工作负责人：何志国　会计机构负责人：徐丽锋

9.3　主要会计政策、会计估计的变更

9.3.1　会计政策变更

（单位：元）

会计政策变更的内容和原因	审批程序	受影响的报表项目名称	影响金额
2008年度以前，矿山安全生产费、维简费按照相关规定从“未分配利润－专项储备”中列支。现根据《企业会计准则解释第3号》（财会[2009]8号）文等相关规定，提取的安全生产费、维简费计入相关产品的成本或当期损益	经第四届董事会第十三次会议审议通过	调增2007年专项储备	74388332.42
		调增2007年未分配利润	4152148.90
		调减2007年盈余公积	－78540481.32
		调增2008年专项储备	24365199.67
		调增2008年未分配利润	7918689.90
		调减2008年盈余公积	－26192589.65
		调减2008年应交税费	－6091299.92
		调增2008年营业成本	41502431.38
		调减2008年管理费用	－17137231.71
		调减2008年所得税费用	－6091299.92
		调减2008年净利润	－18273899.75

9.3.2　会计估计变更

（单位：元）

会计估计变更的内容和原因	审批程序	受影响的报表项目名称	影响金额
根据新《企业所得税法》的相关规定，结合公司实际情况，公司决定从2009年1月1日起对新增加的固定资产不再执行财政部、国家税务总局《关于落实振兴东北老工业基地企业所得税优惠政策的通知》加速折旧方法，改为年限平均法。本年度固定资产原值增加975416354.05元，此估计变更当年少提折旧38474400.94元，利润总额增加38474400.94元	经第四届董事会第十三次会议审议通过	2009年固定资产折旧	－38474400.94
		2009年度利润总额	38474400.94

9.4　本报告期无前期会计差错更正

9.5　企业合并及合并财务报表

9.5.1　合并范围发生变更的说明

根据公司第四届董事会第九次会议决议，设立全资子公司凌钢股份北票钢管有限公司，依据《企业会计准则第38号－合并财务报表》规定，将其纳入报表合并范围。

9.5.2　本期新纳入合并范围的主体和本期不再纳入合并范围的主体

本期新纳入合并范围的子公司、特殊目的主体、通过受托经营或承租等方式形成控制权的经营实体。

（单位：元）

名　　称	期末净资产	本期净利润
凌钢股份北票钢管有限公司	59758855.95	－241144.05

凌源钢铁股份有限公司2010年年度报告摘要

1　重要提示

1.1　本公司董事会、监事会及董事、监事、高级管理人员保证本报告所载资料不存在任何虚假记载、误导性陈述或者重大遗漏，并对其内容的真实性、准确性和完整性承担个别及连带责任。

本年度报告摘要摘自年度报告全文，投资者欲了解详细内容，应当仔细阅读年度报告全文。

1.2 公司全体董事出席董事会会议。

1.3 华普天健会计师事务所（北京）有限公司为本公司出具了标准无保留意见的审计报告。

1.4 是否存在被控股股东及其关联方非经营性占用资金情况?

否

1.5 是否存在违反规定决策程序对外提供担保的情况?

否

1.6 公司负责人张振勇、主管会计工作负责人何志国及会计机构负责人（会计主管人员）徐丽锋声明：保证年度报告中财务报告的真实、完整。

2 公司基本情况简介

2.1 基本情况简介

股票简称	凌钢股份
股票代码	600231
股票上市交易所	上海证券交易所
公司注册地址和办公地址	辽宁省凌源市钢铁路3号
邮政编码	122500
公司国际互联网网址	http://www.lggf.com.cn
电子信箱	lggf_zqb@yahoo.com.cn

2.2 联系人和联系方式

项　目	董事会秘书	证券事务代表
姓　名	文　广	王宝杰
联系地址	辽宁省凌源市钢铁路3号凌源钢铁股份有限公司证券法律事务部	辽宁省凌源市钢铁路3号凌源钢铁股份有限公司证券法律事务部
电　话	0421－6838192	0421－6838259
传　真	0421－6831910	0421－6831910
电子信箱	wen600231403@sohu.com	lggf_zqb@yahoo.com.cn

3 会计数据和业务数据摘要

3.1 主要会计数据

（单位：元）

主要会计数据	2010年	2009年	本期比上年同期增减/%	2008年
营业收入	12857743877.08	9508189471.49	35.23	9174597120.07
利润总额	699780207.54	399483146.61	75.17	421345299.17
归属于上市公司股东的净利润	596262595.88	298264815.41	99.91	338033741.65
归属于上市公司股东的扣除非经常性损益的净利润	594639578.20	284771798.11	108.81	5243964.17
经营活动产生的现金流量净额	561258814.18	23132354.20	2326.29	559550922.50

续表

主要会计数据	2010 年末	2009 年末	本期末比上年同期末增减/%	2008 年末
总资产	8059270346.36	6848095356.50	17.69	6329446999.51
所有者权益（或股东权益）	3717916481.21	3106254456.96	19.69	2857025218.71

3.2　主要财务指标

主要财务指标	2010 年	2009 年	本期比上年同期增减/%	2008 年
基本每股收益（元/股）	0.74	0.37	99.91	0.42
稀释每股收益（元/股）	0.74	0.37	99.91	0.42
扣除非经常性损益后的基本每股收益（元/股）	0.74	0.35	108.81	0.01
加权平均净资产收益率（%）	17.71	10.01	增加 7.70	8.67
扣除非经常性损益后的加权平均净资产收益率（%）	17.66	9.56	增加 8.10	0.17
每股经营活动产生的现金流量净额（元/股）	0.70	0.03	2326.29	0.70
主要财务指标	2010 年末	2009 年末	本期末比上年同期末增减/%	2008 年末
归属于上市公司股东的每股净资产（元/股）	4.62	3.86	19.69	3.55

3.3　扣除非经常性损益项目

√适用　□不适用

（单位：元）

项　　目	金　　额
非流动资产处置损益	-14436596.32
计入当期损益的政府补助（与企业业务密切相关，按照国家统一标准定额或定量享受的政府补助除外）	17745238.00
除上述各项之外的其他营业外收入和支出	-1144618.10
所得税影响额	-541005.90
合　计	1623017.68

3.4　采用公允价值计量的项目

采用公允价值计量的项目　　（单位：万元）

项 目 名 称	期初余额	期末余额	当期变动	对当期利润的影响金额
可供出售金融资产	1221	4048	2827	0
合　计	1221	4048	2827	0

4　股本变动及股东情况

4.1　股份变动情况表

□适用　√不适用

限售股份变动情况表

□适用　√不适用

4.2　股东数量和持股情况

（单位：股）

报告期末股东总数		73336 户			
前十名股东持股情况					
股　东　名　称	股东性质	持股比例/%	持股总数	持有有限售条件股份数量	质押或冻结的股份数量
凌源钢铁集团有限责任公司	国家	53.67	431473247	431473247	冻结 15480000
中国人寿保险股份有限公司－分红－个人分红－005L－FH002 沪	其他	0.99	7956900	0	无
海通－中行－FORTIS BANK SA/NV	其他	0.96	7725995	0	无
林曙阳	境内自然人	0.64	5132200	0	无
中国工商银行－博时第三产业成长股票证券投资基金	其他	0.62	4999920	0	无
刘伯新	境内自然人	0.57	4559000	0	无
中国工商银行股份有限公司－诺安中小盘精选股票型证券投资基金	其他	0.56	4485701	0	无
中国建设银行－上投摩根中国优势证券投资基金	其他	0.54	4345141	0	无
凌钢物资综合开发公司	其他	0.42	3411161	0	无
中国建设银行－华富竞争力优选混合型证券投资基金	其他	0.41	3299911	0	无

前十名无限售条件股东持股情况		
股　东　名　称	持有无限售条件股份的数量	股份种类及数量
中国人寿保险股份有限公司－分红－个人分红－005L－FH002 沪	7956900	人民币普通股 7956900
海通－中行－FORTIS BANK SA/NV	7725995	人民币普通股 7725995
林曙阳	5132200	人民币普通股 5132200
中国工商银行－博时第三产业成长股票证券投资基金	4999920	人民币普通股 4999920
刘伯新	4559000	人民币普通股 4559000
中国工商银行股份有限公司－诺安中小盘精选股票型证券投资基金	4485701	人民币普通股 4485701
中国建设银行－上投摩根中国优势证券投资基金	4345141	人民币普通股 4345141
凌钢物资综合开发公司	3411161	人民币普通股 3411161
中国建设银行－华富竞争力优选混合型证券投资基金	3299911	人民币普通股 3299911
长城－中行－景顺资产管理有限公司－景顺中国系列基金	2419137	人民币普通股 2419137

4.3　控股股东及实际控制人情况介绍

4.3.1　控股股东及实际控制人变更情况

□适用　√不适用

4.3.2　控股股东及实际控制人具体情况介绍

（1）控股股东及实际控制人具体情况介绍。

控股股东名称：凌源钢铁集团有限责任公司

法人代表：张振勇

注册资本：8 亿元

成立日期：1998 年 7 月 14 日

主要经营业务或管理活动：授权范围内的国有资产经营；黑色金属及副产品采选、冶炼、加工、销售；机械加工、电力、运输、冶金设计、安装、劳务及第三产业开发；自产生铁、钢坯、钢材、焦化产品出口；本企业生产、科研所需的原辅材料、机械设备、仪器、仪表、零配件进口。

公司实际控制人为朝阳市国有资产监督管理委员会。

（2）控股股东情况。

○ 法人

名　　称	凌源钢铁集团有限责任公司
单位负责人或法定代表人	张振勇
成立日期	1998 年 7 月 14 日
注册资本	8 亿元
主要经营业务或管理活动	授权范围内的国有资产经营；黑色金属及副产品采选、冶炼、加工、销售；机械加工、电力、运输、冶金设计、安装、劳务及第三产业开发；自产生铁、钢坯、钢材、焦化产品出口；本企业生产、科研所需的原辅材料、机械设备、仪器、仪表、零配件进口

4.3.3　公司与实际控制人之间的产权及控制关系的方框图

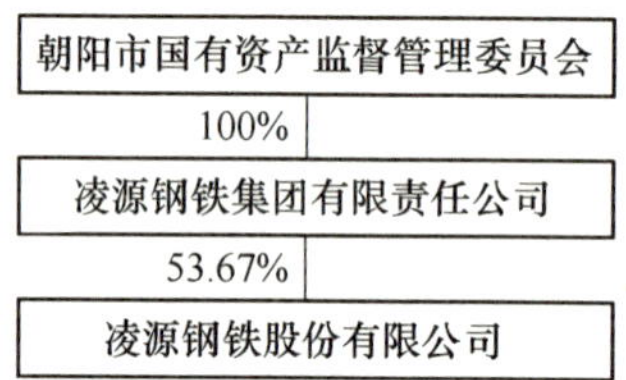

4.3.4　实际控制人通过信托或其他资产管理方式控制公司

□适用　√不适用

5　董事、监事和高级管理人员

董事、监事和高级管理人员持股变动及报酬情况。

（单位：股）

姓名	职务	性别	年龄	任期起始日期	任期终止日期	年初持股数	年末持股数	变动原因	报告期内从公司领取的报酬总额（万元）（税前）	是否在股东单位或其他关联单位领取报酬、津贴
张振勇	董事长	男	50	2008 年 11 月 8 日	2011 年 11 月 8 日	308026	393026	二级市场买卖	15.38	是
郝志强	副董事长	男	52	2008 年 11 月 8 日	2011 年 11 月 8 日	216136	216136		8.27	是
卢亚东	董事	男	50	2008 年 11 月 8 日	2011 年 11 月 8 日	0	1000	二级市场买卖	5.23	是
张玺才	董事	男	56	2008 年 11 月 8 日	2011 年 11 月 8 日	37410	37410		5.23	是
苏　辉	总经理	男	45	2009 年 2 月 26 日	2011 年 11 月 8 日	0	0		63.43	否
苏　辉	董事	男	45	2009 年 4 月 14 日	2011 年 11 月 8 日					
文　广	董事会秘书	男	37	2009 年 3 月 22 日	2011 年 11 月 8 日	0	0		40.55	否
文　广	董事	男	37	2010 年 8 月 31 日	2011 年 11 月 8 日	0	0			
汪　琦	独立董事	男	50	2008 年 11 月 8 日	2011 年 11 月 8 日	0	0		7.79	否

续表

姓名	职务	性别	年龄	任期起始日期	任期终止日期	年初持股数	年末持股数	变动原因	报告期内从公司领取的报酬总额（万元）（税前）	是否在股东单位或其他关联单位领取报酬、津贴
张先治	独立董事	男	53	2008年11月8日	2011年11月8日	0	0		7.79	否
唐国林	独立董事	男	48	2008年11月8日	2011年11月8日	0	0		7.79	否
苑成德	监事会主席	男	61	2008年11月8日	2010年8月13日	270000	270000		5.23	是
王彦廷	董事	男	55	2008年11月8日	2010年8月14日	3406	3406		5.23	是
王彦廷	监事会主席	男	55	2010年8月31日	2011年11月8日					
侯柏英	监事	男	48	2008年11月8日	2011年11月8日	5160	5160		2.48	是
刘　威	监事	男	47	2008年11月8日	2011年11月8日	0	0		25.71	否
毛凤海	副总经理	男	50	2009年2月26日	2011年11月8日	0	0		51.44	否
闫清军	副总经理	男	47	2008年11月8日	2011年11月8日	0	0		54.90	否
何志国	总会计师	男	35	2008年11月8日	2011年11月8日	851	851		43.76	否
合　计						840989	926989		350.21	

6 董事会报告

6.1 管理层讨论与分析

报告期内公司经营情况的回顾：

报告期，面对复杂的经济环境和市场形势，公司深入贯彻落实科学发展观，努力转变发展方式，扎实开展对标挖潜、降本增效和优化产品结构，生产经营、发展改造等各项工作都取得了显著成效。全年完成钢344万吨，同比增长11.97%；铁310万吨，同比增长6.71%；钢材340万吨，同比增长12.95%。实现营业收入128.6亿元，同比增长35.23%；实现利润总额69978万元，同比增长75.2%；实现净利润59626万元，同比增长99.9%。

第一，统筹协调，科学组织，生产经营运行效率和质量明显提高。铁系统以高炉为中心，动态优化，协调运行，实现了稳产、低耗、高效。钢系统不断适应高强度、快节奏生产，努力节铁增钢，达到了日产万吨钢水平。轧材系统以效益最大化组织生产，2号棒材产量连续创出最高纪录。高线机组投产当月就实现了月达产，创造了同类机组最快的达产速度。中宽热带以品种钢开发为重点，努力提高质量、降低成本。

第二，加强管理，不断深化对标挖潜、降本增效工作。年初制定了对标挖潜三年规划，并将子公司纳入了公司统一的对标管理体系，共计确定了85个对标指标。通过不断加强管理和推进技术创新，抓住关键工序，攻克重点指标，取得显著成效。到年末，已消灭了行业平均水平以下指标。在31个具有行业可比性的技术指标中，有25个达到行业平均先进水平，19个达到行业先进水平，8个指标位居行业前3名，完成了对标挖潜三年规划的进度计划。

第三，不断推进技术创新，加大产品结构调整力度，品种钢开发取得明显成效。重点开发了中宽热带中高碳钢新产品，通过工艺设计、生产跟踪、分析改进，全年共研发了9个新品种，基本形成了中宽热带中高碳钢产品系列化；积极推进高强度抗震钢筋品种开发，提高了产品档次，HRB400E顺利通过了省级新产品鉴定，HRB500E成功打入了京沪高铁等重点工程，高强度抗震钢筋产量已经占到了全部钢筋产量的45%；通过优化工艺，在确保质量的前提下，注重成本的降低，进一步提高了品种钢的市场竞争力。全年生产品种钢材158.5万吨，同比增长60.6%。实现销售158.3万吨，同比增长67.3%。产销率达到99.9%。

第四，不断适应市场变化，努力向经营环节要效益。充分利用资金优势，实行保价销售，通过动态调整销售节奏增加效益1.1亿元。利用品牌和信誉优势，积极开发重点工程市场，全年向京沪高铁、哈大、京石客运专线等重点工程销售钢材42万吨，被哈大、京石、京沪高速铁路客运专线项目部评为优秀供应商。积极扩大产品出口，全年累计出口钢材3.2万吨，创汇2020万美元。“菱圆”牌螺纹钢注册成为上海期货交易所螺纹钢期货交割品牌，进一步提高了产品的知名度。

第五，继续加大技术改造力度，完善配套现有能力。50万吨高速线材、1号高炉扩容改造、4号铸机和七机七流铸机改造、北票钢管改造全部按期或提前竣工投产，保国铁矿副井工程已于2010年6月份开工。

第六，不断推进管理创新，各项基础管理水平进一步提升。深化“严、细、实”管理，建立健全安全管理制度，保持了总体稳定。质量管理顺利通过了质量体系认证的复评审核。完善了入厂资材检验制度，形成了规范的资材检验管理程序。成立了物资配送中心，实现了资源的高效配置，降低了运行成本。

（1）利润构成情况。

项　目	金额/千元		占利润总额的比例/%		
	报告期	上年同期	报告期	上年同期	增　减
利润总额	699780	399483			
营业利润	697616	381492	99.69	95.50	4.19
期间费用	563752	471811	80.56	118.11	-37.55
投资收益	328	609	0.05	0.15	-0.10
营业外收支净额	2164	17991	0.31	4.50	-4.19
所得税	103518	101218	14.79	25.34	-10.55
资产减值损失	59784	51720	8.54	12.95	-4.41

报告期期间费用占利润总额的比例较上年减少37.55个百分点，主要是报告期利润总额增幅大于期间费用增幅。

（2）生产经营的主要产品及市场占有率情况的说明。

产 品 类 别	市场占有率/%
棒　材	2.79
螺纹钢	1.43
热轧带钢	1.02

（3）占营业收入或营业利润总额10%以上的主要产品。

（单位：元）

分行业或分产品	营业收入	营业成本	毛利率/%
黑色金属冶炼及压延加工	12168078382.67	10848576399.56	10.84

（4）费用情况。

（单位：千元）

项　目	报告期	上年同期	增减/%	说　　明
销售费用	152577	84565	80.43	主要是运输费增加
管理费用	365057	310582	17.54	
财务费用	46119	76665	-39.84	主要是收取承兑汇票贴息增加
所得税费用	103518	101218	2.27	

（5）现金流量构成情况。

（单位：千元）

项　　目	报告期	上年同期	增减/%	说　　明
一、经营活动产生的现金流量净额	561259	23132	2326.33	主要是报告期产品产销量增加和盈利水平提高，销售收入增加
二、投资活动产生的现金流量净额	-810110	-930168	12.91	
三、筹资活动产生的现金流量净额	463205	417164	11.04	
四、现金及现金等价物净增加额	216490	-489869	144.19	主要是报告期经营活动产生的现金流量净额大幅增加

（6）主要子公司的经营情况及业绩分析。

1）凌钢股份北票保国铁矿有限公司。

公司持有凌钢股份北票保国铁矿有限公司100%股权，该公司成立于1998年9月15日，企业性质为有限责任公司，注册资本为4614万元，公司地址为辽宁省北票市宝国老镇韩古屯村，法定代表人毛凤海，营业执照注册号211381004007605，经营范围如下：黑色金属矿石开采（经营期限至2025年6月17日）；黑色金属矿石洗选及深加工；冶金机械制造及备件加工；冶金项目的科研、设计、安装及管理；公路运输；铁矿石及铁精粉收购；食宿服务（分公司经营）。2010年，该公司完成铁精矿87.3万吨，同比降低5.16%；实现营业收入91523万元，同比增长53.14%；实现利润总额26418万元，同比增长270.01%；实现净利润19813万元，同比增长272.68%。至2010年末，该公司拥有总资产13.43亿元、净资产10.66亿元。

2）凌钢股份北票钢管有限公司。

公司持有凌钢股份北票钢管有限公司100%股权，该公司成立于2009年9月8日，性质为有限责任公司，注册资本6000万元，地址为辽宁省北票经济开发区冶金工业园区，法定代表人为苏辉，营业执照注册号：211381004014162。经营范围如下：钢管及副产品生产、经营、开发；经营产品的进出口业务；机械制造及备件加工，机械设备安装、技术研究及新产品开发；钢带、钢板加工；经营本企业生产科研所需原辅材料及副产品；第三产业项目开发。2010年，该公司生产焊管7.3万吨；实现营业收入25081万元，亏损1459万元。至2010年末，该公司拥有总资产3.4亿元、净资产4517万元。

3）沈阳凌钢钢材销售有限公司。

公司持有沈阳凌钢钢材销售有限公司100%股权，该公司成立于2001年4月2日，性质为有限责任公司，注册资本50万元，地址为沈阳市和平区和平北大街108号，法定代表人为苏辉，营业执照注册号：210102000018331。经营范围如下：金属材料，建筑材料批发及零售。2010年，该公司实现营业收入98823万元，同比增长60.10%；实现利润总额818万元，同比增长27.36%；实现净利润597万元，同比增长26.77%。至2010年末，该公司拥有总资产4576万元、净资产1607万元。

4）凌钢（大连）钢材经销有限公司。

公司持有凌钢（大连）钢材经销有限公司100%股权，该公司成立于1989年9月12日，性质为有限责任公司，注册资本为51万元，地址为大连开发区五彩城B区9栋7号，法定代表人为苏辉，营业执照注册号：2102411101481，经营范围如下：为主办单位提供生产用原材料，销售主办单位产品。2010年，该公司实现营业收入81571万元，同比增长59.86%；实现利润总额368万元，同比增长62.84%；实现净利润263万元，同比增长68.22%。至2010年末，该公司拥有总资产4611万元、净资产1108万元。

5）凌钢锦州钢材经销有限公司。

公司持有凌钢锦州钢材经销有限公司100%股权，该公司成立于2007年10月12日，性质为有限责任公司，注册资本为100万元，地址为辽宁省锦州市锦州经济开发区锦港大街，法定代表人为苏辉，营业执照注册号：210700004028674，经营范围如下：钢材、建筑材料销售。2010年，该公司实现营业收入65123万元，同比增长53.06%；实现利润总额321万元，同比增长153.72%；实现净利润234万元，同比增长151.51%。至2010年末，该公司拥有总资产5521万元、净资产712万元。

6）北京凌钢物资供销有限公司。

公司持有北京凌钢物资供销有限公司100%股权，该公司成立于2000年9月21日，性质为有限责任公司，注册资本为50万元，公司地址为北京市海淀区西三旗建材城中路1号甲7号楼3层324室，法定代表人为苏辉，营业执照注册号：11010811683024，经营范围如下：购销金属材料，建筑材料，五金交电，化工产品（不含危险化学品及一类易制毒化学品）、木材、计算机及外围设备、机械电器设备，展览展示信息咨询（除中介服务）、技术开发、转让、咨询服务。2010年，该公司实现营业收入54444万元，同比增长173.13%；实现利润总额337万元，同比增长550.20%；实现净利润245万元，同比增长519.04%。至2010年末，该公司拥有总资产5537万元、净资产379万元。

（7）主要供应商、客户情况。

（单位：万元）

前五名供应商采购金额合计	452139	占采购总额的比重/%	37.70
前五名销售客户销售金额合计	185820	占销售总额的比重/%	14.45

（8）公司的行业地位及经营的连续性和稳定性。

公司属中等规模的钢铁联合企业，主导产品有稳定的市场和用户。在国内中等宽度热轧带钢生产上，公司的质量保证能力、品种开发能力和产能等诸方面都处于领先地位；螺纹钢是国家免检产品，并已成为上海期货交易所螺纹钢期货注册交割品牌，钢管产品通过了美国石油协会API认证。公司先后被授予国家级守合同重信用企业和全国质量管理先进企业称号。公司所在的朝阳地区蕴藏有丰富的铁矿资源，能够长期满足公司的原料需求。

（9）完成经营计划情况。

公司年初拟订的经营计划为钢产量330万吨，实际完成344万吨，同比增长11.97%；计划营业收入110亿元，实际完成128.6亿元，同比增长35.23%，均超额完成经营计划。

6.2 主营业务分行业、分产品情况表

（单位：元）

分行业或分产品	营业收入	营业成本	营业利润率/%	营业收入比上年增减/%	营业成本比上年增减/%	营业利润率比上年增减/%
分　行　业						
黑色金属冶炼及压延加工	12168078382.67	10848576399.56	10.60	34.37	33.48	增加0.66
分　产　品						
焊接钢管	221488774.85	233229165.29	-5.30	4.98	10.75	减少4.51
棒　材	7935428247.30	6774912290.31	14.34	28.99	28.22	增加0.57
中宽热带	3348012294.66	3164362263.16	5.31	31.38	27.37	增加3.05
连铸钢坯	65460812.56	64561961.11	1.20	41.31	41.05	增加0.33
中宽冷带	243551912.97	254971612.64	-4.88	196.28	188.33	增加2.92
线　材	317468608.87	320472563.79	-1.10			

6.3 主营业务分地区情况表

（单位：元）

地 区	营 业 收 入	营业收入比上年增减/%
东北地区	4324022365.68	4.00
华北地区	5553488011.17	58.84
华东地区	1495566629.94	90.69
西北地区	230610223.87	34.15
其他地区	564391152.01	26.61
合 计	12168078382.67	34.37

6.4 募集资金使用情况

□适用 √不适用

变更项目情况

□适用 √不适用

6.5 非募集资金项目情况

√适用 □不适用

（单位：万元）

项 目 名 称	项目金额	项 目 进 度	项目收益情况
炼铁厂1号高炉大修改造	14900	报告期投入15671万元，累计投入16280万元。项目已完工	
方坯连铸机工程	9500	报告期投入8757万元，累计投入9158万元。项目已完工	
型材厂高速线材改造	28000	报告期投入26139万元，累计投入26426万元。项目已完工	
钢管生产线易地改造扩建	21500	报告期投入16064万元，累计投入22359万元。项目已完工	
铁蛋山副井工程	17664.72	报告期投入2215万元，累计投入2281万元，完成计划的12.91%	
黑山井建工程	11408	报告期投入1379万元，累计投入12707万元。项目已完工	
尾矿工程	3211	累计投入3239万元。项目已完工	
建设钢铁研发中心	8000	报告期投入1516万元，完成计划的18.95%	
保国铁矿新建办公楼、招待所	1500	报告期投入900万元，累计投入915万元。完成计划的61.02%	
保国铁矿混合矿澄清池改造工程	1350	报告期投入1424万元。项目已完工	
边家沟工程	6277.8	报告期投入1671万元，累计投入3074万元。完成计划的48.96%	
合 计	123311.52		

6.6 董事会对会计师事务所“非标准审计报告”的说明

□适用 √不适用

6.7 董事会本次利润分配或资本公积金转增股本预案

经华普天健会计师事务所（北京）有限公司审计后，公司2010年度合并报表实现的归属于母公司所有者的净利润为596262595.88元。本次年终分配拟以2010年12月31日总股本80400.22万股为基数，每10股派发现金股利0.40元（含税），计32160088.00元。

本次分配不进行资本公积金转增股本。

公司本报告期内盈利但未提出现金利润分配预案

□适用 √不适用

7 重要事项

7.1 收购资产

□适用　√不适用

7.2　出售资产

□适用　√不适用

7.3　重大担保

□适用　√不适用

7.4　重大关联交易

7.4.1　与日常经营相关的关联交易

√适用　□不适用

（单位：万元）

关联方	向关联方销售产品和提供劳务		向关联方采购产品和接受劳务	
	交易金额	占同类交易金额的比例/%	交易金额	占同类交易金额的比例/%
凌源钢铁集团有限责任公司	38429	69.93	307030	
凌钢集团北票矿业有限责任公司	3093	0.24	16817	4.58
凌钢集团朝阳焦化有限责任公司	3.4	0.005	16523	6.75
合　计	41525.4		340370	

其中：报告期内公司向控股股东及其子公司销售产品或提供劳务的关联交易金额415907581.65元。

7.4.2　关联债权债务往来

□适用　√不适用

7.4.3　报告期内资金被占用情况及清欠进展情况

□适用　√不适用

截至报告期末，上市公司未完成非经营性资金占用的清欠工作的，董事会提出的责任追究方案

□适用　√不适用

7.5　委托理财

□适用　√不适用

7.6　承诺事项履行情况

7.6.1　公司或持股5%以上股东在报告期内或持续到报告期内的承诺事项

√适用　□不适用

承诺事项	承诺内容	履行情况
收购报告书或权益变动报告书中所作承诺	凌钢集团承诺： （1）关于股份锁定期的承诺。“对于凌钢股份本次重大资产购买及发行股份购买资产暨关联交易（以下简称“本次发行”）中，本公司所取得的凌钢股份股票，本公司承诺自凌钢股份本次发行完成之日起36个月内不得上市交易或转让。” （2）股权收购补偿协议及其补充协议。“在本次重大资产重组完成后3年内，如果保国铁矿黑山采区、铁蛋山采区和边家沟采区（以下称‘3个采区’）每年的实际盈利数没有达到上述经核准的评估报告中所预计的当年净利润，则甲方将按照评估报告预计的净利润与实际盈利之间的差额向乙方承担全额补偿责任。”（3个采区预计的净利润为2008年6063.97万元、2009年10600.18万元、2010年15136.40万元）	凌钢集团严格履行了上述承诺

7.6.2　公司资产或项目存在盈利预测，且报告期仍处在盈利预测期间，公司就资产或项目是否达到原盈利预测及其原因作出说明

√适用　□不适用

2008年11月，公司通过重大资产重组收购了控股股东凌源钢铁集团有限责任公司（以下简称“凌钢集团”）全资子公司凌钢集团北票保国铁矿有限责任公司（以下简称“保国铁矿”）100%股权。在此次重大资产重组中，双方协议约定“在本次重大资产重组完成后3年内，如果保国铁矿黑山采区、铁蛋

山采区和边家沟采区（以下称‘3个采区’）每年的实际盈利数没有达到经核准的评估报告中所预计的当年净利润，则甲方将按照评估报告预计的净利润与实际盈利之间的差额向乙方承担全额补偿责任。（3个采区预计的净利润为2008年6063.97万元、2009年10600.18万元、2010年15136.40万元）”。

2008年，保国铁矿3个采矿区实际实现净利润为24155.19万元，3个采矿区实际实现净利润超出评估估算净利润18091.22万元，不存在需补偿的情形。

2009年，保国铁矿3个采矿区实际实现的净利润为5421.55万元，凌钢集团向公司支付了5178.63万元补偿款。

2010年，保国铁矿3个采矿区实现的净利润为19539.39万元，3个采矿区实际实现净利润超出评估估算利润4402.99万元，不存在需补偿的情形。至此，凌钢集团在2008年公司进行重大资产重组时所做的补偿承诺全部履行完毕。

7.7 重大诉讼仲裁事项

□适用 √不适用

7.8 其他重大事项及其影响和解决方案的分析说明

7.8.1 证券投资情况

□适用 √不适用

7.8.2 持有其他上市公司股权情况

√适用 □不适用

（单位：元）

证券代码	证券简称	最初投资成本	占该公司股权比例/%	期末账面价值	报告期损益	报告期所有者权益变动	会计核算科目	股份来源
000981	S＊ST兰光	8687784.00	1.37	12210000.00	0	0	可供出售金融资产	协议受让
601818	光大银行	12655500.00	0.0177	28270440.00	0	11711205.00	可供出售金融资产	增资入股
合计		21343284.00		40480440.00	0	11711205.00		

7.8.3 持有非上市金融企业股权情况

□适用 √不适用

7.8.4 买卖其他上市公司股份的情况

□适用 √不适用

7.9 公司是否披露内部控制的自我评价报告或履行社会责任的报告？

否

8 监事会报告

8.1 监事会对公司依法运作情况的独立意见

监事会认为，公司董事、经理和其他高级管理人员能够认真执行各项规章制度和股东大会、董事会的各项决议，恪尽职守，勤奋工作，面对复杂多变的经济环境和起伏不定的市场形势，深入贯彻落实科学发展观，努力转变发展方式，扎实开展深化对标挖潜、优化产品结构，生产经营取得了显著成效。公司建立了较完善的内部控制制度。未发现公司董事会决策不合法的问题，未发现董事、经理和其他高级管理人员执行公司职务时违反法律、法规和《公司章程》的行为，未发现董事、经理有损害公司利益的行为。

8.2 监事会对检查公司财务情况的独立意见

华普天健会计师事务所（北京）有限公司对公司2010年度财务报告进行了审计，出具了标准无保留意见的审计报告；监事会审核了经会计师事务所审计的公司会计报告，认为真实完整地反映了公司的财务状况和经营成果，减值准备计提、报废资产等会计处理符合《企业会计准则》的规定；审核了公司2010年度利润分配预案，认为符合《公司章程》及有关规定；核查了公司对外担保情况，认为公司不存在对外担保情况。

8.3 监事会对公司最近一次募集资金实际投入情况的独立意见

公司最近一次募集资金已于2002年投入完毕，此事项已在2002年度报告中进行了说明，报告期无募集资金使用项目。

8.4 监事会对公司收购、出售资产情况的独立意见

报告期，公司没有收购、出售资产情况。

8.5 监事会对公司关联交易情况的独立意见

报告期，公司与凌钢集团重新签订了《土地租赁协议》，与凌钢集团子公司赤峰廣山矿业有限公司签订《铁精矿供应协议》，并进一步理顺和规范了日常小额关联交易；监事会认为公司在关联交易中体现了公开、公平、公正的原则，不存在损害上市公司利益的情况。

9 财务会计报告

9.1 审计意见

财务报告	□未经审计	√审计
审计意见	√标准无保留意见	□非标意见

9.2 财务报表

合并资产负债表

2010年12月31日

编制单位：凌源钢铁股份有限公司 （单位：元）

项　　目	附注	期末余额	年初余额
流动资产：			
货币资金	五、1	605349187.80	464061226.21
结算备付金			
拆出资金			
交易性金融资产			
应收票据	五、2	891295300.93	848471095.68
应收账款	五、3	36653460.30	62485845.55
预付款项	五、4	266854535.00	495524118.60
应收保费			
应收分保账款			
应收分保合同准备金			
应收利息			
应收股利			
其他应收款	五、5	27749093.60	15052176.45
买入返售金融资产			
存货	五、6	2222853538.73	1412523893.41
一年内到期的非流动资产			
其他流动资产			
流动资产合计		4050755116.36	3298118355.90
非流动资产：			
发放委托贷款及垫款			

续表

项　　目	附注	期末余额	年初余额
可供出售金融资产	五、7	40480440.00	12210000.00
持有至到期投资			
长期应收款			
长期股权投资	五、8	15765610.83	32175548.89
投资性房地产			
固定资产	五、9	3508309036.28	3046755151.24
在建工程	五、10	116585006.85	159828287.84
工程物资	五、11	8466233.69	10435940.45
固定资产清理			
生产性生物资产			
油气资产			
无形资产	五、12	240593157.07	241934049.31
开发支出			
商誉			
长期待摊费用			
递延所得税资产	五、13	78315745.28	46638022.87
其他非流动资产			
非流动资产合计		4008515230.00	3549977000.60
资产总计		8059270346.36	6848095356.50
流动负债：			
短期借款	五、15	2126218266.45	1521636846.85
向中央银行借款			
吸收存款及同业存放			
拆入资金			
交易性金融负债			
应付票据	五、16	204000000.00	301000000.00
应付账款	五、17	1031947255.02	763966010.40
预收款项	五、18	442223252.89	230978394.00
卖出回购金融资产款			
应付手续费及佣金			
应付职工薪酬	五、19	108130490.84	100835708.87
应交税费	五、20	-61591328.90	-4671971.83
应付利息	五、21	669136.67	668250.00
应付股利			
其他应付款	五、22	168065438.11	490544512.08
应付分保账款			
保险合同准备金			
代理买卖证券款			
代理承销证券款			
一年内到期的非流动负债	五、23	110000000.00	

续表

项　　目	附注	期末余额	年初余额
其他流动负债	五、24	725669.74	
流动负债合计		4130388180.82	3404957750.37
非流动负债:			
长期借款	五、25	101000000.00	211000000.00
应付债券			
长期应付款	五、26	100255800.00	118314700.00
专项应付款			
预计负债			
递延所得税负债	五、13	4784289.00	880554.00
其他非流动负债	五、27	4925595.33	6687895.17
非流动负债合计		210965684.33	336883149.17
负债合计		4341353865.15	3741840899.54
所有者权益(或股东权益):			
实收资本(或股本)	五、28	804002200.00	804002200.00
资本公积	五、29	66699130.98	3201625.98
减:库存股			
专项储备	五、30	94552687.04	86370609.67
盈余公积	五、31	530185548.58	469078839.22
一般风险准备			
未分配利润	五、32	2222476914.61	1743601182.09
外币报表折算差额			
归属于母公司所有者权益合计		3717916481.21	3106254456.96
少数股东权益			
所有者权益合计		3717916481.21	3106254456.96
负债和所有者权益总计		8059270346.36	6848095356.50

法定代表人:张振勇　主管会计工作负责人:何志国　会计机构负责人:徐丽锋

母公司资产负债表

2010 年 12 月 31 日

编制单位：凌源钢铁股份有限公司　　　　（单位：元）

项　　目	附注	期末余额	年初余额
流动资产:			
货币资金		597735361.53	445763396.27
交易性金融资产			
应收票据		947194700.93	1020182354.14
应收账款	十一、1	104321629.84	37195227.10
预付款项		251718698.85	487021302.98
应收利息			
应收股利			
其他应收款	十一、2	24928176.68	6631392.71
存货		2014418237.29	1240195159.18

续表

项　　目	附注	期末余额	年初余额
一年内到期的非流动资产			
其他流动资产			
流动资产合计		3940316805.12	3236988832.38
非流动资产：			
可供出售金融资产		40480440.00	12210000.00
持有至到期投资			
长期应收款		208065218.11	34642585.45
长期股权投资	十一、3	883316643.07	899726581.13
投资性房地产			
固定资产		2627045974.10	2435194628.07
在建工程		47102290.69	47417127.89
工程物资		7627647.37	9029428.65
固定资产清理			
生产性生物资产			
油气资产			
无形资产		2648374.98	1154183.34
开发支出			
商誉			
长期待摊费用			
递延所得税资产		39743043.90	35134777.52
其他非流动资产			
非流动资产合计		3856029632.22	3474509312.05
资产总计		7796346437.34	6711498144.43
流动负债：			
短期借款		2076218266.45	1411636846.85
交易性金融负债			
应付票据		204000000.00	301000000.00
应付账款		1252152910.58	905282980.96
预收款项		365041462.95	258788668.97
应付职工薪酬		90157443.11	85465049.48
应交税费		-34926114.87	-1583034.90
应付利息		669136.67	668250.00
应付股利			
其他应付款		151969632.27	484094779.69
一年内到期的非流动负债		110000000.00	
其他流动负债			
流动负债合计		4215282737.16	3445353541.05
非流动负债：			
长期借款		101000000.00	211000000.00
应付债券			

续表

项　　目	附注	期末余额	年初余额
长期应付款			
专项应付款			
预计负债			
递延所得税负债		4784289.00	880554.00
其他非流动负债		4925595.33	5270833.33
非流动负债合计		110709884.33	217151387.33
负债合计		4325992621.49	3662504928.38
所有者权益(或股东权益)：			
实收资本(或股本)		804002200.00	804002200.00
资本公积		356113884.86	292616379.86
减:库存股			
专项储备			
盈余公积		499985655.34	458571330.46
一般风险准备			
未分配利润		1810252075.65	1493803305.73
所有者权益(或股东权益)合计		3470353815.85	3048993216.05
负债和所有者权益(或股东权益)总计		7796346437.34	6711498144.43

法定代表人:张振勇　主管会计工作负责人:何志国　会计机构负责人:徐丽锋

合并利润表

2010 年 1 ~ 12 月

（单位：元）

项　　目	附注	本期金额	上期金额
一、营业总收入	五、33	12857743877.08	9508189471.49
其中：营业收入	五、33	12857743877.08	9508189471.49
利息收入			
已赚保费			
手续费及佣金收入			
二、营业总成本	五、33	12160456007.22	9127305703.55
其中：营业成本	五、33	11507199110.89	8575596533.03
利息支出			
手续费及佣金支出			
退保金			
赔付支出净额			
提取保险合同准备金净额			
保单红利支出			
分保费用			
营业税金及附加	五、34	29720181.73	28177392.24
销售费用	五、35	152577017.65	84565149.79
管理费用	五、35	365056579.96	310581527.71
财务费用	五、35	46118692.84	76664745.33

续表

项　　目	附注	本期金额	上期金额
资产减值损失	五、36	59784424.15	51720355.45
加：公允价值变动收益（损失以"－"号填列）			
投资收益（损失以"－"号填列）	五、37	328314.10	608688.94
其中：对联营企业和合营企业的投资收益		36861.94	61707.64
汇兑收益（损失以"－"号填列）			
三、营业利润（亏损以"－"号填列）		697616183.96	381492456.88
加：营业外收入	五、38	19247584.08	22212299.34
减：营业外支出	五、39	17083560.50	4221609.61
其中：非流动资产处置损失		15153109.73	3000109.21
四、利润总额（亏损总额以"－"号填列）		699780207.54	399483146.61
减：所得税费用	五、40	103517611.66	101218331.20
五、净利润（净亏损以"－"号填列）		596262595.88	298264815.41
归属于母公司所有者的净利润		596262595.88	298264815.41
少数股东损益			
六、每股收益：			
（一）基本每股收益	五、41	0.74	0.37
（二）稀释每股收益	五、41	0.74	0.37
七、其他综合收益	五、42	11711205.00	3547500.00
八、综合收益总额		607973800.88	301812315.41
归属于母公司所有者的综合收益总额		607973800.88	301812315.41
归属于少数股东的综合收益总额			

法定代表人：张振勇　主管会计工作负责人：何志国　会计机构负责人：徐丽锋

母公司利润表

2010年1～12月

（单位：元）

项　　目	附注	本期金额	上期金额
一、营业收入	十一、4	12851337525.44	9497910347.54
减：营业成本	十一、4	11905758289.32	8714284079.03
营业税金及附加		18968870.68	22161593.21
销售费用		76360653.46	65980243.08
管理费用		297561369.04	256903108.98
财务费用		38885601.77	65695325.53
资产减值损失		60349335.29	51019565.87
加：公允价值变动收益（损失以"－"号填列）			
投资收益（损失以"－"号填列）	十一、5	328314.10	608688.94
其中：对联营企业和合营企业的投资收益		36861.94	61707.64
二、营业利润（亏损以"－"号填列）		453781719.98	322475120.78
加：营业外收入		17959134.98	21074232.37
减：营业外支出		15591974.18	3419868.65
其中：非流动资产处置损失		14797738.37	2809264.04

续表

项　　目	附注	本期金额	上期金额
三、利润总额(亏损总额以“－”号填列)		456148880.78	340129484.50
减：所得税费用		42005631.98	85657254.96
四、净利润(净亏损以“－”号填列)		414143248.80	254472229.54
五、每股收益：			
（一）基本每股收益		0.52	0.32
（二）稀释每股收益		0.52	0.32
六、其他综合收益		11711205.00	3547500.00
七、综合收益总额		425854453.80	258019729.54

法定代表人:张振勇　主管会计工作负责人:何志国　会计机构负责人:徐丽锋

合并现金流量表

2010 年 1～12 月

（单位：元）

项　　目	附注	本期金额	上期金额
一、经营活动产生的现金流量：			
销售商品、提供劳务收到的现金		10358968022.75	7924357779.52
客户存款和同业存放款项净增加额			
向中央银行借款净增加额			
向其他金融机构拆入资金净增加额			
收到原保险合同保费取得的现金			
收到再保险业务现金净额			
保户储金及投资款净增加额			
处置交易性金融资产净增加额			
收取利息、手续费及佣金的现金			
拆入资金净增加额			
回购业务资金净增加额			
收到的税费返还		15825924.13	20278502.42
收到其他与经营活动有关的现金	五、43	162405497.87	166977684.28
经营活动现金流入小计		10537199444.75	8111613966.22
购买商品、接受劳务支付的现金		9029268256.72	7133308806.04
客户贷款及垫款净增加额			
存放中央银行和同业款项净增加额			
支付原保险合同赔付款项的现金			
支付利息、手续费及佣金的现金			
支付保单红利的现金			
支付给职工以及为职工支付的现金		452344966.19	365766202.18
支付的各项税费		387647721.86	343641297.39
支付其他与经营活动有关的现金	五、43	106679685.80	245765306.41
经营活动现金流出小计		9975940630.57	8088481612.02
经营活动产生的现金流量净额		561258814.18	23132354.20
二、投资活动产生的现金流量：			

续表

项　　目	附注	本期金额	上期金额
收回投资收到的现金			
取得投资收益收到的现金		291452.16	546981.30
处置固定资产、无形资产和其他长期资产收回的现金净额		807221.13	41000.00
处置子公司及其他营业单位收到的现金净额			
收到其他与投资活动有关的现金	五、43	5401688.48	8382530.27
投资活动现金流入小计		6500361.77	8970511.57
购建固定资产、无形资产和其他长期资产支付的现金		509132077.39	439138735.63
投资支付的现金			
质押贷款净增加额			
取得子公司及其他营业单位支付的现金净额		307478511.75	500000000.00
支付其他与投资活动有关的现金			
投资活动现金流出小计		816610589.14	939138735.63
投资活动产生的现金流量净额		-810110227.37	-930168224.06
三、筹资活动产生的现金流量:			
吸收投资收到的现金			
其中:子公司吸收少数股东投资收到的现金			
取得借款收到的现金		2758709544.68	2031630771.81
发行债券收到的现金			
收到其他与筹资活动有关的现金			
筹资活动现金流入小计		2758709544.68	2031630771.81
偿还债务支付的现金		2149021321.59	1470000000.00
分配股利、利润或偿付利息支付的现金		146482810.28	144466765.54
其中:子公司支付给少数股东的股利、利润			
支付其他与筹资活动有关的现金			
筹资活动现金流出小计		2295504131.87	1614466765.54
筹资活动产生的现金流量净额		463205412.81	417164006.27
四、汇率变动对现金及现金等价物的影响		2135581.97	2418.61
五、现金及现金等价物净增加额		216489581.59	-489869444.98
加:期初现金及现金等价物余额		388859606.21	878729051.19
六、期末现金及现金等价物余额		605349187.80	388859606.21

法定代表人:张振勇　主管会计工作负责人:何志国　会计机构负责人:徐丽锋

母公司现金流量表

2010 年 1～12 月

（单位：元）

项　　目	附注	本期金额	上期金额
一、经营活动产生的现金流量:			
销售商品、提供劳务收到的现金		10156667964.09	7721463926.70
收到的税费返还		15825924.13	20278502.42
收到其他与经营活动有关的现金		160010436.06	166194152.69
经营活动现金流入小计		10332504324.28	7907936581.81

续表

项　　目	附注	本期金额	上期金额
购买商品、接受劳务支付的现金		9278386953.38	7166906762.44
支付给职工以及为职工支付的现金		356708861.53	306629668.72
支付的各项税费		235021315.32	240985903.80
支付其他与经营活动有关的现金		73810116.03	165687026.38
经营活动现金流出小计		9943927246.26	7880209361.34
经营活动产生的现金流量净额		388577078.02	27727220.47
二、投资活动产生的现金流量：			
收回投资收到的现金			
取得投资收益收到的现金		291452.16	546981.30
处置固定资产、无形资产和其他长期资产收回的现金净额		286421.13	
处置子公司及其他营业单位收到的现金净额			
收到其他与投资活动有关的现金		4910709.11	8155501.41
投资活动现金流入小计		5488582.40	8702482.71
购建固定资产、无形资产和其他长期资产支付的现金		387355180.69	332781162.19
投资支付的现金			60000000.00
取得子公司及其他营业单位支付的现金净额		307478511.75	500000000.00
支付其他与投资活动有关的现金			
投资活动现金流出小计		694833692.44	892781162.19
投资活动产生的现金流量净额		-689345110.04	-884078679.48
三、筹资活动产生的现金流量：			
吸收投资收到的现金			
取得借款收到的现金		2708709544.68	1921630771.81
发行债券收到的现金			
收到其他与筹资活动有关的现金			
筹资活动现金流入小计		2708709544.68	1921630771.81
偿还债务支付的现金		2039021321.59	1340000000.00
分配股利、利润或偿付利息支付的现金		143882187.78	137012113.04
支付其他与筹资活动有关的现金			
筹资活动现金流出小计		2182903509.37	1477012113.04
筹资活动产生的现金流量净额		525806035.31	444618658.77
四、汇率变动对现金及现金等价物的影响		2135581.97	2418.61
五、现金及现金等价物净增加额		227173585.26	-411730381.63
加：期初现金及现金等价物余额		370561776.27	782292157.90
六、期末现金及现金等价物余额		597735361.53	370561776.27

法定代表人:张振勇　主管会计工作负责人:何志国　会计机构负责人:徐丽锋

合并所有者权益变动表

2010 年 1 ~ 12 月

（单位：元）

项目	本期金额									
	归属于母公司所有者权益								少数股东权益	所有者权益合计
	实收资本（或股本）	资本公积	减：库存股	专项储备	盈余公积	一般风险准备	未分配利润	其他		
一、上年年末余额	804002200.00	3201625.98		86370609.67	469078839.22		1743601182.09			3106254456.96
加：会计政策变更										
前期差错更正										
其他										
二、本年年初余额	804002200.00	3201625.98		86370609.67	469078839.22		1743601182.09			3106254456.96
三、本期增减变动金额（减少以“-”号填列）		63497505.00		8182077.37	61106709.36		478875732.52			611662024.25
（一）净利润							596262595.88			596262595.88
（二）其他综合收益		11711205.00								11711205.00
上述（一）和（二）小计		11711205.00					596262595.88			607973800.88
（三）所有者投入和减少资本										
1. 所有者投入资本										
2. 股份支付计入所有者权益的金额										
3. 其他										
（四）利润分配					61106709.36		-117386863.36			-56280154.00
1. 提取盈余公积					61106709.36		-61106709.36			
2. 提取一般风险准备										
3. 对所有者（或股东）的分配							-56280154.00			-56280154.00
4. 其他										
（五）所有者权益内部结转										

续表

项目	本期金额									
	归属于母公司所有者权益								少数股东权益	所有者权益合计
	实收资本（或股本）	资本公积	减：库存股	专项储备	盈余公积	一般风险准备	未分配利润	其他		
1. 资本公积转增资本（或股本）										
2. 盈余公积转增资本（或股本）										
3. 盈余公积弥补亏损										
4. 其他										
（六）专项储备				8182077.37						8182077.37
1. 本期提取				40364436.77						40364436.77
2. 本期使用				32182359.40						32182359.40
（七）其他		51786300.00								51786300.00
四、本期期末余额	804002200.00	66699130.98		94552687.04	530185548.58		2222476914.61			3717916481.21

项目	上年同期金额									
	归属于母公司所有者权益								少数股东权益	所有者权益合计
	实收资本（或股本）	资本公积	减：库存股	专项储备	盈余公积	一般风险准备	未分配利润	其他		
一、上年年末余额	804002200.00	-345874.02			542958422.82		1504319169.99			2850933918.79
加：会计政策变更				98753532.09	-104733070.97		12070838.80			6091299.92
前期差错更正										
其他										
二、本年年初余额	804002200.00	-345874.02		98753532.09	438225351.85		1516390008.79			2857025218.71
三、本期增减变动金额（减少以"-"号填列）		3547500.00		-12382922.42	30853487.37		227211173.30			249229238.25
（一）净利润							298264815.41			298264815.41
（二）其他综合收益		3547500.00								3547500.00

续表

项目	上年同期金额									
	归属于母公司所有者权益								少数股东权益	所有者权益合计
	实收资本（或股本）	资本公积	减：库存股	专项储备	盈余公积	一般风险准备	未分配利润	其他		
上述（一）和（二）小计		3547500.00					298264815.41			301812315.41
（三）所有者投入和减少资本										
1. 所有者投入资本										
2. 股份支付计入所有者权益的金额										
3. 其他										
（四）利润分配					30853487.37		-71053642.11			-40200154.74
1. 提取盈余公积					30853487.37		-30853487.37			
2. 提取一般风险准备										
3. 对所有者（或股东）的分配							-40200154.74			-40200154.74
4. 其他										
（五）所有者权益内部结转										
1. 资本公积转增资本（或股本）										
2. 盈余公积转增资本（或股本）										
3. 盈余公积弥补亏损										
4. 其他										
（六）专项储备				-12382922.42						-12382922.42
1. 本期提取				28976372.11						28976372.11
2. 本期使用				41359294.53						41359294.53
（七）其他										
四、本期期末余额	804002200.00	3201625.98		86370609.67	469078839.22		1743601182.09			3106254456.96

法定代表人：张振勇　主管会计工作负责人：何志国　会计机构负责人：徐丽锋

母公司所有者权益变动表

2010 年 1 ~ 12 月

（单位：元）

项目	本期金额							
	实收资本（或股本）	资本公积	减：库存股	专项储备	盈余公积	一般风险准备	未分配利润	所有者权益合计
一、上年年末余额	804002200.00	292616379.86			458571330.46		1493803305.73	3048993216.05
加：会计政策变更								
前期差错更正								
其他								
二、本年年初余额	804002200.00	292616379.86			458571330.46		1493803305.73	3048993216.05
三、本期增减变动金额（减少以“－”号填列）		63497505.00			41414324.88		316448769.92	421360599.80
（一）净利润							414143248.80	414143248.80
（二）其他综合收益		11711205.00						11711205.00
上述(一)和(二)小计		11711205.00					414143248.80	425854453.80
（三）所有者投入和减少资本								
1. 所有者投入资本								
2. 股份支付计入所有者权益的金额								
3. 其他								
（四）利润分配					41414324.88		－97694478.88	－56280154.00
1. 提取盈余公积					41414324.88		－41414324.88	
2. 提取一般风险准备								
3. 对所有者（或股东）的分配							－56280154.00	－56280154.00
4. 其他								
（五）所有者权益内部结转								
1. 资本公积转增资本（或股本）								
2. 盈余公积转增资本（或股本）								
3. 盈余公积弥补亏损								
4. 其他								
（六）专项储备								
1. 本期提取								
2. 本期使用								
（七）其他		51786300.00						51786300.00
四、本期期末余额	804002200.00	356113884.86			499985655.34		1810252075.65	3470353815.85

续表

项　　目	上年同期金额							
	实收资本（或股本）	资本公积	减：库存股	专项储备	盈余公积	一般风险准备	未分配利润	所有者权益合计
一、上年年末余额	804002200.00	289068879.86			433124107.51		1304978453.88	2831173641.25
加：会计政策变更								
前期差错更正								
其他								
二、本年年初余额	804002200.00	289068879.86			433124107.51		1304978453.88	2831173641.25
三、本期增减变动金额（减少以"－"号填列）		3547500.00			25447222.95		188824851.85	217819574.80
（一）净利润							254472229.54	254472229.54
（二）其他综合收益		3547500.00						3547500.00
上述（一）和（二）小计		3547500.00					254472229.54	258019729.54
（三）所有者投入和减少资本								
1. 所有者投入资本								
2. 股份支付计入所有者权益的金额								
3. 其他								
（四）利润分配					25447222.95		－65647377.69	－40200154.74
1. 提取盈余公积					25447222.95		－25447222.95	
2. 提取一般风险准备								
3. 对所有者（或股东）的分配							－40200154.74	－40200154.74
4. 其他								
（五）所有者权益内部结转								
1. 资本公积转增资本（或股本）								
2. 盈余公积转增资本（或股本）								
3. 盈余公积弥补亏损								
4. 其他								
（六）专项储备								
1. 本期提取								
2. 本期使用								
（七）其他								
四、本期期末余额	804002200.00	292616379.86			458571330.46		1493803305.73	3048993216.05

法定代表人：张振勇　主管会计工作负责人：何志国　会计机构负责人：徐丽锋

9.3　本报告期无会计政策、会计估计的变更。

9.4　本报告期无前期会计差错更正。

凌钢集团设计研究有限公司

【基本情况】2010 年末有职工 34 人，其中管理、技术人员 33 人，具有副高级技术职称 11 人、中级技术职称 9 人、初级技术职称 13 人；生产操作人员 1 人。下设 7 个科室：分别是土建科、工程科、设备工艺科、水暖科、自动化科、综合管理科、会计科；办公面积 1783 平方米。拥有固定资产原值 94.2045 万元，净值 45.9401 万元。主要设备是：绘图仪 3 台、工程复印机 1 台、晒图机 1 台、激光打印机 2 台、台式计算机 35 台等。

【主要工作】2009 年主要工作：（1）设计管理工作。负责设计管理的工程主要有凌钢焦化改造工程、1 号高炉大修改造工程、凌钢 50 万吨高速线材工程、北票保国铁矿有限公司铁蛋山矿区技改工程等，每个工程都是专人负责管理，从工程的设计方案到施工图全程监控，保证了设计管理工作的连贯性及工程的设计质量和设计进度，使各项工程能按时按设计进度顺利进行。（2）直接设计工作。先后完成了 350 万吨钢完善配套工程、焦化改造工程、热电改造工程、炼钢渣处理工程、保国铁矿混合矿选厂改造工程、钢管厂易地扩建工程的前期搬迁、50 万吨高速线材工程、1 号高炉改造工程的前期工作、完善 58 平方米烧结机改造工程、东区游园、职工食堂等设计工作，完成设计投资超过 2 亿元，为集团公司生产的正常进行提供了坚实的基础。（3）晒图约 12 万张，工程复印约 760 张，办公复印约 34000 张。

2010 年主要工作：（1）设计管理工作。负责设计管理的工程主要有 1 号高炉改造工程、北票矿山工程、50 万吨高速线材工程、热电 75 吨锅炉改造工程、研发中心工程等，这些工程多是工期紧、任务重，但设计公司严把设计质量关，并及时与设计单位沟通，确保工程按计划进度进行，保证了工程的顺利竣工投产。（2）直接设计工作。先后完成了北票矿业工程、北票钢管厂易地扩建改造工程、污水深度处理改造工程、1 号高炉改造工程、保国铁矿澄清池工程等的设计工作，累计完成设计投资 3 亿多元，保证了公司生产的正常运行。（3）顺利通过了辽宁省住房和城乡建设厅组织的设计资质证书更换新证的工作及资质增项工作，取得了冶金行业（金属冶炼工程、金属材料工程、冶金矿山工程）专业乙级、建筑行业（建筑工程）丙级的设计资质，为今后服务凌钢提供了保障。（4）晒图约合 2 万多张，工程复印约 1460 张，办公复印约 19 万张。

【注册人员培养】设计公司工程设计人员的注册人员多少是考核一个设计单位综合实力的具体表现，也是设计资质要求的标准，设计公司始终以人为本，按科学发展观来看待设计人员的执业注册问题，大力支持设计人员参加各种考试和培训，使得设计公司执业人员数量和专业都有较大增加。截至 2010 年底：拥有二级注册建筑师 2 人，一级注册结构工程师 4 人，注册公用设备工程师 3 人，注册电气工程师 1 人，基本满足设计公司设计资质要求标准。确保设计公司承担集团公司各项工程设计的能力，为集团公司今后的发展奠定了基础。

托管单位（全资子公司）

2007—2008

凌钢集团朝阳焦化有限责任公司

【基本情况】2008年底，朝焦公司有在岗职工249人。其中，管理人员28人，生产操作人员221人；具有高级技术职称4人、中级技术职称8人、初级技术职称10人，大专以上学历19人。公司下设6个科室：办公室、计划管理科、财务科、机动科、生产技术科、供销科；生产系统设备煤、炼焦、化产3个车间。厂区占地面积114498平方米，建筑面积34900平方米。朝焦公司是凌钢集团全资子公司，拥有固定资产原值3616.14万元，净值449.70万元。现有66型50孔焦炉2座。

2007—2008年，朝焦公司在焦炉超期服役，设备老化，精煤价格爆涨，企业生产经营遇到极大困难的严峻形势下，全体职工在公司领导班子的带领下，认清形势，统一思想，树立强烈的忧患意识和紧迫感，积极贯彻落实集团公司第二次党代会、职代会精神和朝焦公司工作思路和任务，在生产经营、设备改造与维修、节支降耗、节能减排、和谐朝焦建设等方面取得了较好的成绩，“创争”活动取得初步成效，职工收入不断提高。

【生产经营】2007—2008年，朝焦公司累计生产焦炭219903吨，完成计划20万吨的109.95%；累计对外销售焦油7967吨；累计为朝阳市输送煤气3234万立方米。焦炭生产实现超产9.95%。

2007—2008年，朝焦公司继续加强以焦炉为重点的生产操作管理。坚持进行工艺操作考核，杜绝野蛮操作，按规定时间出炉，保持炉温稳定、均衡。定期组织炼焦车间人员清理上升管、桥管，保证荒煤气流通顺畅，减少串漏，杜绝冒烟冒火。及时清除炉墙上的石墨，减少推焦阻力，避免对炉墙造成损坏。同时，对装平煤系统进行了改造，制定详细的装、平煤考核细则，强调各部门的协调配合，加大考核力度，增强操作工人的责任心，工会也积极配合这项活动，在炼焦车间和备煤车间开展装平煤和粉煤细度竞赛，使朝焦公司装、平煤工作有了很大改善，通过单炉产量对比来看，平均每炉多出焦炭0.1吨；同时生产技术科、备煤车间，仪表板、化验室等部门也恪尽职守，增强为炼焦服务的意识，协同配合，使朝焦公司焦炭质量屡创新高。2007年，朝焦公司发运凌钢焦炭3A级以上比例达到了26.85%，2008年则达到了39.15%。通过科学的管理，严格的工艺操作规程，使职工提高了产量、质量意识，更加注重了精细操作。

【设备改造与维修】由于朝焦公司的66－Ⅲ型焦炉属于被淘汰的炉型并且已经超期服役，设备老化以及环保问题不可避免，为了保证生产及环保的需求，我们采取了以下措施：

（1）2007年6月份对煤气回收、净化仪表自动控制系统进行了改造，解决了变频器带病作业以及一次和二次仪表老化问题，更新了控制操作系统，提高了控制精度和自动化水平。

（2）2007年9月对动力污泥池进行了阳光板保温改造，保证了冬季污泥的存活率，节省了大量蒸汽。

（3）我们于2007年12月投资28万元对焦炉2号集气管进行了大修，保证了系统稳定运行。

（4）针对焦炉装煤、出焦时冒烟、冒火现象，我公司进行高压氨水消烟除尘无烟装煤改造，实现装煤时的消烟除尘，环保效益显著，而且为焦炉生产操作工创造了良好的工作环境，此项改造于2008年7月份顺利完成。

【内部管理和制度完善】2007—2008年，由于上游产品涨价，给我们的生产经营带来更严峻的挑战，公司要求广大职工继续加大节支降耗的力度，动员全公司职工立足岗位，提高生产效率，继续发扬我公司节支降耗的精神，发扬修旧利废的传统，深入优化创新的水平，使节能降耗工作取得一定成效。

（1）采取加强内部管理和制度完善，通过优化整合组织结构，实现高效运转。2007年初对备煤车间和车队的整合使装焦卸煤高度协调统一；4月份对经警队进行了整改，将部分经警充实到生产一线，既降低了人工成本，又提高了管理和服务水平。

（2）生产、设备等系统统筹安排，科学组织，从抓细节、抓环节上促进各项工作水平提高。平时结合煤场管理，做到了规划有序，各煤种不混堆，继续把提高员工操作水平为目标，重视和加强岗位点检，加强岗位人员和维修人员的责任心教育。保证设备正常运行和检修质量的提高，合理利用能源，把各项能耗降到最低点。

（3）加强了市场跟踪和市场预测。根据生产需要，保证原、燃材料的采购供给并掌握好进货的时机、节奏和批量。减少中间环节，降低采购成本。通过对库存物资的管理，做到合理利用积压物资，扩大了零库存物资的种类。同时要求各单位材料消耗必须提前上报主管部门审批；对车辆用油严格管理；节约一吨汽、一吨水；提高设备保养水平和检修质量，减少了备件消耗。

2007—2008 年度，朝焦公司消耗蒸汽 23281 吨；消耗精煤 290438 吨；消耗电力 472 万千瓦时；消耗水 580640 吨；累计消耗汽油 6.94 吨；消耗柴油 73.35 吨。蒸汽、水、电、汽油、柴油消耗都较以往年度有不同程度降低。

【精神文明建设】根据集团公司提出的开展“忠诚凌钢，爱岗敬业”和“扬荣拒耻，弘扬正气”两个主题实践活动的要求，朝焦公司党、政、工联合组织开展了“五个一”主题活动。每名职工都参与了“五个一”活动。每名党员和大多数职工或从自己的工作岗位实际或从个人修养等方面，提出了自己的岗位管理理念，特别是每名党员在提出了党员管理理念的同时，重温了入党誓词，回顾了入党时间，使每名党员在心灵深处受到了深刻的教育。2007 年，朝焦公司开展了“提出一个岗位管理理念，优化一个生产操作步骤，采取一个节支降耗措施，发现一个细节存在的问题，设想一个技术创新题目”的“五个一”主题活动，经过广大职工实践探索，已取得初步实效。特别是在“提出一个岗位管理理念”活动中，职工和班段的管理理念各具特色，为朝焦的企业文化建设又添一笔。

每年都开展了“安康杯”暨“双安全月”主题活动。2007 年每名职工在“综合治理、保障平安、安全在我心中，命运由我主宰”的横幅上郑重地签上了名字，为安全工作做出了承诺。

连续两年开展了职工趣味运动会，同时也积极参加集团公司举行的各类赛事；开设了职工健身房，活跃了职工的业余文化生活。在“三八”妇女节对女职工进行健康体检，并进行有奖征文活动，48% 的女职工参与了活动。

在四川汶川大地震之后，集团公司发起的向灾区人民献爱心活动中，朝焦公司职工踊跃捐款，“一方有难，八方支援”的传统美德和互助精神在朝焦得到了最好的体现，朝焦公司 247 名职工进行了捐款，捐款额为 18900 元。在党员交纳“特殊党费”活动中，全公司党员又自发交纳“特殊党费”13900 元。

凌钢集团工程建设项目管理咨询有限公司

【基本情况】2008 年末在职职工 27 人，其中：本科学历 4 人，大专学历 17 人，中专以下学历 6 人；具有高级技术职称 2 人、中级技术职称 19 人、初级技术职称 4 人。取得国家注册监理工程师资格 13 人，国家注册设备监理师资格 11 人，国家注册一级建造师资格 3 人。公司下设二科一室，即：监理一科、监理二科和办公室。拥有固定资产原值 40.97 万元，净值 7.88 万元。

凌钢集团工程建设项目管理咨询有限公司为凌钢集团公司全资子公司，注册资金 300 万元，拥有法人财产权，独立核算，自主经营，是独立享有民事权利并承担民事责任的企业法人单位，以其全部资产对本公司债务承担有限责任。主要职责：依照国家有关法律法规和强制性标准及企业管理制度，对公司及所属单位的技改、大修工程履行监理职能，对集团公司负责并报告工作，以保证工程总目标的实现。在业务上接受上级监理机关的领导和监督；经营范围为：工程造价咨询、建设工程监理、设备工程监理、招投标代理、施工管理。

【工程监理】2007 年，凌钢老区改造 12 个技改项目，投资 4 亿多元，重点工程项目都是在生产线上交叉进行，技改与生产之间交叉作业，互相影响，施工条件、场地、时间都有很大限制。项目管理公司及时调整了工作重点，以 750 立方米高炉改造工程为中心，统筹安排 10 平方米竖炉增能工程，15 万立方米高炉煤气柜工程、方坯增流改造工程、转炉除尘等项目，制定切实可行的监理规划和监理实施细则，采用旁站和平行检验的监理方法，按照国家《建筑法》、《建设工程质量管理条例》，对工程实施监理。各专业监理工程师身兼2～3项工程的监理任务，圆满完成了项目建设任务。750立方米高炉改造工程于2007年6月28日成功出铁，比计划工期提前3天，该工程施工期间，各专业监理工程师共发出监理通知单10份，监理月报6份，现场监理工程师昼夜跟班检查，重点施工项目实行旁站监督，不合格工程及时返工六项，保证了工程质量。

2008年，集团公司进行了大规模的技术改造，投资约22亿元，包括炼钢、炼铁、烧结、棒材、制氧、白灰、热电、中宽带轧线、中宽冷带拉弯矫机、公辅10项技术改造工程，工期紧、任务重，按照“一保三限”的要求，搞好“三控制、二管理、一协调”，主动协调和检查，实行工期和质量双项考核。对不符合标准的项目，坚决要求返工，按照监理程序，检查施工队伍的安全质量保证体系，安全、质量制度建立情况，审批施工单位上报的施工组织设计和施工方案，实行自检、互检、专检三级检查制度及报验制度，重新修订了《冬季施工技术方法》，各工程先后在年底前建成投产，没有发生安全、质量事故。

【措施及成果】为保证技改工程“一保三限”目标的实现，我公司积极组织监理人员认真审核图纸，鼓励职工提合理化建议，节省工程投资。

2008年，350万吨钢的技改工程工期紧、任务重，在保证工程质量上，采取了有效的措施。

一是成立了《技改工程质量专家检查小组》，检查组共在全公司范围内聘用了20多名具有中、高级技术职称且在凌钢各部门、各专业技术管理上具有影响力的专业技术人员参加，每月按照我公司下达的《技改工程专家组月检查工程质量项目计划表》，按照计划时间表的要求和检查项目内容进入施工工地分专业进行检查。专家组检查的结果和质量问题处理意见由专家组成员填写《技改工程专家组质量检查情况意见反馈单》，经专家签字后，交项目管理公司统一收集整理后，编制《技改工程专家组质量检查情况通知单》，分发给该项目总监和专业监理工程师，由他们到现场去实施质量问题整改，这项制度共提出问题235条，解决处理率100%，为保证工程的实体质量起到了把关作用。二是在年初我公司和技改部受集团公司主管领导的委托，共同对参与350万吨钢建设的项目部项目经理、副经理、总监理工程师以办学习班形式进行了工程项目管理知识培训。把教材制成电脑幻灯片，重点讲解了工程管理协调、质量、安全、进度、投资控制方面的知识和方法，提高了他们对工程质量和投资方面的认识，掌握了工程管理程序，为工程顺利进行奠定了基础。三是为了加强工程质量的控制，监理人员从工程建设的最小单元检验批开始控制，然后到分项、分部、单位工程完工。

通过一系列的控制措施和激励手段，所有工程没有发生大的质量事故。并且监理人员提出多项合理化建议被采纳，为工程节省大量工程投资。

【精神文明建设】在企业文化建设、构建和谐凌钢方面，制定了活动计划，积极组织职工参加集团公司组织的各项政治活动和文化体育活动，组织职工去野外活动，创造了企业内部的和谐氛围，增强了职工的工作积极性。

在党支部的培养教育下，两名职工加入了共产党，两名职工发展为党员积极分子。特别是2008年5月12日，汶川发生了强烈地震后，共产党员李红卫同志积极报名，代表朝阳市建委、凌钢集团工程建设项目管理咨询有限公司，强烈要求参加辽宁省援建四川绵阳市安县建设过渡安置板房工程的板房建设监理工作。

我省主要承担安县的学校、幼儿园、医院、居民安置点援建工作，到达四川后，李红卫同志分在第六小组。建筑工地分散，山路崎岖难行，有些道路两边山体震后松软，余震不断，滚石随时都会伤人或堵塞公路，有的路段道路十分狭窄、崎岖，稍有不慎车就会滑入深沟。李红卫同志就是冒着这样的危险，同时还要顶着高温酷暑、潮湿闷热的天气，经过一个半月的苦战，在地基处理、结构安装方面提出专业性较强建议12项，圆满完成了17所小学和470间的板房建设监理任务。为朝阳市和凌钢集团工程建设项目管理咨询有限公司争得了荣誉。同时，受到了省建设厅领导和朝阳市建委领导的高度赞扬。

凌源钢铁公司宾馆

【基本情况】宾馆现有员工70人，其中管理人员6人，下设餐饮部、客房部、财务部、人事培训部、维修保卫部。凌钢宾馆建筑面积为5500平米，主楼为5层，现有客房标准间71个，普通间12个，豪华套间5个，客房配备有线电视、中央空调、24 小时热水、国内长途电话（港、澳、台除外）。宾馆南端侧楼为三层，一、二层为餐厅，包括一个能同时容纳 180 人的餐饮大厅，三层为能容纳 170 人的大会议室。另外宾馆还附设 1 个会客室、2 个中会议室。拥有固定资产原值 1303.68 万元，净值 589.76 万元。凌源钢铁公司宾馆为凌钢集团公司全资子公司，独立核算，自负盈亏。

凌钢物资综合开发公司

【基本情况】 2008 年末有职工 1 人，管理人员 1 人，设经营科、财务科、材料分公司、炉料分公司、原燃料分公司，拥有固定资产原值 1.968 万元，净值 0.51 万元。凌钢物资综合开发公司为凌源钢铁集团公司全资子公司，成立于 1988 年 2 月 1 日，当时隶属于凌钢供应处，其经营宗旨是“面向市场，搞活经济，发展生产、服务凌钢，振兴朝阳”。现公司经营范围：金属材料、建筑材料销售、关联企业的闲置资产收购与处置；废旧物资（不含铁路器材及报废汽车）回收销售；非金融性投资、咨询。公司单独自主经营，归资产运营部管理。

2009—2010

朝阳龙山资产管理有限公司

【公司概况】 为加强矿产资源开发建设力度，开发地方矿产资源，发展地方经济，凌钢集团于 2010 年 12 月 24 日独资设立了朝阳龙山资产管理有限公司。朝阳龙山资产管理有限公司注册资本 5000 万，经营范围：资产经营与管理。

2010 年，龙山公司销售收入完成 15.6 亿元。实现利税 1.67 亿元，其中税金 1.2 亿元、利润 0.47 亿元。

凌钢集团北票矿业有限责任公司

【基本情况】 2010 年末，有职工 59 人，其中管理、技术人员 23 人，具有副高级技术职称 2 人、中级技术职称 10 人、初级技术职称 2 人；生产操作人员 36 人。下设 5 个科室：分别是办公室、财务科、综合计划科、生产技术科、选厂；2 个业区：分别是五家子作业区、娄家店作业区。厂区占地面积 405877 平方米，厂房建筑面积 6797.86 平方米。拥有固定资产原值 3519 万元，净值 3173 万元。主要设备是球磨机、磁选机、颚式破碎机等；设备规格为 1500×4500 球磨机、1050×2100 磁选机、1200×250 颚式破碎机等多种规格；产品为 66% 品位的铁精矿。

【生产经营】 2009 年 9 月 28 日，凌钢集团北票矿业有限责任公司正式组建。10 月 18 日，完成工商营业执照注册等一系列手续；11 月 4 日与北票通源矿业有限公司完成资产交接手续并与北票通源矿业有限公司签订资产出售合同；11 月 6 日，与北票金升有限公司签订《精矿加工合同》，11 月 8 日，五家子选厂一车间正式启动生产；11 月 25 日五家子选厂二车间启动生产；11 月 30 日，完成三道渠、东乱马道、五家子等采区的地质勘探工作；12 月 4 日，集团公司董事长张振勇到我公司视察并指导工作。2009 年累计生产铁精矿 1.76 万吨，创造利税 217 万元，其中利润 66 万元，税金 151 万元。

2010 年 1 月，陆续与采矿业务外委单位签订《采矿业务承包合同》，通过合理编制采矿计划、优化工艺流程、开展技术改造等措施的实施，保证了选厂的矿石供应。4 月末，完成了公司的建章立制工作；5 月 19 日，五家子老选厂技术改造初步完成，改造后精矿品位提高 0.2%，每小时节电 5000 千瓦；配合省第三地质大队，协调政府、相关企业、村民等多方关系，于 7 月末完成了乱马道、黄古屯、鸡冠山、新立屯、八道梁、团山子等 6 个探矿区的野外勘查工作；8 月 3 日，集团公司党委书记郝志强视察工作；8 月 25 日娄家店选厂投入生产。截至 11 月末，新选厂磨选厂房、精矿仓、过滤间、锅炉房、变电所、加压泵站的土建工程陆续竣工；清水管路、尾矿管路、尾矿库、高压线路敷设全面开工；选厂部分辅助设备进行安装。

2010 年，北票矿业公司累计生产矿石 92.9 万吨，生产精矿 17.8 万吨，精矿品位 65.59%，实现利税 7216 万元，其中利润 4123 万元，税金 3235 万元。选厂技术改造完成投资 8800 万元，主体设备进入安装阶段。

赤峰虞山矿业有限公司

【基本情况】 2009 年 11 月 21 日，与赤峰虞山矿业有限公司签订股权转让协议，以 1500 万元价格成功收购赤峰虞山矿业有限公司。2010 年 5 月末完成赤峰虞山矿业的收购和证照的登记及变更工作后，于 6 月初对选厂生产设备进行了全方位的检修，6 月 18 日启动生产。

2010 年全年累计生产矿石 10.1 万吨，生产精矿 2.24 万吨，精矿品位 66.12%，实现利税 1431 万元，其中利润 810 万元，税金 621 万元。

凌源红山矿业有限公司

【基本情况】 凌源红山矿业有限公司成立于 2010 年 12 月 28 日，注册资本 2000 万，为凌钢集团全资子公司。经营范围为铁矿石选（洗）及深加工；铁精粉销售。

凌源傲翼新能源有限公司

【基本情况】 凌源傲翼新能源有限公司成立于 2010 年 8 月 25 日，注册资本：4000 万元。凌源钢铁集团有限责任公司、大连尊远投资有限公司各缴纳出资数额 2000 万元，分别占出资总额比例 50%。经营范围为：新能源技术开发、推广及应用服务；黑色及有色金属开发。

朝阳浪马轮胎有限责任公司

【基本情况】 2010 年末，朝阳浪马轮胎有限公司年生产能力 150 万套，共有员工 1426 人。形成了有内胎和无内胎两大系列产品，共 35 种规格、160 种产品。

2009 年，实现产量 89 万套，年销量 94 万套，销售收入 10.3 亿元，出口创汇 6950 万美元。利税总额：1.2 亿元。其中净利润：4334 万元。

2010 年，实现产量 117.7 万套，年销量 114.5 万套，销售收入 13.69 亿元，出口创汇 8016 万美元。利税总额：1.23 亿元。其中净利润：6110 万元。

【重大事项】 2009 年初，实施了对原辽轮剩余破产资产的整体收购，进行新增 100 万套技术改造项目建设。自 2009 年 10 月开始建设，对辽轮原斜交胎厂房进行彻底拆除，对影响厂区交通的院内山体进行开山挖掘。原材料仓库和成品仓库形象进度达到 80%，厂区污水处理站投用，厂区环形公路正在施工。循环水泵站、热水站、全厂的管网改扩建工程完工，50 万条工艺设备及检测设备完成设备订货。

100 万套项目可研投资 6.4 亿元，分两期施工。一期工程投资 3.2 亿元，其中固定资产投资 2.5 亿元。2010 年 7 月 20 日生产出第一条轮胎，8 月 15 日开始试生产，11 月份达产，实现日产 1500 条。公司实现了 150 万套的年生产能力。

2009 年，获得“2008—2010 辽宁名牌产品”、辽宁省“最具活力企业”、“2008 年度出口创汇突出贡献奖”等荣誉。

2010 年，获得 2009 年度“朝阳市纳税十强企业”、“中国质量诚信企业”等荣誉。2010 年 9 月，任命金永生同志为公司财务总监（副总经理级）。2010 年 7 月 6 日，扩产 100 万套项目获省环保厅环评批复。

凌钢集团朝阳焦化有限责任公司

【基本情况】 2009—2010 年，朝焦公司焦炉炉体进一步老化，在没有大的技改投入情况下，维持焦炉正常运转，保证人身、设备安全，保证焦炭质量和煤气供应均衡稳定、保证职工队伍思想稳定是朝焦公司的工作重点，为此朝焦公司在炉体维护上提出了“精心操作，精心检修，精心维护”的基本思路，要求全体职工认清形势，统一思想，积极贯彻落实二级公司职代会精神。2009—2010 年，在设备维护、生产顺行、安全环保、节支降耗、和谐朝焦建设等方面取得了一些成绩。

朝焦公司 2009 年末在岗职工 249 人，其中管理、技术人员 27 人，具有副高级技术职称 5 人、中级技术职称 8 人、初级技术职称 13 人；生产操作人员 222 人。下设 6 个科室：分别是公司办、财务科、计划管理科、机动科、供销科、生产技术科；3个作业区：分别是炼焦、备煤、化产。厂区占地面积114498平方米，厂房建筑面积5483平方米。拥有固定资产原值3620万元，净值376万元。主要设备是：66－Ⅲ型焦炉两座，设计能力年产焦炭10万吨，主要副产品为焦炉煤气与煤焦油。

2010年末，在岗职工256人，其中管理、技术人员28人，具有副高级技术职称5人、中级技术职称9人、初级技术职称13人；生产操作人员228人，2010年固定资产原值3628万元，净值412万元。

2010年9月13日，姜东任朝焦公司经理。

【生产经营】 2009—2010年，朝焦公司累计生产焦炭217893吨，完成计划20万吨的108.95%；累计对外销售焦油7233吨；累计为朝阳市输送煤气3439万立方米。焦炭生产实现超产8.95%。

2009—2010年，朝焦公司继续坚持以维护焦炉炉体为中心的基本思路。随着焦炉的老化程度进一步加大，焦炉的生产操作和维护难度随之增大，炉体状况不容乐观，炉墙变形、炉体膨胀量增大、小烟道、砖煤气道堵塞、不工作立火道增加等等。这两年先后实施了"镶入式砖煤气道严密技术"、"泥灌法处理砖煤气道技术"，彻底解决了焦炉砖煤气道堵塞、泄露、串漏问题；组织实施的半干法喷补技术的成功应用为焦炉的末期维护提供了坚实的保证；组织实施了新的装煤量确定法和考核制度，确保每孔炭化室保持较高的产量的同时避免装煤过满损坏炉体，对焦炉的高产和长寿起到了积极作用。2009—2010年，朝焦公司焦炉不但满负荷生产，而且煤气输出量、焦炭等级率都创历史最高，其中2009年发运凌钢焦炭3A级以上比例达到了48.16%。

【技术改造与维修】 由于朝焦公司的66－Ⅲ型焦炉属于被淘汰的炉型并且已经超期服役多年，最主要的问题就是设备老化以及环保不达标问题，为基本达到国家环保要求，使生物脱酚系统正常运行，保证污泥活性，使焦化废水预处理达到标准，减少油的含量，保证进入曝气池的水质，朝焦公司自行设计安装了除油装置，运行效果良好。经过化验检测对比，处理前废水含油量250毫克/升，最高时能达到350毫克/升，处理后减少到100毫克/升，同时也降低了废水中硫化物、氰化物、氨氮的含量，使生物脱酚系统稳定运行，达到了环保部门的要求。

2009年，受朝阳地区干旱影响，10月初水源地水井水位严重下降，严重影响生产。面对这种情况，公司经请示朝阳市有关部门和集团公司同意后，在厂区内打井以满足朝焦生产用水，保证了正常生产。

朝焦家属区自来水一直是自备井供应。经多方多年的努力，于2009年末由自来水公司直接供给，不仅缓解朝焦生产用水不足的局面，更主要的是解决了家属区非法供水的问题。

【企业文化建设】 公司工会每季度评选"六讲"职工先进个人。

突出党员在生产工作中的先锋模范作用，在党员开展了"我是党员我承诺"、活动，党员的承诺内容有针对性。

扎实开展了向郭明义同志学习活动。公司党委办公室组织编排了郭明义同志事迹学习材料并下发到各单位，各单位组织职工进行了学习讨论。

公司工会、共青团，成立了帮扶救困服务队和志愿者服务队。

参加集团公司党委组织的共产党员走进千家万户活动。为困难职工捐款。其中，5名班子成员每人捐款300元，40名普通党员每人捐款10元。为困难职工解决燃眉之急。同时也使困难职工感受到了党组织的温暖。

为丰富学习实践活动内容，组织职工分批参观赵尚志纪念馆，接受爱国主义教育，把弘扬尚志精神与开展学习实践活动有机结合起来。

凌钢集团工程建设项目管理咨询有限公司

【基本情况】 2010年末在职职工26人，其中：本科学历4人，大专学历18人，中专以下学历4人；具有高级技术职称1人、中级技术职称19人、初级技术职称6人。取得国家注册监理工程师资格27人，国家注册设备监理师资格27人，国家注册造价师资格5人，国家一级注册建造师资格2人。公司下设二科一室，即：监理一科、监理二科和办公室。拥有固定资产原值44.34万元，净值4.62万元。

凌钢集团工程建设项目管理咨询有限公司为

凌钢集团公司全资子公司，注册资金300万元，拥有法人财产权，独立核算，自主经营，是独立享有民事权利并承担民事责任的企业法人单位，以其全部资产对本公司债务承担有限责任。主要职责：依照国家有关法律法规和强制性标准及企业管理制度，对公司及所属单位的技改、大修工程履行监理职能，对集团公司负责并报告工作，以保证工程总目标的实现。在业务上接受上级监理机关的领导和监督；经营范围为：工程造价咨询、建设工程监理、设备工程监理、招投标代理、施工管理。

【工程监理】2009年，我公司在集团公司的正确领导下，认真贯彻落实职代会和工作会议精神，紧紧围绕集团公司提出的总体思路开展工作，面临金融危机和350万吨钢项目建成试产的双重压力，全面开展“对标挖潜、降本增效、达产达效”活动，在工作管理等方面，均取得了较好的成绩。工程投资近5亿多元，重点工程项目有焦化综合改造工程、保国铁矿混合矿改造工程、6兆瓦汽轮机工程、热电厂2号锅炉增烧煤气工程、钢渣处理改造工程、2号高炉年修工程、职工食堂工程等大修改造项目，各项工程都按计划工期保质保量完成。

2010年，我公司主要监理的技改、大修改造项目有高速线材工程、1号高炉大修改造工程、方坯连铸机改造工程、钢管厂易地改造工程、北票矿业工程、保国铁矿澄清池工程、污水深度处理改造工程、炼钢厂主厂房屋面板年修工程、管道整理及煤气平衡改造工程、西区运动场工程等工程，投资近10亿多元。

2010年，我公司对外承揽的监理项目鞍凌工程、朝阳浪马工程也在本年度竣工投入生产。这两项工程的顺利完工，证明了我公司监理人员的技术水平和综合实力，为今后监理业务的展开奠定了坚实的基础。

2010年的监理工程项目分散在凌钢厂内、朝阳、北票、保国等地，工期要求紧迫，监理人员特别紧张，这就要求监理人员要一职多能，一专多用。从工程质量、进度、投资等方面都要达到优化控制，特别是施工全过程的安全必须得到保证，使项目按计划工期达产达效，未出现一起违规违纪、工程质量和人身伤亡事件。

【措施及成果】2009年，受金融危机的严重影响，集团公司生产经营出现了连续亏损的情况。加之350万吨钢工程项目刚刚竣工投产，运行成本较高，个别项目又不能迅速达产达效，直接影响了集团公司的生产经营效益。为了扭转这种不利局面，我公司立即响应集团公司的号召，全力以赴投入到对标挖潜、降本增效的活动之中去，一是配合项目主体分厂，积极主动地对350万吨钢项目收尾工程和试产中出现的问题进行处理，通过积极协调，科学组织，提合理化建议等，使生产迅速达到顺行目标；积极组织全体参加350万吨钢工程建设的各专业监理人员结合实际情况对工程施工过程中的认证单，重新进行再审查，扣回工程费用近100万元。二是鼓励职工积极参与效能监察工作，开动脑筋，提合理化建议。焦化综合改造工程，是今年技改较大工程，在施工过程中，各专业监理人员与设计、使用单位多次沟通，在满足设计、使用的前提下，提出多项合理化建议，既满足了工程需要，又为工程节约了投资近200多万元。

2009年，经过公司全体职工的共同努力，取得了冶炼工程监理乙级、机电安装工程监理乙级资质，拓宽了我公司的经营范围。

2010年，在各个工程项目施工中，我公司投入全部力量，领导班子根据工程特点和各专业人员素质，建立了总监理工程师负责制的实施小组，分项目、分专业责任落实到人，班子成员不定期对各项目进行检查，主要以工程质量为中心，以节约工程投资，加快工程进度，保证安全为目标，分别开展工作。投入全部力量，合理组织配备人员，对工程实施了严格的监督检查。并确定了我们的工作目标：（1）顾客满意率95%以上；（2）各项工程重大质量事故为零；（3）在工程质量、进度、投资、安全等方面提合理化建议，被采纳10条以上；（4）提合理化建议节约工程投资100万元以上。

为拓宽监理市场，增大外埠监理业务力度，增加企业收入，2010年我单位已晋升为监理甲级资质，这也是朝阳地区有史以来唯一一家甲级监理企业，为今后我们监理业务的开发提供了有力保障。

【精神文明建设】2009年，我公司积极推动学习实践科学发展观活动和“对标挖潜、降本增效”活动的深入开展，在组织培养新党员中，把大学生作为党员积极分子重点培养对象；在新闻报道工作中，成立了报道组，及时准确地报道我单位政治思想工作、学习实践科学发展观、对标挖潜、励行节约和业务工作等方面的亮点，具体措施和成功做法及所取得的实效。在学习实践科学发展观活动中，我公司严格按照集团公司统一部署，组织党员干部利用自学与集中学习辅导相结合的方式进行学习，每名党员在学习活动中都写了学习心得和笔记。通过党员干部提合理化建议等形式，分析查找本单位的不足和今后发展的方向。

2010年，我公司积极在“创先争优、学习型党组织建设、主题教育”三方面的开展情况，制定了切实可行的《2010年政治工作操作方案》。成立了领导小组，明确了主要目标，每名职工认真查找工作中的不足，并加以分析和整改。针对监理工作的特殊性，加强“六讲”和《中国共产党领导干部廉洁从政若干准则》教育，从每个专业监理的薄弱环节开展工作，防患于未然。真正起到对管理者的管理，对监督者的监督的作用，并取得了一定效果。

凌源钢铁公司宾馆

【基本情况】 凌源钢铁公司宾馆为凌钢集团公司全资子公司，独立核算，自负盈亏。2010年末，宾馆现有员工70人，其中管理人员6人，下设餐饮部、客房部、财务部、人事培训部、维修保卫部。

宾馆建筑面积5500平米，主楼为5层，现有客房标间71套，普通间12套，豪华套间5套，客房配备有线电视、中央空调、24小时热水、国内长途电话。宾馆南端侧楼为三层，一、二楼为餐厅，包括一个能同时容纳180人就餐的大厅，三楼为能容纳170人的大会议室，另外还附设一个会客室、二个中会议室。

2010年末，宾馆拥有固定资产原值1307万元，净值477万元。

凌钢物资综合开发公司

【基本情况】 凌钢物资综合开发公司为凌源钢铁集团公司全资子公司，成立于1988年2月1日。根据该公司实际经营状况，2010年6月集团公司对其经营范围进行了变更，取消了废旧物资（不含铁路器材及报废汽车）回收销售项目，变更后经营范围是：主营金属材料、建筑材料销售、关联企业的闲置资产收购与处置；非金融性投资、咨询。经营范围有：原燃炉料、金属材料、建材、劳保用品、化工、二类机械、五金交电、家用电器、日用百货等。

凌钢集团建筑材料检测有限公司

【基本情况】 凌钢集团建筑材料检测有限公司为凌钢集团全资子公司，成立于2009年11月25日，注册资本80万人民币。经营范围为：建筑材料检测。

参股公司

2007—2008

鞍钢集团朝阳鞍凌钢铁有限公司

【基本情况】2005 年 10 月 17 日，国家发改委以发改工业［2005］2024 号文件核准批复，建设鞍本集团凌源钢铁有限责任公司 H 型项目。项目新厂址位于朝阳市西大营子镇，占地 4240 亩，周长 8.045 千米。项目计划总投资 63.03 亿元，其中固定资产投资 60.43 亿元（含外汇 0.77 亿美元，建设期利息 2.62 亿元）、铺底流动资金 2.60 亿元。资金来源：资本金 28 亿元，占总投资比例 44.43%，由企业自有资金解决；资本金以外资金，申请银行贷款解决。

【项目进展】2007 年 4 月 18 日，鞍本集团朝阳鞍凌精品钢项目在朝阳市举行出资合同签字仪式和开工奠基仪式。出资合同签字仪式在朝阳市燕都国际酒店举行，凌钢集团公司董事长高益荣，鞍钢集团公司党委书记、总经理张晓刚，分别代表凌钢、鞍钢在合同文本上签字。中国钢铁协会顾问吴溪淳、辽宁省副省长刘国强、朝阳市长张铁民等出席签字仪式。

鞍本集团朝阳鞍凌精品钢项目，轧材系统做重大调整为建设一条 1700ASP 连铸连轧生产线，由生产 H 型钢建材改为可生产 1.5～8 毫米厚、900～1550 毫米宽的热轧板卷。1700ASP 中薄板坯连铸连轧生产线为鞍钢自主研发、具有自主知识产权的现代化生产线。目前，该项目正在建设当中。

凌源宏钢集团有限责任公司

【基本情况】凌源宏钢集团有限责任公司为凌钢的参股公司，位于凌源市光明路 10 号，北接凌源兴钢有限责任公司，南靠凌源钢达集团公司，东连国道 101 线，西临国铁锦承线。占地面积 5.2 万平方米，建筑面积 4.5 万平方米。注册资本 3000 万元，凌钢集团公司国有法人股 330 万元，占总股本的 15%。从业人员 1200 人，总运输能力 6000 吨，现已形成一业为主、多业发展的格局。

【经营概况】2007 年，宏钢集团公司实现营业收入 1.1 亿元，利税总额 432 万元。其中，税金 434 万元，利润亏损 2 万元。2008 年宏钢公司逐步由服务业向实体企业发展，全年实现营业收入 1.56 亿元，上缴税金 530 万元。其中凌源公司实现利润 10 万元，上缴税金 412 万元。

凌源腾钢机械制造有限责任公司

【基本情况】凌源腾钢集团有限责任公司为凌钢的参股公司，凌钢集团持股 683 万元，占总股本的 39%。现已发展成为集机械设备制造、加工修理、冶金铸造、锻造、金属结构件制作、机电修理、安装于一体的综合机械加工制造企业，产品主要是铸铁件、铸钢件、铸铜等有色金属铸件，用于制造凌钢生产设备的备件和大修、技改工程部件。

【经营概况】2007 年，腾钢公司坚持“诚信、质量、服务、创新”的理念，狠抓内部管理，积极争取外部市场，提高市场竞争力，实现主营业收入 4410 万元，实现利润 51 万元，上缴税费 291 万元。2008 年实现主营业收入 5813 万元，实现利润 53.7 万元，上缴税费 396 万元，取得历史最好成绩。

凌源兴钢建筑安装有限责任公司

【基本情况】凌源兴钢建筑安装有限责任公司为凌钢集团的参股公司，位于凌源市光明路 8 号，南邻凌源宏钢集团，北接凌源市鸿凌热电厂，东连国道 101 线，西靠国铁锦承线，占地面积 32814.45 平方米。兴钢公司以服务凌钢为主市场、为依托，发挥装备、规模、技术和管理优势，把经营触角延伸到冀、蒙和辽西区域冶建市场，先后在河北港陆钢铁公司、内蒙古敖汉大型铁矿等大型冶金项目建设中赢得业主好评，成为辽西冶建行业和市场一支具有发展潜质的新生力量。

【经营概况】2007 年，兴钢公司经营班子带领全体员工，采取了多项措施，全年完成建安产值8033万元，营业收入7743万元，实现利润66万元，税金290万元。2008年全年完成建安产值1.25亿元，实现利润81万元，税金453万元。

凌源钢富达建服有限责任公司

【基本情况】凌源钢富达建服有限责任公司为凌钢集团的参股公司，成立于2005年11月。公司位于凌钢西区工人街21号，东邻凌钢冷轧带钢厂，西接家属区，北靠凌钢体育场，南与幼儿园毗邻。2008年底，公司占地总面积42862平方米，总建筑面积6154平方米。

公司主要经营：房地产开发、物业管理，供暖、供水、供气；汽车修理、机械加工、钢结构制作安装，防水防腐材料制作；石油产品、建材、粮油、日用商品销售；餐饮、住宿、洗浴、食品、饮品加工制作；家政服务、托老、托幼等经营服务工作。其中，热力公司负责凌钢东西家属区供暖，总面积43万平方米，保洁公司负责凌钢厂区、生活区清扫，面积19.8万平方米，燃气公司负责凌钢住宅区5918户管道煤气用户的煤气使用和管理。

【经营概况】2007年，钢富达公司经营班子带领全体员工，采取了多项措施，基本完成了年初的目标。实现主营业收入万元，实现利税523万元，实现利润170万元，实现税金353万元。2008年实现主营业收入2059万元，实现利税371万元，实现利润171万元，实现税金200万元。

凌源钢城中心医院有限公司

【基本情况】凌源钢城中心医院有限责任公司为凌钢集团的参股公司。改制前为凌钢医院，是凌钢集团公司全资子公司，是一所集医疗、预防、保健于一体的综合性二级甲等医院，是凌源钢铁集团公司下属医疗卫生机构，承担凌钢1万多名职工和3万多名家属以及附近居民的医疗保健预防工作。具有辽宁省职业病例体检资质资格，是朝阳市工伤定点医院。

凌钢医院位于凌钢东南部，在东区家属区东侧，西邻凌源市第九中学，距离厂区0.5千米，占地面积17874平方米，建筑面积11680平方米；拥有体外震波碎石机、卧式高压氧舱、螺旋CT、全自动大生化分析仪、全数字电子内窥镜、彩超、血液透析机等治疗设备。

凌钢医院以外科为龙头，烧伤科为重点专科，设有门诊部、住院部，党群行政机构下设：党支部、工会、团支部、办公室、医务科、护理部、预防保健科、药购科、财务科、信息科、总务科。

【经营概况】2007年，凌源钢城中心医院实现营业收入1311万元，完成年计划的95.8%。其中，医疗收入实现528万元，药品收入778万元。全年亏损31万元。2008年实现营业收入1421万元。其中，医疗收入实现676万元，药品收入734万元。全年累计亏损27万元。年末资产总额1551万元。其中，流动资产674万元，固定资产净值877万元。

2009—2010

鞍钢集团朝阳鞍凌钢铁有限公司

【基本情况】2010年末，鞍钢集团朝阳鞍凌钢铁有限公司有在职职工2261人，其中女职工291人，管理技术岗位职工396人，生产服务岗位职工1865人，退休职工1人。设生产制造处、设备保障处、安全环保处、科技质量处、计划财务处、市场营销处、物资采购处、综合管理处、人力资源处、党委工作处、纪委（监察处）、工会、团委共13个职能部门，炼铁厂、钢轧厂、能源动力厂共3个基层单位。

鞍凌项目是国家发改委为落实构建和谐社会和振兴东北老工业基地政策批准的大型冶金建设项目。项目建设对振兴东北老工业基地，统筹辽宁省经济发展，充分利用辽西地区铁矿资源，发挥国有大企业资金和技术优势具有重大意义。

项目计划建设1座机械化综合原料场，年吞吐物料量1181.8万吨，输入和输出能力各为590.9万吨；2座6米50孔焦炉及1套125万吨干熄焦装置，生产干熄焦100万吨；1台265平方米烧结机，能力为262.35万吨；1座2600立方米高炉，能力为200万吨；2座120吨顶底复合吹炼转炉、2座氩吹站、2座120吨LF钢包精炼炉及相配套的公辅设施；建设二机二流中薄板坯连铸机，年产能为205万吨；一套年产能200万吨的1700ASP热连轧生产线；此外，还建有石灰、燃气、热力、给排水、供电、总图运输等设施。鞍凌公司依托鞍钢集团管理、技术、人力资源的支持，根据鞍钢产品结构总体布局和市场需求进行产品定位，确定合理经济规模以及长远发展目标，在形成年产200万吨精品钢材的基础上，留有进一步发展空间。产品将由鞍钢集团进行市场定位并纳入集团的销售网络。

截至2009年12月末，工程项目中能源动力系统的供水、供电设施建设已基本完成，厂区煤气管网工程完成80%，热电站锅炉本体安装完成90%，制氧主厂房施工完成；炼铁系统总体工程量完成95%，设备安装完成90%，土建及钢结构完成98%；炼钢系统基本完成了土建施工，设备安装完成75%；原料系统中的翻车机室设备安装主体完成，转运站及输料通廊土建全部完工，解冻库主体框架全部完成；石灰焙烧工程中的7项单元工程土建部分完工，设备安装进入收尾阶段。

2010年，实现了由工程建设到项目投产的历史性过渡。项目建成1座机械化综合原料场，年吞吐物料量1181.8万吨，输入和输出能力各为590.9万吨；2座6米50孔焦炉及1套125万吨干熄焦装置，生产干熄焦能力为100万吨；1台265平方米烧结机，能力为262.35万吨；1座2600立方米高炉，能力为200万吨；2座120吨顶底复合吹炼转炉、2座氩吹站、2座120吨LF钢包精炼炉及相配套的公辅设施；建设二机二流中薄板坯连铸机，年产能为205万吨；一套年产能200万吨的1700ASP热连轧生产线；此外，还建有石灰、燃气、热力、给排水、供电、总图运输等设施。

截至2010年12月底，工程完成总投资77.3亿元。其中，建安投资37.6亿元，设备投资31.6亿元，其他投资8.1亿元。实现从工程建设到试产的历史性过渡，主体工序全线进入试生产状态。2010年，试产焦炭16.8万吨、烧结矿29.2万吨、生铁9.6万吨、钢坯7.2万吨、成品材2.4万吨。初步探索出在全新的组织机构和经营模式下公司的运营方式，公司由筹建阶段转入生产运营。

【工程建设】2009年，对于鞍凌公司的工程建设来说，是较困难的一年，受国际金融危机影响，上半年钢铁行业全行业亏损，公司工程建设资金极度紧张，面对资金投入不足的实际，公司各相关部门积极与项目承包单位沟通，及时调整施工方案，稳妥推进工程建设。7月份开始，受国家经济刺激政策影响，国内经济形势明显好转，钢铁行业也逐渐走出低谷，10月份以后鞍凌工程项目全面正常推进。

2009年，完成固定资产投资额113136万元。项目计划投资额795386万元，2009年完成工程总投资的14%，累计完成固定资产投资564536万元，累计完成工程总投资的71%。工程共签定合同707489万元，占工程计划投资额在89%。

2010年，鞍凌公司结合工程建设的实际情况，与集团公司技改部一起重新排定了工程建设网络计划。由于工程建设工期延长，物价上涨、人工成本增加等因素，增加了施工单位的管理成本，给工程管理及组织增加了极大难度。各级工程管理人员在时间紧、任务重、又恰逢极端气候的情况下，克服重重困难，积极与施工单位沟通协调，全力组织各项目按照网络计划积极推进。

在各项工程推进的同时，设备管理部门和各生产单位选派专业人员，成立工艺检查组，分专业专项检查，积极参与工程的设备安装和调试，认真查找各种隐患和工程缺陷。经专业人员的细心检查，共提出各类隐患和缺陷1500多项，与工程管理人员一起与施工单位协调整改。组织职工参与每项工程的单体试车、联动试车、生产单元的功能验收、工程质量验收工作，确保设备顺畅运行和工程质量达标。

鞍凌公司工会筹建组在集团工会领导下开展了“加快基地建设，实现全面生产”为主题的劳动竞赛活动。对在劳动竞赛中涌现出来的30个先进集体和101名先进个人进行阶段总结和表彰，极大的鼓舞了参战职工和施工单位的工作热情。开展提合理化建议活动，号召全体职工结合工程建设和本岗位实际，积极为公司献计献策，广大职工共提581条合理化建议。其中，采纳212条。这些都有效的推进了项目建设进程。

在工程指挥部、集团技改部及施工单位的共

同努力下，动力系统5月25日外部正式电源开始供电，6月20日生产水源开始供水，7月17日开始供应空压风，10月17日制氧机送出合格氧气及氮气，10月23日热电锅炉开始对外供热；7月5日铁路竣工通车，原料场于7月10日进入试生产状态，焦化2号焦炉8月20日正式投产出焦，10月15日烧结机热负荷试车，11月13日高炉点火；11月10日连轧成功过钢，11月16日炼钢炼出第一炉钢、连铸拉坯成功。至此鞍凌项目全线贯通，拉开了试生产的序幕。

【项目投产】各生产单位在积极提前介入设备单体试车、联动试车的同时，认真筹备，科学组织各项目投产工作。各单位编制了“投产培训教材”有针对性的开展岗位培训。编制了“投产说明书”，详细安排职工培训、设备调试、材料及备件准备、安全措施、操作要点及生活后勤保障等。积极开展“岗位作业标准”的编制和学、练、用工作，并结合现场的实际制定多项“事故应急预案”，各级管理人员放弃休息日，与生产岗位人员一起研究投产方案，确保各系统按照投产运行节点计划顺利投产。

为做好投产工作，克服工程建设没有完全收尾，工程图纸没有完全接收归档的实际情况，积极与总包方、施工方、设计方沟通，制定4173项设备备件的采购计划和采购方案。同时克服资源紧张、运输困难的实际，加强煤炭、铁料的采购工作，千方百计组织货源，协调运力，确保原料的储备。试产以来各生产单元严格执行预定试产方案，各级管理人员及技术人员现场指挥，现场操作人员精心操作，设备维检人员机旁护航。涌现出生产骨干连班作业，管理人员数日不回家的感人事迹，经广大职工的不懈努力，各项目试产进展顺利。

考虑设备检修维护和辅助生产按专业化实行外包的实际，设备和生产主管部门积极调研，邀请有资质、有业绩、口碑佳的服务单位参与项目招标。同时按照《设备相关方管理办法》和《生产相关方管理办法》，对协力单位进行严格管理和考核，确保与协力单位顺利渡过磨合期，为投产后生产的顺行打下了良好的基础。

【管理体系建设】鞍凌公司组织机构及经营模式设计的原则是：按现代企业管理制度要求，组织机构建设按扁平化、集中一贯管理设置。通过运用先进的信息网络系统，实现高效有续运行。主体业务实行生产调度、质量、能源、安全、环保和设备的集中一贯管理。同时充分利用集团公司无形资产，发挥整体优势，在产品营销、大宗原材料通用物资采购及设备备件采购、产品研发、人力资源培养开发、重大技术改造、知识产权、品牌等实现有效协同。

2009年2月，下发了《鞍凌公司管理体系建设的实施意见》，规范了公司管理体系建设的基本原则，明确了由工作制度、技术标准、责任制度和特殊制度构成的管理体系组成结构，确定了各部门的业务分工和管理体系建立的工作内容及工作方法。2009年9月，针对工程建设进度的调整，又进一步制订了管理体系范围内各项工作的进度安排。

截至2009年末，在工作制度方面起草完成各类管理制度73个，正式下发22个；在技术标准方面，完成了各岗位“三大规程”的内部审核工作；在责任制度方面，对岗位定员中86个工种名称和536个岗位名称进行了整理和规范，并开展了全公司的岗位澄清和岗位分析工作。通过管理体系的建设，为进一步明确部门职责，明确岗位职责、规范岗位操作，实现管理的规范化、科学化打下了较坚实的基础。

2010年，通过建立完善各项管理制度，实现凡事有章可循，凡事有人监督的目标。按照质量、环境、职业健康安全三体系整合标准，建立完善以管理制度、规程规范、工作制度、特殊制度为骨干的管理体系。共下发管理程序文件38个，管理办法127个，规程规范884项，完善各岗位的岗位说明书和生产岗位的作业标准。完成了危险源和重大环境因素的辨识工作，具备三体系整合型管理体系认证条件。

【职工队伍建设】针对有效人力资源十分短缺和引进困难问题，积极主动地与两个母公司争取政策和支持，采取灵活多样的引进形式。采取从朝阳当地录用了中专毕业生、录用大专以上鞍钢职工子女、录用退役士兵以及从凌钢调入管理技术和生产操作岗位人员和选调鞍钢管理骨干、聘用退休和居家休息管理骨干等方式，积极引进人力资源，拓宽用工渠道。2009年，全年共新增在职职工655人，截至2010年末，有正式职工2261人。

为积极开发人力资源，大力开展员工培训工

作。根据岗位和工程需要，以及人员构成特点，有针对性地组织实习培训和顶岗培训。全年共安排员工培训3554人次。2009年1～6月，安排1231人到鞍钢、凌钢所属的15个单位进行岗位实习培训；从7月份起，经集团公司批准，安排1216人到鞍钢股份公司、鞍钢股份鲅鱼圈分公司、生产协力中心和铁运公司进行顶岗实习培训；为保证顶岗培训人员持证上岗，组织了1078人次进行特种作业和特种设备作业培训；同时安排29名管理和专业技术人员到鞍钢股份及铁运公司进行为期两个月的岗位实习。通过培训提高了生产岗位人员的操作技能，一部分员工已经能够顶岗独立操作；管理技术人员初步掌握本岗位的工作职责和工作程序，提高了岗位业务水平。

针对入厂两年以内的新职工占比达到66%的实际，在集团公司的大力支持下，2010年度共安排1733人次到鞍钢股份、鞍钢生产协力、鞍钢铁运公司和凌钢等单位实行对口顶岗培训，通过培训提高职工的实际操作能力。与此同时与鞍钢职工大学联系，积极开展理论培训。组织安排相关专业人员对916名需要持证上岗员工进行不少于40学时的针对性培训，并先后分四地组织五次初级职业技能资格鉴定考试，经过理论知识和操作技能两科考试，有870人全部合格，通过率达95%，通过培训大大提高了员工的管理能力和操作技能。

试产以来鞍凌公司得到集团公司、股份公司、凌钢集团的大力支持，集团公司领导多次亲临现场指挥，每个项目投产过程中都有来自集团的专家组帮助进行投产前的诊断及实际操作指导，股份公司财务部成立了影子团队。在事故抢修过程中，调集有经验的施工队伍和强大的施工机械实施抢修，在备件、材料方面给予无私的援助，到目前仍有150人的对口支援队伍为鞍凌公司保驾护航。

根据集团公司建立统一规范岗位职级体系，合理体现各类岗位相对价值的总体要求，在完成岗位澄清工作的基础上，2010年3月份，鞍凌公司分两个阶段开展了生产操作岗位价值评估工作。通过岗位相对价值的分析和比较，确定了生产操作岗位职级排序并经集团公司审核通过。这项工作为建立新的岗位绩效工资制度奠定了基础，建立了变身份管理为岗位管理的人力资源管理体系框架。自6月起，建立公开竞争择优机制，实行全员岗位竞聘。竞聘通过公布岗位及岗位要求条件，个人报名，考试或考核、面试答辩、公布结果等程序，体现了公开、公平、公正的原则。通过岗位竞聘有2179人上岗，基本实现人力资源合理配置。

【基层组织建设】在2008年完成机关部门和生产厂组建的基础上，2009年重点加强了基层组织建设。针对22个作业区级组织，由相应的生产厂和职能处负责，选配了部分作业长、副作业长，对于现有人员严重不足的作业区，也指派了临时负责人。并设立相应的“五大员”，强化基层组织管理工作。确保实习培训、职工生活和各项筹建工作事事有人负责，保证了公司的各项方针、政策在基层的传达和落实。

完善了基层党群组织的建设。按照行政组织设立特点和办公区域的分布特点，组建临时党支部16个、临时党小组19个，在公司党委筹建组的统一部署下，积极开展各项党内活动。针对鞍凌公司的新入厂员工，积极吸收成为工会会员，组建基层工会组织，维护职工的各项权益。通过基层组织建设，为各项工作的顺利推进奠定了基础。

2010年，公司党委筹建组以邓小平理论和“三个代表”重要思想为指导，贯彻落实科学发展观，坚持抓大事、抓根本、抓关键的指导思想，立足于对企业的政治领导、组织领导和思想领导，着眼于发挥党组织的保证、监督作用，把发挥党组织的政治核心作用贯穿于工程收尾、投产准备和试生产运行过程始终，统一思想，群策群力，求真务实，开拓创新，为顺利实现2010年工作目标提供了强力保障。

2010年4月，经集团公司批准成立机关和基层4个党委，并于5月中旬按照《党章》和集团公司党委有关规定陆续召开党员大会，按程序选举产生新一届党委成员。认真做好党员发展和积极分子培养教育工作。截至年底，申请入党268人，确定入党积极分子161人并培训合格，首批发展新党员80人。

紧密结合工程建设和投产前准备工作的实际，围绕工程建设和投产前准备全方位开展创先争优活动。鞍凌公司下发了《关于开展“大干120天建功立业，为鞍凌工程竣工投产做贡献”主题实践活动实施方案》，以公司提出的“全体总动员，大干120天，确保工程按计划竣工投产”为目标，在工程建设中建功立业。通过创办《鞍凌之窗》内部报刊等多种形式，以形式多样、内容丰富、特色鲜明的实践活动为载体，振奋精神、克服困难、认清形势、明确任务，按照集团公司要求和工程总体网络计划组织施工，确保每一个工程节点都达到“保工期、保质量、保安全、保投资”的目标，创先争优活动已经凸显成效。

工会筹建组紧紧围绕工程建设中心目标，坚持以“提高职工素质，关心职工生活，服务鞍凌发展”为宗旨，开拓进取，扎实工作，在工程建设中充分发挥了工会的组织作用。通过劳动竞赛、我为企业献一计和不同形式的文体活动，激励和动员广大职工，为加快基地建设，争取项目早日投产做出了积极贡献。通过开展送温暖献爱心、走访困难职工、为职工办实事等活动，在维护职工权益，构建和谐鞍凌等方面工作中也取得了显著成绩。

公司团委筹建组在7～8月份组织召开了炼铁厂、能源动力厂、钢轧厂、公司机关第一次团员代表大会，选举产生了各基层团委。根据青年技术素质提升的需要和鞍凌工程建设实际，团委筹建组开展了一系列青年易于接受的生产及社会实践活动，为项目早日投产做出了积极贡献

【企业文化建设】针对公司职工来源渠道多样，分别来自鞍钢集团、凌钢集团、大中专毕业生和复员军人等不同经历、不同文化背景的实际，公司专门聘请鞍钢党校教授，组织新入厂职工和副作业长以上的管理人员学习鞍钢的发展史和特色的企业文化，解析和宣传“创新、求实、拼争、奉献”的鞍钢精神。面对金融危机给企业带来的困难，组织开展“企业有困难，职工怎么办”的专题讨论活动，职工献计献策，进一步加强了职工与企业的融合。

为进一步增强职工的凝聚力，活跃职工的业余文化生活，公司为住宿职工发放了排球、篮球、足球和象棋等体育用品，开展乒乓球、篮球、跳棋和象棋等多种比赛活动。并开展的“爱国歌曲大家唱”歌咏比赛以及“安全伴我行”演讲比赛等活动，广大职工积极参与，职工的凝聚力进一步增强，为构建和谐企业，形成特色的企业文化奠定了基础。

【基层生产厂基本情况】鞍凌公司共设炼铁厂、钢轧厂、能源动力厂3个基层生产厂。

炼铁厂负责按计划组织原料、焦化、烧结、高炉的安全生产操作运行、保证产品质量满足要求。辖综合管理室、生产运行室、技术质量室，基层设原料作业区、焦化作业区、烧结作业区、高炉作业区。

2010年末，炼铁厂有在职职工588人。其中管理技术人员82人（具有高级技术职称7人、中级技术职称14人、初级技术职称24人）；生产操作人员506人（高级工13人，中级工23人，初级工179人）。该厂下设3个职能室、4个作业区，分别是：综合管理室、生产运行室、技术质量室、原料作业区、烧结作业区、焦化作业区、高炉作业区。该厂由原鞍凌精品钢工程原料项目部、烧结项目部、焦化项目部、炼铁项目部为基础组建而成，工程总投资22.12亿元。该厂建设1座机械化综合原料场，年吞吐物料量1181.8万吨，输入和输出能力各为590.9万吨；2座6米50孔焦炉及1套125万吨干熄焦装置，年生产干熄焦100万吨；1台265平方米烧结机，年生产能力为262.35万吨；1座2600立方米高炉，年生产能力为200万吨。项目于2007年4月18日正式开工，于2010年11月13日全线投产。7月10日原料场进煤，8月20日焦化2号焦炉投产出焦，8月29日高炉热风炉点火烘炉，10月15日烧结热负荷试车，11月4日焦化1号焦炉投产出焦，11月13日高炉开工送风，11月14日高炉出第一炉铁水。当年生产生铁10.13万吨，烧结矿29.25万吨，焦炭16.8万吨；生产副产品硫胺1823吨，粗苯1241.58吨，焦油6029.04吨；原料吞吐物料量106.15万吨。

注重工程质量，积极配合工程建设。实时掌握和监督工程的进度和质量，按各项工程的竣工时间提前3～5个月抽调专业人员进入施工现场，成立工艺检查组（分专业专项检查），责任分工到人，坚持每周一次例会制度，掌握工程的进展情况，配合设备安装和查找工程隐患及缺陷，并同施工、安装单位协调整改。共提出缺陷几千项，到投产前基本整改完成，为炼铁厂各工序的顺利开工打下了坚实的基础。

做好产前准备工作，为试产奠定基础。加强管理体系建设工作，为顺利投产提供制度支撑。

按工程进展情况，安排职工提前一至两个月时间进入现场，确认危险源点，使职工逐步从理论进入实际操作，熟悉现场环境。做好产前物资保障和产前材料、备品、备件、工具的计划申报、领取工作。对各作业区开工、试产期间的各项材料、备件等进行了分类整理，共上报各项开工材料1300余项、备品、备件、工艺件近400项。

加强安全基础工作，确保安全生产。2010年伊始组织召开了炼铁厂首届安全生产工作会议，明确了炼铁厂2010年安全工作目标，坚持“抓生产、必须抓安全，谁主管、谁负责”原则。完善安全基础管理制度，规范职工作业行为。建立健全各级管理人员及岗位操作人员安全生产责任制，完善安全技术操作规程，修改完善重大安全事故、火灾事故应急预案等24项规章制度。强化“三新人员”的安全教育、培训及岗位操作技能的评定，经考试、考评后，才允许实习上岗。

注重职工队伍建设，实行全员竞聘上岗。针对青年员工多没有工作经验的特点，发挥老职工、返聘人员及对口支援人员的传帮带作用，实施以老带新。把返聘和对口支援的老同志安排在主要岗位带徒弟，传授他们多年工作中积累的宝贵经验，使新员工基本能独立操作，独立处理突发性事故。结合炼铁厂人力资源现状，创造有利于人才脱颖而出、充分施展才能的环境，实施全员岗位竞聘。共有595人次参加567个岗位的竞聘；有34人由生产操作岗位竞聘到管理、技术岗位。有40名优秀青工竞聘到管理技术岗位，其中15名青工竞聘到倒班作业长岗位。

加强党群基础工作建设，为试生产保驾护航。炼铁厂于6月30日、7月29日、11月20日分别成功组织召开第一次党员大会和基层党员大会，选举产生炼铁厂第一届党委委员、纪委委员；第一次团代会，选举产生炼铁厂第一届团委；第一次职工代表暨会员代表大会，选举产生了炼铁厂首届工会委员会和经费审查委员会，使炼铁厂党、团、工会组织建立健全，确保各项工作顺利开展。

钢轧厂负责按计划组织炼钢、轧钢的安全生产操作运行、保证产品质量满足要求，是一个集炼钢、连铸和轧钢系统于一体的精品钢材生产厂。辖综合管理室、生产运行室、技术质量室3个职能科室和原料作业区、炼钢作业区、连铸作业区、轧钢作业区、精整作业区5个作业区。

2010年末，共有职工469人（返聘人员8人），其中管理技术人员76人（教授级高级技术职称1人、中级技术职称23人、初级技术职称26人），生产操作人员385人。该厂炼钢系统拥有年处理能力120万吨铁水的脱硫装置2套，120吨顶底复吹式转炉2座并预留第三转炉位，2座LF钢水精炼炉和2台直弧型多点矫直中薄板坯连铸机。轧钢系统包括2座长行程步进式加热炉、1架粗轧机、1台热卷箱、1台切头剪、7架精轧机、2台卷取机及相关的辅助配套设施。截至2010年末，钢轧厂炼钢累计生产749炉，产量90579吨，钢铁料单耗1209千克/吨。轧出钢材36146吨、发出商品材23691吨。共调试4个钢种，1000毫米、1060毫米、1150毫米、1250毫米和1500毫米五个宽度断面。产品宽度命中率89.22%、厚度命中率97.15%、终轧温度命中率88.52%、卷曲温度命中率90.84%、综合成材率93.25%。

严格遵循网络节点，充分做好产前准备。按照投产计划安排，严格遵循网络节点，建立了现场跟踪制度。每个作业区每周安排3~5名经验丰富的操作工人或技术人员到工程现场跟踪工程进度情况。从人员培训、建章建制、生产工具准备、备品备件申报、办公用品等多个方面制订了详细的生产准备工作计划。编写了44.6万字的《钢轧厂开工培训教材》以及30.7万字的《开工说明书》。组织编制并发布了13个厂内QEO管理文件，编写制订了《工艺技术规程》、《安全技术规程》等标准性文件，完成了环境因素、危险源辨识与评价、风险评价等工作，形成厂级环境因素、危险源清单。

完善了组织机构，优化了人员配置。本着“公平、公开、公正”的原则，通过全厂范围公开竞聘，截至2010年底，我厂共聘任副主任以上管理人员15人，选拔管理技术人员61人，其中35周岁以下62人，占现有管理人员的82%。与管理岗位人员竞聘同时进行的还有操作岗位人员的竞聘工作。本着“能者上，庸者下，合理分配人力资源”的理念，结合实习效果和面试答辩，钢轧厂先后组织了338人参加操作岗位人员竞聘。截至2010年7月底，338名员工均通过竞聘得到了适合的岗位。通过公开竞聘，该厂的人力资源得以合理的调配，形成了以3个职能科室和5个作业区为基础，76名管理技术人员和390名操作人员为支撑的强大队伍。

实现顺利开工，强化质量管理。11月8日轧线一次热负荷试车成功，11月16日炼钢、连铸联调成功标志着钢轧厂全线贯通，一天内开启一台转炉，两台精炼炉和两台铸机也开创了钢铁企业开工的先河。为加强质量的控制，建立质量周例会制度，对每周内出现的质量问题，指标不合等疑议进行讨论、解决，并修正优化《工艺技术规程》、《岗位作业标准》、《安全技术规程》等方面的技术参数。针对不同岗位制定岗位操作要点，规范岗位重点控制指标和在操作过程中需要关注的问题，在职工中树立质量意识。

开展党建工作，发挥群团组织作用。钢轧厂于2010年5月7日召开了第一次党员大会，完善了党组织机构。建立健全了厂基层党组织，共有5个党支部，6个党小组。发挥工会联系职工、关心职工、丰富职工生活的作用，钢轧厂工会组织了职工家属与协力领导见面会，听取协力的用人需求和职工家属的履历和特长，为职工家属在朝阳就业提供平台，组织开展“至职工家属一封信”活动，从关心职工健康出发，与家属及时沟通，解决职工后顾之忧。

能源动力厂负责按计划组织氧气、燃气、供水、供电、发电、空压风等工序的安全生产操作运行，保证产品质量满足工艺要求。下设2室1中心，5个作业区。即综合管理室、生产技术室、能源动力调度中心（含管网班、煤气防护站）；供电作业区、给水作业区、燃气作业区、发电作业区、制氧作业区。

2010年末，有在职职工438人，其中管理技术人员71人（具有高级技术职称2人、中级技术职称15人、初级技术职称27人），生产服务人员367人。

主要设备有2×130吨/时次高压蒸汽锅炉（其中一台纯烧煤气锅炉和一台煤混烧煤气锅炉），2×25兆瓦抽凝式发电机组。15万立方米高炉煤气柜1座、5万立方米焦炉煤气柜1座，柜区设加压站、混合站、焦炉煤气精制和储存设施；8万立方米转炉煤气柜1座、柜区设电除尘、加压站及合成转炉煤气装置。3套万立制氧机组；2个空压站，15台空压机。生产能力：氧气3.1万立方米/时、氮气3.1万立方米/时、氩气830立方米/时、压缩空气8.2万立方米/时。生产工业新水6.0×10^4立方米/天；软水制备9000立方米/天，生活给水1200立方米/天；生产废水处理站900立方米/时的中央水处理厂一座。四个66千伏总降压变电所，32个10千伏变电所、11个10千伏以下变电所。

在公司的统一部署下，2010年这个厂实现了工程向生产的转变，其中给水系统4月17日中央水处理投产送水一次成功。5月份正式为公司各单位供应生产用水、生活用水。供电系统5月25日开始至7月15日4个总降压变电所相继送电成功。标志着鞍凌公司4个66千伏总降全部送电完毕。燃气系统8月23日焦炉煤气柜系统正式投入运行；11月13日高炉煤气柜系统正式运行；11月7日精制系统投运，压缩机投入运行；12月26日转炉煤气柜投运。发电系统7月18日启动锅炉正式投产运行，为焦化送蒸汽；10月8日1号130吨/时锅炉用焦炉煤气点火成功。11月13日高炉鼓风机正式投产向高炉送风。12月14日2号130吨/时锅炉投入运行，20日正式向外网供汽。制氧系统7月17日铁前空压站投入使用；7月21日铁后空压站投产；10月13日1号制氧机组投产；11月10日2号制氧机组投产。动力系统的全面投入，为鞍凌公司全面投产实现能源介质的稳定供应。

做好投产前各项准备工作。根据鞍凌公司管理体系制度建设要求，制定技术类、作业类、管理类、事故预案文件，使生产和服务处于受控状态，为岗位操作提供相应作业指导书。随着各工序陆续投产，逐一制定各专业投产方案。积极参加工程建设收尾，确保各项工程安全如期完成。能源动力厂的工程建设点多面广，管理人员少，尤其是工程收尾阶段，工程和组织生产运行交叉在一起，给工作带来很大的困难，各级管理人员采取积极主动措施进行应对。

大力加强职工培训工作。由于能源动力厂新职工所占比重较大，为使他们尽快具备本岗位基本操作技能，减少误操作和盲目操作，避免事故发生，达到能源介质保产保供的目的，通过一年的强化管理，使在岗职工的技术业务能力，自身整体素质等诸方面有了显著提高。

优化人力资源配置。结合工程进度、生产投产，建立健全精干高效的组织机构，逐步实现人力资源优化配置，成立了二室一中心、5个作业区的组织机构，实施全员竞聘上岗，2010年7月第一批有14人被聘任到作业长、副作业长、副主任岗位；第二批有52人被聘任到区域工程师、专业工程师及其他管理岗位；第三批有23人被聘任到站长（机组长）岗位；各作业区在厂级岗位聘任结束之后依据厂聘任方案，分别对班长及各岗位操作人员进行竞聘。

完善党的组织建设，组建群团组织机构。2010年4月份，能源动力厂党委正式成立，选举产生了党委委员和纪委委员。分别成立了机关、供电给水、燃气、制氧4个党支部。选举产生了支委委员和纪检委员。有27名同志被吸收为入党积极分子，有3名同志转正为中共正式党员，有22名同志发展为中共预备党员。2010年8月3日，能源动力厂团委成立，下设机关、给水、制氧、燃气、供电、发电6个团支部。2010年11月6日，能源动力厂工会组织成立。

凌源宏钢集团有限责任公司

【基本情况】凌源宏钢集团有限责任公司为凌钢的参股公司，位于凌源市光明路10号，北接凌源兴钢有限责任公司，南靠凌源钢达集团公司，东连国道101线，西临国铁锦承线。占地面积4.76万平方米，建筑面积4.5万平方米。注册资本2200万元，凌钢集团公司国有法人股330万元，占总股本的15%。

【经营概况】2009年宏钢原料厂投产，原料厂投资4500万元，占地6.6万平方米，年生产白灰20万吨，是凌钢白灰的主要供应商之一，公司全年营业收入1亿元，利税总额504万元，其中税金445万元，利润59万元。

2010年，营业收入达1.7亿元，利税总额658万元，其中税金622万元，利润36万元。

凌源腾钢机械制造有限责任公司

【基本情况】2010年末，公司有员工280人。其中，具有中级以上技术职称工程技术人员15人、高级技术职称3人，具有完整的科研技术人员发展梯队。公司下设办公室（安全、后勤保卫）、营销科、生技科、财务科、材料科5个科室，机加、铸造、修复、铆焊、电修、铜炉6个车间。公司荣获2009~2010年度安全生产工作先进单位、凌源市扶贫助学先进单位、“安康杯”竞赛优胜单位等荣誉。

【经营概况】2009年，全体员工团结一致，共度难关，取得了突出的成绩，在全体员工的共同努力下，全年实现主营收入5800万元，完成利税400万元，各项指标均创历史新高。2010年，全年实现主营收入4950万元，利润134万元，产销率达98%以上，各项工作都有了新的进展。

凌源兴钢建筑安装有限责任公司

【经营概况】2009年，与时俱进、创新发展成为公司的主基调。为适应公司管理系统化的要求，完善和提升管理体系，公司整合内部队伍，成立10个分公司。同时按照现代企业制度和做大做强兴钢的要求，组建了凌源兴钢集团，下辖以凌源兴钢建筑安装有限责任公司为母公司，凌源兴钢集团镕达人力资源有限责任公司、兴钢集团朝阳县天普工矿商贸有限公司、兴钢集团朝阳光华人力资源有限责任公司等3个子公司。4月30日，朝阳市委、市政府授予兴钢“朝阳市先锋企业”荣誉称号。期间相继成立废钢料场装卸作业区、240平方米烧结机作业区、装饰分公司。

2009年，公司实现全年产值15378万元，利税643万元。2010年，公司实现全年产值21598万元，利税905万元。

凌源钢富达建服有限责任公司

【基本情况】凌源钢富达建服有限责任公司为凌钢参股公司，成立于2005年11月，公司地址位于凌钢西区工人街21号。公司主要经营：房地产开发、物业管理，供暖、供水、供气；建材、粮油、日用商品销售；餐饮、住宿、洗浴；食品、饮品加工制作；家政服务、托老、托幼等经营服务工作。

【经营概况】钢富达公司自成立以来，经营领导班子确立了以稳定求发展的原则，各项工作一直处于平稳运营状态。2009年，实现主营收入3263万元，实现利税523万元，实现利润237万元，实现税金286万元。2010年，实现主营收入4083万元，实现利税430万元，实现利润186万元，实现税金244万元。

凌源钢城中心医院有限公司

【基本情况】2010 年，是自主经营自负盈亏的第二年，医院管理工作不断完善，向正规化、标准化迈进，医疗质量、技术、业务水平都有很大提高，经营效益又一次创我院历史记录。职业病体检工作在公司大力支持下也取得了很大的效益。实现营业收入 1975 万元，完成年计划收入的 107.9%。

【大型设备购置】高压氧舱 22.5 万元，高频 X 光机 15 万元，医保软件 6 万元，CT 管球维修 20.7 万元。

【医疗工作】收治各种住院病人 3012 人次，较上年增加 77 人次，门诊接诊人数 26937 人次，较上年减少 4050 人次。各种手术 480 人例次，各种抢救 336 人次，抢救成功 299 人次，抢救成功率 89%，无重大医疗差错及事故发生。

直属单位

2007—2008

第一焦化厂

【基本情况】2008 年末职工总数 276 人，技术、管理人员 40 人。设置：工艺科、经营科、办公室、调度室、设备点检作业区 5 个科室及备煤、炼焦、回收三大作业区。总占地 13.9 万平方米，拥有固定资产原值 18763.52 万元，净值 3060.77 万元。现有 AG40－92 型焦炉 30 孔和 AG40－96 型焦炉 42 孔，共计 72 孔。年产焦炭 40 万吨，输出煤气 1.5 亿立方米。配套的备煤、回收设施齐全。第一焦化厂是凌钢集团主体生产厂之一。产品冶金焦炭，副产品有焦油、粗苯、硫酸铵、焦炉煤气等。设有年处理 70 万立方米污水处理站，厂区内园林式工厂。各种生产及辅助生产设备 424 台套，设备总重量 3731 吨，动力装机总容量 12078 千瓦。

【生产管理】2007 年，焦化厂本着“提高焦化产品质量为主导，满足用户生产需求为己任”。入炉煤中强黏结性煤比例较多，为杜绝浪费资源，利用 40 千克实验焦炉进行试验，优化配煤比，提高焦炭转鼓强度，配加 5% 三给村瘦煤获得成功，不但降低配煤炼焦成本，也使 M_{40} 达到 82.7%，M_{10} 达到 6.9% 较好水平。下半年又增配 10% 介休焦煤。使配煤比趋于合理，M_{10} 指标比 2006 年改善 0.06%，位次前进 3 位。8 月 15 日，申验粗苯生产许可证成功（编号：XK13－221－00134），达到国家生产要求。

2007 年产品及主要技术指标

名　称	数量/t	名　称	数量/%
焦　炭	415314	M_{40}	82.694
焦　油	14966	M_{10}	6.922
硫酸铵	3576	A_d	11.881
粗　苯	4008	$S_{t,d}$	0.711
焦炉煤气	$15947\times10^4m^3$	冶金焦合格率	100
超创利润	7189702 元	炼焦耗洗精煤	1.363t/t

2008 年初，南方遭遇暴风雪，5 月份汶川地震，国矿煤源紧张，山西精煤几度停运。煤场库存骤降，屯兰、镇城底煤源两次断顿。4 月份开始，及时购进北票 1/3 焦煤及高桥镇船运焦煤，缓解国矿煤源不足，经过生产试验配加 5% 的 1/3 焦煤及 10% 高桥镇焦煤，稳定炼焦生产。10 月 28 日，世界金融危机影响，焦炉延长结焦时间，由 19 小时延长到 24 小时，直到 12 月 29 日，随着国内 4 万亿内需拉动，焦炉结焦时间由 24 小时恢复到 19 小时。另外，11 月份，进行了配神华煤单孔炉生产实验。

2008 年产品及主要技术指标

名　称	数量/t	名　称	数量/%
焦　炭	398590	M_{40}	81.057
焦　油	13632	M_{10}	7.202
硫酸铵	3392	A_d	12.470
粗　苯	3628	$S_{t,d}$	0.764
焦炉煤气	$14315\times10^4m^3$	冶金焦合格率	97.777
超创利润	4679050 元	炼焦耗洗精煤	1.358t/t

【基础管理】出台《焦化厂经济责任制》、《焦炭质量考核责任制》、《安全现场考核责任制》、《设备管理考核责任制》、《女工计生考核责任制》等。并与公司相关单位签订《洗精煤供货质量包保合同》等，执行公司下发的《经济责任制》、《焦炭标准》及《精煤标准》等，焦化厂围绕着焦炉炼焦生产，做到来煤精调细混微机操作、炼焦机械化操作、回收现代化生产的经营管理模式。以技术、安全、设备规程作为管理基础，严格执行相关标准。进行模拟市场核算，日清日结。

每年 5、6 月份，开展“双安全月”活动，制定重大危险源演练方案并进行实际演练；9 月份开展“质量月”活动及内部质量体系审核；9 月 23 日，开展白日安全无事故活动，进行安全讲演、漫画展览等。2007 年，编纂《焦化厂专业管理制度汇编》，对调温、配煤、蒸馏、鼓风冷凝及硫铵工技师实际操作考评，并且与朝阳焦化厂互为监考评定。点检员培训考试。2008 年，年初制定备煤区域协力用工考核标准及签订备煤区域承包协议书，运行良好，继而又对运焦区域进行协力外包。同年，瓦工进行冶金行业职业技能鉴定考评，对炼焦工等进行技师实际操作考评。编写了《设备操作规程》。

【工程建设】2007 年，1 号、2 号龙门吊漆面脱落，进行防腐大修；2 号焦炉加热用的高炉煤气管道在地下铺设，漏点不易发现且处理起来非常困难，经过设计改造，由地沟改为桥架，杜绝了安全隐患。

2008 年，2 号初冷器管程泄漏，初冷效果骤降，进行年修；焦化厂调度楼进行加层，办公楼搬迁，原办公楼拆除。

【精神文明建设】焦化厂围绕公司方针目标，进行模拟市场核算，实现成本否决，坚持低成本建设，考核打分日清日结。开展学习邓小平理论、“三个代表”及科学发展观活动。丰富职工文化生活，如“三八”国际妇女节组织女工跳绳等；“五一”国际劳动节春游踏青，进行篮球、排球、拔河、唱歌等活动。超额完成公司超创利润指标，杜绝人身、设备、质量、工艺等安全事故。培养一批技术能手、质量标兵、劳动模范等。在 2007—2008 两个年度里，焦化厂均被评为公司先进单位、先进党总支光荣称号。还获得先进职工之家、先进安全单位等荣誉称号。

原 料 厂

【基本情况】2008 年底，原料厂共有职工 382 人（含业务外包工 126 人），其中厂领导干部 3 人，管理人员 11 人，工程技术人员 16 人，后勤人员 4 人，生产操作人员 352 人。厂设 5 个科室：办公室、生产科、工艺科、点检作业区、经营科，生产设 2 个作业区：竖窑作业区和料场作业区。副高级 1 人，中级 25 人，助级 5 人。管理与工程技术人员中，本科 10 人，专科 16 人，中专 4 人。占地面积 11 万平方米，建筑面积 24000 平方米。拥有固定资产原值 18652.92 万元，净值 8577.50 万元。该厂有 6 台堆取料机，80 立方米竖窑 2 座、200 立方米竖窑 2 座，现代化中和料场 1 座，麦尔兹石灰窑 1 座，钢渣处理场 1 座，简易输送料场 1 座，2 座变电所，8 座低压配电室，5 吨抓斗桥式起重机 5 台，10 吨抓斗桥式起重机 2 台。原料厂是凌源钢铁集团有限责任公司主体生产厂之一，主要为转炉炼钢厂、炼铁厂生产供应石灰，为烧结机生产供应混匀矿。

【设备管理】2007 年，原料厂按照“稳定设备运行，降低设备维修费用，为生产提供可靠设备保障”的精神，加强设备基础管理工作；细化指标分解，加强细节控制，制定机旁备件储备定额，提升维修费用控制水平；推进三项达标工程，加强年修和技改工程工作，充分发挥技术人员的能力。

2008 年，着力做好基础管理工作，强化制度落实和考核；促进设备管理理念的提升与转变，树立设备管理和维修是生产力的理念；深化设备点检定修，强化点检“四大标准”解体点检。将维修费用指标层层分解，加大下机资材的修复利用，积极推广“四新”技术应用，努力实现设备状态可控。

【生产经营管理】2007 年，原料厂围绕 750 立方米高炉改造和 350 万吨技改项目的实施，以成本费用为中心，健全了各项管理考核制度，并取得了较好的成绩。全年生产石灰 17.5 万吨，其中 80 立竖窑年产石灰 5.4 万吨；200 立竖窑年产石灰 12.1 万吨，年产混匀料 249.5 万吨。实现超创利润 398 万元。

2008 年，原料厂在保证生产顺行的前提下，进一步推进节支降耗和优化创新，全面提升生产运营的质量和效益。全年生产石灰 16.6 万吨，其中 80 立竖窑年产石灰 4.8 万吨；200 立竖窑年产石灰 11.8 万吨，年产混匀料 217.3 万吨。全力保证了快节奏、高水平生产的原料供应。实现超创利润 127 万元。

【基础管理】2007 年，根据财务计划，有针对性地按 5 个阶段制定出全年的“变动成本控制模型”，使所有管理人员及操作人员都了解各月份的计划变动成本的波动区间，强化成本管理意识。重新修订了《原料厂资材管理制度》，并制定了此办法的管理条例。使节支降耗工作从制度上有所保障。建立“成本日核算体系文件”，通过文字、数字、图示对原料厂的固定、变动成本，重点对可控的费用进行每天核算。每天早会、每周调度会提出的成本波动问题得到及时解决，做到了成本过程控制，规范了成本管理。

2008 年初，对原料厂各项管理制度整理汇编成册，管理工作上升到一个新的台阶。继续贯彻以成本费用为中心，健全各项管理考核制度。严格各职能科室的工作界面，按制度严格考核。将可控的备件、材料的价格表，制成看板悬挂于办公楼一侧。年末，在进一步完善已有的规章制度的基础上，对各新建项目制定了一系列配套的规程与标准。制定了《麦尔兹窑工艺技术操作规程》和《麦尔兹安全技术操作规程》等10多项安全技术规程及相应的考核制度。

【工程建设】2007年，按照“稳定设备运行、降低设备维修费用、为生产提供可靠设备保障”的设备会议精神，以确保设备经济稳定运行为中心，3号取料机5月份进行了年修，在保证工程质量的前提下，工期提前2天。200立方米2号竖窑5月24日开始年修，对窑内炉衬进行喷补，更换窑内十字梁，总工期比计划提前5天。80立方米竖窑对窑顶水箱进行了技术改造，不仅满足了工艺生产要求，而且便于检修和维护。总工期9天按时完成。

2008年，在年修、技改项目、施工与生产交叉并进，设备管理的压力和难度相当大的情况下，紧紧抓好设备的稳定运行。中和料场1号堆料机9月份进行了年修，更换已老化的部分动力电缆和部分控制电缆，更换部分回转支撑部件及走行台车等，计划工期10天，提前1天完成。80立方米竖窑在5月15日至6月15日进行了年修。对窑内炉衬进行喷补，更换窑内破碎的风帽、倒斜的风管；两座80立方米竖窑窑底进行密封；更换已坏的2号圆盘、星型给料机；更换1号卷扬轨道、校正轨距、更换料车等。

麦尔兹石灰窑是世界上煅烧石灰的先进设备，此设备具有能耗低、产品质量高、占地面积小、建设成本低、适用于低热值燃料等诸多优势。根据凌钢发展的需要，2008年原料厂引进了一座日产600吨牛腿式麦尔兹双膛石灰窑。

2008年1月14～29日，原料厂、太钢院及公司相关部门的相关人员在瑞士苏黎世迈尔兹公司就麦尔兹石灰窑工程进行了第一次设计交流，基本完成按合同规定的内容。3月14日，麦尔兹窑工程开工建设。11月14日，完成麦尔兹窑窑顶钢结构施工。预计该工程2009年2月正式投产。

2008年5月2日，东门料场工程开工建设。10月16日，东门料场工程进行联动试车。

2008年7月，钢渣处理场开工建设。11月，钢渣处理场建成投产，为凌钢实现钢渣零排放奠定了坚实基础。

【精神文明建设】2007年，被凌源市人民政府评为“平安单位”。2008年从3月22日开始至6月30日，在全体党员中开展“共产党员义务工程”活动。4月1～5日，为救治竖窑工段上料工吴庆忠患有“再生障碍性贫血”的13岁儿子吴琼，全厂职工共捐款16850元。5月，全厂职工为四川地震灾区捐款21350元，人均捐款88.29元。全体党员以交纳“特殊党费”的形式二次捐款7020元，人均交纳“特殊党费”154.44元。7名入党积极分子捐款700元。

氧气厂

【基本情况】2008年末有职工199人，其中管理人员14人，生产操作人员185人，其中具有高级技术职称1人、中级技术职称10人、初级技术职称8人；本科10人，专科8人，高中技校140人。管理机构设4个科室：办公室、经营科、设备科、工艺科，生产设4个生产横班和制氢、电气、化验、充填4个辅助班组。厂区占地面积56641.12平方米，建筑面积12831平方米，拥有固定资产原值37407.34万元，净值20890.93万元。主要生产设备有：

KDON－20000/25000型制氧机1套；

KDON－10000/10000型制氧机1套；

KDON－6000/13000型制氧机1套；

FDON－3200/3200－3型制氧机1套；

KDON－1500/1500型制氧机1套。

具备小时生产氧气4.07万立方米，氮气4.77万立方米，氩气475立方米的生产能力。

【生产管理】科学组织，优化操作方法，确保四套机组高效稳定运行，保证用户需要。2007年，全年完成氧气输送17137.1万立方米，氮气13075.5万立方米，氩气30.2万立方米；2008年，全年完成氧气输送16183.3万立方米，氮气17312.0万立方米，氩气27.79万立方米。同时，紧密联系市场，扩大外销，加强成本考核，降低变动费用，2007、2008年制造变动费用降低率分别为6%和1.56%。

2007年，全年设备可利用率97.47%，利用率100%，事故故障停机率为零。2008年设备可利用率91.38%，利用率100%，事故故障停机率为零。

【安全管理】安全工作本着“严、细、实”管理的原则，在抓好安全基础性工作的同时，重点控制好重大危险源和技改项目的安全施工。新制定了《重大危险区域施工管理制度》，对《重大危险源安全管理规定》进行了补充修改。在公司“双安全月”和“百日安全无事故”活动中，组织了14次重大事故应急演练，锻炼了职工的应急事故处理能力。2008年，两万制氧项目进入设备安装后，从球罐区域至两万制氧机区域施工全面铺开，给安全管理带来了很大的困难。本着管施工必须管安全的原则，要求各施工员必须严把安全关，负责各自作业点的安全工作，专职安全管理人员进行检查督促，有效地避免了一些事故的发生。在新项目投产前完成了职工安全培训，安全技术规程的修订，岗位危险危害因素辨识和控制以及重大事故应急处理等工作，始终把安全工作放在第一位，实现了安全事故“零”目标。

【现场管理】现场管理工作更加细化，对绿地、花池等进行认真管理，栽各种树木200多棵，种草花1230平方米，4500多棵。新制作大型标语四块，对厂内原有标志牌、警示牌进行清洗、粉刷，对损坏的牌匾重新制作，加强定置管理，物品摆放更加有序。

【20000立方米/时（标准）制氧机工程建设】20000立方米/时（标准）制氧机是350万吨钢技改建设项目之一，空分设备由杭氧生产，采用内压缩流程，工程总造价约1.8亿元。项目于2007年二季度末开始筹建，采用边设计边施工方式。2008年1月，原充装站搬迁完成。2008年5月原办公楼搬迁完成。至2008年11月末，厂房建设及各类设备、设施安装陆续完成调试，12月11日竣工投产，比计划工期提前14天，各项指标达到设计要求。

【年修工程】2007年，3月15～26日完成3200立方米/时（标准）制氧机组年修，其中重要一项，更换了泄漏的第三组板式换热器；5月10～24日完成10000立方米/时（标准）制氧机组年修。2008年6月15～29日完成6000立方米/时（标准）制氧机组年修；6月3日～7月9日完成3200立方米/时（标准）机组年修。

【党群工作】一是加强党政领导班子自身建设。巩固先进性教育成果。定期召开班子民主生活会，查找不足，自觉接受职工监督。二是加强党员队伍建设，全面提升党员队伍的综合素质，做“有觉悟、有技能、有作用”的新时期共产党员。做好组织发展工作，把各岗位优秀职工尤其是生产骨干作为积极分子发展对象。充分发挥党员的表率作用，设置了“思想政治工作宣传栏”用以弘扬典范，使广大党员学习有榜样。2008年5月12日四川发生了特大地震，全厂25名党员共交纳特殊党费6240元，为灾区人民献上了一份爱心。三是坚持以人为本的科学理念，推动职工思想政治工作改进创新。全年围绕公司总体工作思路，认真开展形势任务教育及企业发展、民主法制等教育活动，把全体员工的思想行动和智慧力量统一到落实公司生产经营和技改工作上来。四是开展“三保一提”为内容的“共产党员效益工程”劳动竞赛”和“共产党员义务工程”活动。五是创新思路，深入开展效能监察工作。每季召开一次领导班子、各党小组长、管理人员参加的党风廉政建设例会，对照制度，查找问题，防止权力失控，行为失范。

【工会工作】以公司工会总体工作思路为指导，全面贯彻落实集团公司二次党代会和职代会精神，深入开展“三创一赛”活动，开展职工喜闻乐见的文体活动。认真履行工会职能，围绕厂内中心工作扎实有效的开展工会工作。一是积极开展“工人技术创新”和“提合理化建议”活动，完成创新成果17项，创效332.26万元；收到各类合理化建议111项，被采纳实施55项。二是继续在职工中开展专业知识培训，先后开办了工艺、设备、电气、仪表、工控机等相关专业知识培训班共计690课时，有1230人次参加了培训，丰富了职工的理论水平，提高了职工的实际操作能力。三是加强“五型班组建设”，进一步健全了“五有”，完善了考核细则。四是开展了“降低氧气单位电耗”、“增加氮气输送量、保证用户用氮”全年劳动竞赛，同时围绕各机组年修开展了“四保”劳动竞赛。五是开展“登山”“拔河”等喜闻乐见的文体活动，活跃职工业余生活。六是继续开展扶贫帮困送温暖活动。走访生病住院、家有丧事的职工十余人；春节前夕走访困难职工，为他们送去慰问金。七是召开职工座谈会，为职工解决疑难问题，改善职工工作环境，减少污染、噪音、高温等侵害。搞好厂内各岗位冬季送暖和夏季防暑降温工作。

动 力 厂

【基本情况】2008 年末共有职工 797 人，其中管理人员 58 人、生产操作人员 739 人、具有高级技术职称 3 人、中级技术职称 51 人、初级技术职称 40 人。全厂分为动力、燃气、热电 3 个作业区，厂内外共有作业点 62 个；厂机构设置办公室、安全科、技术科、设备科、经营科、调度科 6 个科室；生产系统设 3 个生产工段：炉燃工段、机化工段、电检工段和 10 个非生产工段：煤气柜工段、加压站、防护站、供电段、供风段、供水一段、供水二段、水源段、变电检修段、电气试验室以及 2 个直属班：维修班、化学检验班；其中水源段位于凌北镇东五官喇嘛台村，距凌钢厂区 14 千米，共有两个班组。拥有固定资产原值 41983.21 万元，净值 19352.44 万元。动力厂有 29 台套空压机，14 台软化器；9 台电渗析，1 座污水处理站，2 座转炉循环水泵站，2 套连铸水处理系统，25 眼水源井，2 座总降压变电所，10 台主变压器，15 万立方米高炉煤气柜、5 万立方米转炉煤气柜、5000 立方米焦炉煤气柜各 1 座，23 台煤气加压机，5 台锅炉，4 台汽轮发电机组，2 台套 TRT。动力厂主要负责集团公司风、水、电、气（汽）的生产与供给工作任务。

【生产管理】2007 年，动力厂围绕 750 立方米高炉改造和 350 万吨技改项目的实施，在生产经营、设备管理、节能降耗等各方面工作取得了较好的成绩，全年完成超创利润 210 万元，可变费用降低超过 10%。年供工业净水 1175 万立方米，回用水 198 万立方米，软化水 168 万立方米，循环水 52556967 立方米，压缩空气 23547 万立方米，转供电 8687 万千瓦时，供热 109 万吉焦，发电 10194 万千瓦时，焦炉煤气 15948 万立方米，高炉煤气 170364 万立方米，转炉煤气 8812 万立方米，混合煤气 195124 万立方米。

2008 年，动力厂在保证生产稳定运行、供给的前提下，全力推进 350 万吨钢技术改造，从各系统改造入手，提高各系统供给能力，在生产经营、技术改造、节能降耗等各方面取得了较好的成绩，实现超创利润月 260 万元，变动费用降低超过 2%。年供工业净水 1144 万立方米，回用水 182 万立方米，软化水 161 万立方米，循环水 51666926 立方米，压缩空气 26973 万立方米，转供电 8490 万千瓦时，供热 103 万吉焦，发电 9947 万千瓦时，焦炉煤气 14316 万立方米，高炉煤气 175080 万立方米，转炉煤气 8307 万立方米，混合煤气 197703 万立方米。

【设备管理】2007 年，设备管理方面，以“提高生产率、降低成本、加强设备改造”为出发点，修订了设备管理四大标准，建立设备档案，结合新增设备和改造后设备运行状况，完善设备管理的基础台账。提高设备管理的精细化，重新制定点检人员的工作流程，确定合理的点检周期，使点检人员真正达到“一心”、“两线”、“五下”、“六上”的点检工作标准。进一步推进自主保养达标工程，给“每日一课”、“每半月一考评”、“每月一交流”学习机制增加新的内容。

2008 年，优化创新设备管理基础工作，强化点检人员素质，扎实稳步做好点检工作。重新修订和完善点检“四大标准”，修订机电仪标准 150 多项。强化以自主保养为基础全员设备管理活动，继续加大“5S”达标范围，开展“设备检修标准化达标”活动。重点抓检修内容、费用、时间、实施、事后总结分析全过程控制，使关键设备运行状态可控，避免突发停机故障发生。

【基础管理】2007 年，动力厂从制度落实和考核上加强管理。在 2006 年原有 30 项管理制度基础上，年初重新修订《日清日结材料汇编》、《动力厂现场管理制度及考核细则》。在吸取事故教训查找工作不足的同时，专门制定了《煤气盲板和眼镜阀操作制度及考核细则》。3 月份制定了《煤气系统停电应急预案》，保证了煤气管网安全可靠运行。修订完善了其它各系统《事故应急处理预案》，做到事故状态下能够及时反映及时处理。同时，结合我厂实际特点，制定了《关于执行调度指挥操作票的规定》，对操作票的使用、管理、检查、考核都做了详细的规定。在“创造学习型工厂，争当学习型职工”方面，印发了《动力厂工艺系统简介》，发给管理人员人手一册进行培训，提高了管理人员素质。年初结合我厂实际，在原有《安全专项经济责任制》基础上，完善了《安全区域负责人值班管理考核》内容，使《安全专项经济责任制》内容得到了充实，具有更强的操作性。制定了《安全区域考核细则》，进一步明确了安全员的工作职责，安全员工作做到了日检查、周总结、月汇报。蒸汽系统针对不同时期用量不同及时调节系统压力，特制定了《夏、冬季供热管理办法》，取得较好的效果。

2008年，完善了各项规章制度，依据制度对职工进行管理。在2007年36项管理制度的基础上，年初重新修定《日清日结考核细则》，为今年各项工作打下良好基础。根据安全工作规划，结合350万吨钢技改要求，制定了《煤气区域点检巡视安全管理规定》、《TRT封闭区域安全检查规定》、《15万煤气柜进柜检查制度》、修改了《动力厂现场管理制度及考核细则》。在技改能源使用上，修改完善了《外接能源审批和检查管理制度》，对施工外接能源介质严格按制度层层审批，接计量表，定期进行检查，发现跑、冒、滴、漏及时处理，避免能源的浪费，提高管理标准，加大考核力度。

【工程建设】2007年，围绕750立方米高炉等工程的建设，重点抓技改、年修工程，提高各系统供给能力。发电和转供电系统：在一总变增设一台5号主变压器于6月8投产。利用3号锅炉年修的机会，将原混烧煤气26%的锅炉，改为纯烧煤气于9月30日投产运行。为实现煤气的综合利用，3号高炉配套工程TRT项目5月15日开工建设。

水处理系统：配套转炉炼钢厂方坯增流改造，我们将1号、2号方坯水处理进行了改造，于6月17日投产，确保了连铸增流后的生产需求。

煤气系统：针对3号高炉投产后煤气量增加，利用技改、年修工程的机会，将原有5万立方米高炉煤气柜扩容到15万立方米，于8月30日正式投产。对相应增加的新10平方米竖炉配套D800风机改造工程，3台加压机于9月25日投产运行。为确保职工人身安全，新增设36台煤气管道防泄漏排水器并在11月投产使用。

压缩空气系统：配合3号高炉技改项目和方坯增流等改造，在白灰空压站拆除2台20立方米空压机，新安装5台40立方米空压机于11月12日运行。

2008年，为保证冬季空压风的供给和空压机年修的顺利进行，在制氧空压站新安装2台SA250W－6K螺杆空压机，于1月5日运行。2号连铸水处理移位工程涉及到炼钢改造工程的进度，是公辅项目的重点，从工程设计动力厂就积极参与，大力配合，只用了不到3个月的时间，3月26日投产供水。炼钢空压站移位工程，克服了改造和生产交叉的难题，于5月2日送风投产。2号软水站移位工程，从方案提出到设计布置积极参与，为设计提供合理改造建议，于7月6日投产。新建炼铁空压站工程，新安装3台150立方米/分离心式空压机。于10月8日竣工。120吨转炉技改项目新建转炉循环泵站，从设计审查到施工管理都积极参与。于11月10日竣工，为转炉和连铸投产提供了条件。炼铁4号高炉配套项目4号TRT于7月1日开工建设。热电75吨锅炉及12兆瓦汽轮机组项目。从方案提出到初步设计，工程施工专业技术人员全程跟踪，使工程于10月21日按期投产。麦尔兹窑煤气加压站4月10日开工建设。

【精神文明建设】两年来，动力厂根据“科学发展，协调运行，全力以赴，安全供给”的生产经营方针，在保证稳定运行，保障供给的前提下，全力推进350万吨钢技改项目，同时加强了精神文明建设取得较好成绩。二总变工会小组获得中华全国总工会全国模范职工小家。党总支被评为朝阳市人民政府国有资产监督管理委员会党组织先进党总支部。

运　输　部

【基本情况】2008年末，运输部有职工273人。其中，管理和专业技术人员18人，生产操作人员255人；本科11人，大专42人，中专30人，高中72人，技校3人；具有副高级技术职称2人、中级技术职称5人、初级技术职称9人。管理机构设4个科室：经营科、生产科、设备科、办公室；下设7个工段：运转一段、运转二段、运转三段、运转四段、道口工段、检修工段、工电段。占地面积约93000平方米，其中建筑面积2600平方米，拥有固定资产原值4911.93万元，净值2166.41万元。2008年底，凌钢自有铁道线路总长度25千米，共有各种设备73台套，机车8辆，年运输能力905万吨。

2008年4月，根据公司深化改革的要求，将原道口工段和工务工段的业务进行外包，由钢达实业公司承包，成立运输部钢达作业区，工务和电务两个工段组成新的工电段，继续保留道口工段。调出正式工人26名，钢达劳务工人80名。为了解决运输部生产人员不足问题，4月份先后从锦州铁路运输学校和黑龙江交通职业技术学院招了35名大中专毕业生，7月份又分配来21名大学生，充实到乘务员、电工机车修理工等岗位。

运输部一年进入56名大中专学生，这批学生的进入，改变了运输部员工队伍的状态。平均年龄从40岁降到35岁，文化结构有了明显变化，具有大学本科学历的员工从7人增到12人，专科生从24人增到40人，员工队伍的年龄状况和文化程度都有了很大的改观。

【生产管理】《行车工作组织细则》是指导行车作业的根本原则，随着生产、技改不断变化，及时的对《行车工作组织细则》进行修改，使其适应新的情况。以便使对车、卸车、装车、发车等运输流程的各环节衔接紧密、流通顺畅。2008年日接发车超过300辆，创历史纪录。

2007年3号高炉改造期间，铁水运输与高炉改造工程交叉进行，运输安全与技改的矛盾突出。按照过程与目标统一、思想与行动统一、局部与整体统一的原则（3个统一），正确处理安全与设备的关系、安全与生产的关系、安全与成本的关系（3个关系），既保证了高炉改造的进度，又保证了铁水运输安全。

2008年末，4号高炉及新炼钢系统的投产，炼铁站作业由原来的2台机车增加到3台机车，为新炼钢运输铁水的百吨铁水车投入使用，公司技改项目的投产，给铁水运输的生产组织带来很大困难，线路少，机车、车辆多，为保4号高炉和一罐到底的铁水运输，制订了《炼铁站4号高炉生产组织办法》《炼钢厂修罐库取对车管理办法》，解决了4号高炉生产影响3号高炉铁水取送问题以及新货位的及时使用。高架棒材施工期间，制订《中宽带线路使用办法》，解决了高架棒材施工影响棒材、中宽带取、对车问题。

2008年，道口、工务实行业务外包后，通过加强对外包工作的指导、检查与考评工作，既保证了外包后道口、工务的生产、检修质量不下降又保证了铁路运输的安全畅通。

【设备管理】2008年，4号高炉技改期间，由于线路长时间封闭，机车及车辆的定检不能入库检修，对设备的安全运行构成威胁。在这种情况下，组织检修人员克服困难，到炼铁区现场对机车、车辆进行检修，保证了运输生产的正常进行，做到了生产技改两不误。

2008年2~4月，购进3台GKD1A型内燃机车，10月购进2台DF5型内燃机车。对新设备的投入使用进行了系统的管理。首先，向机车制造厂的技术人员请教，聘请大连机车厂的售后服务人员进行现场指导。其次，制定机车操作规程、检修规程、维护规程。再次，定期进行操纵、维修人员考核，进行设备评比等。

2008年，制订了《机车整修、中检、临修的考核办法》，DF5型内燃机车小辅修10台次，GKD1A型内燃机车小辅修8台次，中修1台次，蒸汽机车洗修19台次，保证了设备的安全运行。

2007—2008年，对4号高炉区域铁路及新炼钢区域铁路进行了信号系统改造，由手动变为自动，改变了落后的排路方式，为实现350万吨钢的生产做出准备。

【安全管理】安全是运输生产的永恒主题。2008年聘请生产技术部安全主管人员对全体员工进行培训1次，对区域负责人以上的管理人员培训3次，制订了《区域负责人座谈会制度》、《班后会制度》。组织了“安康杯”、活动“双安全月”活动、“百日安全无事故”活动及“安全积分”活动，营造安全气氛。

【成本管理】2007年制订了《成本核算办法》、《资材管理办法》、《技改工程施工管理办法》，每月组织召开一次经济活动分析会，对外购铁路器材、配件进行招标管理。2007年对铁路资材配件进行了招标5次，降低了材料备件的购置成本，提高了配件、资材质量。2007年实现超创利润51万元。

【企业管理】基础管理工作不断深化、优化。2008年对管理人员制定了《逆向考核管理办法》、《工作日写实管理办法》、《工务管理人员职责》、《管理人员周工作计划管理办法》、《值班制度及管理办法》等，责任明确，管理人员的日常行为得到了规范和指导。强化责任追究，提出了“四个应该”追究制，“四个应该”即：应该知道的、应该做的、应该解决的、应该发现的。管理人员的责任意识和管理水平得到了加强和提高。

【技术改造与创新】2008年，以集约化经营为指导，立足岗位，开展技术攻关和技术创新，解决生产过程中的难点和重点问题，技术攻关立项12项，创效益174万元。“铁水车改造”等二个项目获公司一等奖，“双动道岔整流装置改造”等4个项目获公司二等奖。

【技术培训】2008年，在职工技术培训方面做得扎实有效，有声有色。根据乘务员对内燃机车的比较陌生的情况，聘请锦州培训基地的人员对机车乘务员进行业务培训，使所有乘务员都取得了铁道部颁发的内燃机车学习司机证。内部开展各专业工种培训班17期，7940学时，246名工人参加了培训，工人的业务素质得到了普遍的提高，6人被公司聘为“工人技师”。

检修中心

【基本情况】2008年末人员构成情况：共有职工845人，其中生产操作岗805人，管理岗40人，男职工821人，女职工24人，操作岗工种构成为钳工287人、电工238人、焊工95人、铆工9人、管工67人、仪表工83人、其他工种26人。接收新入厂大专生30人、本溪技校学生35人、凌钢技校学生20人。检修中心负责全公司7个主要生产单位的设备检修维护工作，中心对应设立了7个检修站，分别是烧结站负责炼铁厂烧结区域，炼铁站负责炼铁厂炼铁区域和焦化厂，炼钢站负责转炉炼钢厂，轧钢站负责中宽热带厂和中宽冷带厂（4月份因中宽冷带厂停产，中心人员撤出，不再承担该区域设备检修维护），型材站负责型材厂，动力站负责动力厂和氧气厂，仪表站负责全公司仪表设备的检修和维护。拥有固定资产原值772.10万元，净值187.05万元。2008年底，有各种检修设备181台（套），其中25吨汽车起重机1台、8吨汽车起重机1台、8吨叉车2台、5吨叉车1台、小型载货汽车3辆、机械加工机床22台、皮带硫化机11套、电焊机93台、综合液压检测台1套、钢丝绳压套机1台。

运行模式实行承包费用分配形式，公司主要考核检修中心设备故障时间，外委维修费用。

【主要指标】2007年，以建设复合型检修队伍，走高效、精品检修之路，服务生产，保障有力为工作方针，强化管理工作。实现检修收入3244万元，比2006年同期增长647万元，提高了20%。实现资材修复2064台（套），实现修复创效1677.6万元。设备“110救护”保障率达100%。

2008年，以强化检修质量，加快检修速度，保证设备高效稳定运行，实现优质高效保证生产，超前主动介入技术改造。实现检修收入4120万元，设备故障时间40150分钟、降低9350分钟，降低率达18.9%。检修中心控制的外委费用发生1001万元，降低12万元。实现资财修复2604台（套），实现修复创效1870万元。

【检修管理】2007年度，实施跨区域检修目标管理，开展了以跨区域检修比率、检修收入完成率、110抢修及时率、检修质量、安全管理、检修管理、班组建设、日清日结八项指标为竞赛内容的检修综合管理月评比竞赛活动，以激励机制强化各检修站规范化管理、标准化检修。激励检修人员扩大检修区域、检修份额，同时对跨区域检修以价值量管理方式进行产值转移，接受支援的主体站统一以200元/工日支付给支援站产值，实现了跨区域检修量的大幅度增加。实现跨区域检修1476人次，增加检修产值收入29.5万元。降低各生产厂外委维修费，实现创效973万元。

【队伍建设】2007年，开展服务型队伍建设，建立与各生产厂信息通道，设置以检修质量、110抢修、检修服务为主要内容的检修服务综合信息反馈表，每月定期走访用户，征求意见，对生产厂反馈的所有检修迅速、检修及时、解决设备难题的典型事例和人员进行奖励，对生产厂反馈的所有存在检修质量疑义、反映速度缓慢的问题进行了深层次的分析，寻找问题根源，制定措施，完善制度，并对相应站、班组及个人进行处罚。伴随3号高炉的投产，公司生产节奏加快，为保证主体厂设备安全稳定运行，强化检修质量管理，提高服务意识，加快反应速度，开展了提升主体设备运行指标的劳动竞赛，突出对炼钢炉区、百吨吊、加料跨天车、四台铸机，炼铁四座高炉、烧结机、竖炉，宽带与型材机组作业率量化考核，把指标分解到班组和个人，所有检修单元密切关注设备运行状态，改善薄弱环节，避免重复故障，规范检修行为，延长运行周期。

制定并实施了各工种一专多能激励机制：取得一专多能资格并运用到检修工作中按月奖励10%效益工资。为了实现职工技能提升，开展了钳工、焊工、电工知识一专多能的每专业40课时培训，对基层班组机构进行改革：构建多功能多工种复合型班组，具备电、钳、管、焊、铆综合工作能力。

2008年，着重开展了职工培训，增强检修实力。聘请朝阳市特种焊接专家对中心进行焊工特种培训。培养新毕业大学生尽快达到独立操作能力，首先由工程技术人员讲授各生产厂生产工艺及设备性能、原理、结构，使学生们对将要接触的设备有初步的了解；其次进行各生产设备典型故障案例及通用设备故障案例讲解、分析，由故障产生的根源、故障现象、故障防范措施、故障处理预案、设备改善进行全面讲授，并结合理论进行分析。在深入班组后，建立师徒关系，明确师徒各自的职责。

2008年，工作重心为保障设备状态、降低故障时间，为生产顺行提供保障。一是通过科学严密分解设备故障时间指标，加大考核力度，充分调动了全体检修人员研究设备、消除故障隐患的自觉性。二是针对各生产厂重点关键性设备所发生的故障和重复性故障，充分发动全体职工对上述故障的根源治理作为今年工人技术创新的立项重点开展攻关，工程科现场协调、指导、检查工作开展情况，全年实现工人技术创新立项100项，全部实施。三是开展对各生产厂重点设备集中骨干定点、定人重点维护。值班人员的考核突出了对所负责设备的故障时间和次数的考核，避免故障处理延缓或扩大化。四是规范运作“110救护”机制，实现所有设备抢修110救护队员20分钟赶到现场高效抢修。五是严格执行检修标准，规范检修行为，单项检修设置质量负责人，工程技术人员跟踪指导检修，保证检修质量。

【备件修复】2007年，备件修复工作增加了建立修复档案控制环节，实施修复件上线质量跟踪管理，使修复备件使用寿命达到新品寿命的70%以上，全年备件修复挣取工时收入250万元，完成修复创效1677.6万元。

2008年，开展修复创效劳动竞赛。通过有限的加工、制造能力进行备件修复，对曾经外委修复的通过改变修复办法、材质替代、定购零星配件，实现内修不外委。对各站修复创效实行目标值激励法，完成目标值按2‰奖励，激励修复创效积极性。

【技改工程】2008年，无条件服务于技改工程，公司主管部门及各项目部安排的各技改工程关键节点的施工调试都做到迅速、及时完成。分别在6月1日和8月1日起在人员及其紧张的情况下，抽调12名骨干电工和60名电钳工进行90万吨新棒材设备检修进行集训。工程科技术人员与各新项目所在站技术人员为主，详细熟悉所有新项目技术图纸及资料，对有新项目的单位人员进行产前培训，对新项目中不同于老系统的新设备建立检修方案，随时准备介入技改工程。

【降低外委费用】2008年，针对全年5749.4万元检修费用，对需要外委的检修工程实施规范化管理，制定并实施检修外委项目管理流程，各站按责任区域优先承揽检修工作，因人力不足而需外委的项目报工程科，工程科现场核准实际检修量，确因人力不足则安排其他站承接，若各站均无力承接时方可签字外委并上报中心领导审批，中心领导动态掌握各站检修任务量，进一步总体协调，确保检修效率最大化。鼓励各站承接其他站的检修工程，实施跨区域检修考核办法，设定25%的跨区域检修比率，奖多罚少，改变各自为战、狭隘的区域观念，推进大维修思想。重新审核修改经济责任制，强化考核落实，各项检修任务按三个百分之百完成，每出现一起检修事故，当月奖金考核2000~5000元。克服检修中心人员短缺与不足，发挥技术集中的优势，尽最大能力为公司节省设备维修费用。利用日清日结考核机制对成本管理的各个环节、细节进行监控，向经营过程要效益。进一步加强资材管理，严格控制资财费用指标。对各站承担的资财费用指标降低10%。加强运输费用考核，在充分发挥自有运输车辆满负荷作业的同时，对于外委车辆的运输量考核实行“单车单次”运量签单制度。

【安全管理】2007年，一是以“强化基层和基础，狠抓落实与考核，着力过程控制”为工作重点，强化职工个体的安全教育，提高职工安全素质，增强职工自我保护意识，分九期对470名钳工、电工进行安全知识培训，同时突出对安全素质差、历年来出现工伤事故的“重点人员”强化教育和培训，并实行对“重点人员”进行人盯人的监护联保制。开展了区域安全员月评比活动。二是将“伤害预知预警”和“检修作业指导书”有机结合，突出对易燃易爆区域、高温区域、高空区域、有害介质区域、关键岗位等区域必须做到操作票、工作票齐全，班站长、技术人员、检修人员三方确认，确保检修安全。三是完善安全管理的规章制度，制定了《铝固结套压制钢丝绳扣安全使用规定》、《电动工具使用规程》、《进入冷却塔检修安全规定》等。

2008年，针对新毕业分配的大学生、技校生危害辨识、危险源点控制知识匮乏的不足，对他们进行了全面的安全知识培训和案例教育，进岗确定好师徒关系，明确师傅的安全责任与考核，推行新入厂人员的人盯人安全管理。开展“零违章保零事故”活动，侧重对安全素质差，自我防护意识不强，在明知违章，但心存侥幸的“重点人”集中强化安全培训，详细讲解安全案例，深入剖析，实施检修作业联保制，形成自我保护与互保结合。

【精神文明建设】在职工收入分配上严格按照“公平、公正、公开”的原则进行日清日结核算，日清日结分数公开、奖金公开，每月定期检查各检修站、班组的奖金分配情况。推行班组民主生活会制度，职工参与日常管理，具体问题民主协商、达成共识，促进和谐，凝聚人心。利用节假日开展各种集体活动，增强职工的团队凝聚力和竞争意识，如开展“六一”少儿和谐社会漫画比赛、五一春游、春季登山赛、趣味运动会选拔赛等。扎实开展扶贫帮困和金秋助学，帮扶本单位困难职工2人次，捐款金额22660元。鼓励职工子女考大学，对考上三本以上大学生分别奖励800元、500元、300元。鼓励并协助职工开展工人技术创新，立项122项，参加立项人员101人，创效3292万元。开展电钳工安全，电、钳、焊工专业技能等各种培训班，培训人数605人。

2009—2010

第一焦化厂

【基本情况】2010年末，焦化厂有职工365人，其中管理、技术人员30人，具有副高级技术职称2人、中级技术职称18人、初级技术职称10人；高级技师2人，技师14人；生产操作人员335人。下设5个科室：办公室、工艺科、经营科、设备科、生产调度室、安全科；3个作业区：备煤作业区、炼焦作业区、回收作业区。厂区占地面积140820平方米，厂房建筑面积61100平方米。拥有固定资产原值36905万元，净值22905万元。主要设备是：鼓风机、焦炉四大车、龙门吊、装煤出焦除尘设施，主要产品为焦炭、焦油、硫铵、粗苯等多个品种。

2009年、2010年均被公司评为行政、党务先进单位。

【生产指标完成情况】2009年，生产焦炭456033吨，焦油14075吨，硫铵1660吨，粗苯2036吨；实现超创利润542.66万元。主要指标完成：年材料备件修理费872万元，比目标下降了36万元；年运输费用为18万元，比目标下降了2万元。指标转鼓强度M_{40}完成82.85%，M_{10}完成6.82%。新水消耗1.32立方米/吨，比目标减少0.07立方米/吨。焦化电耗为26.03千瓦时/吨，比对标目标减少0.88千瓦时/吨。生产焦炉煤气外送13363.8万立方米。2010年生产焦炭703936吨，焦油21285吨，硫铵5431吨，粗苯6093吨；实现超创利润911.23万元。主要指标完成：年材料备件修理费1759.83万元，比目标下降了19.23万元；年运输费用为32.25万元，比目标下降了0.91万元。指标转鼓强度M_{40}完成83.33%，M_{10}完成6.74%。新水消耗1.159立方米/吨，比目标减少0.059立方米/吨。焦化电耗为33.78千瓦时/吨，比对标目标减少4.17千瓦时/吨。生产焦炉煤气外送18882.7万立方米。

【安全管理】2009—2010年，焦化厂紧紧围绕“以人为本、安全第一”的主题，深化落实“严、细、实”管理，达到“轻伤以上事故为零”目标。两年均被评为公司“安康杯”优胜单位。

【创先争优】2010年，开展“热爱凌钢、忠诚凌钢、奉献凌钢”，做“六讲职工”主题教育活动。制定“六讲职工”考核评比标准，在宣传贯彻征文活动中，有10篇优秀作品报送宣传部。全年评选16名优秀“六讲职工”；制定具有焦化特点的、可操作性强的《创先争优活动方案》，2010年有5名青工向党组织递交入党申请书。

【工程建设】2009年1月15日成立续建50孔焦炉

项目部，2月20日成立备煤、炼焦、煤气净化项目组，同日签订技改工程责任状，历经240个日夜，于11月16日正式竣工投产，14时推出第一炉焦炭，当月达产达效。10月份针对新项目开工对职工进行了2期培训，培训278人次，人均30课时。

【设备改造】2009年，配合焦炉扩容技改，新增一台推焦车，两台除尘装煤车，淘汰、更新两台旧拦焦车、两台旧熄焦车。在焦炉扩容技改同时，对原来两座焦炉进行除尘改造，新增装煤除尘器、出焦除尘器，新建一站式除尘地面站，结束了焦炉无除尘生产历史，达到环保要求；回收配套设备同步进行改造，新增两套蒸汽溴化锂吸收式制冷机，淘汰、更新两台煤气风机、饱和器、初冷器等设备。备煤作业区新增一台龙门吊，并对原3号龙门吊小车进行改造。

【工会工作】2009年，健全困难员工档案，进一步推动送温暖活动的经常化、制度化。在落实实践科学发展观活动中，全体党员捐款2885元，对4个特困户进行走访。2010年就鼓风司机和焦炉调火工以及备煤工进行了3期培训。培训156人次，总课时达到了人均24课时以上。2年累计申报创新项目168项，累计创效680万元。

【惠民政策】一是每年7月份拿出厂长基金一次性为高温岗位每人补贴100元。二是在高温月份每个月又单独进行补贴50~100元不等。三是解决高温岗位空调、电风扇，针对水资源缺乏，及时购买饮水桶，责令专人为一线职工备饮用水，解决饮水难题。四是制定完善职工福利待遇，增加探望有病职工慰问金、职工子女高考补贴，为职工家属特殊事情出车、出人帮助；2010年投入2.2万元完善厕所设施，解决如厕难难题。五是建立困难职工档案，工会组织、行政双方面出资帮扶困难职工。六是2010年为职工购进生活用品。如：购进120个座椅，4台洗衣机等。

原 料 厂

【基本情况】2010年末，原料厂有职工265人，其中管理、技术人员32人，生产操作人员233人。下设一室五科，分别是：办公室、生产科、经营科、工艺科、设备点检科、安全科。四个作业区，分别是：中和料场、竖窑、麦尔兹窑和钢渣处理作业区。

2009—2010年，原料厂深入贯彻落实科学发展观，企业规模空前扩大，技术装备水平显著提高，技经指标连年改善，厂容厂貌和职工的精神面貌发生了翻天覆地的巨大变化，为高炉的稳产顺行和公司日产万吨钢目标的实现做出了重要贡献。2009年，原料厂被评为公司“先进单位”。

【工程建设】600吨/日麦尔兹石灰窑建成投产：600吨/日麦尔兹石灰窑工程是凌钢350万吨钢技改工程的重要配套项目，工程于2008年3月14日开工建设，2009年2月11日进行点火操作，2月19日，正式出灰投产。经过生产调试，至3月11日，麦尔兹窑石灰日产量由投产时的350吨提高到550吨，石灰CaO含量达到83.9%，活性度达到330.7毫升，生过烧率灼减达到4.02%，主要技术指标均达到工程设计要求。10月份，石灰月产量达到16751吨（超过设计能力），迅速实现达产达效。

完成钢渣处理生产线二次技改：钢渣处理生产线是凌钢350万吨钢技改工程的重要配套项目，工程于2008年5月开始施工，2008年11月建成投产，总投资6000多万元。根据公司管理体系调整，从2009年4月1日开始，原由炼钢厂管理的钢渣处理生产线划拨给原料厂管理。原料厂领导高度重视，举全厂之力，配合技改部门完成了钢渣处理生产线二次技改，5月3日全线停产，实施新老系统接口，5月13日具备带负荷试车的能力，同年5月20日顺利实现日处理钢渣2000吨以上的生产能力，并吃掉库存钢渣5万多吨。

完成东门简易料场改造：东门简易料场是240平方米烧结机项目的配套工程，主要为75平方米烧结机供料。工程于2008年3月开工，10月25日投产，投资1700万元，年输送混匀料100万吨。2009年1月份由冷带厂劳务人员包保，2009年9月由宏钢包保。为降低混匀矿的倒运费用，2010年初，原料厂主动提出75平方米烧结机用混匀矿由中和料场直供的改造方案，得到了公司主管领导和生产技术部领导的肯定，并于2010年7月末改造完毕，8月份，东门料场停止使用，年可节省汽车倒运费用和人工费600多万元。

【生产经营】中和料场：2000年投入运行的中和

料场，按年产100万吨钢设计。随着公司钢产量的增加，原料厂深挖潜力，在未增加设备的情况下，充分释放产能，实现了混匀料产量的大幅度提升，保证了炼铁52平方米、75平方米、240平方米三台烧结机全部吃上了混匀矿。2009年，中和料场共生产混匀矿319.28万吨（干量），为烧结输送混匀矿311.41万吨（干量）。2010年，共生产混匀矿379.42万吨（干量），为烧结输送混匀矿375.80万吨（干量），较2009年增加60多万吨。

竖窑系统：坚持精细操作，优化生产工艺，产品产量、质量得到稳定提升。2009年，完成石灰产量16.23万吨，石灰合格率达到83.443%。2010年，完成石灰产量15.80万吨，石灰合格率达到87.529%。

麦尔兹窑：2009年2月建成投产的1号麦尔兹窑以提高喷枪使用寿命为重点，加强原料控制、严格工艺纪律、优化生产操作，提高麦尔兹窑作业效率，2009年，完成石灰产量14.59万吨，石灰一级品率达到49.228%；2010年完成石灰产量19.38万吨，石灰一级品率达到77.039%。

钢渣处理：不断优化生产工艺，提高经济效益。2009年，共计回收钢渣420842.06吨，回收渣钢产品160005.91吨。其中，烧结回吃渣钢：119773.09吨，炼钢回吃渣钢：26638.32吨，炼铁回吃渣钢：13594.5吨。销售尾渣：241360.94吨。2010年，共计回收钢渣466281.28吨，回收渣钢产品190185.38吨。其中，烧结回吃渣钢：142216.3吨，炼钢回吃渣钢：28689.62吨，炼铁回吃渣钢：19279.46吨。销售尾渣：314271.46吨。

2009年，全厂实现超创利润631万元，完成年度计划的350.99%；2010年，实现超创利润605万元，完成年度计划的302.75%。

【基础管理】完善内部管理：根据公司、生产发展的需要，进一步修订完善了与凌源钢达集团劳动服务有限公司、凌源宏钢集团有限责任公司、凌源镕达人力资源有限责任公司的业务外包协议，促进其内部管理的规范化和制度化。

加强队伍建设：逐步健全完善了麦尔兹窑、钢渣处理场、东门料场内部各项管理制度，选派4名大学生负责麦尔兹窑工艺、设备点检，4名大学生担任麦尔兹窑作业区工长；选派1名大学生担任钢渣处理场作业长，3名大学生担任钢渣处理工艺、设备点检，4名生产骨干担任值班工长，为大学生的锻炼成长提供舞台，为原料厂的建设发展做好人才储备。

【安全、现场管理】2010年2月，成立安全现场科。2010年，原料厂被公司评为“安康杯”竞赛优胜单位。2010年7月份，对办公楼及各作业区办公室进行了彻底粉刷。2010年8月份，对职工浴池进行了改造，更换了墙面和地面瓷砖，对浴池门和窗户进行了改造，解决了职工洗澡难的问题。

【设备年修、改造】设备年修：2009年5月，对中和料场3号堆料机进行了年修；2010年4月，对中和料场1号取料机进行了年修。

2009年5月，采用喷涂技术对200米32号竖窑窑内炉衬进行了年修，对配套设备进行了检修；2010年3月7～30日，对200米31号竖窑窑内炉衬进行了年修，更换炉衬砖270吨，投资133万元，同步更换十字梁和28支dl－90型煤气烧嘴。

设备改造：2010年8月，对中和料场4Z1胶带机、P1胶带机进行改进，将电机及减速滚筒由45千瓦改为75千瓦。

2010年4月初和10月中旬，两次利用120吨转炉检修时机对麦尔兹窑煤气喷枪进行了更换。

2009年3月至6月，钢渣处理生产线进行了二次技改。拆除了原有的可倾格筛上料系统，增加了GZ系列皮带机8条，拆除了原来的小功率的颚式破碎机改为型号为PEY300×1300大型破碎机和一台圆锥破碎机，形成两道破碎的闭路循环，既保证了破碎加工的能力又保证了破碎的力度，实现日处理钢渣2000吨以上。

2010年1月，对大倾角皮带系统进行了改造，拆除了原有的大倾角皮带上料系统，改造为两条普通GZ系列皮带机。

2010年9月，由宏钢公司对炼钢回吃渣钢在线筛分进行了改造，在皮带循环上料系统中增加了GZ系列皮带机一台，实现了炼钢回吃钢渣的在线筛分，使炼钢回吃渣钢在线生产达到了炼钢入炉的标准。

【党建工作】2009年党建：按照公司党委要求，党支部制定《原料厂深入学习实践科学发展观活动实施方案》，圆满完成了3个阶段的学习实践任务。

领导班子三名成员就《提高专业技术管理人员素质》、《完善钢渣处理生产线技术改造》、《加强设备管理工作》撰写了专题调研报告；4 月份，开展了“党员干部帮扶困难职工”实践活动，全体党员、科段长、班工长、管理人员为 4 名特困职工刘丽丽（工亡职工廖静之女）、都光浩、刘海龙、陈树印捐款 2300 多元；6 月份，召开了原料厂学习实践科学发展观领导班子专题民主生活会，党支部书记吴占富对 2003 年以来原料厂的各项工作进行了全面的总结，明确了实现原料厂科学发展的工作思路。2009 年，有 6 名预备党员转正，有 5 名入党积极分子转为预备党员。2009 年，原料厂党支部被公司评为“先进基层党组织”。

2010 年党建：按照公司党委要求，深入开展了政治工作“三大活动”：2010 年，共有 9 名职工被评为原料厂优秀“六讲职工”；4 名党员被评为原料厂“优秀共产党员”；韩忠义被评为公司“优秀共产党员”。中和料场党小组、麦尔兹窑党小组被党支部评为“优秀党小组”。5 月份，针对转炉炼钢厂 1 号脱硫站发生的生产操作人员营私舞弊事件，组织全体职工签定了《爱岗敬业承诺书》。6 月 26 日，召开了“创先争优专题组织生活会”，每名党员对照“五带头”，认真开展了批评与自我批评。按照集团公司党委《关于在创先争优活动中切实做好领导点评工作的指导意见》要求，于 11 月 19 日、11 月 24 日、11 月 25 日、11 月 26 日分别召开料场、竖窑、麦尔兹窑、机关党小组会议，由党支部领导对各党小组、每名党员进行了点评。党支部书记张国栋要求全体党员一要加强党性修养。二要加强学习。三要扎实有效开展好创先争优活动。四要加强与职工群众的沟通与交流，了解职工的思想，反映职工的诉求，帮助解决职工的困难。五要进一步抓好党组织建设，为党组织增添新的力量。11 月份，开展了“向郭明义同志学习，帮扶困难职工”活动，党员、部分职工共捐款 5510 元，对特困职工毛羽金、刘海龙进行了帮扶。

【工会工作】认真履行工会职责，深入开展“三创一赛”活动，努力建设和谐原料厂。2009 年，工人技术创新成果总计 41 项，评奖 30 项。2010 年，工人技术创新成果总计 36 项，评奖 24 项。开展了“提高竖窑石灰合格率”、“提高混匀矿产量”和“提高麦尔兹窑石灰一级品率”等劳动竞赛。2009 年 7 月，厂工会补助资金 4300 元为全厂 215 名职工购买了补充医疗保险。为提高女职工抵御特殊疾病风险的能力，维护女职工的特殊利益，每年为全厂女职工投保一份“团体女性安康保险”，总计 2840 元。2009—2010 年，原料厂连续两年被公司评为“模范职工之家”。

【精神文明建设】2009 年，参加公司工会组织的“对标挖潜、降本增效”楹联征集和“清廉在我心中”反腐倡廉书画展活动，原料厂分别被评为“优秀组织单位”。2010 年，参加公司迎“五一”登山比赛，获得团体总分第三名。2010 年 11 月 26 日，参加公司工会组织的职工拔河比赛，原料厂获得第一名的好成绩。

氧 气 厂

【基本情况】现有职工 199 人，其中管理人员 9 人，工程技术人员 9 人，生产操作人员 181 人。其中具有高级技术职称 1 人、中级技术职称 9 人、初级技术职称 6 人；本科 8 人，专科 34 人，高中技校 101 人。管理机构设 4 个科室：办公室、经营科、设备科、工艺科；生产设 4 个生产横班和制氢、电气、化验、充填 4 个辅助班组。厂区占地面积 56641. 12 平方米，建筑面积 12831 平方米，拥有固定资产原值 39210. 02 万元，净值 17934. 84 万元。主要生产设备有：

KDON－20000/25000 型制氧机 1 套；

KDON－10000/10000 型制氧机 1 套；

KDON－6000/13000 型制氧机 1 套；

FDON－3200/3200－3 型制氧机 1 套；

KDON－1500/1500 型制氧机 1 套。

具备小时生产氧气 4. 07 万立方米，氮气 4. 77 万立方米，氩气 475 立方米的生产能力。

【生产管理】氧气厂按照集团公司总体工作思路，认真开展了“对标挖潜、降本增效、达产达效”活动，科学组织，优化创新，确保制氧机组高效运行，顺利完成 3200 立方米/时、6000 立方米/时、10000 立方米/时机组的年修改造及运行机组的完善工作。2009 年共完成氧气输送 29160 万立方米，氮气输送 30904 万立方米，分别完成年计划的 92. 9% 和 90. 3% ，完成超计划利润 716 万元，完成年度计划的 275%；2010 年共完成氧气输送 31588 万立方米，氮气输送 30395 万立方米，分别完成年计划的 97.7% 和 100.9%，完成超计划利润 435 万元，完成年度计划的 218%。氧气厂结合对标挖潜指标，从优化生产组织、加强设备点检、做好资材管理等方面制定了详细的保证措施和实施细则。2009 年，主要设备可开动率 80.51%，主要设备可利用率 80.51%，设备利用率 100%，主要设备大中修项目开工率 100%；2010 年，主设备可利用率达 90% 以上，设备利用率达 100%，设备可开动率 100%。

【安全管理】认真贯彻落实公司安全工作总体要求，推动安全管理标准化。强化基层管理人员的安全责任意识，安全员专职搞好安全管理，全面做好安全基础性工作，控制好重大危险源和检维修作业安全。认真组织开展“双安全月”和“百日安全无事故”活动。强化职工的安全意识。将本厂历年来发生的工伤事故和险肇事故整理成册，并下发到各班组进行学习。落实安全责任，努力实现本质安全化。加强安全检查和重大危险源的安全管理，加强检修过程的控制管理。通过全体职工的共同努力，实现了安全生产事故为零。

【现场管理】现场管理工作更加细化，对绿地、花池等进行认真管理，栽各种树木 200 多棵，种草花 1600 平方米，5500 多棵。对厂内原有标志牌、警示牌进行清洗、粉刷，对损坏的牌匾重新制作，加强定置管理，物品摆放更加有序。

【年修工程】2009 年 10000 立方米/时机组年修计划 5 月 17 天，实际工期 14 天 23 小时，提前 2 天 1 小时。3200 立方米/时机组年修 7 月共计 15 天。3 号 400 立方米氧气球罐检修检验。60 立方米氮气球罐检修检验。2010 年 3200 立方米/时制氧机组年修计划工期 2 月 10 天，实际工期 8 天，提前 2 天；6000 立方米/时制氧机年修计划 3 月 16 天，实际工期 12.5 天，提前 3.5 天。

【党群工作】深入开展“创先争优、创建学习型党组织建设、主题教育”三大活动，发挥党组织的战斗堡垒作用和共产党员的先锋模范作用。加强班子建设，不断提高领导水平和工作能力。新班子成员都努力尽快进入角色，早来晚走节假日不休息，晚上有事随时到厂。顾全大局、团结协作，增强了领导科学发展、解决自身问题的能力。每名党员立足本职，进行了公开承诺，并在工作中践行承诺，每名党员在支部召开的专题组织生活会上，对照“五好”、“五带头”认真进行了发言，开展了自我批评，树立了党员形象，提升了党性修养。积极开展了“岗位奉献”活动。在 3200 立方米/时、6000 立方米/时制氧机年修期间，开展了“三保一提”为内容的“共产党员效益工程”劳动竞赛，使党员在岗位上发挥作用，树立形象。积极开展了“服务一线职工”活动。在夏季现场绿化美化工作中，开展“共产党员义务工程”活动，各党小组分工清理库房、清除草坪中杂草、给葡萄秧掐尖打杈、为绿化美化亮化厂区环境做出了贡献。每名职工在“热爱凌钢、忠诚凌钢、奉献凌钢”、争做“六讲”职工精神的感召下，都能立足本职，履行职责，从而使氧气厂的对标挖潜、降本增效活动稳步推进。8 月 18 日，氧气管道被翻斗车刮落的特护工作中，在党员的带动下，有数十名人员参与其中，加入到打压，检漏的抢修队伍，天黑又下着小雨，党员带头爬到管道支架上，对管道每一个弯曲变形处仔细检查，经过大家的努力，终于在 22 时恢复送氧，120 吨转炉恢复生产。在以后的一个月里，大家克服各种困难，认真看护变形的管道，并对支架不符合处多次处理，很好地完成了特护任务。在新氧气管道施工以及后来的吹扫、打压、送氧过程中，参与的每个人都认真负责，保证了 120 吨转炉的正常生产。

【工会工作】氧气厂工会深入开展“三创一赛”活动，开展职工喜闻乐见的文体活动，同时，认真履行工会职能，围绕氧气厂中心工作扎实有效的开展工会工作。（1）积极开展工人技术创新活动，共收到创新立项 28 项，经过认真评审，上报公司 12 项，创新成果创效 148.8 万元。（2）继续开展“创争”活动，加强职工技术培训，全年共组织工艺、设备、电气、仪表、计算机等相关专业培训 322 课时，参加培训的职工达 398 人次。同时，在各专业技术人员与生产工、班长之间开展互助学习活动，丰富了学习内容，达到了良好的学习效果。在开展技术培训的同时，积极开展技术比武活动，通过技术比武调动职工学习的热情，提高职工操作技能。年内，厂工会先后开展了“职工计算机竞赛”、“制氧空分工、压缩机工技术比武”等活动。（3）深入开展“创建五型班组”活动，建立建全“五有”，完善考核细则。在“创建五型班组”的基础上，开展了争创“工人先锋号”活动。（4）继续开展劳动竞赛活动。围绕“对标挖潜、降本增效”及全年生产经营工作开展了以“降低新、老系统氧气综合电耗”为内容的全年劳动竞赛。在3200立方米/时、6000立方米/时、10000立方米/时制氧机组年修期间，开展了“四保”劳动竞赛。四季度开展了“保证氧、氮、氩气生产，为日产万吨钢保驾护航”劳动竞赛。（5）认真开展形势任务教育，利用小家园地积极宣传凌钢精神，营造浓厚的思想舆论氛围。另外，根据公司生产经营各项活动，职工写出心得体会，在小家园地贴出，特别是炼钢脱硫造假及学习郭明义活动，每名职工都写出心得，受到深刻教育。（6）继续开展扶贫帮困送温暖活动：一是春节前走访困难职工，送去慰问金；二是走访生病住院、家有丧事的职工；三是继续为过生日的职工和家有丧事的职工发放生日礼金和慰问金。（7）做好防暑降温工作，为岗位工新配备了2台冰柜，用于存放防暑降温饮品。另外，为职工配置了一台洗衣机，解决了职工洗工作服的问题。（8）开展喜闻乐见的文体活动。元旦，组织了“新年联欢会”、“五一”，组织百余名职工进行登山、寻宝活动；同时，积极组织职工参加公司工会举办“职工歌手”大赛、登山比赛、拔河比赛、趣味运动会等各类文体活动。在各项活动中都取得了较好的名次。

动力厂

【基本情况】2010年末共有职工879人，其中管理人员64人、生产操作人员815人，具有高级技术职称3人、中级技术职称52人、初级技术职称101人。全厂分为动力、燃气、热电3个作业区，厂内外共有作业点65个；厂机构设置办公室、安全科、技术科、设备科、经营科、调度科6个科室；生产系统设4个生产工段：炉燃工段、机化工段、TRT工段、电检工段和10个非生产工段：煤气柜工段、加压站工段、防护站工段、供电段、供风段、供水一段、供水二段、水源段、变电检修段、电气试验室以及2个直属班（即：维修班、化学检验班）。其中水源段位于凌北镇东五官喇嘛台村，距凌钢厂区14千米，共有两个班组。拥有固定资产原值67509.90万元，净值41708.00万元。动力厂有29台套空压机、12台软化器、1座污水深度处理站、2座转炉循环水泵站、2套连铸供水系统、29眼水源井、2座总降压变电所、10台主变压器、15万立方米高炉煤气柜1座、5万立方米转炉煤气柜1座、5000立方米焦炉煤气柜1座、23台煤气加压机、6台锅炉、5台汽轮发电机组、2台套TRT发电机组、1台套螺杆发电机组。动力厂主要负责集团公司风、水、电、气（汽）的生产与供给工作任务。

【生产管理】2009年，动力厂围绕1080立方米高炉扩容改造和350万吨钢技改项目的实施，在生产经营、设备管理、节能降耗等各方面工作取得了较好的成绩，完成超创利润291.15万元，年供工业净水1094.40万吨，回用水191.50万吨，软化水256.80万吨，循环水4256.50万吨，压缩空气38664.00万立方米，转供电21426.20万千瓦时，供热95.40万吉焦，发电23752.70万千瓦时，供焦炉煤气2072.40万立方米，高炉煤气214645.00万立方米，转炉煤气18586.40万立方米，加压混合煤气61800.70万立方米。

2010年，动力厂在保证生产稳定运行、供给的前提下，全力推进350万吨钢技术改造，从各系统改造入手，提高各系统供给能力。在生产经营、技术改造、节能降耗等各方面取得了较好的成绩，实现超创利润191.76万元。年供工业净水1069.40万立方米，回用水163.60万立方米，软化水332.70万立方米，循环水3869.90万立方米，压缩空气41295.20万立方米，转供电23953.70万千瓦时，供热109.50万吉焦，发电26792.70万千瓦时，供焦炉煤气6685.50万立方米，高炉煤气241468.60万立方米，转炉煤气23246.30万立方米，混合煤气58310.70万立方米。

【设备管理】2009年，设备管理方面遵循科学把握设备运行规律，衔接设备状态管控能力，狠抓设备运行关键环节，充分发挥点检职能，及早消除设备隐患，减少故障的发生。引入效能监察机制，加强对上机资材的质量跟踪，加强设备点检监督管理，注重提高点检实效。加大点检实施周检查和月检查的监督力度，规范点检作业。通过细化和明确岗位点检项目和标准，专职点检指导岗位点检，把岗位点检做实、做细，严肃点检流程，促进设备处于良性运行状态。

2010年，围绕对标挖潜，优化创新设备管理，转变思想观念，提高点检人员素质，保证设备的安全稳定运行。制定完善的点检计划，提高对设备各种状态下的控制能力。建立激励机制，加大考核力度，将各项指标落实到人。提高设备维修质量，加强维修费用控制力度，做好资材保障工作，采取科学手段控制库存，形成动态管理。重新修改和完善点检“四大标准”，改进工作方式。重点抓检查内容、费用、时间、实施、事后总结分析全过程控制，使关键设备运行状态可控，避免突发停机故障的发生。

【基础管理】 2009年，动力厂从制度落实和考核上加强管理。在原有管理制度基础上，重新修订《日清日结考核细则》和《经济责任制》。完善了《动力厂应急预案》、《动力厂车辆管理制度》、《动力厂酸、碱、盐、水处理药剂管理制度》和《动力厂物料领用发放管理制度》。在新项目投产方面，根据生产工艺变化，及时修订完善了各岗位的《安全技术操作规程》，制定了《取样化验工岗位危险因素辨识表》、《动力厂煤气管道检查制度》、《煤气排水器检查记录》、《动力厂安全检查下移实施方案》、《3号TRT远程监控管理规定》、《重大危险源检查表》、《起重机电安全检查表》、《动力厂煤气管道检查表》。明确相关方案审核人，对检修《安全施工方案》进行认真审核，检查落实好各项安全措施以及书面安全技术交底，并对检修24小时进行跟班检查，发现问题及时处理。

2010年，动力厂从转变管理思路，发挥主动性和创造性入手，认真查找不足，进一步加强了各方面的管理，保证了主工序安全、稳定、高效运行。在原有管理制度的基础上，针对以往不足，制定了《动力厂生产管理考核规定》，重新修订了《动力厂经济责任制》。根据我厂安全“实战”演练活动中存在的问题，重新修订了《动力厂应急预案》。依据公司安全工作重点强化制度落实和责任追究的要求，重新修订了《安全专项经济责任制》和《动力厂日清日结考核办法》。为保证安全基础工作扎实有效，制定了《职工违章积分考核细则》，指导班组开展“零违章保零事故”活动，大力提升安全教育。认真结合污水深度处理、螺杆发电机组、75吨锅炉和12兆瓦发电机组实际，辨识隐患及时整改，制定了《安全技术操作规程》。

【工程建设】 2009年，随着公司4号高炉扩容改造为1080立方米，全力推进各系统供给能力。发电和转供电系统：配套投入一台型号为：MPG9.1－267/150煤气透平发电机组（TRT），并于1月31日投入运行。为进一步提高煤气的利用率，降低煤气发电成本，提高发电量，1月份，为回收炼钢120吨转炉炉顶冷却装置产生的低品质蒸汽进行发电，提高节能减排力度，增强企业可持续发展，筹建120吨转炉螺杆膨胀机余热发电项目，于5月8日并网发电。为进一步提高煤气利用率，提高发电量，2月份开始筹建75吨主烧焦炉煤气锅炉及12兆瓦汽轮机发电机组，于10月6日并网发电。2月份将原有的B3－35/33000千瓦背压式汽轮发电机组改造为C6－3.43/0.986000千瓦抽凝式汽轮发电机组，于11月份正式并网发电。4月份将2号锅炉混烧煤气比例由26%改为全烧煤气，于9月份投入运行。

煤气系统：配合麦窑工程，为保证煤气供给，新上3台型号为ARF－295m罗茨风机，并于7月份投产。为保证煤气用户扩容改造后对煤气的需求，将原有3台型号为D100－32煤气鼓风机改为D100－33煤气鼓风机，于12月份投产。

水处理系统：为进一步增加节能减排力度，节约水资源，保护环境。1月份在原有污水处理基础上，筹建污水深度处理改造项目、新增21米澄清池及配套加药系统、6座沙滤池、4套型号为蓝岛LXL－4800超滤设备及4套型号为蓝岛LXL－336000反渗透设备，于6月份投入运行。12月份对污水深度处理进行二期完善工程，新上1套型号为蓝岛LXL－4800超滤设备及1套型号为蓝岛LXL－336000反渗透设备。

【精神文明建设】 两年来，动力厂根据“深化对标挖潜、降本增效，实现稳定经济供给，转变工作思路、强化考核，全面提升管理水平”的生产经营方针。坚持以三大活动的开展，促进三大任务的完成，查找缺陷，修正不足，增强全局观念和服务意识，扎实工作，在保证生产稳定运行，保障供给的前提下，在生产经营、挖潜增效、节能减排等各个方面取得了显著成效。党总支被评为朝阳市人民政府国有资产监督管理委员会党组织先进党总支。工会获得朝阳市总工会五一劳动奖状。

运 输 部

【基本情况】2010 年末，运输部有职工 289 人，其中，管理和专业技术人员 19 人，生产操作人员 270 人；本科 10 人，大专 52 人，中专 38 人，高中 72 人，技校 8 人；具有副高级技术职称 3 人、中级技术职称 5 人、初级技术职称 26 人。管理机构设 4 个科室：办公室、经营科、生产科、设备科；下设 7 个工段：运转一段、运转二段、运转三段、运转四段、检修工段、工电工段、道口工段。

2009—2010 年，铁路线路 25 千米，道岔 86 组，道口 37 个，其中有人看守道口 16 个，无人看守道口 21 个；内燃机车 8 台，其中 GKD1A 型内燃机车 3 台，DF5 型内燃机车 5 台；载重 65 吨铁水车 36 辆，载重 100 吨铁水车 12 辆，载重 60 吨平车 6 辆，载重 100 吨平车 10 辆，C62A 型敞车 5 辆，C64K 型敞车 4 辆，ZF60 型自翻车 9 辆，G60K 型油罐车 2 辆；铁路信号 6502 电气集中控制系统 1 套，微机联锁控制系统 2 套，电动转辙机 84 台。报废 2 台蒸汽机车。2009 年运量完成 1157 万吨，2010 年运量完成 1325 万吨。

【生产管理】2009 年，通过优化生产组织，科学利用编组站、炼铁站等现有设备通过能力，运输环节衔接紧密顺畅。4 号高炉和新炼钢投产后，编制新的《铁水运行图》，提高作业效率。2010 年，统筹协调，优化生产组织，修改《行车工作组织细则》，按公司“一罐到底”生产原则组织炼铁站运输作业，使运输生产科学合理。钢达外委道口作业区负责道口看守、铁路线路检修职责。

【设备管理】厂房建筑面积 4821 平方米，固定资产原值 5203 万元，净值 2045 万元。2009 年，DF5 型 1026、1032、1157 号内燃机车进行了中修；厂修了 3 台 65 吨铁水车，2 台百吨平板车，2 台敞车。并对 2 台百吨铁水车的转向架进行了改造；集中检修了中宽带线路 125 米，新炼钢线路 137.5 米，精矿仓外走行线 300 米，干煤棚厂房内线路 400 米；大修了编组站 17 组道岔转辙机，提高设备性能，保证了设备的安全运行。将厂区二道、厂区三道、厂区四道道口板更换成橡胶道口板。延长主干道铁路道口的使用寿命，将检修铁路道口对公路、铁路运输的不利影响降到最低。2010 年，DF5 型 1040 号内燃机车，GKD1A 型 0150、0151、0152 号内燃机车进行了中修，并将 1026 号、1040 号内燃机车的电空接触器改为电磁接触器；大修了编组站 17 组道岔转辙机，组织完成厂内站微机连锁改造项目，将厂内站的 23 组手动道岔全部纳入微机连锁控制系统，不仅提高设备性能，保证了设备的安全运行，而且 84 组道岔全部实现微机联锁自动控制，提高了运输效率；将厂区二道，厂区三道、厂区四道联动道口杆，改为单控，并将支座与立柱间距缩短，增大道口杆仰角，减少机动车刮杆次数，降低维修费用。将热电道口板更换成橡胶道口板。延长主干道铁路道口的使用寿命，将检修铁路道口对公路、铁路运输的不利影响降到最低。新铺设焦化厂原料汽车受矿槽、东门料场 3 处铁路道口。

【安全管理】2009 年，重点对 2 号炉、焦化焦炉改造等施工区域进行安全检查，与施工单位签订安全管理协议，制定安全措施，发现问题及时反映，及时处理，及时消除事故隐患。2010 年，开展个人安全积分竞赛活动，积分按职工不同岗位对应相应系数，与当月奖金挂钩，充分调动了职工的积极性。

【成本管理】2009 年，制订了《旬成本管理办法》，深化旬成本核算，推进对标挖潜活动，强化物资管理。两年中对铁路资材配件进行了招标 4 次，降低了材料备件的购置成本，提高了配件、资材质量。2009 年实现超创利润 58 万元，2010 年实现超创利润 61 万元。

【企业管理】《逆向考核管理办法》、《工务管理人员职责》、《值班制度及管理办法》等，责任明确，管理人员的日常行为得到了规范和指导，为完成各项工作任务提供制度保证。

【技术改造与创新】2009 年，工人技术创新立项 5 项。其中《改进 4 号高炉及新转炉铁水运输方式》，有效的保证高炉及新转炉达产达效。2010 年，工人技术创新立项 9 项，这些成果在生产、设备等环节发挥了重要作用。

【技术培训】2009 年，职业技能鉴定及格 42 人，开展各专业工种培训班 5 期，98 学时，282 名工人参加了培训。2010 年职业技能鉴定及格 39 人，开展各专业工种培训班 3 期，75 学时，105 名工人参加了培训。

检 修 中 心

【基本情况】2010 年末人员构成情况：共有职工

840人，其中生产操作岗806人，管理岗34人，男职工819人，女职工21人，操作岗工种构成为钳工251人、电工285人、焊工101人、铆工9人、管工64人、仪表工75人、其他工种21人。本溪技校学生35人。检修中心负责全公司6个主要生产单位的设备检修维护工作，中心对应设立了6个检修站，分别是烧结站负责炼铁厂烧结区域；原料厂区域，焦化厂仪表区域；炼铁站负责一铁厂高炉区域，炼钢站负责老区炉前、连铸，轧钢站负责第二轧钢厂中宽带生产线及高线设备维护检修，型材站负责型材厂设备维护检修，动力站负责动力厂和氧气厂。2010年，仪表站解散所负责仪表设备的检修和维护工作分配到各站。检修中心拥有固定资产原值610万元，净值113万元。2010年底，有各种检修设备154台（套）。其中，25吨汽车起重机1台、8吨汽车起重机1台、8吨叉车2台、5吨叉车1台、小型载货汽车3辆、机械加工机床14台、皮带硫化机13套、电焊机82台、综合液压检测台1套、钢丝绳压套机1台。

【主要指标】2009年，检修中心紧紧围绕公司总体工作思路，深挖潜力，从细节入手，抓量化管理，降低可变费用，推动设备稳定顺行。截至11月份，各项生产经营指标圆满完成。完成检修产值收入4502.5万元，超计划10.8万元；检修耗材及修理费发生259.5万元；在降低10%基础上又降低10.6%；运输费发生64.9万元，在降低10%基础上又降低21.3%；资材修复1877台（套），实现修复创效2020万元，超计划9.11%；设备故障时间发生36485分钟，比计划降低8515分钟；跨区域检修完成率14%，实现创效20.6万元。

2010年，检修中心在集团公司的领导下，紧密围绕“深化对标挖潜、优化产品结构、加快资源开发”三大任务开展工作，在推行设备管理区域包保、夯实基础管理工作、实现安全稳定顺行和党群共建开展三大活动几方面成效显著。截至11月末，各项指标完成情况为：全面实现设备区域包保的推进、顺行，职工工作主动性显著增强。产值收入完成6122万元，超计划指标347万元，设备故障时间降低13638分钟。基础管理工作全面提升，对标挖潜两项指标分别降低3.6万元和6.2万元，比计划降低0.8%和9%，备件修复创效2121万元。安全工作实现较大转变，无轻伤以上人身事故发生。党群工作三大活动紧密围绕工作重点，增强职工素质、提升管理水平。

【检修管理】2009年，检修中心的核心工作是降低故障时间，稳定设备运行状态，为生产提供坚实保障，检修中心从强化检修质量、延长设备使用周期、杜绝重复故障；针对临时性设备异常或故障，迅速出动110救护系统，把故障损失降到最低；推进夜间值班人员巡检，弥补夜间点检员不在现场的空缺，对设备隐患及时发现和处理，避免设备故障等方面实施全方位治理与防范，取得了显著成效。发挥各站110设备救护队作用，第一时间参与设备突发故障的抢修。各站110救护队员常年设置必备的设备抢修专门使用的工器具，确保将每次设备故障抢修时间降至最低水平，为生产赢得时间。建立与分厂沟通的信息通道，对新设备运行状态、检修周期、存在的设备隐患及不完善的故障点与分厂点检及时交流信息，制定改善与保障措施，对设备重点部位、关键环节密切监控，对设备异常及故障快速做出应对响应，确保设备运行稳定。

推进夜间值班人员巡检是检修中心现在乃至今后的一项主要工作。为确保巡检工作卓有成效地开展起来，检修中心指导各检修站强力推进巡检工作，每站均设置专职（或兼职）巡检管理员，每天进行夜间巡检情况的检查、指导、统计、分析，设置并填写巡检统计记录。统计并记载每天夜班巡检出的异常情况、巡检人、时间、异常处理情况等，每周对本周巡检工作进行分析、总结、推进，周一上报中心一份巡检工作总结材料。强化各检修站的巡检管理，突出巡检管理的责任意识，加强夜班故障考核，凡夜间故障按故障时间指标2/3为基数加大考核力度，夜间降低或超出故障时间基数部分按1.5倍奖罚各站，各站将指标层层分解到班组及个人，并制定具体的考核措施。中心领导牵头，并以工程科为责任科室负责全中心各检修站夜间巡检工作的检查、指导、分析、总结、推进，每半个月进行一次巡检情况系统检查并总结。实现巡检工作推进得力，巡检作用显著，总故障时间降低。通过从5月份开始的推进，共巡检出设备隐患633项，并对这些隐患进行及时处理，对稳定设备状态起到很好的保障作用。

2010年，重点通过落实责任与考核的双效管控机制，以包机制、巡检制和日清日结考核为管理平台，实现提高职工工作积极性和主动性，奖勤罚懒、多劳多得的目标。一是白班人员包机制，就是各检修站将其负责检修维护的生产厂设备区域界面界定后，再将区域内设备按照整体和单体进行详细划分，由作业区、班组、个人逐级进行包保，实现了细化到人，专人专机。明确了责任和义务，转变了职工消极变积极、被动变主动的工作态度。二是夜班巡检制，就是夜班维护职工除正常维护设备外，新增了设备巡检机制。通过制定夜班巡检卡，固定巡检路线和频次、机旁签字确认巡检到位。明确了夜班职工工作职责，提升了服务意识和快速反应意识。三是以日清日结为考核手段，即完成区域故障时间指标，得总包费用60%，故障时间、次数比指标值每减少或超出，按一定比例奖罚；完成区域备件、材料费（含），得总包费用40%，维修费用比指标值每节约或超出，按节超额的5%进行奖罚；界面外增加的外委收入，按《凌钢内部检修工时定额》进行决算，计入奖金总额。日清日结总分值分区域按照设备数量和检修条件兼顾高温、高空、危险程度综合条件设定，职工个人的绩效考核按照每天工作量大小和难简程度由班长进行打分，并由职工本人在日清日结卡上签字确认。考核措施权责明确、指标合理、可操作性强。在区域包保推进工作中，各检修站分别结合自身制定了方式不同、目的相同的管理机制，解决了工作运行中的难题。职工责任心的增强、工作积极性和主动性不断高涨，检修产值收入不断攀升，除完成包保产值收入指标外，多收回原需外委项目47项，增加产值收入223万元，为公司整体维修费用实现稳步降低，作用明显。

【队伍建设】2009年，针对整体检修队伍技术水平还很薄弱，检修人员对设备性能了解不够，对检修规范掌握不足。这些现象都需要加强学习，并且是多种形式的学习，集中讲课是学习，工作更是学习，是更重要的学习。从检修学习检修，从操作学习操作。推行检修班组每天开展重要检修项检修方案研讨，优化检修方案。通过研讨相互借鉴，通过研讨优化过程和结果，达到共同提高的效果。形成研讨记录，变成共同的技能。为使新毕业的大学生、技校生尽快独立操作，成为检修生力军，在明确师徒关系的基础上，开展“好师徒”技能测评，以徒弟的技能测评来同时考核师傅。激励师傅热心传授技能、绝招绝活，同时督促徒弟主动学习技能，掌握技能，通过对全体大学生、技校生理论考试、实际操作技能考核提高了他们的综合能力。

2010年，合理调整人员结构，提高职工工作效率。针对原仪表站工作量不饱和、工作状态不均衡的状况，将原来的仪表站80多名检修人员划归到其他检修站成立仪表班，同时对仪表工进行第二工种培训，颁发电工操作证，协助电工进行检修作业，既保障了专业分工，也缓解了电工和仪表工人员不足、工作量不饱和的状况。针对中心工程科人员年龄状况、专业构成等原因，抽调个别检修站青年骨干强化工程科技术力量，实现了管理科室与检修站技术人员的合理搭配。加强了安全科力量，抽调检修一线经验丰富的老工人3名充实安全管理人员队伍，实行安全管理区域负责制，明确了责任、避免了点多面广照顾不周的被动局面。针对长病长假人员问题，采取组织谈话、政策解释、走访等形式解除劳动关系、主动辞职、丧失劳动能力划归劳务市场管理的职工共9人。

强化职工遵章守纪自觉意识，提升整体工作水平。首先强化了机关职能人员工作作风建设，实行签到制和出入厂门登记制，提升了职能人员安心工作的主动意识、遵章守纪的自觉意识以及服务基层关心职工的责任意识。其次借助深入贯彻职工手册的时机，通过推行《检修中心劳动纪律管理规定》、《职工用餐管理规定》、“检修站职工遵章守纪自检自查”等基础管理，加之强化了日常和夜班检查考核力度，提升了职工遵章守纪和文明用餐的自觉意识。强化信息反馈，及时调整工作方式。班子成员走访了各主体生产厂，并与炼钢厂、炼铁厂召开征求意见座谈会，搜集生产单位的意见和建议，有针对性的进行强化自身管理。实行了每日例会汇报制度，即每天在中心主任的参与下，工程科和安全科召开例会，通报当天检修、安全工作情况，并对第二天重点工作进行安排。使存在问题实现了信息反馈畅通、处理及时有效。

强化职工技能培养，实现青工快速成才。主要加强了对青工技能培养和夜班维护人员判断故障能力的培养，青工技能提升主要采取师徒“一带一”的管理机制，签订师徒协议，在协议周期内，徒弟实现思想、技能、安全全部达标的，一次性给予师傅奖励1000元，从而提高了师傅的责任意识和徒弟的快速成才意识。另外，成立了由中心各工种老技师组成的讲师团，在理论指导外，重点采取实用性强、简单明了的现场传授帮教方式提高青工实际操作能力，促进了青工实际操作水平，又为老技师发挥余热提供了平台。

夜班维护人员判断故障能力提升主要采取把生产厂点检人员请到检修中心给职工讲解主体设备易发故障的判断和处理措施，今年重点培养了电工专业，其他工种今后将陆续展开。大力倡导工人技术创新，提高职工工作热情。遵照“只求小而精、不求大而全”的原则开展公司级和中心两级创新，有效实现双轨并行。重点在缩短设备故障时间、提高检修效率、延长设备寿命、提升检修质量、减轻劳动强度方面鼓励创立项。公司级创新共计133人参与，人均立项比例16.5%，完成立项149项，创效2439万元。5月份，公司推行设备管理区域包保的新机制，我们在炼钢站进行试点。为了充分发掘检修一线技术工人的工作责任意识、服务意识和快速反应意识，促进设备专责制有效运行，提出在中心内部开展一线职工小改小革技术创新活动。这个主要针对从事检修一线职工开展的创新活动，得到了广大职工的积极拥护和热情参与，半年时间即有210多人参与，立项123项。中心评审组人员在全程跟踪认证的基础上，对完成立项的实行月评比、月兑现进行奖励，用主任基金支付奖励金额1.57万元。

【备件修复】2009年，以备件修复促进降本增效，降低公司总体资材费用根据公司对标挖潜、降本增效、降低维修费用的总体要求，中心制定了2009年备件修复考核制度，按各站人员比例确定修复基数，对于本站无力修复的备件，由中心工程科协调其他站承担修复任务，并充分挖掘检修中心自身一定的加工制作能力，广泛开展资财修复竞赛，深入研究下线备件的可修复性，确定修复方案，只要通过目前所具备的加工、制造能力完成修复的就不外委，对曾经外委修复的通过改变修复办法、材质替代、定购零星配件，实现内修不外委。对各站修复创效实行目标值激励法，完成目标值按2‰奖励，激励检修人员修复积极性。至11月份，完成备件修复1877台（套），实现修复创效2020万元。

2010年，备件修复创效对于检修中心主要是赚取人工费，但最大的收益是为公司整体维修费降低作用显著。健全了《备件修复考核办法》，为鼓励职工修复创效积极性，每月对超额完成修复任务的检修站进行奖励，累计奖励金额6.2万元。拓展了备件修复范围，在保证备件修复的质量的前提下，最大限度的将检修中心能力范围内可修复的备件承接下来进行修复，全年累计修复备件2549台套，创效2121万元。

【降低外委费用】2009年，针对5月份系统年修时间紧、检修量大的特点，检修中心自我加压，按照日常检修的双倍工作量承接年修任务，发动全体检修人员打破常规、实施连续奋战，承担重点、关键设备检修，年修期间各站发生加班工日2700多个，为分厂节约年修费用84万元、减少了外委量、降低了外委费用。在保证所承接的年修任务完成的同时，还随时接受临时发生的计划外检修工作。例如：在型材厂年修中承接了整个中型材机组检修工程量，计划内检修量为设备吨位300多吨，又承担临时检修项100余项，仅顶钢机推头一个临时检修项就检修了8天，用焊条10箱，在克服各种困难的情况下提前4天完成年修任务。

实施跨区域检修目标管理，实现高效检修，通过实施“检修外委项目管理流程”及“跨区域检修考核办法”，实现所有非外委项目要经过主体站申请，工程科协调其他站承接，确实需外委的项目经主管主任审核，并登记造册，方可转到机动部外委。对跨区域检修以价值量管理方式进行产值转移。接受支援的主体站以200元/工日支付支援站产值，保护跨区域检修的收入，按支出站月总人数每人一次2元效益工资作为对支出站长的奖励，以此调动各站长的跨区域检修组织的积极性，明确主体站为跨区域检修的技术指导、安全管理、检修协调。对跨区域检修项目的质量、进度及人员安全承担50%责任，保证跨区域检修的安全、高效。截至11月份跨区域检修完成率14%，实现创效20.6万元。

【安全管理】2009年，深化“严、细、实”管理，提升安全管理水平，针对350万吨钢技改工程的全面生产，新装备、新工艺对检修安全带来极大的挑战，检修中心把新项目的检修安全作为今年安全工作的重中之重，编制检修安全规程，实施《检修安全责任确认表》制度。如对120吨转炉干法煤气除尘检修编制并实施了《干法煤气除尘检修安全责任确认表》；对转炉炉口是否脱离活动烟罩的确认；高压系统是否接地、放电；利用煤气检测仪、氧气检测仪进行舱内煤气浓度、氧气含量的检测等15项安全确认，经确认人和复检人都签字后方可检修，确保绝对安全。

伤害预知预警、五确认、三不伤害、断电挂牌等安全措施及典型案例教育，可以说天天讲、层层讲，逢会必讲，但仍然在违反，这说明少数职工意识不到危险就在身边，意识不到伤害来自大意，是职工本人不负责任的表现，对自身不负责任，对家庭不负责任，对社会不负责任，所以要持续深入开展“自我安全”教育，继续深入开展“命是谁的”大讨论，提炼出高档次、能感人、教育人、警醒人的讨论稿进行学习，对“重点人”进行深化安全教育，举办培训班，强化培训，最终通过个体安全意识的提高来保证安全事故为零。

2010年，安全管理作为检修中心今年的重点工作，提出了“以人为本、提升安全素养、和谐安全管理”的新理念，通过强化检查与落实、责任与追究、培训与考核工作的扎实开展，总结经验、查找不足、持续改进，扭转了安全工作的被动局面。

2010年，转变管理方式，深化安全管理“严、细、实”。安全管理“严细实”，突出了安全管理工作要严格要求、细致工作、扎实有效。今年，检修中心通过以人为本，带着感情抓安全、领导带头，排查摸底等一系列深化安全管理“严细实”工作，实现了安全管理工作方式的转变。

倡导安全工作和谐管理，带着感情抓安全理念。倡导和谐是当今社会的主流，如何消除职工对安全工作的抵触情绪，就需要我们各级管理人员要坚持以人为本，带着感情抓安全。针对职工洗澡出现了滑倒的现象，中心出资1万余元，给全体职工购买了防滑拖鞋。要求安全管理人员高温季节下现场要随身携带防暑降温药品，先后6次组织各级安全管理人员为高温检修岗位职工送防暑降温冷饮和药品，预防职工中暑。冬季来临，职工因穿着厚重行动迟缓、道路结冰、危险区域气流流通缓慢的现象，容易出现滑到、摔伤、中毒等危险因素，随时对职工进行提醒。针对足球世界杯和家属区缺水问题，为提醒职工按时休息，给每位职工家属致一封信，请求家属协助单位保证职工有充足的睡眠时间。依据检修岗位要求，修改了手套发放标准、补充劳保鞋71双、指挥口哨150个，解决了职工劳动保护用品配备问题。对100多名新入厂青工签订师徒协议，实行安全“人盯人”管理，要求要像对待孩子一样关怀爱护他们，让他们在安全的环境下心情舒畅的工作，幸福美满的生活。

以检查促整改，查找安全管理隐患。开展了领导干部“五个一”安全检查活动，排查安全隐患34项。其中，针对电焊机安全隐患问题，中心投入10万余元进行整改，制作铁箱64个、更换连接线450米、挡板115个、电器开关64个、焊把16个。3月份，组织在全中心进行“危险人物”排查，将查出因患病影响工作83人进行体检，分为ABC三类建立安全档案，根据检修环境合理安排检修工作。其中的病情较重的23人列为重点，安排专人每天询问，及时掌握危险状况。安全科每天6小时下现场和节假日轮流值班检查、指导基层安全工作，3月份与炼钢厂合作排查隐患70多项，和炼铁厂沟通，消除了铸铁和喷煤区域天车没有检修平台，易发生坠落事故的隐患问题，通过日常检查还排除了炼钢厂新转炉区域25米高的电动更葫芦加装围栏铺设检修平台的问题、轧钢站安装潜水泵检修平台问题、动力站安装污水处理检修平台问题、型材站为防止发生高处坠落制作两个移动检修平台问题。开展了电焊机、气瓶、起重器具、手持电动工具、煤气设备、煤气防护设备的专项检查工作。各站安全管理人员重点强化了检修现场的安全指导工作，根据各检修站负责区域的安全工作特点，多次组织本区域老职工研究探讨，集思广益，修改《检修作业指导书》文稿，重点对《检修作业指导书》中的断电、挂牌、卸载、卸荷以及高空作业、煤气区作业等危险因素的执行情况进行检查指导。

突出责任追究制，提高全员安全意识。安全责任贵在落实、重在追究，通过突出以追究的方式提升责任意识，形成管理者有的放矢重视安全的意识，逐步实现全员化的安全管理逐步提升。调整了安全管理监管体系，实行“五级”管控方式的全方位管理，出台了《安全管理问责制》，明确了各级管理人员责任。中心主要领导与安全科和各检修站签订了安全管理责任状，中心到各检修站的各级安全管理人员交纳安全抵押金10余万元，形成了安全管理的风险抵押机制，促进了各级管理人员的责任意识。按照“专业角度抓安全、安全角度管专业”的要求，加强了中心安全科管理职能，在基层抽调3名专职安全员加强安全科力量，并依据个人专业实行分区域重点管控，全年共计纠正和制止违章行为23起，提升了区域负责制的管理意识，有效的遏制了安全隐患的发生。修订了《安全责任区值班员评选考核细则》，每月对52名区域安全责任值班员进行评比，奖优罚劣，促进了区域值班员的责任意识。建立了“周安全值日”制度，倡导全中心52个班组职工争当“周安全值日”值班员活动，促进了职工由“我要安全”为“我会安全、我管安全”的转变。建立了“职工违纪积分卡”，对违纪职工及时处理的同时追究班长的管理责任，对一名违章职工实行了待岗培训，23名职工和班长进行了考核，累计考核金额8970元。强化基础管理，提升安全管理能力。安全基础管理通过强化例会和职工安全培训的经常化、制度化，形成了沟通及时、管控有力的局面。强化例会制度，提升管理能力。中心主管领导带头，安全科全体人员参加，每天16:30召开碰头会，汇报当天各区域安全状况，商定整改措施，保障了问题处理及时性。每周三16:00召开中心及各检修站安全管理人员安全例会，总结上一周安全工作情况，共同剖析存在问题，集思广益寻找解决办法，实现了安全例会的有效性。编制了《班前会、周一安全活动会会议程序标准》，提高了会议质量和效率，为班组建设奠定了基础。中心主管领导为提高班组班前会质量，经常参加班组班前会，纠正了班前会过去质量不高，走过场、搞形式的状况。中心安全科管理人员每天参加本区域一个班组的班前会，对存在问题及时给予纠正，保障了会议效果。每季度组织一次中心及各站管理人员参加的安全工作座谈会，掌握安全动态、剖析存在问题、提出整改意见、安排下一步工作，为安全管理取得实效起到了关键作用。强化职工教育和培训，提升职工安全意识。中心编制了《检修项目危险源点评价与控制》教材，由各检修站站长亲自进行不少于24小时课时安全培训，促进基层管理者和职工对本区域危险危害因素及应采取的防范措施有了更深层次的了解。根据各类事故教训，编制了《日常检修安全管理规定》，分期分批对职工进行20课时的培训，提升了职工严格遵守日常检修安全注意事项的自觉性。组织了5次煤气事故视频案例教育，4次典型事故案例教育，先后下发了8个安全常识小知识宣传单，承办了公司2010年度“检修杯”安全演讲比赛和检修中心内部各检修站的漫画展、“历史上的今天”征文等一系列职工思想教育活动，触动了职工心灵，促进了职工一人安全、全家幸福的使命感。

【精神文明建设】2009年，深入学习实践科学发展观活动推动管理上台阶。按照集团公司学习实践活动的整体部署，检修中心制定了学习实践活动实施方案，成立了领导小组，形成了一把手亲自抓，广大党员、职工积极参与的良好局面，严格按照每个阶段的步骤稳步推进，做到了“规定动作不走样、自选动作有创新”。依照每个阶段的要求先后召开党员大会2次，党小组会3次、座谈会1次、班子成员民主生活会1次，党员组织生活会1次，同时按照阶段要求邀请了公司领导及第二检查组成员参加了会议。学习调研阶段通过广泛开展技师评聘、劳动竞赛、技能竞赛、树立技术能手、设备维护示范岗等活动提升了职工学习技术、争做技能能手的良好氛围。开展了“党员干部帮扶困难职工”活动，共计捐款7200元，帮扶了本单位生活困难的职工8人。采取书面和座谈会的形式共征集到职工意见和建议22条，其中对公司提出15条，对检修中心提出7条，意见和建议分别从企业发展方向、职工权利和行为规范、如何强化管理等方面反映了职工对集团公司发展前景和管理提升的关心。分析检查阶段重点召开了班子成员的民主生活会，通过谈心和意见交流、批评与自我批评，形成了分析检查报告，充分认识了存在的缺点和不足，明确了今后的努力方向。党小组开展了组织生活会，讨论了班子成员的分析检查报告，提出了14条改进意见。深入学习实践发展观活动，提升了广大干部职工、党员群众认识问题、分析问题、解决问题的自觉性和能力，为企业实现科学快速发展奠定了理论基础。

2010年，党群工作三大活动紧密围绕工作重点开展，提升了管理水平、增强了职工素质。检修中心以公司三大活动为契机，围绕全年重点工作，深化阶段主题教育，注重结合、突出效果，党政工团齐抓共管，为全力打造核心检修队伍建设提供了保障。

三大活动贯穿全年工作重点，促进了管理提升。创建学习型党组织注重实效，促进领导管理能力提升。今年以来，检修中心党总支成员周六周日坚持到岗，建立每周集中学习2小时的制度，学习内容涉及思想、理论、技术、管理等方面。学习形式采取座谈、交流方式，取长补短，各抒己见，既增长了知识，也为班子团结融洽提供了很好的交流平台。各检修站管理人员在利用每周四下午传达调度会精神时间共同学习的同时，还利用和生产实际结合紧密的特点，经常与各生产厂的点检人员共同探讨如何进行日修、定修、抢修工作的组织、管理和相关的专业技术。班组的学习主要是利用前班后会和检修空余时间，大家坐在一起探讨技术理论和检修实践经验。型材站维修一班针对型材厂中型材生产线650轧机的电气控制系统和减速机故障重点对新入厂职工进行讲解，提高他们理论与实践相结合的认识，实现青工快速成才的目的。轧钢站检修二班设置一个专门的重点设备检修维护记录本，专门用于登记重点设备出现故障或者计划检修过程中遇到的重点和难点问题，然后再利用检修空余时间大家坐在一起，重新翻开记录本，共同讨论检修的得与失，也为再次出现类似设备故障的判断处理提供了宝贵的经验。

创先争优活动扎实有效，推进党组织和党员队伍凝聚力、战斗力提升。一是党组织履职尽责创先进，增强组织凝聚力。5月份，创先争优活动在公司全面铺开之时，正值设备区域包保在检修中心开始试点，各检修站党支部积极开展创建先进党组织活动，把支部完成区域包保指标作为创先争优重要内容，编制到考核细则里，在各支部之间形成了争、创、比、学的局面。在检修一线，无论是日常检修，还是定修、抢修，在急难险重任务面前，总有党员先锋岗冲锋陷阵，总能见到党员攻坚克难，各支部党员加班加点是常事，人不离岗更是经常化，党员带头带动作用极大地鼓舞了职工干劲，检修产值收入逐月递增，设备故障时间指标也不断被刷新，实现了历史以来的最好水平。各级党组织履职尽责争创优秀的示范作用，被广大职工高度认可。在党组织的凝聚力作用的感染下，今年，除发展3名新党员、上报重点积极分子5人外，向党组织递交入党申请书的职工又增加了9名。二是党员立足岗位争优秀，提升党员战斗力。创先争优活动中，全体党员胸带党徽“亮身份”上岗，广大党员内心感受的一种监督下的约束，使得党员以身作则，服务意识明显增强。各支部党员尽职尽责，发挥先锋模范作用，烧结站党员徐小宝不顾儿子因病在沈阳手术住院，依然坚守在检修工作一线；炼钢站党员站长张利权在炼钢厂“热送三”高温检修现场与职工一起，坚持共同完成检修任务，鼓舞了职工干劲，提高了工作积极性。在党员的带动下，检修质量进步明显，服务意识和反应速度也实现了较大提升，夜班维护人员增加了巡检频率，固定了巡检路线及时排查隐患。党员的模范带头作用，广大党员战斗力的集中体现形成了示范作用，推动了全体职工工作主动性的有效提升。

争做“六讲职工”主题教育卓有成效，促进职工队伍素质提升。在“热爱凌钢、忠诚凌钢、奉献凌钢”争做“六讲职工”主题教育活动中，各级组织和广大职工争做“六讲”楷模之风集中体现，形成了前所未有的良好局面。一是职工学习氛围异常浓厚。学习成果集中体现在工人技术创新工作成果当中，全年实行工人技术创新和内部一线职工小改小革技术创新双轨并行。二是实现内外团结提高设备管理。外围炼钢厂、炼铁厂举办座谈会、联席会，商讨双方管理方式的提高和改进，型材厂为促进管理主动奖励检修中心型材站人员，实现协作共赢。内部班子成员团结协作，民主商讨管理策略，各检修站及广大职工更是心往一处想，劲往一处用，极大的促进了检修维护工作。三是职工文明程度有很大提高。全年未发生职工违背职业道德、社会公德、家庭美德的现象。四是大讲责任意识。职工恪尽职守、爱岗敬业精神随处可见。全中心50多个班组全部自行粉刷墙面、修缮桌椅，节省了资金，改善了休息环境。工作中节省一块破布、一颗螺丝、一袋干油的主动行动更是屡见不鲜。五是职工遵章守纪意识明显提高，各项管理制度贯彻力和执行力显著增强。六是安全工作体现以人为本管理理念。用人为关怀去关心职工、爱护职工、提醒职工、感化职工，让严格的安全管理人性化。七是全面开展学习郭明义事迹精神，大力开展岗位奉献活动。涌现出入党积极分子、班长李树源为工友班后晾洗衣物、积极分子万传善早来晚归坚守检修一线、工程科3位青年入党积极分子长期坚持深入现场，无怨无悔等一大批先进群体和典型。开展献爱心活动，党员、积极分子、工作骨干积极捐款6000多元，帮扶10名困难职工。

工会和共青团组织积极发挥群团组织力量，贯彻民主管理机制，深化“三创一赛”活动和提升职工技能活动。购买了电冰箱、洗衣机、电风扇、饮水杯、换气扇，实现了班组设施的彻底改观。粉刷了墙壁，整修了桌椅，使职工休息环境焕然一新，为职工创造了家的温暖。开展金秋助学活动，共计发放奖金12700元。共青团组织召开主题团日活动和青工技术比武，凝聚了青工力量，丰富了青工业余文化生活。

党风廉政建设及效能监察以学习促提高，以制度促保障。党风廉政建设重点在提升领导者以身作则的自觉性，促进职工工作积极性。首先强化了思想建设。认真学习了《中国共产党党员领导干部廉洁从政若干准则》，学习准则精神，观看宣教片，撰写体会文章。中心针对过去个别职工干私活的情况，及时出台了《关于检修中心职工在凌钢厂区内从事非正常工作问题的管理规定》，平衡了职工心态，促进职工干劲。针对《关于加强作风建设，规范电脑使用的纪律要求》，对中心所属电脑全部进行了一次清理，取消了非正常上网渠道办理上网的电脑3台。同时，由电脑管理员对所有电脑系统进行检查，与工作无关的软件全部进行卸载或删除，提出了不得占用工作时间利用电脑做工作以外的事情的要求。针对《关于对转炉炼钢厂1号脱硫站营私舞弊问题有关责任者的处理决定》，进行了现行制度措施清查整改，对于管理环节制度不完整、措施不完善、监督不到位的工作环节，坚决予以更正，更正了资材管理流程部分内容，修改了车辆管理规定，完善了新闻报道管理办法等。针对《朝阳市纪委廉政预报》，要求节假日期间，单位派车执行行车单和一把手签字审批制，有效地避免了公车私用。建立效能监察立项4项，对中心重点工作进行过程监督，及时发现和解决了工作中存在的问题和缺陷，实现了职工工作效率的提升、资财费用的降低、备件修复创效的最大化、故障时间的有效降低。

党群工作

2007—2008

党委办公室

【基本情况】党委办公室是中共凌钢集团公司委员会的日常办事机构和综合工作部门。党委办公室的主要职责：协助党委领导对党委的工作进行规划、安排；负责对党委的工作部署、重要决策、指示的贯彻落实情况督查督办；开展调查研究工作，为党委决策服务；负责对上级部门、凌钢集团公司党委各部门和下级单位的衔接、协调工作；负责为党委领导和上级党委收集、筛选各类重要信息、材料；处理党委和党委领导的日常事务工作及保密工作。党委办公室与公司办公室合署办公。

【办文办公工作】起草集团公司第二次党代会工作报告、党委工作意见及表彰大会上的讲话等材料以及领导临时交办的文字材料。对来往的各种文件材料按照文件流转程序及时登记、签收等，实行规范化管理。全年起草和审核党群部门代公司党委起草的各类文件26份。做好党委会议、党群工作协调会、思想政治工作考评以及其他专题会等各种会议的记录及相关的会议组织工作。

【督察、调研及信访工作】坚持做好督察督办工作，积极主动地协助领导抓督察、抓落实，对集团公司党委做出的重大决策、有关指示、工作要求以及会议精神的贯彻落实情况进行跟踪督办。对领导批办、交办、查办的事项，做到件件有落实，事事有回音，推动了各项决策和部署的顺利实施。

认真贯彻公司党委关于加强与基层单位联系的精神，了解、掌握公司党委工作方针、工作要求在基层的贯彻落实情况，基层党组织在实践中出现的新情况、新问题，为起草公司党委的各种文件、报告提供第一手资料，为党委领导决策提供依据。信访工作紧紧围绕党委中心工作和职工群众关心的热点、难点问题，加强与各单位、各部门的联系，做到上情及时下达，下情及时上报，为基层解决了实际问题。并协助做好公司信访工作及人员来访的接待工作。

【协调工作】按照公司党委要求，做好公司党群各部门之间和公司党群部门与基层党群组织之间的综合协调工作，加强和改进部门工作，切实转变工作作风，为公司党建工作创造良好的条件，为公司领导服务、为机关党群组织服务、为基层党组织服务，使党委办公室工作能不断适应集团公司快速发展的需求。

党委组织部

【基本情况】组织部是公司党委的职能部门，其主要职能是管理中层干部及党员组织管理。组织工作始终坚持围绕中心，服务大局，突出职能，发挥作用，紧紧围绕促进凌钢科学发展这条主线，大力加强基层领导班子、基层党组织和党员队伍建设，为公司加快发展提供有力的组织保证。

2008年末，组织部在职职工3人，部长1人（由公司办、党办主任兼任），副部级专职组织员1人、组织员1人，其中：本科1人，专科2人；具有高级技术职称1人、中级技术职称1人、初级技术职称1人。

【党组织构成】集团公司党委下设3个党委，11个党总支，8个党支部。2007年，共有党员2087人。其中，在职职工党员1299人，离退休党员721人，其他人员党员67人；女党员334人，少数民族党员161人，35周岁以下党员238人。2008年，共有党员2092人。其中，在职职工党员1265人，离退休党员759人，其他人员党员68人；女党员347人，少数民族党员162人，35周岁以下党员284人。

【发展党员】贯彻落实“坚持标准、保证质量、改善结构、慎重发展”发展党员工作的十六字方针，严格按照《凌钢党建工作制度》发展党员工作细则办事，注重从生产一线、青工、知识分子中发展党员，努力把生产工作骨干发展成党员，把党员培养成生产工作骨干，严把入口关，确保质量。坚持成熟一个，发展一个，不搞突击发展，不降格以求。2007 年，培训入党积极分子 88 人，发展党员 48 人，转正 63 人；2008 年，培训入党积极分子 55 人，发展党员 45 人，转正 55 人。

【党员数据库】 2007、2008 两年对党员数据库进行彻底清查，不断完善党员数据库信息管理。根据各单位党员交纳党费数据统计报表，对各基层党委、总支、支部的党员情况进行彻底清查，重点摸清各单位党员人数。共整理党员数据库数据 2104 人，其中在职党员 1201 人、离退休党员 766 人、其他党员 68 人、朝焦党员 66 人。通过统计整理党员数据库信息，做到支部不漏人，个人不漏项，项目不出错。在完善党员数据库的同时，建立了入党积极分子数据库，使党员数据库信息更完善、规范、准确。

【党费收缴管理】 2008 年，根据中组部关于党费收缴新规定制定凌钢党员党费收缴新标准，新标准对党员交纳党费的基数和比列做了较大调整和完善。对各单位上交党费时间提出要求。对离退休党员交纳党费也进行了规定，从而保证党费是足额及时按比例缴纳。

【特殊党费】 2008 年 5 月 12 日，四川汶川特大地震考验着企业和员工的社会责任感，更考验着共产党员的先进性和责任心。地震发生后第三天，公司及时组织包括党员在内的全体职工捐款支援灾区，捐款总额 78 万元，其中党员捐款 24.6 万元，占捐款总数的 31.5%。5 月 23 日，组织部接到市委组织部转来的中组部《关于做好部分党员交纳“特殊党费”用于支援抗震救灾的通知》后，及时以党委文件转发，党员发扬“党有号召，我有行动”的光荣传统，积极响应，把交纳“特殊党费”视为履行入党誓言的实际行动。党员领导干部带头，踊跃交纳“特殊党费”，短短四天时间，在刚刚参加公司职工捐款的基础第二次捐款，交纳“特殊党费”34.34 万元，占在岗党员总数的 95.8%，平均每个党员交纳“特殊党费”247 元。其中，交纳 1000 元以上的党员共 129 人，共 14.7 万元，占交纳总人数的 9.3%，公司领导和各单位中层正职领导干部都在 1000 元以上。

对一次性交纳“特殊党费”超过千元由中组部统一开具收据。其他党员交纳“特殊党费”和积极分子捐款，组织部按照中组部收据样式统一印刷了收据。

【公司领导】 2007 年，公司领导班子实现正常的新老交替、平稳过渡。新老班子进一步实现了年轻化、知识化、专业化。新一届的公司领导班子共有 8 人，平均年龄 51.6 岁，研究生学历 1 人，大学学历 7 人，大专学历 1 人；具有高级专业技术职称 8 人。2008 年，公司领导班子共有 6 人，平均年龄 52 岁，研究生学历 1 人，大学学历 4 人，大专学历 1 人；具有高级专业技术职称 6 人。

【中层干部考核】 坚持中层管理人员“三年一换届，一年一淘汰”的优胜劣汰、能上能下的动态考评机制，建设德才兼备、业绩突出、职工公认的高素质中层管理人员队伍，为推进凌钢可持续发展提供保证。2007 年 2 月，成功地完成了第九届中层管理人员换届。未聘、落聘中层干部 11 人，正职降为副职 1 人，副职提为正职 2 人，新提拔 9 名后备干部，3 名中层进行岗位交流。换届后，中层管理人员总数 130 名（包括朝阳新区 10 名），比换届前减少 2 名。

第九届中层管理人员换届后，继续推行年度考评，末位淘汰，2007、2008 年度考评结合在一起都在后 5% 降职或免职。淘汰中层干部 4 人，其中正职降为副职 2 人，淘汰 2 人；副职提为正职 5 人，新提拔 14 名副职（含 2 名副部级待遇）和 3 名副部级待遇；4 名中层管理人员进行岗位交流，其中正职 2 人，副职 2 人，职务变动 6 人。两年年度考核圆满结束后，共有中层管理人员 132 人。

【中层干部档案管理】 档案管理是组织部的一项基础性的重要工作。从 2000 年开始，组织部仅负责公司中层干部档案管理工作。2 年来，我们不断完善档案管理制度和档案借阅制度，对新任命的中层干部采取及时提档纳入管理，及时填写干部任免呈报，使中层干部档案不断完善。到 2008 年底，现管理中层干部人事档案 119 本，其他人员档案 13 本。

【“三先两优”】 开展“三先两优”活动，是根据党在新时期任务和党章有关党的基层组织的作用、任务和党员的权利、义务等规定，在党组织内部进行竞赛的有效形式；是在新形势下，提高党的凝聚力、战斗力的重要措施。通过开展“三先两优”活动，鼓励先进，带动中间、鞭策后进，调动基层党组织和广大党员的积极性，进一步发挥基层党组织的政治核心作用、党支部的战斗堡垒作用和党员的先锋模范作用，推动和促进企业改革和发展。2007 年，评选出先进基层党组织 7 个，优秀党员28名，优秀党务工作者7名；2008年，评选先进基层党组织9个，优秀党员31名，优秀党务工作者9人。每年“七一”对公司级“三先两优”先进典型在公司广播、电视、报纸等新闻媒体集中宣传报道。

党委宣传部

【基本情况】宣传部是公司党委的职能部门之一，职责分为5个部分：即宣传思想工作（包括思想政治工作、精神文明建设、企业文化建设）、新闻宣传（《凌钢宣传》、广播电视台、闭路电视系统）、党校工作、统战工作、普法宣传教育。其主要工作内容是：围绕企业中心工作，宣传党的路线、方针、政策，具体负责企业的思想政治工作、精神文明建设和企业文化创建工作；对党员、干部、员工进行各种形式的思想政治教育；提高员工队伍的思想政治素质、科学文化素质；利用宣传媒体正确引导舆论导向、为企业生产经营、改革发展提供政策指导、舆论力量、精神支柱和文化条件；做好新时期企业中的统一战线工作；以实现依法治企为目标，开展法制宣传教育工作。

【理论学习教育】2007年10月，党的“十七大”召开后，宣传部起草了《关于认真学习宣传党的“十七大”精神的通知》。参与公司党委中心学习组学习，对党的“十七大”的精神实质和科学内涵进行解读。从11月中旬起宣传部组织人员分别到11个分厂公司党委所属部室、机关党委进行巡回宣讲，参加集中统一学习的党员1140多人。

【形势任务教育】2007年9月，公司提出进行350万吨钢改造的重大决策后，党委宣传部深入全公司11个生产单位和公司机关进行全面宣传，对凌钢实现350万吨钢大目标的必要性和重大意义进行阐释。

2008年1月、3月，党委宣传部分两次对公司的500名技校生进行以“忠诚凌钢、爱岗敬业”为主题的思想道德教育，回顾凌钢发展壮大、自强不息历史，展示凌钢发展的美好前景，激励技校生奉献在凌钢、创业在凌钢。

2008年11月，结合改革开放30年纪念活动和凌钢350万吨钢技改工程竣工投产，宣传部与工会联合编辑印发了《改革开放三十年大事记》600册，下发各基层单位。《大事记》分为“中国改革开放大事记”和“凌钢改革发展大事记”两部分，多角度、全方位展示改革开放的历史进程、巨大成就、成功经验和前进方向。策划、制作反映凌钢改革发展30年，特别是350万吨钢技改工程为主要内容的大型图片展，14个板块以图文并茂的形式展示凌钢发展的巨大成就，印发15套图片下发到所有分厂和子公司，供职工阅览。宣传部与公司工会、团委联合组织了《纪念改革开放三十年知识竞赛》，2000名干部职工参与竞赛活动。

【企业文化建设】2007年12月，集团公司二次党代会确立“自强、诚信、求实、创新”的企业精神。为全面学习、宣传、实践凌钢的企业精神，在2008年1月1日出版的《凌钢宣传》上，宣传部发表题为“弘扬‘自强、诚信、求实、创新’的企业精神，推动凌钢可持续发展”文章，全面阐释凌钢精神的丰富内涵。3月组织人员深入到公司所有基层分厂、保国铁矿、朝阳焦化厂共进行巡回宣讲17次，有1100多名管理人员和生产骨干参加学习。5月下旬到7月中旬，党委宣传部牵头，公司工会、团委共同组织“弘扬企业精神，展示凌钢风采”为主题的宣传凌钢精神演讲，征集稿件35篇，8名优秀演讲者在全公司范围内进行8场巡回演讲，1700多名职工聆听演讲。把25篇优秀参赛作品汇编500册，下发到基层单位。

【普法宣传】2006—2010年是我国第五个五年普法时期。2007年6月，按照上级党委“五五”普法要求，公司党委责成宣传部继续开展“五五”普法的宣传教育工作。结合凌钢依法治厂经验以及当前面临的法制环境和突出问题，制定了《凌钢集团公司第五个五年法制宣传教育的规划》，明确了凌钢“五五”普法教育的指导思想、工作目标、主要任务、对象要求和保障措施。9月，在法制宣传教育中，邀请朝阳市委党校教授对《中华人民共和国物权法》进行专门辅导，公司各级管理人员150多人参加了学习。

【载体活动】宣传贯彻“十七大”精神，引导广大职工用“十七大”精神武装头脑，指导工作，广播、电视、报纸分别以访谈、评论等形式促进落实。

全面增强技改工程动态报道的力度，以新闻报道的方式全面记录两年来的技改工作，特别是350万吨钢技改工程。发挥新闻报道的重要作用，为技改工程的整体有序推进作出贡献。新闻中心记者以分片包干的形式深入到各个技改现场，撰写了大量的以技改为题材的新闻稿件，各个媒体分别开设了“技改要闻”、“技改前沿”、“技改群英谱”、“冲刺350万吨钢”等栏目，及时报道技改工程的关键性节点、重要事件和技改工程中涌现的先模人物，3个媒体全年共刊发此类形式的稿件153篇。

努力提升了经验性报道策划水平。对于各个单位在贯彻落实党代会、职代会精神过程中涌现的新思路，采取的新措施，取得的新成果，以及在处理技改和正常生产方面创造的新经验，通过新闻媒体及时报道、广泛推广，有效的促进集团公司生产经营目标的完成。陆续推出了“厂部长谈思路”、“班段长谈措施”、“设备管理大看台”、“节能减排在行动”等栏目，对工作思路的深入贯彻，对设备管理的全面推进、对节能减排的深刻认识都起到了积极的促进作用。其他方面，如配合安全例会、环保例会、生产调度会、双安全月等的新闻报道工作都做到了有规划、有具体负责人、有考核细则、检验报道效果等。

增强新闻舆论监督功能，为生产经营提供舆论支持。发挥新闻舆论监督作用，对与公司方针、政策相违背，损害公司和职工利益的人和事给予批评曝光，使新闻报道工作成为企业强化管理的重要举措之一。针对矿粉掺假、打击盗窃，以及现场管理等方面存在的问题，新闻中心与有关部门密切配合，发挥舆论监督作用，通过媒体对不法分子起到了一定的威慑作用，确保了生产经营秩序的稳定。

为构建和谐凌钢，实现共建共享提供坚强思想舆论保证。对于和谐凌钢建设情况进行及时报道，不断提升和谐凌钢建设的新水平。加强对各单位在和谐凌钢建设、共建共享方面动态、成果、经验的报道，开创了凌钢共建共享工作的新局面。汶川大地震震惊世界，凌钢迅速行动号召全体职工向灾区人民献爱心，新闻中心立即组织人员采写第一手新闻，不仅在公司范围内营造了浓厚的团结友爱、互帮互助氛围，而且将这一举动迅速在国内媒体公布，《中国冶金报》、《工人日报》、中国钢铁网等媒体陆续刊发，有力地提升了凌钢的企业形象，展示了凌钢的社会责任感。

中共凌钢纪律检查委员会

【基本情况】中共凌钢纪律检查委员会在凌钢党委的领导下主要负责公司党组织和党员的党纪管理，维护党的章程和其他党内法规的贯彻执行。公司纪委与审计监察部合署办公。

2007—2008年，在上级纪委和公司党委的正确领导下，紧紧围绕企业生产经营管理以及改革发展的中心工作，按照公司每年总体工作部署和要求，有针对性地开展党风廉政教育、案件查处、效能监察、信访审理等工作。共受理信访举报147起，查处掺杂使假问题116起，查处案件5起，开展效能监察立项37项，指导基层立项307项，实施管理创新16项，开展专项培训教育3次，建立健全制度16项，撰写生产经营管理调查报告10篇，撰写党风廉政建设调研文章4篇。通过开展纪检监察工作为公司挽回直接经济损失1107万元，较好的发挥了教育、预防、惩处、监督的作用。

【党风廉政教育】按照上级纪委、公司党委的要求，坚持“超前教育、超前建制、超前监督”的工作原则，结合企业实际，开展了一系列内容丰富、形式多样、特色鲜明的党风廉政宣传教育活动。一是每年下发《集团公司纪检监察工作要点》，对公司党风廉政教育工作进行安排部署。组织开展了贯彻落实党的“十七大”、中纪委七次全会和公司二次党代会精神等活动，结合学习胡锦涛总书记提出的八个方面良好作风建设活动，组织党员干部观看《关于加强新形势下领导干部作风建设》教育光盘，共上报学习体会77篇，其中中层干部26篇。在《凌钢宣传》上开设“党风廉政建设专栏”，刊登学习体会等文章23篇。认真做好《中共中央关于严格禁止利用职务上的便利谋取不正当利益的若干规定》的贯彻落实，30个单位对落实和自查自纠情况写出报告。二是开展了重要岗位人员专项培训教育，分别举办采购、验质、验收、仓储管理人员“忠诚凌钢、爱岗敬业、正确用权、廉洁自律”三次培训班，520余名重要岗位人员受到教育。将两年来查获的掺杂使假、诈骗企业资财案件，制作成《斩断伸向企业的黑手》、《废钢掺杂使假面面观》电教片，18个单位组织重要岗位人员观看。三是开展企业廉洁文化建设活动，加强纪检监察网站建设，发挥网络教育功能，在纪检监察网站上建立“纪检监察动态、达产达效降本增效、纪检监察广角、信用信息”等网页，动态报道纪检监察审计工作。共发布调查报告、会议纪要、监察信息、监察图片等各项内容175件。组织参加朝阳市纪委举办的“清廉在我心中”小小说征集活动，推荐参赛作品11篇，5篇作品获奖，公司纪委被评为优秀组织奖。

【违纪案件查处】案件查处坚持“以查促教，以查促建，以查促管，以查促改”原则，发挥了震慑作用和治本功能。查处重大损害企业利益问题7起，共立案5起，有11人受到党纪、政纪处分，其中受党纪处分1人，受政纪处分10人，移送司法机关1人，为企业挽回经济损失154万元。一是严肃查处损害企业利益案件。分别查处了挂靠朝阳北海公司的社会人员，与质检员内外勾结，将44.13品位的矿粉人为提高到65品位以上，骗取货款58万元的案件；查处山西晋能集团金光铁合金有限公司发到我公司三车锰铁装煤2.62吨、增加重量案件，扣除货款3.87万元；查获了凌源市凌东商场利用蒙D87362号五征牌“克隆”农用车，采取重车装废钢，轻车检车皮增重等案件。二是严肃查处不严格执行规章制度问题。分别查处质量部北门质检员矿粉换样问题；质量部中宽带站等级品判定改判问题；炼铁厂58平方米烧结机压秤增重问题；钢管厂会计利用工作便利，伪造取款单，挪用厂长基金等问题。三是发挥办案联动机制作用，坚决打击弄虚作假，诈骗企业资财案件。协调保卫部捉获凌源个体运输车（蒙D28975、蒙D28978）两台车借为我公司送生铁之机，在运输车中卸生铁掺铁矽增重诈骗案件，在犯罪嫌疑人家中缴获生铁1.72吨。

【效能监察】效能监察工作紧紧围绕企业生产经营实际，以全面提升管理水平，强化监督检查，协调解决管理问题为切入点，针对生产经营薄弱环节，以及可能产生效益流失的关键环节开展监察立项。两年立项37项，完成37项。指导31个基层单位立项307项，提出监察建议12项，完善管理制度44项。查处掺杂使假问题116起，为公司挽回直接经济损失953万元。一是建立健全效能监察工作机制，每年组织召开效能监察会议，安排部署公司效能监察工作。制定了《效能监察项目考核评比办法》，对基层效能监察工作从立项到实施、检查、考核、整改、反馈等方面进行检查考核。两年推广了6个单位开展效能监察工作的典型经验，表彰了7个效能监察工作先进单位和54个优秀项目。二是开展专项治理监督工作。针对外购废钢、铁矿粉、白灰等验质、验收、检斤、结算等环节出现的问题，组织召开专项治理会议，对废钢生铁掺杂使假、料型判定、焦炭含粉率筛分实测、入厂物资检斤、汽车矿粉取样等环节存在的问题提出治理措施22项。坚持现场抽检与处理举报问题相结合，查处矿粉车辆检完毛重后放水作假问题5起，查处了长春鹏强废旧物资回收有限责任公司废钢中掺杂质17.62吨、伊春市亚龙工贸有限公司废钢中夹带沙土等杂质9.2吨等掺杂使假问题116起。同时，依据企业信用信息规定，给予经济往来中有不诚信行为的1家供户红牌处理、终止供货合同、限制经济往来两年，12家供户黄牌警告。三是开展管理创新和外排废弃物的监督管理。两年中开展了外购物资预防型监督管理、门禁监督管理、废旧设备及废次钢材价格管理等16项管理创新工作。继续加强对规范转炉钢渣、炼铁干渣外排工作和350万吨钢技改工程建筑垃圾的外排，监督回收炼钢渣钢、颗粒铁4507吨，炼铁渣铁粉、渣铁4477吨。查处了河北安装公司外排废弃物车辆内装禁排物760千克等问题，对河北安装公司罚款1万元，对有关责任人进行扣奖处理，进一步规范管理秩序。

【监督制度建设】围绕企业生产经营管理、技改工程，确立了“加强组织协调、实施管理联动、增强管理合力、系统解决问题”的监督理念，不断加强监督制度建设，努力使监督制度建设与企业发展步伐同步运行，发挥监督作用。起草修定了监督制度3项，协调6个单位制定10项监督制度。一是针对苗头性问题，修订监督制度，堵塞管理漏洞。为防止钢渣外排过程中出现超标排放以及外来人员进入现场等问题，制定了《关于钢渣抽检及外来人员清查监督制度》，并监督落实。进一步完善了《网络监控管理办法》。针对仓储管理工作出现的账物不符等问题，制定了《物资仓储管理检查办法》，编制了“外购原燃材料采购入库消耗管理流程图”、“技改工程管理业务流程图”、“仓储物资管理流程图”等40个管理环节流程图。对仓储物资进行了抽检，查处了葫芦岛江盛空气胶管短尺86米问题，纠正了沈阳长城电缆实物米标与账目数量相差334米问题，提出了6项整改建议。二是针对企业大规模技改工程建设的形势要求，协调完善制度，增强管理合力。协调保卫部制定并联合下发了《关于建立盗窃案件打击联动机制加强办案协调工作的暂行规定》，共处理盗窃人员127人次，处罚金额12.38万元。针对等级品判定、废旧物资回收管理、技改工程设备合同资料管理等方面出现的问题，协调质量部、技术中心、设备材料部、钢管厂、中宽带厂制定了《中宽带等级品判定的有关规定》、《中宽热带外销品种钢分级管理办法》、《技改工程设备随机资料管理办法》、《技改工程设备材料合同管理办法》、《设备监制管理制度》、《219机组产品等级标准及制度》、《废次材上缴入库管理制度》、《废旧物资回收管理制度》、《关于废钢送缴的有关规定》。

【信访审理工作】在开展信访工作中，进一步发挥信访主渠道作用，拓宽、畅通信访举报渠道。共受理信访举报147起，其中电话举报130起，信件11件，来人来访4人次，上级纪委转信访件2件。同时，认真执行《关于对实名举报有功人员的奖励办法》，及时奖励实名举报人员鼓励职工举报，奖励实名举报有功人员113人次，发放举报奖3.41万元。在监察网上设立举报信箱、举报电话，在厂内设立6个举报箱，认真解决信访举报中反映的问题，保护举报人和被举报人的合法权益。对举报的问题及时登记归类和立案查处，利用凌钢局域网、电话、举报信等手段，举报违规违纪和损害企业利益问题。案件审理工作在上级纪委、公司党委的正确领导下，严格按照“事实清楚、证据确凿、定性准确、处理恰当、手续完备、程序合法”二十四字方针审理案件，共审理案件5起，发挥了审理监督作用。

【自身建设】结合企业生产经营实际及纪检监察工作的需要，按照公司“四个提升”的要求，不断加强自身建设。一是不断加强业务素质教育。组织纪检干部开展纪检监察理论、法律法规知识、企业生产经营专业知识的学习，积极参加企业内部“创新能力”、“知识产权”等再教育培训，采取集中学习、自学等形式，学习时间都在150个学时以上。二是以日清日结考核为手段，不断调整考核办法，广开思路，做到每个人、每个科都有管理创新项目，做到人人有指标，科科有项目。坚持各项工作月汇报制，分析存在问题，落实治理措施。鼓励纪检监察人员转变工作作风。坚持纪检监察人员内部流动，注重从基层培养抽调年轻同志吸收到纪检监察队伍，及时推荐优秀人才进入领导层。两年内部交流1人、调入3人，有3名同志提职到领导岗位。三是组织开展理论调研工作，提高纪检监察人员文字水平和发现问题、分析问题、解决问题的能力。撰写调查报告10篇，参加辽宁省国有资产管理委员会纪委、辽宁省省（中）直企业纪检监察学会党风廉政建设理论调研并撰写3篇论文，获得三等奖1篇，优秀奖2篇；参加朝阳市纪委预防商业贿赂理论调研文章1篇，获得优秀奖。

工　会

【基本情况】凌钢工会是公司的群团部门，主要职责为组织全公司职工依法通过职工代表大会，参加企业民主管理和民主监督；组织职工开展“三创一赛”活动；组织开展健康的文化体育活动；协助和督促企业做好劳动安全卫生工作，参与劳动安全卫生事故的调查处理。协助企业做好困难职工帮扶救助工作，为职工办实事、做好事、解难事；维护女职工的特殊利益。

【信访维权】2007年，全年召开公司级职代会一次，听取、审议了公司董事长、总经理的工作报告；召开公司级职代会代表团组长会议2次，审议通过了技师评聘方案和职工增资方案。公司工会组织职工1315人，开展了对中层干部的民主评议，为第九次中层管理人员换届奠定了群众基础，各分厂也坚持对科段级管理人员进行年度民主评议。公司工会积极组织、参与“安康杯”竞赛活动，每季与生产安全部门进行检查验收，开展了“安全在我手中，命运由我主宰”安全征文和安全小品比赛活动，寓教于乐地提高职工安全防范意识；认真做好群众来信来访工作，逐步健全职工诉求表达机制，全年接待群众来访71次，对职工的诉求向有关部门进行了反馈和沟通，有些问题得到较好解决，维护了企业的和谐与稳定。公司工会积极参与、严格把关招收了以职工子女为主的500名技校学生。两级工会满怀深情关注职工的切身利益，努力解决职工最关心、最直接、最现实的问题。全年工会投入9.35万元，为炼钢厂、炼铁厂、中宽热带厂等重点高温岗位购置了电冰箱、冷饮机、热水器、电风扇；高温季节为技改会战的职工购买了29000斤西瓜；全年安排了21批次212名职工到热水汤疗养院健康疗养。

2008年，经过认真筹备，1月29日召开了集团公司第二届职工（会员）代表大会。大会全面回顾总结了过去七年职代会和工会的工作，确立了今后五年职代会、工会工作的指导思想和总体要求，选举产生了第二届工会委员会领导机构。公司召开职代会主席团（组）长会议2次，各分厂召开职代会37次，做到凡是涉及职工利益的重大事项都通过职代会审议通过，落实了职工代表的知情权、表达权、参与权和监督权。厂务公开继续深化，所有班组做到考勤、奖金分配、日清日结考核、评先选优4个公开。进一步健全了职工诉求表达机制，全年接待职工群众来访78人次，参与协调处理职工越级上访14人次。坚持以职工为本，为职工做好事，办实事。高度关注职工的生命安全，根据有关规定，制定下发了《凌钢集团公司群众安全监督检查工作实施办法》，调整了公司工会群众安全监督检查委员会，积极组织参与了“安康杯”竞赛和“安全月”、百日安全无事故活动，与生产技术部、公司团委、炼钢厂联合开展了“转炉杯”安全知识竞赛。高温季节，工会投入8.47万元，为炼钢厂、炼铁厂、中宽带厂等高温岗位增购了开水器、电冰柜、电风扇，为奋战在350万吨技改工程一线的施工队伍采购、慰劳猪肉2000余斤，月饼5000余斤，西瓜3万余斤。全年安排了23批236人次到热水汤疗养院健康疗养。

【工人技术创新】工人技术创新活动：2007年，各级领导高度重视工人技术创新活动，把工人技术创新和技师评聘相结合，促进广大职工创新积极性空前高涨，创新项目的技术含量不断提高，解决了生产实践中的较大问题，创新项目管理进一步科学化、规范化，集体项目也发挥了重要作用。全年有15个分会开展了工人技术创新活动，其中厂级立项993项，实际完成886项，申报公司级创新立项633项。有703项成果受到厂级表奖。有359项申报公司级创新成果，获公司级成果252项。其中，集体项目23项，个人项目229项，一等奖15人、二等奖47人、三等奖167人。

2008年，工人技术创新活动的组织管理更加规范，职工参与创新的热情更加高涨，紧密结合生产和技改，科技含量普遍提升，作用和效益进一步提高，集体项目继续发挥出攻坚克难的重要作用，并首次开展了“先进操作法”评选，拓展了工人技术创新的深度和广度。全年有15个分会开展了工人技术创新活动，其中厂级立项967项，完成831项，有650项成果受到厂级表奖。有392项申报公司级创新成果，获公司级成果272项，其中集体项目20项，个人项目252项，一等奖17人、二等奖41人、三等奖195人。

【劳动竞赛活动】2007年，各级工会组织坚持围绕中心，找准位置，积极组织开展各种形式的生产劳动竞赛，激发和调动广大职工的积极性、创造性，努力为公司共闯难关，取得生产技改双胜利发挥作用。一是紧扣中心，选准主题。所有竞赛项目都紧紧围绕节支降耗、提高产能、提高效率选题立项，分厂级开展竞赛47项，公司工会组织的竞赛34项。二是精心组织，措施得力。两级工会都把开展生产劳动竞赛当作“围绕中心、服务大局”的最佳载体，对竞赛活动精心策划，精心组织，普遍做到竞赛指标先进合理，竞赛形式灵活多样，竞赛措施严密细致，竞赛考核严格认真。三是加大投入，成效显著。为了提高竞赛效果，各分会普遍加大了竞赛的激励力度，其中炼钢厂、炼铁厂、型材厂、焦化厂、原料厂、检修中心、动力厂激励力度更大些，炼钢厂全年投入竞赛奖金70余万元，约2260人次受到不同奖励。公司工会投入竞赛30余万元。

2008年是凌钢历史上规模最大的技改年，生产经营的任务十分繁重，生产技改交叉，是生产组织难度相当大的一年。两级工会组织紧紧围绕降耗增效和完成350万吨钢技改工程，开展了多种形式的生产劳动竞赛，共安排公司级竞赛37项，分厂级竞赛24项，参与竞赛职工达4700余人次，公司工会支付竞赛奖金30余万元。一年里，各类竞赛遍地开花，高潮迭起，效果明显，有效调动了广大职工的积极性、创造性，为取得生产技改双胜利，起到了有力的助推作用。

【“五型班组”创建】2007年，普遍建立了党政重视、工会主抓、全员参与的组织领导体系，建立健全了定性与定量相结合的创建目标考核细则，狠抓了班段长的选配、培训和检查、考核两个重点环节，使创建工作逐步进入制度化、规范化轨道，大多数工段、班组做到“五有”，即：有创建方案，有考核细则，有工作记录，有考核台账，有小家园地。年终共评出公司级“五型班组”78个，占全部班组总数的20%。

2008年，“五型班组”建设形成了制度、体系和氛围，各分厂根据人员调动频繁，骨干变动大等情况，注重抓了班段长的选配和培训；规范了“五型班组”建设的基础工作，加强了典型的选树和交流；在开展“五型班组”建设的基础上，响应全总号召，开展了创建“工人先锋号”活动，年终共评出公司级“五型班组”79个，有8个班组被命名为凌钢“工人先锋号”，炼铁厂3号高炉被全总授予全国“工人先锋号”。

【创争活动】2007年，“创建学习型企业、争做知识型职工”活动在原有基础上又有新的提高。一是更大规模的开展了职工文化技术培训。在技师评聘的推动下，所有分厂都举办了多层次、多渠道、多形式的培训班，累计达218个，参加职工21056人次，人均参训37课时，创近年来最高纪录，基本形成了请专家讲课、通用工种上专业课、单位培训和职工自学“四位一体”的培训体系。二是培训内容、教学水平、培训效果上了新台阶。炼钢厂、动力厂组织专业人员编写、出版了内部专业书，为职工购买了大量技术书籍，炼铁厂、中宽带厂、炼钢厂、原料厂、焦化厂购买了电脑幻灯机；培训内容除正常的岗位文化技术培训外，一些单位向“一专多能”、向“工人专家”目标迈进，检修中心已举办了多期“全能技工”培训，52人获得了其他岗位技能证书，氧气厂组织了不同工种人员进行“转岗培训”。三是注重学用结合，开展各种形式的技术练兵、技术比武活动，提高职工的实际操作技能，炼钢厂举办了炼钢工“提高终点炭”、“降低合金消耗”，连铸工“连铸不漏钢”、“保全流率”技术比武，中宽冷带厂举办了“提高换辊速度”技术竞赛。公司工会、公司团委、生产技术部联合举办了公司级的天车工技术比武和计算机操作员技术比武。四是全公司学习、钻研氛围逐渐浓厚，“创争”活动成果逐步显现。公司有6名同志获得了省、市“技术能手”称号。

2008年，“创建学习型企业、争做知识型职工”活动在原有基础上又有新的提高。一是针对新项目多、新增人员多的实际情况，大规模的开展了文化技术培训。各分厂举办多层次、多渠道、多形式的培训班221个，参加职工20786人次。二是针对“业务外包”用工制度改革，各分厂对业务外包工进行岗位操作技能和安全知识培训。三是开展了各种形式的技能竞赛24个，参赛职工4162人。配合市总工会开展的“中国移动杯”2008年朝阳市职工职业技能大赛，公司工会在全公司组织了电焊工和天车工这两个工种的技能竞赛选拔赛，在参加朝阳市总工会组织的技能大赛中，炼钢厂潘国生和司俊威获得了天车工比赛第2名和第3名的好成绩。

【宣教文体】2007年文化活动，出版了《联著钢魂》凌钢职工自己的楹联作品集，展示了凌钢职工的道德情操和文化品位；“八一”期间举办了尽显职工阳刚风采的军旅歌曲比赛。体育活动，元旦举办了“金猪迎春职工拔河比赛”，“五一”举办了“迎奥运、庆五一职工登山比赛”，“十一”举办了规模盛大的职工大众体育比赛，12月份，举办了室内冬季游泳比赛，其他球、棋、牌类比赛做到“每月一赛”。今年，乒乓球运动有了更快发展，成立了乒乓球协会，会员发展到120余人，开展了会员排名赛和职工例行比赛。公司工会出资3万多元支持离退休职工自发组织的健身舞、大秧歌等，成为凌钢业余文化生活的靓丽一景。公司工会的大力倡导和公司经理的大力支持，投资700万元修建了朝阳乃至辽西地区最高档次的室内游泳馆，公司工会投资近20万元装修了乒乓球馆。

2008年，组织了“凌钢精神”演讲比赛和巡回演讲，共举办演讲、宣讲会17场次，直接听众达2400余人次，印发优秀演讲稿汇编500册；树立、表彰了学习实践凌钢精神的楷模魏潭英，在全公司范围内开展了向魏潭英学习活动；以“迎奥运、促发展”为主题，各类文化体育活动丰富多彩。先后举办了“五一”登山比赛、职工大众体育比赛、游泳比赛等各类大型赛事8次，参加者达5000余人；开展了“纪念改革开放30年”系列文化活动。印发了《改革开放30年大事记》，举办了“凌钢改革开放30年辉煌成就”大型图片展，在文体中心举办了“巨变抒怀——献给改革开放30周年”职工书法、美术、摄影展览，举办了职工答题竞赛；响应全总开展“职工书屋”活动号召，公司工会投入20余万元，对原图书馆、阅览室进行装修，购置了电脑触摸屏式图书检索系统，安德莱斯图书管理软件以及防盗监控设备，新增购了图书。

【群众生活】2007年春节、元旦期间，两级工会走访慰问特困职工358户，发放救助金12.46万元，平时按照特事特办的原则，及时救助大病特困职工29人次，发放救助金5.1万元。炼钢厂、炼铁厂、检修中心、型材厂等单位为患大病的职工发动全体职工捐款救助，解决了燃眉之急。继续关注女职工的身体健康，出资7万元续办了女性团体安康保险，为1800名女职工进行了健康检查，2名患重病的女职工每人得到4万元的保险赔付。公司工会还出资为全体保安人员办理了平安意外伤害保险。

2008年元旦、春节期间，两级工会走访慰问困难职工346户，发放救助金12.05万元。平时按照特事特办的原则，救助大病、特困职工44户，发放救助金6.13万元。炼钢厂、炼铁厂、中宽带厂、原料厂、检修中心、朝焦公司等单位为患大病职工发动职工捐款救助，解决了燃眉之急。继续关注女职工的身体健康，出资7万元续办了女性团体安康保险。

【自身建设】2007年，公司工会下设19个分会，472个工会小组，发展会员8564人。这一年，结合落实党的十七大精神和公司二次党代会精神，对各分会主席和公司工会机关管理人员进行了培训，使两级工会在团结动员全公司广大职工，发扬“自强、诚信、求实、创新”的凌钢精神，紧紧围绕生产经营中心，认真履行工会职能，深入推进“三创一赛”活动，为实现凌钢又好又快发展中拼搏进取，建功立业。两级工会开展了模范职工之家、工会工作积极分子评比活动。12月中旬召开了由集团公司党委书记、公司经理、工会主席；各子公司、分厂、职能部门经理、厂长、部长、书记、工会主席、政治工作干事；职工代表和本年度受表彰的先进集体、先进个人代表参加的年度工会工作总结表彰大会，会上公司工会主席做本年度工会工作总结和下一年度的工会工作部署；表彰了本年度模范职工之家8个，“五型班组”78个，工会工作积极分子353名；表彰了本年度工人技术创新优秀成果获得者229名，技术创新集体项目23项，技术创新优秀工段（班组）6个，技术创新优秀组织单位6个；有5项创新成果在会上发布。

2008年，公司工会下设19个分会，478个工会小组，发展会员8735人。这一年，结合落实中国工会十五大精神和公司第二届职工（会员）代表大会精神，对各分会主席和公司工会机关管理人员进行了培训，使两级工会在团结动员全公司职工发扬凌钢精神，迎接挑战，共闯难关，完成全年生产经营目标和350万吨钢技改工程中拼搏进取，建功立业。两级工会开展了模范职工之家、工会工作积极分子评比活动。12月中旬召开了由集团公司党委书记、公司经理、工会主席；各子公司、分厂、职能部门经理、厂长、部长、书记、工会主席、政治工作干事；职工代表和本年度受表彰的先进集体、先进个人代表参加的年度工会工作总结表彰大会，会上公司工会主席做本年度工会工作总结和下一年度的工会工作部署；表彰了本年度模范职工之家10个，“工人先锋号”8个，“五型班组”79个，工会工作积极分子335名；表彰了本年度工人技术创新优秀成果获得者252名，技术创新集体项目20项，“先进操作法”6项；有5个单位在会上介绍了经验。

机关党委

【基本情况】机关党委的主要职责是组织所属公司机关党支部加强思想、组织、作风和廉政建设，集中开展党的重大活动。2007年，所属14个部室党支部、220名党员。2008年所属14个部室党支部、226名党员。2007—2008年通过抓活动载体，组织开展多种形式的主题实践活动，增强党员意识，认真开展党员建功立业活动，做“有觉悟、有技能、有作用”的共产党员，为完成集团公司生产经营任务和350万吨钢技改工程做出了积极贡献。

【思想建设】2007年，机关党委通过抓学习、抓宣传、抓载体，不断丰富“三会一课”的内容和效果。学习了公司职代会、政工会精神、江泽民文选、胡锦涛在中纪委的讲话，而且在党的十七大和公司二次党代会召开后，各支部组织党员骨干学习领会会议精神。

2008年，配合公司350万吨钢技改工程，机关党委努力营造大干快上思想氛围。4月举办了

“弘扬凌钢精神演讲比赛”活动，共有10个部室选派的12名演讲员参加了宣讲。6月组织机关职工集中观看了集团公司“弘扬凌钢精神，展示凌钢风采”巡回演讲，同时各支部还利用党课、座谈会等形式组织职工深入学习凌钢精神。“5·12”汶川地震，公司领导、机关各部室职工捐款达10万多元。

【组织建设】 2007年，机关党委要求各部室党支部结合部室管理实际，制定工作规划，认真学习《凌钢党建工作制度》，强化党务管理。公司二次党代会召开之前，组织14个支部通过民主选举，进行支部的改选换届。机关党委发展新党员10人，按期转正10人，已列为重点培养积极分子10人抓紧培养成熟，有11名年轻的同志向党组织递交了入党申请书。

2008年，认真加强对新毕业的大学生积极分子的教育培养，在活动中吸引、在工作中带动、在学习中教育，对培养考察成熟、具备发展条件的及时发展入党。机关党委发展新党员8人，按期转正10人，列为重点培养的入党积极分子10人，有11名年轻的同志向党组织递交了入党申请书，有积极分子22人。

【作风建设】 2007—2008年，机关党委组织党员和管理骨干学习《建立健全教育、监督并重的惩治和预防腐败体系实施纲要》和公司《关于对管理者的管理、监督者的监督的规定》，收看了公司内部案件警世专题片，加强了对党员干部的反腐倡廉教育；从改善和树立机关形象出发，加强机关日常事务的管理和检查，“七一”组织了机关部室团体操比赛。

【群团活动】 机关党委、机关工会组织了女职工扑克赛、乒乓球比赛、广播体操比赛、迎奥运健身比赛、扑克立棍比赛、演讲比赛等，不断丰富机关职工文体生活，并在公司乒乓球、游泳、职工大众体育比赛、楹联征集等活动中均取得好名次。

党　　校

【基本情况】 凌钢党校与党委宣传部合署办公。其主要职能是根据新时期党的建设的特点、规律，结合企业党员队伍建设实际，有针对性地开展党员和党的后备队伍建设，提高党员的思想理论水平和综合能力。

【教育工作】 2007年5月，公司党校举办入党积极分子培训班，全公司共有85名入党积极分子参加学习。党委宣传部、组织部、纪委工作人员分别就党的历史、党的基本知识、党风廉政建设、形势任务教育等内容进行解读。

2008年5月，公司党校举办年度入党积极分子培训，全公司共有55名入党积极分子参加学习。党委宣传部、组织部、纪委工作人员分别就《党章》、党的历史、党的基本知识、基本理论进行了解读。

共青团凌钢集团公司委员会

【基本情况】 共青团凌钢集团公司委员会是在公司党委领导下的企业团组织。其基本任务是：先进思想、理论教育和武装团员青年；动员青年投身企业改革和建设的实践，发挥团员的模范作用；组织青年学文化、学技术、学管理，开发青年智力；组织青年围绕企业的发展艰苦奋斗、建功立业；表达青年意愿，维护青年的合法权益，关心青年的身心健康。2008年，我公司35岁以下青工有2770人，占职工总数35%，28周岁以下青工1457人，占职工总数18%。

【青年教育】 2007年，开展了“忠诚凌钢、爱岗敬业”和“扬荣拒耻、弘扬正气”主题实践活动。2008年，开展了“迎接新挑战、促进新发展”为主题的形势任务教育活动。公司团委举办了“迎厂庆、庆国庆——我与祖国共进步、我与企业同发展”知识竞赛；举办“转炉杯——展现青春风采、构建和谐凌钢”有奖征文活动，以及“弘扬五四精神、树立社会主义荣辱观”诗歌朗诵会等。

大力培养、宣传、树立青年职工先进典型。2007年，授予勇救落水女青年的青工周志刚同志“见义勇为好青年”称号。2008年，开展了向在“5·12”四川汶川大地震中坚守工作岗位的优秀共青团员魏潭英同志学习的活动。

“五四”期间，公司团委召开了纪念“五四”运动和共青团工作总结表彰会，表彰了优秀基层团组织、优秀团干部、十佳青年文明号等。

【服务青年】 实施“青工技能振兴计划、争当青年岗位能手”活动。组织青工岗位技能培训，根据不同培训对象和内容，采取个人自学与集中学习相结合、理论学习与实践学习相结合等方式，多层次、多渠道、多形式地开展培训工作。开展青工拜师学技活动，对新入厂员工进行导师培养，签订师徒合同，具体确定“学技”、“授艺”的方法和内容，促使其尽快地熟悉和掌握岗位操作技能。开展青工技能比武活动。公司团委在青工中开展了“青工技能活动月”活动，进行青工理论知识竞赛和实际操作比赛等技术比武活动，切实提高青工岗位理论知识水平和实际操作技能。2007—2008 年我们组织了计算机竞赛和天车工操作技能竞赛，并对竞赛取得前三名的青工进行了表彰。组织青工参加科技攻关和工人技术创新活动．我公司每年都有百名青工获得各种攻关和创新成果奖励，在 2007 年公司技师评聘活动中 60 多名青工获得工人技师资格证书

结合“安康杯”安全生产竞赛，开展了以“安全生产、青年当先”为主题的“青年安全生产示范岗”创建活动，2007 年举办了“安全在我心中”安全生产知识竞赛，2008 年举办了“炼铁杯”安全演讲赛，“和谐平安杯”消防知识竞赛。并在每年的公司安全生产工作会上，对“青安岗”进行表彰。促进了青工安全意识和素养的提高。

为丰富青年职工的业余文化生活，提高青年职工的生活品质，2007 年举办了新入厂大学生新年联欢会、独身公寓青工三人制篮球赛、大学生联队和公司风暴队篮球赛，和凌源市第一人民医院举办了“金秋有约”未婚青年联谊会。2008 年举办了“让青春在凌钢闪光”红歌会；新入厂大中专毕业生联欢会、新员工篮球比赛；集团公司团委、凌源团市委、凌钢大学生自治委员会联合举办“钢城有约”单身青年联谊会。

凌钢人民武装部

【基本情况】凌钢人民武装部是凌钢党委领导下的军事部门，也是当地人民政府负责兵役工作的专门机构，主要职责是负责本企业的民兵和武器装备管理，平时完成上级下达的民兵军事训练任务、国防教育、战备执勤、征兵和优抚工作；战时负责组织实施兵员动员和带领民兵参军参战，支援前线，保卫后方，发生地震时负责组织抗震救灾工作，负责防汛抗洪组织工作等项任务。

【工作概况】2007 年，“八一”建军节到来前夕，武装部、保卫部、工会联合举办了“迎接建军 80 周年军旅歌曲大赛”。同时组织全公司中层干部、部分管理人员 150 余人进行了实弹射击。2008 年 8 月份朝阳市国家安全局和朝阳军分区联合举办的“国安杯”知识竞赛中，我公司获得第三名。

凌钢科学技术协会

【基本情况】凌钢科学技术协会（简称凌钢科协），是公司党委领导下的、由科技工作者组成的群众团体，是党委和行政团结联系科技工作者的组织，开展科技工作的助手。科协的主要任务：组织科技人员献计献策，为企业领导决策服务；开展科技协作攻关，为企业经济发展服务；进行科技培训，为企业智力开发服务；组织学术交流，为企业科技进步服务；进行科学普及，为企业提高职工素质服务；开展“讲理想·比贡献”竞赛活动，为企业两个文明建设服务；协助落实知识分子政策，为科技人员服务。

因机构改革，公司科协现与技术中心合署办公，下设 29 个分会，分会由科协分会主席、秘书长（或办公室主任）主持工作，现有会员 737 名。

【技术交流】为提高凌钢广大科技工作者的科技素质和水平，促进学术交流和科技信息的传递与转化，鼓励广大科技人员展示在凌钢科学研究和应用技术的最新成就。从 1984 年开始，公司科协每年开展论文征集及优秀论文评比工作。《凌钢科技》每季度出版一期，把科技工作者在生产、工艺、经营、管理等方面科技成果通过论文的形式展示出来。这些论文，多是生产实践、科学实验的理论探讨和技术经验总结，对凌钢的生产经营、技术改造及科技创新起到了不同程度的促进作用。2007 ~ 2008 年，共征集论文 120 余篇，并评出优秀论文一等奖 15 篇，优秀论文二等奖 23 篇，优秀论文三等奖 46 篇。两年中有 18 篇论文在朝阳市科学技术协会优秀论文评比中获奖。

【科技活动】从 1987 年开始，凌钢科协在科技工作者中广泛开展“讲理想·比贡献”竞赛活动。竞赛以紧紧围绕公司生产经营目标，促进企业技术进步和提高经济效益为宗旨。在内容上突出技术创新、产品开发，新工艺、新技术、新材料、新设备的应用以及节能降耗，节约成本，有利于企业提高经济效益的项目。近几年公司科协“讲

理想·比贡献”竞赛活动侧重不与公司级新技术推广应用、技术攻关等项目发生重叠且在生产实践中取得效果较好的项目。既避免重复奖励，又为基层科技工作者提供展示成果的平台。经认定后的项目，根据其效益及效果情况，年末经公司科协竞赛评比委员会评审，分别评出一、二、三等优秀项目并由公司科协颁发荣誉证书及奖金；该荣誉证书可作为职称评聘、考核，评先选优依据之一。公司科协负责将重要项目向省、市级科协推荐。荣获“讲理想·比贡献”竞赛活动一等奖奖500元/项；二等奖奖300元/项；三等奖奖200元/项。2007—2008年两年共立项150余项，评选出优秀项目80余项，创效2000余万元。对公司技术创新工作起到了良好的补充作用。

【科普教育】针对公司生产需要，技术中心建设了“技术中心”网站，公司科协在技术中心网站的首页上为科普工作开辟了“钢铁信息”栏目，在这里为公司科技工作者提供了大量的钢铁生产技术、国内外钢铁生产动态等信息，为科普工作提供了一个窗口。

计划生育办公室

【基本情况】公司计划生育办公室在公司党委和公司计划生育工作领导小组领导下开展工作。主要工作内容是：贯彻执行党和国家、省关于计划生育工作的方针、政策、法律，开展有关人口与计划生育方面内容的宣传、教育和基础知识的普及；负责全公司职工人口与计划生育工作的管理，提供计划生育节育避孕药具的供应以及优生优育方面的服务；按时完成计划生育登记；协助有关部门开展与计划生育相关的保障工作。

【计生宣传教育】公司计生办及各单位利用公司的广播、报纸、电视、宣传板、橱窗等形式进行计划生育工作的宣传和教育。各基层单位还利用本单位的宣传板、橱窗张贴人口报及计划生育工作的宣传文章。为了及时掌握有关计生工作的政策法规和工作经验，公司计生办和基层单位还订阅了《人口文摘》及《人口与计划生育》等书刊杂志，使职工开阔视野，接受教育。

【计生服务】计生办每半年一次给各责任单位下发计划生育联系信，与男职工配偶所在地计生部门联系，及时掌握情况。基层单位把每个职工的个人情况登记入册，包括家庭、婚姻生育、节育避孕措施等。年初上报一次职工统计明细表、每月报一次人员变动情况表、半年报一次总结报表。2007—2008年间，我公司共有育龄职工8000余人。2007年，两次下发联系信6808人次。对重点人员进行了走访，掌握了解情况。为职工办理婚姻登记申请11人，第一胎生育申请38人、符合第二胎生育申请4人，办理独生子女光荣证66份。为独生子女父母发放奖励费和退休独生子女父母发放一次性奖励费，为独生子女办理两全保险。组织全公司女职工进行生殖健康体检，使得患病女职工得到及时的治疗，促进了女职工的身心健康。走访慰问独生子女困难户。

【组织领导】公司计划生育领导小组以公司党委副书记苑成德为组长，财务、组织部、工会、纪委、人力资源部等部门主要领导为成员。年初，在公司计划生育工作会议后，基层各单位都调整了计划生育工作领导机构，明确了责任人。全公司共建立计生工作领导小组18个。

2007年、2008年初，公司计生办及时兑现了上一年的责任奖，并与18个基层单位签订了计划生育目标管理责任状，各基层单位也与各工段、班组签订了责任状做到了责任层层落实。

凌源钢铁集团有限责任公司
安全领导小组

组　长：王彦廷（公司纪委书记）
副组长：王忠良（保卫部部长）
成　员：
何东生（党委宣传部部长、工会副主席）
侯柏英（公司办公室主任、组织部部长）
邓桂峰（人力资源部部长）
王春国（保卫部副部长）

办公室设在保卫部，保卫部部长王忠良兼办公室主任。

凌源钢铁集团有限责任公司
社会治安综合治理委员会

主　任：张振勇（公司董事长、总经理）
副主任：王彦廷（公司纪委书记）
成　员：

王忠良（保卫部部长、综治办主任）
何东生（党委宣传部部长、工会副主席）
侯柏英（公司办公室主任、组织部部长）
邓桂峰（人力资源部部长）
何志国（财务部部长）
王春国（保卫部副部长）
各分厂主要负责人。
委员会下设办公室，办公室设在保卫部。
主　任：王忠良（保卫部部长）
副主任：齐向东（保卫部党支部副书记）
联络员：杨居双

凌源钢铁集团有限责任公司保密委员会

主　任：郝志强
副主任：苑成德　王彦廷
成　员：侯柏英　李建军　何东生　张海明
许晓英　马育民　邓桂峰　杨金忠
郭宝志　文　广　王忠良　李东方

集团公司保密委员会日常工作由公司党委办公室负责

2009—2010

党委办公室

【基本情况】党委办公室是中共凌钢集团公司委员会的日常办事机构和综合工作部门。党委办公室的主要职责：协助党委领导对党委的工作进行规划、安排；负责对党委的工作部署、重要决策、指示的贯彻落实情况督查督办；开展调查研究工作，为党委决策服务；负责对上级部门、凌钢集团公司党委各部门和下级单位的衔接、协调工作；负责为党委领导和上级党委收集、筛选各类重要信息、材料；处理党委和党委领导的日常事务工作及保密工作。与公司办公室合署办公。

【办文办公工作】起草党委工作意见、政工会讲话等材料以及领导临时交办的各类文字材料。对来往的各种文件材料按照文件流转程序及时登记、签收等，实行规范化管理。两年来，起草和审核党群部门代公司党委起草的各类文件56份。做好党委会议、党群工作协调会、思想政治工作考评以及其他专题会等各种会议的记录及相关的会议组织工作。

【督察、调研及信访工作】坚持做好督察督办工作，积极主动地协助领导抓督察、抓落实，对集团公司党委做出的重大决策、有关指示、工作要求以及会议精神的贯彻落实情况进行跟踪督办。对领导批办、交办、查办的事项，做到件件有落实，事事有回音，推动了各项决策和部署的顺利实施。

认真贯彻公司党委关于加强与基层单位联系的精神，了解、掌握公司党委工作方针、工作要求在基层的贯彻落实情况，基层党组织在实践中出现的新情况、新问题，为起草公司党委的各种文件、报告提供第一手资料，为党委领导决策提供依据。信访工作紧紧围绕党委中心工作和职工群众关心的热点、难点问题，加强与各单位、各部门的联系，做到上情及时下达，下情及时上报，为基层解决了一些实际问题。并协助做好公司信访工作及人员来访的接待工作。

【协调工作】按照公司党委要求，做好公司党群各部门之间和公司党群部门与基层党群组织之间的综合协调工作，加强和改进部门工作，切实转变工作作风，为公司党建工作创造良好的条件，为公司领导服务、为机关党群组织服务、为基层党组织服务，使党委办公室工作能不断适应集团公司快速发展的需求。

党委组织部

【基本情况】组织部是公司党委的职能部门，其主要职能是管理中层干部、组织管理。2009年，在公司党委的正确领导下，组织部按照年初政治工作会议的安排和组织工作要点，把学习实践科学发展观活动作为全年工作主线。2010年，把创先争优活动作为全年工作主线，努力加强基层领导班子建设、基层组织和党员队伍建设，充分发挥基层党组织的战斗堡垒作用和广大党员先锋模范作用，为公司新的发展提供了坚强的组织保证。

2010年末，组织部在职职工3人，部长1人（由公司办、党办主任兼任），副部级专职组织员1人、组织员1人，其中：本科1人，专科2人；具有高级技术职称1人、中级技术职称1人、初级技术职称1人。

【党组织构成】凌钢集团公司党委共有基层组织23个，下设3个党委，10个党总支部，10个党支部。2009年，共有党员2156人。其中，在职职工党员1316人，离退休党员767人，其他人员党员73人；女党员339人，少数民族党员167人，35周岁以下党员289人。2010年，共有党员2480人。其中，在职职工党员1560人，离退休党员844人，其他党员76人；女党员344人，少数民族党员168人，35周岁以下党员259人。

【发展党员】贯彻落实“坚持标准、保证质量、改善结构、慎重发展”发展党员工作的十六字方针，严格按照《凌钢党建工作制度》发展党员工作细则办事，注重从生产一线、青工、知识分子中发展党员，努力把生产工作骨干发展成党员，把党员培养成生产工作骨干，严把入口关，确保质量。坚持成熟一个，发展一个，不搞突击发展，不降格以求。2009年，培训入党积极分子53人，发展党员40人，转正59人；2010年，培训入党积极分子66人，发展党员47人，转正55人。

【党员数据库】2009年、2010年两年，对党员数据库进行彻底清查，不断完善党员数据库信息管理。根据各单位党员交纳党费数据统计报表，对各基层党委、总支、支部的党员情况进行彻底清查，重点摸清各单位党员人数。共整理党员数据库数据2156人，其中在职党员1316人、离退休党员767人、其他党员73人、朝焦党员66人。通过统计整理党员数据库信息，做到支部不漏人，个人不漏项，项目不出错。在完善党员数据库的同时，建立了入党积极分子数据库，使党员数据库信息更完善、规范、准确。

【党费收缴管理】2009年，根据中组部关于党费收缴新规定制定凌钢党员党费收缴新标准，新标准对党员交纳党费的基数和比例做了较大调整和完善。对各单位上交党费时间提出要求。根据中组部及市委组织部要求，每年年底在集团公司办公室网上，对本级党组织管党费情况进行公示。

【公司领导】2009年，公司领导班子进一步实现了年轻化、知识化、专业化。新一届的公司领导班子共有11人，平均年龄50.2岁，研究生学历1人，大学学历8人，大专学历2人；具有高级专业技术职称8人。2010年，公司领导班子共有10人，平均年龄50.3岁，研究生学历1人，大学学历8人，大专学历1人；具有高级专业技术职称6人。

【公司领导考核】2009年2月，接待朝阳市国资委考核组一行7人到凌钢推荐考核公司级领导，组织了中层干部大会，有124名中层以上领导参加，推荐公司副经理人选3人，并召集组织了36名中层正职与国资委考核组进行个别考核谈话。会后，向考核组提供了3名人选近年来的工作总结和鉴定材料。还向考核组提供6名中层正职档案。

2009年4月份，配合朝阳市委组织部到凌钢推荐考察公司党委书记人选、民主推荐朝阳副县级后备干部8名。组织召开了中层干部大会、发放选票。组织了8名公司领导和36名中层正职与考核组个别谈话。5月份，对市委组织部反馈的朝阳副县级后备干部人选排序呈报了公司意见，填报了《登记表》，为8名人选分别撰写了1500字的考察材料上报市委组织部。

【中层干部考核】继续做好2009年度中层管理人员年度考评和换届工作。2008年度考评将2007年度考评结果一并使用，两个年度得分排序都在后5%的予以淘汰。3月份年度考评结束，新任命中层副职14人（其中副部级待遇提为副职2人），正职降为副职2人，淘汰2人。副职提为正职5人，岗位交流4人，职务变动6人，新提副部级待遇3人。2010年初，对考评情况进行汇总，将考评结果汇总并形成书面材料提供给公司领导班子。1月份年度考评和换届结束，新任命中层副职7人，副职提为正职3人，岗位交流7人，职务变动4人，新提副部级待遇2人。

【中层干部档案管理】档案管理是组织部的一项基础性的重要工作。中层管理人员近十年没有填写干部履历表，影响了中层干部档案的使用。根据中组部新的规定精神，8月末，经公司党委同意，组织部组织了全体中层干部统一填写一次《干部履历表》，制定印发了《干部履历表填写要求》。

为了保证资料的完整，提高档案使用便捷，

2010 年 5 月份开始，对现任 138 名中层干部档案全部进行整理、立卷、装订，共立 138 卷，编排内容 2208 条。通过整理后档案内容明确、查找方便，体现出档案的真正价值。对职务变动的中层干部档案做到及时接转、及时填写干部任免呈报表、及时归档。对档案馆转来的 280 张中层干部工资表和 147 张劳动合同进行核对。全年共填写干部任免呈报 146 份。并对新提拔到中层管理岗位上的干部档案进行审核，共审核档案 26 册。

【厂志领导任职履历】根据《凌钢志》编写需要，协助厂志办查找公司领导个人履历和中层正职（部分副职单位一把手）任职时间。根据《凌钢志》提供的公司领导 60 名和中层管理人员 326 名，查找了凌钢建厂 1966—2006 年，历任中层正职任职情况。共查阅凌钢中层干部任免情况汇编 8 本、任免文件 75 卷、文书档案 151 卷、组织机构沿革 3 本、人事档案 21 本，历时近一个半月，共完成 70 个单位 603 人任职时间，最终归纳整理后为 27 页、29298 字。

【后备人才】2010 年，结合公司加强对年轻干部培养的有关要求，经公司党委同意，组织部根据各单位科（段）长、厂（部）长助理等人员信息进行采集，建立后备人才信息库，此次建库共计 251 人。为了更好地掌握后备人才信息以及各单位人员变动情况，组织部会不断更新信息库。

【一先两优评选】2009 年是建党 88 周年，省、市委以及朝阳市国资委党组在“七一”前表彰一批优秀共产党员和优秀党务工作者。组织部按要求认真推荐、审查、撰写修改材料，填写登记表。被表彰的有：公司党委被授予“省先进党委”、炼铁厂倪静峰被评为“省优秀共产党员”；氧气厂李树奎被评为朝阳市“优秀党务工作者”、炼钢厂付德禄被评为朝阳市“优秀共产党员”；保国铁矿等 6 个基层党委（总支、支部）、周国峰等 7 名党务工作者、张宏艳等 8 名优秀共产党员受到朝阳市国资委表彰。

2009 年，公司表彰 2008 年度先进基层党组织 9 个，优秀共产党员 29 名，优秀党务工作者 9 名。2010 年，公司表彰 2009 年度先进基层党组织 8 个，优秀共产党员 30 名，优秀党务工作者 8 名。

【科学发展观】开展学习实践活动是 2009 年凌钢党建最重要的工作。组织部首先对全公司各基层单位党员和党小组情况进行调查摸底；其次购买了学习实践活动学习光盘 2 套，刻录 13 套供基层党组织轮流使用；先后起草了 14 个学组文件，用以安排指导基层单位开展活动。向在岗党员及非党积极分子发放中央规定普通党员必读 2 本学习材料，领导干部 3 本学习材料，共计发放 2800 余册。邀请朝阳市委党校张凌波教授到凌钢举办专题讲座 1 次。收交公司领导和中层管理人员调研报告 142 篇；对通过不同方式征求的意见和建议，整理为十个方面 159 条；起草并组织开展了以解决困难职工生活问题为主要内容的“三位一体”党员干部帮扶特困职工活动。参加帮扶活动捐款 1495 人，总计筹集帮扶资金 12.08 万元，与 188 户特困职工结成了帮扶对象，并安排公司领导、处室领导和特困职工所在单位领导共同走访了 98 户，对走访的 98 户困难职工基本信息进行整理统计。组织中层干部大会，对公司学习实践活动情况进行满意度测评，满意比例为 98.3%，不太满意和不满意为零。在活动的整个过程中，组织部先后参加了市委指导检查组第二组的调度会 4 次，并接待市指导检查组及兄弟单位在凌钢召开调度会一次。活动期间，除积极撰写凌钢学习实践活动《简报》外，还将凌钢的经验做法对外宣传，有两篇稿件在朝阳市推进组《活动简报》上刊登，先后向朝阳市学习实践办上报学习实践活动统计报表共 11 个。学习实践科学发展观活动历时 5 个半月，于 9 月 15 日正式结束。

【创先争优】开展创先争优活动是 2010 年凌钢党建最重要的工作，也是组织部工作的重中之重。在活动的整个过程中，组织部先后参加了市委指导检查组第二组的调度会 4 次，并接待市指导检查组及兄弟单位在凌钢召开调度会一次。调度会上汇报凌钢学习实践活动做法，听取指导检查组的安排。活动期间，除积极撰写凌钢学习实践活动《简报》外，还将凌钢的经验做法对外宣传，有 2 篇稿件在朝阳市推进组《活动简报》上刊登，先后向朝阳市学习实践办上报学习实践活动统计报表共 11 个。

党委宣传部

【基本情况】党委宣传部负责全公司思想政治工作、企业文化建设、精神文明建设、统一战线工作、党校工作、普法宣传教育等。

2010年末，宣传部共有职工15人，设部长1人、副部长1人、副部级1人，下设主管2人，一办2人，二办3人，三办5人。其中：本科学历6人、专科学历8人；具有高级技术职称2人、中级技术职称7人、初级技术职称4人。

2009年，党委宣传部以集团公司第二次党代会、第二届二次职代会和政治工作会议精神为指导，深入贯彻落实科学发展观，应对金融危机给企业带来的不利影响，为扭转生产经营的被动局面，全面推进350万吨钢技改工程达产达效，实现生产经营降本增效，特别是在公司全面开展的对标挖潜、降本增效活动中，充分发挥宣传思想工作的导向、激励、服务职能，促进企业扭亏增盈，推动企业又好又快发展，为全面推进集团公司各项工作提供强有力的精神动力和智力支持。

2010年，党委宣传部以集团公司第二届三次职代会和政治工作会议精神为指导，深入贯彻落实科学发展观，围绕公司确立的“深化对标挖潜、优化产品结构、加快资源开发”三大任务，大力开展政治工作“三大活动”，充分发挥宣传思想工作的导向、激励、服务职能，推动企业又好又快发展，为全面推进集团公司各项工作提供强有力的精神动力和智力支持。

【宣传工作】2009年2月17日，组织召开公司政治工作会议。会上确定了“以科学发展观为指导，创新企业思想政治工作，实现凌钢又好又快发展”的主题报告，全力营造“坚定信心、迎接挑战、勇克时艰、共闯难关”的舆论氛围。会后，由宣传部组织撰写了“认清形势、坚定信心、共克时艰”的宣传提纲，就企业面临的严峻经济形势，不利因素和有利条件，主要目标和工作任务，努力方向和把握重点等4个方面，对形势和任务进行了全面系统的分析和探讨，教育引导广大职工正确分析形势，充分估计困难，坚定发展信心，牢牢把握机遇，努力营造“聚精会神搞建设，一心一意谋发展”的生动局面。为全面反映新中国60年走过的光辉历程，抒发爱国情怀，大力唱响“五个好”的时代主旋律，围绕庆祝建国60周年开展系列宣传活动。开设“祖国辉煌60年”学习专栏，精选要文要论，共编发26篇学习资料，在公司内部网站、电子显示屏、广播、电视、报纸等多个宣传阵地，全天候、连续式的刊载，形成良好的宣传氛围。参与中宣部对100位英模人物和100位感动中国人物的评选活动，组织发放选票2200张，圆满完成“双百”活动的评选工作。9月18日，党的十七届四中全会召开后，学习、宣传、贯彻全会精神提上政治工作的日程。公司党委及时下发《关于学习贯彻党的十七届四中全会精神的通知》，由党委宣传部负责同志就全会的概况、历史地位、重大意义为公司党委中心学习组做了认真解读，组织编写《党的十七届四中全会〈决定〉学习宣传提纲》，为全公司干部职工学习贯彻会议精神提供理论指导。

【企业文化建设】根据公司政治工作会议对企业文化建设的指示精神，6月初，由宣传部牵头筹划制作了公司南门电子显示屏。每两周设立一个宣传主题，更新一次文字内容，实现动态、即时、全新的宣传，成为公司企业文化建设和对外宣传的重要窗口。为充分利用公司局域网络宣传平台，对内实现企业信息资源共享，对外充分展示凌钢的良好形象，8月份正式启动“工会宣传网”，网站共设立工会工作、宣传工作、团旗飘扬和“凌钢宣传”四大板块、27个栏目，内容涵盖了工会、宣传部、团委和新闻中心的工作职能和业务范畴，体现了工会宣传部资源的整合，实现了信息共享，成为公司内部资讯交流的又一个平台和重要阵地。

2010年3月9日，召开集团公司政治工作会议。会上，结合公司“深化对标挖潜、优化产品结构、加快资源开发”三大生产经营目标任务，集中体现政治工作“围绕中心、服务大局”的基本定位，确定了“为全面完成全年生产经营任务，推进凌钢科学发展，提供强有力的思想政治保证”的主题报告。5月24日，组织召开政治工作汇报会，对政治工作思路进行了完善和提升。会后，宣传部组织撰写“世界经济见底回升、钢铁需求恢复增长”、“结构调整势在必行、发展方式亟待转变”、“把握三大任务、破解发展难题”、“认清市场新变化、积极应对新挑战”等四个形势任务教育宣传材料，深入、系统、全面地讲解了当前面临的经济形势，市场发展趋势，降本增效压力，交任务、压担子，有效地克服了少数干部和职工存在的盲目乐观情绪，增强了忧患意识和进取意识，增强了危机感、紧迫感和责任感，坚定了迎难而上、完成三大任务的信心和决心。下发《七个怎么看》学习资料，帮助职工正确认识当前社会热点、难点、重点问题。按照公司政治工作会议的安排部署，宣传部就“热爱凌钢、忠诚凌钢、奉献凌钢”，做“六讲职工”的主题教育活动撰写系列文章9篇，结合近年来公司“坚持以人为本、构建和谐凌钢、实现共建共享”的具体生动事例，以平实亲切的语言，深入浅出地阐述了活动的意义和目的，让职工在接受教育中加深自己的体会。在创建学习型党组织活动中，起草了《关于推进学习型党组织建设的实施意见》，购买了《建设学习型政党和学习型党组织专题辅导讲座》、《公司的力量》及《怎样建设学习型党组织》等音像图书学习资料，引导全公司广大干部职工加强学习。在焦化厂组织了党务工作现场交流会，对全公司党建基础工作进行了现场指导。围绕“对标挖潜、降本增效”工作，宣传部成立专题调研组，深入基层单位，开展调研活动，为基层单位提供帮助和支持，并把基层最鲜活的事迹及时反映上来，相继撰写了系列调研类文章，为推动公司对标挖潜活动向纵深推进，选树典型，提供“比、学、赶、超”榜样，营造舆论氛围，发挥了应有的作用。10月份，十七届五中全会上重点提出了未来国家五年的经济和社会发展规划建议。公司党委中心学习组及时学习“十二五”规划建议，详细解读了全会《决定》原文，组织订阅《“十二五”规划建议》学习辅导丛书，下发到基层单位，供全公司干部职工学习。

2010年春节期间，策划制作了反映凌钢2009年生产经营业绩的灯展，以全新形象展示了凌钢企业文化和社会形象。与公司工会联合举办了纪念抗日战争65周年诗词楹联征集活动。

【党校工作】2009年6月2日，由宣传部以公司党校名义牵头，与党委组织部、公司纪委联合组织入党积极分子培训班，对53名重点积极分子进行培训。系统讲解了《党章》，党的基本知识、基本路线、基本理论和党的历史，在思想上、理论上使入党积极分子加深对党的认识，进一步坚定了理想信念，端正了入党动机，为加入党组织创造了条件。

2010年6月3日，由宣传部以公司党校名义牵头，与党委组织部、公司纪委联合组织入党积极分子培训班，对69名重点积极分子进行培训。系统讲解《党章》，党的基本知识、基本路线、基本理论和党的历史，在思想上、理论上使入党积极分子加深对党的认识，并组织结业考试。

【新闻工作】因受国际金融风暴的影响，到2009年3月份，公司已累计8个月连续亏损。面对严峻形势，新闻宣传工作立即将报道重点向“对标挖潜、降本增效、达产达效”活动转移，及时播发会议消息、评论，特别是将总经理的讲话在电视和广播系统中全文播发，撰写系列评论，帮助职工加深对对标挖潜、降本增效的认识和理解。电视、广播开办“对标挖潜、降本增效”栏目，保证每天都有两篇以上的此类新闻播发。从5月份开始，报纸开辟专版“眼睛向内、苦练内功、对标挖潜、降本增效”连续刊发，每个版面有消息、评论、通讯、图片，做到了新闻题材健全，报道层面立体。5月份对标挖潜成绩突出的炼钢厂和中宽带钢厂，采写了两篇长篇通讯，提炼经验性的做法供各单位学习借鉴。《凌钢宣传》开办“达产达效促发展”栏目，集中刊发全年投产的各个技改工程达产达效的相关报道及各单位的创新做法。全年在3个媒体共刊发相关稿件100余篇。其中，对炼钢厂、中宽带钢厂、型材厂进行系列报道。加强对各单位在“构建和谐凌钢、实现共建共享”方面动态、成果、经验的报道，特别是结合深入学习科学发展观活动，新闻报道工作也紧紧围绕这一主题展开，积极参与，撰写了一大批新闻稿件，有力地推动了此项活动的开展。在认真做好内部宣传的同时，也积极向上级新闻单位投稿，在《朝阳日报》、朝阳电视台、《中国冶金报》等媒体刊登凌钢关于科学发展观的新闻稿件，为构建和谐凌钢、实现共建共享提供思想舆论保证。

2010年，新闻宣传工作紧紧围绕政治工作三大活动和生产经营三大任务全面展开新闻报道工作，全面提升报道水平，不断扩大报道层面，努力创新报道方式，跟踪报道三大活动的开展情况，全面记录三大任务推进过程，提高了引导水平，增强了宣传效果，为全面推进集团公司各项工作提供强有力的舆论支持。在对标挖潜方面，根据集团公司对对标挖潜的整体部署，新闻中心制定出了2010年对标挖潜报道规划，从年初开始，在广播设定了“对标挖潜、降本增效”专栏，提出了要确保广播每天至少要有一篇对标挖潜方面的稿件，全年共播发此类稿件350篇。报纸二版开设“解放思想，勇于创新，全面深化对标挖潜工作”通栏标题，做到每期报纸都要有对标挖潜的动态报道，用言论、通讯、图片报道等多种形式对挖潜工作进行全方面报道，全年共出专版60个，编发此类稿件300篇。电视开设“对标挖潜、降本增效”栏目，将发生在最基层的关于对标的鲜活的人和事，用新闻特写、访谈等方式报道出来，营造浓烈的对标挖潜氛围。全年专栏播出80期，播发稿件近百篇。从5月份开始，报纸在每个月初集中刊登上个月各个单位的指标完成情况，起到了鼓励先进、鞭挞落后的作用。对外宣传和网站新闻也是着重对标工作，全年分别在《中国冶金报》、《朝阳日报》、朝阳电视台刊播此类稿件40篇。在优化产品结构方面。3个媒体均开设“开发品种、优化结构”专栏，每周都有相关稿件刊播，同时每个季度推出关于品种钢的系列报道，从市场销售、品种研发、到试生产，报道整个过程，将发生在品种钢研发、生产过程中的新闻事件、主要人物真实的记录下来。全年累计播发品种钢稿件80篇。加快资源开发方面，3个媒体统一开设“加快资源开发　推动科学发展”栏目，及时报道矿山的动态消息。深入到保国铁矿、北票矿业公司进行采访，密切关注资源开发情况，动态报道开发进度和保国的生产、技改情况。在三大活动方面。举办《承凌钢精神　做六讲职工》征文，开设“党群共建、创先争优”、“热爱凌钢、忠诚凌钢、奉献凌钢，做六讲职工”、“创建学习型组织、争做知识型职工”栏目，报纸三版开设通栏标题“扎实开展三大活动，努力完成三大任务”，每月确保3个专版。全年3个媒体刊播此类稿件400多篇，营造了浓厚的活动氛围，有力地推动了活动的深入开展。根据广电行业发展的需要，结合凌钢的具体实际，新闻中心配合凌源广播电视局完成了东西家属区闭路系统整体移交工作，确保了信号的正常传输，剥离了新闻中心线路维护的职能，值机人员进行了分离。

中共凌钢纪律检查委员会

【基本情况】 中共凌钢纪律检查委员会在凌钢党委的领导下主要负责公司党组织和党员的党纪管理，维护党的章程和其他党内法规的贯彻执行。公司纪委与审计监察部合署办公。

两年来，在上级纪委和公司党委的正确领导下，紧紧围绕企业生产经营管理以及改革发展的中心工作，按照公司每年总体工作部署和要求，有针对性地开展党风廉政教育、案件查处、效能监察、信访举报等工作。共受理信访举报58起，查处掺杂使假问题164起，查处案件6起，开展效能监察立项26项，指导基层立项310项，实施管理创新6项，开展专项培训教育4次，建立健全制度16项。通过开展纪检监察工作为公司挽回直接经济损失2168万元，较好地发挥了教育、预防、惩处、监督的作用。

【党风廉政教育】 按照上级纪委、公司党委的要求，结合企业实际，将学习实践科学发展观活动，“主题教育、学习型党组织建设、创先争优”活动与推动企业党风廉政建设相结合，开展了一系列内容丰富、形式多样、特色鲜明的党风廉政宣传教育活动。一是积极组织开展科学发展观学习实践活动，做好基层单位学习实践科学发展观督导工作。撰写了“关于加强子公司管理的建议”、“加强监督制度建设”、“加强打击盗窃联动机制建设”等调研文章，撰写分析检查报告13篇，帮扶困难职工捐款2700元。对各单位学习贯彻落实《实施意见》情况进行专项检查，34个单位都认真组织学习，各二级班子都组织召开了民主生活会，共做出161条廉政承诺，并结合工作实际提出了落实措施。二是围绕“热爱凌钢、忠诚凌钢、奉献凌钢”主题教育活动，强化履职尽责、正确用权教育。围绕学习贯彻《廉政准则》，开展对党员领导干部正确用权、廉洁自律教育。起草下发部署学习文件，印刷《廉政准则》160册，组织中心组、新任职中层管理人员学习《廉政准则》辅导讲座2次，购买辅导讲座光盘6盘，组织党员干部观看讲座26场，组织全公司中层以上领导148人参加《廉政准则》知识答题，并全部撰写心得体会，做出廉政承诺。通过纪委网站发表中层管理人员学习《廉政准则》体会文章15篇。三是开展重要岗位人员培训教育和廉洁文化建设活动。分别对机动部、质量部、供销公司、设备材料部工作人员进行忠诚凌钢、爱岗敬业、廉洁自律教育。632余名重要岗位人员受到教育。按照朝阳市纪委要求，在全公司范围内开展了廉政书法、美术作品征集活动，征集书画作品39幅，经过评选，有31幅在公司廉政书法、美术展览中展出。其中，书法24幅、绘画7幅。纪委审计监察部从

20多年查处的各类案件中选取115个案例进行整理，分别从招标、采购销售、验收仓储、矿粉取样、工程违法违纪、工程量及用料不实、原燃料掺杂使假、监守自盗、超标排放盗窃、检斤作假、违反财经纪律、结算环节等12个方面进行事实归纳，分析隐患，提出防范措施，整理成5万余字的教育案例，编印成《警示教育案例》和《监督管理案例》两本教育学习资料，用身边事、身边人，教育各级管理人员和岗位人员，规范行为，履职尽责，忠诚凌钢，爱岗敬业。

【违纪案件查处】案件查处坚持把查处违法违纪案件作为强化监督、完善管理、服务生产经营的有效措施，发挥了震慑作用和治本功能。查处重大损害企业利益问题6起，共立案3起，有51人受到党纪、政纪处分。其中，受党纪处分1人，受政纪处分50人，移送司法机关2人，为企业挽回经济损失117万元。一是严肃查处损害企业利益案件。分别查处了凌源某白灰厂整车白灰掺石头诈骗案件，扣罚货款10万元；查处了炼钢厂1号脱硫站岗位人员，将已脱至符合脱硫要求的铁水重复脱硫，虚增脱硫罐数，骗取效益工资，造成直接经济损失6.24万元案件，年避免直接经济损失70多万元。二是严肃查处不严格执行规章制度问题。分别查处分厂会计挪用厂长基金问题以及原料结算人员内外勾结，降低矿粉结算水分，损害企业利益案件；钢材库结算会计挪用公款88万元案件。三是发挥办案联动机制作用，坚决打击弄虚作假，诈骗企业资财案件。协调保卫部调查了宏钢公司吕明虚签运单骗取运费186.5万元案件，并移交司法部门，同时针对案件中暴露出的管理问题协调整改。

【效能监察】效能监察工作紧紧围绕企业生产经营实际，以全面提升管理水平，强化监督检查，协调解决管理问题为切入点，针对生产经营薄弱环节，以及可能产生效益流失的关键环节开展监察立项。两年立项26项，完成26项。指导29个基层单位立项310项，提出监察建议8项，完善管理制度7项。查处掺杂使假问题164起，为公司挽回直接经济损失117.8万元。一是建立健全效能监察工作机制，每年组织召开效能监察会议，安排部署公司效能监察工作。依据《效能监察项目考核评比办法》，对基层效能监察工作从立项到实施、检查、考核、整改、反馈等方面进行检查考核。两年推广了8个单位开展效能监察工作的典型经验，表彰了8个效能监察工作先进单位和10个优秀项目。二是开展专项治理监督工作。针对外购废钢验质验收存在争议、掺杂使假问题时有发生、外来人员影响料型判定等问题，成立了审计监察部驻废钢料场效能监察站，组织召开联席会议5次，提出了13项治理措施和建议，加强了现场作业人员的管理，废钢验质验收秩序进一步规范。针对废钢验质、卸车过程中清车底人员、磁盘吊司机价外收费问题，协调相关单位加强管理，处理磁盘吊司机、清车底人员收费问题3起，清除3人，有效遏制了废钢料场工作人员滥收费问题。坚持现场抽检与处理举报问题相结合，查处运输车辆检完毛重后放水作假问题7起。对白灰车辆作假、厂内滞留、返车不规范、厂内灰混入外购灰中影响外购灰化验结果等问题实施源头治理。查处了白灰掺杂使假等问题5起，针对暴露出的问题，提出11项治理措施，降低了烧结矿白灰消耗，同时燃料消耗、返矿下降，入炉矿品位提高，为对标挖潜做出了贡献。重点跟踪了矿粉车辆装车作弊混入低品位矿粉问题，查处了哈尔滨市华茂物资经销有限公司将7车劣质矿粉以次充好骗取货款问题，依据合同扣罚货款38.5万元。三是开展管理创新和外排废弃物的监督管理。两年中开展了外购物资预防型监督管理、门禁监督管理、技改废旧物资等6项管理创新工作。针对外购笤帚、拖布等杂品实物与样品不一致，油品缺斤少两等问题，提出按招标样品进行验收入库、加强抽检，不符合质量要求的一律退货等建议，收到较好的效果；检查门禁车辆87辆，抓获河北安装公司外雇车辆盗窃生铁案件，移交保卫部处理；抓获了宏钢公司外排建筑垃圾车辆盗窃1.8吨废钢案件，针对外排建筑垃圾超标乱排放、监装不到位、检验章随意摆放、预签空白检斤单等管理问题，协调有关单位，提出6项管理措施，明确责任，严格制度执行。

【制度建设】按照中央及省市纪委要求，围绕企业生产经营管理，不断加强监督制度建设，努力使监督制度建设与企业发展步伐同步运行，发挥监督作用。制定了《凌钢集团公司2009—2012年惩治和预防腐败体系工作规划》，从教育、监督、惩处、专项治理等方面对党风廉政建设工作进行全面部署。下发了《关于严禁党员干部借子女升学之机大操大办收钱敛财的通知》、《关于贯彻落实〈国有企业领导人廉洁从业若干规定〉的通知》、《关于认真贯彻省委规定坚决整治干部队伍中收送钱财等问题的通知》、《关于转发〈中共朝阳市纪委、朝阳市监察局关于专项整治干部队伍中收送钱财问题的实施意见〉的通知》等文件，加强对领导干部的教育，增强廉洁自律的自觉性。在公司技校招生工作中，制订了《关于对公司技校招生工作人员的纪律要求》，从报名、考试、录用全过程监督，规范招生工作，防止借招生之机弄虚作假问题的发生，为招生工作顺利进行提供了纪律保证；针对公司转变机关及管理人员工作作风的要求，对机关部室工作作风情况进行了检查，处理了7个单位管理人员工作期间违规使用电脑问题，并起草下发了《加强作风建设规范电脑使用的纪律要求》。

【信访举报】在开展信访举报工作中，进一步发挥信访主渠道作用，拓宽、畅通信访举报渠道。两年中共受理信访举报58起。其中，电话举报48起，信件9件，来人来访1人次。同时认真执行《关于对实名举报有功人员的奖励办法》，及时奖励实名举报人员鼓励职工举报，奖励实名举报有功人员44人次，发放举报奖4.99万元。在厂内增设4个举报箱，认真解决信访举报中反映的问题，保护举报人和被举报人的合法权益。对举报的问题及时登记归类和立案查处，利用凌钢局域网、电话、举报信等手段，举报违规违纪和损害企业利益问题。

工　会

【基本情况】凌钢工会是公司的群团部门，主要职责为组织全公司职工依法通过职工代表大会，参加企业民主管理和民主监督；组织职工开展“三创一赛”活动；组织开展健康的文化体育活动；协助和督促企业做好劳动安全卫生工作，参与劳动安全卫生事故的调查处理。协助企业做好困难职工帮扶救助工作，为职工办实事、做好事、解难事；维护女职工的特殊利益。

【信访维权】2009年，公司工会加强民主管理，落实职工的知情权、参与权、表达权和监督权。在公司党委学习实践科学发展观活动中，公司工会分别组织职工代表、劳动模范座谈征求意见，并将他们的意见和建议归纳整理为六大类60条，工会女工委搞了问卷调查，整理了女职工关心的17个热点问题。这些意见和建议得到公司党委重视，很多内容列入了公司党委的整改方案，一些关系职工切身利益的问题得到了解决。年初，两级职代会审议了经理、厂长年度工作报告；8月，公司职工代表团组长会议审议通过了《凌钢职工手册》，为调整劳动关系实现了企业内部立法；年初1095名职工参加了中层干部民主评议；大多数单位都能积极推动厂务公开工作，规范厂务公开程序，提高厂务公开效果；炼钢、型材工会组织职工民主评议科段长，根据考评重新聘任；中宽带、型材、检修中心、原料、氧气等单位在作业区、班组实行了奖金、考勤、日清日结考核、评先选优“四公开”。工会还逐步建立完善了职工诉求表达机制、矛盾调处机制，一年来，接待各类上访人员290多人次，配合行政处理信访案件30余起。与有关部门配合举行了以“安全伴我行”为主题的安全演讲比赛，并组织优秀选手在公司基层单位巡回演讲；配合“百日安全无事故”活动，公司工会会同有关部门开展了安全短信征集活动；针对职工私家车逐年增多的情况，为维护职工的交通安全，公司工会与驾校联合举办了有170多人参加的小汽车驾技培训和大赛，增强了有车职工的安全意识和法制观念，提高了驾技，受到了职工的欢迎；公司工会参与职工劳动保护用品监督检查12次，查退不合格劳动保护用品价值5.24万元。

2010年，两级职代会民主管理工作进一步加强，突出了监督职能。炼铁、原料、焦化等十个单位年初召开了两次职代会，审议年终奖金分配方案，审议生产经营目标和对标挖潜计划。按照公司《职工民主监督配餐工作实施方案》，公司工会每月就职工对配餐的满意度进行测评卷和询问调查，三次召集基层工会主席征求职工意见，征得意见和建议48条，并及时反映到管理部门，大部分得到改进，尤其是每餐公布配餐成本。为3个餐厅配置了9台液晶电视机，让职工就餐时能够看到凌钢新闻和央视新闻节目。各单位都积极推动厂务公开，规范程序，提高厂务公开效果；炼钢、型材工会组织职工民主评议科段长，根据考评重新聘任；大多数单位实行了班组奖金、考勤、日清日结考核、评先选优“四公开”，落实了职工的知情权和监督权。继续开展“安康杯”竞赛活动，与有关部门配合举行了以“安全伴我行”为主题演讲比赛，组织优秀选手在公司基层单位巡回演讲；配合“百日安全无事故”活动，公司工会会同有关部门开展了安全知识竞赛、消防知识竞赛；参与职工劳动保护用品监督检查10次，查处了两起半皮手套不合格产品，全部退回厂家；监督工作服春秋装、棉上衣、棉大衣及劳动防护用品招标；会同生产技术部、保卫部进行了两次安全生产综合检查监督，查处隐患56起，并限期整改。

【工人技术创新】2009年，对标挖潜活动为工人技术创新提供了广阔的空间和活动载体，两级工会都把组织创新活动作为第一位责任，作为“围绕中心、服务大局”的主要任务，持续强力推进。全年共完成创新项目一千项，型材、炼铁、炼钢、检修中心、动力等单位创新项目的数量、效果都创历史新高。各单位申报公司级的创新成果395项，经过评审并报公司经理办公会批准，本年度获公司级集体奖20项。其中，一等奖2项、二等奖5项、三等奖13项；个人成果奖247项，其中一等奖14项、二等奖46项，三等奖187项。工人创新活动突出4个特点：一是抓得早，抓得实，实行全过程控制，创新活动更加规范有序。二是及时总结经验，以典型的力量推进创新工作。三是以350万吨钢新项目为主要创新目标，创新成果技术含量高，解决了本单位降本增效、达产达效的一些难题。四是青年职工在创新活动中成长起来，成为凌钢工人技术创新的生力军。

2010年，工人技术创新共立项1003项，年底申报公司级工人技术创新成果420项。经过专业评审并报公司经理办公会批准，获公司级个人成果奖247项：其中，一等奖14项、二等奖46项，三等奖187项；集体奖20项：其中，一等奖2项、二等奖5项、三等奖13项。工人创新活动体现3个特点：一是创新活动成果更加显著，有力地促进了对标挖潜、品种钢开发任务的完成。二是创新活动的组织更加得力，项目跟踪、过程推进形成了制度。三是拓宽创新思路和方法，丰富工人技术创新内涵。

【劳动竞赛活动】2009年，各级工会组织坚持围绕中心，找准位置，积极组织开展各种形式的生产劳动竞赛，激发和调动广大职工的积极性、创造性。一是紧扣中心，选准主题，突出了实效。竞赛项目都紧紧围绕“对标挖潜，降本增效”中心选题立项，突出重点工序指标，节能降耗指标，影响成本指标，突出反映单位整体水平的综合指标。炼钢厂围绕全年产钢305万吨、大转炉尽快达产达效等开展了11次大型生产指标竞赛；动力厂开展了降低吨钢净水消耗和新水消耗、降低锅炉供电标准煤耗等四项竞赛。二是组织精心，措施得力。两级工会都对竞赛活动精心策划，精心组织，普遍做到指标先进合理，形式灵活多样，措施严密细致，考核严格认真，分厂、工段、班组都有竞赛项目。今年公司级竞赛项目43项，基层单位各类竞赛52项，参与竞赛活动职工约有4000余人。三是精神奖励和物质奖励相结合，形成竞赛奖励新机制。科学的激励机制是调动职工参赛积极性、推动竞赛活动深入持久开展的有效手段。公司工会组织的43个劳动竞赛项目，全年投入资金44.2万元，竞赛项目完成92%。基层单位中炼钢、炼铁、型材、原料、检修中心等单位，对竞赛舍得投入，奖励力度大，炼钢厂奖励金额达到22万多元，并对130名生产状元和能手给予重奖，对职工产生很大激励，曾创出日产10276吨钢的历史纪录。

2010年，劳动竞赛继续为完成生产关键指标助力加油。公司级43项劳动竞赛项目都是围绕对标挖潜、降本增效，优化产品结构的关键环节，突出了重点工序和节能降耗指标，全年完成率为83.5%，兑现劳动竞赛奖金68.2万元。4月召开了劳动竞赛推进会，总结了一季度竞赛情况，提出了把竞赛活动进一步落实到班组的要求。10月起，又根据公司的工作重点，组织开展了炼钢厂日产万吨钢、炼铁厂日产9000吨铁和型材厂日产1400吨高线劳动竞赛。基层单位结合本单位生产经营实际，临时立项21项，完成21项。炼铁厂先后在烧结、竖炉、高炉系统开展了19次提高产量和技经指标的竞赛；型材厂降低油耗竞赛、棒材小规格三切分班产竞赛；中宽带在班组中开展产量和废钢支数、横班“薄规格轧制”、成品出库与备料劳动竞赛；焦化厂组织配煤、炼焦工段进行以焦炭质量定胜负的竞赛，促进焦炭M_{40}、M_{10}指标稳步上升；检修中心组织夜班班组进行巡检故障隐患排查竞赛，发现、排除故障隐患80多次，其中重大设备隐患10余项；北票钢管公司在7套机组间开展日产量竞赛，促进班产、日产频频创记录，工会及时给予奖励，还三次送贺信给予鼓励。

【“五型班组”创建】2009年，“五型班组”创建活动有了长足的进展。各单位创建方案更加详实，标准更为明确，在“五有”的基础上，多数单位都制定了详细的考核、检查和评比制度，中宽带、炼钢、检修中心、动力每个作业区、站点都制定了创建方案，建立了考核台账、活动记录及考核细则，实行月检查、月评比，为年终总评提供依据；今年创建活动的主题普遍是技术创新，以创新项目带动班组学习和管理，检修中心采用检修工作研讨法，将班组自主学习与创新结合起来，由班长牵头对当天情况复杂、技术含量高的检修项目分析研讨，形成书面的优化检修方案；班组活动内容更加丰富，炼钢、动力制作了班组活动看板，型材厂7月召开了“五型班组”经验交流会，对优秀“五型班组”给予表彰；各单位都在抓好班段长的选配和培训上下工夫，对新调换的班段长普遍进行了培训。交流会上公司工会表彰了90个“五型班组”，12个“工人先锋号”，特别是在会上发言的炼钢120吨转炉干法除尘班受到特别表扬。这个班19名青工，平均年龄27岁，在班长陈雪松的带领下，充满创新激情，体现真诚和谐，完成十多项设备改进措施，成功解决了输灰系统堵灰、煤气回收率低等难题，创造了这套国内先进除尘设备连续5个月零故障的新纪录。

2010年，公司工会在炼铁厂召开了班组建设推进会，总结推广了炼铁厂把公司三大任务、三大活动、工会“三创一赛”落实到班组的做法和经验，提出了新时期加强班组建设的指导思想和具体要求，推动了全公司的班组建设。炼钢厂在72个班组中开展以“优化班组建设，提升班组竞争力”为中心的系列班组建设活动，整顿职工休息室，统一书报管理，提高了职工之家的硬件档次，树立班组建设学习典范，营造出“学赶比超”氛围。检修中心进行近三个月的班组设施大整顿，抓墙体粉刷、桌凳修复、图板更新、制度上墙，52个班组全部实现环境达标，让职工感受了小家的温暖，提升了班组的凝聚力。型材厂将高线新增的18个班组作为创建活动的重点，促进了这些新班组各项管理工作的达标。多数单位都能把《凌钢宣传》作为班组政治学习的重要内容，报刊由专人管理。

【创争活动】2009年，“创争”活动的最大特点是各单位适应工艺装备的大型化、自动化，适应职工队伍结构的新变化，深入开展技术培训、岗位练兵、技术比武活动。一是集中办班，使职工尽快掌握新工艺、新设备，炼钢、炼铁、焦化、原料、型材、氧气等单位都举办了多工种、多种形式的技术培训，培训理论联系实际，注重动手能力。二是培训和学习质量上了新档次，原料厂聘请外方专家和专业翻译现场进行英文知识讲解和培训，在麦尔兹窑岗位青工和相关技术人员中开展了“学英语，会英语，说英语”活动，使他们能够熟练操作主PLC的英文操作画面，快速准确翻译故障报警信息，提高了他们岗位操作和设备维护水平；炼钢、炼铁、焦化注重培养职工的综合能力，让职工不仅掌握本岗位技能，还懂得整个生产流程，熟悉相关岗位的工艺技能；中宽带为促进职工学习，设立了本单位自己的“职工书屋”。三是开展旨在提高操作技能的各种技术比武活动，如炼钢厂开展炼钢工、摇炉工、天车工、拉钢工的技术比武，型材、质量部分别组织了天车工技术比武、化验工技能大赛。

2010年，在创建学习型党组织的引领下，配合做“六讲职工”的主题教育活动，基层工会的“创建学习型组织、争做知识型职工”活动更加活跃。炼钢厂工会投入近万余元购买书籍700多册，组织班工长学《最优秀的班工长》，组织生产工学《洁净钢生产工艺》，自行编辑《炼钢连铸生产操作必读》，在品种钢冶炼的过程中边开发、边学习、边总结经验。炼铁厂把学习培训的内容做成幻灯片，结合生产实际进行讲解。氧气厂组织专业技术人员与生产工、班长之间开展互动式学习，针对工艺设备实际问题，相互提问讲解。中宽带厂分别对加热岗位工、轧钢操纵工、各专业维护人员进行培训，既讲标准的规程、规定，又讲自编的生产工艺和设备维护常识。广大职工不仅在本职工作上讲学习、讲责任，而且提高了思想境界，增强了奉献精神，积极参与公司工会组织的“送温暖、献爱心”扶贫捐助活动，捐款23.2万元，衣物4460件。年内有403人参加无偿献血。炼铁、型材职工分别为遭受意外伤亡和大病职工捐款2.2万元和2.6万元。

【宣教文体】2009年，两级工会举办的职工文化体育活动多于以往任何一年，也更加丰富多彩，既丰富了职工业余文化生活，更振奋了职工精神，增强了广大职工战胜困难的勇气和信心，提高了企业团结向上的凝聚力，展现了新的历史时期新一代凌钢职工的精神风貌。职工文化体育活动有两大高潮：一是“七一”前组织了纪念中国共产党建党88周年的系列活动。举办了为期1个月、参赛歌手达百余名的“钢魂杯”职工歌手比赛，五场周末演出场场爆满；在东区广场举办了有10个代表队参加的“凌钢中老年职工及家属全民健身项目汇演”，丰富了在职职工及退休职工的业余文化生活。二是“十一”前后组织了《祖国颂》大型文艺汇演为主导的系列文体活动。为庆祝建国60周年，公司工会组织了《祖国颂》大型文艺汇演，其思想性、艺术性、影响力都达到了新高度，从组织实施到演出结束，历时1个多月，18个单位演出40多个节目，300多人参与，五场演出，盛况空前，近7000名职工和家属观看了演出，而且给予高度评价，是我们奉献给全公司广大职工的一场爱国主义精神的文化盛宴。

日常的文化体育活动也丰富多彩，各种赛事不断。开展了大众体育比赛、千人登山比赛、职工游泳比赛、乒乓球排名赛、职工拔河赛、“对标挖潜杯”职工三对三篮球赛、“庆七一”机关职工广播体操赛等。一些基层工会也自主开展了很多赛事，如炼铁、中宽带、氧气工会组织的职工登山，炼钢、中宽带、炼铁组织的职工篮球赛等，都使更多职工参与了“全民健身活动”，促进了职工身心健康。在这方面企业和工会也都舍得投入，积极为开展活动创造和改善了条件。今年，公司投资近百万元扩建了东区文化广场，积极参加朝阳市化石节龙舟大赛荣获殊荣。公司工会的一些场馆也发挥了重要作用，仅游泳馆全年接待游泳者就达4万多人次。在思想政治工作和企业文化建设方面，除配合党委积极开展形势任务教育外，公司工会举办了《学习实践科学发展观“对标挖潜、降本增效”征联》活动，印发了《凌钢职工楹联创作集锦》楹联作品集，开展了“青春励志 共闯难关”演讲比赛。国庆60周年期间，举办了《“歌颂祖国、歌颂凌钢”诗词征集》活动，并举办了展览。公司工会“职工书屋”建设成果显著，全年借阅图书杂志3万人次。

2010年，两级工会都围绕振奋职工精神，增强企业凝聚力，开展了丰富多彩的文体活动，丰富了职工业余文化生活，展现了新时期凌钢职工的精神风貌。公司工会举办了“共建共享迎新春”活动，纪念“三八”国际劳动妇女节“百年巾帼、时代心语”征集，“2010年青年歌手大奖赛”、“迎五一”职工登山比赛，童心童趣庆“六一”，纪念“抗战”胜利65周年楹联诗词征集活动。组织参加庆祝朝阳工运60周年演出、朝阳电视歌手大赛，朝阳工运60年征文、图片及书画、摄影作品展；完成了《朝阳楹联史》凌钢篇的编写。图书馆全年接待读者29888人次，借阅图书59776册。两级女职工委员会都组织开展了以“四自”为主题的文化活动。职工体育活动基本做到了月月有比赛。举办了职工台球赛、篮球赛、乒协排名赛、毽球赛、拔河比赛、趣味运动会；参加了朝阳市“浦东房地产杯”乒乓球比赛；通过健全制度、加强宣传，精心维护管理，使新体育场清洁度达到国内较高水平。利用业余时间协助基层单位组织开展各种文体活动40多场。基层单位文体活动突出了群众性、规范性，炼钢厂职工自发成立8个文体活动组织，厂工会因势利导，10月组织了歌手比赛和登山、棋牌、足球、篮球展示性主题比赛，增强了团队精神和凝聚力。

【群众生活】2009年，根据朝阳市总工会参加补充医疗保险的通知要求，采取职工个人自费和工会适当补贴相结合的办法，公司工会拿出24.8万元，多数基层单位工会也适当投入，为全公司8268名职工办理了补充医疗保险；公司工会投入了16万元购置了开水器、电冰箱、饮水机、保温桶、电风扇等设施，购买西瓜，为夏季一线高温岗位职工防暑降温；两级工会都开展了“金秋助学”活动，资助特困职工子女上大学；全年安排了22批264名职工到温泉疗养院进行健康疗养。在春节期间救助生活困难职工515户，发放救助金18.56万元；在学习实践科学发展观活动中，工会积极参与了“党员干部走进千家万户”活动，为“三位一体”扶贫帮困出资10多万元，包括党员干部捐款，共救助特困职工188户。为了解除患重病职工和遭受意外伤害职工的燃眉之急，公司工会日常救助大病职工53户，发放救助金5.8万元。各基层工会在这方面也做了很多工作，受到职工的欢迎，中宽带职工积极响应厂工会发出的“向患肝癌职工宫永新献爱心”的倡议，捐款24000元；炼铁工会发动3号炉工段职工为患白血病职工胡云龙捐款。

2010年，公司工会为职工送温暖、办实事更加注重调查研究，到生产一线岗位实际体验、掌握需求，先后投入23万元购买防暑降温设施，改善职工工作环境；购买工业用洗衣机，解决了中宽带职工阻燃服洗涤困难；高温期为职工购买西瓜；救助和走访困难职工592人次，发放困难救助款36.6万元；补充医疗保险为382名职工理赔37.3万元；安排劳模、高温有毒有害岗位职工健康疗养20批184人；为全公司1692名女职工办理了团体女性安康保险。各基层单位积极开展送温暖、办实事活动，针对夏季生活用水短缺，各单位都加大了防暑降温的投入；炼钢厂为特困职工、重病职工送慰问金3.7万元；结合学习郭明义活动，炼铁厂走访8名特困职工，每人帮扶1000元，日常的救助超过2万元；朝焦公司成立了“志愿者服务队”，叫响“职工有困难找工会”的口号，先后10余次慰问困难职工。工会还完善了职工诉求表达和矛盾调处机制，一年来接待各类上访162人次。

【自身建设】2009年，公司工会下设19个分会，476个工会小组，发展会员8869人。这一年，凌钢工会在公司党委的正确领导下，认真贯彻落实党的十七大精神和中国工会十五大精神，以科学发展观为指导，紧紧围绕集团公司总体工作思路和公司“对标挖潜，降本增效、达产达效”这一中心任务，以“三创一赛”活动为主要载体，激励动员广大职工艰苦奋斗、共克时艰，克服金融危机带来的不利影响，实现了生产经营跨越式发展，并在维护职工权益，构建和谐凌钢，加强精神文明建设和企业文化建设等方面取得了丰硕成果。两级工会开展了模范职工之家、工会工作积极分子评比活动。12月中旬，召开了由集团公司党委书记、公司经理、工会主席；各子公司、分厂、职能部门经理、厂长、部长、书记、工会主席、政治工作干事；职工代表和本年度受表彰的先进集体、先进个人代表参加的年度工会工作总结表彰大会，会上公司工会主席做本年度工会工作总结和下一年度的工会工作部署；表彰了本年度“模范职工之家”10个，“工人先锋号”12个，“五型班组”90个，工会工作积极分子356名；表彰了本年度工人技术创新优秀成果获得者247名，技术创新集体项目20项。

2010年，凌钢工会工作以科学发展观和“党群共建、创先争优”为指导，以“三创一赛”活动为主要载体，促进集团公司生产经营三大任务的完成，并在维护职工权益，构建和谐凌钢等方面取得了丰硕成果。两级工会开展了模范职工之家、工会工作积极分子评比活动。2011年1月中旬，召开了由集团公司党委书记、公司经理、工会主席；各子公司、分厂、职能部门经理、厂长、部长、书记、工会主席、政治工作干事；职工代表和本年度受表彰的先进集体、先进个人代表参加的年度工会工作总结表彰大会，会上公司工会主席做本年度工会工作总结和下一年度的工会工作部署；表彰了本年度模范职工之家8个，“工人先锋号”11个，“五型班组”100个，工会工作积极分子370名；表彰了本年度工人技术创新优秀成果获得者265名，技术创新集体项目25项。

共青团凌钢集团公司委员会

2009年，为增强青年职工的使命感与责任感、展现职工风采，凌钢团委举办“对标引领成长”演讲大赛；参加朝阳市组织团委城市战线会议；评选青年文明号；评选青年岗位能手；公司团委获辽宁省先进团委称号。

2010年2月，于仁江任凌钢团委副书记；公司团委在2009—2010年度“朝阳市红旗团委”、“朝阳市先进团委”、“朝阳市红旗团支部”、“朝阳市优秀团干部标兵”、“朝阳市优秀团干部”和“朝阳市优秀共青团员”表彰中获得多项荣誉；公司团委获辽宁省2009年度红旗团委称号；在五四团青工作会议上表彰2009年十佳青年10名、青年岗位能手100名（其中技术能手25名、管理能手25名、生产能手50名）、优秀团员20名；2010年10月29日，在凌钢宾馆对220名职工技术比武获奖者进行了表彰；7月31日举办“迎新生”晚会。

凌钢人民武装部

【基本情况】凌钢人民武装部是凌钢党委领导下的军事部门，也是当地人民政府负责兵役工作的专门机构，主要职责是负责本企业的民兵和武器装备管理，平时完成上级下达的民兵军事训练任务、国防教育、战备执勤、征兵和优抚工作；战时负责组织实施兵员动员和带领民兵参军参战，支援前线，保卫后方，发生地震时负责组织抗震救灾工作，负责防汛抗洪组织工作等项任务。

武装部设部长1人、副部长1人、下设综合科，共有兼职员工3人，其中专科3人、具有中级技术职称2人。

【工作概况】2010年7月29日，在宾馆举办了迎八一“忠诚凌钢、奉献凌钢，当好钢城卫士”演讲会。公司纪委书记王彦廷、工会生产部部长李辉列席参加会议。此次演讲会每个参赛队员用自己的实际感受，以身边的事说身边的人，都怀着一颗对凌钢感恩的心，抒发自己的情怀，使人感慨，令人振奋，演讲声情并茂，掌声此起彼伏。演讲结束后，公司纪委书记王彦廷对参赛选手的演讲给予了高度评价。

凌钢科学技术协会

【基本情况】凌钢科学技术协会（简称凌钢科协），是公司党委领导下的、由科技工作者组成的群众团体，是党委和行政团结联系科技工作者的组织，开展科技工作的助手。科协的主要任务：组织科技人员献计献策，为企业领导决策服务；开展科技协作攻关，为企业经济发展服务；进行科技培训，为企业智力开发服务；组织学术交流，为企业科技进步服务；进行科学普及，为企业提高职工素质服务；开展“讲理想·比贡献”竞赛活动，为企业两个文明建设服务；协助落实知识分子政策，为科技人员服务。因机构改革，公司科协现与技术中心合署办公，下设29个分会，分会由科协分会主席、秘书长（或办公室主任）主持工作，现有会员756名。

【技术交流】为提高凌钢广大科技工作者的科技素质和水平，促进学术交流和科技信息的传递与转化，鼓励广大科技人员展示在凌钢科学研究和应用技术的最新成就。从1984年开始，公司科协每年开展论文征集及优秀论文评比工作。《凌钢科技》每季度出版一期，把科技工作者在生产、工艺、经营、管理等方面科技成果通过论文的形式展示出来。这些论文，多是生产实践、科学实验的理论探讨和技术经验总结，对凌钢的生产经营、技术改造及科技创新起到了不同程度的促进作用。2009—2010年共征集论文95篇，并评出优秀论文一等奖16篇，优秀论文二等奖25篇，优秀论文三等奖48篇。两年中有12篇论文在朝阳市科学技术协会优秀论文评比中获奖。

【科技活动】从1987年开始，凌钢科协在科技工作者中广泛开展“讲理想·比贡献”竞赛活动。竞赛以紧紧围绕公司生产经营目标，促进企业技术进步和提高经济效益为宗旨。在内容上突出技术创新、产品开发，新工艺、新技术、新材料、新设备的应用以及节能降耗，节约成本，有利于企业提高经济效益的项目。近几年，公司科协“讲理想·比贡献”竞赛活动侧重不与公司级新技术推广应用、技术攻关等项目发生重叠且在生产实践中取得效果较好的项目。既避免重复奖励，又为基层科技工作者提供展示成果的平台。经认定后的项目，根据其效益及效果情况，年末经公司科协竞赛评比委员会评审，分别评出一、二、三等优秀项目并由公司科协颁发荣誉证书及奖金；该荣誉证书可作为职称评聘、考核，评先选优依据之一。公司科协负责将重要项目向省、市级科协推荐。荣获“讲理想·比贡献”竞赛活动一等奖的奖500元/项；二等奖奖300元/项；三等奖奖200元/项。2009年、2010年两年共立项185余项，评选出优秀项目97余项，创效2300余万元。对公司技术创新工作起到了良好的补充作用。

【科普教育】针对公司生产需要，技术中心建设了“技术中心”网站，公司科协在技术中心网站的首页上为科普工作开辟了“钢铁信息”栏目，在这里为公司科技工作者提供了大量的钢铁生产技术、国内外钢铁生产动态等信息，为科普工作提供了一个窗口。

计划生育办公室

【基本情况】公司计划生育办公室在公司党委和公司计划生育工作领导小组领导下开展工作。主要工作内容是：贯彻执行党和国家、省关于计划生育工作的方针、政策、法律，开展有关人口与计划生育方面内容的宣传、教育和基础知识的普及；负责全公司职工人口与计划生育工作的管理，提供计划生育节育避孕药具的供应以及优生优育方面的服务；按时完成计划生育登记；协助有关部门开展与计划生育相关的保障工作。

【宣传教育与服务】公司计生办及各单位利用公司的广播、报纸、电视、宣传板、橱窗、职工之家等形式进行计划生育工作的宣传和教育。各基层单位还利用本单位的宣传板、橱窗张贴人口与计划生育工作的宣传文章。为了及时掌握有关计生工作的政策法规和工作经验，公司计生办和基层单位还订阅了《人口文摘》及《人口与计划生育》等书刊杂志，使职工开阔视野，接受教育。

每半年一次给各责任单位下发计划生育联系信，与男职工配偶所在地计生部门联系，及时掌握情况。基层单位把每个职工的个人情况登记入册，包括家庭、婚姻生育、节育避孕措施等。年初上报一次职工统计明细表、每月报一次人员变动情况表、每季上报职工统计表、半年报一次总结报表。2009—2010 年间，我公司共有育龄职工 8500 余人。每年两次下发联系信共计 14412 人次。对重点人员进行了走访，掌握了解情况。2009—2010 年间，为职工办理第一胎生育申请 73 人、符合第二胎生育申请 9 人，办理独生子女光荣证 160 份。为独生子女父母发放奖励费和退休独生子女父母发放一次性奖励费，为独生子女办理两全保险。组织全公司女职工每年进行生殖健康体检，使得患病女职工得到及时的治疗，促进了女职工的身心健康。走访慰问独生子女困难户。

【组织领导】公司计划生育领导小组以公司党委副书记苑成德为组长，财务、组织部、工会、纪委、人力资源部等部门主要领导为成员。年初，在公司计划生育工作会议后，基层各单位都调整了计划生育工作领导机构，明确了责任人。全公司共建立计生工作领导小组 18 个。

2009 年、2010 年初，公司计生办及时兑现了上一年的责任奖，并与 18 个基层单位签订了计划生育目标管理责任状，各基层单位也与各工段、班组签订了责任状做到了责任层层落实。

凌源钢铁集团有限责任公司 安全领导小组

组　长：王彦廷（公司纪委书记）
副组长：王忠良（保卫部部长）
成　员：
何东生（党委宣传部部长、工会副主席）
侯柏英（公司办公室主任、组织部部长）
邓桂峰（人力资源部部长）
王春国（保卫部副部长）

办公室设在保卫部，保卫部部长、综治办主任王忠良兼办公室主任。

凌源钢铁集团有限责任公司 社会治安综合治理委员会

主　任：张振勇（公司董事长、总经理）
副主任：王彦廷（党委副书记、纪委书记、工会主席）
成　员：
王忠良（保卫部部长、综治办主任）
何东生（党委宣传部部长、工会副主席）
侯柏英（公司办公室主任、组织部部长）
邓桂峰（人力资源部部长）
何志国（股份公司总会计师）
王春国（保卫部副部长）
王中海（计划管理部部长）
刘　威（审计监察部部长）
各分厂主要负责人。

委员会下设办公室，办公室设在保卫部。
主　任：王忠良（保卫部长、综治办主任）
联络员：杨居双

凌源钢铁集团有限责任公司 保密委员会

主　任：郝志强
副主任：王彦廷　卢亚东
成　员：何志国　何东生　文　广　侯柏英
李建军　王中海　马育民　郭宝志
邓桂峰　许晓英　刘　威　王忠良
张海明　杨金忠　林达智　魏国辉

集团公司保密委员会日常工作由公司党委办公室负责。

人事与机构

2007年凌源钢铁集团有限责任公司组织机构图

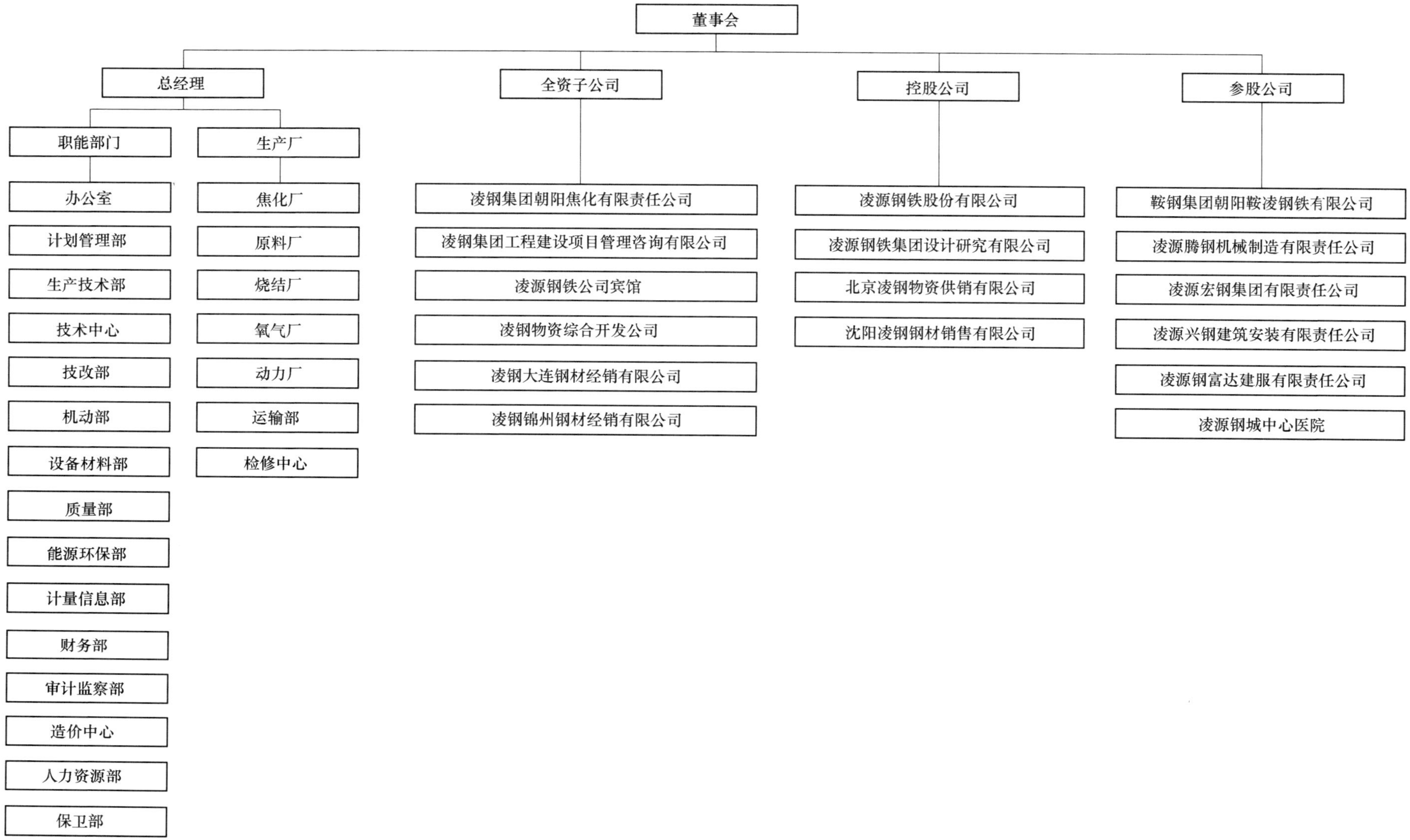

- 董事会
  - 总经理
    - 职能部门
      - 办公室
      - 计划管理部
      - 生产技术部
      - 技术中心
      - 技改部
      - 机动部
      - 设备材料部
      - 质量部
      - 能源环保部
      - 计量信息部
      - 财务部
      - 审计监察部
      - 造价中心
      - 人力资源部
      - 保卫部
    - 生产厂
      - 焦化厂
      - 原料厂
      - 烧结厂
      - 氧气厂
      - 动力厂
      - 运输部
      - 检修中心
  - 全资子公司
    - 凌钢集团朝阳焦化有限责任公司
    - 凌钢集团工程建设项目管理咨询有限公司
    - 凌源钢铁公司宾馆
    - 凌钢物资综合开发公司
    - 凌钢大连钢材经销有限公司
    - 凌钢锦州钢材经销有限公司
  - 控股公司
    - 凌源钢铁股份有限公司
    - 凌源钢铁集团设计研究有限公司
    - 北京凌钢物资供销有限公司
    - 沈阳凌钢钢材销售有限公司
  - 参股公司
    - 鞍钢集团朝阳鞍凌钢铁有限公司
    - 凌源腾钢机械制造有限责任公司
    - 凌源宏钢集团有限责任公司
    - 凌源兴钢建筑安装有限责任公司
    - 凌源钢富达建服有限责任公司
    - 凌源钢城中心医院

2008年凌源钢铁集团有限责任公司组织机构图

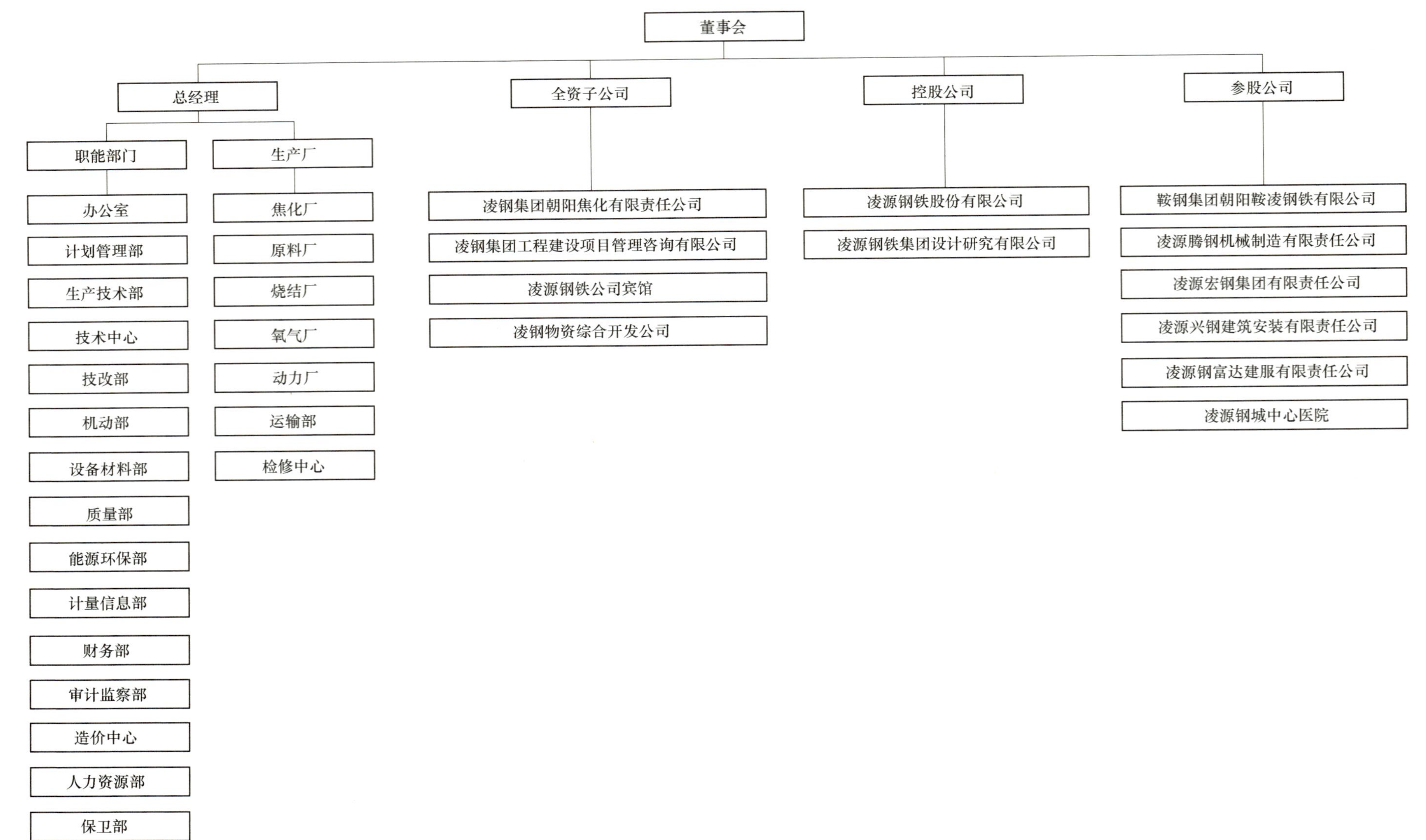

2009年凌源钢铁集团有限责任公司组织机构图

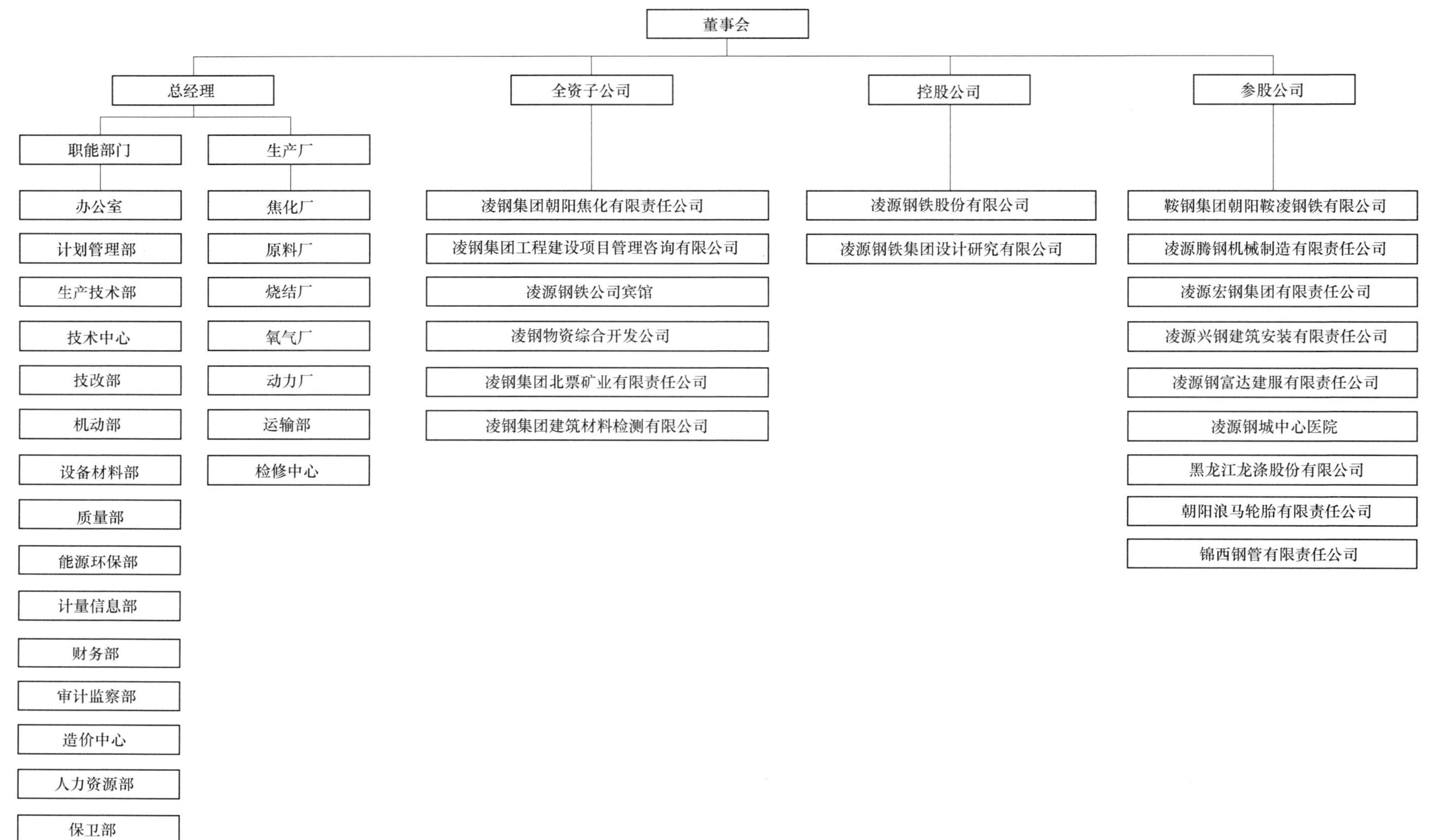

2010年凌源钢铁集团有限责任公司组织机构图

2007 年凌钢集团公司党委机构图

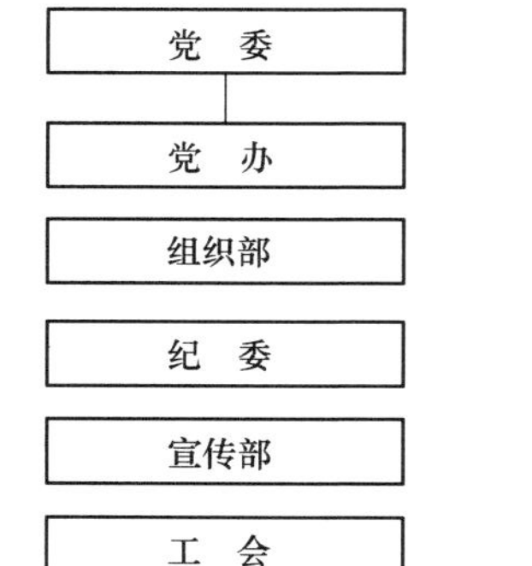

2008 年凌钢集团公司党委机构图

党　委

党　办

组织部

纪　委

宣传部

工　会

2009 年凌钢集团公司党委机构图

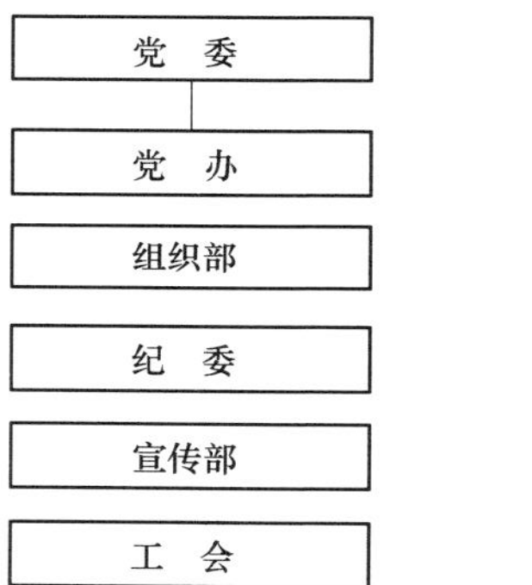

2010 年凌钢集团公司党委机构图

党　委

党　办

组织部

纪　委

宣传部

工　会

2007年凌源钢铁股份有限公司组织机构图

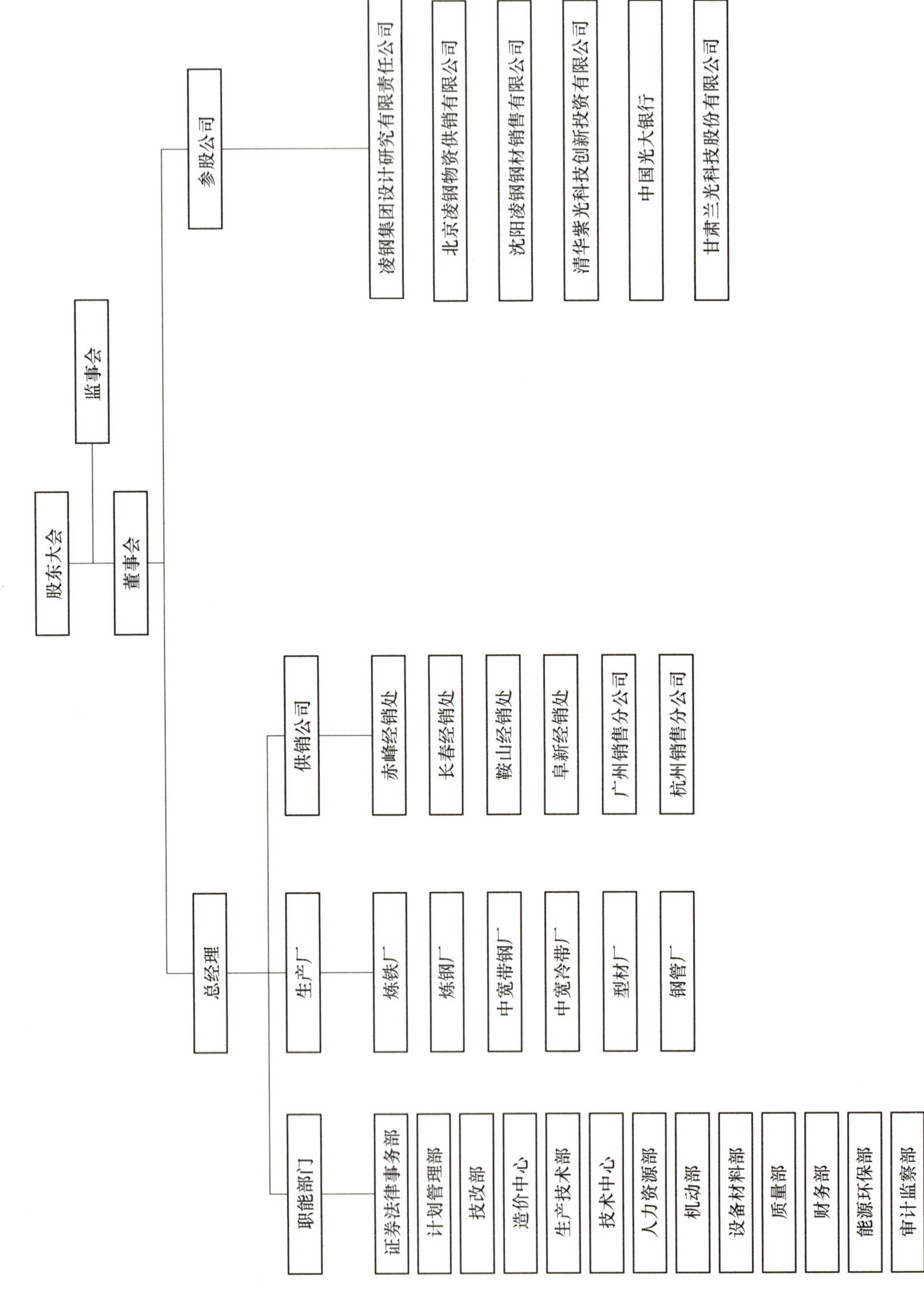

2008 年凌源钢铁股份有限公司组织机构图

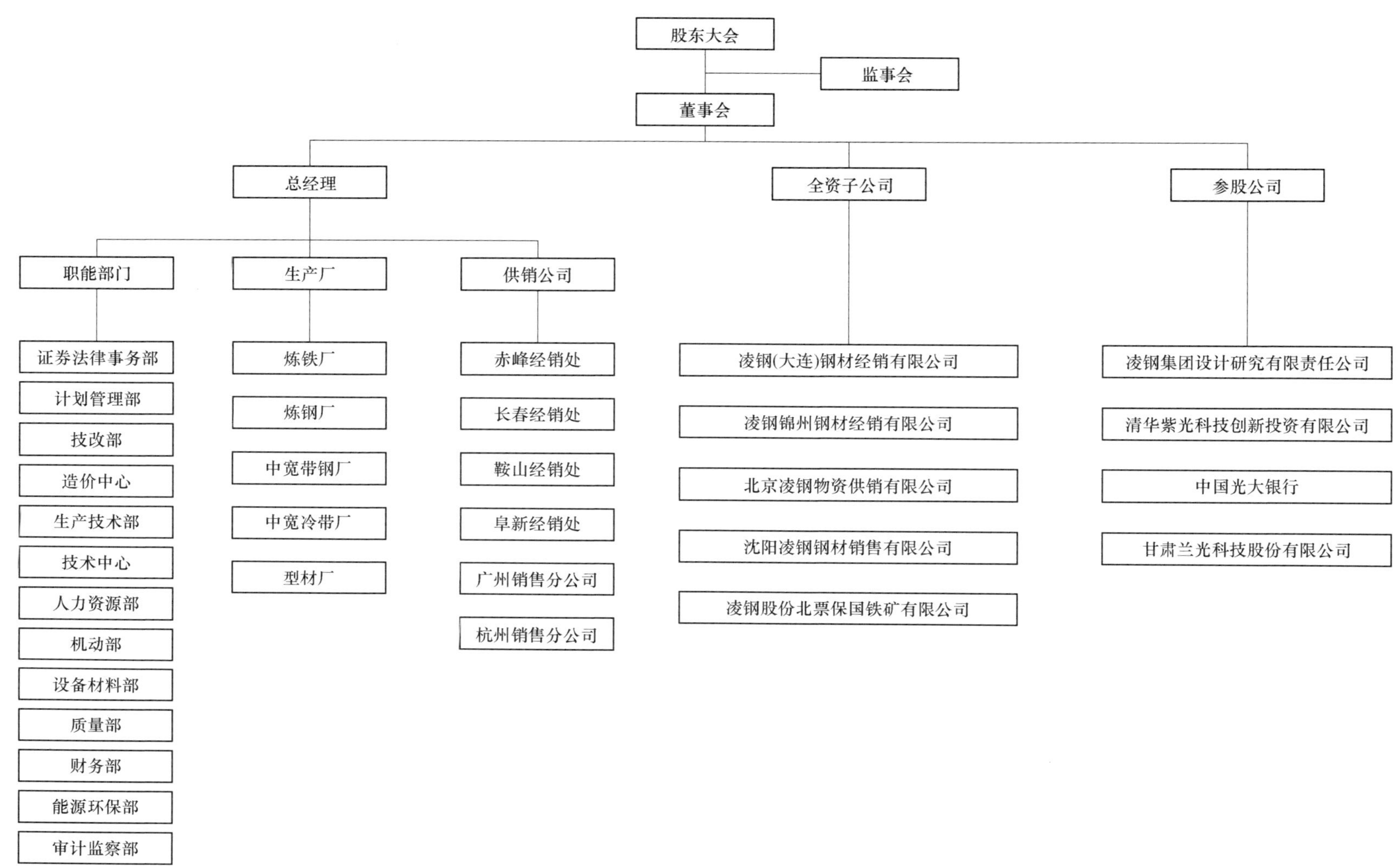

2009年凌源钢铁股份有限公司组织机构图

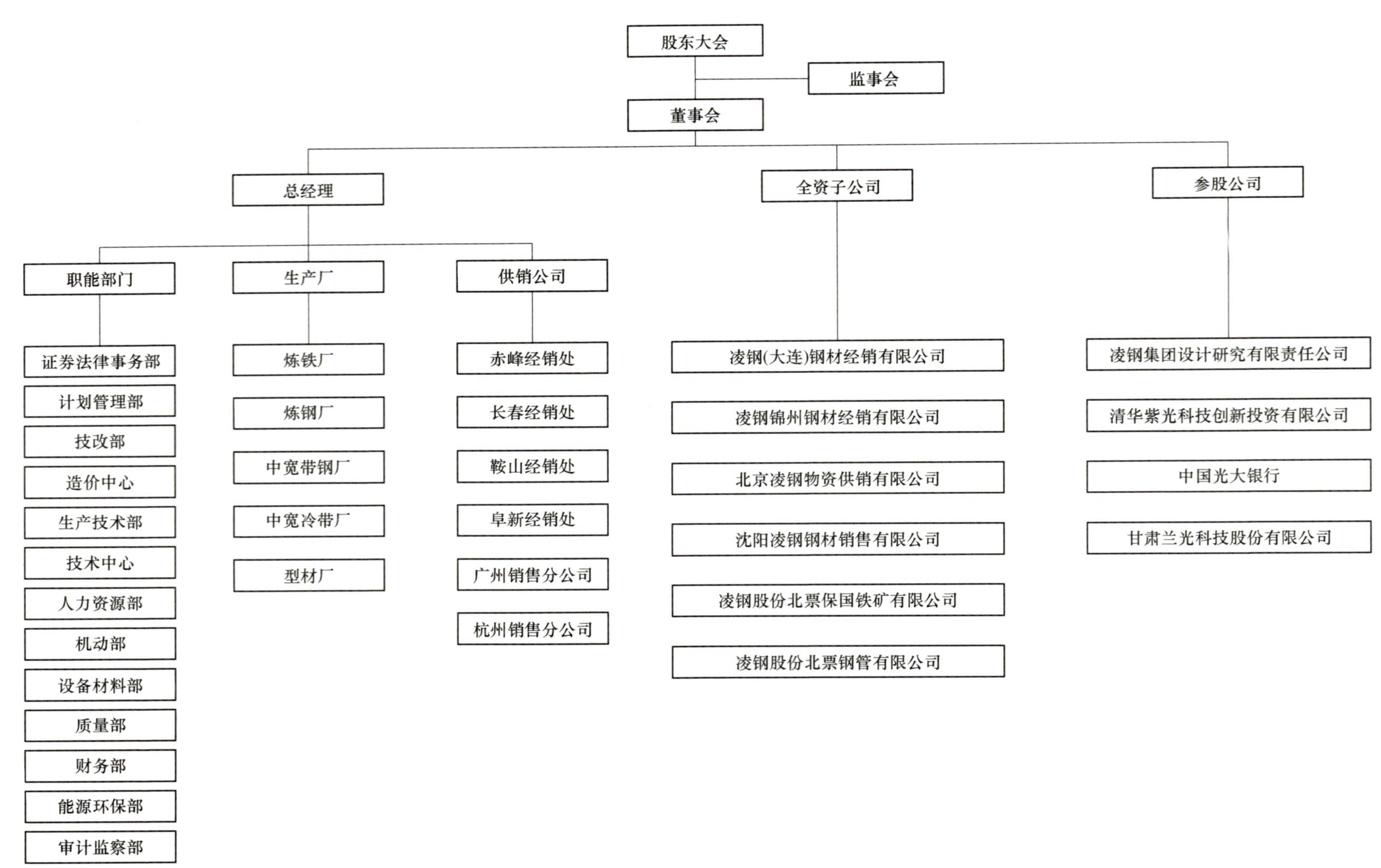

2010年凌源钢铁股份有限公司组织机构图

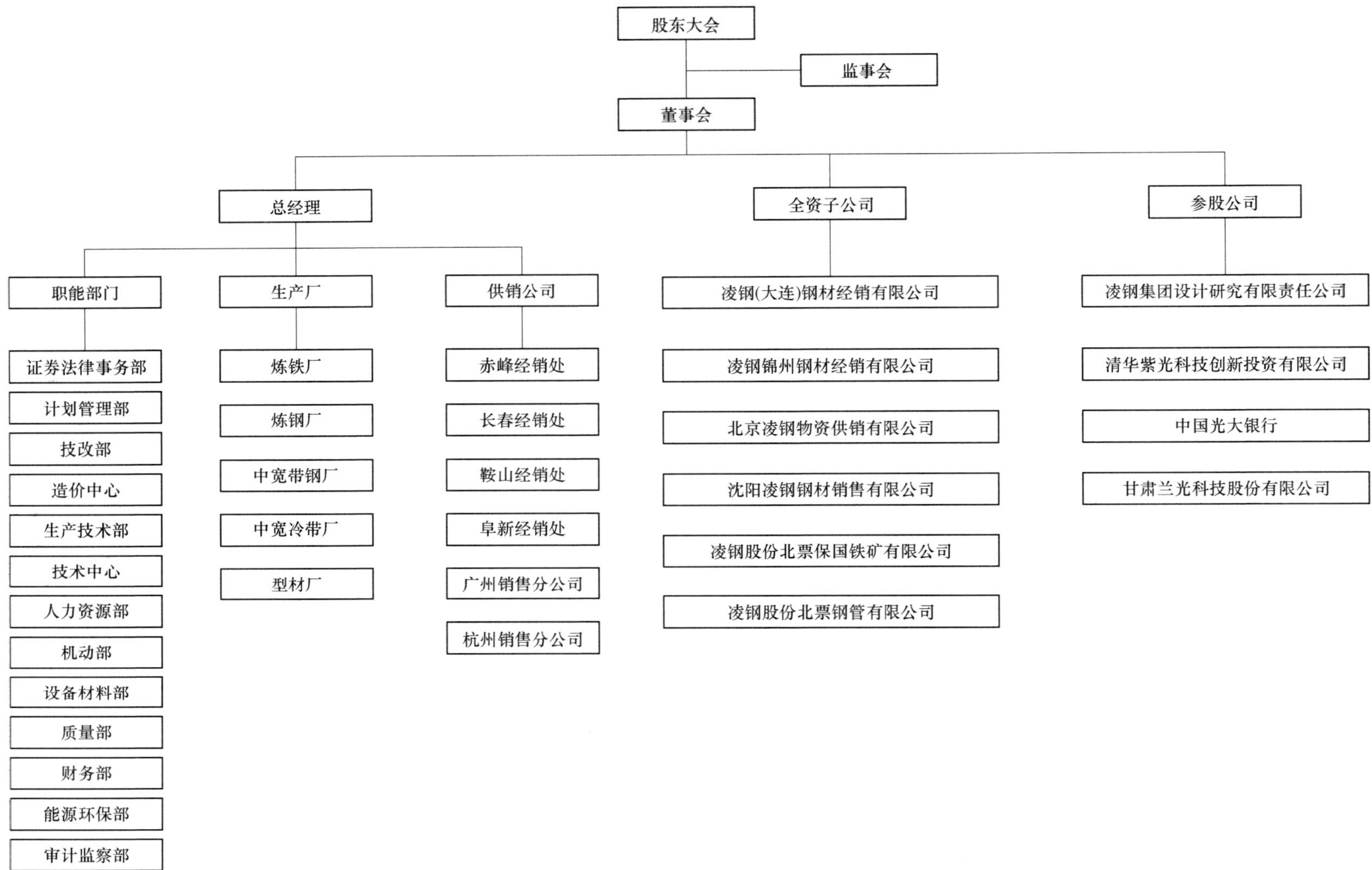

2010 年朝阳龙山资产管理有限公司组织机构图

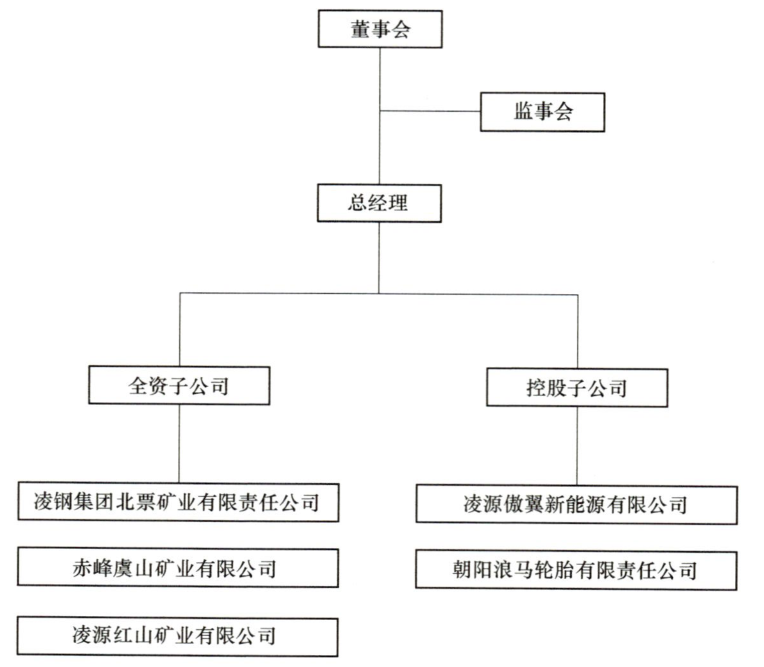

2007 年组织人员名单（以年末为准）

集团公司领导

董事长、总经理、党委书记　张振勇

副董事长、党委副书记、副总经理、纪委书记、工会主席　苑成德

董事、股份公司总经理　郝志强

董事、副总经理　王彦廷

董事、副总经理　卢亚东

董事、总会计师　张玺才

副总经理　孙铁茂

副总经理　段春萌

凌钢集团下属单位行政负责人名单

总工办公室

副总工程师　陈　宇（副总级）

公司办公室

主　任　于福柱（集团副总级）

副主任　王承孝（正部级）

　　　　郭洪祥

副部级待遇　李建军

计划管理部

部　长　沈　洵（兼股份副总）

副部长　王中海　卜大为

生产技术部

部　长　马育民

副部长　孙　飞　丰珠平　陈　柏

副部级待遇　李树山

财务部

部　长　何志国

副部长　田守云　李占东

机动部

部　长　杨金忠

副部长　陈继东　张立新　李继臣

档案馆馆长　魏国辉（副部级）

技改部

部　长　徐世通

副部长　张海明

造价中心

主　任　林达智（副部级）

副部级待遇　李德福

技术中心

常务副主任　郭宝志（正部级）

副主任　张光德　张国锋

设备材料部

部　长　张艳涛

副部长　苏兴凯　甄立刚　郝振宇

人力资源部

部　长　侯柏英

副部长　邓桂峰　于仁江

离退办主任　李德生（正部级）

培训中心

劳务市场主任　胡志文（副部级）

资产运营部

部　长　何东生

副部长　文　广　冯　吉

能源环保部

部　长　陈国振

副部长　李彦然　杨怀东

质量部

部　长　刘金华

副部长　刘　广　秦玉增

计量信息部

部　长　李景华

副部长　徐广仁　王　力

保卫部

部　长　王忠良

副部长　骆中学　王春国

副部级待遇　郑世财

审计监察部

部　长　刘　威

副部长　车彦生

副部级待遇　全　星　李自贤

第一焦化厂

厂　长　冯亚军
副厂长　吴　波　王国凤
动力厂
厂　长　李建华
副厂长　彭洪志　李风筑　王洪泉
原料厂
厂　长　吴占富
副厂长　齐鹤云　王世波
氧气厂
厂　长　李树奎
副厂长　鞠广新　杨明利
运输部
主　任　刘志勇
副主任　李　宾　王占杰
检修中心
主　任　李祖清
副主任　张　宏　段玉忠
凌钢集团北票保国铁矿有限责任公司
经　理　毛凤海
副经理　孙洪文　黄金夫　刘志新
总会计师　宋晓辉
凌钢集团朝阳焦化有限责任公司
经　理　马振东
副经理　姜　东　崔政锐　杨洪海
段春田
凌钢集团工程建设项目管理咨询公司
经　理　张俊武
副经理　仝景文　张玉玺
凌钢集团设计研究有限公司
经　理　李东方
副经理　张连成
凌源钢铁公司宾馆
经　理　付宇光（副部级）

凌钢股份下属单位行政负责人名单

总经理　郝志强
副总经理　沈　洵　苏　辉　闫清军
计划管理部
部　长　沈　洵（兼）
副部长　王中海　卜大为
生产技术部
部　长　马育民
副部长　孙　飞　丰珠平　陈　柏
副部级待遇　李树山
财务部
副经理　徐丽锋
机动部
部　长　杨金忠
副部长　陈继东　张立新　李继臣
档案馆馆长　魏国辉（副部级）
技改部
部　长　徐世通
副部长　张海明
造价中心
主　任　林达智（副部级）
副部级待遇　李德福
技术中心
常务副主任　郭宝志（正部级）
副主任　张光德　张国锋
设备材料部
部　长　张艳涛
副部长　苏兴凯　甄立刚　郝振宇
人力资源部
部　长　侯柏英
副部长　邓桂峰　于仁江
证券法律事务部
部　长　何东生（股份副总级）
副部长　文　广　冯　吉
公司法律顾问　何东玉
能源环保部
部　长　陈国振
副部长　李彦然　杨怀东
质量部
部　长　刘金华
副部长　刘　广　秦玉增
保卫部
部　长　王忠良
副部长　骆中学　王春国
副部级待遇　郑世财
审计监察部
部　长　刘　威
副部长　车彦生
副部级待遇　金　星　李自贤
炼铁厂

厂　长　杨宗成
副厂长　全守军　赵友宽　王冰岩　张国栋
转炉炼钢厂
厂　长　闫清军（兼）
副厂长　王建富　李宏新　吴旭峰
中宽带钢厂
厂　长　卢焕民
副厂长　张立民　侯　宏
中宽冷带厂
厂　长　席英信
副厂长　刘　伟　郝彦军
型材厂
厂　长　王运琪
副厂长　赵景仁　伍卫东　张海鹏
钢管厂
厂　长　周国峰
副厂长　阎立新　王彦彬
供销公司
经　理　苏　辉（兼）
副经理　许晓英　李润华　黄　伟

凌钢党群系统负责人名单

党委办公室
主　任　于福柱
副主任　王承孝
党委组织部
部　长　于福柱（兼）
副部级组织员　马广山
纪委
副书记　刘　威
工会
副主席　齐向东
生活部部长、生产部部长、信访办主任　李　辉
女工部部长、计生办副主任　高　颖
宣传部
部　长　齐向东
副部长　李占勇
副部级待遇　张凤阳
统战部
部　长　齐向东
副部长　李占勇
机关党委
副书记　齐向东
团委
副书记　高　颖
党校
常务副校长　齐向东
副校长　李占勇
科协
常务副主任　郭宝志
武装部
部　长　王忠良
副部长　骆中学
保卫部
党总支书记　王忠良
质量部
党支部书记、工会主席　刘　广
计量信息部
党支部书记　李景华
党支部副书记、工会主席　徐广仁
炼铁厂
党总支书记　杨宗成
党总支副书记　全守军
工会主席　张国栋
转炉炼钢厂
党总支书记　闫清军
党总支副书记　王建富
工会主席　李宏新
中宽带钢厂
党总支书记　卢焕民
党总支副书记　张立民
工会主席　侯　宏
中宽冷带厂
党总支书记　席英信
党总支副书记　刘　伟
工会主席　郝彦军
第一焦化厂
党总支书记　冯亚军
党总支副书记、工会主席　吴　波
型材厂
党总支书记　王运琪
党总支副书记　赵景仁
工会主席　伍卫东
动力厂
党总支书记　李建华

党总支副书记、工会主席　刘洪斌

原料厂

党支部书记　吴占富

党支部副书记　齐鹤云

工会主席　王世波

氧气厂

党支部书记　李树奎

党支部副书记　鞠广新

工会主席　杨明利

运输部

党支部书记　刘志勇

党支部副书记　李　宾

工会主席　王占杰

检修中心

党总支书记　李祖清

党总支副书记　张　宏

工会主席　段玉忠

保国铁矿公司

党委书记、纪委书记、工会主席　孙洪文

党委副书记　毛凤海

凌钢集团朝阳焦化有限责任公司

党委书记　马振东

党委副书记　姜　东

工会主席　崔政锐

凌钢集团工程建设项目管理咨询公司

党支部书记　张俊武

凌钢集团设计研究有限公司

党支部书记　李东方

供销公司

党支部书记　苏　辉

凌钢控股、参股公司董事、监事名单

凌源钢铁股份有限责任公司

董事长　张振勇

董　事　郝志强　王彦廷　张玺才
何东生（董秘）

独立董事　薛　镭　于延琦　刘晓民

监事会主席　苑成德

监　事　于福柱　刘　威

凌钢集团北票保国铁矿有限责任公司

董事长　张振勇

董　事　毛凤海　何志国　沈　洵

监事会召集人　孙洪文

监　事　徐丽锋　车彦生

凌钢集团朝阳焦化有限责任公司

董事长　张玺才

董　事　沈　洵　马育民　马振东

监事会召集人　刘　威

监　事　何东生　车彦生　侯柏英　王中海
冯　吉　田守云

凌钢集团工程建设项目管理咨询有限公司

董事长　卢亚东

董　事　杨金忠　徐世通　徐丽锋　张俊武

监事会召集人　刘　威

监　事　何东生　车彦生　侯柏英　王中海
冯　吉　田守云

凌钢集团设计研究有限公司

董事长　卢亚东

董　事　杨金忠　徐世通　徐丽锋　李东方

监事会召集人　刘　威

监　事　何东生　车彦生　侯柏英　王中海
冯　吉　田守云

凌源钢铁公司宾馆

董事长　苑成德

董　事　于福柱　徐丽锋　付宇光

监事会召集人　刘　威

监　事　何东生　车彦生　侯柏英　王中海
冯　吉　田守云

参股公司董事、监事名单

凌源宏钢集团有限责任公司

董　事　马育民

监　事　田守云

凌源钢富达建服有限责任公司

董　事　陈国振　杨金忠

股东代表　陈国振

监　事　穆玉华

凌源兴钢建筑安装有限责任公司

董　事　杨金忠

监　事　冯　吉

凌源腾钢机械制造有限责任公司

董　事　杨金忠　张艳涛

监　事　冯　吉

凌源钢城中心医院

董　事　侯柏英

监　事　田守云

锦西钢管有限责任公司

董　事　张玺才　文　广

监　事　车彦生

2008年组织人员名单（以年末为准）

集团公司领导

董事长、总经理、党委书记　张振勇

副董事长、党委副书记、副总经理、纪委书记、工会主席　苑成德

董事、股份公司总经理　郝志强

董事、副总经理　王彦廷

董事、副总经理　卢亚东

董事、总会计师　张玺才

副总经理　孙铁茂

副总经理　段春萌

凌钢集团下属单位行政负责人名单

公司办公室

主　任　侯柏英

副主任　郭洪祥

副部级待遇　李建军

计划管理部

部　长　沈　洵（兼股份副总）

副部长　王中海　卜大为

生产技术部

部　长　马育民

副部长　孙　飞　丰珠平　陈　柏

副部级待遇　李树山

财务部

副部长　田守云　李占东

机动部

部　长　杨金忠

副部长　陈继东　张立新　李继臣

档案馆馆长　魏国辉（副部级）

技改部

部　长　徐世通

副部长　张海明

造价中心

主　任　林达智（副部级）

副部级待遇　李德福

技术中心

常务副主任　郭宝志（正部级）

副主任　张光德　张国锋

设备材料部

部　长　张艳涛

副部长　苏兴凯　甄立刚　郝振宇

人力资源部

副部长　邓桂峰　于仁江

离退办主任　李德生（正部级）

培训中心

劳务市场主任　胡志文（副部级）

资产运营部

部　长　何东生（股份副总级）

副部长　文　广　冯　吉

公司法律顾问　何东玉（副部级）

能源环保部

部　长　陈国振

副部长　李彦然　杨怀东

质量部

部　长　刘金华

副部长　刘　广　秦玉增

计量信息部

部　长　李景华

副部长　徐广仁　王　力

保卫部

部　长　王忠良

副部长　骆中学　王春国

副部级待遇　郑世财

审计监察部

部　长　刘　威

副部长　车彦生

副部级待遇　金　星　李自贤

第一焦化厂

厂　长　冯亚军

副厂长　吴　波　王国凤

动力厂

厂　长　李建华

副厂长　彭洪志　李风筑　王洪泉

原料厂

厂　长　吴占富

副厂长　齐鹤云　王世波

氧气厂

厂　长　李树奎

副厂长　鞠广新　杨明利

运输部

主　任　刘志勇

副主任　李　宾　王占杰

检修中心

主　任　李祖清

副主任　张　宏　段玉忠

凌钢集团朝阳焦化有限责任公司

经　理　马振东

副经理　姜　东　崔政锐　杨洪海　段春田

凌钢集团工程建设项目管理咨询公司

经　理　张俊武

副经理　仝景文　张玉玺

凌钢集团设计研究有限公司

经　理　李东方

副经理　张连成

凌源钢铁公司宾馆

经　理　付宇光（副部级）

凌钢股份下属单位行政负责人名单

总经理　郝志强

副总经理　沈　洵　苏　辉　闫清军

总会计师　何志国

计划管理部

部　长　沈　洵（兼）

副部长　王中海　卜大为

生产技术部

部　长　马育民

副部长　孙　飞　丰珠平　陈　柏

副部级待遇　李树山

财务部

总会计师　何志国

经　理　徐丽锋

机动部

部　长　杨金忠

副部长　陈继东　张立新　李继臣

档案馆馆长　魏国辉（副部级）

技改部

部　长　徐世通

副部长　张海明

造价中心

主　任　林达智（副部级）

副部级待遇　李德福

技术中心

常务副主任　郭宝志（正部级）

副主任　张光德　张国锋

设备材料部

部　长　张艳涛

副部长　苏兴凯　甄立刚　郝振宇

人力资源部

副部长　邓桂峰　于仁江

资产运营部

部　长　何东生（股份副总级）

副部长　文　广　冯　吉

公司法律顾问　何东玉

能源环保部

部　长　陈国振

副部长　李彦然　杨怀东

质量部

部　长　刘金华

副部长　刘　广　秦玉增

保卫部

部　长　王忠良

副部长　骆中学　王春国

副部级待遇　郑世财

审计监察部

部　长　刘　威

副部长　车彦生

副部级待遇　金　星　李自贤

炼铁厂

厂　长　杨宗成

副厂长　全守军　赵友宽　王冰岩　张国栋

转炉炼钢厂
厂　长　闫清军（兼）
副厂长　王建富　李宏新　吴旭峰
中宽带钢厂
厂　长　卢焕民
副厂长　张立民　侯　宏
中宽冷带厂
厂　长　席英信
副厂长　刘　伟　郝彦军
型材厂
厂　长　王运琪
副厂长　赵景仁　伍卫东　张海鹏
钢管厂
厂　长　周国峰
副厂长　阎立新　王彦彬
凌钢股份北票保国铁矿有限公司
经　理　毛凤海
副经理　孙洪文　刘志新
总会计师　宋晓辉
供销公司
经　理　苏　辉（兼）
副经理　许晓英　黄　伟

凌钢党群系统负责人名单

党委办公室
主　任　侯柏英
党委组织部
部　长　侯柏英
副部级组织员　马广山
纪委
副书记　刘　威
工会
副主席　齐向东
生活部部长、生产部部长、信访办主任　李　辉
女工部部长、计生办副主任　高　颖
宣传部
部　长　齐向东
副部长　李占勇
副部级待遇　张凤阳
统战部
部　长　齐向东
副部长　李占勇
机关党委
副书记　齐向东
团委
副书记　高　颖
党校
常务副校长　齐向东
副校长　李占勇
科协
常务副主任　郭宝志
武装部
部　长　王忠良
副部长　骆中学
保卫部
党总支书记　王忠良
质量部
党支部书记、工会主席　刘　广
计量信息部
党支部书记　李景华
党支部副书记、工会主席　徐广仁
炼铁厂
党总支书记　杨宗成
党总支副书记　全守军
工会主席　张国栋
转炉炼钢厂
党总支书记　闫清军
党总支副书记　王建富
工会主席　李宏新
中宽带钢厂
党总支书记　卢焕民
党总支副书记　张立民
工会主席　侯　宏
中宽冷带厂
党总支书记　席英信
党总支副书记　刘　伟
工会主席　郝彦军
第一焦化厂
党总支书记　冯亚军
党总支副书记、工会主席　吴　波
型材厂
党总支书记　王运琪
总支副书记　赵景仁
工会主席　伍卫东
动力厂

党总支书记　李建华
党总支副书记、工会主席　刘洪斌

原料厂

党支部书记　吴占富
党支部副书记　齐鹤云
工会主席　王世波

氧气厂

党支部书记　李树奎
党支部副书记　鞠广新
工会主席　杨明利

运输部

党支部书记　刘志勇
党支部副书记　李　宾
工会主席　王占杰

检修中心

党支部书记　李祖清
党支部副书记　张　宏
工会主席　段玉忠

凌钢股份北票保国铁矿有限公司

党委书记、纪委书记、工会主席　孙洪文
党委副书记　毛凤海

凌钢集团朝阳焦化有限责任公司

党委书记　马振东
党委副书记　姜　东
工会主席　崔政锐

凌钢集团工程建设项目管理咨询公司

党支部书记　张俊武

凌钢集团设计研究有限公司

党支部书记　李东方

供销公司

党支部书记　苏　辉

凌钢控股、参股公司董事、监事名单

凌源钢铁股份有限责任公司

董事长　张振勇
副董事长　郝志强
董　事　王彦廷　卢亚东　张玺才
　　　　何东生（董秘）
独立董事　汪　琦　　张先治　　唐国林
监事会主席　苑成德
监　事　侯柏英　刘　威

凌钢股份北票保国铁矿有限公司

董事长　郝志强
董　事　苏　辉　毛凤海　何志国　沈　洵
监事会召集人　孙洪文
监　事　徐丽锋　车彦生

凌钢集团朝阳焦化有限公司

董事长　张玺才
董　事　沈　洵　马育民　马振东
监事会召集人　刘　威
监　事　何东生　车彦生　侯柏英　王中海
　　　　冯　吉　田守云

凌钢集团工程建设项目管理咨询有限公司

董事长　卢亚东
董　事　杨金忠　徐世通　徐丽锋　张俊武
监事会召集人　刘　威
监　事　何东生　车彦生　侯柏英　王中海
　　　　冯　吉　田守云

凌源钢铁集团设计研究有限公司

董事长　卢亚东
董　事　杨金忠　徐世通　徐丽锋　李东方
监事会召集人　刘　威
监　事　何东生　车彦生　侯柏英　王中海
　　　　冯　吉　田守云

凌源钢铁公司宾馆

董事长　苑成德
董　事　于福柱　徐丽锋　付宇光
监事会召集人　刘　威
监　事　何东生　车彦生　侯柏英　王中海
　　　　冯　吉　田守云

参股公司董事、监事名单

凌源宏钢集团有限责任公司

董　事　马育民
监　事　田守云

凌源钢富达建服有限责任公司

董　事　陈国振　杨金忠
股东代表　陈国振
监　事　李占东

凌源兴钢建筑安装有限责任公司

董　事　杨金忠
监　事　冯　吉

凌源腾钢机械制造有限公司

董　事　杨金忠　张艳涛
监　事　冯　吉
凌源钢城中心医院
董　事　侯柏英
监　事　田守云
锦西钢管有限责任公司
董　事　张玺才　文　广
监　事　车彦生

2009年组织人员名单（以年末为准）

集团公司领导

董监事
董事长　张振勇
副董事长　苑成德
董　事　郝志强　王彦廷　卢亚东
　　　　张玺才
监　事　刘　威
高级管理人员
总经理　张振勇
副总经理　郝志强　苑成德　卢亚东
　　　　　沈　洵　苏　辉　杨宗成
　　　　　孙铁茂　段春萌
总会计师　张玺才
党群系统
党委书记　郝志强
党委副书记　张振勇
党委副书记、工会主席　苑成德
纪委书记　王彦廷

凌钢集团下属单位行政负责人名单

公司办公室
主　任　侯柏英
副主任　李建军　郭洪祥
计划管理部
部　长　沈　洵（兼）
副部长　王中海　卜大为
副部级待遇　黄兴军
生产技术部
部　长　马育民
副部长　孙　飞　陈　柏　游大军
主任工程师　李树山（副部级待遇）
财务部
副部长　田守云　李占东
机动部
部　长　杨金忠
副部长　陈继东　张立新　李继臣
档案馆馆长　魏国辉（副部级）
技改部
部　长　徐世通
副部长　武凤清　姜魁祥
造价中心
主　任　林达智（副部级）
副主任　李德福（副部级待遇）
技术中心
常务副主任　郭宝志（正部级）
副主任　张光德　张国锋
设备材料部
部　长　张艳涛
副部长　苏兴凯　甄立刚　郝振宇
人力资源部
部　长　邓桂峰
副部长　于仁江　吕凯利
离退办主任　李德生（正部级）
培训中心
劳务市场主任　胡志文（副部级）
能源环保部
部　长　陈国振
副部长　李彦然　杨怀东
质量部
部　长　刘金华
副部长　秦玉增　赵友宽
计量信息部
部　长　张海明
副部长　刘　广　徐广仁　王　力

保卫部

部　长　王忠良

副部长　骆中学　王春国

保安大队队长　郑世财（副部级待遇）

审计监察部

部　长　刘　威

副部长　金　星

专职纪检员　李自贤（副部级待遇）

第一焦化厂

厂　长　冯亚军

副厂长　王国凤　吴　波

动力厂

厂　长　李建华

副厂长　彭洪志　李凤筑　王洪泉

原料厂

厂　长　张国栋

副厂长　齐鹤云　王世波

氧气厂

厂　长　李树奎

副厂长　鞠广新　杨明利

运输部

主　任　刘志勇

副主任　李　宾　王占杰

检修中心

主　任　李祖清

副主任　张　宏　段玉忠

凌钢集团朝阳焦化有限责任公司

经　理　马振东

副经理　姜　东　段春田　崔政锐　杨洪海

凌钢集团工程建设项目管理咨询有限公司

经　理　张俊武

副经理　仝景文　张玉玺

凌源钢铁集团设计研究有限公司

经　理　李东方

副经理　张连成

凌源钢铁公司宾馆

经　理　付宇光（副部级）

凌钢集团北票矿业有限责任公司

经　理　吴占富

副经理　肖印凯

总会计师　车彦生

总工程师　崔永坤

凌钢股份下属单位行政负责人名单

总经理　苏　辉

副总经理　闫清军　毛凤海

总会计师　何志国

董事会秘书　文　广

证券法律事务部

经　理　文　广

副经理　何东玉（兼集团公司法律顾问）

证券事务代表　王宝杰（副部级待遇）

计划管理部

部　长　沈　洵

副部长　王中海　卜大为

副部级待遇　黄兴军

生产技术部

部　长　马育民

副部长　孙　飞　陈　柏　游大军

主任工程师　李树山（副部级待遇）

财务部

经　理　徐丽锋

机动部

部　长　杨金忠

副部长　陈继东　张立新　李继臣

档案馆馆长　魏国辉（副部级）

技改部

部　长　徐世通

副部长　武凤清　姜魁祥

造价中心

主　任　林达智（副部级）

副主任　李德福（副部级待遇）

技术中心

常务副主任　郭宝志（正部级）

副主任　张光德　张国锋

设备材料部

部　长　张艳涛

副部长　苏兴凯　甄立刚　郝振宇

人力资源部

部　长　邓桂峰

副部长　于仁江　吕凯利

能源环保部

部　长　陈国振

副部长　李彦然　杨怀东

质量部

部　长　刘金华

副部长　秦玉增　赵友宽

审计监察部

部　长　刘　威

副部长　全　星

专职纪检员　李自贤（副部级待遇）

炼铁厂

厂　长　全守军

副厂长　马晓勇　王冰岩　陈旭东

炼钢厂

厂　长　闫清军（兼）

副厂长　孙宝权　吴旭峰

中宽带钢厂

厂　长　卢焕民

副厂长　张立民　侯　宏　许马岩

中宽冷带厂

厂　长　席英信

副厂长　刘　伟　郝彦军

型材厂

厂　长　王运琪

副厂长　赵景仁　伍卫东　张海鹏

凌钢股份北票保国铁矿有限公司

经　理　毛凤海（兼）

副经理　孙洪文　刘志新　李建国　初国庆

总工程师　赵成江

总会计师　宋晓辉

凌钢股份北票钢管有限公司

经　理　周国峰

副经理　阎立新　赵春山

总会计师　韩树旺

供销公司

经　理　许晓英

副经理　黄　伟　丰珠平　杨志佳

凌钢党群系统负责人名单

党委办公室

主　任　侯柏英

副主任　李建军

党委组织部

部　长　侯柏英

专职组织员　马广山（副部级待遇）

纪委

副书记　刘　威

工会

副主席　何东生

生活部部长、生产部部长、信访办主任　李　辉

女工部部长

计生办副主任　高　颖

宣传部

部　长　何东生

副部长　李占勇

新闻中心主任　张凤阳（副部级待遇）

统战部

部　长　何东生

副部长　李占勇

机关党委

副书记　何东生

团委

副书记　高　颖

党校

常务副校长　何东生

副校长　李占勇

科协

常务副主席　郭宝志

武装部

部　长　王忠良

副部长　骆中学

保卫部

党总支书记　王忠良

副书记、工会主席　齐向东

质量部

党支部书记　刘金华

副书记　秦玉增

工会主席　赵友宽

计量信息部

党支部书记　张海明

党支部副书记　刘　广

工会主席　徐广仁

炼铁厂

党总支书记　全守军

党总支副书记　马晓勇

工会主席　陈旭东

炼钢厂

党总支书记　闫清军
党总支副书记、工会主席　王建富
中宽带钢厂
党总支书记　卢焕民
党总支副书记　张立民
工会主席　侯　宏
中宽冷带厂
党总支书记　席英信
党总支副书记　刘　伟
工会主席　郝彦军
第一焦化厂
党总支书记　冯亚军
党总支副书记　王国凤
工会主席　吴　波
型材厂
党总支书记　王运琪
总支副书记　赵景仁
工会主席　伍卫东
动力厂
党总支书记　李建华
党总支副书记、工会主席　刘洪斌
原料厂
党支部书记　张国栋
党支部副书记　齐鹤云
工会主席　王世波
氧气厂
党支部书记　李树奎
党支部副书记　鞠广新
工会主席　杨明利
运输部
党支部书记　刘志勇
党支部副书记　李　宾
工会主席　王占杰
检修中心
党支部书记　李祖清
党支部副书记　张　宏
工会主席　段玉忠
凌钢集团朝阳焦化有限责任公司
党委书记　马振东
党委副书记　姜　东
工会主席　崔政锐
凌钢股份北票保国铁矿有限公司
党委书记、纪委书记、工会主席　孙洪文
党委副书记　毛凤海
凌钢股份北票钢管有限公司
党支部书记　周国峰
党支部副书记　阎立新
工会主席　赵春山
凌钢集团北票矿业有限责任公司
党支部书记　吴占富
凌钢集团工程建设项目管理咨询有限公司
党支部书记　张俊武
凌钢集团设计研究有限公司
党支部书记　李东方

凌钢控股、参股公司董事、监事名单

凌源钢铁股份有限责任公司
董事长　张振勇
副董事长　郝志强
董　事　王彦廷　卢亚东　张玺才　何东生
独立董事　汪　琦　张先治　唐国林
监事会主席　苑成德
监　事　侯柏英　刘　威
凌钢集团朝阳焦化有限公司
董事长　张玺才
董　事　马育民　卜大为　马振东
监　事　侯柏英　王中海　刘　威　邓桂峰　车彦生　田守云　韩树旺
凌钢集团建筑材料检测有限公司
董事长　杨宗成
董　事　刘金华　秦玉增
监　事　赵友宽
凌钢集团工程建设项目管理咨询有限公司
董事长　卢亚东
董　事　徐丽锋　杨金忠　徐世通　张俊武
监　事　侯柏英　王中海　刘　威　邓桂峰　车彦生　田守云　韩树旺
凌钢物资综合开发公司
法人代表　何东玉
凌源钢铁公司宾馆
董事长　苑成德
董　事　侯柏英　付宇光

监　事　王中海　刘　威　邓桂峰　车彦生
　　　　田守云　韩树旺

凌钢集团北票矿业有限责任公司

董事长　张振勇

董　事　毛凤海　何志国　吴占富　王中海
　　　　孙洪文

监　事　刘　威　徐丽锋　宋晓辉

赤峰虞山矿业有限公司

董事长　张振勇

董　事　毛凤海　何志国　吴占富　王中海
　　　　孙洪文

监　事　刘　威　徐丽锋　宋晓辉

凌源钢铁集团设计研究有限公司

董事长　卢亚东

董　事　徐丽锋　杨金忠　徐世通　李东方

监　事　侯柏英　王中海　刘　威　邓桂峰
　　　　车彦生　田守云　韩树旺

凌钢股份北票保国铁矿有限责任公司

董事长　毛凤海

董　事　何志国　吴占富　王中海　孙洪文

监　事　刘　威　徐丽锋　宋晓辉

凌钢股份北票钢管有限责任公司

董事长　苏　辉

董　事　周国峰　杨金忠

监　事　徐丽锋

参股公司董事、监事名单

凌源宏钢集团有限责任公司

董　事　马育民

监　事　田守云

凌源兴钢建筑安装有限责任公司

董　事　杨金忠

监　事　冯　吉

凌源腾钢机械制造有限责任公司

董　事　杨金忠　张艳涛

监　事　冯　吉

凌源钢富达建服有限责任公司

董　事　杨金忠　陈国振

监　事　李占东

凌源钢城中心医院

董　事　邓桂峰

监　事　田守云

锦西钢管有限责任公司

董　事　张玺才　文　广

监　事　车彦生

鞍钢集团朝阳鞍凌钢铁有限公司

副董事长　张振勇

董　事　郝志强

监　事　张玺才

2010 年组织人员名单（以年末为准）

集团公司领导

董监事

董事长　张振勇

董　事　郝志强　王彦廷　卢亚东　张玺才
　　　　苑成德

监　事　刘　威

高级管理人员

总经理　张振勇

副总经理　郝志强　卢亚东　沈　洵
　　　　　苏　辉　杨宗成　孙铁茂
　　　　　段春萌

总会计师　张玺才

党群系统

党委书记　郝志强

党委副书记　张振勇

党委副书记、纪委书记、工会主席　王彦廷

凌钢集团下属单位行政负责人名单

公司办公室

主　任　侯柏英

副主任　李建军　郭洪祥

计划管理部

部　长　王中海
副部长　卜大为
副部级待遇　黄兴军
生产技术部
部　长　马育民
副部长　孙　飞　陈　柏　游大军　郭宝奇
主任工程师　李树山（副部级待遇）
财务部
副部长　田守云　李占东
机动部
部　长　杨金忠
副部长　王世波　陈继东　李继臣
档案馆馆长　魏国辉（副部级）
技改部
部　长　徐世通
副部长　武凤清　姜魁祥
造价中心
主　任　林达智（副部级）
副主任　李德福（副部级待遇）
技术中心
常务副主任　郭宝志（正部级）
副主任　张光德　张国锋
设备材料部
部　长　张艳涛
副部长　苏兴凯　甄立刚　郝振宇
人力资源部
部　长　邓桂峰
副部长　于仁江　吕凯利
离退办主任　李祖清（正部级）
培训中心
劳务市场主任　胡志文（副部级）
能源环保部
部　长　陈国振
副部长　李彦然　杨怀东
副部级待遇　杜丽君
质量部
部　长　刘金华
副部长　秦玉增　赵友宽
计量信息部
部　长　张海明
副部长　刘　广　徐广仁　王　力
保卫部
部　长　王忠良
副部长　骆中学　王春国
保安大队队长　郑世财（副部级待遇）
审计监察部
部　长　刘　威
副部长　金　星　车彦生
专职纪检员　李自贤（副部级待遇）
第一焦化厂
厂　长　冯亚军
副厂长　王国凤　董新民
动力厂
厂　长　李建华
副厂长　彭洪志　李凤筑　王洪泉
原料厂
厂　长　张国栋
副厂长　齐鹤云　段玉忠
氧气厂
厂　长　杨明利
副厂长　鞠广新
运输部
主　任　刘志勇
副主任　李　宾　王占杰
检修中心
主　任　张立新
副主任　张　宏　赵锁封
凌钢集团朝阳焦化有限责任公司
经　理　姜　东
副经理　段春田　崔政锐　杨洪海
凌钢集团工程建设项目管理咨询有限公司
经　理　张俊武
副经理　仝景文　张玉玺
凌钢集团设计研究有限公司
经　理　李东方
副经理　张连成　侯　宏
主任工程师　陈志芹（副部级待遇）
凌源钢铁公司宾馆
经　理　付宇光（副部级）
凌钢集团北票矿业有限责任公司
经　理　吴占富
副经理　肖印凯
总会计师　张海龙
总工程师　崔永坤
朝阳浪马轮胎有限责任公司
经　理　李庆文（股份副总级）

凌钢股份下属单位行政负责人名单

总经理　苏　辉
副总经理　闫清军　毛凤海
总会计师　何志国
董事会秘书　文　广
证券法律事务部
经　理　文　广
副经理　何东玉(兼集团公司法律顾问,正部级)
证券事务代表　王宝杰（副部级待遇）
计划管理部
部　长　王中海
副部长　卜大为
副部级待遇　黄兴军
生产技术部
部　长　马育民
副部长　孙　飞　陈　柏　游大军
　　　　郭宝奇
主任工程师　李树山（副部级待遇）
财务部
经　理　徐丽锋
机动部
部　长　杨金忠
副部长　王世波　陈继东　李继臣
档案馆馆长　魏国辉（副部级）
技改部
部　长　徐世通
副部长　武凤清　姜魁祥
造价中心
主　任　林达智（副部级）
副部级待遇　李德福
技术中心
常务副主任　郭宝志（正部级）
副主任　张光德　张国锋
设备材料部
部　长　张艳涛
副部长　苏兴凯　甄立刚　郝振宇
人力资源部
部　长　邓桂峰
副部长　于仁江　吕凯利
能源环保部
部　长　陈国振
副部长　李彦然　杨怀东
副部级待遇　杜丽君
质量部
部　长　刘全华
副部长　秦玉增　赵友宽
审计监察部
部　长　刘　威
副部长　金　星
专职纪检员　李自贤（副部级待遇）
炼铁厂
厂　长　全守军
副厂长　马晓勇　王冰岩
转炉炼钢厂
厂　长　闫清军（兼）
副厂长　孙宝权　吴旭峰　李　志
中宽带钢厂
厂　长　卢焕民
副厂长　张立民　金　波　许马岩
中宽冷带厂
厂　长　席英信
副厂长　刘　伟　郝彦军
型材厂
厂　长　王运琪
副厂长　赵景仁　伍卫东　张海鹏
　　　　王文军
凌钢股份北票保国铁矿有限公司
经　理　毛凤海（兼）
副经理　孙洪文　刘志新　李建国
　　　　初国庆
总工程师　赵成江
总会计师　宋晓辉
凌钢股份北票钢管有限公司
经　理　周国峰
副经理　阎立新　赵春山
总会计师　韩树旺
供销公司
经　理　许晓英
副经理　黄　伟　丰珠平　杨志佳

凌钢党群系统负责人名单

党委办公室
主　任　侯柏英

副主任　李建军

党委组织部

部　长　侯柏英

专职组织员　马广山（副部级待遇）

纪委

副书记　刘　威

工会

副主席　何东生

生活部部长、生产部部长、信访办主任、计生办副主任　李　辉

宣传部

部　长　何东生

副部长　李占勇

新闻中心主任　张凤阳（副部级待遇）

统战部

部　长　何东生

副部长　李占勇

机关党委

副书记　何东生

团委

副书记　于仁江

党校

常务副校长　何东生

副校长　李占勇

离退办

党总支书记　李祖清（正部级）

科协

常务副主席　郭宝志

武装部

部　长　王忠良

副部长　骆中学

保卫部

党总支书记　王忠良

副书记、工会主席　齐向东

质量部

党支部书记　刘金华

副书记、工会主席　王建富

计量信息部

党支部书记　张海明

党支部副书记　刘　广

工会主席　徐广仁

炼铁厂

党总支书记　全守军

党总支副书记　马晓勇

转炉炼钢厂

党总支书记　闫清军

党总支副书记　吴旭峰

工会主席　李　志

中宽带钢厂

党总支书记　卢焕民

党总支副书记　张立民

工会主席　金　波

中宽冷带厂

党总支书记　席英信

党总支副书记　刘　伟

工会主席　郝彦军

第一焦化厂

党总支书记　冯亚军

党总支副书记　王国凤

工会主席　董新民

型材厂

党总支书记　王运琪

总支副书记　赵景仁

工会主席　伍卫东

动力厂

党总支书记　李建华

党总支副书记、工会主席　刘洪斌

原料厂

党支部书记　张国栋

党支部副书记　齐鹤云

工会主席　段玉忠

氧气厂

党支部书记　杨明利

党支部副书记、工会主席　吴　波

运输部

党支部书记　刘志勇

党支部副书记　李　宾

工会主席　王占杰

检修中心

党总支书记　张立新

党总支副书记　张　宏

工会主席　赵锁封

凌钢集团朝阳焦化有限责任公司

党委书记　马振东

党委副书记　姜　东

工会主席　崔政锐

凌钢股份北票保国铁矿有限公司

党委书记、纪委书记、工会主席　孙洪文

党委副书记　毛凤海　吴占富

凌钢股份北票钢管有限公司

党支部书记　周国峰

党支部副书记　阎立新

工会主席　赵春山

凌钢集团北票矿业有限责任公司

党支部书记　吴占富

凌钢集团工程建设项目管理咨询有限公司

党支部书记　张俊武

凌钢集团设计研究有限公司

党支部书记　李东方

凌钢控股、参股公司董事、监事名单

凌源钢铁股份有限责任公司

董事长　张振勇

副董事长　郝志强

董　事　卢亚东　张玺才　苏　辉　文　广

独立董事　汪　琦　张先治　唐国林

监事会主席　王彦廷

监　事　侯柏英　刘　威

朝阳龙山资产管理有限公司

董事长　张振勇

董　事　郝志强　王彦廷　卢亚东　毛凤海

监　事　张玺才　刘　威

凌钢集团朝阳焦化有限公司

董事长　张玺才

董　事　马育民　卜大为　马振东

监　事　侯柏英　王中海　刘　威　邓桂峰　车彦生　田守云　韩树旺

凌钢集团建筑材料检测有限公司

董事长　杨宗成

董　事　刘金华　秦玉增

监　事　赵友宽

凌钢集团工程建设项目管理咨询有限公司

董事长　卢亚东

董　事　徐丽锋　杨金忠　徐世通　张俊武

监　事　侯柏英　王中海　刘　威　邓桂峰　车彦生　田守云　韩树旺

凌钢物资综合开发公司

法人代表　何东玉

凌源钢铁集团有限责任公司技工学校

法人代表　郝志强

凌源钢铁公司宾馆

董事长　苑成德

董　事　侯柏英　付宇光

监　事　王中海　刘　威　邓桂峰　车彦生　田守云　韩树旺

凌源钢铁集团设计研究有限公司

董事长　卢亚东

董　事　徐丽锋　杨金忠　徐世通　李东方

监　事　侯柏英　王中海　刘　威　邓桂峰　车彦生　田守云　韩树旺

凌钢股份北票保国铁矿有限责任公司

董事长　毛凤海

董　事　何志国　吴占富　王中海　孙洪文

监　事　刘　威　徐丽锋　宋晓辉

凌钢股份北票钢管有限责任公司

董事长　苏　辉

董　事　周国峰　杨金忠

监　事　徐丽锋

凌钢集团北票矿业有限责任公司

董事长　张振勇

董　事　毛凤海　何志国　吴占富　王中海　孙洪文

监　事　刘　威　徐丽锋　宋晓辉

赤峰虞山矿业有限公司

董事长　张振勇

董　事　毛凤海　何志国　吴占富　王中海　孙洪文

监　事　刘　威　徐丽锋　宋晓辉

凌源红山矿业有限公司

董事长　张振勇

董　事　毛凤海　何志国　吴占富　王中海　孙洪文

监　事　刘　威　徐丽锋　宋晓辉

凌源傲翼新能源有限公司

董事长　张振勇

董　事　郝志强　卢亚东　张玺才　沈　洵

监事会主席　王彦廷

监　事　刘　威

朝阳浪马轮胎有限公司

董事长　张振勇

监　事　张玺才

参股公司董事、监事名单

凌源宏钢集团有限责任公司

董　事　马育民

监　事　田守云

凌源兴钢建筑安装有限责任公司

董　事　杨金忠

监　事　韩树旺

凌源腾钢机械制造有限责任公司

董　事　杨金忠　张艳涛

监　事　徐广喜

凌源钢富达建服有限责任公司

董　事　杨金忠　陈国振

监　事　李占东

凌源钢城中心医院

董　事　邓桂峰

监　事　田守云

鞍钢集团朝阳鞍凌钢铁有限公司

副董事长　张振勇

董　事　郝志强

监　事　张玺才

统计资料

2007 年

专业技术人员统计表

国有经济企业专业技术人才基本情况

填报单位：凌源钢铁集团有限责任公司　　　　（单位：人）

项目		序号	合计	女	少数民族	中共党员	博士	硕士	港澳台及外籍人士	学历					年龄					
										研究生	大学本科	大学专科	中专	高中及以下	35岁及以下	36岁至40岁	41岁至45岁	46岁至50岁	51岁至54岁	55岁及以上
甲		乙	1	2	3	4	5	6	7	8	9	10	11	12	13	14	15	16	17	18
总计		1	1330	410	123	569		10		10	447	696	105	72	460	336	288	133	81	32
其中：1. 在管理岗位工作的		2	1330	410	123	569		10		10	447	696	105	72	460	336	288	133	81	32
2. 具有职业资格的		3	1330	410	123	569		10		10	447	696	105	72	460	336	288	133	81	32
专业技术职务	高级职务	4	139	38	17	98		3		3	103	33			2	33	55	22	18	9
	其中：正高级职务	5																		
	中级职务	6	627	165	55	321		2		2	188	372	55	10	153	198	153	69	36	18
	初级职务	7	415	157	42	122		4		4	110	225	42	34	215	82	59	36	21	2
	未聘任专业技术职务	8	149	50	9	28		1		1	46	66	8	28	90	23	21	6	6	3
专业类别	工程技术人员	9	933	256	68	383		5		5	349	458	68	53	348	255	201	60	43	26
	农业技术人员	10																		
	科学研究人员	11																		
	卫生技术人员	12																		
	教学人员	13																		
	经济人员	14	172	57	15	80		4		4	47	94	9	18	42	40	41	23	23	3
	会计人员	15	115	55	26	28		1		1	29	67	18		46	18	18	29	4	
	统计人员	16	34	21	5	15					10	21	3		11	8	10	4	1	
	翻译人员	17																		
	图书档案、文博人员	18	9	7	3	5					2	4	3		2	3	3	1		
	新闻、出版人员	19	10	3	2	10					2	6	2		4	6				
	律师、公证人员	20																		
	播音人员	21	2	2							1	1			2					
	工艺美术人员	22																		
	体育人员	23																		
	艺术人员	24																		
	政工人员	25	55	9	4	48					7	45	2	1	5	6	15	16	10	3

职工队伍统计表

凌钢集团公司各单位人员总表

表1：生产厂　　　　（单位：人）

序号	单位	定员			现员						
		合计	管理技术人员	生产操作人员	合计	管理技术人员	生产操作人员	顶岗劳务工			
								小计	输出	钢达	其他
1	炼铁厂	1625	71	1554	1435	71	1266	98	0	98	0
2	转炉炼钢厂	1050	67	983	1006	67	822	117	0	114	3
3	型材厂	666	47	619	621	47	545	29	0	29	0
4	钢管厂	487	24	463	202	24	178	0	0	0	0
5	中宽带钢厂	550	38	512	497	38	409	50	0	50	0
6	中宽冷带厂	351	26	325	293	26	267	0	0	0	0
7	焦化厂	338	33	305	329	33	277	19	0	19	0
8	动力厂	828	62	766	764	62	699	3	0	3	0
9	氧气厂	195	15	180	179	15	164	0	0	0	0
10	原料厂	319	33	286	299	33	258	8	1	7	0
11	运输部	351	17	334	291	17	232	42	0	42	0
12	检修中心	772	42	730	772	42	730	0	0	0	0
13	计量信息部	156	35	121	128	35	93	0	0	0	0
14	质量部	336	32	304	276	32	244	0	0	0	0
本表小计		8024	542	7482	7092	542	6184	366	1	362	3

表2：机关部室　　　　（单位：人）

序号	单位	定员			现员						
		合计	管理技术人员	生产操作人员	合计	管理技术人员	生产操作人员	顶岗劳务工			
								小计	临时	钢达	其他
15	资产/证券部	15	15	0	15	15	0	0	0	0	0
16	财务部	52	52	0	52	52	0	0	0	0	0
17	供销公司	247	83	164	224	83	124	17	0	17	0
18	技改部	11	11	0	11	11	0	0	0	0	0
19	造价中心	16	16	0	16	16	0	0	0	0	0
20	计划管理部	16	16	0	16	16	0	0	0	0	0
21	生产技术部	61	33	28	61	33	28	0	0	0	0
22	技术中心	15	15	0	15	15	0	0	0	0	0
23	人力资源部	45	34	11	45	34	11	0	0	0	0

续表

序号	单　位	定　员			现　员						
		合计	管理技术人员	生产操作人员	合计	管理技术人员	生产操作人员	顶岗劳务工			
								小计	临时	钢达	其他
24	机动部	46	45	1	46	45	1	0	0	0	0
25	公司办	35	17	18	35	17	18	0	0	0	0
26	能源环保部	91	19	72	63	19	41	3	0	2	1
27	审计监察部	14	14	0	14	14	0	0	0	0	0
28	设备材料部	100	52	48	100	52	48	0	0	0	0
29	保卫部	125	16	109	125	16	109	0	0	0	0
30	工会/宣传部	42	30	12	42	30	12	0	0	0	0
本表小计		931	468	463	880	468	392	20	0	19	1
总　计		8955	1010	7945	7972	1010	6576	386	1	381	4

凌钢股份公司各单位人员明细表

表3：股份生产厂　　(单位：人)

序号	单　位	定　员			现　员						
		合计	管理技术人员	生产操作人员	合计	管理技术人员	生产操作人员	顶岗劳务工			
								小计	输出	钢达	其他
1	炼铁厂	851	51	800	760	51	661	48		48	
2	转炉炼钢厂	1050	67	983	1006	67	822	117		114	3
3	型材厂（型）	367	24	343	324	24	300	0		0	
4	型材厂（棒）	299	23	276	297	23	245	29		29	
5	钢管厂	487	24	463	202	24	178	0		0	
6	中宽带钢厂	550	38	512	497	38	409	50		50	
7	中宽冷带厂	351	26	325	293	26	267	0		0	
本表小计		3955	253	3702	3379	253	2882	244	0	241	3

表4：股份部室　　(单位：人)

序号	单　位	定　员			现　员						
		合计	管理技术人员	生产操作人员	合计	管理技术人员	生产操作人员	顶岗劳务工			
								小计	输出	钢达	其他
8	资产/证券部	3	3		3	3		0			
9	财务部	35	35		35	35		0			
10	供销公司	247	83	164	224	83	124	17		17	
11	技改部	11	11		11	11		0			
12	造价中心	16	16	0	16	16	0	0			
13	计划管理部	16	16		16	16		0			
14	生产技术部	61	33	28	61	33	28	0			
15	技术中心	15	15		15	15		0			
16	人力资源部	20	19	1	20	19	1	0			

续表

序号	单位	定员			现员						
		合计	管理技术人员	生产操作人员	合计	管理技术人员	生产操作人员	顶岗劳务工			
								小计	输出	钢达	其他
17	机动部	40	39	1	40	39	1	0			
18	能源环保部	91	19	72	63	19	41	3		2	1
19	审计监察部	14	14		14	14		0			
20	设备材料部	44	40	4	44	40	4	0			
21	质量部	89	12	77	91	12	79	0			
本表小计		702	355	347	653	355	278	20	0	19	1
股份合计		4657	608	4049	4032	608	3160	264	0	260	4

凌钢集团公司直属各单位人员明细表

表5：集团直属部室　（单位：人）

序号	单位	定员			现员						
		合计	管理技术人员	生产操作人员	合计	管理技术人员	生产操作人员	顶岗劳务工			
								小计	输出	钢达	其他
22	公司办	35	17	18	35	17	18	0			
23	财务部	17	17	0	17	17		0			
24	人力资源部	25	15	10	25	15	10	0			
25	机动部	6	6	0	6	6	0	0			
26	资产/证券部	12	12	0	12	12		0			
27	设备材料部	56	12	44	56	12	44	0			
28	保卫部	125	16	109	125	16	109	0			
29	工会/宣传部	42	30	12	42	30	12	0			
30	计量信息部	156	35	121	128	35	93	0			
31	质量部	247	20	227	185	20	165	0			
本表小计		721	180	541	318	180	451	0	0	0	0

表6：集团直属分厂　（单位：人）

序号	单位	定员			现员						
		合计	管理技术人员	生产操作人员	合计	管理技术人员	生产操作人员	顶岗劳务工			
								小计	输出	钢达	其他
32	焦化厂	338	33	305	329	33	277	19		19	
33	炼铁厂	774	20	754	675	20	605	50		50	
34	动力（动力）	400	28	372	378	28	347	3		3	
	动力（热电）	242	20	222	226	20	206	0		0	
	动力（燃气）	186	14	172	160	14	146	0		0	

续表

序号	单位	定员			现员						
		合计	管理技术人员	生产操作人员	合计	管理技术人员	生产操作人员	顶岗劳务工			
								小计	输出	钢达	其他
36	氧气厂	195	15	180	179	15	164	0		0	
37	原料厂	319	33	286	299	33	258	8	1	7	
38	运输部	351	17	334	291	17	232	42		42	
39	检修中心	772	42	730	772	42	730	0			
本表小计		3577	222	3355	3309	222	2965	122	1	121	0
直属单位合计		4298	402	3896	3940	402	3416	122	1	121	0
股份直属总计		8955	1010	7945	7972	1010	6576	386	1	381	4

子公司各单位人员明细表

表7：子公司（含经销性）（单位：人）

序号	单位	合计	在岗人员			临时工	离岗人员				
			小计	管理技术	操作人员		小计	伤病人员	待岗人员	内退人员	其他
1	保国铁矿	1295	976	206	770	276	319	13	73	216	17
2	朝焦公司	303	235	27	208	13	68	1	12	54	1
3	凌钢宾馆	35	29	2	27	5	6				6
4	锦州经销	3	3	3			0				
5	物资开发	1	1	1			0				
6	大连经销	5	5	5			0				
7	项目咨询公司	28	28	26	2		0				
8	设计研究公司	29	29	29			0				
9	北京经销	4	4	4			0				
10	沈阳经销	2	2	2			0				
总计		1705	1312	305	1007	294	393	14	85	270	24

离岗人员情况统计表

表8：管理和技术人员（单位：人）

类别	合计	劳务市场								
		小计	挂名人员	工伤人员	长病人员	精神病	出走其他	长假待岗	劳务输出	其他
管理技术人员	21	21		3	7	3	5	3		
生产操作人员	272	272	9	75	84	58	7	38	1	0
合计	293	293	9	78	91	61	12	41	1	0

内退人员情况统计表

表 9：管理和技术人员 （单位：人）

类　别	合计	1998 年	2007 年	2000 年	2001 年	2002 年	2003 年	2004 年	2005 年	2006 年
管理技术人员	199	1	38			3	28	52	35	42
生产操作人员	753		165	1	8	25	95	148	173	138
合　计	952	1	203	1	8	28	123	200	208	180

凌钢集团公司人员情况汇总表

表 10：集团公司人员 （单位：人）

序号	统计范围	全部职工			在岗职工			离岗	内退	顶岗
		合计	其中		合计	其中				
			管理	生产		管理	生产			
1	合　计	10536	1535	9001	8899	1315	7584	415	1222	385
2	股份公司	3768	608	3160	3768	608	3160	0	0	264
2	直属单位	5063	622	4441	3819	402	3417	292	952	121
4	集团小计	8831	1230	7601	7587	1010	6577	292	952	385
5	子公司	1705	305	1400	1312	305	1007	123	270	0

注：1. 本表全部职工统计时不含外单位顶岗人员。
2. 离岗职工指离职休养干部、长病、长假、待岗、挂名等人员。
3. 股份公司的离岗、内退人员统计在集团直属中。
4. 本月劳务市场劳务输出 1 人，计算在在岗生产操作人员当中。
5. 本月子公司临时工 294 人。
6. 转炉厂顶岗不包含转业复员兵 7 人。
7. 本月减少顶岗劳务工 6 人（抓钢机）。
8. 本月增加生产操作人员定员：中宽冷带厂 5 人，质量部 5 人。
9. 本月技术中心、供销公司、能环部、审计部划归股份公司统计。

凌钢股份公司各单位定员、现员对照表

表 11：股份公司生产厂 （单位：人）

序号	单　位	定　员			现　员			超、缺员、挖潜情况			
		合计	管理技术人员	生产操作人员	合计	管理技术人员	生产操作人员	合计	管理	生产	挖潜
1	炼铁厂	851	51	800	760	51	709	91	0	91	27
2	转炉炼钢厂	1050	67	983	1006	67	939	44	0	44	15
3	型材厂（型）	367	24	343	324	24	300	43	0	43	
4	型材厂（棒）	299	23	276	297	23	274	2	0	2	5
5	钢管厂	487	24	463	202	24	178	285	0	285	
6	中宽带钢厂	550	38	512	497	38	459	53	0	53	12
7	中宽冷带厂	351	26	325	293	26	267	58	0	58	
本表小计		3955	253	3702	3379	253	3126	576	0	576	59

表12：股份部室 （单位：人）

序号	单位	定员			现员			超、缺员、挖潜情况			
		合计	管理技术人员	生产操作人员	合计	管理技术人员	生产操作人员	合计	管理	生产	挖潜
8	资产/证券部	3	3	0	3	3	0	0	0	0	
9	财务部	35	35	0	35	35	0	0	0	0	
10	供销公司	247	83	164	224	83	141	23	0	23	
11	技改部	11	11	0	11	11	0	0	0	0	
12	造价中心	16	16	0	16	16	0	0	0	0	
13	计划管理部	16	16	0	16	16	0	0	0	0	
14	生产技术部	61	33	28	61	33	28	0	0	0	
15	技术中心	15	15	0	15	15	0	0	0	0	
16	人力资源部	20	19	1	20	19	1	0	0	0	
17	机动部	40	39	1	40	39	1	0	0	0	
18	能源环保部	91	19	72	88	19	41	28	0	28	
19	审计监察部	14	14	0	14	14	0	0	0	0	
20	设备材料部	44	40	4	44	40	4	0	0	0	
21	质量部	89	12	77	91	12	79	-2	0	-2	4
本表小计		702	355	347	678	355	295	49	0	21	4
股份合计		4657	608	4049	4057	608	3421	625	0	597	63

凌钢集团公司直属各单位定员、现员对照表

表13：集团直属部室 （单位：人）

序号	单位	定员			现员			超、缺员、挖潜情况			
		合计	管理技术人员	生产操作人员	合计	管理技术人员	生产操作人员	合计	管理	生产	挖潜
22	公司办	35	17	18	35	17	18	0	0	0	
23	财务部	17	17	0	17	17	0	0	0	0	
24	人力资源部	25	15	10	25	15	10	0	0	0	
25	机动部	6	6	0	6	6	0	0			
26	资产/证券部	12	12	0	12	12	0	0	0	0	
27	设备材料部	56	12	44	56	12	44	0	0	0	
28	保卫部	125	16	109	125	16	109	0	0	0	
29	工会/宣传部	42	30	12	42	30	12	0	0	0	
30	计量信息部	156	35	121	128	35	93	28	0	28	1
31	质量部	247	20	227	185	20	165	62	0	62	
本表小计		721	180	541	631	180	451	90	0	90	1

表 14：集团直属分厂　　　　　　（单位：人）

序号	单　位	定　　员			现　　员			超、缺员、挖潜情况			
		合计	管理技术人员	生产操作人员	合计	管理技术人员	生产操作人员	合计	管理	生产	挖潜
32	焦化厂	338	33	305	329	33	296	9	0	9	9
33	炼铁厂	774	20	754	675	20	655	99	0	99	43
34	动力（动力）	400	28	372	378	28	350	22	0	22	9
	动力（热电）	242	20	222	226	20	206	16			5
	动力（燃气）	186	14	172	160	14	146	26			3
35	氧气厂	195	15	180	179	15	164	16	0	16	16
36	原料厂	319	33	286	299	33	266	20	0	20	6
37	运输部	351	17	334	291	17	274	60	0	60	4
38	检修中心	772	42	730	772	42	730	0	0	0	3
本表小计		3577	222	3355	3309	222	3087	122	0	121	98
直属单位合计		4298	402	3896	3940	402	3538	212	0	358	99
股份直属总计		8955	1010	7945	7997	1010	6959	837	0	986	162

注：超、缺员栏目数据正值为缺员，负值为超员；生产现员中含钢达及子公司人员

中国钢铁工业协会年报

2007 年主要指标完成情况（1）

表　　号：钢年基 02－1 表
制表机关：中国钢铁工业协会
批准机关：国家统计局
有效期至：2009 年 11 月

填报单位：凌源钢铁集团有限责任公司

指 标 名 称	计算单位	本年实际	上年实际	增减/%
甲	乙	1	2	3
一、工业产值				
工业总产值（当年价格）	万元	776846.00	644259.00	20.58
其中：新产品产值	万元	320623.00	217652.00	47.31
销售产值（当年价格）	万元	764995.00	659214.00	16.05
其中：出口交货值	万元	42754.00	27965.00	52.88
二、主要产品产量				
铁矿石原矿	万吨	115.66	48.86	126.55
铁矿石成品矿	万吨	67.93	86.16	－21.16
烧结矿	万吨	267.40	265.06	0.88

续表

指 标 名 称	计算单位	本年实际	上年实际	增减/%
甲	乙	1	2	3
球团矿	万吨	109.12	91.23	19.61
生　铁	万吨	205.12	197.36	3.93
粗　钢	万吨	223.73	222.30	0.64
钢　材	万吨	221.64	218.55	1.41
焦　炭	万吨	52.47	52.27	0.38
企业自发电量	万千瓦时	10194.00	10599.00	-3.82
三、销售及库存				
钢材销售量	吨	2194215.00	2232444.00	-1.71
钢材库存量	吨	123590.00	101369.00	21.92
钢坯销售量	吨	16581.00	12328.00	34.50
钢坯库存量	吨			

填表人：刘志国　　　　报出日期：2008 年 1 月 31 日

2007 年主要指标完成情况（2）

填报单位：凌源钢铁集团有限责任公司

指 标 名 称	计算单位	本年实际	上年实际	增减/%
甲	乙	1	2	3
产品销售率（实物）	%	99.00	102.15	-3.15
产品销售率（价值）	%	98.47	102.32	-3.85
四、产品质量及物耗				
生铁一级品率	%	75.36	70.07	5.29
炼铁原料矿石消耗	千克/吨	1691.66	1687.35	0.26
综合焦比	千克/吨	539.28	547.00	-1.41
喷煤比	千克/吨	134.43	134.98	-0.41
粗钢钢铁料消耗	千克/吨	1078.61	1073.54	0.47
生铁消耗	千克/吨	970.26	945.50	2.62
废钢消耗	千克/吨	108.35	128.04	-15.38
转炉炉衬寿命	炉	16064.33	14632.75	9.78
锭坯至材综合成材率	%	97.70	98.03	-0.33
五、能耗				
能源消耗总量（标煤）	万吨	136.39	134.52	1.39
万元产值能耗（标煤）	吨/万元	1.76	2.09	-15.79
万元增加值能耗（标煤）	吨/万元	7.18	7.54	-4.77
吨钢综合能耗（标煤）	千克/吨	609.60	605.12	0.74
吨钢可比能耗（标煤）	千克/吨	606.00	601.00	0.83
吨钢耗新水	立方米/吨	4.10	4.11	-0.24
六、财务				
主营业务收入	万元	765424.00	658428.00	16.25

续表

指 标 名 称	计算单位	本年实际	上年实际	增减/%
甲	乙	1	2	3
主营业务税金及附加	万元	5583.00	4484.00	24.51
利税总额	万元	112242.00	93853.00	19.59
其中：利润总额	万元	61346.00	46072.00	33.15
应交税金	万元	15942.00	9606.00	65.96
管理费用	万元	39064.00	36797.00	6.16
财务费用	万元	1977.00	42.00	4607.14
营业费用	万元	6624.00	7757.00	-14.61
净利润	万元	26250.00	17178.00	52.81

2007 年主要指标完成情况（3）

填报单位：凌源钢铁集团有限责任公司

指 标 名 称	计算单位	本年实际	上年实际	增减/%
甲	乙	1	2	3
资产合计	万元	640116.00	538683.00	18.83
负债合计	万元	212708.00	170623.00	24.67
总资产贡献率	%	16.27	14.64	1.63
成本费用利润率	%	8.76	8.27	0.49
资本保值增值率	%	117.19	95.52	21.67
资产负债率	%	33.23	30.89	2.34
流动比率	%	159.78	181.68	-21.90
速动比率	%	110.87	131.18	-20.31
息税后资产收益率	%	11.15	9.36	1.79
流动资金周转次数	次	2.59	2.32	11.64
应收账款周转次数	次	255.58	235.48	8.54
七、劳动工资				
全员劳动生产率（现价总产值）	元/(人·年)	841288.72	688752.41	22.15
全员劳动生产率（工业增加值）	元/(人·年)	205610.68	190616.85	7.87
年末全部从业人员	人	9193	9306	-1
全部从业人员平均人数	人	9234	9354	-1
全部从业人员工资总额	万元	31759.00	30693.80	3.47
八、固定资产投资				
本年固定资产投资完成额	万元	13188.00	22111.00	-40.36
九、安全环保				
千人负伤率	‰	1.08	2.67	-1.59
千人工亡率	‰	0.11	0.09	0.02
死亡人数	人	1	1	0
工业废水排放处理率	%	100.00	100.00	0.00
工业废气排放处理率	%	98.28	99.80	-1.52

续表

指 标 名 称	计算单位	本年实际	上年实际	增减/%
甲	乙	1	2	3
污染物综合排放合格率	%	97.87	97.79	0.08
十、外经外贸				
出口创汇率	%	5.59	4.24	1.35
钢铁产品出口额	万美元	5603.83	3939.76	42.24
其中：钢材	万美元	5603.83	3939.76	42.24
钢坯	万美元			
钢铁产品出口量	吨	119980.00	99174.00	20.98
其中：钢材	吨	119980.00	99174.00	20.98
钢坯	吨			

2008 年

专业技术人员统计表

国有经济企业专业技术人才基本情况

填报单位：凌源钢铁集团有限责任公司　　　　（单位：人）

项目		序号	合计	女	少数民族	中共党员	博士	硕士	港澳台及外籍人士	学历					年龄					
										研究生	大学本科	大学专科	中专	高中及以下	35岁及以下	36岁至40岁	41岁至45岁	46岁至50岁	51岁至54岁	55岁及以上
甲		乙	1	2	3	4	5	6	7	8	9	10	11	12	13	14	15	16	17	18
总计		1	1364	435	140	575		11		11	471	717	75	90	439	349	293	154	74	55
其中:1. 在管理岗位工作的		2	1364	435	140	575		11		11	471	717	75	90	439	349	293	154	74	55
2. 具有职业资格的		3	1364	435	140	575		11		11	471	717	75	90	439	349	293	154	74	55
专业技术职务	高级职务	4	129	36	11	92		3		3	100	26			2	28	53	26	12	8
	其中：正高级职务	5																		
	中级职务	6	613	167	57	319		3		3	182	388	34	6	116	209	145	82	32	29
	初级职务	7	365	136	41	103					113	188	32	32	187	67	56	28	18	9
	未聘任专业技术职务	8	257	96	31	61		5		5	76	115	9	52	134	45	39	18	12	9
专业类别	工程技术人员	9	910	214	98	393		5		5	368	426	51	60	323	246	174	84	39	44
	农业技术人员	10																		
	科学研究人员	11																		
	卫生技术人员	12	26	19								19	7		1	8	11	6		
	教学人员	13																		
	经济人员	14	172	68	13	73		5		5	36	105	6	20	35	42	44	30	21	
	会计人员	15	119	75	15	27		1		1	32	84	2		52	23	28	11	3	2
	统计人员	16	38	26	6	14					12	23	3		12	11	11	4		
	翻译人员	17																		
	图书档案、文博人员	18	8	8	4	4					1	5	1	1	1	2	5			
	新闻、出版人员	19	8	3	2	7					3	4	1		1	5	2			
	律师、公证人员	20	4	1							3	1				4				
	播音人员	21	3	2							1	1	1		3					
	工艺美术人员	22																		
	体育人员	23	1								1				1					
	艺术人员	24																		
	政工人员	25	75	19	2	57					14	49	3	9	10	8	18	19	11	9

职工队伍统计表

凌钢集团公司各单位人员总表

表1：生产厂 （单位：人）

序号	单位	定员			现员						
		合计	管理技术人员	生产操作人员	合计	管理技术人员	生产操作人员	劳务工			
								小计	输出	钢达	其他
1	炼铁厂	1337	61	1276	1184	61	1123	0	0	0	0
2	转炉炼钢厂	868	67	801	1238	67	1171	0	0	0	0
3	型材厂	787	44	743	767	44	723	0	0	0	0
4	钢管厂	232	24	208	209	24	185	0	0	0	0
5	中宽带钢厂	493	37	456	484	37	447	0	0	0	0
6	中宽冷带厂	322	27	295	305	27	278	0	0	0	0
7	焦化厂	280	30	250	277	30	247	0	0	0	0
8	动力厂	765	56	709	816	56	760	0	0	0	0
9	氧气厂	194	14	180	199	14	185	0	0	0	0
10	原料厂	250	30	220	255	30	225	0	0	0	0
11	运输部	286	18	268	271	18	253	0	0	0	0
12	检修中心	843	41	802	843	41	802	0	0	0	0
13	保国医院	26	26	0	26	26	0	0	0	0	0
14	计量信息部	166	33	133	145	33	112	0	0	0	0
15	质量部	334	30	304	308	30	278	0	0	0	0
本表小计		7183	538	6645	7327	538	6789	0	0	0	0

表2：机关部室 （单位：人）

序号	单位	定员			现员						
		合计	管理技术人员	生产操作人员	合计	管理技术人员	生产操作人员	劳务工			
								小计	临时	钢达	其他
16	资产/证券部	14	14	0	14	14	0	0	0	0	0
17	财务部	54	54	0	54	54	0	0	0	0	0
18	供销公司	180	92	88	180	92	88	0	0	0	0
19	技改部	17	16	1	17	16	1	0	0	0	0
20	造价中心	16	16	0	16	16	0	0	0	0	0
21	计划管理部	16	16	0	16	16	0	0	0	0	0
22	生产技术部	73	32	41	73	32	41	0	0	0	0
23	技术中心	13	13	0	13	13	0	0	0	0	0
24	人力资源部	43	33	10	43	33	10	0	0	0	0
25	机动部	45	44	1	45	44	1	0	0	0	0
26	公司办	35	18	17	35	18	17	0	0	0	0
27	能源环保部	52	21	31	52	21	31	0	0	0	0

续表

序号	单位	定员			现员						
		合计	管理技术人员	生产操作人员	合计	管理技术人员	生产操作人员	劳务工			
								小计	临时	钢达	其他
28	审计监察部	14	14	0	14	14	0	0	0	0	0
29	设备材料部	106	53	53	106	53	53	0	0	0	0
30	保卫部	139	17	122	139	17	122	0	0	0	0
31	工会/宣传部	44	33	11	44	33	11	0	0	0	0
本表小计		861	486	375	861	486	375	0	0	0	0
总计		8044	1024	7020	8188	1024	7164	0	0	0	0

凌钢股份公司各单位人员明细表

表3：股份生产厂　　（单位：人）

序号	单位	定员			现员						
		合计	管理技术人员	生产操作人员	合计	管理技术人员	生产操作人员	劳务工			
								小计	输出	钢达	其他
1	炼铁厂	726	44	682	690	44	646	0		0	
2	转炉炼钢厂	868	67	801	1238	67	1171	0			
3	型材厂	787	44	743	767	44	723	0	0	0	0
5	钢管厂	232	24	208	209	24	185	0		0	
6	中宽带钢厂	493	37	456	484	37	447	0		0	
7	中宽冷带厂	322	27	295	305	27	278	0		0	
本表小计		3428	243	3185	3693	243	3450	0	0	0	0

表4：股份部室　　（单位：人）

序号	单位	定员			现员						
		合计	管理技术人员	生产操作人员	合计	管理技术人员	生产操作人员	劳务工			
								小计	输出	钢达	其他
8	资产/证券部	5	5	0	5	5	0	0			
9	财务部	36	36	0	36	36	0	0			
10	供销公司	180	92	88	180	92	88	0		0	
11	技改部	16	16	0	17	16	1	0			
12	造价中心	16	16	0	16	16	0	0			
13	计划管理部	16	16	0	16	16	0	0			
14	生产技术部	73	32	41	73	32	41	0			
15	技术中心	13	13	0	13	13	0	0			
16	人力资源部	20	19	1	20	19	1	0			
17	机动部	38	37	1	38	37	1	0			
18	能源环保部	52	21	31	52	21	31	0		0	0
19	审计监察部	14	14	0	14	14	0	0			

续表

序号	单位	定员			现员						
		合计	管理技术人员	生产操作人员	合计	管理技术人员	生产操作人员	劳务工			
								小计	输出	钢达	其他
20	设备材料部	47	42	5	47	42	5	0			
21	质量部	88	11	77	113	11	102	0			
本表小计		614	370	244	640	370	270	0	0	0	0
股份合计		4042	613	3429	4333	613	3720	0	0	0	0

凌钢集团公司直属各单位人员明细表

表5：集团直属部室　　　　(单位：人)

序号	单位	定员			现员						
		合计	管理技术人员	生产操作人员	合计	管理技术人员	生产操作人员	劳务工			
								小计	输出	钢达	其他
22	公司办	35	18	17	35	18	17	0			
23	财务部	18	18	0	18	18	0	0			
24	人力资源部	23	14	9	23	14	9	0			
25	机动部	7	7	0	7	7	0	0			
26	资产/证券部	9	9	0	9	9	0	0			
27	设备材料部	59	11	48	59	11	48	0			
28	保卫部	139	17	122	139	17	122	0			
29	工会/宣传部	44	33	11	44	33	11	0			
30	计量信息部	166	33	133	145	33	112	0			
31	质量部	246	19	227	195	19	176	0			
本表小计		746	179	567	334	179	495	0	0	0	0

表6：集团直属分厂　　　　(单位：人)

序号	单位	定员			现员						
		合计	管理技术人员	生产操作人员	合计	管理技术人员	生产操作人员	劳务工			
								小计	输出	钢达	其他
32	焦化厂	280	30	250	277	30	247	0			
33	炼铁厂	611	17	594	494	17	477	0		0	
34	动力厂	765	56	709	816	56	760	0	0	0	0
35	氧气厂	194	14	180	199	14	185	0		0	
36	原料厂	250	30	220	255	30	225	0	0	0	
37	运输部	286	18	268	271	18	253	0		0	
38	检修中心	843	41	802	843	41	802	0			

续表

序号	单位	定员			现员						
		合计	管理技术人员	生产操作人员	合计	管理技术人员	生产操作人员	劳务工			
								小计	输出	钢达	其他
39	保国医院	26	26	0	26	26	0	0			
本表小计		3229	232	3023	3181	232	2949	0	0	0	0
直属单位合计		3975	411	3590	3855	411	3444	0	0	0	0
股份直属总计		8017	1024	7019	8188	1024	7164	0	0	0	0

子公司各单位人员明细表

表7：集团子公司（单位：人）

序号	单位	合计	在岗人员			临时工	离岗人员				
			小计	管理技术	操作人员		小计	伤病人员	待岗人员	内退人员	其他
1	朝焦公司	310	245	29	216	13	65	2	9	54	
2	凌钢宾馆	30	30	3	27		0				
3	物资开发	1	1	1			0				
4	项目咨询公司	27	27	25	2		0				
5	设计研究公司	35	35	34	1		0				
总计		403	338	92	246	13	65	2	9	54	0

表8：股份子公司（含经销性）（单位：人）

序号	单位	合计	在岗人员			临时工	离岗人员				
			小计	管理技术	操作人员		小计	伤病人员	待岗人员	内退人员	其他
1	保国铁矿	1347	1084	209	875		263	11	48	177	27
2	锦州经销	3	3	3			0				
3	大连经销	4	4	4			0				
4	北京经销	4	4	4			0				
5	沈阳经销	2	2	2			0				
总计		1360	1097	222	875	0	263	11	48	177	27

离岗人员情况统计表

表9：管理和技术人员（单位：人）

类别	合计	劳务市场								
		小计	挂名人员	工伤人员	长病人员	精神病	出走其他	长假待岗	劳务输出	其他
管理技术人员	21	21		4	7	3	5	2		
生产操作人员	258	258	0	74	90	52	6	36	0	0
合计	279	279	0	78	97	55	11	38	0	0

内退人员情况统计表

表10：管理和技术人员　　（单位：人）

类　别	合计	2008年	2000年	2001年	2002年	2003年	2004年	2005年	2006年	2007年
管理技术人员	177	1			4	7	49	35	42	39
生产操作人员	722	44	1	6	18	32	145	169	137	170
合　计	899	45	1	6	22	39	194	204	179	209

凌钢集团公司人员情况汇总表

表11：集团公司和子公司　　（单位：人）

序号	统计范围	全部职工			在岗职工			离岗	内退	备注
		合计	其中		合计	其中				
			管理	生产		管理	生产			
1	合　计	11129	1536	9593	9623	1338	8285	376	1130	
2	股份公司	4333	613	3720	4333	613	3720	0	0	
2	直属单位	5033	609	4424	3855	411	3444	279	899	
4	集团小计	9366	1222	8144	8188	1024	7164	279	899	
5	股份子公司	1360	222	1138	1097	222	875	86	177	
6	集团子公司	403	92	311	338	92	246	11	54	

注：1. 离岗职工指离职休养干部、长病、长假、待岗、挂名等人员。

2. 股份公司的离岗、内退人员统计在集团直属中。

3. 本月有468名技校生分到11个单位：其中：动力厂45人；氧气厂37人；保国20人；朝焦16人；转炉厂166人；型材厂102人；炼铁厂34人；检修中心20人；原料厂9人；中宽带钢厂5人；中宽冷带厂14人。

凌钢股份公司各单位定员、现员对照表

表12：股份公司生产厂　　（单位：人）

序号	单　位	定　员			现　员			超、缺员、挖潜情况			
		合计	管理技术人员	生产操作人员	合计	管理技术人员	生产操作人员	合计	管理	生产	挖潜
1	炼铁厂	726	44	682	690	44	646	36	0	36	27
2	转炉炼钢厂	868	67	801	1238	67	1171	-370	0	-370	15
3	型材厂	787	44	743	767	44	723	20	0	20	5
4	钢管厂	232	24	208	209	24	185	23	0	23	
5	中宽带钢厂	493	37	456	484	37	447	9	0	9	12
6	中宽冷带厂	322	27	295	305	27	278	17	0	17	
本表小计		3428	243	3185	3693	243	3450	-265	0	-265	59

表13：股份部室 （单位：人）

序号	单位	定员			现员			超、缺员、挖潜情况			
		合计	管理技术人员	生产操作人员	合计	管理技术人员	生产操作人员	合计	管理	生产	挖潜
7	资产/证券部	5	5	0	5	5	0	0	0	0	
8	财务部	36	36	0	36	36	0	0	0	0	
9	供销公司	180	92	88	180	92	88	0	0	0	
10	技改部	16	16	0	17	16	1	-1	0	-1	
11	造价中心	16	16	0	16	16	0	0	0	0	
12	计划管理部	16	16	0	16	16	0	0	0	0	
13	生产技术部	73	32	41	73	32	41	0	0	0	
14	技术中心	13	13	0	13	13	0	0	0	0	
15	人力资源部	20	19	1	20	19	1	0	0	0	
16	机动部	38	37	1	38	37	1	0	0	0	
17	能源环保部	91	19	72	88	19	41	28	0	28	
18	审计监察部	14	14	0	14	14	0	0	0	0	
19	设备材料部	47	42	5	47	42	5	0	0	0	
20	质量部	88	11	77	113	11	102	-25	0	-25	4
本表小计		653	368	285	676	368	280	2	0	-26	4
股份合计		4081	611	3470	4369	611	3730	-263	0	-291	63

凌钢集团公司直属各单位定员、现员对照表

表14：集团直属部室 （单位：人）

序号	单位	定员			现员			超、缺员、挖潜情况			
		合计	管理技术人员	生产操作人员	合计	管理技术人员	生产操作人员	合计	管理	生产	挖潜
21	公司办	35	18	17	35	18	17	0	0	0	
22	财务部	18	18	0	18	18	0	0	0	0	
23	人力资源部	23	14	9	23	14	9	0	0	0	
24	机动部	7	7	0	7	7	0	0	0	0	
25	资产/证券部	9	9	0	9	9	0	0	0	0	
26	设备材料部	59	11	48	59	11	48	0	0	0	
27	保卫部	139	17	122	139	17	122	0	0	0	
28	工会/宣传部	44	33	11	44	33	11	0	0	0	
29	计量信息部	166	33	133	145	33	112	21	0	21	1
30	质量部	246	19	227	195	19	176	51	0	51	
本表小计		746	179	567	674	179	495	72	0	72	1

表 15：集团直属分厂 （单位：人）

序号	单位	定员			现员			超、缺员、挖潜情况			
		合计	管理技术人员	生产操作人员	合计	管理技术人员	生产操作人员	合计	管理	生产	挖潜
31	焦化厂	280	30	250	277	30	247	3	0	3	9
32	炼铁厂	611	17	594	494	17	477	117	0	117	43
33	动力厂	765	56	709	816	56	760	-51	0	-51	17
34	氧气厂	194	14	180	199	14	185	-5	0	-5	16
35	原料厂	250	30	220	255	30	225	-5	0	-5	6
36	运输部	286	18	268	271	18	253	15	0	15	4
37	检修中心	843	41	802	843	41	802	0	0	0	3
38	保国医院	26	26	0	26	26	0	0	0	0	0
本表小计		3255	232	3023	3181	232	2949	0	0	0	98
直属单位合计		4001	411	3590	3855	411	3444	72	0	146	99
股份直属总计		8082	1022	7060	8224	1022	7174	-191	0	-114	162

注：超、缺员栏目数据正值为缺员，负值为超员；生产现员中含钢达及子公司人员。

中国钢铁工业协会年报

2008 年主要指标完成情况（1）

表　　号：钢年基 02-1 表
制表机关：中国钢铁工业协会
批准机关：国家统计局
批准文号：国统制［2007］116 号
有效期至：2009 年 11 月

填报单位：凌源钢铁集团有限责任公司

指标名称	计算单位	本年实际	上年实际	增减/%
甲	乙	1	2	3
一、工业产值				
工业总产值（当年价格）	万元	969391.00	776846.00	24.79
其中：新产品产值	万元	342858.00	320623.00	6.93
销售产值（当年价格）	万元	970120.00	764995.00	26.81
其中：出口交货值	万元	48281.00	42754.00	12.93
二、主要产品产量				
铁矿石原矿	万吨	186.71	115.66	68.68
铁矿石成品矿	万吨	90.61	67.93	33.39
烧结矿	万吨	247.66	267.40	-7.38

续表

指 标 名 称	计算单位	本年实际	上年实际	增减/%
甲	乙	1	2	3
球团矿	万吨	120.29	109.12	10.24
生　铁	万吨	198.12	205.12	-3.41
粗　钢	万吨	206.47	223.73	-7.71
钢　材	万吨	199.22	221.64	-10.12
焦　炭	万吨	50.91	52.47	-2.97
铁合金	万吨			
碳素制品	万吨			
耐火材料制品	万吨			
企业自发电量	万千瓦时	9947.00	10194.00	-2.42
钢　丝	万吨			
钢丝绳	万吨			
钢绞线	万吨			
三、销售及库存				
钢材销售量	吨	2030342.00	2194215.00	-7.47
钢材库存量	吨	85450.00	123590.00	-30.86
钢坯销售量	吨	10718.00	16581.00	-35.36
钢坯库存量	吨			

填表人：刘志国　　　　报出日期：2009年1月31日

2008年主要指标完成情况（2）

填报单位：凌源钢铁集团有限责任公司

指 标 名 称	计算单位	本年实际	上年实际	增减/%
甲	乙	1	2	3
产品销售率（实物）（在备注栏中选择主导产品）	%	101.92	99.00	2.92
产品销售率（价值）	%	100.08	98.47	1.61
四、产品质量及物耗				
生铁一级品率	%	72.66	75.36	-2.70
炼铁原料矿石消耗	千克/吨	1702.83	1691.66	0.66
综合焦比	千克/吨	557.84	539.28	3.44
喷煤比	千克/吨	128.41	134.43	-4.48
粗钢钢铁料消耗	千克/吨	1067.51	1078.61	-1.03
生铁消耗	千克/吨	963.30	970.26	-0.72
废钢消耗	千克/吨	104.21	108.35	-3.82
转炉炉衬寿命	炉	22875.33	16064.33	42.40
电炉冶金综合电耗	千瓦时/吨			
五、能耗				
能源消耗总量（标煤）	吨	1318582.00	1363874.00	-3.32

续表

指 标 名 称	计算单位	本年实际	上年实际	增减/%
甲	乙	1	2	3
万元产值能耗（标煤）	吨/万元	1.36	1.76	-22.73
万元增加值能耗（标煤）	吨/万元	7.62	7.18	6.13
吨钢综合能耗（标煤）	千克/吨	638.62	609.60	4.76
吨钢可比能耗（标煤）	千克/吨	635.00	606.00	4.79
吨钢耗新水	立方米/吨	4.18	4.10	1.95
六、财务				
主营业务收入	万元	967443.00	765424.00	26.39
主营业务税金及附加	万元	6389.00	5583.00	14.44
利税总额	万元	63670.00	112242.00	-43.27
其中：利润总额	万元	10303.00	61346.00	-83.21
应交税金	万元	53367.00	66055.00	-19.21
管理费用	万元	51412.00	39064.00	31.61
财务费用	万元	6029.00	1977.00	204.96
营业费用	万元	6565.00	6624.00	-0.89
净利润	万元	-795.00	26250.00	-103.03

2008 年主要指标完成情况（3）

填报单位：凌源钢铁集团有限责任公司

指 标 名 称	计算单位	本年实际	上年实际	增减/%
甲	乙	1	2	3
资产合计	万元	868925.00	640116.00	35.74
负债合计	万元	426358.00	212708.00	100.44
总资产贡献率	%	8.21	16.27	-8.06
成本费用利润率	%	1.11	8.76	-7.65
资本保值增值率	%	163.85	117.19	46.66
资产负债率	%	49.07	33.23	15.84
流动比率	%	84.44	159.78	-75.34
速动比率	%	52.46	110.87	-58.41
息税后资产收益率	%	1.19	11.15	-9.96
流动资金周转次数	次	2.48	2.59	-4.25
应收帐款周转次数	次	191.91	255.58	-24.91
七、劳动工资				
全员劳动生产率（现价总产值）	元/（人·年）	1053227.94	841288.72	25.19
全员劳动生产率（工业增加值）	元/（人·年）	188013.91	205610.68	-8.56
年末全部从业人员	人	9636	9193	5
全部从业人员平均人数	人	9204	9234	0
全部从业人员工资总额	万元	37152.00	31759.00	16.98
八、固定资产投资				

续表

指 标 名 称	计算单位	本年实际	上年实际	增减/%
甲	乙	1	2	3
本年固定资产投资完成额	万元	27959.00	13188.00	112.00
九、安全环保				
千人负伤率	‰	1.09	1.08	0.01
千人工亡率	‰	0.22	0.11	0.11
死亡人数	人	2	1	100
工业废水排放处理率	%	100.00	100.00	0.00
工业废气排放处理率	%	98.22	98.28	-0.06
污染物综合排放合格率	%	98.68	97.87	0.81
十、外经外贸				
出口创汇率	%	4.98	5.59	-0.61
钢铁产品出口额	万美元	6948.00	5603.83	23.99
其中：钢材	万美元	6948.00	5603.83	23.99
钢坯	万美元			
钢铁产品出口量	吨	86142.00	119980.00	-28.20
其中：钢材	吨	86142.00	119980.00	-28.20
钢坯	吨			

2009 年

职工队伍统计表

凌钢集团公司各单位人员总表

表 1：生产厂　　　　（单位：人）

序号	单　位	定　员			现　员		
		合计	管理技术人员	生产操作人员	合计	管理技术人员	生产操作人员
1	炼铁厂	1260	60	1200	1177	60	1117
2	转炉炼钢厂	1142	67	1075	1138	67	1071
3	型材厂	766	50	716	742	50	692
4	钢管厂	230	23	207	178	23	155
5	中宽带钢厂	438	36	402	443	36	407
6	中宽冷带厂	322	25	297	269	25	244
7	第一焦化厂	366	33	333	333	33	300
8	动力厂	858	62	796	805	62	743
9	氧气厂	201	14	187	198	14	184
10	原料厂	271	31	240	263	31	232
11	运输部	271	18	253	267	18	249
12	检修中心	810	36	774	810	36	774
13	保国医院	26	26	0	26	26	0
14	计量信息部	170	31	139	129	31	98
15	质量部	303	31	272	290	31	259
本表小计		7434	543	6891	7068	543	6525

表 2：机关部室　　　　（单位：人）

序号	单　位	定　员			现　员		
		合计	管理技术人员	生产操作人员	合计	管理技术人员	生产操作人员
16	证券法律部	8	8	0	8	8	0
17	财务部	43	43	0	43	43	0
18	供销公司	178	87	91	178	87	91
19	技改部	18	18	0	18	18	0
20	造价中心	16	16	0	16	16	0
21	计划管理部	17	17	0	17	17	0
22	生产技术部	72	31	41	67	31	36
23	技术中心	15	15	0	15	15	0
24	人力资源部	49	36	13	49	36	13
25	机动部	42	41	1	42	41	1
26	公司办	37	20	17	38	20	18

续表

序号	单　位	定　　员			现　　员		
		合计	管理技术人员	生产操作人员	合计	管理技术人员	生产操作人员
27	能源环保部	55	24	31	58	24	34
28	审计监察部	14	14	0	14	14	0
29	设备材料部	102	50	52	103	50	53
30	保卫部	140	18	122	140	18	122
31	工会/宣传部	43	32	11	43	32	11
本表小计		849	470	379	849	470	379
总　计		8283	1013	7270	7917	1013	6904

凌钢股份公司各单位人员明细表

表3：股份生产厂　（单位：人）

序号	单　位	定　　员			现　　员		
		合计	管理技术人员	生产操作人员	合计	管理技术人员	生产操作人员
1	炼铁厂	708	43	665	694	43	651
2	转炉炼钢厂	1142	67	1075	1138	67	1071
3	型材厂	766	50	716	742	50	692
4	钢管厂	230	23	207	178	23	155
5	中宽带钢厂	438	36	402	443	36	407
6	中宽冷带厂	322	25	297	269	25	244
本表小计		3606	244	3362	3464	244	3220

表4：股份部室　（单位：人）

序号	单　位	定　　员			现　　员		
		合计	管理技术人员	生产操作人员	合计	管理技术人员	生产操作人员
7	证券法律部	8	8	0	8	8	0
8	财务部	29	29	0	29	29	0
9	供销公司	178	87	91	178	87	91
10	技改部	18	18	0	18	18	0
11	造价中心	16	16	0	16	16	0
12	计划管理部	17	17	0	17	17	0
13	生产技术部	72	31	41	67	31	36
14	技术中心	15	15	0	15	15	0
15	人力资源部	22	21	1	22	21	1
16	机动部	35	34	1	35	34	1
17	能源环保部	55	24	31	58	24	34
18	审计监察部	14	14	0	14	14	0
19	设备材料部	44	39	5	44	39	5
20	质量部	108	12	96	108	12	96
本表小计		631	365	266	629	365	264
股份合计		4237	609	3628	4093	609	3484

凌钢集团公司直属各单位人员明细表

表5：集团直属部室　　（单位：人）

序号	单　位	定　员			现　员		
		合计	管理技术人员	生产操作人员	合计	管理技术人员	生产操作人员
21	公司办	37	20	17	38	20	18
22	财务部	14	14	0	14	14	0
23	人力资源部	27	15	12	27	15	12
24	机动部	7	7	0	7	7	0
25	设备材料部	58	11	47	59	11	48
26	保卫部	140	18	122	140	18	122
27	工会/宣传部	43	32	11	43	32	11
28	计量信息部	170	31	139	129	31	98
29	质量部	195	19	176	182	19	163
本表小计		691	167	524	639	167	472

表6：集团直属分厂　　（单位：人）

序号	单　位	定　员			现　员		
		合计	管理技术人员	生产操作人员	合计	管理技术人员	生产操作人员
30	焦化厂	366	33	333	333	33	300
31	炼铁厂	552	17	535	483	17	466
32	动力厂	858	62	796	805	62	743
33	氧气厂	201	14	187	198	14	184
34	原料厂	271	31	240	263	31	232
35	运输部	271	18	253	267	18	249
36	检修中心	810	36	774	810	36	774
37	保国医院	26	26	0	26	26	0
本表小计		3355	237	3118	3185	237	2948
直属单位合计		4046	404	3642	3824	404	3420
股份直属总计		8283	1013	7270	7917	1013	6904

子公司各单位人员明细表

表7：股份子公司（含经销性）　　（单位：人）

序号	单　位	定　员			现　员		
		合计	管理技术人员	生产操作人员	合计	管理技术人员	生产操作人员
1	保国铁矿	1103	204	899	1094	204	890
2	北票钢管	53	0	53	0	0	0

续表

序号	单位	定员			现员		
		合计	管理技术人员	生产操作人员	合计	管理技术人员	生产操作人员
3	北票矿业	14	11	3	14	11	3
4	锦州经销	4	4	0	4	4	0
5	大连经销	4	4	0	4	4	0
6	北京经销	4	4	0	4	4	0
7	沈阳经销	3	3	0	3	3	0
本表小计		1185	230	955	1123	230	893

表8：集团子公司 （单位：人）

序号	单位	定员			现员		
		合计	管理技术人员	生产操作人员	合计	管理技术人员	生产操作人员
8	朝焦公司	254	26	228	252	26	226
9	凌钢宾馆	28	3	25	28	3	25
10	物资开发	1	1	0	1	1	0
11	项目咨询公司	27	25	2	27	25	2
12	设计研究公司	31	30	1	31	30	1
本表小计		341	85	256	339	85	254
子公司合计		1526	315	1211	1462	315	1147

离岗人员情况统计表

表9：管理和技术人员 （单位：人）

类别		合计	待岗	工伤人员	长病人员	离岗休息	出走家属	长假	停薪留职	其他	备注
集团公司	股份	7	1	2	4						
	直属	17	3	1	6	2	5				
	小计	24	4	3	10	2	5	0	0	0	
子公司	股份	3	1	0	0	0	0	0	2		
	集团	2	1	0	0	0	0	0	1		
	小计	5	2	0	0	0	0	0	3		
管理技术合计		29	6	3	10	2	5	0	3	0	

表10：生产操作人员 （单位：人）

类别		合计	待岗	工伤人员	长病人员	离岗休息	出走家属	长假	停薪留职	其他	备注
集团公司	股份	87	13	25	32	15		2			
	直属	158	15	45	56	36	4	2			
	小计	245	28	70	88	51	4	4	0	0	
子公司	股份	80	54	1	11	5	0	0	9		
	集团	6	5	0	1	0	0	0	0		
	小计	86	59	1	12	5	0	0	9	0	
生产操作合计		331	87	71	100	56	4	4	9	0	
离岗人员总计		360	93	74	110	58	9	4	12	0	

内退人员情况统计表

表11：集团公司内退　　（单位：人）

类别		小计	管理技术人员	生产操作人员
集团公司	股份	290	29	261
	直属	418	89	329
	小计	708	118	590
子公司	股份	140	21	119
	集团	50	10	40
	小计	190	31	159
总计		898	149	749

凌钢集团公司人员情况汇总表

表12：集团公司和子公司　　（单位：人）

类别	统计范围	全部职工			在岗职工			离岗	内退	备注
		合计	其中		合计	其中				
			管理技术	生产操作		管理技术	生产操作			
	总计	10637	1506	9131	9379	1328	8051	360	898	
集团公司	股份公司	4477	645	3832	4093	609	3484	94	290	
	直属单位	4417	510	3907	3824	404	3420	175	418	
	小计	8894	1155	7739	7917	1013	6904	269	708	
子公司	股份	1346	254	1092	1123	230	893	83	140	
	集团	397	97	300	339	85	254	8	50	
	小计	1743	351	1392	1462	315	1147	91	190	

管理人员统计	小计	高层	集团公司中层	子公司中层
	145	11	118	16

中国钢铁工业协会年报

2009年主要指标完成情况（1）

表　　号：钢年基02－1表
制表机关：中国钢铁工业协会
批准机关：国家统计局
批准文号：国统制［2009］64号
有效期至：2011年11月

填报单位：凌源钢铁集团有限责任公司

指标名称	计算单位	本年实际	上年实际	增减/%	备注
甲	乙	1	2	3	丙
一、工业产值					
工业总产值（当年价格）	万元	984805.00	969391.00	1.59	

续表

指标名称	计算单位	本年实际	上年实际	增减/%	备注
甲	乙	1	2	3	丙
其中：新产品产值	万元	35412.00	342858.00	-89.67	
销售产值（当年价格）	万元	959451.00	970120.00	-1.10	
其中：出口交货值	万元	3102.00	48281.00	-93.58	
二、主要产品产量					
铁矿石原矿	吨	1765620.00	1867050.00	-5.43	
铁矿石成品矿	吨	933257.00	906058.00	3.00	
烧结矿	吨	3868174.00	2476637.00	56.19	
球团矿	吨	1389329.00	1202929.00	15.50	
生铁	吨	2905751.00	1981230.00	46.66	
粗钢	吨	3072819.00	2064724.00	48.82	
钢材	吨	3011645.00	1992202.00	51.17	
焦炭	吨	565419.00	509143.00	11.05	
铁合金	吨				
碳素制品	吨				
耐火材料制品	吨				
企业自发电量	万千瓦时	23753.00	9947.00	138.80	包括：火电、干熄焦发电、压差发电等
钢丝	吨				
钢丝绳	吨				
钢绞线	吨				
三、销售及库存					
钢材销售量	吨	2963210.00	2003333.00	47.91	
钢材库存量	吨	160894.00	112459.00	43.07	
钢坯销售量	吨	18009.00	10718.00	68.03	含连铸坯、轧制坯、锻造坯
钢坯库存量	吨				含连铸坯、轧制坯、锻造坯

单位负责人：　　统计负责人：　　填表人：刘志国　　报出日期：2010年1月25日

2009年主要指标完成情况（2）

填报单位：凌源钢铁集团有限责任公司

指标名称	计算单位	本年实际	上年实际	增减/%	备注
甲	乙	1	2	3	丙
产品销售率（实物）（在备注栏中选择主导产品）	%	98.39	100.56	-2.17	钢材
产品销售率（价值）	%	97.43	100.08	-2.65	
四、产品质量及物耗					
生铁一级品率	%	76.91	72.66	4.25	
炼铁原料矿石消耗	千克/吨	1659.55	1702.83	-2.54	
综合焦比	千克/吨	542.48	557.84	-2.75	
喷煤比	千克/吨	149.44	128.41	16.38	

续表

指 标 名 称	计算单位	本年实际	上年实际	增减/%	备 注
甲	乙	1	2	3	丙
粗钢钢铁料消耗	千克/吨	1075.67	1067.51	0.76	
生铁消耗	千克/吨	968.08	963.30	0.50	
废钢消耗	千克/吨	107.60	104.21	3.25	
转炉炉衬寿命	炉	15454.50	22875.33	-32.44	
锭坯至材综合成材率	%	99.12	98.21	0.91	
五、能耗					
能源消耗总量（标煤）	吨	1814564.00	1318582.00	37.61	
万元产值能耗（标煤）	吨/万元	1.84	1.36	35.29	
万元增加值能耗（标煤）	吨/万元	9.11	7.62	19.55	
吨钢综合能耗（标煤）	千克/吨	590.52	638.62	-7.53	
吨钢可比能耗（标煤）	千克/吨	588.00	635.00	-7.40	
吨钢耗新水	立方米/吨	2.96	4.18	-29.19	
六、财务					
主营业务收入	万元	1067858.00	967443.00	10.38	
主营业务税金及附加	万元	3798.00	6389.00	-40.55	
利税总额	万元	80174.00	63670.00	25.92	
其中：利润总额	万元	39466.00	10303.00	283.05	
应交税金	万元	40708.00	53367.00	-23.72	
管理费用	万元	45228.00	51412.00	-12.03	
财务费用	万元	8101.00	6029.00	34.37	
营业费用	万元	8598.00	6565.00	30.97	
净利润	万元	13861.00	-795.00	-1843.52	

2009 年主要指标完成情况（3）

填报单位：凌源钢铁集团有限责任公司

指 标 名 称	计算单位	本年实际	上年实际	增减/%	备 注
甲	乙	1	2	3	丙
资产合计	万元	1167411.00	868925.00	34.35	
负债合计	万元	538086.00	426358.00	26.21	
总资产贡献率	%	7.84	8.21	-0.37	
成本费用利润率	%	3.84	1.11	2.73	
资本保值增值率	%	102.98	163.85	-60.87	
资产负债率	%	46.09	49.07	-2.98	
流动比率	%	83.47	84.44	-0.97	
速动比率	%	50.30	52.46	-2.16	
息税后资产收益率	%	2.92	1.19	1.73	
流动资金周转次数	次	3.01	2.48	21.37	
应收账款周转次数	次	164.30	191.91	-14.39	

续表

指标名称	计算单位	本年实际	上年实际	增减/%	备注
甲	乙	1	2	3	丙
七、劳动工资					
全员劳动生产率（现价总产值）	元/(人·年)	1022642.68	1053227.94	-2.90	
年末全部从业人员	人	9384	9636	-2.62	
全部从业人员平均人数	人	9630	9204	5	
全部从业人员工资总额	万元	38795.00	37152.00	4.42	
八、固定资产投资					
本年固定资产投资完成额	万元	11429.00	27959.00	-59.12	
九、安全环保					
千人负伤率	‰	1.14	1.09	0.05	
千人工亡率	‰	0.10	0.22	-0.12	
死亡人数	人	1	2	-50	
工业废水排放处理率	%	100.00	100.00	0.00	
工业废气排放处理率	%	99.62	98.22	1.40	
污染物综合排放合格率	%	97.68	98.68	-1.00	
十、外经外贸					
出口创汇率	%	0.29	4.98	-4.69	
钢铁产品出口额	万美元	454.00	6948.00	-93.47	
其中：钢材	万美元	454.00	6948.00	-93.47	
钢坯	万美元				
钢铁产品出口量	吨	7765.00	86142.00	-90.99	
其中：钢材	吨	7765.00	86142.00	-90.99	
钢坯	吨				

2010 年

专业技术人员统计表

公有经济企业专业技术人才基本情况

表　　号：人社统 PM4 号
制定机关：人力资源和社会保障部
批准机关：国家统计局
批准文号：国统制［2010］118 号
有效期至：2012 年 11 月

填报单位：凌源钢铁集团有限责任公司　　（单位：人）

项目		序号								学历					年龄						专业技术职务			
			合计	女	少数民族	中共党员	博士	硕士	港澳台及外籍人士	研究生	大学本科	大学专科	中专	高中及以下	35岁及以下	36岁至40岁	41岁至45岁	46岁至50岁	51岁至54岁	55岁及以上	高级	正高级	中级	初级
甲		乙	1	2	3	4	5	6	7	8	9	10	11	12	13	14	15	16	17	18	19	20	21	22
总计		1	1366	417	145	550		14		14	541	673	72	66	479	297	273	181	91	45	137	12	633	478
其中:1. 在管理岗位工作的		2	1366	417	145	550		14		14	541	673	72	66	479	297	273	181	91	45	137	12	633	478
2. 具有职业资格的		3																						
专业技术职务	高级职务	4	137	36	11	95		3		3	108	26				40	53	26	12	6				
	其中：正高级职务	5	12			12				1	11							4	6	2				
	中级职务	6	633	172	22	309		3		3	210	380	33	7	139	178	131	113	49	23				
	初级职务	7	478	161	68	105		2		2	183	233	29	31	310	52	54	31	20	11				
	未聘任专业技术职务	8	118	48	44	29		6		5	29	34	10	28	30	27	35	7	4	3				
专业类别	工程技术人员	9	890	190	99	353		8		8	443	374	48	17	367	209	157	93	49	15	101		470	217
	农业技术人员	10																						
	科学研究人员	11																						
	卫生技术人员	12	26	19		4						10	8	8	2	7	8	7	2				13	13
	教学人员	13																						
	经济人员	14	190	78	17	84		5		5	37	114	5	29	39	36	45	33	25	12	9		57	124
	会计人员	15	112	72	12	28		1		1	30	79	2		46	16	27	16	5	2	20		29	63
	统计人员	16	30	21	4						9	19	2		7	6	13	4			3		15	12
	翻译人员	17																						
	图书档案、文博人员	18	8	8	4	4					1	5	1	1	1	2	5							
	新闻、出版人员	19	8	3	2	7					3	4	1		1	5	2							
	律师、公证人员	20	4	1								3	1			4							2	2
	播音人员	21	2	1								1	1		2									2
	工艺美术人员	22																						
	体育人员	23	1								1				1									1
	艺术人员	24																						
	政工人员	25	95	24	7	70					17	64	3	11	13	12	16	28	10	16	4		47	44

单位负责人签章：　　处（科）负责人签章：　　填表人签章：　　报出日期：2010 年 12 月　日

职工队伍统计表

凌钢集团公司各单位人员总表

表1：生产厂　　　　（单位：人）

序号	单位	定员			现员		
		合计	管理技术人员	生产操作人员	合计	管理技术人员	生产操作人员
1	炼铁厂	1182	65	1117	1197	65	1132
2	转炉炼钢厂	1118	74	1044	1169	74	1095
3	型材厂	749	58	691	979	58	921
4	钢管厂	0	0	0	0	0	0
5	中宽带钢厂	434	35	399	446	35	411
6	中宽冷带厂	320	23	297	168	23	145
7	第一焦化厂	362	30	332	365	30	335
8	动力厂	872	64	808	879	64	815
9	氧气厂	201	14	187	199	14	185
10	原料厂	269	33	236	268	33	235
11	运输部	288	19	269	294	19	275
12	检修中心	840	34	806	840	34	806
13	保国医院	26	26	0	26	26	0
14	计量信息部	148	32	116	150	32	118
15	质量部	312	36	276	323	36	287
本表小计		7121	543	6578	7303	543	6760

表2：机关部室　　　　（单位：人）

序号	单位	定员			现员		
		合计	管理技术人员	生产操作人员	合计	管理技术人员	生产操作人员
16	证券法律部	8	8	0	8	8	0
17	财务部	46	46	0	46	46	0
18	供销公司	176	86	90	176	86	90
19	技改部	19	18	1	19	18	1
20	造价中心	16	16	0	16	16	0
21	计划管理部	18	18	0	18	18	0
22	生产技术部	76	38	38	75	38	37
23	技术中心	15	15	0	15	15	0
24	人力资源部	49	36	13	49	36	13
25	机动部	46	43	3	46	43	3
26	公司办	37	19	18	37	19	18
27	能源环保部	67	24	43	65	24	41
28	审计监察部	20	15	5	20	15	5

续表

序号	单位	定员			现员		
		合计	管理技术人员	生产操作人员	合计	管理技术人员	生产操作人员
29	设备材料部	111	54	57	111	54	57
30	保卫部	140	18	122	143	18	125
31	工会/宣传部	39	31	8	39	31	8
本表小计		883	485	398	883	485	398
总　计		8004	1028	6976	8186	1028	7158

凌钢股份公司各单位人员明细表

表3：股份生产厂　　（单位：人）

序号	单位	定员			现员		
		合计	管理技术人员	生产操作人员	合计	管理技术人员	生产操作人员
1	炼铁厂	657	43	614	711	43	668
2	转炉炼钢厂	1118	74	1044	1169	74	1095
3	型材厂	749	58	691	979	58	921
4	钢管厂	0	0		0	0	0
5	中宽带钢厂	434	35	399	446	35	411
6	中宽冷带厂	320	23	297	168	23	145
本表小计		3278	233	3045	3473	233	3240

表4：股份部室　　（单位：人）

序号	单位	定员			现员		
		合计	管理技术人员	生产操作人员	合计	管理技术人员	生产操作人员
7	证券法律部	8	8	0	8	8	0
8	财务部	28	28	0	28	28	0
9	供销公司	176	86	90	176	86	90
10	技改部	19	18	1	19	18	1
11	造价中心	16	16	0	16	16	0
12	计划管理部	18	18	0	18	18	0
13	生产技术部	76	38	38	75	38	37
14	技术中心	15	15	0	15	15	0
15	人力资源部	22	21	1	22	21	1
16	机动部	40	37	3	40	37	3
17	能源环保部	67	24	43	65	24	41
18	审计监察部	20	15	5	20	15	5
19	设备材料部	43	36	7	43	36	7
20	质量部	107	11	96	120	11	109
本表小计		655	371	284	665	371	294
股份合计		3933	604	3329	4138	604	3534

凌钢集团公司直属各单位人员明细表

表5：集团直属部室 （单位：人）

序号	单位	定员			现员		
		合计	管理技术人员	生产操作人员	合计	管理技术人员	生产操作人员
21	公司办	37	19	18	37	19	18
22	财务部	18	18	0	18	18	0
23	人力资源部	27	15	12	27	15	12
24	机动部	6	6	0	6	6	0
25	设备材料部	68	18	50	68	18	50
26	保卫部	140	18	122	143	18	125
27	工会/宣传部	39	31	8	39	31	8
28	计量信息部	148	32	116	150	32	118
29	质量部	205	25	180	203	25	178
本表小计		688	182	506	691	182	509

表6：集团直属分厂 （单位：人）

序号	单位	定员			现员		
		合计	管理技术人员	生产操作人员	合计	管理技术人员	生产操作人员
30	焦化厂	362	30	332	365	30	335
31	炼铁厂	525	22	503	486	22	464
32	动力厂	872	64	808	879	64	815
33	氧气厂	201	14	187	199	14	185
34	原料厂	269	33	236	268	33	235
35	运输部	288	19	269	294	19	275
36	检修中心	840	34	806	840	34	806
37	保国医院	26	26	0	26	26	0
本表小计		3383	242	3141	3357	242	3115
直属单位合计		4071	424	3647	4048	424	3624
股份直属总计		8004	1028	6976	8186	1028	7158

子公司各单位人员明细表

表7：股份子公司（含经销性） （单位：人）

序号	单位	定员			现员		
		合计	管理技术人员	生产操作人员	合计	管理技术人员	生产操作人员
1	保国铁矿	1101	188	913	1081	188	893
2	北票钢管公司	150	40	110	144	24	120

续表

序号	单 位	定 员			现 员		
		合计	管理技术人员	生产操作人员	合计	管理技术人员	生产操作人员
3	锦州经销	4	4	0	4	4	0
4	大连经销	6	5	1	6	5	1
5	北京经销	4	4	0	4	4	0
6	沈阳经销	3	3	0	3	3	0
本表小计		1268	244	1024	1242	228	1014

表 8：集团子公司　　（单位：人）

序号	单 位	定 员			现 员		
		合计	管理技术人员	生产操作人员	合计	管理技术人员	生产操作人员
7	朝焦公司	259	27	232	255	27	228
8	北票矿业	59	23	36	59	23	36
9	凌钢宾馆	28	3	25	28	3	25
10	物资开发	1	1	0	1	1	0
11	项目咨询公司	26	24	2	26	24	2
12	设计研究公司	34	33	1	34	33	1
本表小计		407	111	296	403	111	292
子公司合计		1675	355	1320	1645	339	1306

离岗人员情况统计表

表 9：管理和技术人员　　（单位：人）

类 别		合计	待岗	工伤人员	长病人员	离岗休息	出走家属	长假	停薪留职	外派	备注
集团公司	股份	7	1	2	4						
	直属	26	4	0	8	2	5			7	
	小计	33	5	2	12	2	5	0	0	7	
子公司	股份	20	12	0	5	0	0	0	3		
	集团	1	0	0	0	0	0	0	1		
	小计	21	12	0	5	0	0	0	4		
管理技术合计		54	17	2	17	2	5	0	4	7	

表 10：生产操作人员　　（单位：人）

类 别		合计	待岗	工伤人员	长病人员	离岗休息	出走家属	长假	停薪留职	外派	备注
集团公司	股份	89	11	25	36	15		2			
	直属	147	11	41	56	35	2	2			
	小计	236	22	66	92	50	2	4	0	0	
子公司	股份	53	37	0	9	0	0	0	7		
	集团	1	0	0	1	0	0	0	0		
	小计	54	37	0	10	0	0	0	7	0	

续表

类　别	合计	待岗	工伤人员	长病人员	离岗休息	出走家属	长假	停薪留职	外派	备注
生产操作合计	290	59	66	102	50	2	4	7	0	
离岗人员总计	344	76	68	119	52	7	4	11	7	

内退人员情况统计表

表 11：集团公司内退　　　　（单位：人）

类　别		小　计	管理技术人员	生产操作人员
集团公司	股　份	246	24	222
	直　属	294	50	244
	小　计	540	74	466
子公司	股　份	104	17	87
	集　团	43	6	37
	小　计	147	23	124
总　计		687	97	590

凌钢集团公司人员情况汇总表

表 12：集团公司和子公司　　　　（单位：人）

类　别	统计范围	全部职工			在岗职工			离岗	内退	备注
		合　计	其　中		合　计	其　中				
			管理技术	生产操作		管理技术	生产操作			
	总　计	10862	1518	9344	9831	1367	8464	344	687	
集团公司	股份公司	4480	635	3845	4138	604	3534	96	246	
	直属单位	4515	500	4015	4048	424	3624	173	294	
	小　计	8995	1135	7860	8186	1028	7158	269	540	
子公司	股　份	1419	265	1154	1242	228	1014	73	104	
	集　团	448	118	330	403	111	292	2	43	
	小　计	1867	383	1484	1645	339	1306	75	147	

管理人员统计	小　计	高　层	集团公司中层	子公司中层
	148	10	111	27

注：1. 离岗职工指长病、长假、工伤、待岗等人员。

2. 11 月 1 日起，295 名凌钢技校生与公司签订了劳动合同，分配到 12 个单位。

3. 11 月 1 日起，动力厂核增定员 8 人。

4. 12 月 1 日起，朝阳焦化厂核减机械维修工 4 人；保国铁矿核减司炉岗位 6 人。

中国钢铁工业协会年报

2010 年主要指标完成情况（1）

表　　号：钢年基 02 表
制表机关：中国钢铁工业协会
批准机关：国家统计局
批准文号：国统制［2010］152 号
有效期至：2012 年 11 月

填报单位：凌源钢铁集团有限责任公司

指 标 名 称	计算单位	本年实际	上年实际	增减/%	备　注
甲	乙	1	2	3	丙
一、工业产值					
工业总产值（当年价格）	万元	1217375.00	984805.00	23.62	
其中：新产品产值	万元	260025.00	35412.00	634.28	
销售产值（当年价格）	万元	1223244.00	959451.00	27.49	
其中：出口交货值	万元	15961.00	3102.00	414.54	
二、主要产品产量					
铁矿石原矿	吨	3535561.00	1765620.00	100.24	
铁矿石成品矿	吨	1071189.00	933257.00	14.78	
烧结矿	吨	4135762.00	3868174.00	6.92	
球团矿	吨	1415517.00	1389329.00	1.88	
生　铁	吨	3100698.00	2905751.00	6.71	
粗　钢	吨	3440505.00	3072819.00	11.97	
钢　材	吨	3401750.00	3011645.00	12.95	
焦　炭	吨	812443.00	565419.00	43.69	
铁合金	吨				
碳素制品	吨				
耐火材料制品	吨				
企业自发电量	万千瓦时	26793.00	23753.00	12.80	包括：火电、干熄焦发电、压差发电等
钢丝	吨				
钢丝绳	吨				
钢绞线	吨				
三、销售及库存					
钢材销售量	吨	3395869.00	2963210.00	14.60	
钢材库存量	吨	166775.00	160894.00	3.66	
钢坯销售量	吨	20885.00	18009.00	15.97	含连铸坯、轧制坯、锻造坯
钢坯库存量	吨				含连铸坯、轧制坯、锻造坯

单位负责人：　　统计负责人：　　填表人：刘志国　　报出日期：2011 年 1 月 25 日

2010 年主要指标完成情况（2）

填报单位：凌源钢铁集团有限责任公司

指标名称	计算单位	本年实际	上年实际	增减/%	备注
甲	乙	1	2	3	丙
产品销售率（实物）（在备注栏中选择主导产品）	%	99.83	98.39	1.44	钢材
产品销售率（价值）	%	100.48	97.43	3.05	
四、产品质量及物耗					
生铁一级品率	%	82.67	76.91	5.76	
炼铁原料矿石消耗	千克/吨	1638.02	1659.55	-1.30	
综合焦比	千克/吨	511.48	542.48	-5.72	
喷煤比	千克/吨	150.50	149.44	0.71	
粗钢钢铁料消耗	千克/吨	1067.72	1075.67	-0.74	
转炉炉衬寿命	炉	20185.50	15454.50	30.61	
锭坯至材综合成材率	%	98.61	99.12	-0.51	
五、能耗					
能源消耗总量（标煤）	吨	1995103.00	1814564.00	9.95	
万元产值能耗（标煤）	吨/万元	1.64	1.84	-10.87	
万元增加值能耗（标煤）	吨/万元	8.49	9.11	-6.81	
吨钢综合能耗（标煤）	千克/吨	579.89	590.52	-1.80	
吨钢可比能耗（标煤）	千克/吨	551.00	588.00	-6.29	
吨钢耗新水	立方米/吨	2.40	2.96	-29.19	
六、财务					
主营业务收入	万元	1461331.00	1067858.00	36.85	
主营业务税金及附加	万元	4506.00	3798.00	18.64	
利税总额	万元	124431.00	80174.00	55.20	
其中：利润总额	万元	75132.00	39466.00	90.37	
应交税金	万元	49299.00	40708.00	21.10	
管理费用	万元	60553.00	45228.00	33.88	
财务费用	万元	8831.00	8101.00	9.01	
营业费用	万元	16298.00	8598.00	89.56	
净利润	万元	35963.00	13861.00	159.45	

2010 年主要指标完成情况（3）

填报单位：凌源钢铁集团有限责任公司

指标名称	计算单位	本年实际	上年实际	增减/%	备注
甲	乙	1	2	3	丙
资产合计	万元	1364714.00	1167411.00	16.90	
负债合计	万元	654251.00	538086.00	21.59	

续表

指 标 名 称	计算单位	本年实际	上年实际	增减/%	备 注
甲	乙	1	2	3	丙
七、劳动工资					
全员劳动生产率（现价总产值）	元/(人·年)	1286457.78	1022642.68	25.80	
年末全部从业人员	人	9831	9384	4.76	
全部从业人员平均人数	人	9463	9630	-1.73	
全部从业人员工资总额	万元	49864.00	38795.00	28.53	
八、固定资产投资					
本年固定资产投资完成额	万元	11590.00	11430.00	14.00	
九、安全环保					
千人负伤率	‰	0.63	1.14	-0.51	
千人工亡率	‰	0.00	0.10	-0.10	
死亡人数	人	0	1		
工业废水排放处理率	%	100.00	100.00	0.00	
工业废气排放处理率	%	100.00	99.62	0.38	
污染物综合排放合格率	%	99.01	97.68	1.33	
十、外经外贸					
出口创汇率	%	1.07	0.29	0.78	
钢铁产品出口额	万美元	2349.00	454.00	417.40	
其中：钢材	万美元	2349.00	454.00	417.40	
钢坯	万美元				
钢铁产品出口量	吨	31971.00	7765.00	311.73	
其中：钢材	吨	31971.00	7765.00	311.73	
钢坯	吨				

大事记

2007年

1月29日 凌钢集团公司召开首届七次职代会。集团公司总经理张振勇向大会做报告，集团公司董事长高益荣做重要讲话，提出了全面提升“集约、优化、协调、永续”水平，努力促进增长方式转变的要求。会议明确了2007年总的工作思路，确定了铁204万吨，钢220万吨（其中品种钢99万吨），商品材215万吨，销售收入65亿元，利润3.6亿元，新区工程全面启动，老区改造项目按计划竣工投产的工作计划。

2月7日 集团公司召开中层管理人员大会，宣布第九届中层管理人员聘任决定，集团公司党委书记董事长高益荣、集团公司总经理张振勇分别做重要讲话。

2月7日 朝阳市委、市政府召开旗林企业座谈会，凌钢集团公司作为功勋企业代表在会上做汇报发言。

2月8日 朝阳市政府召开会议表彰2006年度对外开放工作先进单位，凌源钢铁股份有限公司以出口创汇3855万美元的突出业绩被授予“全市外贸出口创汇明星企业”。

2月15日 钢管厂219机组无缝化改造工程正式竣工投产。

3月9日 集团公司召开贯彻2007年职代会精神汇报会，各单位对两个月来贯彻落实首届七次职代会精神的经验体会进行了汇报交流。集团公司总经理张振勇作重要讲话。

3月16日 集团公司召开2007年政治工作会议，党委副书记、副总经理苑成德做工作报告，总结了2006年公司党建、思想政治工作和精神文明建设，确定了2007年政治工作的指导方针、工作目标和工作任务。大会还表彰了2006年度先进基层党组织和优秀个人。

3月17日 朝阳市政府对2006年度科技进步奖励项目予以公布，我公司有三项科技项目获奖。其中，SPA－H高耐候结构钢、汽车大梁用16MNL热轧中宽钢带开发研制获朝阳市科技进步奖励项目一等奖，中宽带步进蓄热加热炉新技术开发荣获二等奖，小规格45号优质碳素结构钢圆钢的研制获得三等奖。

3月21日 我公司保国公司宣传部部长佟振明获得由辽宁省委宣传部、辽宁省委组织部、辽宁省国资委、辽宁省总工会、辽宁省思想政治工作研究会授予的2006年度辽宁省先进思想政治工作者荣誉称号。

3月26日 朝阳市总工会公布了2006年度十大首席员工、创新能手、技术能手、节约标兵、创新成果名单，我公司李树凤等八名职工及1号转炉炉衬再造等三项创新成果受表彰。

3月29日 在沈阳召开的2006年度辽宁省纳税百强排行榜新闻发布会上，凌钢以年纳税额60553万元列排行榜18位。

4月 型材厂成功开发了3个规格的新产品，分别是HRB500直径32毫米、36毫米、40毫米3个规格的热轧带肋钢筋。

4月11日 我公司被授予2006年度全国“守合同重信用”企业荣誉称号。

4月15日 由冶金标准信息研究院、全国钢标准化技术委员会主办，凌钢承办的GB/T《直缝电焊钢管》国家标准预审会在丹东召开。凌钢作为第一起草单位编制出了标准草案，形成了预审稿，经过与会专家审核讨论，形成意见汇总上报国家标准化委员会。

4月18日 由集团公司和鞍山钢铁集团共同出资组建的鞍钢集团朝阳鞍凌钢铁有限公司举行合同签约仪式，鞍凌钢铁有限公司正式组建。

4月18日 集团公司与鞍钢集团共同投资建设的朝阳200万吨精品钢项目在朝阳举行开工奠基仪式，标志着鞍凌精品钢项目正式开始全面建设。

4月26日 集团公司召开纪念中国共青团成立85周年、五四运动88周年暨共青团、青工工作表彰大会。会上还授予炼铁厂职工周志刚“见义勇为好青年”荣誉称号。

4月30日 朝阳市委、市政府举行2006年度“功勋企业”和“先锋企业”暨2005—2006年度“全民创业标兵”表彰仪式，凌钢继续荣膺朝阳市功勋企业排名首位。

5月1日 凌钢集团公司荣获国务院、中华全国总工会“东北地区老工业基地振兴杯”优胜企业奖殊荣，凌钢炼铁厂获朝阳市五一劳动奖状。

5月16日 省质监局副局长田力到凌钢检查起重设备的运行情况，集团公司副总经理王彦廷、卢亚东对相关情况进行了汇报。检查组在听取了工作汇报后，对起重设备最为集中的转炉炼钢厂进行了检查，对凌钢的特种起重设备的管理和运行工作给予了高度评价。

5月16日 省安监局副局长侯宝泉一行会同朝阳市安监局领导来我公司检查指导安全工作。在股份公司总经理郝志强及生产技术部等相关人员的陪同下，安监局先后检查了焦化厂煤气回收系统及炼钢厂转炉、连铸、钢包、通道等安全关键部位。股份公司总经理郝志强汇报了我公司安全管理工作。

5月18~19日 集团公司举办提高专业技术人员创新能力培训班，全公司各单位的700多名专业技术人员和管理人员在凌钢文化宫接受培训。

5月25日 集团公司召开职代会代表团组长（扩大）会议，审议通过了《凌源钢铁集团公司内部工人技师评聘方案》。

6月15日 由凌钢承办的第十二届北方钢铁企业资源战略研讨会在朝阳召开，首钢、鞍钢、本钢、凌钢、唐钢、邯钢、济钢等21家钢铁企业以及中联钢、我的钢铁、联合金属网3家新闻媒体共同参加了研讨会。凌钢集团公司总经理张振勇在研讨会上致词。

6月21日 我公司代表队在鞍钢举行的全国冶金第三届职工运动会上，取得两金两铜、田径团体总分第四的佳绩。

6月26日 朝阳市市长张铁民、副市长陈列等到凌钢调研，听取了董事长高益荣的汇报，对凌钢生产和技改等各项工作给予高度评价，并研究了凌钢今后发展规划，对凌钢老区发展提出了新的要求。

6月28日 3号高炉改扩建工程竣工投产。

7月2日 在鞍钢召开了鞍钢集团朝阳鞍凌钢铁有限公司第一次股东会议暨第一届董事会、监事会第一次会议，会议审议通过了公司股东会议决议，审议通过了《鞍钢集团朝阳鞍凌钢铁有限公司章程》，成立了董事和监事会，选举了公司董事会、监事会成员。

7月2日 10平方米竖炉工程建成投产。

7月13日 在朝阳市委书记的带领下，由市委、市人大、市政府、市政协组成的朝阳市新建重点项目拉练检查组莅临凌钢，参观了刚刚投入生产的新3号高炉。

8月14~15日 辽宁省副省长刘国强一行在朝阳市领导的陪同下到凌钢检查指导工作。

8月17日 朝阳市委、市政府在凌钢组织召开凌钢中层管理干部大会，宣布朝阳市委、市政府关于凌钢集团有限责任公司党政主要领导的任免决定。高益荣同志不再担任中共凌源钢铁集团有限责任公司党委书记职务、不再担任凌源钢铁集团有限责任公司董事长职务。任命张振勇同志为中共凌源钢铁集团有限责任公司党委书记。朝阳市委提名张振勇同志为凌源钢铁集团有限责任公司董事长人选。

8月22日 集团公司召开了2007年下半年工作会议，总结了前7个月的生产经营情况，部署了后5个月工作任务。炼铁厂等4个单位分别做了汇报发言。总经理张振勇做了重要讲话，其他公司领导也就各自分管工作提出了具体要求。

8月24日 朝阳市政府下发《关于张振勇等职务任免的通知》，任命张振勇为凌源钢铁集团有限责任公司董事长，免去高益荣凌源钢铁集团有限责任公司董事长职务。

8月30日 15万立方米煤气柜工程正式竣工投产。

9月7日 全国人大常委、人大常委会财经委副主任闻世震在朝阳市领导陪同下来我公司视察。闻世震对凌钢所取得的成绩给予了高度评价，希望公司新的领导班子努力工作，开创企业发展的新局面，实现老区做久、新区做精、凌钢做强。

9月13日 集团公司召开350万吨钢技改工程动员大会，全面介绍了凌钢350万吨钢项目情况，对已经完成的技改项目进行了兑现，宣布了下一阶段技改工程项目部的经理和副经理名单。集团公司董事长、总经理、党委书记张振勇做了重要讲话，要求大家以高度的责任感和使命感，以科学严谨的工作作风和求真务实的工作态度，抢抓机遇，克服困难，力争在最短的时间内，完成全部建设项目。

9月19日 朝阳国资委决定，增加卢亚东、张玺才为凌钢集团董事会董事，高益荣同志不再担任凌钢集团董事会董事。

9月20日 保国铁矿铁蛋山100万吨井建工程正式竣工生产。

9月20日 朝阳市科协召开第七次代表大会，凌钢股份公司总经理郝志强荣任朝阳市科协副主席，并获得朝阳市科技贡献奖。

9月26日 集团公司召开技师评聘总结大会，宣布了技师评聘人员名单，232名职工被评为技师。

9月27日 我公司优质碳素钢圆管坯、热轧圆钢被评为朝阳市名牌产品。

10月8日 集团公司荣膺“辽宁省绿化模范单位”荣誉称号。

10月12日 朝阳市总工会组织朝阳的全国及省、部、市级劳动模范来我公司参观。

10月20日 保国铁矿举行建矿四十周年暨250万吨采选主体工程竣工投产大会，集团公司董事长、总经理、党委书记张振勇在庆典大会上做了重要讲话。

10月24日 凌钢技校在工人文化宫举行开学典礼，历时一个多月的技校招生工作圆满结束，近500名新生正式录取进凌钢技校。

11月2日 集团公司党委召开学习宣传贯彻党的“十七大”精神会议，集团公司党委副书记、工会主席苑成德就学习宣传贯彻党的十七大精神提出要求。

11月3日 我公司65Mn优质碳素结构钢热轧中宽钢带、直径80~100毫米20号、45号大规格优质碳素结构钢和3号锅炉改烧煤气工程四个项目分别通过省级新产品投产鉴定、技术鉴定及科技成果鉴定。

11月16日 凌钢游泳馆正式开馆。

12月1~2日 中共凌钢集团公司召开了第二次代表大会，来自全公司的187名代表参加了会议。会议审议通过了党委工作报告和纪委工作报告，选举产生了新一届集团公司委员会和纪律检查委员会。会议明确了凌钢今后一个时期的发展目标和工作任务，确定了企业精神，对于指导把凌钢做大做强做久，实现又好又快发展具有重要的现实和长远意义。

12月16日 凌钢集团工程建设项目管理咨询有限公司顺利通过中国设备监理协会设备工程监理资格评审认证。

12月20日 凌钢朝焦公司召开纪念投产20周年座谈会。集团公司副董事长、党委副书记苑成德，集团公司总会计师、朝焦公司董事长张玺才，股份公司副总经理、朝焦公司董事沈洵参加了座谈会。

12月25日 凌钢集团公司召开2007年度工会工作暨工人技术创新总结表彰大会。会上，集团公司党委副书记、工会主席苑成德做了题为《认真学习贯彻党的十七大精神，在实现凌钢又好又快发展、构建和谐企业中发挥工会组织作用》的工作报告，全面总结了2007年度工会工作，安排部署了2008年工会工作。大会还表彰了2007年度成绩突出的先进集体和个人及工人技术创新优秀成果，对部分工人技术创新成果获得者进行了成果发布。

12月26日 我公司通过了方圆标准认证集团有限公司的质量体系复评审核。

12月28日 凌钢保国公司召开了二次党代会。

2008年

1月5日 集团公司召开2008年工作会议，总结、通报2007年的生产经营、技术改造等情况，结合形势，对2008年的工作进行了安排部署。集团公司领导张振勇、苑成德、郝志强、王彦廷、卢亚东、张玺才，以及全体中层管理人员参加了会议。会议明确了2008年总的工作要求，确定了工作计划：（1）350万吨钢技术改造工程年底建成投产；（2）完成铁219万吨，钢231万吨，其中品种钢109万吨，商品材224万吨；（3）实现销售收入88亿元，利润5亿元。

1月16日 公司召开了2008年安全生产工作会议，总结了2007年安全生产工作，表彰了2007年“安康杯”竞赛优胜单位和先进个人、安全标杆班组和安全优秀班组等，并从以人为本的高度，对2008年安全生产工作做出了部署。股份公司总经理郝志强与质量部、原料厂、型材厂等单位签订了2008年安全目标管理责任状。

1月17日 集团公司召开了2008年设备管理工作会议，总结通报了2007年设备管理工作情况，对2008年的工作进行了全面部署，并表彰了2007年设备管理工作的先进集体和先进个人。

1月29日 集团公司在凌钢文化宫召开二届一次职工（会员）代表大会。职工代表大会审议通过了集团公司总经理工作报告决议，表彰了2007年度先进单位、劳动模范、科技贡献奖及专业能手，兑现了2007年度经济责任制、技术攻关奖、“四新”奖，签订了2008年经济责任状。会员代表大会选举产生了二届工会委员会、二届经审委员会委员，审议通过了首届工会委员会工作报告决议和首届经审委工作报告决议。会上，集团公司总经理张振勇做了题为“坚定信心、真抓实干，为促进凌钢又好又快发展而奋斗”的工作报告，集团公司工会主席苑成德代表凌钢集团公司工会首届委员会做了题为“认真学习贯彻十七大精神，为实现凌钢又好又快发展，构建和谐企业，发挥工人阶级主力军作用”的工作报告。

2月6日 辽宁省2008年名牌产品评比活动落下帷幕，我公司生产的热轧带钢、热轧带肋钢筋再次榜上有名。此次评比结果有效期为三年（2008—2010年）。

2月17日 在中国钢铁工业协会2008年理事（扩大）会议上，中国钢铁工业协会对部分理事、常务理事做出调整，并通报协会部分人事变动。集团公司董事长、党委书记、总经理张振勇当选中国钢铁工业协会理事、常务理事。

2月20日 集团公司召开2008年节能环保工作会议，总结了2007年节能环保工作，表彰了2007年度节能环保现场管理工作先进单位和个人，并对2008年工作做出了具体部署。

2月22日 集团公司召开2007年政治工作会议，党委副书记、副总经理苑成德做工作报告，总结了2007年公司党建、思想政治工作和精神文明建设，确定了2008年政治工作的指导方针、工作目标和工作任务。大会还表彰了2007年度先进基层党组织和优秀个人。

3月3日 辽宁省女职工工作先进集体和先进个人名单揭晓，我公司保国公司工会女职工委员会、动力厂供风段空压一班分别被辽宁省总工会授予“辽宁省先进女职工组织”和辽宁省“三有”女职工先进集体荣誉称号。

3月31日 凌源市委书记带领凌源市相关部门的领导来到我公司，就350万吨钢技改工程征地问题进行现场办公，要求市委市政府及相关部门要进一步增强决策和服务意识，全力做好服务职能。

4月2日 我公司特邀请省安监局安全管理专家授课，公司各单位主管安全领导、安全管理人员和主要岗位的段长参加了培训。

4月8日 凌钢集团投资1000余万元与3号高炉同时建设的TRT发电机组通过省电力公司审批，开始并网运行。

4月9日 凌钢获得由国家质量监督检验检疫总局颁发的“中华人民共和国特种设备制造许可证”，取得从事压力管道元件的制造资格，许可证有效期至2012年1月15日，有效期为4年。

4月15日 由辽宁省国家税务局和辽宁省地方税务局联合推出的2007年度辽宁省纳税百强企业排行榜正式公布，我公司以纳税60922万元位居排行榜第21位，是朝阳市唯一一家跻身辽宁省纳税百强企业的单位。

4月16日 辽宁科技大学考察团在该校党委书记于景伦的带领下抵达凌钢就校企合作进行了座谈。

4月22日 凌钢被辽宁省委、省政府评为辽宁省老干部工作先进集体。

4月30日 在朝阳市委、市政府举行的2007年度“功勋企业”和“先锋企业”表彰大会上，我公司以取得的优异成绩和对朝阳市经济社会发展做出的突出贡献再度被授予“朝阳市功勋企业”。

5月1日 我公司5个先进集体和6个先进个人受到国家、省市表彰。其中，炼铁厂3号高炉工段荣获“全国工人先锋号”，并获“全国五一劳动奖状”。

5月6日 沈阳铁路局阜新车务段段长马强等一行来我公司走访。

5月14日 集团公司、公司党委发出“凌钢职工、心系灾区、众志成城、抗震救灾”的号召，集团公司及职工向四川地震灾区定向捐款300万元。

5月17日 我公司召开195LD低硅铝镇静钢热轧和冷轧钢带企业标准鉴定会，来自冶金标准信息研究院等的6位专家对凌钢起草的Q/CLG 001—2008《195LD低硅铝镇静钢热轧钢带》和Q/CLG 008—2008《195LD低硅铝镇静钢冷轧钢带》标准进行了鉴定。

5月23日 凌钢集团党委转发了中共中央组织部《关于做好部分党员交纳"特殊党费"用于支援抗震救灾工作的通知》。全公司广大党员积极响应，共交纳"特殊党费"33.9万元。其中，有125名党员交纳"特殊党费"超过1000元。

6月10日 集团公司召开中层管理人员会议，会上宣读了《关于授予魏潭英凌钢集团公司劳动模范称号的决定》、《关于对公司办公楼应急照明灯安装工程量不实问题有关责任者的处理决定》和《关于对四月七日矿粉诈骗案件有关责任者的处理决定》，要求各单位学习先进，总结经验，吸取教训。集团公司董事长、党委书记、总经理张振勇做重要讲话。

6月11日 朝阳国税局、地税局评出了全市2006—2007年度纳税信用企业，凌源钢铁集团有限责任公司及凌源钢铁股份有限公司、凌钢集团朝阳焦化厂有限责任公司、凌钢集团保国铁矿有限责任公司荣登朝阳市纳税信用A级榜。

6月16日 朝阳市公安局党委书记孙成伟带领朝阳市公安局部分党委成员及各部门主要领导莅临凌钢召开现场办公会，孙成伟要求各部门要全力以赴，为凌钢发展保驾护航。

6月26日 凌钢成功研发出HRB500E热轧带肋抗震钢筋。

7月3日 凌钢生产的石油管线钢管通过了美国石油协会认证，获得API生产许可。

7月15日 辽宁省副省长刘国强在省经委副主任谭成旭、省经委冶金处长郝庆顺、朝阳市市长张铁民的陪同下莅临凌钢视察指导工作。

8月25日 五机五流连铸机热试成功。

8月29日 朝阳市市长张铁民一行来凌钢调研。

8月31日 90万吨高架棒材工程竣工投产。

9月12日 中国企业联合会、中国企业家协会联合发布中国制造业500强名单，我公司以销售收入78.6亿元的总量位居328位。

9月26日 国家统计局和中国行业企业信息发布中心组织召开2008年度中国大企业集团暨大型工业企业信息发布会，凌钢集团公司荣列全国500大企业第475位，在88家钢铁企业中列55位。

9月27日 集团公司召开当前经济形势通报和前8个月成本分析会议。会议通报了当前面临的严峻经济形势和凌钢前8个月成本情况，对凌钢下一步降本增效工作提出了要求。

10月20日 集团公司与山西焦煤集团签订了《凌源钢铁集团有限责任公司－山西焦煤集团有限责任公司中长期战略合作协议》，该协议的正式签订，标志着双方结成了长期战略合作伙伴关系。

10月21日 热电75吨锅炉开始向老系统供气，它宣告350万吨钢技改工程之一的热电工程竣工投产。

10月27日 集团公司董事长、总经理张振勇与中国钢铁研究总院院长干勇在北京签署战略合作协议书。这标志着我公司与中国钢铁研究总院"喜结良缘"，建立起战略合作伙伴关系。

10月28日 集团召开各单位书记、工会主席会议，参加中国工会十五大归来的凌钢工会主席苑成德在会上介绍了十五大盛况，传达了十五大精神。

11月8日 凌钢195LD、AFD中宽冷带和焊接钢管无缝化三个新产品通过省级投产鉴定和市级科技成果鉴定。

11月12日 朝阳市电业局局长张树立来我公司走访。

11月21日 集团公司召开了中层管理人员会议。会议通报了当前钢铁行业面临的严峻形势和凌钢所面临的困难，部署了具体应对措施。集团公司领导、中层干部以及部分相关管理人员参加了会议。

11月26日 东区家属区休闲广场竣工使用。

12月1日 240平方米烧结机工程竣工投产。

12月9日 1080立方米高炉工程竣工投产。

12月12日 2万立方米制氧机和120吨转炉工程先后竣工投产，这同时也标志着350万吨钢技改工程建设全面完成。

12月19日 集团公司召开2008年工会工作总结暨工人技术创新活动表彰会。会议总结了2008年的工会工作，表彰了2008年度先进集体和个人及工人技术创新优秀成果，并对2009年工会工作做出了安排部署。

12月23日 集团公司在工人文化宫召开了庆祝350万吨钢工程竣工投产大会。辽宁省副省长刘国强及省经委、省发改委、省环保局的领导，朝阳市市委书记，副书记、市长张铁民、副市长陈列及市发改委、市经委、市环保局和凌源市领导参加了大会。

12 月 30 日　集团公司召开 2009 年工作会议，总结、通报了 2008 年的生产经营、技术改造等情况，并结合当前形势，对 2009 年的工作进行了安排部署。

2009 年

1 月 10 日　在辽宁省民政工作会议上，凌钢被授予“辽宁省抗震救灾捐赠突出贡献单位”称号，受到省民政厅表彰。凌钢是朝阳市唯一一家获此殊荣的单位。

1 月 10 日　在由中国企业联合会、中国企业家协会联合开展的中国企业诚信评价活动中，凌钢荣获“2008 年度中国优秀诚信企业”称号。

1 月 18 日　集团公司在凌钢文化宫召开二届二次职工代表大会。会上，集团公司董事长、党委书记、总经理张振勇做了题为《坚定信心　迎难而上　为实现凌钢又好又快发展而奋斗》的工作报告。会议还表彰了 2008 年度先进单位、劳动模范、科技贡献奖及专业能手，兑现了 2008 年度经济责任制、技术攻关奖、“四新”奖，签订了 2009 年经济责任状。

2009 年工作的总体要求是，以中央经济工作会议精神为指导，深入贯彻落实科学发展观，以新项目达产达效为重点，努力提高生产经营的效率和质量，大力开展降本增效，全面提升市场竞争力，努力构建和谐凌钢，促进企业又好又快发展。

2009 年的生产经营目标是：

（1）完成钢 309 万吨，其中品种钢 139 万吨；铁 299 万吨；钢材 303 万吨；铁精矿 100 万吨。

（2）实现销售收入 100 亿元以上。

（3）实现利润 3. 8 亿元。

2 月 20 日　全国钢铁工业先进集体、劳动模范和先进工作者表彰大会在京召开，凌钢集团公司被国家人力资源和社会保障部、中国钢铁工业协会授予“全国钢铁工业先进集体”荣誉称号，凌钢集团有限责任公司副总经理卢亚东、炼铁厂厂长助理陈旭东、保国铁矿选矿车间班长魏东被授予全国钢铁工业劳动模范光荣称号。

2 月 20 日　在朝阳市政府召开的招商引资和外经贸工作表彰会上，凌钢股份公司被授予“出口创汇突出贡献企业”荣誉称号。

2 月 26 日　集团公司召开会议，公布了集团公司领导班子调整情况及工作分工。沈洵同志任集团公司副总经理，杨宗成同志任集团公司副总经理。凌钢股份公司聘任苏辉同志为总经理；聘任毛凤海同志为副总经理；免去郝志强同志股份公司总经理职务；免去沈洵同志股份公司副总经理职务。

2 月 26 日　600 吨/日麦尔兹竖窑竣工投产。

3 月 1 日　凌钢集团公司再次荣获全国精神文明建设工作先进单位称号。

3 月 19 日　凌钢设计院女职工陈志芹被辽宁省总工会授予“辽宁省五一巾帼先进个人”荣誉称号。

3 月 20 日　集团公司召开全体中层管理人员会议，对部分中层管理人员进行了调整。董事长、总经理张振勇要求全体中层管理人员以调整为起点，振奋精神，以前所未有的精神状态扎扎实实地开展工作，为凌钢度过目前的难关和今后的发展而努力奋斗。

3 月 30 日　集团公司党委书记、董事长、总经理张振勇主持召开了学习实践科学发展观活动专题会议，传达学习了上级领导关于深入学习实践活动的重要文件，讨论并通过了凌钢开展学习实践活动实施意见、实施方案，确定了领导小组及办公室成员名单，并明确了工作职责分工。

3 月 31 日　公司召开了深入学习实践科学发展观活动动员大会，公司领导及全体中层管理人员参加了会议，朝阳市委学习实践科学发展观活动第 2 指导检查组一行 3 人到会指导工作。这标志着公司学习实践活动进入全面实施阶段。

4 月 16 日　朝阳市市长张铁民、副市长陈列及凌源市委书记肖建辉、市长侯荣昌来我公司调研，希望凌钢面对危机，逆势而上，实现科学发展。

4月17日 山西焦煤集团销售公司副总经理徐宝顺一行来凌钢走访调研。

4月19日下午 公司召开对标挖潜、降本增效、达产达效分析会，集团公司领导，全体中层管理人员及生产性单位主管参加了分析会。

4月20日 在朝阳市市委常委、总工会主席王兴国的陪同下，省机冶建材产业工会主席赵方敏莅临凌钢，调研学习实践科学发展观活动。

4月24日 集团公司召开对标挖潜、降本增效、达产达效落实会，集团公司领导及全体中层管理人员参加了会议。会议开了整整一天，是凌钢有史以来时间最长的一次工作会议。

5月1日前后 凌钢受到国家、省市各级表彰。集团公司荣获“辽宁省先进集体”；炼钢厂冶炼作业区荣获“全国工人先锋号”，并获“全国五一劳动奖状”；凌钢集团公司连续四年被授予朝阳市“功勋企业”；型材厂荣获“朝阳市先进集体”称号。

5月5日 辽宁省省长陈政高到凌钢调研，要求凌钢加快结构调整，深入挖潜降耗，狠抓产品销售，推动企业持续健康快速发展。

5月10日 凌钢被授予朝阳市“平安单位”荣誉称号，保卫部部长王忠良被授予朝阳市社会治安综合治理暨平安建设工作先进个人。

5月15日 集团公司召开厉行节约、减少非生产性开支工作会议，贯彻落实中央办公厅、国务院办公厅《关于党政机关厉行节约的通知》和省、市有关文件精神，安排部署厉行节约，减少非生产性开支工作。

5月16日 朝阳市工商联应对危机保增长企业家座谈会在凌钢举行，来自各市县区的十余家企业负责人参加了座谈。座谈会由朝阳市政协副主席、工商联合会主席李福东主持。

5月25日 朝阳市市长张铁民、副市长花瑞奇、外经贸局局长谢卫东一行在凌源市市委书记肖建辉、市长侯荣昌等陪同下莅临凌钢，与集团公司领导举行座谈，共商朝阳外贸出口问题。

5月26日 朝阳市委常委组织部部长刘亮、副部长于海春等领导来到凌钢，在凌钢中层管理干部大会上，宣布了朝阳市委关于凌钢党委书记的任职决定，任命郝志强同志为中共凌钢集团有限责任公司党委书记。

6月11日 辽宁省外经贸厅厅长王金笛在朝阳市副市长陈列等陪同下来我公司调研。

6月15日 集团公司领导班子召开了学习实践活动专题民主生活会。会议由集团公司党委书记郝志强主持，公司领导班子全体成员参加了会议，市委第二指导检查组组长白云静、郝建峰出席会议。

6月17日 朝阳市委书记在市委秘书长李振清及市经委、财政局、水利局等领导的陪同下，对凌钢开展学习实践活动和下一步发展等情况进行了专题调研。

6月20日 中共辽宁省委宣传部、中共辽宁省委组织部、辽宁省人民政府国有资产监督管理委员会、辽宁省总工会、辽宁省思想政治工作研究会联合发出了《关于表彰2008年度辽宁省思想政治工作先进单位和辽宁省先进思想政治工作者的决定》，凌钢连续20年获省思想政治工作先进单位殊荣。

6月29日 凌钢党委被辽宁省委授予先进基层党组织荣誉称号，炼铁厂4号高炉工段段长倪静锋被授予优秀共产党员。

7月10日 辽宁省进出口检验检疫局和朝阳市进出口检验检疫局，联合到凌钢进行了进出口产品一类企业实地检验和审核，凌钢股份公司一次通过。

7月26日 凌钢集团公司与北票市政府签署战略合作协议，北票市代市长肖森、凌钢集团公司董事长总经理张振勇在战略合作协议上郑重签字。同时，隆重举行了凌钢北票钢管有限公司开工奠基仪式。

8月7日 集团公司召开推进对标挖潜、降本增效暨下半年工作会议，总结前7个月对标挖潜、降本增效工作，安排部署后5个月工作任务。

8月14日 集团公司党委召开学习实践科学发展观整改落实阶段会议，明确了整改落实方案的指导思想、原则、主要内容。

8月14日 集团公司召开二届职代会代表团组长扩大会议，表决通过《职工手册》，标志着企业管理制度化、规范化向前迈出了坚实的一步。

8月25日 朝阳市供电局局长徐文、副局长刘绍军、纪检委书记钟凤华在凌源市供电公司总经理周树伟、党委书记付国胜的陪同下到凌钢走访调研。

8月28日 经凌钢股份有限公司董事会研究决定，设立凌钢股份北票钢管有限公司。

9月9日 集团公司董事长、总经理张振勇被省经济和信息化委员会、省总工会、省企业联合会、省企业家协会联合授予“辽宁省功勋企业家”称号。

9月15日 公司召开了深入学习实践科学发展观活动总结会议，公司领导及全体中层管理人员参加了会议，党委书记郝志强作总结讲话。这标志着公司历时5个多月的学习实践活动现已告一段落。

9月24日 中冶东北建设有限公司董事长赵广利、总经理霍春义等一行来我公司走访。

9月28日 经集团公司研究决定，成立凌钢集团北票矿业有限责任公司。

10月5日 辽宁省省长陈政高带领省经委，省财政厅的领导，在朝阳市委书记，市长张铁民的陪同下来到北票冶金工业园区，视察正在建设中的凌钢北票钢管项目。

10月12日 集团公司在四楼会议室召开了关于学习贯彻党的十七届四中全会精神的会议。

10月15日 鞍钢集团公司副总经理陈平、战略发展部副处长蒋有义、鞍凌公司副总经理吴国彦等一行来凌钢走访，双方就矿山勘探及开采等方面交换了意见。

10月21日 原辽宁省副省长、省政协副主席、省冶金行业推进小组组长赵新良一行莅临凌钢调研。

10月24日 由中国国家统计局和中国行业企业信息发布中心组织的2009年度中国大企业集团暨大型工业企业信息发布会在北京召开，凌钢集团公司以营业收入98.36亿元荣列全国500大企业第441位，比上年提高34位。这是我公司自2000年以来连续第九年进入此排名。

11月2日 朝阳市委书记，市长张铁民等领导到凌钢北票钢管项目拉练检查。

11月3日 经集团公司研究决定，成立凌钢集团赤峰凌敖矿业有限公司。

11月16日 焦化工程和热电1号汽轮机组改造工程竣工投产。

11月20日 凌源市公安局万树清局长到凌钢走访调研。

11月24日 公司召开2009年财产清查工作会议，总结物资管理取得的成绩和存在的问题，并对财产清查工作做出具体安排部署。

12月2日 朝阳市市长张铁民、副市长陈列一行在凌源市市委书记肖建辉、市长侯荣昌的陪同下来凌钢调研。

12月4日 集团公司通过质量体系监督审核，方圆辽宁省审核中心副主任吴国贤等五人专家组对凌钢质量体系运行给与了高度评价，同时对不规范的环节提出了改进建议。

12月13日 宁城县县长刘万虎一行来凌钢考察交流。

12月15日 集团公司向凌源教育事业捐资1000万元。

12月17日 凌钢北票钢管公司搬迁的两套机组经过近两个月的安装调试，按期投产，生产出了合格的产品。

12月18日 集团公司召开2009年度工会工作暨工人技术创新总结表彰大会，有247名个人和20个集体项目获公司级奖励。

12月26日 公司第一餐厅开始向职工配餐，它标志着集团公司配餐工作的开始，同时也是钢富达公司经营凌钢配餐工作的开始。

12月29日 集团公司向北票市捐资助学1000万元。

12月31日 集团公司召开2010年工作会议，总结2009年各项工作，安排部署2010年生产经营与企业发展的各项任务。

2010年

1月6日 凌钢被辽宁省扶贫开发领导小组、中共辽宁省直属机关工作委员会授予“2009年省定点扶贫先进单位”称号，公司工会陈立军被评为先进工作者。

1月8日 集团公司召开2010年安全生产工作会议。总结了2009年的安全生产工作经验和教训，对2010年的安全工作进行了安排和布置，宣布安全目标责任状兑现情况，表彰先进单位和个人，签订了2010年安全目标管理责任状，质量部、中宽带钢厂、检修中心3个单位的一把手作了检讨性发言。

1月12日 集团公司召开2010年设备管理工作会议。总结通报了2009年设备管理工作情况，对2010年的工作进行了全面部署，并表彰了2009年设备管理工作的先进集体和先进个人。

1月14日 集团公司召开效能监察工作会议。总结了2009年效能监察工作，部署2010年效能监察任务，授予转炉炼钢厂、型材厂、机动部、计量信息部为2009年“效能监察工作先进单位”。

1月19日 集团公司召开第十届中层管理人员聘任会议。此次换届共聘任中层管理人员139名，其中正职37名，副职92名，副部级待遇10名。有9名新同志走上了中层管理岗位。

1月20日 凌钢HRB400热轧带肋钢筋被评为全国冶金产品实物质量金杯奖，成为全国11家热轧带肋钢筋获奖企业之一。

1月22日 凌钢技校招生考试在朝阳街小学顺利举行。此次考试共设34个考场，约1200多人，分为语文和数学两个科目。

1月26日 集团公司召开2010年节能环保现场工作会议，总结2009年的节能、环保、现场、绿化工作，全面部署2010年各项工作任务，并表彰了2009年度节能、环保、现场管理先进单位和先进个人，炼铁厂、炼钢厂、原料厂进行了典型经验介绍。

1月28日 集团公司召开2010年社会治安综合治理及生产保卫工作会议，主要是贯彻落实集团公司工作会议精神，总结2009年社会治安综合治理和生产保卫工作，安排部署2010年社会治安综合治理和生产保卫各项工作，动员组织全公司职工牢固树立“全员治安保卫”理念，努力构建全员治安保卫管理体系，推进“平安凌钢”、“和谐凌钢”建设。

1月29日 集团公司召开2010年财务工作会议。总结2009年公司财务工作，安排部署2010年财务工作任务。动员各级管理人员、特别是全体财务工作人员，认清形势，统一思想，明确任务，进一步增强责任感和紧迫感，开拓创新，扎实工作，为全面实现公司2010年各项工作任务做出新的贡献。

2月3日 集团公司在凌钢文化宫召开二届三次职代会。集团公司总经理张振勇做了工作报告，党委书记郝志强做了重要讲话，大会宣布表奖了2009年度先进单位和劳动模范、科技贡献奖、专业能手获得者，兑现了2009年年终经济责任制和其他各项奖励，同时签订了2010年经济责任状。

2010年工作的总体要求是：以科学发展观为指导，全面贯彻党的十七届三中、四中全会和中央经济工作会议精神，继续优化产品结构，深化对标挖潜、降本增效，加大资源开发建设力度，努力转变发展方式，实现生产经营与企业发展的良性循环。

2010年的生产经营目标是：

（1）完成钢330万吨（其中品种钢123万吨）、铁306万吨、材339万吨、铁精矿140万吨。

（2）实现销售收入110亿元以上。

（3）实现利润4亿元以上。

3月3日 集团公司召开贯彻落实2010年工作会议精神汇报会。会上，有16个单位做了汇报，集团公司董事长、总经理张振勇分别围绕产品升级、对标挖潜和资源开发三大重点任务做了重要讲话。党委书记郝志强就如何贯彻落实会议精神提出了要求。

3月9日 集团公司召开2010年政治工作会议。会上，党委书记郝志强做了2010年思想政治工作报告，纪委书记王彦廷做2010党风廉政建设工作报告。炼钢厂、型材厂和计量信息部分别发言介绍经验。会上还表彰先进单位和个人。

3月11日 朝阳市军分区司令员王辅东来凌钢检查工作，集团公司党委书记郝志强、纪委书记王彦廷陪同参观并座谈。

3月29日 2010年朝阳市共青团城市战线工作推进会在凌钢召开。会议由朝阳团市委副书记安海江主持，团市委书记刘力和全市各基层团组织的主要负责人出席会议，集团公司党委副书记苑成德应邀参加会议。

4月1日 辽宁省国税局发布2009年度纳税百强排行榜，凌钢股份以22941万元名列纳税百强排行榜第59位。

4月1日 凌钢集团公司召开有线电视网络移交专题会议，正式着手将现有有线电视网络（即闭路电视系统）移交给凌源市有线电视台。

4月12日 朝阳市国税局、地税局举行2009

年度朝阳市纳税10强企业表彰授牌仪式，凌钢集团公司荣登10强榜首。

4月14日 集团公司与黑龙江交通职业技术学院举办校企联合座谈会，签订了校企共建就业实习基地协议书。

4月15日 朝阳市市长张铁民、副市长陈列等一行来凌钢调研。

4月16日 凌钢集团公司被中国企业信用管理协会授予“中国AAA级信用企业”称号。

4月22日 设计能力年产60万吨生铁，总投资1.5亿元的1号高炉，经51天扩容改造顺利出铁。

4月30日 朝阳市委、市政府在大凌河畔旗林广场隆重举行了2009年度“功勋企业”和“先锋企业”表彰暨升旗仪式。凌钢以其所取得的成绩和对朝阳市经济社会发展做出的突出贡献第五次被授予“朝阳市功勋企业”荣誉称号。

5月4日 集团公司团委对2009年度青年文明号、十佳青年、优秀团员、青年岗位能手进行了表彰。

5月4日 集团公司团委被团省委授予“辽宁省五四红旗团委”荣誉称号。

5月17日 辽宁省委副书记张成寅在北票市委书记马国泰、市长肖森的陪同下，到凌钢北票钢管公司参观视察。

5月24日 集团公司党委召开政治工作汇报会，总结今年以来公司各单位政治工作开展情况，安排部署下一步政治工作任务。会上，炼铁厂等10个单位进行了汇报交流，宣读了集团公司党委《关于在集团公司基层党组织和党员中深入开展创先争优活动的实施意见》和《关于推进学习型党组织建设的实施意见》。

6月8日 总投资5000万元，设计处理污水量800立方米/时，施工建设104天的污水深度处理工程提前三天竣工投产。

6月10日 辽宁省总工会公交农建产业工会主席赵方敏在朝阳市总工会副主席杨景奇陪同下来凌钢调研。

6月18日 集团公司党委就组织开好专题组织生活会召开专题例会。

7月14日 共青团辽宁省委副书记赵红巍在朝阳市团委书记刘力等陪同下来凌钢调研。

7月20日 集团公司召开下半年工作会议，董事长、总经理张振勇做重要讲话，党委书记、副总经理郝志强主持会议并做总结讲话，副总经理沈洵做深化对比挖潜专题报告。

8月12日 年产能力50万吨，总投资2.8亿元的高速线材工程竣工投产。

8月25日 凌源傲翼新能源有限公司成立。

9月4日 中国企业联合会、中国企业家协会第6次向社会发布了中国制造业500强名单。凌源钢铁集团有限责任公司以2009年营业收入107.85亿元荣列中国制造业企业500强第287位，排名比上年提升30位，这是集团公司自2004年以来连续第6次进入此排名。

9月14日 朝阳市代市长王明玉带领朝阳市政府秘书长李陌尘、发改委主任董砚春、经委主任管绍华，在凌源市委书记肖建辉、市长侯荣昌陪同下来凌钢视察调研。

9月27日 总投资400万元、施工70多天的凌钢西区体育场改造工程竣工并投入使用。

10月19日 集团公司举行75吨锅炉及12兆瓦发电机组竣工投产庆典仪式，庆祝该工程于10月6日比公司计划提前9天并网发电。工程总投资7200万元，年发电量8200万千瓦时。

11月1日 中共朝阳市委组织部任命王彦廷同志为凌源钢铁集团有限责任公司党委副书记。

11月4~6日 方圆标志认证集团专家组对凌钢主要产品及质量管理体系进行了为期三天的审核，凌钢顺利通过质量管理体系复评的审核认证。

11月5日 根据朝阳市总工会《关于凌源钢铁集团有限责任公司工会主席改选报告的批复》，王彦廷同志任凌源钢铁集团有限责任公司第二届工会委员会委员、常委、工会主席。

11月5日 集团公司领导班子学习了《中共中央关于制定国民经济和社会发展第十二个五年规划的建议》。会上，董事长、总经理张振勇强调要加快转变经济发展方式，推动凌钢科学发展。

11月25日 辽宁省安监局调研员谢学军及朝阳市安监局副局长巩军等人组成的全省联合检查专家组对凌钢煤气专业安全进行检查，专家组对凌钢在安全管理方面的工作给予高度评价，同时提出了一些整改意见。

11月29日 凌钢股份入选由上海证券交易所和中证指数有限公司联合发布的新兴蓝筹上证380

指数股。

12 月 8 日 凌钢集团公司为凌钢小学捐助 40 万元，用于学校的基础设施建设。

12 月 13 日 朝阳市代市长王明玉带领常务副市长韩军、副市长陈列、副市长李军、朝阳市直有关部门主要领导以及凌源市委书记施光磊、代市长邹凤彦到凌钢调研。

12 月 23 日 凌源钢铁股份有限公司生产的“菱圆”牌螺纹钢获上期所螺纹钢期货交割品牌资格。

12 月 30 日 凌钢集团公司召开 2011 年工作会议，会上全面总结了 2010 年工作，回顾了“十一五”发展历程，并对 2011 年工作任务进行了部署和安排，展望了“十二五”发展愿景。

重要文件索引

2007 年

上级领导机关文件索引

序号	文件标题	文号	发文单位
1	关于印发《关于进一步做好军队转业干部安置工作的意见》的通知	中发［2007］8 号	中共中央
2	关于印发《国家发展改革委关于上半年经济形势和做好下半年经济工作的建议》的通知	中发［2007］10 号	中共中央
3	胡锦涛、吴官正同志在中央纪委第七次全体会议上的讲话	中办通报第 1 期	中共中央办公厅
4	关于建军 80 周年纪念活动的意见	中办发［2007］6 号	中共中央办公厅
5	关于转发《宣传部 2007 年宣传思想工作要点》的通知	中办发［2007］2 号	中共中央办公厅
6	关于加强中央和国家机关保密工作的意见	中办发［2007］23 号	中共中央办公厅
7	中共中央办公厅、国务院办公厅关于迎奥运会有关工作的通知	中办发［2007］12 号	中共中央办公厅
8	关于印发《国民经济和社会信息化“十一五”规划》的通知	厅字发［2007］25 号	中共中央办公厅
9	关于印发《保持党员先进性四个长效机制文化精神贯彻落实情况报告》的通知	厅字［2007］6 号	中共中央办公厅
10	关于开展 2007 年上半年勤政廉政“半年一评”活动的通知	辽政监纪监发［2007］6 号	辽宁省政监会
11	转发省财政厅《关于加强会计诚信建设实施意见》的通知	辽政办［2007］79 号	辽宁省政府办公厅
12	关于印发辽宁省 100 户铁路运输重点保障工业企业名单的通知	辽经委［2007］243 号	辽宁省经委
13	关于调整辽宁省 100 户重点工业企业名单的通知	辽经发［2007］133 号	辽宁省经委
14	关于印发《王唯众在省纪委第二次全体会议上的工作报告》的通知	辽纪发［2007］5 号	辽宁省纪委
15	关于做好新会计准则过渡期间企业财务工作的通知	辽国资统计［2007］20 号	辽宁省国资委
16	转发国务院国资委《关于股权分置改革股东垫付对价有关问题》的通知	辽国资经营［2007］76 号	辽宁省国资委
17	“钢铁行业‘十一五’节能目标设定”的会议纪要	钢协函［2007］3 号	中国钢铁工业协会
18	关于 2006 年“对标挖潜”十项主要产品制造成本	钢协［2007］75 号	中国钢铁工业协会
19	关于做好 2007 年《中国钢铁工业年鉴》编辑出版发行工作通知	钢协［2007］49 号	中国钢铁工业协会
20	钢协 2008 年理事（扩大）会议的预通知	钢协［2007］220 号	中国钢铁工业协会
21	钢协发布《“十一五”信息化发展意见》的通知	钢协［2007］205 号	中国钢铁工业协会
22	关于召开 2008 年度钢铁生产经营预期目标座谈会的通知	钢协［2007］203 号	中国钢铁工业协会
23	中国钢铁协会三届二次常务理事（扩大）会议的通知	钢协［2007］138 号	中国钢铁工业协会
24	关于 2006 年的“对标挖潜”主要产品制造成本前三名先进企业表彰决定	钢协［2007］129 号	中国钢铁工业协会
25	关于转发《劳动和社会保障部关于表彰 2006 年钢铁技术能手决定》的通知	钢协［2007］126 号	中国钢铁工业协会
26	关于利用信用保险扶持中国钢铁企业发展的通知	钢协［2007］121 号	中国钢铁工业协会
27	关于张振勇等同志任职的通知	朝组干发［2007］89 号	朝阳市委组织部
28	关于张振勇等同志任职的决定	朝组干发［2007］113 号	朝阳市委组织部

续表

序号	文 件 标 题	文 号	发文单位
29	关于同意召开中共凌源钢铁集团公司第二次代表大会的批复	朝组发［2007］21号	朝阳市委组织部
30	关于张振勇等同志职务任免的通知	朝政人字［2007］8号	朝阳市政府
31	朝阳市政府关于表彰2006年度对外开放工作先进单位的决定	朝政法［2007］5号	朝阳市政府
32	关于印发《中共朝阳市委统战部2007年工作要点》的通知	朝委统［2007］6号	朝阳市委统战部
33	关于表彰2006年全市统战部理论研究优秀成果的通报	朝委统［2007］28号	朝阳市委统战部
34	关于转发《年度统战工作“双争双评”活动实施意见》的通知	朝委统［2007］18号	朝阳市委统战部
35	关于转发《关于建军80周年纪念活动的意见》	朝委发［2007］8号	朝阳市委
36	关于加强推进高技能人才队伍建设的实施意见	朝委发［2007］7号	朝阳市委
37	关于加强市委市政府领导班子作风建设若干规定	朝委发［2007］6号	朝阳市委
38	关于印发《2007年党风廉政建设和反腐败工作责任分工》的通知	朝委办发［2007］24号	朝阳市委办
39	关于印发《贯彻落实市委八届四次全会精神重要任务分析方案》	朝委办发［2007］20号	朝阳市委办
40	关于2006年全市人口和计划生育工作考评情况的通报	朝委办发［2007］12号	朝阳市委办
41	关于印发《2007年全市宣传思想工作要点》的通知	朝委办［2007］5号	朝阳市委办
42	关于印发朝阳市第二十一届“科技之冬”活动方案的通知	朝委办［2007］32号	朝阳市委办
43	关于认真开展纪念中国共产党建党86周年活动的通知	朝委办［2007］22号	朝阳市委办
44	关于印发《朝阳市开展“送温暖、献爱心”社会捐助活动实施方案》的通知	朝委办［2007］22号	朝阳市委办
45	关于表彰2006年度市委信息工作优秀企业及优秀工作者的通报	朝委办［2007］1号	朝阳市委办
46	关于印发《朝阳市科技“十一五”发展规划》的通知	朝委办［2007］11号	朝阳市委办
47	朝阳市委、市政府关于表彰全市国有企业单位改制工作先进单位优秀工作者的决定	朝委［2007］6号	朝阳市委
48	关于推动和谐朝阳建设若干重点工作的意见	朝委［2007］5号	朝阳市委
49	朝阳市委、市政府关于调整朝阳市劳务输出工作领导小组成员的通知	朝委［2007］36号	朝阳市委
50	关于表彰2005—2006年度市直机关党建工作先进单位的决定	朝委［2007］32号	朝阳市委
51	中共朝阳市委、市政府关于调整朝阳机构编制委员会成员的通知	朝委［2007］30号	朝阳市委
52	关于转发《关于进一步加强和改进全省国有企业共青团工作意见》的通知	朝团委［2007］10号	朝阳市委组织部
53	关于凌钢集团土地出让的批复	朝企改办［2007］11号	朝阳市企业改革办办公室
54	关于组织申报2008年省企业技术创新重点项目计划通知	朝经发［2007］80号	朝阳市经委
55	关于转发省经委《辽宁省有序用电管理办法》的通知	朝经发［2007］65号	朝阳市经委
56	转发关于组织申报第十批省级企业技术中心及考核评价的通知	朝经发［2007］14号	朝阳市经委
57	关于转发《朝阳市领导干部报告个人有关事项》的通知	朝国资党［2007］9号	朝阳国资委
58	关于印发《朝阳市政府国资委系统党务公开实施方案》	朝国资党［2007］8号	朝阳国资委
59	转发《关于开展全面振兴迎接党的十七大胜利召开活动意见》的通知	朝国资党［2007］14号	朝阳国资委
60	关于2006年党风廉政建设责任制检查考评情况的通报	朝国资党［2007］12号	朝阳国资委
61	关于卢亚东等同志职务任免的通知	朝国资［2007］35号	朝阳国资委
62	关于成立安全生产工作组织机构的通知	朝国资［2007］25号	朝阳国资委

续表

序号	文 件 标 题	文 号	发文单位
63	关于建立国有资产经营运行调度例会制度的通知	朝国资［2007］24号	朝阳国资委
64	关于转发市政府办公室《关于推荐朝阳市科技贡献奖人选的通知》的通知	朝国资［2007］21号	朝阳国资委
65	关于印发《朝阳市国资委监管企业责任人年度考核》的通知	朝国资［2007］114号	朝阳国资委
66	关于印发《市总工会2007年重点工作考核办法》的通知	朝工办发［2007］14号	朝阳市总工会
67	关于进一步做好全市季度经济形势分析工作的通知	朝发改［2007］77号	朝阳发改委
68	关于表彰朝阳市会计诚信建设先进工作者	朝财会［2007］543号	朝阳市财政局
69	转发关于印发节能技术改造财政奖励资金管理暂行办法的通知	朝财会［2007］430号	朝阳市财政局
70	关于加强劳动防护用品监督管理工作的通知	朝安监发［2007］70号	朝阳市安监局
71	转发关于开展2007年安全工程专业职称评审工作的通知	朝安监发［2007］69号	朝阳市安监局

凌钢集团公司文件索引

序号	文 件 标 题	文 号
1	关于表彰效能监察工作先进单位的决定	凌钢集团［2007］2号
2	关于印发2006年度科技贡献奖的决定	凌钢集团［2007］3号
3	关于表彰2006年度先进单位、劳动模范、专业能手的决定	凌钢集团［2007］4号
4	关于凌钢持有朝阳浪马轮胎股权转让价格的请示	凌钢集团［2007］5号
5	关于聘任、任命集团公司中层管理人员的通知	凌钢集团［2007］6号
6	关于印发《凌钢集团公司能源审计工作实施方案》的通知	凌钢集团［2007］8号
7	凌源钢铁集团有限责任公司关于产品结构调整淘汰落后设备的方案	凌钢集团［2007］9号
8	关于印发《凌源钢铁集团有限责任公司绿化管理实施细则》的通知	凌钢集团［2007］10号
9	关于鞍钢合资建设200万吨钢项目相关协议合同报告	凌钢集团［2007］11号
10	关于印发《凌钢集团公司计划生育工作管理规定》的通知	凌钢集团［2007］12号
11	凌钢集团技改工程建设监督管理办法	凌钢集团［2007］15号
12	关于在全公司专业技术人员中开展知识更新工作的通知	凌钢集团［2007］17号
13	关于调整辅助生产系统月份产量结算日期的通知	凌钢集团［2007］19号
14	凌源钢铁集团内部工人技师评聘方案	凌钢集团［2007］22号
15	关于印发《凌钢集团公司2007年工资调整方案》的通知	凌钢集团［2007］25号
16	关于凌钢集团公司《热电厂燃煤锅炉改造改烧煤气发电工程》环境影响评价审查工作的通知	凌钢集团［2007］26号
17	关于张振勇同志任职的通知	凌钢集团［2007］28号
18	关于张艳涛等同志职务任免的通知	凌钢集团［2007］30号
19	关于成立集团（股份）公司造价中心及林达智同志职务任免的通知	凌钢集团［2007］31号
20	关于召开2007年度“百日安全无事故”活动的通知	凌钢集团［2007］32号
21	关于调整凌钢集团公司招标管理委员会的通知	凌钢集团［2007］34号
22	关于凌钢集团北票保国铁矿公司董事会成员调整及郝志强等同志任职的通知	凌钢集团［2007］35号
23	关于凌钢集团朝阳焦化有限责任公司董事会成员及张玺才同志任职的通知	凌钢集团［2007］36号
24	关于凌钢集团设计研究有限公司董事会成员调整及卢亚东等同志任职的通知	凌钢集团［2007］37号
25	关于公布评聘高级技师、技师名单的通知	凌钢集团［2007］38号

续表

序号	文 件 标 题	文 号
26	关于印发《凌钢招标投资责任追究暂行规定》、《凌钢工程造价审计办法》的通知	凌钢集团［2007］40 号
27	关于加强秋季防火工作和消防安全宣传标语征集评选活动的通知	凌钢集团［2007］41 号
28	关于转发《国家省市安全生产监督管理局关于近期连续发生因施救不当造成伤亡扩大事故的通报》的通知	凌钢集团［2007］43 号
29	关于嘉奖保国铁矿有限责任公司的决定	凌钢集团［2007］44 号
30	关于成立凌钢集团公司放射卫生防护管理领导小组的通知	凌钢集团［2007］48 号
31	关于表彰 2007 年度工人技术创新优秀成果获得者、优秀工程、优秀组织单位的决定	凌钢集团［2007］58 号
32	关于凌钢集团北票保国铁矿有限责任公司董事会成员调整及张振勇等同志任职的通知	凌钢集团［2007］59 号
33	关于聘任、任命集团公司中层管理人员的通知	凌钢股份［2007］4 号
34	关于印发《开展加强上市公司治理专项活动工作方案》的通知	凌钢股份［2007］10 号
35	关于苏辉同志赴美国、加拿大学习考察情况的说明	凌钢股份［2007］13 号
36	关于印发《信息披露事务管理制度》的通知	凌钢股份［2007］15 号
37	关于表彰 2006 年度先进单位、劳动模范的决定	凌钢集团委发［2007］1 号
38	关于聘任、任命集团公司中层管理人员的通知	凌钢集团委发［2007］2 号
39	关于聘任、任命股份公司中层管理人员的通知	凌钢集团委发［2007］3 号
40	关于表彰集团公司 2006 年度先进基层党组织优秀党员、优秀党务工作者的决定	凌钢集团委发［2007］4 号
41	关于印发《宣传思想工作、组织工作、新闻报道工作要点》的通知	凌钢集团委发［2007］5 号
42	关于转发《中共中央纪委关于严格禁止利用职务上的便利谋取不正当利益的若干规定》的通知	凌钢集团委发［2007］9 号
43	凌钢集团公司关于第五个法制宣传教育的规划	凌钢集团委发［2007］10 号
44	关于张振勇同志任职的通知	凌钢集团委发［2007］11 号
45	中共凌钢集团公司委员会全体会议关于召开中共凌钢集团公司第二次代表大会的决定	凌钢集团委发［2007］13 号
46	关于中共凌钢集团公司第二届委员会和纪律检查委员会组成人员候选人预备人选的请示	凌钢集团委发［2007］15 号
47	关于认真学习宣传贯彻党的十七大精神的通知	凌钢集团委发［2007］16 号
48	关于中共凌钢集团公司第二次代表大会和第二届委员会、纪律检查委员会第一次全体会议选举结果的报告	凌钢集团委发［2007］17 号
49	关于 2007 年度基层党建思想政治工作和党风廉政建设检查的通知	凌钢集团委发［2007］18 号
50	关于认真学习宣传贯彻公司二次党代会精神的通知	凌钢集团委发［2007］19 号
51	关于同意召开中共凌钢集团北票保国铁矿有限责任公司第二次代表大会的批复	凌钢集团委发［2007］20 号
52	关于中共凌钢集团北票保国铁矿有限责任公司第二次代表大会和第二届安全会、纪律检查安全会、第一次全体会议选举结果的批复	凌钢集团委发［2007］21 号

2008年

上级领导机关文件索引

序号	文件标题	文号	发文单位
1	中共中央关于进一步完善地方党委领导班子配备改革后工作机制的意见	中发［2008］4号	中共中央
2	中共中央关于在全党开展深入学习实践科学发展观活动的意见	中发［2008］18号	中共中央办公厅
3	《关于征集领导干部个人留存的党史资料》的通知	中发［2008］14号	中共中央办公厅
4	中共中央关于印发《中国共产党党校工作条例》的通知	中发［2008］13号	中共中央
5	中共中央国务院关于全面推进集体林权制度改革的意见	中发［2008］10号	中共中央
6	印发《加强因公出国管理的若干规定》通知	中办发［2008］9号	中共中央办公厅
7	中共中央办公厅《中共中央宣传部关于党的十六大以来宣传思想文化工作情况和今后工作设想的报告》的通知	中办发［2008］8号	中共中央办公厅
8	转发《中共中央宣传部关于2008年宣传思想工作要点的通知》	中办发［2008］2号	中共中央办公厅
9	转发《中央人才工作组关于海外高层次人才引进计划》	中办发［2008］25号	中共中央办公厅
10	关于进一步加强和改进党委中心组学习的意见	中办发［2008］17号	中共中央办公厅
11	中共中央关于转发中央深入学习实践科学发展观活动试点工作领导小组《深入学习实践科学发展观活动试点工作总结报告》的通知	中办发［2008］14号	中共中央办公厅
12	转发市维稳办《关于2008年维护社会稳定工作的通知》	市委办发［2008］7号	朝阳市委办公室
13	朝阳市委办关于印发《2008年全市宣传思想工作要点》	市委办发［2008］14号	朝阳市委办公室
14	关于进一步加强全省工业经济运行工作的意见	辽委发［2008］20号	辽宁省委
15	关于下达2008年企业技术改造项目财政贴息计划的通知	辽经投资［2008］122号	辽宁省经委
16	关于凌钢股份公司TRT发电机组电力并网运行的批复	辽经电力［2008］119号	辽宁省经委
17	转发关于印发企业内部控制基本规范的通知	辽财会［2008］798号	辽宁省财政厅
18	关于召开中国钢铁工作协会2008年理事大会的通知	钢协［2008］15号	中国钢铁工业协会
19	关于对县级党政领导班子后备干部队伍进行调整充实的通知	朝组发［2008］35号	朝阳市委组织部
20	关于印发《2008年全市统战理论研究工作意见》的通知	朝委统［2008］14号	朝阳统战部
21	关于进一步加快县域经济发展的实施意见	朝委发［2008］7号	朝阳市委
22	关于实行基层党代表大会代表任期制的意见	朝委发［2008］4号	朝阳市委
23	关于贯彻省委省政府突破辽西北战略的实施意见	朝委发［2008］17号	朝阳市委
24	关于进一步加强和改进精神文明建设工作的意见	朝委发［2008］10号	朝阳市委
25	关于组织开展2009年新年春节期间系列文化活动的通知	朝委办发［2008］35号	朝阳市委办公室
26	关于印发朝阳市党政机关节能减排实施方案的通知	朝委办发［2008］25号	朝阳市委办公室
27	中共朝阳市委办公室关于认真开展纪念中国共产党建党87周年活动的通知	朝委办发［2008］19号	朝阳市委办公室

续表

序号	文 件 标 题	文 号	发文单位
28	市委办公室　市政府办公室关于印发《2008年全市党风廉政建设和反腐败工作要点、组织领导和责任分工》的通知	朝委办发［2008］18号	朝阳市委办公室
29	关于2007年全市计划生育工作考评情况通知	朝委办发［2008］12号	朝阳市委办公室
30	关于改革开放30周年纪念活动的通知	朝委办［2008］9号	朝阳市委
31	关于进一步加强向市委报送紧急信息工作的通知	朝委办［2008］8号	朝阳市委办公室
32	《朝阳开展“敬英烈、献爱心”赵尚志》捐款	朝委办［2008］5号	朝阳市委办公室
33	转发市政协党组《关于召开时政协九届一次会议报告》	朝委办［2008］33号	朝阳市委办公室
34	中共朝阳市委办公室关于印发《贯彻落实市委八届七次全会精神重要任务分解方案》的通知	朝委办［2008］30号	朝阳市委办公室
35	印发《关于启动朝阳城市记忆开发的方案》通知	朝委办［2008］29号	朝阳市委办公室
36	关于印发《2008年市直单位党风廉政建设责任制考评办法》的通知	朝委办［2008］27号	朝阳市委办公室
37	关于全市关心下一代工作情况和工作意见报告	朝委办［2008］21号	朝阳市委办公室
38	关于2007年全市软环境建设“双评”情况的通报	朝委办［2008］11号	朝阳市委办公室
39	关于加强领导干部公务活动管理有关事项的通知	朝委办［2008］10号	朝阳市委办公室
40	关于调整朝阳市机构编制委员会成员的通知	朝委［2008］31号	朝阳市委
41	关于调整朝阳国防动员委员会、人民武装委员会、双拥工作领导小组和国防教育委员会组成人员的通知	朝委［2008］26号	朝阳市委
42	关于调整朝阳市奥运会安全保卫工作领导小组的通知	朝委［2008］23号	朝阳市委
43	关于命名高名山等27名同志为朝阳市第二批优秀专家的通知	朝委［2008］14号	朝阳市委
44	关于转发中共中央组织部《关于在抗震救灾中进一步发挥各级党组织战斗堡垒作用各级领导干部模范带头作用和广大共产党员先锋模范作用的通知》、《关于在抗震救灾第一线发展党员工作的意见》、《关于进一步做好抗震救灾“特殊党费”收缴等有关工作的通知》的通知	朝党发［2008］7号	朝阳市国资委
45	关于在春节期间开展走访慰问老干部困难党员的通知	朝党发［2008］1号	朝阳市国资委

凌钢集团公司文件索引

序号	文 件 标 题	文 号
1	关于印发《调整职工内退办法》和《提高住房公积金提取比例》的通知	凌钢集团［2008］2号
2	关于印发《凌钢集团公司网站管理办法》的通知	凌钢集团［2008］6号
3	关于调整凌源钢铁集团有限责任公司安全生产委员会成员的通知	凌钢集团［2008］8号
4	关于表彰效能监察工作先进单位及优秀项目的决定	凌钢集团［2008］12号
5	关于颁发2007年度科技贡献奖的决定	凌钢集团［2008］15号
6	关于印发《凌钢职工带薪年休假实施办法》及《凌钢职工加班工资管理办法》的通知	凌钢集团［2008］16号
7	关于何志国同志任职的通知	凌钢集团［2008］17号
8	凌钢技改工程及检修工程结算办法	凌钢集团［2008］18号
9	关于印发《工程项目竣工档案归档工作暂行规定》的通知	凌钢集团［2008］19号
10	关于开展2008年度双安全月活动的通知	凌钢集团［2008］21号
11	关于转发《凌钢集团公司2007年度投入产出调查实施方案》的通知	凌钢集团［2008］22号

续表

序号	文 件 标 题	文 号
12	关于印发《凌钢技改施工期间厂内交通管理暂行办法》的通知	凌钢集团［2008］26 号
13	关于做好防汛工作的通知	凌钢集团［2008］28 号
14	凌源钢铁集团有限责任公司差旅费管理办法	凌钢集团［2008］30 号
15	关于授予魏潭英凌钢集团公司劳动模范称号的决定	凌钢集团［2008］31 号
16	关于下达保国公司混合矿选厂工程项目计划的通知	凌钢集团［2008］42 号
17	关于发放交通补贴的通知	凌钢集团［2008］59 号
18	关于凌钢集团朝阳焦化有限责任公司变更营业期限的决定	凌钢集团［2008］62 号
19	关于下达保国公司干选系统改造和尾矿回水坝外部分改造工程项目增补计划的通知	凌钢集团［2008］63 号
20	关于侯柏英等同志职务任免的通知	凌钢集团［2008］64 号
21	关于认真做好第二次经济普查工作的通知	凌钢集团［2008］67 号
22	关于凌钢集团工程建设项目管理咨询有限公司变更营业期限的决定	凌钢集团［2008］68 号
23	关于下达保国公司选矿车间 6 千伏系统防雷工程项目计划的通知	凌钢集团［2008］69 号
24	关于做好 2008 年财产清查工作通知	凌钢集团［2008］73 号
25	凌钢集团公司围墙管理的决定	凌钢集团［2008］74 号
26	关于印发《厂（部）长基金核算管理办法》的通知	凌钢集团［2008］75 号
27	关于表彰 2008 年度工人技术创新优秀成果的决定	凌钢集团［2008］76 号
28	关于公布评聘技师名单的通知	凌钢集团［2008］78 号
29	关于何志国等同志任职的通知	凌钢股份［2008］4 号
30	关于苏辉等同志任职的决定	凌钢股份［2008］7 号
31	关于何志国同志任职的通知	凌钢股份［2008］9 号
32	关于转发公司工会《关于召开凌钢集团公司二届职工代表大会的请示》的通知	凌钢集团委发［2008］1 号
33	关于表彰集团公司 2007 年度劳动模范、专业能手的通知	凌钢集团委发［2008］2 号
34	关于表彰集团公司 2007 年度先进党组织、优秀共产党员的通知	凌钢集团委发［2008］3 号
35	关于做好部分党员交纳特殊党费“用于支援抗震救灾工作”的通知	凌钢集团委发［2008］4 号
36	关于党员交纳“特殊党费”支援抗震救灾工作的情况报告	凌钢集团委发［2008］5 号
37	关于党费收缴和管理的规定	凌钢集团委发［2008］6 号
38	关于授予魏潭英凌钢集团公司劳动模范称号的决定	凌钢集团委发［2008］7 号
39	关于侯柏英等同志职务任免的通知	凌钢集团委发［2008］8 号
40	关于开展纪念改革开放 30 周年和凌钢 350 万吨钢技改工程竣工庆祝活动的通知	凌钢集团委发［2008］9 号
41	2008 年度集团公司中层管理人员综合考核评价实施办法	凌钢集团委发［2008］10 号
42	关于开展节约行为的通知	凌钢集团办［2008］12 号

2009 年

上级领导机关文件索引

序号	标　　题	文　号	发文单位
1	转发《关于深化乡镇机构改革指导意见》的通知	中办发［2009］4 号	中共中央办公厅办
2	关于党政机关例行节约若干问题的通知	中办发［2009］11 号	中共中央办公厅办
3	中办、国务院办印发《深入开展“小金库”治理工作的意见》的通知	中办发［2009］18 号	中共中央办公厅办
4	中共中央办公厅国务院办公厅转发《国家发改委关于一季度经济形势回报》的通知	中办发［2009］19 号	中共中央办公厅办
5	关于印发《地方党政领导班子和领导干部综合考核评价办法》《党政工作部门领导班子和领导干部综合考核评价办法》《党政领导班子和领导干部年度考核办法》通知	中组发［2009］13 号	中共中央组织部
6	中共中央办公厅印发《关于进一步从严管理干部的意见》的通知	中办发［2009］35 号	中共中央办公厅办
7	关于加强发电类电力业务许可证监管管理工作的通知	东电监资质［2009］141 号	国家电力监管委员会东北监管局
8	关于进一步加强全省工业经济运行工作的意见	辽委发［2009］20 号	辽宁省省委
9	贯彻落实胡锦涛视察辽宁时重要讲话精神通知	朝委发［2009］18 号	朝阳市委办公室
10	市委各部门贯彻落实突破辽西北战略实施意见	4 号	朝阳市委办公室
11	省委统战部《优势为保增长，保稳定，促振兴》的通知	朝委统［2009］7 号	朝阳市委统战
12	市委市政府办公室关于党政机关厉行节约若干问题通知	朝委办［2009］15 号	朝阳市委办公室
13	中共朝阳市委办转发市委《关于加强对领导干部作风状况监督检查意见》通知	朝委办［2009］14 号	朝阳市委办公室
14	市委办市政办关于在全国企业和职业中开展同舟共济保增长建功立业促振兴的活动通知	朝委办［2009］20 号	朝阳市委办公室
15	国务院关于印发钢铁产业调整和振兴规划的通知	转发国 6 号	朝阳市委办公室
16	印发《关于贯彻党政机关厉行节约若干问题实施意见》的通知	朝纪委［2009］8 号	朝阳市纪委办公室
17	市委办市政办关于修改和废止部分涉及出口补贴文件的通知	朝委办［2009］23 号	朝阳市委办公室
18	市委办市政办关于印发《（朝阳）新能源材料（超级电容器）产业基地建设实施方案》的通知	朝委办发［2009］29 号	朝阳市委办公室
19	中共朝阳市委办关于印发《朝阳市领导干部任前廉政法规考试暂行办法》的通知	朝委办发［2009］30 号	朝阳市委办公室
20	中共朝阳市委关于转发《干部选拔任用工作有关事项报告暂行规定》的通知	朝委发［2009］8 号	朝阳市委办公室
21	转发省委办公厅省政府办公厅《关于切实发挥党委政府部门信息主渠道作用进一步做好重要紧急信息报送工作的通知》的通知	朝委办密传［2009］18 号	朝阳市委办公室
22	市纪委、市监察局、市财政局关于认真贯彻落实厉行节约若干规定的通知	朝纪发［2009］17 号	朝阳市纪委办公室
23	市委办、市政府办关于厉行节约严格控制一般性支出的意见	朝委办发［2009］32 号	朝阳市委办公室

续表

序号	标　　题	文　号	发文单位
24	中共朝阳市委、朝阳人民政府转发市政协《关于应对国际金融危机保持经济平稳较快增长若干问题的建议案》的通知	朝委发［2009］11号	朝阳市委办公室
25	市委办、市政办关于印发《2009年市直单位党风廉政建设责任制考评办法》的通知	朝委办发［2009］36号	朝阳市委办公室
26	中共朝阳市委朝阳市人民政府关于县市区政府机构改革的意见	朝委发［2009］12号	朝阳市委办公室
27	中共朝阳市委关于进一步优化经济发展软环境的实施意见	朝委发［2009］13号	朝阳市委办公室
28	关于进一步加强全省工业经济运行工作的意见	辽委发［2009］20号	辽宁省省委
29	关于对技改贴息项目实施情况进行检查的通知	朝经发［2009］1号	朝阳市经委
30	中共中央关于在全党开展深入学习实践科学发展观	中发［2009］14号	辽宁省委办公厅
31	关于命名表彰2008年度朝阳市学雷锋先进集体个人	朝文明［2009］2号	朝阳市精神文明委
32	关于凌钢集团申请预留建平县12个找矿靶区探矿范围的函	朝政函［2009］43号	朝阳市政府
33	关于调整北票大黑上省级自然保护区地理坐标和功能区面积的请示	朝政［2009］67号	朝阳市政府
34	关于同意修改公司章程的批复	朝国资发［2009］23号	朝阳市政府
35	关于下达2009年燃煤控制指标的通知	环发［2009］31号	朝阳市环保局
36	关于开展《辽宁省污水综合排放标准》达标工作通知	朝环函	朝阳环保局
37	关于召开2009年市直管企业职业卫生监督工作表彰大会的通知	朝卫发［2009］65号	朝阳市卫生局
38	关于加强企业应急信息估计等有关工作的通知	朝经委［2009］15号	朝阳市经委
39	市委办市政办关于落实省政府要求确保用电量实现正增长的紧急通知	朝委办［2009］11号	朝阳市政府
40	转发关于印发辽宁省冶金有色行业安全生产“三项行动”实施方案的通知	朝安监发［2009］50号	朝阳市安监局
41	朝阳市落实辽宁省劳动防护用品专项执法行动实施方案	朝安监发［2009］51号	朝阳市安监局
42	转发省经委《关于推荐2009年我省电力建设领域节能减排产品和设备的通知》	朝经发［2009］48号	朝阳市经委
43	转发《关于认真贯彻落实省委主要领导同志重要批示精神的通知》	朝学组办明字［2009］7号	朝阳市政府
44	《凌钢集团240m^2烧结机烟气脱硫工程》确认书	朝经投字［2009］22号	朝阳市经委
45	关于同意修改公司章程的批复	朝国资发［2009］23号	朝阳市政府
46	关于认真贯彻落实国家职业病防治规划切实加强职业健康监管工作的通知	朝安监发［2009］104号	朝阳市安监局
47	关于印发朝阳市粉尘与高毒危害治理专项行动工作方案的通知	安监发［2009］11号	朝阳市安监局
48	转发关于近期两起冶金企业煤气中毒事故通报的通知	朝安监发［2009］123号	朝阳市安监局
49	关于对2009年市直签订责任书部门落实社会治安综合治理工作进行检查考核的通知	朝综治办［2009］29号	朝阳市综治办
50	关于公布2009年冶金行业品质卓越产品名单的通知	冶质协字［2009］22号	中国质量协会
51	关于2009年度冶金产品实物质量认定“金杯奖”的通知	钢协科［2009］1号	中国钢铁工业协会
52	关于公布2008年冶金产品实物质量达到国际水平认定的通知	26号	中国钢铁工业协会
53	钢铁工业协会关于转发工业和信息化部《关于进一步加强重点调度联系企业运行检测统计工作通知》的通知	钢协［2009］57号	中国钢铁工业协会

续表

序号	标　　题	文　　号	发文单位
54	关于表扬2008年度中国钢铁工业环境保护统计工作先进集体和先进个人的通知	钢协信［2009］12号	中国钢铁工业协会
55	关于表彰2008年度财务结算价格工作先进单位和优秀信息员的通知	钢协［2009］68号	中国钢铁工业协会
56	关于贯彻落实《钢铁产业调整和振兴规划》及国务院研究钢铁行业生产运行形势有关问题会议纪要精神意见		中国钢铁工业协会
57	关于开展钢铁行业信息化与工业化融合发展水平评估的通知	钢协［2009］114号	中国钢铁工业协会
58	关于转发财政和工业部“关于组织申报2009年工业企业能源管理中心示范建设项目财政补助资金的通知”的函	钢协［2009］199号	中国钢铁工业协会
59	关于颁发《钢铁企业检修工程预算定额》通知	钢协［2009］212号	中国钢铁工业协会
60	关于下达凌源市2009年度用水计划的通知	凌水发［2009］58号	凌源市水利局

凌钢集团公司文件索引

序号	文件标题	文　　号
1	关于印发《凌源钢铁股份有限公司合同管理奖惩规定》的通知	凌钢股份［2009］10号
2	关于印发《凌源钢铁股份有限公司经销性子公司管理办法》的通知	凌钢股份［2009］11号
3	关于孙宝权等同志职务任免的通知	凌钢股份［2009］14号
4	关于设立凌钢股份北票钢管有限公司的通知	凌钢股份［2009］15号
5	关于委派凌钢股份北票保国铁矿有限公司董事会、监事会成员的通知	凌钢股份［2009］17号
6	关于张国栋同志免职的通知	凌钢股份［2009］18号
7	关于凌钢股份北票钢管有限公司领导任职的通知	凌钢股份［2009］19号
8	关于全守军等同志任免职的通知	凌钢股份［2009］1号
9	关于中宽热轧带钢和炼钢精炼等改造项目财政贴息的申请	凌钢股份［2009］24号
10	关于聘任股份公司董事会秘书的通知	凌钢股份［2009］2号
11	关于印发《凌源钢铁股份有限公司造价管理办法》的通知	凌钢股份［2009］4号
12	关于印发《凌源钢铁股份有限公司招标管理办法》的通知	凌钢股份［2009］5号
13	关于印发《凌源钢铁股份有限公司合同管理办法》的通知	凌钢股份［2009］6号
14	关于印发《凌钢股份公司经济往来渠道监督管理规定》的通知	凌钢股份［2009］7号
15	关于印发《凌钢股份有限公司产品商标管理办法》的通知	凌钢股份［2009］8号
16	关于印发《凌源钢铁股份有限公司合同专用章管理规定》的通知	凌钢股份［2009］9号
17	关于苏辉等同志任免职的通知	凌钢股份董发［2009］1号
18	关于进一步规范子公司管理的补充规定	凌钢集团［2009］10号
19	关于调整生育医疗费标准的通知	凌钢集团［2009］11号
20	关于调整工伤保险缴费费率的请示	凌钢集团［2009］12号
21	关于印发《凌钢集团公司对标挖潜活动实施方案》的通知	凌钢集团［2009］15号
22	关于凌钢集团资产重组上市评估增值减免企业所得税的申请	凌钢集团［2009］16号
23	关于凌钢集团资产重组上市评估增值减免印花税的申请	凌钢集团［2009］17号
24	关于《凌钢集团公司2号锅炉增烧煤气及发电机组改造工程》项目核准的请示	凌钢集团［2009］20号
25	关于在全公司开展厉行节约减少非生产性开支的规定	凌钢集团［2009］21号

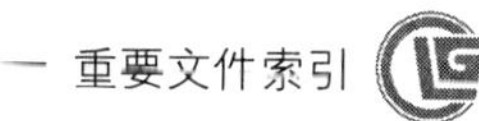

续表

序号	文件标题	文号
26	关于印发《凌源钢铁集团有限责任公司合同管理办法》的通知	凌钢集团［2009］24号
27	关于印发《凌钢集团公司经济往来渠道监督管理规定》的通知	凌钢集团［2009］25号
28	关于印发《凌钢技改工程工程量认证管理办法》的通知	凌钢集团［2009］26号
29	关于印发《凌钢集团公司产品商标管理办法》的通知	凌钢集团［2009］27号
30	关于印发《凌源钢铁集团有限责任公司专业章管理规定》的通知	凌钢集团［2009］28号
31	关于印发《凌钢集团公司合同管理奖惩规定》的通知	凌钢集团［2009］29号
32	关于颁发2008年度科技贡献奖的决定	凌钢集团［2009］2号
33	关于凌钢集团公司转让持有的锦西钢管有限公司30%股权的请示	凌钢集团［2009］30号
34	关于凌钢集团公司申请建平县铁矿找矿靶区范围备案的请示	凌钢集团［2009］31号
35	关于郝志强、王彦廷同志职务任免的通知	凌钢集团［2009］36号
36	关于部分修改《凌源钢铁集团有限责任公司章程》的请示	凌钢集团［2009］37号
37	关于调整公司爱国卫生工作领导组织成员的通知	凌钢集团［2009］40号
38	关于修改集团公司章程的请示	凌钢集团［2009］41号
39	关于凌钢集团公司野猪沟采区矿区范围预留期延续的请示	凌钢集团［2009］42号
40	关于凌源钢铁集团有限责任公司用地的申请	凌钢集团［2009］45号
41	关于解散大连凌钢经贸公司的决定	凌钢集团［2009］46号
42	关于凌源钢铁集团有限责任公司办理土地使用证的申请	凌钢集团［2009］48号
43	关于印发《进一步加强统计基础管理工作的实施办法》的通知	凌钢集团［2009］4号
44	关于成立凌钢集团北票矿业有限责任公司的通知	凌钢集团［2009］50号
45	关于成立凌钢集团北票矿业有限责任公司董事会、监事会的通知	凌钢集团［2009］51号
46	关于凌钢集团北票矿业有限责任公司领导任职的通知	凌钢集团［2009］52号
47	关于张国栋等同志职务任免的通知	凌钢集团［2009］53号
48	关于购买矿山资源及相关资产的请示	凌钢集团［2009］54号
49	关于成立赤峰凌敖矿业有限公司的通知	凌钢集团［2009］56号
50	关于成立赤峰凌敖矿业有限公司董事会、监事会的通知	凌钢集团［2009］57号
51	关于赤峰凌敖矿业有限公司领导任职的通知	凌钢集团［2009］58号
52	关于开展治理二次扬尘、整顿运输车辆超标装车、撒落破坏道路环境的通知	凌钢集团［2009］5号
53	关于集团公司中层管理人员换届暨2009年度综合考核评价实施办法	凌钢集团［2009］62号 凌钢集团委发［2009］20号
54	凌钢集团公司第十届中层管理人员聘任方案	凌钢集团［2009］63号 凌钢集团委发［2009］21号
55	关于解决凌钢铁路运输问题的请示	凌钢集团［2009］66号
56	表彰2009年度工人技术创新成果获得者的决定	凌钢集团［2009］67号 凌钢集团工发［2009］19号
57	关于做好职工配餐工作的通知	凌钢集团［2009］68号
58	关于印发《凌钢集团公司厂区二次扬尘污染防治管理办法》的通知	凌钢集团［2009］6号
59	关于公布聘任内部技师名单的通知	凌钢集团［2009］70号
60	关于张海明等同志任免职的通知	凌钢集团［2009］7号
61	关于整合和调整有关部门管理职能的通知	凌钢集团［2009］8号
62	关于表彰效能监察工作先进单位及优秀项目的决定	凌钢集团［2009］9号
63	关于规范凌钢及外协单位职工劳动防护用品的管理规定	凌钢集团［2009］9号

续表

序号	文件标题	文号
64	关于表彰2008年度先进单位、劳动模范、专业能手的决定	凌钢集团［2009］1号 凌钢集团委发［2009］1号 凌钢集团工发［2009］1号
65	关于印发凌钢集团公司涉密计算机信息系统保密管理制度的通知	凌钢集团办［2009］11号
66	关于调整常白班职工工作时间的通知	凌钢集团办［2009］12号
67	关于印发2007—2008年凌钢年鉴编纂方案的通知	凌钢集团办［2009］13号
68	关于印发《集团公司董事长总经理张振勇在3月20日中层管理人员会议上的讲话》的通知	凌钢集团办［2009］2号
69	关于印发《关于进一步加强凌钢主厂区内小车管理的规定》的通知	凌钢集团办［2009］4号
70	关于印发4月24日董事长、总经理张振勇《在集团公司对标挖潜降本增效达产达效落实会议上的讲话》的通知	凌钢集团办［2009］6号
71	关于集团公司电子公文传输系统试运行的通知	凌钢集团办［2009］9号
72	关于沈洵等同志任职的通知	凌钢集团董发［2009］1号
73	凌钢集团公司党委学习实践活动领导班子专题民主生活会报告	凌钢集团委发［2009］10号
74	关于上报《凌钢集团公司贯彻落实科学发展观情况分析检查报告》的报告	凌钢集团委发［2009］11号
75	关于张振勇等同志职务任免的通知	凌钢集团委发［2009］12号
76	关于王建富等同志职务任免的通知	凌钢集团委发［2009］13号
77	凌钢集团公司深入学习实践科学发展观活动总结报告	凌钢集团委发［2009］14号
78	关于吴占富等同志职务任免的通知	凌钢集团委发［2009］15号
79	关于周国峰等同志任职的通知	凌钢集团委发［2009］16号
80	学习贯彻党的十七届四中全会精神通知	凌钢集团委发［2009］17号
81	关于苑成德同志延期退休的请示	凌钢集团委发［2009］18号
82	关于印发《凌钢集团公司建立健全惩治和预防腐败体系2009—2012年工作规划》的通知	凌钢集团委发［2009］19号
83	关于2009年度基层党建思想政治工作和企业文化建设检查的通知	凌钢集团委发［2009］22号
84	关于表彰2008年度先进基层党组织、优秀共产党员、优秀党务工作者的决定	凌钢集团委发［2009］2号
85	关于王彦廷同志任职的请示	凌钢集团委发［2009］3号
86	关于何东生等同志任免职的通知	凌钢集团委发［2009］4号
87	关于印发《凌钢党委开展科学发展观活动实施方案》和张总经理在动员会上的动员报告的通知	凌钢集团委发［2009］5号
88	关于凌钢党委差额票决朝阳市副县级后备干部结果的报告	凌钢集团委发［2009］6号
89	关于郝志强、张振勇同志职务任免的通知	凌钢集团委发［2009］7号
90	关于调整凌钢集团公司保密机构的通知	凌钢集团委发［2009］8号
91	转发朝阳市委关于向夏志国学习的决定通知	凌钢集团委发［2009］9号

2010年

上级领导机关文件索引

序号	标　　题	文　　号	发文单位
1	中办、国务院办公厅关于印发《电子文件管理暂行办法》的通知	厅字［2010］39号	中共中央办公厅办
2	中办关于转发《中办宣传部2010年宣传思想工作要点》的通知	中办发［2010］2号	中共中央办公厅办
3	中办、国务院办公厅转发《中央宣传部关于党的十六大以来文化体制改革及文化事业文化产业发展情况和下一步工作意见》的通知	中办发［2010］13号	中共中央办公厅办
4	中共中央关于印发《中国共产党和国家机关基层组织工作条例》的通知	中发［2010］8号	中共中央办公厅办
5	中共、国务院关于印发《国家中长期人才发展规划纲要2010—2020年》的通知	中发［2010］6号	中共中央组织部
6	中办关于印发《2010—2020年干部教育培训改革纲要》的通知	中办发［2010］18号	中共中央办公厅办
7	转发《中央纪委、监察部财政部关于进一步落实党政机关厉行节约要求的通知》的通知	中办发［2010］19号	中共中央办公厅办
8	中办、国务院办公厅印发《关于对配偶子女均已经移民国外的国家工作人员加强管理的暂行规定》的通知	中办发［2010］15号	中共中央办公厅办
9	中办、国务院办公厅关于印发《党政主要领导干部和国有企业领导人员经济责任审计规定》的通知	中办发［2010］32号	中共中央办公厅办
10	中办、国务院办公厅转发《中央宣传部、国务院国资委关于加强和改进新形势下国有及国有控股企业思想政治工作的意见》的通知	厅字［2010］10号	中共中央办公厅办
11	关于进一步重申发电类电力业务许可证监督管理工作有关要求的通知	东电监质［2010］45号	国家电力监管委员会 东北监管局
12	国务院关于进一步加强淘汰落后产能工作的通知	国发［2010］7号	国务院
13	财政部辽宁专员办关于凌源股份有限公司2010年会计信息质量监察结论和处理决定的通知	财驻辽监［2010］87号	财政部驻辽宁省 财政监察专员办
14	关于表彰2009年度省定点扶贫先进单位和先进个人的决定	辽扶贫发［2010］1号	辽宁省扶贫开发领导小组
15	朝委办关于表彰2009年度朝阳市党委系统信息工作优秀单位和优秀信息工作者的通报	朝委办［2010］3号	朝阳市委办公室
16	朝阳市委办、朝阳市政府办关于印发《2010年全市党风廉政建设和反腐工作要点、组织领导和责任分工》的通知	朝委办发［2010］20号	朝阳市委办公室
17	朝阳市委办、朝阳市政府办《关于加强领导干部公务活动管理有关事项的通知》执行情况的通知	朝委办发［2010］23号	朝阳市委统战部
18	朝阳市人民政府关于表彰朝阳市2009年度“功勋企业”先锋企业的决定	朝委［2010］15号	朝阳市委办公室
19	朝阳市委办、朝阳市政府办关于印发《朝阳市实施突破辽西北人才整体开发战略2010—2015年工作方案》的通知	朝委办发［2010］25号	朝阳市委办公室

续表

序号	标题	文号	发文单位
20	朝委关于认真学习贯彻《中共干部廉洁从政若干准则》的通知	朝委发［2010］8号	朝阳市委办公室
21	朝委办印发《关于开展“一倡议”“两承诺”“四监督”活动实施方案	朝委办发［2010］24号	朝阳市委办公室
22	朝阳市人民政府关于加强行政权力运行制度建设的意见	朝委发［2010］12号	朝阳市纪委办公室
23	关于对学习贯彻《干部任用条例》等有关政策规定选拔任用干部情况进行自检自查的通知	朝组发［2010］21号	朝阳市委组织部
24	朝阳市委、朝阳市政府办公室关于印发《2010年市直单位党风、廉政建设责任制考评办法》的通知	朝委办发［2010］31号	朝阳市委办公室
25	中共朝阳市委贯彻《中共辽宁省委关于加强和改进新形势下人大工作的若干意见》实施意见	朝委发［2010］14号	朝阳市委办公室
26	转发关于印发《辽宁省地方国有及国有控股企业“小金库”专项治理实施方案》的通知	朝纪发［2010］17号	朝阳市纪委办公室
27	转发中央组织部《印发中共中央组织部关于追授沈浩同志“全国优秀共产党员”称号的决定》的通知	朝组发［2010］5号	朝阳市委组织部
28	转发《印发关于在国有企业开展争创“四强”党组织争做“四优”共产党员活动的实施意见》的通知	朝组发［2010］18号	朝阳市委组织部
29	朝阳市委关于制定国民经济和深化发展第十二个五年规划的建议	朝委发［2010］20号	朝阳市委办公室
30	转发《省纪委省委组织部关于实行党政主要领导不直接分管人事财务物资采购和工程项目的暂行规定》的通知	朝委办发［2010］36号	朝阳市委办公室
31	转发辽宁省发改委、国土局、环保局关于清理钢铁项目的通知	朝发改发［2009］751号	朝阳市委办公室
32	关于同意凌钢集团开发建设凌源五家子油页岩项目批复	朝国资委发［2010］1号	朝阳市政府
33	关于凌钢股份固定资产损失税前扣除的通知	朝地税发［2010］5号	朝阳市地税局
34	关于凌钢集团公司3号锅炉增烧煤气及配套汽轮发电机组改造工程项目环境影响报告的批复	朝换审［2010］73号	朝阳市环保局
35	关于转发工信部“关于禁止将落后炼铁高炉转为铸造生铁用途的紧急通知”的函	钢协科函［2010］10号	钢协发展与科技环保部
36	关于征求《中钢协第四届理事会换届选举筹备方案》修改意见的函	钢协函［2010］74号	中国钢铁工业协会
37	关于召开中钢协三届八次常务理事会的通知	钢协［2010］164号	中国钢铁工业协会
38	钢协关于推荐团体会员和个人会员的通知	钢协［2010］184号	中国钢铁工业协会
39	关于转发工信部《工业产品质量控制和技术评价实验室核定细则》的通知	钢协科函［2010］28号	中钢协发展与科技环保部
40	中钢协关于吸收团体会员的通知	钢协［2010］228号	中国钢铁工业协会
41	中钢协关于吸收个人会员的通知	钢协［2010］227号	中国钢铁工业协会
42	关于退役士兵孙闯安置问题	凌武［2010］25号	凌源市人民武装部

凌钢集团公司文件索引

序号	文件标题	文号
1	关于无偿授让凌钢集团北票矿业有限责任公司100%股权的决定	朝阳龙山［2010］1号
2	关于技术开发费加计扣除的报告	凌钢股份［2010］10号
3	关于高炉煤气净化和钢渣处理等改造项目财政贴息的申请	凌钢股份［2010］11号

续表

序号	文件标题	文号
4	关于凌源钢铁股份有限公司型材厂优化产品结构改造工程环境影响评价审查工作的请示	凌钢股份［2010］1号
5	关于聘任任命股份公司中层管理人员的通知	凌钢股份［2010］2号 凌钢集团委发［2010］2号
6	关于对凌钢股份型材厂调整产品结构改造工程等六个工程项目进行环保验收的请示	凌钢股份［2010］3号
7	关于2010年铁矿石进口企业资质申报的请示	凌钢股份［2010］4号
8	关于凌源钢铁股份有限公司《炼钢厂产品结构调整改造工程》环境影响评价审查工作的请示	凌钢股份［2010］5号
9	关于加强经销性子公司管理的纪律规定	凌钢股份［2010］6号
10	关于会计信息质量检查整改情况的报告	凌钢股份［2010］7号
11	关于固定资产报废的报告	凌钢股份［2010］8号
12	关于财产损失计税扣除的报告	凌钢股份［2010］9号
13	二总变20兆瓦变压器投运申请	凌钢集团［2010］10号
14	关于明确保密区域的通知	凌钢集团［2010］12号
15	关于调整凌钢集团公司计划生育领导小组的通知	凌钢集团［2010］13号
16	关于印发《凌钢集团公司计划生育工作管理规定》的通知	凌钢集团［2010］14号
17	关于开展整顿道路运输环境活动的通知	凌钢集团［2010］16号
18	关于何东玉同志任职的通知	凌钢集团［2010］17号
19	关于印发《凌源钢铁集团有限责任公司招标管理办法补充规定》的通知	凌钢集团［2010］18号
20	关于印发《关于对进出凌钢主厂区人员和车辆实行规范化管理的规定》的通知	凌钢集团［2010］19号
21	关于表彰效能监察工作先进单位的决定	凌钢集团［2010］1号
22	关于印发《凌钢集团公司资材配送实施方案》的通知	凌钢集团［2010］20号
23	关于实施责任成本管理建立成本控制系统的通知	凌钢集团［2010］21号
24	关于开展2010年度“双安全月”活动的通知	凌钢集团［2010］22号
25	关于开展春季环保现场管理整顿活动的通知	凌钢集团［2010］23号
26	关于成立赤峰虞山矿业有限公司董事会、监事会的通知	凌钢集团［2010］25号
27	关于赤峰虞山矿业有限公司领导任职的通知	凌钢集团［2010］26号
28	关于凌钢物资综合开发公司变更经营范围的决定	凌钢集团［2010］28号
29	关于聘任任命集团公司中层管理人员的通知	凌钢集团［2010］2号 凌钢集团委发［2010］1号
30	关于做好防汛工作的通知	凌钢集团［2010］30号
31	关于凌钢1号发电机组并网的申请	凌钢集团［2010］31号
32	关于印发《业务外包管理办法》的通知	凌钢集团［2010］32号
33	关于增加凌钢集团朝阳焦化有限责任公司注册资本金的决定	凌钢集团［2010］34号
34	关于开展网络安全月活动的通知	凌钢集团［2010］35号
35	关于同意凌源钢铁股份有限公司开展螺纹钢期货业务的批复	凌钢集团［2010］36号
36	关于印发《劳动合同管理办法》的通知	凌钢集团［2010］37号
37	关于《凌钢集团转让锦西钢管有限公司股权方案》有关事宜处理的申请	凌钢集团［2010］38号
38	关于凌源钢铁集团有限责任公司办理土地使用证的申请	凌钢集团［2010］3号
39	凌钢集团公司工资调整方案	凌钢集团［2010］40号
40	关于拟合资设立凌源傲翼新能源有限公司及探矿权转让的请示	凌钢集团［2010］41号
41	关于开展2010年“质量月”活动的通知	凌钢集团［2010］42号

续表

序号	文 件 标 题	文 号
42	关于凌源钢铁集团有限责任公司《污水深度处理改造工程》环境影响评价审查工作的请示	凌钢集团［2010］43号
43	关于姜东等同志职务任免的通知	凌钢集团［2010］44号
44	关于凌源钢铁集团有限责任公司申报2011年省本级地质勘查项目计划的请示	凌钢集团［2010］45号
45	关于开展2010年度“百日安全无事故”活动的通知	凌钢集团［2010］46号
46	关于胡志文等同志任职的通知	凌钢集团［2010］47号
47	凌钢集团公司一总变1号主变投运申请	凌钢集团［2010］49号
48	关于印发《外来人员接待及进出厂区的规定》的通知	凌钢集团［2010］4号
49	关于凌钢污染治理补助资金的请示	凌钢集团［2010］51号
50	关于固定资产报废的报告	凌钢集团［2010］52号
51	关于财产损失计税扣除的报告	凌钢集团［2010］53号
52	关于投资设立凌源红山矿业有限公司的请示	凌钢集团［2010］54号
53	关于投资设立朝阳龙山资产管理有限公司的请示	凌钢集团［2010］55号
54	关于锦西钢管公司股权转让损失税前扣除的申请	凌钢集团［2010］57号
55	关于凌钢集团非钢铁资产整合的请示	凌钢集团［2010］58号
56	凌钢集团公司招标工作整改方案	凌钢集团［2010］59号
57	关于表彰二〇〇九年度先进单位、劳动模范、专业能手的决定	凌钢集团［2010］5号 凌钢集团委发［2010］3号 凌钢集团工发［2010］2号
58	关于无偿转让凌钢集团北票矿业有限责任公司100%股权的决定	凌钢集团［2010］60号
59	关于无偿转让朝阳龙山资产管理有限公司100%股权的决定	凌钢集团［2010］61号
60	关于对凌钢集团2号锅炉增烧煤气及发电机组改造工程进行环保验收的请示	凌钢集团［2010］7号
61	关于凌钢集团热电锅炉改造项目实施情况的说明	凌钢集团［2010］8号
62	关于进一步加强凌钢主厂区内小车管理的通知	凌钢集团办［2010］11号
63	关于凌源五家子油页岩矿勘探期间需要市政府给予协调支持工作的函	凌钢集团函［2010］7号
64	关于调整凌源钢铁集团有限责任公司保密机构的通知	凌钢集团委发［2010］10号
65	关于在创先争优活动中认真开展向郭明义同志学习活动的通知	凌钢集团委发［2010］12号
66	凌钢集团公司领导班子学习贯彻落实《党员领导干部廉洁从政若干准则》切实加强领导干部作风建设专题民主生活会报告	凌钢集团委发［2010］13号
67	关于印发集团公司党委《关于在创先争优活动中切实做好领导点评工作的指导意见》的通知	凌钢集团委发［2010］14号
68	2010年度集团公司中层管理人员综合考核评价实施办法	凌钢集团委发［2010］16号
69	关于王彦廷同志任职的通知	凌钢集团委发［2010］17号
70	关于印发集团公司党委《关于开展创先争优活动群众评议工作的安排意见》的通知	凌钢集团委发［2010］18号
71	关于表彰集团公司2009年度先进基层党组织 优秀共产党员优秀党务工作者的决定	凌钢集团委发［2010］4号
72	关于印发凌钢集团公司党委《关于在集团公司基层党组织和党员中深入开展创先争优活动的实施意见》的通知	凌钢集团委发［2010］5号
73	关于印发凌钢集团公司党委《关于推进学习型党组织建设的实施意见》的通知	凌钢集团委发［2010］6号
74	中共凌钢集团公司党委关于认真学习贯彻《中国共产党党员领导干部廉洁从政若干准则》的通知	凌钢集团委发［2010］7号
75	关于调整北票矿业有限责任公司党支部隶属关系的通知	凌钢集团委发［2010］9号

附 录

一、获得国家、省部、市级先进集体和先进个人荣誉称号名单

2007 年

1. 国家级

先进集体

凌钢集团公司获国务院、中华全国总工会“东北地区老工业基地振兴杯”优胜企业奖

2. 省部级

（1）先进集体

炼钢厂冶炼乙班获辽宁省优秀班组称号

公司团委获辽宁省青年文明号活动组委会“十年辽宁省青年文明号活动优秀组织奖”

（2）先进个人

技术中心郭宝志获“全省知识型职工标兵”称号并获辽宁省五一奖章

炼钢厂法来明获辽宁省技术能手称号

型材厂张叶刚获辽宁省技术能手称号

保国公司佟振明获辽宁省先进思想政治工作者称号

3. 市级

（1）先进集体

炼铁厂获朝阳市五一劳动奖状

炼钢厂冶炼乙班获朝阳市工人先锋号称号

炼铁厂喷煤工段高炉喷吹班获辽宁省青年安全示范岗称号

（2）先进个人

动力厂李建华获朝阳市五一奖章

中宽带钢厂应春富获朝阳市“创争”标兵称号、授予朝阳市五一奖章

炼铁厂李树凤获朝阳市十大首席员工称号

炼铁厂钟铁铸获朝阳市创新能手称号

中宽带钢厂王云江获朝阳市创新能手称号

保国公司刘胜军获朝阳市创新能手称号

氧气厂程向明获朝阳市技术能手称号

保国公司刘树军获朝阳市技术能手称号

动力厂迟连众获朝阳市节约标兵称号

检修中心徐小宝获朝阳市节约标兵称号

炼钢厂李玉林获朝阳市“安康杯”竞赛先进个人称号

2008 年

1. 国家级

（1）先进集体

炼铁厂 3 号高炉工段获全国工人先锋号称号并获全国五一奖状

炼钢厂除尘风机班获全国机械冶金建材系统先进班组称号

动力厂第二总降压变电所获全国模范职工小家称号

（2）先进个人

凌钢集团公司副总经理卢亚东获全国钢铁工业劳动模范

炼铁厂陈旭东获全国钢铁工业劳动模范

保国公司魏东获全国钢铁工业劳动模范

2. 省部级

（1）先进集体

炼铁厂 3 号高炉工段获辽宁省工人先锋号称号

动力厂供风段空压一班获辽宁省“三有”女职工先进集体称号

（2）先进个人

炼钢厂闫清军获辽宁省五一奖章

型材厂孙立东获辽宁省优秀班组长称号

炼钢厂宋大伟获辽宁省（十佳）优秀青年技师称号

炼钢厂谭加学获辽宁省优秀团员称号

3. 市级

（1）先进集体

中宽带钢厂轧钢作业区获朝阳市五一奖状

氧气厂获朝阳市“创争”活动先进单位称号

检修中心平车维检班获朝阳市工人先锋号

焦化厂炼焦作业区白班获朝阳市工人先锋号

氧气厂制氧七班获朝阳市工人先锋号

型材厂团总支获朝阳市红旗团支部称号

炼铁厂坐调班获朝阳市“三有”女职工先进集体称号

公司工会女工部获朝阳市先进女职工周末学

校称号

公司团委获朝阳市先进团委称号

公司团委获朝阳市共青团信息工作先进单位称号

（2）先进个人

生产技术部马育民获朝阳市五一奖章

炼铁厂马晓勇获朝阳市五一奖章

中宽带钢厂魏潭英获朝阳市五一奖章

炼钢厂宋大伟获朝阳市“创争”标兵称号、授予朝阳市五一奖章

动力厂陈志强获朝阳市“安康杯”竞赛先进个人称号

炼钢厂李玉林获朝阳市“安康杯”竞赛先进个人称号

炼钢厂杜文静获朝阳市团干部标兵称号

公司工会陈华获朝阳市工会财务系统先进工作者称号

公司工会高颖获朝阳市“三八”红旗手、朝阳市女职工工作先进工作者、朝阳市共青团信息工作先进个人称号

2009 年

1. 国家级

先进集体

炼钢厂冶炼作业区全国工人先锋号

炼钢厂干法除尘班全国工人先锋号

2. 省部级

先进个人

生产技术部马育民获辽宁省劳动模范称号

中宽带钢厂运转作业长张殿民获辽宁省优秀班组长称号

3. 市级

（1）先进集体

动力厂变电检修段朝阳市工人先锋号

炼钢厂新双流板坯丁班朝阳市工人先锋号

炼铁厂4号高炉工段朝阳市工人先锋号

型材厂棒材工段朝阳市工人先锋号

中宽带钢厂运转作业区朝阳市工人先锋号

型材厂获朝阳市先进集体

（2）先进个人

保国公司刘志新获朝阳市劳动模范称号

生产技术部郭宝奇获朝阳市劳动模范称号

第一炼钢厂宋大伟获朝阳市五一劳动奖章

2010 年

1. 国家级

先进个人

第二轧钢厂张宏艳获全国五一巾帼标兵称号

2. 省部级

（1）先进集体

型材厂棒材工段辽宁省工人先锋号

（2）先进个人

检修中心型材站站长万传善获辽宁省优秀班组长称号

第二轧钢厂张宏艳获辽宁省五一劳动奖章

3. 市级

（1）先进集体

动力厂获朝阳市五一奖状

（2）先进个人

机动部杨金忠获朝阳市五一劳动奖章

保国公司宋晓辉获朝阳市五一劳动奖章

第一炼钢厂陈雪松获朝阳市五一劳动奖章

二、凌钢授予的各类先进集体和先进个人名单

1. 2007 年度先进基层党组织（7 个）

炼钢厂党总支

炼铁厂党总支

焦化厂党总支

型材厂党总支

动力厂党总支

氧气厂党支部

供销公司党支部

2. 优秀党务工作者名单（7 名）

炼钢厂	王建富
炼铁厂	张国栋
焦化厂	吴　波
型材厂	赵景仁
动力厂	刘洪斌
氧气厂	鞠广新
供销公司	苏　辉

3. 优秀共产党员名单（28 名）

保国铁矿　佟兴东
朝焦公司　葛忠玉
炼钢厂　杜文静　董广清
炼铁厂　孙宏武　倪静峰　方　宏
中宽带钢厂　王国华　陈　华
型材厂　任　毅　张景民
焦化厂　李文锋
动力厂　张兰英　刘玉杰
检修中心　庄俊军　徐小宝
钢管厂　牛胜华
原料厂　曹凤友
氧气厂　巩　礼
质量部　庞　浩
运输部　刘福民
计量信息部　张翠兰
保卫部　柴文东
供销公司　杨志佳
监理公司　张玉玺
生产技术部　张凤信
技改部　封海洲
机动部　曲　罡

4. 2008 年度先进基层党组织（9 个）

保国铁矿党委
朝焦公司党委
炼铁厂党总支
炼钢厂党总支
动力厂党总支
型材厂党总支
焦化厂党总支
氧气厂党支部
保卫部党总支

5. 优秀党务工作者名单（9 名）

保国铁矿　孙洪文
朝焦公司　姜　东
炼铁厂　张国栋
炼钢厂　王建富
动力厂　刘洪斌
型材厂　赵景仁
焦化厂　吴　波
氧气厂　鞠广新
保卫部　王忠良

6. 优秀共产党员名单（28 名）

保国铁矿　邵玉斌
朝焦公司　贯玉宝
炼钢厂　董广清　李殿华
炼铁厂　广　才　刘海斌　陈忠海
中宽带钢厂　张宏艳
中宽冷带厂　陈　华
型材厂　王松林　李　德
焦化厂　何玉超
动力厂　张兰英　陈志强
检修中心　庄俊军
钢管厂　朱敬民
原料厂　刘海明
氧气厂　程向明
质量部　孙　江
运输部　于　浩
计量信息部　董艳艳
保卫部　姜兴华
供销公司　刘素生
资产运营部　王宝杰
技改部　冯国柱
计划管理部　何瑞林
人力资源部　祁海雁
财务部　李锦方

7. 2009 年度先进基层党组织（9 个）

保国铁矿党委
炼钢厂党总支部
型材厂党总支部
第一焦化厂党总支部
原料厂党支部
氧气厂党支部
运输部党支部
计量信息部党支部
保卫部党总支部

8. 2009 年度优秀党务工作者（9 名）

保国铁矿　孙洪文
炼钢厂　闫清军
型材厂　赵景仁
第一焦化厂　王国凤
原料厂　齐鹤云
氧气厂　鞠广新
运输部　李　宾
计量信息部　张海明
保卫部　王忠良

9. 2009 年度优秀共产党员（29 名）

保国铁矿　邵玉斌
朝焦公司　赵鸿武
钢管公司　李　刚
焦化厂　何玉超
炼钢厂　董学田　亢建忠
炼铁厂　刘宝林　梁　成
中宽带钢厂　张宏艳
中宽冷带厂　吴　斌
型材厂　王松林　惠鹏程
氧气厂　李春明
动力厂　张兰英　白东生
原料厂　刘海明
检修中心　张利权
保卫部　柴文东
质量部　孙　江
计量信息部　高景志
运输部　韦洪曼
供销公司　杨　晋
项目咨询公司　白跃忠
计划管理部　徐广喜
能源环保部　马　玉
财务部　李锦方
技改部　曲顺利
生产技术部　李瑞祥
审计监察部　史林生

10. 2010 年度先进基层党组织（8 个）

保国公司党委
炼钢厂党总支部
炼铁厂党总支部
第一焦化厂党总支部
中宽带钢厂党总支部
动力厂党总支部
检修中心党总支部
氧气厂党支部

11. 2010 年度优秀党务工作者（8 名）

保国公司　王文贺
炼钢厂　杜文静
炼铁厂　张志安
第一焦化厂　曹立国
中宽带钢厂　于大勇
动力厂　佟德金
检修中心　庄俊军
氧气厂　曹秀云

12. 2010 年度优秀共产党员（30 名）

保国公司　王奇伟　张　亚
矿业公司　许文才
钢管公司　高德明
朝焦公司　张云江
炼钢厂　董学田　董广清
第一焦化厂　丁铁学
炼铁厂　朱兴益　梁　成
中宽带钢厂　张宏艳
型材厂　王松林　马志强　刘玉晶
检修中心　徐小宝
氧气厂　张卫东
动力厂　韩宏伟　迟树利
保卫部　柴文东
原料厂　韩忠义
质量部　张杰文
运输部　张海忠
计量信息部　董艳艳
供销公司　张晓健
生产技术部　李瑞祥
机动部　蔡祥峰
工会宣传部　白雪峰
技术中心　杨光伟
财务部　李锦方
设备材料部　赵洪波

13. 先进单位

2007 年公司先进单位

保国公司、朝焦公司、炼铁厂、炼钢厂、型材厂、焦化厂、动力厂、氧气厂

2008 年公司先进单位

保国公司、炼钢厂、型材厂、中宽带钢厂、焦化厂、动力厂、氧气厂、钢管厂

2009 年公司先进单位

保国公司、炼钢厂、型材厂、焦化厂、原料厂、氧气厂、运输部、审计监察部

2010 年公司先进单位

保国公司、炼铁厂、炼钢厂、中宽带钢厂、焦化厂、氧气厂、动力厂、检修中心

三、凌钢授予的各类先进人物名单

2007 年

1. 劳动模范（20 名）

保国公司　刘胜军　刘喜合
朝焦公司　王立仁
炼铁厂　陈旭东　马晓勇　纪颖超
炼钢厂　郭宝奇　李　志
中宽带钢厂　金　波　赵济烈
中宽冷带厂　陈　立
型材厂　侯柏宇
钢管厂　赵春山
焦化厂　董新民
原料厂　董智勇
动力厂　赵锁封
运输部　张海忠
检修中心　徐小宝
生产技术部　游大军
技改部　姜魁祥

2. 生产能手（28 名）

保国公司　王海良　刘建民
朝焦公司　张虎存
炼铁厂　陈忠海　刘海彬　倪静峰　陈宏伟
炼钢厂　吴　优　孙宝权　梁　友
中宽带钢厂　周　义　李　兴
中宽冷带厂　王　涛
型材厂　郭彦林　刘景文
钢管厂　田爱国
焦化厂　杨贵赢
原料厂　鞠贵权
氧气厂　王喜林
动力厂　张俊峰　刘玉杰
运输部　曲志刚
检修中心　刘　华　张利权
生产技术部　陈彦国
质量部　王宪云
供销公司　郭　富
能源环保部　张恩玉

3. 技术能手（31 名）

保国公司　王岫岩
朝焦公司　葛忠玉
炼铁厂　杨　勇　李勇勤　徐飞龙　王　生
炼钢厂　贾文军　张晓伟　李彩云
中宽带钢厂　张　武　赵志富
中宽冷带厂　吴　斌
型材厂　郝省来　李丙红
钢管厂　张　雷
焦化厂　罗彦银
原料厂　曹金华
氧气厂　李春明
动力厂　李淑艳　王爱军
运输部　刘洪良
检修中心　万传善　刘洪伟
技改部　李文峰
生产技术部　胡东明
技术中心　魏玉箫
机动部　张立新
质量部　张素英
供销公司　何志宏
能源环保部　王立国
计量信息部　胡小军

4. 管理能手（32 名）

朝焦公司　徐洪武
炼铁厂　原　巍
炼钢厂　王　森
中宽带钢厂　崔　华
中宽冷带厂　穆玉华
型材厂　李宏男
钢管厂　闫旭廷
焦化厂　周　涛
原料厂　叶海云
动力厂　李庆宏
运输部　吴卫萍
检修中心　武　平
公司办公室　刘冰冰

计划管理部　孙沫
生产技术部　李瑞祥
技术中心　杨光伟
人力资源部　曹荣兴　孙廷芳
机动部　郭翠香
设备材料部　李冬梅
质量部　孙江
财务部　刘智勇
资产运营部　袁志刚
供销公司　孟昭杰
能源环保部　张艳珍
计量信息部　杜丽梅
保卫部　辛久海
审计监察部　李铁生
造价中心　张玉莉
设计公司　陈志芹
项目公司　纪伟
凌钢宾馆　吴铁新

5. 思想政治工作能手（21 名）

朝焦公司　王国生
炼铁厂　张志安
炼钢厂　杜文静
中宽带钢厂　李英东
中宽冷带厂　陈华
型材厂　任毅
钢管厂　陈军廷
焦化厂　曹立国
原料厂　戴连利
动力厂　隋志强
运输部　白成国
检修中心　庄俊军
公司办公室　薛殿春
质量部　金明珠
能源环保部　杜丽君
计量信息部　周晓红
保卫部　曹兴斌
公司纪委　王国春
党委宣传部　孙晓东
公司机关　陈立军
技术中心　丛日东

2008 年

1. 劳动模范（31 名）

保国公司　刘建民　王世伟
朝焦公司　王立仁
炼铁厂　朱兴益　刘冶　陈忠海
炼钢厂　贾文军　郭宝奇　李志
中宽带钢厂　魏潭英　金波　张武
型材厂　史富春　侯柏宇　王文军
钢管厂　赵春山
焦化厂　郝思源
原料厂　许文才
氧气厂　张卫东
动力厂　李淑艳　迟连众
运输部　张海忠
检修中心　徐小宝
技改部　武凤清　曲顺利
生产技术部　游大军
设备材料部　赵洪波
造价中心　封海州
供销公司　孟昭杰
设计公司　陈志芹
咨询公司　付国银

2. 生产能手（36 名）

保国公司　刘喜合
朝焦公司　徐洪武
炼铁厂　马晓勇　刘海彬　徐洪明　徐飞龙　刘义　王生　广才
炼钢厂　张晓伟　王永军　梁友　杨吉平
中宽带钢厂　赵济烈　张殿民　张宏艳
中宽冷带厂　杨立新　陈立
型材厂　刘利明　王建东　马占东　王永杰
钢管厂　田爱国
焦化厂　董新民
原料厂　董智勇
氧气厂　宫立宏
动力厂　白东生
运输部　李志宏
检修中心　张利权　刘华
生产技术部　郭恒
质量部　庞浩
供销公司　刘素生
能源环保部　张恩玉

计量信息部 王丽娟
设备材料部 李 玉

3. 技术能手（36名）

保国公司 王奇伟 胡立泰
朝焦公司 王志祥
炼铁厂 纪颖超 许志远 华国良 钟保卫 钟铁铸 倪静峰
炼钢厂 付德禄 张玉龙 李彩云 张国新
中宽带钢厂 许马岩 梁守国
中宽冷带厂 王 涛
型材厂 孙秀利
钢管厂 张 雷
焦化厂 杨贵赢
原料厂 曹金华
氧气厂 李春明
动力厂 李俊明 王海波
运输部 刘秀峰
检修中心 万传善 刘洪伟
技术中心 魏玉箫
机动部 石景波 史东升
质量部 尹凤玺
供销公司 杨志佳
能源环保部 于春艳
计量信息部 董艳艳
设计公司 吴小英 国家旺
项目公司 李红卫

4. 管理能手（36名）

保国公司 王海良
朝焦公司 王国生
炼铁厂 原 巍
炼钢厂 李玉林 王 森
中宽带钢厂 崔 华
中宽冷带厂 穆玉华
型材厂 李宏男
钢管厂 闫旭廷
焦化厂 何玉超
原料厂 鞠贵权
动力厂 赵锁封
运输部 肖翠华
检修中心 武 平 张树堂
公司办公室 张续龙
计划管理部 盖彦丽
技改部 甄向阳
生产技术部 张凤信 李瑞祥
技术中心 杨光伟
人力资源部 曹荣兴
机动部 张立新
设备材料部 李冬梅
质量部 金明珠
财务部 郑玉春
资产运营部 徐广喜
供销公司 肖彦文
能源环保部 杜丽君
计量信息部 伊向玉
保卫部 辛久海
审计监察部 张海龙
工会宣传部 胡 杰
设计公司 王占元
项目公司 白云松
凌钢宾馆 杨仁华

5. 思想政治工作能手（19名）

保国公司 刘淑军
朝焦公司 葛忠玉
炼铁厂 张志安
炼钢厂 杜文静
中宽带钢厂 李英东
中宽冷带厂 刘贵兴
型材厂 史忠仁
钢管厂 陈军廷
焦化厂 曹立国
原料厂 戴连利
动力厂 刘玉杰
运输部 米铁森
检修中心 庄俊军
质量部 周雪华
保卫部 曹兴斌
人力资源部 李义有
公司纪委 王国春
党委宣传部 孙晓东
党委宣传部 郑天野

2009年

1. 劳动模范（21名）

保国公司 刘建民 刘胜军
朝焦公司 徐洪武

钢管公司　陈军廷
炼铁厂　陈忠海　刘海彬
炼钢厂　李殿华　陈雪松
中宽带钢厂　艾玉忠
型材厂　侯柏宇　史富春
焦化厂　罗彦银　吴春雷
原料厂　董智勇
动力厂　迟连众
运输部　张海忠
供销公司　孟昭杰
机动部　曲　罡
生产技术部　刘福成
计量信息部　董艳艳
保卫部　段会军

2. 生产能手（24 名）

保国公司　王世伟
朝焦公司　王国生
钢管公司　田爱国
炼铁厂　刘　冶　徐飞龙
炼钢厂　单　良　孙世兴　张玉龙
中宽带钢厂　张宏艳　张殿民　杨立新
型材厂　孙立东　刘玉晶
原料厂　鞠贵权
氧气厂　魏曙光
动力厂　王爱军
运输部　刘俊杰
检修中心　刘洪伟
质量部　刘海燕
供销公司　李长庆
计量信息部　伊向玉
能源环保部　张恩玉
设备材料部　张国杰
生产技术部　陈彦国

3. 技术能手（22 名）

保国公司　王　永
朝焦公司　董亚旭
炼铁厂　倪静峰
炼铁厂　李建飞
炼钢厂　于　波
炼钢厂　杨吉平
中宽带钢厂　梁守国
中宽冷带厂　李秀波
型材厂　马志强　李丙红
原料厂　叶海云
氧气厂　姜延昭
动力厂　李淑艳
运输部　黄志明
检修中心　万传善
技术中心　杜东福
机动部　史东升
质量部　王宪云
能源环保部　王立国
技改部　李文峰
设计公司　潘永浩
项目公司　付国银

4. 管理能手（34 名）

保国公司　李建军
朝焦公司　王立仁
钢管公司　单宝廷
矿业公司　杨清利
炼铁厂　原　巍
炼钢厂　穆玉华
中宽带钢厂　杨广秋
中宽冷带厂　王　涛
型材厂　牛万和
焦化厂　周　涛
原料厂　刘崇伟
动力厂　王海波
运输部　于　浩
检修中心　武　平
公司办公室　杨晓涵
计划管理部　闫喜英
技改部　苏进锋
生产技术部　李瑞祥
技术中心　杨光伟
人力资源部　张铁凌
机动部　张立新
设备材料部　李冬梅
供销公司　邹德生
质量部　张素英
财务部　李锦方
证券法律部　李晓春
计量信息部　杜丽梅
保卫部　白立伟
审计监察部　关亚坤
公司工会　任丽华

造价中心　张艳君
设计公司　刘小杰
项目公司　白跃忠
凌钢宾馆　王振云

5. 思想政治工作能手（20 名）

保国公司　王立军
朝焦公司　葛忠玉
钢管公司　郭振江
炼铁厂　张志安
炼钢厂　杜文静
中宽带钢厂　于大勇
型材厂　王松林
焦化厂　曹立国
原料厂　戴连利
动力厂　刘玉杰
运输部　白成国
检修中心　庄俊军
质量部　宋正会
公司工会　王志宇
保卫部　曹兴斌
计量信息部　王立娟
人力资源部　李桂玲
党委组织部　张晓莉
公司纪委　张　侠
党委宣传部　郑天野

2010 年

1. 劳动模范（22 名）

保国公司　王世伟
保国公司　平文伟
矿业公司　刘升军
钢管公司　陈军廷
炼铁厂　徐洪明　朱兴益
炼钢厂　张云平　董学田
中宽带钢厂　艾玉忠
型材厂　侯柏宇　刘玉晶
焦化厂　罗彦银
原料厂　鞠贵权
动力厂　李淑艳
运输部　刘俊杰
检修中心　徐小宝
检修中心　张利权
供销公司　孟昭杰
生产技术部　刘福成
技术中心　魏玉箫
机动部　曲　罡
计量信息部　董艳艳

2. 生产能手（25 名）

保国公司　邢忠敏
保国公司　赵志刚
朝焦公司　王立仁
钢管公司　单宝廷
炼铁厂　倪静峰
炼铁厂　杨　勇
炼钢厂　杨　明　陈雪松
中宽带钢厂　王国立
中宽冷带厂　陈　立
型材厂　王建东　刘利明　王松林
焦化厂　薛存辉
原料厂　史文海
氧气厂　王喜林
动力厂　孙宝春
运输部　韦洪曼
检修中心　刘　华
质量部　王桂英
供销公司　刘　刚
计量信息部　王立娟
能源环保部　张恩玉
设备材料部　宋海英
生产技术部　李　敬

3. 技术能手（24 名）

保国公司　王德顺　刘淑军
朝焦公司　赵鸿武
矿业公司　戴连利
炼铁厂　梁　成　张宝付　张海波
炼钢厂　单　良　董海军　李彩云
中宽带钢厂　张　强
中宽冷带厂　马文超　王　涛
型材厂　史富春　李丙红
焦化厂　杨贵营
原料厂　曹金华
氧气厂　李春明
动力厂　刘玉杰　李俊明
检修中心　万传善
质量部　周雪华
机动部　张宝民

设计公司　　吴小英

4. 管理能手（33名）

保国公司　　姜　兵
朝焦公司　　孟庆利
矿业公司　　郭昱岚
炼铁厂　　原　巍
炼钢厂　　穆玉华
中宽带钢厂　　崔　华
型材厂　　李宏男
焦化厂　　何玉超
氧气厂　　金贵宏
动力厂　　韩宏伟
运输部　　肖翠华
检修中心　　武　平
公司办公室　　郭云侠
计划管理部　　张玉华
技改部　　冯国柱
生产技术部　　胡东明
技术中心　　杨光伟
人力资源部　　祁海雁
机动部　　谭学礼
设备材料部　　赵洪波
供销公司　　尚永春
质量部　　张杰文
能源环保部　　马　玉
财务部　　张英丽
证券法律部　　彭　飞
计量信息部　　杜丽梅
保卫部　　姜兴华
审计监察部　　李铁生
公司工会　　李希豹
造价中心　　李永青
设计公司　　王占元
项目公司　　李平伟
凌钢宾馆　　张德柱

5. 思想政治工作能手（18名）

保国公司　　王福学
朝焦公司　　葛忠玉
钢管公司　　田爱国
炼铁厂　　张志安
炼钢厂　　杜文静
中宽带钢厂　　于大勇
原料厂　　耿典礼
动力厂　　隋志强
运输部　　赵建民
检修中心　　庄俊军
质量部　　孙广富
供销公司　　任　毅
保卫部　　曹兴斌
计量信息部　　高景志
人力资源部　　孙廷芳
党委组织部　　张晓莉
公司纪委　　张　侠
党委宣传部　　郑天野

四、凌钢科技贡献奖获奖人员名单

2007年

一等奖（6名）

炼铁厂　　陈旭东
技改部　　武凤清
转炉炼钢厂　　孙宝权　杨德荣
机动部　　曲　罡
计划管理部　　黄兴军

二等奖（19名）

财务部　　刘智勇
动力厂　　李淑艳
机动部　　石景波
技改部　　姜魁祥
技术中心　　杜东福
炼铁厂　　倪静峰　刘　冶　纪颖超
人力资源部　　吕凯利
设计院　　陈志芹
审计监察部　　张　侠
生产技术部　　刘福成
型材厂　　侯柏宇
中宽带钢厂　　艾玉忠　张　强　梁守国
转炉炼钢厂　　李　志　贾文军　杨吉平

三等奖（35 名）

财务部	齐建明	刘振栋	
第一焦化厂	张显昌		
动力厂	王瑞华		
钢管厂	赵春山		
工会宣传部	任丽华		
机动部	杨姝丽	边久焕	
计划管理部	于晓宇		
技术中心	魏玉箫	杨光伟	
检修中心	张利权		
炼铁厂	杨　勇	王光伟	梁　成
	魏　巍	原　巍	张明武
能源环保部	于春燕		
设备材料部	李冬梅		
设计院	张海林		
生产技术部	游大军	徐　典	
型材厂	王文军		
氧气厂	姜延昭		
原料厂	曹凤友		
造价中心	李明君		
证券事务部	王宝杰		
质量部	张淑英	孙　江	
中宽带钢厂	赵济烈	邢军宝	
中宽冷带厂	吴　斌	王　涛	
转炉炼钢厂	张晓玮		

四等奖（101 人）

保卫部	白立伟		
财务部	冯丽艳	汪义勋	刘爱东
	史卫军	王建国	吴　洁
	佟国亮		
朝阳焦化厂	徐庆阳		
第一焦化厂	周　涛	郝思源	赵秀英
动力厂	陈泽恩	于庆胜	
钢管厂	张　雷	何建营	
工会宣传部	李亚明		
公司办公室	张洪剑	王铁军	
机动部	周　胜	车成军	刘海龙
	李　治	于海东	卢桂霞
计划管理部	刘志国	李铁志	张树华
计量信息部	杜永丰	潘　影	
技改部	曲顺利		
技术中心	牟长峰	孙　琳	
监理公司	纪　伟		
检修中心	倪元喜		
炼铁厂	陈忠海	崔海龙	马晓勇
	刘海彬	姜立军	张海波
	周智超	冯向春	焦永强
	胡　勇		
人力资源部	刘运松	刘　卫	
设计院	刘小杰		
审计监察部	张海龙	肖　成	
生产技术部	戴立锋	李新春	张凤信
	马秀生		
型材厂	孙秀丽	李忠诚	姜　志
	刘利明	韩耀学	
氧气厂	姜海占		
原料厂	于小平	刘崇伟	聂正山
	周国祥		
运输部	周明洁	张　瑞	
造价中心	罗来玉		
质量部	金明珠		
中宽带钢厂	苑俊文	张红艳	李德华
	张　武	王晓刚	苗　龙
	韩　飞	尹向东	
中宽冷带厂	马文超	贡海州	赵利明
	武　广	施　阳	王景山
	安淑宏	李国胜	
转炉炼钢厂	王永军	李彩云	吴　优
	付德禄	梁　友	张国新
	李宪光	许丽华	赵井军
	于　波	席振华	徐　凯
	程玉宝	董海军	张玉龙
	张金伟		
资产运营部	彭　飞		

2008 年

一等奖（4 人）

炼铁厂	倪静峰	
设计院	陈志芹	
转炉炼钢厂	杨德荣	孙宝权

二等奖（18 人）

财务部	刘振栋	
动力厂	李淑艳	
机动部	曲　罡	
计划管理部	孙　沫	
技改部	姜魁祥	武凤清

技术中心　杜东福
炼铁厂　刘　冶　朱兴益
人力资源部　吕凯利
审计监察部　关亚坤
生产技术部　刘福成
型材厂　史富春　侯柏宇
中宽带钢厂　张　强　艾玉忠
转炉炼钢厂　张晓伟　贾文军

三等奖（31 人）

保国铁矿　魏　东
财务部　郑玉春
第一焦化厂　张显昌
动力厂　丁秀丽
公司工会　任丽华
机动部　刘海龙　边久焕
计划管理部　何瑞林
计量信息部　李玲玲
技术中心　魏玉箫
检修中心　张利权
炼铁厂　纪颖超　马晓勇　杨　勇　许志远
能源环保部　王立国
设备材料部　李冬梅
设计院　张海林　王占元
生产技术部　游大军　徐　典
氧气厂　姜延昭
原料厂　曹凤友
造价中心　李明君
证券事务部　王宝杰
质量部　孙广富
中宽带钢厂　赵济烈
中宽冷带厂　王　涛
转炉炼钢厂　董海军　李　志　梁　友

四等奖（98 人）

办公室　王铁军　张洪剑
保国铁矿　周志刚　张洪涛
保卫部　姜兴华
财务部　邹春利　齐建明　李晓明　刘智勇　刘　建
第一焦化厂　夏洪斌　杨大维
动力厂　王立峰　邵庆洲　于庆胜
钢管厂　张　雷　赵春山
公司工会　孙晓东
机动部　石景波　车成军　肖庆光
计划管理部　申德熠　黄兴军
计量信息部　刘海鹏　夏　刚　毕　丹
技改部　曲顺利
技术中心　牟长锋　杨光伟
检修中心　李荣德
炼铁厂　华国良　倪树奇　焦永强　梁　成　魏　巍　刘海彬　徐飞龙　陈忠海　张海波　原　巍
人力资源部　董　强　刘运松
设计院　黄　波　潘永浩
审计检查部　杨　波　张海龙　肖　成
生产技术部　杨福钧　胡东明　马秀生
型材厂　惠鹏程　马志强　李中城　李红军　魏秀冬　韩洪兵　刘利明　李丙红　从培玉
原料厂　曹金华　白志强　张春雷
运输部　周明洁　李　雷
造价中心　罗来玉
证券事务部　李晓春
质量部　张素英
中宽带钢厂　冯玉龙　邢君宝　王晓刚　苑俊文　王　超　张宏艳　张　武　苗　龙　韩　飞
中宽冷带厂　贡海州　王维新　马文超　吴　斌　李秀波　李国胜
转炉炼钢厂　杨吉平　付德禄　谭佳学　王永军　张　宇　程玉宝　周葆辉　黄玉生　李彩云　董广清　刘正富　张玉龙　白凤锦　张金伟　于　波　李殿华

2009 年

一等奖（5 人）

机动部　曲　罡
技术中心　魏玉箫
炼铁厂　朱兴益
转炉炼钢厂　贾文军　张晓伟

二等奖（17 人）

财务部　赵　薇
机动部　张立新

计划管理部　刘志国
技改部　冯国柱
炼铁厂　杨　勇　许志远
人力资源部　刘运松
审计监察部　杨　波
生产技术部　刘福成
型材厂　侯柏宇　史富春
中宽带钢厂　梁守国　赵济烈　张　强
转炉炼钢厂　李彩云　付德禄　穆玉华

三等奖（25 人）

动力厂　丁秀丽
法律事务部　张伟平
工会　孙晓东
公司办　张续龙
机动部　史东生　石景波
计划管理部　张树华
计量信息部　刘大伟
技术中心　杜东福
检修中心　张利权
炼铁厂　倪静峰　刘　冶
能源环保部　张艳珍　于春艳
人力资源部　董　强
生产技术部　李新春
型材厂　李丙红　惠鹏程
原料厂　白志强　曹凤友
中宽带钢厂　张　武
中宽冷带厂　王　涛
转炉炼钢厂　李殿华　杨吉平　单　良

四等奖（100 人）

保国铁矿　张永德　魏　东
财务部　李锦方　刘振栋　齐建明
牛　丹　董红丽
第一焦化厂　张显昌　周　涛　林春东
王　朋
动力厂　冯锦娟　李俊明　邵庆洲
赵　岩
公司办　张洪剑　祝　刚
机动部　于海东　蔡祥峰　车成军
计划管理部　何瑞林　申德熠
计量信息部　潘　影
技改部　冯铁辉　王　博
技术中心　杨光伟　牟长锋　高　鉴
炼铁厂　陈忠海　张海波　孟祥龙
张振军　魏公政　华国良
魏　巍　张明武　焦永强
倪树奇　韦　伟
能源环保部　郑　彬
人力资源部　刘占付　刘琳琳
设备材料部　李冬梅
设计院　李文强
审计监察部　肖　成
生产技术部　胥志宏　徐　典　杨福钧
赵　鸷
型材厂　蒋连禄　李红军　李晓明
马志强　韩洪兵　孙秀丽
韩耀学　付颖超　刘　江
氧气厂　王晓亮　金贵宏　姜海占
原料厂　刘崇伟　付世军
运输部　李　雷　刘洪良
造价中心　田文阁
质量部　尹玉新　张杰文　金明珠
王宪云
中宽带钢厂　王国立　张宏艳　杜维宽
韩　飞　王小刚　崔　华
倪生存　苑俊文　陈鹏奇
中宽冷带厂　吴　斌　李秀波　马文超
施　阳
转炉炼钢厂　梁　友　张国新　于　波
张亚超　李石才　孙世兴
张玉龙　白凤锦　董海军
侯海波　周葆辉　张金伟
张　宇　朱正孝　赵井军
常明皓　黄玉生

2010 年

一等奖（5 人）

型材厂　史富春　侯柏宇
转炉炼钢厂　贾文军
中宽带钢厂　梁守国
人力资源部　刘运松

二等奖（15 人）

财务部　赵　薇
机动部　曲　罡　石景波
计划管理部　闫喜英
技术中心　魏玉箫
生产技术部　刘福成　张凤信

原料厂	叶海云
中宽带钢厂	赵济烈
炼铁厂	刘　冶　刘海彬　刘　义　魏　巍
转炉炼钢厂	梁　友　杨德荣

三等奖（31人）

保国铁矿	黄瑞泉
财务部	刘振栋
工会	白雪峰
机动部	蔡祥峰
计划管理部	孙　沫
计量信息部	夏　刚
技术中心	杜东福　杨光伟
技改部	曲顺利
能源环保部	张艳珍
审计监察部	杨　波
造价中心	张艳君
质量部	庞　浩
氧气厂	金贵宏
第一焦化厂	张显昌
原料厂	曹凤友　刘海明
中宽带钢厂	张宏艳
中宽冷带厂	吴　斌　王　涛
检修中心	张利权　倪元喜
动力厂	于立庚
型材厂	李丙红　马志强
炼铁厂	陈忠海　许志远　张宝付
转炉炼钢厂	李彩云　张玉龙　杨吉平

四等奖（101人）

公司办	王铁军
机动部	车成军　马红兵
财务部	郑玉春　李锦方　牛　丹　邹春利
计划管理部	申德熠　李铁志
计量信息部	毕　丹　刘大伟
技改部	王　博
技术中心	牟长锋　高　鉴　赵喜庆
能源环保部	于春艳　赵星程　刘上源
人力资源部	李光辉　曹荣兴　贾维海
证券法律事务部	袁志刚
设备材料部	李冬梅
审计监察部	史林生　肖　成
生产技术部	李新春　杨福钧　徐　典　赵　鸷
供销公司	韩向阳　邓玉梅
运输部	李淑侠
质量部	孙广富　张素英　刘　新　王桂英
氧气厂	王晓亮　姜海占
原料厂	张春雷　韩忠义　付世军
第一焦化厂	杨大维　夏洪斌　文永兵　周　涛
动力厂	付士奎　丁秀丽　张建辉　张晓京　熊天龙
检修中心	李学良　马洪茹
中宽带钢厂	李耀新　刘　旋　王　超　倪生存　王晓刚　孙庆东　苑俊文
中宽冷带厂	李国胜　马文超
型材厂	刘利明　李红军　李晓明　李国义　孙秀丽　韩耀学　付颖超　韩洪兵　高宝明　张晓生
炼铁厂	倪静峰　杨　勇　魏公政　华国良　倪树奇　梁　成　王洪卫
转炉炼钢厂	李殿华　张国新　孙世兴　王宿雷　侯海波　付德禄　董海军　张晓伟　常明皓　张亚超　陈国明　赵井军　穆玉华
设计公司	冉春梅　黄　波　李姗姗
项目咨询公司	白跃忠　周佳滨
北票矿业公司	戴连利　杨清利　韩　勇
北票钢管公司	张　雷　佟永刚

五、凌钢工人技术创新获奖名单

2007 年

（一）个人项目

一等奖（17 名）

炼钢厂　袁清林　许宏生　赵东军
　刘国坤
炼铁厂　冯爱军　于志强　方国玉
　广　才　陈鸿伟
中宽带钢厂　冉祥鼎　赵　涛
检修中心　万传善　张国立
型材厂　贾永胜　郑红生
动力厂　迟连众　李　考

二等奖（40 名）

炼钢厂　吴　刚　王勇毅　牛绍生
　法来明　林亚军
炼铁厂　谭志伟　郭向才　曹盛亭
　郑东升　彭万金　顾晓军
检修中心　徐小宝　宫凤磊　张跃利
　潘宝友　赵庆茹
动力厂　胡启天
型材厂　任国凤　曲　文　金淑兰
　丁　军　王建东
焦化厂　王振义　乌铁军　陈　宝
氧气厂　王志明
原料厂　魏振江　贺建国
钢管厂　杜志川　白雪峰
中宽带钢厂　赵雨来　杨小东　张　殿
　李旭东　张立冬　王云江
　暴永斌
中宽冷带厂　杨立新
运输部　牛文阁
质量部　崔建军

三等奖（195 名）

炼钢厂　才红军　刘艳东　姜学军
　刘长江　常启云　刘志刚
　张　玉　史亚军　宋大伟
　张余昊　李文学　王文军
　林立华　李　阳　王洪久
　马金国　李贵彬　张振国
炼铁厂　于海伟　付士杰　王泽宾
　武　兵　李文印　门玉华
　衣显国　李久宏　杨立青
　肖怀林　许占伟　齐鹏举
　杜焕杰　方　宏　武振祥
　刘景才　顾宝凌　王大正
　卢海军　王旭光　吴树忠
　刘　春　耿典礼　郭廷海
　冯文星　邢仁俊　董小军
　肖　伟　王　广　霍　利
　刘宝林　唐文密　刘海瑞
　李天雨　王　升　吕开玉
　孟祥民
中宽带钢厂　李英东　邹恩刚　张衍文
　徐海廷　戴连刚　王春岩
　李声浩　段会民　郭志钢
　李振进　张　伟　杜凌华
　葛永军　陶小春　李永新
　霍立春　吴小利　徐志成
　张利明　张久成　郭学明
　杨　永　陈立春　沈　军
　路宗岐　孟庆涛　胡　刚
　杨志武　褚凤杰　石柱民
　李　兴　梁旭东　韩宏壮
　蔡　华
检修中心　臧国庆　刘宏伟　迟玉海
　朱海廷　郑国占　刘　华
　石志刚　曹旭光　徐文江
　昝海燕　张久民　毛立军
　毛海军　都业军　李克伟
　刘文波
型材厂　张天权　张　力　康成清
　于　阳　魏　东　孙洪利
　杨少彬　贡海飞　宋国东
　全　磊　刘书民　李志鹏
原料厂　任贵海　许　刚　张彦国
　张　健

动力厂	张　敏	郭丽君	迟树利
	孙宝春	王彩华	钱笑石
	杨志国	王文忠	司建东
	刘玉杰	张瑞安	时延峰
	白东生	张俊峰	钱大利
钢管厂	张宵伟	周庆丰	王国兴
	陈军廷	郭亚东	李士伟
	刘相林	臧岩松	王玉东
	田爱国	博宏伟	朱敬民
	杨树军	李中伟	冷殿军
	刘玉合	杜英江	王　石
质量部	侯　艳	李志国	侯玉玲
	李秀娟	吴旭涛	崔恩立
	马成军	赵　英	
中宽冷带厂	孙　谦	赵利明	姚忠利
	李秀林	曹继广	尹红军
	李国臣	陈　立	
焦化厂	王国成	于小光	边庆飞
	李　华	费宗义	李红伟
	薛存辉	高相田	李文峰
	池国军	陈国玺	董胜祥
	张海涛	任晓军	
氧气厂	荣　君	李永利	
运输部	唐宏远	黄志明	孙玉坤
计量信息部	褚庆民	王树东	刘　均
	马立新		
供销公司	郭井玉		
能源环保部	张恩玉		

（二）集体项目

一等奖（3名）

炼铁厂　梅　飞　等
炼钢厂　袁清林　等
型材厂　祝景泉　等

二等奖（4名）

炼钢厂　邓树奎　等
炼铁厂　崔海龙　等
焦化厂　刘志国　等
检修中心　张治金　等

三等奖（13名）

焦化厂　郑　军　等
炼铁厂　钟铁铸　等
炼钢厂　苑洪兵　等
中宽带钢厂　王云江　等
中宽冷带厂　张　海　等
型材厂　史忠仁　等
钢管厂　王国兴　等
原料厂　李　鹏　等
原料厂　王学志　等
氧气厂　樊占军　等
检修中心　徐小宝　等
计量信息部　伊向玉　等
炼铁厂　王　力　等

（三）先进操作法名单

法来明转炉炉底粉化温差定位查找法（炼钢厂）

马占东直径12毫米带肋钢筋三切分最优调整法（型材厂）

丁铁学焦炉挡火墙砌筑法（焦化厂）

袁清林防止转炉炉底粉化操作法（炼钢厂）

金世章棒材加热炉煤气调节定量操作法（型材厂）

刘华更换高炉料车钢丝绳操作法（检修中心）

2008年

（一）个人项目

一等奖（17名）

炼钢厂　许宏生

成果名称：冶炼生产要素优化控制法

炼铁厂　冯爱军

成果名称：顶燃式热风炉通冷风管道改进

中宽带钢厂　赵　涛

成果名称：精轧轧制规程及规格过渡简化操作法

炼铁厂　广　才

成果名称：4号磨煤粉供1号、2号高炉喷吹的技术改进

型材厂　郑红生

成果名称：加热炉换向阀密封盘故障的快速诊断

炼钢厂　袁清林

成果名称：转炉后大面出钢强化挂渣法

炼铁厂　陈鸿伟

成果名称：3号高炉液压炮炮帽及开口机钻杆支撑套改进

型材厂　贾永胜

成果名称：粗中轧机锁紧缸改善

动力厂　迟连众
成果名称：6千伏系统电缆及电缆沟改造
中宽带钢厂　冉祥鼎
成果名称：E2轧机主传动齿轮、辊箱装配改善
炼铁厂　于志强
成果名称：液压系统的改善及创新
炼钢厂　赵东军
成果名称：延长振动台使用寿命系列改造
检修中心　张国立
成果名称：提高拉矫机寿命及二冷室托辊安装形式改善
检修中心　万传善
成果名称：（1）棒材1号飞剪机自动润滑改造；
（2）高架棒材轧机润滑压力开关改进；
（3）高架棒材液压控制方式改进
炼钢厂　刘国坤
成果名称：延长双流板坯振动台油缸使用寿命改造
炼铁厂　方国玉
成果名称：（1）2号竖炉辊筛、1号竖炉八辊密封改善；
（2）3号竖炉带冷机料车、给料机改善
动力厂　李　考
成果名称：D800风机润滑系统改造
二等奖（40名）
炼钢厂　法来明
成果名称：钢包引流剂优化操作法
炼铁厂　谭志伟
成果名称：4号高炉热风炉施工控制及启燃器利旧
炼钢厂　林亚军
成果名称：控制转炉前期喷溅操作法
型材厂　曲　文
成果名称：直径480毫米轧机弹性阻尼体的改进
中宽带钢厂　张立冬
成果名称：加热炉滑轨砖更换创新和刮渣板缺陷的改进
中宽带钢厂　李旭东
成果名称：卷取区域降废挖潜优化方法
中宽冷带厂　杨立新
成果名称：带卷包装护角的设计与制作
型材厂　王建东
成果名称：减少直径18毫米带肋钢筋精轧堆钢事故
炼铁厂　郭向才
成果名称：完善上料设施，提高设备作业率
中宽带钢厂　王云江
成果名称：R2轧辊轴承箱平衡缸密封的改善
型材厂　金淑兰
成果名称：优化带肋钢筋的横肋加工程序
中宽带钢厂　綦永斌
成果名称：卷取机卸卷臂的改进
氧气厂　王志明
成果名称：（1）油箱在线过滤系统设计及制造；
（2）6000立方米/时氩除氧冷却器增设在线反冲管
钢管厂　白雪峰
成果名称：纵剪机组的改进
炼铁厂　曹盛亭
成果名称：大闸模具的改进
原料厂　贺建国
成果名称：自制皮带刮
焦化厂　王振义
成果名称：地下室高炉煤气管道放液及水封检查方法改进
焦化厂　乌铁军
成果名称：采用比重差及时清除焦粉——清理熄焦管道积存的焦粉
中宽带钢厂　杨小东
成果名称：（1）1号加热炉推钢机改进；
（2）延长2号出炉辊道轴承使用寿命
型材厂　丁　军
成果名称：（1）650轧机辊道轴承座形式的改进；
（2）45吨顶钢机底座加固方式改进
炼钢厂　牛少生
成果名称：降低阀开启压差提高油泵寿命
炼铁厂　郑东升

成果名称：（1）立式磨机前防堵煤新技术应用；
（2）喷煤压缩空气室外管线结冻问题的解决
动力厂　胡启天
成果名称：二号新建连铸泵站电气设备操控缺陷改善
炼铁厂　顾晓君
成果名称：3号高炉槽上设备改善
检修中心　赵庆茹
成果名称：（1）加热炉汽化冷却气泡水位；
（2）汽水共腾故障的处理操作方法
中宽带钢厂　赵雨来
成果名称：R2四辊轧机入口导卫改善
炼铁厂　彭万全
成果名称：1080立方米高炉除尘系统全封闭电动眼镜阀增设保温装置
炼钢厂　王勇毅
成果名称：转炉二次除尘设备的改善
检修中心　宫凤磊
成果名称：预防结晶器电磁搅拌系统接线柱短路的改进
质量部　崔建军
成果名称：自制低倍检测酸洗装置
炼钢厂　吴　刚
成果名称：转炉托圈修复中大齿轮更换技术的改善
原料厂　魏振江
成果名称：中和料场主输送线溜槽改造
中宽带钢厂　张殿民
成果名称：（1）E1辊道、E2前辊道运行方式改造；
（2）2号加热炉换向阀控制系统改造
焦化厂　陈　宝
成果名称：熄焦车走行控制系统变频改造
检修中心　张跃利
成果名称：2号高炉水泵高压泵新式检修法
型材厂　任国凤
成果名称：2号棒材旋转磁盘天车的安全操作
检修中心　潘宝友
成果名称：炼铁厂热风炉助燃风调节执行机构改造
运输部　牛文阁
成果名称：铁水车旁承改造
钢管厂　杜志川
成果名称：高频输出功率与负载匹配改造
检修中心　徐小宝
成果名称：（1）单齿辊箅板使用寿命攻关；
（2）主抽风机转子组更换检修工艺优化

三等奖（195名）

中宽带钢厂　李声浩
成果名称：上料辊道控制系统改造
型材厂　张天权
成果名称：（1）高架棒材成品跨三台电磁盘天车；
（2）旋转用电缆卷筒改为电缆筐
钢管厂　张宵伟
成果名称：2号纵剪机组卸料装置改进
动力厂　张　敏
成果名称：水处理中间水箱水位的改善
焦化厂　王国成
成果名称：鼓风机润滑及冷却系统的改善
炼钢厂　刘艳东
成果名称：2号方坯二冷段托辊系统优化改造
氧气厂　李永利
成果名称：6000机组氢气站氢气检测报警系统改造
计量信息部　褚庆民
成果名称：巧妙方法使威尔巴流量计起死回生
炼钢厂　才红军
成果名称：1号方坯喷淋系统改造
炼铁厂　于海伟
成果名称：（1）2号高炉炉顶氮气均压改造；
（2）全净煤气均压及对2号高炉热风出口的改造
炼钢厂　姜学军
成果名称：水冲洗在文氏管除尘器二文的应用
中宽带钢厂　邹恩刚
成果名称：提高活动磁极使用率攻关
炼钢厂　刘长江
成果名称：转炉下料闸板阀拉杆改造

运输部　唐宏远
成果名称：微机连锁轨道区段 9DG 延长的技术改造
炼钢厂　常启云
成果名称：2 号脱硫站扒渣机设备及管路的优化
炼铁厂　付士杰
成果名称：改造成品天车电阻器柜
炼钢厂　刘志刚
成果名称：带式压滤机的改进与更新
中宽冷带厂　姚忠利
成果名称：轧机卷取机轴头螺栓改造
炼钢厂　张　玉
成果名称：自动排气装置在 D1100 风机油系统的作用
焦化厂　于晓光
成果名称：油库、粗笨储罐冷却系统改造
炼铁厂　王泽宾
成果名称：（1）竖炉烘干机改造；
（2）增加 1 号辊筛筛大球装置；
（3）增加 A－16 皮带机
炼铁厂　武　兵
成果名称：4 号高炉水系统改造
中宽带钢厂　段会民
成果名称：精轧主电机测温报警改造
炼铁厂　孟祥民
成果名称：降低成品球团矿料温，减少皮带烧损和扬尘攻关
中宽带钢厂　张衍文
成果名称：新加热炉管路改造
炼铁厂　李文印
成果名称：四辊增设挡料装置，提高破碎效果
炼铁厂　门玉华
成果名称：3 号高炉出铁场除尘器反吹介质改造
动力厂　郭丽君
成果名称：（1）二炼空压站仪表改善；
（2）白云石空压站仪表改善
中宽带钢厂　李英东
成果名称：炉后天车增加应急电源改造
中宽冷带厂　赵利明
成果名称：（1）降低酸泵损耗攻关；
（2）酸洗喷淋水管路改造
动力厂　迟树利
成果名称：（1）1 号软水站三台清水泵电磁排气阀的改造；
（2）2 号软水站生产用盐运送方法的改进
中宽带钢厂　郭志钢
成果名称：2 号加热炉仪表冷却管路改造
炼铁厂　衣显国
成果名称：台车钎销安装方式改进
计量信息部　王树东
成果名称：解决干扰问题，提高计量仪表准确性和安全性
动力厂　孙宝春
成果名称：（1）改造补水点解决 3 号、4 号热网凝结泵汽化；
（2）喷淋装置代替再循环降低排汽室温度
型材厂　张　力
成果名称：2 号天车配电保护回路改造
炼铁厂　李久宏
成果名称：（1）改善竖炉 A6 胶带机传动方式提高作业率；
（2）小格拉链机增设运行导向装置
型材厂　康成清
成果名称：平轧 1 号、2 号稀油站上油管改造
中宽带钢厂　李振进
成果名称：E2 立辊辊缝自动调节改造
宽带钢厂　王春岩
成果名称：（1）精轧支承辊控制阀改造；
（2）精轧出口导卫液压缸改造
检修中心　臧国庆
成果名称：炼铁厂 4 号制粉上煤皮带秤测速传感器的改造
焦化厂　边庆飞
成果名称：推焦杆改造创新
中宽带钢厂　徐海廷
成果名称：无线遥控装置在天车控制系统的应用
动力厂　王彩华
成果名称：1 号软水站电渗析附属设备的改造
检修中心　刘宏伟

成果名称：中宽带轧辊冷却水管道过滤网改造
炼铁厂　杨立青
成果名称：竖炉2号、A_8、A_2、B_2皮带的改造
检修中心　迟玉海
成果名称：650升降台润滑系统改造
中宽冷带厂　孙　谦
成果名称：酸洗天车滑线改造
钢管厂　周庆丰
成果名称：直径750毫米纵剪机液压系统传动机构改进
钢管厂　王国兴
成果名称：（1）钩管机改进；
（2）包装带纵剪机改造
钢管厂　陈军廷
成果名称：76机组平头机可调整移位改进
检修中心　朱海廷
成果名称：2号、4号连铸机综合改进
检修中心　郑国占
成果名称：竖炉刮板机改造
炼铁厂　肖怀林
成果名称：关于3号竖炉辊筛的改造
检修中心　刘　华
成果名称：可逆皮带机的改造
中宽带钢厂　张　伟
成果名称：一水浊环、一层平台潜水泵加装自动控制
供销公司　郭井玉
成果名称：（1）中宽带天车卷扬控制器改造；
（2）巧修线绕式电动机滑环故障
中宽带钢厂　杜凌华
成果名称：提高天车起重电磁铁使用率攻关
检修中心　曹旭光
成果名称：中宽带钢厂二水站供水管增设自动减压卸负荷循环管道
检修中心　石志刚
成果名称：（1）污水处理系统设备改善；
（2）电渗析系统设备改善
检修中心　徐文江
成果名称：氧枪标尺滑轮改造
动力厂　钱笑石
成果名称：关于75吨/时锅炉高炉煤气快切阀泄漏煤气解决办法
检修中心　昝海燕
成果名称：炼铁喷煤HRM1500磨机硫化床改进
质量部　李志国
成果名称：自行研制拉伸试验加工用的卡具
动力厂　杨志国
成果名称：1号方坯结晶保安水系统改善
焦化厂　李　华
成果名称：（1）1号、2号硫铵饱和器修复改善；
（2）鼓风机水封槽焊接修复
钢管厂　郭亚东
成果名称：小冲剪拖动系统改进
动力厂　王文忠
成果名称：（1）TRT润滑油、盘车系统电气改善；
（2）热电12000千瓦机组保护回路改造
计量信息部　刘　均
成果名称：解决质量流量计安装过程中的难题
动力厂　司建东
成果名称：中间站水锤顶丝改造
焦化厂　薛存辉
成果名称：盲板阀小伸缩节加支撑柱优化
焦化厂　高相田
成果名称：圆盘给料机出口溜槽改善
钢管厂　李士伟
成果名称：2号纵剪开卷机主动辊及从动辊轴承改进
钢管厂　刘相林
成果名称：2号焊管飞锯电控改造
中宽带钢厂　戴连钢
成果名称：精轧压下限位控制改造
动力厂　刘玉杰
成果名称：（1）2号板坯、2号方坯结晶器保安水阀门改造；
（2）2号连铸结晶、冷媒、设备系统现场加药方法改进
动力厂　张瑞安
成果名称：接一路备用高压氮气气源，保人身设备平安、调整静叶开度率，

使 TRT 透平机组工作稳定
焦化厂　费宗义
成果名称：圆盘给料机刮煤板的焊接与调整
检修中心　张久民
成果名称：75 平方米烧结机振动筛给油方式改善
焦化厂　李红伟
成果名称：上升管小排水槽改造
动力厂　时延峰
成果名称：1 号连铸板坯二冷水泄压阀改善
原料厂　任贵海
成果名称：星型给料机滑动轴承密封改善
炼铁厂　许占伟
成果名称：75 平方米烧结机直径 3.5 米 ×13 米制粒机筒体改进
原料厂　许　刚
成果名称：中和料场 2 号、3 号混匀取料机牛腿改造
运输部　黄志明
成果名称：双动道岔整流装置改造
动力厂　白东生
成果名称：反方向牛腿的研制
中宽带钢厂　葛永军
成果名称：二辊液压站系统掉压治理
运输部　孙玉坤
成果名称：铁路平车手制动改造
质量部　侯　艳
成果名称：自行研制空心钻床垫块
炼铁厂　齐鹏举
成果名称：改进大闸维护，延长使用寿命
中宽带钢厂　陶小春
成果名称：汽包液位计加装截止阀
动力厂　张俊峰
成果名称：5000 立方米焦炉煤气地下进出口水封抽水管和排水阀的改造
钢管厂　臧岩松
成果名称：平头机销子限位连杆改造
炼铁厂　杜焕杰
成果名称：高炉上料 PLC 程序修改
检修中心　毛立军
成果名称：棒材机组精整立辊改造
炼铁厂　方　宏
成果名称：52 平方米烧结机原料除尘系统电气改造
中宽带钢厂　李永新
成果名称：精轧支承辊平衡系统改造
检修中心　毛海军
成果名称：2 号高炉出入炉辊子轴承改造
动力厂　钱大利
成果名称：2 号汽轮机调节系统改善
检修中心　都业军
成果名称：Cr25GM 耐磨板优化创新
检修中心　李克伟
成果名称：降低旧 16 吨故障率攻关
炼铁厂　武振祥
成果名称：烧结机生石灰配消器电控系统改造
检修中心　刘文波
成果名称：中宽带厂精轧接轴扁头衬板改造
焦化厂　李文峰
成果名称：外销焦油、粗苯自提车装车线路改善
焦化厂　池国军
成果名称：粗苯开工快速脱水法及粗苯停工放油管道的改进
焦化厂　陈国玺
成果名称：后勤淋浴自治喷头改善及大罐改善节水项目
焦化厂　董胜祥
成果名称：加高阀体修补桥管漏点
焦化厂　张海涛
成果名称：鼓冷设备管道清扫方法改善和特殊情况软水站操作法
焦化厂　任晓军
成果名称：废水调节池清水系统改进
炼铁厂　刘景才
成果名称：3 号竖炉导风墙盖板改进
炼铁厂　顾宝凌
成果名称：焦筛分轨道筛改进
炼铁厂　王大正
成果名称：双排辊式压料器的应用
炼铁厂　卢海军
成果名称：上下冲渣沟嘴改进
炼铁厂　王旭光
成果名称：高炉送风系统安装实物倒装法
炼铁厂　吴树忠

成果名称：称量系统设备改进
炼铁厂　刘　春
成果名称：炉缸冷却壁水温差测量方法改进
炼铁厂　耿典礼
成果名称：竖炉造球系统工艺改进
炼铁厂　郭廷海
成果名称：1 号、2 号竖炉电除尘器阴极支撑形式改进
炼铁厂　冯文星
成果名称：4 号水系统实现安全平稳过渡
炼铁厂　邢仁俊
成果名称：4 号高炉残铁排放
炼铁厂　董小军
成果名称：避免上蝶阀泄漏的技术改进
炼铁厂　肖　伟
成果名称：3 号制粉布袋箱体脉冲装置及其操作的技术改进
炼铁厂　王　广
成果名称：3 号高炉煤粉喷吹均匀性提高的技术改进
炼铁厂　霍　利
成果名称：75 平方米烧结机制粒机加水方式的改进
炼铁厂　刘宝林
成果名称：生石灰消化器改进及矿化剂下料方式改善
炼铁厂　唐文密
成果名称：防箅条脱落改善
炼铁厂　刘海瑞
成果名称：混匀矿圆盘出料口改进
炼铁厂　李天雨
成果名称：生石灰消化和配料头轮防堵装置
炼铁厂　王　升
成果名称：改善槽上受料口箅条
炼铁厂　吕开玉
成果名称：灰渣泵吸口改进
炼钢厂　史亚君
成果名称：前墙自补操作法
炼钢厂　宋大伟
成果名称：塞棒吹氩操作法
炼钢厂　张余昊
成果名称：最佳炉型控制法
炼钢厂　李文学
成果名称：优化钢包套管操作提高使用寿命
炼钢厂　王文军
成果名称：优化生产组织提高品种钢成品硫内控合格率
炼钢厂　林立华
成果名称：LF 炉炉盖气封技术
炼钢厂　李　阳
成果名称：高碳钢成品碳窄成分控制技术
炼钢厂　王洪久
成果名称：铁水分装技术的优化
炼钢厂　马金国
成果名称：安全网络管理
炼钢厂　李贵彬
成果名称：螺纹钢窄成分控制操作法
炼钢厂　张振国
成果名称：低碳钢优化控制操作法
中宽带钢厂　霍立春
成果名称：粗轧、热卷箱区域工艺设备的改进
中宽带钢厂　蔡　华
成果名称：支撑辊轴承禁固螺母防松动的改进
中宽带钢厂　郭学明
成果名称：精轧轧制工艺优良操作法
中宽带钢厂　杨　永
成果名称：2 号加热炉煤气管道增设放水阀
中宽带钢厂　徐志成
成果名称：精轧末架带钢翘头调控法
中宽带钢厂　吴晓利
成果名称：精轧换辊后压差调平法
中宽带钢厂　陈立春
成果名称：R2 轧机—热卷箱轧制工艺优良操作法
中宽带钢厂　张久成
成果名称：减少轧线关键环节废钢控制法
中宽带钢厂　沈　军
成果名称：抱箱后的轧辊再利用
中宽带钢厂　路宗岐
成果名称：卷取机夹送辊卫板、助卷辊盖板的改进
中宽带钢厂　孟庆涛
成果名称：R1 平衡缸导向方式的优化
中宽带钢厂　胡　刚

成果名称：E2 轧制工艺优良操作法
中宽带钢厂　杨志武
成果名称：助卷辊立顶丝损坏后辊缝的调整
中宽带钢厂　张利明
成果名称：精轧工作辊推拉缸头的改进
中宽带钢厂　褚凤杰
成果名称：2 号加热炉出钢炉门的改进
中宽带钢厂　石柱民
成果名称：R1 轧辊扁头套修复再利用
中宽带钢厂　李　兴
成果名称：精轧机上挡水板的改进
中宽带钢厂　梁旭东
成果名称：195LD 钢种 3.0 毫米×715 毫米规格宽度控制法
中宽带钢厂　韩宏壮
成果名称：热卷箱弯曲辊缝快速调整法
中宽冷带厂　李秀林
成果名称：解决酸洗管道结晶故障
中宽冷带厂　曹继广
成果名称：轧钢厂房冷凝水的疏导
中宽冷带厂　尹红军
成果名称：焊接引带提高冷带成材率
中宽冷带厂　李国臣
成果名称：带卷精包装用外护板材质的改进
中宽冷带厂　陈　立
成果名称：高压风吹扫喷嘴设计与制作
型材厂　于　阳
成果名称：对轧机圆梁导卫座的改进
型材厂　魏　东
成果名称：改进轧机弹跳问题，促进轧制稳定
型材厂　孙洪利
成果名称：中型收集床链条安全罩和安全踏步的设计与制作
型材厂　杨少彬
成果名称：优化操作，降低轧机备件消耗
型材厂　贡海飞
成果名称：负差轧制的最佳调整法
型材厂　宋国东
成果名称：用双支撑刀杆车削直径410 毫米轧辊
型材厂　全　磊
成果名称：2 号棒材机组轧辊车削卡具的制作
型材厂　刘书民
成果名称：提高棒材定尺率的方法
型材厂　李志鹏
成果名称：棒材试轧的调整方法
钢管厂　王玉东
成果名称：冷床接料器的制作
钢管厂　田爱国
成果名称：立辊分合器的改进
钢管厂　博宏伟
成果名称：各规格刀具的统一和完善
钢管厂　朱敬民
成果名称：直径 50 毫米机组活套加立辊装置
钢管厂　杨树军
成果名称：80 毫米宽度钢带纵切方法的改进
钢管厂　李中伟
成果名称：加热套管拽管传送装置的制作
钢管厂　冷殿军
成果名称：水压机安装可更换活动卡具
钢管厂　刘玉合
成果名称：可调式升降辊道的制作
钢管厂　杜英江
成果名称：可调式吊装器的制作
钢管厂　王　石
成果名称：矫平机出口与成型第一架之间的分体滑道制作
氧气厂　荣　君
成果名称：万立制氧机组粗氩塔工艺操作的改进
质量部　侯玉玲
成果名称：提高轻烧镁球中 MgO 含量测定精度
质量部　李秀娟
成果名称：降低 FeO 分析误差
质量部　吴旭涛
成果名称：脱氧剂钙、硅含量的快速分析
质量部　崔恩立
成果名称：低倍快速检验操作法
质量部　马成军
成果名称：防止铸坯炉号划分混号
质量部　赵　英
成果名称：X 荧光样品盒修复
原料厂　张彦国
成果名称：延长 200 立方米竖窑烟气十字梁寿命的改进
原料厂　张　健

成果名称：中和料场混匀取料机进尺改进

能源环保部　张恩玉

成果名称：精细培养花卉，科学养护草坪，确保公司绿化美化效果

计量信息部　马立新

成果名称：采用大料量校准方法提高数据计量精度

（二）集体项目（20个）

一等奖（3个）

炼铁厂　梅　飞　等

炼钢厂　袁清林　等

型材厂　祝景泉　等

二等奖（4个）

炼钢厂　邓树奎　等

炼铁厂　崔海龙　等

焦化厂　刘志国　等

检修中心　张治金　等

三等奖（13个）

焦化厂　郑　军　等

炼铁厂　钟铁铸　等

炼钢厂　苑洪兵　等

中宽带钢厂　王云江　等

中宽冷带厂　张　海　等

型材厂　史忠仁　等

钢管厂　王国兴　等

原料厂　李　鹏　等

原料厂　王学志　等

氧气厂　樊占军　等

检修中心　徐小宝　等

计量信息部　伊向玉　等

炼铁厂　王　力　等

2009 年

（一）个人项目

一等奖（14名）

炼铁厂　方国玉　李　广

炼钢厂　张建元　林亚军　吴　刚

中宽带钢厂　李旭东　赵雨来

检修中心　万传善　徐小宝　石志刚

型材厂　刘玉晶　贾永胜

焦化厂　李　华

计量信息部　刘　均

二等奖（46名）

炼钢厂　王勇毅　牛绍生　赵东军　刘国坤　陈洪清　崔力宇　宋大伟　邓树奎　刘振权

炼铁厂　刘光海　王　广　梅　飞　许占伟　曹明志　武振祥　赵华泽　陈宏伟

检修中心　张庆伟　刘　华　李建华　朱海廷

动力厂　孙　玲　李建军　张　健　张万宇　胡启天　邵志刚

型材厂　徐恩峰　姜　顺　李亚武　丁　军

焦化厂　池国军　陈　宝　刘志国

原料厂　韩忠义　范树学　魏振江

钢管厂　陈军廷　白雪峰

中宽带钢厂　吴晓利　张　丹　李文志　张衍文　段会民

计量信息部　暴春学

质量部　崔建军

三等奖（187名）

炼钢厂　盖立军　姜学军　刘长江　霍　红　陈雪松　姜信国　孙科元　单洪磊　刘亚风　范佳功　段春然　陈　杰　王朝昌　韦继耀　陆晓雷　刘进学　尚志清　牛国权　孙秀全　王洪武　崔　刚　严秉春　张学辉　李贵彬

炼铁厂　李文胤　顾晓军　张晓强　王泽宾　邢自安　孟祥民　于志强　于海伟　顾宝凌　张　军　卢玉明　彭万全　齐鹏举　罗晓东　戴　龙　吴树忠　王　生　肖　伟　耿典礼　刘景才　郭向才　刘　春　郝建强　曹盛亭　刘宝林　由立民　郭廷海　谭志伟

中宽带钢厂　李英东　邹恩刚　张殿民　徐海廷　冉祥鼎　杨晓东　王荣池　王春岩　李声浩　李振进　靳玉东　李永新　佟树国　杜凌华　霍立春

暴永斌　宫大勇　张立冬
蔡　华　张久成　刘俭贵
谷方明　徐志成　王彦为
刘向宇

检修中心　王国勇　刘宏伟　赵常德
赵晓宇　郑国占　迟玉海
高　波　毛海军　高明海
曹光旭　刘树军　于海涛
付信伟　左　鸣　王志杰
齐树成

型材厂　全　磊　张　力　胡　俊
王振国　郝　江　马占东
王海成　李甫印　刘书民
郭彦林　杨　平　杨少彬
张连军　杭海军

原料厂　任贵海　张　健　贾兴武
王学志　付学礼　许　刚

动力厂　齐国华　王桂玲　刘瑞林
杨　波　钱大利　王彩华
时延峰　郭丽君　薄希波
张立勇　迟连众　陈　秋
钱笑石　辛春艳　石少江
熊德龙　张俊峰　张瑞安
吴余华　迟树利　赵云峰
赵景涛

钢管厂　杜志川　张忠彪　周庆丰
张霄伟　刘相林　左树君
李士伟　王井明　田爱国
娄汉忠　单宝廷　张卫东
杨成立　王　石　张泽军
陈国亮

质量部　吴旭涛　白　华　史艳军

中宽冷带厂　姚忠利　杨立新　孟　辉
陈　立　李国臣　钱志江
曹继广

焦化厂　郑　军　周宝文　郃鹏辉
王国成　佟瑞斌　费宗义
高忠实　朱连友　纪德友
徐永峰　王显波　李建伟
胡　琳　任晓军　李文峰
张永军　张海涛

氧气厂　宫立宏　刘玉成

运输部　黄志明　王振山　陈秀军
唐　存

计量信息部　褚庆民　孙玉军　郭春旭

（二）集体项目

一等奖（2 项）

（1）炼钢厂　姜学军 等6人（检修中心1人）

成果名称：120 吨转炉 LT 除尘系统安全有效运行技术改进

（2）炼铁厂　朱兴益 等13人

成果名称：240 平方米烧结机达产达效的技术改进

二等奖（5 项）

（1）炼钢厂　黄玉生 等13人

成果名称：35 吨转炉低炉容比下降低转炉喷溅率

（2）炼铁厂　倪静峰 等4人

成果名称：全面实施技术创新，力促新 4 号高炉达产达效

（3）中宽带钢厂　张殿民 等14人

成果名称：中宽热带技改后新轧线达产达效中的小改小革

（4）钢管厂　陈军廷 等5人

成果名称：钢管自动喷漆机的制作

（5）焦化厂　李宏超 等4人

成果名称：生物脱氮工艺开工活性污泥驯化与生产同步的创新

三等奖（13 项）

（1）焦化厂　赵锦辉 等5人

成果名称：硫铵结晶系统工艺优化及部分附属设施改进

（2）原料厂　王　超 等4人

成果名称：优化钢渣处理工艺，提高钢渣处理量

（3）朝焦公司　葛忠玉 等3人

成果名称：曝气池气浮除油技术的应用

（4）炼铁厂　广　才 等5人

成果名称：1 号、2 号磨机煤粉供 1 号、2 号高炉煤粉喷吹的技术改进

（5）炼铁厂　顾宝凌 等4人

成果名称：4 号高炉 104 号皮带改进

（6）炼钢厂　周宝辉 等6人

成果名称：新双流板坯连铸机换罐方式改进

（7）炼钢厂　李彩云 等5人

成果名称：快准挡渣法

（8）炼钢厂　于　波　等5人

成果名称：提高120吨转炉氧枪喷头寿命控制技术

（9）炼钢厂　王勇毅　等5人

成果名称：120吨转炉二次除尘系统操作技术改进

（10）中宽带钢厂　李英东　等3人

成果名称：降低成品跨天车电机消耗

（11）中宽带钢厂　杨　永　等6人

成果名称：优化加热炉操作降低煤气消耗

（12）氧气厂　魏曙光　等3人

成果名称：2万立方米/时制氧机低压氧气回收技术改进

（13）计量信息部　李　利　等3人

成果名称：精确定位管网漏点，节水创效

2010年

（一）个人项目（265名）

一等奖（16名）

型材厂　刘玉晶　高明伟　丁　军

炼铁厂　刘宝林　李　广　马永刚　方国玉

炼钢厂　刘亚风　吴　刚　牛少生　宗　军

中宽带钢厂　张　丹　李声浩

检修中心　万传善　徐小宝　朱海廷

二等奖（62名）

炼钢厂　赵东军　刘国坤　王余生　姜信国　齐登科　袁清林　韦继耀　孙秀权　孙占国　陈　杰　史亚军

炼铁厂　孙继红　杨秀威　许占伟　孟祥民　董晓军　李文印　王　广　雷明和

检修中心　孙永山　潘宝友　刘　华　赵常德　高　波　石志刚

动力厂　胡启天　张俊峰　钱大利　李广勇　李建军　王彩华　齐国华　范桂云

型材厂　胡　俊　贾永胜　杨　哲　李志鹏　孙立东　侯英杰　康成清

焦化厂　陈　宝　边庆飞　丁铁学　李　瑞　李　华

原料厂　魏振江　赵洪岩

中宽带钢厂　冉祥鼎　赵雨来　李旭东　张久成　蔡　华　段会民

钢管公司　杜志川　娄汉忠

计量信息部　丛滋智

质量部　崔建军

中宽冷带厂　杨立新　陈　立

氧气厂　王志明

运输部　黄敬山

矿业公司　刘升军

三等奖（187名）

炼钢厂　李洪江　李福春　李宝春　王　宏　许宏生　李　阳　颜秉春　沈　伟　高　玉　陈继明　虞　峰　何有利　王　亮　林立华　井海旭　席　帅　运　凯　邵　帅　刘　海　刘振权　邓树奎　刘　祥　陈雪松　王　勇　刘文生　陈洪清　李洪才　姜学军　唐万勇　孙克元　徐景营　吴兴民　霍　宏

炼铁厂　门玉华　冯爱军　梅　飞　钟铁铸　陈鸿伟　刘景才　郭向才　武　兵　程维奎　由洪林　张海林　金华彰　郑东升　广　才　武振祥　顾晓军　李久宏　赵华泽　王泽宾　于海伟　邢自安　王　生　刘文玉　张晓强　郭廷海　曹明志　杨春鹏　吕开玉

中宽带钢厂　路宗岐　王国华　王学军　张立冬　李文彦　褚凤杰　杨　永　霍立春　宫大勇　邹恩刚　卢祝伟　王荣池　杨晓东　李英东　田亚彬　尚文成　张衍文　李振进

检修中心　曹旭光　孙会起　迟玉海　张春龙　邵丙哲　张庆伟　李树元　李建华　姜海龙　李宏伟　齐树成　杜志军

	左　鸣		
原料厂	王学志	范树学	李　鹏
	贺建国	姜印友	贯兴武
钢管公司	周庆丰	刘相林	张连东
	白雪峰	田爱国	单宝廷
	王福存	杜英江	杨成利
	李忠伟		
型材厂	季　朋	仝　磊	徐恩峰
	马成祥	王海成	王兴东
	孙洪利	姜　顺	杭海军
	于洪渊	郑红生	刘书民
	汤德生	解晓华	曲晓飞
	李亚武		
动力厂	迟连众	王文忠	张金田
	于光辉	刘玉杰	李祚荣
	张立勇	李　军	刘瑞林
	郭　刚	孙宝春	吴余华
	薄希波		
质量部	吴旭涛	史艳军	王　鑫
	赵　宇	白　华	李　博
	尹玉新	赵鸿玮	张立强
中宽冷带厂	姚忠利	孟　辉	张　海
	张利民	曹继广	樊海生
	李国臣	周树胜	张永春
焦化厂	赵锦辉	佟瑞斌	池国军
	刘志国	薛存辉	张海涛
	田　丰	王振义	徐永峰
	王国成	潘宝利	王敬周
	冯霜叶	钱宏军	乌铁军
	任贵田	胡　琳	
氧气厂	李永利	刘玉成	于广辉
	方振生	王喜林	
运输部	孙玉坤	唐　存	
计量信息部	褚庆民	孙玉军	马立新
	暴春学		
生产技术部	赵　新		
矿业公司	王　磊		
朝焦公司	葛忠玉		
供销公司	郭景玉		

（二）集体项目

一等奖（1 项）

原料厂　侯林陶　等4人

成果名称：延长麦尔兹窑喷枪使用寿命

二等奖（7 项）

（1）炼钢厂　梁　量　等12人

成果名称：大包下渣人工监测实现板坯全程保护浇注

（2）检修中心　于和平　等5人

成果名称：《检修作业指导书》标准化

（3）检修中心　刘洪伟　等5人

成果名称：中宽带钢厂层冷系统改进

（4）炼铁厂　徐飞龙　等7人

成果名称：1 号高炉开炉及高炉、热风炉操作技术改进

（5）炼钢厂　刘亚凤　等4人

成果名称：合理调整终渣组分，实现炉型可控

（6）氧气厂　冯志勇　等4人

成果名称：20000 立方米/时制氧机组空压机及增压机漏油点改善

（7）炼钢厂　王海军　等4人

成果名称：35 吨系统冷料斗改进

三等奖（17 项）

（1）炼铁厂　杨　勇　等12人

成果名称：采用交叉式双煤枪提高喷煤比及煤粉燃烧率

（2）炼铁厂　广　才　等8人

成果名称：1 号高炉喷煤工程提前投产达效

（3）炼钢厂　谭加学　等5人

成果名称：改进设备，确保 LT 干法除尘系统零故障

（4）炼钢厂　王国强　等5人

成果名称：35 吨钢包滑板砖连滑经验判断的方法

（5）炼钢厂　段春然　等5人

成果名称：优化生产组织，确保日产万吨钢

（6）炼钢厂　韩宝超　等4人

成果名称：单流换罐操作

（7）炼钢厂　刘　祥　等

成果名称：120 吨转炉脱硫零喷溅

（8）炼钢厂　姜学军　等5人

成果名称：35 吨转炉煤气回收安全操作

（9）中宽带钢厂　张宏祥　等2人

成果名称：薄规格品种钢直通轧制

（10）中宽带钢厂　吴晓利　等3人

成果名称：提高换辊改轧第一支钢尺寸命中

率减少降级品

（11）中宽带钢厂　李英东 等4人

成果名称：新16吨天车磁盘吊电器系统的改进

（12）中宽冷带厂　陈　立 等7人

成果名称：头尾厚度超差热带生产冷带的轧制方法

（13）质量部　刘海燕 等4人

成果名称：不同钢种连浇铸坯的划分方法

（14）钢管公司　陈国亮 等3人

成果名称：直径219毫米机组6米自动定尺挡板的改进

（15）焦化厂　佟瑞斌 等3人

成果名称：炼焦炉烘炉测温新技术

（16）焦化厂　杨国峰 等4人

成果名称：开发动态成本控制系统

（17）原料厂　史文海 等4人

成果名称：200立方米竖窑卷扬小车超限位开关改进

优秀组织单位

炼铁厂、炼钢厂、中宽带钢厂、型材厂、检修中心

（三）凌钢首批先进操作法简介

（1）法来明转炉炉底粉化温差定位查找法。

炉底粉化是转炉最大的事故隐患，粉化部位查找难度大，以前常用的方法是将炉底外壳多处割开查找，用烧补料或贴补砖填充，1～2周后再填充一次，且易出现二次粉化。此法不但损坏了炉底钢结构，而且耗时长，影响产量。温差定位查找法采用红外线测温仪点侧炉底不同部位的温度，根据温差准确定位炉底粉化部位，最大限度地降低了因多点切割造成炉底钢结构破坏的弊端，减少了炉子热停时间，提高了生产效率，提高了炉龄。

（2）马占东直径12毫米带肋钢筋三切分最优调整法。

2005年，三切分轧制工艺尚未完善，存在很多问题：堆钢事故频发、废品多、产量低，严重影响生产。马占东经过观察、分析、摸索，提炼出一套三切分轧制最优调整方法；根据成品出口三线的纵筋尺寸来调整前几架轧机的料型尺寸；半成品换轧槽时，预先放料以利于轧件咬入；保证接班时对切分前轧机试小样来保证料型稳定；切分、半成品、成品轧机按标准辊缝调整；预切分、切分的导卫、轧槽、切分轮三点一线。采用该方法后，工艺比较稳定，堆钢次数明显减少，该操作法在其他各班推广后，收到较好效果，日产量明显提高。

（3）刘华更换高炉料车钢丝绳操作法。

该操作法通过提前测量高炉卷扬料车卡扣、卷筒等部位钢丝绳的实际工作尺寸，在更换料车钢丝绳时，根据测量尺寸实现精确定位，使料车及卷筒部位的钢丝绳能够一次性固定，达到了缩短检修时间，减少检修工作量的目的。该操作法具有很强的实用性，采用新方法每次更换钢丝绳所用时间由原来的8小时减少至现在的3小时，使操作进一步科学化、规范化，有力地推动了高炉设备的标准化检修作业。目前，该方法已在高炉系统检修中得到普遍应用。

（4）丁铁学焦炉挡火墙砌筑法。

随着焦炉炉龄的增长，炉墙出现龟裂和熔洞，热修维护熔洞需要砌筑挡火墙，在高温环境和狭窄的工作场地中作业，操作工人无法避免烧伤及坠落物伤人事故。该操作法通过特制的工具、滑轮及辅助装置，将砌体送入炉内砌筑挡火墙，有效保证了操作人员的安全，降低了操作成本。原方法操作每次砌墙需16人，工作6小时，新方法操作每次4人，工作3小时。

（5）袁清林防止转炉炉底粉化操作法。

该操作法要领：一是从砌炉源头抓起，炉底砌砖逐层定位，用经尺寸修整后的碳砖修订炉底钢结构的尺寸误差，将无料干砌改成细粉湿砌，确保水平精度和砌缝“严、细、实”；并将缝隙填料由干式镁质改为湿式镁铬捣打料，同时在炉底碳砖中添加抗氧化剂。二是减少60%的钢结构“气眼”，减少遇水机率，开炉300次后经充分膨胀再将炉底接缝焊严。采用此法后，未出现过粉化现象，为炉龄达2万次以上起到了重要作用。

（6）金世章棒材加热炉煤气调节定量操作法。

2004年，棒材加热炉改为蓄热式，由于炉温频繁调节，装坯冷热不均，导致炉内燃烧状况不好，直接影响钢坯的加热速度和质量，且氧化烧损严重。该同志通过不断摸索，总结出一套简便易行、效果明显的“定量操作法”：针对不同钢种以及入炉钢坯的不同温度，供给相应的煤气量，根据煤气压力波动情况调节各调节阀，控制好各段的流量、炉温、炉膛压力、排烟温度等。此法简便易行，控制准确。已应用4年，效果良好。